庄浪县标准地名志

ZhuangLang Xian Biaozhun Diming Zhi

《庄浪县标准地名志》编纂委员会 编

方志出版社
Publishing House of Local Records

图书在版编目（CIP）数据

庄浪县标准地名志 /《庄浪县标准地名志》编纂委员会编 .—北京：方志出版社，2022.12
ISBN 978-7-5144-5189-4

Ⅰ. ①庄… Ⅱ. ①庄… Ⅲ. ①地名－庄浪县 Ⅳ. ① K924.24

中国国家版本馆 CIP 数据核字（2023）第035609号

责任编辑：范静
责任校对：刘玉霞
责任印制：梅中英
出 版 者：方志出版社
地　　址：北京市朝阳区潘家园东里 9 号（国家方志馆 4 层）
邮　　编：100021
网　　址：http://www.zgfzcb.cn
发　　行：方志出版社图书营销中心（010－67110500）
印　　刷：廊坊市佳艺印务有限公司
开　　本：889 毫米 ×1194 毫米　1/16
印　　张：37.5
字　　数：1112 千字
版　　次：2022 年 12 月第 1 版
印　　次：2022 年 12 月第 1 次印刷
定　　价：380.00 元

《庄浪县标准地名志》编纂委员会

主　　任　陈景春

常务副主任　王　敏

副 主 任　方玉天　王　辉　胡亚琴　刘　杰

委　　员　孔玉平　赵周瑜　王四胜　柳小强　孙有勤
田多牛　李海军　李三卫　杨怀鹏　李晓鹏
牛　煜　薛拴成　刘晓东　李军书　靳　涛
高　雄　王天成　杜牧然　马立强　孙　焕
张小兵　蒲文军　姚思俊　刘安东　朱雨苗
薛中清　刘振兴　赵宝贵　杨钧珠　白启宏
靳珍军　柳宝山　宋平江　陈建宏　张　唯
高　渡　张选良

《庄浪县标准地名志》编辑部

顾　　问　王宏林　张占社　卢丛夫　亢生龙　蒙　渊

主　　编　田多牛　马殿富

副 主 编　郑毅华　杨建民

执行主编　王虎世　李千红

编辑人员　李翔鹏　刘新强　李　莉　张士敏　邵艳艳
张翔曜

摄　　影　郭建全　何　鹏　等

序

地以名传，名以文传。古老的地名犹如化石，凝结着一个地区自然环境、政治经济、文化历史等发展脉络。庄浪，这个县名里就隐含着一段悠长的人文变迁史，是中华民族千百年来大融合、大发展的印记和缩影。地名志作为地方志书的重要类别，既承载着存史、资政、育人的普遍功能，又因其独特性而担负着弘扬优秀传统文化、提升县域治理能力和使用标准地名的重要意义。

地名是分布在山川之上的人文标记，更是镌刻在历史长河里的时空符号。流传千百年的老地名，既坚强又脆弱。随着城镇化进程的不断加快，一些老地名即将消失，一批新的地名又将诞生，整理编纂一部融科学性、实用性、地方性、时代性于一体的地名志，无论从资政参考、历史文化传承，还是推动乡村振兴、城镇化进程的角度看都十分必要。《庄浪县标准地名志》这部煌煌百万言巨著的编纂出版，非常及时，很有意义，标志着全县地名管理工作步入规范化、科学化的轨道。这部志书的出版必将在提升庄浪文化软实力、促进文旅发展方面，发挥不可替代的独到作用。

《庄浪县标准地名志》以第二次全国地名普查成果资料为基础，分 10 章全面、翔实地记载了县域内各类标准地名的来历、含义、历史沿革和实体概况，涵盖行政区域、自然地理、文化旅游、交通运输、水利设施、地域特色等方方面面。收录地名 3159 条，包括所辖乡镇、村（居）委会、居民点和公路、街巷、桥梁、车站、山地、河流、湖泊、水库及其他有地名意义的建筑物等，并附有全县行政区划、地形、水系、交通、旅游、城区和乡镇地名图以及标准地名录。内容丰富，资料翔实，体例完备，既是一本地名工具书，又是一本集纳多种社会信息的研究史料和乡土教材，在服务社会治理、传承优秀传统文化、满足社会需求、体现地名普查成效等方面必将发挥重要作用。

参天之树，必有其根；怀山之水，必有其源。地名承载着最为广泛的地方文化认同感、沉淀着最深沉的家国情怀，堪称一个地方的文化之根，具有强大的凝聚力，是与乡土、乡音、乡俗等具有同等强度的“黏合剂”。

地名作为一种文字标签，在一定程度上代表了一个地方的文化和历史厚度。纵观庄浪地名的形成，大都与地形、物产、历史、风俗等密不可分，记录着悠久的历史和美好的传说，是庄浪县域文化繁荣、文明变迁的重要见证，是远离故土的游子寻根问祖、慎终追远的心灵寄托，是脱离田园生活的现代都市人排遣乡愁、释放乡土情怀的精神家园。

地名作为历史的活化石，不仅承载着生于斯长于斯的每个个体的记忆和感受，而且承载着传统文化的密码和城乡发展的轨迹。我们既要保护好、整理好有文化积淀的老地名，还要精心设计有文化内涵的新地名，扎实做好地名文化建设工作，才能留住乡愁，为家国情怀写下最生动的注脚，为乡村振兴注入鲜活的文化内核。

《庄浪县标准地名志》很好地讲述了“庄浪故事”，传播了“庄浪声音”，搭建起了县内外庄浪儿女守望乡土、传承和发扬优秀本土文化的桥梁，打开外界了解庄浪的一个独特窗口，为加快建设绿色、开放、兴业、安宁、幸福的新庄浪注入新的强劲动力！

是为序。

中共庄浪县委书记 陈录宁

庄浪县人民政府县长 王敏

2022年2月

凡 例

一、本志以马克思列宁主义、毛泽东思想、邓小平理论、“三个代表”重要思想、科学发展观、习近平新时代中国特色社会主义思想为指导，坚持辩证唯物主义和历史唯物主义的立场、观点和方法。以第二次全国地名普查成果为基础资料，上限起自春秋战国，下限断至2018年底，附录文件和插图照片延伸至2022年底，相关数据以《庄浪统计年鉴（2018）》为准。

二、本志采用章节体，运用述、记、志、图、表、录的形式，横排门类。卷首设概述、大事记，卷尾设附录、编后记，正文设行政区域地名、群众自治组织地名、居民点地名、自然地理实体地名、交通运输设施地名、水利电力通信设施地名、单位地名、文化旅游地名、建筑物地名、地名文化共10章37节。

三、本志行文除引文和特殊情况外，均以第三人称和现代语体文记述。文字、数字、标点符号、汉语拼音、计量单位按国家出版物相关规定执行。时间在1912年前采取帝王年号纪年并括注公历纪年，1912年1月1日起采用公历纪年。中华人民共和国成立前政区、地名、建置、官职等均用当时称谓，庄浪本土地名专用字和读音均保持原有字、音。

四、概述以地理环境、建置沿革、辖域调整、地名特征、地域特色为主。大事记以时为序，记载与庄浪地名相关的大事。

五、行政区域地名，以县、乡镇、历史行政区域地名分节，行政区域按行政区划代码顺序编排。基本要素为标准名称加汉语拼音、地理概况、地名沿革、经济社会、地名特征、地名社会应用等。

六、群众自治组织地名以居民委员会、村民委员会、历史群众自治组织分节，按照所属乡镇归类。基本要素以村委会标准名称加汉语拼音、位置、驻地、所辖村民小组及居民点数量、人口、面积、历史沿革、名称来历为主。

七、居民点地名以城镇居民点、农村居民点、历史居民点分节，按照所属镇（乡）、村（居）委会归类。基本要素以标准名称加汉语拼音、位置、隶属、村落形态、人口、面积、历史沿革、名称来历、农村经济为主。

八、自然地理实体地名以陆地地形、陆地水系分节。基本要素以标准名称加汉语拼音、位置、面积、走向、所在（跨）行政区、地形地貌特征、名称来历含义为主。

九、交通运输设施地名以公路、桥梁、隧道、城区街路巷、汽车站、公路养护、加油站分节。基本要素以标准名称加汉语拼音、类型、公路等级、起止点、距离、路面性质、所在（跨）行政区、建成时间、名称来历含义为主。

十、水利电力通信设施地名以水利水保、电力、通信基站分节，基本要素以标准名称加汉语拼音、所在（跨）行政区、建成时间、特征信息、名称来历含义为主。

十一、单位地名以党政机关、军事单位、事业单位、企业、社会组织分节，基本要素以标准名称加汉语拼音、位置、所属行业、占地面积、建筑面积为主。

十二、文化旅游地名以纪念地、文物遗址、宗教场所、公园景点分节。基本要素以标准名称加汉语拼音、所在（跨）行政区、管理单位、占地面积、主要特征、名称来历含义为主。

十三、建筑物地名以广场、体育场、商场、房屋、碑分节，基本要素以标准名称加汉语拼音、位置、建设时间、占地面积、建筑面积、地名来历和含义为主。

十四、地名文化以县域各时代与地名相关的碑记、文翰、考述、故事、诗词分节，摘录正式出版的著作、刊物作品，一般不注明出处。

十五、附录内容包括《庄浪县标准地名录》，各级政府和地名普查机构对地名普查、行政区划、群众自治组织、地名命名的正式文件及相关批复文件。

十六、本志各种地图由庄浪县民政局和甘肃省基础地理信息中心联合编制，其中公路网按 2020 年现状标绘。

十七、本志资料主要来自第二次全国地名普查成果、《甘肃省庄浪县地名资料汇编》《庄浪县志》《庄浪县志（1991—2010）》《庄浪统计年鉴（2018）》《庄浪年鉴 2019》《爱我平凉丛书·庄浪卷》《庄浪文史》《庄浪文物》，辅以部门档案、报道及调查采访记录。

庄浪县

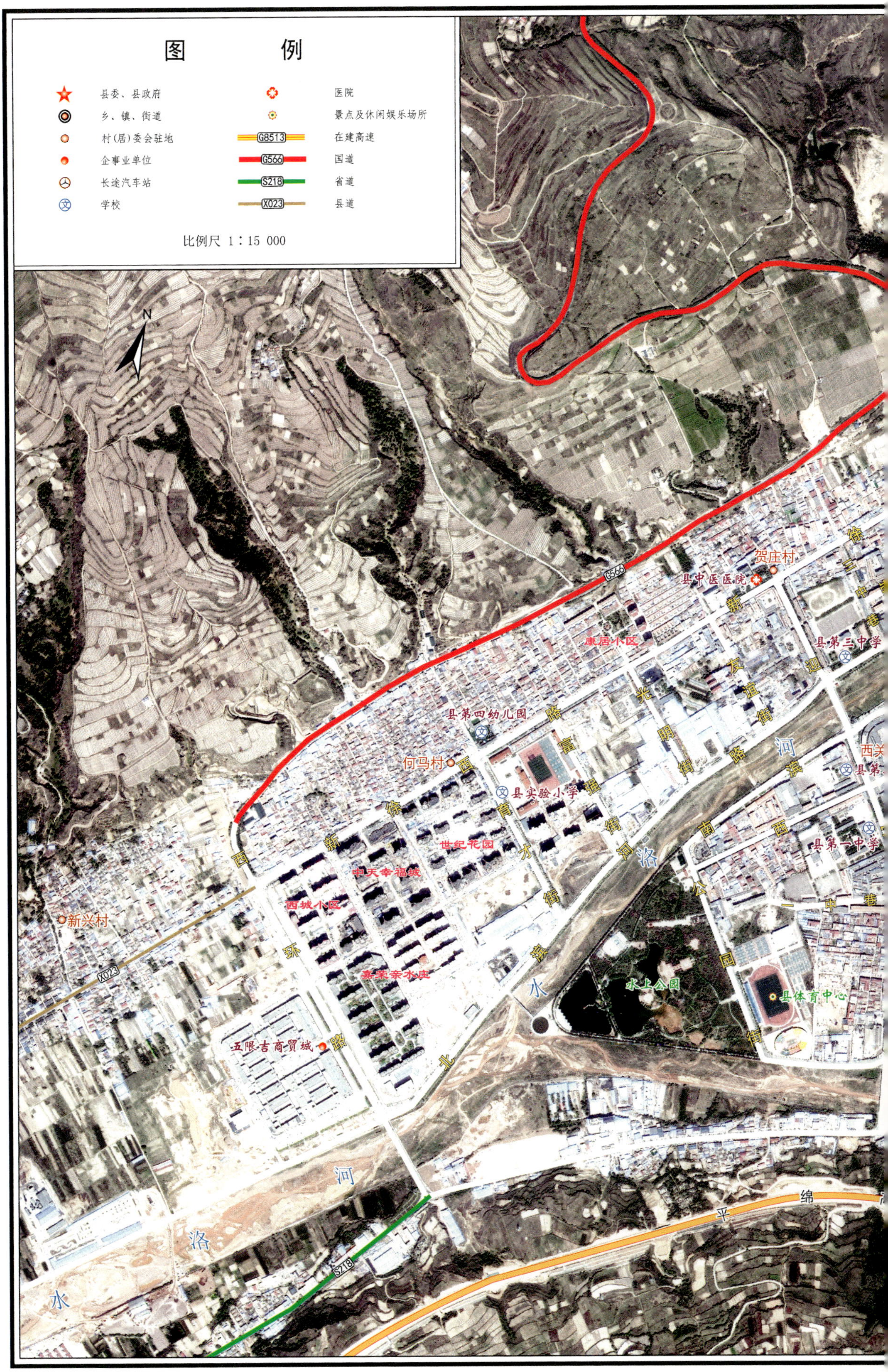
图例
县委、县政府
乡、镇、街道
村(居)委会驻地
企事业单位
长途汽车站
学校
医院
景点及休闲娱乐场所
G8513 在建高速
G566 国道
S218 省道
X023 县道
比例尺 1：15 000
N
G566
X023
S218
贺庄村
县中医医院
康居小区
县第三中学
县第四幼儿园
何马村
县实验小学
世纪花园
中天幸福城
西城小区
新兴村
水上公园
县体育中心
县第一中学

化旅游图

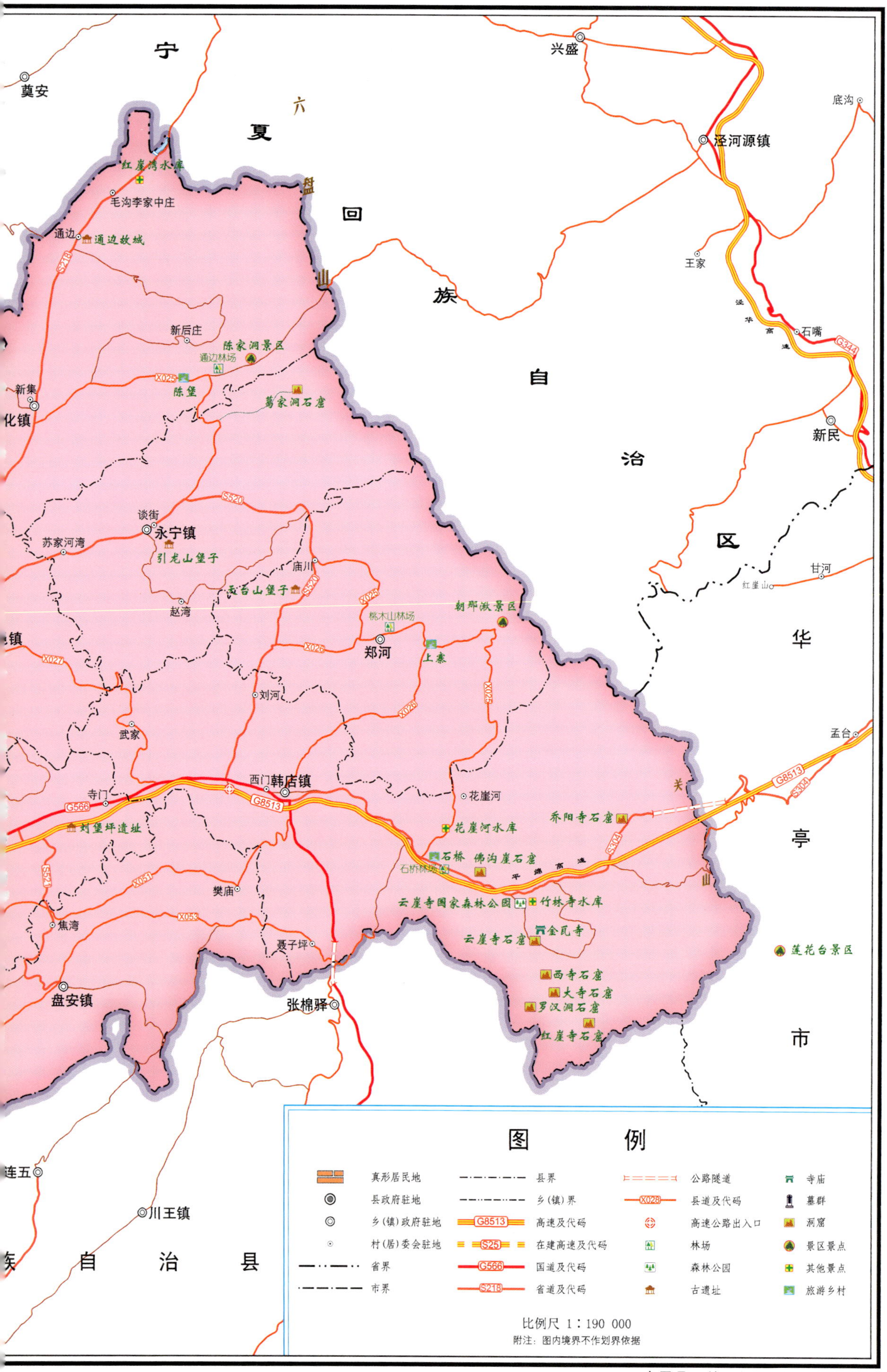

审图号：甘S（2021）6208016号

庄浪县文

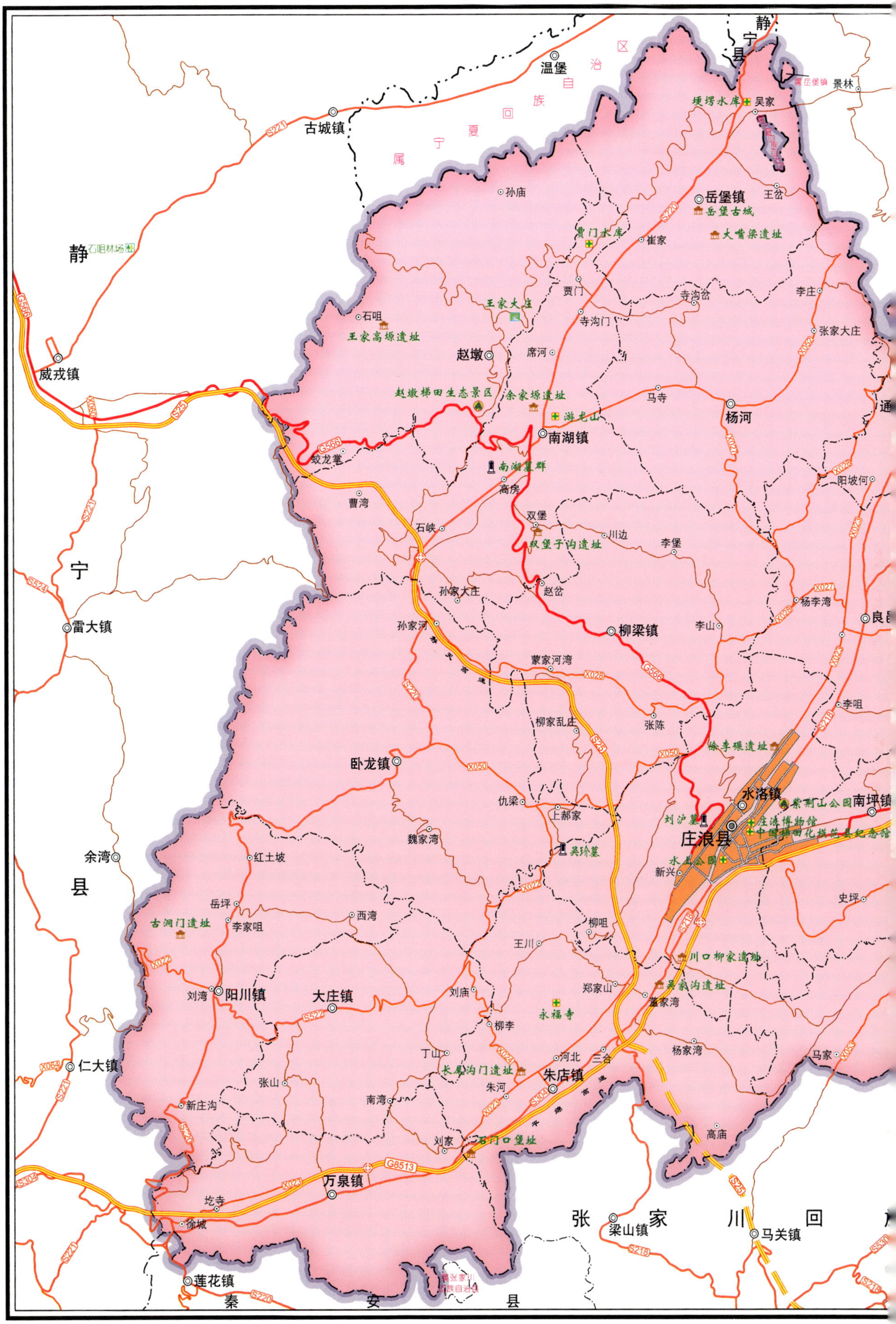

温堡
宁夏回族自治区
静宁县
古城镇
属
吴家
硬埚水库
景林
王台
岳堡镇
岳堡古城
大嘴梁遗址
孙庙
贾门水库
崔家
静
石咀林场
宁
县
贾门
寺沟岔
李庄
王家大庄
寺沟门
石咀
王家高塬遗址
张家大庄
赵墩
席河
威戎镇
赵墩梯田生态景区
余家塬遗址
马寺
游龙山
杨河
南湖镇
蛟龙掌
南湖墓群
高房
曹湾
阳坡何
双堡
石峡
川边
李堡
双堡子沟遗址
雷大镇
孙家大庄
赵岔
杨李湾
孙家河
柳梁镇
李山
良邑
蒙家河湾
李咀
柳家乱庄
张陈
徐李碾遗址
卧龙镇
水洛镇
紫荆山公园
南坪镇
仇梁
上郝家
刘沪墓
庄浪博物馆
庄浪县
中国梯田化模范县纪念馆
魏家湾
余湾
红土坡
吴玠墓
水上公园
新兴
史坪
岳坪
西湾
古洞门遗址
李家咀
柳咀
王川
川口柳家遗址
郑家山
吴家沟遗址
刘湾
阳川镇
大庄镇
刘庙
董家湾
柳李
永福寺
杨家湾
仁大镇
丁山
河北
三合
马家
长尾沟门遗址
朱店镇
张山
朱河
新庄沟
南湾
高庙
刘家
石门口堡址
万泉镇
圪寺
张家川回族自治县
梁山镇
马关镇
徐城
莲花镇
秦安县

城区图

审图号：甘S（2021）6208021号

庄浪县

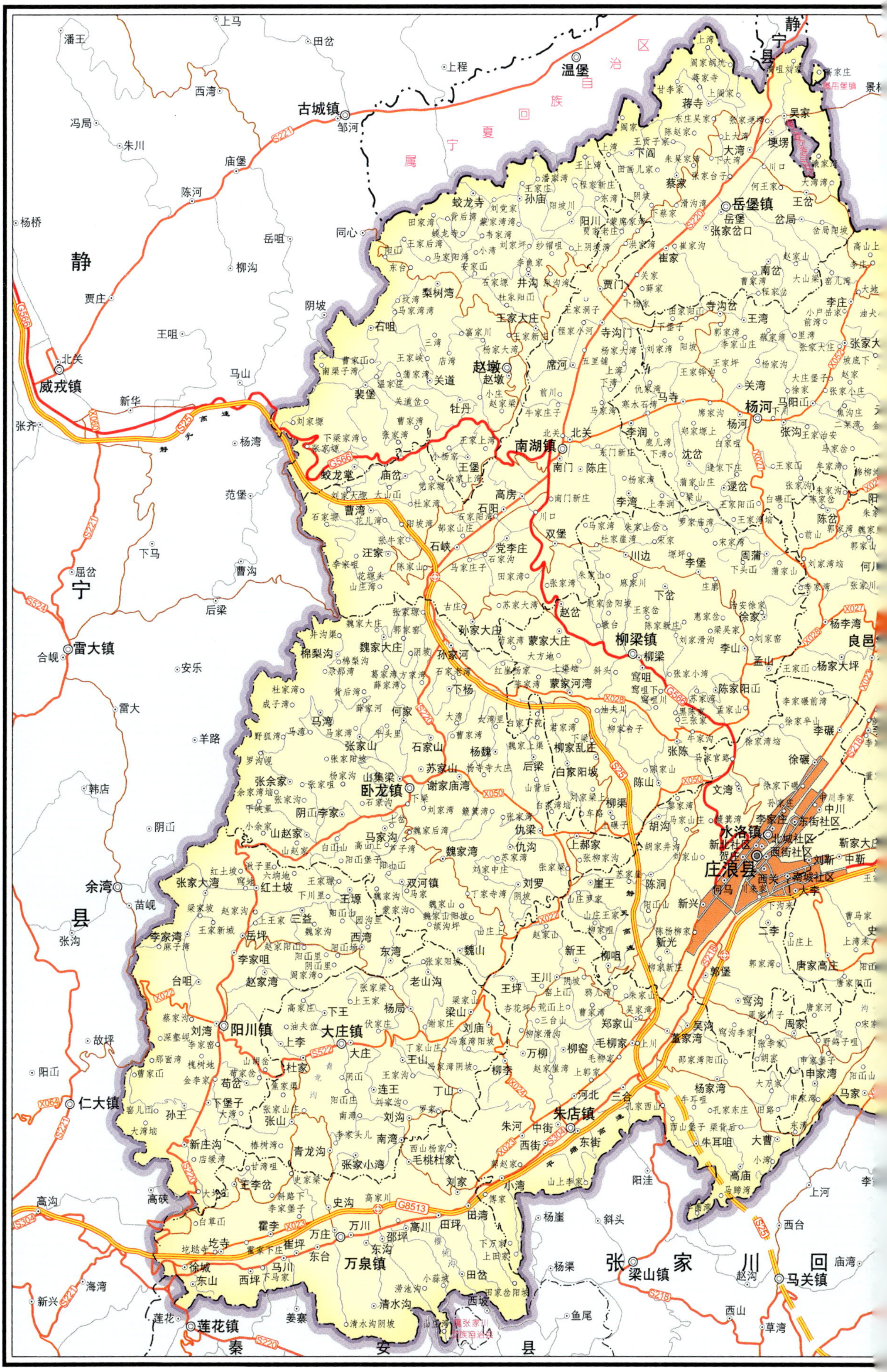

静宁县
温堡
宁夏回族自治区
古城镇
邹河
威戎镇
北关
雷大镇
余湾
仁大镇
静宁县
秦安县
张家川回族自治县
莲花镇
梁山镇
马关镇
岳堡镇
赵墩
南湖镇
杨河
柳梁镇
卧龙镇
水洛镇
庄浪县
朱店镇
阳川镇
大庄镇
万泉镇
双河镇
良邑
北城社区
西街社区
南城社区
东街社区
新兴社区
石咀
裴堡
蒋寺
蔡家
大湾
吴家
王岔
峡门
李润
沈岔
逯岔
周蒲
李堡
徐家
李山
孟山
陈家阳山
通化
韩店
张齐
G566
G8513
S25
S221
S218
S304
S220
X050
X022
X023
X028
X027
X024

水系图

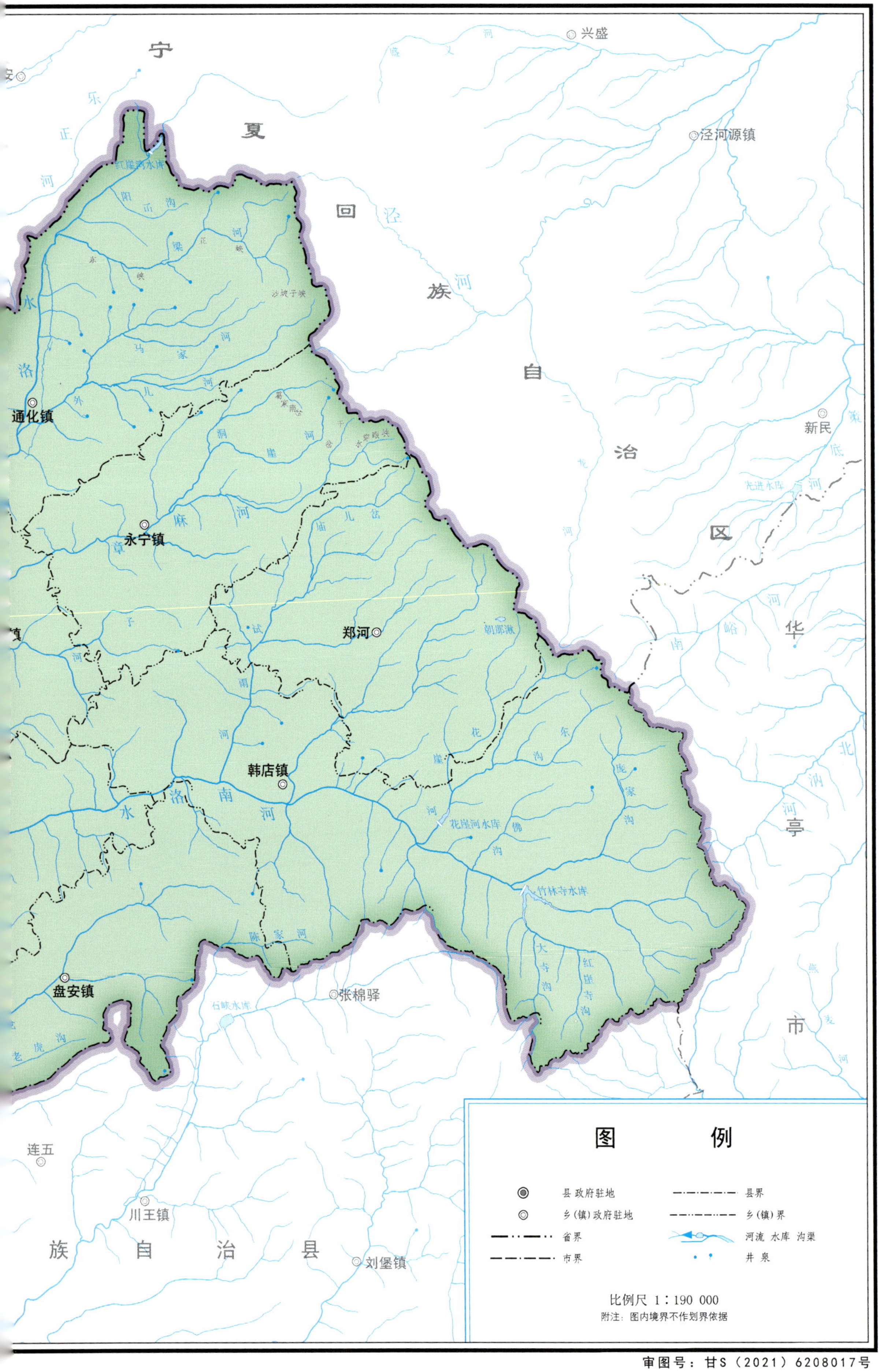

审图号：甘S（2021）6208017号

庄浪县

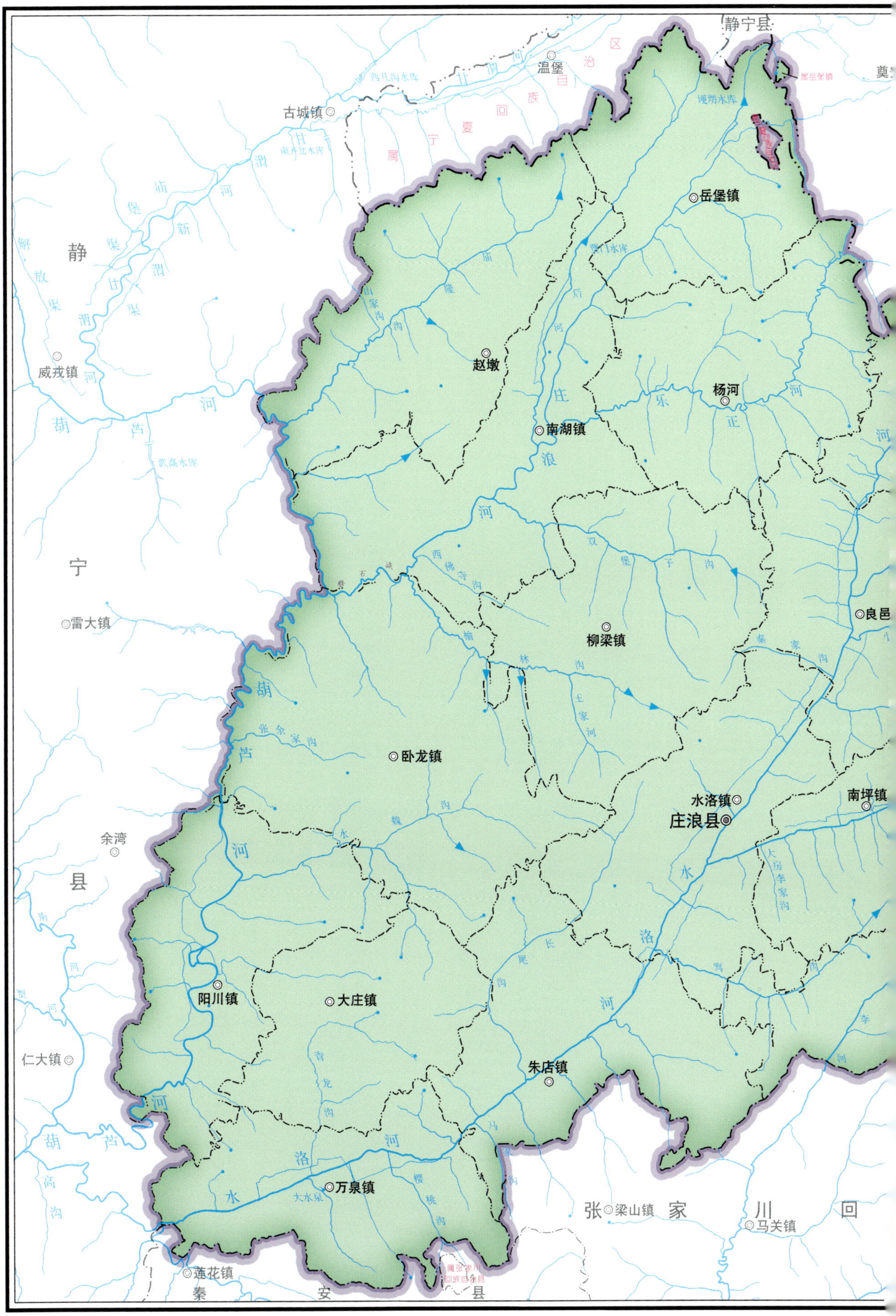
静宁县
温堡
宁夏回族自治区
古城镇
岳堡镇
赵墩
杨河
南湖镇
良邑
柳梁镇
卧龙镇
水洛镇
庄浪县
南坪镇
阳川镇
大庄镇
朱店镇
万泉镇
莲花镇
秦安县
张
梁山镇
家
川
回
马关镇
威戎镇
雷大镇
余湾
仁大镇
静
宁
县
庄浪河
水洛河
葫芦河

交通图

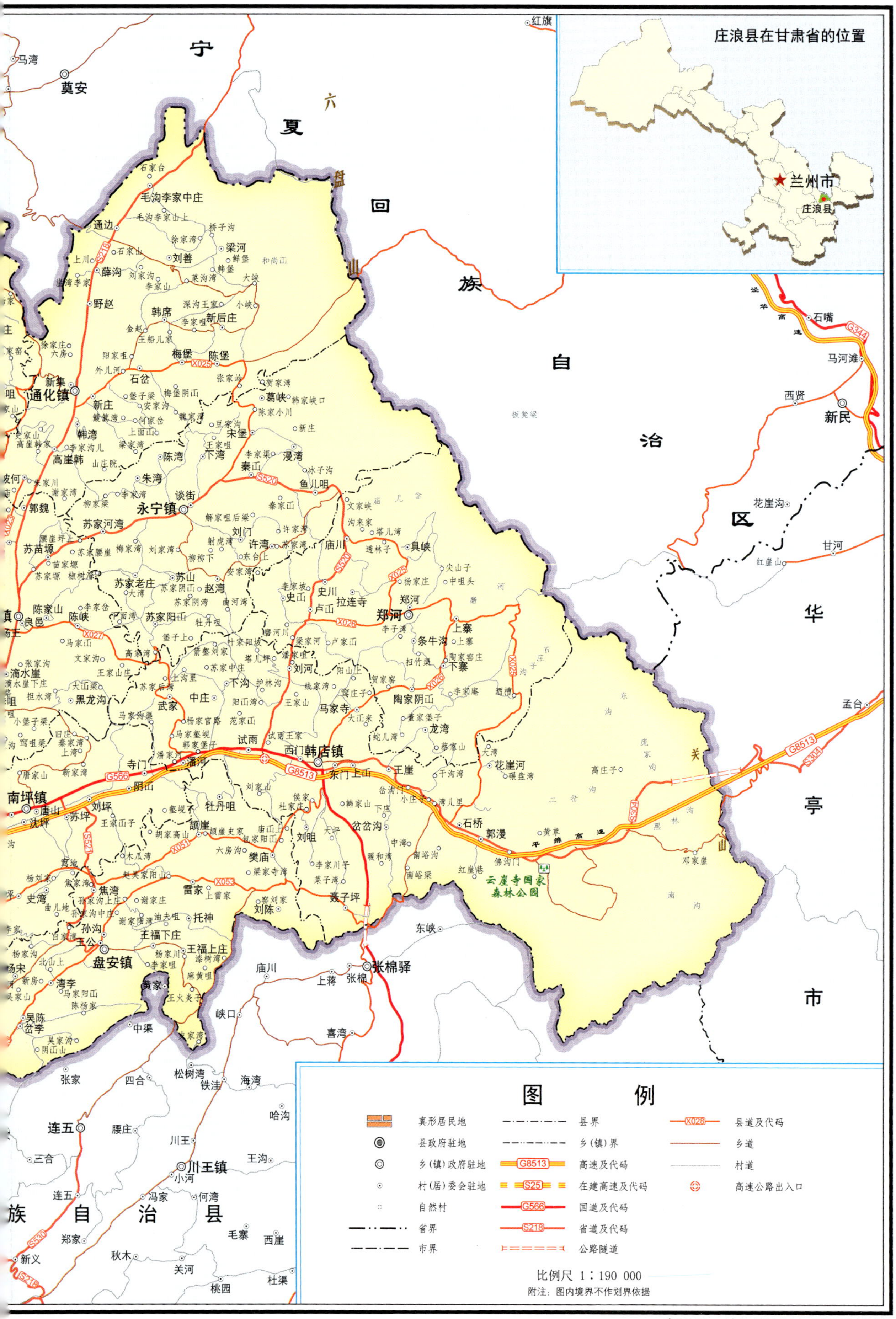

审图号：甘S（2021）6208018号

政区划图

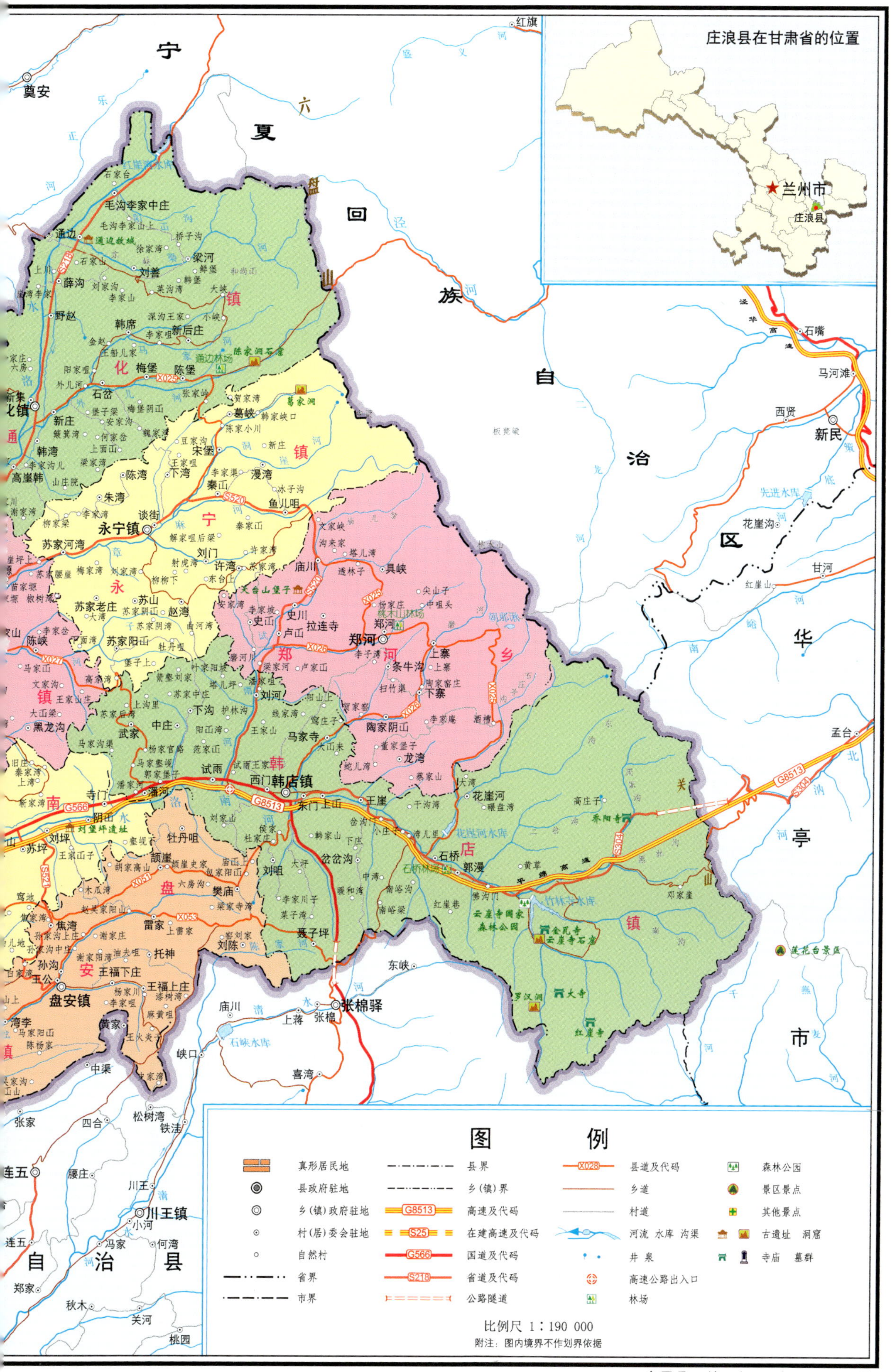

审图号：甘S（2021）6208020号

庄浪县

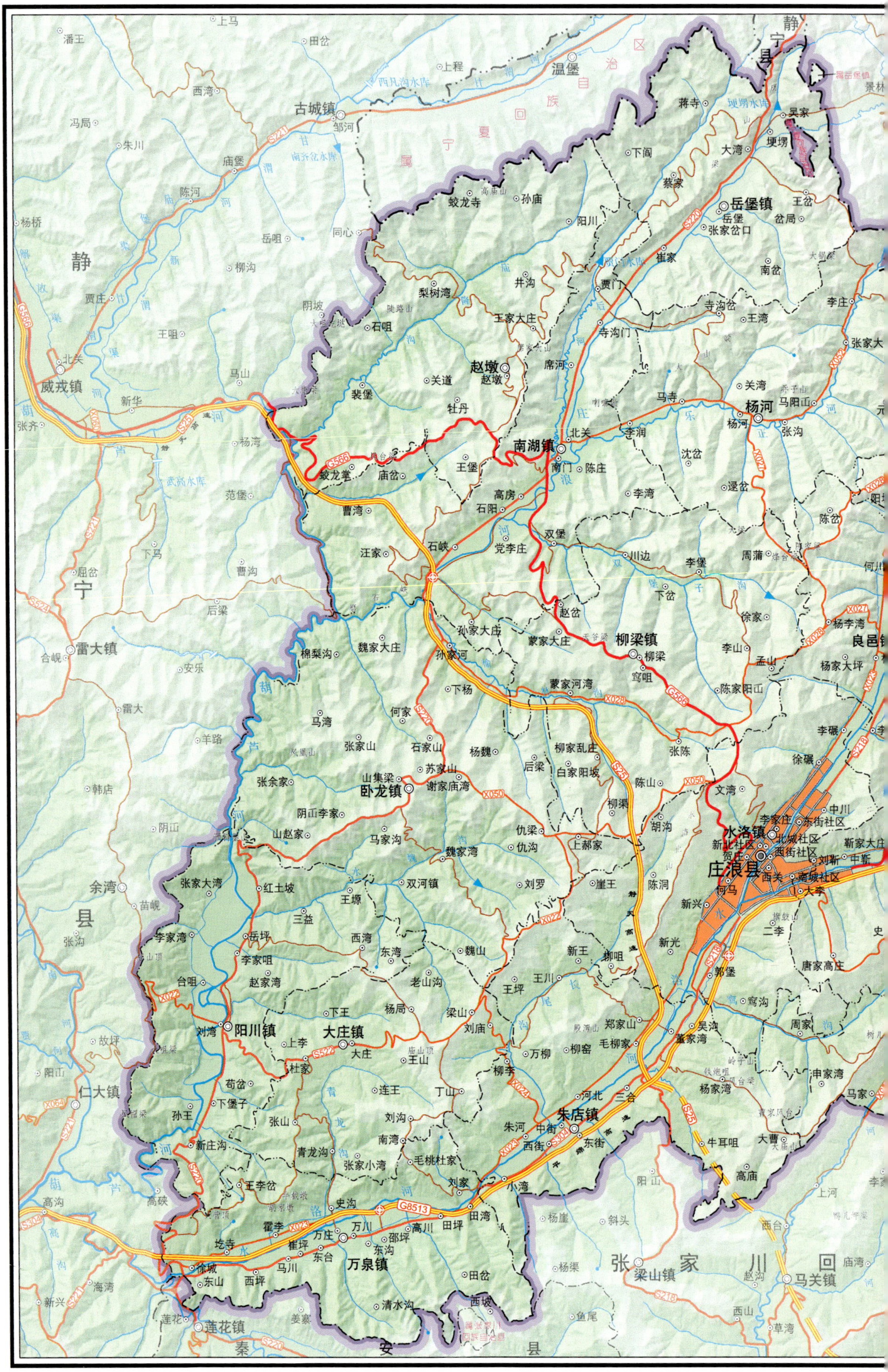

庄浪县
水洛镇
南湖镇
杨河
岳堡镇
赵墩
柳梁镇
卧龙镇
阳川镇
大庄镇
朱店镇
万泉镇
良邑镇
古城镇
温堡
威戎镇
雷大镇
仁大镇
余湾
莲花镇
梁山镇
马关镇
静宁县
宁夏回族自治区
静
宁
县
张家川回族自治县
秦安县
北城社区
西街社区
东街社区
南城社区
新村社区
李家庄
中川
靳家大庄
中靳
刘堡
何马
贾庄
西关
大李
新兴
新光
二李
郭堡
唐家高庄
胡沟
文湾
徐碾
李碾
张陈
陈山
柳渠
陈洞
崖王
新王
柳咀
王川
王坪
郑家山
毛柳家
柳窑
万柳
柳李
刘庙
梁山
杨局
老山沟
魏山
东湾
西湾
三益
王塬
双河镇
刘罗
仇沟
仇梁
上郝家
魏家湾
马家沟
谢家庙湾
苏家山
山集梁
石家山
何家
杨魏
后梁
柳家乱庄
白家阳坡
蒙家河湾
下杨
孙家河
孙家大庄
蒙家大庄
魏家大庄
棉梨沟
马湾
张家山
张余家
阴山李家
山赵家
红土坡
张家大湾
李家湾
岳坪
李家咀
赵家湾
台咀
刘湾
上李
大庄
杜家
王山
丁山
连王
苟岔
下堡子
孙王
张山
刘沟
南湾
青龙沟
张家小湾
毛桃杜家
刘家
小湾
史沟
新庄沟
王李岔
吴沟
董家湾
周家
申家湾
马家
杨家湾
三合
河北
中街
西街
东街
朱河
牛耳咀
大曹
高庙
田湾
田坪
高川
邵坪
东沟
万川
万庄
东台
崔坪
霍李
马川
西坪
东山
徐城
圪寺
清水沟
田岔
西坂
石峡
汪家
曹湾
石阳
高房
党李庄
双堡
川边
李堡
下岔
赵岔
周蒲
徐家
李山
孟山
陈家阳山
杨家大坪
杨李湾
逯岔
陈岔
张沟
马阳山
杨河
关湾
马寺
李润
沈岔
李湾
北关
南门
陈庄
王堡
庙岔
蛟龙堂
裴堡
关道
牡丹
赵墩
席河
寺沟门
寺沟岔
王湾
贾门
崔家
井沟
王家大庄
梨树湾
石咀
阳川
孙庙
蛟龙寺
蒋寺
下阎
蔡家
大湾
吴家
埂坪
岳堡
张家岔口
王岔
岔局
南岔
李庄
张家大
上马
田岔
上程
潘王
西湾
冯局
朱川
庙堡
陈河
杨桥
岳咀
同心
柳沟
贾庄
王咀
阴坡
马山
新华
北关
张齐
杨湾
范堡
下马
屈岔
曹沟
后梁
合岘
安乐
雷大
羊路
韩店
阴山
苗岘
张沟
故坪
阳山
高沟
高峡
海湾
新兴
莲花
姜寨
杨崖
斜头
杨渠
阳山
赵沟
西山
草湾
上河
庙湾
西台
鱼尾
邬河
南齐沟水库
西凡沟水库
武梢水库
埂坝水库
G8513
G566
S25
S218
S220
S222
S304
X022
X023
X024
X028
X050

庄浪县行

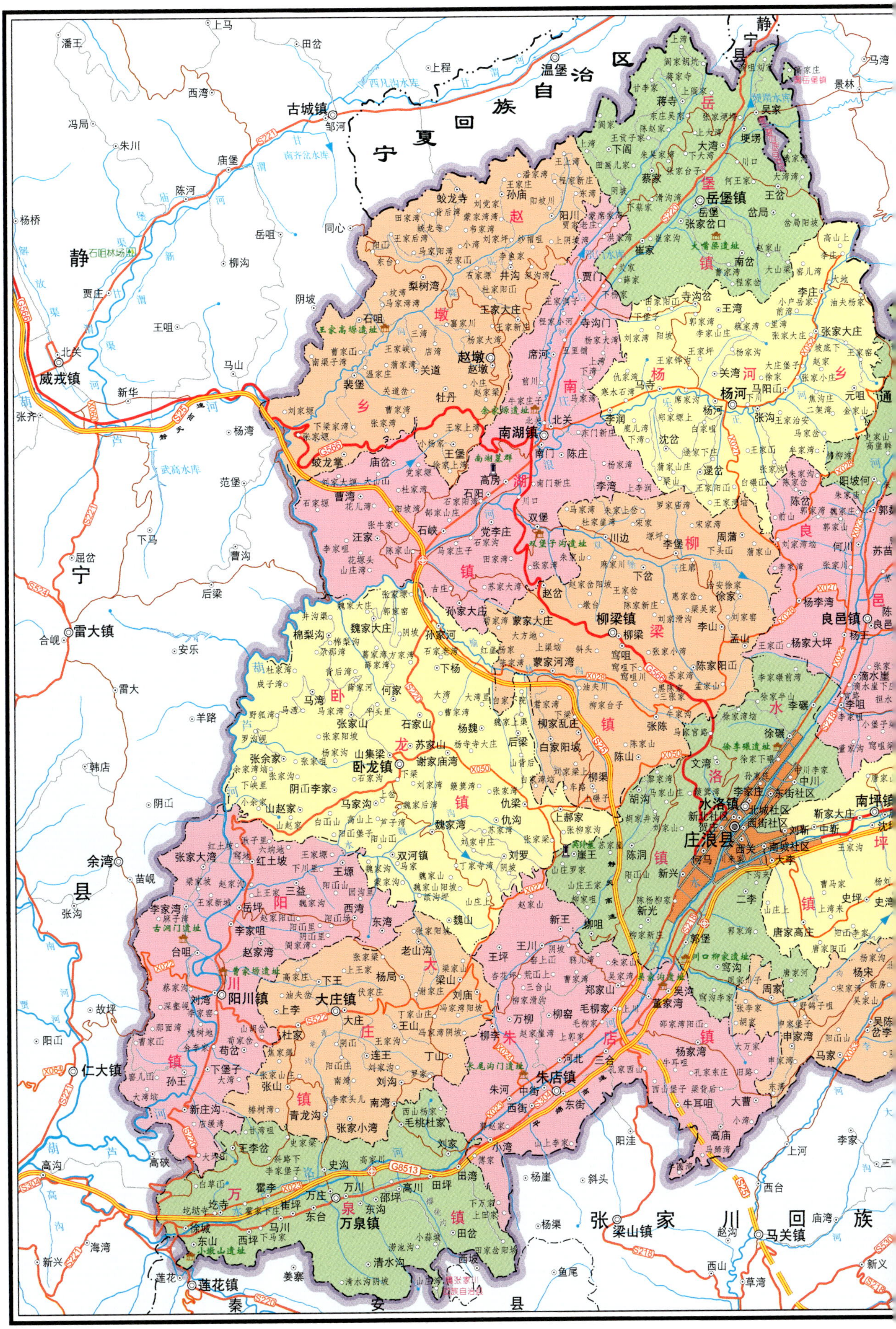

宁夏回族自治区
温堡
静宁县
静宁县
宁县
张家川回族
秦安县
古城镇
威戎镇
雷大镇
仁大镇
莲花镇
梁山镇
马关镇
南坪镇
良邑镇
岳堡镇
赵墩乡
南湖镇
杨河乡
柳梁镇
卧龙镇
水洛镇
庄浪县
阳川镇
大庄镇
朱店镇
万泉镇
通化镇
韩店镇
阳坪镇
郑河乡
水洛镇
杨河
赵墩
柳梁
北关
南关
安乐
余湾
张沟
高沟
徐城
西坪
马川
万川
东台
东沟
田坪
清水沟
西坡
田岔
石咀
关道
牡丹
井沟
孙庙
阳川
大湾
下阎
蔡家
岳堡
南岔
王岔
王湾
李庄
关湾
马寺
李湾
沈岔
陈庄
高房
石峡
双堡
川边
周蒲
李堡
下岔
徐家
李山
孟山
蒙家大庄
下杨
何家
石家山
杨魏
苏家山
张余家
马家沟
山赵家
双河镇
刘罗
仇沟
魏山
崖王
陈洞
新兴
新光
郭堡
吴沟
董家湾
红土坡
王塬
三益
岳坪
李家咀
台咀
赵家湾
刘湾
下王
上李
大庄
王山
杨局
梁山
刘庙
丁山
连王
刘沟
南湾
青龙沟
张家小湾
刘家
史沟
万庄
崔坪
霍李
王李岔
新庄沟
孙王
王坪
王川
郑家山
毛柳家
柳窑
杨家湾
三合
中街
东街
西街
牛耳咀
大曹
高庙
胡沟
胡川
唐家高庄
史坪
曹马家
二李
周家
湾川
川口
刘新
中靳
靳家大庄
大李
杨宋
马家
何川
苏苗
阳坡何
陈岔
滴水崖
李咀
李碾
徐碾
文湾
柳渠
陈山
张陈
柳家乱庄
白家阳坡
后梁
上郝家
杨家大坪
杨李湾
元咀
张家大庄
通边
西湾
庙堡
陈河
同心
岳咀
柳沟
贾庄
王咀
马山
新华
张齐
杨湾
范堡
下马
屈岔
曹沟
后梁
雷大
羊路
韩店
阴山
苗岘
张沟
故坪
阳山
海湾
新兴
莲花
姜寨
杨崖
斜头
杨渠
鱼尾
阳洼
赵沟
西山
草湾
新义
西台
上河
李家
唐湾
潘王
冯局
朱川
上马
田岔
上程
杨桥
马湾
景林
吴家
梗塌
邹河
G8513
S304
S221
S218
S220
S525
S524
G566
S25
X028
X050
X022
X024
X064

地形图

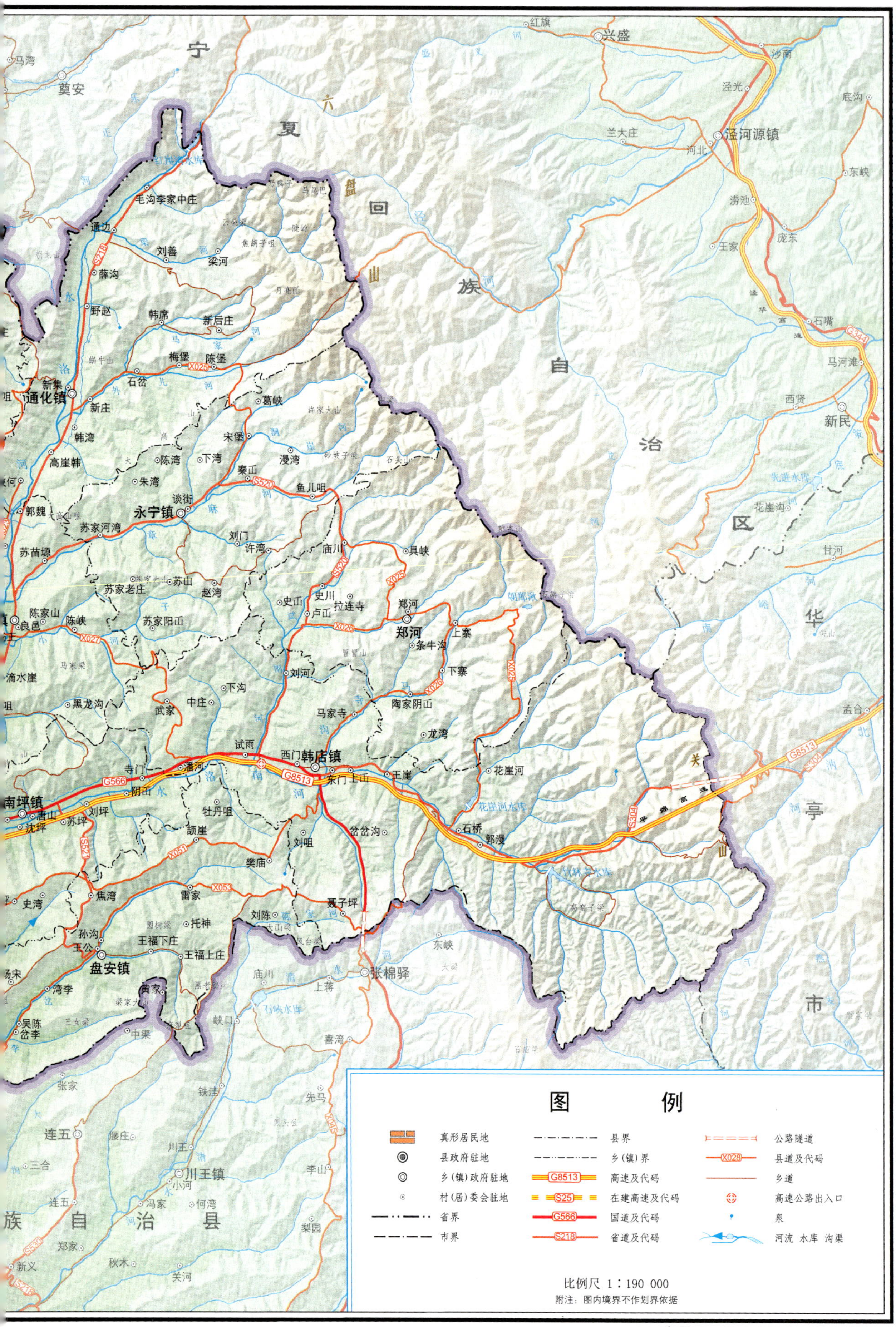

审图号：甘S（2021）6208019号

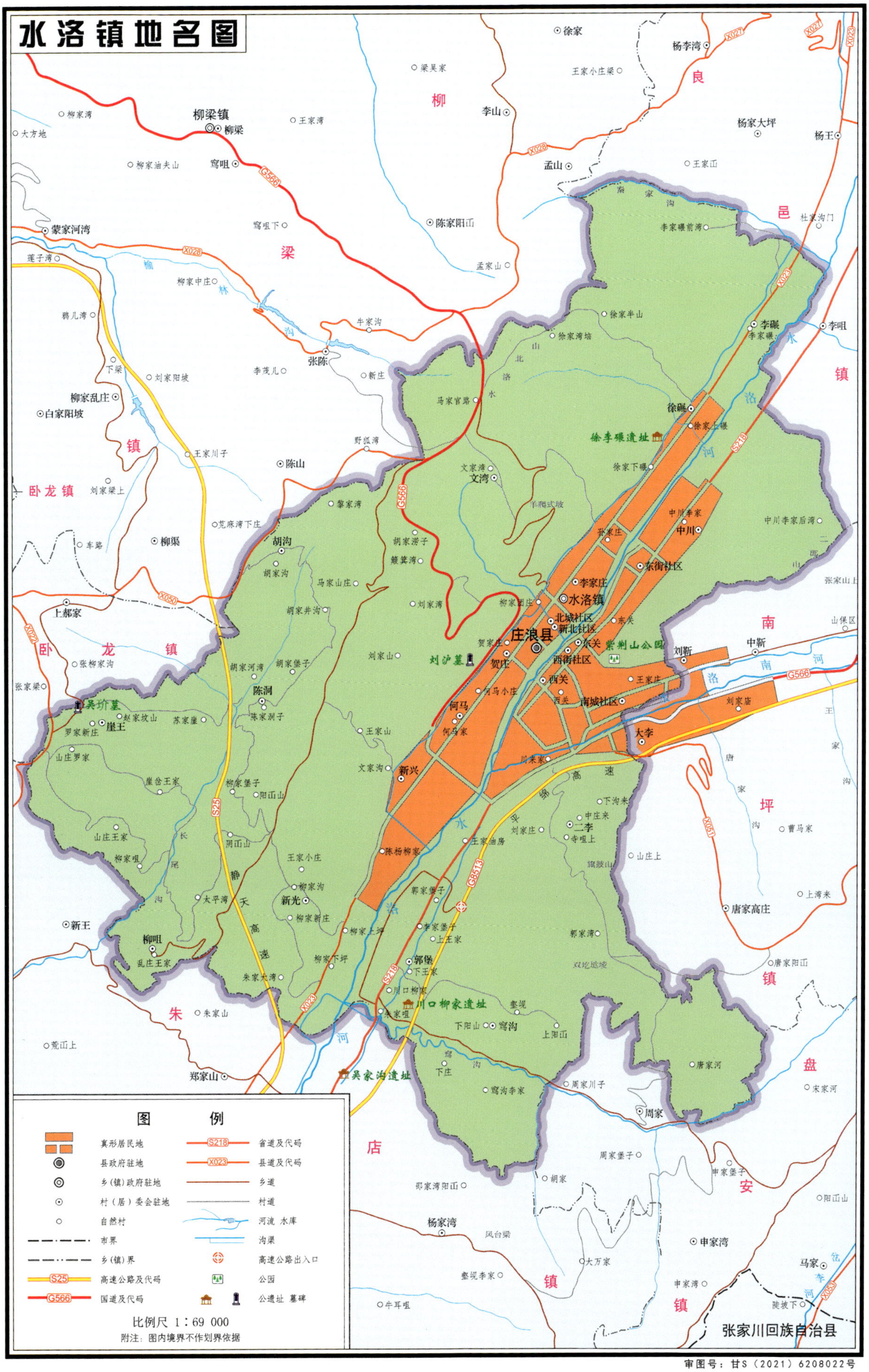

审图号：甘S（2021）6208022号

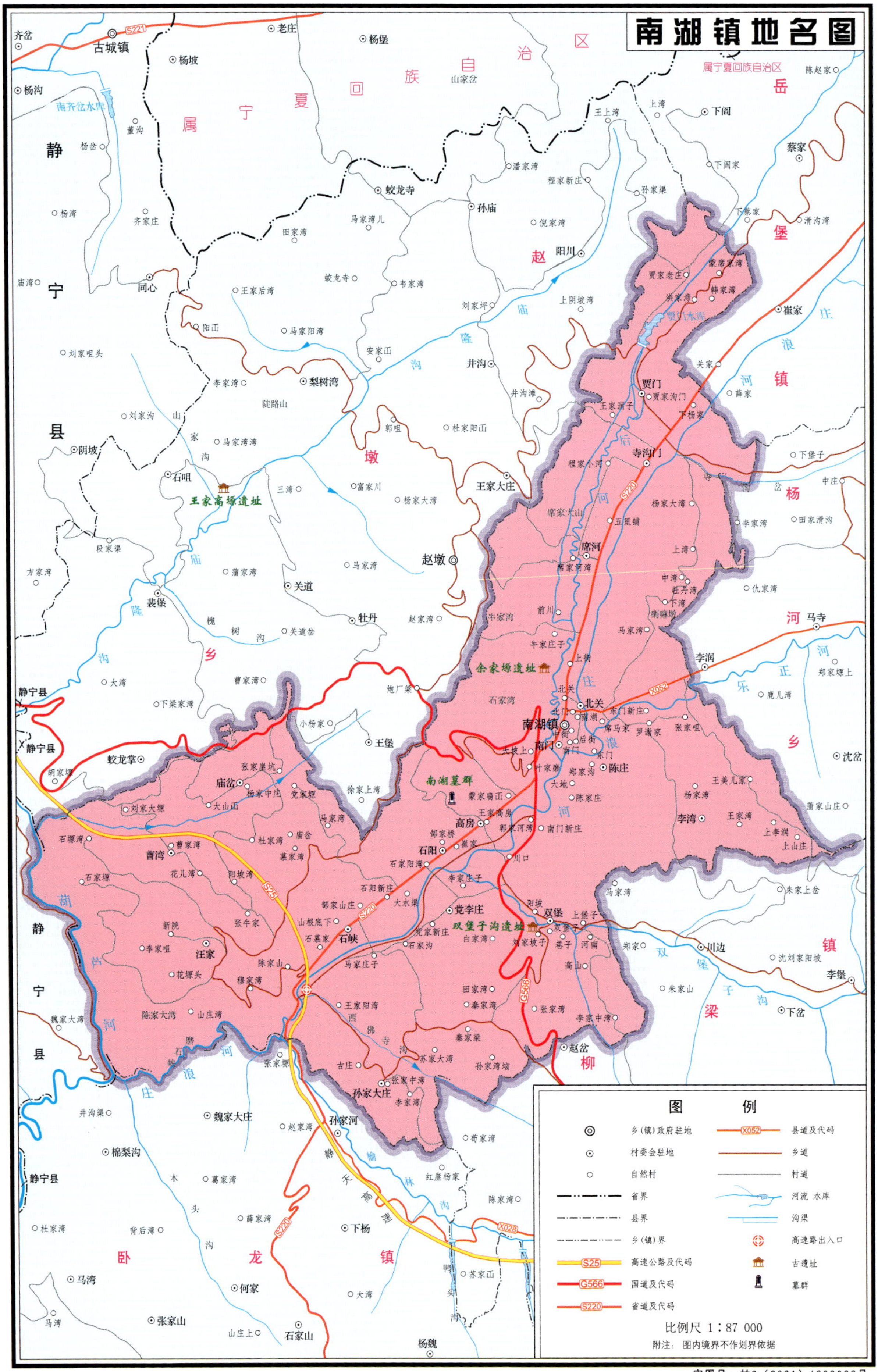

审图号：甘S（2021）6208022号

朱店镇地名图

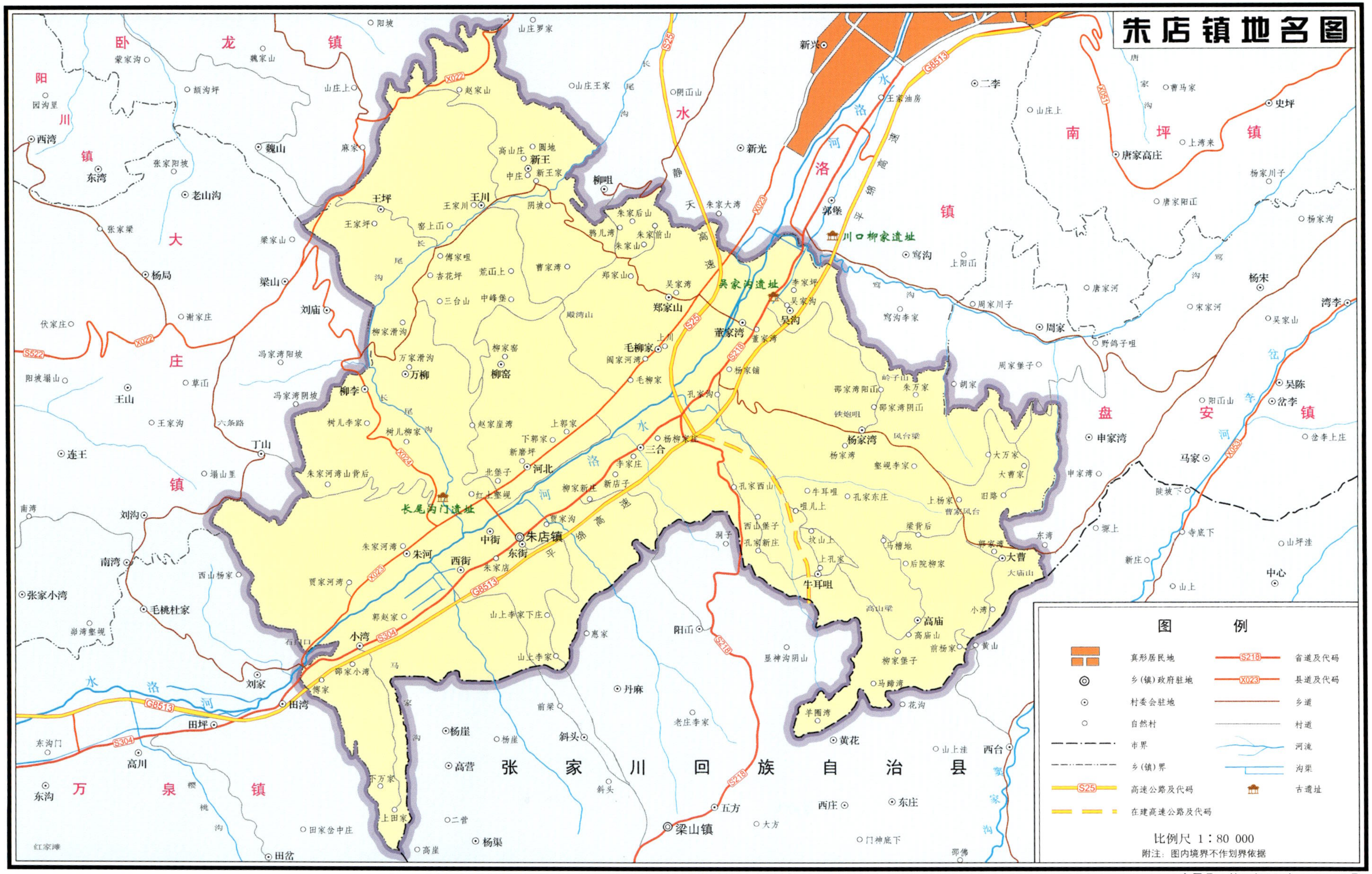

审图号：甘S（2021）6208022号

万泉镇地名图

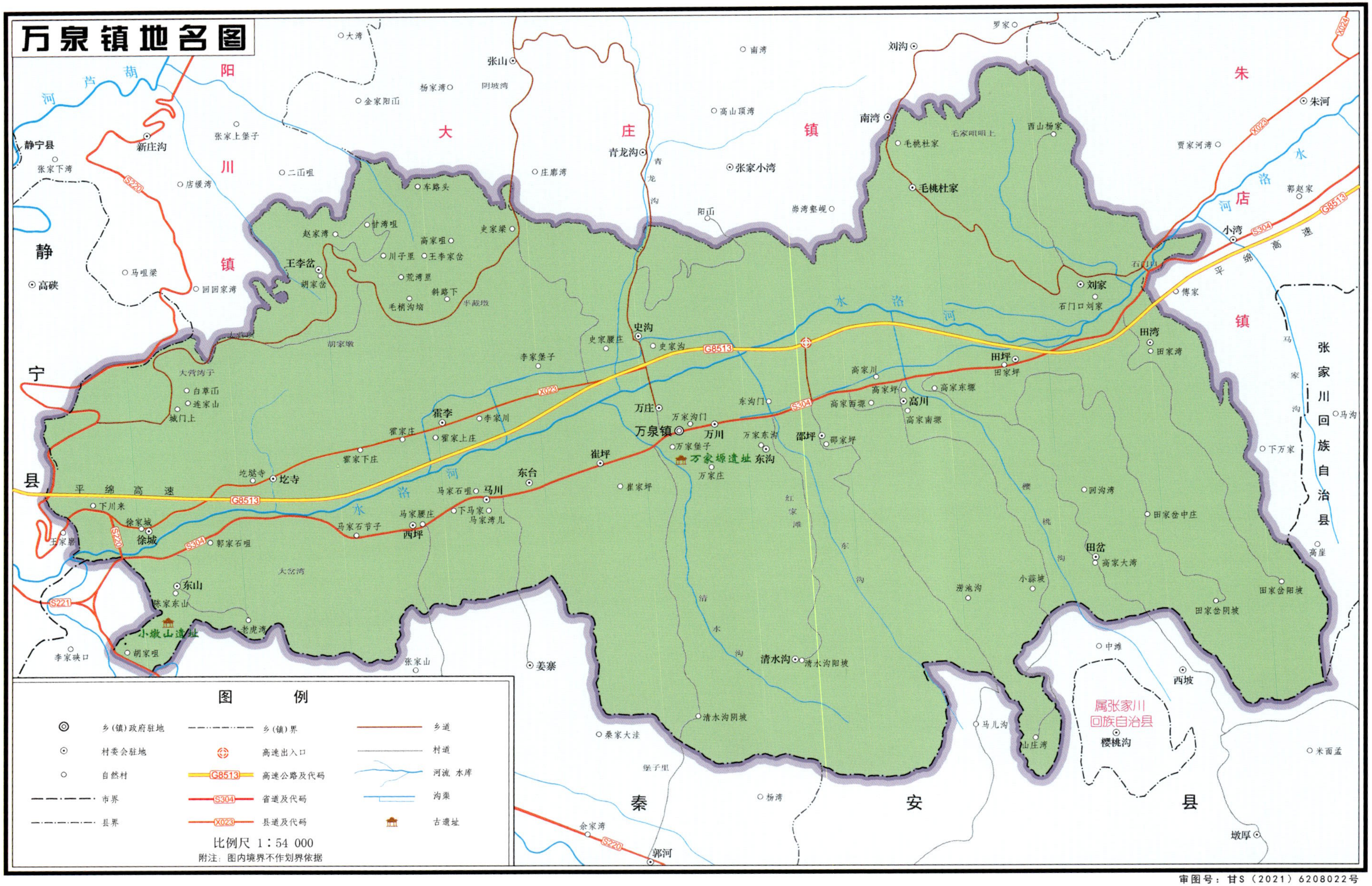

图例

◎	乡(镇)政府驻地		乡(镇)界		乡道
⊙	村委会驻地		高速出入口		村道
○	自然村	G8513	高速公路及代码		河流 水库
	市界	S304	省道及代码		沟渠
	县界	X023	县道及代码		古遗址

比例尺 1∶54 000

附注：图内境界不作划界依据

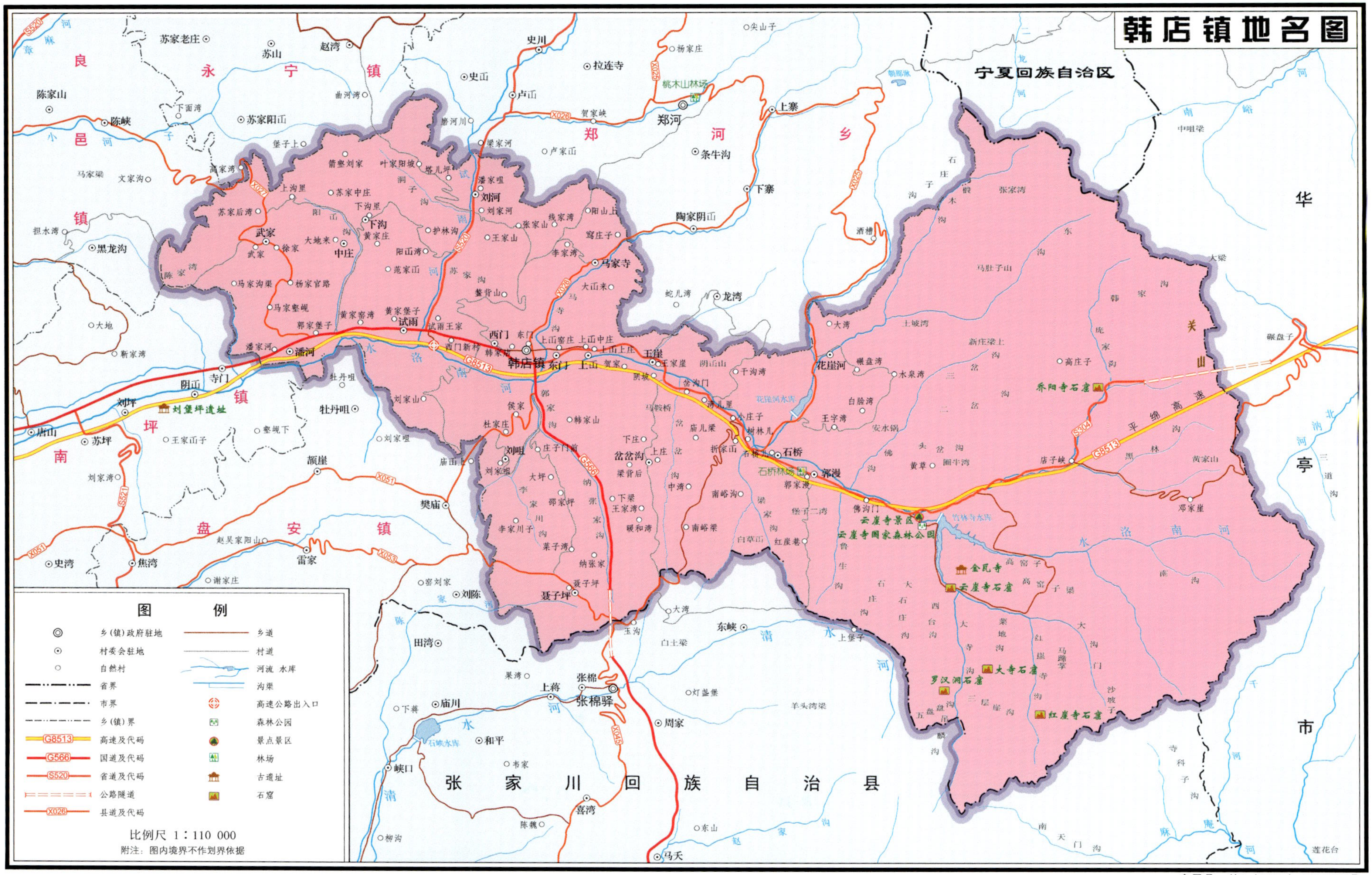

审图号：甘S（2021）6208022号

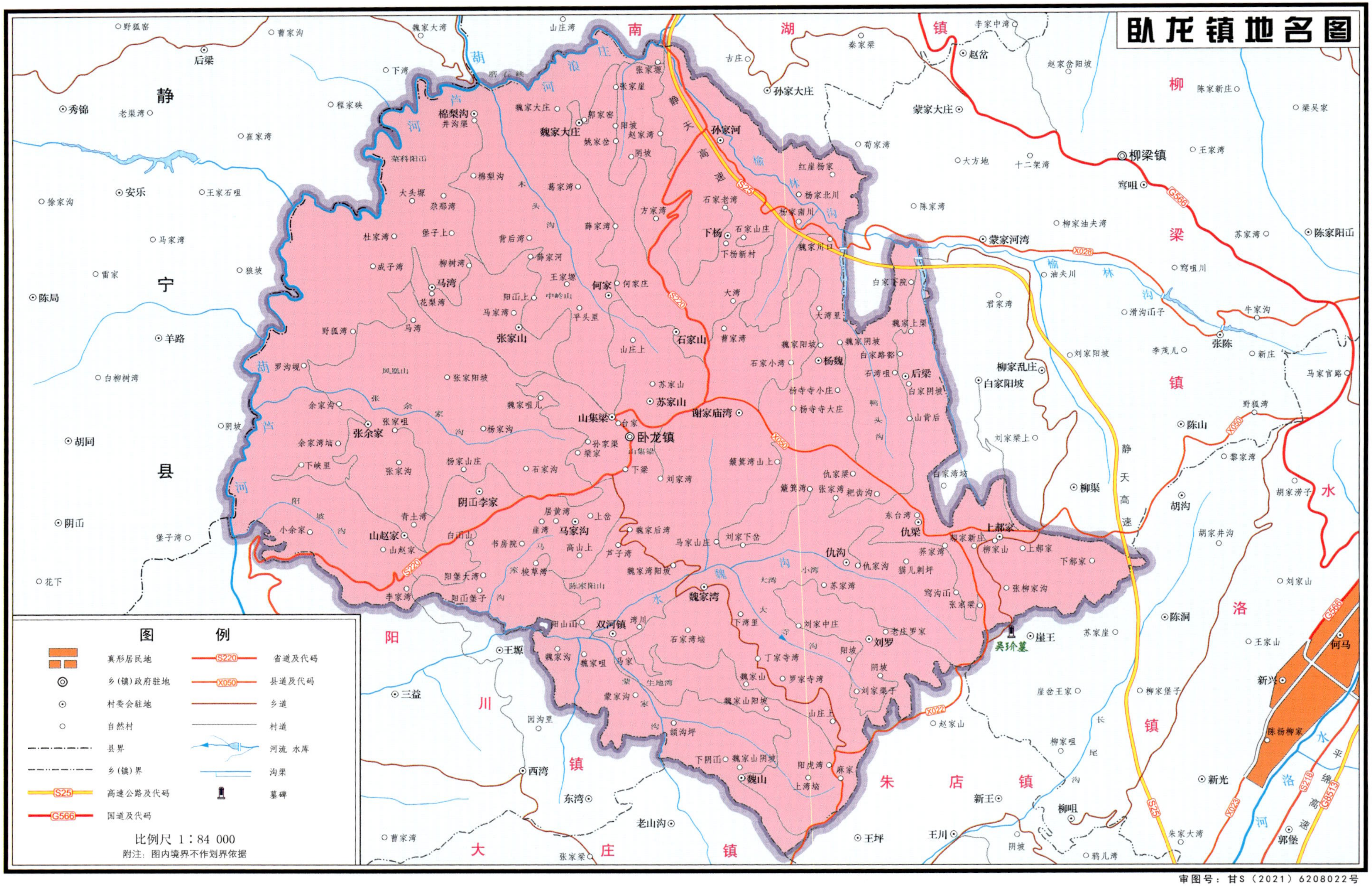

审图号：甘S（2021）6208022号

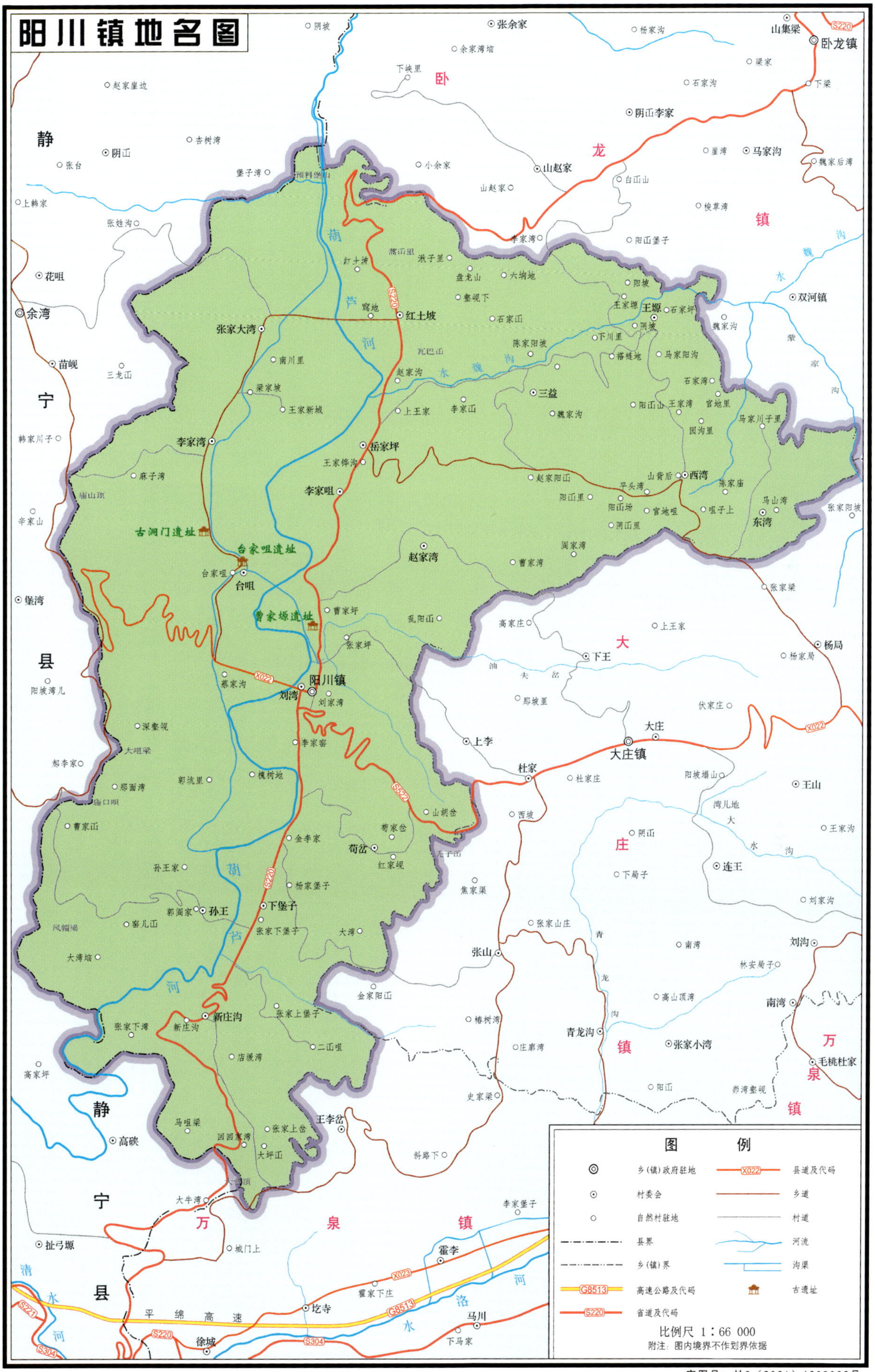

审图号：甘S（2021）6208022号

盘安镇地名图

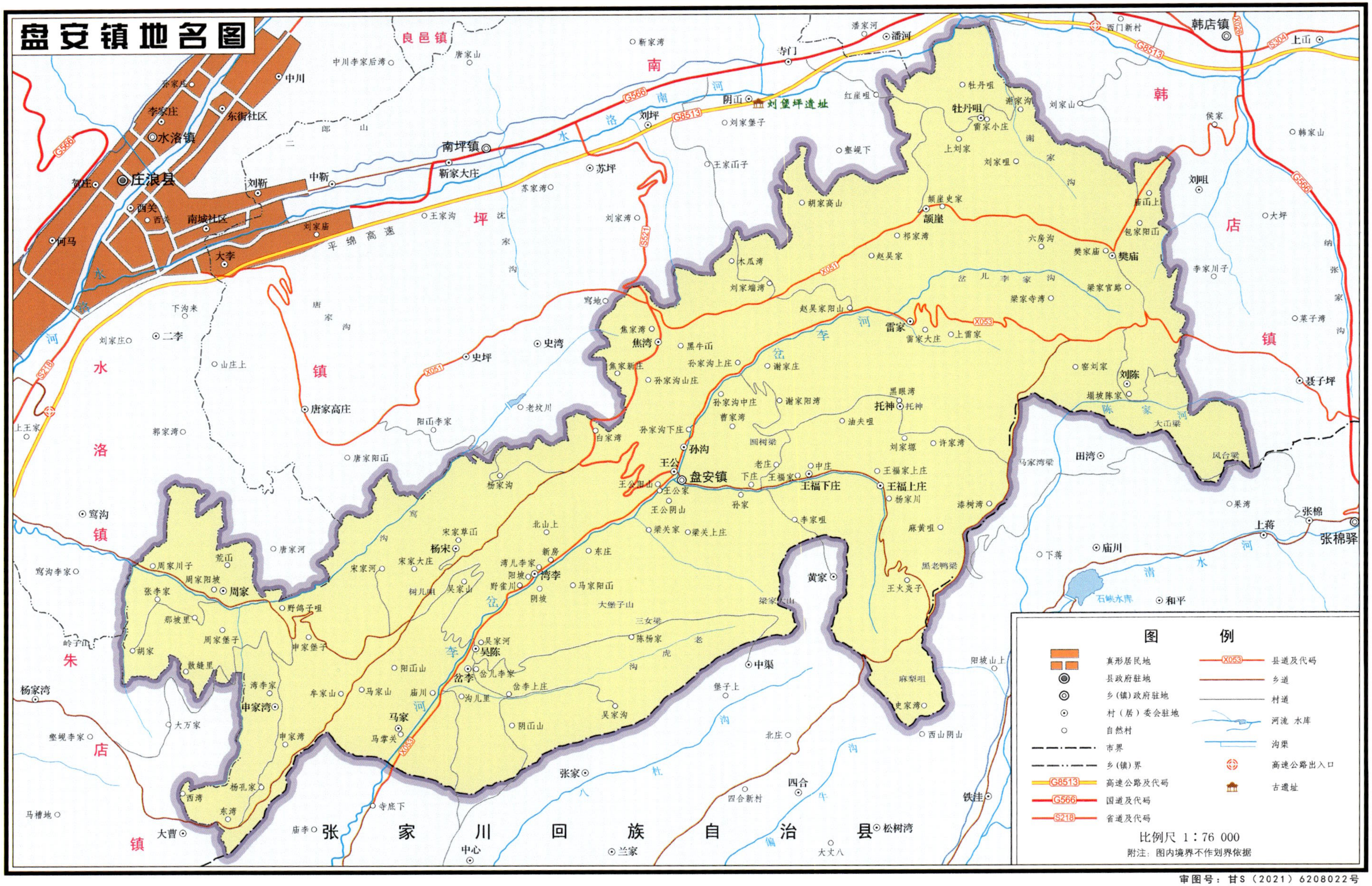

审图号：甘S（2021）6208022号

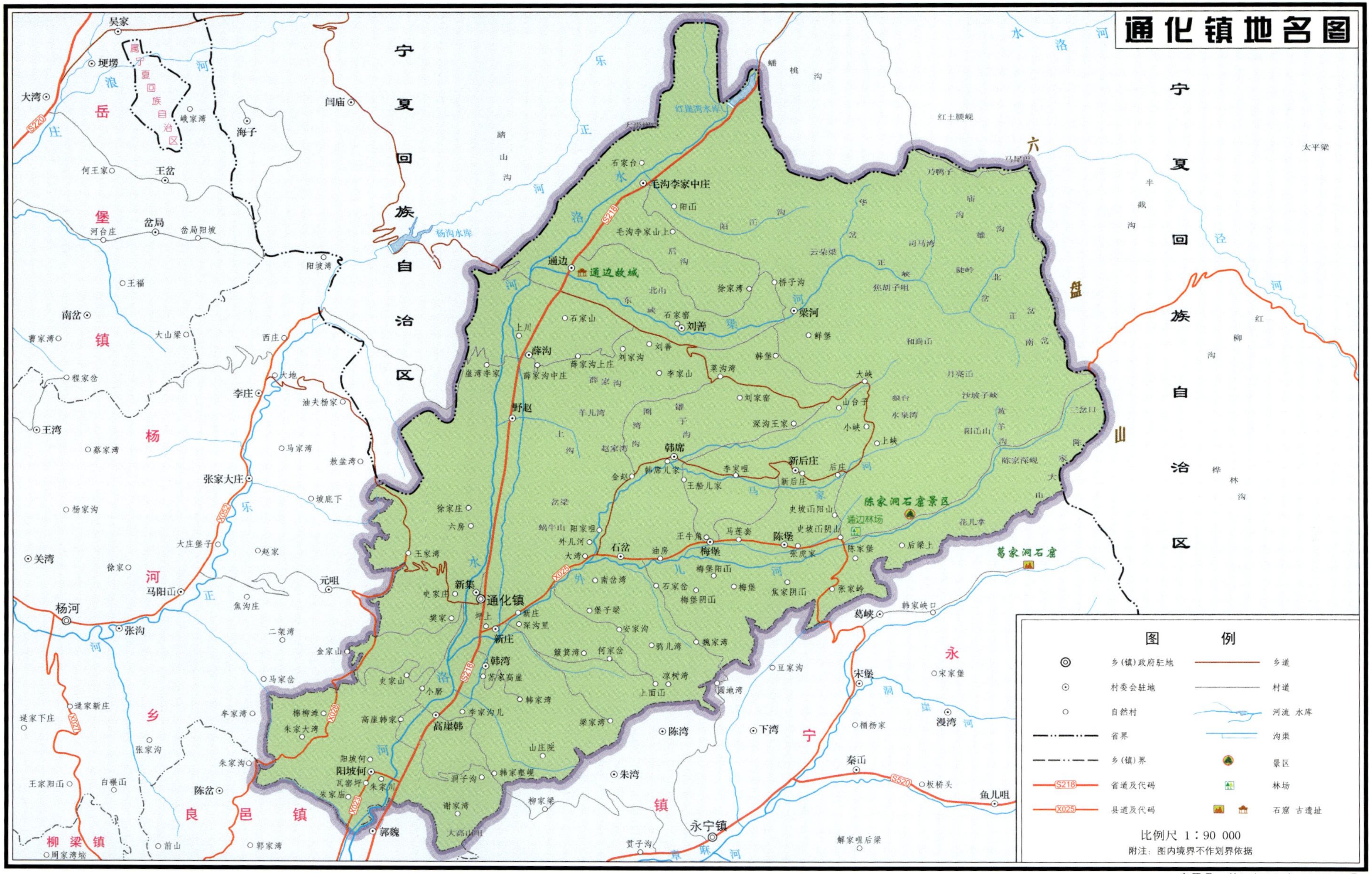

审图号：甘S（2021）6208022号

大庄镇地名图

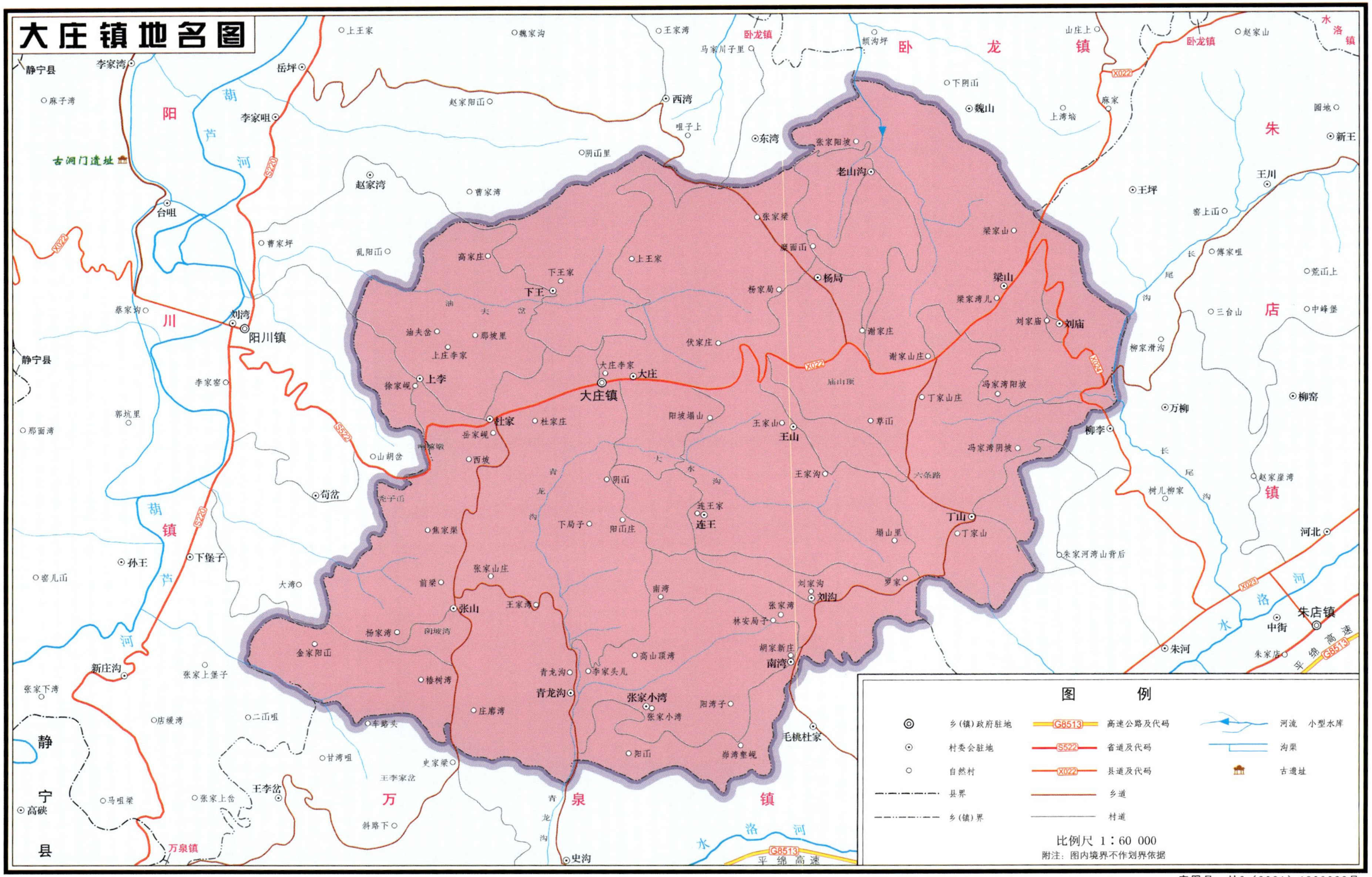

审图号：甘S（2021）6208022号

永宁镇地名图

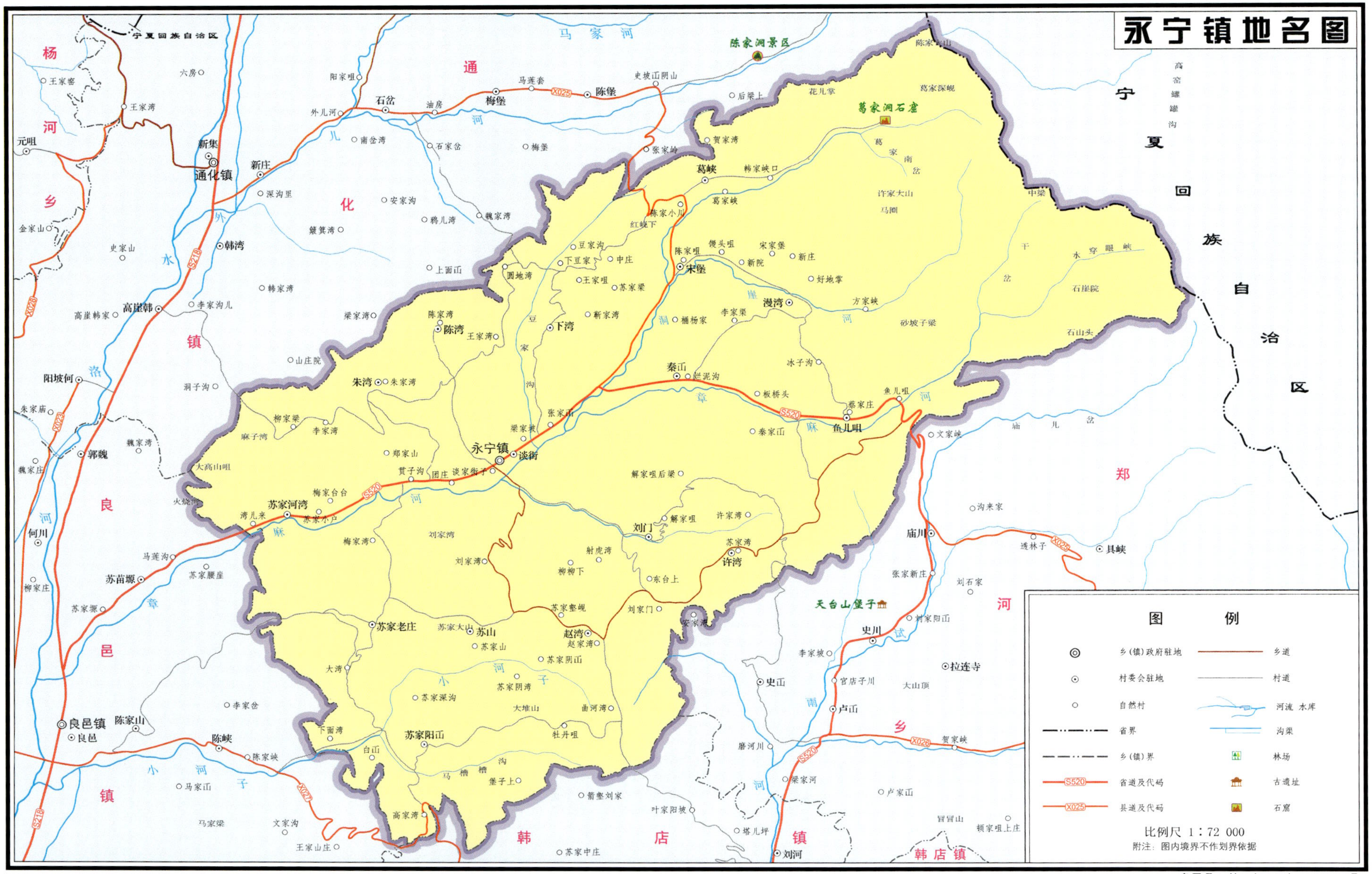

审图号：甘S（2021）6208022号

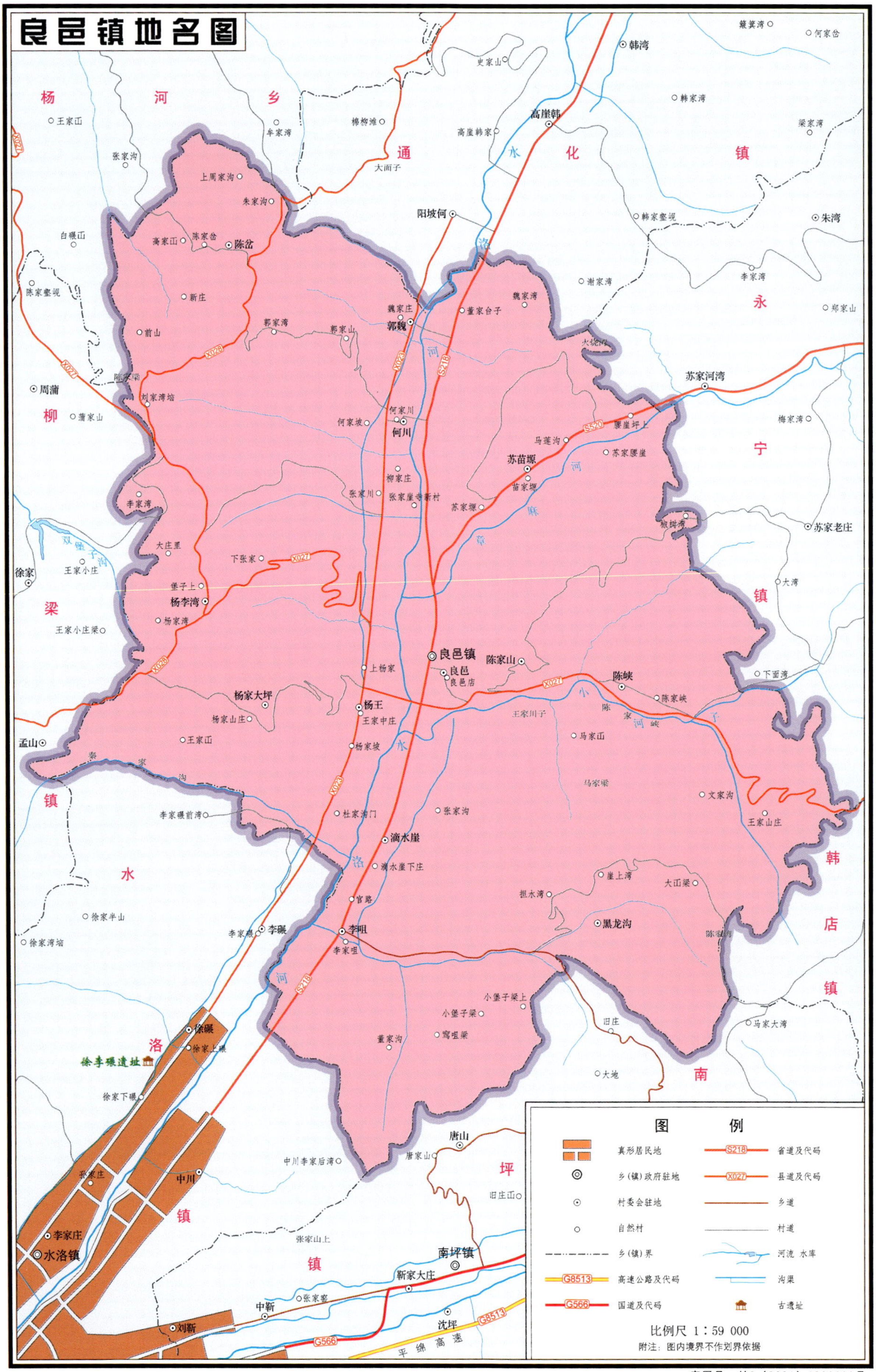

审图号：甘S（2021）6208022号

岳堡镇地名图

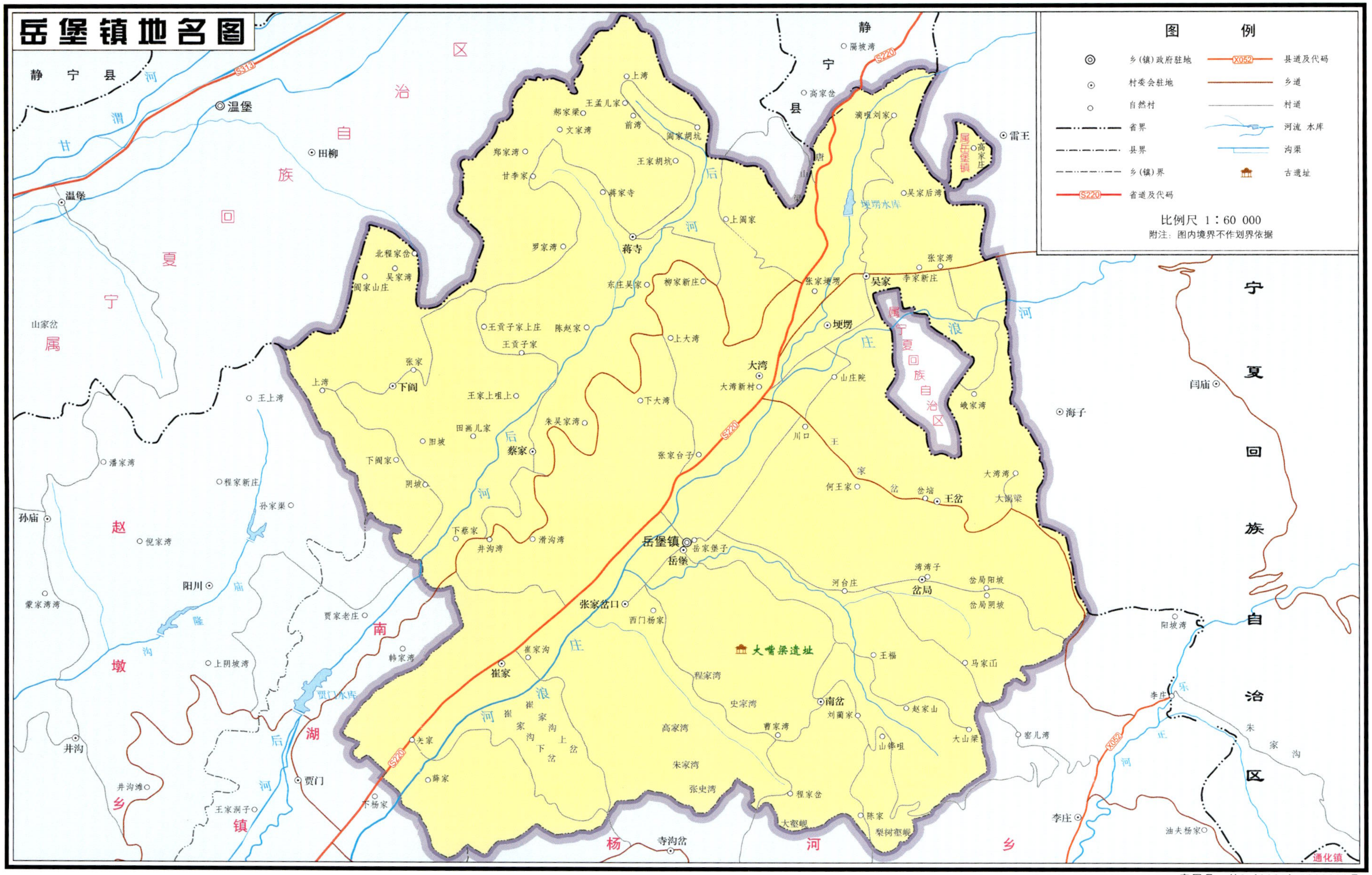

审图号：甘S（2021）6208022号

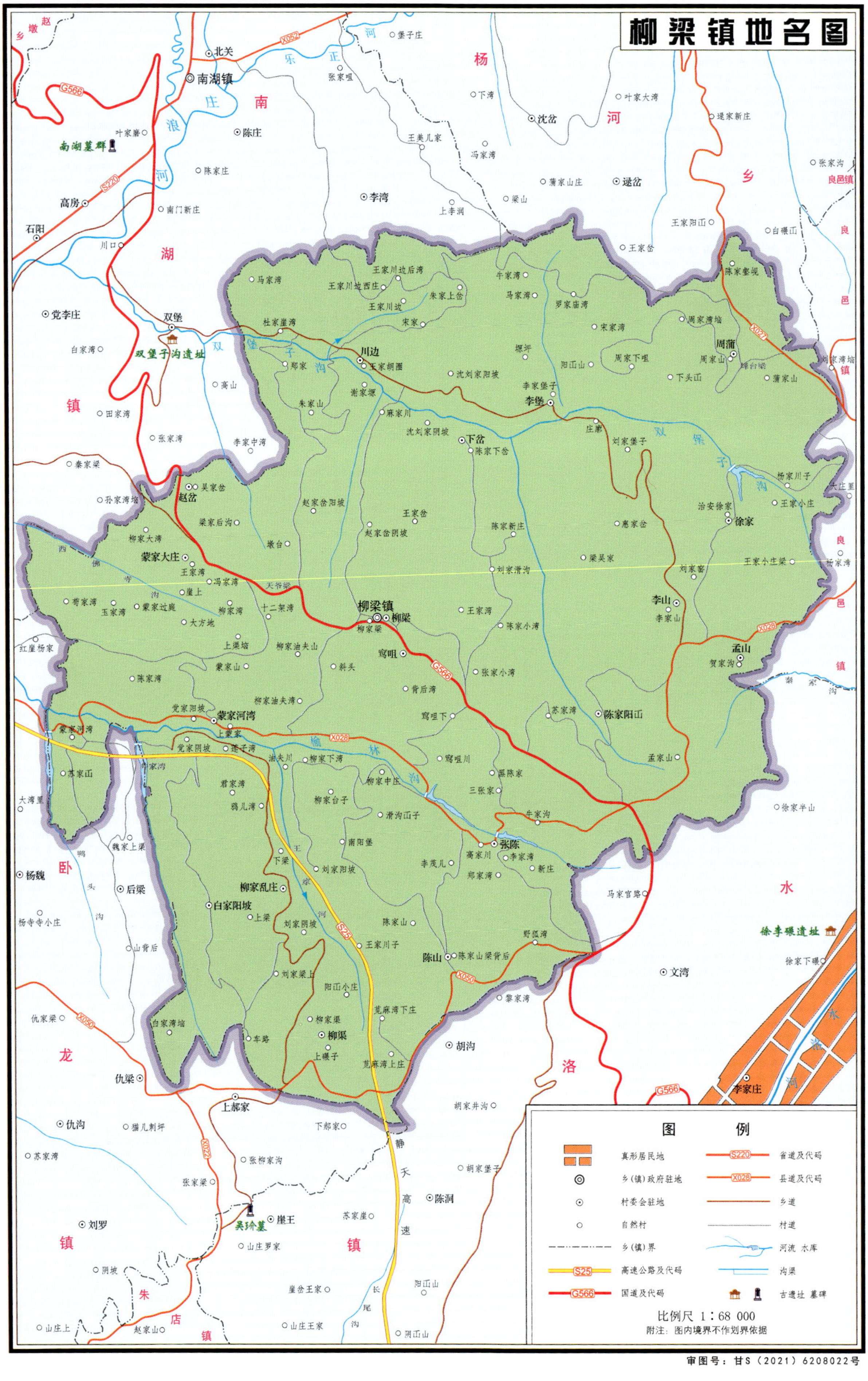

审图号：甘S（2021）6208022号

南坪镇地名图

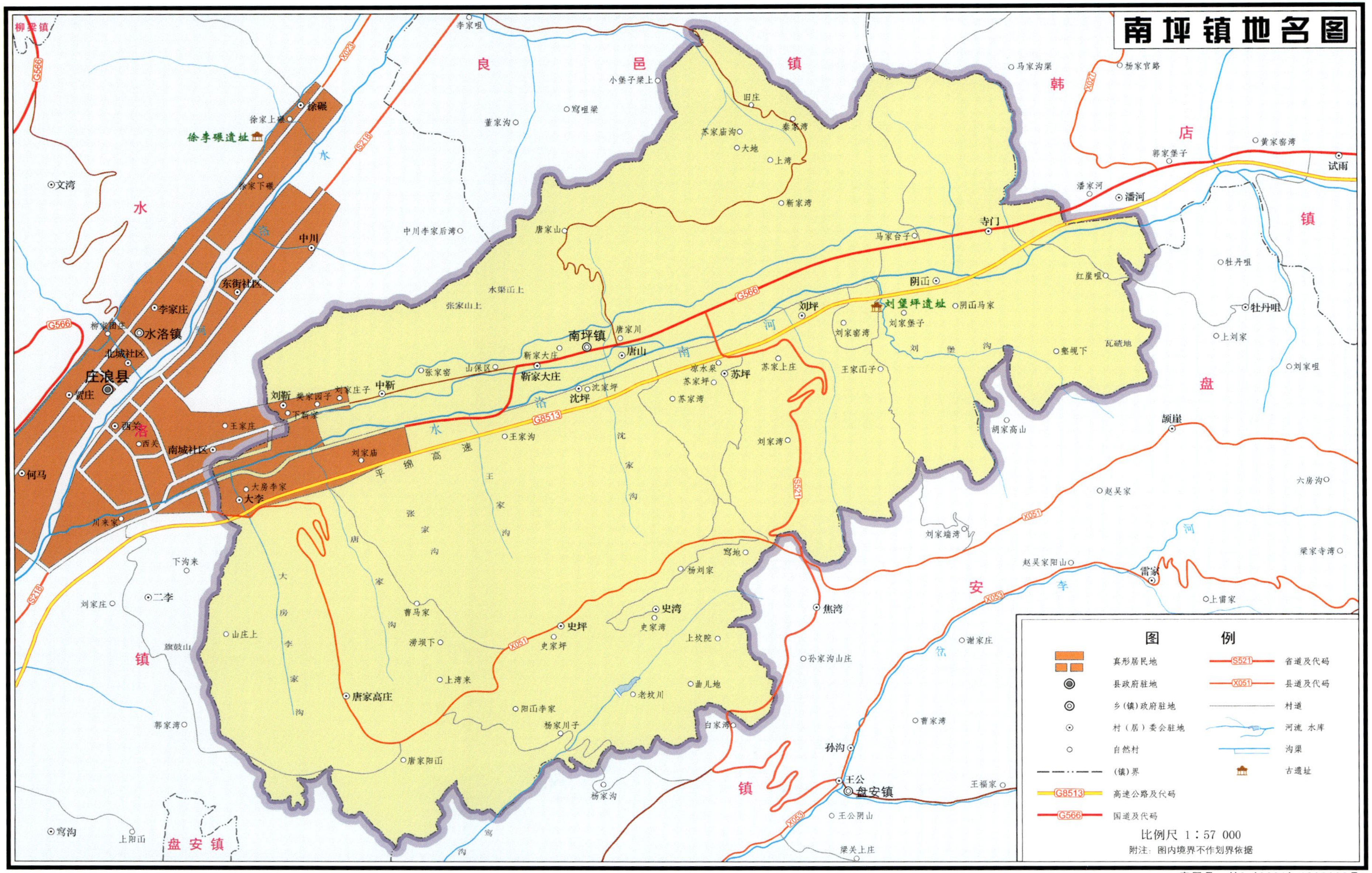

审图号：甘S（2021）6208022号

杨河乡地名图

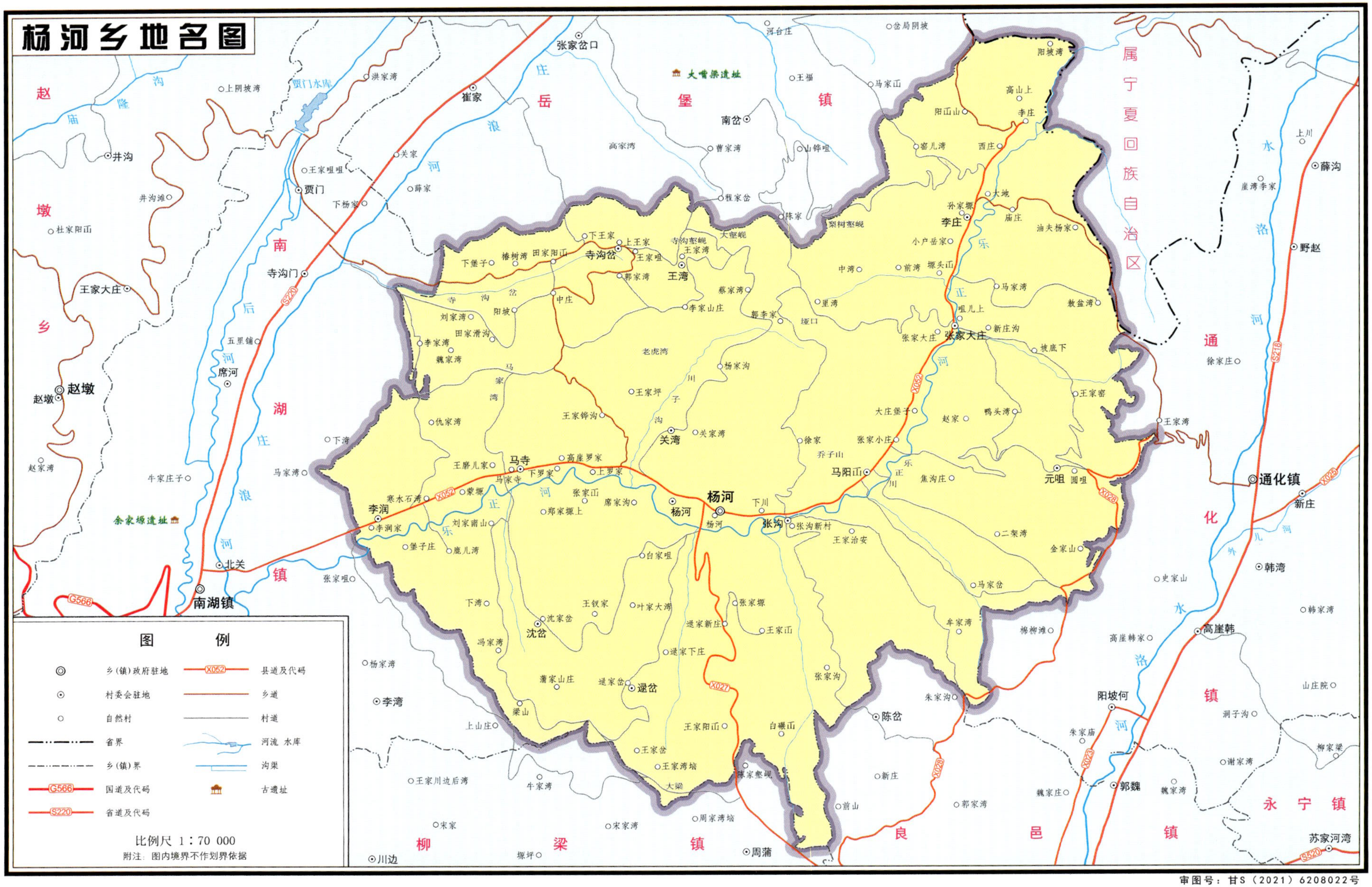

审图号：甘S（2021）6208022号

赵墩乡地名图

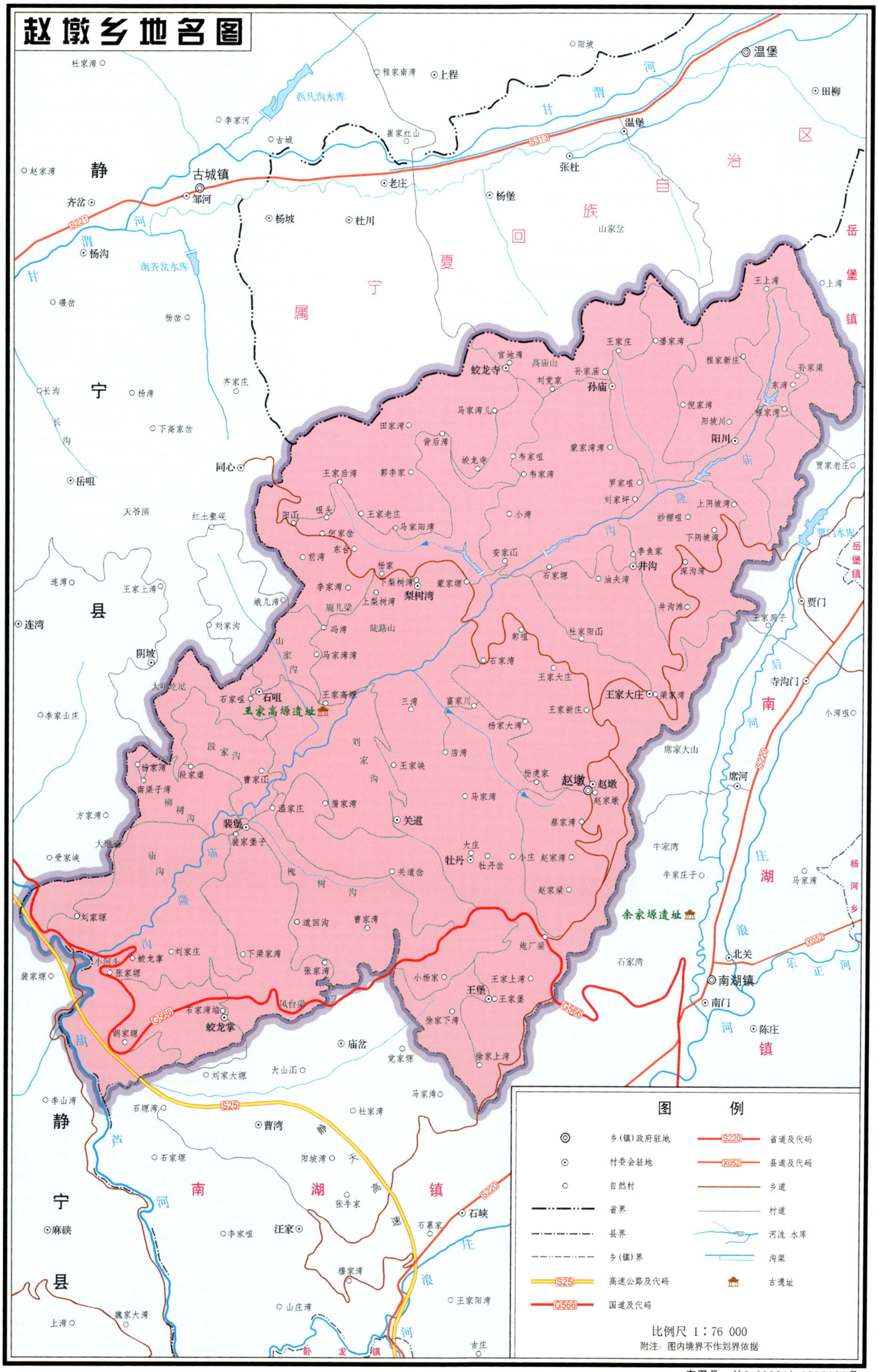

审图号：甘S（2021）6208022号

郑河乡地名图

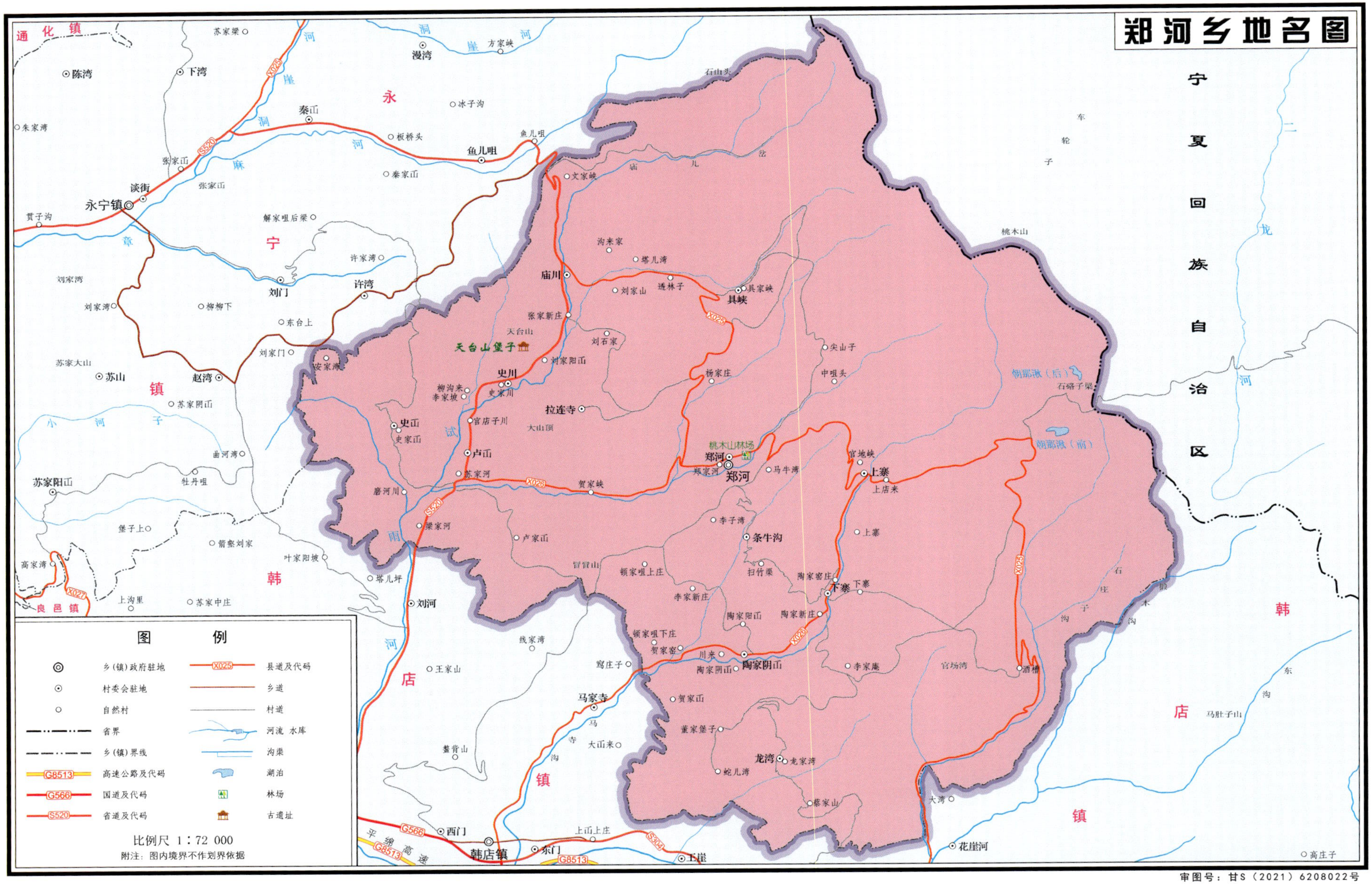

审图号：甘S（2021）6208022号

云崖寺（2019 年 10 月摄）

陈家洞（2018 年 10 月摄）

庄浪县城（2021 年 8 月摄）

庄浪梯田（2015 年 9 月摄）

中国梯田化模范县碑（2020 年 4 月摄）

关山（2019 年 10 月摄）

紫荆山（2020 年 4 月摄）

朝那前湫（2016 年 9 月摄）

朝那后湫（2018 年 9 月摄）

庄浪县城夜景（2020 年 4 月摄）

水上公园（2014 年 11 月摄）

庄浪县文体活动中心（2020 年 6 月摄）

中国梯田化模范县纪念馆（2020 年 6 月摄）

紫荆广场（2019 年 6 月摄）

文化广场（2020 年 4 月摄）

目　录

概　述……1
大事记……5

第一章　行政区域地名……13
　第一节　庄浪县……13
　第二节　乡镇……26
　第三节　历史行政区域……51
第二章　群众自治组织地名……53
　第一节　居民委员会……53
　第二节　村民委员会……54
　第三节　历史群众自治组织……90
第三章　居民点地名……105
　第一节　城镇居民点……105
　第二节　农村居民点……110
　第三节　历史居民点……287
第四章　自然地理实体地名……297
　第一节　陆地地形……297
　第二节　陆地水系……313
第五章　交通运输设施地名……319
　第一节　公路……319
　第二节　桥梁　隧道……325
　第三节　城区街路巷……333
　第四节　汽车站……337
　第五节　公路养护……339

第六节　加油站 …… 340

第六章　水利电力通信设施地名 …… 341

第一节　水利水保 …… 341

第二节　电力 …… 348

第三节　通信基站 …… 349

第七章　单位地名 …… 351

第一节　党政机关 …… 351

第二节　军事单位 …… 357

第三节　事业单位 …… 358

第四节　企业 …… 385

第五节　社会组织 …… 390

第八章　文化旅游地名 …… 391

第一节　纪念地 …… 391

第二节　文物遗址 …… 392

第三节　宗教场所 …… 409

第四节　公园景点 …… 410

第九章　建筑物地名 …… 413

第一节　广场　体育场　商场 …… 413

第二节　房屋 …… 415

第三节　碑 …… 415

第十章　地名文化 …… 417

第一节　碑记 …… 417

第二节　文翰 …… 426

第三节　考述 …… 444

第四节　故事 …… 458

第五节　诗词 …… 467

附　录 …… 473

一、《庄浪县标准地名录》 …… 473

二、文件 …… 577

编后记 …… 596

概　述

庄浪之名源于金正大七年（1230）蒙古军在占领区设立庄浪路，名称已沿用近 800 年。

地理环境

庄浪县为甘肃省平凉市辖县。位于甘肃东部、六盘山西麓，属黄土高原丘陵沟壑区。东邻华亭市，南与张家川回族自治县、秦安县毗连，西接静宁县，北与宁夏回族自治区隆德县、泾源县接壤。东西长 56.37 千米，南北宽 46.6 千米，总面积 1553.14 平方千米。全境群山起伏，千沟万壑。地势东北高、西南低，大部分为黄土梁峁沟壑地形，最高海拔 2857.5 米、最低 1395 米，属温带大陆性季风气候区。主要河流有葫芦河、庄浪河、水洛河。野生动物 118 种，野生植物 270 种。矿产资源有铜、铅、锌、铁、石灰石。

建置沿革

距今三万年前已有晚期智人居住，距今约八千年的新石器时代先民村落散布全境。夏、商、西周时县境为西戎居地。秦属陇西郡，设有基层建制受渠亭、水洛亭。西汉属天水郡所辖成纪县、阿阳县、街泉县及略阳道。东汉属汉阳郡所辖阿阳县、略阳县及陇县（治今张家川县）。三国时分属天水郡成纪县和广魏郡略阳县。西晋属略阳郡。东晋时先后属前赵、后赵、前秦、后秦、西秦和夏等国。南北朝时北魏统一北方，属略阳郡所辖陇城、阿阳县。隋时县境东部属安定郡华亭县，西南属天水郡成纪县、陇城县。唐初属秦州陇城县，贞观初在陇右设牧马监，水洛为南监牧使所辖十八监之一，统于都监牧使，不属州、县。宝应二年（763）县地为吐蕃所占。会昌（841—846）中，吐蕃王国瓦解，县域为其分散部族所居。历五代十国至北宋中叶，县境居有多个部族，互不统属。宋庆历三年（1043），县地归宋，属渭州（治今平凉）德顺军（治宁夏隆德县。后迁静宁县）。建炎四年（1130）十月，县域入金，一度属刘豫伪齐。金皇统二年（1142），以水洛城、通边寨置水洛县、通边县，属凤翔路德顺州。金正大四年（1227），成吉思汗攻取德顺州；正大七年（1230）冬十一月置庄浪路，隶甘肃行中书省；水洛县、通边县并入陇干县。元至元二十六年（1289）五月改隶陕西省；大德八年（1304）降路为州。明洪武三年（1370），庄浪州由直隶陕西省改隶凤翔府；八年（1375）降州为县，隶平凉府静宁州。清顺治二年（1645），清军占领庄浪；五年（1648）十一月，由静宁州直隶平凉府。乾隆四十三年（1778），撤庄浪县建置，属隆德县，称庄浪乡。1913 年 2 月，恢复庄浪县建置，隶甘肃省泾原道（观察使驻平凉）。1932 年隶属甘肃省第二行政督察区专员公署。1949 年 8 月，庄浪县人民政府成立后属平凉分区所辖，1950 年 5 月属天水专区，1956 年 1 月后属平凉专区，1958 年 12 月并入静宁县，1961 年 12 月恢复，1969 年 10 月属平凉地区，2002 年 12 月属平凉市。

辖域调整

1942 年，甘肃省政府调整庄浪县辖域后，设维新镇、水洛镇、金锁镇、通化镇、永宁镇、安东镇、卧龙乡、新陇乡、良野乡、新泰乡、宁阳乡。1949 年 8 月，庄浪县人民政府成立后，全县调整为水洛、维新、金锁、新泰、通化、新陇、卧龙、安东、永宁、良邑、宁阳 11 个区 91 个乡。1958 年 9 月实现人民公社化，建水洛、南湖、永和、朱店、万泉、云台、通边、柳梁、新陇、中岭 10 个政社合一的人民公社。1960 年 6 月，原辖区调整为庄浪（今南湖）、水洛、通边、韩店、朱店、卧龙、盘安、柳梁、万泉、大庄、阳三川、郑河、永宁、良邑、岳堡、赵墩、南坪 17 个公社。1962 年 7 月增设试雨、页崖、白堡、刘庙、杨河、新集 6 个公社，全县共有公社 23 个。1964 年 7 月设城关镇，撤试雨、杨河、刘庙、页崖、白堡、新集 6 个公社。1968 年城关镇并入水洛公社。1979 年 10 月再设杨河、刘庙、页崖、白堡、新集 5 个公社。1983 年 11 月，公社改为乡，全县辖水洛、南湖、赵墩、岳堡、杨河、柳梁、卧龙、刘庙、大庄、白堡、阳川、朱店、万泉、良邑、通化、通边、永宁、韩店、郑河、盘安、颉崖、南坪 22 个乡。1984 年 6 月增设水洛城镇。2004 年 1 月撤水洛乡、白堡乡、刘庙乡、颉崖乡、通边乡，水洛城镇更名为水洛镇。

2018 年底，全县辖水洛、南湖、朱店、万泉、韩店、卧龙、阳川、盘安、通化、大庄、永宁、良邑、岳堡、柳梁、南坪 15 个镇和杨河、赵墩、郑河 3 个乡，村民委员会 293 个，社区居民委员会 5 个。

地名特征

1981 年 12 月至 1983 年 10 月，开展第一次全国地名普查工作，并整理编印《甘肃省庄浪县地名资料汇编》，记载地名 2321 条，其中行政区域地名 23 条、村级组织地名 423 条、自然村地名 1503 条、片村地名 31 条、自然地理实体地名 242 条、单位地名 26 条、古迹遗址地名 33 条、人工建筑地名 22 条、街路巷地名 18 条；编写县、公社等文字概述材料 29 份，绘制县、公社地图 24 张。2014 年 11 月至 2018 年 6 月，开展第二次全国地名普查工作，《庄浪县标准地名志》收录现今地名 2865 条，其中行政区域地名 19 条，群众自治组织地名 298 条，居民点地名 1473 条，自然地理实体地名 259 条，交通运输设施地名 204 条，水利电力通信设施地名 90 条，纪念地、旅游景点地名 147 条，建筑物地名 13 条，党政机关、企事业单位地名 362 条；历史地名 294 条，其中行政区域地名 9 条、群众自治组织地名 157 条、居民点地名 128 条。编绘县行政区划图、地形图、水系图、交通图、文化旅游图和县城城区图 6 幅，乡镇地名图 18 幅。通过图、录、志形式全面、系统地反映各类地名及其要素。

从地名种类看，城镇居民点、公园景点、水厂、通信基站等地名从无到有，从少到多，发展迅速。从地名数量看，城镇街路巷地名由 18 条增加到 29 条，乡级以上公路地名由 11 条增加到 30 条，桥梁由 7 座增加到 108 座，村村通公路、通汽车；水库由 3 座增加到 5 座，变电站由 2 个增加到 10 个，塘坝、骨干坝由 1 座增加到 23 座；行政区域地名由 23 条减少至 19 条，群众自治组织地名由 423 条减少至 298 条。由于国家脱贫攻坚政策的实施，东部林区和部分山区居民逐步搬迁到居住条件较好的地方，与第一次地名普查相比，有 129 个农村居民点成为历史地名。从地名分布看，东部林区居民点地名随时间推移而逐渐减少，城镇居民点、道路桥梁、公园广场及其他建筑物等地名迅速增加，城镇化水平不断提高。

庄浪属黄土高原丘陵沟壑区，因水流切割，境内山峦重叠、沟谷纵横，地名常因地形而得，多带有山、梁、峁、沟、堖、岔、塬、坪、咀、湾等字，如王家山、柳家梁、窑儿峁、鸳沟、塬坪、石家湾堖、田家岔、刘家塬、邵家坪、台家咀、文家湾等；或以单姓氏命名，如陈家庄子、党家庄子、傅家、杨家、李家等；或以二三姓氏命名，如杨王家、毛柳家、何马家、陈杨柳家等；或以地形冠以姓氏命名，如徐家湾堖、壑岘李家、张家埂塄、万家滑沟、杨河、潘家河、郑家河、梁河等；或以地物构筑冠以姓氏命名，如李家堡子、马家官路、郜家桥、陈家庙、叶家磨、谈家街子、刘家窑、樊家庙等；或以某家族繁衍分支命名，如六房、六房沟、大房李家、二房李家等；或以旧时要道客店命名，如朱家店、韩家店、杨家铺、五里铺等。在因姓氏得名的居民点中，有一部分为最早居者姓氏，后来虽已迁出，但地名流传了下来，如韩店镇聂子坪、卧龙镇马湾、阳川镇荀家岔、永宁镇蔡家庄等。

在庄浪地名中，除主要以地形地貌、方位附加姓氏为特点的命名外，还有以传说、古迹遗址、动植物美好寓意而命名的。传说地名，如试雨王家、三台山、托神、马掌关等；古迹遗址地名，如云崖寺、竹林寺、双堡子、预料堡等；形象地名，如卧龙、凤凰山、簸箕湾、蜗牛山、鱼儿咀等；动植物地名，如野狐湾、老虎沟、鸦儿湾、杏树湾、牡丹岔、马莲沟、毛桃杜家、麻黄咀等；美好寓意地名，如盘安、永宁、良邑等。这些富有特色的地名，具有更多的文化内涵，既表现着人与大自然和谐共生的理念，又表达出劳动人民对美好生活的向往和期盼。

从地名语词结构看，自然地理实体地名、行政区域地名、自治组织地名、单位地名、交通运输设施地名、水利电力通信设施地名、古迹遗址地名、公园景点及城镇居民点地名，由通名和专名两部分组成。农村居民点地名，除一部分有庄、老庄、新庄、山庄、大庄、小庄、上庄、中庄、下庄、窑庄、寨、堡、新村等通名外，多数缺省通名。从地名形成过程看，众多地名中，聚落（居民点）地名是基础地名，其他地名则多是依附聚落地名而派生的地名。

总之，庄浪地名的产生，概无例外地因地形地貌、历史传承、姓氏及繁衍分支等多元素交叉、附加、复合而成。每一个地名后面都有一部沉甸甸的历史，都留下了当地人民生存生活的深刻印迹。地名作为一个地理实体的标识，既会永久存留于集体记忆中、运用于人们的指向交流中，也会因人们迁徙而消失，既会因衰落而黯淡，也会因创造业绩而辉煌。随着社会前进步伐加快，新地名、新品牌、新设施不断产生，又给地名赋予新的时代意义。

地域特色

自然赋予庄浪优美生态环境。国家 AAAA 级旅游景区云崖寺、关山天池朝那湫、北魏石窟陈家洞、千年道观紫荆山等，集自然与人文景观于一体。林海、草甸、天池、瀑布、奇峰、古寺、石窟等要素禀赋，给发展旅游提供了得天独厚的资源优势，经过多年建设营造，庄浪已成为游人向往的休闲、旅游、度假、养生佳地。这块神奇热土养育着庄浪人民，人民也以勤劳与智慧创造了这块土地上的文明，积 30 多年时间、40 多万人筑造的百万亩水平梯田，庄浪梯田已成为享誉全国的亮丽名片，作为新品类被甘肃省人民政府列入省级文物保护名录；赵墩梯田生态景区被列为国家 AA 级旅游景区。韩店石桥、通化陈堡被列为省市旅游示范村。

这块深蕴优秀传统文化的土地，孕育了独具特色的庄浪高抬、南湖曲子戏、草编、竹编、马尾荷包、剪纸、根雕等民间艺术，生产出纸织画、麦秆画、毛笔、地毯等精湛工艺品。随着“梯田效应”的日益凸显，一批农产品品牌声名远播：“庄浪马铃薯”被评为国家农产品地理标志，“庄浪苹果”“庄浪粉条”被注册为国家地理标志证明商标，“庄浪苹果”荣登第十一届亚洲果蔬博览会中国最受欢迎的苹果区域公用品牌 10 强榜，荣获 2019 年中国北京世界园艺博览会优质果品大赛金奖。农业科技推广和产业结构调整促进支柱产业扩容增量，形成“果升级、牛扩量、薯提质、劳增效”良好态势，农业增效、农民增收基础更加坚实。这些都标志着全县社会前进的步伐更为稳健、前景更加广阔。

而今迈步，前程似锦，庄浪人民正在加快建设梯田产业强县、打造文化旅游名县，一个文明、富裕、美丽的新庄浪必将显赫于陇坂之上。

大事记

春　秋

秦穆公三十七年（前623） 县境入秦国版图。

战　国

秦昭襄王三十五年（前272） 县境属陇西郡（治狄道，今临洮县南）。

秦

秦统一中国后，县地仍属陇西郡，境内设受渠亭（今南湖）、水洛亭（今水洛）。

汉

西汉元鼎三年（前114） 析陇西郡置天水郡，县境分属天水郡所辖成纪县（治今静宁县西南）、阿阳县（治今静宁县城南）、街泉县（治今秦安县境）及略阳道（治今秦安县陇城）。其间，为防御匈奴入侵，在今水洛镇王家庄一带筑东城、贯坪以西筑西城。

东汉永平十七年（74） 天水郡改为汉阳郡后，县境属汉阳郡。

三　国

魏黄初元年（220） 汉阳郡改为天水郡，后析天水郡置广魏郡，县境分属天水郡成纪县和广魏郡略阳县。

晋

西晋泰始（265—274）中 改广魏郡为略阳郡，县境属略阳郡。

东晋（317—420） 县地先后属前赵、后赵、前秦、后秦、西秦和夏等国。义熙七年（411）十一月，西秦乞伏乾归进攻南平太守王憬于水洛城，克之。

南北朝

北魏神䴥四年（431） 县地属北魏秦州略阳郡阿阳、陇城两县。

北魏正始三年（506） 北魏镇压秦州王智起义，大将元硕进军水洛城。

北魏永安三年（530）六月 氐人王庆云称帝于水洛城。是年七月，北魏雍州刺史尔朱天光攻克水洛城。

北魏永熙三年（534）二月 北魏秦州刺史侯莫陈悦在原州（今固原）刺杀关中大行台贺拔岳后，还军水洛城。

西魏时期 县地属北秦州安阳郡（治今秦安县境）。

隋

隋大业元年（605） 置华亭县，县境东部属华亭县。

隋大业三年（607） 废州设郡，县境东部属安定郡华亭县，西南部属天水郡成纪、陇城县。

唐

贞观（627—649）中 朝廷设监牧屯养军马，水洛属南监牧使（驻今静宁县）所辖十八马监之一。

宝应二年（763） 吐蕃王国势力东扩，占领县境。

宋 金

大中祥符四年（1011） 泾原路钤辖曹玮筑通边城（今通化镇通边村）。

庆历三年（1043） 瓦亭寨钤辖刘沪代理静边寨主，说服铎厮那以结公城（今南湖）归宋。大王家部族首领元宁献水洛城。

庆历八年（1048） 德顺军置通边寨（今通化镇通边村）。

建炎四年（1130） 水洛城、通边寨属金。

金皇统二年（1142） 改水洛城、通边寨为县，属德顺州（治今静宁）。

金大定元年、南宋绍兴三十一年（1161） 四川宣抚使吴璘遣将收复水洛城。

正大四年（1227） 县地被蒙古军占领。

正大七年（1230）冬十一月 置庄浪路。水洛县、通边县并入陇干县。

元

至元二十六年（1289）五月 庄浪路由甘肃行中书省改隶陕西省。

至元二十七年（1290） 守御周佥事（佚名）督修庄浪城。

大德八年（1304）二月 降庄浪路为州。

明

洪武二年（1369） 庄浪州属明。

洪武三年（1370） 庄浪州由直隶陕西省改隶凤翔府。

洪武八年（1375）三月 降庄浪州为县，改隶平凉府静宁州。

嘉靖十三年（1534） 知县张瑜组织民众扩筑庄浪县城（今南湖）。

嘉靖二十八年（1549） 改隶平凉府静宁州。

崇祯十六年（1643） 李自成起义军占领庄浪。

清

顺治二年（1645） 清军占领庄浪县。

顺治五年（1648） 庄浪县直隶平凉府。

乾隆四十三年（1778） 撤庄浪县建置，并入隆德县，称庄浪乡。

同治元年（1862） 陕甘回民军占领水洛城。

中华民国

1913年2月 恢复庄浪县建置，隶属甘肃省泾原道。

1927年 隶属甘肃省泾原行政公署。

1931年10月 实行区、乡、闾、邻制，庄浪县行政区划设为3区19乡（镇）。

是年 甘肃省政府按各县辖域面积、人口及财赋厘定县等，庄浪为三等县。

1932 年　庄浪县隶属甘肃省第二行政督察区专员公署。

1937 年　改乡镇为联保、改闾为保，庄浪县设 3 区 19 联保 68 保。

1939 年 10 月　县政府征调民工修筑庄（浪）静（宁）公路，仅具土路雏形。

1940 年 2 月　实行“新县制”，撤区、联保，庄浪设 1 镇（维新）、5 乡（卧龙、广盈、云萃、曹娄、兴隆），下辖 65 保、69 甲。

1941 年 8 月　甘肃省政府调整县等，全省分六等，庄浪为五等县。

1942 年 12 月　甘肃省政府调整庄浪县所属广盈、云萃 2 乡划属静宁，兴隆乡划属西吉县，静宁所属水洛镇、通野镇、朱店乡、万马乡、焦韩乡、良野乡、章麻乡全部及曹计乡计都镇一带、韩店乡阳三川一带，共计 80 保 9.1 万人口划属庄浪。

是年　新设宁阳乡（今阳川）、新泰乡（今万泉），朱店乡改称金锁镇（今朱店），焦韩乡改称新陇乡（今韩店），计都镇改称安东镇（今岳堡），通野镇改称通化镇（今通化）。

1947 年　甘肃省政府重新厘定县等，全省分六等，庄浪为三等县。

1949 年 8 月 4 日晚　中国人民解放军第一野战军第二兵团一部解放庄浪。

8 月 12 日　成立中国共产党庄浪县委员会、庄浪县人民政府，驻地南湖。

8 月 15 日　陕甘宁边区政府规定庄浪县由平凉分区（即专区）管辖。

9 月　全县设立水洛、维新（今南湖）、新陇（今韩店）、通化、新泰（今万泉）、金锁（今朱店）、安东（今岳堡）、卧龙、永宁、良邑、宁阳（今阳川）11 个区 90 乡。

中华人民共和国

1949 年 10 月 1 日　县城群众举行盛大集会，庆祝中华人民共和国成立。

10 月 10 日　撤销宁阳区。

11 月　撤销良邑区。

1950 年 5 月 25 日　甘肃省人民政府决定庄浪县由平凉专区改属天水专区。

6 月　县政府调整区、乡规模，撤销永宁区，全县设维新、水洛、金锁、新泰、通化、新陇、卧龙、安东 8 区 80 乡。

1951 年 3 月　各区公署改称区公所，并以数字代称区标准名称（第一区至第八区）。

9 月 6 日　庄浪县委、县人民政府驻地由维新（今南湖镇）迁至水洛。

1952 年 7 月　增设柳梁区（第九区）。

1953 年 8 月 4 日　经甘肃省人民政府批准，划庄浪县金锁区所属 14 个回民村庄归张家川县，划秦安县 14 村归庄浪县。

1954 年 10 月 22 日　经甘肃省人民政府批准，划秦安县所辖青龙沟、庄廓湾、高山顶湾、林安局子、南湾 5 村归庄浪县。

12月　秦安县莲花乡青龙村、王家山村划归庄浪县新泰区。

1955年3月6日　庄浪县人民政府改称庄浪县人民委员会。

5月　撤新泰区（第四区）、安东区（第八区）、柳梁区（第九区）。

7月　乡人民政府改称乡人民委员会。

1956年1月1日　庄浪县由天水专区改属平凉专区。

3月　撤销水洛区，将城关镇(城关乡改)和柳梁、长鱼、三合、永和、宝泉5个乡改为县直属乡(镇)。

10月　秦（安）隆（德）公路南湖至水洛城段建成通汽车，列入省级道路养护。为县内通往省城兰州的首条公路。

1957年2月8日　安（口）庄（浪）公路通车。

10月16日　经甘肃省人民委员会批准，隆德县东峡乡10个自然村划属庄浪，庄浪县温堡乡全部和通边乡5个村及云台乡1个村划属隆德县。

11月18日　经甘肃省人民委员会批准，华亭县店子峡乡、主山乡33个村庄划归庄浪县管辖。

是年　庄浪县辖5个区、8个直属乡（镇）和29个乡。

1958年1月10日　将通化区所辖永宁、良邑、陈堡、通边4个乡改为县直属乡。

3月18日　撤销通化、金锁、维新、卧龙、新陇5个区，设1个镇22个乡。

9月　实现人民公社化，全县设水洛、南湖、永和、朱店、万泉、云台、通边、柳梁、新陇、中岭10个人民公社，农业生产合作社改为生产大队，生产大队下设生产队。

10月　甘肃省文物普查队在水洛公社川口大队发现渭河流域寺洼文化遗址1处、古文化遗址22处、墓葬2处。

12月20日　经国务院批准，庄浪县并入静宁县，水洛设办事处。

是月　庄、静合县时，庄浪县辖域10个人民公社调整为水洛、庄浪、通边、韩店、朱店、卧龙、柳梁、页崖8个。

1959年12月3日　页崖公社改称盘安公社，驻岔儿李家。

1960年6月　静宁县将原庄浪县辖域人民公社调整为庄浪（今南湖）、水洛、通边、韩店、朱店、卧龙、盘安、柳梁、万泉、大庄、阳三川、郑河、永宁、良邑、岳堡、赵墩、南坪17个。

1961年12月15日　经国务院批准，原辖区域恢复庄浪县建置。

是月　改庄浪公社为南湖公社。

1962年7月　增设试雨、页崖、白堡、刘庙、杨河、新集6个人民公社。

是年　全县共23个公社526个大队1467个生产队。

1964年7月　撤销页崖、刘庙、新集、白堡、杨河、试雨6个人民公社。

是月　设立城关镇。

1968年11月　撤销城关镇，并入水洛公社。

1969年9月4日　平凉专区改为平凉地区，庄浪县属平凉地区管辖。

1976年6月　水洛公社驻地迁至李家庄。

1979 年 10 月　再设杨河、刘庙、页崖、白堡、新集 5 个人民公社。

1980 年 11 月　成立庄浪县地名普查领导小组，第一次全国地名普查工作开始。

1982 年　页崖公社改称颉崖公社。

1983 年 4 月 19 日　新集公社改称通化公社。

5 月　《庄浪县地名资料汇编》经甘肃省和平凉地区地名普查领导小组抽查验收合格。

9 月 7 日　甘肃省地名委员会印发《关于验收庄浪县地名普查成果资料的批复》（甘地名字 1983 第 27 号）。

11 月 2 日　依《中华人民共和国宪法》规定，改人民公社为乡（镇），同时生产大队、生产队改为村民委员会和村民小组。

1984 年 6 月 6 日　设立水洛城镇，以水洛乡东关、西关、李家庄 3 个村民委员会和城镇居民委员会管辖范围为其行政区域，镇人民政府驻县城。

12 月 20 日　全县村民小组由 1966 个调整为 1716 个。

1986 年 5 月 20 日　中共中央总书记胡耀邦莅县考察，并为县城名胜紫荆山题写山名。

12 月　改南湖乡、朱店乡为南湖镇、朱店镇。

1990 年 2 月 22 日　庄浪县行政区域勘界领导小组成立。

1991 年 12 月　中共庄浪县委、庄浪县政府命名赵墩大庄村、南湖秦梁村、柳梁骞咀村、颉崖焦湾村、南坪史湾村、朱店杨湾村为“梯田化村”。

1992 年 10 月 13 日　经甘肃省林业厅批准，设立云崖寺森林公园。

11 月 14 日　林业部批准建立云崖寺国家森林公园。

是年　庄浪与静宁、华亭分别成立联合勘界工作组，开展静宁与庄浪、庄浪与华亭县级界线勘定工作。

1994 年 2 月　国务院批复甘、宁两省区庄浪县与隆德县行政区域界线。

3 月　庄浪与华亭、静宁与庄浪边界线协议签订。

是年　勘定庄浪县与秦安县边界线 19 千米。勘定庄浪县与张家川回族自治县农区部分边界线 50 千米，并签订协议。

1995 年 4 月　文化部、人事部授予庄浪县“全国文化模范县”称号。

9 月 18 日　甘肃省委、省政府授予庄浪县“梯田化建设先进县”称号。

1996 年　勘定县内乡镇行政区域界线 49 条 512.06 千米。

1998 年 7 月 16 日　水利部作出《关于表彰甘肃省庄浪县梯田化建设的决定》，授予庄浪县“中国梯田化模范县”称号。

2000 年 3 月 22 日　水利部、财政部授予庄浪县“全国水土保持生态环境建设示范县”称号；授予南湖贾门沟、柳梁榆林沟、赵墩堡子沟、南坪史渠沟“全国水土保持生态环境建设示范小流域”称号。

12 月　庄浪县南湖镇被甘肃省委、省政府授予“精神文明村镇”称号。

2001 年 1 月 21 日至 23 日　全国勘界办公室主任会议召开期间，甘肃、宁夏协商决定：庄浪、泾源有争议边界线，沿六盘山分水岭划定，全长 29 千米。

9 月　国务院批复甘、宁两省区庄浪县与泾源县行政区域界线。

是月　省政府对平凉地区辖区内县级行政区域边界线给予批复，界线法定。庄浪县与秦安县行政区域边界线协议签订。

10 月　甘肃省民政厅、林业厅、民族事务委员会与天水、平凉及庄浪、张家川县代表再次在双方争议焦点地段实地调查。

11 月　平凉地区行政公署对庄浪县辖区内乡级行政区域界线给予批复。

12 月 28 日　甘肃省政府第 144 次常务会议裁定庄浪县与张家川回族自治县林区边界线争议。

是月　省政府对秦安县与庄浪县、庄浪县与张家川回族自治县行政区域边界线给予批复，界线法定。

2002 年 6 月　平凉地区改为平凉市，庄浪县属平凉市管辖。

9 月 6 日　万泉乡、韩店乡改置镇。

10 月　县政府成立东街、西街、北城 3 个社区居民委员会，属水洛城镇管辖。

2004 年 1 月 7 日　全县乡镇行政区划调整，撤水洛乡、白堡乡、刘庙乡、颉崖乡、通边乡，水洛城镇更名为水洛镇，驻地迁至原水洛乡驻地李家庄。至此，全县共 5 镇 13 乡。

11 月　云崖寺景区被甘肃省人民政府定为省级风景名胜区。

2005 年 9 月 8 日　庄浪县人民政府统办大楼（时为县城标志性建筑）建成，入驻办公单位 22 个。

2006 年 3 月 20 日　成立水洛街道办事处（庄机编〔2006〕3 号），为县政府直属事业单位，将水洛镇管辖的东街、西街、北城 3 个社区居委会划归街道办事处管理。

3 月 27 日　全县撤并村民委员会 155 个、村民小组 191 个，新命名村民委员会 16 个。

5 月 25 日　云崖寺、陈家洞石窟被公布为第六批全国重点文物保护单位。

2007 年 6 月　甘肃省民政厅、甘肃省测绘局联合编印出版《庄浪县行政区划图》。

8 月 1 日　庄浪县人民政府命名县城规划区内街、路、巷、桥梁、公园和广场。

11 月 2 日　中国梯田化模范县纪念馆建成开馆。

2008 年 1 月　庄浪县“高抬”（民俗类）入选第二批国家级非物质文化遗产名录。

2010 年 1 月 18 日　庄浪县云崖寺景区被国家旅游局评为国家 AAAA 级旅游景区。

2011 年 12 月　“庄浪梯田”作为新品类被列入第七批甘肃省文物保护单位。

2012 年 5 月 22 日　庄浪县人民政府对县城规划区内街、路、巷、桥梁、广场、公园进行更名、命名。

2013 年 2 月 26 日　庄浪县被水利部授予“国家水土保持生态文明县”称号。

9 月 24 日　县政府批复，成立新北社区居民委员会。

2014 年 2 月 13 日　水利部批准庄浪县榆林沟水土保持科技示范园为“第五批国家水土保持科技示范园”。

11 月 25 日　第二次全国地名普查工作启动。

2015 年 4 月 21 日　县人民政府公布“中国工农红军第四方面军过境庄浪旧址、石桥地下党活动旧址、关山剿匪旧址、陈添祥活动旧址、风台梁兵变旧址、毛定原故里”为县级文物保护单位。

7月1日 卧龙乡、阳川乡、盘安乡改置镇。

12月30日 平凉至绵阳高速公路G8513平凉段开工建设，跨韩店、南坪、水洛、朱店、万泉5镇。

2016年6月8日 通化乡、大庄乡改置镇。

6月30日 设南城社区，成立南城社区居委会。

11月 庄浪县被农业部授予“全国休闲农业和乡村旅游示范县”称号。

2017年7月 “庄浪粉条”被国家商标局核准为地理标志证明商标。

11月 静宁至天水高速公路S25静宁至庄浪段开工建设，跨赵墩、南湖、卧龙、柳梁、水洛、朱店6个乡。

2018年7月1日 永宁乡、良邑乡、岳堡乡、柳梁乡、南坪乡改置镇。

9月1日 “庄浪苹果”荣获“2018中华品牌商标博览会金奖”。

11月 撤销水洛街道办事处，成立庄浪县城市社区管理委员会，隶属县政府管理。

是月 第二次全国地名普查成果通过国家、省、市验收。

第一章　行政区域地名

庄浪县属普通型三级行政区域，下辖城市型四级行政区域15个，即水洛镇、南湖镇、朱店镇、万泉镇、韩店镇、卧龙镇、阳川镇、盘安镇、通化镇、大庄镇、永宁镇、良邑镇、岳堡镇、柳梁镇和南坪镇，普通型四级行政区域3个，即杨河乡、赵墩乡和郑河乡。

第一节　庄浪县

庄浪县（Zhuānglàng Xiàn）

县级行政区，中国梯田化模范县，县政府驻水洛镇，行政区划代码为620825。

地理概况　位于甘肃省东部，六盘山西麓，属平凉市辖县。东邻华亭市，南与张家川回族自治县、秦安县毗连，西接静宁县，北与宁夏回族自治区隆德县、泾源县接壤。地理坐标北纬35°03′8.52″～35°28′5.14″、东经105°46′11.05″～106°23′50.41″，东西长56.37千米、南北宽46.6千米，总面积1553.14平方千米。据2018年年底统计数据，有293个村民委员会、1521个村民小组、5个社区居民委员会；户籍人口123845户453767人，其中，乡村350587人、城镇103180人；人口密度为每平方千米292人。

地质构造属祁吕贺山字型构造体系脊柱，即陇西系六盘山旋回褶带。地质构造成形分古生代、元生代、中生代、新生代，地层自上元古界震旦系到白垩系均有出露，共7个系（纪），其中以第四系松散岩层分布最广，遍布全县。地形东北高、西南低，层峦叠嶂；山脉走向与地质构造线一致，以东北向西南展布倾斜，构成现代地貌，分为基岩山区、黄土丘陵沟壑区、河谷川台区3种类型。最高点在东部郑河乡桃木山（海拔2857.5米），最低点在西南部万泉镇徐城村西水洛河出境处（海拔1395米）。现代土壤类型分为黑垆土、黄绵土、潮土、新积土、红黏土、灰褐土、山地草甸土7类。

属温带大陆性季风气候，春迟秋早，夏短冬长，光能丰富，降水偏少。年均气温8.4℃，1月平均气温-6.0℃，7月平均气温20.3℃，无霜期175天，年日照1872.5小时，年降水总量625.6毫米。有野生动物118种（鸟类10目30科85种，兽类6目14科33种），其中豹、梅花鹿、豚鹿、金雕、黄腹角雉5种为国家一级保护动物，豺、石貂、水獭、小灵猫、麝、马鹿、狍子、岩羊、鹰、隼、红腹角雉11种为国家二级保护动物。有野生植物270种（乔灌树种25科39属58种，野草35科212种），其中水曲柳为国家二级保护植物。矿产资源有铜、铅、锌、铁4种金属矿物和石灰岩、砖瓦黏土及建筑用砂等非金属矿物。水资源有葫芦河、水洛河、庄浪河。旅游资源有云崖寺、朝那湫、陈家洞、紫荆山、百万亩水平梯田等。

植被属温带森林草原植被类型，为温带落叶阔叶林向荒漠草原过渡的中间地带。自然原生植被已被开垦，现存关山的自然植被为次生植被。占优势的植被类型为以沙棘、山桃、柠条等为主的落叶灌木丛林，羊胡子草、长芒草、蒿草等植物。东部基岩山区分布着以青冈树、桦树、杨树为主的建群树种，构成现存的天然次生落叶阔叶林，零星分布的松树等针叶树种残存其中，天然植被较好。中部黄土沟壑丘陵区野生的灌木和草本植物主要有狼牙刺、酸刺、白刺、马鹿刺、紫穗槐、柠条、山毛桃、莸蒿、马莲草、野草莓、野棉花、莎草、臭蓬、苜蓿、草木樨、沙棘，乔木有杨树、旱柳、椿树、楸树、榆树、刺槐等。河谷川区主要栽植苹果树、梨树、杏树、核桃、旱柳、椿树、榆树、刺槐，天然草本植物有马莲草、嵩草、冰草、莎草等，为人工林果区。森林面积65.2万亩，森林覆盖率为28%。

建置沿革 夏、商、西周时，县境为西戎居地。秦穆公三十七年（前623），县境入秦国版图。秦昭襄王三十五年（前272）属陇西郡（治狄道，今临洮县），县域归属。秦统一中国后（前221）仍属陇西郡，设有基层建置受渠亭（今南湖）、水洛亭（今水洛）。西汉元鼎三年（前114），析陇西郡置天水郡，县境分属天水郡所辖成纪县（治今静宁县西南）、阿阳县（治今静宁县城南）、街泉县（治今秦安县境）及略阳道（治今秦安陇城）。东汉永平十七年（74），由天水郡改为汉阳郡。魏黄初（220），县境分属天水郡成纪县和广魏郡略阳县。东晋（317—420），县地先后属前赵、后赵、前秦、后秦、西秦和夏等国。南北朝（420—589），北魏统一北方，县地属秦州略阳郡所辖陇城、阿阳县。西魏属北秦州安阳郡（治今秦安县境），北周改北秦州为交州。隋大业三年（607），废州为郡，县境东部属安定郡华亭县，西南部属天水郡成纪、陇城县。唐贞观（627—649）中，在陇右设牧马监，水洛为南监牧使（驻今静宁县）所辖十八监之一，统于都监牧使（驻原州，今宁夏回族自治区固原县），不属州、县。宝应二年（763）后陷于吐蕃。会昌（841—846）中，吐蕃王国瓦解，县域为其分散部族所居。历五代十国至北宋中叶，县境居有多个部族，互不统属。宋庆历三年（1043），铎斯那献地归宋，瓦亭寨钤辖刘沪代理静边寨主，进驻水洛城，为渭州（治今平凉）德顺军（时治宁夏隆德县，后迁静宁县）所辖一城，相当于县。庆历八年（1048），置通边寨（今通化镇通边村）。建炎四年（1130）十月，县域入金，一度属刘豫伪齐。金皇统二年（1142），以水洛城、通边寨置水洛县、通边县，属凤翔路德顺州。金正大四年（1227），成吉思汗攻取德顺州。正大七年（1230）冬十一月，置庄浪路（驻今南湖），隶甘肃行中书省；水洛县、通边县并入陇干县。至元二十六年（1289）五月，改隶陕西省。大德八年（1304），降路为州。明洪武二年（1369），元庄浪州宣差老关笃坚赴平凉投降。三年（1370），庄浪州由直隶陕西省改隶凤翔府。八年（1375），降州为县，隶巩昌府静宁州。清顺治二年（1645），清军占领庄浪。五年（1648）十一月，庄浪县直隶平凉府。康熙八年（1669），划属甘肃布政使司。乾隆四十三年（1778），撤庄浪县建置，属隆德县，驻县丞，称庄浪乡。1913年2月，恢复庄浪县建置，隶甘肃省泾原道（观察使驻平凉）。1927年改泾原道为行政公署，1932年改行政公署为第二行政督察区专员公署。

1949年8月，庄浪县人民政府成立，属平凉分区。1950年5月25日，改属天水专区。1951年，县人民政府由今南湖镇迁驻水洛镇。1956年1月，属平凉专区。1958年12月20日，庄浪县并入静宁县。1961年12月15日，原辖行政区域恢复庄浪县建置，仍属平凉专区。1969年9月改平凉专区为平凉地区，庄浪属之。2002年12月2日，平凉地区改平凉市，庄浪县隶属平凉市。

辖区范围 清康熙《庄浪县志》载：东至马家寺（今杨河马寺）静宁州 10 里，南至徐家城秦州秦安县 90 里，西至雷晚庄（今静宁县雷大镇）静宁州 110 里，北至朱庄沟（今岳堡）隆德县 30 里；东南距秦安界 72 里，西南距静宁州界 40 里，东北距隆德界 60 里，西北距静宁界 50 里。

1941 年，庄浪县在隆德县境内有王明堡、聂家河、东沟、西沟、上武家、牛北斗、郭石家 7 村，在静宁县境内有车李家、魏本堡、雷湾口、柳家岔 4 村，时称“飞地”。

1942 年，甘肃省政府调整庄浪县所属广盈、云萃 2 乡划属静宁县，将兴隆乡划属西吉县，将静宁县所属水洛镇、通野镇、朱店乡、万马乡、焦韩乡、良野乡、章麻乡全部及曹计乡计都镇一带、韩店乡阳三川一带划属庄浪县。

1953 年 8 月，将秦安县樊庙、六房沟、梁家寺湾、包家阳屲、塌坡陈家、聂子坪、蔡子湾、纳张家、窑刘家、张家堡子、申家堡、托神、马掌关、马家山庄 14 个村划属庄浪县，将金锁区所属马家沟、高家崖、瓦房儿、杨家渠、杨家崖边、湾里屲、谢家咀、草屲、前梁、崖凡儿及新陇区所属张棉驿、周家大庄、李家咀、余家水滩 14 个回民聚居村划属张家川回族自治县。

1954 年 10 月，将秦安县所辖青龙沟、庄廓湾、高山顶湾、林安局子、南湾 5 个村划属庄浪县。12 月将秦安县莲花乡青龙村、王家山村划归庄浪县新泰区。

1957 年 10 月，将隆德县东峡乡（包括石家山、石家窑、刘善儿家、鲜家堡子、梁家河、刘家窑、韩家堡子、吴家梁、史家梁、蔡沟湾 10 个自然村）划属庄浪县，将庄浪县温堡乡全部（包括吴沟、张德明家、杜堡、陈岔、田柳山、张杨家、任家大湾、黄玉家、杜家大岔、温堡、张杜家沟、毛雍家、毛家岔、杨堡、杨家老庄、刺岭湾、杜家川、塔儿湾、陈沟、张家小湾、杨家坡、水岭沟、葛儿咀、杨家岔 24 个自然村）和通边乡周王家、上渠子、徐史家、杨家沟、宋家塬 5 个村及云台乡南岔村划属隆德县。11 月，将华亭县主山乡 33 个自然村（包括关山西麓南沟、腰崖子、石家湾、大王庙、西湾、邓家崖、大湾李、洞沟、竹林寺、黄家山、张家山、桥子沟、头义里、黄草子、庞家沟、二义里、高庄子、伏家梁、吴家湾、吴家洞沟、大磨湾、水泉湾、郭家山、马东山、花崖河、蜂儿屲、酒槽里、端立子山、上寨、下寨、刘家庙、黑沟里、上店）划属庄浪县。

1992 年至 2001 年，甘肃省与宁夏回族自治区，平凉地区与天水市，庄浪县与华亭县、静宁县边界勘定，始成现今区域范围。

政区划分 明代，县域划为明远里、怀安里、庙隆里、广盈里、乐正里、丰庆里、安阜里共 7 里。清代康熙元年（1662），并庙隆、怀安、广盈为隆安里，并乐正、安阜、丰庆为广乐里，废明远里。乾隆中期恢复 6 里，五十五年（1790），增设入卫里。宣统元年（1909），撤入卫里，再为 6 里。1929 年，推行保甲，编制区、村，设 3 区 52 村。1931 年 10 月，实行区、乡、闾、邻制，全县设 3 区 19 乡（镇）：第 1 区辖壑岘、双岘 2 镇和河西、仁孝、清芬、瑞云、徐王 5 乡，第 2 区辖卧龙、屏泉 2 镇和花园、沙龙、榆林、黄浦、双铧 5 乡，第 3 区辖曹婺 1 镇和杨河、兴隆、二安、三合 4 乡。每乡设 4 闾，共 76 闾 603 邻。1937 年，改乡、镇为联保，改闾为保、邻为甲，全县设 3 区 19 联保 68 保 603 甲。1939 年，并为 9 联保 67 保。1940 年，实行“新县制”，撤区和联保，设 1 镇（维新）、5 乡（卧龙、广盈、云萃、曹婺、兴隆），下辖 65 保 693 甲。1942 年，甘肃省政府调整庄浪辖域后，设维新镇、水洛镇、金锁镇（朱店乡改）、通化镇（通野镇改）、永宁镇（章麻乡改）、安东镇（以计都镇和原曹婺乡设）、卧龙乡、新陇乡（焦韩乡改）、良邑乡（良野乡改）、新泰乡（万马乡改）、宁阳乡（阳三川新设），共 6 镇 5 乡 91 保 1214 甲。

1949 年 8 月 12 日，庄浪县人民政府成立，设水洛、维新（今南湖）、新陇（今韩店）、通化、新泰（今万泉）、金锁（今朱店）、安东（今岳堡）、卧龙、永宁、良邑、宁阳（今阳川）11 区 90 乡。

同年10月、11月先后撤销宁阳区、良邑区。年底，全县共9区83乡。1950年6月，撤永宁区，全县设维新、水洛、金锁、新陇、通化、卧龙、新泰、安东8区80乡。1952年7月，增设柳梁区，全县共9区79乡。1955年撤新泰区、安东区、柳梁区。1956年3月撤水洛区。1957年全县辖维新、金锁、新陇、通化、卧龙5区，1个直属镇，7个直属乡，29个区辖乡。

1949年9月至1958年3月庄浪县区乡设置表

表1-1-1

区、直属乡	设置变化
水洛区（第一区）	驻地水洛城，1949年9月设立，辖三合、双合、南坪、周蒲、长鱼、盘安、河北、永和、义泉、杨坪、荆南、柳梁、河南、城关14乡。是年11月，良邑区撤销后，将所属二碾、宝泉2乡划入。1952年7月，将三合、周蒲、双合、长鱼、柳梁5乡划入第九区（即柳梁区）。此时第一区辖南坪、盘安、河北、永和、义泉、二碾、宝泉、荆南、杨坪、城关、河南11乡。1955年5月，撤并盘安、河北、二碾、荆南、杨坪、河南6乡，南坪、义泉改为县直属乡，将柳梁区三合、长鱼、柳梁3乡划入水洛区，此时水洛区辖城关、柳梁、长鱼、三合、永和、宝泉6乡。1956年3月撤水洛区，设立城关镇，与所属5乡改为县直属乡（镇）
维新区（第二区）	驻地南湖，1949年9月设立，辖南湖、高阳、秦梁、牡丹、蛟龙、石富、五里、石塬、关道、温堡、阳川、何川、保安13乡。1952年7月，将秦梁乡划入第九区（柳梁区）后，辖南湖、五里、高阳、牡丹、石塬、何川、关道、石富、阳川、蛟龙、温堡、保安12乡。1953年7月将保安、温堡划归安东区。1955年5月，撤并高阳、石塬、石富、蛟龙、五里5乡，将第八区（安东区）所属云台、温堡、保安划入。1957年10月，将温堡乡划属隆德县。至年底，维新区辖南湖、牡丹、何川、关道、阳川、云台、保安7乡。1958年撤销维新区
金锁区（第三区）	驻地朱家店，1949年9月设立，辖高庙、五柳、朱店、柳李、月牙、双桥、延寿、清真（五方）、七乡（柳家台子）、八乡（仇家沟）、十乡（赵家山）11乡。1952年7月，撤销七乡、八乡、十乡，分别并于第九区柳梁乡、卧龙区水渭乡、金锁区月牙乡。1953年8月，将清真乡划归张家川县。1955年5月，撤延寿、高庙、五柳、柳李4乡，同时将新泰区共和、民乐、万泉划入金锁区。1956年底，金锁区辖月牙、双桥、朱店、共和、民乐、万泉6乡。1958年3月撤销金锁区
新泰区（第四区）	驻地万家沟门，1949年9月设立，辖石坪、万泉、清和、民乐、新民5乡。是年11月，宁阳区撤销后将所属景阳、曹阎、共和、曹坪4个乡划入新泰区。1953年7月，撤清和、石坪2乡。1955年5月，撤销新泰区，曹阎、曹坪2乡并入景阳乡划归卧龙区，新民乡并入共和乡后与万泉、民乐2乡划归金锁区
通化区（第五区）	驻地通边，1949年9月设立，辖陈堡、新集、三乡（野赵）、通边、五乡（谢沟）、朱河6乡。是年11月，将良邑区柳何、良邑2乡划入，将三乡、五乡并入通边、朱河乡。1950年6月，撤销永宁区，将所属二、三、四、五、六5乡划入通化区后合并为鱼化、卢豆、永宁3乡，时为9乡。1951年3月，驻地迁至新集。1955年5月，撤鱼化、新集、柳何、朱河、卢豆5乡。1957年1月，辖永宁、良邑、陈堡、通边4乡。1958年1月，所辖乡全部改县直属乡，3月撤销通化区
新陇区（第六区）	驻地韩家店，1949年9月设立，辖石桥、韩店、试雨、康乐、页崖、王福、新陶7乡。1950年6月，撤销新陶乡，将永宁区所属一乡（郑河）划入新陇区。1953年8月，增设新兴、樊庙2乡（秦安县划入），恢复新陶乡。1955年5月，撤并石桥、新陶、新兴、樊庙、王福5乡。1957年11月，增设主山、店峡2乡（华亭县划入）。至1957年12月，辖韩店、郑河、试雨、康乐、页崖、店峡、主山7乡。1958年撤销新陇区
卧龙区（第七区）	驻地山集梁，1949年9月设立，辖双河、水渭、榆林、新合、新化、民主、中岭、石坪8乡。是年11月，撤石坪、新合2乡，同时将宁阳区所属盘龙乡划入。1952年7月，榆林乡划归柳梁区，是年12月新设毗卢乡。1953年7月，又设新合乡。1955年5月，撤销盘龙、毗卢、新合、新化4乡，新泰区撤销后将所属景阳乡划入。1957年辖景阳、双河、水渭、民主、中岭5乡。1958年3月撤销卧龙区
安东区（第八区）	驻地岳家堡子，1949年9月设立，辖乐正、唐山、三乡（张家岔口）、云台、蒋寺、六乡（田柳山）、杜堡、杨安8乡。1953年7月，三乡、六乡分别合并于云台、杜堡乡，同时将维新区所属温堡、保安2乡划入，仍为8乡。1955年5月，安东区撤销，所属乡并为云台、温堡、保安3乡划归维新区
柳梁区（第九区）	驻地柳家梁，1952年7月成立，辖三合、新和、秦梁、柳梁、榆林、长鱼、双合、周蒲8乡。1955年5月，撤销柳梁区，三合、柳梁、长鱼划归水洛区，其余5乡撤销
永宁区	驻地谈家街子，1949年9月设立，辖6乡，均以数字代称，一乡（驻郑河村）、二乡（驻张家岘）、三乡（驻宋堡）、四乡（驻谈街）、五乡（驻苏家阳山）、六乡（驻苏家河湾）。1950年6月，撤销永宁区，所属二、三、四、五、六5乡划归通化区，一乡划归新陇区

续表 1-1-1

区、直属乡	设置变化
良邑区	驻地良邑店，1949 年 9 月设立，辖二碾、宝泉、柳何、杨王、良邑、陈峡 6 乡。是年 11 月，撤销良邑区，所属柳何、良邑 2 乡划归通化区，二碾、宝泉 2 乡划归水洛区，其余 2 乡撤销
宁阳区	驻地阳三川，1949 年 9 月设立，辖曹坪、曹阎、景阳、共和、盘龙、六乡（上堡子）6 乡。是年 11 月，撤宁阳区，所属曹坪、曹阎、景阳、共和 4 乡划归新泰区，盘龙乡划归卧龙区，上堡子合并于景阳乡
直属乡	1955 年 5 月，将水洛区义泉、南坪 2 乡改为县直属乡。1956 年 3 月，撤水洛区，城关镇与三合、柳梁、宝泉、长鱼、永和 5 乡改为县直属乡。1958 年 1 月，将通化区所属永宁、良邑、陈堡、通边 4 乡改为县直属乡

1958 年 3 月，撤区并乡，设 1 镇 22 乡，分别为南湖、牡丹、阳川、云台、柳梁、义泉、长鱼、永和、景阳、试雨、郑河、页崖、韩店、通边、永宁、南坪、朱店、月牙、共和、万泉、中岭、双河乡和城关镇。是年 9 月，实行人民公社化，建水洛、南湖、永和、朱店、万泉、云台、通边、柳梁、新陇、中岭 10 个政社合一的人民公社。12 月，庄浪县并入静宁县后，原辖区人民公社调整为水洛、庄浪、通边、韩店、朱店、卧龙、柳梁、页崖 8 个公社。1960 年 6 月，调整为庄浪（今南湖）、水洛、通边、韩店、朱店、卧龙、盘安、柳梁、万泉、大庄、阳三川、郑河、永宁、良邑、岳堡、赵墩、南坪 17 个公社。1961 年 12 月恢复庄浪县，1962 年 7 月增设试雨、页崖、白堡、刘庙、杨河、新集 6 个公社，全县共有公社 23 个。1964 年 7 月，设城关镇，撤试雨、杨河、刘庙、页崖、白堡 、新集 6 个公社。1968 年，城关镇并入水洛公社。1979 年 10 月，再设杨河、刘庙、页崖、白堡、新集 5 个公社。1983 年 11 月 2 日，将公社改为乡，全县辖水洛、南湖、赵墩、岳堡、杨河、柳梁、卧龙、刘庙、大庄、白堡、阳川、朱店、万泉、良邑、通化、通边、永宁、韩店、郑河、盘安、颉崖、南坪 22 乡。

1983 年庄浪县 22 乡下辖村民委员会一览表

表 1-1-2

乡	村（个）	村民委员会
水洛	29	李家庄、李碾、上碾、下碾、贺庄、何马、文沟、坪上、柳家新庄、柳沟、半山、文湾、胡沟、陈洞、乱庄、柳咀、中川、东关、西关、二李、唐河、川口、郭堡、王家山、阳屲山、陈杨柳家、马家山庄、鸾沟阳坡、鸾沟阴坡
南湖	20	北关、南门、陈庄、席河、贾门、李湾、双堡、上堡、秦梁、石峡、石阳、高房、曹湾、汪家、庙岔、花塬、穆湾、寺沟门、党李庄、孙家大庄
朱店	29	东街、中街、西街、小湾、下郭、三合、吴沟、河北、柳窑、西山、高庙、朱万、大曹、贾家沟、上朱河、下朱河、山上李、杨柳家、孔家沟、董家湾、毛柳家、北堡子、郑家山、牛耳咀、杨家湾、鏊岘李、郭家湾、川锅地、贾家河湾
岳堡	17	岳堡、南岔、山铧、岔局、王岔、吴家、后刘、埂塄、大湾、王孟、蒋寺、王家、蔡家、下阎、崔家、关家、张家岔口
赵墩	17	赵墩、井沟、阳川、孙局、孙庙、郭李、何岔、石咀、裴堡、王堡、关道、牡丹、蛟龙寺、梨树湾、道回沟、蛟龙掌、王家大庄
杨河	17	杨河、下堡、王湾、关湾、仇湾、李润、马寺、李庄、元咀、张沟、张塬、逯岔、沈岔、寺沟岔、马阳屲、张家大庄、张家新庄
柳梁	19	柳梁、孟山、贺沟、李山、徐家、周蒲、李堡、下岔、川边、郑杜、朱山、赵岔、鸾咀、张陈、牛沟、李茂、柳台、陈家阳屲、蒙家大庄
白堡	16	上郝家、陈山、柳渠、党家、后梁、杨魏、仇沟、仇梁、刘渠、罗家、崖王、峰山、柳家乱庄、白家阳坡、蒙家河湾、荞家湾
卧龙	22	山集梁、下杨、何家、马湾、双河镇、魏家湾、孙家河、石家山、苏家山、张家山、棉梨沟、花梨湾、马家沟、山赵家、张余家、丁家寺湾、谢家庙湾、魏家大庄、阳屲堡子、阴屲李家、魏家山阳坡、魏家山阴坡

续表 1-1-2

乡	村（个）	村民委员会
阳川	16	刘湾、台咀、孙王、苟岔、三益、王塬、东湾、西湾、曹阎、李家湾、新庄沟、上堡子、曹家坪、李家咀、红土坡、张家大湾
大庄	22	大庄、王沟、王山、杨局、伏家、上王、下王、高庄、上李、杜家、西坡、张山、杨湾、高湾、胡家、南湾、连王、刘沟、椿树湾、青龙沟、阳屲庄、张家小湾
刘庙	14	刘庙、梁山、谢家、丁山、冯湾、柳李、万柳、王坪、王川、新王、赵山、老山沟、窑上屲、三台山
万泉	27	万川、刘家、田湾、田岔、高岔、田坪、高川、邵坪、东沟、万庄、万堡、崔坪、东台、马川、西坪、东山、徐城、连山、胡岔、圪寺、霍李、史沟、清水沟、王李岔、西山杨家、毛桃杜家、清水沟阴坡
盘安	23	王公、托神、梁关、岔李、吴河、陈杨、马家、杨家、宋家、申堡、张李、王火炎、申家湾、孙沟上庄、孙沟中庄、孙沟下庄、王福上庄、王福下庄、湾李上庄、湾李下庄、岔李上庄、周家阳坡、周家阴坡
颉崖	13	颉崖、焦湾、端湾、赵吴、樊庙、陈家、上雷、下雷、牡丹咀、六房沟、菜子湾、窑刘家、梁家寺湾
南坪	21	靳家大庄、刘靳、中靳、唐山、庙沟、寺门、马台、阴屲、刘堡、刘窑、上庄、苏坪、苏湾、沈坪、大李、史坪、史湾、杨川、王家沟、唐家高庄、唐家阳屲
韩店	28	西门、店峡、黄草、郭漫、石桥、庙梁、刘咀、王崖、上屲、东门、韩山、试雨、刘山、刘河、下沟、中庄、武家、潘河、吴家湾、庞家沟、马东山、花崖河、朱家湾、岔岔沟、鞍子梁、马家寺、叶家阳坡、大坪
郑河	14	郑河、庙川、史川、史屲、贺峡、具峡、上寨、下寨、李安、龙湾、卢屲、拉连寺、条牛沟、陶家阴屲
永宁	18	永和、朱湾、陈湾、窦沟、下湾、葛峡、宋堡、漫湾、秦屲、许湾、刘门、赵湾、苏山、深沟、鱼儿咀、苏家河湾、苏家老庄、苏家阳屲
通化	13	新集、韩席、陈堡、张虎、梅堡、石岔、何岔、新庄、六房、韩湾、洞子沟、阳坡何、高崖韩
通边	8	通边、刘善、梁河、薛沟、野赵、菜沟湾、新后庄、毛沟李家中庄
良邑	16	良邑、李咀、董沟、陈峡、何柳、何川、郭魏、陈岔、杨王、滴水崖、黑龙沟、王山庄、陈家山、苏苗塬、杨李湾、杨家大坪

1984年6月，设水洛城镇。1986年12月，改南湖乡、朱店乡为镇。2002年9月，改万泉乡、韩店乡为镇。2004年1月，撤水洛、白堡、刘庙、颉崖、通边5乡，水洛城镇更名为水洛镇。2006年3月，村组调整，设293个村民委员会、1521个村民小组。2015年7月，卧龙乡、阳川乡、盘安乡改镇。2016年6月，通化乡、大庄乡改镇。2018年7月，永宁乡、良邑乡、岳堡乡、柳梁乡、南坪乡改镇。至2018年底，全县设水洛、南湖、朱店、万泉、韩店、卧龙、阳川、盘安、通化、大庄、永宁、良邑、岳堡、柳梁、南坪15镇和杨河、赵墩、郑河3乡，村民委员会293个，社区居民委员会5个。

2018年庄浪县乡镇村组设置一览表

表 1-1-3

乡镇	村民委员会	村委会（个）	村民小组（个）
水洛镇	李家庄、东关、西关、李碾、徐碾、文湾、中川、何马、贺庄、新兴、新光、柳咀、陈洞、胡沟、郭堡、二李、雪沟、崖王	18	112
南湖镇	南门、北关、陈庄、李湾、寺沟门、席河、贾门、石峡、石阳、高房、汪家、庙岔、双堡、孙家大庄、党李庄、曹湾	16	113
朱店镇	东街、中街、西街、朱河、小湾、三合、董家湾、吴沟、毛柳家、河北、柳窑、郑家山、牛耳咀、杨家湾、高庙、柳李、万柳、王坪、王川、新王、大曹	21	136

续表 1-1-3

乡镇	村民委员会	村委会（个）	村民小组（个）
万泉镇	万川、毛桃杜家、刘家、田岔、田湾、田坪、高川、邵坪、东沟、万庄、清水沟、崔坪、东台、马川、西坪、东山、徐城、王李岔、圪寺、霍李、史沟	21	75
韩店镇	东门、西门、试雨、潘河、王崖、上CB、石桥、郭漫、刘河、刘咀、武家、中庄、下沟、花崖河、马家寺、岔岔沟、聂子坪	17	81
卧龙镇	山集梁、魏山、双河镇、魏家湾、谢家庙湾、下杨、孙家河、何家、魏家大庄、石家山、苏家山、张家山、棉梨沟、马湾、马家沟、山赵家、张余家、阴CB李家、后梁、杨魏、仇沟、仇梁、刘罗、上郝家	24	116
阳川镇	刘湾、张家大湾、李家湾、台咀、孙王、新庄沟、下堡子、苟岔、李家咀、赵家湾、岳家坪、红土坡、三益、王塬、东湾、西湾	16	65
盘安镇	王公、孙沟、王福上庄、托神、王福下庄、湾李、岔李、吴陈、马家、杨宋、申家湾、周家、焦湾、颉崖、牡丹咀、樊庙、刘陈、雷家	18	63
通化镇	新集、毛沟李家中庄、通边、野赵、刘善、梁河、新后庄、韩席、石岔、陈堡、梅堡、新庄、韩湾、高崖韩、阳坡何、薛沟	16	86
大庄镇	大庄、张家小湾、张山、王山、杨局、下王、上李、杜家、青龙沟、南湾、连王、刘沟、刘庙、梁山、老山沟、丁山	16	52
永宁镇	谈街、苏家河湾、朱湾、陈湾、下湾、葛峡、宋堡、漫湾、鱼儿咀、秦CB、许湾、刘门、赵湾、苏山、苏家老庄、苏家阳CB	16	70
良邑镇	良邑、李咀、滴水崖、陈家山、陈峡、苏苗塬、陈岔、杨家大坪、杨李湾、黑龙沟、杨王、郭魏、何川	13	72
岳堡镇	岳堡、张家岔口、崔家、吴家、埂塄、王岔、南岔、岔局、大湾、蒋寺、蔡家、下阎	12	55
柳梁镇	柳梁、孟山、李山、陈家阳CB、徐家、周蒲、李堡、下岔、川边、赵岔、蒙家大庄、鸾咀、张陈、柳家乱庄、陈山、柳渠、白家阳坡、蒙家河湾	18	112
南坪镇	靳家大庄、刘靳、中靳、唐山、寺门、阴CB、刘坪、苏坪、沈坪、大李、唐家高庄、史坪、史湾	13	97
杨河乡	杨河、李润、马寺、马阳CB、张家大庄、李庄、元咀、张沟、逯岔、沈岔、关湾、王湾、寺沟岔	13	82
赵墩乡	赵墩、井沟、阳川、孙庙、蛟龙寺、梨树湾、石咀、蛟龙掌、裴堡、关道、王堡、牡丹、王家大庄	13	89
郑河乡	郑河、庙川、史川、具峡、拉连寺、史CB、卢CB、条牛沟、上寨、下寨、龙湾、陶家阴CB	12	45
合计		293	1521

经济社会　2018 年，全县生产总值 49.18 亿元，其中第一产业增加值 22.66 亿元，第二产业增加值 5.88 亿元，第三产业增加值 20.64 亿元。按常住人口计算，人均生产总值 12790 元。三次产业比重 46.08∶11.95∶41.97。城镇居民人均可支配收入 27380.7 元，农民人均可支配收入 6744.51 元。

全县农作物播种面积 123.95 万亩。以种植小麦、玉米、马铃薯、蔬菜和栽植苹果为主。粮食总产量 24.46 万吨，水果总产量 36.1 万吨。养殖以牛、猪、鸡为主。大家畜存栏 7.04 万头，其中牛存栏 4.91 万头。生猪存栏 11.11 万头，肉类总产量 0.9 万吨。农业机械总动力 29 万千瓦，农用拖拉机 8386 台（9.75 万千瓦）。农村用电量 6856.58 万千瓦时。有效灌溉面积 4.94 万亩，保灌面积 3.79 万亩，水平梯田 88.82 万亩。

全县工业增加值 0.51 亿元，规模以上工业增加值 1982 万元，以农副食品加工业、酒制造业和非金属矿物制品业为主。

社会消费品零售总额 21.93 亿元，其中限额以上企业零售额 0.95 亿元。在消费品零售额中，城镇消费品零售额 12.77 亿元，乡村消费品零售额 9.16 亿元。按消费形态分，餐饮收入 1.88 亿元，商品零售 20.05 亿元。批发业和零售业全年商品销售总额 40.58 亿元，住宿餐饮业营业额 3.40 亿元。

大口径财政收入完成 43649 万元，金融机构各项存款余额 95.06 亿元，各项贷款余额 66.12 亿元，保险业保费收入 9932.92 万元。固定资产投资完成 46.77 亿元，房地产开发投资完成 11.02 亿元。

全县公路总里程 1667 千米，其中普通省道泾甘公路、静庄公路、庄天公路总长 116.5 千米，县道庄北公路、碾店公路、苏庄公路、孔韩公路、马卧公路、乔余公路、韩良公路、阳胡公路、南马公路、南阳公路总长 207.5 千米，公路密度每百平方千米 107.3 千米。全县 18 个乡（镇）293 个村通畅率达到 100%，实现油路（硬化路）全覆盖。货运量 464.4 万吨，货运周转量 106765.78 万吨千米，客运量 500.7 万人，客运周转量 33397.4 万人千米。县内有客运企业 5 家，营业性客车 210 辆，出租车企业 2 家，出租车 272 辆，货运企业 21 家，各类营运性车辆 562 辆。有驾驶员培训机构 3 所，教练车 161 辆。县城二级汽车客运站 2 个，中心乡镇三级客运站 1 个，乡镇汽车客运站 17 个，村停靠站 296 个。

全县有各级各类学校 319 所（其中高级中学 4 所、完全中学 2 所、初级中学 22 所、九年制学校 2 所、小学 137 所、幼儿园 150 所、中职学校 1 所、特教学校 1 所），教职工 6662 人（其中高级中学 864 人、完全中学 281 人、初级中学 1458 人、九年制学校 129 人、小学 2704 人、幼儿园 960 人、中职学校 260 人、特教学校 6 人）；教职工中专任教师 6229 人（其中高级中学 758 人、完全中学 245 人、初级中学 1390 人、九年制学校 125 人、小学 2593 人、幼儿园 855 人、中职学校 257 人、特教学校 6 人），在校学生 73325 人（其中女生 35574 人、少数民族学校 177 人、寄宿生 31301 人）。各类学校占地总面积 204.9 万平方米（其中基础教育学校面积 196.2 万平方米、中等职业教育学校面积 8.7 万平方米）。

有影剧院、博物馆、文化馆、图书馆、档案馆各 1 座，乡（镇）文化站 18 座，文化艺术团体 1 个。县图书馆藏书总量 10 万册，博物馆文物 6806 件。“庄浪高抬”被列入国家级非物质文化遗产名录，庄浪县因“庄浪高抬”被列入 2018—2020 年度“中国民间文化艺术之乡”名单，省级非物质文化遗产有马尾编荷包、南湖曲子戏，市级非物质文化遗产有花儿、影子腔、庄浪草编、跑秧歌等。全国重点文物保护单位有云崖寺和陈家洞石窟 2 处，省级文物保护单位有吴玠墓、徐李碾遗址等 14 处。有省级爱国主义教育基地——中国梯田化模范县纪念馆，1998 年 7 月 16 日第一个被水利部命名为“中国梯田化模范县”。有 AAAA 级景区云崖寺，AAA 级景点紫荆山公园、朝那湫，AA 级景点陈家洞、赵墩沟梯田生态风景区。三星级宾馆 1 家。广播、电视的人口覆盖率 98.7%。

全县各级各类卫生机构 438 个，病床位 1858 个，卫生技术人员 1508 人，其中县级医院 2 个，病床位 1220 个，卫生技术人员 577 人；基层医疗卫生机构 433 个，病床位 578 个，卫生技术人员 859 人；专业公共卫生机构 3 个，病床位 60 个，卫生技术人员 72 人；执业医师 405 人，执业助理医师 187 人，注册护士 514 人，药师 57 人，检验（影像）技师 81 人。

县城建设 1951 年 9 月，县城由维新（今南湖镇）迁至水洛城。水洛城始建于汉代。宋庆历四年（1044），刘沪扩筑水洛城，东西长 1380 米、南北宽 780 米。水洛城历经风蚀水毁，1949 年，仅留四墙各长 500 米，开东、西、南、北 4 门，有东西主街 1 条，全长 660 米。街道北侧有猪羊市巷、北巷，街道南侧有孟巷、上巷、会馆巷、仓院巷、南巷、南门巷、后巷、下巷，共有巷道 10 条。总面积 0.5 平方千米。南郊建有庄浪中学。

1953 年，在东郊建水洛小学，1954 年建成大礼堂（原址在今礼堂巷，1987 年拆除），1956 年建县人民医院，1958 年建县委机关，1975 年建庄浪饭店（首栋砖混结构的 3 层楼）。在南郊，1955 年建汽车站，1969 年建成政府招待所，1977 年建南河桥。在北郊，1966 年后相继建县砖瓦厂、地毯厂、化工厂，1971 年建北河桥。1982 年至 1990 年，县城总面积 2.1 平方千米，有 3 街（东关街、中心街、西关街）、4 路（车站路、变电路、新昌路、滨河南路）、11 巷（供电巷、中东巷、新庄巷、文化巷、南巷、礼堂巷、紫荆巷、贯坪巷、南门巷、寺坪巷、夹城巷），街、路总长 7192 米，各类公共建筑面积 39.84 万平方米。

1991 年至 2010 年，先后进行旧城区改造和新城区开发，配套建设城区内道路、桥梁、排水防洪、照明等设施。县城区以东、西大街为中心，以二郎山经紫荆山公园至水上公园为绿色纽带向四郊拓展，形成“一河分两区（南城区、北城区）、五桥连一体、六街贯东西、两山成绿荫”格局，面积达到 8.5 平方千米。

1993 年，进行旧城区改造，拓宽中心街、文化路、东大街。1994 年，拓宽西大街、南巷、礼堂巷。2003 年至 2005 年，扩建水上公园，改建体育场为紫荆花苑住宅区。2004 年，拆除文化路、柳家巷居民区，修建紫荆广场；搬迁西关木材市场，面向社会集资辟建西苑建材市场。2006 年，县城东北出入口改造，兴建公园。2007 年，改造东城区，开建南舒苑、文苑住宅小区，建成康泰花苑住宅小区。2008 年，开建东城区住宅小区。

1995 年，进行北城区开发，建成何马大桥，城区逐步向水洛河北岸拓展。1998 年，率先开建县第三中学、精淀粉厂、饲料厂。1999 年开发新徐路两侧上宅下店小康屋。2001 年，拓宽新徐西路，打通三中巷、北巷路，开建北滨河路东段住宅小区。2002 年，拓建邮政巷、中北巷，开建文化广场。2003 年，西拓庄浪县工业集中园区，东建县职教中心。2004 年，新辟新徐路东段粮油果菜批发市场，开发水洛镇康居小区，配套建成中天步行桥。2005 年，建成县政府统办大楼（首栋高层，高 45 米，13 层）和三星、城区集中供热工程 2 处。2006 年，建北出入口公园。2007 年，开发安泰庄苑住宅区。2008 年，实施贺庄城中村改造。2009 年，新建庄浪县社会福利院。2010 年，北城区初步形成办公、生活服务、工业、商贸四大功能区。

2011 年至 2018 年，按“一体两翼、南扩北改、东拓西延”逐年建设，县城规划面积 35 平方千米，建成面积 11.5 平方千米。其中，2011 年改造东大街、西大街、南滨河路及各支路，开建南河南路、南河北路、开元路、梯田广场、第四中学、水务局等单位办公楼和翠亭花园、金水花苑住宅小区。2012 年，打通紫荆南街，改造北滨河路、新昌街，维修宋堡城，开建第三幼儿园、城区污水处理厂和滨河佳苑、南城花苑住宅小区，民间开建大佛禅院。2013 年，改造迎宾街、公园街，建嘉怡花苑、泰和家园、新北佳苑、万和住宅小区、中天如意小镇 A 区、锦盛花苑及消防大队办公楼，在西城区开建鸿泰花苑。2014 年，改造新徐路、文昌街、西环路，建第四幼儿园、实验小学、思源学校和丰源居、福居花园等住宅小区，迁建妇幼保健计划生育服务中心。2015 年，改造友谊街、富强街、车站路，建跨水洛南河步行桥 2 座。2016 年，加宽改造迎宾北桥，拆除重建新昌桥，开建五限吉国际商贸城、嘉荣亲水庄、水景花园、李庄花园、何马村兴隆住宅小区。2017 年，改造三中巷等 7 条巷道，同步敷设雨、污水管网，开建南城区污水管网跨河工程，新建艺城南岸住宅小区，续建福居花园二期、中天如意小镇 B 区、圣大庭院、水景花园和鸿泰花苑二期等住宅区。2018 年，开建西城区路网，建成西城区集中供热站和李庄村片区、紫荆路片区、车站路片区、何马村片区安置楼主体，新建水云居、世纪花园 A 区住宅小区。

地名特征 庄浪地处泾、渭之间，六盘山脉西麓，属黄土高原丘陵沟壑区，境内群山起伏、沟谷纵横，早在远古时期就有人类繁衍生息，为传说中伏羲氏、女娲氏活动区域之一。出土文物证明，在三万年前的旧石器时代，已有人类在此生活。在距今七八千年的新石器时代，先民定居村落散布全境。“庄浪”之名源于金正大七年（1230）蒙古军在占领区设立庄浪路，因党项庄浪部族而得名，“水洛城”为境内最早见于史册的地名，《晋书·载记第二十五》：东晋义熙七年（411）“又攻克兴别将姚龙于伯阳堡，王憬于水洛城，徙四千余户于苑川，三千余户于谭郊”。境内现今地名 2865 条，分九大类 46 小类，在 259 个自然地理实体和 1473 个居民点地名中，因地貌特征和居民姓氏得名者最多，因地物、方位、动植物和传说故事等得名者次之。

自然地理实体主要有山、河、沟，从地名语词结构来看，由通名和专名组成。通名主要有山、梁、河、沟、壑岘、口、川、峡、湫等，均属黄土高原丘陵沟壑地貌特征。从专名来看，地域特色比较浓郁，主要特征为：因地理形态得名，如葫芦河、青龙沟、长尾沟、弯沟、岔岔沟、三层崖沟、五盘盘沟、马槽槽沟、秃子屲、月亮屲、和尚屲、瓦巴屲、焦胡子咀、马尾巴、乃鸭子、火烧湾、水泉湾、石门口、大咀圪垯、双圪垯塄、蜗牛山、旗鼓山、乔子山、马肚子山、大咀梁、大锅梁、大屲梁、砂坡子梁、陡岭、马蹄掌、马鞍桥、安水锅等。因地理方位得名，如水洛北山、中梁、阳三川、后河、水洛南河、东峡、西台沟、南沟、东沟、阳坡沟、北岔、正岔、南岔、葛家南岔、阳屲沟、后沟、上沟、阴坡湾等。因动植物得名，如桃木山、紫荆山、梨树壑岘、蒿屲里、树儿咀、花儿掌、麻子湾、圈牛湾、圆树梁、黑老鸦梁、鹿儿梁、樱桃沟、菜地沟、黑林沟、榆林沟、柳树沟、槐树沟、椴木沟、鸭头沟、老虎沟、黄羊沟、狼台等。因关联居民点姓氏得名，如陈家河、段家沟、薛家沟、韩家沟、庞家沟、沈家沟、王家沟、马家梁、陈家梁、马家屲、苏家大山、许家大山等。因传说故事得名，如试雨河、三女梁、黑龙沟、托神、司马湾、三台山、大营顶等。因关联人文地理实体得名，如关山（因是关中西部屏障，上有固关得名）、山集梁（因在山梁设立集市得名）、陡路山（因山高路陡得名）、大涝坝梁（因有人工修建大涝池得名）、烽台梁、高庙山、庙山顶、寺咀山、殿湾山、水渠屲上、马圈、章麻河（因古章麻镇得名）、岔李河（岔李即岔儿李家居民点简称）、双堡子沟、西佛寺沟、庙沟、庙隆沟、庙儿岔等。因自然现象得名，如云朵梁、风帽梁。因古行政建置得名，如水洛河（因秦汉时设水洛亭得名）、庄浪河（因庄浪路得名）、乐正河（因乐正里得名）。

居民点类地名，从通名来看，主要有庄、老庄、新庄、山庄、大庄、小庄、上庄、中庄、下庄、窑庄、寨、堡、新村、小区，其中山庄、窑庄一般分布在山区，店、铺、城分布在交通要道，小区等分布在城区。多数居民点缺省通名。从专名来看，与黄土高原丘陵地区地貌、地物和姓氏联系密切，主要特征为：因自然地理特征得名，如滴水崖、道回沟、洞子沟、褡裢地、簸箕湾、马槽地、尕那湾、青土湾、红土壑岘、敖盆湾、鳌背山、盘龙山、蛟龙掌、纱帽咀、红崖咀、花崖河、弯沟屲、白碾屲（“碾”由“脸”演化而来，白脸指植被稀少、白皙如脸）、双河镇、寒水石湾（“寒水”为当地方言，即咸水）、崖湾、漫湾、塬坪、斜头、弯地等。因人文地理特征得名，如南湖、大水渠、书房院、店子峡、井沟渠、塔儿湾、窑儿屲、涝池沟等。因地理方位得名，如通边、上寨、下寨、东湾、西湾、前湾、中湾、后湾、阳坡、阴坡、上店来、阳屲山、北山上、山背后、背后湾、那面湾、那坡里、上面屲、下头屲、花塬头、南门、北关、东街、西街、滨河佳苑、南城花苑、西关住宅小区等。因姓氏得名最为普遍，格式多样。有单姓地名，如吴家、罗家、蔡家、张家、薛家、关家、崔家、杨家、宋家、郑家、赵家、徐家、樊家、胡家、马家、梁家、麻家、台家、武家、贺家、侯家、傅家、朱家店、韩家店、孙家庄、李家庄、王家庄、贺家庄、高家庄、温家庄等。有两姓地名，如金赵、野赵、杨柳家、朱万家、席马家、孙王家、曹马家、何马家、陈杨家、毛柳家、郭赵家、韩席儿家等。有三姓地名，数量较少，如陈杨柳家。有姓氏前后加缀地形特征的地名，如颉崖史家、塌坡陈家、滴咀刘家、崖岔王家、高崖罗家、中川李家、石门口刘家、湾儿李家、岔儿李家、弯沟李家、壑岘李家、柳家梁、郑家河、杨河、赵家墩、史家沟、陈家岔、陈家峡、李家山、聂子坪、居黄湾、马牛湾、赵家崖湾、张家岔口、万家沟门、陈家壑岘、石家湾堖等。有在姓氏前后加缀人文地理实体地名，如李家庵、刘家窑、窑刘家、后院柳家、陈家庙、马家寺等。有在姓氏前后加缀村落规模、方位、形态的地名，如大庄李家、靳家大庄、雷家小庄、阳坡何、陶家阳屲、陶家阴屲、山上李家、东庄吴家、孔家西山、西山杨家、刘家南山、杨家北川、杨家南川、马家腰庄、史家腰庄、霍家上庄、霍家下庄、乱庄王家、柳家乱庄等。因野生动植物得名，如老虎沟、野雀川、鸦儿湾、鸭头湾、野狐湾、野鸽子咀、牡丹咀、牡丹湾、花儿湾、棉梨沟、椒树沟、花梨湾、梭草湾、芦子湾、椿树湾、柳树湾、菜子湾、木瓜湾、小蒜坡、马连套、猫儿刺坪、扫竹渠、紫荆花苑等。因人名或排行得名，如李润家、王公家、王福家、王火炎子、六房、六房沟、大房李家、二房李家等。因生活服务设施得名，如瓦窑坪、新磨坪、碾盘湾、磨河川、油夫岔、酒槽等。以传说故事得名，如射虎湾、宫店子川、成子湾、条牛沟、王牛角、马掌关、李茂儿、田画儿家等。因祥瑞希冀得名，如太平湾、南舒苑、宁静花苑、朝阳花苑、富强花苑、金水花苑、锦盛花苑、翠庭花苑、安泰庄苑、安顺小区等。因数字得名，如六垧地、二架湾、三湾、十二架湾等。

行政区域和群众自治组织类地名，通名有县、镇、乡和村民委员会、居民委员会。从专名来看，主要特征有：以驻地或原驻地居民点命名是此类地名的最基本命名方法，如水洛镇、南湖镇、朱店镇、韩店镇、大庄镇、柳梁镇、岳堡镇、良邑镇、杨河乡、郑河乡、赵墩乡、李家庄村、席河村、毛柳家村、田湾村、石桥村、石家山村、刘湾村、焦湾村等。以所辖居民点首字命名，如杨宋村、吴陈村、刘陈村、郭魏村、杨魏村、柳李村、万柳村等。以祥瑞希冀命名，如盘安镇（取安如磐石之意）、永宁镇、新兴村、新光村等。以地理实体命名，如阳川镇（因阳三川得名）、托神村（因托神山得名）、山集梁村等。以姓氏加地理实体命名，如万泉镇、万川村等。以地形特征命名，如卧龙镇（因当地山势起伏如卧龙得名）。以地理方位命名，如通化镇（通往化平之意，化平即今泾源县）、南坪镇（因原驻地位于水洛南河南岸坪上得名）、东门村、西门村、北城社区、南城社区等。以数字命名，如三合村、三益村等。

境内与“寺”“庙”等宗教场所相关的地名有80多处。古代庄浪道教、佛教兴盛，修建寺院较多，从而形成以寺命名地名，如拉连寺、张家崖寺，以云崖寺为中心的大寺、红崖寺、竹林寺、西寺、乔阳寺、佛沟寺、金瓦寺等。庄浪庙宇多是明清时期修建，明代统治者崇信道教，当地群众受道教影响，迷信“神力”，修庙奉祀，祈求吉祥，因而庙祠广布城乡，尤其在偏僻农村居多，因庙得名者亦多，如刘家庙、陈家庙、樊家庙、高庙山、孙家庙、朱家庙、庙沟、庙山顶等。

境内地名的战争印记明显，与“城”“堡”等相关的地名达70多个。城、堡在古代为军事防御设施，如水洛城和庄浪故城（今南湖，汉称方城，唐称结公城）为东汉所筑，是当时水洛亭和受渠亭治所。古聂城（今韩店）、通边城（今通边村）、徐家城、石门堡为宋金时期所筑，是水洛城外卫和“通秦渭”的保障，在北宋时期属与西夏交界地带，战略地位十分重要。如申家堡子、郭家堡子等以“堡”命名的40多个村落的古堡和17处烽火台遗址，经文物部门鉴定，多为唐、宋、元、明时期所筑，在当时有一定军事用途。境内其他古堡遗址则多是清末至20世纪30年代乡民为躲避战乱、防御匪患而建。

庄浪高抬（2017年2月摄）

地名社会应用

庄浪高抬　属立体造型艺术，为庄浪“社火”一绝，遐迩闻名。在木台上安装铁柱，取材于历史或神话故事中的情节，按照需要，用彩纸、绸布扎造山水、花木、禽兽或器物，伪装铁柱，再扎绑装扮儿童角色，执道具亮相扎势，一般二三人，最多可达五六人。人抬以行，故称“高抬”，亦称“铁芯子”。构思精巧，装饰天衣无缝，造型栩栩如生。演出时，鼓乐前导，观者翘首叹绝。近年改人抬为机动车运载，与高抬相似，铁芯可旋转，称“转抬”，并运用声、光、电等现代技术，气势更加雄伟。2008 年列入第二批国家级非物质文化遗产保护名录。

庄浪苹果 2007 年，庄浪苹果被中国果品流通协会评为“中华名果”，2012 年在甘肃省名优苹果鉴评会上被评为金奖，2017 年 7 月地理标志证明商标被国家商标局核准注册，颁发商标注册证书。2018 年获“中华品牌商标博览会金奖”，荣登“中国最受欢迎苹果区域公用品牌十强榜”。全县苹果种植面积 65 万亩，挂果园 25 万亩，幼园 40 万亩，有国家绿色食品苹果标准化生产基地 15 万亩、良好农业规范（GAP）苹果示范基地 3750 亩、国家苹果标准园及 15 个省级标准园 1200 亩，果品特色为个大、形正、色美、质脆、无污染、营养高、耐贮藏。

庄浪苹果（2019 年 10 月摄）

庄浪马铃薯 庄浪马铃薯个大皮薄，色泽艳亮，薯皮光滑，薯肉细腻，薯形整齐，薯面光洁，无污染，无病虫斑，品质独特。产品销往北京、上海、广州、广西、江苏、浙江、福建、山东等地。“庄薯 3 号”获甘肃省科技进步一等奖，在甘肃、青海等 7 省（区）推广 7000 多万亩。“庄薯 4 号”被农业部确定为主粮化四大推广品种之一。

庄浪粉条 庄浪县传统农副产品，生产历史悠久。采用本地纯马铃薯加工而成，条均质纯，洁白光亮，筋道味美，久煮不糊，品质优良，风味独特。产品销往河南、安徽、河北、广东、新疆、青海、宁夏等地。2012 年 9 月，在全国农产品加工业投资贸易洽谈会上，庄浪粉条荣获金奖。2014 年至 2015 年连续两年在第十五届、第十六届中国绿色食品博览会上荣获金奖。2015 年 12 月，庄浪水晶粉条被甘肃省农牧厅、商务厅、工商局、质监局等单位评为“陇原农宝·平凉十宝”特色产品。2017 年 8 月 14 日，“庄浪粉条”地理标志证明商标被国家商标局核准注册。

庄浪粉条（2021 年 6 月摄）

庄浪草编 用小麦秆人工掐成草辫，或用玉米棒皮拧成绳，或用麦秆混合编织成生活用具。在

20 世纪 80 年代，草编编织是庄浪主要家庭副业之一，“家家是工厂，人人是工人”。主要产品有草帽、草盖、提篮、方篮、坐垫、腰垫、枕头、草鞋、各种垫子、挂件、玩具等。产品曾获对外贸易部优质产品证书，并获得全国“星火”计划成果银质奖，畅销省内，并销往新疆、内蒙古、河北、河南等地。

庄浪毛笔　产品工艺精细、用料考究，选用江苏南通优质羊毫与六盘山野生动物毛配制而成。笔峰尖、圆、健，凝聚不破，富于弹性。有龙腾虎跃、白鹅、提斗、辛五、银龙、七紫、三羊等品种，大、中、小 23 种规格。1990 年 5 月，庄浪毛笔在“秦俑杯”国际书法大奖赛中获金奖。原国务委员、书法家方毅题赠“落笔生辉”横幅。产品畅销甘肃、宁夏、陕西、北京等地。

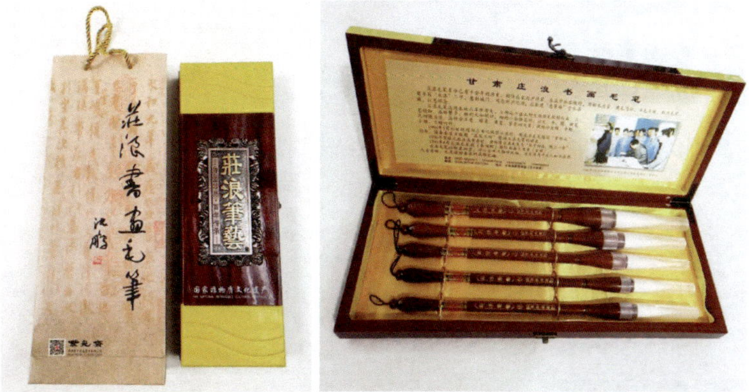

庄浪毛笔

庄浪麦秆画　选用当地优质小麦秸秆为原料，经过熏、蒸、漂、染、烙、烫、绘、剪、贴等多道工序处理加工，在保持麦秆自然光泽和纹理的基础上，汲取国画、版画、剪纸、浮雕等艺术表现手法，精心选料，经浸泡熏蒸、防虫处理，精制而成。在处理画面远近、明暗及色泽上，采用熨烙而又不失光泽的独特工艺予以表现，画面选图考究，造型准确，剪裁圆滑，色泽自然，粘贴平整牢固，无错位、无起皮，色泽明亮，质感韧滑，细部无呲裂、无印痕，层次分明，立体感强，为庄浪之佳品。产品销往内蒙古、新疆、北京、天津、上海等地，出口日本、巴基斯坦、韩国等国家。

庄浪麦秆画（2020 年 7 月摄）

庄浪泥金纸织画　清朝时期，纸织画流传于民间。2006 年，书画艺人在传统纸织画制作工艺的基础上，将书画和编织融于一体，采用白色或有色宣纸画稿做经线，用特制泥金、泥银或其他有色纸做纬线，编织作画，效果奇特。画面层次清晰，经纬分明，立体感强，具有艺术性和观赏性。2012 年，泥金纸织画获甘肃旅游商品创新大赛三等奖。产品畅销全国各地，出口韩国、欧洲等地。

庄浪大黄　中药材。主产于关山林缘区郑河、韩店、通化、永宁等乡镇。年产量百吨以上，属庄浪中药材之最。《本草纲目》记载：“时珍曰：宋祁《益州方物图》，言蜀大山中多有之，赤茎大叶，根巨若碗，药市以大者为枕，紫地锦纹也。今人以庄浪出者为最，庄浪，即古泾原陇西地，与《别录》相合。”《中国中药区划》记载：“全国大黄，主产区为庄浪。”《甘肃中药资源志》记载：产于华亭、庄浪的大黄均称庄黄。“庄黄”块大，色深黄，质优名贵，与吉林人参、云南三七、贵州天麻、新疆雪莲齐名，品质独特。产品出口日本、韩国、英国等国家。

庄浪暖锅　又称锅子，地方风味小吃。历史悠久，最早源于民间各类大型聚会和宴席。主要以本地猪肉、豆腐、细粉条、土豆、萝卜、鲜蘑菇、黄花菜、白菜、豆芽等原料组成。制作时先将烹制汤料置入特制器具——暖锅中，然后根据顾客的不同口味，把以上熟料或半熟料放入其中，用木炭火煨炖，水开后即可食用，味美醇香。2010年，靳记暖锅被国家工商管理总局商标局注册为靳师商标。

庄浪暖锅

第二节　乡　镇

水洛镇（Shuǐluò Zhèn）

庄浪县人民政府驻地。乡级行政区，镇人民政府驻李家庄。全国重点镇。行政区划代码为620825100，电话区号0933，邮政编码744699。

地理概况　位于庄浪县中部，北纬35°08′20.4″~35°15′39.6″、东经105°57′7.2″~106°04′51.6″。东邻南坪镇，南接盘安镇、朱店镇，西连卧龙镇，北靠柳梁镇、良邑镇。辖区东西最大距离11.7千米，南北最大距离13.6千米，面积78.79平方千米。全镇64126人，其中城镇46162人、乡村17564人，汉族人为主。辖东

水洛镇人民政府驻地——李家庄（2021年8月摄）

关、西关、李家庄、李碾、徐碾、文湾、中川、何马、贺庄、新兴、新光、柳咀、陈洞、胡沟、郭堡、二李、弯沟、崖王18个村民委员会和东街、西街、北城、新北、南城5个社区居委会。镇政府驻地东北至平凉市直线距离70千米，西北至省会兰州直线距离220千米。总体地形自东北向西南倾斜，最高点中川李家后湾梁海拔1994米，最低点郭堡村朱家咀水洛河出境处海拔1548米，相对高差446米。温带大陆性季风气候，四季分明，春季风多雨少，夏季雨水集中，秋季温和凉爽，冬季寒冷干燥，年均气温8.4℃，1月平均气温-6.0℃，7月平均气温20.3℃，无霜期175天，年日照1872.5小时，年降水总量625.6毫米。水洛河从李碾村东入境，由东北向西南流淌，自川口柳家西出境，境内河道长12.4千米。水洛南河为水洛河支流，从西关村东南入境，在村西汇入水洛河，境内全长仅2.25千米。

地名沿革 因原驻地水洛城得名。秦、汉时设水洛亭。东晋时期称水洛城。《水经注》中称水洛亭。金皇统二年（1142）设水洛县，正大七年（1230）并入陇干县。明清时为静宁州南部大镇。1940年设水洛镇，属静宁县。1942年划属庄浪县。1949年设水洛区。1951年庄浪县人民政府由南湖迁至水洛城。1956年撤水洛区设城关镇。1958年撤城关镇建水洛公社。1964年7月从水洛公社划出城区，恢复城关镇。1968年11月撤销城关镇，并入水洛公社。1983年改置乡。1984年从水洛乡析置水洛城镇（驻水洛城礼堂巷）。2004年撤水洛乡并入水洛城镇，同时水洛城镇更名为水洛镇（驻地迁至原水洛乡驻地李家庄），将白堡乡峰山、崖王村划入，形成现今区域范围。

经济社会 农业以种植小麦、玉米、马铃薯、油菜、胡麻和栽植苹果为主，粮食作物播种面积69100.95亩，总产量16803吨。苹果园面积24312.97亩，总产量26744吨。设施蔬菜种植面积1289亩，产量9402吨。以养牛、猪、家禽和蜂为主，肉产量823.39吨，鲜蛋产量211.2吨，天然蜂蜜产量2.16吨。现价农林牧渔业总产值28568.28万元。工业以建筑、建材、服装、家具、饲料、白酒、淀粉、食品生产加工为主。第三产业以运输、住宿、餐饮、销售为主。镇外从业人员7936人。商贸和外出劳务是居民经济收入的主要来源。

有农业科技机构11个，农业科技人员265人。有镇文化站1处、影剧院2处、村文化室18处。省级文物保护单位3处（川口柳家遗址、吴玠墓和徐李家碾遗址）。正月十二水洛城纪念刘沪将军庙会是陇东地区庙会活动的典型代表，兴起于宋代中叶，至今已900多年，1994年县政府确定此日为“庄浪艺术节”。紫荆山公园为国家AAA级旅游景点。

有小学14所，在校学生9460人，专职教师580人，小学适龄儿童入学率100%。普通中学5所，在校学生15657人，专职教师1012人。职业中学1所，在校学生5420人，专职教师251人。有各级医疗卫生机构38个，其中县级医院2所，病床位540个。

全镇有房屋125.57万平方米（其中居民房屋79.42万平方米，公共设施房屋面积13万平方米，生产房屋面积33.15万平方米）。静宁至庄浪、泾川至甘谷省道穿境而过，苏庄公路、乔余公路、马卧公路3条县道和北川公路、柳罗公路、莱水公路3条乡道纵横交错，村村通公路、通汽车。户户通电、通自来水。邮政、快递服务和移动网络覆盖城乡。村村通电话和宽带，其中6村通有线电视。

地名特征 境内共采集各类现今地名334条，其中自然地理实体类13条，政区及群众自治组织类24条，农村居民点71条，城市居民点29条，交通运输设施类54条，水利电力通信设施类6条，纪念地旅游景点22条、建筑物12条，单位类103条。水洛镇位于水洛河中部川区，东南有二郎山和大庙山，西北有水洛北山，水洛河与水洛南河交汇处为水洛城。水洛城历史悠久，经考古鉴定始建于汉代，是境内最早见于史册的地名。东晋义熙七年（411）西秦乞伏乾归攻后秦南平太守王憬于水洛城，北魏永安三年（530）关陇起义领袖之一氐人王庆云在水洛城称帝40多天，北魏永熙三年（534）

宇文泰征讨侯莫陈悦于水洛城，北宋庆历三年（1043）瓦亭寨钤辖代理静边寨主刘沪收复并扩建水洛城，刘沪病故后被群众遮道留葬水洛，立庙奉祀。境内地名以姓氏命名者比较普遍，亦因分布地域不同而略有差异。川区地名多以姓氏加通名命名，如李家庄、孙家庄、贺家庄、柳家团庄等，南北山区地名多以姓氏加地理特征命名，如弯沟李家、崖岔王家、郭家山、胡家沟、陈家洞子、胡家井沟、马家官路、徐家半山等，多数缺省通名。城区地名多以祥瑞希冀和地理方位命名，如宁静花苑、富强花苑、锦盛花苑、安泰庄苑、安顺小区、宏祥花园、中天如意小镇、开元路、迎宾街、文昌街、博爱巷、东关、西关、东街、西街、北城、南城、北滨河路、南河南路等。以风景名胜命名也是城区地名的重要特征，如紫荆山公园、紫荆花苑、紫荆广场、紫荆南街、紫荆北街、紫荆路、紫荆桥、紫荆宾馆、公园街等。

地名社会应用 以"水洛"冠名的产品有水洛酒，甘肃庄浪天池酒业有限责任公司生产。2004年注册"水洛"商标。水洛系列白酒采用优质高粱、玉米、小麦、豌豆、糯米等粮食及名酒酿造工艺精酿而成，酒体丰满、厚润醇香、色泽晶莹、香气浓郁，共有13个品种。2006年第十届西洽会授予庄浪县水洛牌白酒金奖。2013年被认定为甘肃省著名商标。产品除在本县和周边地区畅销外，销往北京、新疆、广东、宁夏、陕西等地。

水洛酒

南湖镇（Nánhú Zhèn）

乡级行政区，镇人民政府驻南湖。全国重点镇。2009年被中央精神文明建设指导委员会授予"全国文明村镇"称号。行政区划代码为620825101，电话区号0933，邮政编码744603。

地理概况 位于县境西北部，北纬35°16′19.20″~35°25′01.20″、东经105°51′15.38″~106°00′36″。东邻杨河乡，南接柳梁镇、卧龙镇，西临葫芦河，与静宁县雷大镇隔河相望，北依岳堡镇、赵墩乡。辖区东西最大距离14.6千米，南北最大距离16.1千米，面积87.8平方千米。全镇人口27523人，其中城镇9191人、乡村16532人，汉族人为主。辖北关、南门、陈庄、李湾、寺沟门、席

南湖镇人民政府驻地——南湖（2019年9月摄）

河、贾门、石峡、石阳、高房、汪家、庙岔、双堡、孙家大庄、党李庄、曹湾 16 个村委会。镇政府驻地东南距县城 16.7 千米，西北距省会兰州 208.5 千米。属黄土高原丘陵沟壑区，地势东北高、西南低。南有水洛北山，北有席家大山，中部为庄浪河河谷地带，最高点贾家老庄北山山顶海拔 2032 米，最低点庄浪河与葫芦河交汇处海拔 1510 米，相对高差 522 米。属温带大陆性季风气候，季风明显，四季分明，春季风多雨少，冷暖无常，寒旱多，夏季温和，雨水集中，雹洪多，秋季阴雨多，冬季寒冷干燥，雨雪少。境内属葫芦河流域，有葫芦河、庄浪河、乐正河 3 条河流，其中葫芦河沿西部边界由北向南经曹湾、汪家进入卧龙镇与静宁县雷大镇交界处，涉及河道长 5.3 千米，此段葫芦河为庄浪县与静宁县的界河。庄浪河为葫芦河支流，自东北下杨家村东入境，流经寺沟门、北关、南门、陈庄、高房、党李庄、石阳、石峡 8 村，向西汇入葫芦河，境内河道长 21.5 千米。乐正河为庄浪河主要支流，从北关村东入境，在南门村席马家汇入庄浪河，境内河道长 2 千米。

地名沿革　因城南有小湖（1924 年由时任庄浪知事黄金鼎率领民众所修）而得名。南湖，汉称方城，有遗址，唐称结公城。从金正大七年（1230）始，为庄浪路、州、县、乡治所。1940 年设维新镇。1949 年设维新区，下辖南湖乡，南湖始为政区名称。1958 年 3 月撤维新区，南湖乡直属县。同年 9 月撤南湖乡，建立南湖公社。同年 12 月庄浪县并入静宁县，改南湖公社为庄浪公社。1961 年恢复庄浪县时，庄浪公社又改为南湖公社。1979 年将部分大队划归杨河公社后，形成现今南湖镇区域范围。1983 年改置南湖乡。1986 年改置南湖镇。

经济社会　农业以种植小麦、玉米、马铃薯、油菜、胡麻和栽植苹果为主，粮食作物播种面积 77005 亩，总产量 18174 吨。苹果园面积 24944.12 亩，总产量 27438 吨。设施蔬菜种植面积 905 亩，产量 7324 吨。以养牛、猪、家禽和蜂为主，肉产量 221.67 吨、鲜蛋产量 156.3 吨、天然蜂蜜产量 1.43 吨。现价农林牧渔业总产值 27898.88 万元。工业以制砖、农产品和建筑材料加工为主。第三产业以销售、餐饮、住宿为主。镇外从业人员 2688 人，外出劳务和商贸是居民经济收入的主要来源。

有农业科技机构 5 个，农业科技人员 150 人。有镇文化站 1 处、村文化室 16 处。省级文物保护单位 4 处（余家塬遗址、双堡子沟遗址、南湖墓群和关帝庙戏楼）。有小学 10 所，在校学生 2622 人，专职教师 210 人，小学适龄儿童入学率 100%。普通中学 2 所，在校学生 3290 人，专职教师 288 人。有各级医疗卫生机构 22 个，其中医院 1 所，病床位 120 个，执业医师 53 人。

全镇有房屋 105.1 万平方米（其中居民房屋 76.4 万平方米，公共设施房屋面积 14 万平方米，生产房屋面积 14.7 万平方米）。庄浪至静宁省道过境，向南通往县城，向西通往静宁、兰州，境内长 10.3 千米；南湖至阳川县级公路 1 条，境内长 6.1 千米；南湖至杨河、鱼池至南湖乡级公路 2 条，全长 10.9 千米。村村通公路、通汽车。户户通电、通自来水。邮政、快递服务和移动网络覆盖全镇。村村通电话、宽带和有线电视。

有贾门水库 1 座，以流域、沟道为单元建成淤地坝 8 座。

地名特征　境内共采集各类现今地名 197 条，其中自然地理实体类 17 条，政区和群众自治组织类 17 条，农村居民点 100 条，城镇居民点 5 条，交通运输设施类 18 条，水利、电力、通信设施类 10 条，纪念地、旅游景点类 8 条，单位类 22 条。境内地名多以姓氏和地理特征命名。从地名的通名来看，自然地理实体类主要有山、梁、沟、河、峡等，居民点有庄、山庄等，多数居民点缺省通名。从地名专名来看，主要特征有：因姓氏得名，如崔家、汪家、陈家庄、席马家、张牛家、石慕家、党李庄等。因地理特征得名，如磨石峡、石峡、大地、大水渠、大山峁等。因地理方位得名，如北关、南门、后街、上湾、中湾、下湾、高庄、高山、川口、阳坡、大坡上等。因姓氏加地理特征得名者最为普遍，如贾家沟门、席家河湾、张家崖坑、蒙家扁峁、李家咀、秦家梁、汪家墩山、王家高房、郜家桥、叶家磨等。以“寺”“庙”命名的有寺咀山（亦称游龙山）、西佛寺沟、寺沟门、庙岔等。

南湖曲子戏（2019年2月摄）

地名社会应用 以“南湖”冠名者有南湖曲子戏和南湖墓群。南湖曲子戏又称南湖眉户，是庄浪民间戏曲之一，流行于南湖、岳堡、赵墩、杨河、柳梁等乡镇。有《小姑贤》《秋莲捡柴》《柜中缘》《看女》《钉缸》等30多折代表剧目。2010年被列为省级非遗保护名录。南湖墓群又名石阳墓群、王家高房墓群，是省级文物保护单位。

朱店镇（Zhūdiàn Zhèn）

乡级行政区，镇人民政府驻朱家店。全国重点镇。行政区划代码为620825102，电话区号0933，邮政编码744607。

地理概况 位于县境南部。北纬35°04′19.20″~35°11′34.80″、东经105°53′56.40″~106°02′49.20″。东与盘安镇接壤，南与张家川回族自治县马关镇、梁山镇毗邻，西与万泉镇、大庄镇相连，北与卧龙镇、水洛镇接界，辖区东西最大距离13.4千米，南北最大距离13.5千米，总面积81.09平方千米。全镇人口38815人，其中城镇10688人、乡村28127人，汉族人为主。辖朱河、小湾、西街、中街、东街、三合、董家湾、吴沟、毛柳家、河北、柳窑、郑家山、牛耳咀、杨家湾、高庙、柳李、万柳、王坪、王川、新王、大曹21个村委会。镇政府驻地东北距县城12千米，西北距省会兰州218千米。属黄土高原丘陵区，地势东北高、西南低。中部为河谷川台区，南北两边为低山丘陵，最高点大曹村曹家风台梁海拔1963米，最低点小湾村石门口水洛河出境处海拔1470米，相对高差493米。属温带大陆性季风气候，季风明显，四季分明，春季风多雨少、回暖快，夏季温暖、雨水集中，秋季温凉、阴雨多，冬季寒冷干燥、雨雪少。属水洛河流域，境内主要河流为水洛河，从东北吴沟村入境，于西南小湾村出境，境内河道长15.5千米。

朱店镇人民政府驻地——朱家店（2020年4月摄）

地名沿革 因驻地朱家店得名。1940年设朱店乡，属静宁县，“朱店”始成政区名称。1942年由静宁县划归庄浪县后改称金锁镇。1949年设金锁区，下辖朱店乡。1958年9月建朱店公社。1983年改置朱店乡。1986年12月改置朱店镇。2004年撤销刘庙乡，将王川、新王、赵山、万柳、柳李、三台山、窑上山、王坪8村划入，形成现今区域范围。

经济社会 农业以栽植苹果和种植小麦、玉米、马铃薯、油菜为主，苹果园面积34629.9亩，总产量38850.79吨，粮食作物播种面积27210亩，总产量5884吨。设施蔬菜种植面积1620亩，产量9141吨。以养牛、猪、家禽和蜂为主，肉产量1255.62吨、鲜蛋产量818.4吨、天然蜂蜜产量1.83吨。现价农林牧渔业总产值 34869.82 万元。工业以服装、建材、砖瓦、草编、淀粉、化肥生产加工为主。第三产业以销售、餐饮为主。镇外从业人员 2688 人。商业贸易、外出劳务、苹果产业和养殖是居民经济收入的主要来源。

有农业科技机构 6 个，农业科技人员 150 人。有镇文化站 1 处、村文化室 21 处。省级文物保护单位 2 处（长尾沟门、吴家沟遗址）。有小学 11 所，在校学生 584 人，专职教师 125 人，小学适龄儿童入学率 100%。普通中学 1 所，在校学生 1545 人，专职教师 186 人。有各级医疗卫生机构 28 个，其中医院 1 所，病床位 50 个，执业医师 61 人。

全镇有房屋 138.31 万平方米（其中居民房屋 107.92 万平方米，公共设施房屋面积 13.95 万平方米，生产房屋面积 16.44 万平方米）。泾川至甘谷省道过境，向东北通往县城，向西通往万泉、秦安，境内全长 10.9 千米。县道孔家沟至韩家川（属张家川回族自治县）公路境内长 3.9 千米，乔余公路 3 千米。乡道朱店至刘庙、朱店至大庄、杨家铺至岔儿李家和北川公路 4 条 21.93 千米。村村通公路、通汽车。户户通电、通自来水。邮政、快递服务和移动网络覆盖全镇。村村通电话、宽带，7 村通有线电视。

地名特征　朱店镇位于水洛河中下游，属半山半川区。长尾沟门遗址证明，在距今 27000 年此地就有人类活动。境内共采集各类现今地名 172 条，其中自然地理实体 12 条，政区和群众自治组织类 22 条，农村居民点 83 条，交通运输设施类 15 条，水利电力通信设施类 7 条，纪念地、旅游景点类 10 条，单位类 23 条。境内地名主要因姓氏和地理特征得名，从通名来看，自然地理实体类主要有山、咀、梁、沟，居民点多数缺省通名。从居民点专名来看，主要特征有：因姓氏得名，如朱家店、杨家铺、李家庄、朱万家、毛柳家、郭赵家等。因地貌特征得名，如马蹄湾、马槽地、圆地、中峰堡、杏花坪、荒凸上、牛耳咀等。因地理方位得名，如北堡子、阴坡、咀儿上、西山堡子、上川、朱家河湾山背后等。因姓氏加地貌特征得名，如吴家沟、王家川、王家坪、董家湾、杨家湾、孔家沟、朱家河湾、万家滑沟、树儿李家、树儿柳家等。因姓氏加地理方位得名，如上郭家、下郭家、上田家、下万家、上孔家、孔家西山、前杨家、上杨家、山上李家等。

万泉镇（Wànquán Zhèn）

乡级行政区，镇人民政府驻万家沟门。行政区划代码为 620825103，电话区号 0933，邮政编码 744606。

地理概况　位于庄浪县西南部，北纬 35°03′05.16″~35°07′19.20″、东经105°46′53.98″~105°55′51.60″。东与朱店镇接壤，南与张家川回族自治县梁山镇、秦安县五营镇、莲花镇毗邻，西靠静宁县仁大镇，北接阳川镇、大庄镇。东西最大距离 13.7 千米，南北最大距离 7.9 千米，总面积 63.1 平方千米。全镇人口 30401 人，其中城镇 5312 人、

万泉镇人民政府驻地——万家沟门（2020 年 4 月摄）

乡村 25089 人，汉族人为主。辖毛桃杜家、刘家、田岔、田湾、田坪、高川、邵坪、东沟、万川、万庄、清水沟、崔坪、东台、马川、西坪、东山、徐城、王李岔、圪寺、霍李、史沟 21 个村委会。镇政府驻地东北距县城 20 千米，西北距省会兰州 212 千米。属黄土高原丘陵沟壑区，地势东高西低。南北为纯山区，中部为河谷川台区，最高点田岔村田家岔阴坡东南梁顶海拔 1855 米，最低点徐家城水洛河出境处海拔 1395 米，相对高差 460 米。属温带大陆性季风气候，春季风多雨少、回暖快、夏季温暖、雨水集中，秋季温凉、阴雨多，冬季寒冷干燥、雨雪稀少。主要河流为水洛河，从东部刘家村入境，由东向西经刘家、田湾、田坪、高川、邵坪、东沟、万川、史沟、崔坪、东台、马川、西坪、霍李、圪寺，在徐城村西出县境，与秦安县境内清水河交汇，境内河道长 11.2 千米。

地名沿革 因镇政府驻地万家沟门有大水泉得名。1942 年由静宁县划归庄浪县时称万马乡，是年改称新泰乡。1949 年设新泰区，下辖万泉乡，“万泉”始成政区名称。1955 年撤新泰区，万泉乡划入金锁区。1958 年 9 月属朱店公社。1960 年 6 月分设万泉公社，形成现今区域范围。1983 年改称万泉乡。2002 年改称万泉镇。

经济社会 农业以栽植苹果和种植马铃薯为主，苹果园面积 38173.3 亩，总产量 41991 吨，粮食作物播种面积 18328 亩，总产量 3545 吨。种植中药材 2914 亩，产量 1226 吨，主要以党参、板蓝根为主。设施蔬菜种植 327 亩，产量 1240 吨。以养牛、猪、家禽和蜂为主，肉产量 259.77 吨、鲜蛋产量 17.4 吨、天然蜂蜜产量 1.35 吨。现价农林牧渔业总产值 32653.14 万元。工业以光伏发电、包装箱生产、粮食加工为主。第三产业以销售为主。镇外从业人员 4442 人，苹果产业、商业贸易和外出劳务是居民经济收入的主要来源。

有农业科技机构 6 个，农业科技人员 140 人。有镇文化站 1 处、村文化室 21 处。县级文物保护单位 9 处（万仕选家墓群、小墩山遗址、清水沟烽燧、邵家坪遗址、田家坪遗址、万家塬遗址、半截墩烽火台、胡家墩烽火台、大营顶堡遗址）。有小学 15 所，在校学生 1527 人，专职教师 151 人，小学适龄儿童入学率 100%。普通中学 1 所，在校学生 654 人，专职教师 91 人。有各级医疗卫生机构 27 个，其中医院 1 所，病床位 20 个，执业医师 5 人。

全镇有房屋 64.73 万平方米（其中居民房屋 50.53 万平方米，公共设施房屋面积 8.77 万平方米，生产房屋面积 5.43 万平方米）。泾川至甘谷省道过境，向东北通往县城，向西通往秦安，境内全长 12.25 千米。县道阳川至胡家咀公路从西部边境穿过。村村通公路、通汽车。户户通电、通自来水。邮政、快递服务和移动网络覆盖全镇。村村通电话、宽带和有线电视。

地名特征 地处水洛河下游，中部为河谷川台区，南北为丘陵山地，居民点多集中在川区泾甘公路沿线，南北山区相对稀少。境内共采集各类现今地名 145 条，其中自然地理实体类 15 条，政区和群众自治组织类 22 条，农村居民点 62 条，交通运输设施类 11 条，水利电力通信设施类 7 条，纪念地、旅游景点类 11 条，单位类 17 条。从地名通名来看，地理实体有山、沟、泉等，居民点有庄、上庄、中庄、下庄等，但多数居民点缺省通名。从地名专名来看，主要特征有：以姓氏加地理特征命名是万泉镇境内地名命名的主要形式，其中田、高、万、马四大姓氏和湾、塬、坪、川等地理特征相结合是川台区居民点命名的主要特点，如田家坪、田家湾、高家川、高家坪、高家东塬、高家西塬、万家东沟、万家沟门、下马家、马家石节子等。以动植物命名，如樱桃沟、小蒜坡、白草洼、老虎湾，分布在南北山区。以地理实体命名，如圪垯寺、涝池沟、甘湾咀、车路头、毛梢沟垴。

韩店镇（Hándiàn Zhèn）

乡级行政区，镇人民政府驻韩家店。行政区划代码为 620825104，电话区号 0933，邮政编码 744609。

韩店镇人民政府驻地——韩家店（2019 年 10 月摄）

地理概况　位于关山西麓，庄浪县东部，北纬 35°06′59″~35°15′36″、东经 106°08′40.80″~106°23′50.41″。东邻华亭市和宁夏回族自治区泾源县，南接张家川回族自治县，西连盘安镇、南坪镇、良邑镇，北靠永宁镇、郑河乡。东西最大距离 25 千米，南北最大距离 15.8 千米，总面积 192.17 平方千米。全镇人口 23196 人，其中城镇 8188 人、乡村 15008 人，汉族人为主。辖东门、西门、试雨、潘河、王崖、上山、石桥、郭漫、刘河、刘咀、武家、中庄、下沟、花崖河、马家寺、岔岔沟、聂子坪 17 个村委会。镇政府驻地西距县城 16.2 千米，西北距省会兰州 234.8 千米。境内东部属基岩山区，西部属黄土高原低山丘陵沟壑区，地势东高西低，最高点郭漫村高庄子东北关山梁顶海拔 2677 米，最低点潘河村水洛南河出境处海拔 1700 米，相对高差 977 米。属温带大陆性季风气候，春季风多雨少、冷暖无常，夏季凉爽、雨水集中，秋季湿冷、阴雨多，冬季严寒干燥、雨雪稀少。主要河流有水洛南河、试雨河、花崖河。水洛南河为水洛河支流，发源于辖区东部林区，经竹林寺水库，由东向西在潘河村流出，境内河道长 18.4 千米。试雨河为水洛南河支流，发源于郑河乡庙川村庙儿岔，从刘河村北入境，由北向南经试雨王家村汇入水洛南河，境内河道长 4.3 千米。花崖河为水洛南河支流，发源于关山西侧林区，由东北向西南经花崖河、石桥两村汇入水洛南河，全长 10.5 千米。矿产资源为铜矿，地质储量 1.69 万吨，可采量 0.98 万吨，集中分布在郭漫村店峡一带。天然次生林面积 9574 公顷，主要树种有白桦、红桦、油松、落叶松、山杨、青冈、刺槐、国槐等，林间有鹿、麝、豹、锦鸡等珍贵动物和箭竹、蕨菜等野生植物，秦艽、白芍、党参、猪苓等药材资源丰富。

地名沿革　因镇政府驻地韩家店得名。韩家店相传为“宋古聂城”，清代称焦韩店。1940 年设焦韩乡，属静宁县。1942 年由静宁县划归庄浪县后改称新陇乡。1949 年设新陇区，下辖韩店乡，“韩店”始成政区名称。1958 年 9 月设新陇公社。是年 12 月庄浪县并入静宁县后改设韩店公社。1960 年 6 月分设郑河公社。1961 年 12 月恢复庄浪县后仍称韩店公社。1983 年改称韩店乡。2002 年 10 月改置韩店镇。2004 年撤销颉崖乡，将聂子坪村、莱子湾村划入韩店镇后形成现今区域范围。

经济社会　农业以种植小麦、玉米、马铃薯、油菜为主，粮食作物播种面积 69902 亩，总产量 15906 吨。以养牛、猪、家禽和蜂为主，肉产量 255.86 吨、鲜蛋产量 279.6 吨、天然蜂蜜产量 1.55 吨。现价农林牧渔业总产值 9566.07 万元。工业以农产品加工为主。第三产业以销售、餐饮、旅游服务为主。镇外从业人员 3635 人，外出劳务和商业贸易是居民经济收入的主要来源。

有农业科技机构 6 个，农业科技人员 172 人。有镇文化站 1 处、村文化室 17 处。国家重点文物保护单位 1 处（云崖寺石窟）。有小学 9 所，在校学生 1167 人，专职教师 108 人，小学适龄儿童入学率 100%。有职业中学 1 所，在校学生 1067 人，专职教师 115 人。有各级医疗卫生机构 25 个，其中医院 1 所，病床位 40 个，执业医师 15 人。

全镇有房屋 74.47 万平方米（其中居民房屋 54.98 万平方米，公共设施房屋面积 9.13 万平方米，生产房屋面积 10.36 万平方米）。省道 2 条，泾甘公路向东通往华亭、向西通往县城，境内全长 23.59 千米。庄天公路北起东门村，向南通往张家川回族自治县，境内长 5.5 千米。县道有韩良公路、庄北公路、碾店公路 3 条，境内长 23.25 千米。乡道有莱水公路 1 条，境内长 3.92 千米。村村通公路、通汽车。户户通电、通自来水。邮政、快递服务和移动网络覆盖全镇。村村通电话、宽带和有线电视。境内有竹林寺和花崖河水库 2 座，总库容 781.2 万立方米。有云崖寺国家森林公园和石桥旅游示范村，年接待游客 26 万人次。

地名特征　境内共采集各类现今地名 224 条，其中自然地理实体类 52 条，政区和群众自治组织类 18 条，农村居民点 85 条，交通运输设施类 30 条，水利电力通信设施类 5 条，纪念地、旅游景点类 18 条，单位类 16 条。随着经济、社会的发展，关山林区居民陆续搬迁至河川地区，原有居民点多数成为历史地名。境内现存地名与地理形态特征密切相关。从地名通名来看，地理实体有山、梁、沟、河，居民点多数缺省通名。从地名专名来看，主要特征：因姓氏得名，如韩家店、杜家庄、武家、徐家、侯家、贺家、纳张家等。以地物和地形特征命名，如石桥儿、店子峡、花崖河、折家凸、暖和湾、王字湾、安水锅、马鞍桥、鳌背山、岔岔沟、红崖巷、黄草、五盘盘沟、三层崖沟、干沟湾等。以姓氏加地形特征命名，如聂子坪、潘家河、刘家咀、郭家漫、邓家崖、张家山等数量最多。因地理方位得名，如东门、西门、上庄、中庄、上凸、东沟、下沟、西台沟、南峪梁等。在关山林区以“寺”命名的地名比较突出，如云崖寺国家森林公园、竹林寺水库、红崖寺、金瓦寺、乔阳寺、大寺沟等。因数字排序得名，如头岔沟、二岔沟、三岔沟等。

卧龙镇（Wòlóng Zhèn）

乡级行政区，镇人民政府驻台家。行政区划代码为 620825105，电话区号 0933，邮政编码 744605。

地理概况　位于庄浪县西部，北纬 35° 09′ 57″~ 35° 17′ 38″、东经 105° 49′ 04″ ~ 105° 59′ 01″ 。东邻柳梁镇、水洛镇，南接朱店镇、大庄镇、阳川镇，西临葫芦河与静宁县余湾乡、雷大镇隔河相望，北靠南湖镇。东西最大距离 15.1 千米，南北最大距离 14.2 千米，总面积 115.46 平方千米。全镇人口 30812 人，其中城镇 3410 人、乡村 27402 人，汉族人为主。辖魏山、双河镇、魏家湾、谢家庙湾、下杨、孙家河、何家、魏家大庄、石家山、苏家山、张家山、棉梨沟、马湾、山集梁、马家沟、山赵家、张余家、阴凸李家、后梁、杨魏、仇沟、仇梁、刘罗、上郝家 24 个村委会。镇政府驻地东距县城 13 千米，西北距省会兰州 207 千米。境内丘陵起伏、沟壑纵横，地势东高西低，最高点仇梁村张家梁南山顶海拔 1943 米，最低点山赵村小余家西阳坡沟与葫芦河交汇处海拔 1420 米，

卧龙镇人民政府驻地——台家（2015 年 6 月摄）

相对高差523米。属温带大陆性季风气候，春季风多雨少、回暖较快，夏季温和、雨水集中，秋季凉爽、阴雨偏多，冬季寒冷干燥、雨雪稀少。属葫芦河流域，主要河流有葫芦河、庄浪河。葫芦河由北向南流经棉梨沟、马家沟、张余家3村西部边界进入阳川镇，涉及河道长12千米。庄浪河流经辖域北部，为卧龙镇与南湖镇的界河，涉及河道长3.75千米。矿产资源有石灰岩，储量155.7万吨，集中分布在西北部葫芦河一带。

地名沿革 因境内山势起伏如卧龙而得名。1931年设卧龙镇，属第二区，“卧龙”始成政区名称。1940年实行“新县制”，设卧龙乡。1949年设卧龙区。1958年3月撤销卧龙区。是年12月庄浪县并入静宁县后设卧龙公社。1960年6月分设阳三川公社。1961年12月恢复庄浪县后仍为卧龙公社。1962年7月将部分大队归新设白堡公社。1983年改称卧龙乡。2004年撤销白堡乡，将该乡的仇梁、仇沟、上郝家、杨魏、刘渠、后梁和罗家7个村划归卧龙乡，形成现今区域范围。2015年7月改称卧龙镇。

经济社会 农业以栽植苹果和种植小麦、玉米、马铃薯、油菜、胡麻为主，苹果园面积37750亩，总产量41525吨，粮食作物播种面积106655亩，总产量24625吨。以养牛、猪、家禽和蜂为主，肉产量634.04吨、鲜蛋产量60吨、天然蜂蜜产量2.66吨。现价农林牧渔业总产值39102万元。工业以制砖和农产品加工为主。第三产业以销售为主。镇外从业人员3594人。外出劳务、苹果产业和养殖是居民经济收入的主要来源。

有农业科技机构6个，农业科技人员154人。有镇文化站1处，村文化室24处。县级文物保护单位9处（颉沟尖遗址、荞家湾遗址、刘罗家遗址、一锨土遗址、毗卢寺遗址、王家塬遗址、大地川遗址、王毛川遗址、大地墓群）。有小学13所，在校学生1596人，专职教师180人，小学适龄儿童入学率100%。普通中学2所，在校学生1296人，专职教师121人。有各级医疗卫生机构47个，其中医院2所，病床60张，执业医师38人。

全镇有房屋87.55万平方米（其中居民房屋75.56万平方米，公共设施房屋面积6.23万平方米，生产房屋面积5.76万平方米）。马卧、乔余、南阳3条县级公路和柳罗1条乡级公路交会，境内长32.4千米。村村通公路、通汽车。有白家沟骨干坝1座。户户通电、通自来水。邮政、快递服务和移动网络覆盖全镇。村村通电话、宽带和有线电视。

地名特征 全境属纯山区，山峦起伏，沟谷密布，地名与地貌形态特征密切相关。境内共采集各类现今地名219条，其中自然地理实体类21条，政区和群众自治组织类25条，农村居民点134条，交通运输设施类6条，水利、电力、通信设施类4条，纪念地、旅游景点类9条，单位类20条。从地名通名来看，自然地理实体类有山、梁、沟等，居民点多数缺省通名。从地名专名来看，主要特征有：因动植物得名，如棉梨沟、柳树湾、花梨湾、梭草湾、芦子湾、野狐湾、猫儿刺坪等。因地理实体特征得名，如卧龙、山集梁、尕那湾、青土湾、颉沟坪、弯沟凷、崖湾、耙齿沟、双河镇、簸箕湾等。因姓氏或姓氏加地形得名，如台家、何家、山赵家、居黄湾、刘罗家、魏家湾、魏家咀、张家山、仇家梁、仇家沟、白家路豁、水魏沟等。因地理方位得名，如阳坡、阴凷李家、上郝家、下梁、下湾里、背后湾、刘家下岔、簸箕湾山上等。

阳川镇（Yángchuān Zhèn）

乡级行政区，镇人民政府驻刘家湾。行政区划代码为620825106，电话区号0933，邮政编码744616。

地理概况 位于庄浪县西南部，北纬35°05′45.60″~35°13′18.15″、东经105°46′11.05″~105°53′45.60″。东邻大庄镇，南接万泉镇，西连静宁县仁大镇、余湾乡，北靠卧龙镇。东西最大距离10.7千米，南北最大距离13.8千米，总面积72.59平方千米。全镇人口25171人，其中城镇6500

人、乡村18671人，汉族人为主。辖张家大湾、李家湾、台咀、孙王、新庄沟、下堡子、刘湾、苟岔、李家咀、赵家湾、岳家坪、红土坡、三益、王塬、东湾、西湾16个村委会。镇政府驻地东距县城20千米，西北距省会兰州205千米。属黄土高原低山丘陵区，葫芦河由北向南纵贯全镇，形成中部为河谷川区、周围为低山丘陵的小盆地地形。最高点陈家庙梁顶海拔1877米，最低点张家下湾葫芦河出境处海拔1405米，相对高差472米。属温带大陆性季风气候，春季风多雨少、回暖快，夏季炎热、雨水集中，秋季温凉、阴雨多，冬季寒冷干燥、雨雪稀少。属葫芦河水系，葫芦河从北部红土坡村入境，于南部张家下湾出境，境内河道长35.5千米，主要支流水魏沟水发源于卧龙镇刘罗村，从王塬村东入境，由东向西于岳家坪村赵家沟汇入葫芦河，境内长4.8千米。

阳川镇人民政府驻地——刘家湾（2019年10月摄）

地名沿革 原名阳三川，因葫芦河、水魏沟、曹坪沟汇合形成盆地而得名。1942年静宁县将阳三川一带划归庄浪县后新设宁阳乡，1949年9月设宁阳区，11月撤销，分属新泰区和卧龙区。1958年3月设阳川乡，“阳川”始成政区名称，9月实行人民公社化后属中岭公社，是年12月庄浪与静宁合县后并入卧龙公社。1960年6月静宁县分设阳三川公社（后简称阳川公社），形成现今区域范围。1983年改称阳川乡。2015年7月改置阳川镇。

经济社会 农业以栽植苹果和种植马铃薯、油菜为主，苹果园面积37451亩，总产量41196吨，粮食作物播种面积16671亩，总产量3216吨。以养牛、猪、家禽和蜂为主，肉产量131.87吨、鲜蛋产量60吨、天然蜂蜜产量1.58吨。现价农林牧渔业总产值31162万元。工业以建材、农产品、纸箱生产加工为主。第三产业以销售为主。镇外从业人员3604人，苹果产业、外出劳务和养殖是居民经济收入的主要来源。

有农业科技机构6个，农业科技人员128人。有镇文化站1处，村文化室16处。省级文物保护单位1处（古洞门遗址）。有小学10所，在校学生1028人，专职教师156人，小学适龄儿童入学率100%。普通中学2所，在校学生1811人，专职教师159人。有各级医疗卫生机构22个，其中医院1所，病床位40个，执业医师17人。

全镇有房屋62.65万平方米（其中居民房屋61.58万平方米，公共设施房屋面积0.69万平方米，生产房屋面积0.38万平方米）。有县道3条，其中阳胡公路境内长11.9千米，南阳公路境内长8.3千米，乔余公路境内长14.3千米。村村通公路、通汽车。户户通电、通自来水。邮政、快递服务和移动网络覆盖全镇。村村通电话、宽带和有线电视。

地名特征 境内共采集各类现今地名153条，其中自然地理实体类16条，政区和群众自治组织类17条，农村居民点81条，交通运输设施类10条，水利电力通信设施类6条，纪念地、旅游景点类10条，单位类13条。从地名通名来看，自然地理实体有河、沟、梁，居民点有庄、堡。从地名专名来看，主要特征有：因地理特征得名，如阳三川、红土坡、秃子疙、蒿疙里、深壑岘、褡裢地、弯地、盘龙山、湫子里、平头湾、阳屲场等。以方位得名，如东湾、西湾、那面湾、阴坡、阳坡、山背后、上王家、下川里等。因姓氏或姓氏加地形得名最多，如孙王家、郭阎家、金李家、王家新城、苟家岔、刘家湾、台家咀、李家咀、赵家湾、曹家坪、岳家坪等。

盘安镇（Pán'ān Zhèn）

乡级行政区，镇人民政府驻王公家。行政区划代码为620825107，电话区号0933，邮政编码744611。

地理概况 位于庄浪县南部，北纬35° 06′ 30″~ 35° 13′ 01″、东经106° 01′ 37.20″ ~ 106° 13′ 12.00″ 。东与韩店镇相邻，南与张家川回族自治县接壤，西与朱店镇、水洛镇毗邻，北与南坪镇相连。东西最大距离17.2千米，南北最大距离11.5千米，总面积83.31平方千米。全镇人口28412人，其中城镇8273人、乡村20139人，汉族人为主。辖孙沟、王福上庄、托神、王福下庄、王公、湾李、岔李、吴陈、马家、杨宋、申家湾、周家、焦湾、颉崖、牡丹咀、樊庙、刘陈、雷家18个村民委员会。镇政府驻地王公家西北距县城9千米，西北距省会兰州230千米。属黄土高原低山丘陵区，地势东北高、西南低，最高点樊庙村梁家官路东南山顶海拔2122.7米，最低点周家村周家川子窎沟水出境处海拔1553米，相对高差569.7米。属温带大陆性季风气候，春季风多雨少，夏季温和，秋季凉爽，冬季寒冷干燥。主要河流为岔李河，发源于梁家官路岔儿李家沟，由东北向西南横穿全境，在马家村出境流入张家川回族自治县，境内全长15.3千米。

盘安镇人民政府驻地——王公家（2020年4月摄）

地名沿革 1929年岔儿李家村设立集市时，该地取名磐安镇，取安如磐石之意，后设磐安堡，后来“磐安”演变成“盘安”。1942年甘肃省调整庄浪辖域后，今盘安镇东部属新陇乡、西部属水洛镇。1949年9月分属水洛、新陇区，水洛区下辖盘安乡，“盘安”始成政区名称。1955年5月撤销盘安乡。1958年12月庄浪与静宁合县时设页崖公社。1959年12月页崖公社改称盘安公社，社址设在岔儿李家，1961年迁至王公家。1962年7月分设页崖公社。1964年7月撤销页崖公社并入盘安公社。1979年又恢复页崖公社。1983年11月盘安公社改称乡。2004年1月撤销颉崖乡，将该乡的焦湾、端湾、赵吴、颉崖、牡丹咀、六房沟、梁家寺湾、樊庙、陈家、窑刘家、上雷、下雷12个村划归盘安乡，形成现今辖域范围。2015年7月改称盘安镇。

经济社会 农业以种植小麦、玉米、马铃薯、油菜、胡麻和栽植苹果为主，粮食作物播种面积75764亩，总产量17126吨，苹果园面积10623亩，总产量11685吨。种植中药材1350亩，产量738吨，以柴胡为主。以养牛、猪、家禽和蜂为主，肉产量476.49吨，鲜蛋产量28.5吨，天然蜂蜜产量6.57吨。

现价农林牧渔业总产值 17431 万元。工业以建材、农产品加工为主。第三产业以销售、餐饮为主。镇外从业人员 6435 人，外出劳务和种植、养殖是居民经济收入的主要来源。

有农业科技机构 5 个，农业科技人员 124 人。有镇文化站 1 处，村文化室 18 处。县级文物保护单位 4 处（申家堡子、盘头屲遗址、菜子屲遗址、碉堡圪垯烽火台）。有小学 20 所，在校学生 2299 人，专职教师 159 人，小学适龄儿童入学率 100%。普通中学 2 所，在校学生 1126 人，专职教师 91 人。有各级医疗卫生机构 39 个，其中医院 1 所，病床位 30 个，执业医师 19 人。

全镇有房屋 78.72 万平方米（其中居民房屋 63.07 万平方米，公共设施房屋面积 5 万平方米，生产房屋面积 10.65 万平方米）。县道南马公路境内长 12.7 千米。乡道 4 条，雷王公路境内长 11.1 千米，梁麻路境内长 8.47 千米，菜水公路境内长 10.8 千米，杨岔路境内长 6.6 千米。村村通公路、通汽车。户户通电、通自来水。邮政、快递服务和移动网络覆盖全镇。村村通电话、宽带和有线电视。

地名特征 全境属纯丘陵山区，山陡谷深，地形复杂，地名多样。境内共采集各类现今地名 167 条，其中自然地理实体类 16 条，政区和群众自治组织类 19 条，农村居民点 94 条，交通运输设施类 6 条，水利电力通信设施类 2 条，纪念地、旅游景点类 4 条，单位类 21 条。从地名专名来看，主要特征有：因人名得名，如王公家、王福家、王火炎子。因动植物得名，如老虎沟、野雀川、黑老鸦梁、牡丹咀、漆树湾、木瓜湾、麻黄咀。因地理特征得名，如庙屲上、荒屲、散缝里。因传说故事得名，如托神、马掌关、黑眼湾。以地理方位得名，如北山上、阴屲山、阳坡、那坡里、东庄、东湾、西湾。因姓氏得名，如孙家、雷家、周家、马家、吴陈、杨宋、刘陈、梁关家、杨孔家。因姓氏加地理特征得名，如岔儿李家、颉崖史家、刘家端湾、周家堡子、谢家阳湾、塌坡陈家、梁家官路、孙家沟、吴家山、许家湾。

通化镇（Tōnghuà Zhèn）

乡级行政区，镇人民政府驻新集。行政区划代码为 620825108，电话区号 0933，邮政编码 744614。

地理概况 位于庄浪县东北部，北纬 35° 18′ 05″ ~ 35° 29′ 15″、东经 106° 04′ 32″ ~ 106° 14′ 48″ 。东临关山与宁夏回族自治区泾源县接壤，南与永宁镇、良邑镇毗连，西与杨河乡相邻，北与宁夏回族自治区隆德县相接。东西最大距离 20.2 千米，南北最大距离 45.8 千米，总面积 113.45 平方千米。全镇人口 24558 人，其中城镇 3088 人、乡村 21470 人。有汉、回两个民族（回族人口占总人口的 1.15%）。辖毛沟李家中庄、通边、野赵、刘善、梁河、新庄、韩席、石岔、陈堡、梅堡、新后庄、新集、韩湾、高崖韩、阳坡何、薛沟 16 个村委会。镇政府驻地西南距县城 18 千米，西北距省

通化镇人民政府驻地——新集（2019 年 10 月摄）

会兰州 222 千米。地势东北高、西南低，最高点梁河村关山顶海拔 2742 米，最低点阳坡何村水洛河出境处海拔 1758.7 米，相对高差 983.3 米。属温带大陆性季风气候，春季风多雨少、冷暖无常，夏季凉爽、雨水集中，秋季湿冷、阴雨多，冬季严寒干燥、雨雪稀少。主要河流有水洛河、外儿河、梁河。水洛河自毛沟李家中庄村北入境，由北向南流经毛沟李家中庄、通边、薛沟、野赵、新集、高崖韩、阳坡何等 7 村，在阳坡何村南出境，境内河道长 15.9 千米。外儿河发源于陈堡村陈家洞东部林区，流经陈堡、梅堡、石岔、新庄，在高崖韩村北汇入水洛河，全长 13.2 千米。梁河发源于梁河村东北庙沟，流经梁河村、刘善村，在通边村汇入水洛河，全长 10.5 千米。地下水资源可利用量 150 万立方米。自然资源有天然次生林 4374 公顷，以云杉、油松、落叶松、桦树、槐树为主。野生动物有鹿、豹、野猪等。名贵中药材有猪苓、贝母、菖蒲、丹参、冬花等。

地名沿革 明清时属静宁州，设通野镇。1942 年由静宁县划归庄浪县时称通野镇，是年改为通化镇，取通往化平（今泾源）之意，“通化”始成政区名称。1949 年设通化区，驻通边村。1951 年驻地迁至新集。1958 年 3 月撤区并乡，设通边乡。同年 9 月设立通边公社。1960 年 6 月析设永宁、良邑公社。1962 年从通边公社析建新集公社（通边公社驻通边，新集公社驻新集）。1964 年新集公社并入通边公社（驻新集）。1979 年 10 月再设新集公社（通边公社驻通边，新集公社驻新集）。1983 年 4 月，因与灵台县新集公社重名，将新集公社改为通化公社。1983 年改置通化乡。2004 年通边乡并入通化乡，形成现今辖区范围。2016 年 6 月改置镇。

经济社会 农业以种植小麦、玉米、马铃薯、油菜、胡麻为主，粮食作物播种面积 71477 亩，总产量 15337 吨。中药材种植面积 3537 亩，产量 1397 吨，主要以柴胡、黄芪、党参为主。以养牛、猪、家禽和蜂为主，肉产量 514.8 吨，鲜蛋产量 50.7 吨，天然蜂蜜产量 1.36 吨。现价农林牧渔业总产值 10141 万元。工业以制砖、农产品加工为主。第三产业以销售、餐饮、旅游服务为主。镇外从业人员 5179 人。外出劳务和养殖是居民经济收入的主要来源。

有农业科技机构 6 个，农业科技人员 108 人。镇文化站 1 处，村文化室 16 处。国家重点文物保护单位 1 处（陈家洞石窟）。小学 14 所，在校学生 1292 人，专职教师 128 人，小学适龄儿童入学率 100%。普通中学 2 所，在校学生 1130 人，专职教师 99 人。各级医疗卫生机构 19 个，其中医院 1 所，病床位 63 个，执业医师 20 人。

全镇有房屋 71.34 万平方米（其中居民房屋 56.17 万平方米，公共设施房屋面积 7.35 万平方米，生产房屋面积 7.82 万平方米）。县道苏庄公路境内长 15.4 千米，乡道张通公路境内长 9.92 千米。村村通公路、通汽车。有红崖湾水库 1 座及红崖湾水厂、梁河东峡人饮、新后庄小峡人饮、陈堡陈家洞人饮工程 4 处。户户通电、通自来水。邮政、快递服务和移动网络覆盖全镇。村村通电话、宽带和有线电视。

境内有陈家洞旅游景点和陈堡旅游示范村。

地名特征 境内共采集各类现今地名 195 条，其中自然地理实体类 47 条，政区和群众自治组织类 17 条，农村居民点 85 条，交通运输设施类 15 条，水利电力通信设施类 5 条，纪念地、旅游景点类 9 条，单位类 17 条。境内东北部为关山林区、西部为水洛河川区、中部为丘陵山地，地名与地形特征关系密切。从地名通名来看，在关山林区，因地势险峻，自然地理实体以“峡”“岔”命名较多，如正峡、沙坡子峡、北岔、正岔、华岔等。从地名专名来看，以姓氏或姓氏加地形命名的居多，如樊家、野赵、韩席儿家、阳坡何、高崖韩、薛家沟、马家河等。其次有因地物和地形特征得名，如瓦窑坪、洞子沟、山庄院、小磨、凉树湾、簸箕湾、堡子梁、油房、和尚岻、月亮岻、山台子、桥子沟等。因地理方位得名，如通化（取通往化平之意，化平即今泾源）、通边（位于古代安定通陇西要道，北宋设通边寨，取通往边境之意）、后庄、中庄、上川、毛沟李家山上、东峡、南岔等。因动植物得名，如狼台、菜沟湾、棉柳滩、马莲套等。在林缘区，由于过去匪患猖獗，民众筑堡防御，所以居民点以“堡”命名较多，如梅堡、鲜堡、陈堡、韩堡等。

大庄镇（Dàzhuāng Zhèn）

乡级行政区，镇人民政府驻大庄李家。行政区划代码为620825109，电话区号0933，邮政编码744608。

地理概况　位于庄浪县西南山区，北纬35°06′14.40″~35°10′51.60″、东经105°48′43.20″~105°55′48.00″。东邻朱店镇，南接万泉镇，西靠阳川镇，东北与卧龙镇接壤。东西最大距离10.6千米，南北最大距离7.9千米，总面积56.01平方千米。全镇人口19673人，其中城镇1968人、乡村17705人，汉族人为主。辖大庄、张家小湾、张山、王山、杨局、下王、上李、杜家、青龙沟、南湾、连王、刘沟、刘庙、梁山、老山沟、丁山16个村委会。镇政府驻地大庄李家东北距县城17千米，西北距省会兰州210千米。属黄土高原低山丘陵沟壑区，水洛北山余脉横贯全境，地势中间高、四周低，最高点王山村王家山东北庙山顶海拔1924.5米，最低点青龙沟水出境处海拔1441米，相对高差483.5米。属温带大陆性季风气候，春季风多雨少、回暖快，夏季温和、雨水集中，秋季凉爽、阴雨多，冬季寒冷干燥、雨雪稀少。主要水系为青龙沟水，属水洛河一级支流，发源于境内刘沟村罗家，由东向西再折向南流入万泉镇境内汇入水洛河，境内全长8.3千米。

大庄镇人民政府驻地——大庄李家（2020年4月摄）

地名沿革　因镇政府驻地大庄李家简化得名。1958年9月属朱店公社，是年12月庄浪县并入静宁县后，属静宁县朱店公社。1960年6月分设大庄公社，“大庄”始成政区名称。1961年12月恢复庄浪县后仍称大庄公社。1962年将部分大队归新设刘庙公社（社址刘家庙）。1964年撤销刘庙公社，原队归属大庄公社。1979年恢复刘庙公社。1983年改为大庄乡。2004年撤刘庙乡，将所辖刘庙、梁家山、老山沟、谢家、丁山、冯湾6个村划归大庄乡，形成现今辖域范围。2016年6月改置镇。

经济社会　农业以栽植苹果和种植小麦、马铃薯、油菜、胡麻为主，苹果园面积27564亩，总产量30302吨，粮食作物播种面积36577亩，总产量6952吨。以养牛、猪、家禽和蜂为主，肉产量756.64吨，鲜蛋产量87吨，天然蜂蜜产量1.36吨。现价农林牧渔业总产值25868万元。工业以制砖、农产品加工为主。第三产业以销售为主。镇外从业人员2688人，外出劳务、苹果产业和养殖是居民经济收入的主要来源。

有农业科技机构6个，农业科技人员153人。有镇文化站1处，村文化室16处。县级文物保护单位9处（岘壑梁烽火台、新堡子堡址、岳家堡遗址、下王家遗址、梁山堡子、王家堡子、丁家山堡子、大壑罗墓群、麋面凸汉墓群）。有小学10所，在校学生1795人，专职教师118人，小学适龄儿童入学率100%。普通中学2所，在校学生674人，专职教师71人。有各级医疗卫生机构18个，其中医院1所，病床位20个，执业医师9人。

全镇有房屋49.76万平方米（其中居民房屋37.15万平方米，公共设施房屋面积7.41万平方米，生产房屋面积5.2万平方米）。县道乔余公路1条，境内长11.9千米；乡道2条，其中朱刘公路境内长6.9千米，朱大公路境内长8.25千米。村村通公路、通汽车。户户通电、通自来水。邮政、快递服务和移动网络覆盖全镇。村村通电话、宽带和有线电视。

地名特征　境内共采集各类现今地名113条，其中自然地理实体类10条，政区和群众自治组织类17条，农村居民点57条，交通运输设施类4条，水利电力通信设施类3条，纪念地9条，单位类13条。境内属纯山区，山丘和沟谷是基本地理特征，地名命名与地理特征密切相关。从地名通名来看，自然地理实体类有沟，居民点多数缺省通名。从地名专名来看，因姓氏或姓氏加地理特征得名最为普遍，如大庄李家、连王家、杜家庄、杨家局、梁家山、王家山、刘家庙、张家小湾。其次因地理方位得名，如南湾、阳凸庄、阳凸、阴凸、上王家、下王家、前梁。再次因地形特征得名，如塌山里、峁湾壑岘、高山顶湾、庄廓湾、青龙沟。另有因动植物得名，如椿树湾、麋面凸、草凸。

永宁镇（Yǒngníng Zhèn）

乡级行政区，镇人民政府驻谈家街子。行政区划代码为620825110，电话区号0933，邮政编码744613。

地理概况　位于庄浪县东部，北纬35°15′00.00″~35°21′21.60″、东经106°06′54.00″~106°16′42.66″。东依关山与宁夏回族自治区泾源县接界，南与郑河乡、韩店镇毗连，西与良邑镇接壤，北与通化镇相邻。东西长19.3千米，南北宽13.2千米，总面积83.97平方千米。全镇人口16944人，汉族人为主。辖谈街、苏家河湾、朱湾、陈湾、下湾、葛峡、宋堡、漫湾、鱼儿咀、秦凸、许湾、刘门、赵湾、苏山、苏家老庄、苏家阳凸16个村委会。镇政府驻地谈家街子西南距县城16千米，西北距省会兰州227千米。地处关山西麓，东部属基岩山区，西部属黄土高原丘陵沟壑区，地势东北高、西南低，最高点葛峡村葛家洞东关山顶海拔2686米，最低点苏家河湾村章麻河出境处海拔1780米，相对高差906米。属大陆性季风气候，春季风多雨少、冷暖无常，夏季凉爽、雨水集中，秋季湿冷、阴雨多，冬季严寒干燥、雨雪稀少。主要河流有章麻河，为水洛河一级支流，发源于鱼儿咀村东部水穿眼峡，苏家河湾村西出境流入良邑镇，境内主河道长4.5千米。有

永宁镇人民政府驻地——谈家街子（2020年6月摄）

天然次生林 1023 公顷，树种以云杉、油松、落叶松、桦树、槐树为主。

地名沿革 永宁，宋代称章麻林，1931 年为静宁县章麻镇。1942 年由静宁县划归庄浪县时称章麻乡，是年改为永宁镇，取永远安宁之意，“永宁”始成政区名称。1949 年设永宁区。1950 年 6 月撤销永宁区后分属通化区永宁、鱼化、卢豆 3 个乡。1958 年 9 月设永和公社，是年 12 月庄浪、静宁合县时并入通边公社。1960 年 6 月从通边公社分出，设立永宁公社，形成现今辖域范围。1961 年 12 月恢复庄浪县后仍为永宁公社。1983 年改为永宁乡。2018 年 7 月改置镇。

经济社会 农业以种植小麦、玉米、马铃薯、油菜、胡麻、药材为主，粮食作物播种面积 64952 亩，总产量 15234 吨。药材种植面积 2062 亩，产量 697 吨，以柴胡、党参、当归和甘草为主。以养牛、猪、家禽和蜂为主，肉产量 458.71 吨，鲜蛋产量 124.2 吨，天然蜂蜜产量 1.28 吨。现价农林牧渔业总产值 8026 万元。工业以制砖、农副产品加工为主。第三产业以销售、餐饮为主。镇外从业人员 1487 人，外出劳务和种植、养殖是居民经济收入的主要来源。

有农业科技机构 6 个，农业科技人员 140 人。有镇文化站 1 处，村文化室 16 处。县级文物保护单位 2 处（葛家洞石窟、引龙山堡子）。有小学 7 所，在校学生 880 人，专职教师 86 人，小学适龄儿童入学率 100%。普通中学 1 所，在校学生 464 人，专职教师 48 人。有各级医疗卫生机构 24 个，其中医院 1 所，病床位 20 个，执业医师 28 人。

全镇有房屋 58.38 万平方米（其中居民房屋 45.08 万平方米，公共设施房屋面积 6.09 万平方米，生产房屋面积 7.21 万平方米）。县道韩良公路 1 条，境内长 15.11 千米；乡道张通公路 1 条，境内长 4.38 千米。村村通公路、通汽车。户户通电、通自来水。邮政、快递服务和移动网络覆盖全镇。村村通电话、宽带和有线电视。

地名特征 境内共采集各类现今地名 137 条，其中自然地理实体类 26 条，政区和群众自治组织类 17 条，农村居民点 68 条，交通运输设施类 13 条，纪念地、旅游景点类 2 条，通信设施 1 条，单位类 10 条。境内地名多与姓氏和地理特征有关。从通名来看，地理实体有沟、岔、峡、河、山、湾等，居民点多数缺省通名。从专名来看，主要特征有：因姓氏加地形特征得名，如苏家河湾、谈家街子、陈家湾、朱家湾、宋家堡、赵家湾、许家湾、苏家阳屲、许家大山等，地理特征中“峡”最为突出，如葛家峡、韩家峡口、方家峡、水穿眼峡等，主要集中在关山西麓。因地物或地形特征得名，如柳柳下、牡丹咀、新院、烂泥沟、圆地湾、鱼儿咀、馒头咀、好地掌、曲河湾、马槽槽沟、洞崖河等。因方位得名，如板桥头、东台上、下面湾、堡子上等。因传说故事得名，如章麻河、射虎湾、桶杨家、白屲等。

良邑镇（Liángyì Zhèn）

乡级行政区，镇人民政府驻良邑店。行政区划代码为 620825111，电话区号 0933，邮政编码 744600。

地理概况 位于庄浪县中部，北纬 35°12′57.60″~35°19′48.00″、东经 106°02′24.00″~106°08′49.20″。东邻永宁镇、韩店镇，南接南坪镇，西依水洛镇、柳梁镇，北与杨河乡、通化镇接壤。东西最大距离 9.8 千米，南北最大距离 12.1 千米，总面积 63.52 平方千米。全镇人口 21223 人，汉族人为主。辖良邑、李咀、滴水崖、陈家山、陈峡、苏苗塬、陈岔、杨家大坪、杨李湾、黑龙沟、杨王、郭魏、何川 13 个村委会。镇政府驻地西南距县城 9 千米，西北距省会兰州 222 千米。属黄土高原低山丘陵区，地势北高南低。中部为河谷川台区，东西两边为低山丘陵，最高点陈岔村新庄居民点东山顶海拔 2069.6 米，最低点李咀村水洛河出境处海拔 1642.3 米，相对高差 427.3 米。属温带大陆性季风气候，春季风多雨少、回暖较快，夏季温和、雨水集中，秋季凉爽、阴雨多，冬季寒冷干燥、雨雪稀少。主要河流有水洛河、章麻河。水洛河由北部郭魏村入境，经何川、良邑、杨王、滴水崖，于南部李家咀出境，境内河道长 8.6 千米。章麻河为水洛河支流，从苏苗塬村腰崖坪入境，由东北向西南流淌，在良邑店汇入水洛河，境内全长 3.2 千米。

良邑镇人民政府驻地——良邑店（2019 年 10 月摄）

地名沿革　因镇政府驻地良邑店得名。原名“良埜”，有繁荣昌盛之意。1940 年静宁县设良野乡。1942 年由静宁县划归庄浪县，改称良邑乡，“良邑”始成政区名称。1949 年 9 月设良邑区，下辖良邑乡，是年 11 月撤销良邑区，良邑乡划属通化区。1958 年属通边公社。1960 年 6 月分设良邑公社。1979 年 10 月调整行政区域后，形成现今辖域范围。1983 年改为良邑乡。2018 年 7 月改置镇。

经济社会　农业以种植小麦、玉米、马铃薯、油菜、大蒜和栽植苹果为主，粮食作物播种面积 39321 亩，总产量 3998 吨，苹果园面积 7584 亩，总产量 8342 吨。设施蔬菜种植面积 880 亩，产量 6940 吨。以养牛、猪、家禽和蜂为主，肉产量 746.26 吨，鲜蛋产量 237.9 吨，天然蜂蜜产量 1.53 吨。现价农林牧渔业总产值 15564 万元。工业以制砖和建材、农副产品加工为主。第三产业以销售、餐饮为主。镇外从业人员 3849 人，外出劳务和种植、养殖是居民经济收入的主要来源。

有农业科技机构 5 个，农业科技人员 129 人。有镇文化站 1 处，村文化室 13 处。县级文物保护单位 9 处（圆山咀烽燧、寺垓㟁遗址、石家坪遗址、拴马窑遗址、寺角㟁遗址、小湾梁烽燧、苏苗塬头遗址、岘阳嘴烽燧、大坪遗址）。有小学 9 所，在校学生 1176 人，专职教师 121 人，小学适龄儿童入学率 100%。普通中学 1 所，在校学生 531 人，专职教师 91 人。有各级医疗卫生机构 16 个，其中医院 1 所，病床位 16 个，执业医师 20 人。

全镇有房屋 39.39 万平方米（其中居民房屋 30 万平方米，公共设施房屋面积 4.15 万平方米，生产房屋面积 5.24 万平方米）。县道苏庄公路和韩良公路境内全长 16.72 千米，乡道杨良公路境内全长 9.29 千米。村村通公路、通汽车。户户通电、通自来水。邮政、快递服务和移动网络覆盖全镇。村村通电话、宽带和有线电视。

地名特征　境内共采集各类现今地名 119 条，其中自然地理实体类 13 条，政区和群众自治组织类 14 条，农村居民点 54 条，交通运输设施类 13 条，水利电力通信设施类 3 条，纪念地、旅游景点类 9 条，单位类 13 条。境内属半山半川区，境内地名多与居民姓氏和所处地形有关。从地名通名来看，自然地理实体类有山、湾、梁、河、峡、沟，居民点多数缺省通名。从地名专名来看，主要特征有：因地形特征得名，如火烧湾、滴水崖、官路、大㟁梁、弯咀梁、崖上湾、腰崖坪上、堡子上等。因姓氏加地形得名，如陈家峡、何家川、魏家庄、杨家坡、苏苗塬、杨李湾、何家坡、张家沟儿、李家咀、陈家岔等。因植物得名，如马莲沟、椒树湾等。因规模大小得名，如大庄里、小河子等。因传说故事和人文活动得名，如黑龙沟、担水湾、良邑店等。

岳堡镇（Yuèbǔ Zhèn）

乡级行政区，镇人民政府驻岳家堡子。行政区划代码为620825112，电话区号0933，邮编744604。

地理概况 位于庄浪县北部，北纬35°22′37.20″~35°28′5.14″、东经105°58′51.60″~106°05′08.01″。东与宁夏回族自治区隆德县奠安乡接壤，南邻杨河乡，西连南湖镇和赵墩乡，北接宁夏隆德县温堡乡和静宁县曹务镇。东西最大距离9.3千米，南北最大距离10.3千米，总面积64.7平方千米。全镇人口15353人，汉族人为主。辖岳堡、张家岔口、崔家、吴家、埂塄、王岔、南岔、岔局、大湾、蒋寺、蔡家、下阎12个村委会。镇政府驻地南距县城23.6千米，西北至省会兰州224.2千米。属黄土高原低山丘陵沟壑区，六盘山余脉唐山梁屹立于北，地势东北高、西南低，最高点岔局村大锅梁顶海拔2160米，最低点崔家村薛家庄浪河出境处海拔1740米，相对高差420米。属温带大陆性季风气候，季风明显，四季分明，春季风多雨少、冷暖无常，夏季温和、雨水集中，秋季凉爽、阴雨多，冬季寒冷干燥、雨雪稀少。主要河流有庄浪河和后河。庄浪河系葫芦河一级支流，自吴家村张家湾入境，由东北向西南在关家村西流入南湖镇，境内河道长11千米。后河（又称小河）系庄浪河一级支流，发源于宁夏回族自治区隆德县温堡乡，自蒋寺村王家胡坑东入境，由东北向西南于下蔡家出境，进入南湖镇，境内河道长6.2千米。

岳堡镇人民政府驻地——岳家堡子（2019年10月摄）

地名沿革 因镇政府驻地岳家堡子得名。明清时称计都镇。1942年由静宁县划属庄浪县后设安东镇。1949年设安东区。1955年并入维新区。1960年6月从庄浪公社分设岳堡公社，“岳堡”始成政区名称。1979年10月调整行政区域后，形成现今辖域范围。1983年改为岳堡乡。2018年7月改置镇。

经济社会 农业以种植小麦、玉米、马铃薯、油菜、胡麻和栽植苹果为主，粮食作物播种面积53213亩，总产量11633吨，苹果园面积12328亩，总产量13561吨。设施蔬菜种植面积890亩，产量6846吨。以养牛、猪、家禽为主，肉产量546.01吨，鲜蛋产量42吨，天然蜂蜜产量0.5吨。现价农林牧渔业总产值18326万元。工业以建筑材料和饲料加工为主。第三产业以销售、餐饮为主。镇外从业人员3281人，外出劳务和种植、养殖是居民经济收入的主要来源。

有农业科技机构6个，农业科技人员139人。镇文化站1处，村文化室12处。省级文物保护单位1处（大咀梁遗址）。小学5所，在校学生594人，专职教师68人，小学适龄儿童入学率100%。普通中学1所，在校学生306人，专职教师50人。各级医疗卫生机构23个，其中医院1所，病床位20个，执业医师14人。

全镇有房屋49.76万平方米（其中居民房屋35.31万平方米，公共设施房屋面积6.6万平方米，生产房屋面积7.85万平方米）。乡道鱼南公路1条，境内长13.6千米。村村通公路、通汽车。有埂塄水库1座。户户通电、通自来水。邮政、快递服务和移动网络覆盖全镇。村村通电话、宽带和有线电视。

地名特征 境内共采集各类现今地名121条，其中自然地理实体类14条，政区和群众自治组织类13条，农村居民点69条，交通运输设施类6条，水利电力通信设施类4条，纪念地、旅游景点类4条，单位类11条。从地名通名来看，自然地理实体类主要有山、河、沟等，居民点多数缺省通名。从地名专名来看，主要特征有：因姓氏得名，如崔家、关家、吴家、张家、蔡家、甘李家、陈赵家、何王家、刘蔺家等。因地形特征得名，如河台庄、峨家湾、大湾、岔堖、川口、滑沟湾、井沟湾、山铧咀、大山梁等。因姓氏加地理特征命名，如张家埂塄、张家岔口、阎家胡坑、张家台子等。因地理方位得名，如上大湾、下大湾、岔局阳坡、岔局阴坡等。

柳梁镇（Liǔliáng Zhèn）

乡级行政区，镇人民政府驻柳家梁。行政区划代码为620825113，电话区号0933，邮政编码744602。

地理概况 位于庄浪县中部山区，北纬35°12′36.00″~35°19′04.80″、东经105°55′51.60″~106°03′28.80″。东邻良邑镇，南接水洛镇，西与卧龙镇毗邻，北依南湖镇、杨河乡。东西最大距离11.3千米，南北最大距离12.2千米，总面积90.88平方千米。全镇人口23726人，汉族人为主。辖孟山、李山、陈家阳屲、徐家、周蒲、李堡、下岔、川边、赵岔、蒙家大庄、柳梁、穹咀、张陈、柳家乱庄、陈山、柳渠、白家阳坡、蒙家河湾18个村委会。镇政府驻地东南距县城9千米，西北距省会兰州214千米。属黄土高原丘陵沟壑区，地势东南高、西北低，最高点周蒲村蒲家山居民点东北陈家梁海拔2041米，最低点蒙家河湾村榆林沟水出境处海拔1636米，相对高差405米。属温带大陆性季风气候，春季风多雨少、回暖较快，夏季温和、雨水集中，秋季凉爽、阴雨多，冬季寒冷干燥、雨雪稀少。主要水系有双堡子沟水、榆林沟水。双堡子沟水为庄浪河一级支流，发源于孟山村西，境内长9千米。榆林沟水发源于水洛镇马家官路西，经张陈、穹咀、蒙家河湾村入卧龙镇境，境内长7.8千米。

柳梁镇人民政府驻地——柳家梁（2020年6月摄）

地名沿革 因镇政府驻地柳家梁得名。1949年分属维新、水洛和金锁区，水洛区下辖柳梁乡，“柳梁”始成政区名称。1952年7月设柳梁区，辖柳梁等8乡。1955年撤销柳梁区，柳梁乡并入水洛区。1956 年撤水洛区，柳梁乡直属县。1958 年 9 月设柳梁公社。1983 年改为柳梁乡。2004 年撤销白堡乡，将所辖白家阳坡、蒙家河湾、党家、柳渠、陈山和柳家乱庄 6 个村划归柳梁乡，形成现今辖域范围。2018 年 7 月改置镇。

经济社会 农业以种植小麦、玉米、马铃薯、油菜、胡麻和栽植苹果为主，粮食作物播种面积 93337 亩，总产量 22377 吨，苹果园面积 24085 亩，总产量 26494 吨。以养牛、猪、家禽和蜂为主，肉产量 549.38 吨，鲜蛋产量 40.50 吨，天然蜂蜜产量 2.35 吨。现价农林牧渔业总产值 28332 万元。工业以建材、草编、地毯加工为主。第三产业以销售为主。镇外从业人员 4793 人，外出劳务和种植、养殖是居民经济收入的主要来源。

有农业科技机构 7 个，农业科技人员 129 人。镇文化站 1 处，村文化室 18 处。县级文物保护单位 3 处（阳坡堡子、花朵山烽燧、达舍堡）。有小学 11 所，在校学生 792 人，专职教师 140 人，小学适龄儿童入学率 100%。普通中学 1 所，在校学生 316 人，专职教师 50 人。有各级医疗卫生机构 20 个，其中医院 1 所，病床位 10 个，执业医师 45 人。

全镇有房屋 94.69 万平方米（其中居民房屋 72.45 万平方米，公共设施房屋面积 7.83 万平方米，生产房屋面积 14.41 万平方米）。省道静庄公路纵贯全境，境内长 10.2 千米；县道马卧公路在柳梁段全长 6.7 千米。村村通公路、通汽车。以流域、沟道为单元建成骨干坝 5 个。户户通电、通自来水。邮政、快递服务和移动网络覆盖全镇。村村通电话、宽带和有线电视。

地名特征 柳梁镇属纯山区，基本地貌形态是两沟（双堡子沟、榆林沟）夹一梁（柳家梁），居民点分布在山谷梁峁间。境内共采集各类现今地名 172 条，其中自然地理实体类 9 条，政区和群众自治组织类 19 条，农村居民点 114 条，交通运输设施类 5 条，水利电力通信设施类 8 条，纪念地、旅游景点类 3 条，单位类 14 条。从地名通名来看，自然地理实体类有湾、梁、沟，居民点多数缺省通名。从地名专名来看，主要特征有：因地理形态特征得名，如弯咀川、十二架湾、大方地、斜头、塬坪、墩台、莲子湾、滑沟山子等。因动植物得名，如榆林沟、野狐湾、苋麻湾、鸦儿湾等。因姓氏或姓氏加地理特征得名最为普遍，如宋家、郑家、周蒲、张陈、孟家山、李家山、柳家梁、李家堡子、陈家阳山等。因地理方位得名，如陈家下岔、王家川边、上渠垴、南阳堡等。

南坪镇（Nánpíng Zhèn）

乡级行政区，镇人民政府驻靳家大庄。行政区划代码为 620825114，电话区号 0933，邮政编码 744600。

南坪镇人民政府驻地——靳家大庄（2020 年 6 月摄）

地理概况 位于庄浪县南部，北纬 35°09′10.80″~35°14′16.80″、东经 106°02′31.20″~106°09′46.80″。东依韩店镇，南连盘安镇，西邻水洛镇，北接良邑镇。东西最大距离 11 千米，南北最大距离 9.4 千米，总面积 56.51 平方千米。全镇人口 22267 人，汉族人为主。辖刘靳、中靳、靳家大庄、唐山、寺门、阴屲、刘坪、苏坪、沈坪、大李、唐家高庄、史坪、史湾 13 个村委会。镇政府驻地靳家大庄西距县城 4.5 千米，西北距省会兰州 225 千米。属黄土高原丘陵沟壑区，水洛南河横穿全境，北有二郎山，南有大庙山支脉。地势东高西低，最高点唐山村秦家湾居民点东山顶海拔 2014 米，最低点大李村水洛河出境处海拔 1590 米，相对高差 424 米。属温带大陆性季风气候，春季风多雨少、回暖较快，夏季温和、雨水集中，秋季凉爽、阴雨多，冬季寒冷干燥、雨雪稀少。主要河流为水洛南河，从寺门村东入境，自东向西流淌，于大李村西出境，境内河道长 11.3 千米。

地名沿革 因镇人民政府原驻地位于水洛南河之南岸坪上得名。1949 年设南坪乡，属水洛区，"南坪"始成政区名称。1955 年直属县。1960 年 6 月从水洛公社析建南坪公社，社址在王家沟，形成现今辖域范围。1977 年社址迁至靳家大庄。1983 年改为南坪乡。2018 年 7 月改置镇。

经济社会 农业以种植小麦、马铃薯、油菜和栽植苹果为主，粮食作物播种面积 48757 亩，总产量 10257 吨，苹果园面积 10068 亩，总产量 11075 吨。设施蔬菜种植面积 1306 亩，产量 3479 吨。以养牛、猪、家禽和蜂为主，肉产量 527.93 吨，鲜蛋产量 45 吨，天然蜂蜜产量 4.18 吨。现价农林牧渔业总产值 14408 万元。工业以制砖、建材加工、制酒为主。第三产业以销售为主。镇外从业人员 5090 人。外出劳务和种植、养殖是居民经济收入的主要来源。

有农业科技机构 5 个，农业科技人员 174 人。有镇文化站 1 处，村文化室 13 处。省级文物保护单位 1 处（刘堡坪遗址）。有小学 14 所，在校学生 1558 人，专职教师 145 人，小学适龄儿童入学率 100%。普通中学 1 所，在校学生 441 人，专职教师 62 人。有各级医疗卫生机构 24 个，其中医院 1 所，病床位 16 个，执业医师 18 人。

全镇有房屋 89.79 万平方米（其中居民房屋 69.08 万平方米，公共设施房屋面积 10.25 万平方米，生产房屋面积 10.46 万平方米）。省道泾甘公路横穿全境，境内长 11.8 千米；县道南马公路境内长 8.8 千米；乡道菜水公路境内长 12.98 千米。村村通公路、通汽车。有史家沟 1 号骨干坝 1 座。户户通电、通自来水。邮政、快递服务和移动网络覆盖全镇。村村通电话、宽带和有线电视。

地名特征 境内共采集各类地名 118 条，其中自然地理实体类 13 条，政区和群众自治组织类 14 条，农村居民点 47 条，交通运输设施类 13 条，水利电力通信设施类 4 条，纪念地、旅游景点类 6 条，建筑物 1 条，单位类 20 条。南坪镇地处水洛南河下游，属半山半川区，水洛南河以南因有大庙山八条余脉形如八扇屏而闻名。境内地名多与姓氏和地形有关。从地名通名来看，自然地理实体类有河、沟、山、屲，如水洛南河、沈家沟、张家山上、水渠屲上，居民点多数缺省通名。从地名专名来看，主要特征有：因地理实体特征得名，如凉水泉、红崖咀、壑岘下、寯地、涝坝下、上坟院、老坟川等。因姓氏得名，如刘家庄子、樊家园子、靳家大庄等。因姓氏加地理特征得名，如沈家坪、苏家坪、史家坪、刘家窑湾、秦家湾、唐家山、马家台子等。因地理方位得名，如南坪、寺门、上湾、苏家上庄等。

杨河乡（Yánghé Xiāng）

乡级行政区，乡人民政府驻杨河。行政区划代码为 620825201，电话区号 0933，邮政编码 744603。

地理概况 位于庄浪县北部，北纬 35°18′25.20″～35°24′11.55″、东经 105°58′48.00″～106°06′28.24″。东接通化镇，南连良邑镇、柳梁镇，西依南湖镇，北邻岳堡镇，东北与宁夏回族自治区隆德县接壤。东西最大距离 11.7 千米，南北最大距离 11.4 千米，总面积 76.25 平方千米。全乡人口 14304 人，汉族人为主。辖杨河、李洞、马寺、马阳屲、张家大庄、李庄、元咀、张沟、逯岔、沈岔、关湾、王湾、寺沟岔 13 个村委会。乡政府驻地南距县城 16 千米，西北距省会兰州 214 千米。属黄土高原丘陵

杨河乡人民政府驻地——杨河（2020年6月摄）

沟壑区，地势东北高、西南低，最高点李庄村北山顶海拔2103米，最低点李润村乐正河出境处海拔1690米，相对高差413米。属温带大陆性季风气候，春季风多雨少、回暖快，夏季温和、雨水集中，秋季凉爽、阴雨多，冬季寒冷干燥、雨雪稀少。主要河流有乐正河，为庄浪河一级支流，发源于宁夏回族自治区隆德县奠安乡杨家沟贺家峡，从李庄村北入境，由北向南再折向西，经李庄、张家大庄、马阳屲、杨河、马寺、李润等村，于李润村南出境进入南湖镇，境内河道长19.6千米。

地名沿革 因乡人民政府驻地杨河得名。明清时属乐正里。1931年设杨河乡，属第三区，“杨河”始成政区名称。1940年实行“新县制”，属维新镇。1942年分属维新镇、安东镇。1949年分属维新区和安东区。1958年9月分属南湖、云台、通边公社，是年12月庄浪县并入静宁县时公社调整合并，分属庄浪、通边公社。1960年6月静宁县调整公社规模，分属南湖、岳堡、良邑、通边公社。1962年7月庄浪县从以上4个公社析建杨河公社，社址在杨河。1964年7月撤销杨河公社，各队分属原公社。1979年10月恢复杨河公社，形成现今辖域范围。1983年改为杨河乡。

经济社会 农业以种植小麦、玉米、马铃薯、油菜、胡麻和栽植苹果为主，粮食作物播种面积57966亩，总产量14186吨，苹果园面积13248亩，总产量14573吨。以养牛、猪、家禽和蜂为主，肉产量1351吨，鲜蛋产量76.5吨，天然蜂蜜产量1.56吨。现价农林牧渔业总产值18004万元。工业以建材、农副产品加工为主。第三产业以销售为主。镇外从业人员631人，外出劳务和种植、养殖是居民经济收入的主要来源。

有农业科技机构6个，农业科技人员148人。有镇文化站1处，村文化室13处。县级文物保护单位2处（关家沟口遗址、堡子山遗址）。有小学7所，在校学生575人，专职教师86人，小学适龄儿童入学率99.75%。普通中学1所，在校学生256人，专职教师35人。有各级医疗卫生机构14个，其中医院1所，病床位10个，执业医师6人。

全乡有房屋39.74万平方米（其中居民房屋28.28万平方米，公共设施房屋面积4.57万平方米，生产房屋面积6.89万平方米）。乡道杨良公路、南杨公路2条，境内长19.98千米。村村通公路、通汽车。户户通电、通自来水。邮政、快递服务和移动网络覆盖全镇。村村通电话、宽带和有线电视。

地名特征 境内共采集各类现今地名137条，其中自然地理实体类14条，政区和群众自治组织类14条，农村居民点92条，交通运输设施类5条，通信设施类1条，纪念地、旅游景点类2条，单位类9条。从地名通名来看，自然地理实体类有山、河、沟、岔、壑岘等，居民点类有庄、山庄等，多数居民点缺省通名。从地名专名来看，主要特征有：因地理特征得名，如圆咀、鸭头湾、寺沟岔、阳坡湾、阳屲山、窑儿屲、塬头屲、寒水石湾、白碾屲等。因人名或姓氏得名，如李润家、徐家、李庄、郭李家、王湾等。因姓氏加地理特征得名是境内最普遍的命名方式，如杨河、关湾、沈岔、逯岔、张沟、马阳屲、田家滑沟、高崖罗家等。

赵墩乡（Zhàodūn Xiāng）

乡级行政区，乡人民政府驻赵家墩。行政区划代码为620825202，电话区号0933，邮政编码744603。

地理概况 位于庄浪县西北部，北纬35°19′15.60″~35°26′13.79″、东经105°50′37.10″~105°59′20.40″。东、南与南湖镇相邻，西与静宁县隔河相望，北与宁夏回族自治区隆德县接壤，东北与岳堡镇为邻。东西最大距离13.3千米，南北最大距离12.6千米，总面积86.06平方千米。全乡人口16508人，汉族人为主。辖井沟、阳川、孙庙、蛟龙寺、梨树湾、石咀、蛟龙掌、裴堡、关道、王堡、牡丹、赵墩、王家大庄13个村委会。乡政府驻地南距县城20千米，西距省会兰州206千米。属黄土高原低山丘陵沟壑区，地势东北高、西南低，最高点王堡村王家上湾北山顶海拔2075米，最低点蛟龙掌村小河头庙隆沟水与葫芦河交汇处海拔1553米，相对高差522米。属温带大陆性季风气候，春季多风少雨、回暖快，夏季温和凉爽、雹洪多，秋季阴雨多，冬季寒冷干燥、雨雪少。主要河流葫芦河经西部庄浪、静宁县边界由北向南流淌，涉及乡境河道长4.35千米。境内主要属庙隆沟流域，庙隆沟水发源于阳川村王上湾，由东北向西南纵贯全境，全长15.75千米。矿产资源主要有铅、锌，地质储量29.68万吨，可采储量为11.41万吨，分布于西南部葫芦河与庙隆沟交汇处蛟龙掌一带。耕地实现水平梯田化。1992年该乡大庄村被庄浪县委、县政府命名为“庄浪县梯田化第一村”。

赵墩乡人民政府驻地——赵家墩（2019年9月摄）

地名沿革 因乡人民政府驻地赵家墩得名。明清时属庙隆里。1940年属维新镇，1949年分属维新区牡丹、蛟龙、石富、阳川、关道5个乡。1957年10月属维新区牡丹、阳川、关道3个乡。1958年9月属南湖公社，是年12月庄浪县并入静宁县后属庄浪公社。1960年6月静宁县从庄浪公社析设赵墩公社，社址在赵家墩，“赵墩”始成政区名称，形成现今辖区范围。1961年12月恢复庄浪县，仍为赵墩公社。1983年改为赵墩乡。

经济社会 农业以种植小麦、玉米、马铃薯、油菜、胡麻和栽植苹果为主，粮食作物播种面积66483亩，总产量15515吨，苹果园面积23199亩，总产量25519吨。以养牛、猪、家禽和蜂为主，肉产量806.79吨，鲜蛋产量218.10吨，天然蜂蜜产量0.64吨。现价农林牧渔业总产值25897万元。工业以采矿、农副产品加工为主。第三产业以零售为主。乡外从业人员4085人。外出劳务和种植、养殖是居民经济收入的主要来源。

有农业科技机构5个，农业科技人员101人。有文化站1处，村文化室13处。省级文物保护单位1处（王家高塬遗址）。有赵墩沟梯田生态景区和王家大庄旅游乡村。有小学6所，在校学生4821人，专职教师 497 人，小学适龄儿童入学率 100%。普通中学 1 所，在校学生 2039 人，专职教师 257 人。有各级医疗卫生机构 14 个，其中医院 1 所，病床位 10 个，执业医师 26 人。

有房屋 54.78 万平方米（其中居民房屋 43.85 万平方米，公共设施房屋面积 6.6 万平方米，生产房屋面积 4.33 万平方米）。省道静庄公路从乡境南部横穿，境内长 13.1 千米。乡道赵岔公路全长 4.5 千米。村村通硬化路、通汽车。建成骨干坝 11 座。户户通电、通自来水。邮政、快递服务和移动网络覆盖全乡。村村通电话、宽带和有线电视。

地名特征 境内共采集各类现今地名 159 条，其中自然地理实体类 16 条，政区和群众自治组织类 14 条，农村居民点 93 条，交通运输设施类 4 条，水利电力通信设施类 15 条，纪念地、旅游景点类 7 条，单位类 10 条。境内属纯山区，地名与黄土丘陵地貌特征关系密切。从地名通名来看，自然地理实体类有山、梁、沟、河等，居民点多数缺省通名。从地名专名来看，主要特征有：因地形特征得名，如蛟龙掌、道回沟、咀头、井沟滩、纱帽咀、阳坡川等。因姓氏或姓氏加地形得名，存量最多，如王家大庄、温家庄、刘党家、杨家、王家堡、赵家墩、胡家塬、刘家塬、王家峡、石家咀、孙家渠、韦家咀等。因地理方位得名，如王上湾、上阴坡湾、南渠子湾下梁家湾、王家后湾等。因“寺”“庙”得名，如庙隆沟、高庙山、孙家庙、蛟龙寺等。因植物得名，如梨树湾、牡丹岔、柳树沟。

郑河乡（Zhènghé Xiāng）

乡级行政区，乡人民政府驻郑家河。行政区划代码为 620825215，电话区号 0933，邮政编码 744612。

地理概况 位于庄浪县东部，北纬 35°12′36″~35°19′08.40″、东经 106°11′20.40″~106°19′34.51″。东南、南、西南与韩店镇相连，西北与永宁镇毗邻，东北依关山与宁夏回族自治区泾源县接壤。东西最大距离 12.5 千米，南北最大距离 12 千米，总面积 87.48 平方千米。全乡人口 12555 人，汉族人为主。辖庙川、史川、具峡、拉连寺、史峘、卢峘、郑河、条牛沟、上寨、下寨、龙湾、陶家阴峘 12 个村委会。乡政府驻地郑家河西南距县城 21 千米，西北距省会兰州 236 千米。境内多属基岩山地，地势东北高、西南低。最高点上寨村桃木山海拔 2857.5 米，最低点史峘村南试雨河出境处海拔 1840 米，相对高差 1017.5 米。属温带大陆性季风气候，春季风多雨少、冷暖无常，夏季凉爽、雨水集中，秋季湿冷、阴雨多，冬季严寒干燥、雨雪少。主要水系有试雨河和马寺沟水，均属水洛南河支流。试雨河发源于庙川村庙儿岔，经庙川、史川、卢峘，于梁家河出境流入韩店镇，境内全长 11.3 千米。马寺沟水发源于桃木山西南，流经上寨、下寨、陶家阴峘，于贺家窑出境流入韩店镇，境内长 9.8 千米。有天然林 3023 公顷，树种以云杉、油松、落叶松、桦树、槐树为主。有野生保

郑河乡人民政府驻地——郑家河（2019 年 5 月摄）

护动物 27 种，其中有国家级野生保护动物 12 种，省级野生保护动物 15 种。

地名沿革　以乡政府驻地郑家河得名。1942 年，北部属永宁镇，南部为新陇乡。1949 年分属永宁区和新陇区，永宁区下辖郑河乡，“郑河”始成政区名称。1950 年 6 月将郑河乡划属新陇区。1958 年 9 月属韩店公社。1960 年 6 月从韩店公社分出，成立郑河公社，社址在郑家河，形成现今辖域范围。1983 年改为郑河乡。

经济社会　农业以种植小麦、玉米、马铃薯、油菜、胡麻、蚕豆为主，粮食作物播种面积 77309 亩，总产量 18492 吨。以养牛、猪、家禽和蜂为主，肉产量 439.33 吨，鲜蛋产量 119.4 吨，天然蜂蜜产量 1.4 吨。现价农林牧渔业总产值 7259 万元。工业以农副产品加工为主。第三产业以销售、旅游服务为主。乡外从业人员 1751 人，外出劳务和种植、养殖是居民经济收入的主要来源。

有农业科技机构 5 个，农业科技人员 135 人。有镇文化站 1 处，村文化室 12 处。县级文物保护单位 3 处（贺家峡石窟、朝那湫遗址、天台山堡子）。有小学 5 所，在校学生 604 人，专职教师 74 人，小学适龄儿童入学率 100%。普通中学 1 所，在校学生 327 人，专职教师 33 人。有各级医疗卫生机构 15 个，其中医院 1 所，病床位 10 个，执业医师 3 人。

有房屋 29.9 万平方米（其中居民房屋 21.9 万平方米，公共设施房屋面积 3.83 万平方米，生产房屋面积 4.17 万平方米）。县道韩良公路境内长 10.47 千米，乡道郑卢公路全长 5.05 千米。村村通公路、通汽车。户户通电、通自来水。邮政、快递服务和移动网络覆盖。村村通电话、宽带和有线电视。

境内有国家 AAA 级景点朝那湫和上寨旅游示范村。

地名特征　境内共采集各类现今地名 103 条，其中自然地理实体类 15 条，政区和群众自治组织类 13 条，农村居民点 50 条，交通运输设施类 10 条，通信设施类 1 条，纪念地、旅游景点类 4 条，单位类 10 条。境内地名多与姓氏和地理特征有关。从地名通名来看，自然地理实体类有山、梁、沟、河、湫，居民点有庄、寨等，但多数居民点缺省通名。从地名专名来看，主要特征有：因姓氏得名，如刘石家、张家新庄、杨家庄、李家新庄等。因姓氏加地形特征得名，数量最多，如郑家河、苏家河、卢家凸、史家川等。地形特征中“峡”最为突出，如文家峡、贺家峡、官地峡、具家峡等。因生活器具得名，如扫竹渠、酒槽、磨河川等。因地表附着物得名，如石硌子梁、塔儿湾、透林子等。因地形特征得名，如冒冒山、尖山子、中咀头、川来等。因方位得名，如上寨、下寨、上店来、陶家阴凸等。因动植得名，如蛇几湾、马牛湾、桃木山、柳沟来。

第三节　历史行政区域

水洛县（Shuǐluò Xiàn）　金皇统二年（1142）以水洛城置水洛县（驻今水洛镇西关村），属凤翔路德顺州（治今静宁县）。金正大七年（1230）并入陇干县。存续 88 年。

通边县（Tōngbiān Xiàn）　金皇统二年（1142）以通边寨置通边县（驻今通边村），属凤翔路德顺州（治今静宁县）。金正大七年（1230）并入陇干县。存续 88 年。

庄浪路（Zhuānglàng Lù）　金正大四年（1227）蒙古军占领县地，正大七年（1230）冬十一月置庄浪路（驻今南湖），隶甘肃行中书省。元至元二十六年（1289）五月，以庄浪路离甘肃行中书省远，改隶陕西省。大德八年（1304）二月，降庄浪路为州。庄浪路存续 74 年。其间，“地因用武屯兵，居民与静宁、隆德不分隔属，疆域彼此交错，田荒民穷，初虽为路，实不及一堡也，故降为州”。

庄浪州（Zhuānglàng Zhōu）　元成宗大德八年（1304）二月改庄浪路为庄浪州，属陕西行省。明洪武三年（1370），庄浪州由直隶陕西省改隶凤翔府，八年（1375）降州为县，隶平凉府静宁州。庄浪州存续 71 年。

水洛乡（Shuǐluò Xiāng） 位于庄浪县中部，东邻水洛城镇、南坪乡，南接盘安乡、朱店镇，西连刘庙乡、白堡乡，北靠柳梁乡、良邑乡。1949 年设水洛区，以驻地水洛城命名。1956 年 3 月撤水洛区，成立城关镇。1958 年 9 月撤城关镇建水洛公社。1964 年 7 月从水洛公社划出城区再设城关镇。1968 年 11 月撤销城关镇，并入水洛公社。1983 年 11 月改称水洛乡，1984 年析设水洛城镇，2004 年撤水洛乡并入水洛城镇。

白堡乡（Báibǔ Xiāng） 位于庄浪乡中部，东邻水洛乡，南接刘庙乡，西依卧龙乡，北靠柳梁乡。1949 年分属维新、水洛、金锁、卧龙 4 区。1953 年属柳梁、水洛、金锁、卧龙 4 区，1958 年属朱店、柳梁、水洛、卧龙 4 个公社。1962 年 7 月成立白堡人民公社，以驻地白家堡子命名。1964 年 7 月撤销，所属大队划归柳梁、卧龙、水洛 3 个公社。1979 年 10 月 31 日恢复白堡公社（驻柳家山）。1983 年 11 月改称白堡乡。2004 年撤销乡建制，将所辖仇梁、仇沟、上郝家、杨魏、刘渠、后梁、罗家 7 个村划卧龙乡，将白家阳坡、蒙家河湾、党家、柳渠、陈山、柳家乱庄 6 个村划柳梁乡，将峰山和崖王 2 个村划水洛镇。

颉崖乡（Xié'ái Xiāng） 位于庄浪乡东南部，东南与张家川回族自治县张棉驿乡接壤，南与盘安乡相依，西与南坪乡毗邻，北与韩店镇交界。1949 年设页崖乡，以驻地页崖史家命名，属新陇区。1953 年将秦安县樊庙乡所辖菜子湾、塌坡陈家等村划属。1958 年 12 月庄浪与静宁合县时，设立页崖公社。1959 年 12 月改称盘安公社。1962 年 7 月分设页崖公社。1964 年 7 月撤销页崖公社并入盘安公社。1979 年又恢复页崖公社。1982 年地名普查中，因当地“页”读“颉”音，与标准音有差别，村、社均改为“颉崖”。1983 年 11 月改称颉崖乡。2004 年 1 月撤销颉崖乡，将该乡焦湾、端湾、赵吴、颉崖、牡丹咀、六房沟、梁家寺湾、樊庙、陈家、窑刘家、上雷、下雷 12 个村划归盘安乡，将聂子坪、菜子湾 2 个村划归韩店镇。

刘庙乡（Liúmiào Xiāng） 位于庄浪县西南部，东北至水洛乡，东南接朱店镇，南连万泉镇，西邻大庄乡、阳川乡，北靠卧龙乡、白堡乡。1949 年属新泰区新民乡和金锁区月牙乡、延寿乡。1958 年属朱店、大庄公社。1962 年从朱店、大庄公社分出部分大队成立刘庙公社，以驻地刘家庙命名。1964 年 7 月撤销刘庙公社，原队分归朱店、大庄公社。1979 年 10 月 31 日恢复刘庙公社。1983 年 11 月改称刘庙乡。2004 年撤销乡建制，将所辖王川、新王、赵山、万柳、柳李、三台山、窑上疃、王坪 8 个村划归朱店镇，将刘庙、冯湾、老山沟、谢家、梁家山、丁山 6 个村划归大庄乡。

通边乡（Tōngbiān Xiāng） 位于庄浪县东北部，南与通化乡接壤，东、西、北与宁夏回族自治区泾源县、隆德县相连。1949 年设通边乡，以驻地通边村命名，属通化区。1955 年将隆德县东峡乡划入。1958 年成立通边人民公社（驻新集），1962 年 7 月分出新集公社（驻新集）、通边公社（驻通边）。1964 年 7 月新集公社并入通边公社（驻新集）。1979 年 10 月再设新集公社（驻新集）、通边公社（驻通边）。1983 年 4 月新集公社改称通化公社。是年 11 月通化公社和通边公社分别改称通化乡和通边乡。2004 年撤通边乡并入通化乡。

第二章　群众自治组织地名

群众自治组织是根据《中华人民共和国宪法》《中华人民共和国村民委员会组织法》《中华人民共和国城市居民委员会组织法》规定，在城市、农村按居民居住地区建立的居民委员会和村民委员会，是城市居民或农村村民自我管理、自我教育、自我服务的群众自治组织。

第一节　居民委员会

东街社区居民委员会（Dōngjiē Shèqū Jūmínwěiyuánhuì）　位于水洛镇东大街。2002年10月设立。辖域东至水洛中川园区，南至二郎山根，西至新昌街，北至南滨河路（东段），面积1.5平方千米。下设4个居民小组。有住宅小区13处、院落10处，居民3667户12161人，有广场2处、党政机关及企事业单位50个（含各类学校5所）。因驻县城东大街得名。

西街社区居民委员会（Xījiē Shèqū Jūmínwěiyuánhuì）　位于水洛镇南滨河路。2002年10月设立。辖域东至新昌街，南至车站路，西至公园街，北至南滨河路（西段），面积1.2平方千米。下设4个居民小组。有住宅小区10处、院落15处，居民2979户10594人。有广场1处、党政机关及企事业单位27个。因原驻地位于西大街得名。

北城社区居民委员会（Běichéng Shèqū Jūmínwěiyuánhuì）　位于水洛镇邮政巷。2002年10月设立。辖域东至职教中心，南至北滨河路，西至新昌街，北至水洛北山，面积1.3平方千米。下设4个居民小组。有住宅小区10个、院落9处，居民3276户11728人。有党政机关及企事业单位5个。因辖区范围位于县城北部得名。

新北社区居民委员会（Xīnběi Shèqū Jūmínwěiyuánhuì）　位于水洛镇邮政巷。2013年9月设立。辖域东至新昌街，南至北滨河路，西至五限吉商贸城，北至水洛北山，面积2平方千米。下辖4个居民小组，有住宅小区7处，居民2309户8053人。有广场1处、党政机关及企事业单位27个。因新设并地处县城北部得名。

南城社区居民委员会（Nánchéng Shèqū Jūmínwěiyuánhuì）　位于县城南城区开元路。2016年6月设立。辖域东至梯田广场，南至南河北路，西至迎宾街，北至车站路，面积1.8平方千米。下设4个居民小组。有住宅小区7处，居民3176户11830人。有广场1处、党政机关及企事业单位17个。因辖区范围位于县城南部得名。

第二节 村民委员会

水洛镇

李家庄村民委员会（Lǐjiāzhuāng Cūnmínwěiyuánhuì） 位于水洛镇中东部。村委会驻李家庄。辖4个村民小组。有孙家庄、李家庄、柳家团庄3个居民点，422户2070人，汉族。耕地面积0.81平方千米。1958年属水洛公社徐碾大队，1961年分设李家庄大队，1983年改称水洛乡李家庄村委会，1984年属水洛城镇。以村委会驻地命名。

东关村民委员会（Dōngguān Cūnmínwěiyuánhuì） 位于水洛镇中东部。村委会驻东关。辖5个村民小组。有东关1个居民点，620户2412人，汉族为主。耕地面积0.93平方千米。1958年属水洛公社新春大队，1961年分设东关大队，1964年将荆山大队、中街大队并入，1983年改称水洛乡东关村委会，1984年属水洛城镇。以村委会驻地命名。

西关村民委员会（Xīguān Cūnmínwěiyuánhuì） 位于水洛镇中东部。村委会驻西关。辖10个村民小组。有西关、王家庄2个居民点，927户3651人，汉族为主。耕地面积1.37平方千米。1958年属水洛公社新春大队，1964年分设西关大队，1983年改称水洛乡西关村委会，1984年属水洛城镇，分设王家庄村委会。2006年将王家庄村委会并入。以村委会驻地命名。

李碾村民委员会（Lǐniǎn Cūnmínwěiyuánhuì） 位于水洛镇东北部。村委会驻李家碾。辖4个村民小组。有李家碾、李家碾前湾2个居民点，404户1789人，汉族为主。耕地面积1.99平方千米。1958年设水洛公社李碾大队，1983年改称水洛乡李碾村委会，2004年属水洛镇。以村委会驻地命名。

徐碾村民委员会（Xúniǎn Cūnmínwěiyuánhuì） 位于水洛镇东北部。村委会驻徐家上碾。辖11个村民小组。有徐家上碾、徐家下碾、徐家半山、徐家湾垴4个居民点，697户2966人，汉族。耕地面积3.23平方千米。1958年设水洛公社徐碾大队，1979年分设上碾大队、下碾大队，1983年改称水洛乡上碾村委会、下碾村委会，2004年属水洛镇，2006年将上碾、下碾、半山3个村委会合并命名为徐碾村委会。以村委会驻地命名。

文湾村民委员会（Wénwān Cūnmínwěiyuánhuì） 位于水洛镇北部。村委会驻文家湾。辖4个村民小组。有文家湾、马家官路、胡家涝子3个居民点，298户1291人，汉族。耕地面积1.9平方千米。1958年设水洛公社文湾大队，1983年改称水洛乡文湾村委会，2004年属水洛镇。以村委会驻地命名。

中川村民委员会（Zhōngchuān Cūnmínwěiyuánhuì） 位于水洛镇东北部。村委会驻中川李家。辖3个村民小组。有中川李家、中川李家后湾2个居民点，278户1103人，汉族。耕地面积0.96平方千米。1958年属水洛公社城关大队，1961年设水洛公社中川大队，1983年改称水洛乡中川村委会，2004年属水洛镇。以村委会驻地命名。

何马村民委员会（Hémǎ Cūnmínwěiyuánhuì） 位于水洛镇中部。村委会驻何马家。辖7个村民小组。有何马家、何马小庄、刘家湾、马家山庄4个居民点，626户2841人，汉族。耕地面积1.84平方千米。1958年属水洛公社新兴大队，1979年分设何马大队，1983年改称水洛乡何马村委会，2004年属水洛镇，2006年撤马家山庄村委会后将马家山庄、刘家湾并入。以村委会驻地命名。2015年7月被甘肃省委、省政府授予“全省文明村”称号，2017年11月获“第五届全国文明村”称号。

贺庄村民委员会（Hèzhuāng Cūnmínwěiyuánhuì）　位于水洛镇中部。村委会驻贺家庄。辖4个村民小组。有贺家庄、刘家山、簸箕湾3个居民点，414户1796人，汉族。耕地面积1.18平方千米。1958年设水洛公社贺庄大队，1983年改称水洛乡贺庄村委会，2004年属水洛镇，2006年撤马家山庄村委会后将刘家山、簸箕湾并入。以村委会驻地命名。

新兴村民委员会（Xīnxīng Cūnmínwěiyuánhuì）　位于水洛镇中南部。村委会驻文家沟。辖7个村民小组。有文家沟、王家山、陈杨柳家3个居民点，635户2708人，汉族。耕地面积1.87平方千米。1958年设水洛公社新兴大队，1961年改为文沟大队，1979年分设文沟、王家山和陈杨柳家大队，1983年改称水洛乡文沟、王家山、陈杨柳家村委会，2004年属水洛镇，2006年将文沟、王家山、陈杨柳家村委会合并命名为新兴村委会。“新兴”取焕然一新、兴旺发达之义。

新光村民委员会（Xīnguāng Cūnmínwěiyuánhuì）　位于水洛镇南部。村委会驻柳家沟。辖10个村民小组。有柳家沟、王家小庄、柳家下坪、柳家上坪、朱家大湾、柳家新庄6个居民点，510户2130人，汉族。耕地面积2.1平方千米。1958年设水洛公社新光大队，1979年分设柳家新庄、坪上、柳沟3个大队，1983年改称水洛乡柳家新庄、坪上、柳沟村委会，2004年属水洛镇，2006年将柳家新庄、坪上、柳沟3个村委会合并命名为新光村委会。“新光”取新生光明之义。

柳咀村民委员会（Liǔzuǐ Cūnmínwěiyuánhuì）　位于水洛镇西南部。村委会驻乱庄王家。辖3个村民小组。有柳家咀、山庄王家、乱庄王家3个居民点，243户1159人，汉族。耕地面积1.55平方千米。1958年设水洛公社柳咀大队，1979年分出乱庄大队，1983年改称水洛乡柳咀村委会，2004年属水洛镇，2006年将乱庄村委会并入。以村委会原驻地柳家咀命名。

陈洞村民委员会（Chéndòng Cūnmínwěiyuánhuì）　位于水洛镇西部。村委会驻陈家洞子。辖9个村民小组。有陈家洞子、胡家堡子、胡家井沟、胡家河湾、苏家崖、阳屲山、柳家堡子、阴屲山、太平湾9个居民点，468户2024人，汉族。耕地面积2.47平方千米。1958年设水洛公社陈洞大队，1966年阳屲山大队并入，1979年又分设阳屲山大队，1983年改称水洛乡陈洞村委会，2004年属水洛镇，2006年将阳屲山村委会并入陈洞村委会。以村委会驻地命名。

胡沟村民委员会（Húgōu Cūnmínwěiyuánhuì）　位于水洛镇西部。村委会驻胡家沟。辖3个村民小组。有胡家沟、黎家湾2个居民点，154户635人，汉族。耕地面积1.24平方千米。1958年设水洛公社胡沟大队，1983年改称水洛乡胡沟村委会，2004年属水洛镇。以村委会驻地命名。

郭堡村民委员会（Guōbǔ Cūnmínwěiyuánhuì）　位于水洛镇南部。村委会驻下王家。辖6个村民小组。有郭家堡子、王家油房、李家堡子、上王家、下王家、川口柳家、朱家咀7个居民点，576户2531人，汉族。耕地面积2.7平方千米。1958年以郭家堡子和下王家建水洛公社郭堡大队，1979年分设川口大队，1983年改称水洛乡郭堡村委会，2004年属水洛镇，2006年将川口村委会并入。以居民点郭家堡子命名。

二李村民委员会（2016年9月摄）

二李村民委员会（Èrlǐ Cūnmínwěiyuánhuì）　位于水洛镇东南部。村委会驻寺咀上。辖9个村民小组。有寺咀上、下沟来、中庄来、刘家庄、川来家、郭家湾、唐家河 7 个居民点，487 户 2132 人，汉族。耕地面积 2.72 平方千米。1958 年设水洛公社二李大队，1983 年改称水洛乡二李村委会，2004 年属水洛镇，2006 年将唐河村委会并入。以二房李家片村命名。

窎沟村民委员会（Diàogōu Cūnmínwěiyuánhuì） 位于水洛镇南部，村委会驻下阳山。辖 6 个村民小组。有下阳山、上阳𠙶、鋆岘、窎沟李家、下庄 5 个居民点，413 户 1792 人，汉族。耕地面积 2.41 平方千米。1958 年设水洛公社窎沟李家大队，1979 年分设阳坡、阴坡大队，1982 年更名为窎沟阳坡大队和窎沟阴坡大队，1983 年改称水洛乡窎沟阳坡和窎沟阴坡村委会，2004 年属水洛镇，2006 年将窎沟阳坡、窎沟阴坡村委会合并。以居民点窎沟李家命名。

崖王村民委员会（Áiwáng Cūnmínwěiyuánhuì） 位于水洛镇西部。村委会驻赵家坟山。辖 7 个村民小组。有崖岔王家、赵家坟山、罗家新庄、山庄罗家 4 个居民点，330 户 1456 人，汉族。耕地面积 2.27 平方千米。1958 年朱店公社设崖王大队，1959 年划入水洛公社，1979 年划入白堡公社分设崖王、峰山大队，1983 年改称白堡乡崖王村委会，2004 年撤白堡乡后将崖王村委会划归水洛镇，2006 年将峰山村委会并入。以居民点崖岔王家命名。

南湖镇

南门村民委员会（Nánmén Cūnmínwěiyuánhuì） 位于南湖镇中部。村委会驻南门。辖 7 个村民小组。有中街、后街、南门、东门、东门新庄、大地、南门新庄、大坡上 8 个居民点，435 户 1678 人，汉族。耕地面积 1.85 平方千米。1958 年属庄浪公社南湖大队，1961 年设南湖公社南门大队，1967 年改称东方大队，1969 年复称南门大队，1983 年改称南门村委会。以村委会驻地命名。

北关村民委员会（Běiguān Cūnmínwěiyuánhuì） 位于南湖镇中部。村委会驻北门。辖 7 个村民小组。有上街、北关、北门、席马家、罗谢家 5 个居民点，595 户 2099 人，汉族。耕地面积 2.77 平方千米。1958 年属庄浪公社南湖大队，1961 年属南湖公社红旗大队，1962 年设北关大队，1983 年改称北关村委会。以村委会驻地命名。

陈庄村民委员会（Chénzhuāng Cūnmínwěiyuánhuì） 位于南湖镇中部。村委会驻郑家沟。辖 5 个村民小组。有郑家沟、陈家庄、叶家磨、蒙家扁𠙶、郭家河湾 5 个居民点，230 户 950 人，汉族。耕地面积 1.5 平方千米。1958 年属庄浪公社南湖大队，1961 年设南湖公社陈庄大队，1983 年改称陈庄村委会。以居民点陈家庄命名。

席河村民委员会（Xíhé Cūnmínwěiyuánhuì） 位于南湖镇北部。村委会驻席家河湾。辖 5 个村民小组。有牛家庄子、前川、席家河湾、下湾、上湾、马家湾、中湾 7 个居民点，408 户 1729 人，汉族。耕地面积 2.8 平方千米。1958 年属庄浪公社五里大队，1961 年设南湖公社席河大队，1969 年改称东风大队，1979 年复称席河大队，1983 年改称席河村委会。以村委会驻地命名。

贾门村民委员会（Jiǎmén Cūnmínwěiyuánhuì） 位于南湖镇北部。村委会驻贾家沟门。辖 4 个村民小组。有贾家老庄、王家洞子、贾家沟门、洪家湾、蒙席家湾、韩家湾 6 个居民点，252 户 1018 人，汉族。耕地面积 2.15 平方千米。1958 年属庄浪公社蒋寺大队，1961 年设南湖公社贾门大队，1969 年改称前进大队，1979 年复称贾门大队，1983 年改称贾门村委会。以村委会驻地命名。

寺沟门村民委员会（Sìgōumén Cūnmínwěiyuánhuì） 位于南湖镇东北部。村委会驻寺沟门。辖 6 个村民小组。有五里铺、程家小河、寺沟门、下杨家、杨家大湾 5 个居民点，473 户 2011 人，汉族。耕地面积 3.32 平方千米。1958 年属庄浪公社五里大队，1961 年设南湖公社寺门大队，1969 年改称红光大队，1979 年复称寺门大队，1982 年更名为寺沟门大队，1983 年改称寺沟门村委会。

以村委会驻地命名。

李湾村民委员会（Lǐwān Cūnmínwěiyuánhuì） 位于南湖镇东部。村委会驻李湾。辖8个村民小组。有李湾、张家咀、杨家湾、王家湾、上山庄、上李润、王美儿家7个居民点，246户1056人，汉族。耕地面积2.21平方千米。1958年属庄浪公社牡丹大队，1961年设南湖公社李湾大队，1964年改为红星大队，1979年复称李湾大队，1983年改称李湾村委会。以村委会驻地命名。

李湾村民委员会（2019年10月摄）

双堡村民委员会（Shuāngbǔ Cūnmínwěiyuánhuì） 位于南湖镇东南部。村委会驻阳坡。辖10个村民小组。有刘家坡子、阳坡、白家湾、田家湾、张家湾、巷子、上堡子、河南、高山、李家中湾10个居民点，366户1546人，汉族。耕地面积3.26平方千米。1958年属庄浪公社河川大队，1961年设南湖公社双堡大队，1969年改为永红大队，1979年复称双堡大队，1983年改称双堡村委会，2006年将上堡村委会并入。以双堡子片村命名。

石峡村民委员会（Shíxiá Cūnmínwěiyuánhuì） 位于南湖镇西南部。村委会驻石慕家。辖10个村民小组。有王家阳湾、山根底下、郜家山庄、石家沟、马家庄子、石慕家6个居民点，415户1776人，汉族。耕地面积3.16平方千米。1958年属庄浪公社河川大队，1961年设南湖公社石峡大队，1969年改为永忠大队，1979年复称石峡大队，1983年改称石峡村委会。以附近磨石峡命名。

石阳村民委员会（Shíyáng Cūnmínwěiyuánhuì） 位于南湖镇西南部。村委会驻郜家桥。辖6个村民小组。有郜家桥、崔家、石家阳湾、石阳新庄、大水渠5个居民点，214户947人，汉族。耕地面积1.18平方千米。1958年属庄浪公社河川大队，1961年建南湖公社石阳大队，1979年分出党李庄大队、高房大队，1983年改称石阳村委会。以原驻地石家阳湾命名。

高房村民委员会（Gāofáng Cūnmínwěiyuánhuì） 位于南湖镇中部。村委会驻王家高房。辖7个村民小组。有王家高房、川口2个居民点，274户1097人，汉族。耕地面积1.35平方千米。1958年属庄浪公社河川大队，1961年属南湖公社石阳大队，1979年分设高房大队，1983年改称高房村委会。以村委会驻地命名。

高房村民委员会（2016年6月摄）

党李庄村民委员会（Dǎnglǐzhuāng Cūnmínwěiyuánhuì） 位于南湖镇南部。村委会驻党家新庄。辖 2 个村民小组。有李家庄子、党家新庄 2 个居民点，134 户 582 人，汉族。耕地面积 0.76 平方千米。1958 年属庄浪公社河川大队，1961 年属南湖公社石阳大队，1979 年分设李庄大队，1982 年更名为党李庄大队，1983 年改称党李庄村委会。以所辖 2 个居民点的首字命名。

曹湾村民委员会（Cáowān Cūnmínwěiyuánhuì） 位于南湖镇西部。村委会驻曹家湾。辖 8 个村民小组。有曹家湾、刘家大塬、石塬湾、石家塬、花儿湾、阳坡湾、张牛家 7 个居民点，401 户 1623 人，汉族。耕地面积 3.55 平方千米。1958 年属庄浪公社河川大队，1961 年建南湖公社曹湾大队，1962 年分出石塬大队、张牛大队，1964 年又并入曹湾大队，1969 年改为红卫大队，1979 年复称曹湾大队，1983 年改称曹湾村委会。以村委会驻地命名。

汪家村民委员会（Wāngjiā Cūnmínwěiyuánhuì） 位于南湖镇西南部。村委会驻汪家。辖 12 个村民小组。有花塬头、李家咀、新院、汪家、山庄湾、穆家湾、陈家山 7 个居民点，369 户 1585 人，汉族。耕地面积 3.75 平方千米。1958 年属庄浪公社河川大队，1959 年分设汪家大队，1961 年属南湖公社汪家大队、花塬头大队、穆湾大队，1964 年又合并称汪家大队，1969 年改称先锋大队，1979 年复称汪家大队，分出穆湾大队、花塬大队，1983 年改称汪家村委会、花塬村委会、穆湾村委会，2006 年将花塬村委会、穆湾村委会并入汪家村委会。以村委会驻地命名。

庙岔村民委员会（Miàochà Cūnmínwěiyuánhuì） 位于南湖镇西部。村委会驻杨家中庄。辖 7 个村民小组。有杜家湾、庙岔、马家湾、党家塬、张家崖坑、杨家中庄、大山疍、慕家湾 8 个居民点，284 户 1205 人，汉族。耕地面积 3.1 平方千米。1958 年属庄浪公社河川大队，1959 年分设庙岔大队，1961 年为南湖公社庙岔大队，1969 年改称高峰大队，1979 年复称庙岔大队，1983 年改称庙岔村委会。以居民点庙岔命名。

孙家大庄村民委员会（Sūnjiādàzhuāng Cūnmínwěiyuánhuì） 位于南湖镇南部。村委会驻张家中湾。辖 8 个村民小组。有秦家湾、古庄、李家湾、秦家梁、苏家大湾、张家中湾、孙家湾垴 7 个居民点，324 户 1388 人，汉族。耕地面积 3.19 平方千米。1958 年属庄浪公社河川大队，1961 年分设南湖公社孙家大庄大队和秦梁大队，1964 年合并为秦梁大队，1969 年改称前哨大队，1979 年又分出孙家大庄大队，1983 年改称孙家大庄村委会，2006 年将秦梁村委会并入。以孙家大庄片村命名。

朱店镇

东街村民委员会（Dōngjiē Cūnmínwěiyuánhuì） 位于朱店镇西南部。村委会驻朱家店东街。辖 7 个村民小组。有朱家店（东部）和贾家沟 2 个居民点，498 户 2099 人，汉族。耕地面积 1.72 平方千米。1958 年建朱店公社东关大队，1966 年东关大队与贾家沟大队合并为胜利大队，1968 年胜利大队与红星大队合并为永红大队，1979 年恢复东关大队，1982 年更名为东街大队，1983 年改称东街村委会，2006 年将贾家沟村委会并入。以村委会驻地命名。

中街村民委员会（Zhōngjiē Cūnmínwěiyuánhuì） 位于朱店镇西部。村委会驻朱家店大街。辖 8 个村民小组。有朱家店（中部）、山上李家下庄、山上李家 3 个居民点，413 户 1781 人，汉族。耕地面积 0.57 平方千米。1958 年朱店公社以朱家店中街、山上李建第一大队，1961 年改为中街大队，并分设山上李大队，1966 年改中街为红星大队，山上李大队并入红星大队，1968 年红星大队并入永红大队，1972 年恢复中街大队，1979 年恢复山上李大队，1983 年改称中街村委会、山上李村委会，2006 年将山上李村委会并入。以村委会驻地命名。

西街村民委员会（Xījiē Cūnmínwěiyuánhuì） 位于朱店镇西南部。村委会驻朱家店西街。辖 6 个村民小组，有朱家店（西部）1 个居民点，512 户 2223 人，汉族。耕地面积 2.01 平方千米。1958 年建朱店公社西关大队，1966 年改为新兴大队，1975 年复称西关大队，1982 年更名为西街大队，

1983年改称朱店乡西街村委会。以村委会驻地命名。

朱河村民委员会（Zhūhé Cūnmínwěiyuánhuì）　位于朱店镇西南部。村委会驻朱家河湾。辖12个村民小组。有贾家河湾、朱家河湾山背后、朱家河湾3个居民点，663户2904人，汉族。耕地面积4.38平方千米。1958年设朱店公社三柏大队，1961年分为朱家河湾大队、贾家河湾大队，1964年合归朱家河湾大队，1966年改称建设大队，1971年复称朱家河湾大队，1979年分设下朱河大队、上朱河大队、贾家河湾大队，1983年改称下朱河大队、上朱河大队、贾家河湾村委会，2006年将下朱河大队、上朱河大队、贾家河湾村委会合并为朱河村委会。以村委会驻地命名。

小湾村民委员会（Xiǎowān Cūnmínwěiyuánhuì）　位于朱店镇西南部。村委会驻邵家小湾。辖8个村民小组。有邵家小湾、傅家、下万家、上田家、郭赵家5个居民点，341户1505人，汉族。耕地面积2.7平方千米。1958年设朱店公社小湾大队，1964年下郭大队并入，1966年改为红旗大队，1975年复称小湾大队，1979年分设下郭大队，1983年改称小湾村委会，2006年将下郭村委会并入。以村委会驻地命名。

三合村民委员会（Sānhé Cūnmínwěiyuánhuì）　位于朱店镇南部。村委会驻李家庄。辖6个村民小组。有李家庄、新店子、柳家新庄、杨柳家庄4个居民点，637户2841人，汉族。耕地面积2.24平方千米。1958年建朱店公社三合大队，1966年改为东升大队，1975年复称三合大队，1983年改称三合村委会，2006年将杨柳家村委会并入。1955年以李家庄、新店子、柳家新庄3村合并建农业生产合作社命名。

董家湾村民委员会（Dǒngjiāwān Cūnmínwěiyuánhuì）　位于朱店镇中部。村委会驻董家湾。辖7个村民小组。有董家湾、杨家铺、孔家沟3个居民点，756户3326人，汉族。耕地面积2.88平方千米。1958年朱店公社以董家湾、孔家沟建董家湾大队，1966年改董家湾大队为前进大队，1975年复称董家湾大队，1979年分出孔家沟大队，1983年改称董家湾村委会，2006年将孔家沟村委会并入。以村委会驻地命名。

吴沟村民委员会（Wúgōu Cūnmínwěiyuánhuì）　位于朱店镇东北部。村委会驻吴家沟。辖4个村民小组。有李家坪、吴家沟2个居民点，291户1268人，汉族。耕地面积1.42平方千米。1958年设朱店公社吴家沟大队，1966年改称永胜大队，1975年复称吴沟大队，1983年改称吴沟村委会。以村委会驻地命名。

毛柳家村民委员会（Máoliǔjiā Cūnmínwěiyuánhuì）　位于朱店镇中部。村委会驻上川。辖6个村民小组。有毛柳家、阎家河湾、上川3个居民点，422户1786人，汉族。耕地面积1.56平方千米。1958年属朱店公社平塬大队，1982年更名为毛柳家大队，1983年改称毛柳家村委会。以村委会原驻地毛柳家命名。

河北村民委员会（Héběi Cūnmínwěiyuánhuì）　位于朱店镇中部。村委会驻新磨坪。辖5个村民小组。有上郭家、下郭家、新磨坪、北堡子、红土窰岘5个居民点，334户1317人，汉族。耕地面积1.37平方千米。1958年设朱店公社河北大队，1966年改称向阳大队，1975年复称河北大队，1983年改称河北村委会，2006年北堡子村委会并入。以地处水洛河北岸命名。

柳窑村民委员会（Liǔyáo Cūnmínwěiyuánhuì）　位于朱店镇中部。村委会驻柳家窑。辖6个村民小组。有赵家崖湾、柳家窑、中峰堡3个居民点，319户1376人，汉族。耕地面积2.15平方千米。1958年设朱店公社柳林大队，1966年改称光明大队，1977年改为柳窑大队，1983年改为柳窑村委会。以村委会驻地命名。

郑家山村民委员会（Zhèngjiāshān Cūnmínwěiyuánhuì）　位于朱店镇北部。村委会驻吴家湾。辖5个村民小组。有吴家湾、郑家山、朱家前山、朱家后山、鸦儿湾5个居民点，269户1191人，汉族。耕地面积1.7平方千米。1958年建朱店公社工农大队，1982年更名为郑家山大队，

1983 年改为郑家山村委会。以村委会原驻地郑家山命名。

牛耳咀村民委员会（Niú'ěrzuǐ Cūnmínwěiyuánhuì） 位于朱店镇南部。村委会驻上孔家。辖 8 个村民小组。有牛耳咀、咀儿上、坟山上、孔家东庄、上孔家、孔家新庄、西山堡子、孔家西山 8 个居民点，389 户 1735 人，汉族。耕地面积 3.05 平方千米。1958 年设朱店公社牛耳咀大队，1964 年西山大队并入，1966 年改为团结大队，1975 年复称牛耳咀大队，1979 年分出西山大队，1983 年改为牛耳咀村委会，2006 年将西山村委会并入。以村委会原驻地牛耳咀命名。

牛耳咀村民委员会（2020 年 5 月摄）

高庙村民委员会（Gāomiào Cūnmínwěiyuánhuì） 位于朱店镇南部。村委会驻高庙山。辖 8 个村民小组。有马槽地、梁背后、后院柳家、高庙山、前杨家、马蹄湾、柳家堡子、羊圈湾 8 个居民点，320 户 1503 人，汉族。耕地面积 1.55 平方千米。1958 年设朱店公社高庙大队，1964 年川锅地大队并入，1966 年改为东风大队，1975 年复称高庙大队，1979 年分设川锅地大队，1983 年改为高庙村委会，2006 年将川锅地村委会并入。以村委会驻地命名。

杨家湾村民委员会（Yángjiāwān Cūnmínwěiyuánhuì） 位于朱店镇东部。村委会驻杨家湾。辖 8 个村民小组。有杨家湾、朱万家、邵家湾阳㓍、邵家湾阴㓍、壑岘李家、上杨家 6 个居民点，421 户 1832 人，汉族。耕地面积 3.44 平方千米。1958 年设朱店公社杨家湾大队，1966 年改称立新大队，1975 年复称杨家湾大队，1979 年分出朱万、壑岘李大队，1983 年改为杨家湾村委会，2006 年将朱万村委会、壑岘李村委会并入。以村委会驻地命名。

大曹村民委员会（Dàcáo Cūnmínwěiyuánhuì） 位于朱店镇东南部。村委会驻郭家湾。辖 5 个村民小组。有大曹家、大万家、旧路、郭家湾、小湾 5 个居民点，250 户 1123 人，汉族。耕地面积 1.89 平方千米。1958 年设朱店公社大曹大队，1966 年改称幸福大队，1975 年复称大曹大队，1983 年改为大曹村委会。以原驻地大曹家命名。

柳李村民委员会（Liǔlǐ Cūnmínwěiyuánhuì） 位于朱店镇西部。村委会驻树儿李家。辖 6 个村民小组。有树儿李家、树儿柳家 2 个居民点，269 户 1133 人，汉族。耕地面积 4.87 平方千米。1958 年属朱店公社冲锋大队，1962 年划归刘庙公社设柳李大队，1964 年撤刘庙公社后归朱店公社，1979 年再属刘庙公社，1983 年改为柳李村委会，2004 年撤刘庙乡后将柳李村委会划归朱店镇。以居民点柳、李两姓命名。

万柳村民委员会（Wànliǔ Cūnmínwěiyuánhuì） 位于朱店镇西部。村委会驻万家滑沟。辖 7 个村民小组。有柳家滑沟、万家滑沟、三台山、杏花坪、窑上㓍、傅家咀 6 个居民点，431 户 1899 人，汉族。耕地面积 2.82 平方千米。1958 年设朱店公社万柳大队，1962 年划归刘庙公社分设三台山大队，1964 年划归朱店公社，三台山大队并入，1979 年划属刘庙公社，分出三台山大队，1983 年改为万柳村委会，2004 年撤刘庙乡后将万柳村委会划归朱店镇，2006 年将窑上㓍、三台山村委会并入。以居民点万、柳两姓命名。

王坪村民委员会（Wángpíng Cūnmínwěiyuánhuì） 位于朱店镇西北部。村委会驻王家坪。

辖 2 个村民小组。有王家坪 1 个居民点，121 户 551 人，汉族。耕地面积 1.53 平方千米。1958 年属朱店公社冲锋大队，1962 年划归刘庙公社设王坪大队，1964 年划归大庄公社属刘庙大队，1979 年划归刘庙公社分设王坪大队，1983 年改为王坪村委会，2004 年划归朱店镇。以村委会驻地命名。

王川村民委员会（Wángchuān Cūnmínwěiyuánhuì）　位于朱店镇西北部。村委会驻王家川。辖 6 个村民小组，有王家川、荒屲上 2 个居民点，306 户 1388 人，汉族。耕地面积 2.6 平方千米。1958 年设朱店公社永上大队，1962 年划归刘庙公社改称王川大队，1964 年划归朱店公社，1979 年复归刘庙公社，1983 年改为王川村委会，2004 年划归朱店镇。以村委会驻地命名。

新王村民委员会（Xīnwáng Cūnmínwěiyuánhuì）　位于朱店镇北部。村委会驻中庄。辖 6 个村民小组。有高山庄、中庄、圆地、阴坡、曹家湾、赵家山 6 个居民点，441 户 2042 人，汉族。耕地面积 4.09 平方千米。1958 年设朱店公社高峰大队，1962 年划归刘庙公社改为新王大队，1964 年划归朱店公社后赵山大队并入，1979 年划归刘庙公社并分出赵山大队，1983 年改为新王村委会，2004 年划归朱店镇，2006 年将赵山村委会并入。以新王家片村命名。

万泉镇

万川村民委员会（Wànchuān Cūnmínwěiyuánhuì）　位于万泉镇中部。村委会驻万家沟门。辖 4 个村民小组。有万家沟门（部分）1 个居民点，539 户 2315 人，汉族。耕地面积 1.51 平方千米。1958 年设朱店公社万川大队，1960 年属新建万泉公社，1983 年改称万川村委会。以万姓和居住地形命名。

万庄村民委员会（Wànzhuāng Cūnmínwěiyuánhuì）　位于万泉镇中部。村委会驻万家沟门。辖 4 个村民小组。有万家庄、万家堡子、万家沟门（部分）3 个居民点，354 户 1574 人，汉族。耕地面积 1.04 平方千米。1958 年设朱店公社万庄大队，1960 年属万泉公社，1979 年分出东沟大队，1983 年改为万庄村委会。2006 年万堡村委会并入，以村委会原驻地命名。

毛桃杜家村民委员会（Máotáodùjiā Cūnmínwěiyuánhuì）　位于万泉镇东北部。村委会驻毛桃杜家。辖 3 个村民小组。有毛桃杜家、西山杨家 2 个居民点，258 户 1121 人，汉族。耕地面积 1.38 平方千米。1958 年属朱店公社青春大队，1960 年划归万泉公社设杜家大队，1964 年并入杨刘大队，1979 年分设杜家大队，1982 年更名为毛桃杜家大队，1983 年改称毛桃杜家村委会，2006 年西山杨家村委会并入。以村委会驻地命名。

刘家村民委员会（Liújiā Cūnmínwěiyuánhuì）　位于万泉镇东北部。村委会驻石门口刘家。辖 2 个村民小组。有石门口刘家 1 个居民点，227 户 926 人，汉族。耕地面积 0.64 平方千米。1958 年属朱店公社青春大队，1960 年划归万泉公社设刘家大队，1964 年并入杨刘大队，1979 年分设刘家大队，1983 年改称刘家村委会。以村委会驻地命名。

田湾村民委员会（2021 年 6 月摄）

田湾村民委员会（Tiánwān Cūnmínwěiyuánhuì）位于万泉镇东部。村委会驻田家湾。辖 3 个村民小组。有田家湾 1 个居民点，220 户 942 人，汉族。耕地面积 1.26 平方千米。1958 年属朱店公社青春大队，1960 年设万泉公社田湾大队，1983 年改称田湾村委会。以村委会驻地命名。

田岔村民委员会（Tiánchà Cūnmínwěiyuánhuì） 位于万泉镇东南部。村委会驻高家大湾。辖 6 个村民小组。有田家岔阳坡、田家岔阴坡、田家岔中庄、高家大湾、回沟湾、小蒜坡 6 个居民点，402 户 1651 人，汉族。耕地面积 2.51 平方千米。1958 年设朱店公社田岔大队，1960 年划归万泉公社，与高岔大队合并设团结大队，1971 年改称高岔大队，1979 年分设田岔大队，1983 年改称田岔村委会，2006 年将高岔村委会并入。以村委会原驻地田家岔阴坡命名。

田坪村民委员会（Tiánpíng Cūnmínwěiyuánhuì） 位于万泉镇东部。村委会驻田家坪。辖 3 个村民小组。有田家坪 1 个居民点，332 户 1416 人，汉族。耕地面积 1.18 平方千米。1958 年设朱店公社田坪大队，1960 年划归万泉公社，1983 年改为田坪村委会。以村委会驻地命名。

高川村民委员会（Gāochuān Cūnmínwěiyuánhuì） 位于万泉镇东部。村委会驻高家南塬。辖 6 个村民小组。有高家川、高家南塬、高家西塬、高家东塬 4 个居民点，539 户 2395 人，汉族。耕地面积 1.75 平方千米。1958 年设朱店公社高川大队，1960 年划归万泉公社，1983 年改为高川村委会。以村委会原驻地高家川命名。

邵坪村民委员会（Shàopíng Cūnmínwěiyuánhuì） 位于万泉镇中部。村委会驻邵家坪。辖 6 个村民小组。有邵家坪、涝池沟、山庄湾 3 个居民点，495 户 2246 人，汉族。耕地面积 2.33 平方千米。1958 年设朱店公社邵坪大队，1960 年划归万泉公社，1983 年改为邵坪村委会。以村委会驻地命名。

东沟村民委员会（Dōnggōu Cūnmínwěiyuánhuì） 位于万泉镇中部。村委会驻万家东沟。辖 3 个村民小组。有万家东沟、东沟门 2 个居民点，204 户 890 人，汉族。耕地面积 0.84 平方千米。1958 年属朱店公社万庄大队，1960 年划归万泉公社，1979 年分设东沟大队，1983 年改称东沟村委会。以村委会驻地命名。

东沟村民委员会（2021 年 6 月摄）

清水沟村民委员会（Qīngshuǐgōu Cūnmínwěiyuánhuì） 位于万泉镇南部。村委会驻清水沟阳坡。辖 5 个村民小组。有清水沟阴坡、清水沟阳坡 2 个居民点，320 户 1383 人，汉族。耕地面积 1.82 平方千米。1958 年设朱店公社清水沟大队，1960 年划归万泉公社，1979 年分出清水沟阴坡大队，1983 年改称清水沟村委会，1994 年改称清水沟、阳坡村委会，2006 年将清水沟阳坡村委会、清水沟阴坡村委会合并为清水沟村委会。以清水沟片村命名。

崔坪村民委员会（Cuīpíng Cūnmínwěiyuánhuì） 位于万泉镇中部。村委会驻崔家坪。辖 2 个村民小组。有崔家坪 1 个居民点，180 户 811 人，汉族。耕地面积 0.64 平方千米。1958 年设朱店公社崔坪大队，1960 年划归万泉公社。1983 年改称崔坪村委会。以村委会驻地命名。

东台村民委员会（Dōngtái Cūnmínwěiyuánhuì） 位于万泉镇中部。村委会驻东台。辖 2 个村民小组。有东台 1 个居民点，236 户 1020 人，汉族。耕地面积 0.74 平方千米。1958 年属朱店公社马川大队，1960 年设万泉公社东台大队，1964 年并入马川大队，1979 年分出东台大队，1983 年改为东台村委会。以村委会驻地命名。

马川村民委员会（Mǎchuān Cūnmínwěiyuánhuì）　位于万泉镇中部。村委会驻马家石咀。辖 2 个村民小组。有马家石咀、马家湾儿 2 个居民点，286 户 1239 人，汉族。耕地面积 1.02 平方千米。1958 年设朱店公社马川大队，1960 年属万泉公社。1983 年改称马川村委会。以姓氏和居住地形命名。

西坪村民委员会（Xīpíng Cūnmínwěiyuánhuì）　位于万泉镇中部。村委会驻马家腰庄。辖 2 个村民小组。有马家石节子、马家腰庄 2 个居民点，249 户 1082 人，汉族。耕地面积 0.89 平方千米。1958 年属朱店公社马川大队，1960 年划归万泉公社设西坪大队，1964 年并入马川大队，1979 年分出西坪大队，1983 年改为西坪村委会。以村委会原驻地马家西坪命名。

东山村民委员会（Dōngshān Cūnmínwěiyuánhuì）　位于万泉镇西南部。村委会驻陈家东山。辖 3 个村民小组。有老虎湾、陈家东山、郭家石咀、胡家咀 4 个居民点，113 户 458 人，汉族。耕地面积 0.59 平方千米。1958 年设朱店公社东山大队，1960 年属万泉公社，1983 年改称东山村委会。以村委会驻地命名。

徐城村民委员会（Xúchéng Cūnmínwěiyuánhuì）　位于万泉镇西部。村委会驻徐家城。辖 4 个村民小组。有徐家城、白草峁、城门上、下川来 4 个居民点，523 户 2220 人，汉族。耕地面积 1.62 平方千米。1958 年设朱店公社徐城大队，1960 年属万泉公社，1983 年改称徐城村委会。以村委会驻地命名。

王李岔村民委员会（Wánglǐchà Cūnmínwěiyuánhuì）　位于万泉镇西北部。村委会驻胡家岔。辖 4 个村民小组。有甘湾咀、荒湾里、毛梢沟壕、斜路下、高家咀、川子里、史家梁、车路头、赵家湾、胡家岔 10 个居民点，362 户 1521 人，汉族。耕地面积 1.52 平方千米。1958 年设朱店公社王岔大队，1960 年划入万泉公社后并入胡岔大队，1979 年分出王岔大队，1982 年更名为王李岔大队，1983 年改为王李岔村委会，2006 年将胡岔村委会并入。以片村王李家岔命名。

圪寺村民委员会（Gēsì Cūnmínwěiyuánhuì）　位于万泉镇西部。村委会驻圪垯寺。辖 2 个村民小组。有圪垯寺 1 个居民点，197 户 887 人，汉族。耕地面积 0.6 平方千米。1958 年属朱店公社联盟大队，1960 年划入万泉公社后改称霍李大队，1979 分设圪寺大队，1983 年改称圪寺村委会。以村委会驻地命名。

霍李村民委员会（Huòlǐ Cūnmínwěiyuánhuì）　位于万泉镇中部。村委会驻霍家上庄。辖 3 个村民小组。有霍家庄、霍家上庄、霍家下庄、李家川 4 个居民点，341 户 1441 人，汉族。耕地面积 0.78 平方千米。1958 年设朱店公社联盟大队，1960 年划归万泉公社改称霍李大队，1983 年改称霍李村委会。以霍、李两姓命名。

史沟村民委员会（Shǐgōu Cūnmínwěiyuánhuì）　位于万泉镇北部。村委会驻史家沟。辖 5 个村民小组。有史家沟、史家腰庄、李家堡子 3 个居民点，346 户 1475 人，汉族。耕地面积 1.36 平方千米。1958 年设朱店公社史沟大队，1960 年划归万泉公社，1983 年改称史沟村委会。以村委会驻地命名。

韩店镇

东门村民委员会（Dōngmén Cūnmínwěiyuánhuì）　位于韩店镇西部。村委会驻东门。辖 5 个村民小组。有东门、韩家山 2 个居民点，544 户 2323 人，汉族。耕地面积 3.32 平方千米。1958 年属韩店公社光辉大队，1960 年分设东关大队，1982 年更名为东门大队，1983 年改称东门村委会。2006 年将韩山村委会并入。以村委会驻地命名。

西门村民委员会（Xīmén Cūnmínwěiyuánhuì） 位于韩店镇西部。村委会驻西门。辖5个村民小组。有西门、鳌背山、西门新村3个居民点，481户1956人，汉族。耕地面积2.24平方千米。1958年设韩店公社光辉大队，1960年改称西关大队，1966年改为东风大队，1967年复称西关大队，1982年更名为西门大队，1983年改称西门村委会。以村委会驻地命名。

郭漫村民委员会（Guōmàn Cūnmínwěiyuánhuì） 位于韩店镇中部。村委会驻郭家漫。辖5个村民小组。有郭家漫、店子峡、红崖巷、佛沟门、黄草、邓家崖、高庄子7个居民点，208户857人，有汉族、回族，汉族为主。耕地面积4.29平方千米。1958年设韩店公社郭漫大队，1983年改称郭漫村委会。2006年马东山、黄草、庞家沟、店峡村委会并入。以村委会驻地命名。

石桥村民委员会（Shíqiáo Cūnmínwěiyuánhuì） 位于韩店镇中部。村委会驻石桥儿。辖5个村民小组。有石桥儿、折家凸、小庄子、干沟湾、南峪沟、树林儿、湾儿里7个居民点，231户1000人，有汉族、回族，汉族为主。耕地面积2.57平方千米。1958年设韩店公社石桥大队，1983年改称石桥村委会。2006年朱家湾村委会并入。以村委会驻地命名。

花崖河村民委员会（Huā'áihé Cūnmínwěiyuánhuì） 位于韩店镇中部。村委会驻花崖河。辖4个村民小组。有大湾、碾盘湾、王字湾、花崖河、水泉湾、白脸湾6个居民点，125户598人，有汉族、回族，汉族为主。耕地面积1.76平方千米。1958年设韩店公社花崖河大队，1983年改称花崖河村委会。以村委会驻地命名。

岔岔沟村民委员会（Chàchàgōu Cūnmínwěiyuánhuì） 位于韩店镇中部。村委会驻上庄。辖5个村民小组。有上庄、下庄、南峪梁、中湾、庙儿梁、下梁、王家湾、暖和湾、梁背后9个居民点，246户1096人，有汉族、回族，汉族为主。耕地面积3.62平方千米。1958年设韩店公社岔岔沟大队，1960年庙梁大队划归岔岔沟大队，1961年分出庙梁大队，1983年改称岔岔沟村委会，2006年庙梁、鞍子梁村委会并入。因地处岔岔沟山谷命名。

刘咀村民委员会（Liúzuǐ Cūnmínwěiyuánhuì） 位于韩店镇西南部。村委会驻刘家咀。辖7个村民小组。有刘家山、侯家、杜家庄、刘家咀、李家川子、大坪、庄子门前、邵家坪8个居民点，386户1625人，汉族。耕地面积3.28平方千米。1958年属韩店公社光辉大队，1964年分设刘咀大队，1983年改称刘咀村委会。2006年刘山村委会并入。以村委会驻地命名。

王崖村民委员会（Wáng'ái Cūnmínwěiyuánhuì） 位于韩店镇中部。村委会驻王家崖。辖5个村民小组。有贺家、阴坡、岔沟门、王家崖4个居民点，186户861人，汉族。耕地面积2.97平方千米。1958年设韩店公社王崖大队，1964年并入上凸大队，1975年分出王崖大队，1983年改为王崖村委会。以村委会驻地命名。

上凸村民委员会（Shàngwā Cūnmínwěiyuánhuì） 位于韩店镇西部。村委会驻上凸中庄。辖3个村民小组。有上凸上庄、上凸中庄、上凸窑庄3个居民点，247户1033人，汉族。耕地面积2.23平方千米。1958年设韩店公社上凸大队，1983年改称上凸村委会。以村委会驻地命名。

马家寺村民委员会（Mǎjiāsì Cūnmínwěiyuánhuì） 位于韩店镇西北部。村委会驻马家寺。辖6个村民小组。有马家寺、线家湾、李家湾、弯庄子、阳山上、大凸来6个居民点，177户807人，汉族。耕地面积2.19平方千米。1958年属韩店公社光辉大队，1961年设马寺大队，1982年更名为马家寺大队。1983年改称马家寺村委会。以村委会驻地命名。

试雨村民委员会（Shìyǔ Cūnmínwěiyuánhuì） 位于韩店镇西部。村委会驻试雨王家。辖4个村民小组。有试雨王家、黄家堡子、黄家窑湾3个居民点，342户1602人，汉族。耕地面积2.28平方千米。1958年设韩店公社试雨大队，1962年属试雨公社，1964年属韩店公社，1983年改称试雨村委会。以村委会驻地命名。

刘河村民委员会（Liúhé Cūnmínwěiyuánhuì） 位于韩店镇西北部。村委会驻潘家咀。

辖 4 个村民小组。有刘家河、张家山、潘家咀、叶家阳坡、塔儿坪、王家山 6 个居民点，274 户 1274 人，汉族为主，回族 48 户 220 人。耕地面积 3.54 平方千米。1958 年设韩店公社刘河大队，1960 年阳坡大队并入，1962 年属试雨公社，1964 年属韩店公社，1979 年分出阳坡大队，1983 年改称刘河村委会。2006 年阳坡村委会并入。以居民点刘家河命名。

下沟村民委员会（Xiàgōu Cūnmínwěiyuánhuì） 位于韩店镇西北部。村委会驻下沟里。辖 4 个村民小组。有阳凸湾、护林沟、黄家庄、范家凸、下沟里 5 个居民点，237 户 1119 人，汉族。耕地面积 2.91 平方千米。1958 年设韩店公社护林沟大队，1962 年属试雨公社，1964 年划归韩店公社后并入中庄大队，1978 年分设下沟大队，1983 年改称下沟村委会。以村委会驻地命名。

中庄村民委员会（Zhōngzhuāng Cūnmínwěiyuánhuì） 位于韩店镇西北部。村委会驻大地来。辖 4 个村民小组。有箭壑刘家、上沟里、苏家中庄、大地来 4 个居民点，141 户 609 人，汉族。耕地面积 2.01 平方千米。1958 年设韩店公社红星大队，1962 年属试雨公社，1964 年属韩店公社，改称中庄大队，1983 年改称中庄村委会。以居民点苏家中庄命名。

武家村民委员会（Wǔjiā Cūnmínwěiyuánhuì） 位于韩店镇西部。村委会驻武家。辖 6 个村民小组，有马家沟渠、武家、徐家、苏家后湾 4 个居民点，358 户 1512 人，汉族。耕地面积 2.97 平方千米。1958 年设韩店公社武家大队，1962 年属试雨公社，1964 年属韩店公社，1983 年改称武家村委会。以村委会驻地命名。

聂子坪村民委员会（Nièzipíng Cūnmínwěiyuánhuì） 位于韩店镇西部。村委会驻聂子坪。辖 3 个村民小组。有菜子湾、聂子坪、纳张家 3 个居民点，332 户 1453 人，汉族。耕地面积 3.31 平方千米。1958 年属页崖公社菜子湾大队，1983 年属颉崖乡菜子湾村委会，1987 年分设聂子坪村委会，2004 年划归韩店镇，2006 年菜子湾村委会并入。以村委会驻地命名。

潘河村民委员会（Pānhé Cūnmínwěiyuánhuì） 位于韩店镇西部。村委会驻潘家河。辖 6 个村民小组。有郭家堡子、潘家河、马家壑岘、杨家官路 4 个居民点，367 户 1682 人，汉族。耕地面积 2.92 平方千米。1958 年设韩店公社潘河大队，1962 年划归试雨公社后并入杨家大队，1964 年再属韩店公社，1979 年分设潘河大队，1983 年改称潘河村委会。以村委会驻地命名。

潘河村民委员会（2016 年 12 月摄）

卧龙镇

山集梁村民委员会（Shānjíliáng Cūnmínwěiyuánhuì） 位于卧龙镇中部。村委会驻台家。辖 5 个村民小组。有梁家、孙家渠、台家、下梁、魏家后湾 5 个居民点，214 户 920 人，汉族。耕地面积 1.68 平方千米。1958 年设卧龙公社山集梁大队，1983 年改称山集梁村委会。以地理实体山集梁命名。

魏山村民委员会（Wèishān Cūnmínwěiyuánhuì） 位于卧龙镇南部。村委会驻魏家山阴坡。辖5个村民小组。有上湾垴、下阴峃、颉沟坪、魏家山、阳虎湾、麻家、魏家山阴坡、魏家山阳坡8个居民点，359户1534人，汉族。耕地面积2.8平方千米。1958年设卧龙公社阴坡、阳坡大队，1964年合并后称魏家山大队，1979年分设阴坡、阳坡大队，1982年更名为魏家山阴坡、魏家山阳坡大队，1983年改称魏家山阴坡、魏家山阳坡村委会，2006年合并命名为魏山村委会。以所辖居民点魏家山命名。

双河镇村民委员会（Shuānghézhèn Cūnmínwěiyuánhuì） 位于卧龙镇南部。村委会驻双河镇。辖6个村民小组。有双河镇、魏家沟、魏家咀、阳山峃、马家、湾川、蒙家沟7个居民点，229户983人，汉族。耕地面积1.8平方千米。1958年设卧龙公社双河镇大队，1983年改称双河镇村委会。以村委会驻地命名。

魏家湾村民委员会（Wèijiāwān Cūnmínwěiyuánhuì） 位于卧龙镇南部。村委会驻魏家湾。辖4个村民小组。有魏家湾、丁家寺湾、芦子湾、魏家湾阳坡、石家湾垴5个居民点，273户1174人，汉族。耕地面积2.15平方千米。1958年设卧龙公社魏家湾大队，1983年改称魏家湾村委会。2006年将丁家寺湾居民点并入。以村委会驻地命名。

谢家庙湾村民委员会（Xièjiāmiàowān Cūnmínwěiyuánhuì） 位于卧龙镇中部。村委会驻谢家庙湾。辖6个村民小组。有谢家庙湾、刘家湾、马家山庄、刘家下岔4个居民点，335户1441人，汉族。耕地面积2.63平方千米。1958年设卧龙公社谢家庙湾大队，1983年改称谢家庙湾村委会。以村委会驻地命名。

下杨村民委员会（Xiàyáng Cūnmínwěiyuánhuì） 位于卧龙镇东北部。村委会驻下杨新村。辖6个村民小组。有下杨新村、魏家川口、杨家北川、杨家南川、石家山庄、石家老湾、红崖杨家7个居民点，317户1360人，汉族。耕地面积2.49平方千米。1958年属柳梁公社榆林大队，1962年划入白堡公社后设下杨大队，1964年属卧龙公社，1983年改为下杨村委会。以村委会原驻地杨家南川方位命名。

孙家河村民委员会（Sūnjiāhé Cūnmínwěiyuánhuì） 位于卧龙镇北部。村委会驻孙家河。辖3个村民小组。有张家塬、赵家湾、孙家河3个居民点，236户1013人，汉族。耕地面积1.85平方千米。1958年设卧龙公社标兵大队，1961年改称孙家河大队，1983年改称孙家河村委会。以村委会驻地命名。

何家村民委员会（Héjiā Cūnmínwěiyuánhuì） 位于卧龙镇中部。村委会驻何家庄。辖3个村民小组。有方家湾、葛家湾、何家庄、薛家湾4个居民点，192户824人，汉族。耕地面积1.51平方千米。1958年属卧龙公社石何大队，1961年分设何家大队，1983年改称何家村委会。以村委会驻地命名。

魏家大庄村民委员会（Wèijiādàzhuāng Cūnmínwěiyuánhuì） 位于卧龙镇北部。村委会驻郭家窑。辖5个村民小组。有魏家大庄、郭家窑、张家崖、阳坡、阴坡5个居民点，294户1263人，汉族。耕地面积2.31平方千米。1958年设卧龙公社长征大队，1961年改称魏家大庄大队，1983年改称魏家大庄村委会。以居民点魏家大庄命名。

石家山村民委员会（Shíjiāshān Cūnmínwěiyuánhuì） 位于卧龙镇中部。村委会驻石家山。辖4个村民小组。有石家山、曹家湾、大湾3个居民点，260户1116人，汉族。耕地面积2.04平方千米。1958年属卧龙公社石何大队，1961年分设石家山大队，1983年改称石家山村委会。以村委会驻地命名。

苏家山村民委员会（Sūjiāshān Cūnmínwěiyuánhuì） 位于卧龙镇中部。村委会驻苏家山。辖3个村民小组。有苏家山、山庄上2个居民点，221户950人，汉族。耕地面积1.74平方千米。

1958 年属卧龙公社民主大队，1961 年分设苏家山大队，1983 年改称苏家山村委会。以村委会驻地命名。

张家山村民委员会（Zhāngjiāshān Cūnmínwěiyuánhuì）　位于卧龙镇中部。村委会驻张家山。辖 4 个村民小组。有马家湾、背后湾、平头里、张家山、王家塬、阳峾上、薛家河 7 个居民点，437 户 1880 人，汉族。耕地面积 3.44 平方千米。1958 年设卧龙公社张家山大队，1983 年改称张家山村委会。以村委会驻地命名。

棉梨沟村民委员会（Miánlígōu Cūnmínwěiyuánhuì）　位于卧龙镇西北部。村委会驻井沟渠。辖 2 个村民小组。有棉梨沟、尕那湾、井沟渠 3 个居民点，213 户 917 人，汉族。耕地面积 1.68 平方千米。1958 年设卧龙公社棉梨沟大队，1983 年改称棉梨沟村委会。以村委会原驻地命名。

马湾村民委员会（Mǎwān Cūnmínwěiyuánhuì）位于卧龙镇西北部，村委会驻花梨湾。辖 5 个村民小组。有花梨湾、马湾、大头塬、杜家湾、柳树湾、堡子上、野狐湾、成子湾 8 个居民点，379 户 1630 人，汉族。耕地面积 2.98 平方千米。1958 年属卧龙公社花马湾大队，1979 年分设马湾大队，1983 年改称马湾村委会。2006 年将花梨湾村委会并入。以村委会原驻地马湾命名。

马湾村民委员会（2021 年 7 月摄）

马家沟村民委员会（Mǎjiāgōu Cūnmínwěiyuánhuì）　位于卧龙镇中部。村委会驻居黄湾。辖 4 个村民小组。有上岔、居黄湾、阳峾堡子、阳堡大湾、书房院、梭草湾、高山上、崖湾、白峾山、李家湾 10 个居民点，266 户 1144 人，汉族。耕地面积 2.09 平方千米。1958 年设卧龙公社马家沟大队，1983 年改称马家沟村委会。2006 年将阳峾堡子村并入。以所处山谷马家沟命名。

山赵家村民委员会（Shānzhàojiā Cūnmínwěiyuánhuì）　位于卧龙镇西部。村委会驻山赵家。辖 5 个村民小组。有山赵家、青土湾、小余家、下峡里 4 个居民点，323 户 1389 人，汉族。耕地面积 2.54 平方千米。1958 年设卧龙公社山赵家大队，1983 年改称山赵家村委会。以村委会驻地命名。

张余家村民委员会（Zhāngyújiā Cūnmínwěiyuánhuì）　位于卧龙镇西部。村委会驻余家湾垴。辖 6 个村民小组。有余家沟、罗沟岘、余家湾垴、张家沟、张家咀、张家阳坡 6 个居民点，416 户 1788 人，汉族。耕地面积 3.27 平方千米。1958 年属卧龙公社民主大队，1961 年分设张余家大队，1983 年改称张余家村委会。以张、余姓氏命名。

阴峾李家村民委员会（Yīnwālǐjiā Cūnmínwěiyuánhuì）　位于卧龙镇西部。村委会驻阴峾李家。辖 5 个村民小组。有杨家山庄、阴峾李家、石家沟、魏家咀、杨家沟 5 个居民点，327 户 1403 人，汉族。耕地面积 2.56 平方千米。1958 年属卧龙公社民主大队，1961 年分设阴峾李家大队，1983 年改称阴峾李家村委会。以村委会驻地命名。

后梁村民委员会（Hòuliáng Cūnmínwěiyuánhuì）　位于卧龙镇东部。村委会驻白家阴坡。辖 4 个村民小组。有魏家上渠、白家路豁、石湾咀、山背后、白家阴坡、白家下院 6 个居民点，

192户825人，汉族。耕地面积1.51平方千米。1962年设白堡公社后梁大队，1964年划属柳梁公社河湾大队，1979年划属白堡公社后再设后梁大队，1983年改称后梁村委会，2004年划属卧龙乡。以村委会驻地白家阴坡别称（后梁）命名。

杨魏村民委员会（Yángwèi Cūnmínwěiyuánhuì） 位于卧龙镇东部。村委会驻魏家阳坡。辖6个村民小组。有杨寺寺大庄、杨寺寺小庄、大湾里、石家小湾、魏家阳坡、魏家阴坡6个居民点，294户1264人，汉族。耕地面积2.31平方千米。1958年设柳梁公社杨魏大队，1962年划归白堡公社，1964年划属卧龙公社，1979年划属白堡公社，1983年改称杨魏村委会，2004年划属卧龙乡。以居民点杨、魏姓氏命名。

仇沟村民委员会（Qiúgōu Cūnmínwěiyuánhuì） 位于卧龙镇东南部。村委会驻仇家沟。辖7个村民小组。有簸箕湾、簸箕湾山上、仇家沟、苏家湾4个居民点，200户860人，汉族。耕地面积1.57平方千米。1964年设卧龙公社仇沟大队，1979年划属白堡公社，1983年改称仇沟村委会，2004年划属卧龙乡。以村委会驻地命名。

仇梁村民委员会（Qiúliáng Cūnmínwěiyuánhuì） 位于卧龙镇东部，村委会驻东台湾。辖7个村民小组。有张家湾、张家梁、弯沟岇、荞家湾、猫儿刺坪、东台湾、耙齿沟、仇家梁8个居民点，353户1517人，汉族。耕地面积2.77平方千米。1968年卧龙公社设仇梁大队，1979年划属白堡公社，1983年改称仇梁村委会，是年荞家湾村委会并入，2004年划属卧龙乡。以村委会所辖居民点仇家梁命名。

上郝家村民委员会（Shànghǎojiā Cūnmínwěiyuánhuì） 位于卧龙镇东南部。村委会驻柳家山。辖5个村民小组。有下郝家、上郝家、柳家山、郝家新庄、柳家沟5个居民点，244户1050人，汉族。耕地面积1.92平方千米。1958年设柳梁公社上郝家大队，1962年划属白堡公社，1964年划属卧龙公社，1979年复归白堡公社，1983年改称上郝家村委会，2004年划属卧龙乡。以所辖居民点上郝家命名。

刘罗村民委员会（Liúluó Cūnmínwěiyuánhuì） 位于卧龙镇东南部。村委会驻老庄罗家。辖6个村民小组。有阳坡、山庄上、阴坡、老庄罗家、刘家中庄、罗家寺湾、下湾里7个居民点，410户1763人，汉族。耕地面积3.22平方千米。1958年设柳梁公社刘罗大队，1962年划属白堡公社，1964年划属卧龙公社，1979年划属白堡公社后分设刘渠、罗家大队，1983年改称刘渠、罗家村委会，2004年划属卧龙乡，2006年刘渠、罗家村委会和丁家寺湾村委会所辖罗家寺湾、刘家中庄、下湾里3个自然村合并设立刘罗村委会。以刘、罗姓氏命名。

阳川镇

刘湾村民委员会（Liúwān Cūnmínwěiyuánhuì） 位于阳川镇中部。村委会驻刘家湾。辖5个村民小组。有刘家湾、金李家、李家窑、槐树地4个居民点，505户2441人，汉族。耕地面积1.79平方千米。1958年属卧龙公社红旗大队，1960年属阳川公社，1979年分设刘湾大队，

刘湾村民委员会（2021年11月摄）

1983 年改称刘湾村委会，2006 年金李家村委会并入。以村委会驻地命名。

张家大湾村民委员会（Zhāngjiādàwān Cūnmínwěiyuánhuì） 位于阳川镇西北部。村委会驻张家大湾。辖 5 个村民小组。有张家大湾、南川里、梁家坡、王家新城 4 个居民点，471 户 2337 人，汉族。耕地面积 3.21 平方千米。1958 年设卧龙公社张家大湾大队，1960 年划属阳川公社，1983 年改称张家大湾村委会，2006 年梁家坡村委会并入。以村委会驻地命名。

李家湾村民委员会（Lǐjiāwān Cūnmínwěiyuánhuì） 位于阳川镇西北部。村委会驻李家湾。辖 3 个村民小组。有李家湾、麻子湾 2 个居民点，354 户 1655 人，汉族。耕地面积 2.14 平方千米。1958 年属卧龙公社胜利大队，1960 年划归阳川公社设李家湾大队，1983 年改称李家湾村委会。以村委会驻地命名。

台咀村民委员会（Táizuǐ Cūnmínwěiyuánhuì） 位于阳川镇西部。村委会驻台家咀。辖 4 个村民小组。有台家咀、蔡家沟、深壑岘、郭坑里 4 个居民点，350 户 1890 人，汉族。耕地面积 2.95 平方千米。1958 年属卧龙公社红星大队，1960 年划归阳川公社设台咀大队，1983 年改称台咀村委会，2006 年蔡家沟、深豁岘村委会并入。以村委会驻地命名。

孙王村民委员会（Sūnwáng Cūnmínwěiyuánhuì） 位于阳川镇西南部。村委会驻郭阎家。辖 7 个村民小组。有孙王家、郭阎家、那面湾、曹家屲、窑儿屲、大湾垴 6 个居民点，448 户 2260 人，汉族。耕地面积 2.8 平方千米。1958 年属卧龙公社孙王大队，1960 年划归阳川公社，1983 年改称孙王村委会，1987 年分出郭阎家村委会，2006 年郭阎家村委会并入。以村委会原驻地孙王家命名。

新庄沟村民委员会（Xīnzhuānggōu Cūnmínwěiyuánhuì） 位于阳川镇南部。村委会驻新庄沟。辖 3 个村民小组。有新庄沟、店缓湾、大坪屲、张家上岔、回回家湾、马咀梁、张家下湾 7 个居民点，296 户 1300 人，汉族。耕地面积 1.63 平方千米。1958 年属卧龙公社上堡大队，1960 年划属阳川公社后分设新庄沟大队，1983 年改称新庄沟村委会，2006 年张家上岔村委会并入。以村委会驻地命名。

下堡子村民委员会（Xiàbǔzi Cūnmínwěiyuánhuì） 位于阳川镇东南部。村委会驻张家下堡子。辖 5 个村民小组。有张家下堡子、张家上堡子、二屲咀、杨家堡子、大湾 5 个居民点，393 户 1837 人，汉族。耕地面积 1.8 平方千米。1987 年设阳川乡下堡子村委会，2006 年上堡子、杨家堡子村委会并入。以村委会驻地命名。

苟岔村民委员会（Gǒuchà Cūnmínwěiyuánhuì） 位于阳川镇东南部。村委会驻苟家岔。辖 2 个村民小组。有苟家岔、山胡岔、红家岘 3 个居民点，202 户 1002 人，汉族。耕地面积 1.26 平方千米。1958 年属卧龙公社红旗大队，1960 年划属阳川公社后分设苟岔大队，1983 改称苟岔村委会。以村委会驻地命名。

李家咀村民委员会（Lǐjiāzuǐ Cūnmínwěiyuánhuì） 位于阳川镇中部。村委会驻李家咀。辖 4 个村民小组。有李家咀、曹家坪、张家坪、乱阳屲 4 个居民点，350 户 1565 人，汉族。耕地面积 1.9 平方千米。1958 年设卧龙公社李家咀大队，1960 年划属阳川公社，1983 年改称李家咀村委会，2006 年曹家坪村委会并入。以村委会驻地命名。

赵家湾村民委员会（Zhàojiāwān Cūnmínwěiyuánhuì） 位于阳川镇中部。村委会驻赵家湾。辖 3 个村民小组。有赵家湾、阎家湾、曹家湾 3 个居民点，223 户 1125 人，汉族。耕地面积 1.64 平方千米。1987 年设阳川乡灯盏窝村委会，2006 年将灯盏窝、曹阎村委会合并命名为赵湾村委会，2018 年第二次地名普查时因与永宁镇赵湾村委会重名，改为赵家湾村委会。以村委会驻地命名。

岳家坪村民委员会（Yuèjiāpíng Cūnmínwěiyuánhuì） 位于阳川镇北部。村委会驻岳家坪。辖 4 个村民小组。有岳家坪、赵家沟、上王家、王家铧沟 4 个居民点，283 户 1200 人，汉族。耕地面积 1.65 平方千米。1987 年设阳川乡岳家坪村委会，2006 年赵家沟村委会并入。以村委会驻地命名。

红土坡村民委员会（Hóngtǔpō Cūnmínwěiyuánhuì） 位于阳川镇北部。村委会驻红土坡。辖3个村民小组。有盘龙山、红土坡、壑岘下、窎地、湫子里5个居民点，221户945人，汉族。耕地面积1.53平方千米。1958年设卧龙公社红土坡大队，1960年划属阳川公社，1983年改称红土坡村委会。以村委会驻地命名。

三益村民委员会（Sānyì Cūnmínwěiyuánhuì） 位于阳川镇东北部。村委会驻魏家沟。辖4个村民小组。有陈家阳坡、褡裢地、魏家沟、李家山、赵阳山、石家山、六垧地7个居民点，256户1195人，汉族。耕地面积1.66平方千米。1958年设卧龙公社三益大队，1960年划属阳川公社，1983年改称三益村委会。1955年陈家阳坡、魏家沟、赵家阳山组成三益初级社，取走共同富裕道路之意，故名。

王塬村民委员会（Wángyuán Cūnmínwěiyuánhuì） 位于阳川镇东北部。村委会驻石家坪。辖5个村民小组。有阳山山、马家阳沟、石家坪、阴坡、下川里、阳坡6个居民点，264户1320人，汉族。耕地面积1.92平方千米。1958年设卧龙公社石坪大队，1960年划属阳川公社后改称王塬大队，1983年改称王塬村委会。以王家塬片村命名。

西湾村民委员会（Xīwān Cūnmínwěiyuánhuì） 位于阳川镇东部。村委会驻山背后。辖5个村民小组。有西湾、阳山里、平头湾、山背后、官地咀、咀子上、官地里、阴山里、园沟里、王家湾、阳山场、石家湾12个居民点，302户1365人，汉族。耕地面积2.1平方千米。1958年设卧龙公社西湾大队，1960年划入阳川公社后与东湾、曹阎大队合并为陈庙大队，1979年分出西湾大队，1983年改称西湾村委会。以原驻地西湾命名。

东湾村民委员会（Dōngwān Cūnmínwěiyuánhuì） 位于阳川镇东部。村委会驻东湾。辖3个村民小组。有东湾、马家川子里、马山湾3个居民点，194户1080人，汉族。耕地面积1.58平方千米。1958年设卧龙公社东湾大队，1960年划入阳川公社后与西湾、曹阎大队合并为陈庙大队，1979年分出东湾大队，1983年改称东湾村委会。以村委会驻地命名。

盘安镇

王公村民委员会（Wánggōng Cūnmínwěiyuánhuì） 位于盘安镇中部。村委会驻王公阳山。辖5个村民小组。有王公阳山、王公阴山、梁关家、梁关上庄4个居民点，437户1989人，汉族。耕地面积2.2平方千米。1958年设页崖公社王公大队，1959年属盘安公社，1983年改称王公村委会，2006年梁关村委会并入。以片村王公家命名。

孙沟村民委员会（Sūngōu Cūnmínwěiyuánhuì） 位于盘安镇中部。村委会驻孙家沟下庄。辖3个村民小组。有孙家沟上庄、谢家庄、谢家阳湾、孙家沟中庄、黑牛山、曹家湾、孙家沟下庄、孙家沟山庄8个居民点，460户2088人，汉族。耕地面积2.2平方千米。1958年设页崖公社孙沟大队，1959年属盘安公社，1979年分为孙沟下庄、孙沟中庄、孙沟上庄大队，1983年改称孙沟下庄、孙沟中庄、孙沟上庄村委会。2006年孙沟上庄、孙沟中庄和孙沟下庄村委会合并命名为孙沟村委会。

王福上庄村民委员会（Wángfúshàngzhuāng Cūnmínwěiyuánhuì） 位于盘安镇东部。村委会驻杨家川。辖4个村民小组。有王火炎子、史家湾、王福家上庄、杨家川、麻黄咀5个居民点，287户1302人，汉族。耕地面积2.45平方千米。1958年设页崖公社王福上庄大队，1959年属盘安公社，1967年与托神大队合并后称东风大队，1979年分设王福上庄大队，1983年改称王福上庄村委会，2006年王火炎村委会并入。以居民点王福家上庄命名。

托神村民委员会（Tuōshén Cūnmínwěiyuánhuì） 位于盘安镇东部。村委会驻黑眼湾。辖3个村民小组。有刘家塬、油夫咀、黑眼湾、许家湾、漆树湾5个居民点，180户819人，汉族。耕地面积1.08平方千米。1958年设页崖公社托神大队，1959年属盘安公社，1967年与王福上庄合并后称东风大队，1979年分设托神大队，1983年改称托神村委会。以托神山命名。

王福下庄村民委员会（Wángfúxiàzhuāng Cūnmínwěiyuánhuì） 位于盘安镇中部。村委会驻中庄。辖3个村民小组。有下庄、中庄、老庄、李家咀、孙家5个居民点，231户1050人，汉族。耕地面积1.4平方千米。1958年设页崖公社王福下庄大队，1959年属盘安公社，1983年改称王福下庄村委会。以片村王福家和居民点下庄命名。

湾李村民委员会（Wānlǐ Cūnmínwěiyuánhuì） 位于盘安镇中部。村委会驻阳坡。辖4个村民小组。有东庄、新房、马家阳屲、野雀川、阴坡、阳坡、北山上7个居民点，419户1906人，汉族。耕地面积2.4平方千米。1958年设页崖公社湾李大队，1959年属盘安公社，1979年分为湾李上庄、湾李下庄大队，1983年改称湾李上庄和湾李下庄村委会，2006年湾李下庄和湾李上庄村委会合并为湾李村委会。以湾儿李家片村命名。

吴陈村民委员会（Wúchén Cūnmínwěiyuánhuì） 位于盘安镇南部。村委会驻吴家河。辖4个村民小组。有吴家山、吴家河、陈杨家、吴家沟4个居民点，308户1403人，汉族。耕地面积2.35平方千米。1958年设页崖公社吴河、陈杨大队，1959年属盘安公社，1960年并入岔李大队，1973年分设吴河、陈杨大队，1983年改称吴河、陈杨村委会，2006年合并命名为吴陈村委会。以吴、陈两姓命名。

马家村民委员会（Mǎjiā Cūnmínwěiyuánhuì） 位于盘安镇南部。村委会驻马掌关。辖2个村民小组。有马掌关、马家山、阳屲山3个居民点，190户861人，汉族。耕地面积0.88平方千米。1958年设页崖公社马掌关大队，1959年属盘安公社，1960年并入岔李大队，1973年分设马家大队，1983年改称马家村委会。以姓氏命名。

杨宋村民委员会（Yángsòng Cūnmínwěiyuánhuì） 位于盘安镇西部。村委会驻宋家草屲。辖5个村民小组。有白家湾、杨家沟、宋家草屲、宋家大庄、宋家河5个居民点，402户1833人，汉族。耕地面积2.81平方千米。1958年设页崖公社杨宋大队，1959年属盘安公社，1979年分为杨家、宋家大队，1983年改称宋家、杨家村委会。2006年宋家、杨家村委会合并为杨宋村委会。以杨、宋两姓命名。

申家湾村民委员会（Shēnjiāwān Cūnmínwěiyuánhuì） 位于盘安镇西南部。村委会驻湾李家。辖3个村民小组。有湾李家、申家堡子、野鸽子咀、牟家山、申家湾、东湾、西湾、杨孔家8个居民点，301户1370人，汉族。耕地面积2.34平方千米。1958年设页崖公社申家湾大队，1959年属盘安公社，1983年改称申家湾村委会，2006年申堡村委会并入。以村委会原驻地申家湾命名。

周家村民委员会（Zhōujiā Cūnmínwěiyuánhuì） 位于盘安镇西部。村委会驻周家阳坡。辖5个村民小组。有周家阳坡、周家川子、周家堡子、散缝里、那坡里、张李家、胡家、荒屲8个居民点，431户1961人，汉族。耕地面积2.58平方千米。1958年设页崖公社周堡大队，1959年属盘安公社，1961年分为阳坡、阴坡大队，1962年从阳坡大队分出张李大队。1982年将阳坡、阴坡大队更名为周家阳坡、周家阴坡大队，1983年改称周家阳坡、周家阴坡、张李村委会，2006年周家阳坡、周家阴坡、张李村委会合并命名为周家村委会。以村委会驻地姓氏命名。

焦湾村民委员会（Jiāowān Cūnmínwěiyuánhuì） 位于盘安镇北部。村委会驻焦家湾。辖2个村民小组。有焦家湾、焦家新庄、刘家端湾、木瓜湾、胡家高山5个居民点，209户951人，汉族。耕地面积1.35平方千米。1958年设页崖公社焦湾大队，1959年属盘安公社，1962年划属页崖公社，1964年划归盘安公社，1979年再属页崖公社，1983年改称焦湾村委会，2004年划属盘安乡，2006年端湾村委会并入。以村委会驻地命名。

颉崖村民委员会（Xié’ái Cūnmínwěiyuánhuì） 位于盘安镇东北部。村委会驻颉崖史家。辖4个村民小组。有颉崖史家、祁家湾、赵吴家阳山、赵吴家4个居民点，459户2091人，汉族。耕地面积2.86平方千米。1958年设页崖公社颉崖大队，1959年属盘安公社，1962年划属页崖公社，1964年划属盘安公社，1979年划属页崖公社，1982年改为颉崖公社颉崖大队，1983年改称颉崖村委会，2004年划属盘安乡，2006年赵吴村委会并入颉崖村委会。以村委会驻地命名。

牡丹咀村民委员会（Mǔdānzuǐ Cūnmínwěiyuánhuì） 位于盘安镇东北部。村委会驻雷家小庄。辖2个村民小组。有牡丹咀、雷家小庄、上刘家、刘家咀、谢家沟5个居民点，160户727人，汉族。耕地面积1.32平方千米。1958年设页崖公社牡丹咀大队，1959年属盘安公社，1962年划属页崖公社，1964年划属盘安公社，1979年划属页崖公社，1983年改称牡丹咀村委会，2004年划属盘安乡。以村委会原驻地牡丹咀命名。

樊庙村民委员会（Fánmiào Cūnmínwěiyuánhuì） 位于盘安镇东部。村委会驻樊家庙。辖4个村民小组。有樊家庙、梁家官路、包家阳屲、庙屲上、六房沟、梁家寺湾6个居民点，412户1874人，汉族。耕地面积3.02平方千米。1958年设页崖公社樊庙大队，1959年属盘安公社，1962年划属页崖公社，1964年划属盘安公社，1979年划属页崖公社，1983年改称樊庙村委会，2004年划属盘安乡，2006年六房沟、梁家寺湾村委会并入。以村委会驻地命名。

刘陈村民委员会（Liúchén Cūnmínwěiyuánhuì） 位于盘安镇东部。村委会驻塌坡陈家。辖4个村民小组。有塌坡陈家、窑刘家2个居民点，330户1503人，汉族。耕地面积1.69平方千米。1958年设页崖公社刘陈大队。1959年属盘安公社，1962年划属页崖公社，1964年划属盘安公社，1979年划属页崖公社后分为刘家和陈家大队，1982年将刘家大队更名为窑刘家大队，1983年改称窑刘家、陈家村委会，2004年划属盘安乡，2006年窑刘家、陈家村委会合并为刘陈村委会。以居民点刘、陈两姓命名。

雷家村民委员会（Léijiā Cūnmínwěiyuánhuì） 位于盘安镇东部。村委会驻雷家大庄。辖2个村民小组。有上雷家、雷家大庄2个居民点，160户727人，汉族。耕地面积1.32平方千米。1958年设页崖公社雷家大队，1959年属盘安公社，1962年划属页崖公社，1964年划属盘安公社，1979年划属页崖公社后分为上雷、下雷大队，1983年改称上雷、下雷村委会，2004年划属盘安乡，2006年上雷、下雷村委会合并命名为雷家村委会。以所辖居民点姓氏命名。

雷家村民委员会（2016年6月摄）

岔李村民委员会（Chàlǐ Cūnmínwěiyuánhuì） 位于盘安镇西南部。村委会驻岔儿李家。辖4个村民小组。有沟儿里、庙川、岔儿李家、阴屲山、岔李上庄5个居民点，473户2157人，汉族。耕地面积2.75平方千米。1958年设页崖公社岔李大队，1959年属盘安公社，1983年改称岔李村委会，

2006 年岔李上庄村委会并入。以村委会驻地命名。

通化镇

新集村民委员会（Xīnjí Cūnmínwěiyuánhuì） 位于通化镇西南部。村委会驻新集。辖 8 个村民小组。有樊家、新集、王家湾、六房、史家庄、徐家庄 6 个居民点，539 户 2217 人，汉族。耕地面积 2.76 平方千米。1958 年设通边公社新集大队，1962 年划属新集公社，1964 年属通边公社，1979 年划属新集公社，1983 年改称通化乡新集村委会，2006 年六房村委会并入。以村委会驻地命名。

韩席村民委员会（Hánxí Cūnmínwěiyuánhuì） 位于通化镇中部。村委会驻韩席儿家。辖 5 个村民小组。有韩席儿家、金赵、阳家咀、王船儿家 4 个居民点，229 户 983 人，汉族。耕地面积 1.68 平方千米。1958 年设通边公社第九大队，1962 年划属新集公社后改称韩席大队，1964 年属通边公社，1979 年属新集公社，1983 年改称通化乡韩席村委会。以村委会驻地命名。

陈堡村民委员会（Chénbǔ Cūnmínwěiyuánhuì） 位于通化镇东南部。村委会驻张虎家。辖 6 个村民小组。有陈家堡、后梁上、史坡屲阳山、史坡屲阴山、张虎家、焦家阴屲、张家岭 7 个居民点，485 户 1969 人，汉族。耕地面积 2.68 平方千米。1958 年设通边公社陈堡大队，1962 年划属新集公社，1964 年划属通边公社，1979 年划属新集公社，1983 年改称通化乡陈堡村委会，2006 年张虎村委会并入。以村委会原驻地陈家堡命名。

梅堡村民委员会（Méibǔ Cūnmínwěiyuánhuì） 位于通化镇中部。村委会驻王牛角。辖 5 个村民小组。有梅堡阳屲、梅堡阴屲、王牛角、马莲套 4 个居民点，326 户 1443 人，汉族。耕地面积 2.01 平方千米。1958 年设通边公社梅堡、王牛角大队，1962 年划属新集公社，1964 年王牛角大队并入梅堡大队，1979 年划入新集公社，1983 年改称通化乡梅堡村委会。以片村梅堡命名。

石岔村民委员会（Shíchà Cūnmínwěiyuánhuì） 位于通化镇中部。村委会驻石家岔。辖 3 个村民小组。有石家岔、油房、魏家湾 3 个居民点，180 户 763 人，汉族。耕地面积 1.41 平方千米。1958 年属通边公社八大队，1962 年设石岔大队，属新集公社。1964 年属通边公社。1979 年属新集公社。1983 年改称通化乡石岔村委会。以村委会驻地命名。

新庄村民委员会（Xīnzhuāng Cūnmínwěiyuánhuì） 位于通化镇中部。村委会驻坪上。辖 7 个村民小组。有堡子梁、深沟里、新庄、坪上、大湾、南岔湾、外儿河、鸦儿湾、凉树湾、上面屲、簸箕湾、安家沟、何家岔 13 个居民点，537 户 2197 人，汉族。耕地面积 3 平方千米。1958 年属通边公社八大队，1962 年设新庄大队，属新集公社。1964 年划属通边公社。1979 年划属新集公社。1983 年改称通化乡新庄村委会。2006 年何岔村委会并入。以原村委会驻地新庄命名。

韩湾村民委员会（2019 年 10 月摄）

韩湾村民委员会（Hánwān Cūnmínwěiyuánhuì） 位于通化镇南部。村委会驻苏家高崖。辖 4 个村民小组。有山庄院、韩家湾、苏家高崖、梁家湾 4 个居民点，243 户 990 人，汉族。耕地面积 1.59 平方千米。1958 年通边公社设第七大队，1962 年划属新集公社后更名韩湾大队。1964 年属通边公社。1979 年属新集公社。1983 年改称通化乡韩湾村委会。以村委会原驻地韩家湾命名。

阳坡何村民委员会（Yángpōhé Cūnmínwěiyuánhuì） 位于通化镇西南部。村委会驻瓦窑坪。辖 4 个村民小组。有阳坡何、朱家川、朱家庙、瓦窑坪、朱家大湾、棉柳滩 6 个居民点，284 户 1209 人，汉族。耕地面积 1.66 平方千米。1958 年设阳坡何大队，属通边公社。1962 年划属新集公社，1964 年划属通边公社，1979 年划属新集公社，1983 年改称通化乡阳坡何村委会。以村委会原驻地命名。

高崖韩村民委员会（Gāo'áihán Cūnmínwěiyuánhuì） 位于通化镇西南部。村委会驻小磨。辖 8 个村民小组。有高崖韩家、史家山、小磨、李家沟儿、洞子沟、韩家嫛岘、谢家湾 7 个居民点，538 户 2195 人，汉族。耕地面积 2.84 平方千米。1958 年设高崖韩大队，属通边公社。1962 年划属新集公社，1964 年划属通边公社。1979 年划属新集公社。1983 年改称通化乡高崖韩村委会。2006 年洞子沟村委会并入。以村委会原驻地高崖韩家命名。

毛沟李家中庄村民委员会（Máogōulǐjiāzhōngzhuāng Cūnmínwěiyuánhuì） 位于通化镇北部。村委会驻毛沟李家中庄。辖 5 个村民小组。有毛沟李家中庄、石家台、毛沟李家山上、阳山 4 个居民点，282 户 998 人，汉族。耕地面积 2.06 平方千米。1958 年属通边公社十一大队，1962 年分设梁上和中庄大队，1970 年梁上大队并入中庄大队，1982 年更名为毛沟李家中庄大队，1983 年改称通边乡毛沟李家中庄村委会，2004 年属通化乡。以村委会驻地命名。

通边村民委员会（Tōngbiān Cūnmínwěiyuánhuì） 位于通化镇西北部。村委会驻通边。辖 6 个村民小组。有通边、石家山 2 个居民点，584 户 2283 人，汉族。耕地面积 2.74 平方千米。1958 年属通边公社十一大队，1962 年分设通边大队，1983 年改称通边乡通边村委会，2004 年属通化乡。以村委会驻地命名。

薛沟村民委员会（Xuēgōu Cūnmínwěiyuánhuì） 位于通化镇西部。村委会驻薛家沟中庄。辖 4 个村民小组。有薛家沟中庄、薛家沟上庄、上川、崖湾李家、刘家沟 5 个居民点，240 户 953 人，汉族。耕地面积 1.61 平方千米。1958 年属通边公社八大队，1962 年分设薛沟大队，1983 年改称通边乡薛沟村委会，2004 年属通化乡。以村委会驻地命名。

野赵村民委员会（Yězhào Cūnmínwěiyuánhuì） 位于通化镇西部。村委会驻野赵。辖 5 个村民小组。有野赵 1 个居民点，432 户 1710 人，为汉族、回族聚居村。耕地面积 2.73 平方千米。1958 年属通边公社八大队，1962 年划属新集公社后设野赵大队，1964 年属通边公社，1983 年改称通边乡野赵村委会，2004 年属通化乡。以村委会驻地命名。

刘善村民委员会（Liúshàn Cūnmínwěiyuánhuì） 位于通化镇北部。村委会驻石家窑。辖 5 个村民小组。有石家窑、刘善、李家山、菜沟湾、刘家窑 5 个居民点，233 户 995 人，汉族。耕地面积 2.06 平方千米。1958 年属通边公社十二大队，1962 年分设刘善大队，1983 年改称通边乡刘善村委会，2004 年属通化乡，2006 年蔡沟湾村委会并入。以村委会原驻地刘善命名。

梁河村民委员会（Liánghé Cūnmínwěiyuánhuì） 位于通化镇东北部。村委会驻梁河。辖 6 个村民小组。有梁河、鲜堡、韩堡、徐家湾、桥子沟 5 个居民点，322 户 1221 人，汉族。耕地面积 2.05 平方千米。1958 年属通边公社十二大队，1962 年分设梁河大队，1983 年改称通边乡梁河村委会，2004 年属通化乡。以村委会驻地命名。

新后庄村民委员会（Xīnhòuzhuāng Cūnmínwěiyuánhuì） 位于通化镇东部。村委会驻新后庄。辖 5 个村民小组。有深沟王家、大峡、山台子、小峡、上峡、后庄、新后庄、李家咀 8 个居民点，314 户 1214 人，汉族。耕地面积 2.68 平方千米。1958 年属通边公社九大队，1961 年分设大峡、小峡和新后庄大队，1970 年大峡、小峡大队并入新后庄大队，1983 年改称通边乡新后庄村委会，2004 年属通化乡。以村委会驻地命名。

大庄镇

大庄村民委员会（Dàzhuāng Cūnmínwěiyuánhuì）　位于大庄镇中部。村委会驻大庄李家。辖 3 个村民小组。有大庄李家、上王家 2 个居民点，284 户 1324 人，汉族。耕地面积 1.26 平方千米。1958 年属朱店公社共和大队，1960 年设大庄公社大庄大队，1983 年改称大庄村委会，2006 年上王村委会并入。以村委会驻地命名。

下王村民委员会（Xiàwáng Cūnmínwěiyuánhuì）　位于大庄镇北部。村委会驻下王家。辖 2 个村民小组。有下王家、高家庄 2 个居民点，195 户 894 人，汉族。耕地面积 2.48 平方千米。1958 年属朱店公社共和大队，1960 年设大庄公社下王大队，1983 年改称下王村委会，2006 年高庄村委会并入。以村委会驻地命名。

杜家村民委员会（Dùjiā Cūnmínwěiyuánhuì）　位于大庄镇西部。村委会驻岳家岘。辖 2 个村民小组。有杜家庄、西坡、岳家岘 3 个居民点，375 户 1731 人，汉族。耕地面积 1.7 平方千米。1958 年属朱店公社共和大队，1960 年设大庄公社杜家大队，1983 年改称杜家村委会，2006 年西坡村委会并入。以村委会原驻地杜家庄命名。

上李村民委员会（Shànglǐ Cūnmínwěiyuánhuì）　位于大庄镇西北部。村委会驻徐家岘。辖 4 个村民小组。有徐家岘、油夫岔、那坡里、上庄李家 4 个居民点，224 户 950 人，汉族。耕地面积 2.57 平方千米。1958 年属朱店公社共和大队，1960 年设大庄公社上李大队，1983 年改称上李村委会。以所辖居民点上庄李家命名。

张山村民委员会（Zhāngshān Cūnmínwěiyuánhuì）　位于大庄镇西部。村委会驻前梁。辖 6 个村民小组。有前梁、张家山庄、焦家渠、杨家湾、金家阳𡋯、椿树湾、庄廓湾 7 个居民点，423 户 1839 人，汉族。耕地面积 1.82 平方千米。1958 年属朱店公社共和大队，1960 年设大庄公社张山大队，1983 年改称张山村委会，2006 年杨湾、椿树湾村委会和青龙沟村委会庄廓湾居民点并入。以村委会原驻地张家山庄命名。

梁山村民委员会（Liángshān Cūnmínwěiyuánhuì）　位于大庄镇东部。村委会驻梁家湾儿。辖 3 个村民小组。有梁家山、梁家湾儿、丁家山庄、谢家山庄、谢家庄 5 个居民点，387 户 1681 人，汉族。耕地面积 2.42 平方千米。1958 年属朱店公社谢家大队，1960 年属大庄公社，1962 年并入刘庙公社老山沟大队，1964 年划归大庄公社，1977 年分设梁山大队，1979 年属刘庙公社，1983 年改称梁山村委会，2004 年划属大庄乡，2006 年谢家村委会并入。以村委会原驻地梁家山命名。

刘庙村民委员会（Liúmiào Cūnmínwěiyuánhuì）　位于大庄镇东部。村委会驻刘家庙。辖 3 个村民小组。有刘家庙 1 个居民点，216 户 923 人，汉族。耕地面积 1.32 平方千米。1958 年设朱店公社刘庙大队，1960 年属大庄公社，1962 年划属刘庙公社，1964 年划归大庄公社，1979 年再属刘庙公社，1983 年改称刘庙村委会，2004 年划属大庄乡。以村委会驻地命名。

刘沟村民委员会（Liúgōu Cūnmínwěiyuánhuì）　位于大庄镇南部。村委会驻刘家沟。辖 3 个村民小组。有罗家、张家湾、刘家沟 3 个居民点，216 户 924 人，汉族。耕地面积 1.32 平方千米。1958 年设朱店公社胡家大队，1960 年划属大庄公社设刘沟大队，1983 年改称刘沟村委会。以村委会驻地命名。

丁山村民委员会（Dīngshān Cūnmínwěiyuánhuì）　位于大庄镇东部。村委会驻丁家山。辖 3 个村民小组。有丁家山、冯家湾阴坡、冯家湾阳坡 3 个居民点，293 户 1318 人，汉族。耕地面积 2.17 平方千米。1958 年设朱店公社丁山大队，1960 年划属大庄公社，1962 年划属刘庙公社，1964 年复归大庄公社，1979 年再属刘庙公社，1983 年改称刘庙乡丁山村委会，2004 年划属大庄乡，

2006 年冯湾村委会并入。以村委会驻地命名。

张家小湾村民委员会（Zhāngjiāxiǎowān Cūnmínwěiyuánhuì） 位于大庄镇南部。村委会驻张家小湾。辖 4 个村民小组。有阳湾子、张家小湾、阳坬、峁湾鏊岘 4 个居民点，200 户 853 人，汉族。耕地面积 2.6 平方千米。1958 年设朱店公社小湾大队，1960 年划属大庄公社后改称张家小湾大队，1983 年改称张家小湾村委会。以村委会驻地命名。

杨局村民委员会（Yángjú Cūnmínwěiyuánhuì） 位于大庄镇北部。村委会驻杨家局。辖 3 个村民小组。有张家梁、杨家局、伏家庄 3 个居民点，404 户 1716 人，汉族。耕地面积 1.49 平方千米。1958 年属朱店公社谢家大队，1960 年划属大庄公社后设杨局大队，1983 年改称杨局村委会，2006 年伏家村委会并入。以村委会驻地命名。

老山沟村民委员会（Lǎoshāngōu Cūnmínwěiyuánhuì） 位于大庄镇东北部。村委会驻老山沟。辖 4 个村民小组。有老山沟、张家阳坡、糜面坬 3 个居民点，273 户 1200 人，汉族。耕地面积 1.91 平方千米。1958 年属朱店公社谢家大队，1960 年属大庄公社，1962 年设刘庙公社老山沟大队，1964 年划归大庄公社，1977 年分出谢家和梁山大队，1979 年再属刘庙公社，1983 年改称刘庙乡老山沟村委会，2004 年属大庄乡。以村委会驻地命名。

南湾村民委员会（Nánwān Cūnmínwěiyuánhuì） 位于大庄镇南部，村委会驻胡家新庄。辖 3 个村民小组。有南湾、林安局子、胡家新庄 3 个居民点，265 户 1192 人，汉族。耕地面积 1.99 平方千米。1958 年属朱店公社胡家大队，1960 年设大庄公社南湾大队，1983 年改称南湾村委会，2006 年胡家村委会并入。以村委会原驻地南湾命名。

南湾村民委员会（2021 年 6 月摄）

青龙沟村民委员会（Qīnglónggōu Cūnmínwěiyuánhuì） 位于大庄镇南部。村委会驻青龙沟。辖 3 个村民小组。有高山顶湾、王家湾、青龙沟、李家头儿 4 个居民点，236 户 1055 人，汉族。耕地面积 1.32 平方千米。1958 年属朱店公社胡家大队，1960 年设大庄公社青龙沟大队，1983 年改称青龙沟村委会，2006 年高湾村委会、张山村委会王家湾居民点并入。以村委会驻地得名。

王山村民委员会（Wángshān Cūnmínwěiyuánhuì） 位于大庄镇中部。村委会驻王家山。辖 2 个村民小组。有王家山、王家沟、塌山里、草坬 4 个居民点，197 户 855 人，汉族。耕地面积 1.33 平方千米。1958 年朱店公社设王山大队，1960 年属大庄公社，1983 年改称王山村委会，2006 年王沟村委会并入。以村委会驻地命名。

连王村民委员会（Liánwáng Cūnmínwěiyuánhuì） 位于大庄镇中部。村委会驻连王家。辖 4 个村民小组。有连王家、阳坡塌山、阳坬庄、阴坬、下局子 5 个居民点，368 户 1590 人，汉族。耕地面积 2.04 平方千米。1958 年设朱店公社连王大队，1960 年属大庄公社，1983 年改称连王村委会，2006 年阳坬庄村委会并入。以村委会驻地命名。

永宁镇

谈街村民委员会（Tánjiē Cūnmínwěiyuánhuì） 位于永宁镇中部。村委会驻谈家街子。辖6个村民小组。有张家疝、谈家街子、梁家坡、团庄、贯子沟、梅家湾、郑家山7个居民点，576户2588人，汉族。耕地面积3.96平方千米。1958年设通边公社永宁大队，1960年划属永宁公社设永和大队，1983年改称永和村委会，1993年改称谈街村委会。以村委会驻地命名。

苏家阳疝村民委员会（Sūjiāyángwā Cūnmínwěiyuánhuì） 位于永宁镇南部。村委会驻苏家阳疝。辖7个村民小组。有苏家阳疝、牡丹咀、堡子上、高家湾、白疝、下面湾、苏家深沟7个居民点，367户1634人，汉族。耕地面积2.34平方千米。1958年设韩店公社红星大队，1962年划属试雨公社后改为苏家阳疝大队，1964年划归永宁公社后改称阳疝大队，1982年更名为苏家阳疝大队，1983年改称苏家阳疝村委会，2006年深沟村委会并入。以村委会驻地命名。

苏家河湾村民委员会（Sūjiāhéwān Cūnmínwěiyuánhuì） 位于永宁镇西部。村委会驻苏家河湾。辖4个村民小组。有梅家台台、苏家小户、苏家河湾、湾儿来4个居民点，310户1312人，汉族。耕地面积2.15平方千米。1958年属通边公社永宁大队，1960年划属永宁公社分设河湾大队，1982年改名为苏家河湾大队，1983年改称苏家河湾村委会。以村委会驻地命名。

朱湾村民委员会（Zhūwān Cūnmínwěiyuánhuì） 位于永宁镇西北部。村委会驻朱家湾。辖3个村民小组。有朱家湾、柳家梁、李家湾3个居民点171户780人，汉族。耕地面积1.23平方千米。1958年属通边公社永宁大队，1960年划属永宁公社设朱湾大队，1983年改称朱湾村委会。以村委会驻地命名。

陈湾村民委员会（Chénwān Cūnmínwěiyuánhuì） 位于永宁镇西北部。村委会驻陈家湾。辖3个村民小组。有王家湾、陈家湾2个居民点，162户756人，汉族。耕地面积0.93平方千米。1958年属通边公社永宁大队，1960年划属永宁公社设陈湾大队，1983年改称陈湾村委会。以村委会驻地命名。

陈湾村民委员会（2016年7月摄）

下湾村民委员会（Xiàwān Cūnmínwěiyuánhuì） 位于永宁镇北部。村委会驻下湾。辖4个村民小组。有王家咀、靳家湾、下湾、下豆家、豆家沟、中庄、苏家梁、圆地湾8个居民点，209户880人，汉族。耕地面积1.58平方千米。1958年属通边公社卢豆大队，1960年属永宁公社豆沟大队，1979年分设下湾大队，1983年改称下湾村委会，2006年豆沟村委会并入。以村委会驻地命名。

葛峡村民委员会（Gěxiá Cūnmínwěiyuánhuì） 位于永宁镇北部。村委会驻葛家峡。辖4个村民小组。有陈家小川、葛家峡、韩家峡口、贺家湾4个居民点，184户716人，汉族。耕地面积0.89平方千米。1958年属通边公社陈堡大队，1960年划属永宁公社设葛峡大队，1983年改称葛峡村委会。

以村委会驻地命名。

宋堡村民委员会（Sòngbǔ Cūnmínwěiyuánhuì） 位于永宁镇北部。村委会驻陈家咀。辖7个村民小组。有桶杨家、陈家咀、馒头咀、新院、宋家堡、新庄、好地掌7个居民点，291户1298人，汉族。耕地面积1.66平方千米。1958年属通边公社鱼化大队，1960年划属永宁公社设宋堡大队，1983年改称宋堡村委会。以居民点宋家堡命名。

漫湾村民委员会（Mànwān Cūnmínwěiyuánhuì） 位于永宁镇东部。村委会驻漫湾。辖4个村民小组。有李家渠、冰子沟、漫湾、方家峡4个居民点，174户698人，汉族。耕地面积1.14平方千米。1958年属通边公社鱼化大队，1960年划属永宁公社设漫湾大队，1983年改称漫湾村委会。以村委会驻地命名。

鱼儿咀村民委员会（Yúrzuǐ Cūnmínwěiyuánhuì） 位于永宁镇东部。村委会驻蔡家庄。辖6个村民小组。有蔡家庄、鱼儿咀2个居民点，265户1137人，汉族。耕地面积1.81平方千米。1958年属通边公社鱼化大队，1960年划属永宁公社设鱼儿咀大队，1983年改称鱼儿咀村委会。以居民点鱼儿咀命名。

秦凹村民委员会（Qínwā Cūnmínwěiyuánhuì） 位于永宁镇中部。村委会驻烂泥沟。辖6个村民小组。有烂泥沟、板桥头、秦家凹3个居民点，288户1140人，汉族。耕地面积1.57平方千米。1958年属通边公社鱼化大队，1960年划属永宁公社设秦凹大队，1983年改称秦凹村委会。以居民点秦家凹命名。

许湾村民委员会（Xǔwān Cūnmínwěiyuánhuì） 位于永宁镇东南部。村委会驻苏家湾。辖3个村民小组。有苏家湾、许家湾、解家咀后梁3个居民点，134户610人，汉族。耕地面积0.76平方千米。1958年属通边公社鱼化大队，1960年划属永宁公社设许湾大队，1983年改称许湾村委会。以居民点许家湾命名。

刘门村民委员会（Liúmén Cūnmínwěiyuánhuì） 位于永宁镇中部。村委会驻解家咀。辖4个村民小组。有刘家门、东台上、射虎湾、解家咀4个居民点，113户489人，汉族。耕地面积1平方千米。1958年属通边公社鱼化大队，1960年划属永宁公社设刘门大队，1983年改称刘门村委会。以居民点刘家门命名。

赵湾村民委员会（Zhàowān Cūnmínwěiyuánhuì） 位于永宁镇南部。村委会驻赵家湾。辖3个村民小组。有曲河湾、赵家湾、苏家阴凹、苏家阴湾4个居民点，156户614人，汉族。耕地面积1.35平方千米。1958年设通边公社赵湾大队，1960年划属永宁公社，1983年改称赵湾村委会。以村委会驻地命名。

苏山村民委员会（Sūshān Cūnmínwěiyuánhuì） 位于永宁镇南部。村委会驻苏家山。辖4个村民小组。有柳柳下、苏家磐岘、刘家湾、苏家山4个居民点，216户915人，汉族。耕地面积1.76平方千米。1958年设通边公社苏山大队，1960年划属永宁公社，1983年改称苏山村委会。以村委会驻地命名。

苏家老庄村民委员会（Sūjiālǎozhuāng Cūnmínwěiyuánhuì） 位于永宁镇西南部。村委会驻苏家老庄。辖2个村民小组。有苏家老庄、大湾2个居民点，96户414人，汉族。耕地面积0.9平方千米。1958年属通边公社苏山大队，1960年划属永宁公社，1979年分设苏家老庄大队，1983年改称苏家老庄村委会。以村委会驻地命名。

良邑镇

良邑村民委员会（Liángyì Cūnmínwěiyuánhuì） 位于良邑镇中部。村委会驻良邑店。辖4个村民小组。有良邑店1个居民点，470户2126人，汉族。耕地面积2.88平方千米。1958年设通边公社良邑大队，1960年划属良邑公社，1983年改称良邑村委会。以村委会驻地命名。

滴水崖村民委员会（Dīshuǐ'ái Cūnmínwěiyuánhuì） 位于良邑镇南部。村委会驻滴水崖。辖5个村民小组。有张家沟儿、滴水崖、官路、滴水崖下庄4个居民点，353户1485人，汉族。耕地面积2.43平方千米。1958年通边公社设滴水崖大队，1960年划属良邑公社，1983年改称滴水崖村委会。以村委会驻地命名。

李咀村民委员会（Lǐzuǐ Cūnmínwěiyuánhuì） 位于良邑镇南部。村委会驻李家咀。辖8个村民小组。有李家咀、董家沟、弯咀梁、小堡子梁上、小堡子梁5个居民点，494户2249人，汉族。耕地面积3.82平方千米。1958年属通边公社李咀大队，1960年划属良邑公社，1983年改称李咀村委会，2006年董沟村委会并入。以村委会驻地命名。

黑龙沟村民委员会（Hēilónggōu Cūnmínwěiyuánhuì） 位于良邑镇东南部。村委会驻黑龙沟。辖5个村民小组。有黑龙沟、大疙梁、崖上湾、担水湾4个居民点，155户690人，汉族。耕地面积2.28平方千米。1958年设通边公社黑龙沟大队，1960年划属良邑公社，1968年改称红卫大队，1982年更名为黑龙沟大队，1983年改称黑龙沟村委会。以村委会驻地命名。

陈峡村民委员会（Chénxiá Cūnmínwěiyuánhuì） 位于良邑镇东部。村委会驻陈家峡。辖6个村民小组。有陈家峡、王家山庄、文家沟3个居民点，425户2130人，汉族。耕地面积4.45平方千米。1958年属通边公社良邑大队，1960年划属良邑公社后分设陈峡大队，1983年改称陈峡村委会，2006年王山庄村委会并入。以村委会驻地命名。

陈峡村民委员会（2014年2月摄）

陈家山村民委员会（Chénjiāshān Cūnmínwěiyuánhuì） 位于良邑镇东部。村委会驻陈家山。辖4个村民小组。有陈家山、马家疙、椒树湾3个居民点，198户878人，汉族。耕地面积1.18平方千米。1958年属通边公社良邑大队，1960年划属良邑公社设陈家山大队，1983年改称陈家山村委会。以村委会驻地命名。

苏苗塬村民委员会（Sūmiáoyuán Cūnmínwěiyuánhuì） 位于良邑镇东北部。村委会驻苗家塬。辖6个村民小组。有苏家塬、苗家塬、马莲沟、苏家腰崖、腰崖坪上5个居民点，398户1880人，汉族。耕地面积3.33平方千米。1958年属通边公社何柳大队，1960年划属良邑公社设苏苗塬大队，1983年改称苏苗塬村委会。以居民点苏家塬、苗家塬命名。

何川村民委员会（Héchuān Cūnmínwěiyuánhuì） 位于良邑镇北部。村委会驻何家川。辖9个村民小组。有何家川、何家坡、柳家庄、张家川、张家崖寺新村、下张家6个居民点，463户

2089 人，汉族。耕地面积 4.2 平方千米。1958 年属通边公社何柳大队，1960 年划属良邑公社分设何川大队，1983 年改称何川村委会，2006 年何柳村委会并入。以村委会驻地命名。

郭魏村民委员会（Guōwèi Cūnmínwěiyuánhuì） 位于良邑镇北部。村委会驻魏家庄。辖 5 个村民小组。有郭家湾、郭家山、魏家庄、董家台子、魏家湾 5 个居民点，253 户 1151 人，汉族。耕地面积 2.19 平方千米。1958 年设通边公社郭魏大队，1960 年划属良邑公社，1983 年改称郭魏村委会。以郭、魏姓氏命名。

陈岔村民委员会（Chénchà Cūnmínwěiyuánhuì） 位于良邑镇西北部。村委会驻高家山。辖 5 个村民小组。有前山、新庄、高家山、朱家沟、上周家沟 5 个居民点，286 户 1109 人，汉族。耕地面积 3.45 平方千米。1958 年属通边公社何柳大队，1960 年划属良邑公社分设陈岔大队，1983 年改称陈岔村委会。以片村陈家岔命名。

杨李湾村民委员会（Yánglǐwān Cūnmínwěiyuánhuì） 位于良邑镇西部。村委会驻堡子上。辖 6 个村民小组。有堡子上、杨家湾、大庄里、李家湾、刘家湾垴 5 个居民点，205 户 876 人，汉族。耕地面积 2.42 平方千米。1958 年设通边公社杨家湾、李家湾大队，1960 年划归良邑公社，1964 年合并为杨李湾大队，1983 年改称杨李湾村委会。以杨家湾、李家湾居民点命名。

杨家大坪村民委员会（Yángjiādàpíng Cūnmínwěiyuánhuì） 位于良邑镇西部。村委会驻杨家大坪。辖 4 个村民小组。有王家山、杨家山庄、杨家大坪 3 个居民点，259 户 1232 人，汉族。耕地面积 2.27 平方千米。1958 年属通边公社良邑大队，1960 年划属良邑公社设杨家大坪大队，1983 年改称杨家大坪村委会。以村委会驻地命名。

杨王村民委员会（Yángwáng Cūnmínwěiyuánhuì） 位于良邑镇中部。村委会驻王家中庄。辖 5 个村民小组。有上杨家、王家中庄、杨家坡、杜家沟门 4 个居民点，423 户 2012 人，汉族。耕地面积 2.29 平方千米。1958 年属通边公社良邑大队，1960 年划属良邑公社设杨王大队，1983 年改称杨王村委会。以杨、王两姓命名。

岳堡镇

岳堡村民委员会（Yuèbǔ Cūnmínwěiyuánhuì） 位于岳堡镇中部。村委会驻岳家堡子。辖 5 个村民小组。有岳家堡子 1 个居民点，443 户 1774 人，汉族。耕地面积 2.65 平方千米。1958 年属庄浪公社云台大队，1960 年划属岳堡公社后改称岳堡大队，1983 年改称岳堡村委会。以村委会驻地命名。

南岔村民委员会（Nánchà Cūnmínwěiyuánhuì） 位于岳堡镇南部。村委会驻南岔。辖 5 个村民小组。有程家岔、曹家湾、南岔、王福、刘蔺家、山铧咀、陈家、赵家山、大山梁 9 个居民点，286 户 1109 人，汉族。耕地面积 3.45 平方千米。1958 年设庄浪公社南岔大队，1960 年划属岳堡公社，1983 年改称南岔村委会，2006 年山铧村委会并入。以村委会驻地命名。

岔局村民委员会（Chàjú Cūnmínwěiyuánhuì） 位于岳堡镇东部。村委会驻湾湾子。辖 4 个村民小组。有湾湾子、河台庄、岔局阳坡、岔局阴坡、马家山 5 个居民点，260 户 875 人，汉族。耕地面积 3.21 平方千米。1958 年属庄浪公社唐山大队，1960 年划属岳堡公社设岔局大队，1983 年改称岔局村委会。以所辖居民点命名。

王岔村民委员会（Wángchà Cūnmínwěiyuánhuì） 位于岳堡镇东部。村委会驻岔垴。辖 3 个村民小组。有岔垴、川口、何王家、大湾湾 4 个居民点，175 户 633 人，汉族。耕地面积 1.97 平方千米。1958 年属庄浪公社唐山大队，1960 年划属岳堡公社设王岔大队，1983 年改称王岔村委会。以王家岔山谷命名。

吴家村民委员会（2018 年 9 月摄）

吴家村民委员会（Wújiā Cūnmínwěiyuánhuì） 位于岳堡镇东北部。村委会驻吴家。辖 5 个村民小组。有吴家、李家新庄、张家湾、峨家湾、滴咀刘家、吴家后湾、高家庄 7 个居民点，346 户 1379 人，汉族。耕地面积 3.28 平方千米。1958 年属庄浪公社唐山大队，1960 年划属岳堡公社分设吴家大队，1983 年改称吴家村委会，2006 年后刘村委会并入。以村委会驻地命名。

埂塄村民委员会（Gěngléng Cūnmínwěiyuánhuì） 位于岳堡镇东北部。村委会驻张家埂塄。辖 3 个村民小组。有山庄院、张家埂塄 2 个居民点，189 户 757 人，汉族。耕地面积 1.71 平方千米。1958 年属庄浪公社唐山大队，1960 年划属岳堡公社分设埂塄大队，1983 年改称埂塄村委会。以村委会驻地命名。

大湾村民委员会（Dàwān Cūnmínwěiyuánhuì） 位于岳堡镇北部。村委会驻大湾新村。辖 5 个村民小组。有上阎家、阎家胡坑、柳家新庄、东庄吴家、上大湾、下大湾、张家台子、大湾新村 8 个居民点，348 户 1550 人，汉族。耕地面积 2.97 平方千米。1958 年属庄浪公社蒋寺大队，1960 年划属岳堡公社分设大湾大队，1983 年改称大湾村委会。以村委会驻地命名。

蒋寺村民委员会（Jiǎngsì Cūnmínwěiyuánhuì） 位于岳堡镇北部。村委会驻蒋家寺。辖 5 个村民小组。有罗家湾、甘李家、郑家湾、文家湾、蒋家寺、上湾、前湾、郝家梁、王家胡坑 9 个居民点，266 户 1030 人，汉族。耕地面积 3.21 平方千米。1958 年设庄浪公社蒋寺大队，1960 年划属岳堡公社，1980 年分出王孟大队，1983 年改称蒋寺村委会，2006 年王孟村委会并入。以村委会驻地命名。

蔡家村民委员会（Càijiā Cūnmínwěiyuánhuì） 位于岳堡镇西部。村委会驻蔡家。辖 4 个村民小组。有蔡家、滑沟湾、井沟湾、下蔡家、陈赵家、王贡子家、王贡子家上庄、王家上咀上、朱吴家湾、北程家岔 10 个居民点，274 户 1244 人，汉族。耕地面积 3.08 平方千米。1958 年属庄浪公社蒋寺大队，1960 年划属岳堡公社分设蔡家大队，1964 年王家大队并入，1979 年分出王家大队，1983 年改称蔡家村委会，2006 年王家村委会并入。以村委会驻地命名。

下阎村民委员会（Xiàyán Cūnmínwěiyuánhuì） 位于岳堡镇西部。村委会驻张家。辖 5 个村民小组。有阳坡、阴坡、上湾、张家、吴家湾、阎家山庄、田画儿家 7 个居民点，268 户 1000 人，汉族。耕地面积 3.15 平方千米。1958 年属庄浪公社云台大队，1960 年划属岳堡公社分设下阎大队，1983 年改称下阎村委会。以片村下阎家命名。

张家岔口村民委员会（Zhāngjiāchàkǒu Cūnmínwěiyuánhuì） 位于岳堡镇中部。村委会驻张家岔口。辖 6 个村民小组。有张家岔口、西门杨家 2 个居民点，390 户 1498 人，汉族。耕地面积 2.9 平方千米。1958 年属庄浪公社云台大队，1960 年划属岳堡公社分设岔口大队，1968 年改称向阳大队，1982 年更名为张家岔口大队，1983 年改称张家岔口村委会。以村委会驻地命名。

崔家村民委员会（Cuījiā Cūnmínwěiyuánhuì） 位于岳堡镇西南部。村委会驻崔家沟。辖 5 个村民小组。有崔家沟、关家、薛家 3 个居民点，467 户 1703 人，汉族。耕地面积 2.86 平方千米。1958 年属庄浪公社云台大队，1960 年划属岳堡公社分设崔家大队，1983 年改称崔家村委会，2006 年关家村委会并入。以村委会驻地命名。

柳梁镇

柳梁村民委员会（Liǔliáng Cūnmínwěiyuánhuì） 位于柳梁镇中部。村委会驻柳家梁。辖4个村民小组。有柳家梁、王家岔、斜头、柳家油夫山、柳家油夫湾、油夫川、鸦儿湾7个居民点，303户1328人，汉族。耕地面积2.78平方千米。1958年设柳梁公社柳梁大队，1983年改为柳梁村委会。以村委会驻地命名。

蒙家大庄村民委员会（Méngjiādàzhuāng Cūnmínwěiyuánhuì） 位于柳梁镇西部。村委会驻王家湾。辖6个村民小组。有崖上、冯家湾、柳家湾、上渠垴、王家湾、十二架湾、大方地、柳家大湾、苟家湾、玉家湾、蒙家过庭11个居民点，239户998人，汉族。耕地面积2.31平方千米。1958年设柳梁公社大庄大队，1982年更名为蒙家大庄大队，1983年改为蒙家大庄村委会。以片村蒙家大庄命名。

孟山村民委员会（Mèngshān Cūnmínwěiyuánhuì） 位于柳梁镇东部。村委会驻贺家沟。辖7个村民小组。有孟家山、贺家沟2个居民点，335户1525人，汉族。耕地面积3.1平方千米。1958年设柳梁公社孟山大队，1965年贺沟大队并入，1980年贺沟大队分出，1983年改为孟山村委会，2006年贺沟村委会并入。以村委会原驻地孟家山命名。

孟山村民委员会（2016年4月摄）

李山村民委员会（Lǐshān Cūnmínwěiyuánhuì） 位于柳梁镇东部。村委会驻李家山。辖5个村民小组。有李家山、刘家窑、惠家岔、梁吴家4个居民点，263户1091人，汉族。耕地面积2.47平方千米。1958年设柳梁公社李山大队，1966年改称先锋大队，1968年复称李山大队，1983年改为李山村委会。以村委会驻地命名。

陈家阳屲村民委员会（Chénjiāyángwā Cūnmínwěiyuánhuì） 位于柳梁镇东部。村委会驻陈家阳屲。辖5个村民小组。有陈家阳屲、苏家湾2个居民点，275户1099人，汉族。耕地面积1.93平方千米。1958年设柳梁公社陈家阳屲大队，1983年改为陈家阳屲村委会。以村委会驻地命名。

徐家村民委员会（Xújiā Cūnmínwěiyuánhuì） 位于柳梁镇东部。村委会驻治安徐家。辖5个村民小组。有治安徐家、王家小庄、王家小庄梁、杨家川子4个居民点，233户948人，汉族。耕地面积2.2平方千米。1958年设柳梁公社徐家大队，1983年改为徐家村委会。以村委会驻地居民姓氏命名。

周蒲村民委员会（Zhōupú Cūnmínwěiyuánhuì） 位于柳梁镇东北部。村委会驻周家山。辖4个村民小组。有周家山、周家湾垴、下头屲、陈家壑岘、蒲家山5个居民点，227户1031人，汉族。耕地面积2.5平方千米。1958年设柳梁公社周蒲大队，1983年改为周蒲村委会。以周、蒲两姓命名。

李堡村民委员会（Lǐbǔ Cūnmínwěiyuánhuì） 位于柳梁镇北部。村委会驻李家堡子。辖9个村民小组。有李家堡子、阳屲山、塬坪、牛家湾、马家湾、罗家庙湾、宋家湾、周家下咀、刘家堡子、庄廓10个居民点，336户1385人，汉族。耕地面积4平方千米。1958年设柳梁公社李堡大队，1983年改为李堡村委会。以村委会驻地命名。

下岔村民委员会（Xiàchà Cūnmínwěiyuánhuì）　位于柳梁镇北部。村委会驻陈家下岔。辖4个村民小组。有陈家下岔、刘家滑沟、陈家新庄、麻家川、沈刘家阴坡、沈刘家阳坡6个居民点，337户1351人，汉族。耕地面积3.13平方千米。1958年设柳梁公社新和大队，1961年更名下岔大队，1983年改为下岔村委会。以村委会驻地命名。

川边村民委员会（Chuānbiān Cūnmínwěiyuánhuì）　位于柳梁镇北部。村委会驻王家胡圈。辖9个村民小组。有宋家、王家胡圈、朱家上岔、王家川边后湾、王家川边西庄、王家川边、杜家崖湾、马家湾、郑家、朱家山、谢家塬11个居民点，426户1704人，汉族。耕地面积3.87平方千米。1958年设柳梁公社川边大队，1965年朱山、郑杜大队并入，1978年朱山、郑杜大队分出，1983年改为川边村委会，2006年朱山、郑杜村委会并入。以所辖居民点王家川边命名。

赵岔村民委员会（Zhàochà Cūnmínwěiyuánhuì）　位于柳梁镇西北部。村委会驻吴家岔。辖5个村民小组。有墩台、赵家岔阳坡、赵家岔阴坡、梁家后沟、吴家岔5个居民点，247户1025人，汉族。耕地面积2.3平方千米。1958年设柳梁公社赵岔大队，1983年改称赵岔村委会。以所辖居民点命名。

弯咀村民委员会（Diàozuǐ Cūnmínwěiyuánhuì）　位于柳梁镇中部。村委会驻背后湾。辖7个村民小组。有背后湾、王家湾、弯咀川、弯咀下、张家小湾、陈家小湾6个居民点，263户1066人，汉族。耕地面积2.12平方千米。1958年设柳梁公社背后湾大队，1964年更名为弯咀大队，1983年改为弯咀村委会。以所辖居民点命名。

张陈村民委员会（Zhāngchén Cūnmínwěiyuánhuì）　位于柳梁镇东南部。村委会驻高家川。辖9个村民小组。有李茂儿、高家川、牛家沟、李家湾、郑家湾、新庄、黑陈家、三张家8个居民点，431户1892人，汉族。耕地面积3.35平方千米。1958年属柳梁公社永红大队，1961年设张陈大队，1983年改为张陈村委会，2006年李茂、牛沟村委会并入。以张、陈两姓命名。

陈山村民委员会（Chénshān Cūnmínwěiyuánhuì）　位于柳梁镇东南部。村委会驻陈家山梁背后。辖8个村民小组。有苋麻湾上庄、苋麻湾下庄、野狐湾、陈家山、陈家山梁背后5个居民点，282户1268人，汉族。耕地面积2.77平方千米。1958年设柳梁公社陈山大队，1962年划属白堡公社后改称苋麻湾大队，1964年划属柳梁公社后复称陈山大队，1979年划属白堡公社，1983年改为陈山村委会，2004年划属柳梁乡。以村委会所辖居民点命名。

柳渠村民委员会（Liǔqú Cūnmínwěiyuánhuì）　位于柳梁镇南部。村委会驻柳家渠。辖4个村民小组。有柳家渠、车路、上碾子、阳山小庄4个居民点，217户930人，汉族。耕地面积1.55平方千米。1958年设柳梁公社柳渠大队，1962年划属白堡公社，1964年复属柳梁公社，1979年又划属白堡公社，1983年改为柳渠村委会，2004年再次划归柳梁乡。以村委会驻地命名。

柳家乱庄村民委员会（Liǔjiāluànzhuāng Cūnmínwěiyuánhuì）　位于柳梁镇西南部。村委会驻柳家乱庄。辖10个村民小组。有柳家中庄、滑沟山子、柳家下湾、南阳堡、柳家乱庄、上梁、下梁、刘家阳坡、刘家阴坡、王家川子、刘家梁上11个居民点，440户1976人，汉族。耕地面积3.97平方千米。1958年设柳梁公社柳家乱庄大队，1962年划属白堡公社，1964年复属柳梁公社，1969年改称红旗大队，1979年划属白堡公社，1982年更名为柳家乱庄大队，1983年改为柳家乱庄村委会，2004年划属柳梁乡，2006年柳台村委会并入。以村委会驻地命名。

白家阳坡村民委员会（Báijiāyángpō Cūnmínwěiyuánhuì）　位于柳梁镇西南部。村委会驻白家阳坡。辖3个村民小组。有白家阳坡、白家湾堖、君家湾3个居民点，146户635人，汉族。耕地面积1.47平方千米。1958年设柳梁公社阳坡大队，1962年划属白堡公社，1964年复归柳梁公社，

1979 年再属白堡公社，1982 年更名为白家阳坡大队，1983 年改为白家阳坡村委会，2004 年划属柳梁乡。以村委会驻地命名。

蒙家河湾村民委员会（Méngjiāhéwān Cūnmínwěiyuánhuì） 位于柳梁镇西部。村委会驻党家阳坡。辖 8 个村民小组。有党家阳坡、党家阴坡、莲子湾、上蒙家、蒙家山、蒙家河湾、苏家峁、陈家湾 8 个居民点，277 户 1201 人，汉族。耕地面积 2.78 平方千米。1958 年设柳梁公社河湾大队，1962 年划属白堡公社，1964 年复属柳梁公社，1979 年划归白堡公社，1982 年更名为蒙家河湾大队，1983 年改为蒙家河湾村委会，2004 年划属柳梁乡，2006 年党家村委会并入。以居民点蒙家河湾命名。

南坪镇

靳家大庄村民委员会（Jìnjiādàzhuāng Cūnmínwěiyuánhuì） 位于南坪镇中部。村委会驻靳家大庄。辖 6 个村民小组。有靳家大庄、山保区 2 个居民点，373 户 1674 人，汉族。耕地面积 1.14 平方千米。1958 年设水洛公社靳家大庄大队，1960 年划属南坪公社改为大庄大队，1982 年更名为靳家大庄大队，1983 年改为靳家大庄村委会。以村委会驻地命名。

阴峁村民委员会（Yīnwā Cūnmínwěiyuánhuì） 位于南坪镇东部。村委会驻阴峁马家。辖 4 个村民小组，有红崖咀、錾岘下、阴峁马家 3 个居民点，187 户 887 人，汉族。耕地面积 0.88 平方千米。1958 年属水洛公社南坪大队，1960 年划属南坪公社后设阴峁大队，1983 年改为阴峁村委会。以村委会驻地命名。

刘坪村民委员会（Liúpíng Cūnmínwěiyuánhuì） 位于南坪镇中部。村委会驻刘家窑湾。辖 10 个村民小组，有刘家窑湾、刘家堡子、王家峁子 3 个居民点，461 户 2079 人，汉族。耕地面积 2.15 平方千米。1958 年属水洛公社南坪大队，1960 年划属南坪公社后设刘堡大队，1983 年改为刘堡村委会，2006 年刘窑村委会并入后命名为刘坪村委会。以姓氏和地形命名。

苏坪村民委员会（Sūpíng Cūnmínwěiyuánhuì） 位于南坪镇中部。村委会驻苏家坪。辖 14 个村民小组。有苏家湾、苏家上庄、凉水泉、刘家湾、苏家坪 5 个居民点，482 户 2892 人，汉族。耕地面积 2.28 平方千米。1958 年设水洛公社苏坪大队，1960 年划属南坪公社，1983 年改为苏坪村委会，2006 年苏湾、上庄村委会并入。以村委会驻地命名。

沈坪村民委员会（Shěnpíng Cūnmínwěiyuánhuì） 位于南坪镇中部。村委会驻沈家坪。辖 9 个村民小组，有沈家坪、王家沟 2 个居民点，421 户 1947 人，汉族。耕地面积 2.07 平方千米。1958 年设水洛公社沈坪大队，1960 年划属南坪公社后并入王家沟大队，1979 年复设沈坪大队，1983 年改为沈坪村委会，2006 年王家沟村委会并入。以村委会驻地命名。

刘靳村民委员会（Liújìn Cūnmínwěiyuánhuì） 位于南坪镇西部。村委会驻下靳家。辖 6 个村民小组。有下靳家、樊家园子、刘家庄子、刘家庙 4 个居民点，387 户 1715 人，汉族。耕地面积 1.11 平方千米。1958 年设水洛公社河南大队，1960 年划属南坪公社后更名为刘靳大队，1983 年改为刘靳村委会。以刘、靳两姓命名。

中靳村民委员会（Zhōngjìn Cūnmínwěiyuánhuì） 位于南坪镇西部。村委会驻中靳家。辖 3 个村民小组。有中靳家、张家窑 2 个居民点，183 户 806 人，汉族。耕地面积 0.44 平方千米。1958 年属水洛公社靳家大庄大队，1960 年划属南坪公社大庄大队，1979 年分设中靳大队，1983 年改为中靳村委会。以村委会驻地命名。

唐山村民委员会（Tángshān Cūnmínwěiyuánhuì） 位于南坪镇中部。村委会驻唐家川。辖 8 个村民小组。有唐家山、上湾、秦家湾、旧庄、大地、靳家湾、唐家川 7 个居民点，319 户

1571 人，汉族。耕地面积 2.24 平方千米。1958 年设水洛公社唐山大队，1960 年划属南坪公社，1983 年改为唐山村委会，2006 年庙沟村委会并入。以村委会原驻地唐家山命名。

寺门村民委员会（Sìmén Cūnmínwěiyuánhuì） 位于南坪镇东部。村委会驻寺门。辖 9 个村民小组。有寺门、马家台子 2 个居民点，483 户 1995 人，汉族。耕地面积 2.13 平方千米。1958 年设水洛公社寺门大队，1960 年划属南坪公社，1983 年改为寺门村委会，2006 年马台村委会并入。以村委会驻地命名。

大李村民委员会（Dàlǐ Cūnmínwěiyuánhuì） 位于南坪镇西部。村委会驻大房李家。辖 5 个村民小组。有大房李家、山庄上 2 个居民点，261 户 1070 人，汉族。耕地面积 1.28 平方千米。1958 年设水洛公社大李大队，1960 年划属南坪公社，1983 年改为大李村委会。以村委会驻地命名。

唐家高庄村民委员会（Tángjiāgāozhuāng Cūnmínwěiyuánhuì） 位于南坪镇西南部。村委会驻唐家高庄。辖 7 个村民小组。有唐家高庄、涝坝下、曹马家、唐家阳屲、上湾来 5 个居民点，385 户 1691 人，汉族。耕地面积 3.02 平方千米。1958 年属水洛公社阳屲大队，1960 年划属南坪公社后设高庄大队，1982 年更名为唐家高庄大队，1983 年改为唐家高庄村委会，2006 年唐家阳屲村委会并入。以村委会驻地命名。

史坪村民委员会（Shǐpíng Cūnmínwěiyuánhuì） 位于南坪镇南部。村委会驻史家坪。辖 8 个村民小组。有史家坪、杨家川子、阳屲李家 3 个居民点，292 户 1231 人，汉族。耕地面积 1.98 平方千米。1958 年属水洛公社阳屲大队，1960 年划属南坪公社分设史坪大队，1983 年改为史坪村委会，2006 年杨川村委会并入。以村委会驻地命名。

史湾村民委员会（Shǐwān Cūnmínwěiyuánhuì） 位于南坪镇南部。村委会驻史家湾。辖 8 个村民小组。有史家湾、曲儿地、弯地、上坟院、杨刘家、老坟川 6 个居民点，248 户 1174 人，汉族。耕地面积 1.54 平方千米。1958 年属水洛公社阳屲大队，1960 年划属南坪公社史坪大队，1979 年分设史湾大队，1983 年改为史湾村委会。以村委会驻地命名。

杨河乡

杨河村民委员会（Yánghé Cūnmínwěiyuánhuì） 位于杨河乡中部。村委会驻杨河。辖 4 个村民小组。有杨河、席家沟、白家咀 3 个居民点，241 户 954 人，汉族。耕地面积 1.84 平方千米。1958 年属庄浪公社保安大队，1961 年属南湖公社，1962 年划属杨河公社设杨河大队，1964 年划属南湖公社，1979 年再归杨河公社，1983 年改为杨河村委会。以村委会驻地命名。

李庄村民委员会（Lǐzhuāng Cūnmínwěiyuánhuì） 位于杨河乡东北部。村委会驻孙家塬。辖 7 个村民小组。有孙家塬、小户岳家、窑儿湾、阳屲山、西庄、李庄、阳坡湾、高山上、大地、庙庄、油夫杨家 11 个居民点，305 户 1210 人，汉族。耕地面积 3.88 平方千米。1958 年属庄浪公社乐正大队，1960 年属岳堡公社，1962 年划属杨河公社分设李庄大队，1964 年划归岳堡公社，1979 年再属杨河公社，1983 年改称李庄村委会。以居民点李庄命名。

马阳屲村民委员会（Mǎyángwā Cūnmínwěiyuánhuì） 位于杨河乡中部。村委会驻马阳屲。辖 7 个村民小组。有马阳屲、张家小庄、下川、王家治安 4 个居民点，346 户 1468 人，汉族为主。耕地面积 3.22 平方千米。1958 年设庄浪公社马阳屲大队，1960 年属岳堡公社，1962 年划属杨河公社，1964 年划归岳堡公社，1979 年再属杨河公社，1983 年改为马阳屲村委会。以村委会驻地命名。

张家大庄村民委员会（Zhāngjiādàzhuāng Cūnmínwěiyuánhuì） 位于杨河乡东部。村委会驻张家大庄。辖 10 个村民小组。有张家大庄、大庄堡子、前湾、中湾、里湾、新庄沟、马家湾、咀儿上、塬头屲、坡底下、敖盆湾 11 个居民点，323 户 1278 人，汉族。耕地面积 3.43 平方千米。

1958 年属庄浪公社乐正大队，1960 年属岳堡公社，1962 年划属杨河公社设大庄大队，1964 年划归岳堡公社，1979 年再属杨河公社，1982 年改称张家大庄大队，1983 年改称张家大庄村委会，2006 年张家新庄村委会并入。以村委会驻地命名。

元咀村民委员会（Yuánzuǐ Cūnmínwěiyuánhuì） 位于杨河乡东部。村委会驻圆咀。辖 8 个村民小组。有圆咀、金家山、鸭头湾、赵家、王家窑、焦沟庄、二架湾、牟家湾、马家岔 9 个居民点，276 户 1256 人，汉族。耕地面积 3.17 平方千米。1958 年属庄浪公社乐正大队，1960 年属通边公社，1962 年划属杨河公社设元咀大队，1964 年属通边公社，1979 年再属杨河公社，1983 年改为元咀村委会，2006 年焦沟村委会并入。以村委会驻地命名。

张沟村民委员会（Zhānggōu Cūnmínwěiyuánhuì） 位于杨河乡中部。村委会驻张沟新村。辖 4 个村民小组。有张家沟、张沟新村、白碾卨 3 个居民点，136 户 598 人，汉族。耕地面积 1.89 平方千米。1958 年属庄浪公社保安大队，1960 年属良邑公社，1962 年划属杨河公社设张沟大队，1964 年属良邑公社，1979 年再属杨河公社，1983 年改为张沟村委会。以村委会原驻地张家沟命名。

逯岔村民委员会（Lùchà Cūnmínwěiyuánhuì） 位于杨河乡南部。村委会驻逯家岔。辖 9 个村民小组。有逯家下庄、王家湾垴、王家岔、逯家岔、王钗家、张家塬、王家阳卨、逯家新庄、王家卨、叶家大湾 10 个居民点，268 户 1247 人，汉族为主。耕地面积 3.37 平方千米。1958 年设庄浪公社逯岔大队，1961 年属南湖公社，1962 年划属杨河公社，1964 年属南湖公社，1979 年再属杨河公社，1983 年改为逯岔村委会，2006 年张塬村委会并入。以村委会驻地命名。

沈岔村民委员会（Shěnchà Cūnmínwěiyuánhuì） 位于杨河乡西南部。村委会驻沈家岔。辖 4 个村民小组。有沈家岔、蒲家山庄、冯家湾、下湾、梁山 5 个居民点，199 户 771 人，汉族为主。耕地面积 1.77 平方千米。1958 年属庄浪公社牡丹大队，1961 年属南湖公社，1962 年划属杨河公社设沈岔大队，1964 年属南湖公社，1979 年复归杨河公社，1983 年改为沈岔村委会。以村委会驻地命名。

寺沟岔村民委员会（Sìgōuchà Cūnmínwěiyuánhuì） 位于杨河乡西北部。村委会驻上王家。辖 8 个村民小组。有下王家、郭家湾、王家咀、上王家、中庄、下堡子、椿树湾、阳坡、田家滑沟、田家阳卨、刘家湾 11 个居民点，255 户 1052 人，汉族。耕地面积 2.57 平方千米。1958 年设庄浪公社寺沟岔大队，1961 年属南湖公社，1962 年划属杨河公社，1964 年属南湖公社，1979 年复归杨河公社，1983 年改为寺沟岔村委会，2006 年下堡村委会并入。以寺沟岔山谷命名。

王湾村民委员会（Wángwān Cūnmínwěiyuánhuì） 位于杨河乡北部。村委会驻王家湾。辖 5 个村民小组。有蔡家湾、郭李家、王家湾、李家山庄 4 个居民点，188 户 775 人，汉族为主。1958 年属庄浪公社保安大队，1960 年属岳堡公社，1962 年划属杨河公社设蔡家湾大队，1964 年属岳堡公社，1979 年复归杨河公社，1980 年改称王湾大队，1983 年改为王湾村委会。以村委会驻地命名。

王湾村民委员会（2019 年 10 月摄）

关湾村民委员会（Guānwān Cūnmínwěiyuánhuì） 位于杨河乡中部。村委会驻关家湾。辖 5 个村民小组。有关家湾、徐家、杨家沟、王家坪、王家铧沟 5 个居民点，232 户 915 人，汉族。耕地面积 1.96 平方千米。1958 年属庄浪公社保安大队，1960 年属岳堡公社，1962 年划属杨河公社设关湾大队，1964 年属岳堡公社，1979 年复归杨河公社，1983 年改为关湾村委会。以村委会驻地命名。

李润村民委员会（Lǐrùn Cūnmínwěiyuánhuì）　位于杨河乡西部。村委会驻李润家。辖 7 个村民小组。有李润家、寒水石湾、堡子庄、鹿儿湾、仇家湾、李家湾、魏家湾 7 个居民点，251 户 997 人，汉族。耕地面积 2.43 平方千米。1958 年属庄浪公社牡丹大队，1961 年属南湖公社，1962 年划属杨河公社设李润大队，1964 年属南湖公社，1979 年复归杨河公社，1983 年改为李润村委会，2006 年仇湾村委会并入。以村委会驻地命名。

马寺村民委员会（Mǎsì Cūnmínwěiyuánhuì）　位于杨河乡西部。村委会驻马家寺。辖 4 个村民小组。有马家寺、张家凸、上罗家、下罗家、郑家塬上、王磨儿家、蒙塬、刘家南山 8 个居民点，320 户 1357 人，汉族。耕地面积 2.81 平方千米。1958 年属庄浪公社牡丹大队，1961 年属南湖公社，1962 年划属杨河公社设马寺大队，1964 年属南湖公社，1979 年复归杨河公社，1983 年改为马寺村委会。以村委会驻地命名。

赵墩乡

赵墩村民委员会（Zhàodūn Cūnmínwěiyuánhuì）　位于赵墩乡东部。村委会驻赵家墩。辖 5 个村民小组。有赵家梁、赵家湾、蔡家湾、赵家墩、杨虎家、杨家大湾、炮厂梁 7 个居民点，218 户 878 人，汉族。耕地面积 3.07 平方千米。1958 年属庄浪公社关道大队，1960 年划属赵墩公社后分设赵墩大队，1983 年改为赵墩村委会。以村委会驻地命名。

王家大庄村民委员会（Wángjiādàzhuāng Cūnmínwěiyuánhuì）　位于赵墩乡东部。村委会驻梁家湾。辖 7 个村民小组。有石家湾、郭咀、王家大庄、王家新庄、梁家湾、杜家阳凸、安家凸、小湾 8 个居民点，400 户 1729 人，汉族。耕地面积 3.16 平方千米。1958 年属庄浪公社井沟大队，1960 年划属赵墩公社设王家大庄大队，1983 年改为王家大庄村委会。以村委会原驻地命名。

井沟村民委员会（Jǐnggōu Cūnmínwěiyuánhuì）　位于赵墩乡东部。村委会驻李鱼家。辖 4 个村民小组。有井沟滩、深沟湾、李鱼家、油夫湾、石家塬 5 个居民点，247 户 1004 人，汉族。耕地面积 2.99 平方千米。1958 年设庄浪公社井沟大队，1960 年划属赵墩公社，1983 年改为井沟村委会。以村委会原驻地井沟滩命名。

阳川村民委员会（Yángchuān Cūnmínwěiyuánhuì）　位于赵墩乡东北部。村委会驻阳坡川。辖 11 个村民小组。有纱帽咀、下阴坡湾、上阴坡湾、阳坡川、倪家湾、程家湾、东湾、孙家渠、王上湾、程家新庄 10 个居民点，527 户 2366 人，汉族。耕地面积 4.1 平方千米。1958 年属庄浪公社井沟大队，1960 年划属赵墩公社设阳川大队，1983 年改为阳川村委会，2006 年孙局村委会并入。以村委会驻地命名。

孙庙村民委员会（Sūnmiào Cūnmínwěiyuánhuì）　位于赵墩乡北部。村委会驻孙家庙。辖 6 个村民小组。有潘家湾、王家庄、孙家庙、蒙家湾湾、罗家咀、刘家坪 6 个居民点，198 户 762 人，汉族。耕地面积 3.03 平方千米。1958 年属庄浪公社井沟大队，1960 年划属赵墩公社，1964 年设孙庙大队，1983 年改为孙庙村委会。以村委会驻地命名。

蛟龙寺村民委员会（Jiāolóngsì Cūnmínwěiyuánhuì）　位于赵墩乡北部。村委会驻官地湾。辖 10 个村民小组。有韦家湾、韦家咀、刘党家、官地湾、马家湾儿、蛟龙寺、郭李家、田家湾、背后湾 9 个居民点，320 户 1484 人，汉族。耕地面积 3.07 平方千米。1958 年属庄浪公社井沟大队，1960 年划归赵墩公社设蛟龙寺大队，1983 年改为蛟龙寺村委会，2006 年郭李家村委会并入。以村委会原驻地命名。

蛟龙掌村民委员会（Jiāolóngzhǎng Cūnmínwěiyuánhuì） 位于赵墩乡西南部。村委会驻石家湾埫。辖6个村民小组。有刘家塬、张家塬、蛟龙掌、刘家庄、石家湾埫、胡家塬6个居民点，325户1537人，汉族。耕地面积3.15平方千米。1958年属庄浪公社关道大队，1960年划归赵墩公社，1961年分设蛟龙掌大队，1983年改为蛟龙掌村委会。以村委会原驻地命名。

梨树湾村民委员会（Líshùwān Cūnmínwěiyuánhuì） 位于赵墩乡西部。村委会驻下梨树湾。辖11个村民小组。有李家湾、杨家、上梨树湾、下梨树湾、蒙家塬、马家阳湾、王家后湾、王家老庄、咀头、阳山、前湾、东台12个居民点，317户1429人，汉族。耕地面积3.14平方千米。1958年属庄浪公社井沟大队，1960年划归赵墩公社，1961年分设梨树湾大队，1983年改为梨树湾村委会，2006年何岔村委会并入。以居民点上梨树湾、下梨树湾命名。

梨树湾村民委员会（2015年10月摄）

裴堡村民委员会（Péibǔ Cūnmínwěiyuánhuì） 位于赵墩乡西南部。村委会驻裴家堡子。辖11个村民小组。有蒲家湾、温家庄、裴家堡子、段家渠、南渠子湾、杨家湾、曹家山、下梁家湾、道回沟、张家湾10个居民点，428户1899人，汉族。耕地面积4.47平方千米。1958年设庄浪公社裴堡大队，1960年划归赵墩公社，1983年改为裴堡村委会，2006年道回沟村委会并入。以村委会驻地命名。

石咀村民委员会（Shízuǐ Cūnmínwěiyuánhuì） 位于赵墩乡西部。村委会驻石家咀。辖4个村民小组。有石家咀、王家高塬、马家湾湾、冯湾4个居民点，124户596人，汉族。耕地面积3.22平方千米。1958年属庄浪公社裴堡大队，1960年划归赵墩公社，1961年设石咀大队，1983年改为石咀村委会。以村委会驻地命名。

关道村民委员会（Guāndào Cūnmínwěiyuánhuì） 位于赵墩乡南部。村委会驻王家峡。辖3个村民小组。有王家峡、关道岔、曹家湾3个居民点，222户982人，汉族。耕地面积3.3平方千米。1958年设庄浪公社关道大队，1960年划属赵墩公社，1983年改为关道村委会。以村委会原驻地关道岔命名。

王堡村民委员会（Wángbǔ Cūnmínwěiyuánhuì） 位于赵墩乡东南部。村委会驻王家堡。辖6个村民小组。有小杨家、王家上湾、王家堡、徐家下湾、徐家上湾5个居民点，247户1140人，汉族。耕地面积3.4平方千米。1958年属庄浪公社关道大队，1960年划归赵墩公社，1961年设王堡大队，1983年改为王堡村委会。以村委会驻地命名。

牡丹村民委员会（Mǔdān Cūnmínwěiyuánhuì） 位于赵墩乡南部。村委会驻大庄。辖5个村民小组。有大庄、小庄、店湾、马家湾、三湾、富家川6个居民点，242户1003人，汉族。耕地面积3.21平方千米。1958年属庄浪公社关道大队，1960年划归赵墩公社，1961年分设牡丹大队，1983年改为牡丹村委会。以片村牡丹岔命名。

郑河乡

郑河村民委员会（Zhènghé Cūnmínwěiyuánhuì）　位于郑河乡中部。村委会驻郑家河。辖 4 个村民小组。有郑家河、中咀头、尖山子 3 个居民点，209 户 890 人，汉族。耕地面积 1.42 平方千米。1958 年属韩店公社红星大队，1960 年划属郑河公社设郑河大队，1983 年改为郑河村委会。以村委会驻地命名。

庙川村民委员会（Miàochuān Cūnmínwěiyuánhuì）　位于郑河乡西北部。村委会驻庙川。辖 4 个村民小组。有张家新庄、庙川、文家峡、沟来家 4 个居民点，207 户 897 人，汉族。耕地面积 1.4 平方千米。1958 年设韩店公社庙川大队，1960 年划属郑河公社，1983 年改为庙川村委会。以村委会驻地命名。

史川村民委员会（Shǐchuān Cūnmínwěiyuánhuì）　位于郑河乡西部。村委会驻史家川。辖 5 个村民小组。有宫店子川、柳沟来、史家川、李家坡、刘家阳山 5 个居民点，169 户 766 人，汉族。耕地面积 1.27 平方千米。1958 年设韩店公社史川大队，1960 年划属郑河公社，1983 年改为史川村委会。以村委会驻地命名。

具峡村民委员会（Jùxiá Cūnmínwěiyuánhuì）　位于郑河乡北部。村委会驻具家峡。辖 4 个村民小组。有具家峡、透林子、刘家山、塔儿湾 4 个居民点，155 户 677 人，汉族。耕地面积 1.19 平方千米。1958 年设韩店公具峡大队，1960 年划属郑河公社，1983 年改为具峡村委会。以村委会驻地命名。

拉连寺村民委员会（Lāliánsì Cūnmínwěiyuánhuì）　位于郑河乡西部。村委会驻拉连寺。辖 3 个村民小组。有杨家庄、拉连寺、刘石家 3 个居民点，286 户 1221 人，汉族。耕地面积 2.13 平方千米。1958 年设韩店公社拉连寺大队，1960 年划属郑河公社，1983 年改为拉连寺村委会。以村委会驻地命名。

史凸村民委员会（Shǐwā Cūnmínwěiyuánhuì）　位于郑河乡西部。村委会驻史家凸。辖 3 个村民小组。有安家湾、史家凸、磨河川、梁家河 4 个居民点，232 户 1067 人，汉族。耕地面积 2.16 平方千米。1958 年设韩店公社史凸大队，1960 年划属郑河公社，1983 年改为史凸村委会。以村委会驻地命名。

卢凸村民委员会（Lúwā Cūnmínwěiyuánhuì）　位于郑河乡西部。村委会驻苏家河。辖 4 个村民小组。有苏家河、卢家凸、贺家峡 3 个居民点，341 户 1473 人，汉族。耕地面积 2.5 平方千米。1958 年属韩店公社红星大队，1960 年划归郑河公社设卢凸大队，1983 年改称卢凸村委会，2006 年贺峡村委会并入。以所辖居民点卢家凸命名。

条牛沟村民委员会（Tiáoniúgōu Cūnmínwěiyuánhuì）　位于郑河乡中部。村委会驻条牛沟。辖 3 个村民小组。有李家新庄、条牛沟、扫竹渠、李子湾、马牛湾 5 个居民点，114 户 535 人，汉族。耕地面积 1.01 平方千米。1958 年设韩店公社条牛沟大队，1960 年划属郑河公社，1983 年改为条牛沟村委会。以村委会驻地命名。

上寨村民委员会（Shàngzhài Cūnmínwěiyuánhuì）　位于郑河乡东部。村委会驻官地峡。辖 3 个村民小组。有官地峡、上店来、上寨 3 个居民点，285 户 1180 人，汉族。耕地面积 2.07 平方千米。1958 年属韩店公社新陶大队，1960 年划属郑河公社设上寨大队，1983 年改为上寨村委会。以村委会原驻地命名。

下寨村民委员会（Xiàzhài Cūnmínwěiyuánhuì）　位于郑河乡东南部。村委会驻陶家窑庄。辖 5 个村民小组。有陶家窑庄、陶家新庄、李家庵、酒槽、下寨 5 个居民点，310 户 1317 人，汉族。耕地面积 3.01 平方千米。1958 年属韩店公社新陶大队，1960 年划归郑河公社属上寨大队，1979 年分设下寨大队，1983 年改称下寨村委会，2006 年李安村委会并入。以村委会原驻地命名。

龙湾村民委员会（Lóngwān Cūnmínwěiyuánhuì） 位于郑河乡南部。村委会驻龙家湾。辖 3 个村民小组。有蛇儿湾、董家堡子、龙家湾、蔡家山 4 个居民点，183 户 866 人，汉族。耕地面积 1.95 平方千米。1958 年属韩店公社新陶大队，1960 年划属郑河公社设龙湾大队，1983 年改称龙湾村委会。以村委会驻地命名。

龙湾村民委员会（2021 年 7 月摄）

陶家阴屲村民委员会（Táojiāyīnwā Cūnmínwěiyuánhuì） 位于郑河乡南部。村委会驻陶家阴屲。辖 4 个村民小组。有川来、陶家阴屲、陶家阳屲、顿家咀上庄、顿家咀下庄、贺家屲、贺家窑 7 个居民点，235 户 1067 人，汉族。耕地面积 1.94 平方千米。1958 年属韩店公社新陶大队，1960 年划属郑河公社设阴屲大队，1982 年改为陶家阴屲大队，1983 年改称陶家阴屲村委会。以村委会驻地命名。

第三节 历史群众自治组织

水洛镇

水洛城镇居民委员会（Shuǐluòchéng Zhèn Jūmínwěiyuánhuì） 1964 年设居民大队，属城关镇，1968 年属水洛公社。1983 年改称城镇居民委员会，属水洛乡。1984 年属新设水洛城镇。地址在礼堂巷。2002 年撤销。

上碾村民委员会（Shàngniǎn Cūnmínwěiyuánhuì） 1979 年设水洛公社上碾大队，1983 年改称水洛乡上碾村委会。以驻地徐家上碾命名，辖徐家上碾 1 个居民点。2004 年属水洛镇，2006 年撤上碾村委会并入徐碾村委会。

下碾村民委员会（Xiàniǎn Cūnmínwěiyuánhuì） 1979 年设水洛公社下碾大队，1983 年改称水洛乡下碾村委会。以驻地徐家下碾命名，辖徐家下碾 1 个居民点。2004 年属水洛镇，2006 年撤下碾村委会并入徐碾村委会。

半山村民委员会（Bànshān Cūnmínwěiyuánhuì） 1979 年设水洛公社半山大队，1983 年改称水洛乡半山村委会，以驻地徐家半山命名，辖徐家半山、徐家湾垴 2 个居民点。2004 年属水洛镇，2006 年撤半山村委会并入徐碾村委会。

王家庄村民委员会（Wángjiāzhuāng Cūnmínwěiyuánhuì） 1984 年设王家庄村委会，属水洛城镇。村委会以驻地王家庄命名，辖王家庄 1 个居民点。2006 年并入西关村委会。

马家山庄村民委员会（Mǎjiāshānzhuāng Cūnmínwěiyuánhuì） 1958 年设水洛公社马家山庄大队，1983 年改为水洛乡马家山庄村委会，村委会驻刘家湾，辖刘家湾、马家山庄、刘家山、簸箕湾 4 个居民点。以所辖居民点命名。2004 年属水洛镇，2006 年撤销，所辖刘家湾、马家山庄并入何马村委会，刘家山、簸箕湾并入贺庄村委会。

文沟村民委员会（Wéngōu Cūnmínwěiyuánhuì） 1958 年设水洛公社新型大队，1961 年改为文沟大队，1979 年分出王家山、陈杨柳家大队，1983 年改称水洛乡文沟村委会。以村委会驻地文家沟命名，辖文家沟 1 个居民点。2004 年属水洛镇，2006 年并入新兴村委会。

王家山村民委员会（Wángjiāshān Cūnmínwěiyuánhuì） 1979 年设水洛公社王家山大队，1983 年改称水洛乡王家山村委会。以村委会驻地王家山命名，辖王家山 1 个居民点。2004 年属水洛镇，2006 年并入新兴村委会。

陈杨柳家村民委员会（Chényángliǔjiā Cūnmínwěiyuánhuì） 1979 年设水洛公社陈杨大队，1982 年更名为陈杨柳家大队，1983 年改称水洛乡陈杨柳家村委会。以村委会驻地陈杨柳家命名，辖陈杨柳家 1 个居民点。2004 年属水洛镇。2006 年并入新兴村委会。

柳沟村民委员会（Liǔgōu Cūnmínwěiyuánhuì） 1979 年设水洛公社柳沟大队，1983 年改称水洛乡柳沟村委会，以村委会驻地柳家沟命名，辖柳家沟、王家小庄 2 个居民点。2004 年属水洛镇。2006 年并入新光村委会。

坪上村民委员会（Píngshàng Cūnmínwěiyuánhuì） 1979 年设水洛公社坪上大队，1983 年改称水洛乡坪上村委会。村委会驻柳家下坪，辖柳家上坪、柳家下坪、朱家大湾 3 个居民点。以居民点所处方位命名。2004 年属水洛镇，2006 年并入新光村委会。

柳家新庄村民委员会（Liǔjiāxīnzhuāng Cūnmínwěiyuánhuì） 1979 年设水洛公社柳家新庄大队，1983 年改称水洛乡柳家新庄村委会。以村委会驻地柳家新庄命名，辖柳家新庄 1 个居民点。2004 年属水洛镇，2006 年并入新光村委会。

阳屲山村民委员会（Yángwāshān Cūnmínwěiyuánhuì） 1958 年设水洛公社阳屲山大队，1966 年并入陈洞大队，1979 年又分出阳屲山大队，1983 年改称水洛乡阳屲山村委会。以村委会驻地阳屲山命名，辖阳屲山、柳家堡子、阴屲山、太平湾 4 个居民点。2004 年属水洛镇，2006 年并入陈洞村委会。

峰山村民委员会（Fēngshān Cūnmínwěiyuánhuì） 1979 年设白堡公社峰山大队。1983 年改称白堡乡峰山村委会。以村委会驻地赵家坟山谐音命名，辖赵家坟山、山庄罗家、罗家新庄 3 个居民点。2004 年划归水洛镇，2006 年并入崖王村委会。

唐河村民委员会（Tánghé Cūnmínwěiyuánhuì） 1958 年设水洛公社唐河大队，1983 年改称水洛乡唐河村委会。以村委会驻地唐家河命名，辖唐家河 1 个居民点。2004 年属水洛镇，2006 年并入二李村委会。

鸾沟阳坡村民委员会（Diàogōuyángpō Cūnmínwěiyuánhuì） 1979 年设水洛公社阳坡大队，1982 年更名为鸾沟阳坡大队，1983 年改称水洛乡鸾沟阳坡村委会。村委会驻下阳山，辖下阳山、上阳屲、鏊岘 3 个居民点。以地理方位命名。2004 年属水洛镇，2006 年与鸾沟阴坡村委会合并为鸾沟村委会。

鸾沟阴坡村民委员会（Diàogōuyīnpō Cūnmínwěiyuánhuì） 1979 年设水洛公社阴坡大队，1982 年更名为鸾沟阴坡大队，1983 年改称水洛乡鸾沟阴坡村委会。村委会驻鸾沟李家，辖鸾沟李家、下庄 2 个居民点。以地理方位命名。2004 年属水洛镇，2006 年与鸾沟阳坡村委会合并为鸾沟村委会。

川口村民委员会（Chuānkǒu Cūnmínwěiyuánhuì） 1979 年设水洛公社川口大队，1983 年改称水洛乡川口村委会。村委会驻上王家，辖上王家、下王家、川口柳家、朱家咀 4 个居民点。以所辖居民点川口柳家命名。2004 年属水洛镇，2006 年并入郭堡村委会。

乱庄村民委员会（Luànzhuāng Cūnmínwěiyuánhuì） 1979 年设水洛公社乱庄大队，1983 年改称水洛乡乱庄村委会。以村委会驻地乱庄王家命名，辖乱庄王家 1 个居民点。2004 年属水洛镇，2006 年并入水洛镇柳咀村委会。

南湖镇

上堡村民委员会（Shàngbǔ Cūnmínwěiyuánhuì） 1961 年设南湖公社上堡大队，1964 年并入双堡大队，1969 年属永红大队，1979 年恢复上堡大队，1983 年改称南湖乡上堡村委会。以村委会驻地上堡子命名，辖上堡子、河南、高山、李家中湾 4 个居民点。2006 年并入双堡村委会。

穆湾村民委员会（Mùwān Cūnmínwěiyuánhuì） 1961 年设南湖公社穆湾大队，1964 年并入汪家大队。1979 年再设穆湾大队。以村委会驻地穆家湾命名，辖穆家湾、陈家山 2 个居民点。1983 年改称南湖乡穆湾村委会。2006 年并入汪家村委会。

花塬村民委员会（Huāyuán Cūnmínwěiyuánhuì） 1961 年设南湖公社花塬大队，1964 年并入汪家大队。1979 年恢复花塬大队，1983 年改称南湖乡花塬村委会。以村委会驻地花塬头命名，辖花塬头、李家咀、新院 3 个居民点。2006 年并入汪家村委会。

秦梁村民委员会（Qínliáng Cūnmínwěiyuánhuì） 1961 年设南湖公社秦梁大队，1969 年改为前哨大队，1979 年复称秦梁大队，1983 年改称南湖乡秦梁村委会。以村委会驻地秦家梁命名，辖秦家梁、秦家湾、苏家大湾、孙家湾垴 4 个居民点。2006 年并入孙家大庄村委会。

朱店镇

北堡子村民委员会（Běibǔzi Cūnmínwěiyuánhuì） 1979 年设朱店公社北堡子大队，1983 年改称朱店乡北堡子村委会。以驻地北堡子命名，辖新磨坪、北堡子、红土壑岘 3 个居民点。2006 年并入河北村委会。

下朱河村民委员会（Xiàzhūhé Cūnmínwěiyuánhuì） 1979 年设朱店公社下朱河大队，1983 年改称朱店乡下朱河村委会。村委会驻朱家河湾，辖朱家河湾山背后 1 个居民点和朱家河湾部分居民。以居民点地理方位命名。2006 年与贾家河湾、上朱河合并为朱河村委会。

上朱河村民委员会（Shàngzhūhé Cūnmínwěiyuánhuì） 1979 年设朱店公社上朱河大队，1983 年改称朱店乡上朱河村委会。村委会驻朱家河湾，辖朱家河湾 1 个居民点（部分）。以居民点地理方位命名。2006 年与下朱河、贾家河湾合并为朱河村委会。

贾家河湾村民委员会（Jiǎjiāhéwān Cūnmínwěiyuánhuì） 1961 年设朱店公社贾家河湾大队，1964 年并入朱家河湾大队，1979 年又恢复贾家河湾大队，1983 年改称朱店乡贾家河湾村委会。以村委会驻地贾家河湾命名，辖贾家河湾 1 个居民点。2006 年与下朱河、上朱河合并为朱河村委会。

贾家沟村民委员会（Jiǎjiāgōu Cūnmínwěiyuánhuì） 1958 年设朱店公社贾家沟大队，1966 年并入胜利大队，1982 年复设贾家沟大队，1983 年改为朱店乡贾家沟村委会。以村委会驻地贾家沟命名，辖贾家沟 1 个居民点。2006 年并入东街村委会。

下郭村民委员会（Xiàguō Cūnmínwěiyuánhuì） 1958 年设朱店公社郭赵大队，1964 年并入小湾大队，1979 分设下郭大队，1983 年改称朱店乡下郭村委会。村委会驻郭赵家，辖郭赵家

1 个居民点。以居民姓氏和方位命名。2006 年并入小湾村委会。

山上李村民委员会（Shānshànglǐ Cūnmínwěiyuánhuì） 1961 年设朱店公社山上李大队，1966 年改称红星大队，1979 年复称山上李大队，1983 年改称朱店乡山上李村委会。以村委会驻地山上李家命名，辖山上李家、山上李家下庄 2 个居民点。2006 年并入中街村委会。

杨柳家村民委员会（Yángliǔjiā Cūnmínwěiyuánhuì） 1979 年设朱店公社杨柳家大队，1983 年改称朱店乡杨柳家村委会。以村委会驻地杨柳家庄命名，辖杨柳家庄 1 个居民点。2006 年并入三合村委会。

孔家沟村民委员会（Kǒngjiāgōu Cūnmínwěiyuánhuì） 1979 年设朱店公社孔家沟大队，1983 年改称朱店乡孔家沟村委会。以村委会驻地孔家沟命名，辖孔家沟、杨家铺 2 个居民点。2006 年并入董家湾村委会。

西山村民委员会（Xīshān Cūnmínwěiyuánhuì） 1958 年设朱店公社西山大队，1964 年并入牛耳咀大队，1979 年恢复西山大队，1983 年改称朱店乡西山村委会。村委会驻孔家新庄，辖孔家新庄、上孔家、西山堡子、孔家西山 4 个居民点。以所辖居民点西山堡子、孔家西山命名。2006 年并入牛耳咀村委会。

壑岘李村民委员会（Hèxiànlǐ Cūnmínwěiyuánhuì） 1961 年设朱店公社壑岘李大队，1964 年又并入杨家湾大队，1979 年恢复壑岘李大队，1983 年改称朱店乡壑岘李村委会。以村委会驻地壑岘李家命名，辖壑岘李家、上杨家 2 个居民点。2006 年并入杨家湾村委会。

郭家湾村民委员会（Guōjiāwān Cūnmínwěiyuánhuì） 1961 年设朱店公社郭家湾大队，1964 年并入大曹大队，1979 年恢复郭家湾大队，1983 年改称朱店乡郭家湾村委会。以村委会驻地郭家湾命名，辖郭家湾、小湾 2 个居民点。2006 年并入大曹村委会。

川锅地村民委员会（Chuānguōdì Cūnmínwěiyuánhuì） 1958 年设朱店公社川锅地大队，1964 年并入高庙大队，1979 年恢复川锅地大队，1983 年改称朱店乡川锅地村委会。村委会驻马槽地，辖马槽地、梁背后、后院柳家 3 个居民点。以马槽地别名川锅地命名。2006 并入高庙村委会。

三台山村民委员会（Sāntáishān Cūnmínwěiyuánhuì） 1962 年设刘庙公社三台山大队，1964 年划归朱店公社并入万柳大队，1979 年属刘庙公社再设三台山大队，1983 年改称刘庙乡三台山村委会。以村委会驻地三台山命名，辖三台山、杏花坪 2 个居民点。2004 年属朱店镇，2006 年并入万柳村委会。

赵山村民委员会（Zhàoshān Cūnmínwěiyuánhuì） 1962 年设刘庙公社赵山大队，1964 年属朱店公社，1979 年再属刘庙公社，1983 年改称刘庙乡赵山村委会。以村委会驻地赵家山命名，辖赵家山 1 个居民点。2004 年属朱店镇，2006 年并入新王村委会。

窑上凪村民委员会（Yáoshàngwā Cūnmínwěiyuánhuì） 1964 年设朱店公社窑上凪大队。1979 年属刘庙公社，1983 年改称刘庙乡窑上凪村委会。以村委会驻地窑上凪命名，辖窑上凪、傅家咀 2 个居民点。2004 年属朱店镇。2006 年并入万柳村委会。

朱万村民委员会（Zhūwàn Cūnmínwěiyuánhuì） 1961 年设朱店公社朱万大队，1964 年并入杨家湾大队，1979 年恢复朱万大队，1983 年改称朱店乡朱万村委会。以村委会驻地朱万家命名，辖朱万家、邵家湾阳凪、邵家湾阴凪 3 个居民点。2006 年并入杨家湾村委会。

万泉镇

胡岔村民委员会（Húchà Cūnmínwěiyuánhuì） 1960年设万泉公社胡岔大队，1983年改称万泉乡胡岔村委会。以村委会驻地胡家岔命名，辖胡家岔1个居民点。2006年并入王李岔村委会。

高岔村民委员会（Gāochà Cūnmínwěiyuánhuì） 1958年设朱店公社高岔大队，1960年划归万泉公社后并入团结大队，1971年再设高岔大队，1983年改称万泉乡高岔村委会。村委会驻高家大湾，辖高家大湾、回沟湾、小蒜坡3个居民点。以姓氏和地形命名。2006年并入田岔村委会。

清水沟阴坡村民委员会（Qīngshuǐgōuyīnpō Cūnmínwěiyuánhuì） 1979年设万泉公社清水沟阴坡大队，1983年改称万泉乡清水沟阴坡村委会。以村委会驻地清水沟阴坡命名，辖清水沟阴坡1个居民点。2006年与清水沟阳坡合并为清水沟村委会。

清水沟阳坡村民委员会（Qīngshuǐgōuyángpō Cūnmínwěiyuánhuì） 1994年将清水沟村委会改为清水沟阳坡村委会。以村委会驻地清水沟阳坡命名，辖清水沟阳坡1个居民点。2006年与清水沟阴坡合并为清水沟村委会。

连山村民委员会（Liánshān Cūnmínwěiyuánhuì） 1979年设万泉公社连山大队，1983改称万泉乡连山村委会。村委会驻白草垭，辖白草垭、坪路上、城门上3个居民点。以连家山片村命名。2006年并入徐城村委会。

万堡村民委员会（Wànbǔ Cūnmínwěiyuánhuì） 1979年设万泉公社万堡大队，1983年改称万泉乡万堡村委会。以村委会驻地万家堡子命名，辖万家堡子1个居民点。2006年并入万庄村委会。

西山杨家村民委员会（Xīshānyángjiā Cūnmínwěiyuánhuì） 1960年设万泉公社杨家大队，1964年和杜家、刘家大队合并为杨刘大队，1979年恢复杨家大队，1982年更名为西山杨家大队，1983年改称万泉乡西山杨家村委会。以村委会驻地西山杨家命名，辖西山杨家1个居民点。2006年并入毛桃杜家村委会。

韩店镇

马东山村民委员会（Mǎdōngshān Cūnmínwěiyuánhuì） 1958年设韩店公社蜂儿垭大队，1963年更名为马东山大队，1983年改称韩店乡马东山村委会。村委会驻范家庄，辖范家庄、蜂儿垭、新庄沟、花崖堡子、郭家山5个居民点。以姓氏和驻地山名命名。2006年并入郭漫村委会。

店峡村民委员会（Diànxiá Cūnmínwěiyuánhuì） 1958年设韩店公社店峡大队，1983年改称韩店乡店峡村委会。以村委会驻地店子峡命名，辖店子峡、西湾、邓家崖、袁家湾4个居民点。2006年并入郭漫村委会。

庙梁村民委员会（Miàoliáng Cūnmínwěiyuánhuì） 1958年设韩店公社庙梁大队，1960年并入岔岔沟大队，1961年又分设庙梁大队，1983年改为韩店乡庙梁村委会。以村委会驻地庙儿梁命名，辖庙儿梁、南峪梁、中湾3个居民点。2006年并入岔岔沟村委会。

鞍子梁村民委员会（Ānziliáng Cūnmínwěiyuánhuì） 1958年设韩店公社鞍子梁大队，1983年改为韩店乡鞍子梁村委会。村委会驻暖和湾，辖暖和湾、下梁、王家湾3个居民点。因当地山梁形似马鞍命名。2006并入岔岔沟村委会。

刘山村民委员会（Liúshān Cūnmínwěiyuánhuì） 1961 年设韩店公社刘山大队，1968 年并入试雨大队，1979 年恢复刘山大队，1983 年改为韩店乡刘山村委会。以村委会驻地刘家山命名，辖刘家山 1 个居民点。2006 年并入刘咀村委会。

韩山村民委员会（Hánshān Cūnmínwěiyuánhuì） 1958 年设韩店公社韩山大队，1964 年并入东关大队，1979 年再设韩山大队，1983 年改为韩店乡韩山村委会。以村委会驻地韩家山命名，辖韩家山 1 个居民点。2006 年并入东门村委会。

菜子湾村民委员会（Càiziwān Cūnmínwěiyuánhuì） 1958 年设页崖公社菜子湾大队，1960 年属韩店公社，1962 年属新设页崖公社，1964 年属韩店公社，1979 年再属页崖公社，1983 年改称颉崖乡菜子湾村委会，1987 年分出聂子坪村委会。以村委会驻地菜子湾命名，辖菜子湾、纳张家 2 个居民点。2004 年属韩店镇。2006 年并入聂子坪村委会。

叶家阳坡村民委员会（Yèjiāyángpō Cūnmínwěiyuánhuì） 1958 年设韩店公社阳坡大队，1960 年并入刘河大队，1979 年再设阳坡大队，1982 年更名为叶家阳坡大队，1983 年改为韩店乡叶家阳坡村委会。以村委会驻地叶家阳坡命名，辖叶家阳坡、塔儿坪、黑水涡 3 个居民点。2006 年并入刘河村委会。

黄草村民委员会（Huángcǎo Cūnmínwěiyuánhuì） 1958 年设韩店公社黄草大队，1983 年改为韩店乡黄草村委会。村委会驻杜家大湾，辖杜家大湾、黄草、盐场子 3 个居民点。以居民点黄草命名。2006 年并入郭漫村委会。

庞家沟村民委员会（Pángjiāgōu Cūnmínwěiyuánhuì） 1958 年设韩店公社庞家沟大队，1964 年并入吴家湾大队，1979 年再设庞家沟大队，1983 年改为韩店乡庞家沟村委会。以村委会驻地庞家沟命名，辖庞家沟、张家台子、桥子沟、汪家湾 4 个居民点。2006 年并入郭漫村委会。

吴家湾村民委员会（Wújiāwān Cūnmínwěiyuánhuì） 1958 年设韩店公社吴家湾大队，1983 年改为韩店乡吴家湾村委会。以村委会驻地吴家湾命名，辖吴家湾、高庄子、傅家梁 3 个居民点。2006 年并入刘河村委会。

朱家湾村民委员会（Zhūjiāwān Cūnmínwěiyuánhuì） 1958 年设韩店公社朱家湾大队，1983 年改称韩店乡朱家湾村委会。以村委会驻地朱家湾命名，辖朱家湾、甘沟湾 2 个居民点。2006 年并入石桥村委会。

卧龙镇

魏家山阴坡村民委员会（Wèijiāshānyīnpō Cūnmínwěiyuánhuì） 1958 年设卧龙公社阴坡大队，1964 年并入魏家山大队，1979 年恢复阴坡大队，1982 年更名为魏家山阴坡大队。1983 年改称卧龙乡魏家山阴坡村委会。以村委会驻地魏家山阴坡命名，辖魏家山阴坡、麻家、下阴㘭、颉沟坪 4 个居民点。2006 年与魏家山阳坡村委会合并为魏山村委会。

魏家山阳坡村民委员会（Wèijiāshānyángpō Cūnmínwěiyuánhuì） 1958 年设卧龙公社阳坡大队，1964 年并入魏家山大队，1979 年恢复阳坡大队，1982 年更名为魏家山阳坡大队。1983 年改称魏家山阳坡村委会。以村委会驻地魏家山阳坡命名，辖魏家山阳坡、上湾堖、魏家山、阳虎湾 4 个居民点。2006 年与魏家山阴坡村委会合并为魏山村委会。

刘渠村民委员会（Liúqú Cūnmínwěiyuánhuì） 1979 年设白堡公社刘渠大队。1983 年改称刘渠村委会。村委会驻阳坡，辖阳坡、山庄上、阴坡 3 个居民点，以片村刘家渠子命名。2004

年属卧龙乡。2006年并入刘罗村委会。

罗家村民委员会（Luójiā Cūnmínwěiyuánhuì） 1979年设白堡公社罗家大队，1983年改称罗家村委会，2004年划属卧龙乡。村委会驻老庄罗家，辖老庄罗家1个居民点。以驻地老庄罗家命名。2006年并入刘罗村委会。

丁家寺湾村民委员会（Dīngjiāsìwān Cūnmínwěiyuánhuì） 1979年设卧龙公社丁家寺湾大队，1983年改称卧龙乡丁家寺湾村委会。以村委会驻地丁家寺湾命名，辖丁家寺湾、下湾里、罗家寺湾、刘家中庄4个居民点。2006年撤销，下湾里、罗家寺湾、刘家中庄并入刘罗村委会，丁家寺湾并入魏家湾村委会。

花梨湾村民委员会（Huālíwān Cūnmínwěiyuánhuì） 1979年设卧龙公社花梨湾大队，1983年改称卧龙乡花梨湾村委会。以村委会驻地花梨湾命名，辖花梨湾、大头塬、杜家湾、柳树湾、堡子上5个居民点。2006年并入马湾村委会。

阳洼堡子村民委员会（Yángwābǔzi Cūnmínwěiyuánhuì） 1979年设卧龙公社阳洼堡子大队，1983年改称卧龙乡阳洼堡子村委会。以村委会驻地阳洼堡子命名，辖阳洼堡子、白洼山、李家湾3个居民点。2006年并入马家沟村委会。

阳川镇

曹阎村民委员会（Cáoyán Cūnmínwěiyuánhuì） 1958年设卧龙公社曹阎大队。1960年并入阳川公社陈庙大队，1979年再设曹阎大队，1983年改称阳川乡曹阎村委会。村委会驻曹家湾，辖曹家湾、阎家湾2个居民点。以所辖居民点首字命名。2006年并入赵家湾村委会。

灯盏窝村民委员会（Dēngzhǎnwō Cūnmínwěiyuánhuì） 1987年设阳川乡灯盏窝村委会。以村委会驻地赵家湾的别名“灯盏窝”命名，辖赵家湾1个居民点。2006年与曹阎村委会合并为赵家湾村委会。

赵家沟村民委员会（Zhàojiāgōu Cūnmínwěiyuánhuì） 1987年设阳川乡赵家沟村委会。以村委会驻地赵家沟命名，辖赵家沟1个居民点。2006年并入岳家坪村委会。

曹家坪村民委员会（Cáojiāpíng Cūnmínwěiyuánhuì） 1979年设阳川公社曹家坪大队，1983年改称阳川乡曹家坪村委会。以村委会驻地曹家坪命名，辖曹家坪、张家坪、乱阳洼3个居民点。2006年并入李家咀村委会，

李家窑村民委员会（Lǐjiāyáo Cūnmínwěiyuánhuì） 1987年设阳川乡李家窑村委会。以村委会驻地李家窑命名，辖李家窑1个居民点。2006年并入刘湾村委会。

金李家村民委员会（Jīnlǐjiā Cūnmínwěiyuánhuì） 1987年设阳川乡金李家村委会。以村委会驻地金李家命名，辖金李家、槐树地2个居民点。2006年并入刘湾村委会。

杨家堡子村民委员会（Yángjiābǔzi Cūnmínwěiyuánhuì） 1987年设阳川乡杨家堡子村委会。以村委会驻地杨家堡子命名，辖杨家堡子1个居民点。2006年并入下堡子村委会。

上堡子村民委员会（Shàngbǔzi Cūnmínwěiyuánhuì） 1958年设卧龙公社上堡子大队，1960年属阳川公社，1983年改称阳川乡上堡子村委会，1987年分出下堡子、杨家堡子村委会。以村委会驻地张家上堡子命名，辖张家上堡子、二洼咀2个居民点。2006年并入下堡子村委会。

张家上岔村民委员会（Zhāngjiāshàngchà Cūnmínwěiyuánhuì） 1987年设阳川乡张家上岔村委会。以村委会驻地张家上岔命名，辖张家上岔、高山洼2个居民点。2006年并入新庄沟

村委会。

郭阎家村民委员会（Guōyánjiā Cūnmínwěiyuánhuì） 1987 年设阳川乡郭阎家村委会。以村委会驻地郭阎家命名，辖郭阎家 1 个居民点。2006 年并入孙王村委会。

蔡家沟村民委员会（Càijiāgōu Cūnmínwěiyuánhuì） 1987 年设阳川乡蔡家沟村委会。以村委会驻地蔡家沟命名，辖蔡家沟 1 个居民点。2006 年并入台咀村委会。

梁家坡村民委员会（Liángjiāpō Cūnmínwěiyuánhuì） 1987 年设阳川乡梁家坡村委会。以村委会驻地梁家坡命名，辖梁家坡 1 个居民点。2006 年并入张家大湾村委会。

深壑岘村民委员会（Shēnhèxiàn Cūnmínwěiyuánhuì） 1987 年设阳川乡深壑岘村委会。以村委会驻地深壑岘命名，辖深壑岘 1 个居民点。2006 年并入台咀村委会。

盘安镇

孙家沟上庄村民委员会（Sūnjiāgōushàngzhuāng Cūnmínwěiyuánhuì） 1979 年设盘安公社孙家沟上庄大队，1983 年改为盘安乡孙家沟上庄村委会。以村委会驻地孙家沟上庄命名，辖孙家沟上庄、谢家庄、谢家阳湾 3 个居民点。2006 年与孙家沟中庄、孙家沟下庄村委会合并为孙沟村委会。

孙家沟中庄村民委员会（Sūnjiāgōuzhōngzhuāng Cūnmínwěiyuánhuì） 1979 年设盘安公社孙家沟中庄大队，1983 年改为盘安乡孙家沟中庄村委会。以村委会驻地孙家沟中庄命名，辖孙家沟中庄、黑牛山、曹家湾 3 个居民点。2006 年与孙家沟上庄、孙家沟下庄村委会合并为孙沟村委会。

孙家沟下庄村民委员会（Sūnjiāgōuxiàzhuāng Cūnmínwěiyuánhuì） 1979 年设盘安公社孙家沟下庄大队，1983 年改称盘安乡孙家沟下庄村委会。以村委会驻地孙家沟下庄命名，辖孙家沟下庄、孙家沟山庄 2 个居民点。2006 年与孙家沟上庄、孙家沟中庄村委会合并为孙沟村委会。

王火炎村民委员会（Wánghuǒyán Cūnmínwěiyuánhuì） 1958 年设页崖公社王火炎大队，1959 年改为盘安公社王火炎大队，1983 年改为盘安乡王火炎村委会。以村委会驻地王火炎子命名，辖王火炎子、史家湾 2 个居民点。2006 年并入王福上庄村委会。

梁关村民委员会（Liángguān Cūnmínwěiyuánhuì） 1958 年设页崖公社梁关大队，1959 年改为盘安公社梁关大队，1983 年改称盘安乡梁关村委会，以村委会驻地梁关家命名，辖梁关家、梁关上庄 2 个居民点。2006 年并入王公村委会。

湾李上庄村民委员会（Wānlǐshàngzhuāng Cūnmínwěiyuánhuì） 1979 年设盘安公社湾李上庄大队，1983 年改为盘安乡湾李上庄村委会。以村委会驻地湾李上庄命名，辖湾李上庄、阳坡、新房、北山上、东庄 5 个居民点。2006 年与湾李下庄村委会合并为湾李村委会。

湾李下庄村民委员会（Wānlǐxiàzhuāng Cūnmínwěiyuánhuì） 1979 年设盘安公社湾李下庄大队，1983 年改为盘安乡湾李下庄村委会。以村委会驻地湾李下庄命名，辖湾李下庄、马家阳山、野雀川、阳坡 4 个居民点。2006 年与湾李上庄村委会合并为湾李村委会。

张李村民委员会（Zhānglǐ Cūnmínwěiyuánhuì） 1961 年设盘安公社张李大队，1983 年改称盘安乡张李村委会。以村委会驻地张李家命名，辖张李家、胡家 2 个居民点。2006 年与周家阳坡、周家阴坡村委会合并为周家村委会。

周家阳坡村民委员会（Zhōujiāyángpō Cūnmínwěiyuánhuì） 1961年设盘安公社周家阳坡大队，1983年改称盘安乡周家阳坡村委会。以村委会驻地周家阳坡命名，辖周家阳坡、荒凸、周家川子3个居民点。2006年与张李、周家阴坡村委会合并为周家村委会。

周家阴坡村民委员会（Zhōujiāyīnpō Cūnmínwěiyuánhuì） 1961年设盘安公社周家阴坡大队，1983年改称盘安乡周家阴坡村委会。村委会驻周家堡子，辖周家堡子、散缝里、那坡里3个居民点。以姓氏和方位命名。2006年与周家阳坡、张李村委会合并为周家村委会。

岔李上庄村民委员会（Chàlǐshàngzhuāng Cūnmínwěiyuánhuì） 1958年设页崖公社岔李上庄大队，1959年改为盘安公社岔李上庄大队，1960年并入岔李大队，1973年再分设岔李上庄大队，1983年改称盘安乡岔李上庄村委会。以村委会驻地岔李上庄命名，辖岔李上庄、阴凸山2个居民点。2006年并入岔李村委会。

吴河村民委员会（Wúhé Cūnmínwěiyuánhuì） 1958年设页崖公社吴河大队，1959年改为盘安公社吴河大队，1960年并入岔李大队，1973年恢复吴河大队，1983年改称盘安乡吴河村委会。以村委会驻地吴家河命名，辖吴家河、吴家山2个居民点。2006年与陈杨村委会合并为吴陈村委会。

陈杨村民委员会（Chényáng Cūnmínwěiyuánhuì） 1958年设页崖公社陈杨大队，1959年改为盘安公社陈杨大队，1960年并入岔李大队，1973年恢复陈杨大队，1983年改称盘安乡陈杨村委会。以村委会驻地陈杨家命名，辖陈杨家、吴家沟2个居民点。2006年与吴河村委会合并为吴陈村委会。

杨家村民委员会（Yángjiā Cūnmínwěiyuánhuì） 1958年设页崖公社杨家大队，1959年属盘安公社，1983年改称盘安乡杨家村委会。以村委会驻地杨家沟命名，辖杨家沟、白家湾2个居民点。2006年与宋家、申堡村委会合并为杨宋村委会。

宋家村民委员会（Sòngjiā Cūnmínwěiyuánhuì） 1979年设盘安公社宋家大队，1983年改称盘安乡宋家村委会。以村委会驻地宋家大庄命名，辖宋家大庄、宋家草凸、宋家河3个居民点。2006年与杨家、申堡村委会合并为杨宋村委会。

申堡村民委员会（Shēnbǔ Cūnmínwěiyuánhuì） 1958年设页崖公社申堡大队，1959年改为盘安公社申堡大队，1983年改称盘安乡申堡村委会。以村委会驻地申家堡子命名，辖申家堡子、牟家山2个居民点。2006年与杨家、宋家村委会合并为杨宋村委会。

端湾村民委员会（Duānwān Cūnmínwěiyuánhuì） 1958年设页崖公社端湾大队，1959年改为盘安公社端湾大队，1962年属新设页崖公社，1964年又划归盘安公社，1979年再划归页崖公社，1983年改称颉崖乡端湾村委会。以村委会驻地刘家端湾命名，辖刘家端湾、木瓜湾、胡家高山3个居民点。2004年属盘安乡。2006年并入焦湾村委会。

赵吴村民委员会（Zhàowú Cūnmínwěiyuánhuì） 1979年设页崖公社赵吴大队。1983年改称颉崖乡赵吴村委会。以村委会驻地赵吴家命名，辖赵吴家、赵吴家阳山、赵吴家阴山3个居民点。2004年属盘安乡。2006年并入颉崖村委会。

六房沟村民委员会（Liùfánggōu Cūnmínwěiyuánhuì） 1979年设页崖公社六房沟大队，1983年改称颉崖乡六房沟村委会。以村委会驻地六房沟命名，辖六房沟1个居民点。2004年属盘安乡。2006年并入樊庙村委会。

梁家寺湾村民委员会（Liángjiāsìwān Cūnmínwěiyuánhuì） 1979年设页崖公社梁家寺湾大队，1983年改称颉崖乡梁家寺湾村委会。以村委会驻地梁家寺湾命名，辖梁家寺湾1个居民点。

2004 年属盘安乡。2006 年并入樊庙村委会。

陈家村民委员会（Chénjiā Cūnmínwěiyuánhuì）　1979 年设页崖公社陈家大队，1983 年改称颉崖乡陈家村委会。以村委会驻地塌坡陈家命名，辖塌坡陈家 1 个居民点。2004 年属盘安乡。2006 年与窑刘家村委会合并为刘陈村委会。

窑刘家村民委员会（Yáoliújiā Cūnmínwěiyuánhuì）　1979 年设页崖公社窑刘家大队，1983 年改称颉崖乡窑刘家村委会。以村委会驻地窑刘家命名，辖窑刘家 1 个居民点。2004 年属盘安乡。2006 年与陈家村委会合并为刘陈村委会。

上雷村民委员会（Shàngléi Cūnmínwěiyuánhuì）　1979 年设页崖公社上雷大队，1983 年改称颉崖乡上雷村委会。村委会驻雷家大庄，辖上雷家 1 个居民点。2004 年属盘安乡。2006 年与下雷村委会合并为雷家村委会。

下雷村民委员会（Xiàléi Cūnmínwěiyuánhuì）　1979 年设页崖公社下雷大队，1983 年改称颉崖乡下雷村委会。村委会驻雷家大庄，辖雷家大庄 1 个居民点。2004 年属盘安乡，2006 年与上雷村委会合并为雷家村委会。

通化镇

张虎村民委员会（Zhānghǔ Cūnmínwěiyuánhuì）　1979 年设新集公社张虎大队，1983 年改称通化乡张虎村委会。以村委会驻地张虎家命名，辖张虎家、焦家阴山、张家岭 3 个居民点。2006 年并入陈堡村委会。

洞子沟村民委员会（Dòngzigōu Cūnmínwěiyuánhuì）　1962 年设新集公社洞子沟大队，1964 年属通边公社，1979 年又属新集公社，1983 年改称通化乡洞子沟村委会。以村委会驻地洞子沟命名，辖洞子沟、韩家壑岘、谢家湾 3 个居民点。2006 年并入高崖韩村委会。

何岔村民委员会（Héchà Cūnmínwěiyuánhuì）　1962 年设新集公社何岔大队，1964 年属通边公社，1979 年又属新集公社，1983 年改称通化乡何岔村委会。以村委会驻地何家岔命名，辖何家岔、凉树湾、上面山、簸箕湾、安家沟、鸦儿湾 6 个居民点。2006 年并入新庄村委会。

六房村民委员会（Liùfáng Cūnmínwěiyuánhuì）　1979 年设新集公社六房大队，1983 年改称通化乡六房村委会。以村委会驻地六房沟命名，辖六房沟、王家湾、徐家庄 3 个居民点。2006 年并入新集村委会。

菜沟湾村民委员会（Càigōuwān Cūnmínwěiyuánhuì）　1979 年设通边公社菜沟湾大队，1983 年改称通边乡菜沟湾村委会。以村委会驻地菜沟湾命名，辖菜沟湾、刘家窑 2 个居民点。2004 年属通化乡。2006 年并入刘善村委会。

大庄镇

谢家村民委员会（Xièjiā Cūnmínwěiyuánhuì）　1958 年设朱店公社谢家大队，1960 年属大庄公社。1962 年并入刘庙公社老山沟大队，1964 年属大庄公社。1977 年再设大庄公社谢家大队。1979 年属刘庙公社。1983 年改称刘庙乡谢家村委会。以村委会驻地谢家庄命名，辖谢家庄、谢家山庄、丁家山庄 3 个居民点。2004 年属大庄乡。2006 年并入梁山村委会。

胡家村民委员会（Hújiā Cūnmínwěiyuánhuì）　1958 年设朱店公社胡家大队，1960 年并入大庄公社南湾大队，1979 年设大庄公社胡家大队，1983 年改称大庄乡胡家村委会。村委会驻林安局子，辖林安局子、胡家 2 个居民点，以所辖居民点胡家命名。2006 年并入南湾村委会。

王沟村民委员会（Wánggōu Cūnmínwěiyuánhuì） 1958 年设朱店公社王沟大队，1960 年并入大庄公社王山大队，1979 年设大庄公社王沟大队，1983 年改称大庄乡王沟村委会。以村委会驻地王家沟命名，辖王家沟、塌山里、草㧟 3 个居民点。2006 年并入王山村委会。

伏家村民委员会（Fújiā Cūnmínwěiyuánhuì） 1958 年设朱店公社伏家大队，1960 年属大庄公社，1983 年改称大庄乡伏家村委会。以村委会驻地伏家庄命名，辖伏家庄 1 个居民点。2006 年并入杨局村委会。

上王村民委员会（Shàngwáng Cūnmínwěiyuánhuì） 1979 年设大庄公社上王大队，1983 年改称大庄乡上王村委会。以村委会驻地上王家命名，辖上王家 1 个居民点。2006 年并入大庄村委会。

高庄村民委员会（Gāozhuāng Cūnmínwěiyuánhuì） 1960 年设大庄公社高庄大队，1983 年改称大庄乡高庄村委会。以村委会驻地高家庄命名，辖高家庄 1 个居民点。2006 年并入下王村委会。

西坡村民委员会（Xīpō Cūnmínwěiyuánhuì） 1960 年设大庄公社西坡大队，1983 年改称大庄乡西坡村委会。以村委会驻地西坡命名，辖西坡、岳家岘 2 个居民点。2006 年并入杜家村委会。

阳㧟庄村民委员会（Yángwāzhuāng Cūnmínwěiyuánhuì） 1979 年设大庄公社阳㧟庄大队，1983 年改称大庄乡阳㧟庄村委会。以村委会驻地阳㧟庄命名，辖阳㧟庄、下局子、阴㧟 3 个居民点。2006 年并入连王村委会。

冯湾村民委员会（Féngwān Cūnmínwěiyuánhuì） 1962 年设刘庙公社冯湾大队，1964 年属大庄公社，1979 年再属刘庙公社，1983 年改称刘庙乡冯湾村委会。村委会驻冯家湾阳坡，辖冯家湾阳坡、冯家湾阴坡 2 个居民点，以冯家湾片村命名。2004 年属大庄乡。2006 年并入丁山村委会。

高湾村民委员会（Gāowān Cūnmínwěiyuánhuì） 1979 年设大庄公社高湾大队，1983 年改称大庄乡高湾村委会。村委会驻李家头儿，辖李家头儿、高山顶湾 2 个居民点。以所辖居民点高山顶湾命名。2006 年并入青龙沟村委会。

椿树湾村民委员会（Chūnshùwān Cūnmínwěiyuánhuì） 1960 年设大庄公社椿树湾大队，1983 年改称大庄乡椿树湾村委会。以村委会驻地椿树湾命名，辖椿树湾 1 个居民点。2006 年并入张山村委会。

杨湾村民委员会（Yángwān Cūnmínwěiyuánhuì） 1960 年设大庄公社杨湾大队，1983 年改称大庄乡杨湾村委会。以村委会驻地杨家湾命名，辖杨家湾、金家阳㧟 2 个居民点。2006 年并入张山村委会。

永宁镇

豆沟村民委员会（Dòugōu Cūnmínwěiyuánhuì） 1960 年设永宁公社豆沟大队，1983 年改称永宁乡豆沟村委会。以村委会驻地豆家沟命名，辖中庄、豆家沟、下豆家、圆地湾、苏家梁 5 个居民点。2006 年并入下湾村委会。

深沟村民委员会（Shēngōu Cūnmínwěiyuánhuì） 1979 年设永宁公社深沟大队，1983 年改称永宁乡深沟村委会。以村委会驻地苏家深沟命名，辖苏家深沟 1 个居民点。2006 年并入苏家阳屲村委会。

良邑镇

董沟村民委员会（Dǒnggōu Cūnmínwěiyuánhuì）　1979 年设良邑公社董沟大队，1983 年改称良邑乡董沟村委会。以村委会驻地董家沟命名，辖董家沟、弯咀梁、小堡子梁上、小堡子梁 4 个居民点。2006 年并入李咀村委会。

王山庄村民委员会（Wángshānzhuāng Cūnmínwěiyuánhuì）　1960 年设良邑公社王山庄大队，1983 年改称良邑乡王山庄村委会。以村委会驻地王家山庄命名，辖王家山庄、文家沟 2 个居民点。2006 年并入陈峡村委会。

何柳村民委员会（Héliǔ Cūnmínwěiyuánhuì）　1958 年设通边公社何柳大队，1960 年属良邑公社，1983 年改称良邑乡何柳村委会。村委会驻柳家庄，辖柳家庄、何家坡、柳家、张家川、下张家、张家崖寺 6 个居民点。以所辖居民点何、柳两姓命名。2006 年并入何川村委会。

岳堡镇

山铧村民委员会（Shānhuá Cūnmínwěiyuánhuì）　1960 年设岳堡公社山铧大队，1983 年改称岳堡乡山铧村委会。以村委会驻地山铧咀命名，辖山铧咀、陈家、刘蔺家、赵家山、大山梁 5 个居民点。2006 年并入南岔村委会。

后刘村民委员会（Hòuliú Cūnmínwěiyuánhuì）　1979 年设岳堡公社后刘大队，1983 年改称岳堡乡后刘村委会。村委会驻滴咀刘家，辖滴咀刘家、吴家后湾、高家庄 3 个居民点。以所辖居民点吴家后湾和滴咀刘家命名，2006 年并入吴家村委会。

王孟村民委员会（Wángmèng Cūnmínwěiyuánhuì）　1979 年设岳堡公社王孟大队，1983 年改称岳堡乡王孟村委会。村委会驻上湾，辖上湾、前湾、郝家梁、王家胡坑 4 个居民点，以王孟儿家片村命名。2006 年并入蒋寺村委会。

王家村民委员会（Wángjiā Cūnmínwěiyuánhuì）　1960 年设岳堡公社王家大队，1964 年并入蔡家大队，1979 年恢复王家大队，1983 年改称岳堡乡王家村委会。村委会驻王贡子家，辖王贡子家、王贡子家上庄、陈赵家、王家上咀上、朱吴家湾、北程家岔 6 个居民点，以姓氏命名。2006 年并入蔡家村委会。

关家村民委员会（Guānjiā Cūnmínwěiyuánhuì）　1960 年设岳堡公社关家大队，1983 年改称岳堡乡关家村委会。以村委会驻地关家命名，辖关家、薛家 2 个居民点。2006 年并入崔家村委会。

柳梁镇

贺沟村民委员会（Hègōu Cūnmínwěiyuánhuì）　1958 年设柳梁公社贺沟大队，1965 年并入孟山大队，1980 年再设贺沟大队，1983 年改称柳梁乡贺沟村委会。以村委会驻地贺家沟命名，辖贺家沟 1 个居民点。2006 年并入孟山村委会。

郑杜村民委员会（Zhèngdù Cūnmínwěiyuánhuì）　1958 年设柳梁公社郑杜大队，1965 年并入川边大队，1978 年恢复郑杜大队，1983 年改称柳梁乡郑杜村委会。村委会驻杜家崖湾，辖杜家崖湾、马家湾、郑家 3 个居民点。以郑、杜姓氏命名。2006 年并入川边村委会。

朱山村民委员会（Zhūshān Cūnmínwěiyuánhuì） 1958 年设柳梁公社朱山大队，1965 年并入川边大队，1978 年恢复朱山大队，1983 年改称柳梁乡朱山村委会。以村委会驻地朱家山命名，辖朱家山、谢家塬 2 个居民点。2006 年并入川边村委会。

牛沟村民委员会（Niúgōu Cūnmínwěiyuánhuì） 1961 年设柳梁公社牛沟大队，1965 年并入张陈大队，1979 年恢复牛沟大队，1983 年改称柳梁乡牛沟村委会。以村委会驻地牛家沟命名，辖牛家沟、李家湾、新庄 3 个居民点。2006 年并入张陈村委会。

李茂村民委员会（Lǐmào Cūnmínwěiyuánhuì） 1958 年设柳梁公社李茂大队，1965 年并入张陈大队，1979 年恢复李茂大队，1983 年改称柳梁乡李茂村委会。以村委会驻地李茂儿命名，辖李茂儿、高家川 2 个居民点。2006 年并入张陈村委会。

柳台村民委员会（Liǔtái Cūnmínwěiyuánhuì） 1958 年设柳梁公社柳台大队，1983 年改称柳梁乡柳台村委会。村委会驻柳家中庄，辖柳家中庄、滑沟凵子、柳家下湾、南阳堡 4 个居民点。以柳家台子片村命名。2006 年并入柳家乱庄村委会。

党家村民委员会（Dǎngjiā Cūnmínwěiyuánhuì） 1958 年设柳梁公社党家大队，1962 年属白堡公社，1964 年再属柳梁公社，1979 年复归白堡公社，1983 年改称白堡乡党家村委会。村委会驻党家阳坡，辖党家阳坡、党家阴坡、莲子湾、上蒙家、蒙家山 5 个居民点。以居民点姓氏命名。2004 年属柳梁乡。2006 年并入蒙家河湾村委会。

南坪镇

庙沟村民委员会（Miàogōu Cūnmínwěiyuánhuì） 1958 年设水洛公社庙沟大队。1960 年属南坪公社，1964 年并入唐山大队，1979 年恢复庙沟大队，1983 年改称南坪乡庙沟村委会。村委会驻上湾，辖上湾、秦家湾、旧庄、大地、靳家湾、山上凵 6 个居民点，以苏家庙沟片村命名。2006 年并入唐山村委会。

马台村民委员会（Mǎtái Cūnmínwěiyuánhuì） 1979 年设南坪公社马台大队，1983 年改称南坪乡马台村委会。以村委会驻地马家台子命名，辖马家台子、马家大湾 2 个居民点。2006 年并入寺门村委会。

刘堡村民委员会（Liúbǔ Cūnmínwěiyuánhuì） 1960 年设南坪公社刘堡大队，1983 年改称南坪乡刘堡村委会。以村委会驻地刘家堡子命名，辖刘家堡子、王家凵子 2 个居民点。2006 年与柳窑村委会合并为刘坪村委会。

刘窑村民委员会（Liúyáo Cūnmínwěiyuánhuì） 1960 年设南坪公社刘窑大队，1983 年改称南坪乡刘窑村委会。以村委会驻地刘家窑湾命名，辖刘家窑湾、刘家西湾 2 个居民点。2006 年与刘堡村委会合并为刘坪村委会。

上庄村民委员会（Shàngzhuāng Cūnmínwěiyuánhuì） 1979 年设南坪公社上庄大队，1983 年改称南坪乡上庄村委会。以村委会驻地苏家上庄命名，辖苏家上庄、刘家湾 2 个居民点。2006 年并入苏坪村委会。

苏湾村民委员会（Sūwān Cūnmínwěiyuánhuì） 1964 年设南坪公社苏湾大队，1983 年改称南坪乡苏湾村委会。以村委会驻地苏家湾命名，辖苏家湾 1 个居民点。2006 年并入苏坪村委会。

王家沟村民委员会（Wángjiāgōu Cūnmínwěiyuánhuì）　1960 年设南坪公社王家沟大队，1983 年改称南坪乡王家沟村委会。以村委会驻地王家沟命名，辖王家沟 1 个居民点。2006 年并入沈坪村委会。

唐家阳峁村民委员会（Tángjiāyángwā Cūnmínwěiyuánhuì）　1958 年设水洛公社阳峁大队，1960 年属南坪公社，1982 年更名为唐家阳峁大队，1983 年改称南坪乡唐家阳峁村委会，以村委会驻地唐家阳峁命名，辖唐家阳峁 1 个居民点。2006 年并入唐家高庄村委会。

杨川村民委员会（Yángchuān Cūnmínwěiyuánhuì）　1960 年设南坪公社杨川大队，1983 年改称南坪乡杨川村委会。以村委会驻地杨家川子命名，辖杨家川子、阳峁李家 2 个居民点。2006 年并入史坪村委会。

杨河乡

张家新庄村民委员会（Zhāngjiāxīnzhuāng Cūnmínwěiyuánhuì）　1962 年设杨河公社新庄沟大队，1964 年并入岳堡公社大庄大队，1979 年恢复杨河公社新庄沟大队，1982 年更名为张家新庄大队，1983 年改称杨河乡张家新庄村委会。村委会驻新庄沟，辖新庄沟、马家湾、咀儿上、塬头峁、坡底下、敖盆湾 6 个居民点。以驻地和居民姓氏命名。2006 年并入张家大庄村委会。

仇湾村民委员会（Qiúwān Cūnmínwěiyuánhuì）　1962 年设杨河公社仇湾大队，1964 年并入南湖公社马寺大队，1979 年恢复杨河公社仇湾大队。1983 年改称杨河乡仇湾村委会。以村委会驻地仇家湾命名，辖仇家湾、李家湾、魏家湾 3 个居民点。2006 年并入李润村委会。

下堡村民委员会（Xiàbǔ Cūnmínwěiyuánhuì）　1979 年设杨河公社下堡大队，1983 年改称杨河乡下堡村委会。村委会驻中庄，辖中庄、下堡子、椿树湾、田家阳峁、阳坡、田家滑沟、刘家湾 7 个居民点。以所辖居民点命名。2006 年并入寺沟岔村委会。

张塬村民委员会（Zhāngyuán Cūnmínwěiyuánhuì）　1962 年设杨河公社张塬大队，1964 年并入南湖公社逯岔大队，1979 年恢复杨河公社张塬大队，1983 年改称杨河乡张塬村委会。以村委会驻地张家塬命名，辖张家塬、王家阳峁、逯家新庄、王家峁 4 个居民点。2006 并入逯岔村委会。

焦沟村民委员会（Jiāogōu Cūnmínwěiyuánhuì）　1987 年设杨河乡焦沟村委会。村委会驻二架湾，辖二架湾、焦庄沟、金家山、赵家 4 个居民点，以所辖居民点焦庄沟命名。2006 年并入元咀村委会。

赵墩乡

郭李村民委员会（Guōlǐ Cūnmínwěiyuánhuì）　1961 年设赵墩公社郭李大队，1983 年改称赵墩乡郭李村委会。以村委会驻地郭李家命名，辖郭李家、田家湾、背后湾 3 个居民点。2006 年并入蛟龙寺村委会。

何岔村民委员会（Héchà Cūnmínwěiyuánhuì）　1961 年设赵墩公社何岔大队，1983 年改称赵墩乡何岔村委会。村委会驻阳峁，辖阳峁、王家老庄、王家后湾、咀头、田湾、东台、李家湾 7 个居民点，以片村何家岔命名。2006 年并入梨树湾村委会。

孙局村民委员会（Sūnjú Cūnmínwěiyuánhuì）　1979 年设赵墩公社孙局大队，1983 年改

称赵墩乡孙局村委会。以村委会驻地孙家局命名，辖孙家局（2016 年普查为孙家渠）、程家湾、王上湾、程家新庄 4 个居民点。2006 年并入阳川村委会。

道回沟村民委员会（Dàohuígōu Cūnmínwěiyuánhuì） 1958 年设庄浪公社道回沟大队，1960 年属赵墩公社，1964 年并入裴堡大队，1978 年恢复道回沟大队，1983 年改称赵墩乡道回沟村委会。以村委会驻地道回沟命名，辖道回沟、张家湾 2 个居民点。2006 年并入裴堡村委会。

郑河乡

贺峡村民委员会（Hèxiá Cūnmínwěiyuánhuì） 1960 年设郑河公社贺峡大队，1983 年改为郑河乡贺峡村委会。以村委会驻地贺家峡命名，辖贺家峡 1 个居民点。2006 年并入卢山村委会。

李安村民委员会（Lǐ'ān Cūnmínwěiyuánhuì） 1960 年设郑河公社李安大队，1983 年改为郑河乡李安村委会。以村委会驻地李家庵命名，安为“庵”谐音，辖李家庵、唐家湾、酒槽 3 个居民点。2006 年并入下寨村委会。

第三章　居民点地名

第一节　城镇居民点

水洛镇

水洛城（Shuǐluòchéng）位于县域中部水洛河与水洛南河交汇处三角地带，因水得名。秦、汉时此地设水洛亭，城垣始筑于汉代，北魏郦道元《水经注·渭水卷十七》中称水洛亭，唐代房玄龄等著《晋书·载记第二十五》中始见水洛城名称。宋代亦将“水洛”作“水逻”。金皇统二年（1142）至正大七年（1230）为水洛县驻地。东至梯田广场，南至水洛南河，西至水上公园，北至水洛河，面积 2.1 平方千米。11300 户、40600 人。汉族为主。驻有党政机关及企事业单位 71 个。有小区 17 个、广场 4 个、公园 2 个。

水洛城（2019 年 7 月摄）

天太佳苑（Tiāntàijiāyuàn）位于县城南滨河路（东段），属水洛镇东街社区管辖。2013 年建成，取“天下太平”之意。东至朝阳广场，南至东城巷，西至朝阳南街，北至南滨河路。占地 2.8 万平方米，建筑面积 5.6 万平方米，有 9 栋 41 个单元，主体高 20 米。居民 578 户 1000 人。

天太佳苑（2020 年 6 月摄）

弘源小区（Hóngyuán Xiǎoqū）位于县城供电巷，属水洛镇东街社区管辖。2011 年建成，取“弘大、源远”之意。东至天太佳苑，南至嘉怡花苑，西至供电巷，北至南滨河路。占地 3.5 万平方米，建筑面积 3 万平方米，有 5 栋 31 个单元，主体高 25 米。居民 338 户 755 人。

嘉怡花苑（Jiāyíhuāyuàn） 位于县城供电巷，属水洛镇东街社区管辖。2013 年建成，取“佳胜快乐”之意。东至供电巷，南至供电局家属楼，西至翠庭花苑（二期），北至南滨河路。占地 1.1 万平方米，建筑面积 2.4 万平方米，有 2 栋 16 个单元，主体高 20 米。居民 220 户 280 人。

九洲花苑（Jiǔzhōuhuāyuàn） 位于县城东大街，属水洛镇东街社区管辖。2008 年 7 月建成，取“宽广辽阔”之意。东至县再就业商城，南至紫荆山公园，西至县影剧院，北至县供销联社。占地 0.74 万平方米，建筑面积 1.08 万平方米，有 4 栋 13 个单元，主体高 20 米。居民 169 户 547 人。

安顺小区（Ānshùn Xiǎoqū） 位于县城东大街，属水洛镇东街社区管辖。2010 年建成，取“平安顺遂”之意。东至万和住宅小区，南至紫荆山公园，西至烟草专卖局，北至东大街。占地 1.1 万平方米，建筑面积 2.5 万平方米，有 6 栋 18 个单元，主体高 18 米。居民 240 户 704 人。

宏祥花园（Hóngxiánghuāyuán） 位于县城东大街中段，属水洛镇东街社区管辖。2008 年 8 月建成，庄浪县宏祥建筑公司开发，故名，取“宏盛祺祥”之意。东至县卫生局家属楼，南至紫荆山公园，西至东关村居民住宅，北至东大街。占地 2.9 万平方米，建筑面积 2.49 万平方米，有 6 栋 20 个单元，主体高 20 米。居民 202 户 624 人。

煤矿小区（Méikuàng Xiǎoqū） 位于县城朝阳南街，属水洛镇东街社区管辖。2012 年建成，因县煤矿开发建设得名。东至县气象局，南至东大街，西至朝阳南街，北至东城巷。占地 3 万平方米，建筑面积 2.4 万平方米，有 8 栋 11 个单元，主体高 20 米，居民 220 户 520 人。

万和住宅小区（Wànhé Zhùzhái Xiǎoqū） 位于县城东大街中段，属水洛镇东街社区管辖。2015 年 12 月建成，取“万家团圆、和谐共处”之意。东至教师康居小区，南至紫荆山公园，西至安顺小区，北至东大街。占地 0.5 万平方米，建筑面积 1.6 万平方米，有 5 栋 10 个单元，主体高 18 米。居民 108 户 367 人。

天诚花苑（Tiānchénghuāyuàn） 位于县城南滨河路（东段），属水洛镇东街社区管辖。2010 年建成，取“天下诚信”之意。东至中宁南街，南至经委家属楼，西至昌隆站务运营有限公司，北至南滨河路。占地 1.19 万平方米，建筑面积 3.3 万平方米，有 8 栋 24 个单元，一层通体为商场，二层以上为住宅，主体最高 22.6 米。居民 380 户 667 人。

教师康居小区（Jiàoshī Kāngjū Xiǎoqū） 位于县城东大街，属水洛镇东街社区管辖。1997

年建成，因是教师住宅得名，取“康乐安居”之意。东至县第一小学，南至紫荆山公园，西至万和住宅小区，北至县第一幼儿园。占地 0.48 万平方米，建筑面积 0.78 万平方米，有 4 栋 8 个单元，主体高 18 米。居民 88 户 300 人。

县医院住宅区（Xiànyīyuàn Zhùzháiqū） 位于县城东大街中段，属水洛镇东街社区管辖。1997 年 10 月建成，因是庄浪县人民医院职工住宅得名。东至县食品药品监督管理局，南至丹阳广场，西至中宁南街，北至东大街。占地面积 1.19 万平方米，建筑面积 1.53 万平方米。有 6 栋 13 个单元，主体高 12 ~ 21 米。居住 152 户 429 人。

滨河佳苑(Bīnhéjiāyuàn) 位于县城南滨河路，属水洛镇西街社区管辖。2015 年建成，取“上佳住宅”之意。东、南、西均至原商业系统家属院，北至南滨河路。占地 0.32 万平方米，建筑面积 1.63 万平方米，1 栋 2 个单元，主体高 54.5 米。居民 94 户 282 人。

滨河佳苑（2017 年 3 月摄）

紫荆花苑（Zǐjīnghuāyuàn） 位于县城南滨河路西段，属水洛镇西街社区管辖。2004 年建成，因紫荆山得名。东至文苑小区，南至县委党校和人行，西至原工商局办公楼，北至南滨河路。占地 1.67 万平方米，建筑面积 3.7 万平方米，5 栋 20 个单元，主体高 18 米。居民 294 户 968 人。

西关住宅小区（Xīguān Zhùzháixiǎoqū） 位于县城西大街，属水洛镇西街社区管辖。2003 年建成，以坐落西关村得名。东至西关村民住宅区，南至寺坪塬泰和花苑，西至紫荆宾馆，北至水洛供销社。占地 1.32 万平方米，建筑面积 3.62 万平方米，有 9 栋 18 个单元，主体高 18 米。居民 230 户 526 人。

朝阳小区(Cháoyáng Xiǎoqū) 位于县城崇文路东段，属水洛镇北城社区管辖。2009 年 11 月建成，取“朝阳初升”之意。东至李庄花苑，南至崇文路，西、北至李家庄村民住宅区。占地 0.62 万平方米，建筑面积 1.23 万平方米，3 栋 11 个单元，主体高 18 米，另有独院 7 户。居民 132 户 559 人。

朝阳花苑（Cháoyánghuāyuàn） 位于县城朝阳北街，属水洛镇北城社区管辖。2009 年 5 月建成，取“朝阳初升”之意。东至朝阳北街，南至北滨河路，西至广播局家属楼，北至崇文路。占地 0.85 万平方米，建筑面积 1.3 万平方米，5 栋 16 个单元，主体高 18 米。居民 170 户 528 人。

宁静花苑（Níngjìnghuāyuàn） 位于县城北滨河路中段，属水洛镇北城社区管辖。2003 年 7 月建成，原称房产公司北城住宅小区，2014 年改称宁静花苑，取“安宁清静”含义。东至中宁北街，南至北滨河路，西至疾控中心，北至李庄村村民住宅区。占地 1.33 万平方米，建筑面积 2.76 万平方米，4 栋 22 个单元 248 套，主体高 18 米。独院 3 户 849 平方米。现住居民 228 户 794 人。

中天花园（Zhōngtiānhuāyuán） 位于县城北滨河路东段，属水洛镇北城社区管辖。2005 年 3 月建成，由中天集团开发建设，故名，取“如日中天、方兴未艾”含义。东至县水务局家属楼，南至北滨河路，西至中宁北街，北至崇文路。占地 4.18 万平方米，建筑面积 7.76 万平方米，12 栋 53 单元，主体高 18 米，院落 1 处 12 户。居民 619 户 1865 人。

安居小区（Ānjū Xiǎoqū） 位于县城新昌街东侧，属水洛镇北城社区管辖。2010 年建成，取“安居乐业”之意。东至李庄村居民住宅区，南至地毯厂家属楼，西至新昌街，北至羊把式坡山根。占地1.3万平方米，建筑面积2.8万平方米，8栋21个单元，1号至3号楼6层，主体高18米，4号至7号楼7层，主体高21米，8号楼11层，主体高33米。居民588户1881人。

安泰庄苑（Āntàizhuāngyuàn） 位于县城新昌街，属水洛镇新北社区管辖。2008年10月建成，取“平安吉祥、常年祺泰”之意。东至新昌街，南至新徐西路，西、北至东关村居民住宅区。占地0.99万平方米，建筑面积2.5万平方米，5栋23个单元，主体高18米。居民218户866人。

富强花苑（Fùqiánghuāyuàn） 位于县城崇文路，属水洛镇新北社区管辖。2006年5月建成，取“富足强盛”之意。东至紫荆北街，南至县政府统办大楼，西至三中巷，北至崇文路。占地1200平方米，建筑面积7500平方米，楼房3栋6个单元，主体高21米。居民84户360人。

康居小区（Kāngjū Xiǎoqū） 位于县城新徐西路西段，属水洛镇新北社区管辖。2005年建成，取“安康富裕”之意。东至贺家庄居民住宅，南至新徐西路，西何马小庄居民住宅，北至静庄公路。占地5.33万平方米，建筑面积3.65万平方米，2栋8个单元，主体高18米；别墅67套，主体高6.6米。居民147户435人。

金水花苑（Jīnshuǐhuāyuàn） 位于县城紫荆南街，属水洛镇南城社区管辖。2014年在原水利局址开发建设，故名，取“洛河之水流光溢彩，惠人以利泽”之意。东至西关村民住宅，南至锦盛花苑，西至寺坪巷，北至西关村民住宅区。占地1.14万平方米，建筑面积3.5万平方米，4栋4个单元，主体17层，高57米。居民270户380人。

中天如意小镇（Zhōngtiān-rúyìxiǎozhèn） 位于县城南城区，属水洛镇南城社区管辖。2015年11月建成，由中天集团开发建设，故名，取“吉祥如意”之意。东至县直机关单位，南至南河北路，西至南城花苑，北至开元路。占地5.9万平方米，建筑面积15.18万平方米，商住楼32栋，主体18层、19层，最高63米。居民1248户1530人。

中天如意小镇（2020年6月摄）

翠庭花苑（Cuìtínghuāyuàn） 位于县城南城区，属水洛镇南城社区管辖。2014年建成，取“翠色荫庭”之意。东至紫荆南街，南至南河北路，西至汽修市场，北至车站路。占地18.9万平方米，建筑面积5.87万平方米，7栋20个单元923套，主体高20～39米。居民518户2072人。

南城花苑（Nánchénghuāyuàn） 位于县城南城区，属水洛镇南城社区管辖。2015年建成，以坐落县城南城区得名。东至中天如意小镇，南至南河北路，西至四中，北至开元路。占地1.17万平方米，建筑面积3.65万平方米，4栋12个单元，主体高31.9米。居民340户1200人。

南舒苑（Nánshūyuàn） 位于县城车站路，属水洛镇南城社区管辖。2010年建成。取“舒适宜居”之意。东至供销车队，南至车站路，西至县汽车站，北至盛世年华购物广场。占地0.73万平方米，建筑面积2.04万平方米，6栋16个单元，主体高18米。居住192户768人。

锦盛花苑（Jǐnshènghuāyuàn） 位于县城紫荆南街，属水洛镇南城社区管辖。2015年11月建成，取“锦绣前程、财源茂盛”含义。东至西关村民住宅，南至车站路，西至寺坪巷，北至金水花园。

占地 0.79 万平方米，总建筑面积 3.16 万平方米，4 栋 8 个单元，主体 18 层（含地下 1 层），高 51 米。居民 512 户 1000 人。

南湖镇

南湖（Nánhú）　位于南湖镇中部，系镇政府驻地。南湖，汉称方城，有遗址。唐称结公城。金正大七年（1230）后，庄浪路，州、县、乡治所均设于此地。1951 年县城迁至水洛后，为维新区政府驻地。1958 年庄浪县并入静宁后，此地设庄浪公社址，1961 年恢复庄浪县后，为南湖公社址。1983 年为南湖乡人民政府驻地。因城南有小湖（1924 年由时任庄浪知事黄金鼎率领民众修建）得名。该聚落呈团块状分布，总面积 1.2 平方千米。有机关及企事业单位 20 个、小区 10 个。常住居民 1300 户 5100 人，汉族为主。

南湖（2019 年 10 月摄）

麒麟家园（Qílínjiāyuán）　位于南湖镇西华街 403 号，东至维新街，南至北关村居民住宅，西至后河，北至北关村居民住宅。原为南湖水厂，2011 年 1 月由庄浪县三星热力有限公司开发建设，2014 年 12 月建成。“麒麟”为中国传统瑞兽，在此取吉祥之意。占地面积 1.21 万平方米，建筑面积 1.91 万平方米，楼房 6 栋，均为 6 层，共 15 个单元。居民 102 户 421 人。

旭康花苑（Xùkānghuāyuàn）　位于南湖镇寺巷 31 号，东至南门村居民住宅，南至敬老院旧址，西至南湖综合厂小区，北至寺巷。原为南湖粮管所，2013 年 7 月由庄浪县房地产开发公司开发建设，2015 年 7 月建成。取“光明安康”之意。占地面积 0.8 万平方米，建筑面积 1.7 万平方米，楼房 3 栋，均为 6 层，12 个单元。居民 78 户 314 人。

南湖花苑（Nánhúhuāyuàn）　位于南湖镇寺巷 69 号，东至西华街门店，南、西至后河，北至寺巷。2015 年 5 月由庄浪县紫荆房地产开发有限责任公司开发建设，2017 年 4 月建成。因镇政府驻地“南湖”得名。占地面积 1.47 万平方米，建筑面积 2.4 万平方米，楼房 6 栋，其中 5 栋 6 层，1 栋 8 层，共 24 个单元。居民 100 户 419 人。

南湖花苑（2021 年 6 月摄）

北关小区（Běiguān Xiǎoqū）　位于南湖镇西华街，东至维新街门店，南至消防通道，西至的西华街，北至中心街。原为露天小商品市场，2015 年 7 月由甘肃圣大房地产开发有限公司开发建设，2018 年 10 月建成，属棚户区改造项目。因地处北关村得名。占地面积 0.59 万平方米，建筑面积 1.2 万平方米，楼房 3 栋，其中 1 栋 12 层，2 栋 8 层，共 9 单元。居民 46 户 178 人。

第二节 农村居民点

水洛镇

李家庄（Lǐjiāzhuāng） 位于水洛镇中部。系水洛镇政府、村委会驻地，属李家庄村委会管辖。188 户 939 人，汉族。1958 年属水洛公社徐碾大队，1961 年属李家庄大队，1983 年属水洛乡李家庄村委会，1984 年属水洛城镇李家庄村委会。因以李姓大户得名。村落呈团块状分布，面积 0.24 平方千米。农业以种植蔬菜、玉米、马铃薯为主，居民收入以商贸、养殖、劳务为主。居民点与县第三小学、县第二幼儿园、县疾控中心相邻，新徐东路、崇文路、新昌街、博爱巷纵横交错。通水、电、网络、公交车。

孙家庄（Sūnjiāzhuāng） 位于水洛镇中部，距镇政府驻地李家庄 1.08 千米。属李家庄村委会管辖。169 户 810 人，汉族。1958 年属水洛公社徐碾大队，1961 年属李家庄大队，1983 年属水洛乡李家庄村委会，1984 年属水洛城镇李家庄村委会。因孙姓大户得名。村落呈团块状分布，面积 0.31 平方千米。农业以种植蔬菜、玉米、马铃薯为主，居民收入以商贸、养殖、劳务为主。与庄浪县职业教育中心、庄浪县社会福利院相间。新徐东路、文昌街、中宁北街、朝阳北街、崇文路纵横交错。通水、电、网络、公交车。

柳家团庄（Liǔjiātuánzhuāng） 位于水洛镇中部，距镇政府驻地李家庄 0.55 千米。属李家庄村委会管辖。65 户 321 人，汉族。1958 年属水洛公社徐碾大队，1961 年属李家庄大队，1983 年属水洛乡李家庄村委会，1984 年属水洛城镇李家庄村委会。因柳姓村民聚居而得名。村落呈团块状分布，面积 0.24 平方千米。农业以种植蔬菜、马铃薯为主，居民收入以商贸、劳务为主。邮政巷、紫荆北街、新徐西路纵横交错。

东关（Dōngguān） 位于水洛镇东部，距镇政府驻地李家庄 0.81 千米。属东关村委会管辖，系村委会驻地。620 户 2412 人，汉族为主。1958 年属水洛公社新春大队，1961 年属东关大队，1983 年属水洛乡东关村委会，1984 年属水洛城镇东关村委会。因位于原水洛城东门得名。村落呈团块状分布，面积 0.81 平方千米。居民收入以商贸、劳务为主。驻有县第一、三幼儿园、紫荆中学、县人民医院、博物馆、文化馆、图书馆、影剧院等单位，朝阳南街、东大街、南滨河路、供电巷、文昌街、东城巷、中宁南街、紫荆路纵横交错。通水、电、网络、公交车。

西关（Xīguān） 位于水洛镇东部，距镇政府驻地李家庄 1.24 千米。属西关村委会管辖，系村委会驻地。784 户 3048 人，汉族为主。1958 年属水洛公社新春大队，1964 年属西关大队，1983 年属水洛乡西关村委会，1984 年属水洛城镇西关村委会。因位于原水洛城西门得名。村落呈团块状分布，面积 0.5 平方千米。居民收入以商贸、劳务为主。居民点有庄浪县第一中学、庄浪县第二小学、寺坪塬遗址、将军殿遗址。迎宾街、南滨河路、西大街、一中巷、公园街、车站路、紫荆南街、紫荆路、寺坪巷、礼堂巷纵横交错。通水、电、网络、公交车。

王家庄（Wángjiāzhuāng） 位于水洛镇东部，距镇政府驻地李家庄 1.47 千米。属西关村委会管辖居民点。143 户 603 人，汉族。1958 年属水洛公社新春大队，1964 年属西关大队，1983 年属水洛乡西关村委会，1984 年属水洛城镇王家庄村委会，2006 年属水洛镇西关村委会。因姓氏得名。村落呈团块状分布，面积 0.37 平方千米。农业以种植蔬菜、玉米、马铃薯为主，居民收入以商贸、养殖、劳务为主。

车站路、开元路经此。

李家碾（Lǐjiāniǎn）　位于水洛镇东北部，距镇政府驻地李家庄 4.45 千米。属李碾村委会管辖，系村委会驻地。357 户 1566 人，其中回族有 1 户 5 人。1958 年属水洛公社李碾大队，1983 年属水洛乡李碾村委会，2004 年属水洛镇李碾村委会。该村李姓人于明嘉靖年间（1522—1566）由陕西武功迁至此地，用石碾碾麻造纸，故名。村落呈团块状分布，面积 0.31 平方千米。农业以种植大棚蔬菜、苹果、玉米、马铃薯为主，居民收入以商贸、养殖、劳务为主。有李碾村小学。乡道北川公路经此。

李家碾前湾（Lǐjiāniǎnqiánwān）　位于水洛镇东北部，距镇政府驻地李家庄 5.57 千米。属李碾村委会管辖。46 户 218 人，汉族。1958 年属水洛公社李碾大队，1983 年属水洛乡李碾村委会，2004 年属水洛镇李碾村委会。因地形方位得名。村落坐南朝北，呈散状分布，面积 0.03 平方千米。农业以种植蔬菜、苹果、玉米、马铃薯、油菜为主，居民收入以养殖、劳务为主。

徐家上碾（Xújiāshàngniǎn）　位于水洛镇东北部，距镇政府驻地李家庄 2.99 千米。属徐碾村委会管辖，系村委会驻地。324 户 1431 人，汉族。1958 年属水洛公社徐碾大队，1979 年属上碾大队，1983 年属水洛乡上碾村委会，2004 年属水洛镇上碾村委会，2006 年属水洛镇徐碾村委会。因姓氏、方位和碾麻造纸工具（石碾）得名，与徐家下碾总称徐家碾。村落呈团块状分布，面积 0.38 平方千米。农业以种植蔬菜、玉米、马铃薯为主，居民收入以商贸、养殖、劳务为主。乡道北川公路经此。

徐家下碾（Xújiāxiàniǎn）　位于水洛镇东北部，距镇政府驻地李家庄 2.35 千米。属徐碾村委会管辖。254 户 1046 人，汉族。1958 年属水洛公社徐碾大队，1979 年属下碾大队，1983 年属水洛乡下碾村委会，2004 年属水洛镇下碾村委会，2006 年属水洛镇徐碾村委会。因姓氏、方位和碾麻造纸工具（石碾）得名，与徐家上碾总称徐家碾。村落呈团块状分布，面积 0.58 平方千米。农业以种植小麦、玉米、马铃薯、蔬菜为主，居民收入以商贸、养殖、劳务为主。村内有徐碾村小学，村北有省级文物保护单位徐李碾遗址。乡道北川公路经此。

徐家半山（Xújiābànshān）　位于水洛镇东北部，距镇政府驻地李家庄 4.08 千米。属徐碾村委会管辖。104 户 418 人，汉族。1958 年属水洛公社文湾大队，1979 年属半山大队，1983 年属水洛乡半山村委会，2004 年属水洛镇半山村委会，2006 年属水洛镇徐碾村委会。因姓氏和居住地理位置得名。村落坐北朝南，呈团块状分布，面积 0.08 平方千米。农业以种植小麦、玉米、马铃薯、胡麻为主，居民收入以养殖、劳务为主。

徐家湾堖（Xújiāwānnǎo）　位于水洛镇北部，距镇政府驻地李家庄 3.69 千米。属徐碾村委会管辖。15 户 71 人，汉族。1958 年属水洛公社文湾大队，1979 年属水洛公社半山大队，1983 年属水洛乡半山村委会，2004 年属水洛镇半山村委会，2006 年属水洛镇徐碾村委会。因姓氏和地形得名。村落坐北朝南，呈团块状分布，面积 0.02 平方千米。农业以种植小麦、玉米、马铃薯、胡麻为主，居民收入以养殖、劳务为主。

文家湾（Wénjiāwān）　位于水洛镇西北部，距镇政府驻地李家庄 2.22 千米。属文湾村委会管辖，系村委会驻地。211 户 909 人，汉族。1958 年属水洛公社文湾大队，1983 年属水洛乡文湾村委会，2004 年属水洛镇文湾村委会。因姓氏和地形得名。村落坐东北朝西南，呈团块状分布，面积 0.28 平方千米。农业以种植小麦、玉米、苹果、马铃薯、油菜为主，居民收入以养殖、劳务为主。有文湾村小学。省道静庄公路经过。

马家官路（Mǎjiāguānlù）　位于水洛镇西北部，距镇政府驻地李家庄 3.16 千米。属文湾村委会管辖。65 户 294 人，汉族。1958 年属水洛公社文湾大队，1983 年属水洛乡文湾村委会，2004 年属水洛镇文湾村委会。因马姓人家曾在路边开店而得名，“官路”即马车路。村落坐东朝西，呈散状分布，面积 0.12 平方千米。农业以种植小麦、玉米、马铃薯、油菜为主，居民收入以养殖、劳务为主。省道静庄公路经此。

胡家涝子(Hújiālàozi) 位于水洛镇西北部,距镇政府驻地李家庄2.29千米。属文湾村委会管辖。22户88人,汉族。1958年属水洛公社文湾大队,1983年属水洛乡文湾村委会,2004年属水洛镇文湾村委会。因姓氏和涝池得名。村落坐西南朝东北,呈团状分布,面积0.02平方千米。农业以种植小麦、玉米、马铃薯、油菜为主,居民收入以养殖、劳务为主。省道静庄公路经此。

中川李家(Zhōngchuānlǐjiā) 位于水洛镇东北部,距镇政府驻地李家庄2.25千米。属中川村委会管辖,系村委会驻地。276户1097人,汉族。1958年属水洛公社城关大队,1961年属水洛公社中川大队,1983年属水洛乡中川村委会,2004年属水洛镇中川村委会。因李姓人居于河川得名,亦称中滩李家。村落呈团块状分布,面积0.53平方千米。农业以种植小麦、玉米、马铃薯、蔬菜为主,居民收入以商贸、养殖、劳务为主。有中川村小学。县道苏庄公路经此。

中川李家广场(2020年6月摄)

中川李家后湾(Zhōngchuānlǐjiāhòuwān) 位于水洛镇东北部,距镇政府驻地李家庄3.86千米。属中川村委会管辖。2户6人,汉族。1958年属水洛公社城关大队,1961年属中川大队,1983年属水洛乡中川村委会,2004年属水洛镇中川村委会。因位于中川李家东部山湾得名。村落坐东朝西,呈团块状分布,面积0.03平方千米。土地均退耕还林。居民收入以劳务为主。

何马家(Hémǎjiā) 位于水洛镇中部,距镇政府驻地李家庄2.5千米。属何马村委会管辖,系村委会驻地。464户2111人,汉族。1958年属水洛公社新型大队,1979年属何马大队,1983年属水洛乡何马村委会,2004年属水洛镇何马村委会。以何、马两姓得名。村落呈团块状分布,面积0.25平方千米。农业以种植蔬菜、苹果、玉米、马铃薯为主,居民收入以商贸、养殖、劳务为主。有庄浪县实验小学和第四幼儿园。省道静庄公路、乡道北川公路经此。

何马小庄(Hémǎxiǎozhuāng) 位于水洛镇中部,距镇政府驻地李家庄1.67千米。属何马村委会管辖。92户414人,汉族。1973年因暴发洪水从水洛公社西关大队磨渠边迁至何马家,为区别于何马家而取名何马小庄。1979年属水洛公社何马大队,1983年属水洛乡何马村委会,2004年属水洛镇何马村委会。村落呈团块状分布,面积0.04平方千米。农业以种植蔬菜、苹果、玉米、马铃薯为主,居民收入以养殖、劳务为主。省道静庄公路、乡道北川公路经此。

刘家湾(Liújiāwān) 位于水洛镇西北部,距镇政府驻地李家庄2.08千米。属何马村委会管辖。27户123人,汉族。1958年属水洛公社马家山庄大队,1983年属水洛乡马家山庄村委会,2004年属水洛镇马家山庄村委会,2006年属水洛镇何马村委会。因姓氏和地形得名。村落坐北朝南,呈散状分布,面积0.03平方千米。农业以种植蔬菜、苹果、玉米、马铃薯、油菜为主,居民收入以养殖、劳务为主。

马家山庄(Mǎjiāshānzhuāng) 位于水洛镇西部,距镇政府驻地李家庄2.99千米。属何马村委会管辖。43户193人,汉族。1958年属水洛公社马家山庄大队,1983年属水洛乡马家山庄村委会,2004年属水洛镇马家山庄村委会,2006年属水洛镇何马村委会。因马姓人坐山庄得名。村落坐东朝西,呈散状分布,面积0.29平方千米。农业以种植玉米、马铃薯、油菜、苹果为主,居民收入以养殖、劳务为主。

贺家庄(Hèjiāzhuāng) 位于水洛镇中部,距镇政府驻地李家庄1.02千米。属贺庄村委会管辖,系村委会驻地。331户1441人,汉族。1958年属水洛公社贺庄大队,1983年属水洛乡贺庄村委会,

2004年属水洛镇贺庄村委会。因初居者贺姓得名。村落呈团块状分布，面积0.29平方千米。农业以种植玉米、马铃薯、蔬菜为主，居民收入以商贸、养殖、劳务为主。驻有县第五幼儿园、第三中学、中医院。城区新徐西路、崇文路、三中巷、迎宾街、友谊街纵横交错。

刘家山（Liújiāshān） 位于水洛镇西部，距镇政府驻地李家庄2.41千米。属贺庄村委会管辖。29户128人，汉族。1958年属水洛公社马家山庄大队，1983年属水洛乡马家山庄村委会，2004年属水洛镇马家山庄村委会，2006年属水洛镇贺庄村委会。因姓氏和地形得名。村落坐西朝东，呈团块状分布，面积0.11平方千米。农业以种植小麦、玉米、马铃薯、蔬菜为主，居民收入以养殖、劳务为主。

簸箕湾（Bòjiwān） 位于水洛镇西北部，距镇政府驻地李家庄2.07千米。属贺庄村委会管辖。54户227人，汉族。1958年属水洛公社马家山庄大队，1983年属水洛乡马家山庄村委会，2004年属水洛镇马家山庄村委会，2006年属贺庄村委会。因地形似簸箕得名。村落坐西朝东，呈团块状分布，面积0.06平方千米。农业以种植小麦、玉米、马铃薯、油菜、蔬菜为主，居民收入以养殖、劳务为主。

文家沟（Wénjiāgōu） 位于水洛镇中部，距镇政府驻地李家庄3.31千米。属新兴村委会管辖，系村委会驻地。343户1471人，汉族。1958年属水洛公社新型大队，1961年属文沟大队，1983年属水洛乡文沟村委会，2004年属水洛镇文沟村委会，2006年属新兴村委会。因姓氏和地形得名。村落呈团块状分布，面积0.5平方千米。农业以种植小麦、玉米、马铃薯、蔬菜为主，居民收入以养殖、劳务为主。有文沟村小学。乡道北川公路经此，通公交车。

王家山（Wángjiāshān） 位于水洛镇中部，距镇政府驻地李家庄3.31千米。属新兴村委会管辖。居民105户438人，汉族。1958年属水洛公社新型大队，1961年属文沟大队，1979年属王家山大队，1983年属水洛乡王家山村委会，2004年属水洛镇王家山村委会，2006年属水洛镇新兴村委会。因姓氏和地形得名，村落坐西北朝东南，呈散状分布，面积0.12平方千米。农业以种植小麦、玉米、马铃薯、蔬菜、苹果为主，居民收入以养殖、劳务为主。

陈杨柳家（Chényángliǔjiā） 位于水洛镇南部，距镇政府驻地李家庄4.21千米。属新兴村委会管辖。187户799人，汉族。1958年属水洛公社新型大队，1961年属文沟大队，1979年属陈杨柳家大队，1983年属水洛乡陈杨柳家村委会，2004年属水洛镇陈杨柳家村委会，2006年属水洛镇新兴村委会。因陈、杨、柳三姓得名。村落呈团块状分布，面积0.24平方千米。农业以种植小麦、玉米、马铃薯、蔬菜、苹果为主，居民收入以果菜销售、养殖、劳务为主。乡道北川公路经此。

柳家沟（Liǔjiāgōu） 位于水洛镇南部，距镇政府驻地李家庄5.41千米。属新光村委会管辖，系村委会驻地。155户698人，汉族。1958年属水洛公社新光大队，1979年属柳沟大队，1983年属水洛乡柳沟村委会，2004年属水洛镇柳沟村委会，2006年属水洛镇新光村委会。因姓氏和地形得名。村落呈团块状分布，面积0.1平方千米。农业以种植小麦、玉米、马铃薯、蔬菜、苹果为主，居民收入以养殖、劳务为主。

柳家新庄（Liǔjiāxīnzhuāng） 位于水洛镇南部，距镇政府驻地李家庄5.78千米。属新光村委会管辖。208户843人，汉族。1958年属水洛公社新光大队，1979年属柳家新庄大队，1983年属水洛乡柳家新庄村委会，2004年属水洛镇柳家新庄村委会，2006年属水洛镇新光村委会。因柳家沟村民迁建新居得名。村落坐北朝南，呈团块状分布，面积0.14平方千米。农业以种植小麦、玉米、马铃薯、苹果、油菜为主，居民收入以果品销售、养殖、劳务为主。

王家小庄（Wángjiāxiǎozhuāng） 位于水洛镇南部，距镇政府驻地李家庄5.42千米。属新光村委会管辖。33户159人，汉族。1958年属水洛公社新光大队，1979年属柳沟大队，1983年属水洛乡柳沟村委会，2004年属水洛镇柳沟村委会，2006年属新光村委会。因姓氏和村庄规模小得名。村落呈团块状分布，面积0.04平方千米。农业以种植小麦、玉米、马铃薯、油菜、苹果为主，居民收入以果品销售、养殖、劳务为主。

柳家下坪（Liǔjiāxiàpíng） 位于水洛镇南部，距镇政府驻地李家庄5.93千米。属新光村委会管辖。15户52人，汉族。1958年属水洛公社新光大队，1979年属坪上大队，1983年属水洛乡坪上村委会，2004年属水洛镇坪上村委会，2006年属水洛镇新光村委会。因姓氏和居住地形方位得名。村落呈团块状分布，面积0.01平方千米。农业以种植小麦、玉米、马铃薯、苹果、蔬菜为主，居民收入以果品销售、养殖、劳务为主。乡道北川公路经此。

柳家上坪（Liǔjiāshàngpíng） 位于水洛镇南部，距镇政府驻地李家庄5.45千米。属新光村委会管辖。23户83人，汉族。1958年属水洛公社新光大队，1979年属水洛公社坪上大队，1983年属水洛乡坪上村委会，2004年属水洛镇坪上村委会，2006年属水洛镇新光村委会。因姓氏和居住地形方位得名，村落呈团状分布，面积0.04平方千米。农业以种植小麦、玉米、马铃薯、苹果、蔬菜为主，居民收入以果品销售、养殖、劳务为主。乡道北川公路经此。

朱家大湾（Zhūjiādàwān） 位于水洛镇南部，距镇政府驻地李家庄6.5千米。属新光村委会管辖。76户295人，汉族。1958年属水洛公社新光大队，1979年属坪上大队，1983年属水洛乡坪上村委会，2004年属水洛镇坪上村委会，2006年属水洛镇新光村委会。因姓氏和居住地形得名。村落坐东北朝西南，呈团块状分布，面积0.04平方千米。农业以种植小麦、玉米、马铃薯、油菜、苹果为主，居民收入以果品销售、养殖、劳务为主。

乱庄王家（Luànzhuāngwángjiā） 位于水洛镇西南部，距镇政府驻地李家庄7.41千米。属柳咀村委会管辖，系村委会驻地。114户553人，汉族。1958年属水洛公社柳咀大队，1979年属乱庄大队，1983年属水洛乡乱庄村委会，2006年属水洛镇柳咀村委会。因姓氏和初住者院落零乱得名。村落坐东南朝西北，呈团块状分布，面积0.18平方千米。农业以种植小麦、玉米、马铃薯、油菜、苹果为主，居民收入以果品销售、养殖、劳务为主。

柳家咀（Liǔjiāzuǐ） 位于水洛镇西南部，距镇政府驻地李家庄6.97千米。属柳咀村委会管辖。65户308人，汉族。1958年属水洛公社柳咀大队，1983年属水洛乡柳咀村委会，2004年属水洛镇柳咀村委会。因姓氏和地形得名。村落坐西北朝东南，呈团块状分布，面积0.08平方千米。农业以种植小麦、玉米、马铃薯、油菜、苹果为主，居民收入以果品销售、养殖、劳务为主。

山庄王家（Shānzhuāngwángjiā） 位于水洛镇西部，距镇政府驻地李家庄7.11千米。属柳咀村委会管辖。64户298人，汉族。1958年属水洛公社柳咀大队，1983年属水洛乡柳咀村委会，2004年属水洛镇柳咀村委会。因王姓人坐山庄得名。村落坐西北朝东南，呈散状分布，面积0.02平方千米。农业以种植小麦、玉米、马铃薯、油菜、苹果为主，居民收入以果品销售、养殖、劳务为主。

陈家洞子（Chénjiādòngzi） 位于水洛镇西部，距镇政府驻地李家庄4.42千米。属陈洞村委会管辖，系村委会驻地。127户515人，汉族。1958年属水洛公社陈洞大队，1983年属水洛乡陈洞村委会，2004年属水洛镇陈洞村委会。因陈氏和窑洞得名。村落坐东南朝西北，呈团块状分布，面积0.17平方千米。农业以种植小麦、玉米、马铃薯、油菜、苹果为主，居民收入以果品销售、养殖、劳务为主。

胡家堡子（Hújiābǔzi） 位于水洛镇西部，距镇政府驻地李家庄3.89千米。属陈洞村委会管辖。71户310人，汉族。1958年属水洛公社陈洞大队，1983年属水洛乡陈洞村委会，2004年属水洛镇陈洞村委会。因姓氏和古堡得名。村落坐东南朝西北，呈散状分布，面积0.16平方千米。农业以种植小麦、玉米、马铃薯、油菜、苹果为主，居民收入以果品销售、养殖、劳务为主。

胡家井沟（Hújiājǐnggōu） 位于水洛镇西部，距镇政府驻地李家庄3.32千米。属陈洞村委会管辖。35户165人，汉族。1958年属水洛公社陈洞大队，1983年属水洛乡陈洞村委会，2004年属水洛镇陈洞村委会。胡家堡子人为吃水方便，在山沟上游挖井取水，后来一部分村民迁至此处居住，故名。村落坐东朝西，呈散状分布，面积0.04平方千米。农业以种植小麦、玉米、马铃薯、油菜、苹果为主，居民收入以果品销售、养殖、劳务为主。

胡家河湾（Hújiāhéwān） 位于水洛镇西部，距镇政府驻地李家庄4.73千米。属陈洞村委会管辖。47户221人，汉族。1958年属水洛公社陈洞大队，1983年属水洛乡陈洞村委会，2004年属水洛镇陈洞村委会。因姓氏和地形得名，河湾即为比较宽阔之山沟谷地。村落坐东北朝西南，呈散状分布，面积0.06平方千米。农业以种植小麦、玉米、马铃薯、油菜、苹果为主，居民收入以果品销售、养殖、劳务为主。

苏家崖（Sūjiā'ái） 位于水洛镇西南部，距镇政府驻地李家庄5.29千米。属陈洞村委会管辖。52户226人，汉族。1958年属水洛公社陈洞大队，1983年属水洛乡陈洞村委会，2004年属水洛镇陈洞村委会。因姓氏和地形得名，1913年卧龙苏家山1户居民迁住此地，初称苏家陡坡，后演变为苏家崖。村落坐西北朝东南，呈团块状分布，面积0.06平方千米。农业以种植小麦、玉米、马铃薯、油菜、苹果为主，居民收入以果品销售、养殖、劳务为主。

阳凸山（Yángwāshān） 位于水洛镇西部，距镇政府驻地李家庄4.99千米。属陈洞村委会管辖。41户183人，汉族。1958年属水洛公社阳凸山大队，1966年属陈洞大队，1979年再属阳凸山大队，1983年属水洛乡阳凸山村委会，2004年属水洛镇阳凸山村委会，2006年属水洛镇陈洞村委会。因位于山之阳坡得名。村落坐东朝西，呈团块状分布，面积0.05平方千米。农业以种植小麦、玉米、马铃薯、油菜、苹果为主，居民收入以果品销售、养殖、劳务为主。

柳家堡子（Liǔjiābǔzi） 位于水洛镇西南部，距镇政府驻地李家庄5.3千米。属陈洞村委会管辖。42户182人，汉族。1958年属水洛公社阳凸山大队，1966年属陈洞大队，1979年属阳凸山大队，1983年属水洛乡阳凸山村委会，2004年属水洛镇阳凸山村委会，2006年属水洛镇陈洞村委会。因柳姓和土堡得名。村落坐东朝西，呈团块状分布，面积0.03平方千米。农业以种植小麦、玉米、马铃薯、油菜、苹果为主，居民收入以果品销售、养殖、劳务为主。

阴凸山（Yīnwāshān） 位于水洛镇西南部，距镇政府驻地李家庄5.65千米。属陈洞村委会管辖。51户215人，汉族。1958年属水洛公社阳凸山大队，1966年属陈洞大队，1979年属阳凸山大队，1983年属水洛乡阳凸山村委会，2004年属水洛镇阳凸山村委会，2006年属水洛镇陈洞村委会。因位于山阴坡得名。村落坐南朝北，呈团块状分布，面积0.04平方千米。农业以种植小麦、玉米、马铃薯、油菜、苹果为主，居民收入以果品销售、养殖、劳务为主。

太平湾（Tàipíngwān） 位于水洛镇西南部，距镇政府驻地李家庄6.53千米。属陈洞村委会管辖。2户7人，汉族。1958年属水洛公社阳凸山大队，1966年属陈洞大队，1979年属阳凸山大队，1983年属水洛乡阳凸山村委会，2004年属水洛镇阳凸山村委会，2006年属水洛镇陈洞村委会。原称野人湾，后改太平湾，取平安之意。村落呈团块状分布，面积0.04平方千米。农业以种植小麦、玉米、马铃薯、油菜、苹果为主，居民收入以果品销售、养殖、劳务为主。

胡家沟（Hújiāgōu） 位于水洛镇西部，距镇政府驻地李家庄3.94千米。属胡沟村委会管辖，系村委会驻地。122户506人，汉族。1958年属水洛公社胡沟大队，1983年属水洛乡胡沟村委会，2004年属水洛镇胡沟村委会。因胡姓人家居住村落地形得名。村落呈散状分布，面积0.41平方千米。农业以种植小麦、玉米、马铃薯、油菜、苹果为主，居民收入以果品销售、养殖、劳务为主。

黎家湾（Líjiāwān） 位于水洛镇西部，距镇政府驻地李家庄3.48千米。属胡沟村委会管辖。32户129人，汉族。1958年属水洛公社胡沟大队，1983年属水洛乡胡沟村委会。2004年属水洛镇胡沟村委会。因姓氏和地形得名。村落坐北朝南，呈团块状分布，面积0.04平方千米。农业以种植小麦、玉米、马铃薯、油菜、苹果为主，居民收入以果品销售、养殖、劳务为主。

下王家（Xiàwángjiā） 位于水洛镇南部，距镇政府驻地李家庄5.49千米。属郭堡村委会管辖，系村委会驻地。123户508人，汉族。1958年属水洛公社郭堡大队，1979年属川口大队，1983年属水洛乡川口村委会，2004年属水洛镇川口村委会，2006年属郭堡村委会。因姓氏和方位得名。村落呈团块状分布，面积0.11平方千米。农业以种植小麦、玉米、马铃薯、蔬菜为主，居民收入以养殖、劳务为主。省道泾甘公路经此。

郭家堡子（Guōjiābǔzi） 位于水洛镇南部，距镇政府驻地李家庄5.2千米。属郭堡村委会管辖。134户607人，汉族。1958年属水洛公社郭堡大队，1983年属水洛乡郭堡村委会，2004年属水洛镇郭堡村委会。以郭姓和古堡得名。村落沿省道泾甘公路呈带状分布，面积0.5平方千米。农业以种植小麦、玉米、马铃薯、苹果、蔬菜为主，居民收入以养殖、劳务为主。有郭堡村小学。省道泾甘公路经此。宋代抗击西夏名将郭成、郭浩父子故里。

王家油房（Wángjiāyóufáng） 位于水洛镇南部，距镇政府驻地李家庄3.49千米。属郭堡村委会管辖。48户207人，汉族。1958年属水洛公社郭堡大队，1983年属水洛乡郭堡村委会，2004年属水洛镇郭堡村委会。因王姓人家居住村落曾开办榨油作坊得名。村落呈团块状分布，面积0.1平方千米。农业以种植小麦、玉米、马铃薯、苹果、蔬菜为主，居民收入以养殖、劳务为主。省道泾甘公路经此。

李家堡子（Lǐjiābǔzi） 位于水洛镇南部，距镇政府驻地李家庄4.41千米。属郭堡村委会管辖。77户320人，汉族。1958年属水洛公社郭堡大队，1983年属水洛乡郭堡村委会，2004年属水洛镇郭堡村委会。因李姓人家居住村落筑有土堡得名。村落呈团块状分布，面积0.14平方千米。农业以种植小麦、玉米、马铃薯、苹果、蔬菜为主，居民收入以养殖、劳务为主。省道泾甘公路经此。

上王家（Shàngwángjiā） 位于水洛镇南部，距镇政府驻地李家庄5.04千米。属郭堡村委会管辖。127户608人，汉族。1958年属水洛公社郭堡大队，1979年属川口大队，1983年属水洛乡川口村委会，2004年属水洛镇川口村委会，2006年属郭堡村委会。因姓氏和方位得名。村落呈团块状分布，面积0.11平方千米。农业以种植小麦、玉米、马铃薯、苹果、蔬菜为主，居民收入以养殖、劳务为主。省道泾甘公路经此。

川口柳家（Chuānkǒuliǔjiā） 位于水洛镇南部，距镇政府驻地李家庄5.89千米。属郭堡村委会管辖。35户149人，汉族。1958年属水洛公社郭堡大队，1979年属川口大队，1983年属水洛乡川口村委会，2004年属水洛镇川口村委会，2006年属郭堡村委会。因柳姓人家居住在水洛河南岸与穹沟之沟口处得名，村落呈团块状分布。面积0.03平方千米。农业以种植小麦、玉米、马铃薯、苹果、蔬菜为主，居民收入以养殖、劳务为主。有省级文物保护单位川口柳家遗址。省道泾甘公路经此。

朱家咀（Zhūjiāzuǐ） 位于水洛镇南部，距镇政府驻地李家庄6.14千米。属郭堡村委会管辖。32户132人，汉族。1958年属水洛公社郭堡大队，1979年属川口大队，1983年属水洛乡川口村委会，2004年属水洛镇川口村委会，2006年属郭堡村委会。因姓氏和地形得名。村落呈团块状分布，面积0.03平方千米。农业以种植小麦、玉米、马铃薯、苹果、蔬菜为主，居民收入以养殖、劳务为主。省道泾甘公路经此。

二房李家（Erfánglǐjiā） 位于水洛镇东部，距镇政府驻地李家庄2.93千米。为寺咀上、下沟来、中庄来、刘家庄、川来家之总称。因居民属李姓家族次房得名。1958年属水洛公社二李大队，1983年属水洛乡二李村委会，2004年属水洛镇二李村委会。

寺咀上（Sìzuǐshàng） 位于水洛镇东部，距镇政府驻地李家庄3.13千米。属二李村委会管辖，系村委会驻地。71户288人，汉族。1958年属水洛公社二李大队，1983年属水洛乡二李村委会，2004年属水洛镇二李村委会。因古寺和地形得名。村落呈团块状分布，面积0.1平方千米。农业以种植小麦、玉米、马铃薯、苹果为主，居民收入以养殖、劳务为主。有二李村小学。

下沟来（Xiàgōulái） 位于水洛镇东部，距镇政府驻地李家庄2.81千米。属二李村委会管辖。49户199人，汉族。1958年属水洛公社二李大队，1983年属水洛乡二李村委会，2004年属水洛镇二李村委会。因地形和方位得名，“来”是“里”音变。落呈团块状分布，面积0.04平方千米。农业以种植小麦、玉米、马铃薯、苹果为主，居民收入以养殖、劳务为主。

中庄来(Zhōngzhuānglái) 位于水洛镇东部，距镇政府驻地李家庄2.48千米。属二李村委会管辖。64户302人，汉族。1958年属水洛公社二李大队，1983年属水洛乡二李村委会，2004年属水洛镇二李村委会。因居民在寺咀上与下沟来中间得名，"来"是"里"的音变。村落呈团块状分布，面积0.06平方千米。农业以种植小麦、玉米、马铃薯、苹果为主，居民收入以养殖、劳务为主。

刘家庄(Liújiāzhuāng) 位于水洛镇东部，距镇政府驻地李家庄3.11千米。属二李村委会管辖。42户166人，汉族。1958年属水洛公社二李大队，1983年属水洛乡二李村委会，2004年属水洛镇二李村委会。因姓氏得名。村落呈团块状分布，面积0.04平方千米。农业以种植小麦、玉米、马铃薯、苹果为主，居民收入以养殖、劳务为主。

川来家(Chuānláijiā) 位于水洛镇东部，距镇政府驻地李家庄2.23千米。属二李村委会管辖。64户270人，汉族。1958年属水洛公社二李大队，1983年属水洛乡二李村委会，2004年属水洛镇二李村委会。因居民住在水洛川得名，"来"是"里"的音变。村落呈团块状分布，面积0.07平方千米。农业以种植小麦、玉米、马铃薯、苹果为主，居民收入以养殖、劳务为主。

郭家湾(Guōjiāwān) 位于水洛镇南部，距镇政府驻地李家庄4.45千米。属二李村委会管辖。64户262人，汉族。1958年属水洛公社二李大队，1983年属水洛乡二李村委会，2004年属水洛镇二李村委会。因姓氏和地形得名。村落坐东南朝西北，呈带状分布，面积0.07平方千米。农业以种植小麦、玉米、马铃薯、苹果为主，居民收入以养殖、劳务为主。

唐家河(Tángjiāhé) 位于水洛镇东部，距镇政府驻地李家庄6.65千米。属二李村委会管辖。133户620人，汉族。1958年属水洛公社唐河大队，1983年属水洛乡唐河村委会，2004年属水洛镇唐河村委会，2006年属水洛镇二李村委会。因唐姓人家居住在弯沟得名。村落坐北朝南，呈团块状分布，面积0.12平方千米。农业以种植小麦、玉米、马铃薯、油菜、苹果为主，居民收入以养殖、劳务为主。

下阳山(Xiàyángshān) 位于水洛镇南部，距镇政府驻地李家庄村5.93千米。属弯沟村委会管辖，系村委会驻地。73户339人，汉族。1958年属水洛公社弯沟李家大队，1979年属阳坡大队，1982年属弯沟阳坡大队，1983年属水洛乡弯沟阳坡村委会，2004年属水洛镇弯沟阳坡村委会，2006年属水洛镇弯沟村委会。因地处阳面山坡靠近沟口位置得名。村落坐北朝南，呈团块状分布，面积0.13平方千米。农业以种植小麦、玉米、马铃薯、油菜、苹果为主，居民收入以养殖、劳务为主。

上阳屲(Shàngyángwā) 位于水洛镇南部，距镇政府驻地李家庄5.82千米。属弯沟村委会管辖。62户230人，汉族。1958年属水洛公社弯沟李家大队，1979年属阳坡大队，1982年属弯沟阳坡大队，1983年属水洛乡弯沟阳坡村委会，2004年属水洛镇弯沟阳坡村委会，2006属水洛镇弯沟村委会。因地处阳面山坡得名，原称阳屲山，1982年更名为上阳屲。村落坐东北朝西南，面积0.05平方千米。农业以种植小麦、玉米、马铃薯、油菜、苹果为主，居民收入以养殖、劳务为主。

弯沟李家（2020年4月摄）

弯沟李家(Diàogōulǐjiā) 位于水洛镇南部，距镇政府驻地李家庄6.89千米。属弯沟村委会管辖。133户552人，汉族。1958年属水洛公社弯沟李家大队，1979年属阴坡大队，1982年属弯沟阴坡大队，1983年属水洛乡弯沟阴坡村委会，2004年属水洛镇弯沟阴坡村委会，2006年属弯沟村委会。因李姓人家居于穹沟沟谷得名。村落坐南朝北，呈团块状分布，面积0.12平方千米。农业以种植小麦、玉米、马铃薯、油菜、苹果为主，居民收入以养殖、劳务为主。

壑岘（Hèxiàn） 位于水洛镇南部，距镇政府驻地李家庄5.65千米。属穹沟村委会管辖。45户205人，汉族。1958年属水洛公社穹沟李家大队，1979年属阳坡大队，1982年属穹沟阳坡大队，1983年属水洛乡穹沟阳坡村委会，2004年属水洛镇穹沟阳坡村委会，2006年属穹沟村委会。因地形得名。村落坐北朝南，呈团块状分布，面积0.03平方千米。农业以种植小麦、玉米、马铃薯、油菜、苹果为主，居民收入以苹果、养殖、劳务为主。

下庄（Xiàzhuāng） 位于水洛镇南部，距镇政府驻地李家庄6.53千米。属穹沟村委会管辖。100户466人，汉族。1958年属水洛公社穹沟李家大队，1979年属阴坡大队，1982年属穹沟阴坡大队，1983年属水洛乡穹沟阴坡村委会，2004年属水洛镇穹沟阴坡村委会，2006年属穹沟村委会。因地处穹沟阴坡下方（穹沟下游）得名。村落坐南朝北，呈团块状分布，面积0.12平方千米。农业以种植小麦、玉米、马铃薯、油菜、苹果为主，居民收入以养殖、劳务为主。

赵家坟山（Zhàojiāfénshān） 位于水洛镇西部，距镇政府驻地李家庄6.3千米。属崖王村委会管辖，系村委会驻地。58户255人，汉族。1958年属朱店公社崖王大队，1959年属水洛公社崖王大队，1979年属白堡公社峰山大队，1983年属白堡乡峰山村委会，2004年属水洛镇峰山村委会，2006年属水洛镇崖王村委会。因赵姓人居住在吴王坟山得名。聚落坐北朝南，依山而建，呈团块状分布，面积0.06平方千米。农业以种植小麦、玉米、马铃薯、油菜、苹果为主，居民收入以养殖、劳务为主。有希望小学。有南宋抗金名将吴玠墓。乡道柳罗公路经此。

崖岔王家（Áichàwángjiā） 位于水洛镇西南部，距镇政府驻地李家庄6.23千米，属崖王村委会管辖。123户552人，汉族。1958年属朱店公社崖王大队，1959年属水洛公社崖王大队，1979年属白堡公社崖王大队，1983年属白堡乡崖王村委会，2004年属水洛镇崖王村委会。因姓氏和地形得名。村落坐北朝南，呈团块状分布，面积0.12平方千米。农业以种植小麦、玉米、马铃薯、油菜、苹果为主，居民收入以养殖、劳务为主。

罗家新庄（Luójiāxīnzhuāng） 位于水洛镇西部，距镇政府驻地李家庄6.83千米。属崖王村委会管辖。42户199人，汉族。1958年属朱店公社崖王大队，1959年属水洛公社崖王大队，1979年属白堡公社峰山大队，1983年属白堡乡峰山村委会，2004年属水洛镇峰山村委会，2006年属崖王村委会。因山庄罗家村民迁建新居得名。村落坐北朝南，呈团块状分布，面积0.07平方千米。农业以种植小麦、玉米、马铃薯、油菜、苹果为主，居民收入以养殖、劳务为主。乡道柳罗公路终点。

山庄罗家（Shānzhuāngluójiā） 位于水洛镇西部，距镇政府驻地李家庄7.08千米。属崖王村委会管辖。71户352人，汉族。1958年属朱店公社崖王大队，1959年属水洛公社崖王大队，1979年属白堡公社峰山大队，1983年属白堡乡峰山村委会，2004年属水洛镇峰山村委会，2006年属崖王村委会。因姓氏和地形得名。村落坐西北朝东南，呈团块状分布，面积0.1平方千米。农业以种植小麦、玉米、马铃薯、油菜、苹果为主，居民收入以养殖、劳务为主。

南湖镇

南门（Nánmén） 位于南湖镇政府驻地南湖。属南门村委会管辖，系村委会驻地。23户94人，汉族。1958年属庄浪公社南湖大队，1961年属南湖公社南门大队，1967年属东方大队，1969年属南门大队，1983年属南湖乡南门村委会，1986年属南湖镇南门村委会。因地处庄浪古城南门得名。村落呈团块状分布，面积0.05平方千米。农业以种植小麦、玉米、马铃薯为主，居民收入以商贸、养殖、劳务为主。

后街（Hòujiē） 位于南湖镇政府驻地。属南门村委会管辖。101户402人，汉族。1958年属庄浪公社南湖大队，1961 年属南湖公社南门大队，1967 年属东方大队，1969 年属南门大队，1983 年属南湖乡南门村委会，1986 年属南湖镇南门村委会。因地处维新街后得名。村落呈团块状分布，面积 0.08 平方千米。农业以种植小麦、玉米、马铃薯、蔬菜为主，居民收入以商贸、劳务为主。

中街（Zhōngjiē） 位于南湖镇政府驻地。属南门村委会管辖。120 户 396 人，汉族。1958 年属庄浪公社南湖大队，1961 年属南湖公社南门大队，1967 年属东方大队，1969 年属南门大队，1983 年属南湖乡南门村委会，1986 年属南湖镇南门村委会。因地处维新街中部得名。村落呈团块状分布，面积 0.11 平方千米。农业以种植小麦、玉米、马铃薯、蔬菜为主，居民收入以商贸、养殖、劳务为主。

东门（Dōngmén） 位于南湖镇政府驻地。属南门村委会管辖。59 户 275 人，汉族。1958 年属庄浪公社南湖大队，1961 年属南湖公社南门大队，1967 年属东方大队，1969 年属南门大队，1983 年属南湖乡南门村委会，1986 年属南湖镇南门村委会。因地处庄浪古城东门得名。村落呈团块状分布，面积 0.11 平方千米。农业以种植小麦、玉米、马铃薯为主，居民收入以商贸、养殖、劳务为主。

东门新庄（Dōngménxīnzhuāng） 位于南湖镇中部，距镇政府驻地南湖 2.14 千米。属南门村委会管辖。23 户 96 人，汉族。1973 年因水灾东门居民迁居此地，时属南门大队，1983 年属南湖乡南门村委会，1986 年属南湖镇南门村委会。因从东门新迁得名。村落呈团块状分布，面积 0.02 平方千米。农业以种植小麦、玉米、马铃薯、苹果为主，居民收入以养殖、劳务为主。

大地（Dàdì） 位于南湖镇中部，距镇政府驻地南湖 1.04 千米。属南门村委会管辖。75 户 296 人，汉族。1958 年属庄浪公社南湖大队，1961 年属南湖公社南门大队，1967 年属东方大队，1969 年属南门大队，1983 年属南湖乡南门村委会，1986 年属南湖镇南门村委会。因居住地地块较大得名。村落呈团块状分布，面积 0.06 平方千米。农业以种植小麦、玉米、马铃薯、苹果为主，居民收入以养殖、劳务为主。省道静庄公路经此。

南门新庄（Nánménxīnzhuāng） 位于南湖镇中部，距镇政府驻地南湖 1.87 千米。属南门村委会管辖。人口 22 户 73 人，均为汉族。1958 年属庄浪公社南湖大队，1961 年属南湖公社南门大队，1967 年属东方大队，1969 年属南门大队，1983 年属南湖乡南门村委会，1986 年属南湖镇南门村委会。因南门居民分户搬迁此地得名。村落呈团状分布，面积 0.02 平方千米。农业以种植小麦、玉米、马铃薯、苹果、蔬菜为主，居民收入以养殖、劳务为主。省道静庄公路经此。

大坡上（Dàpōshàng） 位于南湖镇中部，距镇政府驻地南湖 1.07 千米。属南门村委会管辖。12 户 46 人，汉族。1958 年属庄浪公社南湖大队，1961 年属南湖公社南门大队，1967 年属东方大队，1969 年属南门大队，1983 年属南湖乡南门村委会，1986 年属南湖镇南门村委会。因居住山坡得名。村落呈团块状分布，面积 0.07 平方千米。农业以种植小麦、玉米、马铃薯、苹果、蔬菜为主，居民收入以养殖、劳务为主。省道静庄公路经此。

北门（Běimén） 位于南湖镇中部。属北关村委会管辖，系村委会驻地。186 户 650 人，汉族。1958 年属庄浪公社南湖大队，1961 年属南湖公社红旗大队，1962 年属北关大队，1983 年属南湖乡北关村委会，1986 年属南湖镇北关村委会。因坐落庄浪古城北门得名。村落呈团块状分布，面积 0.24 平方千米。农业以种植小麦、玉米、马铃薯、蔬菜为主，居民收入以商贸、养殖、劳务为主。

北关（Běiguān） 位于南湖镇中部。属北关村委会管辖。居民 140 户 490 人，汉族。1958 年属庄浪公社南湖大队，1961 年属南湖公社红旗大队，1962 年属北关大队，1983 年属南湖乡北关村委会，1986 年属南湖镇北关村委会。因坐落庄浪古城北端得名。村落呈团块状分布，面积 0.17 平方千米。农业以种植小麦、玉米、马铃薯、蔬菜为主，居民收入以养殖、劳务为主。

上街（Shàngjiē） 位于南湖镇中部。属北关村委会管辖。110 户 380 人，汉族。1958 年属庄浪公社南湖大队，1961 年属南湖公社红旗大队，1962 年属北关大队，1983 年属南湖乡北关村委会，1986 年属南湖镇北关村委会。因地处维新街北段，地势相对较高得名。村落呈团状分布，面积 0.19 平方千米。

农业以种植小麦、玉米、马铃薯、蔬菜为主，居民收入以商贸、养殖、劳务为主。有庄浪县第二中学。省道鱼南公路经此。

席马家（Xímǎjiā） 位于南湖镇中部，距镇政府驻地南湖 0.7 千米。属北关村委会管辖。88 户 310 人，汉族。1958 年属庄浪公社南湖大队，1961 年属南湖公社红旗大队，1962 年属北关大队，1983 年属南湖乡北关村委会，1986 年属南湖镇北关村委会。因席、马姓氏得名。村落呈团块状分布，面积 0.1 平方千米。农业以种植小麦、玉米、马铃薯、苹果、油菜为主，居民收入以商贸、养殖、劳务为主。

罗谢家（Luóxièjiā） 位于南湖镇中部，距镇政府驻地南湖 2.14 千米。属北关村委会管辖。71 户 369 人，汉族。2002 年至 2008 年住户从罗家坡、谢家湾陆续迁居此地。因罗、谢姓氏得名。村落呈团块状分布，面积 0.04 平方千米。农业以种植小麦、玉米、马铃薯、苹果、油菜为主，居民收入以养殖、劳务为主。

郑家沟（Zhèngjiāgōu） 位于南湖镇中部，距镇政府驻地南湖 1.03 千米。属陈庄村委会管辖，系村委会驻地。111 户 448 人，汉族。1958 年属庄浪公社南湖大队，1961 年属南湖公社陈庄大队，1983 年属南湖乡陈庄村委会，1986 年属南湖镇陈庄村委会。因姓氏和地形得名。村落呈团块状分布，面积 0.26 平方千米。农业以种植小麦、玉米、马铃薯、苹果、蔬菜为主，居民收入以养殖、劳务为主。

陈家庄（Chénjiāzhuāng） 位于南湖镇中部，距镇政府驻地南湖 1.24 千米。属陈庄村委会管辖。42 户 135 人，汉族。1958 年属庄浪公社南湖大队，1961 年属南湖公社陈庄大队，1983 年属南湖乡陈庄村委会，1986 年属南湖镇陈庄村委会。因姓氏得名。村落呈团块状分布，面积 0.07 平方千米。农业以种植小麦、玉米、马铃薯、苹果、蔬菜为主，居民收入以养殖、劳务为主。

叶家磨（Yèjiāmò） 位于南湖镇中部，距镇政府驻地南湖 1.04 千米。属陈庄村委会管辖。42 户 135 人，汉族。1958 年属庄浪公社南湖大队，1961 年属南湖公社陈庄大队，1983 年属南湖乡陈庄村委会，1986 年属南湖镇陈庄村委会。因叶姓人开设磨坊得名。村落呈团块状分布，面积 0.06 平方千米。农业以种植小麦、玉米、马铃薯、苹果为主，居民收入以养殖、劳务为主。省道静庄公路经此。

蒙家扁㓟（Méngjiābiǎnwā） 位于南湖镇中部，距镇政府驻地南湖 1.61 千米。属陈庄村委会管辖。15 户 70 人，汉族。1958 年属庄浪公社南湖大队，1961 年属南湖公社陈庄大队，1983 年属南湖乡陈庄村委会，1986 年属南湖镇陈庄村委会。因姓氏和初居地地形得名，后迁居川区，但村名沿用。村落坐北朝南，呈团块状分布，面积 0.02 平方千米。农业以种植小麦、玉米、马铃薯、苹果、蔬菜为主，居民收入以养殖、劳务为主。县道南阳公路经此。

郭家河湾（Guōjiāhéwān） 位于南湖镇中部，距镇政府驻地南湖 1.76 千米。属陈庄村委会管辖。12 户 55 人，汉族。1958 年属庄浪公社南湖大队，1961 年属南湖公社陈庄大队，1983 年属南湖乡陈庄村委会，1986 年属南湖镇陈庄村委会。因郭姓村民居于庄浪河畔得名。村落呈团块状分布，面积 0.06 平方千米。农业以种植小麦、玉米、马铃薯、苹果、蔬菜为主，居民收入以养殖、劳务为主。省道静庄公路经此。

席家河湾（Xíjiāhéwān） 位于南湖镇西北部，距镇政府驻地南湖 2.86 千米。属席河村委会管辖，系村委会驻地。229 户 959 人，汉族。1958 年属庄浪公社五里大队，1961 年属南湖公社席河大队，1969 年属东风大队，1979 年属席河大队，1983 年属南湖乡席河村委会，1986 年属南湖镇席河村委会。因席姓村民居于后河河畔得名。村落呈团块状分布，面积 0.35 平方千米。农业以种植小麦、玉米、马铃薯、苹果、蔬菜为主，居民收入以养殖、劳务为主。有席河小学。乡道鱼南公路经此。

牛家庄子（Niújiāzhuāngzi） 位于南湖镇西北部，距镇政府驻地南湖 1.55 千米。属席河村委会管辖。82 户 301 人，汉族。1958 年属庄浪公社五里大队，1961 年属南湖公社席河大队，1969 年属东风大队，1979 年复属席河大队，1983 年属南湖乡席河村委会，1986 年属南湖镇席河村委会。因姓氏得名。村落呈团块状分布，面积 0.11 平方千米。农业以种植小麦、玉米、马铃薯、苹果、油菜为主，居民收入以养殖、劳务为主。

前川（Qiánchuān） 位于南湖镇西北部，距镇政府驻地南湖 1.91 千米。属席河村委会辖居民点。居民 25 户 135 人，汉族。1958 年属庄浪公社五里大队，1961 年属南湖公社席河大队，1969 年属东风大队，1979 年复属席河大队，1983 年属南湖乡席河村委会，1986 年属南湖镇席河村委会。因地处席河村前面川区得名。村落呈团块状分布，面积 0.04 平方千米。农业以种植小麦、玉米、马铃薯、油菜、苹果为主，居民收入以养殖、劳务为主。

马家湾（Mǎjiāwān） 位于南湖镇东北部，距镇政府驻地南湖 2.16 千米。属席河村委会管辖。4 户 18 人，汉族。1958 年属庄浪公社五里大队，1961 年属南湖公社席河大队，1969 年属东风大队，1979 年复属席河大队，1983 年属南湖乡席河村委会，1986 年属南湖镇席河村委会。因姓氏和地形得名。村落坐东朝西，呈散状分布，面积 0.01 平方千米。农业以种植小麦、玉米、马铃薯、油菜、苹果为主，居民收入以养殖、劳务为主。

牡丹湾（Mǔdānwān） 位于南湖镇东北部。属席河村委会管辖，是上湾、下湾、中湾总称。昔因北关人在此地种植牡丹得名，辟为村庄后以地名为村名。1958 年属庄浪公社五里大队，1961 年属南湖公社席河大队，1969 年属东风大队，1979 年复属席河大队，1983 年属南湖乡席河村委会，1986 年属南湖镇席河村委会。

下湾（Xiàwān） 位于南湖镇东北部，距镇政府驻地南湖 2.74 千米。属席河村委会管辖。35 户 137 人，汉族。1958 年属庄浪公社五里大队，1961 年属南湖公社席河大队，1969 年属东风大队，1979 年复属席河大队，1983 年属南湖乡席河村委会，1986 年属南湖镇席河村委会。因地和方位得名。村落坐东南朝西北，呈散状分布，面积 0.04 平方千米。农业以种植小麦、玉米、马铃薯、油菜、苹果为主，居民收入以养殖、劳务为主。

上湾（Shàngwān） 位于南湖镇东北部，距镇政府驻地南湖 3.77 千米。属席河村委会管辖。19 户 117 人，汉族。1958 年属庄浪公社五里大队，1961 年属南湖公社席河大队，1969 年属东风大队，1979 年复属席河大队，1983 年属南湖乡席河村委会，1986 年属南湖镇席河村委会。因地形和方位得名。村落坐东朝西，呈散状分布，面积 0.02 平方千米。农业以种植小麦、玉米、马铃薯、油菜、苹果为主，居民收入以养殖、劳务为主。

中湾（Zhōngwān） 位于南湖镇东北部，距镇政府驻地南湖 3.27 千米。属席河村委会管辖。14 户 62 人，汉族。1958 年属庄浪公社五里大队，1961 年属南湖公社席河大队，1969 年属东风大队，1979 年复属席河大队，1983 年属南湖乡席河村委会，1986 年属南湖镇席河村委会。因地形和方位得名。村落坐东朝西，呈散状分布，面积 0.03 平方千米。农业以种植小麦、玉米、马铃薯、油菜、苹果为主，居民收入以养殖、劳务为主。

贾家沟门（Jiǎjiāgōumén） 位于南湖镇北部，距镇政府驻地南湖 5.87 千米。属贾门村委会管辖，系村委会驻地。53 户 199 人，汉族。1958 年属庄浪公社蒋寺大队，1961 年属南湖公社贾门大队，1969 年属前进大队，1979 年属贾门大队，1983 年属南湖乡贾门村委会，1986 年属南湖镇贾门村委会。因贾姓人居于沟口得名。村落呈团块状分布，面积 0.06 平方千米。农业以种植小麦、玉米、马铃薯、油菜、苹果为主，居民收入以养殖、劳务为主。

贾家老庄（Jiǎjiālǎozhuāng） 位于南湖镇北部，距镇政府驻地南湖 7.99 千米。属贾门村委会管辖。89 户 383 人，汉族。1958 年属庄浪公社蒋寺大队，1961 年属南湖公社贾门大队，1969 年属前进大队，1979 年属贾门大队，1983 年属南湖乡贾门村委会，1986 年属南湖镇贾门村委会。因姓氏得名。村落呈团块状分布，面积 0.11 平方千米。农业以种植小麦、玉米、马铃薯、油菜、苹果为主，居民收入以养殖、劳务为主。

王家洞子（Wángjiādòngzi） 位于南湖镇北部，距镇政府驻地南湖 5.42 千米。属贾门村委会管辖。

55户236人，汉族。1958年属庄浪公社蒋寺大队，1961年属南湖公社贾门大队，1969年属前进大队，1979年属贾门大队，1983年属南湖乡贾门村委会，1986年属南湖镇贾门村委会。因姓氏和窑洞得名。村落呈散状分布，面积0.08平方千米。农业以种植小麦、玉米、马铃薯、油菜、苹果为主，居民收入以养殖、劳务为主。

洪家湾（Hóngjiāwān） 位于南湖镇北部，距镇政府驻地南湖7.72千米。属贾门村委会管辖。32户118人，汉族。1958年属庄浪公社蒋寺大队，1961年属南湖公社贾门大队，1969年属前进大队，1979年属贾门大队，1983年属南湖乡贾门村委会，1986年属南湖镇贾门村委会。因姓氏和地形得名。村落呈散状分布，面积0.01平方千米。农业以种植小麦、玉米、马铃薯、油菜、苹果为主，居民收入以养殖、劳务为主。

韩家湾（Hánjiāwān） 位于南湖镇北部，距镇政府驻地南湖7.94千米。属贾门村委会管辖。11户34人，汉族。1958年属庄浪公社蒋寺大队，1961年属南湖公社贾门大队，1969年属前进大队，1979年属贾门大队，1983年属南湖乡贾门村委会，1986年属南湖镇贾门村委会。因姓氏和地形得名。村落呈散状分布，面积0.02平方千米。农业以种植小麦、玉米、马铃薯、油菜、苹果为主，居民收入以养殖、劳务为主。

蒙席家湾（Méngxíjiāwān） 位于南湖镇北部，距镇政府驻地南湖8.27千米。属贾门村委会管辖。12户48人，汉族。1958年属庄浪公社蒋寺大队，1961年属南湖公社贾门大队，1969年属前进大队，1979年属贾门大队，1983年属南湖乡贾门村委会，1986年属南湖镇贾门村委会。因蒙席两姓和地形得名。村落呈散状分布，面积0.04平方千米。农业以种植小麦、玉米、马铃薯、油菜、苹果为主，居民收入以养殖、劳务为主。

寺沟门（Sìgōumén） 位于南湖镇北部，距镇政府驻地南湖4.91千米。属寺沟门村委会管辖，系村委会驻地。196户811人，汉族。1958年属庄浪公社五里大队，1961年属南湖公社寺门大队，1969年属红光大队，1979年属寺门大队，1982年属寺沟门大队，1983年属南湖乡寺沟门村委会，1986年属南湖镇寺沟门村委会。因地处寺沟岔之口得名。村落呈团状分布，面积0.36平方千米。农业以种植小麦、玉米、马铃薯、油菜、苹果为主，居民收入以养殖、劳务为主。有寺门村小学。乡道鱼南公路经此。

下杨家（Xiàyángjiā） 位于南湖镇北部，距镇政府驻地南湖5.96千米。属寺沟门村委会管辖。107户491人，汉族。1958年属庄浪公社五里大队，1961年属南湖公社寺门大队，1969年属红光大队，1979年属寺门大队，1982年属寺沟门大队，1983年属南湖乡寺沟门村委会，1986年属南湖镇寺沟门村委会。因与岳堡镇西门杨家同宗，且居住地势靠下得名。村落呈团块状分布，面积0.17平方千米。农业以种植小麦、玉米、马铃薯、油菜、苹果为主，居民收入以养殖、劳务为主。乡道鱼南公路经此。

五里铺（Wǔlǐpù） 位于南湖镇北部，距镇政府驻地南湖0.36千米。属寺沟门村委会管辖。81户354人，汉族。1958年属庄浪公社五里大队，1961年属南湖公社寺门大队，1969年属红光大队，1979年属寺门大队，1982年属寺沟门大队，1983年属南湖乡寺沟门村委会，1986年属南湖镇寺沟门村委会。因此地相距庄浪旧县城五里得名。村落呈团块状分布，面积0.14平方千米。农业以种植小麦、玉米、马铃薯、苹果、蔬菜为主，居民收入以养殖、劳务为主。乡道鱼南公路经此。

程家小河（Chéngjiāxiǎohé） 位于南湖镇北部，距镇政府驻地南湖4.62千米。属寺沟门村委会管辖。83户337人，汉族。1958年属庄浪公社五里大队，1961年属南湖公社寺门大队，1969年属红光大队，1979年属寺门大队，1982年属寺沟门大队，1983年属南湖乡寺沟门村委会，1986年属南湖镇寺沟门村委会。因姓氏和村旁小河得名，小河即后河。村落呈团块状分布，面积0.07平方千米。农业以种植小麦、玉米、马铃薯、油菜、苹果为主，居民收入以养殖、劳务为主。

杨家大湾（Yángjiādàwān） 位于南湖镇北部，距镇政府驻地南湖4.59千米。属寺沟门村委会管辖。6户18人，汉族。1958年属庄浪公社五里大队，1961年属南湖公社寺门大队，1969年属红光大队，

1979 年属寺门大队，1982 年属寺沟门大队，1983 年属南湖乡寺沟门村委会，1986 年属南湖镇寺沟门村委会。因姓氏和地形得名。呈团块状分布，面积 0.01 平方千米。农业以种植小麦、玉米、马铃薯、油菜、苹果为主，居民收入以养殖、劳务为主。

李湾（Lǐwān） 位于南湖镇东部，距镇政府驻地南湖 2.96 千米。属李湾村委会辖居民点，系村委会驻地。59 户 253 人，汉族。1958 年属庄浪公社牡丹大队，1961 年属南湖公社李湾大队，1964 年属红星大队，1979 年属李湾大队，1983 年属南湖乡李湾村委会，1986 年属南湖镇李湾村委会。因姓氏和地形得名，原称李家湾，1982 年更名为李湾。村落呈团块状分布，面积 0.08 平方千米。农业以种植小麦、玉米、马铃薯、油菜、苹果为主，居民收入以养殖、劳务为主。有李湾村小学。

张家咀（Zhāngjiāzuǐ） 位于南湖镇东部，距镇政府驻地南湖 2.08 千米。属李湾村委会管辖。53 户 209 人，汉族。1958 年属庄浪公社牡丹大队，1961 年属南湖公社李湾大队，1964 年属红星大队，1979 年属李湾大队，1983 年属南湖乡李湾村委会，1986 年属南湖镇李湾村委会。因姓氏和地形得名。村落坐西南朝东北，呈团块状分布，面积 0.04 平方千米。农业以种植小麦、玉米、马铃薯、油菜、苹果为主，居民收入以养殖、劳务为主。

杨家湾（Yángjiāwān） 位于南湖镇东部，距镇政府驻地南湖 2.08 千米。属李湾村委会管辖。25 户 104 人，汉族。1958 年属庄浪公社牡丹大队，1961 年属南湖公社李湾大队，1964 年属红星大队，1979 年属李湾大队，1983 年属南湖乡李湾村委会，1986 年属南湖镇李湾村委会。因姓氏和地形得名。村落坐西南朝东北，呈散状分布，面积 0.39 平方千米。农业以种植小麦、玉米、马铃薯、油菜、苹果为主，居民收入以养殖、劳务为主。

王家湾（Wángjiāwān） 位于南湖镇东部，距镇政府驻地南湖 3.54 千米。属李湾村委会管辖。26 户 104 人，汉族。1958 年属庄浪公社牡丹大队，1961 年属南湖公社李湾大队，1964 年属红星大队，1979 年属李湾大队，1983 年属南湖乡李湾村委会，1986 年属南湖镇李湾村委会。因姓氏和地形得名。村落坐西南朝东北，呈团块状分布，面积 0.02 平方千米。农业以种植小麦、玉米、马铃薯、油菜、苹果为主，居民收入以养殖、劳务为主。

上山庄（Shàngshānzhuāng） 位于南湖镇东部，距镇政府驻地南湖 4.52 千米。属李湾村委会管辖。25 户 117 人，汉族。1958 年属庄浪公社牡丹大队，1961 年属南湖公社李湾大队，1964 年属红星大队，1979 年属李湾大队，1983 年属南湖乡李湾村委会，1986 年属南湖镇李湾村委会。因地势得名。村落坐东南朝西北，呈团块状分布，面积 0.03 平方千米。农业以种植小麦、玉米、马铃薯、油菜、苹果为主，居民收入以养殖、劳务为主。

上李润（Shànglǐrùn） 位于南湖镇东部，距镇政府驻地南湖 4.11 千米。属李湾村委会管辖。28 户 126 人，汉族。1958 年属庄浪公社牡丹大队，1961 年属南湖公社李湾大队，1964 年属红星大队，1979 年属李湾大队，1983 年属南湖乡李湾村委会，1986 年属南湖镇李湾村委会。为区别于杨河乡李润家，加以地理方位命名。村落坐东朝西，呈散状分布，面积 0.04 平方千米。农业以种植小麦、玉米、马铃薯、油菜、苹果为主，居民收入以养殖、劳务为主。

王美儿家（Wángměirjiā） 位于南湖镇东部，距镇政府驻地南湖 3.39 千米。属李湾村委会管辖。30 户 143 人，汉族。1958 年属庄浪公社牡丹大队，1961 年属南湖公社李湾大队，1964 年属红星大队，1979 年属李湾大队，1983 年属南湖乡李湾村委会，1986 年属南湖镇李湾村委会。居民从杨河乡王磨儿家迁此，故以谐音称王美儿家。村落坐东朝西，呈团块状分布，面积 0.04 平方千米。农业以种植小麦、玉米、马铃薯、油菜、苹果为主，居民收入以养殖、劳务为主。

双堡子（Shuāngbǔzi） 位于南湖镇南部。属双堡村委会辖居民点。为巷子、阳坡、刘家坡子总称。清朝末年，当地居民为躲避土匪流寇自发修建土堡两座，故名。1958 年属庄浪公社河川大队，1961 年属南湖公社双堡大队，1969 年属永红大队，1979 年属双堡大队，1983 年属南湖乡双堡村委会，1986 年属南湖镇双堡村委会。村北有省级文物保护单位双堡子沟遗址。

巷子（Hàngzi） 位于南湖镇南部，距镇政府驻地南湖3.66千米。属双堡村委会管辖。26户109人，汉族。1958年属庄浪公社河川大队，1961年属南湖公社双堡大队，1969年属永红大队，1979年属双堡大队，1983年属南湖乡双堡村委会，1986年属南湖镇双堡村委会。居民点分住东、西两头，中间有巷道，故名。村落坐南朝北，呈团块状分布，面积0.04平方千米。农业以种植小麦、玉米、马铃薯、油菜、苹果为主，居民收入以养殖、劳务为主。

阳坡（Yángpō） 位于南湖镇南部，距镇政府驻地南湖3.3千米。属双堡村委会管辖，系村委会驻地。48户211人，汉族。1958年属庄浪公社河川大队，1961年属南湖公社双堡大队，1969年属永红大队，1979年属双堡大队，1983年属南湖乡双堡村委会，1986年属南湖镇双堡村委会。因村落处于双堡子居民点阳面得名。村落呈散状分布，面积0.08平方千米。农业以种植小麦、玉米、马铃薯、油菜、苹果为主，居民收入以养殖、劳务为主。

刘家坡子（Liújiāpōzi） 位于南湖镇南部，距镇政府驻地南湖3.66千米。属双堡村委会管辖。42户176人，汉族。1958年属庄浪公社河川大队，1961年属南湖公社双堡大队，1969年属永红大队，1979年属双堡大队，1983年属南湖乡双堡村委会，1986年属南湖镇双堡村委会。因姓氏和地形而得名。村落坐南朝北，呈团块状分布，面积0.05平方千米。农业以种植小麦、玉米、马铃薯、油菜、苹果为主，居民收入以养殖、劳务为主。有双堡村小学。

白家湾（Báijiāwān） 位于南湖镇南部，距镇政府驻地南湖3.9千米。属双堡村委会辖居民点。31户126人，汉族。1958年属庄浪公社河川大队，1961年属南湖公社双堡大队，1969年属永红大队，1979年属双堡大队，1983年属南湖乡双堡村委会，1986年属南湖镇双堡村委会。因姓氏和地形得名。村落坐西南朝东北，呈团块状分布，面积0.03平方千米。农业以种植小麦、玉米、马铃薯、油菜、苹果为主，居民收入以养殖、劳务为主。

田家湾（Tiánjiāwān） 位于南湖镇南部，距镇政府驻地南湖4.77千米。属双堡村委会管辖。47户205人，汉族。1958年属庄浪公社河川大队，1961年属南湖公社双堡大队，1969年属永红大队，1979年属双堡大队，1983年属南湖乡双堡村委会，1986年属南湖镇双堡村委会。因姓氏和地形得名。村落坐西南朝东北，呈散状分布，面积0.07平方千米。农业以种植小麦、玉米、马铃薯、油菜、苹果为主，居民收入以养殖、劳务为主。

张家湾（Zhāngjiāwān） 位于南湖镇南部，距镇政府驻地南湖4.95千米。属双堡村委会管辖。65户278人，汉族。1958年属庄浪公社河川大队，1961年属南湖公社双堡大队，1969年属永红大队，1979年属双堡大队，1983年属南湖乡双堡村委会，1986年属南湖镇双堡村委会。因姓氏和地形得名。村落呈散状分布，面积0.06平方千米。农业以种植小麦、玉米、马铃薯、油菜、苹果为主，居民收入以养殖、劳务为主。

上堡子（Shàngbǔzi） 位于南湖镇南部，距镇政府驻地南湖3.48千米。属双堡村委会管辖。21户82人，汉族。1958年属庄浪公社河川大队，1961年属南湖公社上堡大队，1964年属双堡大队，1969年属永红大队，1979年属上堡大队，1983年属南湖乡上堡村委会，1986年属南湖镇上堡村委会，2006年属南湖镇双堡村委会。因筑有土堡得名。村落呈团块状分布，面积0.03平方千米。农业以种植小麦、玉米、马铃薯、油菜、苹果为主，居民收入以养殖、劳务为主。

河南（Hénán） 位于南湖镇南部，距镇政府驻地南湖3.72千米。属双堡村委会管辖。39户168人，汉族。1958年属庄浪公社河川大队，1961年属南湖公社上堡大队，1964年属双堡大队，1969年属永红大队，1979年属上堡大队，1983年属南湖乡上堡村委会，1986年属南湖镇上堡村委会，2006年属南湖镇双堡村委会。因位于双堡子沟南得名。村落坐南朝北，呈团块状分布，面积0.04平方千米。农业以种植小麦、玉米、马铃薯、油菜、苹果为主，居民收入以养殖、劳务为主。

高山（Gāoshān） 位于南湖镇南部，距镇政府驻地南湖4.21千米。属双堡村委会管辖。28户112人，汉族。1958年属庄浪公社河川大队，1961年属南湖公社上堡大队，1964年属双堡大队，1969年属永红大队，1979年属上堡大队，1983年属南湖乡上堡村委会，1986年属南湖镇上堡村委会，2006年属南湖镇双堡村委会。因村落地势高得名。村落坐东朝西，呈团块状分布，面积0.04平方千米。农业以种植小麦、玉米、马铃薯、油菜、苹果为主，居民收入以养殖、劳务为主。

李家中湾（Lǐjiāzhōngwān） 位于南湖镇南部，距镇政府驻地南湖5.18千米。属双堡村委会管辖。19户79人，汉族。1958年属庄浪公社河川大队，1961年属南湖公社上堡大队，1964年属双堡大队，1969年属永红大队，1979年属上堡大队，1983年属南湖乡上堡村委会，1986年属南湖镇上堡村委会，2006年属南湖镇双堡村委会。因姓氏和地形得名，原称李家湾，1982年更名为李家中湾。村落坐东朝西，呈团块状分布，面积0.02平方千米。农业以种植小麦、玉米、马铃薯、油菜、苹果为主，居民收入以养殖、劳务为主。

石慕家（Shímùjiā） 位于南湖镇西南部，距镇政府驻地南湖6.1千米。属石峡村委会管辖，系村委会驻地。132户466人。汉族。1958年属庄浪公社河川大队，1961年属南湖公社石峡大队，1969年属永忠大队，1979年属石峡大队，1983年属南湖乡石峡村委会，1986年属南湖镇石峡村委会。以石、慕两姓得名。村落呈团块状分布，面积0.3平方千米。农业以种植小麦、玉米、马铃薯、苹果为主，居民收入以养殖、劳务为主。有石峡村小学。县道南阳公路经此。2014年被甘肃省农牧厅评为“千村美丽”示范村。

王家阳湾（Wángjiāyángwān） 位于南湖镇南部，距镇政府驻地南湖6.25千米。属石峡村委会管辖。12户60人，汉族。1958年属庄浪公社河川大队，1961年属南湖公社石峡大队，1969年属永忠大队，1979年属石峡大队，1983年属南湖乡石峡村委会，1986年属南湖镇石峡村委会。因姓氏和地形方位得名。村落呈散状分布，面积0.09平方千米。农业以种植小麦、玉米、马铃薯、油菜、苹果为主，居民收入以养殖、劳务为主。

王家阳湾（2016年9月摄）

山根底下（Shāngēndǐxià） 位于南湖镇西南部，距镇政府驻地南湖5.33千米。属石峡村委会管辖。66户368人，汉族。1958年属庄浪公社河川大队，1961年属南湖公社石峡大队，1969年属永忠大队，1979年属石峡大队，1983年属南湖乡石峡村委会，1986年属南湖镇石峡村委会。因石姓、慕姓村民分户迁居北山脚下得名。村落呈团块状分布，面积0.02平方千米。农业以种植小麦、玉米、马铃薯、油菜、苹果为主，居民收入以养殖、劳务为主。

郜家山庄（Gàojiāshānzhuāng） 位于南湖镇西南部，距镇政府驻地南湖4.83千米。属石峡村委会管辖。52户233人，汉族。1958年属庄浪公社河川大队，1961年属南湖公社石峡大队，1969年属永忠大队，1979年属石峡大队，1983年属南湖乡石峡村委会，1986年属南湖镇石峡村委会。因郜姓人坐山庄得名，后移居川区，村名沿用。村落呈团块状分布。面积0.07平方千米。农业以种植小麦、玉米、马铃薯、苹果为主，居民收入以养殖、劳务为主。县道南阳公路经此。

石家沟（Shíjiāgōu） 位于南湖镇南部，距镇政府驻地南湖4.77千米。属石峡村委会管辖。70户273人，汉族。1958年属庄浪公社河川大队，1961年属南湖公社石峡大队，1969年属永忠大队，

1979年属石峡大队，1983年属南湖乡石峡村委会，1986年属南湖镇石峡村委会。因姓氏和地形得名。村落在山谷口沿庄浪河而建，呈带状分布，面积0.11平方千米。农业以种植小麦、玉米、马铃薯、苹果为主，居民收入以养殖、劳务为主。

马家庄子（Mǎjiāzhuāngzi） 位于南湖镇西南部，距镇政府驻地南湖5.28千米。属石峡村委会管辖。83户358人，汉族。1958年属庄浪公社河川大队，1961年属南湖公社石峡大队，1969年属永忠大队，1979年属石峡大队，1983年属南湖乡石峡村委会，1986年属南湖镇石峡村委会。因姓氏得名。村落呈团块状分布，面积0.04平方千米。农业以种植小麦、玉米、马铃薯、苹果为主，居民收入以养殖、劳务为主。

郜家桥（Gàojiāqiáo） 位于南湖镇中部，距镇政府驻地南湖2.99千米。属石阳村委会管辖，系村委会驻地。93户389人，汉族。1958年属庄浪公社河川大队，1961年属南湖公社石阳大队，1983年属南湖乡石阳村委会，1986年属南湖镇石阳村委会。因姓氏和村前曾有土桥得名。村落呈团块状分布，面积0.07平方千米。农业以种植小麦、玉米、马铃薯、苹果为主，居民收入以养殖、劳务为主。有石阳幼儿园。县道南阳公路经此。

石家阳湾（Shíjiāyángwān） 位于南湖镇中部，距镇政府驻地南湖3.52千米。属石阳村委会管辖。30户135人，汉族。1958年属庄浪公社河川大队，1961年属南湖公社石阳大队，1983年属南湖乡石阳村委会，1986年属南湖镇石阳村委会。因姓氏和地形方位得名。村落沿南阳公路而建，呈带状分布，面积0.08平方千米。农业以种植小麦、玉米、马铃薯、苹果为主，居民收入以养殖、劳务为主。

崔家（Cuījiā） 位于南湖镇中部，距镇政府驻地南湖2.87千米。属石阳村委会管辖。58户266人，汉族。1958年属庄浪公社河川大队，1961年属南湖公社石阳大队，1983年属南湖乡石阳村委会，1986年属南湖镇石阳村委会。因姓氏得名。村落呈团块状分布，面积0.03平方千米。农业以种植小麦、玉米、马铃薯、苹果为主，居民收入以养殖、劳务为主。县道南阳公路经此。

大水渠（Dàshuǐqú） 位于南湖镇中部，距镇政府驻地南湖4.08千米。属石阳村委会管辖。13户57人，汉族。1958年属庄浪公社河川大队，1961年属南湖公社石阳大队，1983年属南湖乡石阳村委会，1986年属南湖镇石阳村委会。因居于灌溉渠两侧得名。村落呈团块状分布，面积0.02平方千米。农业以种植小麦、玉米、马铃薯、苹果为主，居民收入以养殖、劳务为主。

石阳新庄（Shíyángxīnzhuāng） 位于南湖镇中部，距镇政府驻地南湖4.37千米。属石阳村委会管辖。20户100人，汉族。1958年属庄浪公社河川大队，1961年属南湖公社石阳大队，1983年属南湖乡石阳村委会，1986年属南湖镇石阳村委会。因1982年石家阳湾部分居民搬迁新址得名。村落呈团块状分布，面积0.06平方千米。农业以种植小麦、玉米、马铃薯、苹果为主，居民收入以养殖、劳务为主。县道南阳公路经此。

王家高房（Wángjiāgāofáng） 位于南湖镇中部，距镇政府驻地南湖1.99千米。属高房村委会管辖，系村委会驻地。255户1028人，汉族。1958年属庄浪公社河川大队，1961年属南湖公社石阳大队，1979年属高房大队，1983年属南湖乡高房村委会，1986年属南湖镇高房村委会。昔因王姓店主家有高房得名。村落呈团块状分布，面积0.31平方千米。农业以种植小麦、玉米、马铃薯、苹果为主，居民收入以养殖、劳务为主。有省级文物保护单位王家高房墓群。有高房村小学。县道南阳公路经此。

川口（Chuānkǒu） 位于南湖镇中部，距镇政府驻地南湖2.51千米。属高房村委会管辖。19户69人，汉族。1958年属庄浪公社河川大队，1961年属南湖公社石阳大队，1979年属高房大队，1983年属南湖乡高房村委会，1986年属南湖镇高房村委会。因位于双堡子沟与庄浪河交汇处得名。村落呈团块状分布，面积0.04平方千米。农业以种植小麦、玉米、马铃薯、苹果为主，居民收入以养殖、劳务为主。省道静庄公路经此。

党家新庄（Dǎngjiāxīnzhuāng） 位于南湖镇中部，距镇政府驻地南湖 4.18 千米。属党李庄村委会管辖，系村委会驻地。52 户 218 人，汉族。1958 年属庄浪公社河川大队，1961 年属南湖公社石阳大队，1979 年属李庄大队，1982 年属党李庄大队，1983 年属南湖乡党李庄村委会，1986 年属南湖镇党李庄村委会。因党姓人家搬迁新庄得名。村落呈散状分布，面积 0.09 平方千米。农业以种植小麦、玉米、马铃薯、苹果为主，居民收入以养殖、劳务为主。

李家庄子（Lǐjiāzhuāngzi） 位于南湖镇中部，距镇政府驻地南湖 3.33 千米。属党李庄村委会管辖。82 户 364 人，汉族。1958 年属庄浪公社河川大队，1961 年属南湖公社石阳大队，1979 年属李庄大队，1982 年属党李庄大队，1983 年属南湖乡党李庄村委会，1986 年属南湖镇党庄李村委会。因姓氏得名。村落呈团块状分布，面积 0.08 平方千米。农业以种植小麦、玉米、马铃薯、苹果为主，居民收入以养殖、劳务为主。

曹家湾（Cáojiāwān） 位于南湖镇西部，距镇政府驻地南湖 7.38 千米。属曹湾村委会管辖，为村委会驻地。68 户 258 人，汉族。1958 年属庄浪公社河川大队，1961 年属南湖公社曹湾大队，1969 年属红卫大队，1979 年属曹湾大队，1983 年属南湖乡曹湾村委会，1986 年属南湖镇曹湾村委会。因姓氏和地形得名。村落坐南朝北，呈团块状分布，面积 0.11 平方千米。农业以种植小麦、玉米、马铃薯、油菜、苹果为主，居民收入以养殖、劳务为主。有曹湾九年制学校。

刘家大塬（Liújiādàyuán） 位于南湖镇西部，距镇政府驻地南湖 7.93 千米。属曹湾村委会管辖。57 户 229 人，汉族。1958 年属庄浪公社河川大队，1961 年属南湖公社曹湾大队，1969 年属红卫大队，1979 年属曹湾大队，1983 年属南湖乡曹湾村委会，1986 年属南湖镇曹湾村委会。因姓氏和地形得名。村落呈散状分布，面积 0.06 平方千米。农业以种植小麦、玉米、马铃薯、油菜、苹果为主，居民收入以养殖、劳务为主。

石塬湾（Shíyuánwān） 位于南湖镇西部，距镇政府驻地南湖 8.83 千米。属曹湾村委会管辖。49 户 206 人，汉族。1958 年属庄浪公社河川大队，1961 年属南湖公社曹湾大队，1962 年属石塬大队，1964 年属曹湾大队，1969 年属红卫大队，1979 年属曹湾大队，1983 年属南湖乡曹湾村委会，1986 年属南湖镇曹湾村委会。因地处石家塬北部山湾而得名，村落坐南朝北，呈散状分布。面积 0.09 平方千米。农业以种植小麦、玉米、马铃薯、油菜、苹果为主，居民收入以养殖、劳务为主。

石家塬（Shíjiāyuán） 位于南湖镇西部，属曹湾村委会管辖，距镇政府驻地南湖 8.9 千米。77 户 296 人，汉族。1958 年属庄浪公社河川大队，1961 年属南湖公社曹湾大队，1962 年属石塬大队，1964 年属曹湾大队，1969 年属红卫大队，1979 年属曹湾大队，1983 年属南湖乡曹湾村委会，1986 年属南湖镇曹湾村委会。因姓氏和地形得名。村落坐东朝西，呈团块状分布，面积 0.1 平方千米。农业以种植小麦、玉米、马铃薯、油菜、苹果为主，居民收入以养殖、劳务为主。

花儿湾（Huārwān） 位于南湖镇西部，距镇政府驻地南湖 6.99 千米。属曹湾村委会管辖。31 户 146 人，汉族。1958 年属庄浪公社河川大队，1961 年属南湖公社曹湾大队，1962 年属张牛大队，1964 年属曹湾大队，1969 年属红卫大队，1979 年属曹湾大队，1983 年属南湖乡曹湾村委会，1986 年属南湖镇曹湾村委会。因地形特征和花类植物得名。村落坐西朝东，呈团块状分布，面积 0.02 平方千米。农业以种植小麦、玉米、油菜为主，居民收入以养殖、劳务为主。

阳坡湾（Yángpōwān） 位于南湖镇西部，距镇政府驻地南湖 6.52 千米。属曹湾村委会管辖。34 户 146 人，汉族。1958 年属庄浪公社河川大队，1961 年属南湖公社曹湾大队，1962 年属张牛大队，1964 年属曹湾大队，1969 年属红卫大队，1979 年属曹湾大队，1983 年属南湖乡曹湾村委会，1986 年属南湖镇曹湾村委会。因地处花儿湾阳面得名。村落坐东朝西，呈团块状分布，面积 0.04 平方千米。农业以种植小麦、玉米、马铃薯、油菜、苹果为主，居民收入以养殖、劳务为主。

张牛家（Zhāngniújiā） 位于南湖镇西南部，距镇政府驻地南湖 6.54 千米。属曹湾村委会管辖。

85 户 342 人，汉族。1958 年属庄浪公社河川大队，1961 年属南湖公社曹湾大队，1962 年属张牛大队，1964 年属曹湾大队，1969 年属红卫大队，1979 年属曹湾大队，1983 年属南湖乡曹湾村委会，1986 年属南湖镇曹湾村委会。因张、牛二姓得名。村落呈团块状分布，面积 0.09 平方千米。农业以种植小麦、玉米、马铃薯、油菜、苹果为主，居民收入以养殖、劳务为主。

汪家（Wāngjiā） 位于南湖镇西南部，距镇政府驻地南湖 7.44 千米。属汪家村委会管辖，系村委会驻地。66 户 288 人，汉族。1958 年属庄浪公社河川大队，1959 年属汪家大队，1961 年属南湖公社汪家大队，1969 年属先锋大队，1979 年属汪家大队，1983 年属南湖乡汪家村委会，1986 年属南湖镇汪家村委会。因姓氏得名。村落呈散状分布，面积 0.09 平方千米。农业以种植小麦、玉米、马铃薯、油菜、苹果为主，居民收入以养殖、劳务为主。

花塬头（Huāyuántóu） 位于南湖镇西南部，距镇政府驻地南湖 8.24 千米。是高庄、什字、塬庄的总称。属汪家村委会管辖。109 户 468 人，汉族。1958 年属庄浪公社河川大队，1959 年属汪家大队，1961 年属南湖公社花塬大队，1964 年属汪家大队，1969 年属先锋大队，1979 年属花塬大队，1983 年属南湖乡花塬村委会，1986 年属南湖镇花塬村委会，2006 年属汪家村委会。因地形方位得名。村落呈散状分布，面积 0.17 平方千米。农业以种植小麦、玉米、马铃薯、油菜、苹果为主，居民收入以养殖、劳务为主。

李家咀（Lǐjiāzuǐ） 位于南湖镇西南部，距镇政府驻地南湖 8.43 千米。属汪家村委会管辖。33 户 158 人，汉族。1958 年属庄浪公社河川大队，1959 年属汪家大队，1961 年属南湖公社花塬大队，1964 年属汪家大队，1969 年属先锋大队，1979 年属花塬大队，1983 年属南湖乡花塬村委会，1986 年属南湖镇花塬村委会，2006 年属汪家村委会。因姓氏和地形得名。村落呈团块状分布，面积 0.04 平方千米。农业以种植小麦、玉米、马铃薯、油菜、苹果为主，居民收入以养殖、劳务为主。

新院（Xīnyuàn） 位于南湖镇西南部，距镇政府驻地南湖 7.94 千米。属汪家村委会管辖。65 户 258 人，汉族。1958 年属庄浪公社河川大队，1959 年属汪家大队，1961 年属南湖公社花塬大队，1964 年属汪家大队，1969 年属先锋大队，1979 年属花塬大队，1983 年属南湖乡花塬村委会，1986 年属南湖镇花塬村委会，2006 年属汪家村委会。1958 年前花塬居民始迁此地，为区别于老庄，故称新院。村落呈团块状分布，面积 0.1 平方千米。农业以种植小麦、玉米、马铃薯、油菜、苹果为主，居民收入以养殖、劳务为主。

山庄湾（Shānzhuāngwān） 位于南湖镇西南部，距镇政府驻地南湖 8.35 千米。属汪家村委会管辖。23 户 103 人，汉族。1958 年属庄浪公社河川大队，1959 年属汪家大队，1961 年属南湖公社汪家大队，1969 年属先锋大队，1979 年属汪家大队，1983 年属南湖乡汪家村委会，1986 年属南湖镇汪家村委会。因汪家先民为耕种方便在此坐山庄得名。村落坐北朝南，呈带状分布，面积 0.02 平方千米。农业以种植小麦、玉米、马铃薯、油菜、苹果为主，居民收入以养殖、劳务为主。

穆家湾（Mùjiāwān） 位于南湖镇南部，距镇政府驻地南湖 7.33 千米。属汪家村委会管辖。61 户 248 人，汉族。1958 年属庄浪公社河川大队，1959 年属汪家大队，1961 年属南湖公社穆湾大队，1964 年属汪家大队，1969 年属先锋大队，1979 年属穆湾大队，1983 年属南湖乡穆湾村委会，1986 年属南湖镇穆湾村委会，2006 年属南湖镇汪家村委会。因姓氏和地形得名。村落呈散状分布，面积 0.11 平方千米。农业以种植小麦、玉米、马铃薯、油菜、苹果为主，居民收入以养殖、劳务为主。

陈家山（Chénjiāshān） 位于南湖镇南部，距镇政府驻地南湖 6.51 千米。属汪家村委会管辖。12 户 62 人，汉族。1958 年属庄浪公社河川大队，1959 年属汪家大队，1961 年属南湖公社穆湾大队，1964 年属汪家大队，1969 年属先锋大队，1979 年属穆湾大队，1983 年属南湖乡穆湾村委会，1986 年属南湖镇穆湾村委会，2006 年属南湖镇汪家村委会。因姓氏和地形得名。村落坐北朝南，呈带状分布，面积 0.01 平方千米。农业以种植小麦、玉米、马铃薯、油菜、苹果为主，居民收入以养殖、劳务为主。

杨家中庄（Yángjiāzhōngzhuāng） 位于南湖镇西部，距镇政府驻地南湖 5.86 千米。属庙岔村委会管辖，系村委会驻地。43 户 174 人，汉族。1958 年属庄浪公社河川大队，1959 年属庙岔大队，1961 年属南湖公社庙岔大队，1969 年属高峰大队，1979 年属庙岔大队，1983 年属南湖乡庙岔村委会，1986 年属南湖镇庙岔村委会。因姓氏和方位得名。村落坐北朝南，呈团块状分布，面积 0.06 平方千米。农业以种植小麦、玉米、马铃薯、油菜、苹果为主，居民收入以养殖、劳务为主。有庙岔村小学。

杜家湾（Dùjiāwān） 位于南湖镇西部，距镇政府驻地南湖 5.95 千米。属庙岔村委会管辖。57 户 266 人，汉族。1958 年属庄浪公社河川大队，1959 年属庙岔大队，1961 年属南湖公社庙岔大队，1969 年属高峰大队，1979 年属庙岔大队，1983 年属南湖乡庙岔村委会，1986 年属南湖镇庙岔村委会。因姓氏和地形得名。村落坐东朝西，呈团块状分布，面积 0.07 平方千米。农业以种植小麦、玉米、马铃薯、油菜、苹果为主，居民收入以养殖、劳务为主。

庙岔（Miàochà） 位于南湖镇西部，距镇政府驻地南湖 5.22 千米。属庙岔村委会管辖。23 户 92 人，汉族。1958 年属庄浪公社河川大队，1959 年属庙岔大队，1961 年属南湖公社庙岔大队，1969 年属高峰大队，1979 年属庙岔大队，1983 年属南湖乡庙岔村委会，1986 年属南湖镇庙岔村委会。因寺庙和地形得名。村落呈团块状分布，面积 0.06 平方千米。农业以种植小麦、玉米、马铃薯、油菜、苹果为主，居民收入以养殖、劳务为主。

慕家湾（Mùjiāwān） 位于南湖镇西部，距镇政府驻地南湖 5.28 千米。属庙岔村委会管辖。22 户 96 人，汉族。1958 年属庄浪公社河川大队，1959 年属庙岔大队，1961 年属南湖公社庙岔大队，1969 年属高峰大队，1979 年属庙岔大队，1983 年属南湖乡庙岔村委会，1986 年属南湖镇庙岔村委会。因姓氏和地形得名，原称庙儿岔，1982 年更名为慕家湾。村落呈团块状分布，面积 0.01 平方千米。农业以种植小麦、玉米、马铃薯、油菜、苹果为主，居民收入以养殖、劳务为主。

马家湾（Mǎjiāwān） 位于南湖镇西部，距镇政府驻地南湖 4.58 千米。属庙岔村委会管辖。45 户 177 人，汉族。1958 年属庄浪公社河川大队，1959 年属庙岔大队，1961 年属南湖公社庙岔大队，1969 年属高峰大队，1979 年属庙岔大队，1983 年属南湖乡庙岔村委会，1986 年属南湖镇庙岔村委会。因姓氏和地形得名。村落坐东朝西，呈团块状分布，面积 0.09 平方千米。农业以种植小麦、玉米、马铃薯、油菜、苹果为主，居民收入以养殖、劳务为主。

党家塬（Dǎngjiāyuán） 位于南湖镇西部，距镇政府驻地南湖 4.93 千米。属庙岔村委会管辖。40 户 156 人，汉族。1958 年属庄浪公社河川大队，1959 年属庙岔大队，1961 年属南湖公社庙岔大队，1969 年属高峰大队，1979 年属庙岔大队，1983 年属南湖乡庙岔村委会，1986 年属南湖镇庙岔村委会。因姓氏和地形得名。村落坐东朝西，呈团块状分布，面积 0.02 平方千米。农业以种植小麦、玉米、马铃薯、油菜、苹果为主，居民收入以养殖、劳务为主。

张家崖坑（Zhāngjiā'áikēng） 位于南湖镇西部，距镇政府驻地南湖 5.16 千米。属庙岔村委会管辖。23 户 101 人，汉族。1958 年属庄浪公社河川大队，1959 年属庙岔大队，1961 年属南湖公社庙岔大队，1969 年属高峰大队，1979 年属庙岔大队，1983 年属南湖乡庙岔村委会，1986 年属南湖镇庙岔村委会。因姓氏和地形得名。村落坐北朝南，呈团块状分布，面积 0.05 平方千米。农业以种植小麦、玉米、马铃薯、油菜、苹果为主，居民收入以养殖、劳务为主。

大山凹（Dàshānwā） 位于南湖镇西部，距镇政府驻地南湖 6.54 千米。属庙岔村委会管辖。31 户 143 人，汉族。1958 年属庄浪公社河川大队，1959 年属庙岔大队，1961 年属南湖公社庙岔大队，1969 年属高峰大队，1979 年属庙岔大队，1983 年属南湖乡庙岔村委会，1986 年属南湖镇庙岔村委会。因地形得名。村落坐北朝南，呈团块状分布，面积 0.02 平方千米。农业以种植小麦、玉米、马铃薯、油菜、苹果为主，居民收入以养殖、劳务为主。

张家中湾（Zhāngjiāzhōngwān） 位于南湖镇南部，距镇政府驻地南湖 7.13 千米。属孙家大庄村委会管辖，系村委会驻地。50户212人，汉族。1958年属庄浪公社河川大队，1961年属南湖公社孙家大庄大队，1964年属秦梁大队，1969年属前哨大队，1979年属孙家大庄大队，1983年属南湖乡孙家大庄村委会，1986年属南湖镇孙家大庄村委会。因姓氏和地形方位得名，原称张家湾，1982年更名为张家中湾。村落坐南朝北，呈团块状分布，面积0.06平方千米。农业以种植小麦、玉米、马铃薯、油菜、苹果为主，居民收入以养殖、劳务为主。

古庄（Gǔzhuāng） 位于南湖镇南部，距镇政府驻地南湖6.73千米。属孙家大庄村委会管辖。30户136人，汉族。1958年属庄浪公社河川大队，1961年属南湖公社孙家大庄大队，1964年属秦梁大队，1969年属前哨大队，1979年属孙家大庄大队，1983年属南湖乡孙家大庄村委会，1986年属南湖镇孙家大庄村委会。因孙家大庄先辈居住最早得名，原称勿家湾，1982年更名为古庄。村落坐西南朝东北，呈散状分布。面积0.05平方千米。农业以种植小麦、玉米、马铃薯、油菜、苹果为主，居民收入以养殖、劳务为主。

李家湾（Lǐjiāwān） 位于南湖镇南部，距镇政府驻地南湖6.98千米。属孙家大庄村委会管辖。95户402人，汉族。1958年属庄浪公社河川大队，1961年属南湖公社孙家大庄大队，1964年属秦梁大队，1969年属前哨大队，1979年属孙家大庄大队，1983年属南湖乡孙家大庄村委会，1986年属南湖镇孙家大庄村委会。因姓氏和地形得名。村落坐南朝北，呈团块状分布，面积0.11平方千米。农业以种植小麦、玉米、马铃薯、油菜、苹果为主，居民收入以养殖、劳务为主。

孙家大庄（Sūnjiādàzhuāng） 位于南湖镇南部。属孙家大庄村委会管辖，是张家中湾、古庄、李家湾总称，因姓氏得名。1958年属庄浪公社河川大队，1961年属南湖公社孙家大庄大队，1964年属秦梁大队，1969年属前哨大队，1979年属孙家大庄大队，1983年属南湖乡孙家大庄村委会，1986年属南湖镇孙家大庄村委会。

秦家梁（Qínjiāliáng） 位于南湖镇南部，距镇政府驻地南湖5.57千米。属孙家大庄村委会管辖。7户31人，汉族。1958年属庄浪公社河川大队，1961年属南湖公社秦梁大队，1969年属前哨大队，1979年属秦梁大队，1983年属南湖乡秦梁村委会，1986年属南湖镇秦梁村委会，2006年属孙家大庄村委会。因姓氏和地形得名。村落坐西北朝东南，呈团块状分布，面积0.06平方千米。农业以种植小麦、玉米、马铃薯、油菜、苹果为主，居民收入以养殖、劳务为主。

秦家湾（Qínjiāwān） 位于南湖镇南部，距镇政府驻地南湖6.15千米。属孙家大庄村委会管辖。40户168人，汉族。1958年属庄浪公社河川大队，1961年属南湖公社秦梁大队，1969年属前哨大队，1979年属秦梁大队，1983年属南湖乡秦梁村委会，1986年属南湖镇秦梁村委会，2006年属孙家大庄村委会。因姓氏和地形得名。村落坐东朝西，呈散状分布，面积0.06平方千米。农业以种植小麦、玉米、马铃薯、油菜、苹果为主，居民收入以养殖、劳务为主。

苏家大湾（Sūjiādàwān） 位于南湖镇南部，距镇政府驻地南湖7.14千米。属孙家大庄村委会管辖。44户195人，汉族。1958年属庄浪公社河川大队，1961年属南湖公社秦梁大队，1969年属前哨大队，1979年属秦梁大队，1983年属南湖乡秦梁村委会，1986年属南湖镇秦梁村委会，2006年属孙家大庄村委会。因姓氏和地形得名。村落呈散状分布，面积0.05平方千米。农业以种植小麦、玉米、马铃薯、油菜、苹果为主，居民收入以养殖、劳务为主。

孙家湾垴（Sūnjiāwānnǎo） 位于南湖镇南部，距镇政府驻地南湖6.01千米。属孙家大庄村委会管辖。58户244人，汉族。1958年属庄浪公社河川大队，1961年属南湖公社秦梁大队，1969年属前哨大队，1979年属秦梁大队，1983年属南湖乡秦梁村委会，1986年属南湖镇秦梁村委会，2006年属孙家大庄村委会。因孙姓人居住湾垴得名。村落坐东南朝西北，呈散状分布，面积0.06平方千米。农业以种植小麦、玉米、马铃薯、油菜、苹果为主，居民收入以养殖、劳务为主。

朱店镇

朱家店（Zhūjiādiàn）　位于朱店镇西南部，距县政府驻地 12 千米。系镇人民政府和东街、中街、西街村委会驻地。1144 户 4901 人，汉族。1958 年属朱店公社，1983 年属朱店乡，1986 年属朱店镇。因朱姓人家开设客店得名。村落呈团块状分布，面积 1.05 平方千米。农业以种植玉米、马铃薯、苹果、蔬菜为主，居民收入以商贸、果品销售、养殖、劳务为主。有朱店中学、中心小学、幼儿园、文化站、卫生院、敬老院。省道泾甘公路经此。

贾家沟（Jiǎjiāgōu）　位于朱店镇西南部，距镇政府驻地朱家店 0.43 千米。属东街村委会管辖。198 户 839 人，汉族。1958 年属朱店公社贾家沟大队，1966 年属胜利大队，1968 年属永红大队，1982 年属贾家沟大队，1983 年属朱店乡贾家沟村委会，1986 年属朱店镇贾家沟村委会，2006 年属朱店镇东关村委会。因姓氏和地形得名。村落呈团块状分布，面积 0.2 平方千米。农业以种植玉米、马铃薯、苹果、蔬菜为主，居民收入以商贸、果品销售、养殖、劳务为主。省道泾甘公路经过。

山上李家（Shānshànglǐjiā）　位于朱店镇西南部，距镇政府驻地朱家店 2.02 千米。属中街村委会管辖。43 户 187 人，汉族。1958 年属朱店公社一大队，1961 年属山上李大队，1966 年属红星大队，1979 年属山上李大队，1983 年属朱店乡山上李村委会，1986 年属朱店镇山上李村委会，2006 年属中街村委会。因姓氏和地形得名。呈团块状分布，面积 0.04 平方千米。农业以种植玉米、马铃薯、苹果为主，居民收入以果品销售、养殖、劳务为主。

山上李家下庄（Shānshànglǐjiāxiàzhuāng）　位于朱店镇西南部，距镇政府驻地朱家店 1.35 千米。属中街村委会管辖。38 户 176 人，汉族。1958 年属朱店公社一大队，1961 年属山上李大队，1966 年属红星大队，1979 年属山上李大队，1983 年属朱店乡山上李村委会，1986 年属朱店镇山上李村委会，2006 年属中街村委会。因姓氏和方位得名。村落坐东朝西，呈带状分布，面积 0.05 平方千米。农业以种植玉米、马铃薯、苹果为主，居民收入以果品销售、养殖、劳务为主。

朱家河湾（Zhūjiāhéwān）　位于朱店镇西南部，距镇政府驻地朱家店 2.01 千米。属朱河村委会管辖，系村委会驻地。378 户 1810 人，汉族。1958 年属朱店公社三柏大队，1961 年属朱家河湾大队，1966 年属建设大队，1971 年属朱家河湾大队，1979 年属上朱河大队，1983 年属朱店乡上朱河村委会，1986 年属朱店镇上朱河村委会，2006 年属朱河村委会。因朱姓人居水洛河畔得名。村落团块状分布，面积 0.42 平方千米。农业以种植玉米、马铃薯、苹果为主，居民收入以果品销售、养殖、劳务为主。有朱河小学。有省级文物保护单位长尾沟门遗址。乡道北川公路、朱刘公路穿过。

贾家河湾（Jiǎjiāhéwān）　位于朱店镇西南部，距镇政府驻地朱家店 2.89 千米。属朱河村委会管辖。220 户 896 人，汉族。1958 年属朱店公社三柏大队，1961 年属贾家河湾大队，1964 年属朱家河湾大队，1966 年属建设大队，1979 年属贾家河湾大队，1983 年属朱店乡贾家河湾村委会，1986 年属朱店镇贾家河湾村委会，2006 年属朱河村委会。因贾姓人居住水洛河畔得名。村落呈团块状分布，面积 0.19 平方千米。农业以种植玉米、马铃薯、苹果为主，居民收入以果品销售、养殖、劳务为主。乡道北川公路经此。

朱家河湾山背后（Zhūjiāhéwānshānbèihòu）　位于朱店镇西部，距镇政府驻地朱家店 3.22 千米。属朱河村委会管辖。65 户 198 人，汉族。1958 年属朱店公社三柏大队，1961 年属朱家河湾大队，1966 年属建设大队，1971 年属朱家河湾大队，1979 年属下朱河大队，1983 年属朱店乡下朱河村委会，1986 年属朱店镇下朱河村委会，2006 年属朱河村委会。因姓氏和地形方位得名。村落坐西南朝东北，呈团块状分布，面积 0.02 平方千米。农业以种植玉米、马铃薯、苹果为主，居民收入以果品销售、养殖、劳务为主。

邵家小湾（Shàojiāxiǎowān）　位于朱店镇西南部，距镇政府驻地朱家店 3.41 千米。属小湾村委会管辖，系村委会驻地。78户343人，汉族。1958年属朱店公社小湾大队，1966年属红旗大队，1975年属小湾大队，1983年属朱店乡小湾村委会，1986年属朱店镇小湾村委会。因姓氏和地形得名。村落呈团块状分布，面积0.11平方千米。农业以种植玉米、马铃薯、苹果为主，居民收入以果品销售、养殖、劳务为主。省道泾甘公路经此。

下万家（Xiàwànjiā） 位于朱店镇西南部，距镇政府驻地朱家店4.44千米。属小湾村委会管辖。41户185人，汉族。1958年属朱店公社小湾大队，1966年属红旗大队，1975年属小湾大队，1983年属朱店乡小湾村委会，1986年属朱店镇小湾村委会。因姓氏和方位得名。村落呈散状分布，面积0.05平方千米。农业以种植小麦、玉米、马铃薯、苹果为主，居民收入以养殖、劳务为主。

傅家（Fùjiā） 位于朱店镇西南部，距镇政府驻地朱家店3.99千米。属小湾村委会管辖。56户246人，汉族。1958年属朱店公社小湾大队，1966年属红旗大队，1975年属小湾大队，1983年属朱店乡小湾村委会，1986年属朱店镇小湾村委会。因姓氏得名。村落呈团块状分布，面积0.04平方千米。农业以种植玉米、马铃薯、苹果为主，居民收入以果品销售、养殖、劳务为主。省道泾甘公路经此。

郭赵家（Guōzhàojiā） 位于朱店镇西南部，距镇政府驻地朱家店2.29千米。属小湾村委会管辖。123户542人，汉族。1958年属朱店公社郭赵大队，1964年属小湾大队，1966年属红旗大队，1975年属小湾大队，1979属下郭大队，1983年属朱店乡下郭村委会，1986年属朱店镇下郭村委会，2006年属小湾村委会。因姓氏得名。村落呈团块状分布，面积0.15平方千米。农业以种植玉米、马铃薯、苹果、蔬菜为主，居民收入以果品销售、养殖、劳务为主。省道泾甘公路经此。

上田家（Shàngtiánjiā） 位于朱店镇西南部，距镇政府驻地朱家店4.91千米。属小湾村委会管辖。43户189人，汉族。1958年属朱店公社小湾大队，1966年属红旗大队，1975年属小湾大队，1983年属朱店乡小湾村委会，1986年属朱店镇小湾村委会。因姓氏和方位得名。村落呈散状分布，面积0.04平方千米。农业以种植小麦、玉米、马铃薯、苹果为主，居民收入以养殖、劳务为主。有马沟小学。

李家庄（Lǐjiāzhuāng） 位于朱店镇中部，距镇政府驻地朱家店2.21千米。属三合村委会管辖，系村委会驻地。67户291人，汉族。1958年属朱店公社三合大队，1966年属东升大队，1975年属三合大队，1983年属朱店乡三合村委会，1986年属朱店镇三合村委会。因姓氏得名。村落呈团块状分布，面积0.06平方千米。农业以种植玉米、马铃薯、苹果、蔬菜为主，居民收入以果品销售、养殖、劳务为主。有三合小学。省道泾甘公路经此。

杨柳家庄（Yángliǔjiāzhuāng） 位于朱店镇中部，距镇政府驻地朱家店2.73千米。属三合村委会管辖。301户1352人，汉族。1958年属朱店公社三合大队，1966年属东升大队，1975年属三合大队，1979年属杨柳家大队，1983年属朱店乡杨柳家村委会，1986年属朱店镇杨柳家村委会，2006年属三合村委会。因杨、柳姓氏得名。村落呈团块状分布，面积0.2平方千米。农业以种植玉米、马铃薯、苹果、蔬菜为主，居民收入以果品销售、养殖、劳务为主。省道泾甘公路经此，通公交车。

柳家新庄（Liǔjiāxīnzhuāng） 位于朱店镇中部，距镇政府驻地朱家店1.25千米。属三合村委会管辖。120户544人，汉族。1958年属朱店公社三合大队，1966年属东升大队，1975年属三合大队，1983年属朱店乡三合村委会，1986年属朱店镇三合村委会。因杨柳家庄柳姓人新迁此地得名。村落呈团块状分布，面积0.11平方千米。农业以种植玉米、马铃薯、苹果、蔬菜为主，居民收入以果品销售、养殖、劳务为主。省道泾甘公路经此，通公交车。

新店子（Xīndiànzi） 位于朱店镇中部，距镇政府驻地朱家店1.62千米。属三合村委会管辖。149户645人，汉族。1958年属朱店公社三合大队，1966年属东升大队，1975年属三合大队，1983年属朱店乡三合村委会，1986年属朱店镇三合村委会。因是朱家店新分设村庄得名。村落呈团块状分布，面积0.18平方千米。农业以种植玉米、马铃薯、苹果、蔬菜为主，居民收入以果品销售、养殖、劳务为主。省道泾甘公路经此，通公交车。

董家湾（Dǒngjiāwān） 位于朱店镇中部，距镇政府驻地朱家店 5.1 千米。属董家湾村委会管辖，系村委会驻地。426 户 1877 人，汉族。1958 年属朱店公社董家湾大队，1966 年属前进大队，1975 年属董家湾大队，1983 年属朱店乡董家湾村委会，1986 年属朱店镇董家湾村委会。因姓氏和地形得名。村落呈团块状分布，面积 0.33 平方千米。农业以种植玉米、马铃薯、苹果、蔬菜为主，居民收入以果品销售、养殖、劳务为主。有董湾小学。省道泾甘公路经此，通公交车。

孔家沟（Kǒngjiāgōu） 位于朱店镇中部，距镇政府驻地朱家店 5.1 千米。属董家湾村委会管辖。200 户 885 人，汉族。1958 年属朱店公社董家湾大队，1966 年属前进大队，1975 年属董家湾大队，1979 年属孔家沟大队，1983 年属朱店乡孔家沟村委会，1986 年属朱店镇孔家沟村委会，2006 年属董家湾村委会。因孔姓人家聚居在沟坡得名。村落呈团块状分布，面积 0.22 平方千米。农业以种植玉米、马铃薯、苹果、蔬菜为主，居民收入以果品销售、养殖、劳务为主。省道泾甘公路、乡道杨岔路经此，通公交车。

杨家铺（Yángjiāpù） 位于朱店镇中部，距镇政府驻地朱家店 4.31 千米。属董家湾村委会管辖。130 户 564 人，汉族。1958 年属朱店公社董家湾大队，1966 年属前进大队，1975 年属董家湾大队，1979 年属孔家沟大队，1983 年属朱店乡孔家沟村委会，1986 年属朱店镇孔家沟村委会，2006 年属董家湾村委会。因杨姓人家曾开设店铺得名。村落呈团块状分布，面积 0.12 平方千米。农业以种植玉米、马铃薯、苹果、蔬菜为主，居民收入以果品销售、养殖、劳务为主。省道泾甘公路经此，通公交车。

吴家沟（Wújiāgōu） 位于朱店镇东北部，距镇政府驻地朱家店 5.65 千米。属吴沟村委会管辖，系村委会驻地。238 户 1032 人，汉族。1958 年属朱店公社吴沟大队，1966 年属永胜大队，1975 年属吴沟大队，1983 年属朱店乡吴沟村委会，1986 年属朱店镇吴沟村委会。因姓氏和地形得名。村落呈团块状分布，面积 0.25 平方千米。农业以种植玉米、马铃薯、苹果、蔬菜为主，居民收入以果品销售、养殖、劳务为主。有吴沟幼儿园和省级文物保护单位吴家沟遗址。为南宋抗金民族英雄吴玠、吴璘祖籍。省道泾甘公路经此。

吴玠、吴璘故里碑（2019 年 10 月摄）

李家坪（Lǐjiāpíng） 位于朱店镇东北部，距镇政府驻地朱家店 5.96 千米。属吴沟村委会管辖。38 户 180 人，汉族。1958 年属朱店公社吴沟大队，1966 年属永胜大队，1975 年属吴沟大队，1983 年属朱店乡吴沟村委会，1986 年属朱店镇吴沟村委会。因姓氏和地形得名。村落呈团块状分布，面积 0.2 平方千米。农业以种植玉米、马铃薯、苹果、蔬菜为主，居民收入以果品销售、养殖、劳务为主。省道泾甘公路经此。

上川（Shàngchuān） 位于朱店镇中部，距镇政府驻地朱家店 3.79 千米。属毛柳家村委会管辖，系村委会驻地。115 户 483 人，汉族。1958 年属朱店公社平塬大队，1982 年属毛柳家大队，1983 年属朱店乡毛柳家村委会，1986 年属朱店镇毛柳家村委会。因地形方位得名。村落呈团块状分布，面积 0.06 平方千米。农业以种植苹果、玉米、马铃薯、蔬菜为主，居民收入以果品销售、养殖、劳务为主。乡道北川公路经此。

毛柳家（Máoliǔjiā） 位于朱店镇中部，距镇政府驻地朱家店 3.12 千米。属毛柳家村委会管辖。237 户 995 人，汉族。1958 年属朱店公社平塬大队，1982 年属毛柳家大队，1983 年属朱店乡毛柳家村委会，1986 年属朱店镇毛柳家村委会。因毛、柳姓氏得名。村落呈团块状分布，面积 0.14 平方千米。农业以种植苹果、玉米、马铃薯、蔬菜为主，居民收入以果品销售、养殖、劳务为主。有毛柳小学。乡道北川公路经此。县籍最早共产党员毛定原故里。

阎家河湾（Yánjiāhéwān） 位于朱店镇中部，距镇政府驻地朱家店 3.56 千米。属毛柳家村委会管辖。70 户 308 人，汉族。1958 年属朱店公社平塬大队，1982 年属毛柳家大队，1983 年属朱店乡毛柳家村委会，1986 年属朱店镇毛柳家村委会。因姓氏和地形得名。村落坐北朝南，呈团块状分布，面积 0.07 平方千米。农业以种植苹果、玉米、马铃薯、蔬菜为主，居民收入以果品销售、养殖、劳务为主。乡道北川公路经此。

新磨坪（Xīnmòpíng） 位于朱店镇中部，距镇政府驻地朱家店 1.21 千米。属河北村委会管辖，系村委会驻地。130 户 435 人，汉族。1958 年属朱店公社河北大队，1966 年属向阳大队，1975 年属河北大队，1979 年属北堡子大队，1983 年属朱店乡北堡子村委会，1986 年属朱店镇北堡子村委会，2006 年属河北村委会。因地形和新建磨坊得名。村落呈团块状分布，面积 0.09 平方千米。农业以种植苹果、玉米、马铃薯、蔬菜为主，居民收入以果品销售、养殖、劳务为主。乡道北川公路经此。

北堡子（Běibǔzi） 位于朱店镇中部，距镇政府驻地朱家店 1.04 千米。属河北村委会管辖。34 户 128 人，汉族。1958 年属朱店公社河北大队，1966 年属向阳大队，1975 年属河北大队，1979 年属北堡子大队，1983 年属朱店乡北堡子村委会，1986 年属朱店镇北堡子村委会，2006 年属河北村委会。因土堡方位得名。村落呈团块状分布，面积 0.03 平方千米。农业以种植苹果、玉米、马铃薯、蔬菜为主，居民收入以果品销售、养殖、劳务为主。乡道北川公路经此。

上郭家（Shàngguōjiā） 位于朱店镇中部，距镇政府驻地朱家店 1.9 千米。属河北村委会管辖。58 户 256 人，汉族。1958 年属朱店公社河北大队，1966 年属向阳大队，1975 年属河北大队，1983 年属朱店乡河北村委会，1986 年属朱店镇河北村委会。因姓氏和方位得名。村落呈团块状分布，面积 0.05 平方千米。农业以种植苹果、玉米、马铃薯、蔬菜为主，居民收入以果品销售、养殖、劳务为主。乡道北川公路经此。

下郭家（Xiàguōjiā） 位于朱店镇中部，距镇政府驻地朱家店 1.71 千米。属河北村委会管辖。84 户 366 人，汉族。1958 年属朱店公社河北大队，1966 年属向阳大队，1975 年属河北大队，1983 年属朱店乡河北村委会，1986 年属朱店镇河北村委会。因姓氏和方位得名。村落呈团块状分布，面积 0.06 平方千米。农业以种植苹果、玉米、马铃薯、蔬菜为主，居民收入以果品销售、养殖、劳务为主。乡道北川公路经此。

红土壑岘（Hóngtǔhèxiàn） 位于朱店镇中部，距镇政府驻地朱家店 1.08 千米。属河北村委会管辖。28 户 132 人，汉族。1958 年属朱店公社河北大队，1966 年属向阳大队，1975 年属河北大队，1979 年属北堡子大队，1983 年属朱店乡北堡子村委会，1986 年属朱店镇北堡子村委会，2006 年属河北村委会。因村旁有红土沟得名。村落呈团块状分布，面积 0.02 平方千米。农业以种植苹果、玉米、马铃薯、蔬菜为主，居民收入以果品销售、养殖、劳务为主。乡道北川公路经此。

柳家窑（Liǔjiāyáo） 位于朱店镇中部，距镇政府驻地朱家店 2.96 千米。属柳窑村委会管辖，系村委会驻地。189 户 812 人，汉族。1958 年属朱店公社柳林大队，1966 年属光明大队，1977 年属柳窑大队，1983 年属朱店乡柳窑村委会，1986 年属朱店镇柳窑村委会。因柳姓人初居窑洞得名。村落坐西北朝东南，呈团块状分布，面积 0.22 平方千米。农业以种植苹果、玉米、马铃薯、油菜为主，居民收入以果品销售、养殖、劳务为主。有柳窑小学。

赵家崖湾（Zhàojiā'áiwān） 位于朱店镇西部，距镇政府驻地朱家店 2.03 千米。属柳窑村委会管辖。112 户 488 人，汉族。1958 年属朱店公社柳林大队，1966 年属光明大队，1977 年属柳窑大队，1983 年属朱店乡柳窑村委会，1986 年属朱店镇柳窑村委会。因姓氏和地形得名。村落呈散状分布，面积 0.09 平方千米。农业以种植苹果、玉米、马铃薯、油菜为主，居民收入以果品销售、养殖、劳务为主。

中峰堡（Zhōngfēngbǔ） 位于朱店镇中部，距镇政府驻地朱家店 3.87 千米。属柳窑村委会管辖。18 户 76 人，汉族。1958 年属朱店公社柳林大队，1966 年属光明大队，1977 年属柳窑大队，1983 年属朱店乡柳窑村委会，1986 年属朱店镇柳窑村委会。居于两山峰之间，北峰有堡，故名。村落呈散状分布，面积 0.01 平方千米。农业以种植苹果、玉米、马铃薯、油菜为主，居民收入以果品销售、养殖、劳务为主。

吴家湾（Wújiāwān） 位于朱店镇北部，距镇政府驻地朱家店 4.67 千米。属郑家山村委会管辖，系村委会驻地。58 户 256 人，汉族。1958 年属朱店公社工农大队，1982 年属郑家山大队，1983 年属朱店乡郑家山村委会，1986 年属朱店镇郑家山村委会。因姓氏和地形得名。村落坐西北朝东南，呈团块状分布，面积 0.05 平方千米。农业以种植苹果、玉米、马铃薯、油菜为主，居民收入以果品销售、养殖、劳务为主。

郑家山（Zhèngjiāshān） 位于朱店镇北部，距镇政府驻地朱家店 4.62 千米。属郑家山村委会管辖。76 户 336 人，汉族。1958 年属朱店公社工农大队，1982 年属郑家山大队，1983 年属朱店乡郑家山村委会，1986 年属朱店镇郑家山村委会。因姓氏和地形得名。村落坐西北朝东南，呈团块状分布，面积 0.06 平方千米。农业以种植苹果、玉米、马铃薯、油菜为主，居民收入以果品销售、养殖、劳务为主。

朱家山（Zhūjiāshān） 位于朱店镇北部。属郑家山村委会管辖，是朱家前山和朱家后山总称。因姓氏和地形得名。1958 年属朱店公社工农大队，1982 年属郑家山大队，1983 年属朱店乡郑家山村委会，1986 年属朱店镇郑家山村委会。

朱家前山（Zhūjiāqiánshān） 位于朱店镇北部，距镇政府驻地朱家店 5.23 千米。属郑家山村委会管辖。68 户 299 人，汉族。1958 年属朱店公社工农大队，1982 年属郑家山大队，1983 年属朱店乡郑家山村委会，1986 年属朱店镇郑家山村委会。因姓氏和地形方位得名。村落坐西朝东，呈散状分布，面积 0.05 平方千米。农业以种植苹果、玉米、马铃薯、油菜为主，居民收入以果品销售、养殖、劳务为主。

朱家后山（Zhūjiāhòushān） 位于朱店镇北部，距镇政府驻地朱家店 5.46 千米。属郑家山村委会管辖。43 户 193 人，汉族。1958 年属朱店公社工农大队，1982 年属郑家山大队，1983 年属朱店乡郑家山村委会，1986 年属朱店镇郑家山村委会。因姓氏和地形方位得名。村落坐东朝西，呈团块状分布，面积 0.04 平方千米。农业以种植苹果、玉米、马铃薯、油菜为主，居民收入以果品销售、养殖、劳务为主。

鸦儿湾（Yārwān） 位于朱店镇北部，距镇政府驻地朱家店 5.31 千米。属郑家山村委会管辖。24 户 107 人，汉族。1958 年属朱店公社工农大队，1982 年属郑家山大队，1983 年属朱店乡郑家山村委会，1986 年属朱店镇郑家山村委会。昔因乌鸦聚集得名。村落呈团块状分布，面积 0.21 平方千米。农业以种植苹果、玉米、马铃薯、油菜为主，居民收入以果品销售、养殖、劳务为主。

上孔家（Shàngkǒngjiā） 位于朱店镇东南部，距镇政府驻地朱家店 4.79 千米。属牛耳咀村委会管辖，系村委会驻地。87 户 382 人，汉族。1958 年属朱店公社西山大队，1964 年属牛耳咀大队，1966 年属团结大队，1975 年属牛耳咀大队，1979 年属西山大队，1983 年属朱店乡西山村委会，1986 年属朱店镇西山村委会，2006 年属牛耳咀村委会。因地理位置和姓氏得名。村落坐东朝西，呈团块状分布，面积 0.09 平方千米。农业以种植小麦、玉米、马铃薯、油菜、苹果为主，居民收入以养殖、劳务为主。

坟山上（Fénshānshàng） 位于朱店镇东南部，距镇政府驻地朱家店 4.62 千米。17 户 79 人，汉族。属牛耳咀村委会管辖。1958 年属朱店公社牛耳咀大队，1966 年属团结大队，1975 年属牛耳咀大队，1983 年属朱店乡牛耳咀村委会，1986 年属朱店镇牛耳咀村委会。村因地名，地因山坡有坟得名。

村落坐南朝北，呈团块状分布，面积0.01平方千米。农业以种植小麦、玉米、马铃薯、油菜、苹果为主，居民收入以养殖、劳务为主。

牛耳咀（Niú'ěrzuǐ） 位于朱店镇东南部，距镇政府驻地朱家店4.66千米。属牛耳咀村委会管辖。45户198人，汉族。1958年属朱店公社牛耳咀大队，1966年属团结大队，1975年属牛耳咀大队，1983年属朱店乡牛耳咀村委会，1986年属朱店镇牛耳咀村委会。因地形似牛耳得名。村落坐南朝北，呈团块状分布，面积0.05平方千米。农业以种植小麦、玉米、马铃薯、油菜、苹果为主，居民收入以养殖、劳务为主。

西山堡子（Xīshānbǔzi） 位于朱店镇东南部，距镇政府驻地朱家店3.49千米。属牛耳咀村委会管辖。29户132人，汉族。1958年属朱店公社西山大队，1964年属牛耳咀大队，1966年属团结大队，1975年属牛耳咀大队，1979年属西山大队，1983年属朱店乡西山村委会，1986年属朱店镇西山村委会，2006年属牛耳咀村委会。因方位和土堡得名。村落坐西朝东，呈团块状分布，面积0.03平方千米。农业以种植小麦、玉米、马铃薯、油菜、苹果为主，居民收入以养殖、劳务为主。

咀儿上（Zuǐrshàng） 位于朱店镇东南部，距镇政府驻地朱家店4.31千米。属牛耳咀村委会管辖。43户192人，汉族。1958年属朱店公社牛耳咀大队，1966年属团结大队，1975年属牛耳咀大队，1983年属朱店乡牛耳咀村委会，1986年属朱店镇牛耳咀村委会。因地形方位得名。村落坐东北朝西南，呈团块状分布，面积0.04平方千米。农业以种植小麦、玉米、马铃薯、油菜、苹果为主，居民收入以养殖、劳务为主。有牛咀小学。

孔家东庄（Kǒngjiādōngzhuāng） 位于朱店镇东部，距镇政府驻地朱家店5.26千米。属牛耳咀村委会管辖。62户275人，汉族。1958年属朱店公社牛耳咀大队，1966年属团结大队，1975年属牛耳咀大队，1983年属朱店乡牛耳咀村委会，1986年属朱店镇牛耳咀村委会。因姓氏和地理方位得名。村落坐南朝北，呈团块状分布，面积0.06平方千米。农业以种植小麦、玉米、马铃薯、油菜、苹果为主，居民收入以养殖、劳务为主。

孔家西山（Kǒngjiāxīshān） 位于朱店镇南部，距镇政府驻地朱家店3.49千米。属牛耳咀村委会管辖。49户221人，汉族。1958年属朱店公社西山大队，1964年属牛耳咀大队，1966年属团结大队，1975年属牛耳咀大队，1979年属西山大队，1983年属朱店乡西山村委会，1986年属朱店镇西山村委会，2006年属牛耳咀村委会。因姓氏和地理方位得名。村落坐西南朝东北，呈团块状分布，面积0.05平方千米。农业以种植苹果、玉米、马铃薯、油菜为主，居民收入以果品销售、养殖、劳务为主。县道孔韩公路经此。

孔家新庄（Kǒngjiāxīnzhuāng） 位于朱店镇东南部，距镇政府驻地朱家店3.76千米。属牛耳咀村委会管辖。57户256人，汉族。1958年属朱店公社西山大队，1964年属牛耳咀大队，1966年属团结大队，1975年属牛耳咀大队，1979年属西山大队，1983年属朱店乡西山村委会，1986年属朱店镇西山村委会，2006年属牛耳咀村委会。因孔家西山居民新迁此地得名。村落坐西朝东，呈团块状分布，面积0.03平方千米。农业以种植小麦、玉米、马铃薯、油菜、苹果为主，居民收入以养殖、劳务为主。

高庙山（Gāomiàoshān） 位于朱店镇东南部，距镇政府驻地朱家店6.34千米。属高庙村委会管辖，系村委会驻地。141户678人，汉族。1958年属朱店公社高庙大队，1966年属东风大队，1975年属高庙大队，1983年属朱店乡高庙村委会，1986年属朱店镇高庙村委会。因村北山顶曾建有庙宇得名。村落坐西北朝东南，呈团块状分布，面积0.15平方千米。农业以种植小麦、玉米、马铃薯、油菜、苹果为主，居民收入以养殖、劳务为主。

羊圈湾（Yángjuànwān） 位于朱店镇南部，距镇政府驻地朱家店5.57千米。属高庙村委会管辖。16户75人，汉族。1958年属朱店公社高庙大队，1966年属东风大队，1975年属高庙大队，1983年属朱店乡高庙村委会，1986年属朱店镇高庙村委会。因昔有羊圈得名。村落呈团块状分布，面积0.01平方千米。农业以种植小麦、玉米、马铃薯、油菜、苹果为主，居民收入以养殖、劳务为主。

后院柳家（Hòuyuànliǔjiā） 位于朱店镇东南部，距镇政府驻地朱家店6.13千米。属高庙村委会管辖。42户210人，汉族。1958年属朱店公社川锅地大队，1964年属高庙大队，1966年属东风大队，1975年属高庙大队，1979年属川锅地大队，1983年属朱店乡川锅地村委会，1986年属朱店镇川锅地村委会，2006年属高庙村委会。因柳姓人家聚居且处于村落后端而得名，村落坐东朝西，呈团块状分布，面积0.08平方千米。农业以种植小麦、玉米、马铃薯、油菜、苹果为主，居民收入以养殖、劳务为主。

梁背后（Liángbèihòu） 位于朱店镇东南部，距镇政府驻地朱家店6.31千米。属高庙村委会管辖。10户47人，汉族。1958年属朱店公社川锅地大队，1964年属高庙大队，1966年属东风大队，1975年属高庙大队，1979年属川锅地大队，1983年属朱店乡川锅地村委会，1986年属朱店镇川锅地村委会，2006属高庙村委会。因居民聚居后院柳家山梁后面得名。呈团块状分布，面积0.01平方千米。农业以种植小麦、玉米、马铃薯、油菜、苹果为主，居民收入以养殖、劳务为主。

柳家堡子（Liǔjiābǔzi） 位于朱店镇东南部，距镇政府驻地朱家店6.26千米。属高庙村委会管辖。18户86人，汉族。1958年属朱店公社高庙大队，1966年属东风大队，1975年属高庙大队，1983年属朱店乡高庙村委会，1986年属朱店镇高庙村委会。因柳姓人家聚居且建有土堡得名。村落呈散状分布，面积0.01平方千米。农业以种植小麦、玉米、马铃薯、油菜、苹果为主，居民收入以养殖、劳务为主。

马槽地（Mǎcáodì） 位于朱店镇东南部，距镇政府驻地朱家店5.77千米。属高庙村委会管辖。22户95人，汉族。1958年属朱店公社川锅地大队，1964年属高庙大队，1966年属东风大队，1975年属高庙大队，1979年属川锅地大队，1983年属朱店乡川锅地村委会，1986年属朱店镇川锅地村委会，2006属高庙村委会。因地形似马槽得名。村落坐东朝西，呈团块状分布，面积0.02平方千米。农业以种植小麦、玉米、马铃薯、油菜、苹果为主，居民收入以养殖、劳务为主。

马蹄湾（Mǎtíwān） 位于朱店镇东南部，距镇政府驻地朱家店6.07千米。属高庙村委会管辖。54户236人，汉族。1958年属朱店公社高庙大队，1966年属东风大队，1975年属高庙大队，1983年属朱店乡高庙村委会，1986年属朱店镇高庙村委会。因地形似马蹄得名。村落坐西北朝东南，呈团块状分布，面积0.01平方千米。农业以种植小麦、玉米、马铃薯、油菜、苹果为主，居民收入以养殖、劳务为主。

前杨家（Qiányángjiā） 位于朱店镇东南部，距镇政府驻地朱家店7.18千米。属高庙村委会管辖。17户76人，汉族。1958年属朱店公社高庙大队，1966年属东风大队，1975年属高庙大队，1983年属朱店乡高庙村委会，1986年属朱店镇高庙村委会。因方位和姓氏得名。村落坐东北朝西南，呈团块状分布，面积0.02平方千米。农业以种植小麦、玉米、马铃薯、油菜、苹果为主，居民收入以养殖、劳务为主。

杨家湾（Yángjiāwān） 位于朱店镇东部，距镇政府驻地朱家店5.38千米。属杨家湾村委会管辖，系村委会驻地。188户789人，汉族。1958年属朱店公社杨家湾大队，1966年属立新大队，1975年属杨家湾大队，1983年属朱店乡杨家湾村委会，1986年属朱店镇杨家湾村委会。因姓氏和地形得名。村落坐东北朝西南，呈团块状分布，面积0.21平方千米。农业以种植小麦、玉米、马铃薯、油菜、苹果为主，居民收入以养殖、劳务为主。有杨湾小学。

壑岘李家（Hèxiànlǐjiā） 位于朱店镇东部，距镇政府驻地朱家店6.38千米。属杨家湾村委会管辖。69户322人，汉族。1958年属朱店公社杨家湾大队，1961年属壑岘李大队，1964年又属杨家湾大队，1966年属立新大队，1975年属杨家湾大队，1979年属壑岘李大队，1983年属朱店乡壑岘李村委会，1986年属朱店镇壑岘李村委会，2006年属杨家湾村委会。因姓氏和地形得名。村落坐东北朝西南，呈团块状分布，面积0.86平方千米。农业以种植苹果、小麦、玉米、油菜、马铃薯为主，居民收入以果品销售、养殖、劳务为主。

朱万家（Zhūwànjiā） 位于朱店镇东部，距镇政府驻地朱家店6.7千米。属杨家湾村委会管辖。61户277人，汉族。1958年属朱店公社杨家湾大队，1961年属朱万大队，1964年又属杨家湾大队，

1966年属立新大队，1975年属杨家湾大队，1979年属朱万大队，1983年属朱店乡朱万村委会，1986年属朱店镇朱万村委会，2006年属杨家湾村委会。因姓氏得名。村落坐西朝东，呈团块状分布，面积0.04平方千米。农业以种植小麦、玉米、马铃薯、油菜、苹果为主，居民收入以养殖、劳务为主。

邵家湾阳洼（Shàojiāwānyángwā） 位于朱店镇东部，距镇政府驻地朱家店6.18千米。属杨家湾村委会管辖。32户142人，汉族。1958年属朱店公社杨家湾大队，1961年属朱万大队，1964年又属杨家湾大队，1966年属立新大队，1975年属杨家湾大队，1979年属朱万大队，1983年属朱店乡朱万村委会，1986年属朱店镇朱万村委会，2006年属杨家湾村委会。因姓氏、地形、方位得名。村落坐东朝西，呈团块状分布，面积0.02平方千米。农业以种植小麦、玉米、马铃薯、油菜、苹果为主，居民收入以养殖、劳务为主。

邵家湾阴洼（Shàojiāwānyīnwā） 位于朱店镇东部，距镇政府驻地朱家店5.99千米。属杨家湾村委会管辖。28户136人，汉族。1958年属朱店公社杨家湾大队，1961年属朱万大队，1964年又属杨家湾大队，1966年属立新大队，1975年属杨家湾大队，1979年属朱万大队，1983年属朱店乡朱万村委会，1986年属朱店镇朱万村委会，2006年属杨家湾村委会。因姓氏、地形、方位得名。村落坐东南朝西北，呈团块状分布，面积0.02平方千米。农业以种植小麦、玉米、马铃薯、油菜、苹果为主，居民收入以养殖、劳务为主。

上杨家（Shàngyángjiā） 位于朱店镇东部，距镇政府驻地朱家店6.99千米。属杨家湾村委会管辖。40户166人，汉族。1958年属朱店公社杨家湾大队，1961年属塈岘李大队，1964年属杨家湾大队，1966年属立新大队，1975年属杨家湾大队，1979年属塈岘李大队，1983年属朱店乡村委会，1986年属朱店镇塈岘李村委会，2006年属杨家湾村委会。因方位和姓氏得名。村落坐东朝西，呈团块状分布，面积0.03平方千米。农业以种植小麦、玉米、马铃薯、油菜、苹果为主，居民收入以养殖、劳务为主。乡道杨岔路经此。

郭家湾（Guōjiāwān） 位于朱店镇东南部，距镇政府驻地朱家店7.52千米。属大曹村委会管辖，系村委会驻地。60户269人，汉族。1958年属朱店公社高庙大队，1961年属郭家湾大队，1964年属大曹大队，1966年属幸福大队，1975年属大曹大队，1979年又属郭家湾大队，1983年属朱店乡郭家湾村委会，1986年属朱店镇郭家湾村委会，2006年属大曹村委会。因姓氏和地形得名。村落坐北朝南，呈团块状分布，面积0.05平方千米。农业以种植小麦、玉米、马铃薯、油菜、苹果为主，居民收入以养殖、劳务为主。

大曹家（Dàcáojiā） 位于朱店镇东部，距镇政府驻地朱家店8.08千米。属大曹村委会管辖。63户281人，汉族。1958年属朱店公社大曹大队，1966年属幸福大队，1975年属大曹大队，1983年属朱店乡大曹村委会，1986年属朱店镇大曹村委会。因姓氏和房分得名。村落坐西朝东，呈团块状分布，面积0.06平方千米。农业以种植小麦、玉米、马铃薯、油菜、苹果为主，居民收入以养殖、劳务为主。

大万家（Dàwànjiā） 位于朱店镇东部，距镇政府驻地朱家店7.57千米。属大曹村委会管辖。85户379人，汉族。1958年属朱店公社大曹大队，1966年属幸福大队，1975年属大曹大队，1983年属朱店乡大曹村委会，1986年属朱店镇大曹村委会。因姓氏和房分得名。村落坐东朝西，呈带状分布，面积0.09平方千米。农业以种植小麦、玉米、马铃薯、油菜、苹果为主，居民收入以养殖、劳务为主。

旧路（Jiùlù） 位于朱店镇东部，距镇政府驻地朱家店7.69千米。属大曹村委会管辖。7户36人，汉族。1958年属朱店公社大曹大队，1966年属幸福大队，1975年属大曹大队，1983年属朱店乡大曹村委会。1986年属朱店镇大曹村委会。因曹姓人家居住在老路旁得名。村落坐西朝东，呈团块状分布，面积0.01平方千米。农业以种植小麦、玉米、马铃薯、油菜、苹果为主，居民收入以养殖、劳务为主。

小湾（Xiǎowān） 位于朱店镇东南部，距镇政府驻地朱家店7.58千米。属大曹村委会管辖。35户158人，汉族。1958年属朱店公社高庙大队，1961年属郭家湾大队，1964年属大曹大队，1966年属幸福大队，1975 年属大曹大队，1979 年属郭家湾大队，1983 年属朱店乡郭家湾村委会，1986 年属朱店镇郭家湾村委会，2006 年属大曹村委会。因郭姓人家居住小山湾得名。村落坐东朝西，呈团块状分布，面积 0.41 平方千米。农业以种植小麦、玉米、马铃薯、油菜、苹果为主，居民收入以养殖、劳务为主。

树儿李家（Shùrlǐjiā）　位于朱店镇西部，距镇政府驻地朱家店 3.02 千米。属柳李村委会管辖，系村委会驻地。142 户 596 人，汉族。1958 年属朱店公社冲锋大队，1962 年属刘庙公社柳李大队，1964 年属朱店公社柳李大队，1979 年又属刘庙公社柳李大队，1983 年属刘庙乡柳李村委会，2004 年属朱店镇柳李村委会。因树多、居民李姓得名。村落呈散状分布，面积 0.29 平方千米。农业以种植苹果、小麦、玉米、马铃薯为主，居民收入以果品销售、养殖、劳务为主。乡道朱刘公路经此。

树儿柳家（Shùrliǔjiā）　位于朱店镇西部，距镇政府驻地朱家店 2.43 千米。属柳李村委会管辖。127 户 537 人，汉族。1958 年属朱店公社冲锋大队，1962 年属刘庙公社柳李大队，1964 年属朱店公社柳李大队，1979 年又属刘庙公社柳李大队，1983 年属刘庙乡柳李村委会，2004 年属朱店镇柳李村委会。因树多、居民柳姓得名。村落呈团块状分布，面积 0.09 平方千米。农业以种植苹果、小麦、玉米、马铃薯为主，居民收入以果品销售、养殖、劳务为主。乡道朱刘公路经此。

万家滑沟（Wànjiāhuágōu）　位于朱店镇西部，距镇政府驻地朱家店 3.24 千米。属万柳村委会管辖，系村委会驻地。116 户 510 人，汉族。1958 年属朱店公社万柳大队，1962 年属刘庙公社万柳大队，1964 年属朱店公社万柳大队，1979 年又属刘庙公社万柳大队，1983 年属刘庙乡万柳村委会，2004 年属朱店镇万柳村委会。因万姓人家居住在陈旧滑坡区域得名。村落呈团块状分布，面积 0.12 平方千米。农业以种植苹果、小麦、玉米、马铃薯为主，居民收入以果品销售、养殖、劳务为主。有万柳小学。

万家滑沟（2020 年 6 月摄）

杏花坪（Xìnghuāpíng）　位于朱店镇西部，距镇政府驻地朱家店 4.53 千米。属万柳村委会管辖。15 户 73 人，汉族。1958 年属朱店公社冲锋大队，1962 年属刘庙公社三台山大队，1964 年属朱店公社万柳大队，1979 年又属刘庙公社三台山大队，1983 年属刘庙乡三台山村委会，2004 年属朱店镇三台山村委会，2006 年属万柳村委会。因坪上多杏树得名。村落呈团块状分布，面积 0.03 平方千米。农业以种植苹果、小麦、玉米、马铃薯为主，居民收入以果品销售、养殖、劳务为主。

柳家滑沟（Liǔjiāhuágōu）　位于朱店镇西部，距镇政府驻地朱家店 3.99 千米。属万柳村委会管辖。63 户 275 人，汉族。1958 年属朱店公社万柳大队，1962 年属刘庙公社万柳大队，1964 年属朱店公社万柳大队，1979 年又属刘庙公社万柳大队，1983 年属刘庙乡万柳村委会，2004 年属朱店镇万柳村委会。因柳姓人家居住在滑坡区域得名。村落呈团块状分布，面积 0.04 平方千米。农业以种植苹果、小麦、玉米、马铃薯为主，居民收入以果品销售、养殖、劳务为主。

三台山（Sāntáishān）　位于朱店镇西部，距镇政府驻地朱家店 0.14 千米。属万柳村委会管辖。100 户 452 人，汉族。1958 年属朱店公社冲锋大队，1962 年属刘庙公社三台山大队，1964 年属朱店公社万柳大队，1979 年属刘庙公社三台山大队，1983 年属刘庙乡三台山村委会，2004 年属朱店镇三台山村委会，2006 年属万柳村委会。相传刘金鼎部下在此山扎营时设有聚贤台、演武台、点战台，故而得名。村落坐东南朝西北，呈团块状分布，面积 0.11 平方千米。农业以种植苹果、小麦、玉米、马铃薯为主，居民收入以果品销售、养殖、劳务为主。

窑上凹（Yáoshàngwā） 位于朱店镇西北部，距镇政府驻地朱家店 5.22 千米。属万柳村委会管辖。78 户 338 人，汉族。1958 年属朱店公社冲锋大队，1962 年属刘庙公社万柳大队，1964 年属朱店公社窑上凹大队，1979 年属刘庙公社窑上凹大队，1983 年属刘庙乡窑上凹村委会，2004 年属朱店镇窑上凹村委会，2006 年属万柳村委会。因先民初居土窑得名。村落呈团块状分布，面积 0.06 平方千米。农业以种植苹果、小麦、玉米、马铃薯为主，居民收入以果品销售、养殖、劳务为主。

傅家咀（Fùjiāzuǐ） 位于朱店镇西北部，距镇政府驻地朱家店 4.77 千米。属万柳村委会管辖。59 户 251 人，汉族。1958 年属朱店公社冲锋大队，1962 年属刘庙公社万柳大队，1964 年属朱店公社窑上凹大队，1979 年属刘庙公社窑上凹大队，1983 年属刘庙乡窑上凹村委会，2004 年属朱店镇窑上凹村委会，2006 年属万柳村委会。因姓氏和地形得名。村落呈散状分布，面积 0.05 平方千米。农业以种植苹果、小麦、玉米、马铃薯为主，居民收入以果品销售、养殖、劳务为主。

王家坪（Wángjiāpíng） 位于朱店镇北部，距镇政府驻地朱家店 5.79 千米。属王坪村委会管辖，系村委会驻地。121 户 551 人，汉族。1958 年属朱店公社冲锋大队，1962 年属刘庙公社王坪大队，1964 年属大庄公社刘庙大队，1979 年又属刘庙公社王坪大队，1983 年属刘庙乡王坪村委会，2004 年属朱店镇王坪村委会。因姓氏和地形得名。村落呈团块状分布，面积 0.2 平方千米。农业以种植苹果、小麦、玉米、马铃薯为主，居民收入以果品销售、养殖、劳务为主。有王坪村学。

王家川（Wángjiāchuān） 位于朱店镇北部，距镇政府驻地朱家店 5.47 千米。属王川村委会管辖，系村委会驻地。245 户 1102 人，汉族。1958 年属朱店公社永上大队，1962 年属刘庙公社王川大队，1964 年属朱店公社王川大队，1979 年又属刘庙公社王川大队，1983 年属刘庙乡王川村委会，2004 年属朱店镇王川村委会。因姓氏和地形得名，亦称王家川子，相传该村王姓人家原姓赵，系大宋皇族，北宋末年避难至此。村落呈团块状分布，面积 0.27 平方千米。农业以种植苹果、小麦、玉米、马铃薯为主，居民收入以果品销售、养殖、劳务为主。有王川小学。

荒凹上（Huāngwāshàng） 位于朱店镇北部，距镇政府驻地朱家店 4.36 千米。属王川村委会管辖。61 户 286 人，汉族。1958 年属朱店公社永上大队，1962 年属刘庙公社王川大队，1964 年属朱店公社王川大队，1979 年又属刘庙公社王川大队，1983 年属刘庙乡王川村委会，2004 年属朱店镇王川村委会。因此地曾为荒山得名。村落坐西朝东，呈团块状分布，面积 0.07 平方千米。农业以种植苹果、小麦、玉米、马铃薯为主，居民收入以果品销售、养殖、劳务为主。

新王家（Xīnwángjiā） 位于朱店镇北部。属新王村委会管辖，是中庄、高山庄、圆地、阴坡总称。因王家川子居民新迁得名。1958 年属朱店公社高峰大队，1962 年属刘庙公社新王大队，1964 年属朱店公社新王大队，1979 年又属刘庙公社新王大队，1983 年属刘庙乡新王村委会，2004 年属朱店镇新王村委会。

中庄（Zhōngzhuāng） 位于朱店镇北部，距镇政府驻地朱家店 5.95 千米。属新王村委会管辖，系村委会驻地。84 户 398 人，汉族。1958 年属朱店公社高峰大队，1962 年属刘庙公社新王大队，1964 年属朱店公社新王大队，1979 年又属刘庙公社新王大队，1983 年属刘庙乡新王村委会，2004 年属朱店镇新王村委会。因地理方位得名。村落坐北朝南，呈散状分布，面积 0.09 平方千米。农业以种植苹果、小麦、玉米、马铃薯为主，居民收入以果品销售、养殖、劳务为主。

高山庄（Gāoshānzhuāng） 位于朱店镇北部，距镇政府驻地朱家店 6.16 千米。属新王村委会管辖。82 户 377 人，汉族。1958 年属朱店公社高峰大队，1962 年属刘庙公社新王大队，1964 年属朱店公社新王大队，1979 年又属刘庙公社新王大队，1983 年属刘庙乡新王村委会，2004 年属朱店镇新王村委会。

因地理位置得名。村落坐北朝南，呈团块状分布，面积0.12平方千米。农业以种植苹果、小麦、玉米、马铃薯为主，居民收入以果品销售、养殖、劳务为主。

圆地（Yuándì） 位于朱店镇北部，距镇政府驻地朱家店6.37千米。属新王村委会管辖。13户62人，汉族。1958年属朱店公社高峰大队，1962年属刘庙公社新王大队，1964年属朱店公社新王大队，1979年又属刘庙公社新王大队，1983年属刘庙乡新王村委会，2004年属朱店镇新王村委会。因地形得名。村落坐北朝南，呈散状分布，面积0.02平方千米。农业以种植苹果、小麦、玉米、马铃薯为主，居民收入以果品销售、养殖、劳务为主。

阴坡（Yīnpō） 位于朱店镇北部，距镇政府驻地朱家店5.44千米。属新王村委会管辖。83户385人，汉族。1958年属朱店公社高峰大队，1962年属刘庙公社新王大队，1964年属朱店公社新王大队，1979年又属刘庙公社新王大队，1983年属刘庙乡新王村委会，2004年属朱店镇新王村委会。因方位得名。村落坐南朝北，呈团块状分布，面积0.08平方千米。农业以种植苹果、小麦、玉米、马铃薯为主，居民收入以果品销售、养殖、劳务为主。

曹家湾（Cáojiāwān） 位于朱店镇北部，距镇政府驻地朱家店4.48千米。属新王村委会管辖。33户156人，汉族。1958年属朱店公社高峰大队，1962年属刘庙公社新王大队，1964年属朱店公社新王大队，1979年又属刘庙公社新王大队，1983年属刘庙乡新王村委会，2004年属朱店镇新王村委会。因姓氏和地形得名。村落坐东朝西，呈团块状分布，面积0.02平方千米。农业以种植苹果、小麦、玉米、马铃薯为主，居民收入以果品销售、养殖、劳务为主。

赵家山（Zhàojiāshān） 位于朱店镇北部，距镇政府驻地朱家店7.36千米。属新王村委会管辖。146户673人，汉族。1958年属朱店公社高峰大队，1962年属刘庙公社新王大队，1964年属朱店公社赵山大队，1979年又属刘庙公社赵山大队，1983年属刘庙乡赵山村委会，2004年属朱店镇赵山村委会，2006年属新王村委会。因姓氏和地形得名。村落坐北朝南，呈散状分布，面积0.24平方千米。农业以种植苹果、小麦、玉米、马铃薯为主，居民收入以果品销售、养殖、劳务为主。有赵山初小。该村清代有县内名人赵贡玉，号吴山，官至刑部主事，有才华，诗文书法存世尚多。

万泉镇

万家沟门（Wànjiāgōumén） 位于万泉镇中部。系镇人民政府和万庄、万川村委会驻地。539户2315人，汉族。1958年属朱店公社万川大队，1960年属万泉公社万川大队，1983年属万泉乡万川村委会，2002年属万泉镇万川村委会。因万姓人居住于清水沟沟口得名。村落呈团块状分布，面积0.32平方千米。农业以种植苹果、玉米、马铃薯、蔬菜为主，居民收入以商贸、果品销售、养殖、劳务为主。有万泉中学、中心小学、幼儿园、卫生院和大水泉。省道泾甘公路经此。

万家庄（Wànjiāzhuāng） 位于万泉镇中部，距镇政府驻地万家沟门0.57千米。属万庄村委会管辖。169户724人，汉族。1958年属朱店公社万庄大队，1960年属万泉公社万庄大队，1983年属万泉乡万庄村委会，2002年属万泉镇万庄村委会。因姓氏得名。村落呈团块状分布，面积0.14平方千米。农业以种植苹果、玉米、马铃薯为主，居民收入以果品销售、养殖、劳务为主。有万庄小学。

万家堡子（Wànjiābǔzi） 位于万泉镇中部，距镇政府驻地万家沟门0.17千米。属万庄村委会管辖。185户850人，汉族。1958年属朱店公社万庄大队，1960年属万泉公社万庄大队，1979年属万堡大队，1983年属万泉乡万堡村委会，2002年属万泉镇万堡村委会，2006年属万庄村委会。因万姓人居于土堡得名。村落呈团块状分布，面积0.02平方千米。农业以种植苹果、玉米、马铃薯为主，居民收入以果品销售、养殖、劳务为主。

毛桃杜家（Máotáodùjiā） 位于万泉镇东北部，距镇政府驻地万家沟门3.99千米。136户595人，汉族。属毛桃杜家村委会管辖，系村委会驻地。1958年属朱店公社青春大队，1960年属万泉公社杜家大队，1964年属杨刘大队，1979年属杜家大队，1982年属毛桃杜家大队，1983年属万泉乡毛桃杜家村委会，2002年属万泉镇毛桃杜家村委会。因杜姓和毛桃树得名。村落呈团块状分布，面积0.23平方千米。农业以种植苹果、小麦、玉米、马铃薯为主，居民收入以果品销售、养殖、劳务为主。

西山杨家（Xīshānyángjiā） 位于万泉镇东北部，距镇政府驻地万家沟门5.22千米。属毛桃杜家村委会管辖。122户526人，汉族。1958年属朱店公社青春大队，1960年属万泉公社杨家大队，1964年属杨刘大队，1979年属杨家大队，1982年属西山杨家大队，1983年属万泉乡西山杨家村委会，2002年属万泉镇西山杨家村委会，2006年属毛桃杜家村委会。因地理方位和姓氏得名。村落坐东朝西，呈团块状分布，面积0.13平方千米。农业以种植苹果、小麦、玉米、马铃薯为主，居民收入以果品销售、养殖、劳务为主。

石门口刘家（Shíménkǒuliújiā） 位于万泉镇东部，距镇政府驻地万家沟门4.72千米。属刘家村委会管辖，系村委会驻地。227户926人，汉族。1958年属朱店公社青春大队，1960年属万泉公社刘家大队，1964年属杨刘大队，1979年属刘家大队，1983年属万泉乡刘家村委会，2002年属万泉镇刘家村委会。因刘姓人居于石门口得名。村落呈团块状分布，面积0.16平方千米。农业以种植苹果、小麦、玉米、马铃薯、蔬菜为主，居民收入以果品销售、养殖、劳务为主。

田家湾（Tiánjiāwān） 位于万泉镇东部，距镇政府驻地万家沟门5.19千米。属田湾村委会管辖，系村委会驻地。220户942人，汉族。1958年属朱店公社青春大队，1960年属万泉公社田湾大队，1983年属万泉乡田湾村委会，2002年属万泉镇田湾村委会。因姓氏和地形得名。村落呈团块状分布，面积0.29平方千米。农业以种植苹果、玉米、马铃薯、蔬菜为主，居民收入以果品销售、养殖、劳务为主。有田湾初小。

高家大湾（Gāojiādàwān） 位于万泉镇东南部，距镇政府驻地万家沟门4.72千米。属田岔村委会管辖，系村委会驻地。116户484人，汉族。1958年属朱店公社高岔大队，1960年属万泉公社团结大队，1971年属高岔大队，1983年属万泉乡高岔村委会，2002年属万泉镇高岔村委会，2006年属田岔村委会。因姓氏和地形得名。村落坐东朝西，呈团块状分布，面积0.11平方千米。农业以种植苹果、小麦、玉米、马铃薯、油菜为主，居民收入以果品销售、养殖、劳务为主。有高岔小学。

田家岔阳坡（Tiánjiāchàyángpō） 位于万泉镇东南部，距镇政府驻地万家沟门6.8千米。属田岔村委会管辖。84户341人，汉族。1958年属朱店公社田岔大队，1960年属万泉公社团结大队，1971年属高岔大队，1979年属田岔大队，1983年属万泉乡田岔村委会，2002年属万泉镇田岔村委会。因姓氏和地形方位得名。村落坐东朝西，呈团块状分布，面积0.13平方千米。农业以种植苹果、小麦、玉米、马铃薯、油菜为主，居民收入以果品销售、养殖、劳务为主。

田家岔阴坡（Tiánjiāchàyīnpō） 位于万泉镇东南部，距镇政府驻地万家沟门6.11千米。属田岔村委会管辖。87户353人，汉族。1958年属朱店公社田岔大队，1960年属万泉公社团结大队，1971年属高岔大队，1979年属田岔大队，1983年属万泉乡田岔村委会，2002年属万泉镇田岔村委会。因姓氏和地形方位得名。村落坐西南朝东北，呈团块状分布，面积0.09平方千米。农业以种植苹果、小麦、玉米、马铃薯、油菜为主，居民收入以果品销售、养殖、劳务为主。有田岔小学。

田家岔中庄（Tiánjiāchàzhōngzhuāng） 位于万泉镇东南部，距镇政府驻地万家沟门5.13千米。属田岔村委会管辖。65户262人，汉族。1958年属朱店公社田岔大队，1960年属万泉公社团结大队，1971年属高岔大队，1979年属田岔大队，1983年属万泉乡田岔村委会，2002年属万泉镇田岔村委会。因处在田坪、田岔阴坡中间得名。村落坐西朝东，呈团块状分布，面积0.07平方千米。农业以种植苹果、小麦、玉米、马铃薯、油菜为主，居民收入以果品销售、养殖、劳务为主。

回沟湾（Huígōuwān）　位于万泉镇东南部，距镇政府驻地万家沟门 4.43 千米。属田岔村委会管辖。22 户 96 人，汉族。1958 年属朱店公社高岔大队，1960 年属万泉公社团结大队，1971 属高岔大队，1983 年属万泉乡高岔村委会，2002 年属万泉镇高岔村委会，2006 年属田岔村委会。因地形曲折得名。村落坐东北朝西南，呈团块状分布，面积 0.01 平方千米。农业以种植苹果、小麦、玉米、马铃薯、油菜为主，居民收入以果品销售、养殖、劳务为主。

小蒜坡（Xiǎosuànpō）　位于万泉镇东南部，距镇政府驻地万家沟门 4.22 千米。属田岔村委会管辖。28 户 115 人，汉族。1958 年属朱店公社高岔大队，1960 年属万泉公社团结大队，1971 属高岔大队，1983 年属万泉乡高岔村委会，2002 年属万泉镇高岔村委会，2006 年属田岔村委会。因山坡遍生小蒜得名。村落呈团块状分布，面积 0.26 平方千米。农业以种植苹果、小麦、玉米、马铃薯、油菜为主，居民收入以果品销售、养殖、劳务为主。

田家坪（Tiánjiāpíng）　位于万泉镇东部，距镇政府驻地万家沟门 3.59 千米。属田坪村委会管辖，系村委会驻地。332 户 1416 人，汉族。1958 年属朱店公社田坪大队，1960 年属万泉公社田坪大队，1983 年属万泉乡田坪村委会，2002 年属万泉镇田坪村委会。因姓氏和地形得名。村落呈团块状分布，面积 0.23 平方千米。农业以种植苹果、玉米、马铃薯、蔬菜为主，居民收入以瓜果销售、养殖、劳务为主。有田坪小学。省道泾甘公路经此。

高家南塬（Gāojiānányuán）　位于万泉镇东部，距镇政府驻地万家沟门 2.49 千米。属高川村委会管辖，系村委会驻地。101 户 425 人，汉族。1958 年属朱店公社高川大队，1960 年属万泉公社高川大队，1983 年属万泉乡高川村委会，2002 年属万泉镇高川村委会。因姓氏和地形方位得名。村落呈团块状分布，面积 0.04 平方千米。农业以种植苹果、玉米、马铃薯、蔬菜为主，居民收入以果品销售、养殖、劳务为主。

高家东塬（Gāojiādōngyuán）　位于万泉镇东部，距镇政府驻地万家沟门 2.81 千米。属高川村委会管辖。99 户 440 人，汉族。1958 年属朱店公社高川大队，1960 年属万泉公社高川大队，1983 年属万泉乡高川村委会，2002 年属万泉镇高川村委会。因姓氏和地形方位得名。村落呈团块状分布，面积 0.06 平方千米。农业以种植苹果、玉米、马铃薯、蔬菜为主，居民收入以果品销售、养殖、劳务为主。

高家西塬（Gāojiāxīyuán）　位于万泉镇东部，距镇政府驻地万家沟门 2.14 千米。属高川村委会管辖。177 户 831 人，汉族。1958 年属朱店公社高川大队，1960 年属万泉公社高川大队，1983 年属万泉乡高川村委会，2002 年属万泉镇高川村委会。因姓氏和地形方位得名。村落呈团块状分布，面积 0.16 平方千米。农业以种植苹果、玉米、马铃薯、蔬菜为主，居民收入以果品销售、养殖、劳务为主。有高川小学。

高家坪（Gāojiāpíng）　位于万泉镇东部。属高川村委会管辖。为高家东、西、南塬总称。因姓氏和地形得名。1958 年属朱店公社高川大队，1960 年属万泉公社高川大队，1983 年属万泉乡高川村委会，2002 年属万泉镇高川村委会。

高家川（Gāojiāchuān）　位于万泉镇东部，距镇政府驻地万家沟门 2.22 千米。属高川村委会管辖。162 户 699 人，汉族。1958 年属朱店公社高川大队，1960 年属万泉公社高川大队，1983 年属万泉乡高川村委会，2002 年属万泉镇高川村委会。因姓氏和地形得名。村落呈团块状分布，面积 0.14 平方千米。农业以种植苹果、玉米、马铃薯、蔬菜为主，居民收入以瓜果销售、养殖、劳务为主。省道泾甘公路经此。

邵家坪（Shàojiāpíng）　位于万泉镇中部，距镇政府驻地万家沟门 1.62 千米。属邵坪村委会管辖，系村委会驻地。438 户 1988 人，汉族。1958 年属朱店公社邵坪大队，1960 年属万泉公社邵坪大队，1983 年属万泉乡邵坪村委会，2002 年属万泉镇邵坪村委会。因姓氏和地形得名。村落呈团块状分布，面积0.22平方千米。农业以种植苹果、玉米、马铃薯、蔬菜为主，居民收入以果品销售、养殖、劳务为主。有邵坪小学。

涝池沟（Làochígōu） 位于万泉镇南部，距镇政府驻地万家沟门3.64千米。属邵坪村委会管辖。21户102人，汉族。1958年属朱店公社邵坪大队，1960年属万泉公社邵坪大队，1983年属万泉乡邵坪村委会，2002年属万泉镇邵坪村委会。因地处山谷，并筑有涝池得名。村落坐东南朝西北，呈团块状分布，面积0.02平方千米。农业以种植苹果、玉米、马铃薯为主，居民收入以果品销售、养殖、劳务为主。

山庄湾（Shānzhuāngwān） 位于万泉镇南部，距镇政府驻地万家沟门5.2千米。属邵坪村委会管辖。36户156人，汉族。1958年属朱店公社邵坪大队，1960年属万泉公社邵坪大队，1983年属万泉乡邵坪村委会，2002年属万泉镇邵坪村委会。因邵家坪居民在此地坐山庄得名。村落呈散状分布，面积0.05平方千米。农业以种植苹果、小麦、玉米、马铃薯、油菜为主，居民收入以养殖、劳务为主。

万家东沟（Wànjiādōnggōu） 位于万泉镇中部，距镇政府驻地万家沟门0.99千米。属东沟村委会管辖，系村委会驻地。145户612人，汉族。1958年属朱店公社万庄大队，1960年属万泉公社万庄大队，1979年属东沟大队，1983年属万泉乡东沟村委会，2002年属万泉镇东沟村委会。因姓氏、方位和地形名。村落呈团块状分布，面积0.09平方千米。农业以种植苹果、玉米、马铃薯、蔬菜为主，居民收入以果品销售、养殖、劳务为主。有东沟村学。

东沟门（Dōnggōumén） 位于万泉镇中部，距镇政府驻地万家沟门1.04千米。属东沟村委会管辖。59户278人，汉族。1958年属朱店公社万庄大队，1960年属万泉公社万庄大队，1979年属东沟大队，1983年属万泉乡东沟村委会，2002年属万泉镇东沟村委会。因地处东沟口得名。村落呈团块状分布，面积0.06平方千米。农业以种植苹果、玉米、马铃薯、蔬菜为主，居民收入以果品销售、养殖、劳务为主。省道泾甘公路经此。

清水沟阳坡（Qīngshuǐgōuyángpō） 位于万泉镇南部，距镇政府驻地万家沟门2.86千米。属清水沟村委会管辖，系村委会驻地。206户870人，汉族。1958年属朱店公社清水沟大队，1960年属万泉公社清水沟大队，1983年属万泉乡清水沟村委会，1994年属清水沟阳坡村委会，2002年属万泉镇清水沟阳坡村委会，2006年属清水沟村委会。因地处清水沟之东坡得名。村落坐东朝西，呈团块状分布，面积0.21平方千米。农业以种植苹果、玉米、马铃薯为主，居民收入以果品销售、养殖、劳务为主。有清水沟阳坡小学。

清水沟阴坡（Qīngshuǐgōuyīnpō） 位于万泉镇南部，距镇政府驻地万家沟门3.13千米。属清水沟村委会管辖。114户513人，汉族。1958年属朱店公社清水沟大队，1979年属清水沟阴坡大队，1983年属万泉乡清水沟阴坡村委会，2002年属万泉镇清水沟阴坡村委会，2006年属清水沟村委会。因地处清水沟西坡得名。村落呈散状分布，面积0.2平方千米。农业以种植苹果、玉米、马铃薯为主，居民收入以果品销售、养殖、劳务为主。

清水沟（Qīngshuǐgōu） 位于万泉镇南部。属清水沟村委会管辖，为清水沟阳坡、清水沟阴坡总称。因山谷清水沟得名。1958年属朱店公社清水沟大队，1960年属万泉公社清水沟大队，1979年分属清水沟阴坡大队和清水沟大队，1983年分属万泉乡清水沟和清水沟阴坡村委会，1994年分属清水沟阳坡、清水沟阴坡村委会，2002年分属万泉镇清水沟阴坡村委会和清水沟阳坡村委会，2006年属清水沟村委会。

崔家坪（Cuījiāpíng） 位于万泉镇中部，距镇政府驻地万家沟门0.81千米。属崔坪村委会管辖，系村委会驻地。180户811人，汉族。1958年属朱店公社崔坪大队，1960年属万泉公社崔坪大队，1983年属万泉乡崔坪村委会，2002年属万泉镇崔坪村委会。因崔姓居民初住坪上得名，后陆续迁至川区，村名沿用。村落呈团块状分布，面积 0.22 平方千米。农业以种植苹果、玉米、马铃薯、蔬菜为主，居民收入以果品销售、劳务为主。

东台（Dōngtái） 位于万泉镇中部，距镇政府驻地万家沟门 1.53 千米。属东台村委会管辖，系村委会驻地。236 户 1020 人，汉族。1958 年属朱店公社马川大队，1960 年属万泉公社东台大队，1964 年又属马川大队，1979 年又属东台大队，1983 年属万泉乡东台村委会，2002 年属万泉镇东台村委会。地处下马家东部，居民由马家上台子迁来，故名。村落呈团块状分布，面积 0.18 平方千米。农业以种植苹果、玉米、马铃薯、蔬菜为主，居民收入以果品销售、养殖、劳务为主。有东台遗址、三泉寺。

三泉寺（2019 年 10 月摄）

马家石咀（Mǎjiāshízuǐ） 位于万泉镇南部，距镇政府驻地万家沟门 2.24 千米。属马川村委会管辖，系村委会驻地。245 户 1021 人，汉族。1958 年属朱店公社马川大队，1960 年属万泉公社马川大队，1983 年属万泉乡马川村委会，2002 年属万泉镇马川村委会。因姓氏和地质地形得名。村落呈团块状分布，面积 0.13 平方千米。农业以种植苹果、玉米、马铃薯、蔬菜为主，居民收入以果品销售、养殖、劳务为主。有福和希望小学。省道泾甘公路经此。

马家湾儿（Mǎjiāwānr） 位于万泉镇南部，距镇政府驻地万家沟门 2.13 千米。属马川村委会管辖。41 户 218 人，汉族。1958 年属朱店公社马川大队，1960 年属万泉公社马川大队，1983 年属万泉乡马川村委会，2002 年属万泉镇马川村委会。因姓氏和地形得名。村落呈团块状分布，面积 0.06 平方千米。农业以种植苹果、玉米、马铃薯、蔬菜为主，居民收入以果品销售、养殖、劳务为主。

马家腰庄（Mǎjiāyāozhuāng） 位于万泉镇南部，距镇政府驻地万家沟门 2.93 千米。属西坪村委会管辖，系村委会驻地。137 户 574 人，汉族。1958 年属朱店公社马川大队，1960 年属万泉公社西坪大队，1964 年属马川大队，1979 年又属西坪大队，1983 年属万泉乡西坪村委会，2002 年属万泉镇西坪村委会。村庄位于马家湾儿与马家西坪之间，居民马姓，故名马家腰庄，后迁至川区，名称沿用。村落呈团块状分布，面积 0.12 平方千米。农业以种植苹果、玉米、马铃薯、蔬菜为主，居民收入以果品销售、养殖、劳务为主。省道泾甘公路经此。

马家石节子（Mǎjiāshíjiēzi） 位于万泉镇南部，距镇政府驻地万家沟门 3.62 千米。属西坪村委会管辖。112 户 513 人，汉族。1958 年属朱店公社马川大队，1960 年属万泉公社西坪大队，1964 年属马川大队，1979 年又属西坪大队，1983 年属万泉乡西坪村委会，2002 年属万泉镇西坪村委会。因姓氏和地形（山形凸出如节）得名。村落呈团块状分布，面积 0.96 平方千米。农业以种植苹果、玉米、马铃薯、蔬菜为主，居民收入以果品销售、养殖、劳务为主。省道泾甘公路经此。

下马家（Xiàmǎjiā） 位于万泉镇南部，分属马川、西坪、东台村委会管辖。为马家石咀、马家腰庄、马家湾儿、马家石节子、东台总称。

陈家东山（Chénjiādōngshān） 位于万泉镇西南部，距镇政府驻地万家沟门 5.69 千米。42 户 164 人，汉族。属东山村委会管辖，系村委会驻地。1958 年属朱店公社东山大队，1960 年属万泉公社东山大队，1983 年属万泉乡东山村委会，2002 年属万泉镇东山村委会。因姓氏和地理方位得名。村落坐南朝北，呈团块状分布，面积0.05平方千米。农业以种植苹果、玉米、马铃薯、油菜为主，居民收入以果品销售、养殖、劳务为主。

老虎湾（Lǎohǔwān） 位于万泉镇西南部，距镇政府驻地万家沟门5.13千米。属万泉镇东山村委会管辖。43户177人，汉族。1958年属朱店公社东山大队，1960年属万泉公社东山大队，1983年属万泉乡东山村委会，2002年属万泉镇东山村委会。相传曾有老虎出没，故名。村落坐南朝北，呈散状分布，面积0.03平方千米。农业以种植苹果、小麦、玉米、马铃薯、油菜为主，居民收入以果品销售、养殖、劳务为主。

郭家石咀（Guōjiāshízuǐ） 位于万泉镇西南部，距镇政府驻地万家沟门5.13千米。属东山村委会管辖。23户91人，汉族。1958年属朱店公社东山大队，1960年属万泉公社东山大队，1983年属万泉乡东山村委会，2002年属万泉镇东山村委会。因郭姓人居住村落和地质地形得名。村落呈团块状分布，面积0.03平方千米。农业以种植苹果、玉米、马铃薯、油菜为主，居民收入以果品销售、养殖、劳务为主。省道泾甘公路经此。

胡家咀（Hújiāzuǐ） 位于万泉镇西南部，距镇政府驻地万家沟门6.36千米，村落与秦安县莲花镇莲花村地界插花居住。属万泉镇东山村委会管辖。5户26人，汉族。1958年属朱店公社东山大队，1960年属万泉公社东山大队，1983年属万泉乡东山村委会，2002年属万泉镇东山村委会。因姓氏和地形得名。农业以种植苹果、玉米、马铃薯、油菜为主，居民收入以果品收入、养殖、劳务为主。

徐家城（Xújiāchéng） 位于万泉镇西南部，距镇政府驻地万家沟门4.2千米。属徐城村委会管辖，系村委会驻地。380户1607人，汉族。1958年属朱店公社徐城大队，1960年属万泉公社徐城大队，1983年属万泉乡徐城村委会，2002年属万泉镇徐城村委会。清·邵陆编修《庄浪县志略·卷三》载："徐家城（县南90里，属怀安里。徐，本徐孝恭居此，故名）。"村落坐北朝南，呈团块状分布，面积0.17平方千米。农业以种植苹果、玉米、马铃薯、蔬菜为主，居民收入以商贸、果品销售、养殖、劳务为主。有徐城小学。县道阳胡公路经此。

徐家城（2017年4月摄）

白草屲（Báicǎowā） 位于万泉镇西部，距镇政府驻地万家沟门5.26千米。属徐城村委会管辖。67户285人，汉族。1958年属朱店公社徐城大队，1960年属万泉公社徐城大队，1979年属连山大队，1983年属万泉乡连山村委会，2002年属万泉镇连山村委会，2006年属徐城村委会。因村以屲名，屲以草名。白草，多年生禾本科狼尾草属植物，干熟后呈白色。村落坐北朝南，呈团块状分布，面积0.05平方千米。农业以种植苹果、玉米、马铃薯为主，居民收入以果品销售、养殖、劳务为主。

城门上（Chéngménshàng） 位于万泉镇西部，距镇政府驻地万家沟门5.35千米。属于徐城村委会管辖。41户178人，汉族。1958年属朱店公社徐城大队，1960年属万泉公社徐城大队，1979年属连山大队，1983年属万泉乡连山村委会，2002年属万泉镇连山村委会，2006年属徐城村委会。因地处堡门之上得名。村落坐北朝南，呈团块状分布，面积0.04平方千米。农业以种植苹果、玉米、马铃薯为主，居民收入以果品销售 、养殖、劳务为主。

连家山（Liánjiāshān） 位于万泉镇西部，属徐城村委会管辖。为白草凸、城门上总称。因姓氏和地形得名。1958 年属朱店公社徐城大队，1960 年属万泉公社徐城大队，1979 年属连山大队，1983 年属万泉乡连山村委会，2002 年属万泉镇连山村委会，2006 年属徐城村委会。

下川来（Xiàchuānlái） 位于万泉镇西部，距镇政府驻地万家沟门 6.28 千米。属徐城村委会管辖。35 户 150 人，汉族。1958 年属朱店公社徐城大队，1960 年属万泉公社徐城大队，1983 年属万泉乡徐城村委会，2002 年属万泉镇徐城村委会。因方位地形得名。村落呈散状分布，面积 0.05 平方千米。农业以种植苹果、玉米、马铃薯为主，居民收入以果品销售、养殖、劳务为主。县道阳胡公路经此。

胡家岔（Hújiāchà） 位于万泉镇西北部，距镇政府驻地万家沟门 4.18 千米。属王李岔村委会管辖，系村委会驻地。109 户 467 人，汉族。1958 年属朱店公社王岔大队，1960 年属万泉公社胡岔大队，1983 年属万泉乡胡岔村委会，2002 年属万泉镇胡岔村委会，2006 年属王李岔村委会。因姓氏和地形得名。村落坐东朝西，呈团块状分布，面积 0.15 平方千米。农业以种植苹果、玉米、马铃薯、油菜为主，居民收入以果品销售、养殖、劳务为主。

甘湾咀（Gānwānzuǐ） 位于万泉镇西北部，距镇政府驻地万家沟门 4.02 千米。属王李岔村委会管辖。24 户 105 人，汉族。1958 年属朱店公社王岔大队，1960 年属万泉公社胡岔大队，1979 年属王岔大队，1982 年属王李岔大队，1983 年属万泉乡王李岔村委会，2002 年属万泉镇王李岔村委会。因地形特征得名，“甘”即“干”。村落呈团块状分布，面积 0.05 平方千米。农业以种植苹果、玉米、马铃薯、油菜为主，居民收入以果品销售、养殖、劳务为主。

荒湾里（Huāngwānlǐ） 位于万泉镇西北部，距镇政府驻地万家沟门 3.42 千米。属王李岔村委会管辖。18 户 72 人，汉族。1958 年属朱店公社王岔大队，1960 年属万泉公社胡岔大队，1979 年属王岔大队，1982 年属王李岔大队，1983 年属万泉乡王李岔村委会，2002 年属万泉镇王李岔村委会。因此地曾为荒山湾得名。村落坐西朝东，呈散状分布，面积 0.04 平方千米。农业以种植苹果、玉米、马铃薯、油菜为主，居民收入以果品销售、养殖、劳务为主。

毛梢沟垴（Máoshāogōunǎo） 位于万泉镇西北部，距镇政府驻地万家沟门 3.23 千米。属王李岔村委会管辖。21 户 84 人，汉族。1958 年属朱店公社王岔大队，1960 年属万泉公社胡岔大队，1979 年属王岔大队，1982 年属王李岔大队，1983 年属万泉乡王李岔村委会，2002 年属万泉镇王李岔村委会。因地处毛沟沟垴得名。村落坐南朝北，呈散状分布，面积 0.02 平方千米。农业以种植苹果、玉米、马铃薯、油菜为主，居民收入以果品销售、养殖、劳务为主。

斜路下（Xiélùxià） 位于万泉镇西北部，距镇政府驻地万家沟门 2.89 千米。属王李岔村委会管辖。30 户 111 人，汉族。1958 年属朱店公社王岔大队，1960 年属万泉公社胡岔大队，1979 年属王岔大队，1982 年属王李岔大队，1983 年属万泉乡王李岔村委会，2002 年属万泉镇王李岔村委会。因位于斜路之下得名。村落坐东南朝西北，呈散状分布，面积 0.03 平方千米。农业以种植苹果、玉米、马铃薯、油菜为主，居民收入以果品销售、养殖、劳务为主。

高家咀（Gāojiāzuǐ） 位于万泉镇西北部，距镇政府驻地万家沟门 3.22 千米。属王李岔村委会管辖。33 户 134 人，汉族。1958 年属朱店公社王岔大队，1960 年属万泉公社胡岔大队，1979 年属王岔大队，1982 年属王李岔大队，1983 年属万泉乡王李岔村委会，2002 年属万泉镇王李岔村委会。因姓氏和地形得名。村落坐南朝北，呈散状分布，面积 0.04 平方千米。农业以种植苹果、玉米、马铃薯、油菜为主，居民收入以果品销售、养殖、劳务为主。

川子里（Chuānzilǐ） 位于万泉镇西北部，距镇政府驻地万家沟门 3.71 千米。属王李岔村委会管辖。12 户 55 人，汉族。1958 年属朱店公社王岔大队，1960 年属万泉公社胡岔大队，1979 年属王岔大队，1982 年属王李岔大队，1983 年属万泉乡王李岔村委会，2002 年属万泉镇王李岔村委会。因地形得名。村落呈散状分布，面积 0.01 平方千米。农业以种植苹果、玉米、马铃薯、油菜为主，居民收入以果品销售、养殖、劳务为主。有王岔小学。

王李家岔（Wánglǐjiāchà） 位于万泉镇西北部。属王李岔村委会管辖。是甘湾咀、荒湾里、毛梢沟垴、斜路下、高家咀、川子里总称。因王、李姓氏和地形得名。1958 年属朱店公社王岔大队，1960 年属万泉公社胡岔大队，1979 年属王岔大队，1982 年属王李岔大队，1983 年属万泉乡王李岔村委会，2002 年属万泉镇王李岔村委会。

史家梁（Shǐjiāliáng） 位于万泉镇西北部，距镇政府驻地万家沟门 2.65 千米。属王李岔村委会管辖。13 户 58 人，汉族。1958 年属朱店公社王岔大队，1960 年属万泉公社胡岔大队，1979 年属王岔大队，1982 年属王李岔大队，1983 年属万泉乡王李岔村委会，2002 年属万泉镇王李岔村委会。因姓氏和地形得名。村落呈散状分布，面积 0.06 平方千米。农业以种植苹果、玉米、马铃薯、油菜为主，居民收入以果品销售、养殖、劳务为主。

车路头（Chēlùtóu） 位于万泉镇西北部，距镇政府驻地万家沟门 3.89 千米。属王李岔村委会管辖。19 户 79 人，汉族。1958 年属朱店公社王岔大队，1960 年属万泉公社胡岔大队，1979 年属王岔大队，1982 年属王李岔大队，1983 年属万泉乡王李岔村委会，2002 年属万泉镇王李岔村委会。因居住地为简易公路尽头得名。村落坐东北朝西南，呈团块状分布，面积 0.03 平方千米。农业以种植苹果、玉米、马铃薯、油菜为主，居民收入以果品销售、养殖、劳务为主。

赵家湾（Zhàojiāwān） 位于万泉镇西北部，距镇政府驻地万家沟门 4.26 千米。属王李岔村委会管辖。12 户 53 人，汉族。1958 年属朱店公社王岔大队，1960 年属万泉公社胡岔大队，1979 年属王岔大队，1982 年属王李岔大队，1983 年属万泉乡王李岔村委会，2002 年属万泉镇王李岔村委会。因姓氏和地形得名。村落呈散状分布，面积 0.01 平方千米。农业以种植苹果、玉米、马铃薯、油菜为主，居民收入以果品销售、养殖、劳务为主。

圪塔寺（Gēdásì） 位于万泉镇西部，距镇政府驻地万家沟门 4.53 千米。属圪寺村委会管辖，系村委会驻地。197 户 887 人，汉族。1958 年属朱店公社联盟大队，1960 年属万泉公社霍李大队，1979 年属圪寺大队，1983 年属万泉乡圪寺村委会，2002 年属万泉镇圪寺村委会。因地形和寺庙得名。传说石门口以前南北石山连成一体，水洛河无法通过，鲁班在扯弓塬拉弓搭箭开石山，形成石门，一块巨石飞溅此地，形成圪塔地形。村落呈团块状分布，面积 0.13 平方千米。农业以种植苹果、玉米、马铃薯、蔬菜为主，居民收入以果品销售、养殖、劳务为主。

霍家上庄（Huòjiāshàngzhuāng） 位于万泉镇西部，距镇政府驻地万家沟门 2.58 千米。属霍李村委会管辖，为村委会驻地。98 户 402 人，汉族。1958 年属朱店公社联盟大队，1960 年属万泉公社霍李大队，1983 年属万泉乡霍李村委会，2002 年属万泉镇霍李村委会。因姓氏和方位得名。村落呈团块状分布，面积 0.03 平方千米。农业以种植苹果、玉米、马铃薯、蔬菜为主，居民收入以果菜销售、养殖、劳务为主。

霍家庄（Huòjiāzhuāng） 位于万泉镇西部，距镇政府驻地万家沟门 2.95 千米。属霍李村委会管辖。97 户 394 人，汉族。1958 年属朱店公社联盟大队，1960 年属万泉公社霍李大队，1983 年属万泉乡霍李村委会，2002 年属万泉镇霍李村委会。因姓氏得名。村落呈团块状分布，面积 0.09 平方千米。农业以种植苹果、玉米、马铃薯、蔬菜为主，居民收入以果菜销售、养殖、劳务为主。有霍李小学。

霍家下庄（Huòjiāxiàzhuāng） 位于万泉镇西部，距镇政府驻地万家沟门 3.36 千米。属霍李村委会管辖。40 户 188 人，汉族。1958 年属朱店公社联盟大队，1960 年属万泉公社霍李大队，1983 年属万泉乡霍李村委会，2002 年属万泉镇霍李村委会。因姓氏和方位得名。村落呈团块状分布，面积 0.06 平方千米。农业以种植苹果、玉米、马铃薯、蔬菜为主，居民收入以果菜销售、养殖、劳务为主。

李家川（Lǐjiāchuān）　位于万泉镇西部，距镇政府驻地万家沟门2.13千米。属霍李村委会管辖。111户457人，汉族。1958年属朱店公社联盟大队，1960年属万泉公社霍李大队，1983年属万泉乡霍李村委会，2002年属万泉镇霍李村委会。因姓氏和地形得名。村落呈团块状分布，面积0.08平方千米。农业以种植苹果、玉米、马铃薯、蔬菜为主，居民收入以果菜销售、养殖、劳务为主。

史家沟（Shǐjiāgōu）　位于万泉镇北部，距镇政府驻地万家沟门1千米。属史沟村委会管辖，系村委会驻地。117户476人，汉族。1958年属朱店公社史沟大队，1960年属万泉公社史沟大队，1983年属万泉乡史沟村委会，2002年属万泉镇史沟村委会。因姓氏和地形得名。村落呈团块状分布，面积0.11平方千米。农业以种植苹果、玉米、马铃薯、蔬菜为主，居民收入以果菜销售、养殖、劳务为主。

史家腰庄（Shǐjiāyāozhuāng）　位于万泉镇北部，距镇政府驻地万家沟门1.19千米。属史沟村委会管辖。153户705人，汉族。1958年属朱店公社史沟大队，1960年属万泉公社史沟大队，1983年属万泉乡史沟村委会，2002年属万泉镇史沟村委会。因史家沟新迁村落居于史家沟和李家堡子中间得名。村落呈团块状分布，面积0.07平方千米。农业以种植苹果、玉米、马铃薯、蔬菜为主，居民收入以果菜销售、养殖、劳务为主。有史沟小学。

李家堡子（Lǐjiābǔzi）　位于万泉镇北部，距镇政府驻地万家沟门1.64千米。属史沟村委会管辖。76户294人，汉族。1958年属朱店公社史沟大队，1960年属万泉公社史沟大队，1983年属万泉乡史沟村委会，2002年属万泉镇史沟村委会。因姓氏和古堡得名。村落坐北朝南，呈团块状分布，面积0.07平方千米。农业以种植苹果、玉米、马铃薯、蔬菜为主，居民收入以果菜销售、养殖、劳务为主。

韩店镇

韩家店（Hánjiādiàn）　位于韩店镇中部，系镇人民政府驻地，是东门、西门两个居民点总称。367户1533人，汉族。相传为“宋古聂城”（古代关中通陇右之要道，宋代亦称“王家城”），最早为焦、韩两姓人家居住，以开店为业，清代至20世纪40年代仍称“焦韩店”，后韩姓人居多，故名韩家店。村落呈团块状分布，面积0.29平方千米。农业以种植小麦、玉米、马铃薯、油菜为主，居民收入以商贸、养殖、劳务为主。有中小学、卫生院、敬老院、农贸市场。省道泾甘公路、庄天公路经过。

东门（Dōngmén）　位于韩店镇中部。属东门村委会管辖，系村委会驻地。113户528人，汉族。1958年属韩店公社光辉大队，1960年属东关大队，1982年属东门大队，1983年属韩店乡东门村委会，2002年属韩店镇东门村委会。因位于古聂城东门得名。村落呈团块状分布，面积0.16平方千米。农业以种植小麦、玉米、马铃薯、油菜为主，居民收入以商贸、养殖、劳务为主。省道泾甘公路经此。

韩家山（Hánjiāshān）　位于韩店镇中部，距镇政府驻地韩家店1.81千米。属东门村委会管辖。64户262人，汉族。1958年属韩店公社韩山大队，1964年属东关大队，1979年属韩山大队，1983年属韩店乡韩山村委会，2002年属韩店镇韩山村委会，2006年属东门村委会。因姓氏和地形得名。村落坐东朝西，呈团块状分布，面积0.06平方千米。农业以种植小麦、玉米、马铃薯、油菜为主，居民收入以商贸、养殖、劳务为主。

西门（Xīmén）　位于韩店镇西部。属西门村委会管辖。347户1390人，汉族。1958年属韩店公社光辉大队，1960年属西关大队，1966年属东风大队，1967年属西关大队，1982年属西门大队，1983年属韩店乡西门村委会，2002年属韩店镇西门村委会。因位于古聂城西门得名。村落呈团块状分布，面积0.32平方千米。农业以种植小麦、玉米、马铃薯、油菜为主，居民收入以商贸、养殖、劳务为主。省道泾甘公路经此。

鳌背山（Áobèishān） 位于韩店镇西部，距镇政府驻地韩家店 1.33 千米。属西门村委会管辖。71 户 314 人，汉族。1958 年属韩店公社光辉大队，1960 年属西关大队，1966 年属东风大队，1967 年属西关大队，1982 年属西门大队，1983 年属韩店乡西门村委会，2002 年属韩店镇西门村委会。因山体形如鳌龟之背得名。村落呈散状分布，面积 0.07 平方千米。农业以种植小麦、玉米、马铃薯、油菜为主，居民收入以养殖、劳务为主。

西门新村（Xīménxīncūn） 位于韩店镇西部，距镇政府驻地韩家店 1.64 千米。属西门村委会管辖。63 户 252 人，汉族。居民原为关山林缘区群众，2005 年移民迁入。因是西门村新建移民点得名。村落呈团块状分布，面积 0.13 平方千米。农业以种植小麦、玉米、马铃薯、油菜为主，居民收入以商贸、养殖、劳务为主。省道泾甘公路经此。

郭家漫（Guōjiāmàn） 位于韩店镇中部，距镇政府驻地韩家店 6.78 千米。属郭漫村委会管辖，系村委会驻地。63 户 246 人，汉族。1958 年属韩店公社郭漫大队，1983 年属韩店乡郭漫村委会，2002 年属韩店镇郭漫村委会。因姓氏和地形得名，“漫”即河滩。村落呈团块状分布，面积 0.09 平方千米。农业以种植小麦、玉米、马铃薯、油菜、药材和苗木培育为主，居民收入以劳务、旅游、养殖、农产品销售为主。省道泾甘公路经此。

佛沟门（Fógōumén） 位于韩店镇中部，距镇政府驻地韩家店 8.17 千米。属郭漫村委会管辖。53 户 228 人，汉族。1958 年属韩店公社郭漫大队，1983 年属韩店乡郭漫村委会，2002 年属韩店镇郭漫村委会。因位于佛沟沟口得名。村落呈团块状分布，面积 0.08 平方千米。农业以种植小麦、马铃薯、油菜、药材和苗木培育为主，居民收入以劳务、养殖、农产品销售为主。省道泾甘公路经此。

红崖巷（Hóng'áihàng） 位于韩店镇南部，距镇政府驻地韩家店 7.42 千米。属郭漫村委会管辖。10 户 34 人，回族为主。1958 年属韩店公社郭漫大队，1983 年属韩店乡郭漫村委会，2002 年属韩店镇郭漫村委会。因村后有红色山崖得名。村落呈团块状分布，面积 0.07 平方千米。农业以种植小麦、马铃薯、药材为主，居民收入以劳务、养殖为主。

黄草（Huángcǎo） 位于韩店镇东部，距镇政府驻地韩家店 8.99 千米。属郭漫村委会管辖。33 户 137 人，汉族。1958 年属韩店公社黄草大队，1983 年属韩店乡黄草村委会，2002 年属韩店镇黄草村委会，2006 年属郭漫村委会。因地貌得名，此地曾遍生荒草，辟为村庄后遂称黄草。村落呈团块状分布，面积 0.03 平方千米。农业以种植小麦、马铃薯、油菜、药材为主，居民收入以劳务、养殖为主。

店子峡（Diànzixiá） 位于韩店镇东部，距镇政府驻地韩家店 12.1 千米。属郭漫村委会管辖。41 户 173 人，汉族为主。1958 年属韩店公社店峡大队，1983 年属韩店乡店峡村委会，2002 年属韩店镇店峡村委会，2006 年属郭漫村委会。此地为峡谷要道，曾是过往客商必经歇脚之地，开设店铺较多，故名。村落依峡谷而建，呈带状分布，面积 0.02 平方千米。农业以种植马铃薯、大豆为主，居民收入以劳务、养殖为主。省道泾甘公路和县道碾店公路经此。

邓家崖（Dèngjia'ái） 位于韩店镇东部，距镇政府驻地韩家店 14.91 千米。属郭漫村委会管辖。1 户 2 人，汉族。1958 年属韩店公社店峡大队，1983 年属韩店乡店峡村委会，2002 年属韩店镇店峡村委会，2006 年属郭漫村委会。因姓氏和地形得名。农业以种植大豆、马铃薯为主，居民收入以养殖、山货销售为主。

高庄子（Gāozhuāngzi） 位于韩店镇东北部，距镇政府驻地韩家店 11.67 千米。属郭漫村委会管辖。2 户 7 人，回族。1958 年属韩店公社吴家湾大队，1983 年属韩店乡吴家湾村委会，2002 年属韩店镇吴家湾村委会，2005 年部分居民迁入刘河村，2006 年属郭漫村委会。因居住地势较高得名。村落呈散状分布，面积 0.01 平方千米。农业以种植小麦、马铃薯为主，居民收入以养殖、山货销售为主。

石桥儿（2019 年 10 月摄）

石桥儿（Shíqiáor）　位于韩店镇中部，距镇政府驻地韩家店 5.9 千米。属石桥村委会管辖，系村委会驻地。30 户 130 人，汉族。1958 年属韩店公社石桥大队，1983 年属韩店乡石桥村委会，2002 年属韩店镇石桥村委会。因曾有石桥得名，村落沿水洛南河呈带状分布。面积 0.23 平方千米。农业以种植小麦、玉米、马铃薯、药材和苗木培育为主，居民收入以劳务、旅游、养殖、农产品销售为主。有韩店镇石桥小学。省道泾甘公路经此。2016 年被省农牧厅评为“千村美丽”示范村。

南峪沟（Nányùgōu）　位于韩店镇中部，距镇政府驻地韩家店 5.68 千米。属石桥村委会管辖。24 户 103 人，汉族。1958 年属韩店公社石桥大队，1983 年属韩店乡石桥村委会，2002 年属韩店镇石桥村委会。因方位地形得名。村落呈散状分布，面积 0.01 平方千米。农业以种植小麦、玉米、马铃薯、油菜、药材为主，居民收入以劳务、养殖为主。

折家凸（Zhéjiāwā）　位于韩店镇中部，距镇政府驻地韩家店 5.01 千米。属石桥村委会管辖。29 户 130 人，汉族。1958 年属韩店公社石桥大队，1983 年属韩店乡石桥村委会，2002 年属韩店镇石桥村委会。因张姓人居住原称“张家凸”，之后因地形似折状改称“折家凸”。村落呈散状分布，面积 0.02 平方千米。农业以种植小麦、玉米、马铃薯、油菜、药材为主，居民收入以劳务、养殖、农产品销售为主。县道庄北公路经此。

小庄子（Xiǎozhuāngzi）　位于韩店镇中部，距镇政府驻地韩家店 4.53 千米。属石桥村委会管辖。36 户 145 人，其中回族 1 户 6 人。1958 年属韩店公社石桥大队，1983 年属韩店乡石桥村委会，2002 年属韩店镇石桥村委会，2003 年迁至公路沿线。因村庄规模小得名。村落呈团块状分布，面积 0.03 平方千米。农业以种植小麦、玉米、马铃薯和苗木培育为主，居民收入以劳务、养殖、农产品销售为主。省道泾甘公路经此。

树林儿（Shùlínr）　位于韩店镇中部，距镇政府驻地韩家店 5.24 千米。属石桥村委会管辖。63 户 281 人，汉族。2005 年朱家湾村部分居民迁入。因沿河有树林得名。村落呈团块状分布，面积 0.03 平方千米。农业以种植小麦、玉米、马铃薯和苗木培育为主，居民收入以劳务、养殖、农产品销售为主。省道泾甘公路经此。

干沟湾（Gāngōuwān）　位于韩店镇北部，距镇政府驻地韩家店 4.61 千米。属石桥村委会管辖。31 户 133 人，汉族。1958 年属韩店公社朱湾大队，1982 年属朱家湾大队，1983 年属韩店乡朱家湾村委会，2002 年属韩店镇朱家湾村委会，2006 年属石桥村委会。曾因杏树多称杏树湾，后因沟泉干枯，改称干沟湾。村落呈散状分布，面积 0.01 平方千米。农业以种植小麦、玉米、马铃薯、油菜、大豆为主，居民收入以劳务、养殖为主。

湾儿里（Wānrlǐ）　位于韩店镇中部，距镇政府驻地韩家店 3.9 千米。属石桥村委会管辖。18 户 78 人，汉族为主。2012 年干沟湾部分居民始迁此地。因地形得名。村落呈团块状分布，面积 0.01 平方千米。农业以种植小麦、玉米、马铃薯和苗木培育为主，居民收入以劳务、养殖、农产品销售为主。省道泾甘公路经此。

花崖河（Huā'áihé） 位于韩店镇北部，距镇政府驻地韩家店 6.69 千米。属花崖河村委会管辖，系村委会驻地。24 户 102 人，汉族为主。1958 年属韩店公社花崖河大队，1983 年属韩店乡花崖河村委会，2002 年属韩店镇花崖河村委会。村前有河，背靠石崖，崖呈红色，高数十丈，崖上树茂，春夏开花，故名。村落呈团块状分布，面积 0.07 平方千米。农业以种植小麦、玉米、马铃薯为主，居民收入以劳务、养殖为主。有花崖河水库。

碾盘湾（Niǎnpánwān） 位于韩店镇北部，距镇政府驻地韩家店 7.25 千米。属花崖河村委会管辖。31 户 130 人，汉族。1958 年属韩店公社花崖河大队，1983 年属韩店乡花崖河村委会，2002 年属韩店镇花崖河村委会。因地形平坦似碾盘得名。村落坐东朝西，呈团块状分布，面积 0.02 平方千米。农业以种植小麦、玉米、马铃薯为主，居民收入以劳务、养殖为主。

大湾（Dàwān） 位于韩店镇北部，距镇政府驻地韩家店 6.68 千米。属花崖河村委会管辖。10 户 49 人，汉族。1958 年属韩店公社花崖河大队，1983 年属韩店乡花崖河村委会，2002 年属韩店镇花崖河村委会。因地形得名。村落呈散状分布，面积 0.01 平方千米。农业以种植小麦、玉米、马铃薯为主，居民收入以劳务、养殖为主。

王字湾（Wángzìwān） 位于韩店镇中部，距镇政府驻地韩家店 6.94 千米。属花崖河村委会管辖。55 户 296 人，汉族。1958 年属韩店公社花崖河大队，1983 年属韩店乡花崖河村委会，2002 年属韩店镇花崖河村委会。因地形前、中、后三湾平行，纵贯一路，形似“王”字得名。村落呈散状分布，面积 0.06 平方千米。农业以种植小麦、玉米、马铃薯为主，居民收入以劳务、养殖为主。

水泉湾（Shuǐquánwān） 位于韩店镇北部，距镇政府驻地韩家店 8 千米。属花崖河村委会管辖。4 户 17 人，汉族。1958 年属韩店公社花崖河大队，1983 年属韩店乡花崖河村委会，2002 年属韩店镇花崖河村委会。因有水泉和地形得名。村落呈散状分布，面积 0.01 平方千米。农业以种植小麦、玉米、马铃薯为主，居民收入以劳务、养殖为主。

白脸湾（Báiliǎnwān） 位于韩店镇中部，距镇政府驻地韩家店 7.4 千米。属花崖河村委会管辖。1 户 4 人，汉族。1958 年属韩店公社花崖河大队，1983 年属韩店乡花崖河村委会，2002 年属韩店镇花崖河村委会。因此地原来植被较少，犹如人面之皙白得名。面积 0.01 平方千米。农业以种植小麦、玉米、马铃薯为主，居民收入以劳务、养殖为主。

上庄（Shàngzhuāng） 位于韩店镇中部，距镇政府驻地韩家店 3.92 千米。属岔岔沟村委会管辖，系村委会驻地。31 户 144 人，回族为主。1958 年属韩店公社岔岔沟大队，1983 年属韩店乡岔岔沟村委会，2002 年属韩店镇岔岔沟村委会。因方位得名。村落坐西朝东，呈散状分布，面积 0.05 平方千米。农业以种植小麦、玉米、马铃薯、油菜为主，居民收入以养殖、劳务为主。有岔岔沟小学、岔岔沟清真寺。

下庄（Xiàzhuāng） 位于韩店镇中部，距镇政府驻地韩家店 3.24 千米。属岔岔沟村委会管辖。52 户 236 人，汉族。1958 年属韩店公社岔岔沟大队，1983 年属韩店乡岔岔沟村委会，2002 年属韩店镇岔岔沟村委会。因方位得名。村落呈团块状分布，面积 0.02 平方千米。农业以种植小麦、玉米、马铃薯、油菜为主，居民收入以养殖、劳务为主。

梁背后（Liángbèihòu） 位于韩店镇中部，距镇政府驻地韩家店 3.38 千米。属岔岔沟村委会管辖。19 户 92 人，回族。1958 年属韩店公社岔岔沟大队，1983 年属韩店乡岔岔沟村委会，2002 年属韩店镇岔岔沟村委会。因居地在鞍子梁背面得名。村落坐东北朝西南，呈团块状分布，面积 0.02 平方千米。农业以种植小麦、玉米、马铃薯、油菜为主，居民收入以劳务、养殖为主。

庙儿梁（Miàorliáng） 位于韩店镇中部，距镇政府驻地韩家店 4.2 千米。属岔岔沟村委会管辖。34 户 147 人，汉族。1958 年属韩店公社庙梁大队，1960 年属岔岔沟大队，1961 年属庙梁大队，1983 年属韩店乡庙梁村委会，2002 年属韩店镇庙梁村委会，2006 年属岔岔沟村委会。因地形和曾有庙宇得名。村落坐东南朝西北，呈团块状分布，面积 0.03 平方千米。农业以种植小麦、玉米、马铃薯、油菜为主，居民收入以劳务、养殖为主。

南峪梁（Nányùliáng）　位于韩店镇南部，距镇政府驻地韩家店 5.28 千米。属岔岔沟村委会管辖。31 户 137 人，汉族。1958 年属韩店公社庙梁大队，1960 年属岔岔沟大队，1961 年属庙梁大队，1983 年属韩店乡庙梁村委会，2002 年属韩店镇庙梁村委会，2006 年属岔岔沟村委会。因地形方位得名。村落坐西南朝东北，呈团块状分布，面积 0.04 平方千米。农业以种植小麦、玉米、马铃薯、油菜为主，居民收入以劳务、养殖为主。县道庄北公路经此。

中湾（Zhōngwān）　位于韩店镇南部，距镇政府驻地韩家店 4.68 千米。属岔岔沟村委会管辖。13 户 61 人，汉族。1958 年属韩店公社庙梁大队，1960 年属岔岔沟大队，1961 年属庙梁大队，1983 年属韩店乡庙梁村委会，2002 年属韩店镇庙梁村委会，2006 年属岔岔沟村委会。因此地处于庙儿梁（前梁）和南峪梁（后梁）中间得名。村落呈散状分布，面积 0.02 平方千米。农业以种植小麦、玉米、马铃薯、油菜为主，居民收入以劳务、养殖为主。

暖和湾（Nuǎnhuowān）　位于韩店镇南部，距镇政府驻地韩家店 4.51 千米。属岔岔沟村委会管辖。29 户 118 人，汉族。1958 年属韩店公社鞍子梁大队，1983 年属韩店乡鞍子梁村委会，2002 年属韩店镇鞍子梁村委会，2006 年属岔岔沟村委会。地处鞍子梁南部山湾，避风向阳，故名。村落坐北朝南，呈团块状分布，面积 0.01 平方千米。农业以种植小麦、玉米、马铃薯、油菜为主，居民收入以劳务、养殖为主。

下梁（Xiàliáng）　位于韩店镇南部，距镇政府驻地韩家店 3.79 千米。属岔岔沟村委会管辖。11 户 48 人，汉族。1958 年属韩店公社鞍子梁大队，1983 年属韩店乡鞍子梁村委会，2002 年属韩店镇鞍子梁村委会，2006 年属岔岔沟村委会。因地处鞍子梁下得名。村落呈散状分布，面积 0.04 平方千米。农业以种植小麦、玉米、马铃薯、油菜为主，居民收入以劳务、养殖为主。省道庄浪至天水公路经此。

王家湾（Wángjiāwān）　位于韩店镇南部，距镇政府驻地韩家店 4.31 千米。属岔岔沟村委会管辖。26 户 113 人，汉族。1958 年属韩店公社鞍子梁大队，1983 年属韩店乡鞍子梁村委会，2002 年属韩店镇鞍子梁村委会，2006 年属岔岔沟村委会。因姓氏和地形得名。村落坐东朝西，呈团块状分布，面积 0.02 平方千米。农业以种植小麦、玉米、马铃薯、油菜为主，居民收入以劳务、养殖为主。

刘家咀（Liújiāzuǐ）　位于韩店镇南部，距镇政府驻地韩家店 2.49 千米。属刘咀村委会管辖，系村委会驻地。111 户 440 人，汉族为主。1958 年属韩店公社光辉大队，1964 年属刘咀大队，1983 年属韩店乡刘咀村委会，2002 年属韩店镇刘咀村委会。因姓氏和地形得名。村落坐东北朝西南，呈团块状分布，面积 0.11 平方千米。农业以种植小麦、玉米、马铃薯、油菜为主，居民收入以劳务、养殖为主。有刘咀小学。

刘家山（Liújiāshān）　位于韩店镇西南部，距镇政府驻地韩家店 2.48 千米。属刘咀村委会管辖。113 户 479 人，汉族。1958 年属韩店公社试雨大队，1961 年属刘山大队，1968 年又属试雨大队，1979 年再属刘山大队，1983 年属韩店乡刘山村委会，2002 年属韩店镇刘山村委会，2006 年属刘咀村委会。因姓氏和地形得名。村落坐北朝南，呈团块状分布，面积 0.15 平方千米。农业以种植小麦、玉米、马铃薯、油菜为主，居民收入以劳务、养殖为主。有刘山初小。

杜家庄（Dùjiāzhuāng）　位于韩店镇南部，距镇政府驻地韩家店 1.88 千米。属刘咀村委会管辖。37 户 138 人，汉族。1958 年属韩店公社光辉大队，1964 年属刘咀大队，1983 年属韩店乡刘咀村委会，2002 年属韩店镇刘咀村委会。因姓氏得名。村落坐北朝南，呈团块状分布，面积 0.02 平方千米。农业以种植小麦、玉米、马铃薯、油菜为主，居民收入以劳务、养殖为主。

侯家（Hóujiā）　位于韩店镇南部，距镇政府驻地韩家店 1.35 千米。属刘咀村委会管辖。29 户 128 人，汉族。1958 年属韩店公社光辉大队，1964 年属刘咀大队，1983 年属韩店乡刘咀村委会，2002 年属韩店镇刘咀村委会。因姓氏得名。村落呈散状分布，面积 0.03 平方千米。农业以种植小麦、玉米、马铃薯、油菜为主，居民收入以劳务、养殖为主。

大坪（Dàpíng） 位于韩店镇南部，距镇政府驻地韩家店 2.88 千米。属刘咀村委会管辖。36 户 181 人，汉族。1958 年属韩店公社李川大队，1964 年属刘咀大队，1979 年属大坪大队，1983 年属韩店乡大坪村委会，1985 年属刘咀村委会，2002 年属韩店镇刘咀村委会。因地形得名。村落呈散状分布，面积 0.12 平方千米。农业以种植小麦、玉米、马铃薯、油菜为主，居民收入以劳务、养殖为主。

邵家坪（Shàojiāpíng） 位于韩店镇南部，距镇政府驻地韩家店 3.38 千米。属刘咀村委会管辖。21 户 105 人，汉族。1958 年属韩店公社李川大队，1964 年属刘咀大队，1979 年属大坪大队，1983 年属韩店乡大坪村委会，1985 年属刘咀村委会，2002 年属韩店镇刘咀村委会。因姓氏和地形得名。村落呈散状分布，面积 0.04 平方千米。农业以种植小麦、玉米、马铃薯、油菜为主，居民收入以劳务、养殖为主。

李家川子（Lǐjiāchuānzi） 位于韩店镇南部，距镇政府驻地韩家店 3.81 千米。属刘咀村委会管辖。57 户 245 人，汉族。1958 年属韩店公社李川大队，1964 年属刘咀大队，1979 年属大坪大队，1983 年属韩店乡大坪村委会，1985 年属刘咀村委会，2002 年属韩店镇刘咀村委会。因姓氏和地形得名。村落坐南朝北，呈团块状分布，面积 0.06 平方千米。农业以种植小麦、玉米、马铃薯、油菜为主，居民收入以劳务、养殖为主。

庄子门前（Zhuāngziménqián） 位于韩店镇南部，距镇政府驻地韩家店 2.23 千米。属刘咀村委会管辖。3 户 14 人，汉族。1958 年属韩店公社李川大队，1964 年属刘咀大队，1979 年属大坪大队，1983 年属韩店乡大坪村委会，1985 年属刘咀村委会，2002 年属韩店镇刘咀村委会。因方位得名，“庄子”即大坪居民点。村落呈团块状分布，面积 0.01 平方千米。农业以种植小麦、玉米、马铃薯、油菜为主，居民收入以劳务、养殖为主。

王家崖（Wángjiā'ái） 位于韩店镇中部，距镇政府驻地韩家店 2.91 千米。属王崖村委会管辖，系村委会驻地。76 户 372 人，汉族。1958 年属韩店公社王崖大队，1964 年属上洼大队，1975 年属王崖大队，1983 年属韩店乡王崖村委会，2002 年属韩店镇王崖村委会。因姓氏和地形得名。村落坐东北朝西南，呈团块状分布，面积 0.06 平方千米。农业以种植小麦、玉米、马铃薯、油菜为主，居民收入以劳务、养殖为主。省道泾甘公路经此。

贺家（Hèjiā） 位于韩店镇中部，距镇政府驻地韩家店 2.17 千米。属王崖村委会管辖。35 户 144 人，汉族。1958 年属韩店公社王崖大队，1964 年属上洼大队，1975 年属王崖大队，1983 年属韩店乡王崖村委会，2002 年属韩店镇王崖村委会。因姓氏得名。村落坐南朝北，呈团块状分布，面积 0.02 平方千米。农业以种植小麦、玉米、马铃薯、油菜为主，居民收入以劳务、养殖为主。

阴坡（Yīnpō） 位于韩店镇中部，距镇政府驻地韩家店 2.86 千米。属王崖村委会管辖。54 户 226 人，汉族。1958 年属韩店公社王崖大队，1964 年属上洼大队，1975 年属王崖大队，1983 年属韩店乡王崖村委会，2002 年属韩店镇王崖村委会。因方位得名。村落呈散状分布，面积 0.07 平方千米。农业以种植小麦、玉米、马铃薯、油菜为主，居民收入以劳务、养殖为主。

岔沟门（Chàgōumén） 位于韩店镇中部，距镇政府驻地韩家店 3.64 千米。属王崖村委会管辖。21 户 119 人，汉族。1958 年属韩店公社王崖大队，1964 年属上洼大队，1975 年属王崖大队，1983 年属韩店乡王崖村委会，2002 年属韩店镇王崖村委会。因位于岔岔沟口得名。村落呈团块状分布，面积 0.02 平方千米。农业以种植小麦、玉米、马铃薯、油菜为主，居民收入以劳务、养殖为主。省道泾甘公路经此。

上洼中庄（Shàngwāzhōngzhuāng） 位于韩店镇中部，距镇政府驻地韩家店 1.31 千米。属上洼村委会管辖，系村委会驻地。94 户 400 人，汉族。1958 年属韩店公社上洼大队，1983 年属韩店乡上洼村委会，2002 年属韩店镇上洼村委会。因地处上洼窑庄和上洼上庄中间得名。村落呈团块状分布，面积 0.05 平方千米。农业以种植小麦、玉米、马铃薯、油菜为主，居民收入以劳务、养殖为主。有上洼幼儿园。省道泾甘公路经此。

上瓦窑庄（Shàngwǎyáozhuāng） 位于韩店镇中部，距镇政府驻地韩家店 0.72 千米。属上瓦村委会管辖。91 户 378 人，汉族。1958 年属韩店公社上瓦大队，1983 年属韩店乡上瓦村委会，2002 年属韩店镇上瓦村委会。因初居窑洞和地形方位得名。村落呈团块状分布，面积 0.13 平方千米。农业以种植小麦、玉米、马铃薯、油菜为主，居民收入以劳务、养殖为主。省道泾甘公路经此。

上瓦上庄（Shàngwǎshàngzhuāng） 位于韩店镇中部，距镇政府驻地韩家店 1.49 千米。属上瓦村委会管辖。62 户 255 人，汉族。1958 年属韩店公社上瓦大队，1983 年属韩店乡上瓦村委会，2002 年属韩店镇上瓦村委会。因方位得名。村落呈团块状分布，面积 0.08 平方千米。农业以种植小麦、玉米、马铃薯、油菜为主，居民收入以劳务、养殖为主。省道泾甘公路经此。

马家寺（Mǎjiāsì） 位于韩店镇北部，距镇政府驻地韩家店 2.39 千米。属马家寺村委会管辖，系村委会驻地。43 户 162 人，汉族。1958 年属韩店公社光辉大队，1961 年属马寺大队，1982 年属马家寺大队，1983 年属韩店乡马家寺村委会，2002 年属韩店镇马家寺村委会。因姓氏和古寺得名（相传此地曾有一寺院，主持姓马，遂得名）。村落坐北朝南，呈团块状分布，面积 0.05 平方千米。农业以种植小麦、玉米、马铃薯、油菜为主，居民收入以劳务、养殖为主。乡道南杨公路经此。

窎庄子（Diàozhuāngzi） 位于韩店镇北部，距镇政府驻地韩家店 3.03 千米。属马家寺村委会管辖。37 户 87 人，汉族。1958 年属韩店公社光辉大队，1961 年属马寺大队，1982 年属马家寺大队，1983 年属韩店乡马家寺村委会，2002 年属韩店镇马家寺村委会。昔年刘河村张家山庄杨姓人为种地方便居于此，因处地远窎得名。村落呈散状分布，面积 0.03 平方千米。农业以种植小麦、玉米、马铃薯、油菜为主，居民收入以劳务、养殖为主。

阳山上（Yángshānshàng） 位于韩店镇北部，距镇政府驻地韩家店 3.41 千米。属马家寺村委会管辖。21 户 132 人，汉族。1958 年属韩店公社光辉大队，1961 年属马寺大队，1982 年属马家寺大队，1983 年属韩店乡马家寺村委会，2002 年属韩店镇马家寺村委会。因此地坐落于冒冒山阳面得名。村落呈散状分布，面积 0.04 平方千米。农业以种植小麦、玉米、马铃薯、油菜为主，居民收入以劳务、养殖为主。

线家湾（Xiànjiāwān） 位于韩店镇北部，距镇政府驻地韩家店 2.89 千米。属马家寺村委会管辖。28 户 126 人，汉族。1958 年属韩店公社光辉大队，1961 年属马寺大队，1982 年属马家寺大队，1983 年属韩店乡马家寺村委会，2002 年属韩店镇马家寺村委会。此地曾有谢姓人居住，称谢家湾，后人“谢”“线”发音不分，遂称线家湾。村落坐东朝西，呈团块状分布，面积 0.03 平方千米。农业以种植小麦、玉米、马铃薯、油菜为主，居民收入以劳务、养殖为主。

李家湾（Lǐjiāwān） 位于韩店镇北部，距镇政府驻地韩家店 2.5 千米。属马家寺村委会管辖。26 户 106 人，汉族。1958 年属韩店公社光辉大队，1961 年属马寺大队，1982 年属马家寺大队，1983 年属韩店乡马家寺村委会，2002 年属韩店镇马家寺村委会。因姓氏和地形得名。村落呈散状分布，面积 0.02 平方千米。农业以种植小麦、玉米、马铃薯、油菜为主，居民收入以劳务、养殖为主。

大瓦来（Dàwǎlái） 位于韩店镇北部，距镇政府驻地韩家店 2.33 千米。属马家寺村委会管辖。22 户 194 人，汉族。1958 年属韩店公社光辉大队，1961 年属马寺大队，1982 年属马家寺大队，1983 年属韩店乡马家寺村委会，2002 年属韩店镇马家寺村委会。因地形得名。村落呈散状分布，面积 0.03 平方千米。农业以种植小麦、玉米、马铃薯、油菜为主，居民收入以劳务、养殖为主。

试雨王家（Shìyǔwángjiā） 位于韩店镇西部，距镇政府驻地韩家店 2.06 千米。属试雨村委会管辖，系村委会驻地。170 户 786 人，汉族。1958 年属韩店公社试雨大队，1962 年属试雨公社试雨大队，1964 年属韩店公社试雨大队，1983 年属韩店乡试雨村委会，2002 年属韩店镇试雨村委会。传说吉吉爷（雨神）在此试雨而有试雨河名称，又因清朝康熙十六年（1677）从北京直隶顺天府迁来王姓人居住试雨河口得名。村落坐东朝西，呈团块状分布，面积 0.15 平方千米。农业以种植小麦、玉米、马铃薯、油菜为主，居民收入以劳务、养殖为主。有试雨小学。

黄家堡子(Huángjiābǔzi) 位于韩店镇西部，距镇政府驻地韩家店2.97千米。属试雨村委会管辖。117户543人，汉族。1958年属韩店公社试雨大队，1962年属试雨公社试雨大队，1964年属韩店公社试雨大队，1983年属韩店乡试雨村委会，2002年属韩店镇试雨村委会。因姓氏和古堡得名。村落坐北朝南，呈散状分布，面积0.19平方千米。农业以种植小麦、玉米、马铃薯、油菜为主，居民收入以劳务、养殖为主。省道泾甘公路经此。

黄家窑湾(Huángjiāyáowān) 位于韩店镇西部，距镇政府驻地韩家店3.69千米。属试雨村委会管辖。55户273人，汉族。1958年属韩店公社试雨大队，1962年属试雨公社试雨大队，1964年属韩店公社试雨大队，1983年属韩店乡试雨村委会，2002年属韩店镇试雨村委会。因黄家堡子居民分迁此地时居于窑洞得名。村落坐北朝南，呈团块状分布，面积0.05平方千米。农业以种植小麦、玉米、马铃薯、油菜为主，居民收入以劳务、养殖为主。

潘家咀(Pānjiāzuǐ) 位于韩店镇西北部，距镇政府驻地韩家店3.77千米。属刘河村委会管辖，系村委会驻地。52户244人，回族为主。1958年属韩店公社刘河大队，1962年属试雨公社试雨大队，1964年属韩店公社刘河大队，1983年属韩店乡刘河村委会，1999年吴家湾部分村民迁入，2002年属韩店镇刘河村委会。因姓氏和地形得名。村落坐东朝西，呈团块状分布，面积0.08平方千米。农业以种植小麦、玉米、马铃薯、油菜为主，居民收入以劳务、养殖为主。有刘河小学、刘河清真寺。

刘家河(Liújiāhé) 位于韩店镇西北部，距镇政府驻地韩家店3.27千米。属刘河村委会管辖。87户413人，汉族。1958年属韩店公社刘河大队，1962年属试雨公社试雨大队，1964年属韩店公社刘河大队，1983年属韩店乡刘河村委会，2002年属韩店镇刘河村委会。因刘姓人聚居河畔得名。村落坐东朝西，呈团块状分布，面积0.11平方千米。农业以种植小麦、玉米、马铃薯、油菜为主，居民收入以劳务、养殖为主。

王家山(Wángjiāshān) 位于韩店镇西北部，距镇政府驻地韩家店2.67千米。属刘河村委会管辖。2户10人，汉族。1958年属韩店公社刘河大队，1962年属试雨公社试雨大队，1964年属韩店公社刘河大队，1983年属韩店乡刘河村委会，2002年属韩店镇刘河村委会。因姓氏和地形得名。村落面积0.01平方千米。农业以种植小麦、玉米、马铃薯、油菜为主，居民收入以劳务、养殖为主。

张家山(Zhāngjiāshān) 位于韩店镇西北部，距镇政府驻地韩家店2.79千米。属刘河村委会管辖。40户181人，汉族。1958年属韩店公社刘河大队，1962年属试雨公社试雨大队，1964年属韩店公社刘河大队，1983年属韩店乡刘河村委会，2002年属韩店镇刘河村委会。因姓氏和地形得名。村落呈散状分布，面积0.08平方千米。农业以种植小麦、玉米、马铃薯、油菜为主，居民收入以劳务、养殖为主。

叶家阳坡(Yèjiāyángpō) 位于韩店镇西北部，距镇政府驻地韩家店4.79千米。属刘河村委会管辖。69户330人，汉族。1958年属韩店公社阳坡大队，1960年属刘河大队，1962年属试雨公社刘河大队，1964年属韩店公社刘河大队，1979年属阳坡大队，1982年属叶家阳坡大队，1983年属韩店乡叶家阳坡村委会，2002年属韩店镇叶家阳坡村委会，2006年属刘河村委会。因姓氏和方位得名。村落呈散状分布，面积0.12平方千米。农业以种植小麦、玉米、马铃薯、油菜为主，居民收入以劳务、养殖为主。

塔儿坪(Tǎrpíng) 位于韩店镇西北部，距镇政府驻地韩家店4.21千米。属刘河村委会管辖。24户96人，汉族。1958年属韩店公社阳坡大队，1960年属刘河大队，1962年属试雨公社刘河大队，1964年属韩店公社刘河大队，1979年属阳坡大队，1982年属叶家阳坡大队，1983年属韩店乡叶家阳坡村委会，2002年属韩店镇叶家阳坡村委会，2006年属刘河村委会。以地形和建筑物得名（曾有吴家寺，内有一塔，周围居民依地形居住）。村落呈散状分布，面积0.03平方千米。农业以种植小麦、玉米、马铃薯、油菜为主，居民收入以劳务、养殖为主。

下沟里（Xiàgōulǐ） 位于韩店镇西北部，距镇政府驻地韩家店4.57千米。属下沟村委会管辖，系村委会驻地。90户446人，汉族。1958年属韩店公社护林沟大队，1962年属试雨公社护林沟大队，1964年属韩店公社中庄大队，1978年属下沟大队，1983年属韩店乡下沟村委会，2002年属韩店镇下沟村委会。因地形方位得名（在阳凹沟下游）。村落呈团块状分布，面积0.11平方千米。农业以种植小麦、玉米、马铃薯、油菜为主，居民收入以劳务、养殖为主。

阳凹湾（Yángwāwān） 位于韩店镇西部，距镇政府驻地韩家店3.12千米。属下沟村委会管辖。17户80人，汉族。1958年属韩店公社护林沟大队，1962年属试雨公社护林沟大队，1964年属韩店公社中庄大队，1978年属下沟大队，1983年属韩店乡下沟村委会，2002年属韩店镇下沟村委会。因地形方位得名。村落坐西北朝东南，呈团块状分布，面积0.02平方千米。农业以种植小麦、玉米、马铃薯、油菜为主，居民收入以劳务、养殖为主。

护林沟（Hùlíngōu） 位于韩店镇西部，距镇政府驻地韩家店3.44千米。属下沟村委会管辖。72户313人，汉族。1958年属韩店公社护林沟大队，1962年属试雨公社护林沟大队，1964年属韩店公社中庄大队，1978年属下沟大队，1983年属韩店乡下沟村委会，2002年属韩店镇下沟村委会。因设护林点得名。村落坐北朝南，呈团块状分布，面积0.06平方千米。农业以种植小麦、玉米、马铃薯、药材为主，居民收入以劳务、养殖为主。

黄家庄（Huángjiāzhuāng） 位于韩店镇西部，距镇政府驻地韩家店4.04千米。属下沟村委会管辖。59户268人，汉族。1958年属韩店公社护林沟大队，1962年属试雨公社护林沟大队，1964年属韩店公社中庄大队，1978年属下沟大队，1983年属韩店乡下沟村委会，2002年属韩店镇下沟村委会。因姓氏得名（晚清时期试雨河黄家窑湾人迁居）。村落呈团块状分布，面积0.03平方千米。农业以种植小麦、玉米、马铃薯、药材为主，居民收入以劳务、养殖为主。

范家凹（Fànjiāwā） 位于韩店镇西部，距镇政府驻地韩家店3.56千米。属下沟村委会管辖。15户83人，汉族。1958年属韩店公社护林沟大队，1962年属试雨公社护林沟大队，1964年属韩店公社中庄大队，1978年属下沟大队，1983年属韩店乡下沟村委会，2002年属韩店镇下沟村委会。因姓氏和地形得名。村落呈带状分布，面积0.07平方千米。农业以种植小麦、玉米、马铃薯、药材为主，居民收入以劳务、养殖为主。

大地来（Dàdìlái） 位于韩店镇西部，距镇政府驻地韩家店4.84千米。属中庄村委会管辖，系村委会驻地。66户275人，汉族。1958年属韩店公社红星大队，1962年属试雨公社红星大队，1964年属韩店公社中庄大队，1983年属韩店乡中庄村委会，2002年属韩店镇中庄村委会。因地形得名。村落呈团块状分布，面积0.08平方千米。农业以种植小麦、玉米、马铃薯、药材为主，居民收入以劳务、养殖为主。

苏家中庄（Sūjiāzhōngzhuāng） 位于韩店镇西北部，距镇政府驻地韩家店5.53千米。属中庄村委会管辖。28户111人，汉族。1958年属韩店公社红星大队，1962年属试雨公社红星大队，1964年属韩店公社中庄大队，1983年属韩店乡中庄村委会，2002年属韩店镇中庄村委会。居民原住永宁苏家阳凹和苏家深沟中间，称为中庄，迁到此地后，遂称苏家中庄。村落呈散状分布，面积0.03平方千米。农业以种植小麦、玉米、马铃薯、药材为主，居民收入以劳务、养殖为主。

箭壑刘家（Jiànhèliújiā） 位于韩店镇西北部，距镇政府驻地韩家店5.9千米。属中庄村委会管辖。21户104人，汉族。1958年属韩店公社红星大队，1962年属试雨公社红星大队，1964年属韩店公社中庄大队，1983年属韩店乡中庄村委会，2002年属韩店镇中庄村委会。因地形和姓氏得名。村落坐东朝西，呈团块状分布，面积0.01平方千米。农业以种植小麦、玉米、马铃薯、药材为主，居民收入以劳务、养殖为主。

上沟里（Shànggōulǐ） 位于韩店镇西北部，距镇政府驻地韩家店6.39千米。属中庄村委会管辖。26户119人，汉族。1958年属韩店公社红星大队，1962年属试雨公社红星大队，1964年属韩店公社中庄大队，1983 年属韩店乡中庄村委会，2002 年属韩店镇中庄村委会。因居于阳屲沟上部得名。村落呈散状分布，面积 0.01 平方千米。农业以种植小麦、玉米、马铃薯、药材为主，居民收入以劳务、养殖为主。

武家（Wǔjiā） 位于韩店镇西部，距镇政府驻地韩家店 6.34 千米。属武家村委会管辖，系村委会驻地。161 户 699 人，汉族。1958 年属韩店公社武家大队，1962 年属试雨公社武家大队，1964 年属韩店公社武家大队，1983 年属韩店乡武家村委会，2002 年属韩店镇武家村委会。因姓氏得名。村落呈团块状分布，面积 0.14 平方千米。农业以种植小麦、玉米、马铃薯、药材为主，居民收入以劳务、养殖为主。有武家小学。

马家沟渠（Mǎjiāgōuqú） 位于韩店镇西部，距镇政府驻地韩家店 6.56 千米。属武家村委会管辖。70 户 280 人，汉族。1958 年属韩店公社武家大队，1962 年属试雨公社武家大队，1964 年属韩店公社武家大队，1983 年属韩店乡武家村委会，2002 年属韩店镇武家村委会。因姓氏和地形得名。村落坐西北朝东南，呈团块状分布，面积 0.08 平方千米。农业以种植小麦、玉米、马铃薯、药材为主，居民收入以劳务、养殖为主。

徐家（Xújiā） 位于韩店镇西部，距镇政府驻地韩家店 5.92 千米。属武家村委会管辖。62 户 290 人，汉族。1958 年属韩店公社武家大队，1962 年属试雨公社武家大队，1964 年属韩店公社武家大队，1983 年属韩店乡武家村委会，2002 年属韩店镇武家村委会。因姓氏得名。村落呈团块状分布，面积 0.07 平方千米。农业以种植小麦、玉米、马铃薯为主，居民收入以畜牧、药材、劳务为主。

苏家后湾（Sūjiāhòuwān） 位于韩店镇西部，距镇政府驻地韩家店 6.62 千米。属武家村委会管辖。65 户 243 人，汉族。1958 年属韩店公社武家大队，1962 年属试雨公社武家大队，1964 年属韩店公社武家大队，1983 年属韩店乡武家村委会，2002 年属韩店镇武家村委会。因苏姓人聚居在后山湾得名。村落坐东朝西，呈团块状分布，面积 0.06 平方千米。农业以种植小麦、玉米、马铃薯、药材为主，居民收入以劳务、养殖为主。

聂子坪（Nièzipíng） 位于韩店镇南部，距镇政府驻地韩家店 5.4 千米。属聂子坪村委会管辖，系村委会驻地。191 户 846 人，汉族。1958 年属页崖公社菜子湾大队，1960 年属韩店公社菜子湾大队，1962 年属新设页崖公社菜子湾大队，1964 年属韩店公社菜子湾大队，1979 年属页崖公社菜子湾大队，1983 年属颉崖乡菜子湾村委会，1987 年属聂子坪村委会，2004 年属韩店镇聂子坪村委会。因姓氏和地形得名，相传宋庆历初（1043—1044）刘沪派聂姓部将在今韩家店筑王家城，后称聂城，刘沪将军去世后，聂姓部将隐居此地，故称聂子坪，此后又迁往他处，名称延用。村落坐东北朝西南，沿山坡呈团块状分布，面积 0.18 平方千米。农业以种植小麦、玉米、马铃薯、油菜为主，居民收入以劳务、养殖为主。

菜子湾（Càiziwān） 位于韩店镇南部，距镇政府驻地韩家店 5.44 千米。属聂子坪村委会管辖。110 户 486 人，汉族。1958 年属页崖公社菜子湾大队，1960 年属韩店公社菜子湾大队，1962 年属页崖公社菜子湾大队，1964 年属韩店公社菜子湾大队，1979 年属页崖公社菜子湾大队，1983 年属颉崖乡菜子湾村委会，2004 年属韩店镇菜子湾村委会，2006 年并入聂子坪村委会。曾称蔡子湾，以初居者姓氏得名，后因无蔡姓人居住，遂以植物菜子更名。村落呈团块状分布，面积 0.11 平方千米。农业以种植小麦、玉米、马铃薯、油菜为主，居民收入以劳务、养殖为主。

纳张家（Nàzhāngjiā） 位于韩店镇南部，距镇政府驻地韩家店 4.81 千米。属聂子坪村委会管辖。31 户 121 人，汉族。1958 年属页崖公社菜子湾大队，1960 年属韩店公社菜子湾大队，1962 年属新设页崖公社菜子湾大队，1964 年属韩店公社菜子湾大队，1979 年属页崖公社菜子湾大队，1983 年属颉崖乡菜子湾村委会，2004 年属韩店镇菜子湾村委会，2006 年并入聂子坪村委会。因纳、张姓氏得名。村落呈团块状分布，面积 0.03 平方千米。农业以种植小麦、玉米、马铃薯、油菜为主，居民收入以劳务、养殖为主。

潘家河（2020 年 6 月摄）

潘家河（Pānjiāhé） 位于韩店镇西部，距镇政府驻地韩家店 5.67 千米。属潘河村委会管辖，系村委会驻地。135 户 566 人，汉族。1958 年属韩店公社潘河大队，1962 年属试雨公社杨家大队，1964 年属韩店公社杨家大队，1979 年属潘河大队，1983 年属韩店乡潘河村委会，2002 年属韩店镇潘河村委会。因潘姓人傍河而居得名。村落坐北朝南，呈团块状分布，面积 0.15 平方千米。农业以种植小麦、玉米、马铃薯、油菜、药材为主，居民收入以劳务、养殖为主。有潘河小学。省道泾甘公路经此。

郭家堡子（Guōjiābǔzi） 位于韩店镇西部，距镇政府驻地韩家店 4.61 千米。属潘河村委会管辖。38 户 171 人，汉族。1958 年属韩店公社潘河大队，1962 年属试雨公社杨家大队，1964 年属韩店公社杨家大队，1979 年属潘河大队，1983 年属韩店乡潘河村委会，2002 年属韩店镇潘河村委会。因郭姓和土堡得名。村落坐北朝南，呈团块状分布，面积 0.02 平方千米。农业以种植小麦、玉米、马铃薯、油菜、药材为主，居民收入以劳务、养殖为主。省道泾甘公路经此。

马家壑岘（Mǎjiāhèxiàn） 位于韩店镇西部，距镇政府驻地韩家店 5.69 千米。属潘河村委会管辖。70 户 336 人，汉族。1958 年属韩店公社潘河大队，1962 年属试雨公社杨家大队，1964 年属韩店公社杨家大队，1979 年属潘河大队，1983 年属韩店乡潘河村委会，2002 年属韩店镇潘河村委会。因姓氏和地形得名。村落坐东朝西，呈团块状分布，面积 0.11 平方千米。农业以种植小麦、玉米、马铃薯、油菜、药材为主，居民收入以劳务、养殖为主。

杨家官路（Yángjiāguānlù） 位于韩店镇西部，距镇政府驻地韩家店 5.36 千米。属潘河村委会管辖。157 户 609 人，汉族。1958 年属韩店公社杨家大队，1962 年属试雨公社杨家大队，1964 年属韩店公社属杨家大队，1982 年杨家大队更名为杨家官路大队，1983 年属韩店乡杨家官路村委会，是年并入潘河村委会。因杨姓人居住官路旁得名。村落坐东朝西，呈团块状分布，面积 0.16 平方千米。农业以种植小麦、玉米、马铃薯、油菜、药材为主，居民收入以劳务、养殖为主。

卧龙镇

台家（Táijiā） 位于卧龙镇中部。属山集梁村委会管辖，为镇政府、村委会驻地。54 户 227 人，汉族。1958 年属卧龙公社山集梁大队，1983 年属卧龙乡山集梁村委会，2015 年属卧龙镇山集梁村委会。因姓氏得名。村落沿路而建，呈带状分布，面积 0.05 平方千米。农业以种植小麦、玉米、马铃薯、油菜为主，居民收入以劳务、养殖、商贸为主。有卧龙中学、卧龙小学。县道南阳、马卧公路经此。

下梁（Xiàliáng） 位于卧龙镇中部，距镇政府驻地台家 0.6 千米。属山集梁村委会管辖。22 户 121 人，汉族。1958 年属卧龙公社山集梁大队，1983 年属卧龙乡山集梁村委会，2015 年属卧龙镇山集梁村委会。因地形方位得名。村落沿路而建，呈带状分布，面积 0.03 平方千米。农业以种植小麦、玉米、马铃薯、油菜为主，居民收入以劳务、养殖为主。县道南阳公路经此。

魏家后湾（Wèijiāhòuwān） 位于卧龙镇中部，距镇政府驻地台家 1.48 千米。属山集梁村委会管辖。

29户148人，汉族。1958年属卧龙公社山集梁大队，1983年属卧龙乡山集梁村委会，2015年属卧龙镇山集梁村委会。因姓氏和地形得名。村落坐北朝南，呈团块状分布，面积0.06平方千米。农业以种植小麦、玉米、马铃薯、油菜、苹果为主，居民收入以劳务、养殖、果品销售为主。

孙家渠（Sūnjiāqú） 位于卧龙镇中部，距镇政府驻地台家0.65千米。属山集梁村委会管辖。71户270人，汉族。1958年属卧龙公社山集梁大队，1983年属卧龙乡山集梁村委会，2015年属卧龙镇山集梁村委会。因姓氏和地形得名。村落坐北朝南，呈散状分布，面积0.08平方千米。农业以种植小麦、玉米、马铃薯、油菜、苹果为主，居民收入以劳务、养殖、果品销售为主。

梁家（Liángjiā） 位于卧龙镇中部，距镇政府驻地台家0.87千米。属山集梁村委会管辖。38户154人，汉族。1958年属卧龙公社山集梁大队，1983年属卧龙乡山集梁村委会，2015年属卧龙镇山集梁村委会。因姓氏得名。村落坐南朝北，呈散状分布，面积0.05平方千米。农业以种植小麦、玉米、马铃薯、油菜、苹果为主，居民收入以劳务、养殖、果品销售为主。

魏家山阴坡（Wèijiāshānyīnpō） 位于卧龙镇南部，距镇政府驻地台家6.41千米。属魏山村委会管辖，系村委会驻地。93户363人，汉族。1958年属卧龙公社阴坡大队，1964年属魏家山大队，1979年属阴坡大队，1982年属魏家山阴坡大队，1983年属卧龙乡魏家山阴坡村委会，2006年属魏山村委会，2015年属卧龙镇魏山村委会。因姓氏和地形得名。村落坐西南朝东北，依山而建，呈散状分布，面积0.07平方千米。农业以种植小麦、玉米、马铃薯、油菜、苹果为主，居民收入以劳务、养殖、果品销售为主。

麻家（Májiā） 位于卧龙镇东南部，距镇政府驻地台家6.9千米。属魏山村委会管辖。9户47人，汉族。1958年属卧龙公社阴坡大队，1964年属魏家山大队，1979年属阴坡大队，1982年属魏家山阴坡大队，1983年属卧龙乡魏家山阴坡村委会，2006年属魏山村委会，2015年属卧龙镇魏山村委会。因姓氏得名。村落坐东朝西，呈散状分布，面积0.05平方千米。农业以种植小麦、玉米、马铃薯、油菜、苹果为主，居民收入以劳务、养殖、果品销售为主。县道乔余公路纵穿。

魏家山阳坡（Wèijiāshānyángpō） 位于卧龙镇南部，距镇政府驻地台家5.4千米。属魏山村委会管辖。78户297人，汉族。1958年属卧龙公社阳坡大队，1964年属魏家山大队，1979年属阳坡大队，1982年属魏家山阳坡大队，1983年属卧龙乡魏家山阳坡村委会，2006年属魏山村委会，2015年属卧龙镇魏山村委会。因姓氏和方位得名。村落坐北朝南，依山而建，呈散状分布，面积0.14平方千米。农业以种植小麦、玉米、马铃薯、油菜、苹果为主，居民收入以劳务、养殖、果品销售为主。有魏家山阳坡小学。

阳虎湾（Yánghǔwān） 位于卧龙镇南部，距镇政府驻地台家6.53千米。属魏山村委会管辖。57户243人，汉族。1958年属卧龙公社阳坡大队，1964年属魏家山大队，1979年属阳坡大队，1982年属魏家山阳坡大队，1983年属卧龙乡魏家山阳坡村委会，2006年属魏山村委会，2015年属卧龙镇魏山村委会。因地处阳坡湾，当地方言称阳和湾，后演化为阳虎湾。村落坐东朝西，依山而建，呈团块状分布，面积0.09平方千米。农业以种植小麦、玉米、马铃薯、油菜、苹果为主，居民收入以劳务、养殖、果品销售为主。县道乔余公路经过。

上湾垴（Shàngwānnǎo） 位于卧龙镇南部，距镇政府驻地台家6.63千米。属魏山村委会管辖。26户122人，汉族。1958年属卧龙公社阳坡大队，1964年属魏家山大队，1979年属阳坡大队，1982年属魏家山阳坡大队，1983年属卧龙乡魏家山阳坡村委会，2006年属魏山村委会，2015年属卧龙镇魏山村委会。因方位和地形得名。村落坐东朝西，依山而建，呈团块状分布，面积0.09平方千米。农业以种植小麦、玉米、马铃薯、油菜、苹果为主，居民收入以劳务、养殖、果品销售为主。

下阴凹（Xiàyīnwā） 位于卧龙镇南部，距镇政府驻地台家5.78千米。属魏山村委会管辖。49户235人，汉族。1958年属卧龙公社阴坡大队，1964年属魏家山大队，1979年属阴坡大队，1982年属魏家山阴坡大队，1983 年属卧龙乡魏家山阴坡村委会，2006 年属魏家山村委会，2015 年属卧龙镇魏山村委会。因地形方位得名。村落坐南朝北，依山而建，呈散状分布，面积 0.09 平方千米。农业以种植小麦、玉米、马铃薯、油菜、苹果为主，居民收入以劳务、养殖、果品销售为主。

颉沟坪（Xiégōupíng） 位于卧龙镇南部，距镇政府驻地台家 4.8 千米。属魏山村委会管辖。13 户 64 人，汉族。1958 年属卧龙公社阴坡大队，1964 年属魏家山大队，1979 年属阴坡大队，1982 年属魏家山阴坡大队，1983 年属卧龙乡魏家山阴坡村委会，2006 年属魏山村委会，2015 年属卧龙镇魏山村委会。因地处蒙家沟支沟台地得名。村落坐南朝北，依山而建，呈散状分布，面积 0.03 平方千米。农业以种植小麦、玉米、马铃薯、油菜、苹果为主，居民收入以劳务、养殖、果品销售为主。

魏家山（Wèijiāshān） 位于卧龙镇南部，距镇政府驻地台家 6.74 千米。属魏山村委会管辖。29 户 138 人，汉族。1958 年属卧龙公社阳坡大队，1964 年属魏家山大队，1979 年属阳坡大队，1982 年属魏家山阳坡大队，1983 年属卧龙乡魏家山阳坡村委会，2006 年属魏山村委会，2015 年属卧龙镇魏山村委会。因姓氏和地形得名。村落呈散状分布，面积 0.03 平方千米。农业以种植小麦、玉米、马铃薯、油菜、苹果为主，居民收入以劳务、养殖、果品销售为主。

双河镇（Shuānghézhèn） 位于卧龙镇南部，距镇政府驻地台家 3.43 千米。属双河镇村委会管辖，系村委会驻地。26 户 72 人，汉族。1958 年属卧龙公社双河镇大队，1983 年属卧龙乡双河镇村委会，2015 年属卧龙镇双河镇村委会。因在水魏沟与蒙家沟交汇处，曾设集市得名。村落呈散状分布，面积 0.11 平方千米。农业以种植小麦、玉米、马铃薯、油菜、苹果为主，居民收入以劳务、养殖、果品销售为主。有双河村初小。

魏家沟（Wèijiāgōu） 位于卧龙镇南部，距镇政府驻地台家 3.8 千米。属双河镇村委会管辖。47 户 210 人，汉族。1958 年属卧龙公社双河镇大队，1983 年属卧龙乡双河镇村委会，2015 年属卧龙镇双河镇村委会。因姓氏和地形得名。村落坐南朝北，依山而建，呈团块状分布，面积 0.12 平方千米。农业以种植小麦、玉米、马铃薯、油菜、苹果为主，居民收入以劳务、养殖、果品销售为主。

魏家咀（Wèijiāzuǐ） 位于卧龙镇南部，距镇政府驻地台家 4.2 千米。属双河镇村委会管辖。31 户 124 人，汉族。1958 年属卧龙公社双河镇大队，1983 年属卧龙乡双河镇村委会，2015 年属卧龙镇双河镇村委会。因姓氏和地形得名。村落坐南朝北，依山而建，呈散状分布，面积 0.02 平方千米。农业以种植小麦、玉米、马铃薯、油菜、苹果为主，居民收入以劳务、养殖、果品销售为主。

马家（Mǎjiā） 位于卧龙镇南部，距镇政府驻地台家 3.73 千米。属双河镇村委会管辖。24 户 92 人，汉族。1958 年属卧龙公社双河镇大队，1983 年属卧龙乡双河镇村委会，2015 年属卧龙镇双河镇村委会。因姓氏得名。村落坐东朝西，依山而建，呈散状分布，面积 0.02 平方千米。农业以种植小麦、玉米、马铃薯、油菜、苹果为主，居民收入以劳务、养殖、果品销售为主。

湾川（Wānchuān） 位于卧龙镇南部，距镇政府驻地台 3.27 千米。属双河镇村委会管辖。33 户 131 人，汉族。1958 年属卧龙公社双河镇大队，1983 年属卧龙乡双河镇村委会，2015 年属卧龙镇双河镇村委会。因地形得名。村落呈团块状分布，面积 0.03 平方千米。农业以种植小麦、玉米、马铃薯、油菜、苹果为主，居民收入以劳务、养殖、果品销售为主。

阳山凹（Yángshānwā） 位于卧龙镇南部，距镇政府驻地台家 3.09 千米。属双河镇村委会管辖。居民 6 户 24 人，汉族。1958 年属卧龙公社双河镇大队，1983 年属卧龙乡双河镇村委会，2015 年属卧龙镇双河镇村委会。因地理位置和地形得名。村落依山而建，呈团块状分布，面积 0.01 平方千米。农业以种植小麦、玉米、马铃薯、油菜为主，居民收入以劳务、养殖为主。

蒙家沟（Méngjiāgōu） 位于卧龙镇南部，距镇政府驻地台家 4.23 千米。属双河镇村委会管辖。68 户 354 人，汉族。1958 年属卧龙公社双河镇大队，1983 年属卧龙乡双河镇村委会，2015 年属卧龙镇双河镇村委会。村落坐西朝东，呈散状分布，面积 0.05 平方千米。农业以种植小麦、玉米、马铃薯、油菜、苹果为主，居民收入以劳务、养殖、果品销售为主。

魏家湾（Wèijiāwān） 位于卧龙镇南部，距镇政府驻地台家2.85千米。属魏家湾村委会管辖，系村委会驻地。128户563人，汉族。1958年属卧龙公社魏家湾大队，1983年属卧龙乡魏家湾村委会，2015年属卧龙镇魏家湾村委会。因姓氏和地形得名。村落坐南朝北，呈团块状分布，面积0.09平方千米。农业以种植小麦、玉米、马铃薯、油菜、苹果为主，居民收入以劳务、养殖、果品销售为主。有魏湾村小学。

石家湾垴（Shíjiāwānnǎo） 位于卧龙镇南部，距镇政府驻地台家3.49千米。属魏家湾村委会管辖。53户230人，汉族。1958年属卧龙公社魏家湾大队，1983年属卧龙乡魏家湾村委会，2015年属卧龙镇魏家湾村委会。因姓氏和地形得名。村落呈散状分布，面积0.17平方千米。农业以种植小麦、玉米、马铃薯、油菜、苹果为主，居民收入以劳务、养殖、果品销售为主。

丁家寺湾（Dīngjiāsìwān） 位于卧龙镇南部，距镇政府驻地台家4.42千米。属魏家湾村委会管辖。72户267人，汉族。1958年属卧龙公社魏家湾大队，1979年属丁家寺湾大队，1983年属卧龙乡丁家寺湾村委会，2006年属魏家湾村委会，2015年属卧龙镇魏家湾村委会。因姓氏和毗卢寺得名。村落坐西朝东，呈团块状分布，面积0.05平方千米。农业以种植小麦、玉米、马铃薯、油菜、苹果为主，居民收入以劳务、养殖、果品销售为主。

魏家湾阳坡（Wèijiāwānyángpō） 位于卧龙镇南部，距镇政府驻地台家2.36千米。属魏家湾村委会管辖。15户90人，汉族。1958年属卧龙公社魏家湾大队，1983年属卧龙乡魏家湾村委会，2015年属卧龙镇魏家湾村委会。因姓氏和方位得名。村落坐北朝南，呈散状分布，面积0.08平方千米。农业以种植小麦、玉米、马铃薯、油菜、苹果为主，居民收入以劳务、养殖、果品销售为主。

芦子湾（Lúziwān） 位于卧龙镇南部，距镇政府驻地台家1.91千米。属魏家湾村委会管辖。5户24人，汉族。1958年属卧龙公社魏家湾大队，1983年属卧龙乡魏家湾村委会，2015年属卧龙镇魏家湾村委会。因有野生芦苇和地形得名。村落坐西朝东，呈散状分布，面积0.02平方千米。农业以种植小麦、玉米、马铃薯、油菜、苹果为主，居民收入以劳务、养殖、果品销售为主。

谢家庙湾（Xièjiāmiàowān） 位于卧龙镇中部，距镇政府驻地台家1.98千米。属谢家庙湾村委会管辖，系村委会驻地。158户655人，汉族。1958年属卧龙公社谢家庙湾大队，1983年属卧龙乡谢家庙湾村委会，2015年属卧龙镇谢家庙湾村委会。因寺庙和姓氏得名。村落坐北朝南，依山而建，呈团块状分布，面积0.14平方千米。农业以种植小麦、玉米、马铃薯、油菜、苹果为主，居民收入以劳务、养殖、果品销售为主。县道马卧公路经此。

刘家湾（Liújiāwān） 位于卧龙镇中部，距镇政府驻地台家0.87千米。属谢家庙湾村委会管辖。68户309人，汉族。1958年属卧龙公社谢家庙湾大队，1983年属卧龙乡谢家庙湾村委会，2015年属卧龙镇谢家庙湾村委会。因姓氏和地形得名。村落坐北朝南，呈团块状分布，面积0.07平方千米。农业以种植小麦、玉米、马铃薯、油菜、苹果为主，居民收入以劳务、养殖、果品销售为主。

马家山庄（Mǎjiāshānzhuāng） 位于卧龙镇中部，距镇政府驻地台家2.37千米。属谢家庙湾村委会管辖。35户179人，汉族。1958年属卧龙公社谢家庙湾大队，1983年属卧龙乡谢家庙湾村委会，2015年属卧龙镇谢家庙湾村委会。因马姓人坐山庄得名。村落坐东朝西，呈散状分布，面积0.02平方千米。农业以种植小麦、玉米、马铃薯、油菜、苹果为主，居民收入以劳务、养殖、果品销售为主。

刘家下岔（Liújiāxiàchà） 位于卧龙镇中部，距镇政府驻地台家2.77千米。属谢家庙湾村委会管辖。59户281人，汉族。1958年属卧龙公社谢家庙湾大队，1983年属卧龙乡谢家庙湾村委会，2015年属卧龙镇谢家庙湾村委会。因姓氏和地形方位得名。村落坐北朝南，呈团块状分布，面积0.06平方千米。农业以种植小麦、玉米、马铃薯、油菜、苹果为主，居民收入以劳务、养殖、果品销售为主。

下杨新村（Xiàyángxīncūn） 位于卧龙镇东北部，距镇政府驻地台家5.42千米。属下杨村委会管辖，系村委会驻地。36户144人，汉族。2016—2018年石家老湾、石家山庄、杨家南川、杨家北川部分居民陆续迁至此地。因是下杨村新建移民点得名。村落沿山梁呈带状分布，面积0.05平方千米。农业以种植小麦、玉米、马铃薯、油菜、苹果为主，居民收入以劳务、养殖、果品销售为主。

红崖杨家（Hóng'áiyángjiā） 位于卧龙镇东北部，距镇政府驻地台家5.41千米。属下杨村委会管辖。24户109人，汉族。1958年属柳梁公社榆林大队，1962年属白堡公社下杨大队，1964年属卧龙公社下杨大队，1983年属卧龙乡下杨村委会，2015年属卧龙镇下杨村委会。因姓氏和地形特征得名。村落依山而建，呈团块状分布，面积0.05平方千米。农业以种植小麦、玉米、马铃薯、油菜、苹果为主，居民收入以劳务、养殖、果品销售为主。

魏家川口（Wèijiāchuānkǒu） 位于卧龙镇东北部，距镇政府驻地台家4.84千米。属下杨村委会管辖。39户137人，汉族。1958年属柳梁公社榆林大队，1962年属白堡公社下杨大队，1964年属卧龙公社下杨大队，1983年属卧龙乡下杨村委会，2015年属卧龙镇下杨村委会。因姓氏和地形方位得名。村落坐南朝北，依山而建，呈散状分布，面积0.06平方千米。农业以种植小麦、玉米、马铃薯、油菜、苹果为主，居民收入以劳务、养殖、果品销售为主。

杨家北川（Yángjiāběichuān） 位于卧龙镇东北部，距镇政府驻地台家5.09千米。属下杨村委会管辖。61户232人，汉族。1958年属柳梁公社榆林大队，1962年属白堡公社下杨大队，1964年属卧龙公社下杨大队，1983年属卧龙乡下杨村委会，2015年属卧龙镇下杨村委会。因姓氏和地形方位（榆林沟北）得名。村落坐北朝南，呈团块状分布，面积0.05平方千米。农业以种植小麦、玉米、马铃薯、油菜、苹果为主，居民收入以劳务、养殖、果品销售为主。

杨家南川（Yángjiānánchuān） 位于卧龙镇东北部，距镇政府驻地台家4.76千米。属下杨村委会管辖。60户241人，汉族。1958年属柳梁公社榆林大队，1962年属白堡公社下杨大队，1964年属卧龙公社下杨大队，1983年属卧龙乡下杨村委会，2015年属卧龙镇下杨村委会。因姓氏和地形方位（榆林沟南）得名。村落坐南朝北，呈散状分布，面积0.06平方千米。农业以种植小麦、玉米、马铃薯、油菜、苹果为主，居民收入以劳务、养殖、果品销售为主。有下杨村小学。

石家山庄（Shíjiāshānzhuāng） 位于卧龙镇东北部，距镇政府驻地台家3.95千米。属下杨村委会管辖。48户217人，汉族。1958年属柳梁公社榆林大队，1962年属白堡公社下杨大队，1964年属卧龙公社下杨大队，1983年属卧龙乡下杨村委会，2015年属卧龙镇下杨村委会。因石家老湾居民坐山庄得名。村落坐南朝北，呈散状分布，面积0.23平方千米。农业以种植小麦、玉米、马铃薯、油菜、苹果为主，居民收入以劳务、养殖、果品销售为主。

石家老湾（Shíjiālǎowān） 位于卧龙镇东北部，距镇政府驻地台家4.37千米。属下杨村委会管辖。59户318人，汉族。1958年属柳梁公社榆林大队，1962年属白堡公社下杨大队，1964年属卧龙公社下杨大队，1983年属卧龙乡下杨村委会，2015年属卧龙镇下杨村委会。因姓氏和地形得名。村落坐东朝西，呈团块状分布，面积0.15平方千米。农业以种植小麦、玉米、马铃薯、油菜、苹果为主，居民收入以劳务、养殖、果品销售为主。

孙家河（Sūnjiāhé） 位于卧龙镇北部，距镇政府驻地台家5.27千米。属孙家河村委会管辖，系村委会驻地。94户392人，汉族。1958年属卧龙公社标兵大队，1961年属孙家河大队，1983年属卧龙乡孙家河村委会，2015年属卧龙镇孙家河村委会。因姓氏和地形得名。村落坐南朝北，沿山谷而建，呈团块状分布，面积0.05平方千米。农业以种植小麦、玉米、马铃薯、油菜、苹果为主，居民收入以劳务、养殖、果品销售为主。

张家塬（Zhāngjiāyuán） 位于卧龙镇北部，距镇政府驻地台家6.54千米。属孙家河村委会管辖。81户356人，汉族。1958年属卧龙公社标兵大队，1961年属孙家河大队，1983年属卧龙乡孙家河村委会，2015年属卧龙镇孙家河村委会。因姓氏和地形得名。村落坐南朝北，依山而建，呈团块状分布，面积0.08平方千米。农业以种植小麦、玉米、马铃薯、油菜、苹果为主，居民收入以劳务、养殖、果品销售为主。

县道南阳公路经此。

赵家湾（Zhàojiāwān） 位于卧龙镇北部，距镇政府驻地台家 5.57 千米。属孙家河村委会管辖。61 户 265 人，汉族。1958 年属卧龙公社标兵大队，1961 年属孙家河大队，1983 年属卧龙乡孙家河村委会，2015 年属卧龙镇孙家河村委会。因姓氏和地形得名。村落坐西朝东，依山而建，呈散状分布，面积 0.08 平方千米。农业以种植小麦、玉米、马铃薯、油菜、苹果为主，居民收入以劳务、养殖、果品销售为主。

何家庄（Héjiāzhuāng） 位于卧龙镇北部，距镇政府驻地台家 2.51 千米。属何家村委会管辖，系村委会驻地。149 户 614 人，汉族。1958 年属卧龙公社石何大队，1961 年属何家大队，1983 年属卧龙乡何家村委会，2015 年属卧龙镇何家村委会。因姓氏得名。村落坐东朝西，依山而建，呈团块状分布，面积 0.29 平方千米。农业以种植小麦、玉米、马铃薯、油菜、苹果为主，居民收入以劳务、养殖、果品销售为主。

薛家湾（Xuējiāwān） 位于卧龙镇北部，距镇政府驻地台家 3.57 千米。属何家村委会管辖。33 户 159 人，汉族。1958 年属卧龙公社石何大队，1961 年属何家大队，1983 年属卧龙乡何家村委会，2015 年属卧龙镇何家村委会。因姓氏和地形得名。村落坐东朝西，依山而建，呈团块状分布，面积 0.08 平方千米。农业以种植小麦、玉米、马铃薯、油菜、苹果为主，居民收入以劳务、养殖、果品销售为主。

方家湾（Fāngjiāwān） 位于卧龙镇北部，距镇政府驻地台家 3.8 千米。属何家村委会管辖。3 户 12 人，汉族。1958 年属卧龙公社石何大队，1961 年属何家大队，1983 年属卧龙乡何家村委会，2015 年属卧龙镇何家村委会。因原住居民姓氏和地形得名。村落沿山湾而建，呈散状分布，面积 0.01 平方千米。农业以种植小麦、玉米、马铃薯、油菜、苹果为主，居民收入以劳务、养殖、果品销售为主。县道南阳公路经此。

葛家湾（Gějiāwān） 位于卧龙镇北部，距镇政府驻地台家 4.37 千米。属何家村委会管辖。7 户 39 人，汉族。1958 年属卧龙公社石何大队，1961 年属何家大队，1983 年属卧龙乡何家村委会，2015 年属卧龙镇何家村委会。因姓氏和地形得名。村落坐东朝西，依山湾而建，呈散状分布，面积 0.01 平方千米。农业以种植小麦、玉米、马铃薯、油菜、苹果为主，居民收入以劳务、养殖、果品销售为主。

郭家窑（Guōjiāyáo） 位于卧龙镇北部，距镇政府驻地台家 5.5 千米。属魏家大庄村委会管辖，系村委会驻地。62 户 294 人，汉族。1958 年属卧龙公社长征大队，1961 年属魏家大庄大队，1983 年属卧龙乡魏家大庄村委会，2015 年属卧龙镇魏家大庄村委会。因郭姓人初居窑洞得名。村落坐南朝北，依山湾呈散状分布，面积 0.07 平方千米。农业以种植小麦、玉米、马铃薯、油菜、苹果为主，居民收入以劳务、养殖、果品销售为主。有大庄村小学。

魏家大庄（Wèijiādàzhuāng） 位于卧龙镇北部，距镇政府驻地台家 5.85 千米。属魏家大庄村委会管辖。115 户 463 人，汉族。1958 年属卧龙公社长征大队，1961 年属魏家大庄大队，1983 年属卧龙乡魏家大庄村委会，2015 年属卧龙镇魏家大庄村委会。因姓氏和村落规模得名。村落北临庄浪河，沿山湾呈团块状分布，面积 0.16 平方千米。农业以种植小麦、玉米、马铃薯、油菜、苹果为主，居民收入以劳务、养殖、果品销售为主。

张家崖（Zhāngjiā'ái） 位于卧龙镇北部，距镇政府驻地台家 6.03 千米。属魏家大庄村委会管辖。7 户 27 人，汉族。1958 年属卧龙公社长征大队，1961 年属魏家大庄大队，1983 年属卧龙乡魏家大庄村委会，2015 年属卧龙镇魏家大庄村委会。因姓氏和地形得名。村落坐西朝东，呈团块状分布，面积 0.06 平方千米。农业以种植小麦、玉米、马铃薯、油菜、苹果为主，居民收入以劳务、养殖、果品销售为主。

阳坡（Yángpō） 位于卧龙镇北部，距镇政府驻地台家 5.37 千米。属魏家大庄村委会管辖。50 户 198 人，汉族。1958 年属卧龙公社长征大队，1961 年属魏家大庄大队，1983 年属卧龙乡魏家大庄村委会，2015 年属卧龙镇魏家大庄村委会。因方位得名。村落坐东朝西，沿山谷而建，呈散状分布，面积 0.2 平方千米。农业以种植小麦、玉米、马铃薯、油菜、苹果为主，居民收入以劳务、养殖、果品销售为主。

阴坡（Yīnpō） 位于卧龙镇北部，距镇政府驻地台家4.8千米。属魏家大庄村委会管辖。28户111人，汉族。1958年属卧龙公社长征大队，1961年属魏家大庄大队，1983年属卧龙乡魏家大庄村委会，2015年属卧龙镇魏家大庄村委会。因方位得名。村落坐西朝东，沿山谷而建，呈散状分布，面积0.01平方千米。农业以种植小麦、玉米、马铃薯、油菜、苹果为主，居民收入以劳务、养殖、果品销售为主。

姚家岔（Yáojiāchà） 位于卧龙镇北部，属魏家大庄村委会管辖。是阳坡和阴坡的总称。因姓氏和地形得名。

石家山（Shíjiāshān） 位于卧龙镇东北部，距镇政府驻地台家1.93千米。属石家山村委会管辖，系村委会驻地。230户961人，汉族。1958年属卧龙公社石何大队，1961年属石家山大队，1983年属卧龙乡石家山村委会，2015年属卧龙镇石家山村委会。因姓氏和地形得名。村落坐东北朝西南，依山而建，呈团块状分布，面积0.37平方千米。农业以种植小麦、玉米、马铃薯、油菜、苹果为主，居民收入以劳务、养殖、果品销售为主。有石山村小学。县道南阳公路经过。

曹家湾（Cáojiāwān） 位于卧龙镇东北部，距镇政府驻地台家2.49千米。属石家山村委会管辖。8户42人，汉族。1958年属卧龙公社石何大队，1961年属石家山大队，1983年属卧龙乡石家山村委会，2015年属卧龙镇石家山村委会。因姓氏和地形得名。村落坐西朝东，依山而建，呈散状分布，面积0.01平方千米。农业以种植小麦、玉米、马铃薯、油菜、苹果为主，居民收入以劳务、养殖、果品销售为主。

大湾（Dàwān） 位于卧龙镇东北部，距镇政府驻地台家2.95千米。属石山村委会管辖。22户113人，汉族。1958年属卧龙公社石何大队，1961年属石家山大队，1983年属卧龙乡石家山村委会，2015年属卧龙镇石家山村委会。因地形得名。村落坐北朝南，依山而建，呈散状分布，面积0.02平方千米。农业以种植小麦、玉米、马铃薯、油菜、苹果为主，居民收入以劳务、养殖、果品销售为主。

苏家山（Sūjiāshān） 位于卧龙镇东北部，距镇政府驻地台家0.96千米。属苏家山村委会管辖，系村委会驻地。220户948人，汉族。1958年属卧龙公社民主大队，1961年属苏家山大队，1983年属卧龙乡苏家山村委会，2015年属卧龙镇苏家山村委会。因姓氏和地形得名。村落坐西朝东，依山而建，呈团块状分布，面积0.25平方千米。农业以种植小麦、玉米、马铃薯、油菜、苹果为主，居民收入以劳务、养殖、果品销售为主。县道南阳公路经过。

山庄上（Shānzhuāngshàng） 位于卧龙镇中部，距镇政府驻地台家1.7千米。属苏家山村委会管辖。1户2人，汉族。1958年属卧龙公社民主大队，1961年属苏家山大队，1983年属卧龙乡苏家山村委会，2015年属卧龙镇苏家山村委会。因苏家山人坐山庄得名。村落坐南朝北，依山而建，面积0.01平方千米。农业以种植小麦、玉米、马铃薯、油菜、苹果为主，居民收入以劳务、养殖、果品销售为主。

张家山（Zhāngjiāshān） 位于卧龙镇西北部，距镇政府驻地台家2.6千米。属张家山村委会管辖，系村委会驻地。189户810人，汉族。1958年属卧龙公社张家山大队，1983年属卧龙乡张家山村委会，2015年属卧龙镇张家山村委会。因姓氏和地形得名。村落坐西南朝东北，依山而建，呈团块状分布，面积0.28平方千米。农业以种植小麦、玉米、马铃薯、油菜、苹果为主，居民收入以劳务、养殖、果品销售为主。

王家塬（Wángjiāyuán） 位于卧龙镇西北部，距镇政府驻地台家2.91千米。属张家山村委会管辖。97户451人，汉族。1958年属卧龙公社张家山大队，1983年属卧龙乡张家山村委会，2015年属卧龙镇张家山村委会。因姓氏和地形得名。村落东西两边临沟，呈团块状分布，面积0.07平方千米。农业以种植小麦、玉米、马铃薯、油菜、苹果为主，居民收入以劳务、养殖、果品销售为主。有县级文物保护单位王家塬遗址。

阳屲上（Yángwāshàng） 位于卧龙镇西北部，距镇政府驻地台家2.94千米。属张家山村委会管辖。39户197人，汉族。1958年属卧龙公社张家山大队，1983年属卧龙乡张家山村委会，2015年属卧龙镇张家山村委会。因地形方位得名。村落依山而建，呈散状分布，面积0.09平方千米。农业以种植小麦、玉米、马铃薯、油菜、苹果为主，居民收入以劳务、养殖、果品销售为主。有张山村小学。

薛家河（Xuējiāhé） 位于卧龙镇西北部，距镇政府驻地台家3.54千米。属张家山村委会管辖。178户654人，汉族。1958年属卧龙公社张家山大队，1983年属卧龙乡张家山村委会，2015年属卧龙镇张家山村委会。因姓氏和地形得名。村落坐西朝东，依山而建，呈团块状分布，面积0.13平方千米。农业以种植小麦、玉米、马铃薯、油菜、苹果为主，居民收入以劳务、养殖、果品销售为主。

马家湾（Mǎjiāwān） 位于卧龙镇西北部，距镇政府驻地台家2.81千米。属张家山村委会管辖。21户80人，汉族。1958年属卧龙公社张家山大队，1983年属卧龙乡张家山村委会，2015年属卧龙镇张家山村委会。因姓氏和地形得名。村落坐西朝东，依山而建，呈团块状分布，面积0.03平方千米。农业以种植小麦、玉米、马铃薯、油菜、苹果为主，居民收入以劳务、养殖、果品销售为主。

背后湾（Bèihòuwān） 位于卧龙镇西北部，距镇政府驻地台家3.72千米。属张家山村委会管辖。16户90人，汉族。1958年属卧龙公社张家山大队，1983年属卧龙乡张家山村委会，2015年属卧龙镇张家山村委会。因地处居民点薛家河山背后得名。村落依山湾而建，呈散状分布，面积0.02平方千米。农业以种植小麦、玉米、马铃薯、油菜、苹果为主，居民收入以劳务、养殖、果品销售为主。

平头里（Píngtóulǐ） 位于卧龙镇北部，距镇政府驻地台家2.38千米。属张家山村委会管辖。54户220人，汉族。1958年属卧龙公社张家山大队，1983年属卧龙乡张家山村委会，2015年属卧龙镇张家山村委会。因地处中岭山根、地势平坦得名。村落坐东朝西，依山而建，呈散状分布，面积0.05平方千米。农业以种植小麦、玉米、马铃薯、油菜、苹果为主，居民收入以劳务、养殖、果品销售为主。

井沟渠（Jǐnggōuqú） 别名迭咀凸。位于卧龙镇西北部，距镇政府驻地台家6.11千米。属棉梨沟村委会管辖，系村委会驻地。105户432人，汉族。1958年属卧龙公社棉梨沟大队，1983年属卧龙乡棉梨沟村委会，2015年属卧龙镇棉梨沟村委会。因地处沟渠且有水井得名。村落坐南朝北，依山而建，呈团块状分布，面积0.11平方千米。农业以种植小麦、玉米、马铃薯、油菜、苹果为主，居民收入以劳务、养殖、果品销售为主。

井沟渠（2019年10月摄）

棉梨沟（Miánlígōu） 位于卧龙镇西北部，距镇政府驻地台家5.21千米。属棉梨沟村委会管辖。95户431人，汉族。1958年属卧龙公社棉梨沟大队，1983年属卧龙乡棉梨沟村委会，2015年属卧龙镇棉梨沟村委会。因地形和棉梨树多得名。村落坐南朝北，依山而建，呈团块状分布，面积0.18平方千米。农业以种植小麦、玉米、马铃薯、油菜、苹果为主，居民收入以劳务、养殖、果品销售为主。

尕那湾（Gǎnàwān） 位于卧龙镇西北部，距镇政府驻地台家5.19千米。属棉梨沟村委会管辖。13户54人，汉族。1958年属卧龙公社棉梨沟大队，1983年属卧龙乡棉梨沟村委会，2015年属卧龙镇棉梨沟村委会。因山湾小而得名。村落依山湾而建，呈散状分布，面积0.02平方千米。农业以种植小麦、玉米、马铃薯、油菜、苹果为主，居民收入以劳务、养殖、果品销售为主。

花梨湾（Huālíwān） 位于卧龙镇西北部，距镇政府驻地台家4.21千米。属马湾村委会管辖，系村委会驻地。86 户 320 人，汉族。1958 年属卧龙公社花马湾大队，1979 年属花梨湾大队，1983 年属卧龙乡花梨湾村委会，2006 年属马湾村委会，2015 年属卧龙镇马湾村委会。昔因饲养花牛称花牛湾，辟为村庄后因多梨树改称花梨湾。村落坐西朝东，依山而建，呈散状分布，面积 0.23 平方千米。农业以种植小麦、玉米、马铃薯、油菜、苹果为主，居民收入以劳务、养殖、果品销售为主。有马湾村小学。

马湾（Mǎwān） 位于卧龙镇西北部，距镇政府驻地台家 3.9 千米。属马湾村委会管辖。212 户 925 人，汉族。1958 年属卧龙公社花马湾大队，1979 年属马湾大队，1983 年属卧龙乡马湾村委会，2015 年属卧龙镇马湾村委会。因原住居民姓氏和地形得名。村落沿山湾呈散状分布，面积 0.33 平方千米。农业以种植小麦、玉米、马铃薯、油菜、苹果为主，居民收入以劳务、养殖、果品销售为主。

野狐湾（Yěhúwān） 位于卧龙镇西北部，距镇政府驻地台家 4.94 千米。属马湾村委会管辖。25 户 130 人，汉族。1958 年属卧龙公社花马湾大队，1979 年属马湾大队，1983 年属卧龙乡马湾村委会，2015 属卧龙镇马湾村委会。因曾有狐狸出没得名。村落坐东朝西，依山而建，呈团块状分布，面积 0.09 平方千米。农业以种植小麦、玉米、马铃薯、油菜、苹果为主，居民收入以劳务、养殖、果品销售为主。

成子湾（Chéngziwān） 位于卧龙镇西北部，距镇政府驻地台家 5.17 千米。属马湾村委会管辖。24 户 102 人，汉族。20 世纪 40 年代马湾王姓人分居此地，1958 年属卧龙公社花马湾大队，1979 年属马湾大队，1983 年属卧龙乡马湾村委会，2015 属卧龙镇马湾村委会。相传初住居民男丁单薄，期望人口旺盛，故名。村落坐南朝北，依山而建，呈团块状分布，面积 0.05 平方千米。农业以种植小麦、玉米、马铃薯、油菜、苹果为主，居民收入以劳务、养殖、果品销售为主。

大头塬（Dàtóuyuán） 位于卧龙镇西北部，距镇政府驻地台家 5.71 千米。属马湾村委会管辖。2 户 8 人，汉族。1958 年属卧龙公社花马湾大队，1979 年属花梨湾大队，1983 年卧龙乡花梨湾村委会，2006 年属马湾村委会，2015 年属卧龙镇马湾村委会。因梁峁尽头由窄变宽，且地形平坦得名。村落坐南朝北，呈团块状分布，面积 0.03 平方千米。农业以种植小麦、玉米、马铃薯、油菜、苹果为主，居民收入以劳务、养殖、果品销售为主。

杜家湾（Dùjiāwān） 位于卧龙镇西北部，距镇政府驻地台家 5.19 千米。属马湾村委会管辖。6 户 30 人，汉族。1958 年属卧龙公社花马湾大队，1979 年属花梨湾大队，1983 年卧龙乡花梨湾村委会，2006 年属马湾村委会，2015 年属卧龙镇马湾村委会。因初居者杜姓和地形得名。村落坐东朝西，依山而建，呈散状分布，面积 0.03 平方千米。农业以种植小麦、玉米、马铃薯、油菜、苹果为主，居民收入以劳务、养殖、果品销售为主。

柳树湾（Liǔshùwān） 位于卧龙镇西北部，距镇政府驻地台家 3.97 千米。属马湾村委会管辖。15 户 70 人，汉族。1958 年属卧龙公社花马湾大队，1979 年属花梨湾大队，1983 年属卧龙乡花梨湾村委会，2006 年属马湾村委会，2015 年属卧龙镇马湾村委会。因山湾多柳树得名。村落坐东朝西，呈散状分布，面积 0.05 平方千米。农业以种植小麦、玉米、马铃薯、油菜、苹果为主，居民收入以劳务、养殖、果品销售为主。

堡子上（Bǔzishàng） 位于卧龙镇西北部，距镇政府驻地台家 4.57 千米。属马湾村委会管辖。9 户 45 人，汉族。1958 年属卧龙公社花马湾大队，1979 年属花梨湾大队，1983 年属卧龙乡花梨湾村委会，2006 年属马湾村委会，2015 年属卧龙镇马湾村委会。因村落下方有古堡得名。村落坐东朝西，依山而建，呈散状分布，面积 0.03 平方千米。农业以种植小麦、玉米、马铃薯、油菜、苹果为主，居民收入以劳务、养殖、果品销售为主。

居黄湾（Jūhuángwān） 位于卧龙镇西南部，距镇政府驻地台家 1.88 千米。属马家沟村委会管辖，系村委会驻地。36 户 114 人，汉族。1958 年属卧龙公社马家沟大队，1983 年属卧龙乡马家沟村委会，2015 年属卧龙镇马家沟村委会。因居、黄姓氏和地形得名。村落坐南朝北，沿山而建，呈散状分布，面积 0.03 平方千米。农业以种植小麦、玉米、马铃薯、油菜、苹果为主，居民收入以劳务、养殖、果品销售为主。

上岔（Shàngchà） 位于卧龙镇西南部，距镇政府驻地台家 1.5 千米。属马家沟村委会管辖。45 户 120 人，汉族。因地理位置得名。1958 年属卧龙公社马家沟大队，1983 年属卧龙乡马家沟村委会，2015 年属卧龙镇马家沟村委会。村落坐东朝西，依山湾而建，呈散状分布，面积 0.2 平方千米。农业以种植小麦、玉米、马铃薯、油菜、苹果为主，居民收入以劳务、养殖、果品销售为主。

书房院（Shūfángyuàn） 位于卧龙镇西南部，距镇政府驻地台家 2.56 千米。属马家沟村委会管辖。30 户 128 人，汉族。1958 年属卧龙公社马家沟大队，1983 年属卧龙乡马家沟村委会，2015 年属卧龙镇马家沟村委会。因曾设学堂得名。村落坐西北朝东南，依山而建，呈散状分布，面积 0.06 平方千米。农业以种植小麦、玉米、马铃薯、油菜、苹果为主，居民收入以劳务、养殖、果品销售为主。

梭草湾（Suōcǎowān） 位于卧龙镇西南部，距镇政府驻地台家 2.53 千米。属马家沟村委会管辖。18 户 82 人，汉族。1958 年属卧龙公社马家沟大队，1983 年属卧龙乡马家沟村委会，2015 年属卧龙镇马家沟村委会。因此地多生长梭草（即胡子草）且地处山湾得名。村落坐东南朝西北，依山而建，呈团块状分布，面积 0.04 平方千米。农业以种植小麦、玉米、马铃薯、油菜、苹果为主，居民收入以劳务、养殖、果品销售为主。

高山上（Gāoshānshàng） 位于卧龙镇西南部，距镇政府驻地台家 2.52 千米。属马家沟村委会管辖。20 户 100 人，汉族。1958 年属卧龙公社马家沟大队，1983 年属卧龙乡马家沟村委会，2015 年属卧龙镇马家沟村委会。因方位和地形得名。村落坐东南朝西北，依山而建，呈散状分布，面积 0.03 平方千米。农业以种植小麦、玉米、马铃薯、油菜、苹果为主，居民收入以劳务、养殖、果品销售为主。

阳瓦堡子（Yángwābǔzi） 位于卧龙镇西南部，距镇政府驻地台家 3.57 千米。属马家沟村委会管辖。14 户 85 人，汉族。1958 年属卧龙公社石坪大队，1961 年属马家沟大队，1979 年属阳瓦堡子大队，1983 年属卧龙乡阳瓦堡子村委会，2006 年属马家沟村委会，2015 年属卧龙镇马家沟村委会。因方位和古堡得名。村落坐西朝东，依山而建，呈团块状分布，面积 0.07 平方千米。农业以种植小麦、玉米、马铃薯、油菜、苹果为主，居民收入以劳务、养殖、果品销售为主。

阳堡大湾（Yángbǔdàwān） 位于卧龙镇西南部，距镇政府驻地台家 3.58 千米。属马家沟村委会管辖。25 户 158 人，汉族。1958 年属卧龙公社石坪大队，1961 年属马家沟大队，1979 年属阳瓦堡子大队，1983 年属卧龙乡阳瓦堡子村委会，2006 年属马家沟村委会，2015 年属卧龙镇马家沟村委会。因地处大湾且与阳瓦堡子相连得名。村落坐西朝东，依山而建，呈团块状分布，面积 0.04 平方千米。农业以种植小麦、玉米、马铃薯、油菜、苹果为主，居民收入以劳务、养殖、果品销售为主。

李家湾（Lǐjiāwān） 位于卧龙镇西南部，距镇政府驻地台家 4.43 千米。属马家沟村委会管辖。35 户 180 人，汉族。1958 年属卧龙公社石坪大队，1961 年属马家沟大队，1979 年属阳瓦堡子大队，1983 年属卧龙乡阳瓦堡子村委会，2006 年属马家沟村委会，2015 年属卧龙镇马家沟村委会。因初居者姓氏和地形得名。村落坐西朝东，依山而建，呈团块状分布，面积 0.06 平方千米。农业以种植小麦、玉米、马铃薯、油菜、苹果为主，居民收入以劳务、养殖、果品销售为主。县道南阳公路经此。

白瓦山（Báiwāshān） 位于卧龙镇西南部，距镇政府驻地台家 3.24 千米。属马家沟村委会管辖。38 户 154 人，汉族。1958 年属卧龙公社石坪大队，1961 年属马家沟大队，1979 年属阳瓦堡子大队，1983 年属卧龙乡阳瓦堡子村委会，2006 年属马家沟村委会，2015 年属卧龙镇马家沟村委会。因植被稀少得名。村落坐北朝南，依山湾而建，呈散状分布，面积 0.05 平方千米。农业以种植小麦、玉米、马铃薯、油菜、苹果为主，居民收入以劳务、养殖、果品销售为主。县道南阳公路经此。

崖湾（Áiwān） 位于卧龙镇西南部，距镇政府驻地台家 2.03 千米。属马家沟村委会管辖。5 户 23 人，汉族。1958 年属卧龙公社马家沟大队，1983 年属卧龙乡马家沟村委会，2015 年属卧龙镇马家沟村委会。

因地形得名。村落坐北朝南，依山湾而建，呈团块状分布，面积 0.02 平方千米。农业以种植小麦、玉米、马铃薯、油菜、苹果为主，居民收入以劳务、养殖、果品销售为主。

山赵家（Shānzhàojiā） 位于卧龙镇西部，距镇政府驻地台家 4.52 千米。属山赵家村委会管辖，系村委会驻地。190 户 834 人，汉族。1958 年属卧龙公社山赵家大队，1983 年属卧龙乡山赵家村委会，2015 年属卧龙镇山赵家村委会。因姓氏和地形得名。村落坐东朝西，依山而建，呈团块状分布，面积 0.21 平方千米。农业以种植小麦、玉米、马铃薯、油菜、苹果为主，居民收入以劳务、养殖、果品销售为主。有山赵村小学。县道南阳公路经此。

小余家（Xiǎoyújiā） 位于卧龙镇西部，距镇政府驻地台家 5.53 千米。属山赵家村委会管辖。42 户 165 人，汉族。1958 年属卧龙公社山赵家大队，1983 年属卧龙乡山赵家村委会，2015 年属卧龙镇山赵家村委会。因姓氏和村庄规模小得名。村落坐西朝东，依山而建，呈团块状分布，面积 0.06 平方千米。农业以种植小麦、玉米、马铃薯、油菜、苹果为主，居民收入以劳务、养殖、果品销售为主。

下峡里（Xiàxiálǐ） 位于卧龙镇西部，距镇政府驻地台家 5.54 千米。属山赵家村委会管辖。68 户 283 人，汉族。1958 年属卧龙公社山赵家大队，1983 年属卧龙乡山赵家村委会，2015 年属卧龙镇山赵家村委会。因方位和地形得名。村落坐东朝西，依山而建，呈团块状分布，面积 0.11 平方千米。农业以种植小麦、玉米、马铃薯、油菜、苹果为主，居民收入以劳务、养殖、果品销售为主。

青土湾（Qīngtǔwān） 位于卧龙镇西部，距镇政府驻地台家 3.83 千米。属山赵家村委会管辖。23 户 107 人，汉族。1958 年属卧龙公社山赵家大队，1983 年属卧龙乡山赵家村委会，2015 年属卧龙镇山赵家村委会。因此地土壤为黑垆土得名。村落坐西南朝东北，依山而建，呈散状分布，面积 0.07 平方千米。农业以种植小麦、玉米、马铃薯、油菜、苹果为主，居民收入以劳务、养殖、果品销售为主。

余家湾垴（Yújiāwānnǎo） 位于卧龙镇西部，距镇政府驻地台家 4.84 千米。属张余家村委会管辖，系村委会驻地。35 户 149 人，汉族。1958 年属卧龙公社民主大队，1961 年属张余家大队，1983 年属卧龙乡张余家村委会，2015 年属卧龙镇张余家村委会。因姓氏和地形方位得名。村落坐南朝北，依山而建，呈散状分布，面积 0.04 平方千米。农业以种植小麦、玉米、马铃薯、油菜、苹果为主，居民收入以劳务、养殖、果品销售为主。

余家沟（Yújiāgōu） 位于卧龙镇西部，距镇政府驻地台家 4.84 千米。属张余家村委会管辖。83 户 362 人，汉族。1958 年属卧龙公社民主大队，1961 年属张余家大队，1983 年属卧龙乡张余家村委会，2015 年属卧龙镇张余家村委会。因姓氏和地形得名。村落三面临沟，呈团块状分布，面积 0.09 平方千米。农业以种植小麦、玉米、马铃薯、油菜、苹果为主，居民收入以劳务、养殖、果品销售为主。

张家沟（Zhāngjiāgōu） 位于卧龙镇西部，距镇政府驻地台家 3.83 千米。属张余家村委会管辖。84 户 346 人，汉族。1958 年属卧龙公社民主大队，1961 年属张余家大队，1983 年属卧龙乡张余家村委会，2015 年属卧龙镇张余家村委会。因姓氏和地形得名。村落坐东朝西，依山而建，呈团块状分布，面积 0.11 平方千米。农业以种植小麦、玉米、马铃薯、油菜、苹果为主，居民收入以劳务、养殖、果品销售为主。有县级文物保护单位大地川遗址。

张家咀（Zhāngjiāzuǐ） 位于卧龙镇西部，距镇政府驻地台家 3.94 千米。属张余家村委会管辖。87 户 378 人，汉族。1958 年属卧龙公社民主大队，1961 年属张余家大队，1983 年属卧龙乡张余家村委会，2015 年属卧龙镇张余家村委会。因姓氏和地形得名。村落坐南朝北，依山而建，呈团块状分布，面积 0.14 平方千米。农业以种植小麦、玉米、马铃薯、油菜、苹果为主，居民收入以劳务、养殖、果品销售为主。

罗沟岘（Luógōuxiàn） 位于卧龙镇西部，距镇政府驻地台家 5.55 千米。属张余家村委会管辖。43 户 186 人，汉族。1958 年属卧龙公社民主大队，1961 年属张余家大队，1983 年属卧龙乡张余家村委会，2015 年属卧龙镇张余家村委会。因姓氏和地形得名。村落坐北朝南，依山而建，呈团块状分布，面积 0.06

平方千米。农业以种植小麦、玉米、马铃薯、油菜、苹果为主，居民收入以劳务、养殖、果品销售为主。

张家阳坡（Zhāngjiāyángpō） 位于卧龙镇西部，距镇政府驻地台家 3.17 千米。属张余家村委会管辖。84 户 367 人，汉族。1958 年属卧龙公社民主大队，1961 年属张余家大队，1983 年属卧龙乡张余家村委会，2015 年属卧龙镇张余家村委会。因姓氏和地形方位得名。村落坐北朝南，依山而建，呈散状分布，面积 0.11 平方千米。农业以种植小麦、玉米、马铃薯、油菜、苹果为主，居民收入以劳务、养殖、果品销售为主。

阴凸李家（Yīnwālǐjiā） 位于卧龙镇西部，距镇政府驻地台家 2.59 千米。属阴凸李家村委会管辖，系村委会驻地。79 户 382 人，汉族。1958 年属卧龙公社民主大队，1961 年属阴凸李家大队，1983 年属卧龙乡阴凸李家村委会，2015 年属卧龙镇阴凸李家村委会。因姓氏和地形方位得名。村落坐东南朝西北，依山而建，呈团块状分布，面积 0.23 平方千米。农业以种植小麦、玉米、马铃薯、油菜、苹果为主，居民收入以劳务、养殖、果品销售为主。

杨家山庄（Yángjiāshānzhuāng） 位于卧龙镇西部，距镇政府驻地台家 2.77 千米。属阴凸李家村委会管辖。31 户 165 人，汉族。1958 年属卧龙公社民主大队，1961 年属阴凸李家大队，1983 年属卧龙乡阴凸李家村委会，2015 年属卧龙镇阴凸李家村委会。因杨姓人坐山庄得名。村落坐西朝东，依山而建，呈团块状分布，面积 0.09 平方千米。农业以种植小麦、玉米、马铃薯、油菜、苹果为主，居民收入以劳务、养殖、果品销售为主。

石家沟（Shíjiāgōu） 位于卧龙镇西部，距镇政府驻地台家 1.68 千米。属阴凸李家村委会管辖。51 户 225 人，汉族。1958 年属卧龙公社民主大队，1961 年属阴凸李家大队，1983 年属卧龙乡阴凸李家村委会，2015 年属卧龙镇阴凸李家村委会。因姓氏和地形得名。村落坐东南朝西北，沿沟而建，呈散状分布，面积 0.13 平方千米。农业以种植小麦、玉米、马铃薯、油菜、苹果为主，居民收入以劳务、养殖、果品销售为主。

魏家咀儿（Wèijiāzuǐr） 位于卧龙镇西部，距镇政府驻地台家 1.57 千米。属阴凸李家村委会管辖。居民 58 户 263 人，汉族。1958 年属卧龙公社民主大队，1961 年属阴凸李家大队，1983 年属卧龙乡阴凸李家村委会，2015 年属卧龙镇阴凸李家村委会。因姓氏和地形得名。村落坐北朝南，依山而建，呈散状分布，面积 0.23 平方千米。农业以种植小麦、玉米、马铃薯、油菜、苹果为主，居民收入以劳务、养殖、果品销售为主。

杨家沟（Yángjiāgōu） 位于卧龙镇西部，距镇政府驻地台家 2.47 千米。属阴凸李家村委会管辖。61 户 287 人，汉族。1958 年属卧龙公社民主大队，1961 年属阴凸李家大队，1983 年属卧龙乡阴凸李家村委会，2015 年属卧龙镇阴凸李家村委会。因姓氏和地形得名。村落坐北朝南，依山而建，呈团块状分布，面积 0.07 平方千米。农业以种植小麦、玉米、马铃薯、油菜、苹果为主，居民收入以劳务、养殖、果品销售为主。

白家阴坡（Báijiāyīnpō） 别名后梁。位于卧龙镇东部，距镇政府驻地台家 4.86 千米。属后梁村委会管辖，系村委会驻地。55 户 240 人，汉族。1958 属柳梁公社阳坡大队，1962 年属白堡公社后梁大队，1964 年属柳梁公社河湾大队，1979 年属白堡公社后梁大队，1983 年属白堡乡后梁村委会，2004 年属卧龙乡后梁村委会，2015 年属卧龙镇后梁村委会。因姓氏和方位得名。村落坐西朝东，依山而建，呈团块状分布，面积 0.04 平方千米。农业以种植小麦、玉米、马铃薯、油菜、苹果为主，居民收入以劳务、养殖、果品销售为主。

白家路豁（Báijiālùhuō） 位于卧龙镇东部，距镇政府驻地台家 4.81 千米。属后梁村委会管辖。20 户 89 人，汉族。1958 年属柳梁公社阳坡大队，1962 年属白堡公社后梁大队，1964 年属柳梁公社河湾大队，1979 年属白堡公社后梁大队，1983 年属白堡乡后梁村委会，2004 年属卧龙乡后梁村委会，2015 年属卧龙镇后梁村委会。因地形和初居者白姓得名。村落坐西朝东，依山而建，呈团块状分布，面积0.02平方千米。农业以种植小麦、玉米、马铃薯、油菜、苹果为主，居民收入以劳务、养殖、果品销售为主。

石湾咀（Shíwānzuǐ） 位于卧龙镇东部，距镇政府驻地台家4.62千米。属后梁村委会管辖。36户144人，汉族。1958年属柳梁公社阳坡大队，1962年属白堡公社后梁大队，1964年属柳梁公社河湾大队，1979年属白堡公社后梁大队，1983年属白堡乡后梁村委会，2004年属卧龙乡后梁村委会，2015年属卧龙镇后梁村委会。因地形得名。村落坐东朝西，依山而建，呈团块状分布，面积0.07平方千米。农业以种植小麦、玉米、马铃薯、油菜、苹果为主，居民收入以劳务、养殖、果品销售为主。

山背后（Shānbèihòu） 位于卧龙镇东部，距镇政府驻地台家4.73千米。属后梁村委会管辖。5户21人，汉族。1958年属柳梁公社阳坡大队，1964年属柳梁公社河湾大队，1979年属白堡公社后梁大队，1983年属白堡乡后梁村委会，2004年属卧龙乡后梁村委会，2015年属卧龙镇后梁村委会。因地处白家阴坡山背后得名。村落坐东朝西，依山而建，呈散状分布，面积0.02平方千米。农业以种植小麦、玉米、马铃薯、油菜、苹果为主，居民收入以劳务、养殖、果品销售为主。

白家下院（Báijiāxiàyuàn） 位于卧龙镇东部，距镇政府驻地台家5.43千米。属后梁村委会管辖。62户262人，汉族。1958年属柳梁公社阳坡大队，1962年属白堡公社后梁大队，1964年属柳梁公社河湾大队，1979年属白堡公社后梁大队，1983年属白堡乡后梁村委会，2004年属卧龙乡后梁村委会，2015年属卧龙镇后梁村委会。因姓氏和方位得名。村落坐西朝东，依山而建，呈散状分布，面积0.07平方千米。农业以种植小麦、玉米、马铃薯、油菜、苹果为主，居民收入以劳务、养殖、果品销售为主。

魏家上渠（Wèijiāshàngqú） 位于卧龙镇东部，距镇政府驻地台家5.05千米。属后梁村委会管辖。14户69人，汉族。1958年属柳梁公社阳坡大队，1962年属白堡公社后梁大队，1964年属卧龙公社后梁大队，1979年属白堡公社后梁大队，1983年属白堡乡后梁村委会，2004年属卧龙乡后梁村委会，2015年属卧龙镇后梁村委会。因姓氏和地形方位得名。村落坐西朝东，依山而建，呈团块状分布，面积0.06平方千米。农业以种植小麦、玉米、马铃薯、油菜、苹果为主，居民收入以劳务、养殖、果品销售为主。

魏家阳坡（Wèijiāyángpō） 位于卧龙镇东部，距镇政府驻地台家3.65千米。属杨魏村委会管辖，系村委会驻地。36户164人，汉族。1958年属柳梁公社杨魏大队，1962年属白堡公社杨魏大队，1964年属卧龙公社杨魏大队，1979年属白堡公社杨魏大队，1983年属白堡乡杨魏村委会，2004年属卧龙乡杨魏村委会，2015年属卧龙镇杨魏村委会。因姓氏和方位得名。村落坐东朝西，依山而建，呈团块状分布，面积0.11平方千米。农业以种植小麦、玉米、马铃薯、油菜、苹果为主，居民收入以劳务、养殖、果品销售为主。有杨魏村小学。

杨寺寺大庄（Yángsìsìdàzhuāng） 位于卧龙镇东部，距镇政府驻地台家2.77千米。属杨魏村委会管辖。68户296人，汉族。1958年属柳梁公社杨魏大队，1962年属白堡公社杨魏大队，1964年属卧龙公社杨魏大队，1979年属白堡公社杨魏大队，1983年属白堡乡杨魏村委会，2004年属卧龙乡杨魏村委会，2015年属卧龙镇杨魏村委会。因姓氏和原有寺庙得名。村落坐西朝东，依山而建，呈团块状分布，面积0.14平方千米。农业以种植小麦、玉米、马铃薯、油菜、苹果为主，居民收入以劳务、养殖、果品销售为主。

杨寺寺小庄（Yángsìsìxiǎozhuāng） 位于卧龙镇东部，距镇政府驻地台家3.55千米。属杨魏村委会管辖。50户187人，汉族。1958年属柳梁公社杨魏大队，1962年属白堡公社杨魏大队，1964年属卧龙公社杨魏大队，1979年属白堡公社杨魏大队，1983年属白堡乡杨魏村委会，2004年属卧龙乡杨魏村委会，2015年属卧龙镇杨魏村委会。因从杨寺寺大庄分迁得名。村落坐东朝西，依山而建，呈团块状分布，面积0.05平方千米。农业以种植小麦、玉米、马铃薯、油菜、苹果为主，居民收入以劳务、养殖、果品销售为主。

石家小湾（Shíjiāxiǎowān） 位于卧龙镇东部，距镇政府驻地台家3.01千米。属杨魏村委会管辖。

39 户 168 人，汉族。1958 年属柳梁公社杨魏大队，1962 年属白堡公社杨魏大队，1964 年属卧龙公社杨魏大队，1979 年属白堡公社杨魏大队，1983 年属白堡乡杨魏村委会，2004 年属卧龙乡杨魏村委会，2015 年属卧龙镇杨魏村委会。因姓氏和地形得名。村落坐西朝东，依山而建，呈团块状分布，面积 0.05 平方千米。农业以种植小麦、玉米、马铃薯、油菜、苹果为主，居民收入以劳务、养殖、果品销售为主。

魏家阴坡（Wèijiāyīnpō） 位于卧龙镇东部，距镇政府驻地台家 3.81 千米。属杨魏村委会管辖。66 户 288 人，汉族。1958 年属柳梁公社杨魏大队，1962 年属白堡公社杨魏大队，1964 年属卧龙公社杨魏大队，1979 年属白堡公社杨魏大队，1983 年属白堡乡杨魏村委会，2004 年属卧龙乡杨魏村委会，2015 年属卧龙镇杨魏村委会。因姓氏和方位得名。村落坐西朝东，依山而建，呈团块状分布，面积 0.13 平方千米。农业以种植小麦、玉米、马铃薯、油菜、苹果为主，居民收入以劳务、养殖、果品销售为主。

大湾里（Dàwānlǐ） 位于卧龙镇东北部，距镇政府驻地台家 3.9 千米。属杨魏村委会管辖。35 户 161 人，汉族。1958 年属柳梁公社杨魏大队，1962 年属白堡公社杨魏大队，1964 年属卧龙公社杨魏大队，1979 年属白堡公社杨魏大队，1983 年属白堡乡杨魏村委会，2004 年属卧龙乡杨魏村委会，2015 年属卧龙镇杨魏村委会。因地形得名。村落坐西朝东，依山而建，呈散状分布，面积 0.02 平方千米。农业以种植小麦、玉米、马铃薯、油菜、苹果为主，居民收入以劳务、养殖、果品销售为主。

仇家沟（Qiújiāgōu） 位于卧龙镇东南部，距镇政府驻地台家 4.3 千米。属仇沟村委会管辖，系村委会驻地。94 户 412 人，汉族。1958 年属柳梁公社荞家湾大队，1962 年属白堡公社荞家湾大队，1964 年属卧龙公社仇沟大队，1979 年属白堡公社仇沟大队，1983 年属白堡乡仇沟村委会，2004 年属卧龙乡仇沟村委会，2015 年属卧龙镇仇沟村委会。因姓氏和地形得名。村落坐西朝东，沿沟而建，呈团块状分布，面积 0.05 平方千米。农业以种植小麦、玉米、马铃薯、油菜、苹果为主，居民收入以劳务、养殖、果品销售为主。

簸箕湾（Bòjīwān） 位于卧龙镇东南部，距镇政府驻地台家 3.2 千米。属仇沟村委会管辖。68 户 273 人，汉族。1958 年属柳梁公社荞家湾大队，1962 年属白堡公社荞家湾大队，1964 年属卧龙公社仇沟大队，1979 年属白堡公社仇沟大队，1983 年属白堡乡仇沟村委会，2004 年属卧龙乡仇沟村委会，2015 年属卧龙镇仇沟村委会。因地形似簸箕得名。村落坐东朝西，沿山湾而建，呈团块状分布，面积 0.04 平方千米。农业以种植小麦、玉米、马铃薯、油菜、苹果为主，居民收入以劳务、养殖、果品销售为主。

苏家湾（Sūjiāwān） 位于卧龙镇东南部，距镇政府驻地台家 4.13 千米。属仇沟村委会管辖。21 户 91 人，汉族。1958 年属柳梁公社荞家湾大队，1962 年属白堡公社荞家湾大队，1964 年属卧龙公社仇沟大队，1979 年属白堡公社仇沟大队，1983 年属白堡乡仇沟村委会，2004 年属卧龙乡仇沟村委会，2015 年属卧龙镇仇沟村委会。因姓氏和地形得名。村落坐西南朝东北，沿路而建，呈团块状分布，面积 0.04 平方千米。农业以种植小麦、玉米、马铃薯、油菜、苹果为主，居民收入以劳务、养殖、果品销售为主。

簸箕湾山上（Bòjīwānshānshàng） 位于卧龙镇东南部，距镇政府驻地台家 2.56 千米。属仇沟村委会管辖。居民 17 户 84 人，汉族。1958 年属柳梁公社荞家湾大队，1962 年属白堡公社荞家湾大队，1964 年属卧龙公社仇沟大队，1979 年属白堡公社仇沟大队，1983 年属白堡乡仇沟村委会，2004 年属卧龙乡仇沟村委会，2015 年属卧龙镇仇沟村委会。因方位得名。村落坐东朝西，依山而建，呈团块状分布，面积 0.03 平方千米。农业以种植小麦、玉米、马铃薯、油菜、苹果为主，居民收入以劳务、养殖、果品销售为主。

东台湾（Dōngtáiwān） 位于卧龙镇东部，距镇政府驻地台家 5.05 千米。属仇梁村委会管辖，系村委会驻地。49 户 194 人，汉族。1958 年属柳梁公社荞家湾大队，1962 年属白堡公社荞家湾大队，1964 年属卧龙公社荞家湾大队，1968 年属仇梁大队，1979 年属白堡公社仇梁大队，1983 年属白堡乡仇梁村委会，2004 年属卧龙乡仇梁村委会，2015 年属卧龙镇仇梁村委会。因地处仇沟东部山台之下山湾得名。村落坐东朝西，依山而建，呈团块状分布，面积 0.04 平方千米。农业以种植小麦、玉米、马铃薯、油菜、苹果为主，居民收入以劳务、养殖、果品销售为主。县道马卧公路经此。

荞家湾（Qiáojiāwān） 位于卧龙镇东部，距镇政府驻地台家 5.62 千米。属仇梁村委会管辖。52 户 220 人，汉族。1958 年属柳梁公社荞家湾大队，1962 年属白堡公社荞家湾大队，1964 年属卧龙公社荞家湾大队，1979 年属白堡公社荞家湾大队，1983 年属白堡乡仇梁村委会，2004 年属卧龙乡仇梁村委会，2015 年属卧龙镇仇梁村委会。因种植荞麦得名。村落坐北朝南，依山而建，呈团块状分布，面积 0.04 平方千米。农业以种植小麦、玉米、马铃薯、油菜、苹果为主，居民收入以劳务、养殖、果品销售为主。有县级文物保护单位荞家湾遗址。有仇梁村小学。县道马卧、乔余公路在此交会。

张家梁（Zhāngjiāliáng） 位于卧龙镇东部，距镇政府驻地台家 6.85 千米。属仇梁村委会管辖。27 户 122 人，汉族。1958 年属柳梁公社荞家湾大队，1962 年属白堡公社荞家湾大队，1964 年属卧龙公社荞家湾大队，1979 年属白堡公社荞家湾大队，1983 年属白堡乡仇梁村委会，2004 年属卧龙乡仇梁村委会，2015 年属卧龙镇仇梁村委会。因姓氏和地形得名。村落坐东朝西，依山而建，呈团块状分布，面积 0.02 平方千米。农业以种植小麦、玉米、马铃薯、油菜、苹果为主，居民收入以劳务、养殖、果品销售为主。县道乔余公路经此。

窎沟凸（Diàogōuwā） 位于卧龙镇东部，距镇政府驻地台家 6.12 千米。属仇梁村委会管辖。41 户 201 人，汉族。1958 年属柳梁公社荞家湾大队，1962 年属白堡公社荞家湾大队，1964 年属卧龙公社荞家湾大队，1979 年属白堡公社荞家湾大队，1983 年属白堡乡仇梁村委会，2004 年属卧龙乡仇梁村委会，2015 年属卧龙镇仇梁村委会。因地形得名。村落坐东朝西，依山而建，呈团块状分布，面积 0.03 平方千米。农业以种植小麦、玉米、马铃薯、油菜、苹果为主，居民收入以劳务、养殖、果品销售为主。

猫儿刺坪（Māorcìpíng） 位于卧龙镇东部，距镇政府驻地台家 5.13 千米。属仇梁村委会管辖。56 户 232 人，汉族。1958 年属柳梁公社荞家湾大队，1962 年属白堡公社荞家湾大队，1964 年属卧龙公社荞家湾大队，1979 年属白堡公社荞家湾大队，1983 年属白堡乡仇梁村委会，2004 年属卧龙乡仇梁村委会，2015 年属卧龙镇仇梁村委会。因地势平缓，昔时多生长猫儿刺得名。村落坐北朝南，依山而建，呈团块状分布，面积 0.04 平方千米。农业以种植小麦、玉米、马铃薯、油菜、苹果为主，居民收入以劳务、养殖、果品销售为主。

耙齿沟（Páchǐgōu） 位于卧龙镇东部，距镇政府驻地台家 4.28 千米。属仇梁村委会管辖。71 户 281 人，汉族。1958 年属柳梁公社荞家湾大队，1962 年属白堡公社荞家湾大队，1964 年属卧龙公社荞家湾大队，1968 年属仇梁大队，1979 年属白堡公社仇梁大队，1983 年属白堡乡仇梁村委会，2004 年属卧龙乡仇梁村委会，2015 年属卧龙镇仇梁村委会。因地形似耙齿（器物）得名。村落坐北朝南，依山而建，呈散状分布，面积 0.1 平方千米。农业以种植小麦、玉米、马铃薯、油菜、苹果为主，居民收入以劳务、养殖、果品销售为主。县道马卧公路经此。

仇家梁（Qiújiāliáng） 位于卧龙镇东部，距镇政府驻地台家 3.84 千米。属仇梁村委会管辖。42 户 189 人，汉族。1958 年属柳梁公社荞家湾大队，1962 年属白堡公社荞家湾大队，1964 年属卧龙公社荞家湾大队，1968 年属仇梁大队，1979 年属白堡公社仇梁大队，1983 年属白堡乡仇梁村委会，2004 年属卧龙乡仇梁村委会，2015 年属卧龙镇仇梁村委会。因姓氏和地形得名。村落坐东朝西，依山而建，呈团块状分布，面积 0.04 平方千米。农业以种植小麦、玉米、马铃薯、油菜、苹果为主，居民收入以劳务、养殖、果品销售为主。县道马卧公路经此。

张家湾（Zhāngjiāwān） 位于卧龙镇东南部，距镇政府驻地台家 3.67 千米。属仇梁村委会管辖。15 户 78 人，汉族。1958 年属柳梁公社荞家湾大队，1962 年属白堡公社荞家湾大队，1964 年属卧龙公社荞家湾大队，1968 年属仇梁大队，1979 年属白堡公社仇梁大队，1983 年属白堡乡仇梁村委会，2004 年属卧龙乡仇梁村委会，2015 年属卧龙镇仇梁村委会。因姓氏和地形得名。村落坐东朝西，依山而建，呈团块状分布，面积0.01平方千米。农业以种植小麦、玉米、马铃薯、油菜、苹果为主，居民收入以劳务、养殖、果品销售为主。

柳家山（Liǔjiāshān） 位于卧龙镇东南部，距镇政府驻地台家6.56千米。属上郝家村委会管辖，系村委会驻地。31户135人，汉族。1958年属柳梁公社上郝家大队，1962年属白堡公社上郝家大队，1964年属卧龙公社上郝家大队，1967年属星火大队，1979年属白堡公社上郝家大队，1983年属白堡乡上郝家村委会，2004年属卧龙乡上郝家村委会，2015年属卧龙镇上郝家村委会。因姓氏和地形得名。村落坐北朝南，沿路而建，呈团块状分布，面积0.11平方千米。农业以种植小麦、玉米、马铃薯、油菜、苹果为主，居民收入以劳务、养殖、果品销售为主。

下郝家（Xiàhǎojiā） 位于卧龙镇东南部，距镇政府驻地台家8.1千米。属上郝家村委会管辖。50户219人，汉族。1958年属柳梁公社上郝家大队，1962年属白堡公社上郝家大队，1964年属卧龙公社上郝家大队，1967年属星火大队，1979年属白堡公社上郝家大队，1983年属白堡乡上郝家村委会，2004年属卧龙乡上郝家村委会，2015年属卧龙镇上郝家村委会。因姓氏和方位得名。村落坐北朝南，依山而建，呈散状分布，面积0.07平方千米。农业以种植小麦、玉米、马铃薯、油菜、苹果为主，居民收入以劳务、养殖、果品销售为主。

上郝家（Shànghǎojiā） 位于卧龙镇东南部，距镇政府驻地台家8.06千米。属上郝家村委会管辖。70户300人，汉族。1958年属柳梁公社上郝家大队，1962年属白堡公社上郝家大队，1964年属卧龙公社上郝家大队，1967年属星火大队，1979年属白堡公社上郝家大队，1983年属白堡乡上郝家村委会，2004年属卧龙乡上郝家村委会，2015年属卧龙镇上郝家村委会。因姓氏和方位得名。村落坐北朝南，依山而建，呈团块状分布，面积0.08平方千米。有白堡中学、白堡小学（又称中国信保希望小学）。农业以种植小麦、玉米、马铃薯、油菜、苹果为主，居民收入以劳务、养殖、果品销售为主。县道马卧公路经此。

郝家新庄（Hǎojiāxīnzhuāng） 位于卧龙镇东南部，距镇政府驻地台家6.11千米。属上郝家村委会管辖。34户136人，汉族。1958年属柳梁公社上郝家大队，1962年属白堡公社上郝家大队，1964年属卧龙公社上郝家大队，1967年属星火大队，1979年属白堡公社上郝家大队，1983年属白堡乡上郝家村委会，2004年属卧龙乡上郝家村委会，2015年属卧龙镇上郝家村委会。因上郝家分迁得名。村落坐西朝东，依山而建，呈团块状分布，面积0.06平方千米。农业以种植小麦、玉米、马铃薯、油菜、苹果为主，居民收入以劳务、养殖、果品销售为主。

张柳家沟（Zhāngliǔjiāgōu） 位于卧龙镇东南部，距镇政府驻地台家6.83千米。属上郝家村委会管辖。59户260人，汉族。1958年属柳梁公社上郝家大队，1962年属白堡公社上郝家大队，1964年属卧龙公社上郝家大队，1967年属星火大队，1979年属白堡公社上郝家大队，1983年属白堡乡上郝家村委会，2004年属卧龙乡上郝家村委会，2015年属卧龙镇上郝家村委会。因张、柳姓氏和地形得名。村落坐西朝东，依山而建，呈团块状分布，面积0.09平方千米。农业以种植小麦、玉米、马铃薯、油菜、苹果为主，居民收入以劳务、养殖、果品销售为主。

老庄罗家（Lǎozhuāngluójiā） 位于卧龙镇东南部，距镇政府驻地台家5.45千米。属刘罗村委会管辖，系村委会驻地。101户421人，汉族。1958年属柳梁公社刘罗大队，1962年属白堡公社刘罗大队，1964年属卧龙公社刘罗大队，1979年属白堡公社罗家大队，1983年属白堡乡罗家村委会，2004年属卧龙乡罗家村委会，2006年属刘罗村委会，2015年属卧龙镇刘罗村委会。因是罗姓人老庄得名。村落沿山梁南、北两侧呈团块状分布，面积0.25平方千米。农业以种植小麦、玉米、马铃薯、油菜、苹果为主，居民收入以劳务、养殖、果品销售为主。有刘罗村小学。

刘家中庄（Liújiāzhōngzhuāng） 位于卧龙镇东南部，距镇政府驻地台家4.34千米。属刘罗村委会管辖。50户220人，汉族。1958年属卧龙公社魏家湾大队，1979年属丁家寺湾大队，1983年属卧龙乡丁家寺湾村委会，2006年属刘罗村委会，2015年属卧龙镇刘罗村委会。因姓氏和方位得名。村落坐北朝南，依山而建，呈团块状分布，面积0.05平方千米。农业以种植小麦、玉米、马铃薯为主，居民收入以苹果、养殖、劳务为主。有县级文物保护单位刘罗家遗址。

罗家寺湾（Luójiāsìwān） 位于卧龙镇东南部，距镇政府驻地台家4.88千米。属刘罗村委会管辖。43户192人，汉族。1958年属卧龙公社魏家湾大队，1979年属丁家寺湾大队，1983年属卧龙乡丁家寺湾村委会，2006年属刘罗村委会，2015年属卧龙镇刘罗村委会。因姓氏和毘卢寺得名。村落坐南朝北，依山而建，呈散状分布，面积0.1平方千米。农业以种植小麦、玉米、马铃薯、油菜、苹果为主，居民收入以劳务、养殖、果品销售为主。

下湾里（Xiàwānlǐ） 位于卧龙镇东南部，距镇政府驻地台家3.61千米。属刘罗村委会管辖。3户11人，汉族。1958年属卧龙公社魏家湾大队，1979年属丁家寺湾大队，1983年属卧龙乡丁家寺湾村委会，2006年属刘罗村委会，2015年属卧龙镇刘罗村委会。因村落地势较低得名。村落坐西朝东，依山而建，呈散状分布，面积0.01平方千米。农业以种植小麦、玉米、马铃薯、油菜、苹果为主，居民收入以劳务、养殖、果品销售为主。

阳坡（Yángpō） 位于卧龙镇东南部，距镇政府驻地台家5.34千米。属刘罗村委会管辖。31户144人，汉族。1958年属柳梁公社刘罗大队，1962年属白堡公社刘罗大队，1964年属卧龙公社刘罗大队，1979年属白堡公社刘渠大队，1983年属白堡乡刘渠村委会，2004年属卧龙乡刘渠村委会，2006年属刘罗村委会，2015年属卧龙镇刘罗村委会。因方位得名。村落坐东北朝西南，依山而建，呈团块状分布，面积0.06平方千米。农业以种植小麦、玉米、马铃薯、油菜、苹果为主，居民收入以劳务、养殖、果品销售为主。

阴坡（Yīnpō） 位于卧龙镇东南部，距镇政府驻地台家5.95千米。属刘罗村委会管辖。74户313人，汉族。1958年属柳梁公社刘罗大队，1962年属白堡公社刘罗大队，1964年属卧龙公社刘罗大队，1979年属白堡公社刘渠大队，1983年属白堡乡刘渠村委会，2004年属卧龙乡刘渠村委会，2006年属刘罗村委会，2015年属卧龙镇刘罗村委会。因方位得名。村落坐东南朝西北，依山而建，呈散状分布，面积0.08平方千米。农业以种植小麦、玉米、马铃薯、油菜、苹果为主，居民收入以劳务、养殖、果品销售为主。

山庄上（Shānzhuāngshàng） 位于卧龙镇东南部，距镇政府驻地台家5.97千米。属刘罗村委会管辖。47户192人，汉族。1958年属柳梁公社刘罗大队，1962年属白堡公社刘罗大队，1964年属卧龙公社刘罗大队，1979年属白堡公社刘渠大队，1983年属白堡乡刘渠村委会，2004年属卧龙乡刘渠村委会，2006年属刘罗村委会，2015年属卧龙镇刘罗村委会。因刘姓人坐山庄得名。村落坐西朝东，依山而建，呈散状分布，面积0.14平方千米。农业以种植小麦、玉米、马铃薯、油菜、苹果为主，居民收入以劳务、养殖、果品销售为主。

刘家渠子（Liújiāqúzi） 位于卧龙镇东南部，属刘罗村委会管辖。是阳坡、阴坡、山庄上总称。因刘姓人家居住村落和地形得名。

阳川镇

刘家湾（Liújiāwān） 位于阳川镇中部。属刘湾村委会管辖，系镇政府、村委会驻地。239户1199人，汉族。1958年属卧龙公社红旗大队，1960年属阳川公社红旗大队，1979年属阳川公社刘湾大队，1983年属阳川乡刘湾村委会，2015年属阳川镇刘湾村委会。因初居者姓氏和地形得名。村落依山湾而建，呈团块状分布，面积0.33平方千米。农业以种植苹果、玉米、马铃薯为主，居民收入以果品销售、商贸、养殖、劳务为主。有阳川中学、阳川小学、阳川苏醒幼儿园、阳川中心卫生院。县道南阳、阳胡、乔余公路交会。

李家窑（Lǐjiāyáo） 位于阳川镇中部，距镇政府驻地刘家湾 0.72 千米。属刘湾村委会管辖。116 户 595 人，汉族。1958 年属卧龙公社红旗大队，1960 年属阳川公社红旗大队，1979 年属阳川公社刘湾大队，1983 年属阳川乡刘湾村委会，1987 年属李家窑村委会，2006 年属刘湾村委会，2015 年属阳川镇刘湾村委会。因姓氏和初居窑洞得名。村落依山根而建，呈团块状分布，面积 0.2 平方千米。农业以种植苹果、玉米、马铃薯为主，居民收入以果品销售、养殖、劳务为主。县道胡阳公路经此。

金李家（Jīnlǐjiā） 位于阳川镇中部，距镇政府驻地刘家湾 1.84 千米。属刘湾村委会管辖。146 户 629 人，汉族。1958 年属卧龙公社红旗大队，1960 年属阳川公社红旗大队，1979 年属阳川公社刘湾大队，1983 年属阳川乡刘湾村委会，1987 年属金李家村委会，2006 年属刘湾村委会，2015 年属阳川镇刘湾村委会。因金、李姓氏得名。村落坐东朝西，依山傍河而居，呈团块状分布，面积 0.16 平方千米。农业以种植苹果、玉米、马铃薯为主，居民收入以果品销售、养殖、劳务为主。县道胡阳公路经此。

槐树地（Huáishùdì） 位于阳川镇中部，距镇政府驻地刘家湾 1.34 千米。属刘湾村委会管辖。4 户 18 人，汉族。1958 年属卧龙公社红旗大队，1960 年属阳川公社红旗大队，1979 年属阳川公社刘湾大队，1983 年属阳川乡刘湾村委会，1987 年属金李家村委会，2006 年属刘湾村委会，2015 年属阳川镇刘湾村委会。因有槐树得名。村落呈散状分布，面积 0.07 平方千米。农业以种植苹果、玉米、马铃薯为主，居民收入以果品销售、养殖、劳务为主。

张家大湾（Zhāngjiādàwān） 位于阳川镇西北部，距镇政府驻地刘家湾 4.82 千米。属张家大湾村委会管辖，系村委会驻地。326 户 1643 人，汉族。1958 年属卧龙公社张家大湾大队，1960 年属阳川公社张家大湾大队，1983 年属阳川乡张家大湾村委会，2015 年属阳川镇张家大湾村委会。因姓氏和地形得名。村落坐落于阳三川西山根，呈团块状分布，面积 0.32 平方千米。农业以种植苹果、玉米、马铃薯为主，居民收入以果品销售、养殖、劳务为主。有阳川大湾村小学。

张家大湾（2016 年 6 月摄）

南川里（Nánchuānlǐ） 位于阳川镇西北部，距镇政府驻地刘家湾 4.37 千米。属张家大湾村委会管辖。20 户 98 人，汉族。1958 年属卧龙公社张家大湾大队，1960 年属阳川公社张家大湾大队，1983 年属阳川乡张家大湾村委会，2015 年属阳川镇张家大湾村委会。因地处张家大湾南川得名。村落呈团块状分布，面积 0.01 平方千米。农业以种植苹果、玉米、马铃薯为主，居民收入以果品销售、养殖、劳务为主。

梁家坡（Liángjiāpō） 位于阳川镇西北部，距镇政府驻地刘家湾 4.02 千米。属张家大湾村委会管辖。108 户 497 人，汉族。1958 年属卧龙公社胜利大队，1960 年属阳川公社李家湾大队，1983 年属阳川乡李家湾村委会，1987 年属梁家坡村委会，2006 年属张家大湾村委会，2015 年属阳川镇张家大湾村委会。因姓氏和地形得名。村落坐西朝东，呈团块状分布，面积 0.16 平方千米。农业以种植苹果、玉米、马铃薯为主，居民收入以果品销售、养殖、劳务为主。

王家新城（Wángjiāxīnchéng） 位于阳川镇西北部，距镇政府驻地刘家湾 3.69 千米。属张家大湾村委会管辖。17 户 99 人，汉族。1958 年属卧龙公社胜利大队，1960 年属阳川公社李家湾大队，

1983年属阳川乡李家湾村委会，1987年属梁家坡村委会，2006年属张家大湾村委会，2015年属阳川镇张家大湾村委会。王姓人家曾在小城堡居住，清同治年间（1862—1874）旧城被土匪攻破，另筑新城居住，故名。村落呈团块状分布，面积0.03平方千米。农业以种植苹果、玉米、马铃薯为主，居民收入以果品销售、养殖、劳务为主。

李家湾（Lǐjiāwān） 位于阳川镇西北部，距镇政府驻地刘家湾3.53千米。属李家湾村委会管辖，系村委会驻地。312户1449人，汉族。1958年属卧龙公社胜利大队，1960年属阳川公社李家湾大队，1983年属阳川乡李家湾村委会，2015年属阳川镇李家湾村委会。因姓氏和地形得名。村落坐西朝东，依山湾而建，呈团块状分布，面积0.31平方千米。农业以种植苹果、玉米、马铃薯为主，居民收入以果品销售、养殖、劳务为主。有李湾中学、李湾村小学。有省级重点文物保护单位古洞门遗址。村民李东海在1990年6月24日因抢救落井儿童不幸牺牲，次年3月被甘肃省民政厅追认为“革命烈士”。

麻子湾（Máziwān） 位于阳川镇西北部，距镇政府驻地刘家湾3.7千米。属李家湾村委会管辖。42户206人，汉族。1958年属卧龙公社胜利大队，1960年属阳川公社李家湾大队，1983年属阳川乡李家湾村委会，2015年属阳川镇李家湾村委会。因种植大麻得名。村落坐南朝北，依山而建，呈团块状分布，面积0.08平方千米。农业以种植苹果、玉米、马铃薯为主，居民收入以果品销售、养殖、劳务为主。

台家咀（Táijiāzuǐ） 位于阳川镇西部，距镇政府驻地刘家湾1.81千米。属台咀村委会管辖，系村委会驻地。192户1039人，汉族。1958年属卧龙公社红星大队，1960年属阳川公社台咀大队，1983年属阳川乡台咀村委会，2015年属阳川镇台咀村委会。因姓氏和地形得名。村落坐西朝东，沿葫芦河西岸山根而建，呈带状分布，面积0.21平方千米。农业以种植苹果、玉米、马铃薯为主，居民收入以果品销售、养殖、劳务为主。有台咀村小学。有县级文物保护单位台家咀遗址。

蔡家沟（Càijiāgōu） 位于阳川镇西部，距镇政府驻地刘家湾1.17千米。属台咀村委会管辖。88户473人，汉族。1958年属卧龙公社红星大队，1960年属阳川公社台咀大队，1983年属阳川乡台咀村委会，1987年属蔡家沟村委会，2006年属台咀村委会，2015年属阳川镇台咀村委会。因初居者姓氏和地形得名。村落呈团块状分布，面积0.19平方千米。农业以种植苹果、玉米、马铃薯为主，居民收入以果品销售、养殖、劳务为主。县道乔余公路经此。

深壑岘（Shēnhèxiàn） 位于阳川镇西部，距镇政府驻地刘家湾2.38千米。属台咀村委会管辖。57户309人，汉族。1958年属卧龙公社红星大队，1960年属阳川公社台咀大队，1983年属阳川乡台咀村委会，1987年属深壑岘村委会，2006年属台咀村委会，2015年属阳川镇台咀村委会。因地形得名。村落坐西朝东，依山湾而建，呈散状分布，面积0.18平方千米。农业以种植苹果、玉米、马铃薯为主，居民收入以果品销售、养殖、劳务为主。

郭坑里（Guōkēnglǐ） 位于阳川镇西南部，距镇政府驻地刘家湾1.82千米。属台咀村委会管辖。13户69人，汉族。1958年属卧龙公社红星大队，1960年属阳川公社台咀大队，1983年属阳川乡台咀村委会，2015年属阳川镇台咀村委会。因姓氏和地形得名。村落坐北朝南，依山而建，呈散状分布，面积0.04平方千米。农业以种植苹果、玉米、马铃薯为主，居民收入以果品销售、养殖、劳务为主。

郭阎家（Guōyánjiā） 位于阳川镇西南部，距镇政府驻地刘家湾3.37千米。属孙王村委会管辖，系村委会驻地。118户556人，汉族。1958年属卧龙公社孙王大队，1960年属阳川公社孙王大队，1983年属阳川乡孙王村委会，1987年属郭阎家村委会，2006年属孙王村委会，2015年属阳川镇孙王村委会。因郭、阎姓氏得名。村落呈团块状分布，面积0.11平方千米。农业以种植苹果、玉米、马铃薯为主，居民收入以果品销售、养殖、劳务为主。

孙王家（Sūnwángjiā） 位于阳川镇西南部，距镇政府驻地刘家湾2.87千米。属孙王村委会管辖。188户1024人，汉族。1958年属卧龙公社孙王大队，1960年属阳川公社孙王大队，1983年属阳川乡孙王村委会，2015年属阳川镇孙王村委会。因孙、王姓氏得名。村落呈团块状分布，面积0.18平方千米。农业以种植苹果、玉米、马铃薯为主，居民收入以果品销售、养殖、劳务为主。有孙王村小学。

那面湾（Nàmiànwān） 位于阳川镇西南部，距镇政府驻地刘家湾2.92千米。属孙王村委会管辖。42户179人，汉族。1958年属卧龙公社孙王大队，1960年属阳川公社孙王大队，1983年属阳川乡孙王村委会，2015年属阳川镇孙王村委会。因地理方位得名。村落坐西朝东，依山湾而建，呈散状分布，面积0.07平方千米。农业以种植苹果、玉米、马铃薯、胡麻为主，居民收入以果品销售、养殖、劳务为主。

曹家凹（Cáojiāwā） 位于阳川镇西南部，距镇政府驻地刘家湾3.72千米。属孙王村委会管辖。26户99人，汉族。1958年属卧龙公社孙王大队，1960年属阳川公社孙王大队，1983年属阳川乡孙王村委会，2015年属阳川镇孙王村委会。因姓氏和地形得名。村落坐北朝南，依山而建，呈散状分布，面积0.07平方千米。农业以种植苹果、玉米、马铃薯、胡麻为主，居民收入以果品销售、养殖、劳务为主。

窑儿凹（Yáorwā） 位于阳川镇西南部，距镇政府驻地刘家湾3.92千米。属孙王村委会管辖。71户390人，汉族。1958年属卧龙公社孙王大队，1960年属阳川公社孙王大队，1983年属阳川乡孙王村委会，1987年属郭阎家村委会，2006年属孙王村委会，2015年属阳川镇孙王村委会。因初居窑洞和地形得名。村落坐西朝东，依山而建，呈团块状分布，面积0.06平方千米。农业以种植苹果、玉米、马铃薯、胡麻为主，居民收入以果品销售、养殖、劳务为主。

大湾垴（Dàwānnǎo） 位于阳川镇西南部，距镇政府驻地刘家湾4.52千米。属孙王村委会管辖。3户12人，汉族。1958年属卧龙公社孙王大队，1960年属阳川公社孙王大队，1983年属阳川乡孙王村委会，1987年属郭阎家村委会，2006年属孙王村委会，2015年属阳川镇孙王村委会。因位于大湾深处得名。村落坐北朝南，依山而建，呈团块状分布，面积0.01平方千米。农业以种植苹果、玉米、马铃薯、胡麻为主，居民收入以果品销售、养殖、劳务为主。

新庄沟（Xīnzhuānggōu） 位于阳川镇南部，距镇政府驻地刘家湾4.75千米。属新庄沟村委会管辖，系村委会驻地。133户641人，汉族。1958年属卧龙公社上堡大队，1960年属阳川公社新庄沟大队，1983年属阳川乡新庄沟村委会，2015年属阳川镇新庄沟村委会。原名塌寺坡，后因张家上、下堡子人迁入在沟西侧建新村庄得名。村落坐南朝北，依山而建，呈团块状分布，面积0.25平方千米。农业以种植苹果、玉米、马铃薯、胡麻为主，居民收入以果品销售、养殖、劳务为主。县道阳胡公路经此。

张家上岔（Zhāngjiāshàngchà） 位于阳川镇南部，距镇政府驻地刘家湾5.56千米。属新庄沟村委会管辖。80户341人，汉族。1958年属卧龙公社上堡大队，1960年属阳川公社新庄沟大队，1983年属阳川乡新庄沟村委会，1987年属张家上岔村委会，2006年属新庄沟村委会，2015年属阳川镇新庄沟村委会。因姓氏和地形方位得名。村落坐西朝东，依山而建，呈团块状分布，面积0.07平方千米。农业以种植苹果、玉米、马铃薯、胡麻为主，居民收入以果品销售、养殖、劳务为主。

回回家湾（Huíhuijiāwān） 位于阳川镇南部，距镇政府驻地刘家湾5.96千米。属新庄沟村委会管辖。40户142人，汉族。1958年属卧龙公社上堡大队，1960年属阳川公社新庄沟大队，1983年属阳川乡新庄沟村委会，1987年属张家上岔村委会，2006年属新庄沟村委会，2015年属阳川镇新庄沟村委会。因地形和曾有回族人居住得名。村落依山湾而建，呈散状分布，面积0.07平方千米。农业以种植苹果、玉米、马铃薯、胡麻为主，居民收入以果品销售、养殖、劳务为主。县道阳胡公路经此。

店缓湾（Diànhuǎnwān） 位于阳川镇南部，距镇政府驻地刘家湾4.92千米。属新庄沟村委会管辖。12户51人，汉族。1958年属卧龙公社上堡大队，1960年属阳川公社新庄沟大队，1983年属阳川乡新庄沟村委会，2015年属阳川镇新庄沟村委会。因地形和供行人歇缓店铺得名。村落坐南朝北，依山而建，呈散状分布，面积0.03平方千米。农业以种植苹果、玉米、马铃薯、胡麻为主，居民收入以果品销售、养殖、劳务为主。

马咀梁（Mǎzuǐliáng） 位于阳川镇南部，距镇政府驻地刘家湾5.97千米。属新庄沟村委会管辖。2户8人，汉族。1958年属卧龙公社上堡大队，1960年属阳川公社新庄沟大队，1983年属阳川乡新庄沟村委会，2015年属阳川镇新庄沟村委会。因地形得名。村落坐东朝西，依山而建，呈团块状分布，面积0.03平方千米。农业以种植苹果、玉米、马铃薯、胡麻为主，居民收入以果品销售、养殖、劳务为主。

张家下湾（Zhāngjiāxiàwān） 位于阳川镇南部，距镇政府驻地刘家湾5.15千米。属新庄沟村委会管辖。12户56人，汉族。1958年属卧龙公社上堡大队，1960年属阳川公社新庄沟大队，1983年属阳川乡新庄沟村委会，2015年属阳川镇新庄沟村委会。因姓氏和地形方位得名。村落坐南朝北，依山而建，呈散状分布，面积0.05平方千米。农业以种植苹果、玉米、马铃薯为主，居民收入以果品销售、养殖、劳务为主。

大坪凹（Dàpíngwā） 位于阳川镇南部，距镇政府驻地刘家湾6.11千米。属新庄沟村委会管辖。17户61人，汉族。1958年属卧龙公社上堡大队，1960年属阳川公社新庄沟大队，1983年属阳川乡新庄沟村委会，2015年属阳川镇新庄沟村委会。因地形得名。村落坐西朝东，依山而建，呈散状分布，面积0.03平方千米。农业以种植苹果、玉米、马铃薯、胡麻为主，居民收入以果品销售、养殖、劳务为主。

张家下堡子（Zhāngjiāxiàbǔzi） 位于阳川镇东南部，距镇政府驻地刘家湾3.02千米。属下堡子村委会管辖，系村委会驻地。83户36人，汉族。1958年属卧龙公社上堡子大队，1960年属阳川公社上堡子大队，1983年属阳川乡上堡子村委会，1987年属下堡子村委会，2015年属阳川镇下堡村委会。因姓氏和古堡方位得名。村落沿葫芦河东岸山根而建，呈团块状分布，面积0.14平方千米。农业以种植苹果、玉米、马铃薯为主，居民收入以果品销售、养殖、劳务为主。有下堡子村小学。县道阳胡公路经此。

张家上堡子（Zhāngjiāshàngbǔzi） 位于阳川镇东南部，距镇政府驻地刘家湾4.01千米。属下堡子村委会管辖。138户668人，汉族。1958年属卧龙公社上堡子大队，1960年属阳川公社上堡子大队，1983年属阳川乡上堡子村委会，2006年属下堡子村委会，2015年属阳川镇下堡子村委会。因姓氏和古堡方位得名。村落坐南朝北，依山而建，呈团块状分布，面积0.16平方千米。农业以种植苹果、玉米、马铃薯为主，居民收入以果品销售、养殖、劳务为主。

杨家堡子（Yángjiābǔzi） 位于阳川镇东南部，距镇政府驻地刘家湾2.54千米。属下堡子村委会管辖。132户647人，汉族。1958年属卧龙公社上堡子大队，1960年属阳川公社上堡子大队，1983年属阳川乡上堡子村委会，1987年属杨家堡子村委会，2006年属下堡子村委会，2015年属阳川镇下堡子村委会。因古堡和姓氏得名。村落坐东朝西，依山而建，呈散状分布，面积0.15平方千米。农业以种植苹果、玉米、马铃薯、胡麻为主，居民收入以果品销售、养殖、劳务为主。

大湾（Dàwān） 位于阳川镇东南部，距镇政府驻地刘家湾3.54千米。属下堡子村委会管辖。29户113人，汉族。1958年属卧龙公社上堡子大队，1960年属阳川公社上堡子大队，1983年属阳川乡上堡子村委会，1987年属杨家堡子村委会，2006年属下堡子村委会，2015年属阳川镇下堡子村委会。因地形得名。村落坐西朝东，依山而建，呈团块状分布，面积0.06平方千米。农业以种植苹果、玉米、马铃薯、胡麻为主，居民收入以果品销售、养殖、劳务为主。

二凹咀（Erwāzuǐ） 位于阳川镇东南部，距镇政府驻地刘家湾4.65千米。属下堡子村委会管辖。11户49人，汉族。1958年属卧龙公社上堡子大队，1960年属阳川公社上堡子大队，1983年属阳川乡上堡子村委会，1987年属杨家堡子村委会，2006年属下堡子村委会，2015年属阳川镇下堡子村委会。因地形得名。村落坐西朝东，沿路而建，呈带状分布，面积0.01平方千米。农业以种植苹果、玉米、马铃薯、胡麻为主，居民收入以果品销售、养殖、劳务为主。

苟家岔（Gǒujiāchà） 位于阳川镇东南部，距镇政府驻地刘家湾2.32千米。属苟岔村委会管辖，系村委会驻地。105户541人，汉族。1958年属卧龙公社红旗大队，1960年属阳川公社红旗大队，1979年属苟岔大队，1983年属阳川乡苟岔村委会，2015年属阳川镇苟岔村委会。因初居者姓氏和地形得名。村落沿沟岔呈团块状分布，面积 0.21 平方千米。农业以种植苹果、玉米、马铃薯、胡麻为主，居民收入以果品销售、养殖、劳务为主。

红家岘（Hóngjiāxiàn） 位于阳川镇东南部，距镇政府驻地刘家湾 2.43 千米。属苟岔村委会管辖。21 户 91 人，汉族。1958 年属卧龙公社红旗大队，1960 年属阳川公社红旗大队，1979 年属苟岔大队，1983 年属阳川乡苟岔村委会，2015 年属阳川镇苟岔村委会。因初居者姓氏和地形得名。村落坐北朝南，依山而建，呈团块状分布，面积 0.04 平方千米。农业以种植苹果、玉米、马铃薯、胡麻为主，居民收入以果品销售、养殖、劳务为主。

山胡岔（Shānhúchà） 位于阳川镇东南部，距镇政府驻地刘家湾 2.18 千米。属苟岔村委会管辖。76 户 370 人，汉族。1958 年属卧龙公社红旗大队，1960 年属阳川公社红旗大队，1979 年属苟岔大队，1983 年属阳川乡苟岔村委会，2015 年属阳川镇苟岔村委会。因胡姓人和地形得名。村落坐南朝北，沿沟岔而建，呈团块状分布，面积 0.11 平方千米。农业以种植苹果、玉米、马铃薯、胡麻为主，居民收入以果品销售、养殖、劳务为主。县道乔余公路经此。

李家咀（Lǐjiāzuǐ） 位于阳川镇中部，距镇政府驻地刘家湾 2.72 千米。属李家咀村委会管辖，为村委会驻地。178 户 761 人，汉族。1958 年属卧龙公社李家咀大队，1960 年属阳川公社李家咀大队，1983 年属阳川乡李家咀村委会，2015 年属阳川镇李家咀村委会。因姓氏和地形得名。村落呈团块状分布，面积 0.24 平方千米。农业以种植苹果、小麦、玉米、马铃薯为主，居民收入以果品销售、养殖、劳务为主。县道南阳公路经此。

曹家坪（Cáojiāpíng） 位于阳川镇中部，距镇政府驻地刘家湾 1.09 千米。属李家咀村委会管辖。110 户 502 人，汉族。1958 年属卧龙公社红旗大队，1960 年属阳川公社红旗大队，1979 年属曹家坪大队，1983 年属阳川乡曹家坪村委会，2006 年属李家咀村委会，2015 年属阳川镇李家咀村委会。因姓氏和地形得名。村落坐东朝西，呈团块状分布，面积 0.19 平方千米。农业以种植苹果、玉米、马铃薯为主，居民收入以果品销售、养殖、劳务为主。有县级文物保护单位曹家塬遗址。县道南阳公路经此。

张家坪（Zhāngjiāpíng） 位于阳川镇中部，距镇政府驻地刘家湾 0.85 千米。属李家咀村委会管辖。51 户 257 人，汉族。1958 年属卧龙公社红旗大队，1960 年属阳川公社红旗大队，1979 年属曹家坪大队，1983 年属阳川乡曹家坪村委会，2006 年属李家咀村委会，2015 年属阳川镇李家咀村委会。因姓氏和地形得名。村落坐东朝西，呈团块状分布，面积 0.12 平方千米。农业以种植苹果、玉米、马铃薯、胡麻为主，居民收入以果品销售、养殖、劳务为主。

乱阳凹（Luànyángwā） 位于阳川镇中部，距镇政府驻地刘家湾 1.95 千米。属李家咀村委会管辖。11 户 45 人，汉族。1958 年属阳卧龙公社红旗大队，1960 年属阳川公社红旗大队，1979 年属曹家坪大队，1983 年属阳川乡曹家坪村委会，2006 年属李家咀村委会，2015 年属阳川镇李家咀村委会。因地形方位得名。村落坐北朝南，依山而建，呈散状分布，面积 0.06 平方千米。农业以种植苹果、玉米、马铃薯、胡麻为主，居民收入以果品销售、养殖、劳务为主。

赵家湾（Zhàojiāwān） 别名灯盏窝。位于阳川镇中部，距镇政府驻地刘家湾 2.32 千米。属赵家湾村委会管辖，系村委会驻地。115 户 582 人，汉族。1958 年属卧龙公社李家咀大队，1960 年属阳川公社李家咀大队，1983 年属阳川乡李家咀村委会，1987 年属灯盏窝村委会，2006 年属赵家湾村委会，2015 年属阳川镇赵家湾村委会。因姓氏和地形得名。村落呈团块状分布，面积 0.17 平方千米。农业以种植苹果、玉米、马铃薯为主，居民收入以果品销售、养殖、劳务为主。

曹家湾（Cáojiāwān） 位于阳川镇中部，距镇政府驻地刘家湾 3.14 千米。属赵家湾村委会管辖。82 户 415 人，汉族。1958 年属卧龙公社曹阎大队，1960 年属阳川公社陈庙大队，1979 年属曹阎大队，1983 年属阳川乡曹阎村委会，2006 年属赵家湾村委会，2015 年属阳川镇赵家湾村委会。因姓氏和地形得名。村落坐南朝北，依山湾而建，呈团块状分布，面积 0.14 平方千米。农业以种植苹果、玉米、马铃薯为主，居民收入以果品销售、养殖、劳务为主。

阎家湾（Yánjiāwān） 位于阳川镇中部，距镇政府驻地刘家湾3.93千米。属赵家湾村委会管辖。26户128人，汉族。1958年属卧龙公社曹阎大队，1960年属阳川公社陈庙大队，1979年属曹阎大队，1983年属阳川乡曹阎村委会，2006年属赵家湾村委会，2015年属阳川镇赵家湾村委会。因姓氏和地形得名。村落坐南朝北，依山湾而建，呈散状分布，面积0.07平方千米。农业以种植苹果、玉米、马铃薯为主，居民收入以果品销售、养殖、劳务为主。

岳家坪（Yuèjiāpíng） 位于阳川镇北部，距镇政府驻地刘家湾3.47千米。属岳家坪村委会管辖，系村委会驻地。85户374人，汉族。1958年属卧龙公社李家咀大队，1960年属阳川公社李家咀大队，1983年属阳川乡李家咀村委会，1987年属岳家坪村委会，2015年属阳川镇岳家坪村委会。因初居者姓氏和地形得名。村落呈团块状分布，面积0.11平方千米。农业以种植苹果、玉米、马铃薯为主，居民收入以果品销售、养殖、劳务为主。县道南阳公路经此。

王家铧沟（Wángjiāhuágōu） 位于阳川镇北部，距镇政府驻地刘家湾3.01千米。属岳家坪村委会管辖。38户158人，汉族。1958年属卧龙公社李家咀大队，1960年属阳川公社李家咀大队，1983年属阳川乡李家咀村委会，1987年属岳家坪村委会，2015年属阳川镇岳家坪村委会。因姓氏和地形得名。村落呈团块状分布，面积0.08平方千米。农业以种植苹果、玉米、马铃薯为主，居民收入以果品销售、养殖、劳务为主。有李咀小学。县道南阳公路经此。

赵家沟（Zhàojiāgōu） 位于阳川镇北部，距镇政府驻地刘家湾4.18千米。属岳家坪村委会管辖。37户112人，汉族。1958年属卧龙公社李家咀大队，1960年属阳川公社李家咀大队，1983年属阳川乡李家咀村委会，1987年属赵家沟村委会，2006年属岳家坪村委会，2015年属阳川镇岳家坪村委会。因姓氏和地形得名。村落坐北朝南，临沟而居，呈散状分布，面积0.08平方千米。农业以种植苹果、玉米、马铃薯为主，居民收入以果品销售、养殖、劳务为主。县道南阳公路经此。

上王家（Shàngwángjiā） 位于阳川镇北部，距镇政府驻地刘家湾3.8千米。属岳家坪村委会管辖。123户556人，汉族。1958年属卧龙公社李家咀大队，1960年属阳川公社李家咀大队，1983年属阳川乡李家咀村委会，1987年属岳家坪村委会，2015年属阳川镇岳家坪村委会。因姓氏和方位得名。村落坐西朝东，面积0.21平方千米。农业以种植苹果、玉米、马铃薯为主，居民收入以果品销售、养殖、劳务为主。

红土坡（Hóngtǔpō） 位于阳川镇北部，距镇政府驻地刘家湾5.59千米。属红土坡村委会管辖，系村委会驻地。148户628人，汉族。1958年属卧龙公社红土坡大队，1960年属阳川公社红土坡大队，1983年属阳川乡红土坡村委会，2015年属阳川镇红土坡村委会。因村后山坡土壤为红黏土得名。村落坐东朝西，依山根而建，呈团块状分布，面积0.16平方千米。农业以种植苹果、玉米、马铃薯为主，居民收入以果品销售、养殖、劳务为主。有红土坡村小学。县道南阳公路经此。

壑岘下（Hèxiànxià） 位于阳川镇北部，距镇政府驻地刘家湾5.47千米。属红土坡村委会管辖。16户82人，汉族。1958年属卧龙公社红土坡大队，1960年属阳川公社红土坡大队，1983年属阳川乡红土坡村委会，2015年属阳川镇红土坡村委会。因地形方位得名。村落坐北朝南，依山而建，呈散状分布，面积0.02平方千米。农业以种植苹果、玉米、马铃薯、胡麻为主，居民收入以果品销售、养殖、劳务为主。

盘龙山（Pánlóngshān） 别名堡子上，位于阳川镇北部，距镇政府驻地刘家湾5.95千米。属红坡村委会管辖。37户160人，汉族。1958年属卧龙公社红土坡大队，1960年属阳川公社红土坡大队，1983年属阳川乡红土坡村委会，2015年属阳川镇红土坡村委会。因地处盘龙山上得名。村落坐北朝南，依山而建，呈散状分布，面积0.02平方千米。农业以种植苹果、玉米、马铃薯、胡麻为主，居民收入以果品销售、养殖、劳务为主。

湫子里（Qiūzilǐ） 位于阳川镇北部，距镇政府驻地刘家湾5.97千米。属红土坡村委会管辖。

10 户 25 人，汉族。1958 年属卧龙公社红土坡大队，1960 年属阳川公社红土坡大队，1983 年属阳川乡红土坡村委会，2015 年属阳川镇红土坡村委会。因村庄曾有湫池得名。村落坐北朝南，依山而建，呈散状分布，面积 0.01 平方千米。农业以种植苹果、玉米、马铃薯、胡麻为主，居民收入以果品销售、养殖、劳务为主。

窎地（Diàodì） 位于阳川镇北部，距镇政府驻地刘家湾 4.98 千米。属红土坡村委会管辖。10 户 50 人，汉族。1958 年属卧龙公社红土坡大队，1960 年属阳川公社红土坡大队，1983 年属阳川乡红土坡村委会，2015 年属阳川镇红土坡村委会。因与红土坡远窎得名。村落呈团块状分布，面积 0.01 平方千米。农业以种植苹果、玉米、马铃薯、胡麻为主，居民收入以果品销售、养殖、劳务为主。

魏家沟（Wèijiāgōu） 位于阳川镇东北部，距镇政府驻地刘家湾 4.86 千米。属三益村委会管辖，系村委会驻地。142 户 671 人，汉族。1958 年属卧龙公社三益大队，1960 年属阳川公社三益大队，1983 年属阳川乡三益村委会，2015 年属阳川镇三益村委会。因姓氏和地形得名。村落坐东朝西，依山谷而建，呈散状分布，面积 0.17 平方千米。农业以种植苹果、玉米、马铃薯、胡麻为主，居民收入以果品销售、养殖、劳务为主。有三益村小学。

陈家阳坡（Chénjiāyángpō） 位于阳川镇东北部，距镇政府驻地刘家湾 5.31 千米。属三益村委会管辖。27 户 98 人，汉族。1958 年属卧龙公社三益大队，1960 年属阳川公社三益大队，1983 年属阳川乡三益村委会，2015 年属阳川镇三益村委会。因姓氏和地形方位得名。村落坐北朝南，依山而建，呈团块状分布，面积 0.03 平方千米。农业以种植苹果、玉米、马铃薯、胡麻为主，居民收入以果品销售、养殖、劳务为主。

石家凸（Shíjiāwā） 位于阳川镇东北部，距镇政府驻地刘家湾 5.45 千米。属三益村委会管辖。15 户 64 人，汉族。1958 年属卧龙公社三益大队，1960 年属阳川公社三益大队，1983 年属阳川乡三益村委会，2015 年属阳川镇三益村委会。因姓氏和地形得名。村落坐北朝南，依山而建，呈团块状分布，面积 0.03 平方千米。农业以种植苹果、玉米、马铃薯、胡麻为主，居民收入以果品销售、养殖、劳务为主。

六垧地（Liùshǎngdì） 位于阳川镇东北部，距镇政府驻地刘家湾 6.02 千米。属三益村委会管辖。10 户 47 人，汉族。1958 年属卧龙公社三益大队，1960 年属阳川公社三益大队，1983 年属阳川乡三益村委会，2015 年属阳川镇三益村委会。因地块面积得名。村落坐北朝南，依山而建，呈团块状分布，面积 0.02 平方千米。农业以种植苹果、玉米、马铃薯、胡麻为主，居民收入以果品销售、养殖、劳务为主。

褡裢地（Dāliándì） 位于阳川镇东北部，距镇政府驻地刘家湾 5.39 千米。属三益村委会管辖。29 户 128 人，汉族。1958 年属卧龙公社三益大队，1960 年属阳川公社三益大队，1983 年属阳川乡三益村委会，2015 年属阳川镇三益村委会。因地形似褡裢得名。村落坐南朝北，依山而建，呈团块状分布，面积 0.05 平方千米。农业以种植苹果、玉米、马铃薯、胡麻为主，居民收入以果品销售、养殖、劳务为主。

李家凸（Lǐjiāwā） 位于阳川镇东北部，距镇政府驻地刘家湾 4.31 千米。属三益村委会管辖。11 户 62 人，汉族。1958 年属卧龙公社三益大队，1960 年属阳川公社三益大队，1983 年属阳川乡三益村委会，2015 年属阳川镇三益村委会。因姓氏和地形得名。村落坐南朝北，依山而建，呈团块状分布，面积 0.04 平方千米。农业以种植苹果、玉米、马铃薯、胡麻为主，居民收入以果品销售、养殖、劳务为主。

赵家阳凸（Zhàojiāyángwā） 位于阳川镇东北部，距镇政府驻地刘家湾 4.04 千米。属三益村委会管辖。22 户 125 人，汉族。1958 年属卧龙公社三益大队，1960 年属阳川公社三益大队，1983 年属阳川乡三益村委会，2015 年属阳川镇三益村委会。因姓氏和地形方位得名。村落坐北朝南，依山而建，呈团块状分布，面积 0.08 平方千米。农业以种植苹果、玉米、马铃薯、胡麻为主，居民收入以果品销售、养殖、劳务为主。

石家坪（Shíjiāpíng） 位于阳川镇东北部，距镇政府驻地刘家湾 6.91 千米。属王塬村委会管辖，系村委会驻地。36 户 176 人，汉族。1958 年属卧龙公社石坪大队，1960 年属阳川公社王塬大队，1983

年属阳川乡王塬村委会，2015年属阳川镇王塬村委会。因姓氏和地形得名。村落坐南朝北，依山而建，呈团块状分布，面积0.1平方千米。农业以种植苹果、玉米、马铃薯、胡麻为主，居民收入以果品销售、养殖、劳务为主。有王塬村小学。

阴坡（Yīnpō） 位于阳川镇东北部，距镇政府驻地刘家湾6.46千米。属王塬村委会管辖。49户272人，汉族。1958年属卧龙公社石坪大队，1960年属阳川公社王塬大队，1983年属阳川乡王塬村委会，2015年属阳川镇王塬村委会。因方位得名。村落坐南朝北，依山而建，呈散状分布，面积0.06平方千米。农业以种植苹果、玉米、马铃薯、胡麻为主，居民收入以果品销售、养殖、劳务为主。

阳坡（Yángpō） 位于阳川镇东北部，距镇政府驻地刘家湾6.82千米。属王塬村委会管辖。65户325人，汉族。1958年属卧龙公社石坪大队，1960年属阳川公社王塬大队，1983年属阳川乡王塬村委会，2015年属阳川镇王塬村委会。因方位得名。村落坐北朝南，呈散状分布，面积0.05平方千米。农业以种植苹果、玉米、马铃薯、胡麻为主，居民收入以果品销售、养殖、劳务为主。

王家塬（Wángjiāyuán） 位于阳川镇东北部，距镇政府驻地刘家湾6.64千米。是阴坡、阳坡总称，属王塬村委会管辖。因姓氏和地形得名。

阳瓦山（Yángwāshān） 位于阳川镇东北部，距镇政府驻地刘家湾5.73千米。属王塬村委会管辖。42户193人，汉族。1958年属卧龙公社石坪大队，1960年属阳川公社王塬大队，1983年属阳川乡王塬村委会，2015年属阳川镇王塬村委会。因地形方位得名。村落坐东朝西，依山而建，呈团块状分布，面积0.06平方千米。农业以种植苹果、玉米、马铃薯、胡麻为主，居民收入以果品销售、养殖、劳务为主。

马家阳沟（Mǎjiāyánggōu） 位于阳川镇东北部，距镇政府驻地刘家湾6.4千米。属王塬村委会管辖。53户274人，汉族。1958年属卧龙公社石坪大队，1960年属阳川公社王塬大队，1983年属阳川乡王塬村委会，2015年属阳川镇王塬村委会。因姓氏和地形方位得名。村落坐南朝北，依山谷而建，呈散状分布，面积0.14平方千米。农业以种植苹果、玉米、马铃薯、胡麻为主，居民收入以果品销售、养殖、劳务为主。

下川里（Xiàchuānlǐ） 位于阳川镇东北部，距镇政府驻地刘家湾6千米。属王塬村委会管辖。19户80人，汉族。1958年属卧龙公社石坪大队，1960年属阳川公社王塬大队，1983年属阳川乡王塬村委会，2015年属阳川镇王塬村委会。因地形方位得名。村落坐南朝北，依沟畔而居，呈团块状分布，面积0.06平方千米。农业以种植苹果、玉米、马铃薯为主，居民收入以果品销售、养殖、劳务为主。

陈家庙（Chénjiāmiào） 位于阳川镇东北部。是东湾、西湾、山背后、咀子上、平头湾、马山湾的总称。因陈姓人家聚居和古庙得名。

东湾（Dōngwān） 位于阳川镇东北部，距镇政府驻地刘家湾3.61千米。属东湾村委会管辖，系村委会驻地。54户380人，汉族。1958年属卧龙公社西湾大队，1960年属阳川公社陈庙大队，1979年属东湾大队，1983年属阳川乡东湾村委会，2015年属阳川镇东湾村委会。因地处山谷东侧得名。村落坐东朝西，依山而建，呈团块状分布，面积0.29平方千米。农业以种植苹果、玉米、马铃薯为主，居民收入以果品销售、养殖、劳务为主。

马山湾（Mǎshānwān） 位于阳川镇东部，距镇政府驻地刘家湾3.9千米。属东湾村委会管辖。110户550人，汉族。1958年属卧龙公社东湾大队，1960年属阳川公社陈庙大队，1979年属东湾大队，1983年属阳川乡东湾村委会，2015年属阳川镇东湾村委会。因姓氏和地形得名。村落坐西朝东，依山而建，呈团块状分布，面积0.14平方千米。农业以种植苹果、玉米、马铃薯为主，居民收入以果品销售、养殖、劳务为主。

马家川子里（Mǎjiāchuānzilǐ） 位于阳川镇东部，距镇政府驻地刘家湾7.61千米。属东湾村委会管辖。30户150人，汉族。1958年属卧龙公社东湾大队，1960年属阳川公社陈庙大队，1979年属东湾大队，1983年属阳川乡东湾村委会，2015年属阳川镇东湾村委会。因姓氏和地形得名。村落四周环沟，地势平缓，呈团块状分布，面积 0.02 平方千米。农业以种植苹果、玉米、马铃薯为主，居民收入以果品销售、养殖、劳务为主。

山背后（Shānbèihòu） 位于阳川镇东部，距镇政府驻地刘家湾 5.75 千米。属西湾村委会管辖，系村委会驻地。53 户 246 人，汉族。1958 年属卧龙公社西湾大队，1960 年属阳川公社陈庙大队，1979 年属西湾大队，1983 年属阳川乡西湾村委会，2015 年属阳川镇西湾村委会。因地处西湾村主山之后得名。村落坐东朝西，依山而建，呈团块状分布，面积 0.11 平方千米。农业以种植苹果、玉米、马铃薯为主，居民收入以果品销售、养殖、劳务为主。有西湾村小学。

西湾（Xīwān） 位于阳川镇东部，距镇政府驻地刘家湾 5.79 千米。属西湾村委会管辖。44 户 222 人，汉族。1958 年属卧龙公社西湾大队，1960 年属阳川公社陈庙大队，1979 年属西湾大队，1983 年属阳川乡西湾村委会，2015 年属阳川镇西湾村委会。因地处山谷西侧得名，与东湾相对。村落坐西朝东，依山而建，呈团块状分布，面积 0.25 平方千米。农业以种植苹果、玉米、马铃薯为主，居民收入以果品销售、养殖、劳务为主。

平头湾（Píngtóuwān） 位于阳川镇东部，距镇政府驻地刘家湾 5.2 千米。属西湾村委会管辖。27 户 144 人，汉族。1958 年属卧龙公社西湾大队，1960 年属阳川公社陈庙大队，1979 年属西湾大队，1983 年属阳川乡西湾村委会，2015 年属阳川镇西湾村委会。因地形得名。村落坐南朝北，依山而建，呈团块状分布，面积 0.06 平方千米。农业以种植苹果、玉米、马铃薯为主，居民收入以果品销售、养殖、劳务为主。

咀子上（Zuǐzishàng） 位于阳川镇东部，距镇政府驻地刘家湾 5.69 千米。属西湾村委会管辖。59 户 220 人，汉族。1958 年属卧龙公社西湾大队，1960 年属阳川公社陈庙大队，1979 年属西湾大队，1983 年属阳川乡西湾村委会，2015 年属阳川镇西湾村委会。因地形方位得名。村落坐南朝北，依山而建，呈团块状分布，面积 0.03 平方千米。农业以种植苹果、玉米、马铃薯为主，居民收入以果品销售、养殖、劳务为主。

阳凹里（Yángwālǐ） 位于阳川镇东部，距镇政府驻地刘家湾 4.52 千米。属西湾村委会管辖。29 户 149 人，汉族。1958 年属卧龙公社西湾大队，1960 年属阳川公社陈庙大队，1979 年属西湾大队，1983 年属阳川乡西湾村委会，2015 年属阳川镇西湾村委会。因地形方位得名。村落坐北朝南，依山而建，呈团块状分布，面积 0.04 平方千米。农业以种植苹果、玉米、马铃薯为主，居民收入以果品销售、养殖、劳务为主。

官地咀（Guāndìzuǐ） 位于阳川镇东部，距镇政府驻地刘家湾 5.98 千米。属西湾村委会管辖。27 户 123 人，汉族。1958 年属卧龙公社西湾大队，1960 年属阳川公社陈庙大队，1979 年属西湾大队，1983 年属阳川乡西湾村委会，2015 年属阳川镇西湾村委会。因地处山咀曾为共有土地得名。村落坐东朝西，依山而建，呈团块状分布，面积 0.1 平方千米。农业以种植苹果、玉米、马铃薯为主，居民收入以果品销售、养殖、劳务为主。

官地里（Guāndìlǐ） 位于阳川镇东部，距镇政府驻地刘家湾 6.71 千米。属西湾村委会管辖。4 户 22 人，汉族。1958 年属卧龙公社西湾大队，1960 年属阳川公社陈庙大队，1979 年属西湾大队，1983 年属阳川乡西湾村委会，2015 年属阳川镇西湾村委会。因曾为共有土地得名。村落坐西朝东，依山而建，呈散状分布，面积 0.03 平方千米。农业以种植苹果、玉米、马铃薯为主，居民收入以果品销售、养殖、劳务为主。

阴凹里（Yīnwālǐ） 位于阳川镇东部，距镇政府驻地刘家湾 4.56 千米。属西湾村委会管辖。4 户 15 人，汉族。1958 年属卧龙公社西湾大队，1960 年属阳川公社陈庙大队，1979 年属西湾大队，1983 年属阳川乡西湾村委会，2015 年属阳川镇西湾村委会。因地形方位得名。村落坐南朝北，依山而建，呈团块状分布，面积 0.01 平方千米。农业以种植苹果、玉米、马铃薯为主，居民收入以果品销售、养殖、劳务为主。

园沟里（Yuángōulǐ）　位于阳川镇东部，距镇政府驻地刘家湾 6.32 千米。属西湾村委会管辖。2 户 13 人，汉族。1958 年属卧龙公社西湾大队，1960 年属阳川公社陈庙大队，1979 年属西湾大队，1983 年属阳川乡西湾村委会，2015 年属阳川镇西湾村委会。因地形地貌得名。村落坐西朝东，依山而建，呈团块状分布，面积 0.01 平方千米。农业以种植苹果、玉米、马铃薯为主，居民收入以果品销售、养殖、劳务为主。

王家湾（Wángjiāwān）　位于阳川镇东部，距镇政府驻地刘家湾 6.13 千米。属西湾村委会管辖。1 户 4 人，汉族。1958 年属卧龙公社西湾大队，1960 年属阳川公社陈庙大队，1979 年属西湾大队，1983 年属阳川乡西湾村委会，2015 年属阳川镇西湾村委会。因姓氏和地形得名。村落坐南朝北，依山而建，面积 0.01 平方千米。农业以种植苹果、玉米、马铃薯为主，居民收入以果品销售、养殖、劳务为主。

阳瓦场（Yángwāchǎng）　位于阳川镇东部，距镇政府驻地刘家湾 4.85 千米。属西湾村委会管辖。21 户 91 人，汉族。1958 年属卧龙公社西湾大队，1960 年属阳川公社陈庙大队，1979 年属西湾大队，1983 年属阳川乡西湾村委会，2015 年属阳川镇西湾村委会。因地形方位得名。村落坐北朝南，依山而建，呈团块状分布，面积 0.02 平方千米。农业以种植苹果、玉米、马铃薯为主，居民收入以果品销售、养殖、劳务为主。

石家湾（Shíjiāwān）　位于阳川镇东部，距镇政府驻地刘家湾 6.75 千米。属西湾村委会管辖。27 户 144 人，汉族。1958 年属卧龙公社西湾大队，1960 年属阳川公社陈庙大队，1979 年属西湾大队，1983 年属阳川乡西湾村委会，2015 年属阳川镇西湾村委会。因姓氏和地形得名。村落坐东朝西，依山而建，呈团块状分布，面积 0.02 平方千米。农业以种植苹果、玉米、马铃薯为主，居民收入以果品销售、养殖、劳务为主。

盘安镇

王公家（Wánggōngjiā）　位于盘安镇中部，属王公村委会管辖，为镇政府驻地。是王公阳山、王公阴山总称。明洪武初年，陕西凤翔虢珀口油坡地有兄弟 4 人（王公、王浩、王曲、王福）为逃避兵荒迁居此地，遂以人名命名。村落呈团块状分布。1958 年属页崖公社王公大队，1959 年属盘安公社王公大队，1983 年改称盘安乡王公村委会，2015 年属盘安镇王公村委会。县道南马公路和乡道雷王公路交会。

王公家（2020 年 4 月摄）

王公阳山（Wánggōngyángshān）　位于盘安镇中部，系镇政府驻地。属王公村委会管辖，系村委会驻地。95 户 446 人，汉族。1958 年属页崖公社王公大队，1959 年属盘安公社王公大队，1983 年属盘安乡王公村委会，2015 年属盘安镇王公村委会。因人名和方位得名。村落坐北朝南，依山而建，呈团块状分布，面积 0.24 平方千米。农业以种植小麦、玉米、马铃薯、苹果为主，居民收入以养殖、劳务、商贸为主。

王公阴山（Wánggōngyīnshān） 位于盘安镇中部。属王公村委会管辖。87户385人，汉族。1958年属页崖公社王公大队，1959年属盘安公社王公大队，1983年属盘安乡王公村委会，2015年属盘安镇王公村委会。因人名和方位得名。村落坐南朝北，呈团块状分布，面积0.15平方千米。农业以种植小麦、玉米、马铃薯、苹果为主，居民收入以养殖、劳务、商贸为主。有盘安中学、盘安小学。有县级文物保护单位菜子凸遗址。

梁关家（Liángguānjiā） 位于盘安镇中部，距镇政府驻地王公家1.02千米。属王公村委会管辖。94户410人，汉族。1958年属页崖公社梁关大队，1959年属盘安公社梁关大队，1983年属盘安乡梁关村委会，2006年属盘安乡王公村委会，2015年属盘安镇王公村委会。因梁、关姓氏得名。村落呈团块状分布于山谷东、西两侧，面积0.08平方千米。农业以种植小麦、玉米、马铃薯、苹果为主，居民收入以养殖、劳务为主。

梁关上庄（Liángguānshàngzhuāng） 位于盘安镇中部，距镇政府驻地王公家0.81千米。属王公村委会管辖。58户277人，汉族。1958年属页崖公社梁关大队，1959年属盘安公社梁关大队，1983年属盘安乡梁关村委会，2006年属盘安乡王公村委会，2015年属盘安镇王公村委会。因姓氏和方位得名。村落坐东朝西，依山而建，呈团块状分布，面积0.07平方千米。农业以种植小麦、玉米、马铃薯、苹果为主，居民收入以养殖、劳务为主。

孙家沟下庄（Sūnjiāgōuxiàzhuāng） 位于盘安镇北部，距镇政府驻地王公家0.88千米。属孙沟村委会管辖，系村委会驻地。128户563人，汉族。1958年属页崖公社王公大队，1959年属盘安公社王公大队，1979年属孙家沟下庄大队，1983年属盘安乡孙家沟下庄村委会，2006年属孙沟村委会，2015年属盘安镇孙沟村委会。因姓氏和地形方位得名。村落呈团块状分布，面积0.12平方千米。农业以种植小麦、玉米、马铃薯、苹果为主，居民收入以养殖、劳务为主。乡道雷王公路经此。

孙家沟中庄（Sūnjiāgōuzhōngzhuāng） 位于盘安镇北部，距镇政府驻地王公家1.46千米。属孙沟村委会管辖。95户405人，汉族。1958年属页崖公社王公大队，1959年属盘安公社王公大队，1979年属孙家沟中庄大队，1983年属盘安乡孙家沟中庄村委会，2006年属孙沟村委会，2015年属盘安镇孙沟村委会。因姓氏和地形方位得名。村落呈团块状分布，面积0.11平方千米。农业以种植小麦、玉米、马铃薯、苹果为主，居民收入以养殖、劳务为主。乡道雷王公路经此。

孙家沟上庄（Sūnjiāgōushàngzhuāng） 位于盘安镇北部，距镇政府驻地王公家2.02千米。属孙沟村委会管辖。123户566人，汉族。1958年属页崖公社王公大队，1959年属盘安公社王公大队，1979年属孙家沟上庄大队，1983年属盘安乡孙家沟上庄村委会，2006年属孙沟村委会，2015年属盘安镇孙沟村委会。因姓氏和地形方位得名。村落呈团块状分布，面积0.09平方千米。农业以种植小麦、玉米、马铃薯、苹果为主，居民收入以养殖、劳务为主。乡道雷王公路经此。

谢家庄（Xièjiāzhuāng） 位于盘安镇北部，距镇政府驻地王公家2.19千米。属孙沟村委会管辖。47户226人，汉族。1958年属页崖公社王公大队，1959年属盘安公社王公大队，1979年属孙家沟上庄大队，1983年属盘安乡孙家沟上庄村委会，2006年属孙沟村委会，2015年属盘安镇孙沟村委会。因姓氏得名。村落坐南朝北，依山而建，呈团块状分布，面积0.08平方千米。农业以种植小麦、玉米、马铃薯、苹果为主，居民收入以养殖、劳务为主。

谢家阳湾（Xièjiāyángwān） 位于盘安镇北部，距镇政府驻地王公家1.95千米。属孙沟村委会管辖。14户56人，汉族。1958年属页崖公社王公大队，1959年属盘安公社王公大队，1979年属孙家沟上庄大队，1983年属盘安乡孙家沟上庄村委会，2006年属孙沟村委会，2015年属盘安镇孙沟村委会。因姓氏和地形方位得名，村落坐东朝西，依山而建，呈带状分布，面积0.02平方千米。农业以种植小麦、玉米、马铃薯、油菜、苹果为主，居民收入以养殖、劳务为主。

黑牛屲（Hēiniúwā）　位于盘安镇北部，距镇政府驻地王公家 2.1 千米。属孙沟村委会管辖。12 户 70 人，汉族。1958 年属页崖公社王公大队，1959 年属盘安公社王公大队，1979 年属孙家沟中庄大队，1983 年属盘安乡孙家沟中庄村委会，2006 年属孙沟村委会，2015 年属盘安镇孙沟村委会。因初居者名为黑牛娃，后演化为地名黑牛屲。村落坐东朝西，依山而建，呈散状分布，面积 0.02 平方千米。农业以种植小麦、玉米、马铃薯、油菜、苹果为主，居民收入以养殖、劳务为主。

曹家湾（Cáojiāwān）　位于盘安镇北部，距镇政府驻地王公家 1.12 千米。属孙沟村委会管辖。11 户 62 人，汉族。1958 年属页崖公社王公大队，1959 年属盘安公社王公大队，1979 年属孙家沟中庄大队，1983 年属盘安乡孙家沟中庄村委会，2006 年属孙沟村委会，2015 年属盘安镇孙沟村委会。因姓氏和地形得名。村落坐东朝西，依山而建，呈散状分布，面积 0.03 平方千米。农业以种植小麦、玉米、马铃薯、油菜、苹果为主，居民收入以养殖、劳务为主。

孙家沟山庄（Sūnjiāgōushānzhuāng）　位于盘安镇北部，距镇政府驻地王公家 0.88 千米。属孙沟村委会管辖。30 户 140 人，汉族。1958 年属页崖公社王公大队，1959 年属盘安公社王公大队，1979 年属孙家沟下庄大队，1983 年属盘安乡孙家沟下庄村委会，2006 年属孙沟村委会，2015 年属盘安镇孙沟村委会。因孙家沟居民坐山庄得名。村落坐西北朝东南，依山而建，呈散状分布，面积 0.04 平方千米。农业以种植小麦、玉米、马铃薯、油菜、苹果为主，居民收入以养殖、劳务为主。县道南马公路经过。

杨家川（Yángjiāchuān）　位于盘安镇中部，距镇政府驻地王公家 3.16 千米。属王福上庄村委会管辖，系村委会驻地。52 户 265 人，汉族。1958 年属页崖公社王福上庄大队，1959 年属盘安公社王福上庄大队，1967 年属东风大队，1979 年属王福上庄大队，1983 年属盘安乡王福上庄村委会，2015 年属盘安镇王福上庄村委会。因姓氏和地形得名。村落呈团块状分布，面积 0.06 平方千米。农业以种植小麦、玉米、马铃薯、油菜、苹果为主，居民收入以养殖、劳务为主。有王福上庄村小学。

王福家上庄（Wángfújiāshàngzhuāng）　位于盘安镇中部，距镇政府驻地王公家 3.16 千米。属王福上庄村委会管辖。127 户 332 人，汉族。1958 年属页崖公社王福上庄大队，1959 年属盘安公社王福上庄大队，1967 年属东风大队，1979 年属王福上庄大队，1983 年属盘安乡王福上庄村委会，2015 年属盘安镇王福上庄村委会。因是王福家分户另迁、所处位置较上得名。村落坐北朝南，依山而建，呈团块状分布，面积 0.1 平方千米。农业以种植小麦、玉米、马铃薯、油菜、苹果为主，居民收入以养殖、劳务为主。

麻黄咀（Máhuángzuǐ）　位于盘安镇北部，距镇政府驻地王公家 3.98 千米。属王福上庄村委会管辖。23 户 140 人，汉族。1958 年属页崖公社王福上庄大队，1959 年属盘安公社王福上庄大队，1967 年属东风大队，1979 年属王福上庄大队，1983 年属盘安乡王福上庄村委会，2015 年属盘安镇王福上庄村委会。因野生麻黄和地形得名。村落坐东朝西，依山而建，呈团块状分布，面积 0.03 平方千米。农业以种植小麦、玉米、马铃薯、油菜、苹果为主，居民收入以养殖、劳务为主。

王火炎子（Wánghuǒyánzi）　位于盘安镇北部，距镇政府驻地王公家 3.98 千米。属王福上庄村委会管辖。56 户 280 人，汉族。1958 年属页崖安公社王火炎大队，1959 年属盘安公社王火炎大队，1983 年属盘安乡王火炎村委会，2006 年属王福上庄村委会，2015 年属盘安镇王福上庄村委会。相传王火、王炎兄弟在此居住得名。村落坐东朝西，依山而建，呈散状分布，面积 0.06 平方千米。农业以种植小麦、玉米、马铃薯、油菜、苹果为主，居民收入以养殖、劳务为主。

史家湾（Shǐjiāwān）　位于盘安镇北部，距镇政府驻地王公家 5.06 千米。属王福上庄村委会管辖。29 户 185 人，汉族。1958 年属页崖安公社王火炎大队，1959 年属盘安公社王火炎大队，1983 年属盘安乡王火炎村委会，2006 年属王福上庄村委会，2015 年属盘安镇王福上庄村委会。因姓氏和地形得名。村落坐南朝北，依山湾而建，呈团块状分布，面积 0.05 平方千米。农业以种植小麦、玉米、马铃薯、油菜、苹果为主，居民收入以养殖、劳务为主。

黑眼湾（Hēiyǎnwān） 位于盘安镇北部，距镇政府驻地王公家 3.42 千米。属托神村委会管辖，系村委会驻地。47 户 232 人，汉族。1958 年属页崖安公社王火炎大队，1959 年属盘安公社王火炎大队，1967 年属东风大队，1979 年属托神大队，1983 年属盘安乡托神村委会，2015 年属盘安镇托神村委会。因此地曾有黑色泉眼得名。村落坐东北朝西南，依山湾而建，呈散状分布，面积 0.03 平方千米。农业以种植小麦、玉米、马铃薯、油菜、苹果为主，居民收入以养殖、劳务为主。

刘家塬（Liújiāyuán） 位于盘安镇北部，距镇政府驻地王公家 3.42 千米。属托神村委会管辖。51 户 227 人，汉族。1958 年属页崖公社托神大队，1959 年属盘安公社托神大队，1967 年属东风大队，1979 年属托神大队，1983 年属盘安乡托神村委会，2015 年属盘安镇托神村委会。因姓氏和地形得名。村落坐北朝南，依山而建，呈散状分布，面积 0.07 平方千米。农业以种植小麦、玉米、马铃薯、油菜、苹果为主，居民收入以养殖、劳务为主。有托神初小。

油夫咀（Yóufūzuǐ） 位于盘安镇北部，距镇政府驻地王公家 2.53 千米。属托神村委会管辖。24 户 88 人，汉族。1958 年属页崖公社托神大队，1959 年属盘安公社托神大队，1967 年属东风大队，1979 年属托神大队，1983 年属盘安乡托神村委会，2015 年属盘安镇托神村委会。因此地曾有油坊和地形得名。村落坐北朝南，依山而建，呈散状分布，面积 0.05 平方千米。农业以种植小麦、玉米、马铃薯、油菜、苹果为主，居民收入以养殖、劳务为主。

许家湾（Xǔjiāwān） 位于盘安镇北部，距镇政府驻地王公家 3.9 千米。属托神村委会管辖。40 户 174 人，汉族。1958 年属页崖公社托神大队，1959 年属盘安公社托神大队，1967 年属东风大队，1979 年属托神大队，1983 年属盘安乡托神村委会，2015 年属盘安镇托神村委会。因姓氏和地形得名。村落坐北朝南，依山而建，呈散状分布，面积 0.07 平方千米。农业以种植小麦、玉米、马铃薯、油菜、苹果为主，居民收入以养殖、劳务为主。

漆树湾（Qīshùwān） 位于盘安镇北部，距镇政府驻地王公家 4.66 千米。属托神村委会管辖。18 户 98 人，汉族。1958 年属页崖公社托神大队，1959 年属盘安公社托神大队，1967 年属东风大队，1979 年属托神大队，1983 年属盘安乡托神村委会，2015 年属盘安镇托神村委会。因山湾曾有漆树得名。村落坐东朝西，依山而建，呈团块状分布，面积 0.02 平方千米。农业以种植小麦、玉米、马铃薯、油菜、苹果为主，居民收入以养殖、劳务为主。乡道梁麻路经过。

中庄（Zhōngzhuāng） 位于盘安镇中部，距镇政府驻地王公家 1.88 千米。属王福下庄村委会管辖，系村委会驻地。45 户 198 人，汉族。1958 年属页崖公社王福下庄大队，1959 年属盘安公社王福下庄大队，1983 年属盘安乡王福下庄村委会，2015 年属盘安镇王福下庄村委会。因地处王福家上庄与下庄中间得名。村落坐北朝南，依山而建，呈团块状分布，面积 0.02 平方千米。农业以种植小麦、玉米、马铃薯、油菜、苹果为主，居民收入以养殖、劳务为主。

下庄（Xiàzhuāng） 位于盘安镇中部，距镇政府驻地王公家 1.61 千米。属王福下庄村委会管辖。61 户 272 人，汉族。1958 年属页崖公社王福下庄大队，1959 年属盘安公社王福下庄大队，1983 年属盘安乡王福下庄村委会，2015 年属盘安镇王福下庄村委会。因地处王福家下方得名。村落坐北朝南，依山而建，呈团块状分布，面积 0.04 平方千米。农业以种植小麦、玉米、马铃薯、油菜、苹果为主，居民收入以养殖、劳务为主。有王福下庄村小学。

老庄（Lǎozhuāng） 位于盘安镇中部，距镇政府驻地王公家 1.45 千米。属王福下庄村委会管辖。62 户 302 人，汉族。1958 年属页崖公社王福下庄大队，1959 年属盘安公社王福下庄大队，1983 年属盘安乡王福下庄村委会，2015 年属盘安镇王福下庄村委会。因是王福家老庄得名。村落坐北朝南，依山而建，呈散状分布，面积 0.07 平方千米。农业以种植小麦、玉米、马铃薯、油菜、苹果为主，居民收入以养殖、劳务为主。

王福家（Wángfújiā） 位于盘安镇中部。距镇政府驻地3.16千米。为下庄、中庄和老庄总称。明洪武初年，陕西凤翔琥珀口油坡地有兄弟4人（王公、王浩、王曲、王福）为逃避兵荒迁居此地，本村因王福居住，遂以人名命名。

李家咀（Lǐjiāzuǐ） 位于盘安镇中部，距镇政府驻地王公家1.82千米。属王福下庄村委会管辖。43户183人，汉族。1958年属页崖公社王福下庄大队，1959年属盘安公社王福下庄大队，1983年属盘安乡王福下庄村委会，2015年属盘安镇王福下庄村委会。因姓氏和地形得名。村落坐东朝西，沿沟而建，呈散状分布，面积0.04平方千米。农业以种植小麦、玉米、马铃薯、油菜、苹果为主，居民收入以养殖、劳务为主。

孙家（Sūnjiā） 位于盘安镇中部，距镇政府驻地王公家0.93千米。属王福下庄村委会管辖。20户95人，汉族。1958年属页崖公社王福下庄大队，1959年属盘安公社王福下庄大队，1983年属盘安乡王福下庄村委会，2015年属盘安镇王福下庄村委会。因姓氏得名。村落坐南朝北，依山而建，呈团块状分布，面积0.03平方千米。农业以种植小麦、玉米、马铃薯、油菜、苹果为主，居民收入以养殖、劳务为主。

阳坡（Yángpō） 位于盘安镇中部，距镇政府驻地王公家2.73千米。属湾李村委会管辖，系村委会驻地。47户207人，汉族。1958年属页崖公社湾李大队，1959年属盘安公社湾李大队，1979年属盘安公社湾李上庄大队，1983年属盘安乡湾李上庄村委会，2006年属盘安乡湾李村委会，2015年属盘安镇湾李村委会。因方位得名。村落呈团块状分布，面积0.06平方千米。农业以种植小麦、玉米、马铃薯、油菜、苹果为主，居民收入以养殖、劳务为主。县道南马公路穿过。

阴坡（Yīnpō） 位于盘安镇中部，距镇政府驻地王公家2.78千米。属湾李村委会管辖。60户270人，汉族。1958年属页崖公社湾李大队，1959年属盘安公社湾李大队，1979年属盘安公社湾李下庄大队，1983年属盘安乡湾李下庄村委会，2006年属盘安乡湾李村委会，2015年属盘安镇湾李村委会。因方位得名。村落坐南朝北，依山而建，呈团块状分布，面积0.08平方千米。农业以种植小麦、玉米、马铃薯、油菜、苹果为主，居民收入以养殖、劳务为主。

新房（Xīnfáng） 位于盘安镇中部，距镇政府驻地王公家2.28千米。属湾李村委会管辖。72户320人，汉族。1958年属页崖公社湾李大队，1959年属盘安公社湾李大队，1979年属盘安公社湾李上庄大队，1983年属盘安乡湾李上庄村委会，2006年属盘安乡湾李村委会，2015年属盘安镇湾李村委会。因迁新居得名。村落呈团块状分布，面积0.11平方千米。农业以种植小麦、玉米、马铃薯、油菜、苹果为主，居民收入以养殖、劳务为主。有湾李村小学。县道南马公路经此。

北山上（Běishānshàng） 位于盘安镇中部，距镇政府驻地王公家2.18千米。属湾李村委会管辖。85户380人，汉族。1958年属页崖公社湾李大队，1959年属盘安公社湾李大队，1979年属盘安公社湾李上庄大队，1983年属盘安乡湾李上庄村委会，2006年属盘安乡湾李村委会，2015年属盘安镇湾李村委会。因地形方位得名。村落坐北朝南，依山而建，呈团块状分布，面积0.13平方千米。农业以种植小麦、玉米、马铃薯、油菜、苹果为主，居民收入以养殖、劳务为主。

东庄（Dōngzhuāng） 位于盘安镇中部，距镇政府驻地王公家1.77千米。属湾李村委会管辖。居民10户50人，汉族。1958年属页崖公社湾李大队，1959年属盘安公社湾李大队，1979年属盘安公社湾李上庄大队，1983年属盘安乡湾李上庄村委会，2006年属盘安乡湾李村委会，2015年属盘安镇湾李村委会。因地处湾儿李家东部得名。村落坐南朝北，依山而建，呈团块状分布，面积0.03平方千米。农业以种植小麦、玉米、马铃薯、油菜、苹果为主，居民收入以养殖、劳务为主。

马家阳山（Mǎjiāyángwā） 位于盘安镇中部，距镇政府驻地王公家2.26千米。属湾李村委会管辖。52户570人，汉族。1958年属页崖公社湾李大队，1959年属盘安公社湾李大队，1979年属盘安公社湾李下庄大队，1983年属盘安乡湾李下庄村委会，2006年属盘安乡湾李村委会，2015年属盘安镇湾李村委会。因姓氏和地形方位得名。村落坐东朝西，依山而建，呈团块状分布，面积 0.03 平方千米。农业以种植小麦、玉米、马铃薯、油菜、苹果为主，居民收入以养殖、劳务为主。

野雀川（Yěquèchuān） 位于盘安镇中部，距镇政府驻地王公家 2.82 千米。属湾李村委会管辖。93 户 410 人，汉族。1958 年属页崖公社湾李大队，1959 年属盘安公社湾李大队，1979 年属盘安公社湾李下庄大队，1983 年属盘安乡湾李下庄村委会，2006 年属盘安乡湾李村委会，2015 年属盘安镇湾李村委会。因此地多野雀且处平川得名。村落坐北朝南，沿路而建，呈团块状分布，面积 0.06 平方千米。农业以种植小麦、玉米、马铃薯、油菜、苹果为主，居民收入以养殖、劳务为主。县道南马公路经此。

湾儿李家（Wānrlǐjiā） 位于盘安镇中部，属湾李村委会管辖。是北山上、野雀川、阴坡、阳坡、新房的总称。因姓氏和地形得名。

吴家河（Wújiāhé） 位于盘安镇中部，距镇政府驻地王公家 3.92 千米。属吴陈村委会管辖，系村委会驻地。121 户 585 人，汉族。1958 年属页崖公社吴河大队，1959 年属盘安公社岔李大队，1973 年属盘安公社吴河大队，1983 年属盘安乡吴河村委会，2006 年属盘安乡吴陈村委会，2015 年属盘安镇吴陈村委会。因姓氏和地形得名。村落沿岔李河而建，呈团块状分布，面积 0.12 平方千米。农业以种植小麦、玉米、马铃薯、油菜、苹果为主，居民收入以养殖、劳务为主。县道南马公路经此。

吴家山（Wújiāshān） 位于盘安镇中部，距镇政府驻地王公家 3.69 千米。属吴陈村委会管辖。35 户 128 人，汉族。1958 年属页崖公社吴河大队，1959 年属盘安公社岔李大队，1973 年属盘安公社吴河大队，1983 年属盘安乡吴河村委会，2006 年属盘安乡吴陈村委会，2015 年属盘安镇吴陈村委会。因姓氏和地形得名。村落坐北朝南，依山而建，呈团块状分布，面积 0.04 平方千米。农业以种植小麦、玉米、马铃薯、油菜、苹果为主，居民收入以养殖、劳务为主。

陈杨家（Chényángjiā） 位于盘安镇中部，距镇政府驻地王公家 2.55 千米。属吴陈村委会管辖。116 户 523 人，汉族。1958 年属页崖公社陈杨大队，1959 年属盘安公社岔李大队，1973 年属盘安公社陈杨大队，1983 年属盘安乡陈杨村委会，2006 年属盘安乡吴陈村委会，2015 年属盘安镇吴陈村委会。因陈、杨姓氏得名。村落坐北朝南，依山而建，呈团块状分布，面积 0.13 平方千米。农业以种植小麦、玉米、马铃薯、油菜、苹果为主，居民收入以养殖、劳务为主。

吴家沟（Wújiāgōu） 位于盘安镇中部，距镇政府驻地王公家 3.71 千米。属吴陈村委会管辖。36 户 167 人，汉族。1958 年属页崖公社陈杨大队，1959 年属盘安公社岔李大队，1973 年属盘安公社陈杨大队，1983 年属盘安乡陈杨村委会，2006 年属盘安乡吴陈村委会，2015 年属盘安镇吴陈村委会。因姓氏和地形得名。村落坐南朝北，依山而建，呈散状分布，面积 0.07 平方千米。农业以种植小麦、玉米、马铃薯、油菜、苹果为主，居民收入以养殖、劳务为主。

马掌关（Mǎzhǎngguān） 位于盘安镇中部，距镇政府驻地王公家 5.82 千米。属马家村委会管辖，系村委会驻地。居民 128 户 568 人，汉族。1958 年属页崖公社马掌关大队，1959 年属盘安公社岔李大队，1973 年属盘安公社马家大队，1983 年属盘安乡马家村委会，2015 年属盘安镇马家村委会。相传该村以前出了一位马姓官员，人称“马长官”，后演变为“马掌关”。村落坐西北朝东南，依山而建，呈团块状分布，面积 0.08 平方千米。农业以种植小麦、玉米、马铃薯、油菜、苹果为主，居民收入以养殖、劳务为主。县道南马公路经此。

马家山（Mǎjiāshān） 位于盘安镇中部，距镇政府驻地王公家 5.8 千米。属马家村委会管辖。33 户 159 人，汉族。1958 年属页崖公社马掌关大队，1959 年属盘安公社岔李大队，1973 年属盘安公社马家大队，1983 年属盘安乡马家村委会，2015 年属盘安镇马家村委会。因姓氏和地形得名。村落坐西北朝东南，依山而建，呈团块状分布，面积 0.04 平方千米。农业以种植小麦、玉米、马铃薯、油菜、苹果为主，居民收入以养殖、劳务为主。乡道杨岔路经过。

阳瓦山（Yángwāshān） 位于盘安镇中部，距镇政府驻地王公家 5.2 千米。属马家村委会管辖。

29 户 134 人，汉族。1958 年属页崖公社马掌关大队，1959 年属盘安公社岔李大队，1973 年属盘安公社马家大队，1983 年属盘安乡马家村委会，2015 年属盘安镇马家村委会。因地形方位得名。村落坐西北朝东南，依山而建，呈团块状分布，面积 0.03 平方千米。农业以种植小麦、玉米、马铃薯、油菜、苹果为主，居民收入以养殖、劳务为主。

宋家草凸（Sòngjiācǎowā）　位于盘安镇中部，距镇政府驻地王公家 3.49 千米。属杨宋村委会管辖，系村委会驻地。83 户 385 人，汉族。1958 年属页崖公社杨宋大队，1959 年属盘安公社杨宋大队，1979 年属宋家大队，1983 年属盘安乡宋家村委会，2006 年属盘安乡杨宋村委会，2015 年属盘安镇杨宋村委会。因姓氏和地貌特征得名。村落坐东朝西，依山而建，呈团块状分布，面积 0.11 平方千米。农业以种植小麦、玉米、马铃薯、油菜、苹果为主，居民收入以养殖、劳务为主。乡道杨岔路经过。有宋家村小学。

宋家草凸（2020 年 4 月摄）

杨家沟（Yángjiāgōu）　位于盘安镇中部，距镇政府驻地王公家 2.64 千米。属杨宋村委会管辖。101 户 452 人，汉族。1958 年属页崖公社杨宋大队，1959 年属盘安公社杨宋大队，1979 年属杨家大队，1983 年属盘安乡杨家村委会，2006 年属盘安乡杨宋村委会，2015 年属盘安镇杨宋村委会。因姓氏和地形得名。村落坐东朝西，依山而建，呈团块状分布，面积 0.14 平方千米。农业以种植小麦、玉米、马铃薯、油菜、苹果为主，居民收入以养殖、劳务为主。

白家湾（Báijiāwān）　位于盘安镇中部，距镇政府驻地王公家 1.51 千米。属杨宋村委会管辖。36 户 188 人，汉族。1958 年属页崖公社杨宋大队，1959 年属盘安公社杨宋大队，1979 年属杨家大队，1983 年属盘安乡杨家村委会，2006 年属盘安乡杨宋村委会，2015 年属盘安镇杨宋村委会。因姓氏和地形得名。村落坐东朝西，依山而建，呈团块状分布，面积 0.12 平方千米。农业以种植小麦、玉米、马铃薯、油菜、苹果为主，居民收入以养殖、劳务为主。县道南马公路经此。

宋家大庄（Sòngjiādàzhuāng）　位于盘安镇中部，距镇政府驻地王公家 4.17 千米。属杨宋村委会管辖。101 户 449 人，汉族。1958 年属页崖公社杨宋大队，1959 年属盘安公社杨宋大队，1979 年属盘安公社宋家大队，1983 年属盘安乡宋家村委会，2006 年属盘安乡杨宋村委会，2015 年属盘安镇杨宋村委会。因是宋姓老庄得名。村落坐南朝北，依山而建，呈散状分布，面积 0.09 平方千米。农业以种植小麦、玉米、马铃薯、油菜、苹果为主，居民收入以养殖、劳务为主。

宋家河（Sòngjiāhé）　位于盘安镇中部，距镇政府驻地王公家 4.61 千米。属杨宋村委会管辖。81 户 359 人，汉族。1958 年属页崖公社杨宋大队，1959 年属盘安公社杨宋大队，1979 年属盘安公社宋家大队，1983 年属盘安乡宋家村委会，2006 年属盘安乡杨宋村委会，2015 年属盘安镇杨宋村委会。因宋姓人居住在弯沟边得名。村落坐南朝北，依山而建，呈团块状分布，面积 0.15 平方千米。农业以种植小麦、玉米、马铃薯、油菜、苹果为主，居民收入以养殖、劳务为主。

湾李家（Wānlǐjiā）　位于盘安镇中部，距镇政府驻地王公家 7.04 千米。属申家湾村委会管辖，系村委会驻地。45 户 180 人，汉族。1958 年属页崖公社申家湾大队，1959 年属盘安公社申家湾大队，

1983 年属盘安乡申家湾村委会，2015 年属盘安镇申家湾村委会。因姓氏和地形得名。村落坐东朝西，依山而建，呈团块状分布，面积 0.06 平方千米。农业以种植小麦、玉米、马铃薯、油菜、苹果为主，居民收入以养殖、劳务为主。有申湾村小学（又称申湾村兰石化希望小学）。

申家湾（Shēnjiāwān） 位于盘安镇中部，距镇政府驻地王公家 7.24 千米。属申家湾村委会管辖。54 户 270 人，汉族。1958 年属页崖公社申家湾大队，1959 年属盘安公社申家湾大队，1983 年属盘安乡申家湾村委会，2015 年属盘安镇申家湾村委会。因姓氏和地形得名。村落坐东朝西，依山而建，呈团块状分布，面积 0.06 平方千米。农业以种植小麦、玉米、马铃薯、油菜、苹果为主，居民收入以养殖、劳务为主。乡道杨岔路经过。

杨孔家（Yángkǒngjiā） 位于盘安镇中部，距镇政府驻地王公家 7.85 千米。属申家湾村委会管辖。35 户 154 人，汉族。1958 年属页崖公社申家湾大队，1959 年属盘安公社申家湾大队，1983 年属盘安乡申家湾村委会，2015 年属盘安镇申家湾村委会。因杨、孔姓氏得名。村落坐东朝西，依山而建，呈团块状分布，面积 0.06 平方千米。农业以种植小麦、玉米、马铃薯、油菜、苹果为主，居民收入以养殖、劳务为主。乡道杨岔路经过。

东湾（Dōngwān） 位于盘安镇中部，距镇政府驻地王公家 8.62 千米。属申家湾村委会管辖。28 户 112 人，汉族。1958 年属页崖公社申家湾大队，1959 年属盘安公社申家湾大队，1983 年属盘安乡申家湾村委会，2015 年属盘安镇申家湾村委会。因地形方位得名。村落坐南朝北，依山而建，呈团块状分布，面积 0.02 平方千米。农业以种植小麦、玉米、马铃薯、油菜、苹果为主，居民以收入养殖、劳务为主。乡道杨岔路经过。

西湾（Xīwān） 位于盘安镇中部，距镇政府驻地王公家 8.9 千米。属申家湾村委会管辖。居民 25 户 161 人，汉族。1958 年属页崖公社申家湾大队，1959 年属盘安公社申家湾大队，1983 年属盘安乡申家湾村委会，2015 年属盘安镇申家湾村委会。因地形方位得名。村落坐东朝西，依山而建，呈团块状分布，面积 0.05 平方千米。农业以种植小麦、玉米、马铃薯、油菜、苹果为主，居民收入以养殖、劳务为主。

申家堡子（Shēnjiābǔzi） 位于盘安镇中部，距镇政府驻地王公家 6.12 千米。属申家湾村委会管辖。68 户 272 人，汉族。1958 年属页崖公社申堡大队，1959 年属盘安公社申堡大队，1983 年属盘安乡申堡村委会，2006 年属盘安乡申家湾村委会，2015 年属盘安镇申家湾村委会。因姓氏和古堡得名。村落坐东朝西，依山而建，呈团块状分布，面积 0.1 平方千米。农业以种植小麦、玉米、马铃薯、油菜、苹果为主，居民收入以养殖、劳务为主。

野鸽子咀（Yěgēzizuǐ） 位于盘安镇中部，距镇政府驻地王公家 5.65 千米。属申家湾村委会管辖。居民 28 户 131 人，汉族。1958 年属页崖公社申堡大队，1959 年属盘安公社申堡大队，1983 年属盘安乡申堡村委会，2006 年属盘安乡申家湾村委会，2015 年属盘安镇申家湾村委会。因梁咀上多有野鸽栖息得名。村落坐南朝北，依山而建，呈团块状分布，面积 0.01 平方千米。农业以种植小麦、玉米、马铃薯、油菜、苹果为主，居民收入以养殖、劳务为主。

牟家山（Móujiāshān） 位于盘安镇中部，距镇政府驻地王公家 5.65 千米。属申家湾村委会管辖。居民 18 户 90 人，汉族。1958 年属页崖公社申堡大队，1959 年属盘安公社申堡大队，1983 年属盘安乡申堡村委会，2006 年属盘安乡申家湾村委会，2015 年属盘安镇申家湾村委会。因姓氏和地形得名。村落坐东朝西，依山而建，呈团块状分布，面积 0.03 平方千米。农业以种植小麦、玉米、马铃薯、油菜、苹果为主，居民收入以养殖、劳务为主。乡道杨岔路经过。

周家阳坡（Zhōujiāyángpō） 位于盘安镇西部，距镇政府驻地王公家 7.24 千米。属周家村委会管辖，系村委会驻地。78 户 361 人，汉族。1958 年属页崖公社周堡大队，1959 年属盘安公社周堡大队，1961 年属盘安公社阳坡大队，1982 年属周家阳坡大队，1983 年属盘安乡周家阳坡村委会，2006 年属盘安乡周家村委会，2015 年属盘安镇周家村委会。因姓氏和方位得名。村落坐北朝南，依山而建，呈散状分布，面积 0.06 平方千米。农业以种植小麦、玉米、马铃薯、油菜、苹果为主，居民收入以养殖、劳务为主。

周家阳坡（2020 年 6 月摄）

荒凹（Huāngwā）　位于盘安镇西部，距镇政府驻地王公家 7.15 千米。属周家村委会管辖。44 户 198 人，汉族。1958 年属页崖公社周堡大队，1959 年属盘安公社周堡大队，1961 年属盘安公社阳坡大队，1982 年属周家阳坡大队，1983 年属盘安乡周家阳坡村委会，2006 年属盘安乡周家村委会，2015 年属盘安镇周家村委会。因居民迁住时此地荒芜得名。村落坐北朝南，依山而建，呈团块状分布，面积 0.03 平方千米。农业以种植小麦、玉米、马铃薯、油菜、苹果为主，居民收入以养殖、劳务为主。

周家堡子（Zhōujiābǔzi）　位于盘安镇西部，距镇政府驻地王公家 7.28 千米。属周家村委会管辖。118 户 534 人，汉族。1958 年属页崖公社周堡大队，1959 年属盘安公社周堡大队，1961 年属盘安公社阴坡大队，1982 年属周家阴坡大队，1983 年属盘安乡周家阴坡村委会，2006 年属盘安乡周家村委会，2015 年属盘安镇周家村委会。因姓氏和土堡得名。村落坐南朝北，依山而建，呈团块状分布，面积 0.08 平方千米。农业以种植小麦、玉米、马铃薯、油菜、苹果为主，居民收入以养殖、劳务为主。有阴坡小学。

周家川子（Zhōujiāchuānzi）　位于盘安镇西部，距镇政府驻地王公家 8.11 千米。属周家村委会管辖。42 户 189 人，汉族。1958 年属页崖公社周堡大队，1959 年属盘安公社周堡大队，1961 年属盘安公社阳坡大队，1982 年属周家阳坡大队，1983 年属盘安乡周家阳坡村委会，2006 年属盘安乡周家村委会，2015 年属盘安镇周家村委会。因周姓人居于鸾沟沟畔而得名。村落坐北朝南，依山而建，呈团块状分布，面积 0.03 平方千米。农业以种植小麦、玉米、马铃薯、油菜、苹果为主，居民收入以养殖、劳务为主。

散缝里（Sànfénglǐ）　位于盘安镇西部，距镇政府驻地王公家 8.03 千米。属周家村委会管辖。28 户 136 人，汉族。1958 年属页崖公社周堡大队，1959 年属盘安公社周堡大队，1961 年属盘安公社阴坡大队，1982 年属周家阴坡大队，1983 年属盘安乡周家阴坡村委会，2006 年属盘安乡周家村委会，2015 年属盘安镇周家村委会。因 1920 年地震致山体滑坡、地面下陷出现裂缝得名。村落坐西朝东，依山而建，呈团块状分布，面积 0.04 平方千米。农业以种植小麦、玉米、马铃薯、油菜、苹果为主，居民收入以养殖、劳务为主。

那坡里（Nàpōlǐ）　位于盘安镇西部，距镇政府驻地王公家 7.63 千米。属周家村委会管辖。31 户 52 人，汉族。1958 年属页崖公社周堡大队，1959 年属盘安公社周堡大队，1961 年属盘安公社阴坡大队，1982 年属周家阴坡大队，1983 年属盘安乡周家阴坡村委会，2006 年属盘安乡周家村委会，2015 年属盘安镇周家村委会。因位于周家阳坡对面山坡得名。村落坐南朝北，依山而建，呈团块状分布，面积 0.03 平方千米。农业以种植小麦、玉米、马铃薯、油菜、苹果为主，居民收入以养殖、劳务为主。

张李家（Zhānglǐjiā）　位于盘安镇西部，距镇政府驻地王公家 8.14 千米。属周家村委会管辖。73 户 328 人，汉族。1958 年属页崖公社周堡大队，1959 年属盘安公社周堡大队，1961 年属阳坡大队，1962 年属张李家大队，1983 年属盘安乡张李家村委会，2006 年属盘安乡周家村委会，2015 年属盘安镇周家村委会。因张、李姓氏得名。村落坐南朝北，依山而建，呈团块状分布，面积 0.08 平方千米。农业以种植小麦、玉米、马铃薯、油菜、苹果为主，居民收入以养殖、劳务为主。

胡家（Hújiā） 位于盘安镇西部，距镇政府驻地王公家 8.7 千米。属周家村委会管辖。17 户 76 人，汉族。1958 年属页崖公社周堡大队，1959 年属盘安公社周堡大队，1961 年阳坡大队，1962 年属张李家大队，1983 年属盘安乡张李家村委会，2006 年属盘安乡周家村委会，2015 年属盘安镇周家村委会。因姓氏得名。村落坐东朝西，依山而建，呈团块状分布，面积 0.09 平方千米。农业以种植小麦、玉米、马铃薯、油菜、苹果为主，居民收入以养殖、劳务为主。

焦家湾（Jiāojiāwān） 位于盘安镇北部，距镇政府驻地王公家 2.38 千米。属焦湾村委会管辖，系村委会驻地。68 户 318 人，汉族。1958 年属页崖公社焦湾大队，1959 年属盘安公社焦湾大队，1962 年属页崖公社焦湾大队，1964 年属盘安公社焦湾大队，1979 年属页崖公社焦湾大队，1983 年属颉崖乡焦湾村委会，2004 年属盘安乡焦湾村委会，2015 年属盘安镇焦湾村委会。因姓氏和地形得名。村落坐东朝西，沿路而建，呈散状分布，面积 0.11 平方千米。农业以种植小麦、玉米、马铃薯、油菜、苹果为主，居民收入以养殖、劳务为主。有焦家湾小学。县道南马公路经此。

焦家新庄（Jiāojiāxīnzhuāng） 位于盘安镇北部，距镇政府驻地王公家 1.94 千米。属焦湾村委会管辖。29 户 133 人，汉族。1958 年属页崖公社焦湾大队，1959 年属盘安公社焦湾大队，1962 年属页崖公社焦湾大队，1964 年属盘安公社焦湾大队，1979 年属页崖公社焦湾大队，1983 年属颉崖乡焦湾村委会，2004 年属盘安乡焦湾村委会，2015 年属盘安镇焦湾村委会。因焦家湾居民新迁得名。村落坐东朝西，沿路而建，呈散状分布，面积 0.06 平方千米。农业以种植小麦、玉米、马铃薯、油菜、苹果为主，居民收入以养殖、劳务为主。

刘家端湾（Liújiāduānwān） 位于盘安镇北部，距镇政府驻地王公家 3.27 千米。属焦湾村委会管辖。48 户 205 人，汉族。1958 年属页崖公社端湾大队，1959 年属盘安公社端湾大队，1962 年属页崖公社端湾大队，1964 年属盘安公社端湾大队，1979 年属页崖公社端湾大队，1983 年属颉崖乡端湾村委会，2004 年属盘安乡端湾村委会，2006 年属盘安乡焦湾村委会，2015 年属盘安镇焦湾村委会。因姓氏和居住山湾陡峭得名。村落坐南朝北，依山而建，呈团块状分布，面积 0.08 平方千米。农业以种植小麦、玉米、马铃薯、油菜、苹果为主，居民收入以养殖、劳务为主。乡道莱水公路经此。

木瓜湾（Mùguāwān） 位于盘安镇北部，距镇政府驻地王公家 3.51 千米。属焦湾村委会管辖。29 户 132 人，汉族。1958 年属页崖公社端湾大队，1959 年属盘安公社端湾大队，1962 年属页崖公社端湾大队，1964 年属盘安公社端湾大队，1979 年属页崖公社端湾大队，1983 年属颉崖乡端湾村委会，2004 年属盘安乡端湾村委会，2006 年属盘安乡焦湾村委会，2015 年属盘安镇焦湾村委会。以生长木瓜和地形得名。村落坐西朝东，依山而建，呈团块状分布，面积 0.03 平方千米。农业以种植小麦、玉米、马铃薯、油菜、苹果为主，居民收入以养殖、劳务为主。

胡家高山（Hújiāgāoshān） 位于盘安镇北部，距镇政府驻地王公家 4.86 千米。属焦湾村委会管辖。35 户 163 人，汉族。1958 年属页崖公社端湾大队，1959 年属盘安公社端湾大队，1962 年属页崖公社端湾大队，1964 年属盘安公社端湾大队，1979 年属页崖公社端湾大队，1983 年属颉崖乡端湾村委会，2004 年属盘安乡端湾村委会，2006 年属盘安乡焦湾村委会，2015 年属盘安镇焦湾村委会。因姓氏和地形得名。村落坐东朝西，依山而建，呈散状分布，面积 0.09 平方千米。农业以种植小麦、玉米、马铃薯、油菜、苹果为主，居民收入以养殖、劳务为主。

颉崖史家（Xié'áishǐjiā） 位于盘安镇北部，距镇政府驻地王公家 5.8 千米。属颉崖村委会管辖，系村委会驻地。124 户 576 人，汉族。1958 年属页崖公社页崖大队，1959 年属盘安公社页崖公社，1962 年属页崖公社页崖大队，1964 年属盘安公社页崖大队，1979 年属页崖公社页崖大队，1983 年属颉崖乡颉崖村委会，2004 年属盘安乡颉崖村委会，2015 年属盘安镇颉崖村委会。原称页崖史家，因当地有一东西走向山脉被南北走向大泡儿咀山横截，形成一横崖，下有史姓人居住得名，1982 年地名普查时因“页”字音意不符，改用“颉崖”。村落坐北朝南，沿路而建，呈团块状分布，面积 0.21 平方千米。农业以种植小麦、玉米、马铃薯、油菜、苹果为主，居民收入以养殖、劳务为主。有颉崖中学、颉崖小学。乡道菜水公路经此。

祁家湾（Qíjiāwān） 位于盘安镇北部，距镇政府驻地王公家 5.03 千米。属颉崖村委会管辖。155 户 679 人，汉族。1958 年属页崖公社页崖大队，1959 年属盘安公社页崖公社，1962 年属页崖公社页崖大队，1964 年属盘安公社页崖大队，1979 年属页崖公社页崖大队，1983 年属颉崖乡颉崖村委会，2004 年属盘安乡颉崖村委会，2015 年属盘安镇颉崖村委会。因姓氏和地形得名。村落坐北朝南，沿山湾而建，呈团块状分布，面积 0.09 平方千米。农业以种植小麦、玉米、马铃薯、油菜、苹果为主，居民收入以养殖、劳务为主。乡道菜水公路经此。

赵吴家（Zhàowújiā） 位于盘安镇北部，距镇政府驻地王公家 4.52 千米。属颉崖村委会管辖。126 户 578 人，汉族。1958 年属页崖公社页崖大队，1959 年属盘安公社页崖大队，1962 年属页崖公社页崖大队，1964 年属盘安公社页崖大队，1979 年属页崖公社赵吴大队，1983 年属颉崖乡赵吴村委会，2004 年属盘安乡赵吴村委会，2006 年属盘安乡颉崖村委会，2015 年属盘安镇颉崖村委会。因赵、吴姓氏得名。村落坐西朝东，依山坡而建，呈团块状分布，面积 0.09 平方千米。农业以种植小麦、玉米、马铃薯、油菜、苹果为主，居民收入以养殖、劳务为主。乡道菜水公路经此。

赵吴家阳山（Zhàowújiāyángshān） 位于盘安镇北部，距镇政府驻地王公家 3.65 千米。属颉崖村委会管辖。54 户 258 人，汉族。1958 年属页崖公社页崖大队，1959 年属盘安公社页崖大队，1962 年属页崖公社页崖大队，1964 年属盘安公社页崖大队，1979 年属页崖公社赵吴大队，1983 年属颉崖乡赵吴村委会，2004 年属盘安乡赵吴村委会，2006 年属盘安乡颉崖村委会，2015 年属盘安镇颉崖村委会。因方位得名。村落坐北朝南，依岔李沟阳坡而建，呈团块状分布，面积 0.05 平方千米。农业以种植小麦、玉米、马铃薯、油菜、苹果为主，居民收入以养殖、劳务为主。乡道雷王公路经此。

雷家小庄（Léijiāxiǎozhuāng） 位于盘安镇北部，距镇政府驻地王公家 7.24 千米。属牡丹咀村委会管辖，系村委会驻地。30 户 141 人，汉族。1958 年属页崖公社牡丹咀大队，1959 年属盘安公社牡丹咀大队，1962 年属页崖公社牡丹咀大队，1964 年属盘安公社牡丹咀大队，1979 年属页崖公社牡丹咀大队，1983 年属颉崖乡牡丹咀村委会，2004 年属盘安乡牡丹咀村委会，2015 年属盘安镇牡丹咀村委会。因姓氏和村落规模小得名。村落沿山咀呈散状分布，面积 0.07 平方千米。农业以种植小麦、玉米、马铃薯、油菜为主，居民收入以养殖、劳务为主。

牡丹咀（Mǔdānzuǐ） 位于盘安镇北部，距镇政府驻地王公家 7.47 千米。属牡丹咀村委会管辖。71 户 319 人，汉族。1958 年属页崖公社牡丹咀大队，1959 年属盘安公社牡丹咀大队，1962 年属页崖公社牡丹咀大队，1964 年属盘安公社牡丹咀大队，1979 年属页崖公社牡丹咀大队，1983 年属颉崖乡牡丹咀村委会，2004 年属盘安乡牡丹咀村委会，2015 年属盘安镇牡丹咀村委会。因地形和生长牡丹得名。村落沿山咀呈散状分布，面积 0.08 平方千米。农业以种植小麦、玉米、马铃薯、油菜为主，居民收入以养殖、劳务为主。

上刘家（Shàngliújiā） 位于盘安镇北部，距镇政府驻地王公家 6.76 千米。属牡丹咀村委会管辖。23 户 103 人，汉族。1958 年属页崖公社牡丹咀大队，1959 年属盘安公社牡丹咀大队，1962 年属页崖公社牡丹咀大队，1964 年属盘安公社牡丹咀大队，1979 年属页崖公社牡丹咀大队，1983 年属颉崖乡牡丹咀村委会，2004 年属盘安乡牡丹咀村委会，2015 年属盘安镇牡丹咀村委会。因姓氏和方位得名。村落沿山梁呈散状分布，面积 0.04 平方千米。农业以种植小麦、玉米、马铃薯、油菜为主，居民收入以养殖、劳务为主。

刘家咀（Liújiāzuǐ） 位于盘安镇北部，距镇政府驻地王公家 7.08 千米。属牡丹咀村委会管辖。

5户12人，汉族。1958年属页崖公社牡丹咀大队，1959年属盘安公社牡丹咀大队，1962年属页崖公社牡丹咀大队，1964年属盘安公社牡丹咀大队，1979年属页崖公社牡丹咀大队，1983年属颉崖乡牡丹咀村委会，2004年属盘安乡牡丹咀村委会，2015年属盘安镇牡丹咀村委会。因姓氏和地形得名。村落坐南朝北，依山而建，呈散状分布，面积0.02平方千米。农业以种植小麦、玉米、马铃薯、油菜为主，居民收入以养殖、劳务为主。

谢家沟（Xièjiāgōu） 位于盘安镇北部，距镇政府驻地王公家7.71千米。属牡丹咀村委会管辖。31户152人，汉族。1958年属页崖公社牡丹咀大队，1959年属盘安公社牡丹咀大队，1962年属页崖公社牡丹咀大队，1964年属盘安公社牡丹咀大队，1979年属页颉崖公社牡丹咀大队，1983年属颉崖乡牡丹咀村委会，2004年属盘安乡牡丹咀村委会，2015年属盘安镇牡丹咀村委会。因姓氏和地形得名。村落沿沟而建，呈散状分布，面积0.05平方千米。农业以种植小麦、玉米、马铃薯、油菜为主，居民收入以养殖、劳务为主。

樊家庙（Fánjiāmiào） 位于盘安镇北部，距镇政府驻地王公家7.33千米。属樊庙村委会管辖，系村委会驻地。38户180人，汉族。1958年属页崖公社樊庙大队，1959年属盘安公社樊庙大队，1962年属页崖公社樊庙大队，1964年属盘安公社樊庙大队，1979年属页崖公社樊庙大队，1983年属颉崖乡樊庙村委会，2004年属盘安乡樊庙村委会，2015年属盘安镇樊庙村委会。因庙宇和姓氏得名。村落坐东北朝西南，依山而建，呈团块状分布，面积0.09平方千米。农业以种植小麦、玉米、马铃薯、油菜为主，居民收入以养殖、劳务为主。乡道莱水公路经此。

梁家官路（Liángjiāguānlù） 位于盘安镇北部，距镇政府驻地王公家7.36千米。属樊庙村委会管辖，为村委会驻地。55户260人，汉族。1958年属页崖公社樊庙大队，1959年属盘安公社樊庙大队，1962年属页崖公社樊庙大队，1964年属盘安公社樊庙大队，1979年属页崖公社樊庙大队，1983年属颉崖乡樊庙村委会，2004年属盘安乡樊庙村委会，2015年属盘安镇樊庙村委会。因梁姓人居住大路旁得名。村落坐东朝西，依山而建，呈散状分布，面积0.08平方千米。农业以种植小麦、玉米、马铃薯、油菜为主，居民收入以养殖、劳务为主。有樊庙初小。

包家阳屲（Bāojiāyángwā） 位于盘安镇北部，距镇政府驻地王公家7.99千米。属樊庙村委会管辖。35户165人，汉族。1958年属页崖公社樊庙大队，1959年属盘安公社樊庙大队，1962年属页崖公社樊庙大队，1964年属盘安公社樊庙大队，1979年属页崖公社樊庙大队，1983年属颉崖乡樊庙村委会，2004年属盘安乡樊庙村委会，2015年属盘安镇樊庙村委会。因姓氏和方位得名。村落坐西朝东，依山而建，呈散状分布，面积0.04平方千米。农业以种植小麦、玉米、马铃薯、油菜为主，居民收入以养殖、劳务为主。

梁家寺湾（Liángjiāsìwān） 位于盘安镇北部，距镇政府驻地王公家6.32千米。属樊庙村委会管辖。139户635人，汉族。1958年属页崖公社樊庙大队，1959年属盘安公社樊庙大队，1962年属页崖公社樊庙大队，1964年属盘安公社樊庙大队，1979年属页崖公社梁家寺湾大队，1983年属颉崖乡梁家寺湾村委会，2004年属盘安乡梁家寺湾村委会，2006年属樊庙村委会，2015年属盘安镇樊庙村委会。因原有寺庙和姓氏得名。村落坐南朝北，依山而建，呈团块状分布，面积0.17平方千米。农业以种植小麦、玉米、马铃薯、油菜为主，居民收入以养殖、劳务为主。

六房沟（Liùfánggōu） 位于盘安镇北部，距镇政府驻地王公家6.61千米。属樊庙村委会管辖。101户455人，汉族。1958年属页崖公社樊庙大队，1959年属盘安公社樊庙大队，1962年属页崖公社樊庙大队，1964年属盘安公社樊庙大队，1979年属页崖公社六房沟大队，1983年属颉崖乡六房沟村委会，2004年属盘安乡六房沟村委会，2006年属樊庙村委会，2015年属盘安镇樊庙村委会。因居民属刘氏家族第六房门得名。村落坐北朝南，依山而建，呈团块状分布，面积0.14平方千米。农业以种植小麦、玉米、马铃薯、油菜为主，居民收入以养殖、劳务为主。

庙凸上（Miàowāshàng）　位于盘安镇北部，距镇政府驻地王公家 8.28 千米。属樊庙村委会管辖。44 户 179 人，汉族。1958 年属页崖公社樊庙大队，1959 年属盘安公社樊庙大队，1962 年属页崖公社樊庙大队，1964 年属盘安公社樊庙大队，1979 年属页崖公社樊庙大队，1983 年属颉崖乡樊庙村委会，2004 年属盘安乡樊庙村委会，2015 年属盘安镇樊庙村委会。因古庙和地形得名。村落坐西朝东，依山而建，呈团块状分布，面积 0.07 平方千米。农业以种植小麦、玉米、马铃薯、油菜为主，居民收入以养殖、劳务为主。

塌坡陈家（Tāpōchénjiā）　位于盘安镇北部，距镇政府驻地王公家 6.9 千米。属刘陈村委会管辖，系村委会驻地。161 户 767 人，汉族。1958 年属页崖公社刘陈大队，1959 年属盘安公社刘陈大队，1962 年属页崖公社刘陈大队，1964 年属盘安公社刘陈大队，1979 年属页崖公社陈家大队，1983 年属颉崖乡陈家村委会，2004 年属盘安乡陈家村委会，2006 年属刘陈村委会，2015 年属盘安镇刘陈村委会。因姓氏和地形得名。村落坐北朝南，依山而建，呈团块状分布，面积 0.22 平方千米。农业以种植小麦、玉米、马铃薯、油菜为主，居民收入以养殖、劳务为主。

窑刘家（Yáoliújiā）　位于盘安镇北部，距镇政府驻地王公家 6.19 千米。属刘陈村委会管辖。169 户 736 人，汉族。1958 年属页崖公社刘陈大队，1959 年属盘安公社刘陈大队，1962 年属页崖公社刘陈大队，1964 年属盘安公社刘陈大队，1979 年属页崖公社刘家大队，1982 年属页崖公社窑刘家大队，1983 年属颉崖乡窑刘家村委会，2004 年属盘安乡窑刘家村委会，2006 年属刘陈村委会，2015 年属盘安镇刘陈村委会。因刘姓人初居窑洞得名。村落坐北朝南，依山而建，呈团块状分布，面积 0.23 平方千米。农业以种植小麦、玉米、马铃薯、油菜为主，居民收入以养殖、劳务为主。有刘陈小学。

雷家大庄（Léijiādàzhuāng）　位于盘安镇北部，距镇政府驻地王公家 4.29 千米。属雷家村委会管辖，为村委会驻地。154 户 665 人，汉族。1958 年属页崖公社雷家大队，1959 年属盘安公社雷家大队，1962 年属页崖公社雷家大队，1964 年属盘安公社雷家大队，1979 年属页崖公社下雷大队，1983 年属颉崖乡下雷村委会，2004 年属盘安乡下雷村委会，2006 年属雷家村委会，2015 年属盘安镇雷家村委会。因是雷姓人老庄得名。村落坐东朝西，依山而建，呈团块状分布，面积 0.18 平方千米。农业以种植小麦、玉米、马铃薯、油菜为主，居民收入以养殖、劳务为主。有雷家初小。乡道雷王公路经此。

上雷家（Shàngléijiā）　位于盘安镇北部，距镇政府驻地王公家 4.64 千米。属雷家村委会管辖。123 户 594 人，汉族。1958 年属页崖公社雷家大队，1959 年属盘安公社雷家大队，1962 年属页崖公社雷家大队，1964 年属盘安公社雷家大队，1979 年属页崖公社上雷大队，1983 年属颉崖乡上雷村委会，2004 年属盘安乡上雷村委会，2006 年属雷家村委会，2015 年属盘安镇雷家村委会。因姓氏和方位得名。村落坐东朝西，依山而建，呈团块状分布，面积 0.13 平方千米。农业以种植小麦、玉米、马铃薯、油菜为主，居民收入以养殖、劳务为主。乡道雷王公路经此。

岔儿李家（Chàrlǐjiā）　位于盘安镇中部，距镇政府驻地王公家 4.42 千米。属岔李村委会管辖，系村委会驻地。157 户 670 人，汉族。1958 年属页崖公社岔李大队，1959 年属盘安公社岔李大队，1983 年属盘安乡岔李村委会，2015 年属盘安镇岔李村委会。因姓氏和地形得名。1929 年在此地设立集市时更名“磐安”镇，取“安如磐石”之意，后来演变成“盘安”。1949 年设盘安乡后，此地复称岔儿李家。村落呈团块状分布，面积 0.21 平方千米。农业以种植小麦、玉米、马铃薯、油菜、苹果为主，居民收入以养殖、劳务为主。有岔李小学。县道南马公路经此。

庙川（Miàochuān）　位于盘安镇中部，距镇政府驻地王公家 4.98 千米。属岔李村委会管辖。29 户 124 人，汉族。1958 年属页崖公社岔李大队，1959 年属盘安公社岔李大队，1983 年属盘安乡岔李村委会，2015 年属盘安镇岔李村委会。因建有庙宇和地形得名。村落坐西朝东，临河而居，呈团块状分布，面积 0.03 平方千米。农业以种植小麦、玉米、马铃薯、油菜、苹果为主，居民收入以养殖、劳务为主。县道南马公路经此。

岔李上庄（Chàlǐshàngzhuāng） 位于盘安镇中部，距镇政府驻地王公家 4.4 千米。属岔李村委会管辖。134 户 663 人，汉族。1958 年属页崖公社岔李上庄大队，1959 年属盘安公社岔李大队，1973 年属盘安公社岔李上庄大队，1983 年改称盘安乡岔李上庄村委会，2006 年属盘安乡岔李村委会，2015 年属盘安镇岔李村委会。因姓氏和地形方位得名。村落坐南朝北，依山而建，呈散状分布，面积 0.15 平方千米。农业以种植小麦、玉米、马铃薯、油菜、苹果为主，居民收入以养殖、劳务为主。

沟儿里（Gōurlǐ） 位于盘安镇中部，距镇政府驻地王公家 4.38 千米。属岔李村委会管辖。105 户 534 人，汉族。1958 年属页崖公社岔李大队，1959 年属盘安公社岔李大队，1983 年属盘安乡岔李村委会，2015 年属盘安镇岔李村委会。因地理位置得名。村落坐南朝北，依山而建，呈团块状分布，面积 0.03 平方千米。农业以种植小麦、玉米、马铃薯、油菜、苹果为主，居民收入以养殖、劳务为主。

阴瓦山（Yīnwǎshān） 位于盘安镇中部，距镇政府驻地王公家 4.58 千米。属岔李村委会管辖。48 户 169 人，汉族。1958 年属页崖公社岔李上庄大队，1959 年属盘安公社岔李大队，1973 年属盘安公社岔李上庄大队，1983 年改称盘安乡岔李上庄村委会，2006 年属盘安乡岔李村委会，2015 年属盘安镇岔李村委会。因地形方位得名，村落坐北朝南，依山而建，呈团块状分布，面积 0.03 平方千米。农业以种植小麦、玉米、马铃薯、油菜、苹果为主，居民收入以养殖、劳务为主。

通化镇

新集（Xīnjí） 位于通化镇西南部，系镇政府、村委会驻地。属新集村委会管辖。173 户 751 人，汉族为主。1958 年属通边公社新集大队，1962 年属新集公社新集大队，1964 年属通边公社新集大队，1979 年属新集公社新集大队，1983 年属通化乡新集村委会，2016 年属通化镇新集村委会。因新设立集市得名。村落呈团块状分布，面积 0.26 平方千米。农业以种植小麦、玉米、马铃薯、药材、大蒜为主，居民收入以养殖、劳务为主。有通化中心卫生院、通化中学、通化小学。县道苏庄公路经此。

新集（2020 年 6 月摄）

樊家（Fánjiā） 位于通化镇西南部，距镇政府驻地新集 0.48 千米。属新集村委会管辖。98 户 401 人，汉族。1958 年属通边公社新集大队，1962 年属新集公社新集大队，1964 年属通边公社新集大队，1979 年属新集公社新集大队，1983 年属通化乡新集村委会，2016 年属通化镇新集村委会。因姓氏得名。村落呈团块状分布，面积 0.05 平方千米。农业以种植小麦、玉米、马铃薯、药材、大蒜为主，居民收入以养殖、劳务为主。

史家庄（Shǐjiāzhuāng） 位于通化镇西南部，距镇政府驻地新集 0.46 千米。属新集村委会管辖。48 户 187 人，汉族。1958 年属通边公社新集大队，1962 年属新集公社新集大队，1964 年属通边公社新集大队，1979 年属新集公社新集大队，1983 年属通化乡新集村委会，2016 年属通化镇新集村委会。因姓氏得名。村落呈团块状分布，面积 0.04 平方千米。农业以种植小麦、玉米、马铃薯、药材、大蒜为主，居民收入以养殖、劳务为主。

六房（Liùfáng）　位于通化镇西南部，距镇政府驻地新集 1.39 千米。属新集村委会管辖。144 户 583 人，汉族。1958 年属通边公社新集大队，1962 年属新集公社新集大队，1964 年属通边公社新集大队，1979 年属新集公社六房大队，1983 年属通化乡六房村委会，2006 年属新集村委会，2016 年属通化镇新集村委会。因初居此地者排行第六得名。村落呈团块状分布，面积 0.1 平方千米。农业以种植小麦、玉米、马铃薯、药材、大蒜为主，居民收入以养殖、劳务为主。

王家湾（Wángjiāwān）　位于通化镇西南部，距镇政府驻地新集 1.79 千米。属新集村委会管辖。59 户 226 人，汉族。1958 年属通边公社新集大队，1962 年属新集公社新集大队，1964 年属通边公社新集大队，1979 年属新集公社六房大队，1983 年属通化乡六房村委会，2006 年属新集村委会，2016 年属通化镇新集村委会。因姓氏和地形得名。村落呈团块状分布，面积 0.02 平方千米。农业以种植小麦、玉米、马铃薯为主，居民收入以养殖、劳务为主。

徐家庄（Xújiāzhuāng）　位于通化镇西南部，距镇政府驻地新集 1.76 千米。属新集村委会管辖。17 户 69 人，汉族。1958 年属通边公社新集大队，1962 年属新集公社新集大队，1964 年属通边公社新集大队，1979 年属新集公社六房大队，1983 年属通化乡六房村委会，2006 年属新集村委会，2016 年属通化镇新集村委会。因姓氏得名。村落坐西朝东，依山而建，呈散状分布，面积 0.02 平方千米。农业以种植小麦、玉米、马铃薯为主，居民收入以养殖、劳务为主。

韩席儿家（Hánxírjiā）　位于通化镇东南部，距镇政府驻地新集 4.35 千米。属韩席村委会管辖，系村委会驻地。97 户 421 人，汉族。1958 年属通边公社九大队，1962 年属新集公社韩席大队，1964 年属通边公社韩席大队，1979 年属新集公社韩席大队，1983 年属通化乡韩席村委会，2016 年属通化镇韩席村委会。因韩、席两姓得名。村落坐北朝南，傍河而居，呈团块状分布，面积 0.19 平方千米。农业以种植小麦、玉米、马铃薯、油菜为主，居民收入以养殖、劳务为主。

金赵（Jīnzhào）　位于通化镇东南部，距镇政府驻地新集 3.58 千米。属韩席村委会管辖。80 户 346 人，汉族。1958 年属通边公社九大队，1962 年属新集公社韩席大队，1964 年属通边公社韩席大队，1979 年属新集公社韩席大队，1983 年属通化乡韩席村委会，2016 年属通化镇韩席村委会。因金、赵两姓得名。村落坐东北朝西南，傍河而居，呈团块状分布，面积 0.09 平方千米。农业以种植小麦、玉米、马铃薯为主，居民收入以养殖、劳务为主。

阳家咀（Yángjiāzuǐ）　位于通化镇东南部，距镇政府驻地新集 2.67 千米。属韩席村委会管辖。12 户 52 人，汉族。1958 年属通边公社九大队，1962 年属新集公社韩席大队，1964 年属通边公社韩席大队，1979 年属新集公社韩席大队，1983 年属通化乡韩席村委会，2016 年属通化镇韩席村委会。因地理位置和地形得名。村落坐东朝西，沿路而建，呈团块状分布，面积 0.02 平方千米。农业以种植小麦、玉米、马铃薯为主，居民收入以养殖、劳务为主。

王船儿家（Wángchuánrjiā）　位于通化镇东南部，距镇政府驻地新集 4.3 千米。属韩席村委会管辖。40 户 164 人，汉族。1958 年属通边公社九大队，1962 年属新集公社韩席大队，1964 年属通边公社韩席大队，1979 年属新集公社韩席大队，1983 年属通化乡韩席村委会，2016 年属通化镇韩席村委会。因王姓人家编圌贮粮而得名（原为“圌”，后改为“船”）。村落坐东朝西，依山而建，呈团块状分布，面积 0.09 平方千米。农业以种植小麦、玉米、马铃薯为主，居民收入以养殖、劳务为主。

张虎家（Zhānghǔjiā）　位于通化镇东部，距镇政府驻地新集 5.85 千米。属陈堡村委会管辖，系村委会驻地。136 户 527 人，汉族。1958 年属通边公社陈堡大队，1962 年属新集公社陈堡大队，1964 年属通边公社陈堡大队，1979 年属新集公社张虎大队，1983 年改称通化乡张虎村委会，2006 年属陈堡村委会，2016 年属通化镇陈堡村委会。相传昔年张虎一家居住此地，故名。村落坐北朝南，沿路而建，呈团块状分布，面积 0.17 平方千米。农业以种植小麦、玉米、马铃薯为主，居民收入以养殖、劳务为主。乡道张通公路经此。

陈家堡（Chénjiābǔ） 位于通化镇东部，距镇政府驻地新集 6.85 千米。属陈堡村委会管辖。96 户 429 人，汉族。1958 年属通边公社陈堡大队，1962 年属新集公社陈堡大队，1964 年属通边公社陈堡大队，1979 年属新集公社陈堡大队，1983 年属通化乡陈堡村委会，2016 年属通化镇陈堡村委会。因姓氏和土堡得名。村落呈团块状分布，面积 0.19 平方千米。农业以种植小麦、玉米、马铃薯为主，居民收入以养殖、劳务为主。有陈堡小学、通边林场和国家级文物保护单位陈家洞石窟。乡道张通公路经此。2018 年被评为“平凉最美旅游乡村”。

陈家堡（2019 年 9 月摄）

后梁上（Hòuliángshàng） 位于通化镇东部，距镇政府驻地新集 7 千米。属陈堡村委会管辖。71 户 293 人，汉族。1958 年属通边公社陈堡大队，1962 年属新集公社陈堡大队，1964 年属通边公社陈堡大队，1979 年属新集公社陈堡大队，1983 年属通化乡陈堡村委会，2016 年属通化镇陈堡村委会。因地形方位得名。村落依山而建，呈散状分布，面积 0.06 平方千米。农业以种植小麦、玉米、马铃薯为主，居民收入以养殖、劳务为主。

史坡凹阳山（Shǐpōwāyángshān） 位于通化镇东部，距镇政府驻地新集 6.45 千米。属陈堡村委会管辖。27 户 135 人，汉族。1958 年属通边公社陈堡大队，1962 年属新集公社陈堡大队，1964 年属通边公社陈堡大队，1979 年属新集公社陈堡大队，1983 年属通化乡陈堡村委会，2016 年属通化镇陈堡村委会。因姓氏和地形方位得名。村落坐北朝南，依山而建，呈散状分布，面积 0.06 平方千米。农业以种植小麦、玉米、马铃薯为主，居民收入以养殖、劳务为主。

史坡凹阴山（Shǐpōwāyīnshān） 位于通化镇东部，距镇政府驻地新集 6.5 千米。属陈堡村委会管辖。52 户 217 人，汉族。1958 年属通边公社陈堡大队，1962 年属新集公社陈堡大队，1964 年属通边公社陈堡大队，1979 年属新集公社陈堡大队，1983 年属通化乡陈堡村委会，2016 年属通化镇陈堡村委会。因姓氏和地形方位得名。村落坐东朝西，沿路而建，呈散状分布，面积 0.08 平方千米。农业以种植小麦、玉米、马铃薯为主，居民收入以养殖、劳务为主。乡道张通公路经此。

焦家阴凹（Jiāojiāyīnwā） 位于通化镇东南部，距镇政府驻地新集 5.53 千米。属陈堡村委会管辖。38 户 160 人，汉族。1958 年属通边公社陈堡大队，1962 年属新集公社陈堡大队，1964 年属通边公社陈堡大队，1979 年属新集公社张虎大队，1983 年属通化乡张虎村委会，2006 年属陈堡村委会，2016 年属通化镇陈堡村委会。因姓氏和地形方位得名。村落坐南朝北，依山而建，呈团块状分布，面积 0.07 平方千米。农业以种植小麦、玉米、马铃薯为主，居民收入以养殖、劳务为主。

张家岭（Zhāngjiālǐng） 位于通化镇东南部，距镇政府驻地新集 6.32 千米。属陈堡村委会管辖。66 户 273 人，汉族。1958 年属通边公社陈堡大队，1962 年属新集公社陈堡大队，1964 年属通边公社陈堡大队，1979 年属新集公社张虎大队，1983 年属通化乡张虎村委会，2006 年属陈堡村委会，

2016年属通化镇陈堡村委会。因姓氏和地形得名。村落沿梁而建，呈团块状分布，面积0.09平方千米。农业以种植小麦、玉米、马铃薯为主，居民收入以养殖、劳务为主。乡道张通公路经此。

王牛角（Wángniújiǎo）　位于通化镇东南部，距镇政府驻地新集4.26千米。属梅堡村委会管辖，系村委会驻地。122户561人，汉族。1958年属通边公社王牛角大队，1962年属新集公社王牛角大队，1964年属通边公社梅堡大队，1979年属新集公社梅堡大队，1983年属通化乡梅堡村委会，2016年属通化镇梅堡村委会。因王姓人家以牛角制作器皿得名。村落坐东朝西，沿路而建，呈团块状分布，面积0.11平方千米。农业以种植小麦、玉米、马铃薯为主，居民收入以养殖、劳务为主。

马莲套（Mǎliántào）　位于通化镇东南部，距镇政府驻地新集4.71千米。属梅堡村委会管辖。21户117人，汉族。1958年属通边公社梅堡大队，1962年属新集公社梅堡大队，1964年属通边公社梅堡大队，1979年属新集公社梅堡大队，1983年属通化乡梅堡村委会，2016年属通化镇梅堡村委会。因本地曾成片生长马兰草（本地称“马莲”）得名。村落坐东朝西，沿路而建，呈团块状分布，面积0.07平方千米。农业以种植小麦、玉米、马铃薯为主，居民收入以养殖、劳务为主。乡道张通公路经此。

梅堡阳山（Méibǔyángwā）　位于通化镇东南部，距镇政府驻地新集4.23千米。属梅堡村委会管辖。65户290人，汉族。1958年属通边公社梅堡大队，1962年属新集公社梅堡大队，1964年属通边公社梅堡大队，1979年属新集公社梅堡大队，1983年属通化乡梅堡村委会，2016年属通化镇梅堡村委会。因地形方位得名。呈散状分布，面积0.08平方千米。农业以种植小麦、玉米、马铃薯为主，居民收入以养殖、劳务为主。有梅堡小学。

梅堡阴山（Méibǔyīnwā）　位于通化镇东南部，距镇政府驻地新集6.67千米。属梅堡村委会管辖。83户355人，汉族。1958年属通边公社梅堡大队，1962年属新集公社梅堡大队，1964年属通边公社梅堡大队，1979年属新集公社梅堡大队，1983年属通化乡梅堡村委会，2016年属通化镇梅堡村委会。因地形方位得名。村落坐西朝东，依山而建，呈团块状分布，面积0.09平方千米。农业以种植小麦、玉米、马铃薯为主，居民收入以养殖、劳务为主。

梅堡（Méibǔ）　位于通化镇中南部，属梅堡村委会管辖。因姓氏和土堡得名，是梅堡阳山、梅堡阴山总称。距镇政府驻地新集4.59千米。

石家岔（Shíjiāchà）　位于通化镇东北部，距镇政府驻地新集3.24千米。属石岔村委会管辖，系村委会驻地。103户440人，汉族。1958年属通边公社八大队，1962年属新集公社石岔大队，1964年属通边公社石岔大队，1979年属新集公社石岔大队，1983年属通化乡石岔村委会，2016年属通化镇石岔村委会。因姓氏和地形得名。村落沿沟而建，呈散状分布，面积0.13平方千米。农业以种植小麦、玉米、马铃薯为主，居民收入以养殖、劳务为主。

油房（Yóufáng）　位于通化镇东北部，距镇政府驻地新集3.4千米。属石岔村委会管辖。22户105人，汉族。1958年属通边公社八大队，1962年属新集公社石岔大队，1964年属通边公社石岔大队，1979年属新集公社石岔大队，1983年属通化乡石岔村委会，2016年属通化镇石岔村委会。因居民开办油坊得名。村落坐北朝南，沿路而建，呈团块状分布，面积0.03平方千米。农业以种植小麦、玉米、马铃薯为主，居民收入以养殖、劳务为主。乡道张通公路经此。

魏家湾（Wèijiāwān）　位于通化镇东南部，距镇政府驻地新集4千米。属石岔村委会管辖。55户218人，汉族。1958年属通边公社八大队，1962年属新集公社石岔大队，1964年属通边公社石岔大队，1979年属新集公社石岔大队，1983年属通化乡石岔村委会，2016年属通化镇石岔村委会。因姓氏和地形得名。村落坐北朝南，依山而建，呈团块状分布，面积0.05平方千米。农业以种植小麦、玉米、马铃薯为主，居民收入以养殖、劳务为主。

坪上（Píngshàng）　位于通化镇西南部，距镇政府驻地新集0.46千米。属新庄村委会管辖，系村委会驻地。105户433人，汉族。1958年属通边公社八大队，1962年属新集公社新庄大队，1964年属通边公社新庄大队，1979 年属新集公社新庄大队，1983 年属通化乡新庄村委会，2016 年属通化镇新庄村委会。因地形得名。村落坐东朝西，沿路而建，呈团块状分布，面积 0.08 平方千米。农业以种植小麦、玉米、马铃薯为主，居民收入以养殖、劳务为主。县道苏庄公路和乡道张通公路交会。

堡子梁（Bǔziliáng） 位于通化镇西南部，距镇政府驻地新集 1.99 千米。属新庄村委会管辖。1 户 1 人，汉族。1958 年属通边公社八大队，1962 年属新集公社新庄大队，1964 年属通边公社新庄大队，1979 年属新集公社新庄大队，1983 年属通化乡新庄村委会，2016 年属通化镇新庄村委会。因地形和土堡得名。村落坐东朝西，依山而建。面积 0.01 平方千米。农业以种植小麦、玉米、马铃薯为主，居民收入以养殖、劳务为主。

深沟里（Shēngōulǐ） 位于通化镇西南部，距镇政府驻地新集 0.82 千米。属新庄村委会管辖。51 户 215 人，汉族。1958 年属通边公社八大队，1962 年属新集公社新庄大队，1964 年属通边公社新庄大队，1979 年属新集公社新庄大队，1983 年属通化乡新庄村委会，2016 年属通化镇新庄村委会。因地理位置得名。村落坐东朝西，呈团块状分布，面积 0.08 平方千米。农业以种植小麦、玉米、马铃薯为主，居民收入以养殖、劳务为主。

大湾（Dàwān） 位于通化镇西北部，距镇政府驻地新集 1.8 千米。属新庄村委会管辖。46 户 218 人，汉族。1958 年属通边公社八大队，1962 年属新集公社新庄大队，1964 年属通边公社新庄大队，1979 年属新集公社新庄大队，1983 年属通化乡新庄村委会，2016 年属通化镇新庄村委会。因地形得名。村落呈团块状分布，面积 0.03 平方千米。农业以种植小麦、玉米、马铃薯为主，居民收入以养殖、劳务为主。

南岔湾（Nánchàwān） 位于通化镇西南部，距镇政府驻地新集 2.11 千米。属新庄村委会管辖。6 户 27 人，汉族。1958 年属通边公社八大队，1962 年属新集公社新庄大队，1964 年属通边公社新庄大队，1979 年属新集公社新庄大队，1983 年属通化乡新庄村委会，2016 年属通化镇新庄村委会。因地形方位得名。村落坐西朝东，沿沟而建，呈散状分布，面积 0.01 平方千米。农业以种植小麦、玉米、马铃薯为主，居民收入以养殖、劳务为主。

外儿河（Wàirhé） 别名上深沟。位于通化镇西南部，距镇政府驻地新集 2.07 千米。属新庄村委会管辖。20 户 85 人，汉族。初居者从深沟里迁来，因村外有河而得名。1958 年属通边公社八大队，1962 年属新集公社新庄大队，1964 年属通边公社新庄大队，1979 年属新集公社新庄大队，1983 年属通化乡新庄村委会，2016 年属通化镇新庄村委会。村落坐西朝东，呈团块状分布，面积 0.03 平方千米。农业以种植小麦、玉米、马铃薯为主，居民收入以养殖、劳务为主。乡道张通公路经此。

何家岔（Héjiāchà） 位于通化镇南部，距镇政府驻地新集 2.56 千米。属新庄村委会管辖。10 户 41 人，汉族。1958 年属通边公社七大队，1962 年属新集公社何岔大队，1964 年属通边公社何岔大队，1979 年属新集公社何岔大队，1983 年属通化乡何岔村委会，2006 年属新庄村委会，2016 年属通化镇新庄村委会。因姓氏和地形得名。村落坐北朝南，依山而建，呈团块状分布，面积 0.05 平方千米。农业以种植小麦、玉米、马铃薯为主，居民收入以养殖、劳务为主。

凉树湾（Liángshùwān） 位于通化镇南部，距镇政府驻地新集 3.72 千米。属新庄村委会管辖。2 户 9 人，汉族。1958 年属通边公社七大队，1962 年属新集公社何岔大队，1964 年属通边公社何岔大队，1979 年属新集公社何岔大队，1983 年属通化乡何岔村委会，2006 年属新庄村委会，2016 年属通化镇新庄村委会。其地多树，常资劳者乘凉，遂以指谓，渐成地名。村落坐南朝北，依山而建，呈团块状分布，面积 0.05 平方千米。农业以种植小麦、玉米、马铃薯为主，居民收入以养殖、劳务为主。

上面凹（Shàngmiànwā） 位于通化镇东南部，距镇政府驻地新集 3.5 千米。属新庄村委会管辖。52 户 207 人，汉族。1958 年属通边公社七大队，1962 年属新集公社何岔大队，1964 年属通边公社何岔大队，1979 年属新集公社何岔大队，1983 年属通化乡何岔村委会，2006 年属新庄村委会，2016 年属通化镇新庄村委会。因地形方位得名。村落坐东朝西，依山而建，呈团块状分布，面积 0.06 平方千米。

农业以种植小麦、玉米、马铃薯为主，居民收入以养殖、劳务为主。

簸箕湾（Bòjīwān）　位于通化镇东南部，距镇政府驻地新集 2.12 千米。属新庄村委会管辖。52 户 201 人，汉族。1958 年属通边公社七大队，1962 年属新集公社何岔大队，1964 年属通边公社何岔大队，1979 年属新集公社何岔大队，1983 年属通化乡何岔村委会，2006 年属新庄村委会，2016 年属通化镇新庄村委会。因地形似簸箕状得名。村落坐北朝南，依山而建，呈散状分布，面积 0.07 平方千米。农业以种植小麦、玉米、马铃薯为主，居民收入以养殖、劳务为主。

安家沟（Ānjiāgōu）　位于通化镇西南部，距镇政府驻地新集 2.54 千米。属新庄村委会管辖。7 户 29 人，汉族。1958 年属通边公社七大队，1962 年属新集公社何岔大队，1964 年属通边公社何岔大队，1979 年属新集公社何岔大队，1983 年属通化乡何岔村委会，2006 年属新庄村委会，2016 年属通化镇新庄村委会。因初居者安姓和地形得名。村落坐东朝西，依山而建，呈团块状分布，面积 0.01 平方千米。农业以种植小麦、玉米、马铃薯为主，居民收入以养殖、劳务为主。

鸦儿湾（Yārwān）　位于通化镇西南部，距镇政府驻地新集 3.2 千米。属新庄村委会管辖。46 户 211 人，汉族。1958 年属通边公社七大队，1962 年属新集公社何岔大队，1964 年属通边公社何岔大队，1979 年属新集公社何岔大队，1983 年属通化乡何岔村委会，2006 年属新庄村委会，2016 年属通化镇新庄村委会。因此地乌鸦较多得名。村落坐西朝东，依山而建，呈团块状分布，面积 0.04 平方千米。农业以种植小麦、玉米、马铃薯为主，居民收入以养殖、劳务为主。

新庄（Xīnzhuāng）　位于通化镇西南部，距镇政府驻地新集 0.68 千米。属新庄村委会管辖。139 户 520 人，汉族。1958 年属通边公社八大队，1962 年属新集公社新庄大队，1964 年属通边公社新庄大队，1979 年属新集公社新庄大队，1983 年属通化乡新庄村委会，2016 年属通化镇新庄村委会。因居民新迁村落得名。村落坐北朝南，呈团块状分布，面积 0.06 平方千米。农业以种植小麦、玉米、马铃薯为主，居民收入以养殖、劳务为主。乡道张通公路经此。

苏家高崖（Sūjiāgāo'ái）　位于通化镇中部，距镇政府驻地新集 1.37 千米。属韩湾村委会管辖，系村委会驻地。68 户 279 人，汉族。1958 年属通边公社七大队，1962 年属新集公社韩湾大队，1964 年属通边公社韩湾大队，1979 年属新集公社韩湾大队，1983 年属通化乡韩湾村委会，2016 年属通化镇韩湾村委会。因姓氏和地形得名。村落坐东朝西，依山而建，呈团块状分布，面积 0.1 平方千米。农业以种植小麦、玉米、马铃薯为主，居民收入以养殖、劳务为主。

韩家湾（Hánjiāwān）　位于通化镇西南部，距镇政府驻地新集 1.94 千米。属韩湾村委会管辖。74 户 316 人，汉族。1958 年属通边公社七大队，1962 年属新集公社韩湾大队，1964 年属通边公社韩湾大队，1979 年属新集公社韩湾大队，1983 年属通化乡韩湾村委会，2016 年属通化镇韩湾村委会。因姓氏和地形得名。村落坐东朝西，依山而建，呈团块状分布，面积 0.09 平方千米。农业以种植小麦、玉米、马铃薯为主，居民收入以养殖、劳务为主。

山庄院（Shānzhuāngyuàn）　位于通化镇西南部，距镇政府驻地新集 6.49 千米。属韩湾村委会管辖。39 户 165 人，汉族。1958 年属通边公社七大队，1962 年属新集公社韩湾大队，1964 年属通边公社韩湾大队，1979 年属新集公社韩湾大队，1983 年属通化乡韩湾村委会，2016 年属通化镇韩湾村委会。因高崖韩家居民坐山庄得名。村落坐北朝南，依山而建，呈团块状分布，面积 0.05 平方千米。农业以种植小麦、玉米、马铃薯为主，居民收入以养殖、劳务为主。

梁家湾（Liángjiāwān）　位于通化镇中部，距镇政府驻地新集 3.34 千米。属韩湾村委会管辖。62 户 230 人，汉族。1958 年属通边公社七大队，1962 年属新集公社韩湾大队，1964 年属通边公社韩湾大队，1979 年属新集公社韩湾大队，1983 年属通化乡韩湾村委会，2016 年属通化镇韩湾村委会。因姓氏和地形得名。村落坐东朝西，依山而建，呈散状分布，面积 0.09 平方千米。农业以种植小麦、玉米、马铃薯为主，居民收入以养殖、劳务为主。

瓦窑坪（Wǎyáopíng） 位于通化镇南部，距镇政府驻地新集5千米。属阳坡何村委会管辖，系村委会驻地。11户55人，汉族。1958年属通边公社阳坡何大队，1962年属新集公社阳坡何大队，1964年属通边公社阳坡何大队，1979年属新集公社阳坡何大队，1983年属通化乡阳坡何村委会，2016年属通化镇阳坡何村委会。因地形和瓦窑得名。村落坐西朝东，依山而建，呈团块状分布，面积0.01平方千米。农业以种植小麦、玉米、马铃薯为主，居民收入以养殖、劳务为主。

朱家大湾（Zhūjiādàwān） 位于通化镇西南部，距镇政府驻地新集5.92千米。属阳坡何村委会管辖。8户36人，汉族。1958年属通边公社阳坡何大队，1962年属新集公社阳坡何大队，1964年属通边公社阳坡何大队，1979年属新集公社阳坡何大队，1983年属通化乡阳坡何村委会，2016年属通化镇阳坡何村委会。因姓氏和地形得名。村落坐东朝西，依山而建，呈散状分布，面积0.01平方千米。农业以种植小麦、玉米、马铃薯为主，居民收入以养殖、劳务为主。

棉柳滩（Miánliǔtān） 位于通化镇西南部，距镇政府驻地新集3.39千米。属阳坡何村委会管辖。32户128人，汉族。1958年属通边公社阳坡何大队，1962年属新集公社阳坡何大队，1964年属通边公社阳坡何大队，1979年属新集公社阳坡何大队，1983年属通化乡阳坡何村委会，2016年属通化镇阳坡何村委会。因昔为长满棉柳（山柳）的荒滩得名。村落坐东朝西，依山而建，呈团块状分布，面积0.04平方千米。农业以种植小麦、玉米、马铃薯为主，居民收入以养殖、劳务为主。

阳坡何（Yángpōhé） 位于通化镇西南部，距镇政府驻地新集4千米。属阳坡何村委会管辖。153户653人，汉族。1958年属通边公社阳坡何大队，1962年属新集公社阳坡何大队，1964年属通边公社阳坡何大队，1979年属新集公社阳坡何大队，1983年属通化乡阳坡何村委会，2016年属通化镇阳坡何村委会。因姓氏和地理位置得名。村落坐西朝东，依山根而建，呈团块状分布，面积0.12平方千米。农业以种植小麦、玉米、马铃薯为主，居民收入以养殖、劳务为主。

朱家川（Zhūjiāchuān） 位于通化镇西南部，距镇政府驻地新集5.09千米。属阳坡何村委会管辖。22户95人，汉族。1958年属通边公社阳坡何大队，1962年属新集公社阳坡何大队，1964年属通边公社阳坡何大队，1979年属新集公社阳坡何大队，1983年属通化乡阳坡何村委会，2016年属通化镇阳坡何村委会。因姓氏和地形得名。村落坐西朝东，呈团块状分布，面积0.03平方千米。农业以种植小麦、玉米、马铃薯为主，居民收入以养殖、劳务为主。

朱家庙（Zhūjiāmiào） 位于通化镇西南部，距镇政府驻地新集4.68千米。属阳坡何村委会管辖。58户242人，汉族。1958年属通边公社阳坡何大队，1962年属新集公社阳坡何大队，1964年属通边公社阳坡何大队，1979年属新集公社阳坡何大队，1983年属通化乡阳坡何村委会，2016年属通化镇阳坡何村委会。因姓氏和庙宇得名。村落坐西朝东，依山根而建，呈团块状分布，面积0.07平方千米。农业以种植小麦、玉米、马铃薯为主，居民收入以养殖、劳务为主。有朱庙小学。

小磨（Xiǎomò） 位于通化镇西南部，距镇政府驻地新集1.9千米。属高崖韩村委会管辖，系村委会驻地。53户217人，汉族。1958年属通边公社高崖韩大队，1962年属新集公社高崖韩大队，1964年属通边公社高崖韩大队，1979年属新集公社高崖韩大队，1983年属通化乡高崖韩村委会，2016年属通化镇高崖韩村委会。因村庄曾有加工面粉水磨得名。村落坐西朝东，依山根而建，呈团块状分布，面积0.01平方千米。农业以种植小麦、玉米、马铃薯、油菜、大蒜为主，居民收入以养殖、劳务为主。

高崖韩家（Gāo'áihánjiā） 位于通化镇西南部，距镇政府驻地新集2.61千米。属高崖韩村委会管辖。256户1056人，汉族。1958年属通边公社高崖韩大队，1962年属新集公社高崖韩大队，1964年属通边公社高崖韩大队，1979年属新集公社高崖韩大队，1983年属通化乡高崖韩村委会，2016年属通化镇高崖韩村委会。因姓氏和地形得名。村落坐西朝东，依山根而建，呈团块状分布，面积0.33平方千米。农业以种植小麦、玉米、马铃薯、油菜、大蒜为主，居民收入以养殖、劳务为主。有高崖韩小学。

史家山（Shǐjiāshān） 位于通化镇西南部，距镇政府驻地新集1.88千米。属高崖韩村委会管辖。77 户 305 人，汉族。1958 年属通边公社高崖韩大队，1962 年属新集公社高崖韩大队，1964 年属通边公社高崖韩大队，1979 年属新集公社高崖韩大队，1983 年属通化乡高崖韩村委会，2016 年属通化镇高崖韩村委会。因姓氏和地形得名。村落坐东朝西，依山而建，呈团块状分布，面积 0.07 平方千米。农业以种植小麦、玉米、马铃薯、油菜、大蒜为主，居民收入以养殖、劳务为主。

李家沟儿（Lǐjiāgōur）　位于通化镇西南部，距镇政府驻地新集 2.1 千米。属高崖韩村委会管辖。39 户 165 人，汉族。1958 年属通边公社高崖韩大队，1962 年属新集公社高崖韩大队，1964 年属通边公社高崖韩大队，1979 年属新集公社高崖韩大队，1983 年属通化乡高崖韩村委会，2016 年属通化镇高崖韩村委会。因姓氏和地形得名。村落坐东朝西，依山而建，呈团块状分布，面积 0.03 平方千米。农业以种植小麦、玉米、马铃薯、油菜、大蒜为主，居民收入以养殖、劳务为主。

洞子沟（Dòngzigōu）　位于通化镇西南部，距镇政府驻地新集 3.25 千米。属高崖韩村委会管辖。59 户 255 人，汉族。1958 年属通边公社六大队，1962 年属新集公社洞子沟大队，1964 年属通边公社洞子沟大队，1979 年属新集公社洞子沟大队，1983 年属通化乡洞子沟村委会，2006 年属高崖韩村委会，2016 年属通化镇高崖韩村委会。因地形和曾有古洞得名。村落坐东朝西，依山而建，呈散状分布，面积 0.08 平方千米。农业以种植小麦、玉米、马铃薯、油菜、大蒜为主，居民收入以养殖、劳务为主。

韩家壑岘（Hánjiāhèxiàn）　位于通化镇西北部，距镇政府驻地新集 3.2 千米。属高崖韩村委会管辖。35 户 134 人，汉族。1958 年属通边公社六大队，1962 年属新集公社洞子沟大队，1964 年属通边公社洞子沟大队，1979 年属新集公社洞子沟大队，1983 年属通化乡洞子沟村委会，2006 年属高崖韩村委会，2016 年属通化镇高崖韩村委会。因姓氏和地形得名。村落坐南朝北，依山而建，呈散状分布，面积 0.05 平方千米。农业以种植小麦、玉米、马铃薯、油菜、大蒜为主，居民收入以养殖、劳务为主。

谢家湾（Xièjiāwān）　位于通化镇西南部，距镇政府驻地新集 3.9 千米。属高崖韩村委会管辖。12 户 50 人，汉族。1958 年属通边公社六大队，1962 年属新集公社洞子沟大队，1964 年属通边公社洞子沟大队，1979 年属新集公社洞子沟大队，1983 年属通化乡洞子沟村委会，2006 年属高崖韩村委会，2016 年属通化镇高崖韩村委会。因姓氏和地形得名。村落坐东朝西，依山而建，呈散状分布，面积 0.01 平方千米。农业以种植小麦、玉米、马铃薯、油菜为主，居民收入以养殖、劳务为主。

毛沟李家中庄（Máogōulǐjiā-zhōngzhuāng）　位于通化镇北部，距镇政府驻地新集 8.22 千米。属毛沟李家中庄村委会管辖，系村委会驻地。127 户 388 人，汉族。1958 年属通边公社十一大队，1962 年属中庄大队，1982 年属毛沟李家中庄大队，1983 年属通边乡毛沟李家中庄村委会，2004 年属通化乡毛沟李家中庄村委会，2016 年属通化镇毛沟李家中庄村委会。因地形、方位和姓氏得名。村落呈团块状分布，面积 0.11 平方千米。农业以种植小麦、玉米、马铃薯、油菜、大蒜为主，居民收入以养殖、劳务为主。有中庄初小、红崖湾水库。县道苏庄公路经此。

毛沟李家中庄（2019 年 8 月摄）

石家台（Shíjiātái）　位于通化镇北部，距镇政府驻地新集 8.59 千米。属毛沟李家中庄村委会管辖。104 户 375 人，汉族。1958 年属通边公社十一大队，1962 年属中庄大队，1982 年属毛沟李家中庄大队，1983 年属通边乡毛沟李家中庄村委会，2004 年属通化乡毛沟李家中庄村委会，2016 年属通化镇毛沟李家中庄村委会。因姓氏和地形得名。村落坐北朝南，依山根而建，呈团块状分布，面积 0.09 平方千米。农业以种植小麦、玉米、马铃薯、油菜、大蒜为主，居民收入以养殖、劳务为主。

阳凹（Yángwā） 位于通化镇北部，距镇政府驻地新集 8.04 千米。属毛沟李家中庄村委会管辖。42 户 190 人，汉族。1958 年属通边公社十一大队，1962 年属中庄大队，1982 年属毛沟李家中庄大队，1983 年属通边乡毛沟李家中庄村委会，2004 年属通化乡毛沟李家中庄村委会，2016 年属通化镇毛沟李家中庄村委会。因地形方位得名。村落坐东朝西，依山而建，呈带状分布，面积 0.05 平方千米。农业以种植小麦、玉米、马铃薯、油菜、大蒜为主，居民收入以养殖、劳务为主。

毛沟李家山上（Máogōulǐjiāshānshàng） 位于通化镇北部，距镇政府驻地新集 7.63 千米。属毛沟李家中庄村委会管辖。9 户 45 人，汉族。1958 年属通边公社十一大队，1962 年属梁上大队，1970 年属中庄大队，1982 年属毛沟李家中庄大队，1983 年属通边乡毛沟李家中庄村委会，2004 年属通化乡毛沟李家中庄村委会，2016 年属通化镇毛沟李家中庄村委会。因姓氏和地形方位得名。村落沿梁而建，呈散状分布，面积 0.05 平方千米。农业以种植小麦、玉米、马铃薯、油菜、大蒜为主，居民收入以养殖、劳务为主。

通边（Tōngbiān） 位于通化镇西北部，距镇政府驻地新集 6.48 千米。属通边村委会管辖，系村委会驻地。536 户 2099 人，汉族。1958 年属通边公社十一大队，1962 年属通边大队，1983 年属通边乡通边村委会，2004 年属通化乡通边村委会，2016 年属通化镇通边村委会。通边地处安化峡西口，是古代安定郡通陇西郡的要道。宋庆历八年（1048）设通边砦，取通往边寨之意。村落呈团块状分布，面积 0.7 平方千米。农业以种植小麦、玉米、马铃薯、油菜、大蒜为主，居民收入以养殖、劳务为主。有通边中学、通边小学。有县级文物保护单位通边古城遗址。县道苏庄公路经此。

通边（2021 年 7 月摄）

石家山（Shíjiāshān） 位于通化镇西北部，距镇政府驻地新集 5.42 千米。属通边村委会管辖。48 户 184 人，汉族。1958 年属通边公社十一大队，1983 年属通边乡通边村委会，2004 年属通化乡通边村委会，2016 年属通化镇通边村委会。因姓氏和地形得名。村落坐东朝西，依山而建，呈团块状分布，面积 0.07 平方千米。农业以种植小麦、玉米、马铃薯为主，居民收入以药材、大蒜、养殖、劳务为主。

薛家沟中庄（Xuējiāgōuzhōngzhuāng） 位于通化镇北部，距镇政府驻地新集 4.43 千米。属薛沟村委会管辖，系村委会驻地。142 户 559 人，汉族。1958 年属通边公社八大队，1962 年属薛沟大队，1983 年属通边乡薛沟村委会，2004 年属通化乡薛沟村委会，2016 年属通化镇薛沟村委会。因姓氏和方位得名。村落呈团块状分布，面积 0.17 平方千米。农业以种植小麦、玉米、马铃薯、油菜、大蒜为主，居民收入以养殖、劳务为主。县道苏庄公路经此。

薛家沟上庄（Xuējiāgōushàngzhuāng） 位于通化镇西北部，距镇政府驻地新集 4.79 千米。属薛沟村委会管辖。49 户 187 人，汉族。1958 年属通边公社八大队，1962 年属薛沟大队，1983 年属通边乡薛沟村委会，2004 年属通化乡薛沟村委会，2016 年属通化镇薛沟村委会。因姓氏和方位得名。

村落坐北朝南，依山而建，呈团块状分布，面积 0.04 平方千米。农业以种植小麦、玉米、马铃薯、油菜、大蒜为主，居民收入以养殖、劳务为主。

刘家沟（Liújiāgōu）　位于通化镇西部，距镇政府驻地新集 5.33 千米。属薛沟村委会管辖。3 户 11 人，汉族。1958 年属通边公社八大队，1962 年属薛沟大队，1983 年属通边乡薛沟村委会，2004 年属通化乡薛沟村委会，2016 年属通化镇薛沟村委会。因姓氏和地形得名。村落坐西朝东，依山而建，呈散状分布，面积 0.01 平方千米。农业以种植小麦、玉米、马铃薯、油菜、大蒜为主，居民收入以养殖、劳务为主。

上川（Shàngchuān）　位于通化镇西北部，距镇政府驻地新集 5.07 千米。属薛沟村委会管辖。3 户 14 人，汉族。1958 年属通边公社八大队，1962 年属薛沟大队，1983 年属通边乡薛沟村委会，2004 年属通化乡薛沟村委会，2016 年属通化镇薛沟村委会。因地形方位得名，原称薛家沟中庄，1982 年更名为上川。村落呈团块状分布，面积 0.05 平方千米。农业以种植小麦、玉米、马铃薯、油菜、大蒜为主，居民收入以养殖、劳务为主。县道苏庄公路经过。

崖湾李家（Áiwānlǐjiā）　位于通化镇西北部，距镇政府驻地新集 4.36 千米。属薛沟村委会管辖。43 户 182 人，汉族。1958 年属通边公社八大队，1962 年属薛沟大队，1983 年属通边乡薛沟村委会，2004 年属通化乡薛沟村委会，2016 年属通化镇薛沟村委会。因姓氏和地形得名。村落坐西朝东，依山根而建，呈团块状分布，面积 0.06 平方千米。农业以种植小麦、玉米、马铃薯、油菜、大蒜为主，居民收入以养殖、劳务为主。

野赵（Yězhào）　位于通化镇西部，距镇政府驻地新集 3.33 千米。属野赵村委会管辖。432 户 1710 人，多为回族。1958 年属通边公社八大队，1962 年属新集公社野赵大队，1964 年属通边公社野赵大队，1983 年属通边乡野赵村委会，2004 年属通化乡野赵村委会，2016 年属通化镇野赵村委会。因野、赵两姓得名。村落呈团块状分布，面积 0.36 平方千米。农业以种植小麦、玉米、马铃薯、油菜、大蒜为主，居民收入以养殖、劳务为主。有野赵小学。有县级文物保护单位野赵清真寺、语录碑。县道苏庄公路经此。

野赵（2020 年 6 月摄）

石家窑（Shíjiāyáo）　位于通化镇北部，距镇政府驻地新集 6.21 千米。属刘善村委会管辖，系村委会驻地。58 户 232 人，汉族。1958 年属通边公社十二大队，1962 年属刘善大队，1983 年属通边乡刘善村委会，2004 年属通化乡刘善村委会，2016 年属通化镇刘善村委会。因姓氏和窑洞得名，村落坐北朝南，依山而建，呈团块状分布，面积 0.08 平方千米。农业以种植小麦、玉米、马铃薯、油菜、大蒜为主，居民收入以养殖、劳务为主。

李家山（Lǐjiāshān）　位于通化镇中部，距镇政府驻地新集 5.3 千米。属刘善村委会管辖。38 户 134 人，汉族。1958 年属通边公社十二大队，1962 年属刘善大队，1983 年属通边乡刘善村委会，2004 年属通化乡刘善村委会，2016 年属通化镇刘善村委会。因姓氏和地形得名。村落坐东朝西，依山而建，呈散状分布，面积 0.06 平方千米。农业以种植小麦、玉米、马铃薯、油菜、大蒜为主，居民收入以养殖、劳务为主。

刘善（Liúshàn） 位于通化镇北部，距镇政府驻地新集 5.84 千米。属刘善村委会管辖。47 户 204 人，汉族。1958 年属通边公社十二大队，1962 年属刘善大队，1983 年属通边乡刘善村委会，2004 年属通化乡刘善村委会，2016 年属通化镇刘善村委会。因刘姓人以卖扇子为业得名，后“扇”改为“善”。村落呈散状分布，面积 0.12 平方千米。农业以种植小麦、玉米、马铃薯、油菜、大蒜为主，居民收入以养殖、劳务为主。

菜沟湾（Càigōuwān） 位于通化镇中部，距镇政府驻地新集 6.04 千米。属刘善村委会管辖。居民 48 户 250 人，汉族。1958 年属通边公社十二大队，1962 年属刘善大队，1979 年属菜沟湾大队，1983 年属通边乡菜沟湾村委会，2004 年属通化乡菜沟湾村委会，2006 年属刘善村委会，2016 年属通化镇刘善村委会。因生长野菜子较多得名。村落坐南朝北，沿沟而建，呈团块状分布，面积 0.08 平方千米。农业以种植小麦、玉米、马铃薯、油菜、大蒜为主，居民收入以养殖、劳务为主。

刘家窑（Liújiāyáo） 位于通化镇中部，距镇政府驻地新集 6.12 千米。属刘善村委会管辖。42 户 175 人，汉族。1958 年属通边公社十二大队，1962 年属刘善大队，1979 年属菜沟湾大队，1983 年属通边乡菜沟湾村委会，2004 年属通化乡菜沟湾村委会，2006 年属刘善村委会，2016 年属通化镇刘善村委会。因姓氏和窑洞得名。村落坐北朝南，依山而建，呈散状分布，面积 0.12 平方千米。农业以种植小麦、玉米、马铃薯、油菜、大蒜为主，居民收入以养殖、劳务为主。

梁河（Liánghé） 位于通化镇东北部，距镇政府驻地新集 7.55 千米。属梁河村委会管辖，系村委会驻地。119 户 467 人，汉族。1958 年属通边公社十二大队，1962 年属梁河大队，1983 年属通边乡梁河村委会，2004 年属通化乡梁河村委会，2016 年属通化镇梁河村委会。因梁姓人傍河而居得名。村落坐北朝南，呈团块状分布，面积 0.19 平方千米。农业以种植小麦、玉米、马铃薯、油菜、药材为主，居民收入以养殖、劳务为主。有梁河小学。

鲜堡（Xiānbǔ） 位于通化镇东北部，距镇政府驻地新集 7.56 千米。属梁河村委会管辖。64 户 226 人，汉族。1958 年属通边公社十二大队，1962 年属梁河大队，1983 年属通边乡梁河村委会，2004 年属通化乡梁河村委会，2016 年属通化镇梁河村委会。因姓氏和古堡得名。村落坐北朝南，依山而建，呈散状分布，面积 0.08 平方千米。农业以种植小麦、玉米、马铃薯、油菜、药材为主，居民收入以养殖、劳务为主。

韩堡（Hánbǔ） 位于通化镇东北部，距镇政府驻地新集 7.05 千米。属梁河村委会管辖。76 户 304 人，汉族。1958 年属通边公社十二大队，1962 年属梁河大队，1983 年属通边乡梁河村委会，2004 年属通化乡梁河村委会，2016 年属通化镇梁河村委会。因姓氏和古堡得名。村落坐南朝北，依山而建，呈散状分布，面积 0.09 平方千米。农业以种植小麦、玉米、马铃薯、油菜、药材为主，居民收入以养殖、劳务为主。

徐家湾（Xújiāwān） 位于通化镇东北部，距镇政府驻地新集 7.48 千米。属梁河村委会管辖。29 户 102 人，汉族。1958 年属通边公社十二大队，1962 年属梁河大队，1983 年属通边乡梁河村委会，2004 年属通化乡梁河村委会，2016 年属通化镇梁河村委会。因姓氏和地形得名。村落坐东朝西，依山而建，呈团块状分布，面积 0.08 平方千米。农业以种植小麦、玉米、马铃薯、油菜为主，居民收入以养殖、劳务为主。

桥子沟（Qiáozigōu） 位于通化镇东北部，距镇政府驻地新集 7.93 千米。属梁河村委会管辖。34 户 122 人，汉族。1958 年属通边公社十二大队，1962 年属梁河大队，1983 年属通边乡梁河村委会，2004 年属通化乡梁河村委会，2016 年属通化镇梁河村委会。因地形似马鞍桥得名。村落依山而建，呈散状分布，面积 0.04 平方千米。农业以种植小麦、玉米、马铃薯、油菜为主，居民收入以养殖、劳务为主。

新后庄（Xīnhòuzhuāng） 位于通化镇东部，距镇政府驻地新集 6.18 千米。属新后庄村委会管辖，系村委会驻地。42 户 179 人，汉族。1958 年属通边公社九大队，1961 年属新后庄大队，1983 年属通边乡新后庄村委会，2004 年属通化乡新后庄村委会，2016 年属通化镇新后庄村委会。原称新庄，通边乡并入通化乡后，为避免与新庄村委会驻地新庄重名，改为新后庄。村落坐北朝南，依山而建，呈团块状分布，面积 0.09 平方千米。农业以种植小麦、玉米、马铃薯、油菜、大豆、药材为主，居民收入以养殖、劳务为主。有新后庄小学。

大峡（Dàxiá） 位于通化镇东部，距镇政府驻地新集 8.05 千米。属新后庄村委会管辖。13 户 53 人，汉族。1958 年属通边公社九大队，1961 年属大峡大队，1970 年属新后庄大队，1983 年属通边乡新后庄村委会，2004 年属通化乡新后庄村委会，2016 年属通化镇新后庄村委会。因地形得名。村落坐北朝南，依山而建，呈团块状分布，面积 0.01 平方千米。农业以种植小麦、玉米、马铃薯、油菜、大豆、药材为主，居民收入以养殖、劳务为主。

山台子（Shāntáizi） 位于通化镇东部，距镇政府驻地新集 8.05 千米。属新后庄村委会管辖。1 户 1 人，汉族。1958 年属通边公社九大队，1961 年属小峡大队，1970 年属新后庄大队，1983 年属通边乡新后庄村委会，2004 年属通化乡新后庄村委会，2016 年属通化镇新后庄村委会。因地形得名。农业以种植小麦、玉米、马铃薯、油菜、大豆、药材为主，居民收入以养殖、劳务为主。

小峡（Xiǎoxiá） 位于通化镇东部，距镇政府驻地新集 7.66 千米。属新后庄村委会管辖。44 户 163 人，汉族。1958 年属通边公社九大队，1961 年属小峡大队，1970 年属新后庄大队，1983 年属通边乡新后庄村委会，2004 年属通化乡新后庄村委会，2016 年属通化镇新后庄村委会。因地形得名。村落坐西朝东，呈散状分布，面积 0.03 平方千米。农业以种植小麦、玉米、马铃薯、油菜、大豆、药材为主，居民收入以养殖、劳务为主。

上峡（Shàngxiá） 位于通化镇东部，距镇政府驻地新集 7.7 千米。属新后庄村委会管辖。3 户 6 人，汉族。1958 年属通边公社九大队，1961 年属小峡大队，1970 年属新后庄大队，1983 年属通边乡新后庄村委会，2004 年属通化乡新后庄村委会，2016 年属通化镇新后庄村委会。因地形方位得名。村落呈散状分布，面积 0.01 平方千米。农业以种植小麦、玉米、马铃薯、油菜、大豆、药材为主，居民收入以养殖、劳务为主。

后庄（Hòuzhuāng） 位于通化镇东部，距镇政府驻地新集 6.85 千米。属新后庄村委会管辖。80 户 323 人，汉族。1958 年属通边公社九大队，1961 年属新后庄大队，1983 年属通边乡新后庄村委会，2004 年属通化乡新后庄村委会，2016 年属通化镇新后庄村委会。因方位得名。村落呈团块状分布，面积 0.09 平方千米。农业以种植小麦、玉米、马铃薯、油菜、大豆、药材为主，居民收入以养殖、劳务为主。

李家咀（Lǐjiāzuǐ） 位于通化镇中部，距镇政府驻地新集 5.16 千米。属新后庄村委会管辖。61 户 221 人，汉族。1958 年属通边公社九大队，1961 年属新后庄大队，1983 年属通边乡新后庄村委会，2004 年属通化乡新后庄村委会，2016 年属通化镇新后庄村委会。因姓氏和地形得名。村落坐北朝南，依山而建，呈散状分布，面积 0.05 平方千米。农业以种植小麦、玉米、马铃薯、油菜、大豆、药材为主，居民收入以养殖、劳务为主。

深沟王家（Shēngōuwángjiā） 位于通化镇东部，距镇政府驻地新集 6.45 千米。属新后庄村委会管辖。70 户 268 人，汉族。1958 年属通边公社九大队，1961 年属大峡大队，1970 年属新后庄大队，1983 年属通边乡新后庄村委会，2004 年属通化乡新后庄村委会，2016 年属通化镇新后庄村委会。因姓氏和地形得名。村落坐东朝西，依山而建，呈团块状分布，面积 0.12 平方千米。农业以种植小麦、玉米、马铃薯、油菜、大豆、药材为主，居民收入以养殖、劳务为主。

大庄镇

大庄李家（Dàzhuānglǐjiā） 位于大庄镇中部。属大庄村委会管辖，系镇政府、村委会驻地。188 户 767 人，汉族。1958 年属朱店公社共和大队，1960 年属大庄公社大庄大队，1983 年属大庄乡大庄村委会，2016 年属大庄镇大庄村委会。因李姓老庄得名。村落坐北朝南，依山而建，呈团块状分布，面积0.32平方千米。农业以种植苹果、小麦、玉米、马铃薯为主，居民收入以果品销售、养殖、劳务、商贸为主。有大庄镇卫生院、大庄中学、大庄小学。县道乔余公路经此。

上王家（Shàngwángjiā） 位于大庄镇北部，距镇政府驻地大庄李家1.69千米。属大庄村委会管辖。96户557人，汉族。1958年属朱店公社共和大队，1960年属大庄公社大庄大队，1979年属大庄公社上王大队，1983年属大庄乡上王村委会，2006年属大庄村委会，2016年属大庄镇大庄村委会。因姓氏和方位得名。村落坐东朝西，依山而建，呈散状分布，面积0.13平方千米。农业以种植苹果、小麦、玉米、马铃薯为主，居民收入以果品销售、养殖、劳务为主。

下王家（Xiàwángjiā） 位于大庄镇北部，距镇政府驻地大庄李家1.4千米。属下王村委会管辖，系村委会驻地。107户455人，汉族。1958年属朱店公社共和大队，1960年属大庄公社下王大队，1983年属大庄乡下王村委会，2016年属大庄镇下王村委会。因姓氏和方位得名。村落坐北朝南，依山而建，呈散状分布，面积0.11平方千米。农业以种植苹果、小麦、玉米、马铃薯为主，居民收入以果品销售、养殖、劳务为主。有县级文物保护单位下王家遗址。

高家庄（Gāojiāzhuāng） 位于大庄镇西北部，距镇政府驻地大庄李家2.13千米。属下王村委会管辖。88户439人，汉族。1958年属朱店公社共和大队，1960年属大庄公社高庄大队，1983年属大庄乡高庄村委会，2006年属下王村委会，2016年属大庄镇下王村委会。因初居者姓氏得名。村落坐北朝南，依山而建，呈散状分布，面积0.12平方千米。农业以种植苹果、小麦、玉米、马铃薯为主，居民收入以果品销售、养殖、劳务为主。

岳家岘（Yuèjiāxiàn） 位于大庄镇西部，距镇政府驻地大庄李家1.32千米。属杜家村委会管辖，系村委会驻地。16户160人，汉族。1958年属朱店公社大庄大队，1960年属大庄公社西坡大队，1983年属大庄乡西坡村委会，2006年属大庄乡杜家村委会，2016年属大庄镇杜家村委会。因姓氏和地形得名。村落坐北朝南，依山而建，呈团块状分布，面积0.02平方千米。农业以种植苹果、小麦、玉米、马铃薯为主，居民收入以果品销售、养殖、劳务为主。县道乔余公路经此。

杜家庄（Dùjiāzhuāng） 位于大庄镇西部，距镇政府驻地大庄李家西南0.76千米。属杜家村委会管辖。184户844人，汉族。1958年属朱店公社大庄大队，1960年属大庄公社杜家大队，1983年属大庄乡杜家村委会，2016年属大庄镇杜家村委会。因姓氏得名。村落坐北朝南，依山而建，呈团块状分布，面积0.24平方千米。农业以种植苹果、小麦、玉米、马铃薯为主，居民收入以果品销售、养殖、劳务为主。县道乔余公路经此。

西坡（Xīpō） 位于大庄镇西部，距镇政府驻地大庄李家1.69千米。属杜家村委会管辖。175户727人，汉族。1958年属朱店公社大庄大队，1960年属大庄公社西坡大队，1983年属大庄乡西坡村委会，2006年属大庄乡杜家村委会，2016年属大庄镇杜家村委会。因位于大庄李家西面山坡得名。村落坐西朝东，依山而建，呈团块状分布，面积0.16平方千米。农业以种植苹果、小麦、玉米、马铃薯为主，居民收入以果品销售、养殖、劳务为主。

徐家岘（Xújiāxiàn） 位于大庄镇西北部，距镇政府驻地大庄李家2.26千米。属上李村委会管辖，系村委会驻地。94户405人，汉族。1958年属朱店公社共和大队，1960年属大庄公社上李大队，1983年属大庄乡上李村委会，2016年属大庄镇上李村委会。因姓氏和地形得名。村落坐东北朝西南，依山梁而建，呈团块状分布，面积0.07平方千米。农业以种植苹果、小麦、玉米、马铃薯为主，居民收入以果品销售、养殖、劳务为主。县道乔余公路经此。

上庄李家（Shàngzhuānglǐjiā） 位于大庄镇西北部，距镇政府驻地大庄李家1.85千米。属上李村委会管辖，为村委会驻地。57户207人，汉族。1958年属朱店公社共和大队，1960年属大庄公社上李大队，1983 年属大庄乡上李村委会，2016 年属大庄镇上李村委会。因姓氏和方位得名。村落坐西朝东，依山而建，呈团块状分布，面积 0.1 平方千米。农业以种植苹果、小麦、玉米、马铃薯为主，居民收入以果品销售、养殖、劳务为主。

那坡里（Nàpōlǐ）　位于大庄镇西北部，距镇政府驻地大庄李家 1.59 千米。属上李村委会管辖。6 户 17 人，汉族。1958 年属朱店公社共和大队，1960 年属大庄公社上李大队，1983 年属大庄乡上李村委会，2016 年属大庄镇上李村委会。因地形和方位得名。村落坐东朝西，依山而建，呈团块状分布，面积 0.01 平方千米。农业以种植苹果、小麦、玉米、马铃薯为主，居民收入以果品销售、养殖、劳务为主。

油夫岔（Yóufūchà）　位于大庄镇西北部，距镇政府驻地大庄李家 2.02 千米。属上李村委会管辖。67 户 321 人，汉族。1958 年属朱店公社共和大队，1960 年属大庄公社上李大队，1983 年属大庄乡上李村委会，2016 年属大庄镇上李村委会。因初居者开办油坊得名。村落坐南朝北，依山而建，呈团块状分布，面积 0.07 平方千米。农业以种植苹果、小麦、玉米、马铃薯为主，居民收入以果品销售、养殖、劳务为主。

前梁（Qiánliáng）　位于大庄镇西南部，距镇政府驻地大庄李家 2.94 千米。属张山村委会管辖，系村委会驻地。78 户 159 人，汉族。1958 年属朱店公社共和大队，1960 年属大庄公社张山大队，1983 年属大庄乡张山村委会，2016 年属大庄镇张山村委会。因方位和地形得名。村落坐东朝西，依山而建，呈散状分布，面积 0.04 平方千米。农业以种植苹果、小麦、玉米、马铃薯为主，居民收入以果品销售、养殖、劳务为主。有杨湾小学。

张家山庄（Zhāngjiāshānzhuāng）　位于大庄镇中部，距镇政府驻地大庄李家 2.59 千米。属张山村委会管辖。75 户 325 人，汉族。1958 年属朱店公社共和大队，1960 年属大庄公社张山大队，1983 年属大庄乡张山村委会，2016 年属大庄镇张山村委会。因张姓人坐山庄得名。村落坐西朝东，依山而建，呈团块状分布，面积 0.1 平方千米。农业以种植苹果、小麦、玉米、马铃薯为主，居民收入以果品销售、养殖、劳务为主。

椿树湾（Chūnshùwān）　位于大庄镇西南部，距镇政府驻地大庄李家 4.25 千米。属张山村委会管辖。120 户 408 人，汉族。1958 年属朱店公社共和大队，1960 年属大庄公社椿树湾大队，1983 年属大庄乡椿树湾村委会，2006 年属大庄乡张山村委会，2016 年属大庄镇张山村委会。因生长椿树和地形得名。村落坐东朝西，依山而建，呈散状分布，面积 0.09 平方千米。农业以种植苹果、小麦、玉米、马铃薯为主，居民收入以果品销售、养殖、劳务为主。

庄廓湾（Zhuāngkuòwān）　位于大庄镇西南部，距镇政府驻地大庄李家 4.21 千米。属张山村委会管辖。居民 37 户 187 人，汉族。1958 年属朱店公社胡家大队，1960 年属大庄公社青龙沟大队，1983 年属大庄乡青龙沟村委会，2006 年属大庄乡张山村委会，2016 年属大庄镇张山村委会。因地形开阔得名。村落坐西朝东，依山而建，呈散状分布，面积 0.05 平方千米。农业以种植苹果、小麦、玉米、马铃薯为主，居民收入以果品销售、养殖、劳务为主。

杨家湾（Yángjiāwān）　位于大庄镇西部，距镇政府驻地大庄李家 3.74 千米。属张山村委会管辖。100 户 395 人，汉族。1958 年属朱店公社共和大队，1960 年属大庄公社杨湾大队，1983 年属大庄乡杨湾村委会，2006 年属大庄乡张山村委会，2016 年属大庄镇张山村委会。因姓氏和地形得名。村落坐南朝北，依山而建，呈团块状分布，面积 0.09 平方千米。农业以种植苹果、小麦、玉米、马铃薯为主，居民收入以果品销售、养殖、劳务为主。

金家阳洼（Jīnjiāyángwā）　位于大庄镇西部，距镇政府驻地大庄李家 4.53 千米。属张山村委会管辖。43 户 149 人，汉族。1958 年属朱店公社共和大队，1960 年属大庄公社杨湾大队，1983 年属大庄乡杨湾村委会，2006年属大庄乡张山村委会，2016年属大庄镇张山村委会。因姓氏和地形方位得名。村落坐北朝南，依山而建，呈团块状分布，面积0.08平方千米。农业以种植苹果、小麦、玉米、马铃薯为主，居民收入以果品销售、养殖、劳务为主。

焦家渠（Jiāojiāqú） 位于大庄镇西部，距镇政府驻地大庄李家2.63千米。属张山村委会管辖。45户216人，汉族。1958年属朱店公社共和大队，1960年属大庄公社张山大队，1983年属大庄乡张山村委会，2016年属大庄镇张山村委会。因姓氏和地形得名。村落坐北朝南，依山而建，呈散状分布，面积0.07平方千米。农业以种植苹果、小麦、玉米、马铃薯为主，居民收入以果品销售、养殖、劳务为主。

梁家湾儿（Liángjiāwānr） 位于大庄镇东部，距镇政府驻地大庄李家4.9千米。属梁山村委会管辖，系村委会驻地。57户188人，汉族。1958年属朱店公社谢家大队，1960年属大庄公社谢家大队，1962年属刘庙公社老山沟大队，1964年属大庄公社老山沟大队，1977年属梁山大队，1979年属刘庙公社梁山大队，1983年属刘庙乡梁山村委会，2004年属大庄乡梁山村委会，2016年属大庄镇梁山村委会。因姓氏和地形得名。村落坐东南朝西北，依山湾而建，呈团块状分布，面积0.08平方千米。农业以种植苹果、小麦、玉米、马铃薯为主，居民收入以果品销售、养殖、劳务为主。有刘庙中学。县道乔余公路经此。

梁家山（Liángjiāshān） 位于大庄镇中部，距镇政府驻地大庄李家5.4千米。属梁山村委会管辖。157户461人，汉族。1958年属朱店公社谢家大队，1960年属大庄公社谢家大队，1962年属刘庙公社老山沟大队，1964年属大庄公社老山沟大队，1977年属梁山大队，1979年属刘庙公社梁山大队，1983年属刘庙乡梁山村委会，2004年属大庄乡梁山村委会，2016年属大庄镇梁山村委会。因姓氏和地形得名。村落坐东朝西，依梁而建，呈带状分布，面积0.13平方千米。农业以种植苹果、小麦、玉米、马铃薯为主，居民收入以果品销售、养殖、劳务为主。

谢家山庄（Xièjiāshānzhuāng） 位于大庄镇东部，距镇政府驻地大庄李家4千米。属梁山村委会管辖。24户154人，汉族。1958年属朱店公社谢家大队，1960年属大庄公社谢家大队，1962年属刘庙公社老山沟大队，1964年属大庄公社老山沟大队，1977年属大庄公社谢家大队，1979年属刘庙公社谢家大队，1983年属刘庙乡谢家村委会，2004年属大庄乡谢家村委会，2006年属梁山村委会，2016年属大庄镇梁山村委会。因谢家庄居民坐山庄得名。村落坐南朝北，依山而建，呈团块状分布，面积0.05平方千米。农业以种植苹果、小麦、玉米、马铃薯为主，居民收入以果品销售、养殖、劳务为主。县道乔余公路经此。

丁家山庄（Dīngjiāshānzhuāng） 位于大庄镇东部，距镇政府驻地大庄李家3.9千米。属梁山村委会管辖。39户180人，汉族。1958年属朱店公社谢家大队，1960年属大庄公社谢家大队，1962年属刘庙公社老山沟大队，1964年属大庄公社老山沟大队，1977年属大庄公社谢家大队，1979年属刘庙公社谢家大队，1983年属刘庙乡谢家村委会，2004年属大庄乡谢家村委会，2006年属梁山村委会，2016年属大庄镇梁山村委会。因丁家山居民坐山庄得名。村落坐西朝东，依山而建，呈团块状分布，面积0.08平方千米。农业以种植苹果、小麦、玉米、马铃薯为主，居民收入以果品销售、养殖、劳务为主。

谢家庄（Xièjiāzhuāng） 位于大庄镇东部，距镇政府驻地大庄李家3.29千米。属梁山村委会管辖。110户698人，汉族。1958年属朱店公社谢家大队，1960年属大庄公社谢家大队，1962年属刘庙公社老山沟大队，1964年属大庄公社老山沟大队，1977年属大庄公社谢家大队，1979年属刘庙公社谢家大队，1983年属刘庙乡谢家村委会，2004年属大庄乡谢家村委会，2006年属梁山村委会，2016年属大庄镇梁山村委会。因姓氏得名。村落坐西朝东，依山而建，呈团块状分布，面积0.13平方千米。农业以种植苹果、小麦、玉米、马铃薯为主，居民收入以果品销售、养殖、劳务为主。县道乔余公路经此。

刘家庙（Liújiāmiào） 位于大庄镇东部，距镇政府驻地大庄李家 5.44 千米。属刘庙村委会管辖，系村委会驻地。216 户 923 人，汉族。1958 年属朱店公社刘庙大队，1960 年属大庄公社刘庙大队，1962 年属刘庙公社刘庙大队，1964 年属大庄公社刘庙大队，1979 年属刘庙公社刘庙大队，1983 年属刘庙乡刘庙村委会，2004 年属大庄乡刘庙村委会，2016 属大庄镇刘庙村委会。因庙宇和姓氏得名。村落坐北朝南，依山而建，呈团块状分布，面积 0.24 平方千米。农业以种植苹果、小麦、玉米、马铃薯为主，居民收入以果品销售、养殖、劳务为主。有刘庙小学、刘庙中学。乡道朱刘公路经过。

刘家沟（Liújiāgōu） 位于大庄镇中部，距镇政府驻地大庄李家 3.16 千米。属刘沟村委会管辖，系村委会驻地。84 户 385 人，汉族。1958 年属朱店公社胡家大队，1960 年属大庄公社刘沟大队，1983 年属刘沟村委会，2016 年属大庄镇刘沟村委会。因姓氏和地形得名。村落坐南朝北，依山而建，呈团块状分布，面积 0.06 平方千米。农业以种植苹果、小麦、玉米、马铃薯为主，居民收入以果品销售、养殖、劳务为主。

刘家沟（2020 年 7 月摄）

罗家（Luójiā） 位于大庄镇东部，距镇政府驻地大庄李家 4.34 千米。属刘沟村委会管辖。70 户 310 人，汉族。1958 年属朱店公社胡家大队，1960 年属大庄公社刘沟大队，1983 年属刘沟村委会，2016 年属大庄镇刘沟村委会。因姓氏得名。村落坐南朝北，依山而建，呈团块状分布，面积 0.04 平方千米。农业以种植苹果、小麦、玉米、马铃薯为主，居民收入以果品销售、养殖、劳务为主。

张家湾（Zhāngjiāwān） 位于大庄镇东部，距镇政府驻地大庄李家 3.56 千米。属刘沟村委会管辖。62 户 229 人，汉族。1958 年属朱店公社胡家大队，1960 年属大庄公社刘沟大队，1983 年属刘沟村委会，2016 年属大庄镇刘沟村委会。因姓氏和地形得名。村落坐东朝西，依山而建，呈团块状分布，面积 0.13 平方千米。农业以种植苹果、小麦、玉米、马铃薯为主，居民收入以果品销售、养殖、劳务为主。有张湾小学。

丁家山（Dīngjiāshān） 位于大庄镇东部，距镇政府驻地大庄李家 4.68 千米。属丁山村委会管辖，系村委会驻地。158 户 704 人，汉族。1958 年属朱店公社丁山大队，1960 年属大庄公社丁山大队，1962 年属刘庙公社丁山大队，1964 年属大庄公社丁山大队，1979 年属刘庙公社丁山大队，1983 年属刘庙乡丁山村委会，2004 年属大庄乡丁山村委会，2016 年属大庄镇丁山村委会。因姓氏和地形得名。村落坐北朝南，依山而建，呈团块状分布，面积 0.13 平方千米。农业以种植苹果、小麦、玉米、马铃薯为主，居民收入以果品销售、养殖、劳务为主。有丁山小学。乡道朱大公路经过。

冯家湾阳坡（Féngjiāwānyángpō） 位于大庄镇东北部，距镇政府驻地大庄李家 4.8 千米。属丁山村委会管辖。71 户 374 人，汉族。1958 年属朱店公社冲锋大队，1960 年属大庄公社冲锋大队，1962 年属刘庙公社冯湾大队，1964 年属大庄公社冯湾大队，1979 年属刘庙公社冯湾大队，1983 年属刘庙乡冯湾村委会，2004 年属大庄乡冯湾村委会，2006 年属大庄乡丁山村委会，2016 年属大庄镇丁山村委会。因姓氏和地形方位得名。村落坐北朝南，依山而建，呈散状分布，面积 0.08 平方千米。农业以种植苹果、小麦、玉米、马铃薯为主，居民收入以果品销售、养殖、劳务为主。

冯家湾阴坡（Féngjiāwānyīnpō） 位于大庄镇东北部，距镇政府驻地大庄李家 5.09 千米。属丁山村委会管辖。64 户 240 人，汉族。1958 年属朱店公社冲锋大队，1960 年属大庄公社冲锋大队，1962 年属刘庙公社冯湾大队，1964 年属大庄公社冯湾大队，1979 年属刘庙公社冯湾大队，1983 年属刘庙乡冯湾村委会，2004 年属大庄乡冯湾村委会，2006 年属大庄乡丁山村委会，2016 年属大庄镇丁山村委会。因姓氏和地形方位得名。村落坐南朝北，依山而建，呈团块状分布，面积 0.09 平方千米。农业以种植苹果、小麦、玉米、马铃薯为主，居民收入以果品销售、养殖、劳务为主。

冯家湾（Féngjiāwān） 位于大庄镇东北部，属丁山村委会管辖，是冯家湾阳坡、冯家湾阴坡总称。因姓氏和地形得名。

张家小湾（Zhāngjiāxiǎowān） 位于大庄镇东南部，距镇政府驻地大庄李家 3.9 千米。属张家小湾村委会管辖，系村委会驻地。72 户 272 人，汉族。1958 年属朱店公社小湾大队，1960 年属大庄公社张家小湾大队，1983 年属大庄乡张家小湾村委会，2016 年属大庄镇张家小湾村委会。因姓氏和地形得名。村落坐南朝北，依山而建，呈散状分布，面积 0.09 平方千米。农业以种植苹果、小麦、玉米、马铃薯为主，居民收入以果品销售、养殖、劳务为主。

阳湾子（Yángwānzi） 位于大庄镇东南部，距镇政府驻地大庄李家 4.12 千米。属张家小湾村委会管辖。56 户 217 人，汉族。1958 年属朱店公社小湾大队，1960 年属大庄公社张家小湾大队，1983 年属大庄乡张家小湾村委会，2016 年属大庄镇张家小湾村委会。因方位和地形得名。村落坐东朝西，依山而建，呈散状分布，面积 0.06 平方千米。农业以种植苹果、小麦、玉米、马铃薯为主，居民收入以果品销售、养殖、劳务为主。

阳凹（Yángwā） 位于大庄镇东南部，距镇政府驻地大庄李家 4.45 千米。属张家小湾村委会管辖。44 户 228 人，汉族。1958 年属朱店公社小湾大队，1960 年属大庄公社张家小湾大队，1983 年属大庄乡张家小湾村委会，2016 年属大庄镇张家小湾村委会。因方位和地形得名。村落坐北朝南，依山而建，呈团块状分布，面积 0.04 平方千米。农业以种植苹果、小麦、玉米、马铃薯为主，居民收入以果品销售、养殖、劳务为主。

峁湾壑岘（Mǎowānhèxiàn） 位于大庄镇东南部，距镇政府驻地大庄李家 4.64 千米。属张家小湾村委会管辖。28 户 136 人，汉族。1958 年属朱店公社小湾大队，1960 年属大庄公社张家小湾大队，1983 年属大庄乡张家小湾村委会，2016 年属大庄镇张家小湾村委会。因地形地貌得名。村落沿壑岘两侧呈散状分布，面积 0.06 平方千米。农业以种植苹果、小麦、玉米、马铃薯为主，居民收入以果品销售、养殖、劳务为主。

杨家局（Yángjiājú） 位于大庄镇中部，距镇政府驻地大庄李家 2.53 千米。属杨局村委会管辖，系村委会驻地。188 户 809 人，汉族。1958 年属朱店公社谢家大队，1960 年属大庄公社杨局大队，1983 年属大庄乡杨局村委会，2016 年属大庄镇杨局村委会。因姓氏和地貌得名。村落坐北朝南，依山而建，呈散状分布，面积 0.27 平方千米。农业以种植苹果、小麦、玉米、马铃薯为主，居民收入以果品销售、养殖、劳务为主。

张家梁（Zhāngjiāliáng） 位于大庄镇北部，距镇政府驻地大庄李家 2.77 千米。属杨局村委会管辖。109 户 458 人，汉族。1958 年属朱店公社谢家大队，1960 年属大庄公社杨局大队，1983 年属大庄乡杨局村委会，2016 年属大庄镇杨局村委会。因姓氏和地形得名。村落坐东朝西，依山而建，呈团块状分布，面积 0.08 平方千米。农业以种植苹果、小麦、玉米、马铃薯为主，居民收入以果品销售、养殖、劳务为主。

伏家庄（Fújiāzhuāng） 位于大庄镇中部，距镇政府驻地大庄李家 1.44 千米。属杨局村委会管辖。107 户 449 人，汉族。1958 年属朱店公社伏家大队，1960 年属大庄公社伏家大队，1983 年属大庄乡伏家村委会，2006 年属大庄乡杨局村委会，2016 年属大庄镇杨局村委会。因姓氏得名。村落坐东朝西，依山而建，呈团块状分布，面积 0.1 平方千米。农业以种植苹果、小麦、玉米、马铃薯为主，居民收入以 果品销售、养殖、劳务为主。

老山沟（Lǎoshāngōu） 位于大庄镇东北部，距镇政府驻地大庄李家 4.1 千米。属老山沟村委会管辖，系村委会驻地。110 户 598 人，汉族。1958 年属朱店公社谢家大队，1960 年属大庄公社谢家大队，1962 年属刘庙公社老山沟大队，1964 年属大庄公社老山沟大队，1979 年属刘庙公社老山沟大队，1983 年属刘庙乡老山沟村委会，2004 年属大庄乡老山沟村委会，2016 年属大庄镇老山沟村委会。此村庄是附近张姓村落中最早的一个，且地处沟岔，故称“老张沟”，后演变成老山沟。村落坐南朝北，沿沟而建，呈散状分布，面积 0.22 平方千米。农业以种植苹果、小麦、玉米、马铃薯为主，居民收入以果品销售、养殖、劳务为主。有老山沟小学。

张家阳坡（Zhāngjiāyángpō） 位于大庄镇东北部，距镇政府驻地大庄李家 4.38 千米。属老山沟村委会管辖。74 户 354 人，汉族。1958 年属朱店公社谢家大队，1960 年属大庄公社谢家大队，1962 年属刘庙公社老山沟大队，1964 年属大庄公社老山沟大队，1979 年属刘庙公社老山沟大队，1983 年属刘庙乡老山沟村委会，2004 年属大庄乡老山沟村委会，2016 年属大庄镇老山沟村委会。因姓氏和地形方位得名。村落坐北朝南，依山而建，呈散状分布，面积 0.07 平方千米。农业以种植苹果、小麦、玉米、马铃薯为主，居民收入以果品销售、养殖、劳务为主。

糜面凹（Mímiànwā） 位于大庄镇东北部，距镇政府驻地大庄李家 3 千米。属老山沟村委会管辖。居民 89 户 348 人，汉族。1958 年属朱店公社谢家大队，1960 年属大庄公社谢家大队，1962 年属刘庙公社老山沟大队，1964 年属大庄公社老山沟大队，1979 年属刘庙公社老山沟大队，1983 年属刘庙乡老山沟村委会，2004 年属大庄乡老山沟村委会，2016 年属大庄镇老山沟村委会。因种植糜子和地形得名。村落坐东朝西，依山而建，呈散状分布，面积 0.07 平方千米。农业以种植苹果、小麦、玉米、马铃薯为主，居民收入以果品销售、养殖、劳务为主。有杨局小学。有县级文物保护单位糜面凹汉墓群。

胡家新庄（Hújiāxīnzhuāng） 位于大庄镇东南部，距镇政府驻地大庄 3.98 千米。属南湾村委会管辖，系村委会驻地。52 户 202 人，汉族。1958 年属朱店公社胡家大队，1960 年属大庄公社南湾大队，1979 年属大庄公社胡家大队，1983 年属大庄乡胡家村委会，2006 年属大庄乡南湾村委会，2014 年因滑坡居民迁至新庄，2016 年属大庄镇南湾村委会。因胡家居民迁居新村得名。村落坐东朝西，依山而建，呈团块状分布，面积 0.04 平方千米。农业以种植苹果、小麦、玉米、马铃薯为主，居民收入以果品销售、养殖、劳务为主。

南湾（Nánwān） 位于大庄镇南部，距镇政府驻地大庄李家 2.68 千米。属南湾村委会管辖。109 户 523 人，汉族。1958 年属朱店公社胡家大队，1960 年属大庄公社南湾大队，1983 年属大庄乡南湾村委会，2016 年属大庄镇南湾村委会。因地形方位得名。村落坐北朝南，依山而建，呈团块状分布，面积 0.12 平方千米。农业以种植苹果、小麦、玉米、马铃薯为主，居民收入以果品销售、养殖、劳务为主。

林安局子（Lín'ānjúzi） 位于大庄镇东南部，距镇政府驻地大庄李家 3.57 千米。属南湾村委会管辖。104 户 467 人，汉族。1958 年属朱店公社胡家大队，1960 年属大庄公社南湾大队，1979 年属大庄公社胡家大队，1983 年属大庄乡胡家村委会，2006 年属大庄乡南湾村委会，2016 年属大庄镇南湾村委会。村以地而名，地以林、安二姓和地形得名，“局”即壕沟。现住张姓村民是 20 世纪初从本镇油夫岔迁来。村落坐北朝南，依山而建，呈团块状分布，面积 0.07 平方千米。农业以种植苹果、小麦、玉米、马铃薯为主，居民收入以果品销售、养殖、劳务为主。

青龙沟（2020年7月摄）

青龙沟（Qīnglónggōu） 位于大庄镇西南部，距镇政府驻地大庄李家3.17千米。属青龙沟村委会管辖，系村委会驻地。78户316人，汉族。1958年属朱店公社胡家大队，1960年属大庄公社青龙沟大队，1983年属大庄乡青龙沟村委会，2016年属大庄镇青龙沟村委会。因地理实体青龙沟得名。村落坐西朝东，依山而建，呈散状分布，面积0.11平方千米。农业以种植苹果、小麦、玉米、马铃薯、蔬菜为主，居民收入以果品销售、养殖、劳务为主。有红星小学。

王家湾（Wángjiāwān） 位于大庄镇西部，距镇政府驻地大庄李家2.7千米。属青龙沟村委会管辖。48户231人，汉族。1958年属朱店公社共和大队，1960年属大庄公社张山大队，1983年属大庄乡张山村委会，2006年属大庄乡青龙沟村委会，2016年属大庄镇青龙沟村委会。因姓氏和地形得名。村落坐西朝东，沿路而建，呈团块状分布，面积0.1平方千米。农业以种植苹果、小麦、玉米、马铃薯、蔬菜为主，居民收入以果品销售、养殖、劳务为主。

李家头儿（Lǐjiātóur） 位于大庄镇南部，距镇政府驻地大庄李家3.43千米。属青龙沟村委会管辖。56户272人，汉族。1958年属朱店公社胡家大队，1960年属大庄公社青龙沟大队，1979年属大庄公社高湾大队，1983年属大庄乡高湾村委会，2006年属大庄乡青龙沟村，2016年属大庄镇青龙沟村委会。因姓氏和地理位置得名。村落坐东朝西，依山而建，呈散状分布，面积0.02平方千米。农业以种植苹果、小麦、玉米、马铃薯为主，居民收入以果品销售、养殖、劳务为主。

高山顶湾（Gāoshāndǐngwān） 位于大庄镇东北部，距镇政府驻地大庄李家3.25千米。属青龙沟村委会管辖。54户236人，汉族。1958年属朱店公社胡家大队，1960年属大庄公社青龙沟大队，1979年属大庄公社高湾大队，1983年属大庄乡高湾村委会，2006年属大庄乡青龙沟村委会，2016年属大庄镇青龙沟村委会。因地势地形得名。村落坐北朝南，依山而建，呈团块状分布，面积0.06平方千米。农业以种植苹果、小麦、玉米、马铃薯、蔬菜为主，居民收入以果品销售、养殖、劳务为主。

王家山（Wángjiāshān） 位于大庄镇中部，距镇政府驻地大庄李家2.32千米。属王山村委会管辖，系村委会驻地。112户506人，汉族。1958年属朱店公社王山大队，1960年属大庄公社王山大队，1983年属大庄乡王山村委会，2016年属大庄镇王山村委会。因姓氏和地形得名。村落坐东朝西，沿路而建，呈团块状分布，面积0.18平方千米。农业以种植苹果、小麦、玉米、马铃薯为主，居民收入以果品销售、养殖、劳务为主。

王家沟（Wángjiāgōu） 位于大庄镇中部，距镇政府驻地大庄李家2.93千米。属王山村委会管辖。59户206人，汉族。1958年属朱店公社王沟大队，1960年属大庄公社王山大队，1979年属大庄公社王沟大队，1983年属大庄乡王沟村委会，2006年属大庄乡王山村委会，2016年属大庄镇王山村委会。因姓氏和地形得名。村落坐北朝南，依山而建，呈团块状分布，面积0.04平方千米。农业以种植苹果、小麦、玉米、马铃薯为主，居民收入以果品销售、养殖、劳务为主。

草洼（Cǎowā） 位于大庄镇中部，距镇政府驻地大庄李家3.3千米。属王山村委会管辖。12户72人，汉族。1958年属朱店公社王沟大队，1960年属大庄公社王山大队，1979年属大庄公社王沟大队，1983

年属大庄乡王沟村委会，2006 年属大庄乡王山村委会，2016 年属大庄镇王山村委会。因地形和荒草多得名。村落坐北朝南，依山而建，呈团块状分布，面积 0.01 平方千米。农业以种植苹果、小麦、玉米、马铃薯为主，居民收入以果品销售、养殖、劳务为主。乡道朱大公路经过。

塌山里（Tāshānlǐ） 位于大庄镇东部，距镇政府驻地大庄李家 3.5 千米。属王山村委会管辖。12 户 71 人，汉族。1958 年属朱店公社王沟大队，1960 年属大庄公社王山大队，1979 年属大庄公社王沟大队，1983 年属大庄乡王沟村委会，2006 年属大庄乡王山村委会，2016 年属大庄镇王山村委会。因村落地处滑坡区得名。村落坐东朝西，依山而建，呈散状分布，面积 0.02 平方千米。农业以种植苹果、小麦、玉米、马铃薯为主，居民收入以果品销售、养殖、劳务为主。

连王家（Liánwángjiā） 位于大庄镇东南部，距镇政府驻地大庄李家 1.94 千米。属连王村委会管辖，系村委会驻地。184 户 740 人，汉族。1958 年属朱店公社连王大队，1960 年属大庄公社连王大队，1983 年属大庄乡连王村委会，2016 年属大庄镇连王村委会。因连、王姓氏得名。村落坐南朝北，依山而建，呈团块状分布，面积 0.22 平方千米。农业以种植苹果、小麦、玉米、马铃薯为主，居民收入以果品销售、养殖、劳务为主。

连王家（2020 年 7 月摄）

阳坡塌山（Yángpōtāshān） 位于大庄镇中部，距镇政府驻地大庄李家 1.41 千米。属连王村委会管辖。23 户 105 人，汉族。1958 年属朱店公社连王大队，1960 年属大庄公社连王大队，1983 年属大庄乡连王村委会，2016 年属大庄镇连王村委会。因连王居民迁青龙沟阳面滑坡地带得名。村落坐北朝南，依山而建，呈散状分布，面积 0.01 平方千米。农业以种植苹果、小麦、玉米、马铃薯为主，居民收入以果品销售、养殖、劳务为主。

阳凹庄（Yángwāzhuāng） 位于大庄镇中部，距镇政府驻地大庄李家 1.64 千米。属连王村委会管辖。88 户 395 人，汉族。1958 年属朱店公社胡家大队，1960 年属大庄公社胡家大队，1979 年属大庄公社阳凹庄大队，1983 年属大庄乡阳凹庄村委会，2006 年属大庄乡连王村委会，2016 年属大庄镇连王村委会。因地形方位得名。村落坐东朝西，依山而建，呈团块状分布，面积 0.09 平方千米。农业以种植苹果、小麦、玉米、马铃薯为主，居民收入以果品销售、养殖、劳务为主。

下局子（Xiàjúzi） 位于大庄镇中部，距镇政府驻地大庄李家 1.66 千米。属连王村委会管辖。居民 66 户 318 人，汉族。1958 年属朱店公社胡家大队，1960 年属大庄公社胡家大队，1979 年属大庄公社阳凹庄大队，1983 年属大庄乡阳凹庄村委会，2006 年属大庄乡连王村委会，2016 年属大庄镇连王村委会。因地理方位和地貌得名。村落坐南朝北，依山而建，呈团块状分布，面积 0.08 平方千米。农业以种植苹果、小麦、玉米、马铃薯为主，居民收入以果品销售、养殖、劳务为主。

阴凹（Yīnwā） 位于大庄镇中部，距镇政府驻地大庄李家 1.11 千米。属连王村委会管辖。7 户 32 人，汉族。1958 年属朱店公社胡家大队，1960 年属大庄公社胡家大队，1979 年属大庄公社阳凹庄大队，1983 年属大庄乡阳凹庄村委会，2006 年属大庄乡连王村委会，2016 年属大庄镇连王村委会。因地形方位得名。村落坐南朝北，依山而建，呈散状分布，面积 0.01 平方千米。农业以种植苹果、小麦、玉米、马铃薯为主，居民收入以果品销售、养殖、劳务为主。

永宁镇

谈家街子（Tánjiājiēzi） 位于永宁镇中部。属谈街村委会管辖，系镇政府、村委会驻地。132 户 621 人，汉族。1958 年属通边公社永宁大队，1960 年属永宁公社永和大队，1983 年属永宁乡永和村委会，1993 年属谈街村委会，2018 年属永宁镇谈街村委会。因谈姓人家居住在街道两旁得名。村落呈带状分布，面积 0.15 平方千米。农业以种植小麦、玉米、马铃薯、药材为主，居民收入以商贸、养殖、劳务为主。有永宁中学、永宁小学、永宁卫生院。县道韩良公路经此。

张家凸（Zhāngjiāwā） 位于永宁镇中部，距镇政府驻地谈家街子 1.88 千米。属谈街村委会管辖。58 户 260 人，汉族。1958 年属通边公社永宁大队，1960 年属永宁公社永和大队，1983 年属永宁乡永和村委会，1993 年属谈街村委会，2018 年属永宁镇谈街村委会。因姓氏和地形得名。村落呈团块状分布，面积 0.05 平方千米。农业以种植小麦、玉米、马铃薯为主，居民收入以养殖、劳务为主。县道韩良公路经此，乡道张通公路起点。

团庄（Tuánzhuāng） 位于永宁镇中部，距镇政府驻地谈家街子 0.4 千米。属谈街村委会管辖。55 户 241 人，汉族。1958 年属通边公社永宁大队，1960 年属永宁公社永和大队，1983 年属永宁乡永和村委会，1993 年属谈街村委会，2018 年属永宁镇谈街村委会。因村庄住宅聚集得名。村落呈团块状分布，面积 0.12 平方千米。农业以种植小麦、玉米、马铃薯为主，居民收入以养殖、劳务为主。县道韩良公路经此。

贯子沟（Guànzigōu） 位于永宁镇西部，距镇政府驻地谈家街子 1.28 千米。属谈街村委会管辖。122 户 526 人，汉族。1958 年属通边公社永宁大队，1960 年属永宁公社永和大队，1983 年属永宁乡永和村委会，1993 年属谈街村委会，2018 年属永宁镇谈街村委会。村庄东临沟壑，沟深且陡，多陷穴，故名。村落呈散状分布，面积 0.13 平方千米。农业以种植小麦、玉米、马铃薯为主，居民收入以养殖、劳务为主。县道韩良公路经此。

梁家坡（Liángjiāpō） 位于永宁镇中部，距镇政府驻地谈家街子 0.8 千米。属谈街村委会管辖。2 户 9 人，汉族。1958 年属通边公社永宁大队，1960 年属永宁公社永和大队，1983 年属永宁乡永和村委会，1993 年属谈街村委会，2018 年属永宁镇谈街村委会。因姓氏和地势得名。村落呈团块状分布，面积 0.01 平方千米。农业以种植小麦、玉米、马铃薯、油菜为主，居民收入以养殖、劳务为主。

郑家山（Zhèngjiāshān） 位于永宁镇西部，距镇政府驻地谈家街子 1.61 千米。属谈街村委会管辖。12 户 54 人，汉族。1958 年属通边公社永宁大队，1960 年属永宁公社永和大队，1983 年属永宁乡永和村委会，1993 年属谈街村委会，2018 年属永宁镇谈街村委会。因姓氏和地形得名。村落呈团块状分布，面积 0.01 平方千米。农业以种植小麦、玉米、马铃薯、油菜为主，居民收入以养殖、劳务为主。

梅家湾（Méijiāwān） 位于永宁镇西部，距镇政府驻地谈家街子 2.19 千米。属谈街村委会管辖。16 户 26 人，汉族。1958 年属通边公社永宁大队，1960 年属永宁公社永和大队，1983 年属永宁乡永和村委会，1993 年属谈街村委会，2018 年属永宁镇谈街村委会。因姓氏和地形得名。村落呈散状分布，面积 0.02 平方千米。农业以种植小麦、玉米、马铃薯、药材为主，居民收入以养殖、劳务为主。

苏家阳凸（Sūjiāyángwā） 位于永宁镇西南部，距镇政府驻地谈家街子 4.45 千米。属苏家阳凸村委会管辖，系村委会驻地。125 户 586 人，汉族。1958 年属通边公社红星大队，1962 年属试雨公社苏家阳凸大队，1964 年属永宁公社阳凸大队，1982 年属苏家阳凸大队，1983 年属永宁乡苏家阳凸村委会，2018 年属永宁镇苏家阳凸村委会。因苏姓人居于山体阳坡得名。村落呈散状分布，面积 0.14 平方千米。农业以种植小麦、玉米、马铃薯、油菜为主，居民收入以养殖、劳务为主。有阳凸小学。

牡丹咀（Mǔdānzuǐ） 位于永宁镇南部，距镇政府驻地谈家街子 4.12 千米。属苏家阳凸村委会管辖。

35 户 159 人，汉族。1958 年属通边公社红星大队，1962 年属试雨公社苏家阳山大队，1964 年属永宁公社阳山大队，1982 年属苏家阳山大队，1983 年属永宁乡苏家阳山村委会，2018 年属永宁镇苏家阳山村委会。因野生牡丹和地形得名。村落呈散状分布，面积 0.04 平方千米。农业以种植小麦、玉米、马铃薯、油菜为主，居民收入以养殖、劳务为主。

堡子上（Bǔzishàng） 位于永宁镇西南部，距镇政府驻地谈家街子 4.84 千米。属苏家阳山村委会管辖。50 户 234 人，汉族。1958 年属通边公社红星大队，1962 年属试雨公社苏家阳山大队，1964 年属永宁公社阳山大队，1982 年属苏家阳山大队，1983 年属永宁乡苏家阳山村委会，2018 年属永宁镇苏家阳山村委会。因山顶有古堡得名。村落呈散状分布，面积 0.05 平方千米。农业以种植小麦、玉米、马铃薯、油菜为主，居民收入以养殖、劳务为主。

高家湾（Gāojiāwān） 位于永宁镇西南部，距镇政府驻地谈家街子 5.46 千米。属苏家阳山村委会管辖。27 户 119 人，汉族。1958 年属通边公社红星大队，1962 年属试雨公社苏家阳山大队，1964 年属永宁公社阳山大队，1982 年属苏家阳山大队，1983 年属永宁乡苏家阳山村委会，2018 年属永宁镇苏家阳山村委会。因姓氏和地形得名。村落呈团块状分布，面积 0.04 平方千米。农业以种植小麦、玉米、马铃薯、油菜为主，居民收入以养殖、劳务为主。

白山（Báiwā） 位于永宁镇西南部，距镇政府驻地谈家街子 4.86 千米。属苏家阳山村委会管辖。20 户 91 人，汉族。1958 年属通边公社红星大队，1962 年属永宁公社苏家阳山大队，1964 年属永宁公社阳山大队，1982 年属苏家阳山大队，1983 年属永宁乡苏家阳山村委会，2018 年属永宁镇苏家阳山村委会。因地貌特征得名。村落呈带状分布，面积 0.02 平方千米。农业以种植小麦、玉米、马铃薯、油菜为主，居民收入以养殖、劳务为主。

下面湾（Xiàmiànwān） 位于永宁镇西南部，距镇政府驻地谈家街子 4.84 千米。属苏家阳山村委会管辖。3 户 17 人，汉族。1958 年属通边公社红星大队，1962 年属试雨公社苏家阳山大队，1964 年属永宁公社阳山大队，1982 年属苏家阳山大队，1983 年属永宁乡苏家阳山村委会，2018 年属永宁镇苏家阳山村委会。因地形方位得名。村落呈团块状分布，面积 0.01 平方千米。农业以种植小麦、玉米、马铃薯、油菜为主，居民收入以养殖、劳务为主。

苏家深沟（Sūjiāshēngōu） 位于永宁镇西南部，距镇政府驻地谈家街子 3.76 千米。属苏家阳山村委会管辖。87 户 389 人，汉族。1958 年属通边公社红星大队，1960 年属永宁公社红星大队，1964 年属赵湾大队，1979 年属深沟大队，1983 年属永宁乡深沟村委会，2006 年属苏家阳山村委会，2018 年属永宁镇苏家阳山村委会。因苏姓人住在沟畔得名。村落坐东南朝西北，呈团块状分布，面积 0.1 平方千米。农业以种植小麦、玉米、马铃薯、油菜为主，居民收入以养殖、劳务为主。

苏家河湾（Sūjiāhéwān） 位于永宁镇西部，距镇政府驻地谈家街子 3.39 千米。属苏家河湾村委会管辖，系村委会驻地。104 户 452 人，汉族。1958 年属通边公社永宁大队，1960 年属永宁公社河湾大队，1982 年属苏家河湾大队，1983 年属永宁乡苏家河湾村委会，2018 年属永宁镇苏家河湾村委会。因苏姓人居住章麻河畔得名。村落呈团块状分布，面积 0.2 平方千米。有永宁镇河湾村小学。农业以种植小麦、玉米、马铃薯、油菜为主，居民收入以养殖、劳务为主。县道韩良公路经此。

梅家台台（Méijiātáitái） 位于永宁镇西部，距镇政府驻地谈家街子 2.5 千米。属苏家河湾村委会管辖。48 户 145 人，汉族。1958 年属通边公社永宁大队，1960 年属永宁公社河湾大队，1982 年属苏家河湾大队，1983 年属永宁乡苏家河湾村委会，2018 年属永宁镇苏家河湾村委会。因姓氏和地形得名。村落呈团块状分布，面积 0.05 平方千米。农业以种植小麦、玉米、马铃薯、油菜为主，居民收入以养殖、劳务为主。

苏家小户（Sūjiāxiǎohù） 位于永宁镇西部，距镇政府驻地谈家街子 3.04 千米。属苏家河湾村委会管辖。67 户 296 人，汉族。1958 年属通边公社永宁大队，1960 年属永宁公社河湾大队，1982

年属苏家河湾大队，1983 年属永宁乡苏家河湾村委会，2018 年属永宁镇苏家河湾村委会。因苏姓人初迁时较老庄户小得名。村落呈团块状分布，面积 0.07 平方千米。农业以种植小麦、玉米、马铃薯、油菜为主，居民收入以养殖、劳务为主。县道韩良公路经此。

湾儿来（Wānrlái） 位于永宁镇西部，距镇政府驻地谈家街子 3.65 千米。属苏家河湾村委会管辖。72 户 336 人，汉族。1958 年属通边公社永宁大队，1960 年属永宁公社河湾大队，1982 年属苏家河湾大队，1983 年属永宁乡苏家河湾村委会，2018 年属永宁镇苏家河湾村委会。因地形得名。村落呈团块状分布，面积 0.05 平方千米。农业以种植小麦、玉米、马铃薯、油菜为主，居民收入以养殖、劳务为主。

朱家湾（Zhūjiāwān） 位于永宁镇西北部，距镇政府驻地谈家街子 1.99 千米。属朱湾村委会管辖，系村委会驻地。112 户 504 人，汉族。1958 年属通边公社永宁大队，1960 年属永宁公社朱湾大队，1983 年属永宁乡朱湾村委会，2018 年属永宁镇朱湾村委会。因姓氏和地形得名。村落坐北朝南，呈散状分布，面积 0.11 平方千米。农业以种植小麦、玉米、马铃薯、油菜为主，居民收入以养殖、劳务为主。

李家湾（Lǐjiāwān） 位于永宁镇西北部，距镇政府驻地谈家街子 2.47 千米。属朱湾村委会管辖。7 户 34 人，汉族。1958 年属通边公社永宁大队，1960 年属永宁公社朱湾大队，1983 年属永宁乡朱湾村委会，2018 年属永宁镇朱湾村委会。因姓氏和地形得名。村落呈散状分布，面积 0.01 平方千米。农业以种植小麦、玉米、马铃薯、油菜为主，居民收入以养殖、劳务为主。

柳家梁（Liǔjiāliáng） 位于永宁镇西北部，距镇政府驻地谈家街子 2.99 千米。属朱湾村委会管辖。52 户 242 人，汉族。1958 年属通边公社永宁大队，1960 年属永宁公社朱湾大队，1983 年属永宁乡朱湾村委会，2018 年属永宁镇朱湾村委会。因姓氏和地形得名。村落坐西北朝东南，呈团块状分布，面积 0.04 平方千米。农业以种植小麦、玉米、马铃薯、油菜为主，居民收入以养殖、劳务为主。

陈家湾（Chénjiāwān） 位于永宁镇西北部，距镇政府驻地谈家街子 2.04 千米。属陈湾村委会管辖，系村委会驻地。113 户 528 人，汉族。1958 年属通边公社永宁大队，1960 年属永宁公社陈湾大队，1983 年属永宁乡陈湾村委会，2018 年属永宁镇陈湾村委会。因姓氏和地形得名。村落呈散状分布，面积 0.12 平方千米。农业以种植小麦、玉米、马铃薯、油菜为主，居民收入以养殖、劳务为主。

陈家湾（2017 年 6 月摄）

王家湾（Wángjiāwān） 位于永宁镇西北部，距镇政府驻地谈家街子 1.82 千米。属陈湾村委会管辖。49 户 228 人，汉族。1958 年属通边公社永宁大队，1960 年属永宁公社陈湾大队，1983 年属永宁乡陈湾村委会，2018 年属永宁镇陈湾村委会。因姓氏和地形得名。村落呈散状分布，面积 0.05 平方千米。农业以种植小麦、玉米、马铃薯、油菜为主，居民收入以养殖、劳务为主。

下湾（Xiàwān） 位于永宁镇中北部，距镇政府驻地谈家街子 2.02 千米。属下湾村委会管辖，系村委会驻地。58 户 251 人，汉族。1958 年属通边公社卢豆大队，1960 年属永宁公社豆沟大队，1979 年属下湾大队，1983 年属永宁乡下湾村委会，2018 年属永宁镇下湾村委会。因地形方位得名。村落呈散状分布，面积 0.06 平方千米。农业以种植小麦、玉米、马铃薯、油菜为主，居民收入以养殖、劳务为主。

王家咀（Wángjiāzuǐ）　位于永宁镇北部，距镇政府驻地谈家街子 2.89 千米。属下湾村委会管辖。18 户 73 人，汉族。1958 年属通边公社卢豆大队，1960 年属永宁公社豆沟大队，1979 年属下湾大队，1983 年属永宁乡下湾村委会，2018 年属永宁镇下湾村委会。因姓氏和地形得名。村落呈团块状分布，面积 0.01 平方千米。农业以种植小麦、玉米、马铃薯、油菜为主，居民收入以养殖、劳务为主。

豆家沟（Dòujiāgōu）　位于永宁镇北部，距镇政府驻地谈家街子 3.33 千米。属下湾村委会管辖。38 户 159 人，汉族。1958 年属通边公社卢豆大队，1960 年属永宁公社豆沟大队，1983 年属永宁乡豆沟村委会，2006 年属下湾村委会，2018 年属永宁镇下湾村委会。因姓氏和地形得名。村落呈散状分布，面积 0.05 平方千米。农业以种植小麦、玉米、马铃薯、油菜为主，居民收入以养殖、劳务为主。

靳家湾（Jìnjiāwān）　位于永宁镇中北部，距镇政府驻地谈家街子 2.51 千米。属下湾村委会管辖。19 户 76 人，汉族。1958 年属通边公社卢豆大队，1960 年属永宁公社豆沟大队，1979 年属下湾大队，1983 年属永宁乡下湾村委会，2018 年属永宁镇下湾村委会。因姓氏和地形得名。村落呈团块状分布，面积 0.02 平方千米。农业以种植小麦、玉米、马铃薯、油菜为主，居民收入以养殖、劳务为主。

中庄（Zhōngzhuāng）　位于永宁镇北部，距镇政府驻地谈家街子 3.38 千米。属下湾村委会管辖。34 户 141 人，汉族。1958 年属通边公社卢豆大队，1960 年属永宁公社豆沟大队，1983 年属永宁乡豆沟村委会，2006 年属下湾村委会，2018 年属永宁镇下湾村委会。因方位得名。村落呈散状分布，面积 0.04 平方千米。农业以种植小麦、玉米、马铃薯、油菜为主，居民收入以养殖、劳务为主。

下豆家（Xiàdòujiā）　位于永宁镇北部，距镇政府驻地谈家街子 3.04 千米。属下湾村委会管辖。11 户 46 人，汉族。1958 年属通边公社卢豆大队，1960 年属永宁公社豆沟大队，1983 年属永宁乡豆沟村委会，2006 年属下湾村委会，2018 年属永宁镇下湾村委会。因姓氏、方位得名。村落呈散状分布，面积 0.03 平方千米。农业以种植小麦、玉米、马铃薯、油菜为主，居民收入以养殖、劳务为主。

圆地湾（Yuándìwān）　位于永宁镇北部，距镇政府驻地谈家街子 2.84 千米。属下湾村委会管辖。20 户 84 人，汉族。1958 年属通边公社卢豆大队，1960 年属永宁公社豆沟大队，1983 年属永宁乡豆沟村委会，2006 年属下湾村委会，2018 年属永宁镇下湾村委会。因村落呈半圆形环拱得名。村落呈散状分布，面积 0.03 平方千米。农业以种植小麦、玉米、马铃薯、油菜为主，居民收入以养殖、劳务为主。

苏家梁（Sūjiāliáng）　位于永宁镇中北部，距镇政府驻地谈家街子 3.05 千米。属下湾村委会管辖。11 户 50 人，汉族。1958 年属通边公社卢豆大队，1960 年属永宁公社豆沟大队，1983 年属永宁乡豆沟村委会，2006 年属下湾村委会，2018 年属永宁镇下湾村委会。因姓氏和地形得名。村落呈散状分布，面积 0.01 平方千米。农业以种植小麦、玉米、马铃薯、油菜为主，居民收入以养殖、劳务为主。

葛家峡（Gějiāxiá）　位于永宁镇北部，系村委会驻地，距镇政府驻地谈家街子 4.9 千米。属葛峡村委会管辖。65 户 253 人，汉族。1958 年属通边公社陈堡大队，1960 年属永宁公社葛峡大队，1983 年属永宁乡葛峡村委会，2018 年属永宁镇葛峡村委会。因姓氏和地形得名。村落呈团块状分布，面积 0.11 平方千米。农业以种植小麦、玉米、马铃薯、药材为主，居民收入以养殖、劳务为主。有县级文物保护单位葛家洞石窟。开设旅游专线。

葛家峡（2020 年 6 月摄）

陈家小川（Chénjiāxiǎochuān） 位于永宁镇北部，距镇政府驻地谈家街子 4.65 千米。属葛峡村委会管辖。40 户 156 人，汉族。1958 年属通边公社陈堡大队，1960 年属永宁公社葛峡大队，1983 年属永宁乡葛峡村委会，2018 年属永宁镇葛峡村委会。因姓氏和地形得名。村落坐北朝南，呈散状分布，面积 0.04 平方千米。农业以种植小麦、玉米、马铃薯、药材为主，居民收入以养殖、劳务为主。乡道张通公路经此。

贺家湾（Hèjiāwān） 位于永宁镇北部，距镇政府驻地谈家街子 5.62 千米。属葛峡村委会管辖。26 户 101 人，汉族。1958 年属通边公社陈堡大队，1960 年属永宁公社葛峡大队，1983 年属永宁乡葛峡村委会，2018 年属永宁镇葛峡村委会。因姓氏和地形得名。村落呈团块状分布，面积 0.03 平方千米。农业以种植小麦、玉米、马铃薯、药材为主，居民收入以养殖、劳务为主。

韩家峡口（Hánjiāxiákǒu） 位于永宁镇东北部，距镇政府驻地谈家街子 5.76 千米。属葛峡村委会管辖。53 户 206 人，汉族。1958 年属通边公社陈堡大队，1960 年属永宁公社葛峡大队，1983 年属永宁乡葛峡村委会，2018 年属永宁镇葛峡村委会。因姓氏和地形得名。村落呈团块状分布，面积 0.06 平方千米。农业以种植小麦、玉米、马铃薯、药材为主，居民收入以养殖、劳务为主。

陈家咀（Chénjiāzuǐ） 位于永宁镇北部，距镇政府驻地谈家街子 4.04 千米。属宋堡村委会管辖，系村委会驻地。100 户 487 人，汉族。1958 年属通边公社鱼化大队，1960 年属永宁公社宋堡大队，1983 年属永宁乡宋堡村委会，2018 年属永宁镇宋堡村委会。因姓氏和地形得名。村落坐北朝南，呈团块状分布，面积 0.06 平方千米。农业以种植小麦、玉米、马铃薯、药材为主，居民收入以养殖、劳务为主。乡道张通公路经此。

桶杨家（Tǒngyángjiā） 位于永宁镇中部，距镇政府驻地谈家街子 3.43 千米。属宋堡村委会管辖。96 户 470 人，汉族。1958 年属通边公社鱼化大队，1960 年属永宁公社宋堡大队，1983 年属永宁乡宋堡村委会，2018 年属永宁镇宋堡村委会。因杨姓人曾制作木桶得名。村落呈散状分布，面积 0.1 平方千米。农业以种植小麦、玉米、马铃薯、药材为主，居民收入以养殖、劳务为主。乡道张通公路经此。

馒头咀（Mántóuzuǐ） 位于永宁镇北部，距镇政府驻地谈家街子 4.5 千米。属宋堡村委会管辖。27 户 114 人，汉族。1958 年属通边公社鱼化大队，1960 年属永宁公社宋堡大队，1983 年属永宁乡宋堡村委会，2018 年属永宁镇宋堡村委会。因地形似馒头状得名。村落坐北朝南，呈团块状分布，面积 0.02 平方千米。农业以种植小麦、玉米、马铃薯、药材为主，居民收入以养殖、劳务为主。

新院（Xīnyuàn） 位于永宁镇北部，距镇政府驻地谈家街子 4.6 千米。属宋堡村委会管辖。17 户 89 人，汉族。1958 年属通边公社鱼化大队，1960 年属永宁公社宋堡大队，1983 年属永宁乡宋堡村委会，2018 年属永宁镇宋堡村委会。因居民与宋家堡老户分居得名。村落坐东北朝西南，呈团块状分布，面积 0.02 平方千米。农业以种植小麦、玉米、马铃薯、药材为主，居民收入以养殖、劳务为主。

宋家堡（Sòngjiābǔ） 位于永宁镇北部，距镇政府驻地谈家街子 5.02 千米。属宋堡村委会管辖。20 户 103 人，汉族。1958 年属通边公社鱼化大队，1960 年属永宁公社宋堡大队，1983 年属永宁乡宋堡村委会，2018 年属永宁镇宋堡村委会。因清咸丰六年（1856）许姓人筑堡居住，时称“许家堡子”，后宋姓人居住改称“宋家堡”。村落呈团块状分布，面积 0.02 平方千米。农业以种植小麦、玉米、马铃薯、药材为主，居民收入以养殖、劳务为主。

新庄（Xīnzhuāng） 位于永宁镇北部，距镇政府驻地谈家街子 5.25 千米。属宋堡村委会管辖。24 户 114 人，汉族。1958 年属通边公社鱼化大队，1960 年属永宁公社宋堡大队，1983 年属永宁乡宋堡村委会，2018 年属永宁镇宋堡村委会。因杨姓人新迁得名。村落坐东北朝西南，呈团块状分布，面积 0.02 平方千米。农业以种植小麦、玉米、马铃薯、药材为主，居民收入以养殖、劳务为主。

好地掌（Hǎodìzhǎng） 位于永宁镇东北部，距镇政府驻地谈家街子 5.29 千米。属宋堡村委会管辖。43 户 216 人，汉族。1958 年属通边公社鱼化大队，1960 年属永宁公社宋堡大队，1983 年属永宁乡宋堡村委会，2018 年属永宁镇宋堡村委会。清同治年间（1862—1874）李姓人择好地建宅落户得名。村落坐东朝西，呈团块状分布，面积 0.04 平方千米。农业以种植小麦、玉米、马铃薯、药材为主，居民收入以养殖、劳务为主。

漫湾（Mànwān） 位于永宁镇东北部，距镇政府驻地谈家街子 5.01 千米。属漫湾村委会管辖，系村委会驻地。76 户 310 人，汉族。1958 年属通边公社鱼化大队，1960 年属永宁公社漫湾大队，1983 年属永宁乡漫湾村委会，2018 年属永宁镇漫湾村委会。因地形得名。村落呈团块状分布，面积 0.09 平方千米。农业以种植小麦、玉米、马铃薯、药材为主，居民收入以养殖、劳务为主。

李家渠（Lǐjiāqú） 位于永宁镇中部，距镇政府驻地谈家街子 4.04 千米。属漫湾村委会管辖。45 户 175 人，汉族。1958 年属通边公社鱼化大队，1960 年属永宁公社漫湾大队，1983 年属永宁乡漫湾村委会，2018 年属永宁镇漫湾村委会。因姓氏和地貌特征得名。村落呈散状分布，面积 0.05 平方千米。农业以种植小麦、玉米、马铃薯、药材为主，居民收入以养殖、劳务为主。

冰子沟（Bīngzigōu） 位于永宁镇东部，距镇政府驻地谈家街子 4.9 千米。属漫湾村委会管辖。11 户 48 人，汉族。1958 年属通边公社鱼化大队，1960 年属永宁公社漫湾大队，1983 年属永宁乡漫湾村委会，2018 年属永宁镇漫湾村委会。昔因植物冰草多称冰草沟，后改为冰子沟。村落呈散状分布，面积 0.01 平方千米。农业以种植小麦、玉米、马铃薯、药材为主，居民收入以养殖、劳务为主。

方家峡（Fāngjiāxiá） 位于永宁镇东部，距镇政府驻地谈家街子 5.81 千米。属漫湾村委会管辖。23 户 96 人，汉族。1958 年属通边公社鱼化大队，1960 年属永宁公社漫湾大队，1983 年属永宁乡漫湾村委会，2018 年属永宁镇漫湾村委会。因姓氏和地形得名。村落呈散状分布，面积 0.01 平方千米。农业以种植小麦、玉米、马铃薯、药材为主，居民收入以养殖、劳务为主。

蔡家庄（Càijiāzhuāng） 位于永宁镇东南部，距镇政府驻地谈家街子 5.13 千米。属鱼儿咀村委会管辖，系村委会驻地。59 户 247 人，汉族。1958 年属通边公社鱼化大队，1960 年属永宁公社鱼儿咀大队，1983 年属永宁乡鱼儿咀村委会，2018 年属永宁镇鱼儿咀村委会。因初居者蔡姓得名。村落呈团块状分布，面积 0.06 平方千米。农业以种植小麦、玉米、马铃薯、药材为主，居民收入以养殖、劳务为主。县道韩良公路经此。

鱼儿咀（Yúrzuǐ） 位于永宁镇东南部，距镇政府驻地谈家街子 5.7 千米。属鱼儿咀村委会管辖。78 户 330 人，汉族。1958 年属通边公社鱼化大队，1960 年属永宁公社鱼儿咀大队，1983 年属永宁乡鱼儿咀村委会，2018 年属永宁镇鱼儿咀村委会。民国时期曾称“鱼跃渊”，因地形似鱼得名。村落呈团块状分布，面积 0.1 平方千米。有永宁镇鱼咀村小学。农业以种植小麦、玉米、马铃薯、药材为主，居民收入以养殖、劳务为主。县道韩良公路经此。

烂泥沟（Lànnígōu） 位于永宁镇中部，距镇政府驻地谈家街子 3.04 千米。属秦凹村委会管辖，系村委会驻地。35 户 167 人，汉族。1958 年属通边公社鱼化大队，1960 年属永宁公社秦凹大队，1983 年属永宁乡秦凹村委会，2018 年属永宁镇秦凹村委会。因村落原为河滩泥泞地得名。村落依公路而建，呈带状分布，面积 0.02 平方千米。农业以种植小麦、玉米、马铃薯、药材为主，居民收入以养殖、劳务为主。县道韩良公路经此。

板桥头（Bǎnqiáotóu） 位于永宁镇东部，距镇政府驻地谈家街子 3.98 千米。属秦凹村委会管辖。30 户 145 人，汉族。1958 年属通边公社鱼化大队，1960 年属永宁公社秦凹大队，1983 年属永宁乡秦凹村委会，2018 年属永宁镇秦凹村委会。因村头有石板桥得名。村落呈团块状分布，面积 0.05 平方千米。农业以种植小麦、玉米、马铃薯、药材为主，居民收入以养殖、劳务为主。县道韩良公路经此。

秦家凹（Qínjiāwā） 位于永宁镇中部，属秦凹村委会管辖，距镇政府驻地谈家街子 3.76 千米。52 户 242 人，汉族。1958 年属通边公社鱼化大队，1960 年属永宁公社秦凹大队，1983 年属永宁乡秦峁村委会，2018 年属永宁镇秦峁村委会。因姓氏和地形得名。村落呈团块状分布，面积 0.03 平方千米。农业以种植小麦、玉米、马铃薯、药材为主，居民收入以养殖、劳务为主。县道韩良公路经此。

苏家湾（Sūjiāwān） 位于永宁镇南部，距镇政府驻地谈家街子 3.69 千米。属许湾村委会管辖，系村委会驻地。77 户 347 人，汉族。1958 年属通边公社鱼化大队，1960 年属永宁公社许湾大队，1983 年属永宁乡许湾村委会，2018 年属永宁镇许湾村委会。因姓氏和地形得名。村落呈散状分布，面积 0.08 平方千米。农业以种植小麦、玉米、马铃薯、油菜为主，居民收入以养殖、劳务为主。

许家湾（Xǔjiāwān） 位于永宁镇南部，距镇政府驻地谈家街子 3.73 千米。属许湾村委会管辖。42 户 191 人，汉族。1958 年属通边公社鱼化大队，1960 年属永宁公社许湾大队，1983 年属永宁乡许湾村委会，2018 年属永宁镇许湾村委会。因姓氏和地形得名。村落呈散状分布，面积 0.04 平方千米。农业以种植小麦、玉米、马铃薯、油菜为主，居民收入以养殖、劳务为主。

解家咀后梁（Xièjiāzuǐhòuliáng） 位于永宁镇中部，距镇政府驻地谈家街子 2.67 千米。属许湾村委会管辖。15 户 72 人，汉族。1958 年属通边公社鱼化大队，1960 年属永宁公社许湾大队，1983 年属永宁乡许湾村委会，2018 年属永宁镇许湾村委会。因姓氏和地形方位得名。村落呈散状分布，面积 0.02 平方千米。农业以种植小麦、玉米、马铃薯、油菜为主，居民收入以养殖、劳务为主。

解家咀（Xièjiāzuǐ） 位于永宁镇中部，距镇政府驻地谈家街子 2.59 千米。属刘门村委会管辖，系村委会驻地。34 户 147，汉族。1958 年属通边公社鱼化大队，1960 年属永宁公社刘门大队，1983 年属永宁乡刘门村委会，2018 年属永宁镇刘门村委会。因姓氏和地形得名。村落呈散状分布，面积 0.03 平方千米。农业以种植小麦、玉米、马铃薯、油菜为主，居民收入以养殖、劳务为主。

东台上（Dōngtáishàng） 位于永宁镇南部，距镇政府驻地谈家街子 2.74 千米。属刘门村委会管辖。31 户 132 人，汉族。1958 年属通边公社鱼化大队，1960 年属永宁公社刘门大队，1983 年属永宁乡刘门村委会，2018 年属永宁镇刘门村委会。因地形方位得名。村落呈散状分布，面积 0.05 平方千米。农业以种植小麦、玉米、马铃薯、油菜为主，居民收入以养殖、劳务为主。

射虎湾（Shèhǔwān） 位于永宁镇中部，距镇政府驻地谈家街子 2.1 千米。属刘门村委会管辖。22 户 93 人，汉族。1958 年属通边公社鱼化大队，1960 年属永宁公社刘门大队，1983 年属永宁乡刘门村委会，2018 年属永宁镇刘门村委会。相传宋朝一严姓将军在此射杀一只老虎，故而得名。村落呈散状分布，面积 0.03 平方千米。农业以种植小麦、玉米、马铃薯、油菜为主，居民收入以养殖、劳务为主。

刘家门（Liújiāmén） 位于永宁镇南部，距镇政府驻地谈家街子 3.26 千米。属刘门村委会管辖。26 户 117 人，汉族。1958 年属通边公社鱼化大队，1960 年属永宁公社刘门大队，1983 年属永宁乡刘门村委会，2018 年属永宁镇刘门村委会。因姓氏得名。村落呈团块状分布，面积 0.01 平方千米。农业以种植小麦、玉米、马铃薯、油菜为主，居民收入以养殖、劳务为主。

赵家湾（Zhàojiāwān） 位于永宁镇南部，距镇政府驻地谈家街子 3.11 千米。属赵湾村委会管辖，系村委会驻地。78 户 305 人，汉族。1958 年属通边公社赵湾大队，1960 年属永宁公社赵湾大队，1983 年属永宁乡赵湾村委会，2018 年属永宁镇赵湾村委会。因姓氏和地形得名。村落坐东北朝西南，呈团块状分布，面积 0.08 平方千米。农业以种植小麦、玉米、马铃薯、油菜为主，居民收入以养殖、劳务为主。

曲河湾（Qǔhéwān） 位于永宁镇南部，距镇政府驻地谈家街子 4.08 千米。属赵湾村委会管辖。44 户 174 人，汉族。1958 年属通边公社赵湾大队，1960 年属永宁公社赵湾大队，1983 年属永宁乡赵湾村委会，2018 年属永宁镇赵湾村委会。因是小河子源头、山梁走向曲折得名。村落呈散状分布，面积 0.05 平方千米。农业以种植小麦、玉米、马铃薯、油菜为主，居民收入以养殖、劳务为主。

苏家阴湾（Sūjiāyīnwān）　位于永宁镇南部，距镇政府驻地谈家街子 3.26 千米。属赵湾村委会管辖。11 户 43 人，汉族。1958 年属通边公社赵湾大队，1960 年属永宁公社赵湾大队，1983 年属永宁乡赵湾村委会，2018 年属永宁镇赵湾村委会。因姓氏和地形方位得名。村落呈团块状分布，面积 0.01 平方千米。农业以种植小麦、玉米、马铃薯、油菜为主，居民收入以养殖、劳务为主。

苏家阴凹（Sūjiāyīnwā）　位于永宁镇南部，距镇政府驻地谈家街子 3.06 千米。属赵湾村委会管辖。23 户 92 人，汉族。1958 年属通边公社赵湾大队，1960 年属永宁公社赵湾大队，1983 年属永宁乡赵湾村委会，2018 年属永宁镇赵湾村委会。因姓氏和地形方位得名。村落坐东北朝西南，呈团块状分布，面积 0.02 平方千米。农业以种植小麦、玉米、马铃薯、油菜为主，居民收入以养殖、劳务为主。

苏家山（Sūjiāshān）　位于永宁镇中部，距镇政府驻地谈家街子 2.82 千米。属苏山村委会管辖，系村委会驻地。119 户 504 人，汉族。1958 年属通边公社苏山大队，1960 年属永宁公社苏山大队，1983 年属永宁乡苏山村委会，2018 年属永宁镇苏山村委会。因姓氏和地形得名。村落坐北朝南，呈团块状分布，面积 0.1 平方千米。农业以种植小麦、玉米、马铃薯、油菜为主，居民收入以养殖、劳务为主。有苏山村小学。

柳柳下（LiǔLiǔxià）　位于永宁镇中部，距镇政府驻地谈家街子 1.88 千米。属苏山村委会管辖。30 户 128 人，汉族。1958 年属通边公社苏山大队，1960 年属永宁公社苏山大队，1983 年属永宁乡苏山村委会，2018 年属永宁镇苏山村委会。因此地有一片柳树林得名。村落坐东南朝西北，呈团块状分布，面积 0.02 平方千米。农业以种植小麦、玉米、马铃薯、油菜为主，居民收入以养殖、劳务为主。

刘家湾（Liújiāwān）　位于永宁镇中部，距镇政府驻地谈家街子 1.55 千米。属苏山村委会管辖。43 户 182 人，汉族。1958 年属通边公社苏山大队，1960 年属永宁公社苏山大队，1983 年属永宁乡苏山村委会，2018 年属永宁镇苏山村委会。因姓氏和地形得名。村落坐北朝南，呈团块状分布，面积 0.06 平方千米。农业以种植小麦、玉米、马铃薯、油菜为主，居民收入以养殖、劳务为主。

苏家壑岘（Sūjiāhèxiàn）　位于永宁镇中部，距镇政府驻地谈家街子 2.51 千米。属苏山村委会管辖。24 户 101 人，汉族。1958 年属通边公社苏山大队，1960 年属永宁公社苏山大队，1983 年属永宁乡苏山村委会，2018 年属永宁镇苏山村委会。因姓氏和地形得名。村落呈团块状分布，面积 0.02 平方千米。农业以种植小麦、玉米、马铃薯、油菜为主，居民收入以养殖、劳务为主。

苏家老庄（Sūjiālǎozhuāng）　位于永宁镇西南部，距镇政府驻地谈家街子 3.08 千米。属苏家老庄村委会管辖，系村委会驻地。55 户 231 人，汉族。1958 年属通边公社苏山大队，1960 年属永宁公社苏山大队，1979 年属永宁公社苏家老庄大队，1983 年属永宁乡苏家老庄村委会，2018 年属永宁镇苏家老庄村委会。因是苏姓人老庄得名。村落坐北朝南，呈团块状分布，面积 0.08 平方千米。农业以种植小麦、玉米、马铃薯、油菜为主，居民收入以养殖、劳务为主。

大湾（Dàwān）　位于永宁镇西南部，距镇政府驻地谈家街子 3.8 千米。属苏家老庄村委会管辖。41 户 183 人，汉族。1958 年属通边公社苏山大队，1960 年属永宁公社苏山大队，1979 年属永宁公社苏家老庄大队，1983 年属永宁乡苏家老庄村委会，2018 年属永宁镇苏家老庄村委会。因地形得名。村落呈散状分布，面积 0.03 平方千米。农业以种植小麦、玉米、马铃薯、油菜为主，居民收入以养殖、劳务为主。

良邑镇

良邑店（Liángyìdiàn）　位于良邑镇中部，属良邑村委会管辖，系镇政府、村委会驻地。470 户 2126 人，汉族。1958 年属通边公社良邑大队，1960 年属良邑公社良邑大队，1983 年属良邑乡良邑村委会，2018 年属良邑镇良邑村委会。明初，李姓人迁居此地，称良埜店，因处鸡头古道，有供往来商队住宿旅店得名，1940 年改为良野，1942 年改为良邑，取繁荣昌盛之意。村落呈团块状分布，面积 0.58 平方千米。农业以种植小麦、玉米、马铃薯、苹果、蔬菜为主，居民收入以商贸、养殖、劳务为主。有良邑中学、小学、卫生院。县道苏庄公路经此。有大塬头、寺角洼古遗址。青年农民李小龙舍己救人，被甘肃省民政厅追认为"革命烈士"。

良邑店（2020 年 6 月摄）

滴水崖（Dīshuǐ'ái） 位于良邑镇南部，系村委会驻地，距镇政府驻地良邑店 2.54 千米。属滴水崖村委会管辖。128 户 565 人，汉族。1958 年属通边公社滴水崖大队，1960 年属良邑公社滴水崖大队，1983 年属良邑乡滴水崖村委会，2018 年属良邑镇滴水崖村委会。本地崖下有泉，曰"滴水泉"，故名。村落呈团块状分布，面积 0.14 平方千米。农业以种植小麦、玉米、马铃薯、苹果、蔬菜为主，居民收入以养殖、劳务为主。有滴水崖幼儿园。县道苏庄公路经此。

张家沟儿（Zhāngjiāgōur） 位于良邑镇南部，距镇政府驻地良邑店 2.25 千米。属滴水崖村委会管辖。147 户 609 人，汉族。1958 年属通边公社滴水崖大队，1960 年属良邑公社滴水崖大队，1983 年属良邑乡滴水崖村委会，2018 年属良邑镇滴水崖村委会。因姓氏和地形得名。村落呈团块状分布，面积 0.16 平方千米。农业以种植小麦、玉米、马铃薯、苹果、蔬菜为主，居民收入以养殖、劳务为主。

官路（Guānlù） 位于良邑镇南部，距镇政府驻地良邑店 3.31 千米。属滴水崖村委会管辖。53 户 239 人，汉族。1958 年属通边公社滴水崖大队，1960 年属良邑公社滴水崖大队，1983 年属良邑乡滴水崖村委会，2018 年属良邑镇滴水崖村委会。因依大路居住得名。村落呈团块状分布，面积 0.07 平方千米。农业以种植小麦、玉米、马铃薯、苹果、蔬菜为主，居民收入以养殖、劳务为主。县道苏庄公路经此。

滴水崖下庄（Dīshuǐ'áixiàzhuāng） 位于良邑镇南部，距镇政府驻地良邑店 2.2 千米。属滴水崖村委会管辖。53 户 251 人，汉族。1958 年属通边公社滴水崖大队，1960 年属良邑公社滴水崖大队，1983 年属良邑乡滴水崖村委会，2018 年属良邑镇滴水崖村委会。因方位得名。村落呈团块状分布，面积 0.04 平方千米。农业以种植小麦、玉米、马铃薯、苹果、蔬菜为主，居民收入以养殖、劳务为主。县道苏庄公路经此。

李家咀（Lǐjiāzuǐ） 位于良邑镇南部，距镇政府驻地良邑店 3.31 千米。属李咀村委会管辖，系村委会驻地。262 户 1239 人，汉族。1958 年属通边公社李咀大队，1960 年属良邑公社李咀大队，1983 年属良邑乡李咀村委会，2018 年属良邑镇李咀村委会。因姓氏和地形得名。村落呈团块状分布，面积 0.3 平方千米。农业以种植小麦、玉米、马铃薯、苹果、蔬菜为主，居民收入以养殖、劳务为主。有李咀村小学。县道苏庄公路经此。有寺塄山古遗址。

董家沟（Dǒngjiāgōu） 位于良邑镇南部，距镇政府驻地良邑店 4.37 千米。属李咀村委会管辖。139 户 587 人，汉族。1958 年属通边公社李咀大队，1960 年属良邑公社李咀大队，1979 年属董沟大队，1983 年属良邑乡董沟村委会，2006 年属李咀村委会，2018 年属良邑镇李咀村委会。因姓氏和地形得名。

村落呈散状分布，面积 0.2 平方千米。农业以种植小麦、玉米、马铃薯、苹果为主，居民收入以养殖、劳务为主。

窎咀梁（Diàozuǐliáng） 位于良邑镇南部，距镇政府驻地良邑店 4.42 千米。属李咀村委会管辖。22 户 95 人，汉族。1958 年属通边公社李咀大队，1960 年属良邑公社李咀大队，1979 年属董沟大队，1983 年属良邑乡董沟村委会，2006 年属李咀村委会，2018 年属良邑镇李咀村委会。因地形得名。村落呈散状分布，面积 0.02 平方千米。农业以种植小麦、玉米、马铃薯、油菜为主，居民收入以养殖、劳务为主。

小堡子梁（Xiǎobǔziliáng） 位于良邑镇南部，距镇政府驻地良邑店 4.21 千米。属李咀村委会管辖。30 户 198 人，汉族。1958 年属通边公社李咀大队，1960 年属良邑公社李咀大队，1979 年属董沟大队，1983 年属良邑乡董沟村委会，2006 年属李咀村委会，2018 年属良邑镇李咀村委会。因地形和土堡得名。村落呈散状分布，面积 0.01 平方千米。农业以种植小麦、玉米、马铃薯、油菜为主，居民收入以养殖、劳务为主。

小堡子梁上（Xiǎobǔziliángshàng） 位于良邑镇南部，距镇政府驻地良邑店 4.21 千米。属李咀村委会管辖。41 户 130 人，汉族。1958 年属通边公社李咀大队，1960 年属良邑公社李咀大队，1979 年属董沟大队，1983 年属良邑乡董沟村委会，2006 年属李咀村委会，2018 年属良邑镇李咀村委会。因方位得名。村落坐东朝西，呈团块状分布，面积 0.05 平方千米。农业以种植小麦、玉米、马铃薯、油菜为主，居民收入以养殖、劳务为主。

黑龙沟（Hēilónggōu） 位于良邑镇东南部，距镇政府驻地良邑店 3.75 千米。属黑龙沟村委会管辖，系村委会驻地。79 户 298 人，汉族。1958 年属通边公社黑龙沟大队，1960 年属良邑公社黑龙沟大队，1968 年属红卫大队，1982 年属黑龙沟大队，1983 年属良邑乡黑龙沟村委会，2018 年属良邑镇黑龙沟村委会。传说某天黑夜，沟内暴雨倾盆，雷声大作，之后黑雾数日不散，当地群众认为“黑龙”降临，故名。村落呈散状分布，面积 0.04 平方千米。农业以种植小麦、玉米、马铃薯、油菜为主，居民收入以养殖、劳务为主。

大瓜梁（Dàwāliáng） 位于良邑镇东南部，距镇政府驻地良邑店 4.08 千米。属黑龙沟村委会管辖。29 户 140 人，汉族。1958 年属通边公社黑龙沟大队，1960 年属良邑公社黑龙沟大队，1968 年属红卫大队，1982 年属黑龙沟大队，1983 年属良邑乡黑龙沟村委会，2018 年属良邑镇黑龙沟村委会。因地形得名。村落坐东朝西，呈团块状分布，面积 0.03 平方千米。农业以种植小麦、玉米、马铃薯、油菜为主，居民收入以养殖、劳务为主。

崖上湾（Áishàngwān） 位于良邑乡东南部，距镇政府驻地良邑店 3.25 千米。属黑龙沟村委会管辖。14 户 69 人，汉族。1958 年属通边公社黑龙沟大队，1960 年属良邑公社黑龙沟大队，1968 年属红卫大队，1982 年属黑龙沟大队，1983 年属良邑乡黑龙沟村委会，2018 年属良邑镇黑龙沟村委会。因地形方位得名。村落坐北朝南，呈团块状分布，面积 0.02 平方千米。农业以种植小麦、玉米、马铃薯、油菜为主，居民收入以养殖、劳务为主。

担水湾（Dānshuǐwān） 位于良邑镇南部，距镇政府驻地良邑店 3.1 千米。属黑龙沟村委会管辖。33 户 192 人，汉族。1958 年属通边公社黑龙沟大队，1960 年属良邑公社黑龙沟大队，1968 年属红卫大队，1982 年属黑龙沟大队，1983 年属良邑乡黑龙沟村委会，2018 年属良邑镇黑龙沟村委会。因村内有泉取水得名。村落呈散状分布，面积 0.03 平方千米。农业以种植小麦、玉米、马铃薯、油菜为主，居民收入以养殖、劳务为主。

陈家峡新貌（2020 年 4 月摄）

陈家峡（Chénjiāxiá） 位于良邑镇东部，系村委会驻地，距镇政府驻地良邑店 2.58 千米。属陈峡村委会管辖。259 户 1368 人，汉族。1958 年属通边公社良邑大队，1960 年属良邑公社陈峡大队，1983 年属良邑乡陈峡村委会，2018 年属良邑镇陈峡村委会。因陈姓人居住地为峡谷得名。村落呈团块状分布，面积 0.29 平方千米。农业以种植小麦、玉米、马铃薯、油菜为主，居民收入以养殖、劳务为主。有陈峡村小学。

王家山庄（Wángjiāshānzhuāng） 位于良邑镇东部，距镇政府驻地良邑店 4.35 千米。属陈峡村委会管辖。131 户 571 人，汉族。1958 年属通边公社良邑大队，1960 年属良邑公社王山庄大队，1983 年属良邑乡王山庄村委会，2006 年属陈峡村委会，2018 年属良邑镇陈峡村委会。因王姓人坐山庄得名。村落呈团块状分布，面积 0.13 平方千米。农业以种植小麦、玉米、马铃薯、油菜为主，居民收入以养殖、劳务为主。有王家山庄村初小。

文家沟（Wénjiāgōu） 位于良邑镇东部，距镇政府驻地良邑店 3.58 千米。属陈峡村委会管辖。35 户 191 人，汉族。1958 年属通边公社良邑大队，1960 年属良邑公社王山庄大队，1983 年属良邑乡王山庄村委会，2006 年属陈峡村委会，2018 年属良邑镇陈峡村委会。因姓氏和地形得名。村落呈团块状分布，面积 0.06 平方千米。农业以种植小麦、玉米、马铃薯、苹果为主，居民收入以养殖、劳务为主。

陈家山（Chénjiāshān） 位于良邑镇中部，距镇政府驻地良邑店 1.11 千米。属陈家山村委会管辖，系村委会驻地。151 户 659 人，汉族。1958 年属通边公社良邑大队，1960 年属良邑公社陈家山大队，1983 年属良邑乡陈家山村委会，2018 年属良邑镇陈家山村委会。因姓氏和地形得名。村落呈团块状分布，面积 0.12 平方千米。农业以种植小麦、玉米、马铃薯、油菜为主，居民收入以养殖、劳务为主。

马家屲（Mǎjiāwā） 位于良邑镇东部，距镇政府驻地良邑店 1.9 千米。属陈家山村委会管辖。23 户 107 人，汉族。1958 年属通边公社良邑大队，1960 年属良邑公社陈家山大队，1983 年属良邑乡陈家山村委会，2018 年属良邑镇陈家山村委会。因姓氏和地形得名。村落呈散状分布，面积 0.03 平方千米。农业以种植小麦、玉米、马铃薯、油菜为主，居民收入以养殖、劳务为主。

椒树湾（Jiāoshùwān） 位于良邑镇东部，距镇政府驻地良邑店 3.43 千米。属陈家山村委会管辖。24 户 112 人，汉族。1958 年属通边公社良邑大队，1960 年属良邑公社陈家山大队，1983 年属良邑乡陈家山村委会，2018 年属良邑镇陈家山村委会。因山湾花椒树多而得名。村落坐北朝南，呈带状分布，面积 0.02 平方千米。农业以种植小麦、玉米、马铃薯、油菜为主，居民收入以养殖、劳务为主。

苗家塬（Miáojiāyuán） 位于良邑镇东北部，距镇政府驻地良邑店 2.42 千米。属苏苗塬村委会管辖，系村委会驻地。92 户 441 人，汉族。1958 年属通边公社何柳大队，1960 年属良邑公社苏苗塬大队，1983 年属良邑乡苏苗塬村委会，2018 年属良邑镇苏苗塬村委会。因姓氏和地形得名。村落呈团块状分布，面积 0.07 平方千米。农业以种植小麦、玉米、马铃薯、苹果为主，居民收入以养殖、劳务为主。有苏苗塬小学。县道韩良公路经此。

苏家塬（Sūjiāyuán） 位于良邑镇中部，距镇政府驻地良邑店 1.85 千米。属苏苗塬村委会管辖。75 户 359 人，汉族。1958 年属通边公社何柳大队，1960 年属良邑公社苏苗塬大队，1983 年属良邑乡苏苗塬村委会，2018 年属良邑镇苏苗塬村委会。因姓氏和地形得名。村落呈团块状分布，面积 0.14 平方千米。农业以种植小麦、玉米、马铃薯、苹果为主，居民收入以养殖、劳务为主。县道韩良公路经此。

马莲沟（Mǎliángōu） 位于良邑镇东北部，距镇政府驻地良邑店 3 千米。属苏苗塬村委会管辖。19 户 91 人，汉族。1958 年属通边公社何柳大队，1960 年属良邑公社苏苗塬大队，1983 年属良邑乡苏苗塬村委会，2018 年属良邑镇苏苗塬村委会。因村落沟旁遍生马莲（马兰草）得名。村落坐北朝南，呈团块状分布，面积 0.03 平方千米。农业以种植小麦、玉米、马铃薯、苹果为主，居民收入以养殖、劳务为主。县道韩良公路经此。

苏家腰崖（Sūjiāyāo'ái） 位于良邑镇东北部，距镇政府驻地良邑店 3.1 千米。属苏苗塬村委会管辖。54 户 259 人，汉族。1958 年属通边公社何柳大队，1960 年属良邑公社苏苗塬大队，1983 年属良邑乡苏苗塬村委会，2018 年属良邑镇苏苗塬村委会。因姓氏和地形得名。村落呈散状分布，面积 0.03 平方千米。农业以种植小麦、玉米、马铃薯、苹果为主，居民收入以养殖、劳务为主。

腰崖坪上（Yāo'áipíngshàng） 位于良邑镇东北部，距镇政府驻地良邑店 3.69 千米。属苏苗塬村委会管辖。69 户 330 人，汉族。1958 年属通边公社何柳大队，1960 年属良邑公社苏苗塬大队，1983 年属良邑乡苏苗塬村委会，2018 年属良邑镇苏苗塬村委会。因苏家腰崖居民分迁章麻河对岸坪上而得名。村落呈团块状分布，面积 0.02 平方千米。农业以种植小麦、玉米、马铃薯为主，居民收入以养殖、劳务为主。县道韩良公路经此。

何家川（Héjiāchuān） 位于良邑镇中北部，距镇政府驻地良邑店 2.85 千米。属何川村委会管辖，系村委会驻地。275 户 1258 人，汉族。1958 年属通边公社何柳大队，1960 年属良邑公社何川大队，1983 年属良邑乡何川村委会，2018 年属良邑镇何川村委会。因姓氏和地形得名。村落呈团块状分布，面积 0.24 平方千米。农业以种植小麦、玉米、马铃薯、油菜、苹果为主，居民收入以养殖、劳务为主。有何家川小学。

何家坡（Héjiāpō） 位于良邑镇中北部，距镇政府驻地良邑店 2.87 千米。属何川村委会管辖。46 户 218 人，汉族。1958 年属通边公社何柳大队，1960 年属良邑公社何柳大队，1983 年属良邑乡何柳村委会，2006 年属何川村委会，2018 年属良邑镇何川村委会。因姓氏和地形得名。村落呈团块状分布，面积 0.03 平方千米。农业以种植小麦、玉米、马铃薯、油菜、苹果为主，居民收入以养殖、劳务为主。

柳家庄（Liǔjiāzhuāng） 位于良邑镇中北部，距镇政府驻地良邑店 2.25 千米。属何川村委会管辖。52 户 192 人，汉族。1958 年属通边公社何柳大队，1960 年属良邑公社何柳大队，1983 年属良邑乡何柳村委会，2006 年属何川村委会，2018 年属良邑镇何川村委会。因姓氏得名。村落呈团块状分布，面积 0.04 平方千米。农业以种植小麦、玉米、马铃薯、油菜、苹果为主，居民收入以养殖、劳务为主。

张家川（Zhāngjiāchuān） 位于良邑镇中北部，距镇政府驻地良邑店 2.04 千米。属何川村委会管辖。16 户 76 人，汉族。1958 年属通边公社何柳大队，1960 年属良邑公社何柳大队，1983 年属良邑乡何柳村委会，2006 年属何川村委会，2018 年属良邑镇何川村委会。因姓氏和地形得名。村落呈团块状分布，面积 0.02 平方千米。农业以种植小麦、玉米、马铃薯、油菜、苹果为主，居民收入以养殖、劳务为主。

张家崖寺新村（Zhāngjiā'áisìxīncūn） 位于良邑镇中部，属何川村委会管辖，距镇政府驻地良邑店 1.81 千米。53 户 246 人，汉族。因张家崖寺居民搬迁新址得名。张家崖寺，1958 年属通边公社何柳大队，1960 年属良邑公社何柳大队，1983 年属良邑乡何柳村委会，2001 年全部搬迁新址，称张家崖寺新村，仍属良邑乡何柳村委会，2006 年属何川村委会，2018 年属良邑镇何川村委会。村落呈团块状分布，面积 0.03 平方千米。农业以种植小麦、玉米、马铃薯、油菜、苹果为主，居民收入以养殖、劳务为主。

下张家（Xiàzhāngjiā） 位于良邑镇西部，距镇政府驻地良邑店 2.38 千米。属何川村委会管辖。21 户 99 人，汉族。1958 年属通边公社何柳大队，1960 年属良邑公社何柳大队，1983 年属良邑乡何柳村委会，2006年属何川村委会，2018年属良邑镇何川村委会。与张家崖寺（别名上张家）一姓两地，相对位置居下，故名。村落坐西朝东，呈团块状分布，面积0.01平方千米。农业以种植小麦、玉米、马铃薯、油菜、苹果为主，居民收入以养殖、劳务为主。

魏家庄（Wèijiāzhuāng） 位于良邑镇北部，距镇政府驻地良邑店4千米。属郭魏村委会管辖，系村委会驻地。105户474人，汉族。1958年属通边公社郭魏大队，1960年属良邑公社郭魏大队，1983年属良邑乡郭魏村委会，2018年属良邑镇郭魏村委会。因姓氏得名。村落呈团块状分布，面积0.11平方千米。农业以种植小麦、玉米、马铃薯、油菜、苹果为主，居民收入以养殖、劳务为主。

郭家湾（Guōjiāwān） 位于良邑镇西北部，距镇政府驻地良邑店4.27千米。属郭魏村委会管辖。21户99人，汉族。1958年属通边公社郭魏大队，1960年属良邑公社郭魏大队，1983年属良邑乡郭魏村委会，2018年属良邑镇郭魏村委会。因姓氏和地形得名。村落呈散状分布，面积0.04平方千米。农业以种植小麦、玉米、马铃薯、油菜、苹果为主，居民收入以养殖、劳务为主。

郭家山（Guōjiāshān） 位于良邑镇北部，距镇政府驻地良邑店3.89千米。属郭魏村委会管辖。32户146人，汉族。1958年属通边公社郭魏大队，1960年属良邑公社郭魏大队，1983年属良邑乡郭魏村委会，2018年属良邑镇郭魏村委会。因姓氏和地形得名。村落呈团块状分布，面积0.03平方千米。农业以种植小麦、玉米、马铃薯、油菜、苹果为主，居民收入以养殖、劳务为主。

董家台子（Dǒngjiātáizi） 位于良邑镇北部，距镇政府驻地良邑店4.04千米。属郭魏村委会管辖。75户341人，汉族。1958年属通边公社郭魏大队，1960年属良邑公社郭魏大队，1983年属良邑乡郭魏村委会，2018年属良邑镇郭魏村委会。因姓氏和地形得名。村落呈团块状分布，面积0.12平方千米。农业以种植小麦、玉米、马铃薯、油菜、苹果为主，居民收入以养殖、劳务为主。

魏家湾（Wèijiāwān） 位于良邑镇北部，距镇政府驻地良邑店4.29千米。属郭魏村委会管辖。20户91人，汉族。1958年属通边公社郭魏大队，1960年属良邑公社郭魏大队，1983年属良邑乡郭魏村委会，2018年属良邑镇郭魏村委会。因姓氏和地形得名，面积0.01平方千米。农业以种植小麦、玉米、马铃薯、油菜、苹果为主，居民收入以养殖、劳务为主。

高家瓦（Gāojiāwā） 位于良邑镇西北部，距镇政府驻地良邑店5.72千米。属陈岔村委会管辖，系村委会驻地。60户286人，汉族。1958年属通边公社何柳大队，1960年属良邑公社陈岔大队，1983年属良邑乡陈岔村委会，2018年属良邑镇陈岔村委会。因村庄山势较高得名。村落坐东北朝西南，呈团块状分布，面积0.1平方千米。农业以种植小麦、玉米、马铃薯、油菜、苹果为主，居民收入以养殖、劳务为主。

前山（Qiánshān） 位于良邑镇西北部，距镇政府驻地良邑店5.31千米。属陈岔村委会管辖。41户195人，汉族。1958年属通边公社何柳大队，1960年属良邑公社陈岔大队，1983年属良邑乡陈岔村委会，2018年属良邑镇陈岔村委会。因方位得名。村落呈团块状分布，面积0.07平方千米。农业以种植小麦、玉米、马铃薯、油菜、苹果为主，居民收入以养殖、劳务为主。

新庄（Xīnzhuāng） 位于良邑镇西北部，距镇政府驻地良邑店5.19千米。属陈岔村委会管辖。59户280人，汉族。1958年属通边公社何柳大队，1960年属良邑公社陈岔大队，1983年属良邑乡陈岔村委会，2018年属良邑镇陈岔村委会。因从陈岔分户迁居得名。村落坐东朝西，呈团块状分布，面积0.03平方千米。农业以种植小麦、玉米、马铃薯、油菜、苹果为主，居民收入以养殖、劳务为主。

上周家沟（Shàngzhōujiāgōu） 位于良邑镇西北部，距镇政府驻地良邑店6.11千米。属陈岔村委会管辖。19户45人，汉族。1958年属通边公社何柳大队，1960年属良邑公社陈岔大队，1983年属良邑乡陈岔村委会，2018年属良邑镇陈岔村委会。因姓氏和方位地形得名。村落呈团块状分布，面积0.01平方千米。农业以种植小麦、玉米、马铃薯、油菜、苹果为主，居民收入以养殖、劳务为主。

朱家沟（Zhūjiāgōu） 位于良邑镇西北部，距镇政府驻地良邑店5.67千米。属陈岔村委会管辖。

43 户 205 人，汉族。1958 年属通边公社何柳大队，1960 年属良邑公社陈岔大队，1983 年属良邑乡陈岔村委会，2018 年属良邑镇陈岔村委会。因姓氏和地形得名。村落坐东朝西，呈团块状分布，面积 0.04 平方千米。农业以种植小麦、玉米、马铃薯、油菜、苹果为主，居民收入以养殖、劳务为主。

陈家岔（Chénjiāchà）　位于良邑镇西北部，属陈岔村委会管辖。是新庄、高家凸、上周家沟、朱家沟总称。因姓氏和地形得名。

堡子上（Bǔzishàng）　位于良邑镇西部，距镇政府驻地良邑店 2.89 千米。属杨李湾村委会管辖，系村委会驻地。61 户 272 人，汉族。1958 年属通边公社杨家湾大队，1960 年属良邑公社杨家湾大队，1964 年属杨李湾大队，1983 年属良邑乡杨李湾村委会，2018 年属良邑镇杨李湾村委会。因土堡和方位得名。村落坐东朝西，呈团块状分布，面积 0.06 平方千米。农业以种植小麦、玉米、马铃薯、油菜为主，居民收入以养殖、劳务为主。乡道杨良公路经此。

大庄里（Dàzhuānglǐ）　位于良邑镇西部，距镇政府驻地良邑店 3.38 千米。属杨李湾村委会管辖。21 户 93 人，汉族。1958 年属通边公社杨家湾大队，1960 年属良邑公社杨家湾大队，1964 年属杨李湾大队，1983 年属良邑乡杨李湾村委会，2018 年属良邑镇杨李湾村委会。因杨姓大房门居住得名。村落呈散状分布，面积 0.04 平方千米。农业以种植小麦、玉米、马铃薯、油菜为主，居民收入以养殖、劳务为主。有杨李湾村小学。

杨家湾（Yángjiāwān）　位于良邑镇西部，距镇政府驻地良邑店 3.39 千米。属杨李湾村委会管辖。42 户 150 人，汉族。1958 年属通边公社杨家湾大队，1960 年属良邑公社杨家湾大队，1964 年属杨李湾大队，1983 年属良邑乡杨李湾村委会，2018 年属良邑镇杨李湾村委会。因姓氏和地形得名。村落呈散状分布，面积 0.04 平方千米。农业以种植小麦、玉米、马铃薯、油菜为主，居民收入以养殖、劳务为主。

李家湾（Lǐjiāwān）　位于良邑镇西部，距镇政府驻地良邑店 4.07 千米。属杨李湾村委会管辖。43 户 192 人，汉族。1958 年属通边公社李湾大队，1960 年属良邑公社李湾大队，1964 年属杨李湾大队，1983 年属良邑乡杨李湾村委会，2018 年属良邑镇杨李湾村委会。因姓氏和地形得名。村落呈散状分布，面积 0.06 平方千米。农业以种植小麦、玉米、马铃薯、油菜为主，居民收入以养殖、劳务为主。

刘家湾垴（Liújiāwānnǎo）　位于良邑镇西部，距镇政府驻地良邑店 4.62 千米。属杨李湾村委会管辖。38 户 169 人，汉族。1958 年属通边公社杨李湾大队，1960 年属良邑公社李湾大队，1964 年属杨李湾大队，1983 年属良邑乡杨李湾村委会，2018 年属良邑镇杨李湾村委会。因刘姓人居住在山湾深处得名。村落呈散状分布，面积 0.04 平方千米。农业以种植小麦、玉米、马铃薯、油菜为主，居民收入以养殖、劳务为主。乡道杨良公路经此。

杨家大坪（Yángjiādàpíng）　位于良邑镇西部，距镇政府驻地良邑店 2.03 千米。属杨家大坪村委会管辖，系村委会驻地。94 户 464 人，汉族。1958 年属通边公社良邑大队，1960 年属良邑公社杨家大坪大队，1983 年属良邑乡杨家大坪村委会，2018 年属良邑镇杨家大坪村委会。因姓氏和地形得名。村落坐西北朝东南，呈团块状分布，面积 0.1 平方千米。农业以种植小麦、玉米、马铃薯、油菜、苹果为主，居民收入以养殖、劳务为主。

杨家山庄（Yángjiāshānzhuāng）　位于良邑镇西部，距镇政府驻地良邑店 2.36 千米。属杨家大坪村委会管辖。67 户 331 人，汉族。1958 年属通边公社良邑大队，1960 年属良邑公社杨家大坪大队，1983 年属良邑乡杨家大坪村委会，2018 年属良邑镇杨家大坪村委会。因杨姓人坐山庄得名。村落坐北朝南，呈团块状分布，面积 0.04 平方千米。农业以种植小麦、玉米、马铃薯、油菜、苹果为主，居民收入以养殖、劳务为主。

王家凸（Wángjiāwā）　位于良邑镇西部，距镇政府驻地良邑店 3.14 千米。属杨家大坪村委会管辖。98 户 437 人，汉族。1958 年属通边公社良邑大队，1960 年属良邑公社杨家大坪大队，1983 年属良邑乡杨家大坪村委会，2018 年属良邑镇杨家大坪村委会。因姓氏和地形得名。村落呈团块状分布，面积 0.1

平方千米。农业以种植小麦、玉米、马铃薯、油菜、苹果为主，居民收入以养殖、劳务为主。

王家中庄（Wángjiāzhōngzhuāng） 位于良邑镇中部，距镇政府驻地良邑店 1.04 千米。属杨王村委会管辖，系村委会驻地。89 户 431 人，汉族。1958 年属通边公社良邑大队，1960 年属良邑公社杨王大队，1983 年属良邑乡杨王村委会，2018 年属良邑镇杨王村委会。因姓氏和方位得名。村落呈团块状分布，面积 0.1 平方千米。农业以种植小麦、玉米、马铃薯、油菜、苹果为主，居民收入以养殖、劳务为主。有杨王小学。乡道杨良公路经此。

杨家坡（Yángjiāpō） 位于良邑镇西南部，距镇政府驻地良邑店 1.45 千米。属杨王村委会管辖。120 户 543 人，汉族。1958 年属通边公社良邑大队，1960 年属良邑公社杨王大队，1983 年属良邑乡杨王村委会，2018 年属良邑镇杨王村委会。因姓氏和地形得名。村落呈团块状分布，面积 0.06 平方千米。农业以种植小麦、玉米、马铃薯、油菜、苹果为主，居民收入以养殖、劳务为主。乡道杨良公路经此。

上杨家（Shàngyángjiā） 位于良邑镇中部，距镇政府驻地良邑店 0.88 千米。属杨王村委会管辖。75 户 364 人，汉族。1958 年属通边公社良邑大队，1960 年属良邑公社杨王大队，1983 年属良邑乡杨王村委会，2018 年属良邑镇杨王村委会。因姓氏和地理位置得名。村落呈团块状分布，面积 0.06 平方千米。农业以种植小麦、玉米、马铃薯、油菜、苹果为主，居民收入以养殖、劳务为主。乡道杨良公路经此。

杜家沟门（Dùjiāgōumén） 位于良邑镇西部，距镇政府驻地良邑店 2.18 千米。属杨王村委会管辖。139 户 674 人，汉族。1958 年属通边公社良邑大队，1960 年属良邑公社杨王大队，1983 年属良邑乡杨王村委会，2018 年属良邑镇杨王村委会。因杜姓人居于沟口得名。村落呈团块状分布，面积 0.11 平方千米。农业以种植小麦、玉米、马铃薯、油菜、苹果为主，居民收入以养殖、劳务为主。乡道北川公路经此。

岳堡镇

岳家堡子（Yuèjiābǔzi） 位于岳堡镇中部，属岳堡村委会管辖，系镇政府、村委会驻地。443 户 1774 人，汉族。1958 年属庄浪公社云台大队，1960 年属岳堡公社岳堡大队，1983 年属岳堡乡岳堡村委会，2018 年属岳堡镇岳堡村委会。因姓氏和古堡得名。聚落呈团块状分布，面积 0.46 平方千米。农业以种植小麦、玉米、马铃薯、苹果、蔬菜为主，居民收入以商贸、养殖、劳务为主。有岳堡中学、小学、幼儿园、岳堡卫生院。县道鱼南公路过境。

南岔（Nánchà） 位于岳堡镇南部，距镇政府驻地岳家堡子 3.43 千米。属南岔村委会管辖，系村委会驻地。68 户 277 人，汉族。1958 年属庄浪公社南岔大队，1960 年属岳堡公社南岔大队，1983 年属岳堡乡南岔村委会，2018 年属岳堡镇南岔村委会。因地形方位得名。村落坐西朝东，呈散状分布，面积 0.09 平方千米。农业以种植小麦、玉米、马铃薯、油菜为主，居民收入以养殖、劳务为主。县道鱼南公路经此。

程家岔（Chéngjiāchà） 位于岳堡镇南部，距镇政府驻地岳家堡子 3.43 千米。属南岔村委会管辖。57 户 243 人，汉族。1958 年属庄浪公社南岔大队，1960 年属岳堡公社南岔大队，1983 年属岳堡乡南岔村委会，2018 年属岳堡镇南岔村委会。因姓氏和地形得名。村落呈散状分布，面积 0.09 平方千米。农业以种植小麦、玉米、马铃薯、油菜为主，居民收入以养殖、劳务为主。

曹家湾（Cáojiāwān） 位于岳堡镇南部，距镇政府驻地岳家堡子 2.63 千米。属南岔村委会管辖。8 户 36 人，汉族。1958 年属庄浪公社南岔大队，1960 年属岳堡公社南岔大队，1983 年属岳堡乡南岔村委会，2018 年属岳堡镇南岔村委会。因姓氏和地形得名。村落呈团块状分布，面积 0.01 平方千米。农业以种植小麦、玉米、马铃薯、油菜为主，居民收入以养殖、劳务为主。

王福（Wángfú） 位于岳堡镇南部，距镇政府驻地岳家堡子 2.52 千米。属南岔村委会管辖。30

户 105 人，汉族。1958 年属庄浪公社南岔大队，1960 年属岳堡公社南岔大队，1983 年属岳堡乡南岔村委会，2018 年属岳堡镇南岔村委会。因初居者姓名得名。村落呈散状分布，面积 0.02 平方千米。农业以种植小麦、玉米、马铃薯、油菜为主，居民收入以养殖、劳务为主。

山铧咀（Shānhuázuǐ） 位于岳堡镇南部，距镇政府驻地岳家堡子 3.29 千米。属南岔村委会管辖。90 户 306 人，汉族。1958 年属庄浪公社唐山大队，1960 年属岳堡公社山铧大队，1983 年属岳堡乡山铧村委会，2006 年属南岔村委会，2018 年属岳堡镇南岔村委会。因地形得名。村落呈团块状分布，面积 0.12 平方千米。农业以种植小麦、玉米、马铃薯、油菜为主，居民收入以养殖、劳务为主。县道鱼南公路经此。

刘蔺家（Liúlìnjiā） 位于岳堡镇南部，距镇政府驻地岳家堡子 2.92 千米。属南岔村委会管辖。6 户 18 人，汉族。1958 年属庄浪公社唐山大队，1960 年属岳堡公社山铧大队，1983 年属岳堡乡山铧村委会，2006 年属南岔村委会，2018 年属岳堡镇南岔村委会。因刘、蔺姓氏得名。村落呈散状分布，面积 0.01 平方千米。农业以种植小麦、玉米、马铃薯、油菜为主，居民收入以养殖、劳务为主。县道鱼南公路经此。

赵家山（Zhàojiāshān） 位于岳堡镇南部，距镇政府驻地岳家堡子 3.31 千米。属南岔村委会管辖。5 户 23 人，汉族。1958 年属庄浪公社唐山大队，1960 年属岳堡公社山铧大队，1983 年属岳堡乡山铧村委会，2006 年属南岔村委会，2018 年属岳堡镇南岔村委会。因姓氏和地形得名。村落呈团块状分布，面积 0.01 平方千米。农业以种植小麦、玉米、马铃薯、油菜为主，居民收入以养殖、劳务为主。

大山梁（Dàshānliáng） 位于岳堡镇东南部，距镇政府驻地岳家堡子 4.11 千米。属南岔村委会管辖。17 户 82 人，汉族。1958 年属庄浪公社唐山大队，1960 年属岳堡公社山铧大队，1983 年属岳堡乡山铧村委会，2006 年属南岔村委会，2018 年属岳堡镇南岔村委会。因地形得名。村落坐东朝西，呈团块状分布，面积 0.02 平方千米。农业以种植小麦、玉米、马铃薯、油菜为主，居民收入以养殖、劳务为主。

陈家（Chénjiā） 位于岳堡镇南部，距镇政府驻地岳家堡子 3.96 千米。属南岔村委会管辖。5 户 19 人，汉族。1958 年属庄浪公社唐山大队，1960 年属岳堡公社山铧大队，1983 年属岳堡乡山铧村委会，2006 年属南岔村委会，2018 年属岳堡镇南岔村委会。因姓氏得名。村落呈散状分布，面积 0.01 平方千米。农业以种植小麦、玉米、马铃薯、油菜为主，居民收入以养殖、劳务为主。

湾湾子（Wānwānzi） 位于岳堡镇东南部，距镇政府驻地岳家堡子 2.81 千米。属岔局村委会管辖，系村委会驻地。63 户 224 人，汉族。1958 年属庄浪公社唐山大队，1960 年属岳堡公社岔局大队，1983 年属岳堡乡岔局村委会，2018 年属岳堡镇岔局村委会。因地形得名。村落呈团块状分布，面积 0.04 平方千米。农业以种植小麦、玉米、马铃薯、油菜为主，居民收入以养殖、劳务为主。

河台庄（Hétáizhuāng） 位于岳堡镇东部，距镇政府驻地岳家堡子 1.95 千米。属岔局村委会管辖。104 户 311 人，汉族。1958 年属庄浪公社唐山大队，1960 年属岳堡公社岔局大队，1983 年属岳堡乡岔局村委会，2018 年属岳堡镇岔局村委会。因坐落沟边台地上得名。村落呈散状分布，面积 0.1 平方千米。农业以种植小麦、玉米、马铃薯、油菜为主，居民收入以养殖、劳务为主。

岔局阳坡（Chàjúyángpō） 位于岳堡镇东部，距镇政府驻地岳家堡子 3.6 千米。属岔局村委会管辖。43 户 158 人，汉族。1958 年属庄浪公社唐山大队，1960 年属岳堡公社岔局大队，1983 年属岳堡乡岔局村委会，2018 年属岳堡镇岔局村委会。因地形方位得名。村落坐北朝南，依山谷而建，呈带状分布，面积 0.03 平方千米。农业以种植小麦、玉米、马铃薯、油菜为主，居民收入以养殖、劳务为主。

岔局阴坡（Chàjúyīnpō） 位于岳堡镇东部，距镇政府驻地岳家堡子 3.61 千米。属岔局村委会管辖。34 户 136 人，汉族。1958 年属庄浪公社唐山大队，1960 年属岳堡公社岔局大队，1983 年属岳堡乡岔局村委会，2018 年属岳堡镇岔局村委会。因地形方位得名。村落坐南朝北，依山谷而建，呈带状分布，面积 0.04 平方千米。农业以种植小麦、玉米、马铃薯、油菜为主，居民收入以养殖、劳务为主。

马家山（Mǎjiāwā） 位于岳堡镇东南部，距镇政府驻地岳家堡子 3.34 千米。属岔局村委会管辖。16 户 46 人，汉族。1958 年属庄浪公社唐山大队，1960 年属岳堡公社岔局大队，1983 年属岳堡乡岔局村委会，2018 年属岳堡镇岔局村委会。因姓氏和地形得名。村落呈散状分布，面积 0.02 平方千米。农业以种植小麦、玉米、马铃薯、油菜为主，居民收入以养殖、劳务为主。

岔垴（Chànǎo） 位于岳堡镇东部，距镇政府驻地岳家堡子 2.86 千米。属王岔村委会管辖，系村委会驻地。57 户 197 人，汉族。1958 年属庄浪公社唐山大队，1960 年属岳堡公社王岔大队，1983 年属岳堡乡王岔村委会，2018 年属岳堡镇王岔村委会。因地形得名。村落依山谷而建，呈带状分布，面积 0.13 平方千米。农业以种植小麦、玉米、马铃薯、油菜为主，居民收入以养殖、劳务为主。

川口（Chuānkǒu） 位于岳堡镇中部，距镇政府驻地岳家堡子 1.99 千米。属王岔村委会管辖。59 户 245 人，汉族。1958 年属庄浪公社唐山大队，1960 年属岳堡公社王岔大队，1983 年属岳堡乡王岔村委会，2018 年属岳堡镇王岔村委会。因地形方位得名。村落呈散状分布，面积 0.07 平方千米。农业以种植小麦、玉米、马铃薯、油菜为主，居民收入以养殖、劳务为主。

何王家（Héwángjiā） 位于岳堡镇东部，距镇政府驻地岳家堡子 2.14 千米。属王岔村委会管辖。12 户 41 人，汉族。1958 年属庄浪公社唐山大队，1960 年属岳堡公社王岔大队，1983 年属岳堡乡王岔村委会，2018 年属岳堡镇王岔村委会。因何、王姓氏得名。村落呈散状分布，面积 0.02 平方千米。农业以种植小麦、玉米、马铃薯、油菜为主，居民收入以养殖、劳务为主。

大湾湾（Dàwānwān） 位于岳堡镇东部，距镇政府驻地岳家堡子 4.1 千米。属王岔村委会管辖。47 户 150 人，汉族。1958 年属庄浪公社唐山大队，1960 年属岳堡公社王岔大队，1983 年属岳堡乡王岔村委会，2018 年属岳堡镇王岔村委会。因地形得名。村落坐西朝东，依山坡而建，呈团块状分布，面积 0.06 平方千米。农业以种植小麦、玉米、马铃薯、油菜为主，居民收入以养殖、劳务为主。

吴家（Wújiā） 位于岳堡镇东北部，距镇政府驻地岳家堡子 4.02 千米。属吴家村委会管辖，系村委会驻地。113 户 496 人，汉族。1958 年属庄浪公社唐山大队，1960 年属岳堡公社吴家大队，1983 年属岳堡乡吴家村委会，2018 年属岳堡镇吴家村委会。因姓氏得名。村落呈团块状分布，面积 0.22 平方千米。农业以种植小麦、玉米、马铃薯、油菜为主，居民收入以养殖、劳务为主。有吴家村小学、吴家川遗址。乡道岳奠路经过。

李家新庄（Lǐjiāxīnzhuāng） 位于岳堡镇东北部，与宁夏回族自治区隆德县插花，距镇政府驻地岳家堡子 4.3 千米。属吴家村委会管辖。61 户 242 人，汉族。1958 年属庄浪公社唐山大队，1960 年属岳堡公社吴家大队，1983 年属岳堡乡吴家村委会，2018 年属岳堡镇吴家村委会。因李姓人迁居新庄得名。村落坐北朝南，依山根而建，呈团块状分布，面积 0.03 平方千米。农业以种植小麦、玉米、马铃薯、油菜为主，居民收入以养殖、劳务为主。乡道岳奠路经过。

张家湾（Zhāngjiāwān） 位于岳堡镇东北部，距镇政府驻地岳家堡子 4.5 千米。属吴家村委会管辖。70 户 318 人，汉族。1958 年属庄浪公社唐山大队，1960 年属岳堡公社吴家大队，1983 年属岳堡乡吴家村委会，2018 年属岳堡镇吴家村委会。因姓氏和地形得名。村落坐北朝南，依山根而建，呈团块状分布。面积 0.07 平方千米。农业以种植小麦、玉米、马铃薯、油菜为主，居民收入以养殖、劳务为主。乡道岳奠路经过。

峨家湾（Éjiāwān） 位于岳堡镇东部，距镇政府驻地岳家堡子 3.9 千米。属吴家村委会管辖。41 户 131 人，汉族。1958 年属庄浪公社唐山大队，1960 年属岳堡公社吴家大队，1983 年属岳堡乡吴家村委会，2018 年属岳堡镇吴家村委会。因地处高山之湾得名。村落坐西朝东，依山湾而建，呈团块状分布，面积 0.04 平方千米。农业以种植小麦、玉米、马铃薯、油菜为主，居民收入以养殖、劳务为主。

滴咀刘家（Dīzuǐliújiā） 位于岳堡镇东北部，距镇政府驻地岳家堡子 5.9 千米。属吴家村委会管辖。23 户 75 人，汉族。1958 年属庄浪公社唐山大队，1960 年属岳堡公社吴家大队，1979 年属后刘大队，1983 年属岳堡乡后刘村委会，2006 年属吴家村委会，2018 年属岳堡镇吴家村委会。因张姓村民居于三面环沟的高山咀下而得名。村落坐东朝西，依山谷而建，呈散状分布，面积 0.04 平方千米。农业以种植小麦、玉米、马铃薯、油菜为主，居民收入以养殖、劳务为主。

吴家后湾（Wújiāhòuwān） 位于岳堡镇东北部，距镇政府驻地岳家堡子 5.1 千米。属吴家村委会管辖。21 户 64 人，汉族。1958 年属庄浪公社唐山大队，1960 年属岳堡公社吴家大队，1979 年属后刘大队，1983 年属岳堡乡后刘村委会，2006 年属吴家村委会，2018 年属岳堡镇吴家村委会。因姓氏和地形方位得名。村落依山谷而建，呈散状分布，面积 0.03 平方千米。农业以种植小麦、玉米、马铃薯、油菜为主，居民收入以养殖、劳务为主。

高家庄（Gāojiāzhuāng） 位于岳堡镇东北部，距镇政府驻地岳家堡子 6 千米。属吴家村委会管辖。17 户 53 人，汉族。1958 年属庄浪公社唐山大队，1960 年属岳堡公社吴家大队，1979 年属后刘大队，1983 年属岳堡乡后刘村委会，2006 年属吴家村委会，2018 年属岳堡镇吴家村委会。因姓氏得名。村落依山谷而建，呈散状分布，面积 0.04 平方千米。农业以种植小麦、玉米、马铃薯、油菜为主，居民收入以养殖、劳务为主。

张家埂塄（Zhāngjiāgěngléng） 位于岳堡镇东北部，距镇政府驻地岳家堡子 3.3 千米。属埂塄村委会管辖，系村委会驻地。112 户 408 人，汉族。1958 年属庄浪公社唐山大队，1960 年属岳堡公社埂塄大队，1983 年属堡乡埂塄村委会，2018 年属岳堡镇埂塄村委会。因姓氏和地形得名。村落呈散状分布，面积 0.18 平方千米。农业以种植小麦、玉米、马铃薯、油菜为主，居民收入以养殖、劳务为主。乡道鱼南公路、岳蕖路经过。

山庄院（Shānzhuāngyuàn） 位于岳堡镇东部，距镇政府驻地岳家堡子 2.8 千米。属埂塄村委会管辖。77 户 349 人，汉族。1958 年属庄浪公社唐山大队，1960 年属岳堡公社埂塄大队，1983 年属堡乡埂塄村委会，2018 年属岳堡镇埂塄村委会。因岔口居民坐山庄得名。村落坐南朝北，依河而建，呈带状分布，面积 0.05 平方千米。农业以种植小麦、玉米、马铃薯、油菜为主，居民收入以养殖、劳务为主。

大湾新村（Dàwānxīncūn） 位于岳堡镇东北部，距镇政府驻地岳家堡子 1.9 千米。属大湾村委会管辖，系村委会驻地。61 户 280 人，汉族。2015 年村民陆续从柳家新庄、上阎家、上大湾迁住此地。因是大湾村新建移民点得名。村落呈团块状分布，面积 0.04 平方千米。农业以种植小麦、玉米、马铃薯、油菜为主，居民收入以养殖、劳务为主。乡道鱼南公路经此。

大湾新村（2019 年 10 月摄）

柳家新庄（Liǔjiāxīnzhuāng） 位于岳堡镇中部，距镇政府驻地岳家堡子 3.14 千米。属大湾村委会管辖。71 户 322 人，汉族。1958 年属庄浪公社蒋寺大队，1960 年属岳堡公社大湾大队，1983 年属岳堡乡大湾村委会，2018 年属岳堡镇大湾村委会。因柳姓人迁居新村得名。村落呈散状分布，面积 0.08 平方千米。农业以种植小麦、玉米、马铃薯、油菜为主，居民收入以养殖、劳务为主。

上阎家（Shàngyánjiā） 位于岳堡镇北部，距镇政府驻地岳家堡子 4 千米。属大湾村委会管辖。90 户 362 人，汉族。1958 年属庄浪公社蒋寺大队，1960 年属岳堡公社大湾大队，1983 年属岳堡乡大湾村委会，2018 年属岳堡镇大湾村委会。因姓氏和方位得名。村落坐北朝南，依山谷而建，呈带状分布，面积 0.09 平方千米。农业以种植小麦、玉米、马铃薯、油菜、苹果为主，居民收入以养殖、劳务为主。

阎家胡坑（Yánjiāhúkēng） 位于岳堡镇北部，距镇政府驻地岳家堡子 5.1 千米。属大湾村委会管辖。10 户 43 人，汉族。1958 年属庄浪公社蒋寺大队，1960 年属岳堡公社大湾大队，1983 年属岳堡乡大湾村委会，2018 年属岳堡镇大湾村委会。因姓氏和地形得名。村落坐北朝南，依山谷而建，呈散状分布，面积 0.02 平方千米。农业以种植小麦、玉米、马铃薯、油菜、苹果为主，居民收入以养殖、劳务为主。

东庄吴家（Dōngzhuāngwújiā） 位于岳堡镇中部，距镇政府驻地岳家堡子 3.19 千米。属大湾村委会管辖。3 户 12 人，汉族。1958 年属庄浪公社蒋寺大队，1960 年属岳堡公社大湾大队，1983 年属岳堡乡大湾村委会，2018 年属岳堡镇大湾村委会。因姓氏和方位得名。村落呈团块状分布，面积 0.01 平方千米。农业以种植小麦、玉米、马铃薯、油菜为主，居民收入以养殖、劳务为主。

上大湾（Shàngdàwān） 位于岳堡镇中部，距镇政府驻地岳家堡子 2.5 千米。属大湾村委会管辖。30 户 150 人，汉族。1958 年属庄浪公社蒋寺大队，1960 年属岳堡公社大湾大队，1983 年属岳堡乡大湾村委会，2018 年属岳堡镇大湾村委会。因方位地形得名。村落呈团块状分布，面积 0.03 平方千米。农业以种植小麦、玉米、马铃薯、油菜为主，居民收入以养殖、劳务为主。

下大湾（Xiàdàwān） 位于岳堡镇中部，距镇政府驻地岳家堡子 1.81 千米。属大湾村委会管辖。58 户 287 人，汉族。1958 年属庄浪公社蒋寺大队，1960 年属岳堡公社大湾大队，1983 年属岳堡乡大湾村委会，2018 年属岳堡镇大湾村委会。因方位地形得名。村落呈散状分布，面积 0.06 平方千米。农业以种植小麦、玉米、马铃薯、油菜为主，居民收入以养殖、劳务为主。

张家台子（Zhāngjiātáizi） 位于岳堡镇中部，距镇政府驻地岳家堡子 1.08 千米。属大湾村委会管辖。71 户 316 人，汉族。1958 年属庄浪公社蒋寺大队，1960 年属岳堡公社大湾大队，1983 年属岳堡乡大湾村委会，2018 年属岳堡镇大湾村委会。因姓氏和地形得名。村落呈团块状分布，面积 0.06 平方千米。农业以种植小麦、玉米、马铃薯、油菜为主，居民收入以养殖、劳务为主。乡道鱼南公路经此。

蒋家寺（Jiǎngjiāsì） 位于岳堡镇北部，距镇政府驻地岳家堡子 4.5 千米。属蒋寺村委会管辖，系村委会驻地。48 户 190 人，汉族。1958 年属庄浪公社蒋寺大队，1960 年属岳堡公社蒋寺大队，1983 年属岳堡乡蒋寺村委会，2018 年属岳堡镇蒋寺村委会。因姓氏和古寺得名。村落坐东北朝西南，依山谷而建，呈散状分布，面积 0.08 平方千米。农业以种植小麦、玉米、马铃薯、油菜为主，居民收入以养殖、劳务为主。

文家湾（Wénjiāwān） 位于岳堡镇北部，距镇政府驻地岳家堡子 5.3 千米。属蒋寺村委会管辖。11 户 47 人，汉族。1958 年属庄浪公社蒋寺大队，1960 年属岳堡公社蒋寺大队，1983 年属岳堡乡蒋寺村委会，2018 年属岳堡镇蒋寺村委会。因姓氏和地形得名。村落坐北朝南，依山坡而建，呈散状分布，面积 0.01 平方千米。农业以种植小麦、玉米、马铃薯、油菜为主，居民收入以养殖、劳务为主。

罗家湾（Luójiāwān） 位于岳堡镇西北部，距镇政府驻地岳家堡子 3.9 千米。属蒋寺村委会管辖。46 户 175 人，汉族。1958 年属庄浪公社蒋寺大队，1960 年属岳堡公社蒋寺大队，1983 年属岳堡乡蒋寺村委会，2018 年属岳堡镇蒋寺村委会。因姓氏和地形得名。村落坐北朝南，依山谷而建，呈团块状分布，面积 0.06 平方千米。农业以种植小麦、玉米、马铃薯、油菜为主，居民收入以养殖、劳务为主。

甘李家（Gānlǐjiā） 位于岳堡镇西北部，距镇政府驻地岳家堡子 4.9 千米。属蒋寺村委会管辖。37 户 144 人，汉族。1958 年属庄浪公社蒋寺大队，1960 年属岳堡公社蒋寺大队，1983 年属岳堡乡蒋寺村委会，2018 年属岳堡镇蒋寺村委会。因甘、李姓氏得名。村落坐西北朝东南，依山坡而建，呈团块状分布，面积 0.04 平方千米。农业以种植小麦、玉米、马铃薯、油菜为主，居民收入以养殖、劳务为主。

郑家湾（Zhèngjiāwān） 位于岳堡镇西北部，距镇政府驻地岳家堡子 5.2 千米。属蒋寺村委会管辖。31 户 121 人，汉族。1958 年属庄浪公社蒋寺大队，1960 年属岳堡公社蒋寺大队，1983 年属岳堡乡蒋寺村委会，2018 年属岳堡镇蒋寺村委会。因姓氏和地形得名。村落坐西北朝东南，依山谷而建，呈带状分布，面积 0.03 平方千米。农业以种植小麦、玉米、马铃薯、油菜为主，居民收入以养殖、劳务为主。

上湾（Shàngwān） 位于岳堡镇北部，距镇政府驻地岳家堡子 5.8 千米。属蒋寺村委会管辖。17 户 64 人，汉族。1958 年属庄浪公社蒋寺大队，1960 年属岳堡公社蒋寺大队，1979 年属王孟大队，1983 年属岳堡乡王孟村委会，2006 年属蒋寺村委会，2018 年属岳堡镇蒋寺村委会。因方位地形得名。村落坐北朝南，依山坡而建，呈团块状分布，面积 0.02 平方千米。农业以种植小麦、玉米、马铃薯、油菜为主，居民收入以养殖、劳务为主。

前湾（Qiánwān） 位于岳堡镇北部，距镇政府驻地岳家堡子 5.23 千米。属蒋寺村委会管辖。26 户 96 人，汉族。1958 年属庄浪公社蒋寺大队，1960 年属岳堡公社蒋寺大队，1979 年属王孟大队，1983 年属岳堡乡王孟村委会，2006 年属蒋寺村委会，2018 年属岳堡镇蒋寺村委会。因方位地形得名。村落呈散状分布，面积 0.01 平方千米。农业以种植小麦、玉米、马铃薯、油菜为主，居民收入以养殖、劳务为主。

王家胡坑（Wángjiāhúkēng） 位于岳堡镇北部，距镇政府驻地岳家堡子 4.7 千米。属蒋寺村委会管辖。40 户 148 人，汉族。1958 年属庄浪公社蒋寺大队，1960 年属岳堡公社蒋寺大队，1979 年属王孟大队，1983 年属岳堡乡王孟村委会，2006 年属蒋寺村委会，2018 年属岳堡镇蒋寺村委会。因姓氏和地形得名。村落坐南朝北，依山谷而建，呈散状分布，面积 0.04 平方千米。农业以种植小麦、玉米、马铃薯、油菜为主，居民收入以养殖、劳务为主。

王孟儿家（Wángmèngrjiā） 位于岳堡镇北部，属蒋寺村委会管辖。为上湾、前湾和王家胡坑总称。因王、孟姓氏得名。

郝家梁（Hǎojiāliáng） 位于岳堡镇北部，距镇政府驻地岳家堡子 5.4 千米。属蒋寺村委会管辖。10 户 45 人，汉族。1958 年属庄浪公社蒋寺大队，1960 年属岳堡公社蒋寺大队，1979 年属王孟大队，1983 年属岳堡乡王孟村委会，2006 年属蒋寺村委会，2018 年属岳堡镇蒋寺村委会。因姓氏和地形得名。村落坐东朝西，依山梁而建，呈带状分布，面积 0.01 平方千米。农业以种植小麦、玉米、马铃薯、油菜为主，居民收入以养殖、劳务为主。

蔡家（Càijiā） 位于岳堡镇西部，距镇政府驻地岳家堡子 2.06 千米。属蔡家村委会管辖，系村委会驻地。94 户 395 人，汉族。1958 年属庄浪公社蒋寺大队，1960 年属岳堡公社蔡家大队，1983 年属岳堡乡蔡家村委会，2018 年属岳堡镇蔡家村委会。因姓氏得名。村落呈散状分布，面积 0.16 平方千米。农业以种植小麦、玉米、马铃薯、苹果为主，居民收入以养殖、劳务为主。

下蔡家（Xiàcàijiā） 位于岳堡镇西部，距镇政府驻地岳家堡子 2.79 千米。属蔡家村委会管辖。27 户 122 人，汉族。1958 年属庄浪公社蒋寺大队，1960 年属岳堡公社蔡家大队，1983 年属岳堡乡蔡家村委会，2018 年属岳堡镇蔡家村委会。因姓氏和方位得名。村落呈带状分布，面积 0.03 平方千米。农业以种植小麦、玉米、马铃薯、苹果为主，居民收入以养殖、劳务为主。

井沟湾（Jǐnggōuwān） 位于岳堡镇西部，距镇政府驻地岳家堡子 2.38 千米。属蔡家村委会管辖。4 户 21 人，汉族。1958 年属庄浪公社蒋寺大队，1960 年属岳堡公社蔡家大队，1983 年属岳堡乡蔡家村委会，2018 年属岳堡镇蔡家村委会。因水井和地形得名。村落呈团块状分布，面积 0.01 平方千米。农业以种植小麦、玉米、马铃薯、苹果为主，居民收入以养殖、劳务为主。

滑沟湾（Huágōuwān） 位于岳堡镇西部，距镇政府驻地岳家堡子 2.37 千米。属蔡家村委会管辖。18 户 69 人。1958 年属庄浪公社蒋寺大队，1960 年属岳堡公社蔡家大队，1983 年属岳堡乡蔡家村委会，2018 年属岳堡镇蔡家村委会。村落地处山湾沟畔，曾是滑坡边缘区，故名。村落呈团块状分布，面积 0.01 平方千米。农业以种植小麦、玉米、马铃薯、油菜为主，居民收入以养殖、劳务为主。

王贡子家（Wánggòngzijiā） 位于岳堡镇西北部，距镇政府驻地岳家堡子 3.6 千米。属蔡家村委会管辖。34 户 136 人，汉族。1958 年属庄浪公社蒋寺大队，1960 年属岳堡公社王家大队，1964 年属蔡家大队，1979 年属王家大队，1983 年属岳堡乡王家村委会，2006 年属蔡家村委会，2018 年属岳堡镇蔡家村委会。因初居者是清朝王姓贡生得名。村落坐北朝南，依山谷而建，呈散状分布，面积 0.03 平方千米。农业以种植小麦、玉米、马铃薯、油菜为主，居民收入以养殖、劳务为主。

王贡子家上庄（Wánggòngzijiāshàngzhuāng） 位于岳堡镇西北部，距镇政府驻地岳家堡子 3.58 千米。属蔡家村委会管辖。6 户 29 人，汉族。1958 年属庄浪公社蒋寺大队，1960 年属岳堡公社王家大队，1964 年属蔡家大队，1979 年又属王家大队，1983 年属岳堡乡王家村委会，2006 年属蔡家村委会，2018 年属岳堡镇蔡家村委会。因位于王贡子家上方得名。村落坐东北朝西南，呈团块状分布，面积 0.01 平方千米。农业以种植小麦、玉米、马铃薯、油菜为主，居民收入以养殖、劳务为主。

陈赵家（Chénzhàojiā） 位于岳堡镇西北部，距镇政府驻地岳家堡子 2.88 千米。属蔡家村委会管辖。9 户 35 人，汉族。1958 年属庄浪公社蒋寺大队，1960 年属岳堡公社王家大队，1964 年属蔡家大队，1979 年属王家大队，1983 年属岳堡乡王家村委会，2006 年属蔡家村委会，2018 年属岳堡镇蔡家村委会。因陈、赵姓氏得名。村落呈团块状分布，面积 0.01 平方千米。农业以种植小麦、玉米、马铃薯、油菜为主，居民收入以养殖、劳务为主。

王家上咀上（Wángjiāshàngzuǐshàng） 位于岳堡镇西部，距镇政府驻地岳家堡子 2.71 千米。属蔡家村委会管辖。26 户 122 人，汉族。1958 年属庄浪公社蒋寺大队，1960 年属岳堡公社王家大队，1964 年属蔡家大队，1979 年属王家大队，1983 年属岳堡乡王家村委会，2006 年属蔡家村委会，2018 年属岳堡镇蔡家村委会。因姓氏和方位地形得名。村落呈散状分布，面积 0.02 平方千米。农业以种植小麦、玉米、马铃薯、油菜为主，居民收入以养殖、劳务为主。

朱吴家湾（Zhūwújiāwān） 位于岳堡镇中部，距镇政府驻地岳家堡子 2 千米。属蔡家村委会管辖。57 户 322 人，汉族。1958 年属庄浪公社蒋寺大队，1960 年属岳堡公社王家大队，1964 年属蔡家大队，1979 年属王家大队，1983 年属岳堡乡王家村委会，2006 年属蔡家村委会，2018 年属岳堡镇蔡家村委会。因姓氏和地形得名。村落呈散状分布，面积 0.09 平方千米。农业以种植小麦、玉米、马铃薯、苹果为主，居民收入以养殖、劳务为主。

北程家岔（Běichéngjiāchà） 位于岳堡镇西北部，距镇政府驻地岳家堡子 4.8 千米。属蔡家村委会管辖。9 户 38 人，汉族。1958 年属庄浪公社蒋寺大队，1960 年属岳堡公社王家大队，1964 年属蔡家大队，1979 年又属王家大队，1983 年属岳堡乡王家村委会，2006 年属蔡家村委会，2018 年属岳堡镇蔡家村委会。因姓氏和方位地形得名。村落坐东朝西，依山而建，呈散状分布，面积 0.02 平方千米。农业以种植小麦、玉米、马铃薯、油菜为主，居民收入以养殖、劳务为主。

张家（Zhāngjiā） 位于岳堡镇西部，距镇政府驻地岳家堡子 3.89 千米。属下阎村委会管辖，系村委会驻地。45 户 185 人，汉族。1958 年属庄浪公社云台大队，1960 年属岳堡公社下阎大队，1983 年属岳堡乡下阎村委会，2018 年属岳堡镇下阎村委会。因姓氏得名。村落呈散状分布，面积 0.06 平方千米。农业以种植小麦、玉米、马铃薯、油菜为主，居民收入以养殖、劳务为主。

阳坡（Yángpō） 位于岳堡镇西部，距镇政府驻地岳家堡子 3.46 千米。属下阎村委会管辖。63 户 230 人，汉族。1958 年属庄浪公社云台大队，1960 年属岳堡公社下阎大队，1983 年属岳堡乡下阎村委会，2018 年属岳堡镇下阎村委会。因方位地形得名。村落呈散状分布，面积 0.07 平方千米。农业以种植小麦、玉米、马铃薯、油菜为主，居民收入以养殖、劳务为主。

阴坡（Yīnpō） 位于岳堡镇西部，距镇政府驻地岳家堡子 3.22 千米。属下阎村委会管辖。79 户 293 人，汉族。1958 年属庄浪公社云台大队，1960 年属岳堡公社下阎大队，1983 年属岳堡乡下阎村委会，2018 年属岳堡镇下阎村委会。因方位地形得名。村落呈团块状分布，面积 0.09 平方千米。农业以种植小麦、玉米、马铃薯、油菜为主，居民收入以养殖、劳务为主。

下阎家（Xiàyánjiā） 位于岳堡镇西部，属下阎村委会管辖。为阳坡、阴坡的总称。因姓氏和方位得名。

上湾（Shàngwān） 位于岳堡镇西部，距镇政府驻地岳家堡子 4.73 千米。属下阎村委会管辖。14 户 61 人，汉族。1958 年属庄浪公社云台大队，1960 年属岳堡公社下阎大队，1983 年属岳堡乡下阎村委会，2018 年属岳堡镇下阎村委会。因方位地形得名。村落呈团块状分布，面积 0.03 平方千米。农业以种植小麦、玉米、马铃薯、油菜为主，居民收入以养殖、劳务为主。

田画儿家（Tiánhuàrjiā） 位于岳堡镇西部，距镇政府驻地岳家堡子 2.8 千米。属下阎村委会管辖。22 户 80 人，汉族。1958 年属庄浪公社云台大队，1960 年属岳堡公社下阎大队，1983 年属岳堡乡下阎村委会，2018 年属岳堡镇下阎村委会。因田姓人绘画闻名乡里得名。村落呈散状分布，面积 0.02 平方千米。农业以种植小麦、玉米、马铃薯、油菜为主，居民收入以养殖、劳务为主。

阎家山庄（Yánjiāshānzhuāng） 位于岳堡镇西北部，距镇政府驻地岳家堡子 4.96 千米。属下阎村委会管辖。28 户 76 人，汉族。1958 年属庄浪公社云台大队，1960 年属岳堡公社下阎大队，1983 年属岳堡乡下阎村委会，2018 年属岳堡镇下阎村委会。因阎姓人坐山庄得名。村落坐东朝西，依山而建，呈散状分布，面积 0.06 平方千米。农业以种植小麦、玉米、马铃薯、油菜为主，居民收入以养殖、劳务为主。

吴家湾（Wújiāwān） 位于岳堡镇西北部，距镇政府驻地岳家堡子 4.8 千米。属下阎村委会管辖。7 户 30 人，汉族。1958 年属庄浪公社云台大队，1960 年属岳堡公社下阎大队，1983 年属岳堡乡下阎村委会，2018 年属岳堡镇下阎村委会。因姓氏和地形得名。村落坐西朝东，依山坡而建，呈团块状分布，面积 0.01 平方千米。农业以种植小麦、玉米、马铃薯、油菜为主，居民收入以养殖、劳务为主。

张家岔口（Zhāngjiāchàkǒu） 位于岳堡镇南部，距镇政府驻地岳家堡子 1.15 千米。属张家岔口村委会管辖，系村委会驻地。247 户 946 人，汉族。1958 年属庄浪公社云台大队，1960 年属岳堡公社岔口大队，1968 年属向阳大队，1982 年属张家岔口大队，1983 年属岳堡乡张家岔口村委会，2018 年属岳堡镇张家岔口村委会。因姓氏和地形得名。村落呈团块状分布，面积 0.18 平方千米。农业以种植小麦、玉米、马铃薯、苹果为主，居民收入以果品销售、养殖、劳务为主。

西门杨家（Xīményángjiā） 位于岳堡镇南部，距镇政府驻地岳家堡子 1.45 千米。属张家岔口村委会管辖。143 户 552 人，汉族。1958 年属庄浪公社云台大队，1960 年属岳堡公社岔口大队，1968 年属向阳大队，1982 年属张家岔口大队，1983 年属岳堡乡张家岔口村委会，2018 年属岳堡镇张家岔口村委会。因杨姓居于岳堡城西门外得名。村落呈团块状分布，面积 0.13 平方千米。农业以种植小麦、玉米、马铃薯、苹果为主，居民收入以果品销售、养殖、劳务为主。

崔家沟（Cuījiāgōu） 位于岳堡镇西南部，距镇政府驻地岳家堡子 2.37 千米。属崔家村委会管辖，系村委会驻地。270 户 981 人，汉族。1958 年属庄浪公社云台大队，1960 年属岳堡公社崔家大队，1983 年属岳堡乡崔家村委会，2018 年属岳堡镇崔家村委会。因姓氏和地形得名。村落呈团块状分布，面积 0.21 平方千米。农业以种植小麦、玉米、马铃薯、苹果为主，居民收入以养殖、劳务为主。有崔家村小学。乡道鱼南公路经此。

关家（Guānjiā） 位于岳堡镇西南部，距镇政府驻地岳家堡子 4.1 千米。属崔家村委会管辖。30 户 453 人，汉族。1958 年属庄浪公社云台大队，1960 年属岳堡公社关家大队，1983 年属岳堡乡关家村委会，2006 年属崔家村委会，2018 年属岳堡镇崔家村委会。因姓氏得名。村落呈团块状分布，面积 0.04 平方千米。农业以种植小麦、玉米、马铃薯、苹果为主，居民收入以果品销售、养殖、劳务为主。乡道鱼南公路经此。

薛家（Xuējiā） 位于岳堡镇西南部，距镇政府驻地岳家堡子 4.31 千米。属崔家村委会管辖。67 户 269 人，汉族。1958 年属庄浪公社云台大队，1960 年属岳堡公社关家大队，1983 年属岳堡乡关家村委会，2006 年属崔家村委会，2018 年属岳堡镇崔家村委会。因姓氏得名。村落呈团块状分布，面积 0.04 平方千米。农业以种植小麦、玉米、马铃薯、苹果为主，居民收入以养殖、劳务为主。

柳梁镇

柳家梁（Liǔjiāliáng） 位于柳梁镇中部。属柳梁村委会管辖，系镇政府、村委会驻地。55户243人，汉族。1958年属柳梁公社柳梁大队，1983年属柳梁乡柳梁村委会，2018年属柳梁镇柳梁村委会。因姓氏和地形得名。村落坐北朝南，依山而建，呈团块状分布，面积0.23平方千米。农业以种植小麦、玉米、马铃薯、油菜为主，居民收入以商贸、养殖、劳务为主。有柳梁中心卫生院、柳梁中学、柳梁小学、幼儿园、柳梁汽车站。省道静庄公路经此。

王家岔（Wángjiāchà） 位于柳梁镇中部，距镇政府驻地柳家梁1.45千米。属柳梁村委会管辖。93户419人，汉族。1958年属柳梁公社柳梁大队，1983年属柳梁乡柳梁村委会，2018年属柳梁镇柳梁村委会。因姓氏和地形得名。村落坐西朝东，依山而建，呈团块状分布，面积0.08平方千米。农业以种植小麦、玉米、马铃薯、油菜为主，居民收入以养殖、劳务为主。

斜头（Xiétóu） 位于柳梁镇中部，距镇政府驻地柳家梁0.9千米。属柳梁村委会管辖。51户235人，汉族。1958年属柳梁公社柳梁大队，1983年属柳梁乡柳梁村委会，2018年属柳梁镇柳梁村委会。因地形得名。村落坐西朝东，依山而建，呈散状分布，面积0.05平方千米。农业以种植小麦、玉米、马铃薯、油菜为主，居民收入以养殖、劳务为主。

柳家油夫湾（Liǔjiāyóufūwān） 位于柳梁镇中部，距镇政府驻地柳家梁1.57千米。属柳梁村委会管辖，11户49人，汉族。1958年属柳梁公社柳梁大队，1983年属柳梁乡柳梁村委会，2018年属柳梁镇柳梁村委会。因柳姓人开油坊得名。村落坐东朝西，依山而建，呈团块状分布，面积0.02平方千米。农业以种植小麦、玉米、马铃薯、油菜为主，居民收入以养殖、劳务为主。

油夫川（Yóufūchuān） 位于柳梁镇中部，距镇政府驻地柳家梁2.41千米。属柳梁村委会管辖。35户145人，汉族。1958年属柳梁公社柳梁大队，1983年属柳梁乡柳梁村委会，2018年属柳梁镇柳梁村委会。因地形和柳姓人开设油坊得名。村落坐东朝西，依山而建，呈团块状分布，面积0.02平方千米。农业以种植小麦、玉米、马铃薯、油菜为主，居民收入以养殖、劳务为主。

鸦儿湾（Yārwān） 位于柳梁镇中部，距镇政府驻地柳家梁3.04千米。属柳梁村委会管辖。16户69人，汉族。1958年属柳梁公社柳梁大队，1983年属柳梁乡柳梁村委会，2018年属柳梁镇柳梁村委会。因地形和乌鸦多得名。村落坐西朝东，依山而建，呈团块状分布，面积0.01平方千米。农业以种植小麦、玉米、马铃薯、油菜为主，居民收入以养殖、劳务为主。

柳家油夫山（Liǔjiāyóufūshān） 位于柳梁镇中部，距镇政府驻地柳家梁1.15千米。属柳梁村委会管辖。42户168人，汉族。1958年属柳梁公社柳梁大队，1983年属柳梁乡柳梁村委会，2018年属柳梁镇柳梁村委会。因地形和柳姓人开设油坊得名。村落坐北朝南，依山而建，呈团块状分布，面积0.07平方千米。农业以种植小麦、玉米、马铃薯、油菜为主，居民收入以养殖、劳务为主。

王家湾（Wángjiāwān） 位于柳梁镇西部，距镇政府驻地柳家梁2.74千米。属蒙家大庄村委会管辖，系村委会驻地。19户73人，汉族。1958年属柳梁公社大庄大队，1982年属蒙家大庄大队，1983年属柳梁乡蒙家大庄村委会，2018年属柳梁镇蒙家大庄村委会。因姓氏和地形得名。村落坐东朝西，依山而建，呈团块状分布，面积0.02平方千米。农业以种植小麦、玉米、马铃薯、油菜为主，居民收入以养殖、劳务为主。

崖上（Áishàng） 位于柳梁镇西部，距镇政府驻地柳家梁2.79千米。属蒙家大庄村委会管辖。5户16人，汉族。1958年属柳梁公社大庄大队，1982年属蒙家大庄大队，1983年属柳梁乡蒙家大庄村委会，2018年属柳梁镇蒙家大庄村委会。因地形方位得名。村落坐北朝南，依山而建，呈散状分布，面积0.01平方千米。农业以种植小麦、玉米、马铃薯、油菜为主，居民收入以养殖、劳务为主。

冯家湾（Féngjiāwān） 位于柳梁镇西部，距镇政府驻地柳家梁2.44千米。属蒙家大庄村委会管辖。13户45人，汉族。1958年属柳梁公社大庄大队，1982年属蒙家大庄大队，1983年属柳梁乡蒙家大庄村委会，2018年属柳梁镇蒙家大庄村委会。因姓氏和地形得名。村落坐北朝南，依山而建，呈散状分布，面积0.02平方千米。农业以种植小麦、玉米、马铃薯、油菜为主，居民收入以养殖、劳务为主。

柳家湾（Liǔjiāwān） 位于柳梁镇西部，距镇政府驻地柳家梁2.09千米。属蒙家大庄村委会管辖。30户135人，汉族。1958年属柳梁公社大庄大队，1982年属蒙家大庄大队，1983年属柳梁乡蒙家大庄村委会，2018年属柳梁镇蒙家大庄村委会。因姓氏和地形得名。村落坐北朝南，依山而建，呈团块状分布，面积0.03平方千米。农业以种植小麦、玉米、马铃薯、油菜为主，居民收入以养殖、劳务为主。

上渠垴（Shàngqúnǎo） 位于柳梁镇西部，距镇政府驻地柳家梁1.97千米。属蒙家大庄村委会管辖。7户25人，汉族。1958年属柳梁公社大庄大队，1982年属蒙家大庄大队，1983年属柳梁乡蒙家大庄村委会，2018年属柳梁镇蒙家大庄村委会。因地形方位得名。村落坐南朝北，依山而建，呈散状分布，面积0.01平方千米。农业以种植小麦、玉米、马铃薯、油菜为主，居民收入以养殖、劳务为主。

十二架湾（Shí'èrjiàwān） 位于柳梁镇西部，距镇政府驻地柳家梁1.53千米。属蒙家大庄村委会管辖。8户29人，汉族。1958年属柳梁公社大庄大队，1982年属蒙家大庄大队，1983年属柳梁乡蒙家大庄村委会，2018年属柳梁镇蒙家大庄村委会。因连续十二台地得名。村落坐东朝西，依山而建，呈带状分布，面积0.01平方千米。农业以种植小麦、玉米、马铃薯、油菜为主，居民收入以养殖、劳务为主。

蒙家过庭（Méngjiāguòtíng） 位于柳梁镇西南部，距镇政府驻地柳家梁3.39千米。属蒙家大庄村委会管辖。30户181人，汉族。1958年属柳梁公社大庄大队，1982年属蒙家大庄大队，1983年属柳梁乡蒙家大庄村委会，2018年属柳梁镇蒙家大庄村委会。因姓氏和建筑物得名。村落坐南朝北，依山而建，呈团块状分布，面积0.07平方千米。农业以种植小麦、玉米、马铃薯、油菜为主，居民收入以养殖、劳务为主。有大庄村小学。

蒙家大庄（Méngjiādàzhuāng） 位于柳梁镇西部，属蒙家大庄村委会管辖。为崖上、冯家湾、柳家湾、上渠垴、王家湾、十二架湾、蒙家过庭之总称。

大方地（Dàfāngdì） 位于柳梁镇西部，距镇政府驻地柳家梁2.73千米。属蒙家大庄村委会管辖。25户96人，汉族。1958年属柳梁公社大庄大队，1982年属蒙家大庄大队，1983年属柳梁乡蒙家大庄村委会，2018年属柳梁镇蒙家大庄村委会。因地形得名。村落坐南朝北，依山而建，呈团块状分布，面积0.06平方千米。农业以种植小麦、玉米、马铃薯、油菜为主，居民收入以养殖、劳务为主。

柳家大湾（Liǔjiādàwān） 位于柳梁镇西部，距镇政府驻地柳家梁3.49千米。属蒙家大庄村委会管辖。30户181人，汉族。1958年属柳梁公社大庄大队，1982年属蒙家大庄大队，1983年属柳梁乡蒙家大庄村委会，2018年属柳梁镇蒙家大庄村委会。因姓氏和地形得名。村落依山湾而建，呈散状分布，面积0.07平方千米。农业以种植小麦、玉米、马铃薯、油菜为主，居民收入以养殖、劳务为主。

苟家湾（Gǒujiāwān） 位于柳梁镇西南部，距镇政府驻地柳家梁4.39千米。属蒙家大庄村委会管辖。43户172人，汉族。1958年属柳梁公社大庄大队，1982年属蒙家大庄大队，1983年属柳梁乡蒙家大庄村委会，2018年属柳梁镇蒙家大庄村委会。因姓氏和地形得名。村落坐南朝北，依山而建，呈散状分布，面积0.07平方千米。农业以种植小麦、玉米、马铃薯、油菜为主，居民收入以养殖、劳务为主。

玉家湾（Yùjiāwān） 位于柳梁镇西部，距镇政府驻地柳家梁3.73千米。属蒙家大庄村委会管辖。20户68人，汉族。1958年属柳梁公社大庄大队，1982年属蒙家大庄大队，1983年属柳梁乡蒙家大庄村委会，2018年属柳梁镇蒙家大庄村委会。因姓氏和地形得名。村落坐南朝北，依山而建，呈团块状分布，面积0.02平方千米。农业以种植小麦、玉米、马铃薯、油菜为主，居民收入以养殖、劳务为主。

贺家沟（2016 年 7 月摄）

贺家沟（Hèjiāgōu） 位于柳梁镇东南部，距镇政府驻地柳家梁 5.08 千米。属孟山村委会管辖，系村委会驻地。160 户 744 人，汉族。1958 年属柳梁公社贺沟大队，1983 年属柳梁乡贺沟村委会，2006 年属孟山村委会，2018 年属柳梁镇孟山村委会。因姓氏和地形得名。村落坐北朝南，依山而建，呈团块状分布，面积 0.19 平方千米。农业以种植小麦、玉米、马铃薯、油菜为主，居民收入以养殖、劳务为主。

孟家山（Mèngjiāshān） 位于柳梁镇东南部，距镇政府驻地柳家梁 4.6 千米。属孟山村委会管辖。175 户 781 人，汉族。1958 年属柳梁公社孟山大队，1983 年属柳梁乡孟山村委会，2018 年属柳梁镇孟山村委会。因姓氏和地形得名。村落坐东朝西，依山而建，呈团块状分布，面积 0.24 平方千米。农业以种植小麦、玉米、马铃薯、油菜为主，居民收入以养殖、劳务为主。

李家山（Lǐjiāshān） 位于柳梁镇东部，距镇政府驻地柳家梁 4.07 千米。属李山村委会管辖，系村委会驻地。121 户 499 人，汉族。1958 年属柳梁公社李山大队，1966 年属先锋大队，1968 年属李山大队，1983 年属柳梁乡李山村委会，2018 年属柳梁镇李山村委会。因姓氏和地形得名。村落坐东朝西，依山而建，呈团块状分布，面积 0.16 平方千米。农业以种植小麦、玉米、马铃薯、油菜为主，居民收入以养殖、劳务为主。有李家山小学。

刘家窑（Liújiāyáo） 位于柳梁镇东部，距镇政府驻地柳家梁 4.46 千米。属李山村委会管辖。42 户 191 人，汉族。1958 年属柳梁公社李山大队，1966 年属先锋大队，1968 年属李山大队，1983 年属柳梁乡李山村委会，2018 年属柳梁镇李山村委会。因刘姓人初居窑洞得名。村落坐西朝东，依山而建，呈团块状分布，面积 0.08 平方千米。农业以种植小麦、玉米、马铃薯、油菜为主，居民收入以养殖、劳务为主。

惠家岔（Huìjiāchà） 位于柳梁镇东部，距镇政府驻地柳家梁 3.61 千米。属李山村委会管辖。24 户 118 人，汉族。1958 年属柳梁公社李山大队，1966 年属先锋大队，1968 年属李山大队，1983 年属柳梁乡李山村委会，2018 年属柳梁镇李山村委会。因姓氏和地形得名。村落坐南朝北，依山而建，呈团块状分布，面积 0.03 平方千米。农业以种植小麦、玉米、马铃薯、油菜为主，居民收入以养殖、劳务为主。

梁吴家（Liángwújiā） 位于柳梁镇东部，距镇政府驻地柳家梁 3.07 千米。属李山村委会管辖。76 户 283 人，汉族。1958 年属柳梁公社李山大队，1966 年属先锋大队，1968 年属李山大队，1983 年属柳梁乡李山村委会，2018 年属柳梁镇李山村委会。因梁、吴姓氏得名。村落坐北朝南，依山而建，呈散状分布，面积 0.09 平方千米。农业以种植小麦、玉米、马铃薯、油菜为主，居民收入以养殖、劳务为主。

陈家阳山（Chénjiāyángwā） 位于柳梁镇东南部，距镇政府驻地柳家梁 3.18 千米。属陈家阳山村委会管辖，系村委会驻地。216 户 845 人，汉族。1958 年属柳梁公社陈家阳山大队，1983 年属柳梁乡陈家阳山村委会，2018 年属柳梁镇陈家阳山村委会。因姓氏和地形方位得名。村落坐东朝西，依山而建，呈团块状分布，面积 0.25 平方千米。农业以种植小麦、玉米、马铃薯、油菜为主，居民收入以养殖、劳务为主。有阳屲村小学。

苏家湾（Sūjiāwān） 位于柳梁镇东南部，距镇政府驻地柳家梁 2.74 千米。属陈家阳屲村委会管辖。59 户 254 人，汉族。1958 年属柳梁公社陈家阳屲大队，1983 年属柳梁乡陈家阳屲村委会，2018 年属柳梁镇陈家阳屲村委会。因姓氏和地形得名。村落坐西朝东，依山而建，呈团块状分布，面积 0.08 平方千米。农业以种植小麦、玉米、马铃薯、油菜为主，居民收入以养殖、劳务为主。

治安徐家（Zhì'ānxújiā） 位于柳梁镇东部，距镇政府驻地柳家梁 5.06 千米。属徐家村委会管辖，系村委会驻地。118 户 453 人，汉族。1958 年属柳梁公社徐家大队，1983 年属柳梁乡徐家村委会，2018 年属柳梁镇徐家村委会。按明清时代的“纳粮里分”，称“治安里徐家”，后演变成治安徐家。村落坐西朝东，依山而建，呈散状分布，面积 0.13 平方千米。农业以种植小麦、玉米、马铃薯、油菜为主，居民收入以养殖、劳务为主。

王家小庄（Wángjiāxiǎozhuāng） 位于柳梁镇东部，距镇政府驻地柳家梁 5.82 千米。属徐家村委会管辖。24 户 127 人，汉族。1958 年属柳梁公社徐家大队，1983 年属柳梁乡徐家村委会，2018 年属柳梁镇徐家村委会。因姓氏和村落规模小得名。村落坐南朝北，依山而建，呈散状分布，面积 0.03 平方千米。农业以种植小麦、玉米、马铃薯、油菜为主，居民收入以养殖、劳务为主。

王家小庄梁（Wángjiāxiǎozhuāngliáng） 位于柳梁镇东部，距镇政府驻地柳家梁 5.78 千米。属徐家村委会管辖。26 户 116 人，汉族。1958 年属柳梁公社徐家大队，1983 年属柳梁乡徐家村委会，2018 年属柳梁镇徐家村委会。因姓氏和地形方位得名。村落坐西朝东，依山而建，呈团块状分布，面积 0.04 平方千米。农业以种植小麦、玉米、马铃薯、油菜为主，居民收入以养殖、劳务为主。

杨家川子（Yángjiāchuānzi） 位于柳梁镇东部，距镇政府驻地柳家梁 6.06 千米。属徐家村委会管辖。65 户 252 人，汉族。1958 年属柳梁公社徐家大队，1983 年属柳梁乡徐家村委会，2018 年属柳梁镇徐家村委会。因姓氏和地形得名。村落坐西朝东，依山而建，呈团块状分布，面积 0.04 平方千米。农业以种植小麦、玉米、马铃薯、油菜为主，居民收入以养殖、劳务为主。

周家山（Zhōujiāshān） 位于柳梁镇东北部，距镇政府驻地柳家梁 6.11 千米。属周蒲村委会管辖，系村委会驻地。82 户 363 人，汉族。1958 年属柳梁公社周蒲大队，1983 年属柳梁乡周蒲村委会，2018 年属柳梁镇周蒲村委会。因姓氏和地形得名。村落坐东朝西，依山而建，呈团块状分布，面积 0.17 平方千米。农业以种植小麦、玉米、马铃薯、油菜为主，居民收入以养殖、劳务为主。

陈家壑岘（Chénjiāhèxiàn） 位于柳梁镇东北部，距镇政府驻地柳家梁 6.96 千米。属周蒲村委会管辖。25 户 121 人，汉族。1958 年属柳梁公社周蒲大队，1983 年属柳梁乡周蒲村委会，2018 年属柳梁镇周蒲村委会。因姓氏和地形得名。村落坐西朝东，依山而建，呈团块状分布，面积 0.06 平方千米。农业以种植小麦、玉米、马铃薯、油菜为主，居民收入以养殖、劳务为主。乡道杨良公路经此。

周家湾垴（Zhōujiāwānnǎo） 位于柳梁镇东北部，距镇政府驻地柳家梁 6.01 千米。属周蒲村委会管辖。28 户 120 人，汉族。1958 年属柳梁公社周蒲大队，1983 年属柳梁乡周蒲村委会，2018 年属柳梁镇周蒲村委会。因姓氏和地形得名。村落坐北朝南，依山而建，呈团块状分布，面积 0.05 平方千米。农业以种植小麦、玉米、马铃薯、油菜为主，居民收入以养殖、劳务为主。

下头屲（Xiàtóuwā） 位于柳梁镇东北部，距镇政府驻地柳家梁 5.27 千米。属周蒲村委会管辖。5 户 24 人，汉族。1958 年属柳梁公社周蒲大队，1983 年属柳梁乡周蒲村委会，2018 年属柳梁镇周蒲村委会。因地形方位得名。村落坐西朝东，依山而建，呈散状分布，面积 0.01 平方千米。农业以种植小麦、玉米、马铃薯、油菜为主，居民收入以养殖、劳务为主。

蒲家山（Pújiāshān） 位于柳梁镇东北部，距镇政府驻地柳家梁 6.36 千米。属周蒲村委会管辖。87 户 407 人，汉族。1958 年属柳梁公社周蒲大队，1983 年属柳梁乡周蒲村委会，2018 年属柳梁镇周蒲村委会。因姓氏和地形得名。村落坐北朝南，依山而建，呈散状分布，面积 0.13 平方千米。农业以种植小麦、玉米、马铃薯、油菜为主，居民收入以养殖、劳务为主。

李家堡子（Lǐjiābǔzi） 位于柳梁镇北部，距镇政府驻地柳家梁 4.15 千米。属李堡村委会管辖，系村委会驻地。94 户 378 人，汉族。1958 年属柳梁公社李堡大队，1983 年属柳梁乡李堡村委会，2018 年属柳梁镇李堡村委会。因姓氏和土堡得名。村落沿山谷而建，呈团块状分布，面积 0.18 平方千米。农业以种植小麦、玉米、马铃薯、油菜为主，居民收入以养殖、劳务为主。有李堡小学、县级文物保护单位达舍堡遗址。

阳凸山（Yángwāshān） 位于柳梁镇北部，距镇政府驻地柳家梁 4.61 千米。属李堡村委会管辖。1 户 1 人，汉族。1958 年属柳梁公社李堡大队，1983 年属柳梁乡李堡村委会，2018 年属柳梁镇李堡村委会。因地形方位得名。村落坐东朝西，依山而建，面积 0.01 平方千米。农业以种植小麦、玉米、马铃薯、油菜为主，居民收入以养殖、劳务为主。

塬坪（Yuánpíng） 位于柳梁镇北部，距镇政府驻地柳家梁 4.15 千米。属李堡村委会管辖。7 户 30 人，汉族。1958 年属柳梁公社李堡大队，1983 年属柳梁乡李堡村委会，2018 年属柳梁镇李堡村委会。因地形得名。村落坐西朝东，依山而建，呈团块状分布，面积 0.02 平方千米。农业以种植小麦、玉米、马铃薯、油菜为主，居民收入以养殖、劳务为主。

马家湾（Mǎjiāwān） 位于柳梁镇北部，距镇政府驻地柳家梁 4.95 千米。属李堡村委会管辖。12 户 60 人，汉族。1958 年属柳梁公社李堡大队，1983 年属柳梁乡李堡村委会，2018 年属柳梁镇李堡村委会。因姓氏和地形得名。村落坐西朝东，依山而建，呈团块状分布，面积 0.01 平方千米。农业以种植小麦、玉米、马铃薯、油菜为主，居民收入以养殖、劳务为主。

牛家湾（Niújiāwān） 位于柳梁镇北部，距镇政府驻地柳家梁 5.15 千米。属李堡村委会管辖。30 户 125 人，汉族。1958 年属柳梁公社李堡大队，1983 年属柳梁乡李堡村委会，2018 年属柳梁镇李堡村委会。因姓氏和地形得名。村落坐西朝东，依山而建，呈团块状分布，面积 0.04 平方千米。农业以种植小麦、玉米、马铃薯、油菜为主，居民收入以养殖、劳务为主。

罗家庙湾（Luójiāmiàowān） 位于柳梁镇北部，距镇政府驻地柳家梁 5.21 千米。属李堡村委会管辖。31 户 107 人，汉族。1958 年属柳梁公社李堡大队，1983 年属柳梁乡李堡村委会，2018 年属柳梁镇李堡村委会。因姓氏和有庙宇得名。村落坐北朝南，依山而建，呈团块状分布，面积 0.04 平方千米。农业以种植小麦、玉米、马铃薯、油菜为主，居民收入以养殖、劳务为主。

宋家湾（Sòngjiāwān） 位于柳梁镇北部，距镇政府驻地柳家梁 5.03 千米。属李堡村委会管辖。14 户 68 人，汉族。1958 年属柳梁公社李堡大队，1983 年属柳梁乡李堡村委会，2018 年属柳梁镇李堡村委会。因姓氏和地形得名。村落坐东朝西，依山湾而建，呈散状分布，面积 0.02 平方千米。农业以种植小麦、玉米、马铃薯、油菜为主，居民收入以养殖、劳务为主。

周家下咀（Zhōujiāxiàzuǐ） 位于柳梁镇北部，距镇政府驻地柳家梁 4.95 千米。属李堡村委会管辖。42 户 186 人，汉族。1958 年属柳梁公社李堡大队，1983 年属柳梁乡李堡村委会，2018 年属柳梁镇李堡村委会。因姓氏和地形方位得名。村落坐北朝南，依山而建，呈散状分布，面积 0.09 平方千米。农业以种植小麦、玉米、马铃薯、油菜为主，居民收入以养殖、劳务为主。

刘家堡子（Liújiābǔzi） 位于柳梁镇北部，距镇政府驻地柳家梁 4.2 千米。属李堡村委会管辖。88 户 385 人，汉族。1958 年属柳梁公社李堡大队，1983 年属柳梁乡李堡村委会，2018 年属柳梁镇李堡村委会。因姓氏和古堡得名。村落坐东朝西，依山而建，呈团块状分布，面积 0.09 平方千米。农业以种植小麦、玉米、马铃薯、油菜为主，居民收入以养殖、劳务为主。

庄廓（Zhuāngkuò） 位于柳梁镇北部，距镇政府驻地柳家梁 4.18 千米。属李堡村委会管辖。16 户 45 人，汉族。1958 年属柳梁公社李堡大队，1983 年属柳梁乡李堡村委会，2018 年属柳梁镇李堡村委会。因地势开阔得名。村落坐南朝北，依山而建，呈散状分布，面积 0.06 平方千米。农业以种植小麦、玉米、马铃薯、苹果为主，居民收入以养殖、劳务为主。

陈家下岔（Chénjiāxiàchà）　位于柳梁镇北部，距镇政府驻地柳家梁2.6千米。属下岔村委会管辖，系村委会驻地。132户437人，汉族。1958年属柳梁公社新和大队，1961年属下岔大队，1983年属柳梁乡下岔村委会，2018年属柳梁镇下岔村委会。因姓氏和地形方位得名。村落依山而建，呈团块状分布，面积0.1平方千米。农业以种植小麦、玉米、马铃薯、苹果为主，居民收入以养殖、劳务为主。

刘家滑沟（Liújiāhuágōu）　位于柳梁镇中部，距镇政府驻地柳家梁1.76千米。属下岔村委会管辖。81户353人，汉族。1958年属柳梁公社新和大队，1961年属下岔大队，1983年属柳梁乡下岔村委会，2018年属柳梁镇下岔村委会。因姓氏和地形得名。村落坐西朝东，依山而建，呈团块状分布，面积0.08平方千米。农业以种植小麦、玉米、马铃薯、油菜为主，居民收入以养殖、劳务为主。

陈家新庄（Chénjiāxīnzhuāng）　位于柳梁镇中部，距镇政府驻地柳家梁2.45千米。属下岔村委会管辖。45户223人，汉族。1958年属柳梁公社新和大队，1961年属下岔大队，1983年属柳梁乡下岔村委会，2018年属柳梁镇下岔村委会。因陈姓人搬迁新居得名。村落坐西朝东，依山而建，呈散状分布，面积0.08平方千米。农业以种植小麦、玉米、马铃薯、油菜为主，居民收入以养殖、劳务为主。

麻家川（Májiāchuān）　位于柳梁镇西北部，距镇政府驻地柳家梁2.89千米。属下岔村委会管辖。25户101人，汉族。1958年属柳梁公社新和大队，1961年属下岔大队，1983年属柳梁乡下岔村委会，2018年属柳梁镇下岔村委会。因姓氏和地形得名。村落沿沟而建，呈团块状分布，面积0.04平方千米。农业以种植小麦、玉米、马铃薯、苹果为主，居民收入以养殖、劳务为主。

沈刘家阳坡（Shěnliújiāyángpō）　位于柳梁镇西北部，距镇政府驻地柳家梁3.5千米。属下岔村委会管辖。46户205人，汉族。1958年属柳梁公社新和大队，1961年属下岔大队，1983年属柳梁乡下岔村委会，2018年属柳梁镇下岔村委会。因沈、刘姓氏和地形方位得名。村落坐北朝南，依山而建，呈团块状分布，面积0.03平方千米。农业以种植小麦、玉米、马铃薯、苹果为主，居民收入以养殖、劳务为主。

沈刘家阴坡（Shěnliújiāyīnpō）　位于柳梁镇西北部，距镇政府驻地柳家梁5.45千米。属下岔村委会管辖。8户32人，汉族。1958年属柳梁公社新和大队，1961年属下岔大队，1983年属柳梁乡下岔村委会，2018年属柳梁镇下岔村委会。因沈、刘姓氏和地形方位得名。村落坐南朝北，依山而建，呈团块状分布，面积0.01平方千米。农业以种植小麦、玉米、马铃薯、苹果为主，居民收入以养殖、劳务为主。

王家胡圈（Wángjiāhúquān）　位于柳梁镇西北部，距镇政府驻地柳家梁3.47千米。属川边村委会管辖，系村委会驻地。27户112人，汉族。1958年属柳梁公社川边大队，1983年属柳梁乡川边村委会，2018年属柳梁镇川边村委会。因姓氏和地形（胡圈指陷穴）得名。村落坐南朝北，沿路而建，呈带状分布，面积0.05平方千米。农业以种植小麦、玉米、马铃薯、苹果为主，居民收入以养殖、劳务为主。有川边村小学。

谢家塬（Xièjiāyuán）　位于柳梁镇西北部，距镇政府驻地柳家梁1.89千米。属川边村委会管辖。12户39人，汉族。1958年属柳梁公社朱山大队，1965属川边大队，1978年属朱山大队，1983年属柳梁乡朱山村委会，2006年属川边村委会，2018年属柳梁镇川边村委会。因姓氏和地形得名。村落坐西朝东，依山而建，呈团块状分布，面积0.01平方千米。农业以种植小麦、玉米、马铃薯、苹果为主，居民收入以养殖、劳务为主。

王家川边后湾（Wángjiāchuānbiānhòuwān）　位于柳梁镇西北部，距镇政府驻地柳家梁4.67千米。属川边村委会管辖。46户220人，汉族。1958年属柳梁公社川边大队，1983年属柳梁乡川边村委会，2018年属柳梁镇川边村委会。因地处王家川边背后山湾得名，村落坐东朝西，依山而建，呈团块状分布，面积0.04平方千米。农业以种植小麦、玉米、马铃薯、油菜为主，居民收入以养殖、劳务为主。

王家川边西庄（Wángjiāchuānbiānxīzhuāng） 位于柳梁镇西北部，距镇政府驻地柳家梁 4.51 千米。属川边村委会管辖。19 户 68 人，汉族。1958 年属柳梁公社川边大队，1983 年属柳梁乡川边村委会，2018 年属柳梁镇川边村委会。因地处王家川边之西得名。村落坐西朝东，依山而建，呈团块状分布，面积 0.02 平方千米。农业以种植小麦、玉米、马铃薯、苹果为主，居民收入以养殖、劳务为主。

宋家（Sòngjiā） 位于柳梁镇西北部，距镇政府驻地柳家梁 4.06 千米。属川边村委会管辖。62 户 295 人，汉族。1958 年属柳梁公社川边大队，1983 年属柳梁乡川边村委会，2018 年属柳梁镇川边村委会。因姓氏得名。村落坐南朝北，依山而建，呈团块状分布，面积 0.07 平方千米。农业以种植小麦、玉米、马铃薯、苹果为主，居民收入以养殖、劳务为主。

朱家上岔（Zhūjiāshàngchà） 位于柳梁镇西北部，距镇政府驻地柳家梁 4.81 千米。属川边村委会管辖。居民 52 户 212 人，汉族。1958 年属柳梁公社川边大队，1983 年属柳梁乡川边村委会，2018 年属柳梁镇川边村委会。因姓氏和地形方位得名。村落坐东朝西，依山而建，呈团块状分布，面积 0.09 平方千米。农业以种植小麦、玉米、马铃薯、油菜为主，居民收入以养殖、劳务为主。

王家川边（Wángjiāchuānbiān） 位于柳梁镇西北部，距镇政府驻地柳家梁 4.35 千米。属川边村委会管辖。43 户 160 人，汉族。1958 年属柳梁公社川边大队，1983 年属柳梁乡川边村委会，2018 年属柳梁镇川边村委会。因姓氏和地形得名。村落坐北朝南，依山而建，呈团块状分布，面积 0.02 平方千米。农业以种植小麦、玉米、马铃薯、苹果为主，居民收入以养殖、劳务为主。

马家湾（Mǎjiāwān） 位于柳梁镇西北部，距镇政府驻地柳家梁 4.94 千米。属川边村委会管辖。8 户 24 人，汉族。1958 年属柳梁公社郑杜大队，1965 年属川边大队，1978 年属郑杜大队，1983 年属柳梁乡郑杜村委会，2006 年属川边村委会，2018 年属柳梁镇川边村委会。因姓氏和地形得名。村落坐西朝东，依山而建，呈散状分布，面积 0.04 平方千米。农业以种植小麦、玉米、马铃薯、油菜为主，居民收入以养殖、劳务为主。

杜家崖湾（Dùjiā' áiwān） 位于柳梁镇西北部，距镇政府驻地柳家梁 4.15 千米。属川边村委会管辖。43 户 160 人，汉族。1958 年属柳梁公社郑杜大队，1965 年属川边大队，1978 年属郑杜大队，1983 年属柳梁乡郑杜村委会，2006 年属川边村委会，2018 年属柳梁镇川边村委会。因姓氏和地形得名。村落坐北朝南，依山而建，呈团块状分布，面积 0.08 平方千米。农业以种植小麦、玉米、马铃薯、苹果为主，居民收入以养殖、劳务为主。

郑家（Zhèngjiā） 位于柳梁镇西北部，距镇政府驻地柳家梁 3.79 千米。属川边村委会管辖。58 户 221 人，汉族。1958 年属柳梁公社郑杜大队，1965 年属川边大队，1978 年属郑杜大队，1983 年属柳梁乡郑杜村委会，2006 年属川边村委会，2018 年属柳梁镇川边村委会。因姓氏得名。村落坐南朝北，依山而建，呈团块状分布，面积 0.06 平方千米。农业以种植小麦、玉米、马铃薯、苹果为主，居民收入以养殖、劳务为主。

朱家山（Zhūjiāshān） 位于柳梁镇西北部，距镇政府驻地柳家梁 2.97 千米。属川边村委会管辖。56 户 193 人，汉族。1958 年属柳梁公社朱山大队，1965 年属川边大队，1978 年属朱山大队，1983 年属柳梁乡朱山村委会，2006 年属川边村委会，2018 年属柳梁镇川边村委会。因姓氏和地形得名。村落坐西朝东，依山而建，呈团块状分布，面积 0.14 平方千米。农业以种植小麦、玉米、马铃薯、苹果为主，居民收入以养殖、劳务为主。

吴家岔（Wújiāchà） 位于柳梁镇西北部，距镇政府驻地柳家梁 3.18 千米。属赵岔村委会管辖，系村委会驻地。38 户 171 人，汉族。1958 年属柳梁公社赵岔大队，1983 年属柳梁乡赵岔村委会，2018 年属柳梁镇赵岔村委会。因姓氏和地形得名。村落坐南朝北，依山而建，呈团块状分布，面积 0.04 平方千米。农业以种植小麦、玉米、马铃薯、苹果为主，居民收入以养殖、劳务为主。

赵家岔阴坡（Zhàojiāchàyīnpō） 位于柳梁镇西北部，距镇政府驻地柳家梁 2.75 千米。属赵岔村委会管辖。77 户 313 人，汉族。1958 年属柳梁公社赵岔大队，1983 年属柳梁乡赵岔村委会，2018 年属柳梁镇赵岔村委会。因姓氏和地形方位得名。村落坐东朝西，依山而建，呈团块状分布，面积 0.06 平方千米。农业以种植小麦、玉米、马铃薯、苹果为主，居民收入以养殖、劳务为主。

赵家岔阳坡（Zhàojiāchàyángpō） 位于柳梁镇西北部，距镇政府驻地柳家梁 1.71 千米。属赵岔村委会管辖。41 户 165 人，汉族。1958 年属柳梁公社赵岔大队，1983 年属柳梁乡赵岔村委会，2018 年属柳梁镇赵岔村委会。因姓氏和地形方位得名。村落坐西朝东，依山而建，呈团块状分布，面积 0.08 平方千米。农业以种植小麦、玉米、马铃薯、苹果为主，居民收入以养殖、劳务为主。

墩台（Dūntái） 位于柳梁镇西北部，距镇政府驻地柳家梁 1.6 千米。属赵岔村委会管辖。32 户 136 人，汉族。1958 年属柳梁公社赵岔大队，1983 年属柳梁乡赵岔村委会，2018 年属柳梁镇赵岔村委会。因有烽火台得名。村落坐东朝西，依山而建，呈团块状分布，面积 0.04 平方千米。农业以种植小麦、玉米、马铃薯、苹果为主，居民收入以养殖、劳务为主。

梁家后沟（Liángjiāhòugōu） 位于柳梁镇西北部，距镇政府驻地柳家梁 2.31 千米。属赵岔村委会管辖。59 户 240 人，汉族。1958 年属柳梁公社赵岔大队，1983 年属柳梁乡赵岔村委会，2018 年属柳梁镇赵岔村委会。因姓氏和地形方位得名。村落坐西朝东，依山而建，呈团块状分布，面积 0.1 平方千米。农业以种植小麦、玉米、马铃薯、油菜为主，居民收入以养殖、劳务为主。

背后湾（Bèihòuwān） 位于柳梁镇中部，距镇政府驻地柳家梁 1.05 千米。属弯咀村委会管辖，系村委会驻地。74 户 307 人，汉族。1958 年属柳梁公社背后湾大队，1964 年属柳梁公社弯咀大队，1983 年属柳梁乡弯咀村委会，2018 年属柳梁镇弯咀村委会。因地处柳家梁山湾背后得名。村落坐北朝南，依山而建，呈散状分布，面积 0.12 平方千米。农业以种植小麦、玉米、马铃薯、油菜为主，居民收入以养殖、劳务为主。

王家湾（Wángjiāwān） 位于柳梁镇中部，距镇政府驻地柳家梁 1.18 千米。属弯咀村委会管辖。38 户 172 人，汉族。1958 年属柳梁公社背后湾大队，1964 年属柳梁公社弯咀大队，1983 年属柳梁乡弯咀村委会，2018 年属柳梁镇弯咀村委会。因姓氏和地形得名。村落坐东朝西，依山而建，呈散状分布，面积 0.06 平方千米。农业以种植小麦、玉米、马铃薯、苹果为主，居民收入以养殖、劳务为主。省道静庄公路经此。

弯咀川（Diàozuǐchuān） 位于柳梁镇中部，距镇政府驻地柳家梁 2.1 千米。属弯咀村委会管辖。36 户 126 人，汉族。1958 年属柳梁公社背后湾大队，1964 年属柳梁公社弯咀大队，1983 年属柳梁乡弯咀村委会，2018 年属柳梁镇弯咀村委会。因地形得名。村落坐北朝南，依山而建，呈团块状分布，面积 0.02 平方千米。农业以种植小麦、玉米、马铃薯、苹果为主，居民收入以养殖、劳务为主。

弯咀下（Diàozuǐxià） 位于柳梁镇中部，距镇政府驻地柳家梁 1.75 米。属弯咀村委会管辖。36 户 131 人，汉族。1958 年属柳梁公社背后湾大队，1964 年属柳梁公社弯咀大队，1983 年属柳梁乡弯咀村委会，2018 年属柳梁镇弯咀村委会。因地形方位得名。村落坐北朝南，依山而建，呈团块状分布，面积 0.07 平方千米。农业以种植小麦、玉米、马铃薯、苹果为主，居民收入以养殖、劳务为主。省道静庄公路经此。

张家小湾（Zhāngjiāxiǎowān） 位于柳梁镇中部，距镇政府驻地柳家梁 1.53 千米。属弯咀村委会管辖。37 户 132 人，汉族。1958 年属柳梁公社背后湾大队，1964 年属柳梁公社弯咀大队，1983 年属柳梁乡弯咀村委会，2018 年属柳梁镇弯咀村委会。因姓氏和地形得名。村落坐西朝东，依山而建，呈团块状分布，面积 0.06 平方千米。农业以种植小麦、玉米、马铃薯、苹果为主，居民收入以养殖、劳务为主。

陈家小湾（Chénjiāxiǎowān） 位于柳梁镇中部，距镇政府驻地柳家梁 1.59 千米。属弯咀村委会管辖。42 户 198 人，汉族。1958 年属柳梁公社背后湾大队，1964 年属柳梁公社弯咀大队，1983 年属柳梁乡穹咀村委会，2018年属柳梁镇穹咀村委会。因姓氏和地形得名。村落坐西朝东，依山而建，呈团块状分布，面积0.06平方千米。农业以种植小麦、玉米、马铃薯、苹果为主，居民收入以养殖、劳务为主。

高家川（Gāojiāchuān） 位于柳梁镇东南部，距镇政府驻地柳家梁3.4千米。属张陈村委会管辖，系村委会驻地。9户37人，汉族。1958年属柳梁公社李茂大队，1965年属张陈大队，1979年属李茂大队，1983年属柳梁乡李茂村委会，2006年属张陈村委会，2018年属柳梁镇张陈村委会。因姓氏和地形得名。村落坐东朝西，沿路而建，呈团块状分布，面积0.08平方千米。农业以种植小麦、玉米、马铃薯、苹果为主，居民收入以养殖、劳务为主。

牛家沟（Niújiāgōu） 位于柳梁镇东南部，距镇政府驻地柳家梁3.57千米。属张陈村委会管辖。108户494人，汉族。1958年属柳梁公社永红大队，1961年属牛沟大队，1965年属张陈大队，1979年属牛沟大队，1983年属柳梁乡牛沟村委会，2006年属张陈村委会，2018年属柳梁镇张陈村委会。因姓氏和地形得名。村落坐北朝南，依山而建，呈团块状分布。面积0.16平方千米。有柳梁镇牛沟小学。农业以种植小麦、玉米、马铃薯、苹果为主，居民收入以养殖、劳务为主。

黑陈家（Hēichénjiā） 位于柳梁镇南部，距镇政府驻地柳家梁2.66千米。属张陈村委会管辖。107户494人，汉族。1958年属柳梁公社永红大队，1961年属张陈大队，1983年属柳梁乡张陈村委会，2018年属柳梁镇张陈村委会。因姓氏得名。村落坐东朝西，依山而建，呈团块状分布，面积0.17平方千米。农业以种植小麦、玉米、马铃薯、苹果为主，居民收入以养殖、劳务为主。

三张家（Sānzhāngjiā） 位于柳梁镇东南部，距镇政府驻地柳家梁3千米。属张陈村委会管辖。38户164人，汉族。1958年属柳梁公社永红大队，1961年属张陈大队，1983年属柳梁乡张陈村委会，2018年属柳梁镇张陈村委会。因初住三户张姓人得名。村落坐北朝南，依山而建，呈团块状分布，面积0.04平方千米。农业以种植小麦、玉米、马铃薯、苹果为主，居民收入以养殖、劳务为主。

郑家湾（Zhèngjiāwān） 位于柳梁镇东南部，距镇政府驻地柳家梁3.87千米。属张陈村委会管辖。39户142人，汉族。1958年属柳梁公社永红大队，1961年属牛沟大队，1965年属张陈大队，1979年属牛沟大队，1983年属柳梁乡牛沟村委会，2006年属张陈村委会，2018年属柳梁镇张陈村委会。因姓氏和地形得名。村落坐东朝西，依山而建，呈团块状分布，面积0.02平方千米。农业以种植小麦、玉米、马铃薯、苹果为主，居民收入以养殖、劳务为主。

李家湾（Lǐjiāwān） 位于柳梁镇东南部，距镇政府驻地柳家梁3.79千米。属张陈村委会管辖。17户63人，汉族。1958年属柳梁公社永红大队，1961年属牛沟大队，1965年属张陈大队，1979年属牛沟大队，1983年属柳梁乡牛沟村委会，2006年属张陈村委会，2018年属柳梁镇张陈村委会。因姓氏和地形得名。村落坐南朝北，依山而建，呈团块状分布，面积0.01平方千米。农业以种植小麦、玉米、马铃薯、苹果为主，居民收入以养殖、劳务为主。

新庄（Xīnzhuāng） 位于柳梁镇东南部，距镇政府驻地柳家梁4.03千米。属张陈村委会管辖。12户51人，汉族。1958年属柳梁公社永红大队，1961年属牛沟大队，1965年属张陈大队，1979年属牛沟大队，1983年属柳梁乡牛沟村委会，2006年属张陈村委会，2018年属柳梁镇张陈村委会。因从黑陈家迁出新建得名。村落坐南朝北，依山而建，呈团块状分布，面积0.03平方千米。农业以种植小麦、玉米、马铃薯、苹果为主，居民收入以养殖、劳务为主。

李茂儿（Lǐmàor） 位于柳梁镇东南部，距镇政府驻地柳家梁3.27千米。属张陈村委会管辖。101户447人，汉族。1958年属柳梁公社李茂大队，1965年属张陈大队，1979年属李茂大队，1983年属柳梁乡李茂村委会，2006年属张陈村委会，2018年属柳梁镇张陈村委会。相传初居李姓人以卖帽子为业，后将“帽”演化为“茂”。村落坐西朝东，依山而建，呈团块状分布，面积0.17平方千米。农业以种植小麦、玉米、马铃薯、苹果为主，居民收入以养殖、劳务为主。

陈家山梁背后（Chénjiāshānliángbèihòu）　位于柳梁镇南部，距镇政府驻地柳家梁4.62千米。属陈山村委会管辖，系村委会驻地。48户217人，汉族。1958年属柳梁公社陈山大队，1962年属白堡公社苋麻湾大队，1964年属柳梁公社陈山大队，1979年属白堡公社陈山大队，1983年属白堡乡陈山村委会，2004年属柳梁乡陈山村委会，2018年属柳梁镇陈山村委会。与陈家山一梁之隔，故名。村落坐东朝西，依山而建，呈团块状分布，面积0.08平方千米。农业以种植小麦、玉米、马铃薯、苹果为主，居民收入以养殖、劳务为主。有陈山小学。县道马卧公路经此。

野狐湾（Yěhúwān）　位于柳梁镇南部，距镇政府驻地柳家梁4.96千米。属陈山村委会管辖。79户337人，汉族。1958年属柳梁公社陈山大队，1962年属白堡公社野狐湾大队，1964年属柳梁公社陈山大队，1979年属白堡公社野狐湾大队，1983年属白堡乡野狐湾村委会，1985年属陈山村委会，2004年属柳梁乡陈山村委会，2018年属柳梁镇陈山村委会。因此地野狐多得名。村落坐南朝北，依山而建，呈团块状分布，面积0.11平方千米。农业以种植小麦、玉米、马铃薯、苹果为主，居民收入以养殖、劳务为主。县道马卧公路经此。

苋麻湾下庄（Xiànmáwānxiàzhuāng）　位于柳梁镇南部，距镇政府驻地柳家梁5.32千米。属陈山村委会管辖。54户256人，汉族。1958年属柳梁公社陈山大队，1962年属白堡公社苋麻湾大队，1964年属柳梁公社陈山大队，1979年属白堡公社苋麻湾大队，1983年属白堡乡苋麻湾村委会，1985年属陈山村委会，2004年属柳梁乡陈山村委会，2018年属柳梁镇陈山村委会。因野生植物苋麻和方位得名。村落坐东朝西，依山而建，呈团块状分布，面积0.09平方千米。农业以种植小麦、玉米、马铃薯、苹果为主，居民收入以养殖、劳务为主。

陈家山（Chénjiāshān）　位于柳梁镇东南部，距镇政府驻地柳家梁4.16千米。属陈山村委会管辖。59户282人，汉族。1958年属柳梁公社陈山大队，1962年属白堡公社苋麻湾大队，1964年属柳梁公社陈山大队，1979年属白堡公社陈山大队，1983年属白堡乡陈山村委会，2004年属柳梁乡陈山村委会，2018年属柳梁镇陈山村委会。因姓氏和地形得名。村落坐北朝南，依山而建，呈团块状分布，面积0.08平方千米。农业以种植小麦、玉米、马铃薯、苹果为主，居民收入以养殖、劳务为主。

苋麻湾上庄（Xiànmáwānshàngzhuāng）　位于柳梁镇南部，距镇政府驻地柳家梁5.94千米。属陈山村委会管辖。42户176人，汉族。1958年属柳梁公社陈山大队，1962年属白堡公社苋麻湾大队，1964年属柳梁公社陈山大队，1979年属白堡公社苋麻湾大队，1983年属白堡乡苋麻湾村委会，1985年属陈山村委会，2004年属柳梁乡陈山村委会，2018年属柳梁镇陈山村委会。因野生植物苋麻和方位得名。村落坐东朝西，依山而建，呈团块状分布，面积0.07平方千米。农业以种植小麦、玉米、马铃薯、苹果为主，居民收入以养殖、劳务为主。县道马卧公路经过。

柳家渠（Liǔjiāqú）　位于柳梁镇南部，距镇政府驻地柳家梁5.56千米。属柳渠村委会管辖，系村委会驻地。162户702人，汉族。1958年属柳梁公社柳渠大队，1962年属白堡公社柳渠大队，1964年属柳梁公社柳渠大队，1979年属白堡公社柳渠大队，1983年属白堡乡柳渠村委会，2004年属柳梁乡柳渠村委会，2018年属柳梁镇柳渠村委会。因姓氏和地形得名。村落坐东朝西，依山而建，呈团块状分布，面积0.18平方千米。农业以种植小麦、玉米、马铃薯、苹果为主，居民收入以养殖、劳务为主。

上碾子（Shàngniǎnzi）　位于柳梁镇南部，距镇政府驻地柳家梁5.91千米。属柳渠村委会管辖。44户183人，汉族。1958年属柳梁公社柳渠大队，1962年属白堡公社柳渠大队，1964年属柳梁公社柳渠大队，1979年属白堡公社柳渠大队，1983年属白堡乡柳渠村委会，2004年属柳梁乡柳渠村委会，2018年属柳梁镇柳渠村委会。因石碾和方位得名。村落坐西朝东，依山而建，呈团块状分布，面积0.07平方千米。农业以种植小麦、玉米、马铃薯、苹果为主，居民收入以养殖、劳务为主。

车路（Chēlù）　位于柳梁镇西南部，距镇政府驻地柳家梁6千米。属柳渠村委会管辖。7户26人，汉族。1958 年属柳梁公社柳渠大队，1962 年属白堡公社柳渠大队，1964 年属柳梁公社柳渠大队，1979 年属白堡公社柳渠大队，1983 年属白堡乡柳渠村委会，2004 年属柳梁乡柳渠村委会，2018 年属柳梁镇柳渠村委会。因车路穿过村庄得名。村落坐西朝东，依山而建，呈团块状分布，面积 0.01 平方千米。农业以种植小麦、玉米、马铃薯、苹果为主，居民收入以养殖、劳务为主。

阳凹小庄（Yángwāxiǎozhuāng） 位于柳梁镇西南部，距镇政府驻地柳家梁 5.13 千米。属柳渠村委会管辖。4 户 19 人，汉族。1958 年属柳梁公社柳渠大队，1962 年属白堡公社柳渠大队，1964 年属柳梁公社柳渠大队，1979 年属白堡公社柳渠大队，1983 年属白堡乡柳渠村委会，2004 年属柳梁乡柳渠村委会，2018 年属柳梁镇柳渠村委会。因地处阳凹上，居住人少得名。村落坐东朝西，依山而建，呈团块状分布，面积 0.01 平方千米。农业以种植小麦、玉米、马铃薯、苹果为主，居民收入以养殖、劳务为主。

柳家乱庄（Liǔjiāluànzhuāng） 位于柳梁镇中部，距镇政府驻地柳家梁 3.95 千米。属柳家乱庄村委会管辖，系村委会驻地。108 户 429 人，汉族。1958 年属柳梁公社柳家乱庄大队，1962 年属白堡公社柳家乱庄大队，1964 年属柳梁公社柳家乱庄大队，1969 年属红旗大队，1979 年属白堡公社红旗大队，1982 年属柳家乱庄大队，1983 年属白堡乡柳家乱庄村委会，2004 年属柳梁乡柳家乱庄村委会，2018 年属柳梁镇柳家乱庄村委会。因姓氏和居民居住分散得名。村落坐西朝东，依山而建，呈散状分布，面积 0.08 平方千米。农业以种植小麦、玉米、马铃薯、苹果为主，居民收入以养殖、劳务为主。

南阳堡（Nányángbǔ） 位于柳梁镇中部，距镇政府驻地柳家梁 3.17 千米。属柳家乱庄村委会管辖。41 户 183 人，汉族。1958 年属柳梁公社柳台大队，1983 年属柳梁乡柳台村委会，2006 年属柳家乱庄村委会，2018 年属柳梁镇柳家乱庄村委会。因方位和古堡得名。村落坐东朝西，依山而建，呈团块状分布，面积 0.07 平方千米。农业以种植小麦、玉米、马铃薯、苹果为主，居民收入以养殖、劳务为主。

柳家中庄（Liǔjiāzhōngzhuāng） 位于柳梁镇中部，距镇政府驻地柳家梁 2.07 千米。属柳家乱庄村委会管辖。41 户 187 人，汉族。1958 年属柳梁公社柳台大队，1983 年属柳梁乡柳台村委会，2006 年属柳家乱庄村委会，2018 年属柳梁镇柳家乱庄村委会。因姓氏和方位得名。村落坐南朝北，依山而建，呈团块状分布，面积 0.05 平方千米。农业以种植小麦、玉米、马铃薯、苹果为主，居民收入以养殖、劳务为主。

滑沟凹子（Huágōuwāzi） 位于柳梁镇中部，距镇政府驻地柳家梁 2.68 千米。属柳家乱庄村委会管辖。49 户 205 人，汉族。1958 年属柳梁公社柳台大队，1983 年属柳梁乡柳台村委会，2006 年属柳家乱庄村委会，2018 年属柳梁镇柳家乱庄村委会。因村落地貌特征得名。村落坐西朝东，依山而建，呈团块状分布，面积 0.05 平方千米。农业以种植小麦、玉米、马铃薯、苹果为主，居民收入以养殖、劳务为主。

上梁（Shàngliáng） 位于柳梁镇中部，距镇政府驻地柳家梁 4.45 千米。属柳家乱庄村委会管辖。29 户 117 人，汉族。1958 年属柳梁公社柳家乱庄大队，1962 年属白堡公社柳家乱庄大队，1964 年属柳梁公社柳家乱庄大队，1969 年属红旗大队，1979 年属白堡公社红旗大队，1982 年属柳家乱庄大队，1983 年属白堡乡柳家乱庄村委会，2004 年属柳梁乡柳家乱庄村委会，2018 年属柳梁镇柳家乱庄村委会。因地形、方位得名。村落坐西朝东，依山而建，呈散状分布，面积 0.05 平方千米。农业以种植小麦、玉米、马铃薯、苹果为主，居民收入以养殖、劳务为主。有乱庄小学。

下梁（Xiàliáng） 位于柳梁镇中部，距镇政府驻地柳家梁 3.45 千米。属柳家乱庄村委会管辖。22 户 108 人，汉族。1958 年属柳梁公社柳家乱庄大队，1962 年属白堡公社柳家乱庄大队，1964 年属柳梁公社柳家乱庄大队，1969 年属红旗大队，1979 年属白堡公社红旗大队，1982 年属柳家乱庄大队，1983 年属白堡乡柳家乱庄村委会，2004 年属柳梁乡柳家乱庄村委会，2018 年属柳梁镇柳家乱庄村委会。因地形方位得名。村落坐西朝东，依山而建，呈散状分布，面积 0.03 平方千米。农业以种植小麦、玉米、马铃薯、苹果为主，居民收入以养殖、劳务为主。

刘家阳坡（Liújiāyángpō） 位于柳梁镇南部，距镇政府驻地柳家梁3.53千米。属柳家乱庄村委会管辖。56户290人，汉族。1958年属柳梁公社柳家乱庄大队，1962年属白堡公社柳家乱庄大队，1964年属柳梁公社柳家乱庄大队，1969年属红旗大队，1979年属白堡公社红旗大队，1982年属柳家乱庄大队，1983年属白堡乡柳家乱庄村委会，2004年属柳梁乡柳家乱庄村委会，2018年属柳梁镇柳家乱庄村委会。因姓氏和地形方位得名。村落坐东朝西，依山而建，呈团块状分布，面积0.8平方千米。农业以种植小麦、玉米、马铃薯、苹果为主，居民收入以养殖、劳务为主。

刘家阴坡（Liújiāyīnpō） 位于柳梁镇南部，距镇政府驻地柳家梁4.37千米。属柳家乱庄村委会管辖。45户216人，汉族。1958年属柳梁公社柳家乱庄大队，1962年属白堡公社柳家乱庄大队，1964年属柳梁公社柳家乱庄大队，1969年属红旗大队，1979年属白堡公社红旗大队，1982年属柳家乱庄大队，1983年属白堡乡柳家乱庄村委会，2004年属柳梁乡柳家乱庄村委会，2018年属柳梁镇柳家乱庄村委会。因姓氏和地形方位得名。村落坐西朝东，依山而建，呈团块状分布，面积0.03平方千米。农业以种植小麦、玉米、马铃薯、苹果为主，居民收入以养殖、劳务为主。

王家川子（Wángjiāchuānzi） 位于柳梁镇南部，距镇政府驻地柳家梁4.5千米。属柳家乱庄村委会管辖。5户12人，汉族。1958年属柳梁公社柳家乱庄大队，1962年属白堡公社柳家乱庄大队，1964年属柳梁公社柳家乱庄大队，1969年属红旗大队，1979年属白堡公社红旗大队，1982年属柳家乱庄大队，1983年属白堡乡柳家乱庄村委会，2004年属柳梁乡柳家乱庄村委会，2018年属柳梁镇柳家乱庄村委会。因姓氏和地形得名。村落坐东朝西，依山而建，呈团块状分布，面积0.01平方千米。农业以种植小麦、玉米、马铃薯、苹果为主，居民收入以养殖、劳务为主。

刘家梁上（Liújiāliángshàng） 位于柳梁镇南部，距镇政府驻地柳家梁5.06千米。属柳家乱庄村委会管辖。6户23人，汉族。1958年属柳梁公社柳家乱庄大队，1962年属白堡公社柳家乱庄大队，1964年属柳梁公社柳家乱庄大队，1969年属红旗大队，1979年属白堡公社红旗大队，1982年属柳家乱庄大队，1983年属白堡乡柳家乱庄村委会，2004年属柳梁乡柳家乱庄村委会，2018年属柳梁镇柳家乱庄村委会。因姓氏和地形方位得名。村落坐西朝东，依山而建，呈散状分布，面积0.01平方千米。农业以种植小麦、玉米、马铃薯、苹果为主，居民收入以养殖、劳务为主。

柳家下湾（Liǔjiāxiàwān） 位于柳梁镇中部，距镇政府驻地柳家梁2.19千米。属柳家乱庄村委会管辖。38户165人，汉族。1958年属柳梁公社柳台大队，1983年属柳梁乡柳台村委会，2006年属柳家乱庄村委会，2018年属柳梁镇柳家乱庄村委会。因姓氏和地形、方位得名。村落坐南朝北，依山而建，呈散状分布，面积0.04平方千米。农业以种植小麦、玉米、马铃薯、苹果为主，居民收入以养殖、劳务为主。

柳家台子（Liǔjiātáizi） 位于柳梁镇中部，属柳家乱庄村委会管辖。为柳家中庄、滑沟凸子、柳家下湾、南阳堡的总称。因姓氏和地形得名。

白家阳坡（Báijiāyángpō） 位于柳梁镇西南部，距镇政府驻地柳家梁4.79千米。属白家阳坡村委会管辖，系村委会驻地。123户550人，汉族。1958年属柳梁公社阳坡大队，1962年属白堡公社阳坡大队，1964年属柳梁公社阳坡大队，1979年属白堡公社阳坡大队，1982年属白家阳坡大队，1983年属白堡乡白家阳坡村委会，2004年属柳梁乡白家阳坡村委会，2018年属柳梁镇白家阳坡村委会。因姓氏和地形方位得名。村落坐东朝西，依山而建，呈团块状分布，面积0.19平方千米。农业以种植小麦、玉米、马铃薯、苹果为主，居民收入以养殖、劳务为主。

白家湾垴（Báijiāwānnǎo） 位于柳梁镇西南部，距镇政府驻地柳家梁6.39千米。属白家阳坡村委会管辖。15户58人，汉族。1958年属柳梁公社阳坡大队，1962年属白堡公社阳坡大队，1964年属柳梁公社阳坡大队，1979年属白堡公社阳坡大队，1982年属白家阳坡大队，1983年属白堡乡白家阳坡村委会，2004 年属柳梁乡白家阳坡村委会，2018 年属柳梁镇白家阳坡村委会。因姓氏和地形得名。村落坐西朝东，依山而建，呈团块状分布，面积 0.04 平方千米。农业以种植小麦、玉米、马铃薯、苹果为主，居民收入以养殖、劳务为主。

君家湾（Jùnjiāwān） 位于柳梁镇西南部，距镇政府驻地柳家梁 3.15 千米。属白家阳坡村委会管辖。8 户 27 人，汉族。1958 年属柳梁公社阳坡大队，1962 年属白堡公社阳坡大队，1964 年属柳梁公社阳坡大队，1979 年属白堡公社阳坡大队，1982 年属白家阳坡大队，1983 年属白堡乡白家阳坡村委会，2004 年属柳梁乡白家阳坡村委会，2018 年属柳梁镇白家阳坡村委会。因初居者姓氏和地形得名。村落坐东朝西，依山而建，呈团块状分布，面积 0.01 平方千米。农业以种植小麦、玉米、马铃薯、苹果为主，居民收入以养殖、劳务为主。

党家阳坡（Dǎngjiāyángpō） 位于柳梁镇西部，距镇政府驻地柳家梁 2.98 千米。属蒙家河湾村委会管辖，系村委会驻地。17 户 68 人，汉族。1958 年属柳梁公社党家大队，1962 年属白堡公社党家大队，1964 年属柳梁公社党家大队，1979 年属白堡公社党家大队，1983 年属白堡乡党家村委会，2004 年属柳梁乡党家村委会，2006 年属柳梁乡蒙家河湾村委会，2018 年属柳梁镇蒙家河湾村委会。因姓氏和地形方位得名。村落坐北朝南，依山而建，呈散状分布，面积 0.03 平方千米。农业以种植小麦、玉米、马铃薯、苹果为主，居民收入以养殖、劳务为主。

党家阴坡（Dǎngjiāyīnpō） 位于柳梁镇西部，距镇政府驻地柳家梁 3.21 千米。属蒙家河湾村委会管辖。40 户 176 人，汉族。1958 年属柳梁公社党家大队，1962 年属白堡公社党家大队，1964 年属柳梁公社党家大队，1979 年属白堡公社党家大队，1983 年属白堡乡党家村委会，2004 年属柳梁乡党家村委会，2006 年属柳梁乡蒙家河湾村委会，2018 年属柳梁镇蒙家河湾村委会。因姓氏和地形方位得名。村落坐南朝北，依山而建，呈团块状分布，面积 0.08 平方千米。农业以种植小麦、玉米、马铃薯、苹果为主，居民收入以养殖、劳务为主。

莲子湾（Liánziwān） 位于柳梁镇西部，距镇政府驻地柳家梁 3 千米。属蒙家河湾村委会管辖。4 户 16 人，汉族。1958 年属柳梁公社党家大队，1962 年属白堡公社党家大队，1964 年属柳梁公社党家大队，1979 年属白堡公社党家大队，1983 年属白堡乡党家村委会，2004 年属柳梁乡党家村委会，2006 年属柳梁乡蒙家河湾村委会，2018 年属柳梁镇蒙家河湾村委会。因位于君家湾和井家湾中间，故称连着湾，后演化为莲子湾。村落坐南朝北，依山而建，呈团块状分布，面积 0.01 平方千米。农业以种植小麦、玉米、马铃薯、苹果为主，居民收入以养殖、劳务为主。

上蒙家（Shàngméngjiā） 位于柳梁镇西部，距镇政府驻地柳家梁 2.67 千米。属蒙家河湾村委会管辖。42 户 187 人，汉族。1958 年属柳梁公社党家大队，1962 年属白堡公社党家大队，1964 年属柳梁公社党家大队，1979 年属白堡公社党家大队，1983 年属白堡乡党家村委会，2004 年属柳梁乡党家村委会，2006 年属柳梁乡蒙家河湾村委会，2018 年属柳梁镇蒙家河湾村委会。因姓氏和方位得名。村落坐北朝南，沿路而建，呈团块状分布，面积 0.04 平方千米。农业以种植小麦、玉米、马铃薯、苹果为主，居民收入以养殖、劳务为主。

蒙家山（Méngjiāshān） 位于柳梁镇西部，距镇政府驻地柳家梁 1.97 千米。属蒙家河湾村委会管辖。19 户 68 人，汉族。1958 年属柳梁公社党家大队，1962 年属白堡公社党家大队，1964 年属柳梁公社党家大队，1979 年属白堡公社党家大队，1983 年属白堡乡党家村委会，2004 年属柳梁乡党家村委会，2006 年属柳梁乡蒙家河湾村委会，2018 年属柳梁镇蒙家河湾村委会。因姓氏和地形得名。村落坐北朝南，依山而建，呈团块状分布，面积 0.02 平方千米。农业以种植小麦、玉米、马铃薯、苹果为主，居民收入以养殖、劳务为主。

蒙家河湾（Méngjiāhéwān） 位于柳梁镇西部，距镇政府驻地柳家梁 4.61 千米。属蒙家河湾村委会管辖。110 户 489 人，汉族。1958 年属柳梁公社河湾大队，1962 年属白堡公社河湾大队，1964 年属柳梁公社河湾大队，1979 年属白堡公社河湾大队，1982 年属蒙家河湾大队，1983 年属白堡乡蒙家河湾村委会，2004 年属柳梁乡蒙家河湾村委会。因姓氏和地形得名。村落坐南朝北，依山而建，呈散状分布，面积 0.21 平方千米。农业以种植小麦、玉米、马铃薯、苹果为主，居民收入以养殖、劳务为主。有河湾村小学。

苏家凸（Sūjiāwā） 位于柳梁镇西南部，距镇政府驻地柳家梁 4.93 千米。属蒙家河湾村委会管辖。26 户 117 人，汉族。1958 年属柳梁公社河湾大队，1962 年属白堡公社河湾大队，1964 年属柳梁公社河湾大队，1979 年属白堡公社河湾大队，1982 年属蒙家河湾大队，1983 年属白堡乡蒙家河湾村委会，2004 年属柳梁乡蒙家河湾村委会，2018 年属柳梁镇蒙家河湾村委会。因姓氏和地形得名。村落坐东朝西，依山而建，呈散状分布，面积 0.02 平方千米。农业以种植小麦、玉米、马铃薯、苹果为主，居民收入以养殖、劳务为主。

陈家湾（Chénjiāwān） 位于柳梁镇西部，距镇政府驻地柳家梁 3.57 千米。属蒙家河湾村委会管辖。19 户 80 人，汉族。1958 年属柳梁公社河湾大队，1962 年属白堡公社河湾大队，1964 年属柳梁公社河湾大队，1979 年属白堡公社河湾大队，1982 年属蒙家河湾大队，1983 年属白堡乡蒙家河湾村委会，2004 年属柳梁乡蒙家河湾村委会，2018 年属柳梁镇蒙家河湾村委会。因姓氏和地形得名。村落坐北朝南，依山而建，呈团块状分布，面积 0.04 平方千米。农业以种植小麦、玉米、马铃薯、苹果为主，居民收入以养殖、劳务为主。

南坪镇

靳家大庄（Jìnjiādàzhuāng） 位于南坪镇中部，属靳家大庄村委会管辖，系镇政府、村委会驻地。315 户 1429 人，汉族。1958 年属水洛公社靳家大庄大队，1960 年属南坪公社大庄大队，1982 年属靳家大庄大队，1983 年属南坪乡靳家大庄村委会，2018 年属南坪镇靳家大庄村委会。因是靳姓老庄得名。村落呈团块状分布，面积 0.29 平方千米。农业以种植小麦、玉米、马铃薯、苹果、蔬菜为主，居民收入以商贸、养殖、竹编、劳务为主。有南坪小学。省道泾甘公路经此。

山保区（Shānbǎoqū） 位于南坪镇中部，距镇政府驻地靳家大庄 1.04 千米。属靳家大庄村委会管辖。58 户 245 人，汉族。1958 年属水洛公社靳家大庄大队，1960 年属南坪公社大庄大队，1982 年属靳家大庄大队，1983 年属南坪乡靳家大庄村委会，2018 年属南坪镇靳家大庄村委会。因 20 世纪 30 年代实行保甲制度时设立三保区，后演变为山保区。村落呈散状分布，面积 0.02 平方千米。农业以种植小麦、玉米、马铃薯、苹果、蔬菜为主，居民收入以养殖、竹编、劳务为主。省道泾甘公路经此。

阴凸马家（Yīnwāmǎjiā） 位于南坪镇东部，距镇政府驻地靳家大庄 4.21 千米。属阴凸村委会管辖，系村委会驻地。113 户 532 人，汉族。1958 年属水洛公社南坪大队，1960 年属南坪公社阴凸大队，1983 年属南坪乡阴凸村委会，2018 年属南坪镇阴凸村委会。因姓氏和地形方位得名。村落呈团块状分布，面积 0.08 平方千米。农业以种植小麦、玉米、马铃薯、油菜为主，居民收入以养殖、劳务为主。有刘堡坪遗址。

红崖咀（Hóng'áizuǐ） 位于南坪镇东部，距镇政府驻地靳家大庄 5.89 千米。属阴凸村委会管辖。23 户 96 人，汉族。1958 年属水洛公社南坪大队，1960 年属南坪公社阴凸大队，1983 年属南坪乡阴凸村委会，2018 年属南坪镇阴凸村委会。因地形特征得名。村落呈散状分布，面积 0.01 平方千米。农业以种植小麦、玉米、马铃薯、油菜为主，居民收入以养殖、劳务为主。

壑岘下（Hèxiànxià） 位于南坪镇东部，距镇政府驻地靳家大庄 5.23 千米。属阴凸村委会管辖。51 户 259 人，汉族。1958 年属水洛公社南坪大队，1960 年属南坪公社阴凸大队，1983 年属南坪乡阴凸村委会，2018 年属南坪镇阴凸村委会。因地形方位得名。村落呈团块状分布，面积 0.04 平方千米。

农业以种植小麦、玉米、马铃薯、油菜为主，居民收入以养殖、劳务为主。

刘家窑湾（Liújiāyáowān） 位于南坪镇东部，距镇政府驻地靳家大庄 2.94 千米。属刘坪村委会管辖，系村委会驻地。185 户 793 人，汉族。1958 年属水洛公社南坪大队，1960 年属南坪公社刘窑大队，1983 年属南坪乡刘窑村委会，2006 年属刘坪村委会，2018 年属南坪镇刘坪村委会。因地形和刘姓人初居窑洞得名。村落呈团块状分布，面积 0.21 平方千米。农业以种植小麦、玉米、马铃薯、油菜为主，居民收入以养殖、劳务为主。有刘窑村小学、王家坪遗址。

刘家堡子（Liújiābǔzi） 位于南坪镇东部，距镇政府驻地靳家大庄 3.61 千米。属刘坪村委会管辖。243 户 1122 人，汉族。1958 年属水洛公社南坪大队，1960 年属南坪公社刘堡大队，1983 年属南坪乡刘堡村委会，2006 年属刘坪村委会，2018 年属南坪镇刘坪村委会。因姓氏和土堡得名。村落呈团块状分布，面积 0.14 平方千米。农业以种植小麦、玉米、马铃薯、油菜为主，居民收入以养殖、劳务为主。有省级文物保护单位刘堡坪遗址。

王家凸子（Wángjiāwāzi） 位于南坪镇东南部，距镇政府驻地靳家大庄 3.38 千米。属刘坪村委会管辖。33 户 164 人，汉族。1958 年属水洛公社南坪大队，1960 年属南坪公社刘堡大队，1983 年属南坪乡刘堡村委会，2006 年属刘坪村委会，2018 年属南坪镇刘坪村委会。因姓氏和地形得名。村落呈团块状分布，面积 0.09 平方千米。农业以种植小麦、玉米、马铃薯、油菜为主，居民收入以养殖、劳务为主。

苏家坪（Sūjiāpíng） 位于南坪镇中部，距镇政府驻地靳家大庄 1.53 千米。属苏坪村委会管辖，系村委会驻地。182 户 1170 人，汉族。1958 年属水洛公社苏坪大队，1960 年属南坪公社苏坪大队，1983 年属南坪乡苏坪村委会，2018 年属南坪镇苏坪村委会。因姓氏和地形得名。村落坐南朝北，呈团块状分布，面积 0.23 平方千米。农业以种植小麦、玉米、马铃薯、油菜为主，居民收入以养殖、劳务为主。有苏坪村小学。

凉水泉（Liángshuǐquán） 位于南坪镇中部，距镇政府驻地靳家大庄 1.53 千米。属苏坪村委会管辖。46 户 268 人，汉族。1958 年属水洛公社苏坪大队，1960 年属南坪公社苏坪大队，1983 年属南坪乡苏坪村委会，2018 年属南坪镇苏坪村委会。因村落有清凉水泉得名。村落呈团块状分布，面积 0.06 平方千米。农业以种植小麦、玉米、马铃薯、油菜为主，居民收入以养殖、劳务为主。县道南马公路经此。

苏家上庄（Sūjiāshàngzhuāng） 位于南坪镇中部，距镇政府驻地靳家大庄 2.21 千米。属苏坪村委会管辖。62 户 436 人，汉族。1958 年属水洛公社南坪大队，1960 年属南坪公社刘窑大队，1979 年属上庄大队，1983 年属南坪乡上庄村委会，2006 年属苏坪村委会，2018 年属南坪镇苏坪村委会。因姓氏和方位得名。村落坐南朝北，呈团块状分布，面积 0.11 平方千米。农业以种植小麦、玉米、马铃薯、油菜为主，居民收入以养殖、劳务为主。有南坪中学。县道南马公路经此。

刘家湾（Liújiāwān） 位于南坪镇中部，距镇政府驻地靳家大庄 2.56 千米。属苏坪村委会管辖。25 户 169 人，汉族。1958 年属水洛公社南坪大队，1960 年属南坪公社刘窑大队，1979 年属上庄大队，1983 年属南坪乡上庄村委会，2006 年属苏坪村委会，2018 年属南坪镇苏坪村委会。因姓氏和地形得名。村落坐东朝西，呈团块状分布，面

刘家湾（2016 年 4 月摄）

积 0.02 平方千米。农业以种植小麦、玉米、马铃薯、油菜为主，居民收入以养殖、劳务为主。

苏家湾（Sūjiāwān） 位于南坪镇中部，距镇政府驻地靳家大庄 1.13 千米。属苏坪村委会管辖。167 户 849 人，汉族。1958 年属水洛公社苏坪大队，1960 年属南坪公社苏坪大队，1964 年属苏湾大队，1983 年属南坪乡苏湾村委会，2006 年属苏坪村委会，2018 年属南坪镇苏坪村委会。因姓氏和地形得名。村落坐南朝北，呈团块状分布，面积 0.2 平方千米。农业以种植小麦、玉米、马铃薯、油菜为主，居民收入以养殖、劳务为主。

沈家坪（Shěnjiāpíng） 位于南坪镇中部，距镇政府驻地靳家大庄 0.9 千米。属沈坪村委会管辖，系村委会驻地。190 户 910 人，汉族。1958 年属水洛公社沈坪大队，1960 年属南坪公社王家沟大队，1979 年属沈坪大队，1983 年属南坪乡沈坪村委会，2018 年属南坪镇沈坪村委会。因姓氏和地形得名。村落坐南朝北，呈散状分布，面积 0.2 平方千米。农业以种植小麦、玉米、马铃薯、油菜为主，居民收入以养殖、劳务为主。

王家沟（Wángjiāgōu） 位于南坪镇中部，距镇政府驻地靳家大庄 1.4 千米。属沈坪村委会管辖。231 户 1037 人，汉族。1958 年属水洛公社靳家大庄大队，1960 年属南坪公社王家沟大队，1983 年属南坪乡王家沟村委会，2006 年属沈坪村委会，2018 年属南坪镇沈坪村委会。因姓氏和地形得名。村落坐南朝北，呈团块状分布，面积 0.16 平方千米。农业以种植小麦、玉米、马铃薯、油菜为主，居民收入以养殖、劳务为主。有王沟村小学。

下靳家（Xiàjìnjiā） 位于南坪镇西部，距镇政府驻地靳家大庄 3.51 千米。属刘靳村委会管辖，系村委会驻地。144 户 616 人，汉族。1958 年属水洛公社河南大队，1960 年属南坪公社刘靳大队，1983 年属南坪乡刘靳村委会，2018 年属南坪镇刘靳村委会。因姓氏和方位得名。村落呈团块状分布，面积 0.16 平方千米。农业以种植小麦、玉米、马铃薯、油菜为主，居民收入以养殖、竹编、劳务为主。省道泾甘公路经此。

樊家园子（Fánjiāyuánzi） 位于南坪镇西部，距镇政府驻地靳家大庄 3.2 千米。属刘靳村委会管辖。77 户 361 人，汉族。1958 年属水洛公社河南大队，1960 年属南坪公社刘靳大队，1983 年属南坪乡刘靳村委会，2018 年属南坪镇刘靳村委会。因居地原为樊姓人家园子得名。村落呈团块状分布，面积 0.09 平方千米。农业以种植小麦、玉米、马铃薯、蔬菜为主，居民收入以商贸、养殖、劳务为主。省道泾甘公路经此。

刘家庄子（Liújiāzhuāngzi） 位于南坪镇西部，距镇政府驻地靳家大庄 2.84 千米。属刘靳村委会管辖。114 户 501 人，汉族。1958 年属水洛公社河南大队，1960 年属南坪公社刘靳大队，1983 年属南坪乡刘靳村委会，2018 年属南坪镇刘靳村委会。因姓氏得名。村落呈团块状分布，面积 0.09 平方千米。农业以种植小麦、玉米、马铃薯、蔬菜为主，居民收入以养殖、劳务为主。省道泾甘公路经此。

刘家庙（Liújiāmiào） 位于南坪镇西部，距镇政府驻地靳家大庄 2.96 千米。属刘靳村委会管辖。52 户 237 人，汉族。1958 年属水洛公社河南大队，1960 年属南坪公社刘靳大队，1983 年属南坪乡刘靳村委会，2018 年属南坪镇刘靳村委会。因姓氏和寺庙得名。村落呈团块状分布，面积 0.07 平方千米。农业以种植小麦、玉米、马铃薯、油菜为主，居民收入以养殖、劳务为主。

中靳（Zhōngjìn） 位于南坪镇西部，距镇政府驻地靳家大庄 2.33 千米。属中靳村委会管辖，系村委会驻地。119 户 548 人，汉族。1958 年属水洛公社靳家大庄大队，1960 年属南坪公社大庄大队，1979 年属中靳大队，1983 年属南坪乡中靳村委会，2018 年属南坪镇中靳村委会。因地处下靳家与靳家大庄中间得名，村落呈团块状分布。面积 0.07 平方千米。农业以种植小麦、玉米、马铃薯为主，居民收入以养殖、竹编、劳务为主。有中靳初级小学。省道泾甘公路经此。

张家窑（Zhāngjiāyáo） 位于南坪镇西部，距镇政府驻地靳家大庄1.91千米。属中靳村委会管辖。64户258人，汉族。1958年属水洛公社靳家大庄大队，1960年属南坪公社大庄大队，1979年属中靳大队，1983年属南坪乡中靳村委会，2018年属南坪镇中靳村委会。因张姓人初居窑洞得名。村落坐北朝南，呈团块状分布，面积0.03平方千米。农业以种植小麦、玉米、马铃薯、油菜为主，居民收入以养殖、劳务为主。省道泾甘公路经此。

唐家川（Tángjiāchuān） 位于南坪镇中部，距镇政府驻地靳家大庄0.58千米。属唐山村委会管辖，系村委会驻地。84户393人，汉族。1996—2005年旧庄凸、山上凸全部居民和唐家山部分居民陆续迁此，因姓氏和地形得名。呈团块状分布，面积0.05平方千米。农业以种植小麦、玉米、马铃薯、油菜为主，居民收入以养殖、劳务为主。有镇卫生院、司法所。省道泾甘公路经此。

唐家山（Tángjiāshān） 位于南坪镇北部，距镇政府驻地靳家大庄1.46千米。属唐山村委会管辖。98户485人，汉族。1958年属水洛公社唐山大队，1960年属南坪公社唐山大队，1983年属南坪乡唐山村委会，2018年属南坪镇唐山村委会。因姓氏和地形得名。村落坐北朝南，呈散状分布，面积0.12平方千米。农业以种植小麦、玉米、马铃薯、油菜为主，居民收入以养殖、劳务为主。

上湾（Shàngwān） 位于南坪镇北部，距镇政府驻地靳家大庄2.99千米。属唐山村委会管辖。9户45人，汉族。1958年属水洛公社庙沟大队，1960年属南坪公社庙沟大队，1964年属唐山大队，1979年属庙沟大队，1983年属南坪乡庙沟村委会，2006年属唐山村委会，2018年属南坪镇唐山村委会。因地形方位得名。村落坐东朝西，呈团块状分布，面积0.08平方千米。农业以种植小麦、玉米、马铃薯、油菜为主，居民收入以养殖、劳务为主。

秦家湾（Qínjiāwān） 位于南坪镇北部，距镇政府驻地靳家大庄3.53千米。属唐山村委会管辖。30户140人，汉族。1958年属水洛公社庙沟大队，1960年属南坪公社庙沟大队，1964年属唐山大队，1979年属庙沟大队，1983年属南坪乡庙沟村委会，2006年属唐山村委会，2018年属南坪镇唐山村委会。因姓氏和地形得名。村落坐东朝西，呈散状分布，面积0.04平方千米。农业以种植小麦、玉米、马铃薯、油菜为主，居民收入以养殖、劳务为主。

旧庄（Jiùzhuāng） 位于南坪镇北部，距镇政府驻地靳家大庄3.42千米。属唐山村委会管辖。78户400人，汉族。1958年属水洛公社庙沟大队，1960年属南坪公社庙沟大队，1964年属唐山大队，1979年属庙沟大队，1983年属南坪乡庙沟村委会，2006年属唐山村委会，2018年属南坪镇唐山村委会。因是苏家庙沟老庄得名。村落坐东朝西，呈团块状分布，面积0.04平方千米。农业以种植小麦、玉米、马铃薯、油菜为主，居民收入以养殖、劳务为主。

大地（Dàdì） 位于南坪镇北部，距镇政府驻地靳家大庄3.02千米。属唐山村委会管辖。30户143人，汉族。1958年属水洛公社庙沟大队，1960年属南坪公社庙沟大队，1964年属唐山大队，1979年属庙沟大队，1983年属南坪乡庙沟村委会，2006年属唐山村委会，2018年属南坪镇唐山村委会。因村落地块大得名。村落呈团块状分布，面积0.03平方千米。农业以种植小麦、玉米、马铃薯、油菜为主，居民收入以养殖、劳务为主。

苏家庙沟（Sūjiāmiàogōu） 位于南坪镇北部，属唐山村委会管辖。是上湾、大地、旧庄、秦家湾总称。因姓氏、寺庙和地形得名。

靳家湾（Jìnjiāwān） 位于南坪镇北部，距镇政府驻地靳家大庄2.79千米。属唐山村委会管辖。34户181人，汉族。1958年属水洛公社庙沟大队，1960年属南坪公社庙沟大队，1964年属唐山大队，1979年属庙沟大队，1983年属南坪乡庙沟村委会，2006年属唐山村委会，2018年属南坪镇唐山村委会。因姓氏和地形得名。村落沿山梁呈带状分布，面积0.02平方千米。农业以种植小麦、玉米、马铃薯、油菜为主，居民收入以养殖、劳务为主。

寺门（2020 年 6 月摄）

寺门（Sìmén）　位于南坪镇东部，距镇政府驻地靳家大庄 4.58 千米。属寺门村委会管辖，系村委会驻地。260 户 1036 人，汉族。1958 年属水洛公社寺门大队，1960 年属南坪公社寺门大队，1983 年属南坪乡寺门村委会，2018 年属南坪镇寺门村委会。因村落位于龙泉寺门前得名。村落呈团块状分布，面积 0.32 平方千米。农业以种植小麦、玉米、马铃薯、油菜、苹果为主，居民收入以养殖、竹编、劳务为主。省道泾甘公路经过。

马家台子（Mǎjiātáizi）　位于南坪镇东部，距镇政府驻地靳家大庄 3.96 千米。属寺门村委会管辖。223 户 959 人，汉族。1958 年属水洛公社寺门大队，1960 年属南坪公社寺门大队，1979 年属南坪公社马台大队，1983 年属南坪乡马台村委会，2006 年属寺门村委会，2018 年属南坪镇寺门村委会。因姓氏和地形得名。村落呈团块状分布，面积 0.26 平方千米。农业以种植小麦、玉米、马铃薯、油菜、苹果为主，居民收入以养殖、劳务为主。省道泾甘公路经过。

大房李家（Dàfánglǐjiā）　位于南坪镇西部，距镇政府驻地靳家大庄 4.34 千米。属大李村委会管辖，系村委会驻地。227 户 941 人，汉族。1958 年属水洛公社大李大队，1960 年属南坪公社大李大队，1983 年属南坪乡大李村委会，2018 年属南坪镇大李村委会。因初居者属李姓大房门得名。村落呈团块状分布，面积 0.28 平方千米。农业以种植小麦、玉米、马铃薯、苹果为主，居民收入以养殖、劳务为主。有大李村小学。乡道莱水公路经此。

山庄上（Shānzhuāngshàng）　位于南坪镇西南部，距镇政府驻地靳家大庄 5.31 千米。属大李村委会管辖。34 户 129 人，汉族。1958 年属水洛公社大李大队，1960 年属南坪公社大李大队，1983 年属南坪乡大李村委会，2018 年属南坪镇大李村委会。因大房李家居民分户坐山庄得名。村落坐西朝东，呈带状分布，面积 0.03 平方千米。农业以种植小麦、玉米、马铃薯、苹果为主，居民收入以养殖、劳务为主。

唐家高庄（Tángjiāgāozhuāng）　位于南坪镇西南部，距镇政府驻地靳家大庄 4.67 千米。属唐家高庄村委会管辖，系村委会驻地。174 户 735 人，汉族。1958 年属水洛公社阳屲大队，1960 年属南坪公社高庄大队，1982 年属唐家高庄大队，1983 年属南坪乡唐家高庄村委会，2018 年属南坪镇唐家高庄村委会。因姓氏和地势得名。村落坐西朝东，呈团块状分布，面积 0.26 平方千米。农业以种植小麦、玉米、马铃薯、油菜、苹果为主，居民收入以养殖、劳务为主。乡道莱水公路经此。

曹马家（Cáomǎjiā）　位于南坪镇南部，距镇政府驻地靳家大庄 3.56 千米。属唐家高庄村委会管辖。67 户 301 人，汉族。1958 年属水洛公社阳屲大队，1960 年属南坪公社高庄大队，1982 年属唐家高庄大队，1983 年属南坪乡唐家高庄村委会，2018 年属南坪镇唐家高庄村委会。因曹、马姓氏得名。村落坐东朝西，呈团块状分布，面积 0.06 平方千米。农业以种植小麦、玉米、马铃薯、苹果为主，居民收入以养殖、劳务为主。

上湾来（Shàngwānlái）　位于南坪镇南部，距镇政府驻地靳家大庄 4.23 千米。属唐家高庄村委会管辖。50 户 230 人，汉族。1958 年属水洛公社阳屲大队，1960 年属南坪公社高庄大队，1982 年属唐家高庄大队，1983 年属南坪乡唐家高庄村委会，2018 年属南坪镇唐家高庄村委会。因地形和方位得名。村落坐东朝西，呈带状分布，面积 0.05 平方千米。农业以种植小麦、玉米、马铃薯、苹果为主，居民收入以养殖、劳务为主。

涝坝下（Làobàxià） 位于南坪镇南部，距镇政府驻地靳家大庄3.84千米。属唐家高庄村委会管辖。15户70人，汉族。1958年属水洛公社阳屲大队，1960年属南坪公社高庄大队，1982年属唐家高庄大队，1983年属南坪乡唐家高庄村委会，2018年属南坪镇唐家高庄村委会。因曾有涝坝得名。村落坐东朝西，呈散状分布，面积0.03平方千米。农业以种植小麦、玉米、马铃薯、苹果为主，居民收入以养殖、劳务为主。

唐家阳屲（Tángjiāyángwā） 位于南坪镇南部，距镇政府驻地靳家大庄5.28千米。属唐家高庄村委会管辖。79户355人，汉族。1958年属水洛公社阳屲大队，1960年属南坪公社阳屲大队，1982年属唐家阳屲大队，1983年属南坪乡唐家阳屲村委会，2006年属唐家高庄村委会，2018年属南坪镇唐家高庄村委会。因姓氏和地形方位得名。村落坐南朝北，呈团块状分布，面积0.08平方千米。农业以种植小麦、玉米、马铃薯、油菜为主，居民收入以养殖、劳务为主。

史家坪（Shǐjiāpíng） 位于南坪镇南部，距镇政府驻地靳家大庄3.38千米。属史坪村委会管辖，系村委会驻地。179户737人，汉族。1958年属水洛公社阳屲大队，1960年属南坪公社史坪大队，1983年属南坪乡史坪村委会，2018年属南坪镇史坪村委会。因姓氏和地形得名。村落坐北朝南，呈团块状分布，面积0.19平方千米。农业以种植小麦、玉米、马铃薯、苹果为主，居民收入以养殖、劳务为主。有史坪小学。乡道莱水公路经此。

杨家川子（Yángjiāchuānzi） 位于南坪镇南部，距镇政府驻地靳家大庄4.53千米。属史坪村委会管辖。80户350人，汉族。1958年属水洛公社阳屲大队，1960年属南坪公社杨川大队，1983年属南坪乡杨川村委会，2006年属史坪村委会，2018年属南坪镇史坪村委会。因姓氏和地形得名。村落坐北朝南，呈团块状分布，面积0.09平方千米。农业以种植小麦、玉米、马铃薯、苹果为主，居民收入以养殖、劳务为主。有杨川村初小。

阳屲李家（Yángwālǐjiā） 位于南坪镇南部，距镇政府驻地靳家大庄4.44千米。属史坪村委会管辖。33户144人，汉族。1958年属水洛公社阳屲大队，1960年属南坪公社杨川大队，1983年属南坪乡杨川村委会，2006年属史坪村委会，2018年属南坪镇史坪村委会。因姓氏和地形方位得名。村落坐北朝南，呈团块状分布，面积0.02平方千米。农业以种植小麦、玉米、马铃薯、苹果为主，居民收入以养殖、劳务为主。

史家湾（Shǐjiāwān） 位于南坪镇南部，距镇政府驻地靳家大庄3.31千米。属史湾村委会管辖，系村委会驻地。171户889人，汉族。1958年属水洛公社阳屲大队，1960年属南坪公社史坪大队，1979年属史湾大队，1983年属南坪乡史湾村委会，2018年属南坪镇史湾村委会。因姓氏和地形得名。村落坐北朝南，呈团块状分布，面积0.25平方千米。农业以种植小麦、玉米、马铃薯、苹果为主，居民收入以养殖、劳务为主。

老坟川（Lǎofénchuān） 位于南坪镇南部，距镇政府驻地靳家大庄4.24千米。属史湾村委会管辖。11户39人，汉族。1958年属水洛公社阳屲大队，1960年属南坪公社史坪大队，1979年属史湾大队，1983年属南坪乡史湾村委会，2018年属南坪镇史湾村委会。因史姓人家祖坟和地形得名。村落呈团块状分布，面积0.01平方千米。农业以种植小麦、玉米、马铃薯、苹果为主，居民收入以养殖、劳务为主。

曲儿地（Qǔrdì） 位于南坪镇南部，距镇政府驻地靳家大庄4.12千米。属史湾村委会管辖。29户110人，汉族。1958年属水洛公社阳屲大队，1960年属南坪公社史坪大队，1979年属史湾大队，1983年属南坪乡史湾村委会，2018年属南坪镇史湾村委会。因此地曾多麻雀，称“雀儿地”，辟为村庄后称“曲儿地”。村落坐东朝西，呈散状分布，面积0.03平方千米。农业以种植小麦、玉米、马铃薯、苹果为主，居民收入以养殖、劳务为主。

窎地（Diàodì） 位于南坪镇东南部，距镇政府驻地靳家大庄3千米。属史湾村委会管辖。18户78人，汉族。1958年属水洛公社阳屲大队，1960年属南坪公社史坪大队，1979年属史湾大队，1983年属南坪乡史湾村委会，2018年属南坪镇史湾村委会。因地形得名。村落坐东北朝西南，呈团块状分布，面积0.02平方千米。农业以种植小麦、玉米、马铃薯、苹果为主，居民收入以养殖、劳务为主。

杨刘家（Yángliújiā） 位于南坪镇东南部，距镇政府驻地靳家大庄2.82千米。属史湾村委会管辖。14户41人，汉族。1958年属水洛公社阳𡉏大队，1960年属南坪公社史坪大队，1979年属史湾大队，1983年属南坪乡史湾村委会，2018年属南坪镇史湾村委会。因杨、刘姓氏得名。村落坐北朝南，呈团块状分布，面积0.01平方千米。农业以种植小麦、玉米、马铃薯、苹果为主，居民收入以养殖、劳务为主。

上坟院（Shàngfényuàn） 位于南坪镇南部，距镇政府驻地靳家大庄3.71千米。属史湾村委会管辖。5户17人，汉族。1958年属水洛公社阳𡉏大队，1960年属南坪公社史坪大队，1979年属史湾大队，1983年属南坪乡史湾村委会，2018年属南坪镇史湾村委会。因方位和坟墓得名。村落呈团块状分布，面积0.01平方千米。农业以种植小麦、玉米、马铃薯、苹果为主，居民收入以养殖、劳务为主。

杨河乡

杨河（Yánghé） 位于杨河乡中部，属杨河村委会管辖，系乡政府、村委会驻地。142户565人，汉族。1958年属庄浪公社保安大队，1961年属南湖公社保安大队，1962年属杨河公社杨河大队，1983年属杨河乡杨河村委会。因杨姓人居住乐正河畔得名。村落呈带状分布，面积0.07平方千米。农业以种植小麦、玉米、马铃薯、苹果为主，居民收入以养殖、劳务、商贸为主。有杨河中学、杨河小学、杨河卫生院。乡道南杨、杨良公路经此。

席家沟（Xíjiāgōu） 位于杨河乡中部，距乡政府驻地杨河1.17千米。属杨河村委会管辖。73户281人，汉族。1958年属庄浪公社保安大队，1961年属南湖公社保安大队，1962年属杨河公社杨河大队，1983年属杨河乡杨河村委会。因姓氏和地形得名。村落呈团块状分布，面积0.06平方千米。农业以种植小麦、玉米、马铃薯、油菜为主，居民收入以养殖、劳务为主。

白家咀（Báijiāzuǐ） 位于杨河乡中部，距乡政府驻地杨河1.21千米。属杨河村委会管辖。26户108人，汉族。1958年属庄浪公社保安大队，1961年属南湖公社保安大队，1962年属杨河公社杨河大队，1983年属杨河乡杨河村委会。因姓氏和地形得名。村落呈散状分布，面积0.03平方千米。农业以种植小麦、玉米、马铃薯、油菜为主，居民收入以养殖、劳务为主。

孙家塬（Sūnjiāyuán） 位于杨河乡东北部，距乡政府驻地杨河5.36千米。属李庄村委会管辖，系村委会驻地。28户109人，汉族。1958年属庄浪公社乐正大队，1960年属岳堡公社乐正大队，1962年属杨河公社李庄大队，1964年属岳堡公社李庄大队，1979年属杨河公社李庄大队，1983年属杨河乡李庄村委会。因姓氏和地形得名。村落呈散状分布，面积0.03平方千米。农业以种植小麦、玉米、马铃薯、油菜为主，居民收入以养殖、劳务为主。有李庄村初小。乡道南杨公路经此。

小户岳家（Xiǎohùyuèjiā） 位于杨河乡东北部，距乡政府驻地杨河5.05千米。属李庄村委会管辖。30户125人，汉族。1958年属庄浪公社乐正大队，1960年属岳堡公社乐正大队，1962年属杨河公社李庄大队，1964年属岳堡公社李庄大队，1979年属杨河公社李庄大队，1983年属杨河乡李庄村委会。因岳姓人分户居住时人少得名。村落坐西朝东，呈团块状分布，面积0.03平方千米。农业以种植小麦、玉米、马铃薯、油菜为主，居民收入以养殖、劳务为主。

窑儿湾（Yáorwān） 位于杨河乡东北部，距乡政府驻地杨河5.93千米。属李庄村委会管辖。45户210人，汉族。1958年属庄浪公社乐正大队，1960年属岳堡公社乐正大队，1962年属杨河公社李庄大队，1964年属岳堡公社李庄大队，1979年属杨河公社李庄大队，1983年属杨河乡李庄村委会。因地形和初住土窑得名。村落呈散状分布，面积0.04平方千米。农业以种植小麦、玉米、马铃薯、油菜为主，居民收入以养殖、劳务为主。

阳凹山（Yángwāshān） 位于杨河乡东北部，距乡政府驻地杨河 6.66 千米。属李庄村委会管辖。25 户 76 人，汉族。1958 年属庄浪公社乐正大队，1960 年属岳堡公社乐正大队，1962 年属杨河公社李庄大队，1964 年属岳堡公社李庄大队，1979 年属杨河公社李庄大队，1983 年属杨河乡李庄村委会。因地形方位得名。村落呈散状分布，面积 0.02 平方千米。农业以种植小麦、玉米、马铃薯、油菜为主，居民收入以养殖、劳务为主。

西庄（Xīzhuāng） 位于杨河乡东北部，距乡政府驻地杨河 6.51 千米。属李庄村委会管辖。28 户 103 人，汉族。1958 年属庄浪公社乐正大队，1960 年属岳堡公社乐正大队，1962 年属杨河公社李庄大队，1964 年属岳堡公社李庄大队，1979 年属杨河公社李庄大队，1983 年属杨河乡李庄村委会。因地处李庄西部得名。村落呈散状分布，面积 0.02 平方千米。农业以种植小麦、玉米、马铃薯、油菜为主，居民收入以养殖、劳务为主。乡道南杨公路经此。

李庄（Lǐzhuāng） 别名，乱庄李家。位于杨河乡东北部，距乡政府驻地杨河 6.95 千米。属李庄村委会管辖。20 户 98 人，汉族。1958 年属庄浪公社乐正大队，1960 年属岳堡公社乐正大队，1962 年属杨河公社李庄大队，1964 年属岳堡公社李庄大队，1979 年属杨河公社李庄大队，1983 年属杨河乡李庄村委会。因姓氏得名。村落坐北朝南，呈团块状分布，面积 0.06 平方千米。农业以种植小麦、玉米、马铃薯、油菜为主，居民收入以养殖、劳务为主。乡道南杨公路经此。

阳坡湾（Yángpōwān） 位于杨河乡东北部，距乡政府驻地杨河 8 千米。属李庄村委会管辖。17 户 76 人，汉族。1958 年属庄浪公社乐正大队，1960 年属岳堡公社乐正大队，1962 年属杨河公社李庄大队，1964 年属岳堡公社李庄大队，1979 年属杨河公社李庄大队，1983 年属杨河乡李庄村委会。因地形方位得名。村落坐西朝东，依山坡而建，呈散状分布，面积 0.01 平方千米。农业以种植小麦、玉米、马铃薯、油菜为主，居民收入以养殖、劳务为主。

高山上（Gāoshānshàng） 位于杨河乡东北部，距乡政府驻地杨河 7.4 千米。属李庄村委会管辖。13 户 50 人，汉族。1958 年属庄浪公社乐正大队，1960 年属岳堡公社乐正大队，1962 年属杨河公社李庄大队，1964 年属岳堡公社李庄大队，1979 年属杨河公社李庄大队，1983 年属杨河乡李庄村委会。因地势方位得名。村落坐北朝南，依山坡而建，呈散状分布，面积 0.01 平方千米。农业以种植小麦、玉米、马铃薯、油菜为主，居民收入以养殖、劳务为主。

庙庄（Miàozhuāng） 别名，庙底下。位于杨河乡东北部，距乡政府驻地杨河 5.96 千米。属李庄村委会管辖。29 户 95 人，汉族。1958 年属庄浪公社乐正大队，1960 年属岳堡公社乐正大队，1962 年属杨河公社李庄大队，1964 年属岳堡公社李庄大队，1979 年属杨河公社李庄大队，1983 年属杨河乡李庄村委会。因寺庙得名。村落坐东朝西，依山坡而建，呈团块状分布，面积 0.02 平方千米。农业以种植小麦、玉米、马铃薯、油菜为主，居民收入以养殖、劳务为主。

油夫杨家（Yóufūyángjiā） 位于杨河乡东北部，距乡政府驻地杨河 6.8 千米。属李庄村委会管辖。58 户 220 人，汉族。1958 年属庄浪公社乐正大队，1960 年属岳堡公社乐正大队，1962 年属杨河公社李庄大队，1964 年属岳堡公社李庄大队，1979 年属杨河公社李庄大队，1983 年属杨河乡李庄村委会。因姓氏得名，相传最早有尤、傅、杨三姓人家，遂称尤傅杨家，后演变为油夫杨家。村落坐东朝西，依山坡而建，呈散状分布，面积 0.06 平方千米。农业以种植小麦、玉米、马铃薯、油菜为主，居民收入以养殖、劳务为主。

大地（Dàdì） 位于杨河乡东北部，距乡政府驻地杨河 5.78 千米。属李庄村委会管辖。12 户 48 人，汉族。2012 年由小户岳家、窑儿湾、油夫杨家部分居民陆续迁入，为新建村落。因地块大得名。村落呈团块状分布，面积 0.01 平方千米。农业以种植小麦、玉米、马铃薯、油菜为主，居民收入以养殖、劳务为主。

马阳凹（Mǎyángwā） 位于杨河乡中部，距乡政府驻地杨河 2 千米。属马阳凹村委会管辖，系村委会驻地。212 户 862 人，汉族。1958 年属庄浪公社马阳屲大队，1960 年属岳堡公社马阳屲大队，1962 年属杨河公社马阳屲大队，1964 年属岳堡公社马阳屲大队，1979 年属杨河公社马阳屲大队，1983 年属杨河乡马阳屲村委会。因姓氏和地形方位得名。村落呈团块状分布，面积 0.13 平方千米。农业以种植小麦、玉米、马铃薯、苹果为主，居民收入以养殖、劳务为主。有马阳屲村小学。乡道南杨公路经此。

张家小庄（Zhāngjiāxiǎozhuāng） 位于杨河乡东部，距乡政府驻地杨河 2.67 千米。属马阳屲村委会管辖，63 户 291 人，汉族。1958 年属庄浪公社马阳屲大队，1960 年属岳堡公社马阳屲大队，1962 年属杨河公社马阳屲大队，1964 年属岳堡公社马阳屲大队，1979 年属杨河公社马阳屲大队，1983 年属杨河乡马阳屲村委会。因张姓人初住时村落小得名。村落呈团块状分布，面积 0.1 平方千米。农业以种植小麦、玉米、马铃薯、苹果为主，居民收入以养殖、劳务为主。乡道南杨公路经此。

下川（Xiàchuān） 位于杨河乡中部，距乡政府驻地杨河 0.6 千米。属马阳屲村委会管辖。25 户 113 人，汉族。1958 年属庄浪公社马阳屲大队，1960 年属岳堡公社马阳屲大队，1962 年属杨河公社马阳屲大队，1964 年属岳堡公社马阳屲大队，1979 年属杨河公社马阳屲大队，1983 年属杨河乡马阳屲村委会。因方位地形得名。村落呈团块状分布，面积 0.05 平方千米。农业以种植小麦、玉米、马铃薯、苹果为主，居民收入以养殖、劳务为主。乡道南杨公路经此。

王家治安（Wángjiāzhì'ān） 位于杨河乡中部，距乡政府驻地杨河 1.83 千米。属马阳屲村委会管辖。46 户 202 人，汉族。1958 年属庄浪公社马阳屲大队，1960 年属岳堡公社马阳屲大队，1962 年属杨河公社马阳屲大队，1964 年属岳堡公社马阳屲大队，1979 年属杨河公社马阳屲大队，1983 年属杨河乡马阳屲村委会。因姓氏和村落秩序安定得名。村落呈团块状分布，面积 0.04 平方千米。农业以种植小麦、玉米、马铃薯、苹果为主，居民收入以养殖、劳务为主。

张家大庄（Zhāngjiādàzhuāng） 位于杨河乡东部，距乡政府驻地杨河 4.05 千米。属张家大庄村委会管辖，系村委会驻地。55 户 212 人，汉族。1958 年属庄浪公社乐正大队，1960 年属岳堡公社乐正大队，1962 年属杨河公社大庄大队，1964 年属岳堡公社大庄大队，1979 年属杨河公社大庄大队，1982 年属张家大队，1983 年属杨河乡张家大庄村委会。因是张姓人老庄得名。村落呈团块状分布，面积 0.12 平方千米。农业以种植小麦、玉米、马铃薯、苹果为主，居民收入以养殖、劳务为主。乡道南杨公路经此。

大庄堡子（Dàzhuāngbǔzi） 位于杨河乡东部，距乡政府驻地杨河 3.06 千米。属张家大庄村委会管辖。67 户 253 人，汉族。1958 年属庄浪公社乐正大队，1960 年属岳堡公社乐正大队，1962 年属杨河公社大庄大队，1964 年属岳堡公社大庄大队，1979 年属杨河公社大庄大队，1982 年属张家大庄大队，1983 年属杨河乡张家大庄村委会。因土堡得名。村落呈团块状分布，面积 0.01 平方千米。农业以种植小麦、玉米、马铃薯、苹果为主，居民收入以养殖、劳务为主。

前湾（Qiánwān） 别名，桃湾山。位于杨河乡东部，距乡政府驻地杨河 4.26 千米。属张家大庄村委会管辖。23 户 87 人，汉族。1958 年属庄浪公社乐正大队，1960 年属岳堡公社乐正大队，1962 年属杨河公社大庄大队，1964 年属岳堡公社大庄大队，1979 年属杨河公社大庄大队，1982 年属张家大庄大队，1983 年属杨河乡张家大庄村委会。以中湾、里湾相对方位得名。村落坐北朝南，呈散状分布，面积 0.02 平方千米。农业以种植小麦、玉米、马铃薯、油菜为主，居民收入以养殖、劳务为主。

中湾（Zhōngwān） 别名，榆树湾。位于杨河乡东部，距乡政府驻地杨河 3.99 千米。属张家大庄村委会管辖。22 户 99 人，汉族。1958 年属庄浪公社乐正大队，1960 年属岳堡公社乐正大队，1962 年属杨河公社大庄大队，1964 年属岳堡公社大庄大队，1979 年属杨河公社大庄大队，1982 年属张家大庄大队，1983 年属杨河乡张家大庄村委会。以前湾、里湾相对方位得名，村落坐西北朝东南，呈带状分布。面积 0.02 平方千米。农业以种植小麦、玉米、马铃薯、油菜为主，居民收入以养殖、劳务为主。

里湾（Lǐwān） 位于杨河乡东部，距乡政府驻地杨河3.27千米。属张家大庄村委会管辖。23户87人，汉族。1958年属庄浪公社乐正大队，1960年属岳堡公社乐正大队，1962年属杨河公社大庄大队，1964年属岳堡公社大庄大队，1979年属杨河公社大庄大队，1982年属张家大庄大队，1983年属杨河乡张家大庄村委会。以前湾、中湾相对方位得名。村落坐西朝东，呈团块状分布，面积0.02平方千米。农业以种植小麦、玉米、马铃薯、油菜为主，居民收入以养殖、劳务为主。

新庄沟（Xīnzhuānggōu） 位于杨河乡东部，距乡政府驻地杨河4.55千米。属张家大庄村委会管辖。31户100人，汉族。1958年属庄浪公社乐正大队，1960年属岳堡公社乐正大队，1962年属杨河公社新庄沟大队，1964年属岳堡公社大庄大队，1979年属杨河公社新庄沟大队，1982年属张家新庄大队，1983年属杨河乡张家新庄村委会，2006年属张家大庄村委会。因地形和张家大庄居民新迁得名。村落呈散状分布，面积0.04平方千米。农业以种植小麦、玉米、马铃薯、油菜为主，居民收入以养殖、劳务为主。

马家湾（Mǎjiāwān） 位于杨河乡东部，距乡政府驻地杨河5千米。属张家大庄村委会管辖。20户94人，汉族。1958年属庄浪公社乐正大队，1960年属岳堡公社乐正大队，1962年属杨河公社新庄沟大队，1964年属岳堡公社大庄大队，1979年属杨河公社新庄沟大队，1982年属张家新庄大队，1983年属杨河乡张家新庄村委会，2006年属张家大庄村委会。因姓氏和地形得名。村落坐东朝西，呈团块状分布，面积0.02平方千米。农业以种植小麦、玉米、马铃薯、油菜为主，居民收入以养殖、劳务为主。

咀儿上（Zuǐrshàng） 位于杨河乡东部，距乡政府驻地杨河4.34千米。属张家大庄村委会管辖。27户114人，汉族。1958年属庄浪公社乐正大队，1960年属岳堡公社乐正大队，1962年属杨河公社新庄沟大队，1964年属岳堡公社大庄大队，1979年属杨河公社新庄沟大队，1982年属张家新庄大队，1983年属杨河乡张家新庄村委会，2006年属张家大庄村委会。因地形方位得名。村落坐东朝西，呈团块状分布，面积0.01平方千米。农业以种植小麦、玉米、马铃薯、油菜为主，居民收入以养殖、劳务为主。

塬头凹（Yuántóuwā） 位于杨河乡东部，距乡政府驻地杨河4.56千米。属张家大庄村委会管辖。12户70人，汉族。1958年属庄浪公社乐正大队，1960年属岳堡公社乐正大队，1962年属杨河公社新庄沟大队，1964年属岳堡公社大庄大队，1979年属杨河公社新庄沟大队，1982年属张家新庄大队，1983年属杨河乡张家新庄村委会，2006年属张家大庄村委会。因地形特征得名。村落坐北朝南，呈团块状分布，面积0.01平方千米。农业以种植小麦、玉米、马铃薯、油菜为主，居民收入以养殖、劳务为主。

坡底下（Pōdǐxià） 别名，东湾。位于杨河乡东部，距乡政府驻地杨河4.95千米。属张家大庄村委会管辖。30户108人，汉族。1958年属庄浪公社乐正大队，1960年属岳堡公社乐正大队，1962年属杨河公社新庄沟大队，1964年属岳堡公社大庄大队，1979年属杨河公社新庄沟大队，1982年属张家新庄大队，1983年属杨河乡张家新庄村委会，2006年属张家大庄村委会。因地形方位得名。村落呈团块状分布，面积0.01平方千米。农业以种植小麦、玉米、马铃薯、油菜为主，居民收入以养殖、劳务为主。

敖盆湾（Áopénwān） 位于杨河乡东部，距乡政府驻地杨河5.9千米。属张家大庄村委会管辖。13户54人，汉族。1958年属庄浪公社乐正大队，1960年属岳堡公社乐正大队，1962年属杨河公社新庄沟大队，1964年属岳堡公社大庄大队，1979年属杨河公社新庄沟大队，1982年属张家新庄大队，1983年属杨河乡张家新庄村委会，2006年属张家大庄村委会。因地貌形态得名，“敖”即“坳”。村落坐东朝西，三面环山，呈散状分布，面积0.01平方千米。农业以种植小麦、玉米、马铃薯、油菜为主，居民收入以养殖、劳务为主。

圆咀（Yuánzuǐ） 位于杨河乡东部，距乡政府驻地杨河4.88千米。属元咀村委会管辖，系村委会驻地。27户140人，汉族。1958年属庄浪公社乐正大队，1960年属通边公社乐正大队，1962年属杨河公社元咀大队，1964年属通边公社元咀大队，1979年属杨河公社元咀大队，1983年属杨河乡元咀村委会。因地形特征得名。村落坐北朝南，呈团块状分布，面积0.02平方千米。农业以种植小麦、玉米、马铃薯、油菜为主，居民收入以养殖、劳务为主。有元咀村小学。

金家山（Jīnjiāshān） 位于杨河乡东部，距乡政府驻地杨河5千米。属元咀村委会管辖。43户198人，汉族。1958年属庄浪公社乐正大队，1960年属通边公社乐正大队，1962年属杨河公社元咀大队，1964年属通边公社元咀大队，1979年属杨河公社元咀大队，1983年属杨河乡元咀村委会，1987年属焦沟村委会，2006年属元咀村委会。因姓氏和地形得名。村落坐东朝西，呈带状分布，面积0.05平方千米。农业以种植小麦、玉米、马铃薯、油菜为主，居民收入以养殖、劳务为主。

鸭头湾（Yātóuwān） 位于杨河乡东部，距乡政府驻地杨河4.33千米。属元咀村委会管辖。20户100人，汉族。1958年属庄浪公社乐正大队，1960年属通边公社乐正大队，1962年属杨河公社元咀大队，1964年属通边公社元咀大队，1979年属杨河公社元咀大队，1983年属杨河乡元咀村委会。因地形得名。村落坐东朝西，呈散状分布，面积0.04平方千米。农业以种植小麦、玉米、马铃薯、油菜为主，居民收入以养殖、劳务为主。

赵家（Zhàojiā） 位于杨河乡东部，距乡政府驻地杨河3.66千米。属元咀村委会管辖。15户60人，汉族。1958年属庄浪公社乐正大队，1960年属通边公社乐正大队，1962年属杨河公社元咀大队，1964年属通边公社元咀大队，1979年属杨河公社元咀大队，1983年属杨河乡元咀村委会，1987年属焦沟村委会，2006年属元咀村委会。因姓氏得名。村落呈散状分布，面积0.01平方千米。农业以种植小麦、玉米、马铃薯、油菜为主，居民收入以养殖、劳务为主。

王家窑（Wángjiāyáo） 位于杨河乡东部，距乡政府驻地杨河5.25千米。属元咀村委会管辖。35户165人，汉族。1958年属庄浪公社乐正大队，1960年属通边公社乐正大队，1962年属杨河公社元咀大队，1964年属通边公社元咀大队，1979年属杨河公社元咀大队，1983年属杨河乡元咀村委会。因王姓人初居窑洞得名。村落呈团块状分布，面积0.06平方千米。农业以种植小麦、玉米、马铃薯、油菜为主，居民收入以养殖、劳务为主。

焦沟庄（Jiāogōuzhuāng） 位于杨河乡东部，距乡政府驻地杨河3.2千米。属元咀村委会管辖。26户103人，汉族。1958年属庄浪公社乐正大队，1960年属通边公社乐正大队，1962年属杨河公社元咀大队，1964年属通边公社元咀大队，1979年属杨河公社元咀大队，1983年属杨河乡元咀村委会，1987年属焦沟村委会，2006年属元咀村委会。因姓氏和地形得名。村落呈散状分布，面积0.03平方千米。农业以种植小麦、玉米、马铃薯、油菜为主，居民收入以养殖、劳务为主。

二架湾（Erjiàwān） 位于杨河乡东部，距乡政府驻地杨河3.85千米。属元咀村委会管辖。36户174人，汉族。1958年属庄浪公社乐正大队，1960年属通边公社乐正大队，1962年属杨河公社元咀大队，1964年属通边公社元咀大队，1979年属杨河公社元咀大队，1983年属杨河乡元咀村委会，1987年属焦沟村委会，2006年属元咀村委会。因村民分居于两个山湾而得名。村落呈散状分布，面积0.06平方千米。农业以种植小麦、玉米、马铃薯、油菜为主，居民收入以养殖、劳务为主。

牟家湾（Móujiāwān） 位于杨河乡东南部，距乡政府驻地杨河3.73千米。属元咀村委会管辖。44户175人，汉族。1958年属庄浪公社乐正大队，1960年属通边公社乐正大队，1962年属杨河公社元咀大队，1964年属通边公社元咀大队，1979年属杨河公社元咀大队，1983年属杨河乡元咀村委会。因姓氏和地形得名。村落坐西朝东，呈散状分布，面积0.01平方千米。农业以种植小麦、玉米、马铃薯、油菜为主，居民收入以养殖、劳务为主。

马家岔（Mǎjiāchà） 位于杨河乡东南部，距乡政府驻地杨河3.73千米。属元咀村委会管辖。30户141人，汉族。1958年属庄浪公社乐正大队，1960年属通边公社乐正大队，1962年属杨河公社元咀大队，1964年属通边公社元咀大队，1979年属杨河公社元咀大队，1983年属杨河乡元咀村委会。因姓氏和地形得名。村落沿沟岔呈团块状分布，面积0.06平方千米。农业以种植小麦、玉米、马铃薯、油菜为主，居民收入以养殖、劳务为主。

张沟新村（2016 年 5 月摄）

张沟新村（Zhānggōuxīncūn）位于杨河乡中部，距乡政府驻地杨河 0.99 千米。属张沟村委会管辖，系村委会驻地。47 户 212 人，汉族。2014 年下周家沟、张家沟和马阳𡉏部分居民搬迁此地。因是张沟新农村得名。村落呈团块状分布，面积 0.06 平方千米。农业以种植小麦、玉米、马铃薯、苹果为主，居民收入以养殖、劳务为主。

张家沟（Zhāngjiāgōu）位于杨河乡南部，距乡政府驻地杨河 2.66 千米。属张沟村委会管辖。47 户 200 人，汉族。1958 年属庄浪公社保安大队，1960 年属良邑公社保安大队，1962 年属杨河公社张沟大队，1964 年属良邑公社张沟大队，1979 年属杨河公社张沟大队，1983 年属杨河乡张沟村委会。因姓氏和地形得名。村落坐东朝西，呈团块状分布，面积 0.07 平方千米。农业以种植小麦、玉米、马铃薯、苹果为主，居民收入以养殖、劳务为主。

白碾𡉏（Báiniǎnwā）位于杨河乡南部，距乡政府驻地杨河 3.03 千米。属张沟村委会管辖。42 户 186 人，汉族。1958 年属庄浪公社保安大队，1960 年属良邑公社保安大队，1962 年属杨河公社张沟大队，1964 年属良邑公社张沟大队，1979 年属杨河公社张沟大队，1983 年属杨河乡张沟村委会。因村落地形地貌得名，此地曾植被稀少称白脸𡉏，后演变为白碾𡉏。村落坐西朝东，呈散状分布，面积 0.07 平方千米。农业以种植小麦、玉米、马铃薯、油菜为主，居民收入以养殖、劳务为主。

逯家岔（Lùjiāchà）位于杨河乡南部，距乡政府驻地杨河 2.81 千米。属逯岔村委会管辖，系村委会驻地。35 户 190 人，汉族。1958 年属庄浪公社逯岔大队，1961 年属南湖公社逯岔大队，1962 年属杨河公社逯岔大队，1964 年属南湖公社逯岔大队，1979 年属杨河公社逯岔大队，1983 年属杨河乡逯岔村委会。因姓氏和地形得名，村落坐西朝东，呈团块状分布，面积 0.05 平方千米。农业以种植小麦、玉米、马铃薯、苹果为主，居民收入以养殖、劳务为主。

逯家下庄（Lùjiāxiàzhuāng）位于杨河乡南部，距乡政府驻地杨河 2.14 千米。属逯岔村委会管辖。40 户 185 人，汉族。1958 年属庄浪公社逯岔大队，1961 年属南湖公社逯岔大队，1962 年属杨河公社逯岔大队，1964 年属南湖公社逯岔大队，1979 年属杨河公社逯岔大队，1983 年属杨河乡逯岔村委会。因姓氏和方位得名。村落坐西朝东，呈团块状分布，面积 0.06 平方千米。农业以种植小麦、玉米、马铃薯、苹果为主，居民收入以养殖、劳务为主。

王家湾垴（Wángjiāwānnǎo）位于杨河乡南部，距乡政府驻地杨河 3.7 千米。属逯岔村委会管辖。26 户 130 人，汉族。1958 年属庄浪公社逯岔大队，1961 年属南湖公社逯岔大队，1962 年属杨河公社逯岔大队，1964 年属南湖公社逯岔大队，1979 年属杨河公社逯岔大队，1983 年属杨河乡逯岔村委会。因姓氏和地形得名。村落坐西南朝东北，呈团块状分布，面积 0.04 平方千米。农业以种植小麦、玉米、苹果为主，居民收入以蔬菜、养殖、劳务为主。

王家岔（Wángjiāchà）位于杨河乡南部，距乡政府驻地杨河 3.57 千米。属逯岔村委会管辖。26 户 124 人，汉族。1958 年属庄浪公社逯岔大队，1961 年属南湖公社逯岔大队，1962 年属杨河公社逯岔大队，1964 年属南湖公社逯岔大队，1979 年属杨河公社逯岔大队，1983 年属杨河乡逯岔村委会。

因姓氏和地形得名，村落坐西南朝东北，呈带状分布，面积 0.06 平方千米。农业以种植小麦、玉米、马铃薯、苹果为主，居民收入以养殖、劳务为主。

王钗家（Wángchāijiā） 位于杨河乡南部，距乡政府驻地杨河 2.28 千米。属逯岔村委会管辖。36 户 172 人，汉族。1958 年属庄浪公社逯岔大队，1961 年属南湖公社逯岔大队，1962 年属杨河公社逯岔大队，1964 年属南湖公社逯岔大队，1979 年属杨河公社逯岔大队，1983 年属杨河乡逯岔村委会。相传王姓人制作银钗闻名乡里，故得名。村落坐西朝东，呈团块状分布，面积 0.03 平方千米。农业以种植小麦、玉米、马铃薯、苹果为主，居民收入以养殖、劳务为主。

张家塬（Zhāngjiāyuán） 位于杨河乡南部，距乡政府驻地杨河 1.33 千米。属逯岔村委会管辖。31 户 120 人，汉族。1958 年属庄浪公社保安大队，1961 年属南湖公社保安大队，1962 年属杨河公社张塬大队，1964 年属南湖公社张塬大队，1979 年属杨河公社张塬大队，1983 年属杨河乡张塬村委会，2006 属逯岔村委会。因姓氏和地形得名。村落坐东朝西，呈团块状分布，面积 0.05 平方千米。农业以种植小麦、玉米、马铃薯、苹果为主，居民收入以养殖、劳务为主。

王家阳凹（Wángjiāyángwā） 位于杨河乡南部，距乡政府驻地杨河 3.05 千米。属逯岔村委会管辖。27 户 130 人，汉族。1958 年属庄浪公社保安大队，1961 年属南湖公社保安大队，1962 年属杨河公社张塬大队，1964 年属南湖公社张塬大队，1979 年属杨河公社张塬大队，1983 年属杨河乡张塬村委会，2006 属逯岔村委会。因姓氏和地形方位得名。村落坐东朝西，呈散状分布，面积 0.07 平方千米。农业以种植小麦、玉米、马铃薯、油菜为主，居民收入以养殖、劳务为主。乡道杨良公路经此。

逯家新庄（Lùjiāxīnzhuāng） 位于杨河乡南部，距乡政府驻地杨河 1.59 千米。属逯岔村委会管辖。24 户 100 人，汉族。1958 年属庄浪公社保安大队，1961 年属南湖公社保安大队，1962 年属杨河公社张塬大队，1964 年属南湖公社张塬大队，1979 年属杨河公社张塬大队，1983 年属杨河乡张塬村委会，2006 属逯岔村委会。因逯姓人家迁居新庄得名。村落坐东朝西，呈团块状分布，面积 0.01 平方千米。农业以种植小麦、玉米、马铃薯、苹果为主，居民收入以养殖、劳务为主。乡道杨良公路经此。

王家凹（Wángjiāwā） 位于杨河乡南部，距乡政府驻地杨河 1.82 千米。属逯岔村委会管辖。14 户 58 人，汉族。1958 年属庄浪公社保安大队，1961 年属南湖公社保安大队，1962 年属杨河公社张塬大队，1964 年属南湖公社张塬大队，1979 年属杨河公社张塬大队，1983 年属杨河乡张塬村委会，2006 属逯岔村委会。因姓氏和地形得名。村落坐西朝东，呈散状分布，面积 0.02 平方千米。农业以种植小麦、玉米、马铃薯、苹果为主，居民收入以养殖、劳务为主。

叶家大湾（Yèjiādàwān） 位于杨河乡南部，距乡政府驻地杨河 1.77 千米。属逯岔村委会管辖。9 户 38 人，汉族。1958 年属庄浪公社逯岔大队，1961 年属南湖公社逯岔大队，1962 年属杨河公社逯岔大队，1964 年属南湖公社逯岔大队，1979 年属杨河公社逯岔大队，1983 年属杨河乡逯岔村委会。因姓氏和地形得名。村落坐东朝西，呈团块状分布，面积 0.01 平方千米。农业以种植小麦、玉米、马铃薯、苹果为主，居民收入以养殖、劳务为主。

沈家岔（Shěnjiāchà） 位于杨河乡西南部，距乡政府驻地杨河 2.9 千米。属沈岔村委会管辖，系村委会驻地。人口 61 户 228 人，其中藏族 1 户 1 人，余为汉族。1958 年属庄浪公社牡丹大队，1961 年属南湖公社牡丹大队，1962 年属杨河公社沈岔大队，1964 年属南湖公社沈岔大队，1979 年属杨河公社沈岔大队，1983 年属杨河乡沈岔村委会。因姓氏和地形得名。村落坐东朝西，呈团块状分布，面积 0.06 平方千米。农业以种植小麦、玉米、马铃薯、苹果为主，居民收入以养殖、劳务为主。

冯家湾（Féngjiāwān） 位于杨河乡西南部，距乡政府驻地杨河 3.7 千米。属沈岔村委会管辖。32 户 145 人，汉族。1958 年属庄浪公社牡丹大队，1961 年属南湖公社牡丹大队，1962 年属杨河公社沈岔大队，1964 年属南湖公社沈岔大队，1979 年属杨河公社沈岔大队，1983 年属杨河乡沈岔村委会。

因姓氏和地形得名。村落坐西朝东，呈团块状分布，面积 0.03 平方千米。农业以种植小麦、玉米、马铃薯、苹果为主，居民收入以养殖、劳务为主。

蒲家山庄（Pújiāshānzhuāng） 位于杨河乡南部，距乡政府驻地杨河 3.37 千米。属沈岔村委会管辖。45 户 162 人，汉族。1958 年属庄浪公社牡丹大队，1961 年属南湖公社牡丹大队，1962 年属杨河公社沈岔大队，1964 年属南湖公社沈岔大队，1979 年属杨河公社沈岔大队，1983 年属杨河乡沈岔村委会。因蒲姓人坐山庄得名。村落坐东朝西，呈散状分布，面积 0.05 平方千米。农业以种植小麦、玉米、马铃薯、苹果为主，居民收入以养殖、劳务为主。

梁山（Liángshān） 位于杨河乡西南部，距乡政府驻地杨河 3.81 千米。属沈岔村委会管辖。40 户 145 人，汉族。1958 年属庄浪公社牡丹大队，1961 年属南湖公社牡丹大队，1962 年属杨河公社沈岔大队，1964 年属南湖公社沈岔大队，1979 年属杨河公社沈岔大队，1983 年属杨河乡沈岔村委会。因地理实体大梁得名。村落坐南朝北，呈团块状分布，面积 0.04 平方千米。农业以种植小麦、玉米、马铃薯、苹果为主，居民收入以养殖、劳务为主。

下湾（Xiàwān） 位于杨河乡西南部，距乡政府驻地杨河 3.46 千米。属沈岔村委会管辖。20 户 80 人，汉族。1958 年属庄浪公社牡丹大队，1961 年属南湖公社牡丹大队，1962 年属杨河公社沈岔大队，1964 年属南湖公社沈岔大队，1979 年属杨河公社沈岔大队，1983 年属杨河乡沈岔村委会。因方位地形得名。村落坐西朝东，呈团块状分布，面积 0.02 平方千米。农业以种植小麦、玉米、马铃薯、苹果为主，居民收入以养殖、劳务为主。

上王家（Shàngwángjiā） 位于杨河乡北部，距乡政府驻地杨河 4.12 千米。属寺沟岔村委会管辖，系村委会驻地。28 户 115 人，汉族。1958 年属庄浪公社寺沟岔大队，1961 年属南湖公社寺沟岔大队，1962 年属杨河公社寺沟岔大队，1964 年属南湖公社寺沟岔大队，1979 年属杨河公社寺沟岔大队，1983 年属杨河乡寺沟岔村委会。因姓氏和地形方位得名。村落呈散状分布，面积 0.04 平方千米。农业以种植小麦、玉米、马铃薯、苹果为主，居民收入以养殖、劳务为主。

下王家（Xiàwángjiā） 位于杨河乡北部，距乡政府驻地杨河 4.38 千米。属寺沟岔村委会管辖。36 户 158 人，汉族。1958 年属庄浪公社寺沟岔大队，1961 年属南湖公社寺沟岔大队，1962 年属杨河公社寺沟岔大队，1964 年属南湖公社寺沟岔大队，1979 年属杨河公社寺沟岔大队，1983 年属杨河乡寺沟岔村委会。因姓氏和方位得名。村落呈散状分布，面积 0.04 平方千米。农业以种植小麦、玉米、马铃薯、苹果为主，居民收入以养殖、劳务为主。

郭家湾（Guōjiāwān） 位于杨河乡北部，距乡政府驻地杨河 3.66 千米。属寺沟岔村委会管辖。25 户 105 人，汉族。1958 年属庄浪公社寺沟岔大队，1961 年属南湖公社寺沟岔大队，1962 年属杨河公社寺沟岔大队，1964 年属南湖公社寺沟岔大队，1979 年属杨河公社寺沟岔大队，1983 年属杨河乡寺沟岔村委会。因姓氏和地形得名。村落呈散状分布，面积 0.04 平方千米。农业以种植小麦、玉米、马铃薯、苹果为主，居民收入以养殖、劳务为主。

王家咀（Wángjiāzuǐ） 位于杨河乡北部，距乡政府驻地杨河 3.91 千米。属寺沟岔村委会管辖。36 户 147 人，汉族。1958 年属庄浪公社寺沟岔大队，1961 年属南湖公社寺沟岔大队，1962 年属杨河公社寺沟岔大队，1964 年属南湖公社寺沟岔大队，1979 年属杨河公社寺沟岔大队，1983 年属杨河乡寺沟岔村委会。因姓氏和地形得名。村落坐南朝北，呈团块状分布，面积 0.02 平方千米。农业以种植小麦、玉米、马铃薯、苹果为主，居民收入以养殖、劳务为主。

中庄（Zhōngzhuāng） 位于杨河乡西北部，距乡政府驻地杨河 3.93 千米。属寺沟岔村委会管辖。36 户 158 人，汉族。1958 年属庄浪公社寺沟岔大队，1961 年属南湖公社寺沟岔大队，1962 年属杨河公社寺沟岔大队，1964 年属南湖公社寺沟岔大队，1979 年属杨河公社下堡大队，1983 年属杨河乡下堡村委会，2006年属寺沟岔村委会。因方位得名。村落呈散状分布，面积0.05平方千米。农业以种植小麦、玉米、马铃薯、苹果为主，居民收入以养殖、劳务为主。

下堡子（Xiàbǔzi）　位于杨河乡西北部，距乡政府驻地杨河4.78千米。属寺沟岔村委会管辖。23户97人，汉族。1958年属庄浪公社寺沟岔大队，1961年属南湖公社寺沟岔大队，1962年属杨河公社寺沟岔大队，1964年属南湖公社寺沟岔大队，1979年属杨河公社下堡大队，1983年属杨河乡下堡村委会，2006年属寺沟岔村委会。因土堡方位得名。村落呈散状分布，面积0.03平方千米。农业以种植小麦、玉米、马铃薯、苹果为主，居民收入以养殖、劳务为主。

椿树湾（Chūnshùwān）　位于杨河乡西北部，距乡政府驻地杨河4.55千米。属寺沟岔村委会管辖。13户60人，汉族。1958年属庄浪公社寺沟岔大队，1961年属南湖公社寺沟岔大队，1962年属杨河公社寺沟岔大队，1964年属南湖公社寺沟岔大队，1979年属杨河公社下堡大队，1983年属杨河乡下堡村委会，2006年属寺沟岔村委会。因地形和椿树多得名。村落呈散状分布，面积0.01平方千米。农业以种植小麦、玉米、马铃薯、苹果为主，居民收入以养殖、劳务为主。

阳坡（Yángpō）　位于杨河乡西北部，距乡政府驻地杨河4.06千米。属寺沟岔村委会管辖。9户34人，汉族。原称对面子，1958年属庄浪公社寺沟岔大队，1961年属南湖公社寺沟岔大队，1962年属杨河公社寺沟岔大队，1964年属南湖公社寺沟岔大队，1979年属杨河公社下堡大队，1982年更名为阳坡，1983年属杨河乡下堡村委会，2006年属寺沟岔村委会。因地形方位得名。村落呈散状分布，面积0.03平方千米。农业以种植小麦、玉米、马铃薯、苹果为主，居民收入以养殖、劳务为主。

刘家湾（Liújiāwān）　位于杨河乡西南部，距乡政府驻地杨河4.4千米。属寺沟岔村委会管辖。15户60人，汉族。1958年属庄浪公社寺沟岔大队，1961年属南湖公社寺沟岔大队，1962年属杨河公社寺沟岔大队，1964年属南湖公社寺沟岔大队，1979年属杨河公社下堡大队，1983年属杨河乡下堡村委会，2006年属寺沟岔村委会。因姓氏和地形得名。村落呈团块状分布，面积0.02平方千米。农业以种植小麦、玉米、马铃薯、苹果为主，居民收入以养殖、劳务为主。

田家阳屲（Tiánjiāyángwā）　位于杨河乡西北部，距乡政府驻地杨河4.32千米。属寺沟岔村委会管辖。9户40人，汉族。1958年属庄浪公社寺沟岔大队，1961年属南湖公社寺沟岔大队，1962年属杨河公社寺沟岔大队，1964年属南湖公社寺沟岔大队，1979年属杨河公社下堡大队，1983年属杨河乡下堡村委会，2006年属寺沟岔村委会。因姓氏和方位地形得名。村落呈散状分布，面积0.01平方千米。农业以种植小麦、玉米、马铃薯、苹果为主，居民收入以养殖、劳务为主。

田家滑沟（Tiánjiāhuágōu）　位于杨河乡西北部，距乡政府驻地杨河3.99千米。属寺沟岔村委会管辖。25户78人，汉族。1958年属庄浪公社寺沟岔大队，1961年属南湖公社寺沟岔大队，1962年属杨河公社寺沟岔大队，1964年属南湖公社寺沟岔大队，1979年属杨河公社下堡大队，1983年属杨河乡下堡村委会，2006年属寺沟岔村委会。因姓氏和地形得名，滑沟即因滑坡形成的沟壑。村落坐南朝北，呈团块状分布，面积0.02平方千米。农业以种植小麦、玉米、马铃薯、苹果为主，居民收入以养殖、劳务为主。

王家湾（Wángjiāwān）　位于杨河乡北部，距乡政府驻地杨河3.79千米。属王湾村委会管辖，系村委会驻地。72户297人，汉族。1958年属庄浪公社保安大队，1960年属岳堡公社保安大队，1962年属杨河公社蔡家湾大队，1964年属岳堡公社蔡家湾大队，1979年属杨河公社王湾大队，1983年属杨河乡王湾村委会。因姓氏和地形得名。村落呈散状分布于寺沟豁岘两侧，面积0.06平方千米。农业以种植小麦、玉米、马铃薯、苹果为主，居民收入以养殖、劳务为主。

蔡家湾（Càijiāwān）　位于杨河乡北部，距乡政府驻地杨河3.19千米。属王湾村委会管辖。41户156人（其中苗族1户1人），余为汉族。1958年属庄浪公社保安大队，1960年属岳堡公社保安大队，1962年属杨河公社蔡家湾大队，1964年属岳堡公社蔡家湾大队，1979年属杨河公社王湾大队，

1983年属杨河乡王湾村委会。因姓氏和地形得名。村落坐东朝西，呈散状分布，面积0.07平方千米。农业以种植小麦、玉米、马铃薯、苹果为主，居民收入以养殖、劳务为主。

郭李家（Guōlǐjiā） 位于杨河乡北部，距乡政府驻地杨河2.76千米。属王湾村委会管辖。34户166人，汉族。1958年属庄浪公社保安大队，1960年属岳堡公社保安大队，1962年属杨河公社蔡家湾大队，1964年属岳堡公社蔡家湾大队，1979年属杨河公社王湾大队，1983年属杨河乡王湾村委会。因郭、李姓氏得名。村落坐东朝西，呈散状分布，面积0.06平方千米。农业以种植小麦、玉米、马铃薯、苹果为主，居民收入以养殖、劳务为主。

李家山庄（Lǐjiāshānzhuāng） 位于杨河乡北部，距乡政府驻地杨河2.94千米。属王湾村委会管辖。41户156人，汉族。1958年属庄浪公社保安大队，1960年属岳堡公社保安大队，1962年属杨河公社蔡家湾大队，1964年属岳堡公社蔡家湾大队，1979年属杨河公社王湾大队，1983年属杨河乡王湾村委会。因李姓人坐山庄得名。村落呈散状分布，面积0.05平方千米。农业以种植小麦、玉米、马铃薯、苹果为主，居民收入以养殖、劳务为主。

关家湾（Guānjiāwān） 位于杨河乡中部，距乡政府驻地杨河1.17千米。属关湾村委会管辖，系村委会驻地。167户621人，汉族。1958年属庄浪公社保安大队，1960年属岳堡公社保安大队，1962年属杨河公社关湾大队，1964年属岳堡公社关湾大队，1979年属杨河公社关湾大队，1983年属杨河乡关湾村委会。因姓氏和地形得名。村落呈团块状分布，面积0.18平方千米。农业以种植小麦、玉米、马铃薯、苹果为主，居民收入以养殖、劳务为主。

关家湾（2020年6月摄）

徐家（Xújiā） 位于杨河乡中部，距乡政府驻地杨河1.49千米。属关湾村委会管辖。1户4人，汉族。1958年属庄浪公社保安大队，1960年属岳堡公社保安大队，1962年属杨河公社关湾大队，1964年属岳堡公社关湾大队，1979年属杨河公社关湾大队，1983年属杨河乡关湾村委会。因姓氏得名。村落呈散状分布，面积0.01平方千米。农业以种植小麦、玉米、马铃薯、苹果为主，居民收入以养殖、劳务为主。

杨家沟（Yángjiāgōu） 位于杨河乡中部，距乡政府驻地杨河2.05千米。属关湾村委会管辖。31户136人，汉族。1958年属庄浪公社保安大队，1960年属岳堡公社保安大队，1962年属杨河公社关湾大队，1964年属岳堡公社关湾大队，1979年属杨河公社关湾大队，1983年属杨河乡关湾村委会。因姓氏和地形得名。村落呈团块状分布，面积0.03平方千米。农业以种植小麦、玉米、马铃薯、苹果为主，居民收入以养殖、劳务为主。

王家坪（Wángjiāpíng） 别名白草山。位于杨河乡中部，距乡政府驻地杨河2.06千米。属关湾村委会管辖。16户80人，汉族。1958年属庄浪公社保安大队，1960年属岳堡公社保安大队，1962年属杨河公社关湾大队，1964年属岳堡公社关湾大队，1979年属杨河公社关湾大队，1983年属杨河乡关湾村委会。因姓氏和地形得名。村落呈散状分布，面积0.01平方千米。农业以种植小麦、玉米、马铃薯、苹果为主，居民收入以养殖、劳务为主。

王家铧沟（Wángjiāhuágōu） 位于杨河乡中部，距乡政府驻地杨河2.19千米。属关湾村委会管辖。

17 户 75 人，汉族。1958 年属庄浪公社保安大队，1960 年属岳堡公社保安大队，1962 年属杨河公社关湾大队，1964 年属岳堡公社关湾大队，1979 年属杨河公社关湾大队，1983 年属杨河乡关湾村委会。因姓氏和地形得名。村落呈散状分布，面积 0.01 平方千米。农业以种植小麦、玉米、马铃薯、苹果为主，居民收入以养殖、劳务为主。

李润家（2020 年 7 月摄）

李润家（Lǐrùnjiā） 位于杨河乡西部，距乡政府驻地杨河 4.85 千米。属李润村委会管辖，系村委会驻地。81 户 302 人，汉族。1958 年属庄浪公社牡丹大队，1961 年属南湖公社牡丹大队，1962 年属杨河公社李润大队，1964 年属南湖公社李润大队，1979 年属杨河公社李润大队，1983 年属杨河乡李润村委会。因人名得名。村落呈团块状分布，面积 0.15 平方千米。农业以种植小麦、玉米、马铃薯、苹果为主，居民收入以养殖、劳务为主。乡道南杨公路经此。

寒水石湾（Hánshuǐshíwān） 别名北山。位于杨河乡西部，距乡政府驻地杨河 4.07 千米。属李润村委会管辖。48 户 184 人，汉族。1958 年属庄浪公社牡丹大队，1961 年属南湖公社牡丹大队，1962 年属杨河公社李润大队，1964 年属南湖公社李润大队，1979 年属杨河公社李润大队，1983 年属杨河乡李润村委会。因地形水质得名，“寒水”为当地方言，即“咸水”。村落呈团块状分布，面积 0.06 平方千米。农业以种植小麦、玉米、马铃薯、苹果为主，居民收入以养殖、劳务为主。乡道南杨公路经此。

堡子庄（Bǔzizhuāng） 别名南山。位于杨河乡西部，距乡政府驻地杨河 4.4 千米。属李润村委会管辖。22 户 96 人，汉族。1958 年属庄浪公社牡丹大队，1961 年属南湖公社牡丹大队，1962 年属杨河公社李润大队，1964 年属南湖公社李润大队，1979 年属杨河公社李润大队，1983 年属杨河乡李润村委会。因有土堡得名。村落呈散状分布，面积 0.02 平方千米。农业以种植小麦、玉米、马铃薯、苹果为主，居民收入以养殖、劳务为主。

鹿儿湾（Lùrwān） 位于杨河乡西部，距乡政府驻地杨河 4.1 千米。属李润村委会管辖。12 户 64 人，汉族。1958 年属庄浪公社牡丹大队，1961 年属南湖公社牡丹大队，1962 年属杨河公社李润大队，1964 年属南湖公社李润大队，1979 年属杨河公社李润大队，1983 年属杨河乡李润村委会。地处山湾，草木繁茂，曾常有鹿儿出没，故得名。村落呈团块状分布，面积 0.01 平方千米。农业以种植小麦、玉米、马铃薯、苹果为主，居民收入以养殖、劳务为主。

仇家湾（Qiújiāwān） 别名仇家阳湾。位于杨河乡西部，距乡政府驻地杨河 3.81 千米。属李润村委会管辖。41 户 167 人，汉族。1958 年属庄浪公社牡丹大队，1961 年属南湖公社牡丹大队，1962 年属杨河公社仇湾大队，1964 年属南湖公社仇湾大队，1979 年属杨河公社仇湾大队，1983 年属杨河乡仇湾村委会，2006 年属李润村委会。因姓氏和地形得名。村落呈散状分布，面积 0.03 平方千米。农业以种植小麦、玉米、马铃薯、苹果为主，居民收入以养殖、劳务为主。

李家湾（Lǐjiāwān） 位于杨河乡西部，距乡政府驻地杨河 4.7 千米。属李润村委会管辖。21 户 78 人，汉族。1958 年属庄浪公社牡丹大队，1961 年属南湖公社牡丹大队，1962 年属杨河公社仇湾大队，1964 年属南湖公社仇湾大队，1979 年属杨河公社仇湾大队，1983 年属杨河乡仇湾村委会，2006 年属李润村委会。因姓氏和地形得名。村落呈散状分布，面积 0.04 平方千米。农业以种植小麦、玉米、马铃薯、苹果为主，居民收入以养殖、劳务为主。

魏家湾（Wèijiāwān） 位于杨河乡西部，距乡政府驻地杨河 4.38 千米。属李润村委会管辖。18 户 80 人，汉族。1958 年属庄浪公社牡丹大队，1961 年属南湖公社牡丹大队，1962 年属杨河公社仇湾大队，1964 年属南湖公社仇湾大队，1979 年属杨河公社仇湾大队，1983 年属杨河乡仇湾村委会，2006 年属李润村委会。因姓氏和地形得名。村落呈团块状分布，面积 0.02 平方千米。农业以种植小麦、玉米、马铃薯、苹果为主，居民收入以养殖、劳务为主。

马家寺（Mǎjiāsì） 位于杨河乡西部，距乡政府驻地杨河 2.9 千米。属马寺村委会管辖，系村委会驻地。73 户 300 人，汉族。1958 年属庄浪公社牡丹大队，1961 年属南湖公社牡丹大队，1962 年属杨河公社马寺大队，1964 年属南湖公社马寺大队，1979 年属杨河公社马寺大队，1983 年属杨河乡马寺村委会。因姓氏和寺庙得名。村落坐北朝南，临河而居，呈团块状分布，面积 0.09 平方千米。农业以种植小麦、玉米、马铃薯、苹果为主，居民收入以养殖、劳务为主。有马寺村小学、杨河派出所、县级文物保护单位堡子凹遗址。

张家凹（Zhāngjiāwā） 位于杨河乡中部，距乡政府驻地杨河 1.89 千米。属马寺村委会管辖。19 户 84 人，汉族。1958 年属庄浪公社牡丹大队，1961 年属南湖公社牡丹大队，1962 年属杨河公社马寺大队，1964 年属南湖公社马寺大队，1979 年属杨河公社马寺大队，1983 年属杨河乡马寺村委会。因姓氏和地形得名。村落呈团块状分布，面积 0.04 平方千米。农业以种植小麦、玉米、马铃薯、苹果为主，居民收入以养殖、劳务为主。

上罗家（Shàngluójiā） 位于杨河乡中部，距乡政府驻地杨河 1.85 千米。属马寺村委会管辖。60 户 240 人，汉族。1958 年属庄浪公社牡丹大队，1961 年属南湖公社牡丹大队，1962 年属杨河公社马寺大队，1964 年属南湖公社马寺大队，1979 年属杨河公社马寺大队，1983 年属杨河乡马寺村委会。因姓氏和方位得名。村落呈团块状分布，面积 0.07 平方千米。农业以种植小麦、玉米、马铃薯、苹果为主，居民收入以养殖、劳务为主。乡道南杨公路经此。

下罗家（Xiàluójiā） 位于杨河乡中部，距乡政府驻地杨河 2.34 千米。属马寺村委会管辖。43 户 172 人，汉族。1958 年属庄浪公社牡丹大队，1961 年属南湖公社牡丹大队，1962 年属杨河公社马寺大队，1964 年属南湖公社马寺大队，1979 年属杨河公社马寺大队，1983 年属杨河乡马寺村委会。因姓氏和方位得名。村落呈散状分布，面积 0.05 平方千米。农业以种植小麦、玉米、马铃薯、苹果为主，居民收入以养殖、劳务为主。乡道南杨公路经此。

高崖罗家（Gāo'áiluójiā） 位于杨河乡中部，属马寺村委会管辖。是上罗家和下罗家总称。因姓氏和地形特征得名。

郑家塬上（Zhèngjiāyuánshàng） 位于杨河乡中部，距乡政府驻地杨河 2.45 千米。属马寺村委会管辖。19 户 84 人，汉族。1958 年属庄浪公社牡丹大队，1961 年属南湖公社牡丹大队，1962 年属杨河公社马寺大队，1964 年属南湖公社马寺大队，1979 年属杨河公社马寺大队，1983 年属杨河乡马寺村委会。因姓氏和地形得名。村落呈散状分布，面积 0.01 平方千米。农业以种植小麦、玉米、马铃薯、苹果为主，居民收入以养殖、劳务为主。

王磨儿家（Wángmòrjiā） 位于杨河乡西部，距乡政府驻地杨河 3.23 千米。属马寺村委会管辖。20 户 87 人，汉族。1958 年属庄浪公社牡丹大队，1961 年属南湖公社牡丹大队，1962 年属杨河公社马寺大队，1964 年属南湖公社马寺大队，1979 年属杨河公社马寺大队，1983 年属杨河乡马寺村委会。因王姓人开磨坊得名。村落呈团块状分布，面积 0.05 平方千米。农业以种植小麦、玉米、马铃薯、苹果为主，居民收入以养殖、劳务为主。乡道南杨公路经此。

刘家南山（Liújiānánshān） 位于杨河乡西部，距乡政府驻地杨河 3.09 千米。属马寺村委会管辖。

20 户 104 人，汉族。1958 年属庄浪公社牡丹大队，1961 年属南湖公社牡丹大队，1962 年属杨河公社马寺大队，1964 年属南湖公社马寺大队，1979 年属杨河公社马寺大队，1983 年属杨河乡马寺村委会。因姓氏和地形方位得名。村落呈团块状分布，面积 0.01 平方千米。农业以种植小麦、玉米、马铃薯、苹果为主，居民收入以养殖、劳务为主。

蒙塬（Méngyuán）　位于杨河乡西部，距乡政府驻地杨河 3.58 千米。属马寺村委会管辖。47 户 188 人，汉族。1958 年属庄浪公社牡丹大队，1961 年属南湖公社牡丹大队，1962 年属杨河公社马寺大队，1964 年属南湖公社马寺大队，1979 年属杨河公社马寺大队，1983 年属杨河乡马寺村委会。因姓氏和地形得名。村落呈团块状分布，面积 0.04 平方千米。农业以种植小麦、玉米、马铃薯、苹果为主，居民收入以养殖、劳务为主。乡道南杨公路经此。

赵墩乡

赵家墩（Zhàojiādūn）　位于赵墩乡东南部。属赵墩村委会管辖，系乡政府、村委会驻地。70 户 240 人，汉族。1958 年属庄浪公社关道大队，1960 年属赵墩公社赵墩大队，1983 年属赵墩乡赵墩村委会。因姓氏和地形特征得名，主山顶有圆形烽火台。村落坐东朝西，依山而建，呈团块状分布，面积 0.03 平方千米。农业以种植小麦、玉米、马铃薯、油菜、苹果为主，居民收入以商贸、养殖、劳务为主。有赵墩卫生院、赵墩中学、赵墩小学。

赵家梁（Zhàojiāliáng）　位于赵墩乡东南部，距乡政府驻地赵家墩 1.53 千米。属赵墩村委会管辖。52 户 203 人，汉族。1958 年属庄浪公社关道大队，1960 年属赵墩公社赵墩大队，1983 年属赵墩乡赵墩村委会。因姓氏和地形得名。村落坐南朝北，依山而建，呈散状分布，面积 0.08 平方千米。农业以种植小麦、玉米、马铃薯、油菜为主，居民收入以养殖、劳务为主。

赵家湾（Zhàojiāwān）　位于赵墩乡东南部，距乡政府驻地赵家墩 1 千米。属赵墩村委会管辖。44 户 184 人，汉族。1958 年属庄浪公社关道大队，1960 年属赵墩公社赵墩大队，1983 年属赵墩乡赵墩村委会。因姓氏和地形得名。村落坐东朝西，依山而建，呈团块状分布，面积 0.06 平方千米。农业以种植小麦、玉米、马铃薯、油菜、苹果为主，居民收入以养殖、劳务为主。

蔡家湾（Càijiāwān）　位于赵墩乡东南部，距乡政府驻地赵家墩 0.51 千米。属赵墩村委会管辖。12 户 83 人，汉族。1958 年属庄浪公社关道大队，1960 年属赵墩公社赵墩大队，1983 年属赵墩乡赵墩村委会。因姓氏和地形得名。村落坐北朝南，沿路而建，呈团块状分布，面积 0.02 平方千米。农业以种植小麦、玉米、马铃薯、油菜、苹果为主，居民收入以养殖、劳务为主。

杨虎家（Yánghǔjiā）　位于赵墩乡东南部，距乡政府驻地赵家墩 0.79 千米。属赵墩村委会管辖。28 户 106 人，汉族。1958 年属庄浪公社关道大队，1960 年属赵墩公社赵墩大队，1983 年属赵墩乡赵墩村委会。因人名得名，杨虎，清末该村村民，自幼习武，因打虎而闻名乡里，人称该村为“杨虎哥家”，1949 年后改称杨虎家。村落坐南朝北，依山而建，呈团块状分布，面积 0.04 平方千米。农业以种植小麦、玉米、马铃薯、油菜、苹果为主，居民收入以养殖、劳务为主。

杨家大湾（Yángjiādàwān）　位于赵墩乡中部，距乡政府驻地赵家墩 1.43 千米。属赵墩村委会管辖。12 户 62 人，汉族。1958 年属庄浪公社关道大队，1960 年属赵墩公社赵墩大队，1983 年属赵墩乡赵墩村委会。因姓氏和地形得名。村落依山湾而建，呈散状分布，面积 0.03 平方千米。农业以种植小麦、玉米、马铃薯、油菜、苹果为主，居民收入以养殖、劳务为主。

炮厂梁（Pàochǎngliáng）　位于赵墩乡东南部，距乡政府驻地赵家墩 2.31 千米。属赵墩村委会管辖，面积 0.05 平方千米。因此地曾建花炮厂得名。有赵墩水管所、兽医站、赵墩汽车站、商铺、赵墩梯田观景台。省道静庄公路、乡道赵岔路经此。

梁家湾（2019年9月摄）

梁家湾（Liángjiāwān） 位于赵墩乡东部，距乡政府驻地赵家墩1.79千米。属王家大庄村委会管辖，系村委会驻地。69户282人，汉族。1958年属庄浪公社井沟大队，1960年属赵墩公社王家大庄大队，1983年属赵墩乡王家大庄村委会。因姓氏和地形得名，村落坐东朝西，依山而建，呈团块状分布，面积0.1平方千米。农业以种植小麦、玉米、马铃薯、油菜、苹果为主，居民收入以养殖、劳务为主。

小湾（Xiǎowān） 位于赵墩乡中部，距乡政府驻地赵家墩4.38千米。属王家大庄村委会管辖。13户48人，汉族。1958年属庄浪公社井沟大队，1960年属赵墩公社王家大庄大队，1983年属赵墩乡王家大庄村委会。因地形得名。村落坐东朝西，依山而建，呈团块状分布，面积0.02平方千米。农业以种植小麦、玉米、马铃薯、油菜、苹果为主，居民收入以养殖、劳务为主。

安家凸（Ānjiāwā） 位于赵墩乡中部，距乡政府驻地赵家墩3.73千米。属王家大庄村委会管辖。41户168人，汉族。1958年属庄浪公社井沟大队，1960年属赵墩公社王家大庄大队，1983年属赵墩乡王家大庄村委会。因姓氏和地形得名。村落坐北朝南，依山而建，呈团块状分布，面积0.06平方千米。农业以种植小麦、玉米、马铃薯、油菜、苹果为主，居民收入以养殖、劳务为主。

郭咀（Guōzuǐ） 位于赵墩乡中部，距乡政府驻地赵家墩2.63千米。属王家大庄村委会管辖。30户136人，汉族。1958年属庄浪公社井沟大队，1960年属赵墩公社王家大庄大队，1983年属赵墩乡王家大庄村委会。因姓氏和地形得名。村落坐西朝东，依山而建，呈带状分布，面积0.04平方千米。农业以种植小麦、玉米、马铃薯、油菜、苹果为主，居民收入以养殖、劳务为主。

杜家阳凸（Dùjiāyángwā） 位于赵墩乡东部，距乡政府驻地赵家墩2.28千米。属王家大庄村委会管辖。71户326人，汉族。1958年属庄浪公社井沟大队，1960年属赵墩公社王家大庄大队，1983年属赵墩乡王家大庄村委会。因姓氏和地形方位得名。村落坐东朝西，依山而建，呈团块状分布，面积0.08平方千米。农业以种植小麦、玉米、马铃薯、油菜、苹果为主，居民收入以养殖、劳务为主。

王家大庄（Wángjiādàzhuāng） 位于赵墩乡中部，距乡政府驻地赵家墩1.92千米。属王家大庄村委会管辖。64户268人，汉族。1958年属庄浪公社井沟大队，1960年属赵墩公社王家大庄大队，1983年属赵墩乡王家大庄村委会。因是王姓人老庄得名。村落坐南朝北，依山而建，呈团块状分布，面积0.07平方千米。农业以种植小麦、玉米、马铃薯、油菜、苹果为主，居民收入以养殖、劳务为主。

王家新庄（Wángjiāxīnzhuāng） 位于赵墩乡东部，距乡政府驻地赵家墩1.19千米。属王家大庄村委会管辖。55户233人，汉族。1958年属庄浪公社井沟大队，1960年属赵墩公社王家大庄大队，1983年属赵墩乡王家大庄村委会。因王家大庄人迁居新庄得名。村落坐西朝东，依山而建，呈团块状分布，面积0.1平方千米。农业以种植小麦、玉米、马铃薯、油菜、苹果为主，居民收入以养殖、劳务为主。

石家湾（Shíjiāwān） 位于赵墩乡中部，距乡政府驻地赵家墩2.56千米。属王家大庄村委会管辖。57户268人，汉族。1958年属庄浪公社井沟大队，1960年属赵墩公社王家大庄大队，1983年属赵墩乡王家大庄村委会。因姓氏和地形得名。村落坐东朝西，依山而建，呈团块状分布，面积0.09平方千米。农业以种植小麦、玉米、马铃薯、油菜、苹果为主，居民收入以养殖、劳务为主。

李鱼家（Lǐyújiā） 位于赵墩乡东北部，距乡政府驻地赵家墩3.64千米。属井沟村委会管辖，系村委会驻地。40户172人，汉族。1958年属庄浪公社井沟大队，1960年属赵墩公社井沟大队，1983年属赵墩乡井沟村委会。此地原称“埋驴儿家”，后因李姓人居住，且当地“驴”“鱼”音近，遂演化成李鱼家。村落坐西朝东，依山而建，呈散状分布，面积0.09平方千米。农业以种植小麦、玉米、马铃薯、油菜、苹果、饲草为主，居民收入以养殖、劳务为主。

深沟湾（Shēngōuwān） 位于赵墩乡北部，距乡政府驻地赵家墩3.76千米。属井沟村委会管辖。9户38人，汉族。1958年属庄浪公社井沟大队，1960年属赵墩公社井沟大队，1983年属赵墩乡井沟村委会。因地形得名。村落坐东朝西，依山而建，呈团块状分布，面积0.02平方千米。农业以种植小麦、玉米、马铃薯、油菜、苹果、饲草为主，居民收入以养殖、劳务为主。

井沟滩（Jǐnggōutān） 位于赵墩乡东部，距乡政府驻地赵家墩3.21千米。属井沟村委会管辖。115户440人，汉族。1958年属庄浪公社井沟大队，1960年属赵墩公社井沟大队，1983年属赵墩乡井沟村委会。因地形和水井得名。村落坐东朝西，依山而建，呈团块状分布，面积0.18平方千米。农业以种植小麦、玉米、马铃薯、油菜、苹果、饲草为主，居民收入以养殖、劳务为主。

油夫湾（Yóufūwān） 位于赵墩乡东部，距乡政府驻地赵家墩3.18千米。属井沟村委会管辖。76户310人，汉族。1958年属庄浪公社井沟大队，1960年属赵墩公社井沟大队，1983年属赵墩乡井沟村委会。因开办油坊和地形得名。村落坐东朝西，依山而建，呈团块状分布，面积0.11平方千米。农业以种植小麦、玉米、马铃薯、油菜、苹果、饲草为主，居民收入以养殖、劳务为主。

石家塬（Shíjiāyuán） 位于赵墩乡中部，距乡政府驻地赵家墩3.44千米。属井沟村委会管辖。7户44人，汉族。1958年属庄浪公社井沟大队，1960年属赵墩公社井沟大队，1983年属赵墩乡井沟村委会。因姓氏和地形得名。村落坐南朝北，依山而建，呈散状分布，面积0.03平方千米。农业以种植小麦、玉米、马铃薯、油菜、苹果、饲草为主，居民收入以养殖、劳务为主。

阳坡川（Yángpōchuān） 位于赵墩乡东北部，距乡政府驻地赵家墩5.98千米。属阳川村委会管辖，系村委会驻地。69户346人，汉族。1958年属庄浪公社井沟大队，1960年属赵墩公社阳川大队，1983年属赵墩乡阳川村委会。因地形方位得名。村落坐北朝南，依山而建，呈团块状分布，面积0.11平方千米。农业以种植小麦、玉米、马铃薯、油菜、苹果、饲草为主，居民收入以养殖、劳务为主。有阳川小学。

上阴坡湾（Shàngyīnpōwān） 位于赵墩乡东北部，距乡政府驻地赵家墩4.9千米。属阳川村委会管辖。81户413人，汉族。1958年属庄浪公社井沟大队，1960年属赵墩公社阳川大队，1983年属赵墩乡阳川村委会。因地形方位得名。村落坐南朝北，依山湾而建，呈团块状分布，面积0.11平方千米。农业以种植小麦、玉米、马铃薯、油菜、苹果、饲草为主，居民收入以养殖、劳务为主。

下阴坡湾（Xiàyīnpōwān） 位于赵墩乡东北部，距乡政府驻地赵家墩4.44千米。属阳川村委会管辖。55户232人，汉族。1958年属庄浪公社井沟大队，1960年属赵墩公社阳川大队，1983年属赵墩乡阳川村委会。因地形方位得名。村落坐东朝西，依山而建，呈团块状分布，面积0.04平方千米。农业以种植小麦、玉米、马铃薯、油菜、苹果、饲草为主，居民收入以养殖、劳务为主。

倪家湾（Níjiāwān） 位于赵墩乡东北部，距乡政府驻地赵家墩6.11千米。属阳川村委会管辖。45户246人，汉族。1958年属庄浪公社井沟大队，1960年属赵墩公社阳川大队，1983年属赵墩乡阳川村委会。因姓氏和地形得名。村落坐东朝西，依山而建，呈散状分布，面积0.06平方千米。农业以种植小麦、玉米、马铃薯、油菜、苹果、饲草为主，居民收入以养殖、劳务为主。

王上湾（Wángshàngwān） 位于赵墩乡东北部，距乡政府驻地赵家墩8.08千米。属阳川村委会管辖。40户133人，汉族。1958年属庄浪公社井沟大队，1960年属赵墩公社阳川大队，1979年属孙局大队，1983年属赵墩乡孙局村委会，2006年属阳川村委会。因姓氏和地形方位得名。村落坐北朝南，依山而建，呈散状分布，面积0.05平方千米。农业以种植小麦、玉米、马铃薯、油菜、苹果、饲草为主，居民收入以养殖、劳务为主。

程家湾（Chéngjiāwān） 位于赵墩乡东北部，距乡政府驻地赵家墩6.53千米。属阳川村委会管辖。43户174人，汉族。1958年属庄浪公社井沟大队，1960年属赵墩公社阳川大队，1979年属孙局大队，1983年属赵墩乡孙局村委会，2006年属阳川村委会。因姓氏和地形得名。村落坐南朝北，依山而建，呈团块状分布，面积0.05平方千米。农业以种植小麦、玉米、马铃薯、油菜、苹果、饲草为主，居民收入以养殖、劳务为主。

纱帽咀（Shāmàozuǐ） 位于赵墩乡东北部，距乡政府驻地赵家墩4.4千米。属阳川村委会管辖。31户138人，汉族。1958年属庄浪公社井沟大队，1960年属赵墩公社阳川大队，1983年属赵墩乡阳川村委会。因地形似乌纱帽得名。村落坐西朝东，依山而建，呈团块状分布，面积0.04平方千米。农业以种植小麦、玉米、马铃薯、油菜、苹果、饲草为主，居民收入以养殖、劳务为主。

东湾（Dōngwān） 位于赵墩乡东北部，距乡政府驻地赵家墩6.91千米。属阳川村委会管辖。45户185人，汉族。1958年属庄浪公社井沟大队，1960年属赵墩公社阳川大队，1979年属孙局大队，1983年属赵墩乡孙局村委会，2006年属阳川村委会。因地形方位得名。村落依山湾而建，呈团块状分布，面积0.04平方千米。农业以种植小麦、玉米、马铃薯、油菜、苹果、饲草为主，居民收入以养殖、劳务为主。

孙家渠（Sūnjiāqú） 位于赵墩乡东北部，距乡政府驻地赵家墩7.08千米。属阳川村委会管辖。63户236人，汉族。1958年属庄浪公社井沟大队，1960年属赵墩公社阳川大队，1979年属孙局大队，1983年属赵墩乡孙局村委会，2006年属阳川村委会。原称孙家局，2016年地名普查时纠正为孙家渠，因姓氏和地形得名。村落依山湾而建，呈团块状分布，面积0.13平方千米。农业以种植小麦、玉米、马铃薯、油菜、苹果、饲草为主，居民收入以养殖、劳务为主。

程家新庄（Chéngjiāxīnzhuāng） 位于赵墩乡东北部，距乡政府驻地赵家墩6.93千米。属阳川村委会管辖。55户263人，汉族。1958年属庄浪公社井沟大队，1960年属赵墩公社阳川大队，1979年属孙局大队，1983年属赵墩乡孙局村委会，2006年属阳川村委会。因程姓人迁居新庄得名。村落依山湾而建，呈散状分布，面积0.07平方千米。农业以种植小麦、玉米、马铃薯、油菜、苹果、饲草为主，居民收入以养殖、劳务为主。

孙家庙（Sūnjiāmiào） 位于赵墩乡北部，距乡政府驻地赵家墩6.33千米。属孙庙村委会管辖，系村委会驻地。43户148人，汉族。1958年属庄浪公社井沟大队，1960年属赵墩公社井沟大队，1964年属孙庙大队，1983年属赵墩乡孙庙村委会。因姓氏和高庙山庙宇得名。村落坐西朝东，依山而建，呈散状分布，面积0.09平方千米。农业以种植小麦、玉米、马铃薯、油菜、苹果、饲草为主，居民收入以养殖、劳务为主。

潘家湾（Pānjiāwān） 位于赵墩乡北部，距乡政府驻地赵家墩6.86千米。属孙庙村委会管辖。31户109人，汉族。1958年属庄浪公社井沟大队，1960年属赵墩公社井沟大队，1964年属孙庙大队，1983年属赵墩乡孙庙村委会。因姓氏和地形得名。村落坐东朝西，依山而建，呈团块状分布，面积0.03平方千米。农业以种植小麦、玉米、马铃薯、油菜、苹果、饲草为主，居民收入以养殖、劳务为主。

蒙家湾湾（Méngjiāwānwān） 位于赵墩乡北部，距乡政府驻地赵家墩5.25千米。属孙庙村委会管辖。39户149人，汉族。1958年属庄浪公社井沟大队，1960年属赵墩公社井沟大队，1964年属孙庙大队，1983年属赵墩乡孙庙村委会。因姓氏和地形得名。村落坐西朝东，依山而建，呈散状分布，面积0.06平方千米。农业以种植小麦、玉米、马铃薯、油菜、苹果、饲草为主，居民收入以养殖、劳务为主。

王家庄（Wángjiāzhuāng） 位于赵墩乡北部，距乡政府驻地赵家墩6.64千米。属孙庙村委会管辖。

36户160人，汉族。1958年属庄浪公社井沟大队，1960年属赵墩公社井沟大队，1964年属孙庙大队，1983年属赵墩乡孙庙村委会。因姓氏得名。村落坐东朝西，依山而建，呈团块状分布，面积0.06平方千米。农业以种植小麦、玉米、马铃薯、油菜、苹果、饲草为主，居民收入以养殖、劳务为主。

罗家咀（Luójiāzuǐ）　位于赵墩乡北部，距乡政府驻地赵家墩4.69千米。属孙庙村委会管辖。27户101人，汉族。1958年属庄浪公社井沟大队，1960年属赵墩公社井沟大队，1964年属孙庙大队，1983年属赵墩乡孙庙村委会。因姓氏和地形得名。村落坐西朝东，依山而建，呈团块状分布，面积0.02平方千米。农业以种植小麦、玉米、马铃薯、油菜、苹果、饲草为主，居民收入以养殖、劳务为主。

刘家坪（Liújiāpíng）　位于赵墩乡北部，距乡政府驻地赵家墩4.46千米。属孙庙村委会管辖。22户95人，汉族。1958年属庄浪公社井沟大队，1960年属赵墩公社井沟大队，1964年属孙庙大队，1983年属赵墩乡孙庙村委会。因姓氏和地形得名。村落坐北朝南，依山而建，呈团块状分布，面积0.02平方千米。农业以种植小麦、玉米、马铃薯、油菜、苹果、饲草为主，居民收入以养殖、劳务为主。

官地湾（Guāndìwān）　位于赵墩乡北部，距乡政府驻地赵家墩6.52千米。属蛟龙寺村委会管辖，系村委会驻地。47户203人，汉族。1958年属庄浪公社井沟大队，1960年属赵墩公社蛟龙寺大队，1983年属赵墩乡蛟龙寺村委会。因此地曾为公共用地得名。村落坐北朝南，依山而建，呈团块状分布，面积0.08平方千米。农业以种植小麦、玉米、马铃薯、油菜、苹果、饲草为主，居民收入以养殖、劳务为主。

蛟龙寺（Jiāolóngsì）　位于赵墩乡北部，距乡政府驻地赵家墩5.17千米。属蛟龙寺村委会管辖。25户122人，汉族。1958年属庄浪公社井沟大队，1960年属赵墩公社蛟龙寺大队，1983年属赵墩乡蛟龙寺村委会。因有海龙寺得名。村落坐西朝东，依山而建，呈散状分布，面积0.03平方千米。农业以种植小麦、玉米、马铃薯、油菜、苹果、饲草为主，居民收入以养殖、劳务为主。有蛟龙寺小学。

刘党家（Liúdǎngjiā）　位于赵墩乡北部，距乡政府驻地赵家墩6.04千米。属蛟龙寺村委会管辖。29户156人，汉族。1958年属庄浪公社井沟大队，1960年属赵墩公社蛟龙寺大队，1983年属赵墩乡蛟龙寺村委会。因刘、党姓氏得名。村落坐东朝西，依山而建，呈散状分布，面积0.06平方千米。农业以种植小麦、玉米、马铃薯、油菜、苹果、饲草为主，居民收入以养殖、劳务为主。

郭李家（Guōlǐjiā）　位于赵墩乡北部，距乡政府驻地赵家墩5.48千米。属蛟龙寺村委会管辖。62户298人，汉族。1958年属庄浪公社井沟大队，1960年属赵墩公社井沟大队，1961年属郭李大队，1983年属赵墩乡郭李村委会，2006年属蛟龙寺村委会。因郭、李姓氏得名。村落坐西朝东，依山而建，呈散状分布，面积0.09平方千米。农业以种植小麦、玉米、马铃薯、油菜、苹果、饲草为主，居民收入以养殖、劳务为主。

马家湾儿（Mǎjiāwānr）　位于赵墩乡北部，距乡政府驻地赵家墩5.93千米。属蛟龙寺村委会管辖。44户134人，汉族。1958年属庄浪公社井沟大队，1960年属赵墩公社蛟龙寺大队，1983年属赵墩乡蛟龙寺村委会。因姓氏和地形得名。村落坐西朝东，依山而建，呈团块状分布，面积0.06平方千米。农业以种植小麦、玉米、马铃薯、油菜、苹果、饲草为主，居民收入以养殖、劳务为主。

韦家湾（Wéijiāwān）　位于赵墩乡北部，距乡政府驻地赵家墩4.84千米。属蛟龙寺村委会管辖。38户188人，汉族。1958年属庄浪公社井沟大队，1960年属赵墩公社蛟龙寺大队，1983年属赵墩乡蛟龙寺村委会。因姓氏和地形得名。村落坐东朝西，沿山湾而建，呈团块状分布，面积0.06平方千米。农业以种植小麦、玉米、马铃薯、油菜、苹果、饲草为主，居民收入以养殖、劳务为主。

田家湾（Tiánjiāwān）　位于赵墩乡北部，距乡政府驻地赵家墩6.19千米。属蛟龙寺村委会管辖。22户113人，汉族。1958年属庄浪公社井沟大队，1960年属赵墩公社井沟大队，1961年属郭李大队，1983 年属赵墩乡郭李村委会，2006 年属蛟龙寺村委会。因姓氏和地形得名。村落沿山湾而建，呈散状分布，面积 0.04 平方千米。农业以种植小麦、玉米、马铃薯、油菜、苹果、饲草为主，居民收入以养殖、劳务为主。

韦家咀（Wéijiāzuǐ） 位于赵墩乡北部，距乡政府驻地赵家墩 5.19 千米。属蛟龙寺村委会管辖。36 户 179 人，汉族。1958 年属庄浪公社井沟大队，1960 年属赵墩公社蛟龙寺大队，1983 年属赵墩乡蛟龙寺村委会。因姓氏和地形得名。村落坐东朝西，依山而建，呈团块状分布，面积 0.04 平方千米。农业以种植小麦、玉米、马铃薯、油菜、苹果、饲草为主，居民收入以养殖、劳务为主。

背后湾（Bèihòuwān） 位于赵墩乡北部，距乡政府驻地赵家墩 5.85 千米。属蛟龙寺村委会管辖。17 户 91 人，汉族。1958 年属庄浪公社井沟大队，1960 年属赵墩公社井沟大队，1961 年属郭李大队，1983 年属赵墩乡郭李村委会，2006 年属蛟龙寺村委会。因位于蛟龙寺背后山湾得名。村落坐北朝南，依山而建，呈团块状分布，面积 0.04 平方千米。农业以种植小麦、玉米、马铃薯、油菜、苹果、饲草为主，居民收入以养殖、劳务为主。

石家湾垴（Shíjiāwānnǎo） 位于赵墩乡西南部，距乡政府驻地赵家墩 6.53 千米。属蛟龙掌村委会管辖，系村委会驻地。54 户 250 人，汉族。1958 年属庄浪公社关道大队，1960 年属赵墩公社关道大队，1961 年属蛟龙掌大队，1983 年属赵墩乡蛟龙掌村委会。因姓氏和地形得名。村落坐北朝南，依山而建，呈团块状分布，面积 0.12 平方千米。农业以种植小麦、玉米、马铃薯、油菜、苹果、饲草为主，居民收入以养殖、劳务为主。省道静庄公路经此。

蛟龙掌（Jiāolóngzhǎng） 位于赵墩乡西南部，距乡政府驻地赵家墩 7.46 千米。属蛟龙掌村委会管辖。22 户 123 人，汉族。1958 年属庄浪公社关道大队，1960 年属赵墩公社关道大队，1961 年属蛟龙掌大队，1983 年属赵墩乡蛟龙掌村委会。因当地南北二山各展现一石咀，形似蛟龙戏水得名。村落坐南朝北，依山而建，呈散状分布，面积 0.05 平方千米。农业以种植小麦、玉米、马铃薯、油菜、苹果、饲草为主，居民收入以养殖、劳务为主。有县级文物保护单位塬坡岇遗址。省道静庄公路经此。

刘家塬（Liújiāyuán） 位于赵墩乡西南部，距乡政府驻地赵家墩 8.12 千米。属蛟龙掌村委会管辖。55 户 259 人，汉族。1958 年属庄浪公社关道大队，1960 年属赵墩公社关道大队，1961 年属蛟龙掌大队，1983 年属赵墩乡蛟龙掌村委会。此地曾为刘家庄人耕地，辟为村庄后地名沿用。村落坐东朝西，依山而建，呈散状分布，面积 0.13 平方千米。农业以种植小麦、玉米、马铃薯、饲草为主，居民收入以养殖、劳务为主。有县级文物保护单位大墩山遗址。

胡家塬（Hújiāyuán） 位于赵墩乡西南部，距乡政府驻地赵家墩 8.12 千米。属蛟龙掌村委会管辖。61 户 303 人，汉族。1958 年属庄浪公社关道大队，1960 年属赵墩公社关道大队，1961 年属蛟龙掌大队，1983 年属赵墩乡蛟龙掌村委会。因姓氏和地形得名。村落坐东朝西，依山而建，呈团块状分布，面积 0.08 平方千米。农业以种植小麦、玉米、马铃薯、饲草为主，居民收入以养殖、劳务为主。省道静庄公路经此。

张家塬（Zhāngjiāyuán） 位于赵墩乡西南部，距乡政府驻地赵家墩 7.87 千米。属蛟龙掌村委会管辖。15 户 66 人，汉族。1958 年属庄浪公社关道大队，1960 年属赵墩公社关道大队，1961 年属蛟龙掌大队，1983 年属赵墩乡蛟龙掌村委会。因姓氏和地形得名。村落坐东朝西，依山而建，呈散状分布，面积 0.02 平方千米。农业以种植小麦、玉米、马铃薯、油菜、苹果、饲草为主，居民收入以养殖、劳务为主。省道静庄公路经此。

刘家庄（Liújiāzhuāng） 位于赵墩乡西南部，距乡政府驻地赵家墩 6.85 千米。属蛟龙掌村委会管辖。118 户 505 人，汉族。1958 年属庄浪公社关道大队，1960 年属赵墩公社关道大队，1961 年属蛟龙掌大队，1983 年属赵墩乡蛟龙掌村委会。因姓氏得名。村落坐南朝北，依山而建，呈散状分布，面积 0.18

平方千米。农业以种植小麦、玉米、马铃薯、油菜、苹果、饲草为主，居民收入以养殖、劳务为主。

下梨树湾（Xiàlíshùwān） 位于赵墩乡西部，距乡政府驻地赵家墩4.14千米。属梨树湾村委会管辖，系村委会驻地。47户234人，汉族。1958年属庄浪公社井沟大队，1960年属赵墩公社井沟大队，1961年属梨树湾大队，1983年属赵墩乡梨树湾村委会。因方位和昔时梨树多得名。村落坐南朝北，依山而建，呈团块状分布，面积0.07平方千米。农业以种植小麦、玉米、马铃薯、油菜、苹果、饲草为主，居民收入以养殖、劳务为主。

下梨树湾（2019年10月摄）

李家湾（Lǐjiāwān） 位于赵墩乡西部，距乡政府驻地赵家墩4.82千米。属梨树湾村委会管辖。15户76人，汉族。1958年属庄浪公社井沟大队，1960年属赵墩公社井沟大队，1961年属梨树湾大队，1979年属何岔大队，1983年属赵墩乡何岔村委会，2006年属梨树湾村委会。因姓氏和地形得名。村落坐南朝北，依山而建，呈散状分布，面积0.05平方千米。农业以种植小麦、玉米、马铃薯、油菜、苹果、饲草为主，居民收入以养殖、劳务为主。

杨家（Yángjiā） 位于赵墩乡西部，距乡政府驻地赵家墩4.58千米。属梨树湾村委会管辖。29户119人，汉族。1958年属庄浪公社井沟大队，1960年属赵墩公社井沟大队，1961年属梨树湾大队，1983年属赵墩乡梨树湾村委会。因姓氏得名。村落坐南朝北，依山而建，呈团块状分布，面积0.05平方千米。农业以种植小麦、玉米、马铃薯、油菜、苹果、饲草为主，居民收入以养殖、劳务为主。

上梨树湾（Shànglíshùwān） 位于赵墩乡西部，距乡政府驻地赵家墩4.46千米。属梨树湾村委会管辖。24户96人，汉族。1958年属庄浪公社井沟大队，1960年属赵墩公社井沟大队，1961年属梨树湾大队，1983年属赵墩乡梨树湾村委会。因方位和梨树得名。村落坐南朝北，依山而建，呈团块状分布，面积0.04平方千米。农业以种植小麦、玉米、马铃薯、油菜、苹果、饲草为主，居民收入以养殖、劳务为主。

蒙家塬（Méngjiāyuán） 位于赵墩乡西部，距乡政府驻地赵家墩3.67千米。属梨树湾村委会管辖。12户45人，汉族。1958年属庄浪公社井沟大队，1960年属赵墩公社井沟大队，1961年属梨树湾大队，1983年属赵墩乡梨树湾村委会。因姓氏和地形得名。村落坐西朝东，沿路而建，呈带状分布，面积0.03平方千米。农业以种植小麦、玉米、马铃薯、油菜、苹果、饲草为主，居民收入以养殖、劳务为主。有梨湾小学。

马家阳湾（Mǎjiāyángwān） 位于赵墩乡西部，距乡政府驻地赵家墩4.96千米。属梨树湾村委会管辖。42户170人，汉族。1958年属庄浪公社井沟大队，1960年属赵墩公社井沟大队，1961年属梨树湾大队，1983年属赵墩乡梨树湾村委会。因姓氏和地形方位得名。村落坐北朝南，依山而建，呈团块状分布，面积0.04平方千米。农业以种植小麦、玉米、马铃薯、油菜、苹果、饲草为主，居民收入以养殖、劳务为主。

王家后湾（Wángjiāhòuwān） 位于赵墩乡西部，距乡政府驻地赵家墩6.37千米。属梨树湾村委会管辖。18户89人，汉族。1958年属庄浪公社井沟大队，1960年属赵墩公社井沟大队，1961年属梨树湾大队，1979年属何岔大队，1983年属赵墩乡何岔村委会，2006年属梨树湾村委会。因姓氏和地形方位得名。村落坐东朝西，依山而建，呈散状分布，面积0.04平方千米。农业以种植小麦、玉米、马铃薯、油菜、苹果、饲草为主，居民收入以养殖、劳务为主。

王家老庄（Wángjiālǎozhuāng） 位于赵墩乡西部，距乡政府驻地赵家墩5.32千米。属梨树湾村委会管辖。24户102人，汉族。原称王家庄，1958年属庄浪公社井沟大队，1960年属赵墩公社井沟大队，1961年属梨树湾大队，1979年属何岔大队，1982年更名为王家老庄，1983年属赵墩乡何岔村委会，2006年属梨树湾村委会。因是王姓人初居地得名。村落坐东朝西，依山而建，呈散状分布，面积0.04平方千米。农业以种植小麦、玉米、马铃薯、油菜、苹果、饲草为主，居民收入以养殖、劳务为主。

咀头（Zuǐtóu） 位于赵墩乡西部，距乡政府驻地赵家墩5.77千米。属梨树湾村委会管辖。34户167人，汉族。1958年属庄浪公社井沟大队，1960年属赵墩公社井沟大队，1961年属梨树湾大队，1979年属何岔大队，1983年属赵墩乡何岔村委会，2006年属梨树湾村委会。因地形得名。村落坐西北朝东南，依山咀而建，呈团块状分布，面积0.07平方千米。农业以种植小麦、玉米、马铃薯、油菜、苹果、饲草为主，居民收入以养殖、劳务为主。

阳凹（Yángwā） 位于赵墩乡西部，距乡政府驻地赵家墩6.08千米。属梨树湾村委会管辖。33户152人，汉族。1958年属庄浪公社井沟大队，1960年属赵墩公社井沟大队，1961年属梨树湾大队，1979年属何岔大队，1983年属赵墩乡何岔村委会，2006年属梨树湾村委会。因地形方位得名。村落坐西朝东，依山而建，呈散状分布，面积0.06平方千米。农业以种植小麦、玉米、马铃薯、油菜、苹果、饲草为主，居民收入以养殖、劳务为主。

前湾（Qiánwān） 位于赵墩乡西部，距乡政府驻地赵家墩5.65千米。属梨树湾村委会管辖。18户87人，汉族。1958年属庄浪公社井沟大队，1960年属赵墩公社井沟大队，1961年属梨树湾大队，1979年属何岔大队，1983年属赵墩乡何岔村委会，2006年属梨树湾村委会。因地形方位得名。村落坐南朝北，依山而建，呈散状分布，面积0.03平方千米。农业以种植小麦、玉米、马铃薯、油菜、苹果、饲草为主，居民收入以养殖、劳务为主。

何家岔（Héjiāchà） 位于赵墩乡西北部，距乡政府驻地赵家墩5.8千米。属梨树湾村委会管辖。是阳凹、咀头、前湾的总称。因姓氏和地形得名。

东台（Dōngtái） 位于赵墩乡西部，距乡政府驻地赵家墩5.15千米。属梨树湾村委会管辖。21户92人，汉族。1958年属庄浪公社井沟大队，1960年属赵墩公社井沟大队，1961年属梨树湾大队，1979年属何岔大队，1983年属赵墩乡何岔村委会，2006年属梨树湾村委会。因地形方位得名。村落坐西朝东，依山而建，呈散状分布，面积0.02平方千米。农业以种植小麦、玉米、马铃薯、油菜、苹果、饲草为主，居民收入以养殖、劳务为主。

裴家堡子（Péijiābǔzi） 位于赵墩乡西南部，距乡政府驻地赵家墩5.46千米。属裴堡村委会管辖，系村委会驻地。105户473人，汉族。1958年属庄浪公社裴堡大队，1960年属赵墩公社裴堡大队，1983年属赵墩乡裴堡村委会。因有土堡和姓氏得名。村落坐南朝北，依山而建，呈团块状分布，面积0.17平方千米。农业以种植小麦、玉米、马铃薯、油菜、苹果、饲草为主，居民收入以养殖、劳务为主。有裴堡小学。

道回沟（Dàohuígōu） 位于赵墩乡西南部，距乡政府驻地赵家墩4.92千米。属裴堡村委会管辖。77户357人，汉族。1958年庄浪公社道回沟大队，1960年属赵墩公社道回沟大队，1964年属裴堡大队，1978年属道回沟大队，1983年属赵墩乡道回沟村委会，2006年属裴堡村委会。因沟水流向与庙隆沟相反得名。村落坐西朝东，沿路而建，呈带状分布，面积0.17平方千米。农业以种植小麦、玉米、马铃薯、油菜、苹果、饲草为主，居民收入以养殖、劳务为主。

南渠子湾（Nánqúziwān） 位于赵墩乡西南部，距乡政府驻地赵家墩6.96千米。属裴堡村委会管辖。3户13人，汉族。1958年属庄浪公社裴堡大队，1960年属赵墩公社裴堡大队，1983年属赵墩乡裴堡村委会。因方位和地形特征得名。村落坐西朝东，依山而建，呈散状分布，面积0.02平方千米。农业以种植小麦、玉米、马铃薯、油菜、苹果、饲草为主，居民收入以养殖、劳务为主。

杨家湾（Yángjiāwān） 位于赵墩乡西南部，距乡政府驻地赵家墩6.82千米。属裴堡村委会管辖。21户95人，汉族。1958年属庄浪公社裴堡大队，1960年属赵墩公社裴堡大队，1983年属赵墩乡裴堡村委会。因姓氏和地形得名。村落坐南朝北，依山而建，呈团块状分布，面积0.03平方千米。农业以种植小麦、玉米、马铃薯、油菜、苹果、饲草为主，居民收入以养殖、劳务为主。

曹家凸（Cáojiāwā） 位于赵墩乡西南部，距乡政府驻地赵家墩5.04千米。属裴堡村委会管辖。12户48人，汉族。1958年属庄浪公社裴堡大队，1960年属赵墩公社裴堡大队，1983年属赵墩乡裴堡村委会。因姓氏和地形得名。村落坐北朝南，依山而建，呈团块状分布，面积0.03平方千米。农业以种植小麦、玉米、马铃薯、油菜、苹果、饲草为主，居民收入以养殖、劳务为主。

下梁家湾（Xiàliángjiāwān） 位于赵墩乡西南部，距乡政府驻地赵家墩5.9千米。属裴堡村委会管辖。57户230人，汉族。原称梁家湾，1958年属庄浪公社裴堡大队，1960年属赵墩公社裴堡大队，1982年更名为下梁家湾，1983年属赵墩乡裴堡村委会。因姓氏和地形方位得名。村落整体坐南朝北，依山湾而建，呈散状分布，面积0.12平方千米。农业以种植小麦、玉米、马铃薯、油菜、苹果、饲草为主，居民收入以养殖、劳务为主。

张家湾（Zhāngjiāwān） 位于赵墩乡西南部，距乡政府驻地赵家墩4.85千米。属裴堡村委会管辖。36户147人，汉族。1958年属庄浪公社道回沟大队，1960年属赵墩公社道回沟大队，1964年属裴堡大队，1978年属道回沟大队，1983年属赵墩乡道回沟村委会，2006年属裴堡村委会。因姓氏和地形得名。村落坐南朝北，依山而建，呈散状分布，面积0.07平方千米。农业以种植小麦、玉米、马铃薯、油菜、苹果、饲草为主，居民收入以养殖、劳务为主。

温家庄（Wēnjiāzhuāng） 位于赵墩乡西南部，距乡政府驻地赵家墩4.89千米。属裴堡村委会管辖。34户160人，汉族。1958年属庄浪公社裴堡大队，1960年属赵墩公社裴堡大队，1983年属赵墩乡裴堡村委会。因姓氏得名。村落坐东朝西，依山而建，呈团块状分布，面积0.06平方千米。农业以种植小麦、玉米、马铃薯、油菜、苹果、饲草为主，居民收入以养殖、劳务为主。

蒲家湾（Pújiāwān） 位于赵墩乡西南部，距乡政府驻地赵家墩4.03千米。属裴堡村委会管辖。41户187人，汉族。1958年属庄浪公社裴堡大队，1960年属赵墩公社裴堡大队，1983年属赵墩乡裴堡村委会。因姓氏和地形得名。村落坐南朝北，依山而建，呈散状分布，面积0.09平方千米。农业以种植小麦、玉米、马铃薯、油菜、苹果、饲草为主，居民收入以养殖、劳务为主。

段家渠（Duànjiāqú） 位于赵墩乡西南部，距乡政府驻地赵家墩6.13千米。属裴堡村委会管辖。42户189人，汉族。1958年属庄浪公社裴堡大队，1960年属赵墩公社裴堡大队，1983年属赵墩乡裴堡村委会。因姓氏和地形得名。村落坐南朝北，依山而建，呈散状分布，面积0.04平方千米。农业以种植小麦、玉米、马铃薯、油菜、苹果、饲草为主，居民收入以养殖、劳务为主。

石家咀（Shíjiāzuǐ） 位于赵墩乡西部，距乡政府驻地赵家墩5.39千米。属石咀村委会管辖，系村委会驻地。61户298人，汉族。1958年属庄浪公社裴堡大队，1960年属赵墩公社裴堡大队，1961年属石咀大队，1983年属赵墩乡石咀村委会。因姓氏和地形得名。村落坐西朝东，依山而建，呈团块状分布，面积0.1平方千米。农业以种植小麦、玉米、马铃薯、油菜、苹果、饲草为主，居民收入以养殖、劳务为主。

王家高塬（Wángjiāgāoyuán） 位于赵墩乡西部，距乡政府驻地赵家墩4.29千米。属石咀村委会管辖。15户79人，汉族。1958年属庄浪公社裴堡大队，1960年属赵墩公社裴堡大队，1961年属石咀大队，1983年属赵墩乡石咀村委会。因姓氏和地形得名。村落坐北朝南，依山而建，呈团块状分布，面积0.03平方千米。农业以种植小麦、玉米、马铃薯、油菜、苹果、饲草为主，居民收入以养殖、劳务为主。有省级文物保护单位王家高塬遗址。

马家湾湾（Mǎjiāwānwān） 位于赵墩乡西部，距乡政府驻地赵家墩4.68千米。属石咀村委会管辖。28户116人，汉族。1958年属庄浪公社裴堡大队，1960年属赵墩公社裴堡大队，1961年属石咀大队，1983年属赵墩乡石咀村委会。因姓氏和地形得名。村落坐东朝西，依山而建，呈团块状分布，面积0.04平方千米。农业以种植小麦、玉米、马铃薯、油菜、苹果、饲草为主，居民收入以养殖、劳务为主。

冯湾（Féngwān） 位于赵墩乡西部，距乡政府驻地赵家墩4.77千米。属石咀村委会管辖。20户103人，汉族。1958年属庄浪公社裴堡大队，1960年属赵墩公社裴堡大队，1961年属石咀大队，1983年属赵墩乡石咀村委会。因初居者姓氏得名。村落坐东朝西，依山而建，呈团块状分布，面积0.03平方千米。农业以种植小麦、玉米、马铃薯、油菜、苹果、饲草为主，居民收入以养殖、劳务为主。

王家峡（Wángjiāxiá） 位于赵墩乡中部，距乡政府驻地赵家墩3.03千米。属关道村委会管辖，系村委会驻地。101户430人，汉族。1958年属庄浪公社关道大队，1960年属赵墩公社关道大队，1983年属赵墩乡关道村委会。因姓氏和地形得名。村落坐西朝东，依山而建，呈带状分布，面积0.2平方千米。农业以种植小麦、玉米、马铃薯、油菜、苹果、饲草为主，居民收入以养殖、劳务为主。

关道岔（Guāndàochà） 位于赵墩乡南部，距乡政府驻地赵家墩3.29千米。属关道村委会管辖。75户361人，汉族。1958年属庄浪公社关道大队，1960年属赵墩公社关道大队，1983年属赵墩乡关道村委会。因地处庄浪通静宁古道岔口得名。村落坐北朝南，依山而建，呈散状分布，面积0.17平方千米。农业以种植小麦、玉米、马铃薯、油菜、苹果、饲草为主，居民收入以养殖、劳务为主。有关道初小。

曹家湾（Cáojiāwān） 位于赵墩乡西南部，距乡政府驻地赵家墩4千米。属关道村委会管辖。46户191人，汉族。1958年属庄浪公社关道大队，1960年属赵墩公社关道大队，1983年属赵墩乡关道村委会。因姓氏和地形得名。村落坐南朝北，依山而建，呈团块状分布，面积0.08平方千米。农业以种植小麦、玉米、马铃薯、油菜、苹果、饲草为主，居民收入以养殖、劳务为主。

王家堡（Wángjiābǔ） 位于赵墩乡南部，距乡政府驻地赵家墩3.5千米。属王堡村委会管辖，系村委会驻地。46户216人，汉族。1958年属庄浪公社关道大队，1960年属赵墩公社关道大队，1961年属王堡大队，1983年属赵墩乡王堡村委会。因姓氏和土堡得名。村落坐东朝西，依山而建，呈带状分布，面积0.1平方千米。农业以种植小麦、玉米、马铃薯、油菜、苹果、饲草为主，居民收入以养殖、劳务为主。有王堡初小。

王家上湾（Wángjiāshàngwān） 位于赵墩乡南部，距乡政府驻地赵家墩2.98千米。属王堡村委会管辖。48户230人，汉族。1958年属庄浪公社关道大队，1960年属赵墩公社关道大队，1961年属王堡大队，1983年属赵墩乡王堡村委会。因姓氏和地形方位得名。村落坐东朝西，依山而建，呈团块状分布，面积0.08平方千米。农业以种植小麦、玉米、马铃薯、油菜、苹果、饲草为主，居民收入以养殖、劳务为主。

小杨家（Xiǎoyángjiā） 位于赵墩乡南部，距乡政府驻地赵家墩3.58千米。属王堡村委会管辖。31户133人，汉族。1958年属庄浪公社关道大队，1960年属赵墩公社关道大队，1961年属王堡大队，1983年属赵墩乡王堡村委会。因姓氏和村庄规模得名。村落坐北朝南，依山而建，呈团块状分布，面积0.03平方千米。农业以种植小麦、玉米、马铃薯、油菜、苹果、饲草为主，居民收入以养殖、劳务为主。

徐家上湾（Xújiāshàngwān） 位于赵墩乡南部，距乡政府驻地赵家墩4.5千米。属王堡村委会管辖。41户165人，汉族。1958年属庄浪公社关道大队，1960年属赵墩公社关道大队，1961年属王堡大队，1983年属赵墩乡王堡村委会。因姓氏和地形方位得名。村落坐南朝北，依山而建，呈团块状分布，面积0.07

平方千米。农业以种植小麦、玉米、马铃薯、油菜、苹果、饲草为主，居民收入以养殖、劳务为主。

徐家下湾（Xújiāxiàwān） 位于赵墩乡南部，距乡政府驻地赵家墩3.93千米。属王堡村委会管辖。41户203人，汉族。1958年属庄浪公社关道大队，1960年属赵墩公社关道大队，1961年属王堡大队，1983年属赵墩乡王堡村委会。因姓氏和地形方位得名。村落坐南朝北，依山而建，呈散状分布，面积0.09平方千米。农业以种植小麦、玉米、马铃薯、油菜、苹果、饲草为主，居民收入以养殖、劳务为主。

大庄（Dàzhuāng） 位于赵墩乡南部，距乡政府驻地赵家墩2.05千米。属牡丹村委会管辖，系村委会驻地。61户249人，汉族。1958年属庄浪公社关道大队，1960年属赵墩公社关道大队，1961年属牡丹大队，1983年属赵墩乡牡丹村委会。因村落规模得名。村落坐西南朝东北，依山湾而建，呈团块状分布，面积0.14平方千米。农业以种植小麦、玉米、马铃薯、油菜、苹果、饲草为主，居民收入以养殖、劳务为主。

小庄（Xiǎozhuāng） 位于赵墩乡南部，距乡政府驻地赵家墩1.54千米。属牡丹村委会管辖。36户148人，汉族。1958年属庄浪公社关道大队，1960年属赵墩公社关道大队，1961年属牡丹大队，1983年属赵墩乡牡丹村委会。因村落规模得名。村落坐东南朝西北，沿山湾而建，呈团块状分布，面积0.05平方千米。农业以种植小麦、玉米、马铃薯、油菜、苹果、饲草为主，居民收入以养殖、劳务为主。

牡丹岔（Mǔdānchà） 位于赵墩乡中部，距乡政府驻地赵家墩2.01千米。属牡丹村委会管辖。该名是大庄、小庄的总称。清代邵陆编修《庄浪县志略》载："牡丹岔，在县15里。旧传，其地产牡丹最盛，故名"。

马家湾（Mǎjiāwān） 位于赵墩乡中部，距乡政府驻地赵家墩1.89千米。属牡丹村委会管辖。15户54人，汉族。1958年属庄浪公社关道大队，1960年属赵墩公社关道大队，1961年属牡丹大队，1983年属赵墩乡牡丹村委会。因姓氏和地形得名。村落坐西朝东，依山而建，呈散状分布，面积0.02平方千米。农业以种植小麦、玉米、马铃薯、油菜、苹果、饲草为主，居民收入以养殖、劳务为主。

店湾（Diànwān） 位于赵墩乡中部，距乡政府驻地赵家墩2.19千米。属牡丹村委会管辖。28户128人，汉族。1958年属庄浪公社关道大队，1960年属赵墩公社关道大队，1961年属牡丹大队，1983年属赵墩乡牡丹村委会。相传因白姓人家开店得名。村落坐南朝北，依山而建，呈散状分布，面积0.05平方千米。农业以种植小麦、玉米、马铃薯、油菜、苹果、饲草为主，居民收入以养殖、劳务为主。

三湾（Sānwān） 位于赵墩乡中部，距乡政府驻地赵家墩3千米。属牡丹村委会管辖。52户242人，汉族。1958年属庄浪公社关道大队，1960年属赵墩公社关道大队，1961年属牡丹大队，1983年属赵墩乡牡丹村委会。因依马家湾、店湾顺序得名。村落坐西朝东，依山而建，呈团块状分布，面积0.02平方千米。农业以种植小麦、玉米、马铃薯、油菜、苹果、饲草为主，居民收入以养殖、劳务为主。

富家川（Fùjiāchuān） 位于赵墩乡中部，距乡政府驻地赵家墩2.14千米。属牡丹村委会管辖。50户182人，汉族。1958年属庄浪公社关道大队，1960年属赵墩公社关道大队，1961年属牡丹大队，1983年属赵墩乡牡丹村委会。因初居者姓氏和地形得名。村落坐东朝西，依山而建，呈团块状分布，面积0.08平方千米。农业以种植小麦、玉米、马铃薯、油菜、苹果、饲草为主，居民收入以养殖、劳务为主。

郑河乡

郑家河（Zhèngjiāhé） 位于郑河乡中部，属郑河村委会管辖，系乡政府、村委会驻地。114户481人，汉族。1958年属韩店公社红星大队，1960年属郑河公社郑河大队，1983年属郑河乡郑河村委会。因姓氏和地形得名。村落呈团块状分布，面积0.15平方千米。农业以种植小麦、玉米、马铃薯、油菜、药材为主，居民收入以商贸、养殖、劳务为主。有郑河中学、郑河小学、郑河卫生院。乡道郑卢公路直达，郑河至朝那湫开设旅游专线，通公交车。

中咀头（Zhōngzuǐtóu） 位于郑河乡中部，距乡政府驻地郑家河 1.94 千米。属郑河村委会管辖。57 户 228 人，汉族。1958 年属韩店公社红星大队，1960 年属郑河公社郑河大队，1983 年属郑河乡郑河村委会。因方位地形得名。村落呈散状分布，面积 0.02 平方千米。农业以种植小麦、玉米、马铃薯、油菜为主，居民收入以养殖、劳务为主。

尖山子（Jiānshānzi） 位于郑河乡中部，距乡政府驻地郑家河 2.24 千米。属郑河村委会管辖。38 户 181 人，汉族。1958 年属韩店公社红星大队，1960 年属郑河公社郑河大队，1983 年属郑河乡郑河村委会。因地形得名。村落坐东北朝西南，呈团块状分布，面积 0.02 平方千米。农业以种植小麦、玉米、马铃薯、油菜为主，居民收入以养殖、劳务为主。

庙川（Miàochuān） 位于郑河乡西北部，距乡政府驻地郑家河 3.72 千米。属庙川村委会管辖，系村委会驻地。73 户 319 人，汉族。1958 年属韩店公社庙川大队，1960 年属郑河公社庙川大队，1983 年属郑河乡庙川村委会。因地形宽阔平坦，附近有天台山寺庙得名。村落呈团块状分布。面积 0.1 平方千米。农业以种植小麦、玉米、马铃薯、油菜为主，居民收入以养殖、劳务为主。有庙川小学。县道韩良公路经此。

张家新庄（Zhāngjiāxīnzhuāng） 位于郑河乡西北部，距乡政府驻地郑家河 3.2 千米。属庙川村委会管辖。25 户 100 人，汉族。1958 年属韩店公社庙川大队，1960 年属郑河公社庙川大队，1983 年属郑河乡庙川村委会。因张姓人迁居新庄得名。村落呈散状分布，面积 0.04 平方千米。农业以种植小麦、玉米、马铃薯、油菜为主，居民收入以养殖、劳务为主。县道韩良公路经此。

文家峡（Wénjiāxiá） 位于郑河乡西北部，距乡政府驻地郑家河 4.8 千米。属庙川村委会管辖。81 户 350 人，汉族。1958 年属韩店公社庙川大队，1960 年属郑河公社庙川大队，1983 年属郑河乡庙川村委会。因姓氏和地形地貌得名。村落坐北朝南，依山谷而建，呈团块状分布，面积 0.1 平方千米。农业以种植小麦、玉米、马铃薯、油菜为主，居民收入以养殖、劳务为主。县道韩良公路经此。

沟来家（Gōuláijiā） 位于郑河乡西北部，距乡政府驻地郑家河 3.61 千米。属庙川村委会管辖。28 户 128 人，汉族。1958 年属韩店公社庙川大队，1960 年属郑河公社庙川大队，1983 年属郑河乡庙川村委会。因地形得名。村落呈团块状分布，面积 0.03 平方千米。农业以种植小麦、玉米、马铃薯、油菜为主，居民收入以养殖、劳务为主。

史家川（Shǐjiāchuān） 位于郑河乡西部，距乡政府驻地郑家河 3.44 千米。属史川村委会管辖，系村委会驻地。37 户 169 人，汉族。1958 年属韩店公社史川大队，1960 年属郑河公社史川大队，1983 年属郑河乡史川村委会。因姓氏和地形得名。村落呈团块状分布，面积 0.07 平方千米。农业以种植小麦、玉米、马铃薯、油菜为主，居民收入以养殖、劳务为主。县道韩良公路经此。

宫店子川（Gōngdiànzichuān） 位于郑河乡西部，距乡政府驻地郑家河 3.75 千米。属史川村委会管辖。30 户 132 人，汉族。1958 年属韩店公社史川大队，1960 年属郑河公社史川大队，1983 年属郑河乡史川村委会。相传古时土匪为攻击躲避在天台山堡内百姓在此建成射箭弓弩台，故名弓箭川，后演变为宫店子川。村落呈团块状分布，面积 0.03 平方千米。农业以种植小麦、玉米、马铃薯、油菜为主，居民收入以养殖、劳务为主。县道韩良公路经此。

柳沟来（Liǔgōulái） 位于郑河乡西部，距乡政府驻地郑家河 3.88 千米。属史川村委会管辖。13 户 72 人，汉族。1958 年属韩店公社史川大队，1960 年属郑河公社史川大队，1983 年属郑河乡史川村委会。因地形和柳树得名。村落呈散状分布，面积 0.04 平方千米。农业以种植小麦、玉米、马铃薯、油菜为主，居民收入以养殖、劳务为主。

李家坡（Lǐjiāpō） 位于郑河乡西部，距乡政府驻地郑家河 3.97 千米。属史川村委会管辖。4 户 19 人，汉族。1958 年属韩店公社史川大队，1960 年属郑河公社史川大队，1983 年属郑河乡史川村委会。因姓氏和地形得名。村落呈团块状分布，面积 0.01 平方千米。农业以种植小麦、玉米、马铃薯、油菜为主，居民收入以养殖、劳务为主。

刘家阳山（Liújiāyángwā） 位于郑河乡西北部，距乡政府驻地郑家河3千米。属史川村委会管辖。58户263人，汉族。1958年属韩店公社史川大队，1960年属郑河公社史川大队，1983年属郑河乡史川村委会。因姓氏和地形方位得名。村落呈散状分布，面积0.07平方千米。农业以种植小麦、玉米、马铃薯、油菜为主，居民收入以养殖、劳务为主。县道韩良公路经此。

具家峡（Jùjiāxiá） 位于郑河乡北部，距乡政府驻地郑家河2.2千米。属具峡村委会管辖，系村委会驻地。73户299人，汉族。1958年属韩店公社具峡大队，1960年属郑河公社具峡大队，1983年属郑河乡具峡村委会。因初居者姓氏和地形得名。村落依山谷而建，呈团块状分布，面积0.06平方千米。农业以种植小麦、玉米、马铃薯、油菜为主，居民收入以养殖、劳务为主。

透林子（Tòulínzi） 位于郑河乡北部，距乡政府驻地郑家河2.82千米。属具峡村委会管辖。27户112人，汉族。1958年属韩店公社具峡大队，1960年属郑河公社具峡大队，1983年属郑河乡具峡村委会。村庄坐落峡谷，南、北两山均为树林，东西通透，故名。村落呈散状分布，面积0.03平方千米。农业以种植小麦、玉米、马铃薯、油菜为主，居民收入以养殖、劳务为主。

刘家山（Liújiāshān） 位于郑河乡西北部，距乡政府驻地郑家河3.02千米。属具峡村委会管辖。21户104人，汉族。1958年属韩店公社具峡大队，1960年属郑河公社具峡大队，1983年属郑河乡具峡村委会。因姓氏和地形得名。村落坐东南朝西北，呈团块状分布，面积0.02平方千米。农业以种植小麦、玉米、马铃薯、油菜为主，居民收入以养殖、劳务为主。

塔儿湾（Tǎrwān） 位于郑河乡西北部，距乡政府驻地郑家河3.29千米。属具峡村委会管辖。34户162人，汉族。1958年属韩店公社具峡大队，1960年属郑河公社具峡大队，1983年属郑河乡具峡村委会。因地形得名。村落坐北朝南，呈团块状分布，面积0.04平方千米。农业以种植小麦、玉米、马铃薯、油菜为主，居民收入以养殖、劳务为主。

拉连寺（2016年5月摄）

拉连寺（Lāliánsì） 位于郑河乡中部，距乡政府驻地郑家河2.09千米。属拉连寺村委会管辖，系村委会驻地。127户523人，汉族。1958年属韩店公社拉连寺大队，1960年属郑河公社拉连寺大队，1983年属郑河乡拉连寺村委会。因村落地形和寺庙得名，清同治年间居民在山梁两端各建寺庙1处，形似褡裢，故称褡裢寺，后改为拉连寺。村落坐北朝南，呈团块状分布，面积0.11平方千米。农业以种植小麦、玉米、马铃薯、油菜为主，居民收入以养殖、劳务为主。有拉连寺村学。

杨家庄（Yángjiāzhuāng） 位于郑河乡中部，距乡政府驻地郑家河1.22千米。属拉连寺村委会管辖。80户337人，汉族。1958年属韩店公社拉连寺大队，1960年属郑河公社拉连寺大队，1983年属郑河乡拉连寺村委会。因姓氏得名。村落呈团块状分布，面积0.06平方千米。农业以种植小麦、玉米、马铃薯、油菜为主，居民收入以养殖、劳务为主。

刘石家（Liúshíjiā） 位于郑河乡西北部，距乡政府驻地郑家河2.48千米。属拉连寺村委会管辖。79户361人，汉族。1958年属韩店公社拉连寺大队，1960年属郑河公社拉连寺大队，1983年属郑河乡拉连寺村委会。因刘、石姓氏得名。村落坐北朝南，呈团块状分布，面积 0.06 平方千米。农业以种植小麦、玉米、马铃薯、油菜为主，居民收入以养殖、劳务为主。

史家凼（Shǐjiāwā） 位于郑河乡西部，距乡政府驻地郑家河 4.76 千米。属史凼村委会管辖，系村委会驻地。81 户 367 人，汉族。1958 年属韩店公社史凼大队，1960 年属郑河公社史凼大队，1983 年属郑河乡史凼村委会。因姓氏和地形得名。村落坐东朝西，依山坡而居，呈散状分布，面积 0.15 平方千米。农业以种植小麦、玉米、马铃薯、油菜为主，居民收入以养殖、劳务为主。有史凼初小。

安家湾（Ānjiāwān） 位于郑河乡西部，距乡政府驻地郑家河 5.96 千米。属史凼村委会管辖。63 户 280 人，汉族。1958 年属韩店公社史凼大队，1960 年属郑河公社史凼大队，1983 年属郑河乡史凼村委会。昔时史姓人为躲避匪患在此安家居住，故名。村落坐北朝南，呈散状分布，面积 0.03 平方千米。农业以种植小麦、玉米、马铃薯、油菜为主，居民收入以养殖、劳务为主。

磨河川（Mòhéchuān） 位于郑河乡西部，距乡政府驻地郑家河 4.47 千米。属史凼村委会管辖。50 户 222 人，汉族。1958 年属韩店公社史凼大队，1960 年属郑河公社史凼大队，1983 年属郑河乡史凼村委会。因地形和水磨得名。村落坐北朝南，临河而居，呈团块状分布，面积 0.04 平方千米。农业以种植小麦、玉米、马铃薯、油菜为主，居民收入以养殖、劳务为主。

梁家河（Liángjiāhé） 位于郑河乡西部，距乡政府驻地郑家河 4.5 千米。属史凼村委会管辖。46 户 217 人，汉族。1958 年属韩店公社史凼大队，1960 年属郑河公社史凼大队，1983 年属郑河乡史凼村委会。因姓氏和地形得名。村落坐西朝东，临河而居，呈团块状分布，面积 0.07 平方千米。农业以种植小麦、玉米、马铃薯、油菜为主，居民收入以养殖、劳务为主。县道韩良公路经此。

苏家河（Sūjiāhé） 位于郑河乡西部，距乡政府驻地郑家河 3.85 千米。属卢凼村委会管辖，系村委会驻地。111 户 460 人，汉族。1958 年属韩店公社红星大队，1960 年属郑河公社卢凼大队，1983 年属郑河乡卢凼村委会。因姓氏和地形得名。村落坐落于两水交汇三角地带，呈团块状分布，面积 0.16 平方千米。农业以种植小麦、玉米、马铃薯、油菜为主，居民收入以养殖、劳务为主。有卢凼希望小学。县道韩良公路经此。

卢家凼（Lújiāwā） 位于郑河乡西部，距乡政府驻地郑家河 3.18 千米。属卢凼村委会管辖。142 户 618 人，汉族。1958 年属韩店公社红星大队，1960 年属郑河公社卢凼大队，1983 年属郑河乡卢凼村委会。因姓氏和地形得名。村落坐南朝北，呈团块状分布。面积 0.15 平方千米。农业以种植小麦、玉米、马铃薯、油菜为主，居民收入以养殖、劳务为主。乡道郑卢公路经此。

贺家峡（Hèjiāxiá） 位于郑河乡中部，距乡政府驻地郑家河 2.03 千米。属卢凼村委会管辖。88 户 395 人，汉族。1958 年属韩店公社红星大队，1960 年属郑河公社卢凼大队，1983 年属郑河乡卢凼村委会。因姓氏和地形得名。村落呈团块状分布于山谷南、北两侧，面积 0.11 平方千米。农业以种植小麦、玉米、马铃薯、油菜为主，居民收入以养殖、劳务为主。乡道郑卢公路经此。

条牛沟（Tiáoniúgōu） 位于郑河乡中部，距乡政府驻地郑家河 1.14 千米。属条牛沟村委会管辖，系村委会驻地。46 户 219 人，汉族。20 世纪初居者由魏山、毛柳家、朱家山、文家沟、王家川子等地迁来，1958 年属韩店公社条牛沟大队，1960 年属郑河公社条牛沟大队，1983 年属郑河乡条牛沟村委会。因山高沟深坡陡，附近村民常在此地调试耕牛得名，辟为村庄后改称条牛沟。村落呈带状分布，面积 0.03 平方千米。农业以种植小麦、玉米、马铃薯、油菜为主，居民收入以养殖、劳务为主。

扫竹渠（Sǎozhúqú） 位于郑河乡中部，距乡政府驻地郑家河 1.57 千米。属条牛沟村委会管辖。19 户 82 人，汉族。1958 年属韩店公社条牛沟大队，1960 年属郑河公社条牛沟大队，1983 年属郑河乡条牛沟村委会。此地野生毛竹较多，当地人常用毛竹做扫帚，故名扫竹渠（“渠”即沟谷）。村落坐北朝南，呈团块状分布，面积 0.01 平方千米。农业以种植小麦、玉米、马铃薯、油菜为主，居民收入以养殖、劳务为主。

李家新庄（Lǐjiāxīnzhuāng） 位于郑河乡中部，距乡政府驻地郑家河 1.92 千米。属条牛沟村委会管辖。15 户 80 人，汉族。1958 年属韩店公社条牛沟大队，1960 年属郑河公社条牛沟大队，1983 年属郑河乡条牛沟村委会。因陕西李姓人初迁此地得名。村落坐西朝东，呈团块状分布，面积 0.03 平方千米。农业以种植小麦、玉米、马铃薯为主，居民收入以药材、养殖、劳务为主。

李子湾（Lǐziwān） 位于郑河乡中部，距乡政府驻地郑家河 0.83 千米。属条牛沟村委会管辖。8 户 31 人，汉族。1958 年属韩店公社条牛沟大队，1960 年属郑河公社条牛沟大队，1983 年属郑河乡条牛沟村委会。因野生李子树多得名。村落呈散状分布，面积 0.01 平方千米。农业以种植小麦、玉米、马铃薯、油菜为主，居民收入以养殖、劳务为主。

马牛湾（Mǎniúwān） 位于郑河乡中部，距乡政府驻地郑家河 0.6 千米。属条牛沟村委会管辖。26 户 123 人，汉族。1958 年属韩店公社条牛沟大队，1960 年属郑河公社条牛沟大队，1983 年属郑河乡条牛沟村委会。此地山高沟深，四周环闭，曾是牧牛马之地，故名马牛湾，辟为村庄后，村以地而名。村落坐西北朝东南，呈团块状分布，面积 0.02 平方千米。农业以种植小麦、玉米、马铃薯、油菜为主，居民收入以养殖、劳务为主。

官地峡（Guāndìxiá） 位于郑河乡东部，距乡政府驻地郑家河 1.9 千米。属上寨村委会管辖，系村委会驻地。123 户 517 人，汉族。1958 年属韩店公社新陶大队，1960 年属郑河公社上寨大队，1983 年属郑河乡上寨村委会。村落地处峡谷，住人之前土地非私人所有，故名。村落呈团块状分布，面积 0.1 平方千米。农业以种植小麦、玉米、马铃薯、油菜为主，居民收入以养殖、劳务为主。

上店来（Shàngdiànlái） 位于郑河乡东部，距乡政府驻地郑家河 2.29 千米。属上寨村委会管辖。36 户 137 人，汉族。1958 年属韩店公社新陶大队，1960 年属郑河公社上寨大队，1983 年属郑河乡上寨村委会。此地古时为交通要道，常有旅客往来，柳姓人曾开设旅店，且位于上寨村上方，故得名。村落呈团块状分布，面积 0.05 平方千米。农业以种植小麦、玉米、马铃薯、油菜为主，居民收入以养殖、劳务为主。

上店来（2019 年 10 月摄）

上寨（Shàngzhài） 位于郑河乡东部，距乡政府驻地郑家河 2.02 千米。属上寨村委会管辖。126 户 526 人，汉族。1958 年属韩店公社新陶大队，1960 年属郑河公社上寨大队，1983 年属郑河乡上寨村委会。原称卢家寨子，后简称“寨子”，1954 年为与李家寨子区别改称上寨，因方位得名。村落依山谷而建，呈带状分布，面积 0.18 平方千米。农业以种植小麦、玉米、马铃薯、油菜为主，居民收入以养殖、劳务为主。有上寨小学。2017 年被省农牧厅评为“千村美丽”示范村。

陶家窑庄（Táojiāyáozhuāng） 位于郑河乡东部，距乡政府驻地郑家河 2.23 千米。属下寨村委会管辖，系村委会驻地。35 户 145 人，汉族。1958 年属韩店公社新陶大队，1960 年属郑河公社上寨大队，1979 年属下寨大队，1983 年属郑河乡下寨村委会。因陶姓人居住村落并有窑洞得名。村落呈团块状分布，面积 0.03 平方千米。农业以种植小麦、玉米、马铃薯为主，居民收入以药材、养殖、劳务为主。

下寨（Xiàzhài） 位于郑河乡东部，距乡政府驻地郑家河 2.69 千米。属下寨村委会管辖。78 户 348 人，汉族。1958 年属韩店公社新陶大队，1960 年属郑河公社上寨大队，1979 年属下寨大队，1983

年属郑河乡下寨村委会。原称李家寨子，后简称“寨子”，1954年为与卢家寨子区别改称下寨，因方位得名。村落呈团块状分布，面积0.1平方千米。农业以种植小麦、玉米、马铃薯、油菜为主，居民收入以养殖、劳务为主。

陶家新庄（Táojiāxīnzhuāng） 位于郑河乡南部，距乡政府驻地郑家河2.52千米。属下寨村委会管辖。54户214人，汉族。1958年属韩店公社新陶大队，1960年属郑河公社上寨大队，1979年属下寨大队，1983年属郑河乡下寨村委会。因陶姓人新迁得名。村落坐东北朝西南，呈团块状分布，面积0.05平方千米。农业以种植小麦、玉米、马铃薯、油菜为主，居民收入以养殖、劳务为主。

李家庵（Lǐjiā'ān） 位于郑河乡东南部，距乡政府驻地郑家河3.43千米。属下寨村委会管辖。81户328人，汉族。1958年属韩店公社新陶大队，1960年属郑河公社李安大队，1983年属郑河乡李安村委会，2006年属下寨村委会。因李姓人初居茅庵得名。村落坐南朝北，呈散状分布，面积0.05平方千米。农业以种植小麦、玉米、马铃薯、油菜为主，居民收入以养殖、劳务为主。

酒槽（Jiǔcáo） 位于郑河乡东南部，距乡政府驻地郑家河1.53千米。属下寨村委会管辖。62户282人，汉族。1958年属韩店公社新陶大队，1960年属郑河公社李安大队，1983年属郑河乡李安村委会，2006年属下寨村委会。因酿酒石槽得名。村落坐西北朝东南，呈团块状分布，面积0.06平方千米。农业以种植马铃薯、大豆为主，居民收入以养殖、劳务为主。

龙家湾（Lóngjiāwān） 位于郑河乡南部，距乡政府驻地郑家河4.56千米。属龙湾村委会管辖，系村委会驻地。73户371人，汉族，其中马姓居民由聂子坪迁来。1958年属韩店公社新陶大队，1960年属郑河公社龙湾大队，1983年属郑河乡龙湾村委会。因地形似龙得名。村落坐东北朝西南，呈散状分布，面积0.07平方千米。农业以种植小麦、玉米、马铃薯为主，居民收入以养殖、劳务为主。有龙湾初小。

蛇儿湾（Shérwān） 位于郑河乡南部，距乡政府驻地郑家河4.52千米。属龙湾村委会管辖。38户170人，汉族。1958年属韩店公社新陶大队，1960年属郑河公社龙湾大队，1983年属郑河乡龙湾村委会。因地形弯曲似蛇得名。村落呈散状分布，面积0.03平方千米。农业以种植小麦、玉米、马铃薯、油菜为主，居民收入以养殖、劳务为主。

董家堡子（Dǒngjiābǔzi） 位于郑河乡南部，距乡政府驻地郑家河3.9千米。属龙湾村委会管辖。11户50人，汉族。1958年属韩店公社新陶大队，1960年属郑河公社龙湾大队，1983年属郑河乡龙湾村委会。因姓氏和土堡得名。村落呈散状分布，面积0.01平方千米。农业以种植小麦、玉米、马铃薯、油菜为主，居民收入以养殖、劳务为主。

蔡家山（Càijiāshān） 位于郑河乡南部，距乡政府驻地郑家河5.14千米。属龙湾村委会管辖。58户276人，汉族。1958年属韩店公社新陶大队，1960年属郑河公社龙湾大队，1983年属郑河乡龙湾村委会。因姓氏和地形得名。村落呈散状分布，面积0.06平方千米。农业以种植小麦、玉米、马铃薯、油菜为主，居民收入以养殖、劳务为主。

陶家阴屲（Táojiāyīnwā） 位于郑河乡南部，距乡政府驻地郑家河3.03千米。属陶家阴屲村委会管辖，系村委会驻地。85户377人，汉族。1958年属韩店公社新陶大队，1960年属郑河公社阴屲大队，1982年属陶家阴屲大队，1983年属郑河乡陶家阴屲村委会。因姓氏和地形方位得名。村落坐南朝北，呈散状分布，面积0.08平方千米。农业以种植小麦、玉米、马铃薯、油菜为主，居民收入以养殖、劳务为主。有阴屲小学。

川来（Chuānlái） 位于郑河乡西南部，距乡政府驻地郑家河2.78千米。属陶家阴屲村委会管辖，为村委会驻地。48户199人，汉族。1958年属韩店公社新陶大队，1960年属郑河公社阴屲大队，1982年属陶家阴屲大队，1983年属郑河乡陶家阴屲村委会。因地形得名。村落坐北朝南，呈散状分布，面积0.07平方千米。农业以种植小麦、玉米、马铃薯、油菜为主，居民收入以养殖、劳务为主。

陶家阳屲（Táojiāyángwā） 位于郑河乡南部，距乡政府驻地郑家河2.39千米。属陶家阴屲村委会管辖。57 户 233 人，汉族。1958 年属韩店公社新陶大队，1960 年属郑河公社阴屲大队，1982 年属陶家阴屲大队，1983 年属郑河乡陶家阴屲村委会。因姓氏和地形方位得名。村落坐北朝南，呈散状分布，面积 0.03 平方千米。农业以种植小麦、玉米、马铃薯、油菜为主，居民收入以养殖、劳务为主。

顿家咀上庄（Dùnjiāzuǐshàngzhuāng）　位于郑河乡西南部，距乡政府驻地郑家河 1.91 千米。属陶家阴屲村委会管辖。9 户 38 人，汉族。1958 年属韩店公社新陶大队，1960 年属郑河公社阴屲大队，1982 年属陶家阴屲大队，1983 年属郑河乡陶家阴屲村委会。因姓氏和地形方位得名。村落坐北朝南，呈团块状分布，面积 0.01 平方千米。农业以种植小麦、玉米、马铃薯、油菜为主，居民收入以养殖、劳务为主。

顿家咀下庄（Dùnjiāzuǐxiàzhuāng）　位于郑河乡西南部，距乡政府驻地郑家河 2.85 千米。属陶家阴屲村委会管辖。50 户 247 人，汉族。1958 年属韩店公社新陶大队，1960 年属郑河公社阴屲大队，1982 年属陶家阴屲大队，1983 年属郑河乡陶家阴屲村委会。因姓氏和地形方位得名。村落呈团块状分布，面积 0.04 平方千米。农业以种植小麦、玉米、马铃薯、油菜为主，居民收入以养殖、劳务为主。

贺家屲（Hèjiāwā）　位于郑河乡南部，距乡政府驻地郑家河 3.56 千米。属陶家阴屲村委会管辖。31 户 149 人，汉族。1958 年属韩店公社新陶大队，1960 年属郑河公社阴屲大队，1982 年属陶家阴屲大队，1983 年属郑河乡陶家阴屲村委会。因姓氏和地形得名。村落坐东朝西，呈散状分布，面积 0.02 平方千米。农业以种植小麦、玉米、马铃薯、油菜为主，居民收入以养殖、劳务为主。

贺家窑（Hèjiāyáo）　位于郑河乡西南部，距乡政府驻地郑家河 2.79 千米。属陶家阴屲村委会管辖。4 户 16 人，汉族。1958 年属韩店公社新陶大队，1960 年属郑河公社阴屲大队，1982 年属陶家阴屲大队，1983 年属郑河乡陶家阴屲村委会。因贺姓人初居窑洞得名。村落呈团块状分布，面积 0.01 平方千米。农业以种植小麦、玉米、马铃薯、油菜为主，居民收入以养殖、劳务为主。

第三节　历史居民点

水洛镇

柴家屲（Cháijiāwā）　位于水洛镇西部。因姓氏和地形得名。1958 年属水洛公社郭堡大队，1983 年属水洛乡郭堡村委会，1989 年住户全部迁至郭家堡子。

南湖镇

白家咀（Báijiāzuǐ）　位于南湖镇东北部。因姓氏和地形得名。1958 年属庄浪公社五里大队，1961 年属南湖公社寺门大队，1969 年属红光大队，1979 年属寺门大队，1982 年属寺沟门大队，1983 年属南湖乡寺沟门村委会，1986 年属南湖镇寺沟门村委会。2009 年住户全部迁至寺沟门村新农村。

小湾咀（Xiǎowānzuǐ）　位于南湖镇东北部。因地形地貌得名。1958 年属庄浪公社五里大队，1961 年属南湖公社寺门大队，1969 年属红光大队，1979 年属寺门大队，1982 年属寺沟门大队，1983 年属南湖乡寺沟门村委会，1986 年属南湖镇寺沟门村委会。2009 年住户全部迁至寺沟门村新农村。

蒙家咀（Méngjiāzuǐ）　位于南湖镇北部。因姓氏和地形得名。1958 年属庄浪公社五里大队，1961 年属南湖公社寺门大队，1969 年属红光大队，1979 年属寺门大队，1982 年属寺沟门大队，1983 年属南湖乡寺沟门村委会，1986 年属南湖镇寺沟门村委会。2009 年住户全部迁至寺沟门村新农村。

罗家坡（Luójiāpō） 位于南湖镇中部。因姓氏和地形得名。1958 年属庄浪公社南湖大队，1961 年属南湖公社红旗大队，1962 年属北关大队，1983 年属南湖乡北关村委会。2002 年至 2004 年住户陆续迁至北关村罗谢家。

谢家湾（Xièjiāwān） 位于南湖镇中部。因姓氏和地形得名。1958 年属庄浪公社南湖大队，1961 年属南湖公社红旗大队，1962 年属北关大队，1983 年属南湖乡北关村委会。2006 年至 2008 年住户陆续迁入北关村罗谢家。

赵家堡子（Zhàojiābǔzi） 位于南湖镇北部。居民均为赵姓，且有古堡，故名。1958 年属庄浪公社南湖大队，1961 年属南湖公社红旗大队，1962 年属北关大队，1983 年属南湖乡北关村委会。2012 年住户全部迁至北关村北关。

赵家湾（Zhàojiāwān） 位于南湖镇北部。因姓氏和地形得名。1958 年属水洛公社蒋寺大队，1961 年属南湖公社贾门大队，1969 年属前进大队，1979 年属贾门大队，1983 年属南湖乡贾门村委会。1998 年住户全部迁入贾门村王家洞子。

王家咀咀（Wángjiāzuǐzuǐ） 位于南湖镇北部。因姓氏和地形得名。1958 年属水洛公社蒋寺大队，1961 年属南湖公社贾门大队，1969 年属前进大队，1979 年属贾门大队，1983 年属南湖乡贾门村委会。1998 年住户全部迁入贾门村贾家沟门。

余家塬（Yújiāyuán） 位于南湖镇南部。因姓氏和地形得名。1958 年属庄浪公社五里大队，1961 年属南湖公社席河大队，1969 年属东风大队，1979 年属席河大队，1983 年属南湖乡席河村委会。1998 年住户全部迁至席河村牛家庄子。

张湾（Zhāngwān） 位于南湖镇西北部。因姓氏和地形得名。1958 年属庄浪公社五里大队，1961 年属南湖公社席河大队，1969 年属东风大队，1979 年属席河大队，1983 年属南湖乡席河村委会。1985 年住户全部迁至席河村上湾。

勿家湾（Wùjiāwān） 位于南湖镇东南部。此前为荒湾，无人居住，称“无人家湾儿”，后演化为“勿家湾”。1958 年属庄浪公社河川大队，1962 年属南湖公社石阳大，1979 年属李庄大队，1982 年属党李庄大队，1983 年属南湖乡党李庄村委会，是年住户全部迁至党李庄村李家庄子。

许家咀（Xǔjiāzuǐ） 位于南湖镇中部。因姓氏和地形得名。原称许家沟，1958 年属庄浪公社河川大队，1962 年属南湖公社石阳大队，1979 年属李庄大队，1982 年更名为许家咀，属党李庄大队，1983 年属南湖乡党李庄村委会。1998 年住户全部迁至党李庄村李家庄子。

汪家墩山（Wāngjiādūnshān） 位于南湖镇西南部。因姓氏和地形得名。1958 年属庄浪公社河川大队，1959 年属汪家大队，1961 年属南湖公社汪家大队，1969 年属先锋大队，1979 年属汪家大队，1983 年属南湖乡汪家村委会。1999 年住户全部迁至花塬村花塬头。

万家圪垴（Wànjiāgē'nǎo） 位于南湖镇南部。因姓氏和地形得名。1958 年属庄浪公社河川大队，1961 年属南湖公社秦梁大队，1969 年属前哨大队，1979 年属秦梁大队，1983 年属南湖乡秦梁村委会。1997 年住户全部搬至秦梁村秦家梁。

新庄（Xīnzhuāng） 位于南湖镇中部。王家高房人分户迁居此地，为区别于老庄，故称。1958 年属庄浪公社河川大队，1961 年属南湖公社石阳大队，1979 年属高房大队，1983 年属南湖乡高房村委会。1985 年住户全部迁至高房村王家高房。

许家湾（Xǔjiāwān） 位于南湖镇西南部。1958 年属庄浪公社河川大队，1961 年属南湖公社石峡大队，1969 年属永忠大队，1979 年属石峡大队，1983 年属南湖乡石峡村委会。2011 年至 2012 年住户迁至石峡村马家庄子。

孙家塬（Sūnjiāyuán） 位于南湖镇西南部。因地形和姓氏得名。1958 年属庄浪公社河川大队，1961 年属南湖公社石峡大队，1969 年属永忠大队，1979 年属石峡大队，1983 年属南湖乡石峡村委会。

2012 年住户迁至石峡村王家阳湾。

来子湾（Láiziwān） 位于南湖镇西南部。因原住户赖姓，故称赖子湾，后演变成来子湾。1958 年属庄浪公社河川大队，1961 年属南湖公社石峡大队，1969 年属永忠大队，1979 年属石峡大队，1983 年属南湖乡石峡村委会。是年住户全部迁至石峡村石慕家。

万泉镇

坪路上（Pínglùshàng） 位于万泉镇西部。村以路名，路以地势平坦得名。1958 年属朱店公社徐城大队，1960 年属万泉公社徐城大队，1979 年属连山大队，1983 年属万泉乡连山村委会，1984 年住户全部搬至连山村白草凸。

黑窑凸（Hēiyáowā） 位于万泉镇西北部。村以凸名，凸以有窑洞得名。1958 年属朱店公社王岔大队，1960 年属万泉公社胡岔大队，1979 年属王岔大队，1982 年属王李岔大队，1983 年属万泉乡王李岔村委会。1986 年住户全部迁至荒湾里。

双城湾（Shuāngchéngwān） 位于万泉镇北部。村以湾名，湾以有两个小城堡而名。1958 年属朱店公社史沟大队，1960 年属万泉公社史沟大队，1983 年属万泉乡史沟村委会。1985 年住户全部迁至史沟村史家沟。

张家湾（Zhāngjiāwān） 位于万泉镇西部。因姓氏和地形得名。1958 年属朱店公社联盟大队，1960 年属万泉公社霍李大队，1967 年住户全部迁至圪垯寺东侧。

马家上台子（Mǎjiāshàngtáizi） 位于万泉镇中部。因位于下马家台地上得名。1958 年属朱店公社马川大队，1960 年属万泉公社东台大队，1964 年马川大队，1979 年属东台大队，1983 年属万泉乡东台村委会。1999 年住户陆续搬至东台村东台。

马家西坪（Mǎjiāxīpíng） 位于万泉镇南部。与马川村连庄，位于西边坪地，故名。1958 年属朱店公社马川大队，1960 年属万泉公社西坪大队，1964 年属马川大队，1979 年属西坪大队，1983 年属万泉乡西坪村委会。2008 年住户搬至西坪村马家石节子。

韩店镇

张家沟（Zhāngjiāgōu） 位于韩店镇西部。因姓氏和地形得名。1958 年属韩店公社刘河大队，1962 年属试雨公社试雨大队，1964 年属韩店公社刘河大队，1983 年属韩店乡刘河村委会，2006 年住户全部迁至刘河村刘家河。

朱家湾（Zhūjiāwān） 位于韩店镇中部。因姓氏和地形得名。1958 年属韩店公社朱湾大队，1982 年属韩店公社朱家湾大队，1983 年属韩店乡朱家湾村委会。2005 年至 2007 年陆续迁至树林儿、东门、西门。

张家堡子（Zhāngjiābǔzi） 位于韩店镇中部。因姓氏和古堡得名。1958 年属页崖公社菜子湾大队，1960 年属韩店公社菜子湾大队，1962 年属新设页崖公社菜子湾大队，1964 年属韩店公社菜子湾大队，1979 年属页崖公社菜子湾大队，1983 年属颉崖乡菜子湾村委会，1987 年属聂子坪村委会，2006 年属韩店镇聂子坪村委会。2014 年住户迁至聂子坪村聂子坪。

槟草梁（Bīncǎoliáng） 位于韩店镇中部。因植物和地形得名。1958 年属韩店公社王崖大队，1964 年属上凸大队，1975 年属王崖大队，1983 年属韩店乡王崖村委会。2003 年住户全部搬至王崖村王家崖。

杜家大湾（Dùjiādàwān） 位于韩店镇东部。因姓氏和地形得名。1958 年属韩店公社黄草大队，1983 年属韩店乡黄草村委会，2003 年住户全部迁至郭漫村郭家漫。

庞家沟（Pángjiāgōu） 位于韩店镇东部。因昔年有庞姓人居住在沟附近得名。1958 年属韩店公社庞家沟大队，1964 年属吴家湾大队，1979 年属庞家沟大队，1983 年属韩店乡庞家沟村委会。2004 年住户全部迁至郭漫村郭家漫。

张家台子（Zhāngjiātáizi） 位于韩店镇东部。因居住人姓氏和地形得名。1958 年属韩店公社庞家沟大队，1964 年属吴家湾大队，1979 年属庞家沟大队，1983 年属韩店乡庞家沟村委会。1999 年住户全部迁至郭漫村郭家漫。

桥子沟（Qiáozigōu） 位于韩店镇东部。因此地沟上建有石桥得名。1958 年属韩店公社庞家沟大队，1964 年属吴家湾大队，1979 年属庞家沟大队，1983 年属韩店乡庞家沟村委会。2003 年住户全部迁至郭漫村郭家漫。

汪家湾（Wāngjiāwān） 位于韩店镇东部。因姓氏和地形得名。1958 年属韩店公社庞家沟大队，1964 年属吴家湾大队，1979 年属庞家沟大队，1983 年属韩店乡庞家沟村委会。2001 年住户全部迁至郭漫村郭家漫。

吴家湾（Wújiāwān） 位于韩店镇东部。因姓氏和地形得名。1958 年属韩店公社吴家湾大队，1983 年属韩店乡吴家湾村委会。1999 年住户全部迁至郭漫村、石桥村、刘河村。

傅家梁（Fùjiāliáng） 位于韩店镇东部。因姓氏和地形得名。1958 年属韩店公社吴家湾大队，1983 年属韩店乡吴家湾村委会。1998 年住户全部迁至郭漫村、王崖村。

袁家湾（Yuánjiāwān） 位于韩店镇东部。因姓氏和地形得名。1958 年属韩店公社店峡大队，1983 年属韩店乡店峡村委会。2004 年住户全部迁至石桥村石桥儿。

郭家山（Guōjiāshān） 位于韩店镇东部。因姓氏和地形得名。1958 年属韩店公社蜂儿凸大队，1963 年属马东山大队，1983 年属韩店乡马东山村委会。2003 年住户全部迁至郭漫村郭家漫。

大磨湾（Dàmòwān） 位于韩店镇东部。因地形似大磨盘得名。1958 年属韩店公社蜂儿凸大队，1963 年属马东山大队，1983 年属韩店乡马东山村委会。2004 年住户全部迁至郭漫村郭家漫。

花崖堡子（Huā'áibǔzi） 位于韩店镇东部。因地形特征和古堡得名。1958 年属韩店公社蜂儿凸大队，1963 年属马东山大队，1983 年属韩店乡马东山村委会。2003 年住户全部迁至郭漫村郭家漫。

蜂儿凸（Fēngrwā） 位于韩店镇东部。因野蜂多得名。1958 年属韩店公社蜂儿凸大队，1963 年属马东山大队，1983 年属韩店乡马东山村委会。2003 年住户全部迁至郭漫村郭家漫。

范家庄（Fànjiāzhuāng） 位于韩店镇东部。因姓氏得名。1958 年属韩店公社蜂儿凸大队，1963 年属马东山大队，1983 年属韩店乡马东山村委会。2004 年住户全部搬至郭漫村郭家漫。

黑沟山（Hēigōushān） 位于韩店镇中部。因地理实体得名。1958 年属韩店公社石桥大队，1983 年属韩店乡石桥村委会。2003 年住户全部搬至郭漫村郭家漫。

盐场子（Yánchǎngzi） 位于韩店镇中部。因是古代食盐集散地得名。1958 年属韩店公社黄草大队，1983 年属韩店乡黄草村委会。2003 年住户全部迁至郭漫村郭家漫。

西湾（Xīwān） 位于韩店镇东部。因方位和地形得名。1958 年属韩店公社店峡大队，1983 年属韩店乡店峡村委会，2006 年属郭漫村委会。是年住户全部迁至郭漫村郭家漫。

杏树湾（Xìngshùwān） 位于韩店镇中北部。因杏树多得名。1958 年属韩店公社花崖河大队。1979 年住户迁至花崖河。

黑水涡（Hēishuǐwō） 位于韩店镇西北部。因此地黑色石台下泉水流淌得名。1958 年属韩店公社刘家河大队，1960 年属刘河大队，1962 年属试雨公社刘河大队，1964 年属韩店公社刘河大队，1979 年属阳坡大队，1982 年属叶家阳坡大队，1983 年属韩店乡叶家阳坡村委会，2006 年属刘河村委会。2010 年住户全部迁至刘河村刘家河。

新庄沟（Xīnzhuānggōu） 位于韩店镇东部。因住户搬迁新址得名。1958 年属韩店公社蜂儿凸大队，

1963 年属马东山大队，1983 年属韩店乡马东山村委会。1996 年住户全部迁至水洛城。

卧龙镇

张赵湾（Zhāngzhàowān） 位于卧龙镇西部。因张、赵姓氏得名。1958 年属卧龙公社民主大队，1961 年属阴屲李家大队，1983 年属卧龙乡阴屲李家村委会。1996 年住户全部迁至阴屲李家。

大湾里（Dàwānlǐ） 位于卧龙镇西部。因地形得名。1958 年属卧龙公社山赵家大队，1983 年属卧龙乡山赵家村委会。1988 年住户全部迁至山赵家村小余家。

寺下来（Sìxiàlái） 位于卧龙镇东北部。因居住于寺庙之下得名。1958 年属卧龙公社石何大队，1961 年属石家山大队，1983 年属卧龙乡石家山村委会。1984 年住户全部迁至石家山村石家山。

阳川镇

大壑岘背后（Dàhèxiànbèihòu） 位于阳川镇北部。因方位地形得名。1958 年属卧龙公社张家大湾大队，1960 年属阳川公社张家大湾大队，1983 年属阳川乡张家大湾村委会。2018 年住户全部迁至张家大湾。

阳山屲（Yángshānwā） 位于阳川镇东北部。因方位地形得名。1958 年属卧龙公社石坪大队，1960 年属阳川公社王塬大队，1983 年属阳川乡王塬村委会。1992 年住户全部迁王塬村阳屲山。

高山屲（Gāoshānwā） 位于阳川镇南部。因地势地形得名。1958 年属卧龙公社上堡大队，1960 年属阳川公社新庄沟大队，1983 年属阳川乡新庄沟村委会，1987 年属张家上岔村委会，2006 年属新庄沟村委会。2017 年住户全部迁至张家上岔村张家上岔。

赵家山庄（Zhàojiāshānzhuāng） 位于阳川镇南部。因赵姓人坐山庄得名。1958 年属卧龙公社红旗大队，1960 年属阳川公社红旗大队，1979 年属苟岔大队，1983 年属阳川乡苟岔村委会。2008 年住户全部迁至苟岔村山胡岔。

一组上（Yīzǔshàng） 位于阳川镇东北部。因 1950 年设立互助组时以序号得名。1958 年属卧龙公社三益大队，1960 年属阳川公社三益大队，1983 年属阳川乡三益村委会。1990 年住户全部迁至三益村六垧地。

盘安镇

王公山庄（Wánggōngshānzhuāng） 位于盘安镇中部。因王公家人坐山庄得名。1958 年属页崖公社王公大队，1959 年属盘安公社王公大队，1983 年属盘安乡王公村委会，是年住户迁至王公阳山。

赵吴家阴山（Zhàowújiāyīnshān） 位于盘安镇北部。因姓氏和方位得名。1958 年属页崖公社页崖大队，1959 年属盘安公社页崖大队，1962 年属页崖公社页崖大队，1964 年属盘安公社页崖大队，1979 年属页崖公社赵吴大队，1983 年属颉崖乡赵吴村委会，2004 年属盘安乡赵吴村委会，2006 年属盘安乡颉崖村委会。2013 年住户全部迁至颉崖村赵吴家阳山。

通化镇

樊家山（Fánjiāshān） 位于通化镇西南部。因姓氏和地形得名。1958 属通边公社新集大队，1962 年属新集公社新集大队，1964 年属通边公社新集大队，1979 年属新集公社新集大队，1983 年属通化乡新集村委会。1998 年住户陆续搬至新集村樊家。

任家庄（Rénjiāzhuāng） 位于通化镇西南部。因姓氏得名。1958 年属通边公社新集大队，1962 年属新集公社新集大队，1964 年属通边公社新集大队，1979 年属新集公社新集大队，1983 年属通化乡新集村委会。1994 年住户陆续搬至新集村樊家。

斜𠙶（Xiéwā） 位于通化镇中部。因地形得名。1958 年属通边公社八大队，1962 年属新集公社新庄大队，1964 年属通边公社新庄大队，1979 年属新集公社新庄大队，1983 年属通化乡新庄村委会。2000 年住户全部迁至新庄村坪上。

陈家岔（Chénjiāchà） 位于通化镇南部。因姓氏和地形得名。1958 年属通边公社七大队，1962 年属新集公社韩湾大队，1964 年属通边公社韩湾大队，1979 年属新集公社韩湾大队，1983 年属通化乡韩湾村委会。2000 年住户陆续迁至韩湾村梁家湾。

罗家阴𠙶（Luójiāyīnwā） 位于通化镇东南部。因姓氏和方位得名。1958 年属通边公社九大队，1962 年属新集公社韩席大队，1964 年属通边公社韩席大队，1979 年属新集公社韩席大队，1983 年属通化乡韩席村委会。2000 年住户陆续迁至韩席村金赵。

马家湾（Mǎjiāwān） 位于通化镇东部。因姓氏和地形得名。1958 年属通边公社梅堡大队，1962 年属新集公社梅堡大队，1964 年属通边公社梅堡大队，1979 年属新集公社梅堡大队。1980 年住户全部迁至梅堡阴𠙶。

后湾（Hòuwān） 位于通化镇西部。因方位地形得名。1958 年属通边公社十一大队，1983 年属通边乡通边村委会，2004 年属通化乡通边村委会。2006 年住户全部迁至通边村通边。

前湾（Qiánwān） 位于通化镇西部。因方位地形得名。1958 年属通边公社十一大队，1983 年属通边乡通边村委会，2004 年属通化乡通边村委会。2006 年住户全部迁至通边村通边。

大面子（Dàmiànzi） 位于通化镇西南部。因地形得名。1958 年属通边公社阳坡何大队，1962 年属新集公社阳坡何大队，1964 年属通边公社阳坡何大队，1979 年属新集公社阳坡何大队，1983 年属通化乡阳坡何村委会。1986 年住户迁至阳坡何村棉柳滩。

张家山（Zhāngjiāshān） 位于通化镇西部。因姓氏和地形得名。1958 年属通边公社八大队，1962 年属通边公社野赵大队，1983 年属通边乡野赵村委会，2004 年属通化乡野赵村委会。2017 年住户陆续迁至野赵村野赵。

邓家山（Dèngjiāshān） 位于通化镇西部。因姓氏和地形得名。1958 年属通边公社八大队，1962 年属通边公社野赵大队，1983 年属通边乡野赵村委会，是年住户陆续迁至野赵村野赵。

韩家崖（Hánjiā'ái） 位于通化镇西部。因姓氏和地形得名。1958 年属通边公社八大队，1962 年属通边公社野赵大队，1983 年属通边乡野赵村委会。1984 年住户陆续迁至野赵村野赵。

苏家山下梁（Sūjiāshānxiàliáng） 位于通化镇西部。因姓氏和方位地形得名。原称苏家山，1958 年属通边公社八大队，1962 年属通边公社野赵大队，1982 年更名为苏家山下梁，1983 年属通边乡野赵村委会。1984 年住户陆续迁至野赵村野赵。

铧岔湾（Huáchàwān） 位于通化镇西部。因地处山湾沟岔、地形似铧得名。1958 年属通边公社八大队，1962 年属通边公社野赵大队，1983 年属通边乡野赵村委会。1984 年住户陆续迁至野赵村野赵。

苏家山上梁（Sūjiāshānshàngliáng） 位于通化镇西部。因姓氏和方位地形得名。原称苏家山，1958 年属通边公社八大队，1962 年属通边公社野赵大队，1982 年更名为苏家山上梁，1983 年属通边乡野赵村委会。1984 年住户陆续迁至野赵村野赵。

谢家湾（Xièjiāwān） 位于通化镇东北部。因姓氏和地形得名。1958 年属通边公社十二大队，1962 年属刘善大队，1983 年属通边乡刘善村委会。1988 年住户陆续迁至刘善村刘善。

吴家梁（Wújiāliáng） 位于通化镇北部。因姓氏和地形得名。1958 年属通边公社十二大队，

1962 年属刘善大队，1983 年属通边乡刘善村委会，2004 年属通化乡刘善村委会。2006 年住户陆续迁至刘善村石家窑。

史家梁上（Shǐjiāliángshàng） 位于通化镇西北部。因姓氏和地形得名。1958 年属通边公社十二大队，1962 年属刘善大队，1983 年属通边乡刘善村委会，2004 年属通化乡刘善村委会。2006 年住户陆续迁至刘善村石家窑。

下王家（Xiàwángjiā） 位于通化镇东部。因姓氏和方位得名。1958 年属通边公社九大队，1961 年属新后庄大队，1983 年属通边乡新后庄村委会，2004 年属通化乡新后庄村委会。2006 年住户搬至新后庄村深沟王家。

佛沟（Fógōu） 位于通化镇北部。因有石窟寺得名。1958 年属通边公社十一大队，1962 年属中庄大队，1982 年属毛沟李家中庄大队，1983 年属通边乡毛沟李家中庄村委会，2004 年属通化乡毛沟李家中庄村委会。是年住户陆续搬至毛沟李家中庄村石家台。

贺家台上（Hèjiātáishàng） 位于通化镇北部。因姓氏和地形得名。1958 年属通边公社十一大队，1962 年属中庄大队，1982 年属毛沟李家中庄大队，1983 年属通边乡毛沟李家中庄村委会，2004 年属通化乡毛沟李家中庄村委会。是年住户陆续搬至毛沟李家中庄村石家台。

椴树沟（Duànshùgōu） 位于通化镇北部。因地形和椴树多得名。1958 年属通边公社十一大队，1970 年属中庄大队，1982 年属毛沟李家中庄大队，1983 年属通边乡毛沟李家中庄村委会，2004 年属通化乡毛沟李家中庄村委会。是年住户陆续搬至毛沟李家中庄村石家台。

老虎沟（Lǎohǔgōu） 位于通化镇东部。相传曾有老虎出没，故名。1958 年属通边公社九大队，1961 年属新后庄大队。1980 年住户全部迁至新后庄大队李家咀。

大庄镇

胡家（Hújiā） 位于大庄镇东南部。因姓氏得名。1958 年属朱店公社胡家大队，1960 年属大庄公社南湾大队，1979 年属大庄公社胡家大队，1983 年属大庄乡胡家村委会，2006 年属大庄乡南湾村委会。2014 年住户全部迁至南湾村胡家新庄。

永宁镇

魏家阴凹（Wèijiāyīnwā） 位于永宁镇东部。因姓氏和方位得名。1958 年属通边公社鱼化大队，1960 年属永宁公社鱼儿咀大队，1983 年属永宁乡鱼儿咀村委会。2014 年住户全部迁至鱼儿咀村鱼儿咀。

苏家院（Sūjiāyuàn） 位于永宁镇东部。因姓氏得名。1958 年属通边公社鱼化大队，1960 年属永宁公社鱼儿咀大队，1983 年属永宁乡鱼儿咀村委会。2007 年住户全部迁至鱼儿咀村鱼儿咀。

张家岘（Zhāngjiāxiàn） 位于永宁镇东部。因姓氏和地形得名。1958 年属通边公社鱼化大队，1960 年属永宁公社鱼儿咀大队，1983 年属永宁乡鱼儿咀村委会。2007 年住户全部迁至鱼儿咀村鱼儿咀。

黑陈家（Hēichénjiā） 位于永宁镇中部。因姓氏得名。1958 年属通边公社鱼化大队，1960 年属永宁公社秦凹大队，1983 年属永宁乡秦凹村委会。2010 年住户全部迁至秦凹村秦家凹。

张家湾（Zhāngjiāwān） 位于永宁镇中部。因姓氏和地形得名。1958 年属通边公社鱼化大队，1960 年属永宁公社秦凹大队，1983 年属永宁乡秦凹村委会。2010 年住户全部迁至秦凹村秦家凹。

郭家湾（Guōjiāwān） 位于永宁镇东部。因姓氏和地形得名。1958 年属通边公社鱼化大队，1960 年属永宁公社漫湾大队，1983 年属永宁乡漫湾村委会。1992 年住户全部迁至漫湾村冰子沟。

魏家庄（Wèijiāzhuāng） 位于永宁镇中部。因姓氏得名。1958 年属通边公社永宁大队，1960

年属永宁公社永和大队，1983 年属永宁乡永和村委会，1993 年属谈街村委会。1999 年住户全部迁至谈街村谈家街子。

刘家窑（Liújiāyáo） 位于永宁镇东部。因刘姓人初居窑洞得名。1958 年属通边公社鱼化大队，1960 年属永宁公社鱼儿咀大队，1983 年属永宁乡鱼儿咀村委会。2010 年住户全部迁至鱼儿咀村蔡家庄。

良邑镇

大家子沟（Dàjiāzigōu） 位于良邑镇东南部。因地形和大户人家居住得名。1958 年属通边公社黑龙沟大队，1960 年属良邑公社黑龙沟大队，1968 年属红卫大队，1982 年属黑龙沟大队，1983 年属良邑乡黑龙沟村委会。1995 年住户迁至黑龙沟村黑龙沟。

苗家山（Miáojiāshān） 位于良邑镇南部。因姓氏和地形得名。1958 年属通边公社滴水崖大队，1960 年属良邑公社滴水崖大队，1983 年属良邑乡滴水崖村委会，2011 年住户迁至滴水崖村官路。

李家岔（Lǐjiāchà） 位于良邑镇东部。因姓氏和地形得名。1958 年属通边公社良邑大队，1960 年属良邑公社陈峡大队，1983 年属良邑乡陈峡村委会。2012 年住户迁至陈峡村陈家峡新农村。

马家凹（Mǎjiāwā） 位于良邑镇西北部。因姓氏和地形得名。1958 年属通边公社何柳大队，1960 年属良邑公社陈岔大队，1983 年属良邑乡陈岔村委会。2015 年住户迁至陈岔村高家凹。

张家崖寺（Zhāngjiā'áisì） 位于良邑镇西北部。因姓氏、地形和古寺得名，又称上张家。1958 年属通边公社何柳大队，1960 年属良邑公社何柳大队，1983 年属良邑乡何柳村委会。2001 年住户迁至何柳村张家崖寺新村。

苗家塬上（Miáojiāyuánshàng） 位于良邑镇东北部。因姓氏和地形方位得名。1958 年属通边公社何柳大队，1960 年属良邑公社苏苗塬大队，1983 年属良邑乡苏苗塬村委会。2008 年住户全部迁至苏苗塬村苗家塬。

柳家（Liǔjiā） 位于良邑镇西部。因姓氏得名。1958 年属通边公社何柳大队，1960 年属良邑公社何柳大队，1983 年属良邑乡何柳村委会。2001 年住户迁至何柳村柳家庄。

岳堡镇

李氏家湾（Lǐshìjiāwān） 位于岳堡镇中部。因姓氏和地形得名。1958 年属庄浪公社云台大队，1960 年属岳堡公社岳堡大队，1983 年属岳堡乡岳堡村委会。2009 年住户迁至岳堡村岳家堡子。

隔坡湾（Gépōwān） 位于岳堡镇东南部。因与湾湾子隔坡相邻得名。1958 年属庄浪公社唐山大队，1960 年属岳堡公社岔局大队，1983 年属岳堡乡岔局村委会。1999 年住户迁至岔局村湾湾子。

何家湾（Héjiāwān） 位于岳堡镇东部。因姓氏和地形得名。1958 年属庄浪公社唐山大队，1960 年属岳堡公社埂塄大队，1983 年属堡乡埂塄村委会。2000 年住户迁至埂塄村张家埂塄。

崔家沟上庄（Cuījiāgōushàngzhuāng） 位于岳堡镇西南部。因姓氏、方位和地形得名。1958 年属庄浪公社云台大队，1960 年属岳堡公社崔家大队，1983 年属岳堡乡崔家村委会。2008 年住户迁至崔家村崔家沟。

崔家沟上岔（Cuījiāgōushàngchà） 位于岳堡镇西南部。因姓氏、方位和地形得名。1958 年属庄浪公社云台大队，1960 年属岳堡公社崔家大队，1983 年属岳堡乡崔家村委会。2008 年住户迁至崔家村崔家沟。

高芦川（Gāolúchuān） 位于岳堡镇西南部。因地形和芦苇茂盛得名。1958 年属庄浪公社云台大队，1960 年属岳堡公社崔家大队，1983 年属岳堡乡崔家村委会。2010 年住户迁至崔家村崔家沟。

转台子（Zhuǎntáizi） 位于岳堡镇西南部。因地形得名。1958 年属庄浪公社云台大队，1960 年属岳堡公社崔家大队，1983 年属岳堡乡崔家村委会。2010 年住户迁至崔家村崔家沟。

柳梁镇

君家湾豁岘（Jūnjiāwānhuōxiàn） 位于柳梁镇西南部。因姓氏和地形得名。1958 年属柳梁公社阳坡大队，1962 年属白堡公社阳坡大队，1964 年属柳梁公社阳坡大队，1979 年属白堡公社阳坡大队，1983 年属白堡乡白家阳坡村委会。1999 年住户迁至白家阳坡村白家阳坡。

南坪镇

刘家西湾（Liújiāxīwān） 位于南坪镇东南部。因姓氏和方位得名。1958 年属水洛公社南坪大队，1960 年属南坪公社刘窑大队，1983 年属南坪乡刘窑村委会，2006 年属刘坪村委会。2011 年住户迁至刘坪村刘家窑湾。

旧庄凸（Jiùzhuāngwā） 位于南坪镇东北部。因是老庄得名。1958 年属水洛公社唐山大队，1960 年属南坪公社唐山大队，1983 年属南坪乡唐山村委会。2001 年住户迁至唐山村唐家川。

山上凸（Shānshàngwā） 位于南坪镇北部。因地形得名。1958 年属水洛公社庙沟大队，1960 年属南坪公社庙沟大队，1964 年属唐山大队，1979 年属庙沟大队，1983 年属南坪乡庙沟村委会。2018 年住户迁至唐山村唐家川。

马家大湾（Mǎjiādàwān） 位于南坪镇东部。因姓氏和地形得名。1958 年属水洛公社寺门大队，1960 年属南坪公社寺门大队，1979 年属南坪公社马台大队，1983 年属南坪乡马台村委会，2006 年属寺门村委会。2009 年住户迁至寺门村寺门。

杨河乡

槟草凸（Bīncǎowā） 位于杨河乡东部。因植物和地形得名。1958 年属庄浪公社马阳凸大队，1960 年属岳堡公社马阳凸大队，1962 年属杨河公社马阳凸大队，1964 年属岳堡公社马阳凸大队，1979 年属杨河公社马阳凸大队，1983 年属杨河乡马阳凸村委会。2012 年住户迁至马阳凸村张家小庄。

老岔（Lǎochà） 位于杨河乡东部。因地形和居住时间早得名。1958 年属庄浪公社马阳凸大队，1960 年属岳堡公社马阳凸大队，1962 年属杨河公社马阳凸大队，1964 年属岳堡公社马阳凸大队，1979 年属杨河公社马阳凸大队，1983 年属杨河乡马阳凸村委会。2012 年住户迁至马阳凸村张家小庄。

下周家沟（Xiàzhōujiāgōu） 位于杨河乡南部。因姓氏和方位地形得名。1958 年属庄浪公社保安大队，1960 年属良邑公社保安大队，1962 年属杨河公社张沟大队，1964 年属良邑公社张沟大队，1979 年属杨河公社张沟大队，1983 年属杨河乡张沟村委会。2014 年住户迁至张沟村张沟新村。

柳家（Liǔjiā） 位于杨河乡中部。因姓氏得名。1958 年属庄浪公社马阳凸大队，1960 年属岳堡公社马阳凸大队，1962 年属杨河公社马阳凸大队，1964 年属岳堡公社马阳凸大队，1979 年属杨河公社马阳凸大队，1983 年属杨河乡马阳凸村委会。1989 年住户迁至马阳凸村下川。

对面子（Duìmiànzi） 位于杨河乡中部。因地处杨河村杨河对面得名。1958 年属庄浪公社保安大队，1960 年属南湖公社保安大队，1962 年属杨河公社杨河大队，1983 年属杨河乡杨河村委会。2001 年住户迁至杨河村杨河。

郭家岔（Guōjiāchà） 位于杨河乡南部。因姓氏和地形得名。1958 年属庄浪公社保安大队，

1960 年属良邑公社保安大队，1962 年属杨河公社张沟大队，1964 年属良邑公社张沟大队，1979 年属杨河公社张沟大队，1983 年属杨河乡张沟村委会。2006 年最后 2 户迁至新疆。

小川湾（Xiǎochuānwān） 位于杨河乡西部。因地形得名。1955 年住户迁至蒙塬。

庙儿咀（Miàorzuǐ） 位于杨河乡东南部。因寺庙和地形得名。1958 年属庄浪公社马阳凸大队，1960 年属岳堡公社马阳凸大队，1962 年属杨河公社马阳凸大队，1964 年属岳堡公社马阳凸大队，1979 年属杨河公社马阳凸大队，1983 年属杨河乡马阳凸村委会。2011 年住户迁至马阳凸村下川。

谢沟湾（Xiègōuwān） 位于杨河乡东南部。因姓氏和地形得名。1958 年属庄浪公社马阳凸大队，1960 年属岳堡公社马阳凸大队，1962 年属杨河公社马阳凸大队，1964 年属岳堡公社马阳凸大队，1979 年属杨河公社马阳凸大队，1983 年属杨河乡马阳凸村委会。1989 年住户迁至马阳凸村下川。

赵墩乡

郭家咀（Guōjiāzuǐ） 位于赵墩乡中部。因姓氏和地形得名。1958 年属庄浪公社关道大队，1960 年属赵墩公社关道大队，1961 年属牡丹大队，1983 年属赵墩乡牡丹村委会。1983 年住户迁至牡丹村三湾。

余家湾（Yújiāwān） 位于赵墩乡西南部。因姓氏和地形得名。1958 年属庄浪公社关道大队，1960 年属赵墩公社关道大队，1961 年属蛟龙掌大队，1983 年属赵墩乡蛟龙掌村委会。2012 年住户迁至蛟龙掌村胡家塬。

郑河乡

唐家湾（Tángjiāwān） 位于郑河乡东南部。因姓氏和地形得名。1958 年属韩店公社新陶大队，1960 年属郑河公社李安大队，1983 年属郑河乡李安村委会，2006 年属下寨村委会。2009 年住户迁至韩店镇石桥村。

阳凸湾（Yángwāwān） 位于郑河乡南部。因方位地形得名。1958 年属韩店公社新陶大队，1960 年属郑河公社龙湾大队，1983 年属郑河乡龙湾村委会。1985 年住户迁至龙湾村董家堡子。

碓窝路（Duìwōlù） 位于郑河乡东部。因地形似碓窝（石臼）得名。1958 年属韩店公社新陶大队，1960 年属郑河公社上寨大队，1983 年属郑河乡上寨村委会。2006 年住户迁至上寨村上寨。

杨家山上庄（Yángjiāshānshàngzhuāng） 位于郑河乡西北部。因姓氏和方位地形得名。1958 年属韩店公社史川大队，1960 年属郑河公社史川大队，1983 年属郑河乡史川村委会。2013 年住户迁至史川村史家川。

杨家山下庄（Yángjiāshānxiàzhuāng） 位于郑河乡西北部。因姓氏和方位地形得名。1958 年属韩店公社史川大队，1960 年属郑河公社史川大队，1983 年属郑河乡史川村委会。2013 年住户迁至史川村史家川。

端立沟（Duānlìgōu） 位于郑河乡东部。因沟谷陡峭得名。1958 年属韩店公社新陶大队，1960 年属郑河公社上寨大队，1979 年属下寨大队，1983 年属郑河乡下寨村委会。1990 年住户迁至下寨村下寨。

桦树凸（Huàshùwā） 位于郑河乡西部。因野生桦树得名。1958 年属韩店公社史凸大队，1960 年属郑河公社史凸大队，1983 年属郑河乡史凸村委会。2014 年住户迁至史凸村梁家河。

油房川（Yóufángchuān） 位于郑河乡西北部。因先民曾开办油坊得名。1958 年属韩店公社庙川大队，1960 年属郑河公社庙川大队，1983 年属郑河乡庙川村委会。20 世纪末，沟来家居民迁至此地，后改为沟来家。

第四章　自然地理实体地名

庄浪县，地处六盘山西麓，属黄土丘陵沟壑区。地势东北高、西南低，河谷、丘陵、高山相间，境内海拔最高点在东部桃木山顶（海拔 2857.5 米），最低点在西南部水洛河出境处（海拔 1395 米）。关山是县境东部重要屏障，其西延余脉从北向南排列着唐山梁、大山梁、水洛北山、蜗牛山、大高山、二郎山、冒冒山、大庙山等。山岭之间，沟岔纵横密布，形成庄浪县独特地理面貌。河流因山与沟的地形而蜿蜒曲折，分布有葫芦河、庄浪河、水洛河等河流。另有朝那湫天然湖泊。

第一节　陆地地形

山体

关山（2013 年 6 月摄）

关山（Guān Shān）属六盘山脉（亦称陇山）南延部分。因"以上有固关而得名"（《庄浪县志略》），自古为关中屏障。位于县境东部，为庄浪县与华亭市、泾源县界山。西北至东南走向，主脉在县境蜿蜒 48 千米，跨通化、永宁、郑河、韩店 4 个乡镇。最高峰桃木山在郑河乡境内，海拔 2857.5 米。砾岩出露地表，间有悬崖峭壁地貌。峰峦叠嶂，林木茂密，荆棘丛生，植被良好，有杨、桦、青冈、松等主要树种，林间有药材、箭竹、蕨菜等野生经济植物及豹、麝、鹿、锦鸡等珍贵动物。北部有陈家洞、葛家洞，中部有朝那湫，南部有云崖寺等名胜古迹。地下水丰富，为水洛河源头。在县境内西延的支脉，从北到南排列依次有唐山梁、大山梁、水洛北山、蜗牛山、大高山、二郎山、冒冒山、大庙山，均系黄土丘陵。

唐山梁（Tángshān Liáng） 位于县境北部，相传唐僧取经路过此山，故而得名。东接六盘山，分南、北2支经静宁县曹务镇唐山村和隆德县奠安乡、温堡乡进入县境，跨岳堡、赵墩、南湖3个乡镇，整体呈东北至西南走向，境内长27.2千米、最宽9.8千米。南部支脉从岳堡镇埂塄村北入境，向西南延伸至南湖镇贾家沟口落脉。北部主脉在岳堡镇王孟儿家上湾入境（上湾北山2115米），沿庄浪与隆德县边界向西南延伸，在赵墩乡阳川村王上湾北分成两支，支脉沿庄浪与隆德县边界向西延伸，在静宁县威戎镇落脉；主脉向西南延伸经席家大山（1972米），在赵墩乡王家上湾东山（1985.1米）又分为两支，支脉整体向西延伸，经风台梁在赵墩乡胡家塬落脉；主脉向西南延伸经南湖镇陈家大湾（1836.1米）在庄浪河与葫芦河交汇处落脉。黄土丘陵地貌，多为梯田。

大山梁（Dàshān Liáng） 位于县境北部，因山体主峰高大得名。自六盘山起，经隆德县扁沟梁后分为两支，东南侧一支在县境称水洛北山，西北侧一支在县境称大山梁。大山梁主脉经隆德县奠安乡入县境，沿岳堡镇与杨河乡边界向西南延伸进入南湖镇，在南湖镇称寺咀山（亦称游龙山），于庄浪河与乐正河交汇处落脉。东北至西南走向，跨岳堡、杨河、南湖3个乡镇，境内全长13千米、最宽7.5千米。黄土丘陵地貌，耕地多为梯田。

大山梁（2019年10月摄）

水洛北山（Shuǐluò Běishān） 横亘县境中部，因位于水洛河之北得名。自六盘山起，经隆德县扁沟梁后分为两支，西北侧一支在县境内称大山梁，东南侧一支称水洛北山。水洛北山东北至西南走向，山体长52.5千米、最宽19.5千米。主、支脉跨通化、良邑、杨河、柳梁、南湖、水洛、朱店、万泉、大庄、卧龙、阳川11个乡镇，最高峰大涝坝梁海拔2464米。主脉在通化镇毛沟李家中庄村北入境，经大涝坝梁向西南延伸，在良邑、柳梁、杨河3乡镇交界处陈家梁（2041米）向西北分出一支。分支在南湖镇高房村川口居民点庄浪河与双堡子沟交汇处落脉。主脉继续从陈家梁向西南延伸，在柳梁镇与水洛镇交界处孟家山（2007米）向西北分出一支，分支经柳家梁后又分为两支，分别在西佛寺沟、榆林沟与庄浪河交汇处落脉。主脉仍从孟家山向西南延伸，在柳梁镇野狐湾北（1951米）向南分出一支，分支在朱店镇长尾沟与水洛河交汇处落脉。主脉从柳梁镇野狐湾向西延伸，在上郝家分出一支，分支先向西北再向西南延伸，经卧龙镇山集梁，在阳川镇水渭沟与葫芦河交汇处落脉。主脉仍从上郝家向西南延伸，在大庄镇庙山顶又分出一支，分支先向南再折向西南延伸，在万泉镇黑龙沟与水洛河交汇处落脉。主脉仍从庙山顶（1924.5米）向西延伸，经大庄镇喇嘛墩（1762米）向南折，在半截墩（1765米）再折向西，经万泉镇大营顶（1762.7米）出境入静宁县，在清水河与葫芦河交汇处落脉。黄土丘陵地貌，耕

水洛北山（2016年5月摄）

地多为梯田。

蜗牛山（Wōniú Shān） 位于县境东北部通化镇。因山顶形似蜗牛得名。自六盘山月亮峁起，至通化镇新集村外儿河与水洛河交汇处落脉，主峰高2134.1米。大体为东西走向，长11千米、最宽5.7千米。基岩山区与黄土丘陵地貌相间。

蜗牛山（2016年9月摄）

大高山（Dàgāo Shān） 位于县境东北部，东接六盘山，自通化镇陈家大山起，至良邑镇苏家塬章麻河与水洛河交汇处落脉，东北至西南走向，长16千米，最宽5.5千米，跨通化、永宁、良邑3个镇。主峰大高山咀海拔2050米。主峰高而尖，且向两侧突出，当地称大高山咀，因而得名。基岩山区与黄土丘陵地貌相间。

二郎山（Erláng Shān） 位于县境中东部。因山顶曾建有二郎庙得名。东北与六盘山相接，呈东北至西南走向，长27千米、最宽10千米，跨永宁、郑河、韩店、南坪、良邑、水洛6个乡镇。主脉经石山头（2622米）向西南延伸，在永宁镇赵家湾梁（2136米）分出一支。分支向西延伸，经苏家大山（2136米），在良邑镇小河子与水洛河交汇处落脉。主脉继续从赵家湾梁向西南延伸，在县城紫荆山落脉。多为黄土丘陵地貌，耕地多为梯田，紫荆山公园是国家AAA级旅游景点。

冒冒山（Màomào Shān） 位于县境东部，因主峰地形高而突起得名。自郑河乡桃木山（2857.5米）起，山体向西南延伸，在韩店镇鳌背山（2045米）西南试雨河与水洛南河交汇处落脉，跨郑河乡、韩店镇。东北至西南走向，长12.2千米、最宽4千米。主峰在郑河境内，海拔2207米。山顶植被良好，山腰和山脚多为耕地。

大庙山（Dàmiào Shān） 位于县境南部。相传此山在今盘安镇、朱店镇与张家川回族自治县边界地带的山梁上曾经建有较大规模的庙宇，故名大庙山。为六盘山在县境最南端分支，东西走向，长48.6千米，最宽10千米。主、支脉跨韩店、盘安、南坪、水洛、朱店和万泉6个镇。主脉东接关山石庙梁（2570.5米），在韩店镇郭漫村南入县境，沿庄浪县与张家川县边界向西延伸，在韩店镇聂子坪村东南分出一支，分支向西仍沿两县边界经风台梁（2101米）、大峁梁（2027米）出境，在张家川县石峡口落脉。主脉经聂子坪村向西北延伸，在盘安镇梁家官路分出一支，分支沿西南方向延伸，经庄浪与张家川县边界马家湾梁、黑老鸦梁（2021米）、麻梨咀（2046.7米），在盘安岔李村南出境，在张家川县马关乡落脉。主脉从梁家官路向西延伸，在盘安镇焦家湾分出一支，分支向西在水洛镇川口柳家落脉。主脉从焦家湾向西南延伸，经树儿咀（1874米）、大庙山（1949.1米）、高山梁（1862米）出境进入张家川县。主脉在万泉镇田岔村东南再进入县境，大致沿庄浪与秦安县界向西延伸，在水洛

大庙山（2016年10月摄）

河与清水河交汇处落脉。大庙山东端有少部分为基岩山区，其余均为黄土丘陵地貌。韩店镇境内有国家AAAA级风景区云崖寺；水洛镇境内有旗鼓山，是宋代刘沪屯兵处；朱店镇和万泉镇交界处有石门口，是古代庄浪西部军事要地，宋代领有石门堡，刘沪曾在此大破羌氐军队。

山

紫荆山(Zǐjīng Shān) 位于庄浪县城之中，属水洛镇辖区，系二郎山余脉。东接二郎山，南至贯坪，西至紫荆南街，北至水洛镇西关，东西长500米，南北最宽180米，最高海拔1641米。因山阴遍植紫荆树而得名。山势雄浑壮观，苍松翠柏掩映，殿宇林立，古色古香，历史悠久，远近闻名。1986年中共中央总书记胡耀邦莅县考察时题写“紫荆山”山名。

旗鼓山(Qígǔ Shān) 位于水洛镇东南部，跨水洛、南坪两镇，属大庙山山系，最高点海拔1921米。从县城眺望此山，山形酷似三角形旌旗，山腰堡寨极像一面战鼓，故名旗鼓山。北宋静边寨主刘沪将军屯兵于此。

羊爬式坡(Yángpáshìpō) 位于水洛镇中部，属水洛北山山系，最高点海拔1972米。东西宽1.1千米，南北长1.6千米。此地在公路开通之前只有羊肠小道，山陡道窄仅供牧羊人通行，故名“羊把式”坡，后演化成羊爬式坡。

双圪垯塄(Shuānggēdalèng) 位于水洛镇南部，属大高山山系，最高点海拔1881米。东西走向，东西长2.4千米，南北宽2.1千米。因山体形状得名。山顶植有松树。

席家大山(Xíjiā Dàshān) 位于南湖镇北部，跨南湖、赵墩两乡镇，属唐山梁山系。最高海拔1960米。因山下席家河湾居民点得名。

喇嘛墩(Lǎmadūn) 位于南湖镇北部，跨杨河乡、南湖镇，属大山梁山系。最高海拔1954米。因当地群众曾请喇嘛在山顶作法祈雨、消减雹灾而得名。

牛家湾(Niújiāwān) 位于南湖镇西北部，属唐山梁山系，最高海拔1987米。因牛家庄子得名。

石家湾(Shíjiāwān) 位于南湖镇中部，属唐山梁山系，跨南湖、赵墩两乡镇。最高海拔1985米。因姓氏和地形而得名。

陈家大湾(Chénjiādàwān) 位于南湖镇西南部，属唐山梁山系。东、南至庄浪河磨石峡，西至葫芦河，北至汪家墩山。最高海拔1836米。因姓氏和地形得名。

岭子山(Lǐngzi Shān) 位于朱店镇东部，属大庙山系，最高海拔1831米。远眺山体如鸟翎，故名“翎子山”，后演化成“岭子山”。山顶生长刺槐、野山毛桃。

铁炮咀(Tiěpàozuǐ) 位于朱店镇东部，属大庙山系，最高海拔1741米。山顶曾设防雹点，故名。山顶生长刺槐、野山毛桃。

殿湾山(Diànwān Shān) 位于朱店镇北部，属水洛北山山系，最高海拔1758米。因山湾处有永福寺而得名。山顶生长刺槐、山杏。

高山梁(Gāoshān Liáng) 位于朱店镇东南部，属大庙山系，最高海拔1862米。因高庙山居民点得名。山顶多松树、刺槐。

曹家风台(Cáojiāfēngtái) 位于朱店镇东南部，属大庙山系，最高海拔1963米。因山高风大、顶部平缓、山下有大曹村得名。山顶多松树、刺槐。

风台梁(Fēngtái Liáng) 位于朱店镇东部，属大庙山系，最高海拔1868米。因山顶有烽燧遗址得名。山顶植有松树。

胡家墩(Hújiādūn) 位于万泉镇西北部，属水洛北山山系，最高海拔1766米。因地处胡家岔南，且梁顶有一土墩而得名。山顶有果园。

半截墩（Bànjiédūn）　位于万泉镇西北部，属水洛北山山系，最高海拔 1765 米。因山顶墩台自然坍塌剩余半截得名。山顶多松树。

毛家咀咀上（Máojiāzuǐzuǐshàng）　位于万泉镇东北部，属水洛北山山系，最高海拔 1767 米。因山咀三面临沟、西有毛桃杜家村得名。山顶均为耕地。

大营顶（Dàyíngdǐng）　位于万泉镇西北部、阳川镇南部之两镇交界处，属水洛北山山系，最高海拔 1760 米。因曾有军队在此安营而得名。山顶有松树和果园。

大营湾子（Dàyíngwānzi）　位于万泉镇西北部，阳川镇南部之两镇交界处，属水洛北山山系，最高海拔 1752 米。因北连大营顶而得名。山湾植有果树。

大岔湾（Dàchàwān）　位于万泉镇西南部，属大庙山山系，最高海拔 1520 米。因地形得名。山湾植有果树。

马蹄掌（Mǎtízhǎng）　位于韩店镇郭漫村东南部，属关山支脉大庙山山系，最高海拔 2162 米。因地似掌，且种麻子，故称麻地掌，后演变为马蹄掌。

阴洼山（Yīnwā Shān）　位于韩店镇北部与郑河乡交界处，属水洛北山山系，最高海拔 1964 米。地处冰草梁东侧，属山之阴，故名。

白草洼（Báicǎowā）　位于韩店镇中南部、郭漫村西南与张家川县交界处，属大庙山山系，最高海拔 2155 米。因白草茂盛得名，白草，多年生禾本科狼尾草属植物，干熟后呈白色。

马肚子山（Mǎdùzi Shān）　位于韩店镇东北部，属关山支脉水洛北山山系，最高海拔 2400 米。因山形似马之腹肚得名。

黄家山（Huángjiā Shān）　位于韩店镇东部，属关山山脉，最高海拔 2407 米。因姓氏得名。

沙坡子（Shāpōzi）　位于韩店镇东南部，地处韩店镇和张家川回族自治县交界处，属关山山脉，最高海拔 2345 米。山坡土壤多为沙石，故称沙坡子。

堡子二湾（Bǔzi'èrwān）　位于韩店镇中部石桥村南，属关山山脉大庙山系，最高海拔 2089 米。昔年有民建堡而居，且地形呈双湾回旋状，故得名。

圈牛湾（Juànniúwān）　位于韩店镇中部石桥村东，属关山山脉，最高海拔 2190 米。该地草木丰茂，曾筑圈牧牛，故得名。

土坡湾（Tǔpōwān）　位于韩店镇东北部花崖河村东北，属关山山脉，最高海拔 2184 米。当地曾居住杜姓人，本地音读“杜”若“土”，故名土坡湾。

张家湾（Zhāngjiāwān）　位于韩店镇东北部，属关山山脉，最高海拔 2410 米。因姓氏和地形得名。

高窑子梁（Gāoyáozi Liáng）　位于韩店镇东南部，属关山山脉，最高海拔 2333 米。因山体较长、山腰高崖辟有石窟得名。

新庄梁上（Xīnzhuāngliángshàng）　位于韩店镇东北部，属关山山脉，最高海拔 2310 米。花崖河村新庄沟村民曾搬此山梁居住，故得名。

凤凰山（Fènghuáng Shān）　位于卧龙镇西部，属水洛北山山系，最高海拔 1801 米，植被以山毛桃和刺槐为主。因形似凤凰得名，取祥瑞之意。

中岭山（Zhōnglǐng Shān）　位于卧龙镇中部，属水洛北山山系，最高海拔 1881 米，山上多生长刺槐、松树、杏树。因地处山集梁北部山岭中段得名。

陈家阳山（Chénjiā Yángshān）　位于卧龙镇南部，属水洛北山山系，最高海拔 1820 米，植被以山毛桃、刺槐、松树为主。因姓氏和地理方位得名。

菜科阳洼（Càikēyángwā）　位于卧龙镇西北部，属水洛北山山系，最高海拔 1750 米，山湾植被以刺槐为主。因野生菜子和地形方位得名。

生地湾（Shēngdìwān）　位于卧龙镇南部，属水洛北山山系，最高海拔 1597 米，山湾多生长刺槐。

因此处曾为荒坡地得名（古人把荒地称“生地”）。

大湾（Dàwān） 位于卧龙镇南部，属水洛北山山系，最高海拔 1810 米，山上多生长刺槐、杏树。以地形相对小湾较大命名。

小湾（Xiǎowān） 位于卧龙镇南部，属水洛北山山系，最高海拔 1810 米，山上多生长刺槐、杏树。因山湾相对大湾较小得名。

山集梁（Shānjí Liáng） 位于卧龙镇中部，属水洛北山山系，最高海拔 1917.9 米。山顶多生长刺槐、杏树。因设立集市得名。

秃子凹（Tūziwā） 位于阳川镇东南部与大庄镇交界处，属水洛北山山系，最高海拔 1760 米。因昔日植被稀少得名。山体多为耕地。

庙口咀（Miàokǒuzuǐ） 位于阳川镇西南部，属华家岭东延余脉，最高海拔 1770 米。山体多为耕地。因山咀曾建有庙宇得名。

瓦巴凹（Wǎbāwā） 位于阳川镇北部，地处岳家坪村赵家沟，属水洛北山山系，最高海拔 1573 米。山坡为耕地。因山坡似屋顶瓦片得名。

庙山顶（Miàoshāndǐng） 位于阳川镇西北与静宁县交界处，属华家岭东延余脉，最高海拔 1796 米。因山梁顶部曾建有庙宇得名。山顶多生长刺槐。

蒿凹里（Hāowālǐ） 位于阳川镇北部，属水洛北山山系，最高海拔 1694 米。因山坡多“蒿草”得名。

预料堡山（yùliàobǔ Shān） 位于阳川镇北部庄浪、静宁县边界，属华家岭东延余脉，最高海拔 1596 米。因山顶筑有预料堡得名。

大咀梁（Dàzuǐ Liáng） 位于阳川镇西部庄浪、静宁县边界，属华家岭东延余脉，最高海拔 1764 米。因山咀长而宽得名。

风帽梁（Fēngmào Liáng） 位于阳川镇西南部庄浪、静宁县边界，属华家岭东延余脉，最高海拔 1761 米。因山高风大、顶圆如帽而得名。

托神（Tuōshén） 位于盘安镇中东部，属大庙山山系，最高海拔 1980 米。相传因雹灾频繁，人们造一石人置于梁顶，雷击石人时拖住雷神肠子像绳索一样，遂有“拖绳”之称，后演变为“托神”。

大堡子山（Dàbǔzi Shān） 位于盘安镇南部，属大庙山山系，最高海拔 1936 米。山顶多生长油松、刺槐等。原名碉堡梁，后演化为大堡子山，因山上筑有古堡得名。

树儿咀（Shùrzuǐ） 位于盘安镇西南部，属大庙山山系，最高海拔 1874 米，山顶多生长刺槐。因昔年山顶树木茂盛得名。

麻梨咀（Málízuǐ） 位于盘安镇东南部与张家川回族自治县交界处，属大庙山山系，最高海拔 2041 米，山顶多生长松树、刺槐等。因山顶曾生长麻梨树得名。

三女梁（2016 年 6 月摄）

圆树梁（Yuánshù Liáng） 位于盘安镇中部，属大庙山山系，最高海拔 1917.5 米，山顶多生长刺槐。因山顶圆而多树得名。

三女梁（Sānnǚ Liáng） 位于盘安镇南部，属大庙山山系，最高海拔 1869 米，山顶多生长刺槐、荒草等。相传很久以前有三姐妹因病终身未嫁，死后被家人相继葬于山顶，故名三女坟梁，后简化称三女梁。

梁家大山（Liángjiā Dàshān）　位于盘安镇南部与张家川回族自治县交界处，属大庙山山系，最高海拔1995.3米，因西有梁关家居民点得名。

风台梁（Fēngtái Liáng）　位于盘安镇东部与张家川回族自治县交界处，属大庙山山系，最高海拔2101米，山顶多生长刺槐、松树等。因梁顶平缓风大得名。

大屲梁（Dàwā Liáng）　位于盘安镇东部与张家川回族自治县交界处，属大庙山山系，最高海拔2027米，山顶多生长刺槐、荒草。因山梁呈较大屲地得名。

黑老鸦梁（Hēilǎoyā Liáng）　位于盘安镇东南部与张家川回族自治县交界处，最高海拔2021米。山顶多生长刺槐、松树。因此地乌鸦较多得名。

大高山咀（Dàgāoshānzuǐ）　位于通化镇西南部与永宁镇、良邑镇交界处，属大高山山系，为大高山主峰，最高海拔2050米。山顶为人工林，多为松树。因山大凸起得名。

焦胡子咀（Jiāohúzizuǐ）　位于通化镇东北部，属蜗牛山山系，最高海拔2497米。属天然次生林区，林木繁茂。昔因植被稀少，山岩黝黑得名。

和尚屲（Héshàngwā）　位于通化镇东北部，属蜗牛山山系，最高海拔2625米。昔因山体既圆又秃得名。属天然次生林区，林木繁茂。

月亮屲（Yuèliàngwā）　位于通化镇东北部，属蜗牛山山系，最高海拔2717米。属天然次生林区，林木繁茂。因山体形似弯月得名。

狼台（Lángtái）　位于通化镇东部，属蜗牛山山系，最高海拔2474米。昔时山顶平台常有狼出没，故得名。属天然次生林区，植被良好。

北山（Běi Shān）　位于通化镇北部通边村东，属六盘山山脉，最高海拔2209米。因位于梁河北部，故称北山。山顶多生长刺槐和松树。

赵家湾（Zhàojiāwān）　位于通化镇中部，属蜗牛山山系，最高海拔2170米。因山湾曾居住赵姓人得名。山顶多生长刺槐和松树。

阳屲山（Yángwā Shān）　位于通化镇东部，属关山山脉，最高海拔2675米。因地形方位得名。属天然次生林区，植被良好。

花儿掌（Huārzhǎng）　位于通化镇东部与永宁镇交界处，属大高山山系，最高海拔2555米。因山顶平台如掌、花草多得名。属天然次生林区，植被良好。

羊儿湾（Yángrwān）　位于通化镇中部，属蜗牛山山系，最高海拔2107米。因昔年山湾草木茂盛为牧羊之地得名。属天然次生林区，植被良好。

马尾巴（Mǎyǐbā）　位于通化镇东北部，庄浪县与宁夏隆德县交界处。属六盘山山脉，最高海拔2646米。山上荆棘丛生。山形似马尾，故名。

乃鸭子（Nǎiyāzi）　位于通化镇东北部，庄浪县与宁夏隆德县交界处。属关山山系，最高海拔2627米。山上荆棘丛生，山体较小，状如小鸭，故得名。“乃”方言“小”义。

陈家大山（Chénjiā Dàshān）　位于通化镇东部，庄浪县与宁夏泾源县交界处。属关山山系，最高海拔2713米。因山体高大，山下有名胜古迹陈家洞和居民点陈家堡得名。属天然次生林区。

陈家大山（2016年9月摄）

岔梁（Chà Liáng）　位于通化镇中部，属蜗牛山系，最高海拔2133米。

山梁两侧山体破碎，沟岔较多，山顶植有松树。因山梁分支得名。

司马湾（Sīmǎwān） 位于通化镇东北部，属关山山脉，最高海拔 2574 米。传说有一位总督爷在此安营扎寨，饲养马匹，并为百姓办好事，后来当地民众为纪念这位总督修庙敬奉，将此地命名为司马湾。属天然次生林区，植被良好。

大涝坝梁（Dàlàobà Liáng） 位于通化镇北部，庄浪县与宁夏隆德县交界处，最高海拔 2464 米，属六盘山脉水洛北山山系。山上林木稀少，荆棘丛生，有少量耕地。20 世纪 50 年代“大跃进”时期，当地群众在此山梁修建蓄水大涝池 1 座，故得名。

大涝坝梁（2008 年 10 月摄）

云朵梁（Yúnduǒ Liáng） 位于通化镇东北部，属六盘山山脉，最高海拔 2445 米。因山高林密，常有云朵出现，故称云朵梁。

陡岭（Dǒu Lǐng） 位于通化镇东北部，属六盘山山脉，最高海拔 2614 米。因山势陡峻得名。山顶荆棘丛生。

庙山顶（Miàoshāndǐng） 位于大庄镇中东部，属水洛北山山系，最高海拔 1924.5 米。因山顶曾有庙宇得名。山顶多为人工造林。

云朵梁（2017 年 5 月摄）

喇嘛墩（Lǎmadūn） 位于大庄镇西部与阳川镇交界处，属水洛北山山系，最高海拔 1762 米。因曾有喇嘛在此作法祈雨、消除雹灾得名。山顶生长刺槐。

阴坡湾（Yīnpōwān） 位于大庄镇西南部，属水洛北山山系，最高海拔 1785 米。因方位和地形得名。山顶有人工松树林。

大堆山（Dàduī Shān） 位于永宁镇西南部赵湾村，属二郎山山系，最高海拔 2084 米。高寒阴寒气候。山丘由西向东渐次高起，故得名。

苏家大山（Sūjiā Dàshān） 位于永宁镇西南部，属二郎山山系，最高海拔 2136 米。因苏家老庄得名。山顶生长刺槐。

许家大山（Xǔjiā Dàshān） 位于永宁镇东北部，属关山山脉，最高海拔 2628 米。高寒阴寒气候。山上林木茂密，荆棘丛生，属天然次生林区。相传昔年有许姓人迁居山下，在此放牧，故而得名。

马圈（Mǎjuàn） 位于永宁镇东北部，属关山山脉，最高海拔 2528 米。高寒阴寒气候。山上林木茂密，荆棘丛生，属天然次生林区。最早有村民在此地筑圈养马，久而成名。

石山头（Shíshāntóu） 位于永宁镇东北部，属关山山脉，最高海拔 2622 米。因该山顶多砂石得名。属天然次生林区，林木茂密。

麻子湾（Máziwān） 位于永宁镇西部，属大高山山系，最高海拔 2034 米。因早期此地常种植大麻，久而得名。

刘家湾(Liújiāwān) 位于永宁镇中西部,属二郎山山系,最高海拔2037米。因刘家湾居民点得名。山湾为梯田耕地。

砂坡子梁（Shāpōzi Liáng） 位于永宁镇东北部，属关山山脉，最高海拔2451米。因此梁山路多砂石得名。山体均为天然次生林区，林木茂密。

中梁（Zhōng Liáng） 位于永宁镇东北部与泾源县交界处，为关山分水岭，故名中梁。最高海拔2676.2米。林木茂密，荆棘丛生，属天然次生林区。

火烧湾(Huǒshāowān) 位于良邑镇东北部与通化、永宁交界处,属大高山山系,最高海拔2050米。昔年因火烧草木，植被稀少，故得名。现多为梯田。

陈家湾（Chénjiāwān） 位于良邑镇东南部与韩店镇交界处，属二郎山山系，最高海拔2028米。因姓氏得名。山体多为人造林。

陈家梁(Chénjiā Liáng) 位于良邑镇西北部,属二郎山山系,最高海拔2041米。因陈岔村得名。

马家梁（Mǎjiā Liáng） 位于良邑镇东南部，属二郎山山系，最高海拔1887米。因马家疝居民点得名。

程家湾(Chéngjiāwān) 位于岳堡镇南部,属大山梁山系,最高海拔2043米,因姓氏和地形得名。山湾与史家湾相连，多为耕地。

史家湾（Shǐjiāwān） 位于岳堡镇南部，属大山梁山系，最高海拔2000米，因姓氏和地形得名。该山湾和程家湾相连，山地属农业种植用地。

高家湾（Gāojiāwān） 位于岳堡镇南部，属大山梁山系，最高海拔2054米，因姓氏和地形得名。该山和朱家湾相连，山地多属农业种植用地。

朱家湾（Zhūjiāwān） 位于岳堡镇南部，属大山梁山系，最高海拔2049米，因姓氏和地形得名。该山和高家湾相连，山地属农业种植用地。

张史湾（Zhāngshǐwān） 位于岳堡镇南部，属大山梁山系，最高海拔2049米，因张、史姓氏得名。该山和朱家湾相连,山地属农业种植用地。

大锅梁（Dàguō Liáng） 位于岳堡镇东部，庄浪县与宁夏隆德县交界处，属大山梁山系，最高海拔2160米。因山梁南侧地形似锅状得名。山上植有松树、刺槐、杏树等。

大锅梁（2016年5月摄）

烽台梁(Fēngtái Liáng) 位于柳梁镇东北部，属水洛北山山系，长1.2千米，东北至西南走向，最高海拔2026米。因山梁上有烽火台遗址得名。梁顶松树成林。

天爷梁（Tiānyé Liáng） 位于柳梁镇中部，属水洛北山山系，最高海拔1979米。因高出周边山梁得名。梁顶植有松树和刺槐。

天爷梁（2016年4月摄）

井家湾（Jǐngjiāwān） 位于

柳梁镇西部，属水洛北山山系，最高海拔 1850 米。因姓氏和地形而得名。山湾均为耕地。

张家山上（Zhāngjiāshānshàng） 位于南坪镇北部，属二郎山山系，最高海拔 1870 米。因姓氏和地形得名。山顶为人工林。

水渠瓜上（Shuǐqúwāshàng） 位于南坪镇北部，属二郎山山脉。最高海拔 1994 米。因山根有灌溉水渠得名。山坡为人工林，以松树为主。

老虎湾（Lǎohǔwān） 位于杨河乡北部，属大山梁山系，最高海拔 2041 米。相传曾有老虎出没，故得名。植被以人工林为主，树种为刺槐。

马家湾（Mǎjiāwān） 位于杨河乡西北部，属大山梁山系，最高海拔 2027 米。因马家寺居民点得名。

乔子山（Qiáozi Shān） 位于杨河乡中部，属大山梁山系，最高海拔 1874 米。山顶形似轿子顶部，轿与乔读音相近，故得名。山上多刺槐、山杏等。

大梁（Dà Liáng） 位于杨河乡南部，属水洛北山山系，最高海拔 2014 米。梁高且长，故得名。植被以刺槐为主，已成林。

大咀圪垯（Dàzuǐgēdá） 位于赵墩乡西部，庄浪县与静宁县交界处，属唐山梁山系，最高海拔 1933 米。因山体形状得名。山顶有刺槐、松树，树茂成林。

陡路山（Dǒulù Shān） 位于赵墩乡中西部，属唐山梁山系，最高海拔 1922 米。因山高路陡得名。

高庙山（Gāomiào Shān） 位于赵墩乡北部，庄浪县与静宁县交界处，属唐山梁山系，最高海拔 2043 米，山梁以南属庄浪县、北属隆德县。因山顶曾有大王庙得名。山顶有人工林，山腰多为耕地。

风台梁（Fēngtái Liáng） 位于赵墩乡南部，属唐山梁山系，最高海拔 1890 米。因有烽火台得名。1949 年 8 月 3 日晚国民党庄浪县自卫队在逃往兰州途中于此地发生兵变。

大墩梁（Dàdūn Liáng） 位于赵墩乡西南部，庄浪县与静宁县交界处，属唐山梁山系，最高海拔 1856 米。梁顶平缓似墩台，故得名。植被以人工刺槐林为主。

鹿儿梁（Lùr Liáng） 位于赵墩乡西部，属唐山梁山系，最高海拔 1944 米。相传曾有鹿儿出没，故得名。山顶多生长沙棘。

官场湾（Guānchǎngwān） 位于郑河乡东南部，属关山山脉。最高海拔 2255 米，因山湾归公众共有得名。植被为天然次生林，有油松、落叶松、桦树、杨树等。

桃木山（Táomù Shān） 古称湫头山。位于郑河乡东部，庄浪县与宁夏回族自治区泾源县交界处。此山是六盘山山脉在境内最高峰，海拔 2857.5 米。因山桃树多而得名。植被有油松、落叶松和高山草甸，林间有药材、箭竹、蕨菜以及豹、麝、鹿、锦鸡等珍贵动物。山腰有朝那湫。

桃木山（2019 年 10 月摄）

石硌子梁（Shíluòzi Liáng） 位于郑河乡东部，庄浪县与宁夏回族自治区泾源县交界处，属关山山脉，最高海拔 2583 米。相传昔年有位将军曾在此镇守关卡，后人为纪念他，在此地用石头垒建一庙，名石硌子，故地名称石硌子梁。山上荆棘丛生，主要植被有油松、落叶松和高山草甸等，西侧山下有风景名胜朝那前湫和后湫。

大山顶（Dàshāndǐng） 位于郑河乡中西部拉连寺村南，属关山山脉，海拔 2194 米。因山体高大得名。山顶植被良好，树种有油松、刺槐等。

天台山(Tiāntái Shān) 位于郑河乡西北部史川村，属关山山脉。最高海拔2130米。一峰突兀，高耸云天，顶部平缓，故得名。山顶有庙宇建筑群，每年农历五月十三日为庙会。

天台山（2016年6月摄）

关隘、山口

石门口（Shíménkǒu） 位于朱店、万泉两镇交界处，距县城西南16千米，南北分属大庙山和水洛北山余脉。长1100米，最窄40米，海拔1450米。山体由红色岩石构成，表层黄土覆盖，南北两山对峙，呈即将合拢之势，水洛河从中流过，形似一道石门。清《嘉庆重修一统志》引《明一统志》谓："山石如门，其路斩截"，故得名。《水经注》称其为石门峡。传说古时南北两座石山连成一体，水洛河无法通过，云游天下的鲁班在扯弓塬拉弓搭箭向石山射开一道口子，形似石门。有石门关、金锁关之称。20世纪70年代拓建秦（安）隆（德）公路，炸宽石门，今省道泾甘公路穿过。

石门口（2019年10月摄）

三岔口（Sānchàkǒu） 位于通化镇陈堡村东北部，属关山山脉。长90米，宽50米，海拔2340米。因是三沟交汇处得名。

红岘下（Hóngxiànxià） 位于永宁镇豆家沟东北，属大高山系。长50米，宽18米，海拔2123米。因红色土壤和地形得名。

大壑岘（Dàhèxiàn） 位于岳堡镇南岔村程家岔与杨河乡交界处，属大山梁山系。长300米，宽10米，海拔2051米。因地形得名。

梨树壑岘（Líshùhèxiàn） 位于岳堡镇南岔村山铧咀居民点与杨河乡交界处，属大山梁山系。长500米，宽20米，海拔2085米。因地形和曾有梨树得名。

垭口（Yàkǒu） 位于杨河乡张家大庄村里湾居民点南，属大山梁山系。长60米，宽20米，海拔2041米。因地形得名。

寺沟壑岘(Sìgōuhèxiàn) 位于杨河乡王家湾村，属大山梁山系。长150米，宽30米，海拔2049米。因寺沟岔和地形得名。

山谷

秦家沟（Qínjiā Gōu） 位于水洛镇北部与良邑镇西南交界处，从西至东跨柳梁、水洛、良邑3个镇，属水洛北山山系。全长5100米，平均宽1300米，相对高差270米。因姓氏得名。

长尾沟（Chángyǐ Gōu） 位于水洛镇西部、朱店镇西北部、大庄镇东部，从东北向西南跨水洛、朱店、大庄3个镇，属水洛北山山系。全长15630米，平均宽1100米，相对高差450米。因沟谷形状得名，取沟深尾长之意。

长尾沟（2016年9月摄）

雕沟（Diào Gōu） 位于南坪镇、水洛镇南部，从东北至西南跨南坪、盘安、水洛3个镇，属大庙山山系。全长12700米，平均宽200米，相对高差400米。因发源于南坪镇雕地南侧得名，取幽深雕远之意。

马家沟（Mǎjiā Gōu） 位于朱店镇西南与张家川回族自治县梁山镇交界处，南北走向，属大庙山山系。全长3800米，平均宽1700米，相对高差319米。因沟内马家沟居民点（属张家川县）得名。

樱桃沟（Yīngtáo Gōu） 位于万泉镇东南部，东南至西北走向，属大庙山山系。全长5800米，平均宽1000米，相对高差320米。因沟内曾经生长野樱桃而得名。

清水沟（Qīngshuǐ Gōu） 位于万泉镇南部，东南至西北走向，属大庙山山系。全长4700米，平均宽1300米，相对高差328米。因沟内流水清澈得名。

东沟（Dōng Gōu） 位于万泉镇南部，东南至西北走向，属大庙山山系。全长5100米，平均宽1200米，相对高差375米。因沟口地处万家沟门东侧得名。

纳张家沟（Nàzhāngjiā Gōu） 位于韩店镇南部，南北走向，属大庙山山系。全长4720米，平均宽1700米，相对高差300米。因沟内纳张家居民点得名。

李家川沟（Lǐjiāchuān Gōu） 位于韩店镇南部，南北走向，属大庙山山系。全长2980米，平均宽950米，相对高差240米。因沟内李家川子居民点得名。

郭家沟（Guōjiā Gōu） 位于韩店镇中部，南北走向，属大庙山山系。全长1150米，平均宽230米，相对高差160米。因沟内初住郭姓人得名。

马寺沟（Mǎsì Gōu） 位于韩店镇北部、郑河乡东部，跨韩店镇、郑河乡，东北至西南走向，属关山山脉。全长12600米，平均宽1000米，相对高差1050米。因马家寺村得名。

阳屲沟（Yángwā Gōu） 位于韩店镇西北部，南北走向，属二郎山山系。全长4260米，平均宽1000米，相对高差310米。早年有永宁乡苏家阳屲和苏家深沟的居民移居此地，沟坡处于阳面，故称阳屲沟。

洞子沟（Dòngzi Gōu） 位于韩店镇西北部，西北至东南走向，属二郎山山系。全长2770米，平均宽800米，相对高差280米。因沟水冲刷峭崖以成沟罅得名。

苏家沟（Sūjiā Gōu） 位于韩店镇西部，东西走向，属冒冒山系。全长1250米，平均宽700米，相对高差190米。因姓氏得名。

岔岔沟（Chàchà Gōu） 位于韩店镇中南部，南北走向，属大庙山山系。全长4300米，平均宽1000米，相对高差330米。因地形得名。

梁家沟（Liángjiā Gōu） 位于韩店镇南部，南北走向，属大庙山山系。全长2600米，平均宽1900米，相对高差170米。因姓氏得名。

鲁生沟（Lǔshēng Gōu） 位于韩店镇南部，石桥林场林缘区，南北走向，属大庙山山系。全长

2800 米，平均宽 1100 米，相对高差 260 米。沟内林木属后期生长的天然次生林，故名。

石庄沟（Shízhuāng Gōu） 位于韩店镇南部，南北走向，属大庙山山系。全长 2800 米，平均宽 1200 米，相对高差 250 米。因沟内柱状石较多，遂称石桩子沟，后简化为石庄沟。

大石庄沟（Dàshízhuāng Gōu） 位于韩店镇南部，西邻石庄沟，南北走向，属大庙山山系。全长 2730 米，平均宽 700 米，相对高差 300 米。因相对于石庄沟较大得名。

西台沟（Xītái Gōu） 位于韩店镇东南部，南北走向，属大庙山山系。全长 2100 米，平均宽 500 米，相对高差 230 米。因地处云崖寺之西，且沟内有一平台得名。

大寺沟（Dàsì Gōu） 位于韩店镇东南部，南北走向，属大庙山山系。全长 5000 米，平均宽 900 米，相对高差 430 米。因大寺石窟得名。

三层崖沟（Sāncéng'ái Gōu） 位于韩店镇东南部，东南至西北走向，属大庙山山系。全长 1200 米，平均宽 700 米，相对高差 160 米。因沟壑内崖高层多得名。

菜地沟（Càidì Gōu） 位于韩店镇东南部，南北走向，属大庙山山系。全长 2000 米，平均宽 800 米，相对高差 220 米。因沟内昔年种菜得名。

红崖寺沟（Hóng'áisì Gōu） 位于韩店镇东南部，南北走向，属大庙山山系。全长 4600 米，平均宽 1350 米，相对高差 290 米。因红崖寺得名。

南沟（Nán Gōu） 位于韩店镇东部，东西走向，属大庙山山系。全长 2600 米，平均宽 170 米，相对高差 380 米。因处水洛南河源头之南得名。

大沟门（Dàgōumén） 位于韩店镇东南部，南北走向，属大庙山山系。全长 3500 米，平均宽 1100 米，相对高差 200 米。因沟口大得名。

佛沟（Fó Gōu） 位于韩店镇中部，东北至西南走向，属关山山脉。全长 2400 米，平均宽 1400 米，相对高差 200 米。因沟内曾有佛寺得名。

头岔沟（Tóuchà Gōu） 位于韩店镇中部，东西走向，属关山山脉。全长 2600 米，平均宽 900 米，相对高差 330 米。因方位次序得名，佛沟东侧有三条平行沟，由南向北依次称头岔沟、二岔沟、三岔沟。

二岔沟（Erchà Gōu） 位于韩店镇中部，东西走向，属关山山脉。全长 3300 米，平均宽 1000 米，相对高差 380 米。因方位次序得名，佛沟东侧有三条平行沟，由南向北依次称头岔沟、二岔沟、三岔沟。

三岔沟（Sānchà Gōu） 位于韩店镇中部，东西走向，属关山山脉。全长 2600 米，平均宽 1000 米，相对高差 380 米。因方位次序得名，佛沟东侧有三条平行沟，由南向北依次称头岔沟、二岔沟、三岔沟。

庞家沟（Pángjiā Gōu） 位于韩店镇东部，南北走向，属关山山脉。全长 5500 米，平均宽 1200 米，相对高差 520 米。因曾有居民点庞家沟得名。

东沟（Dōng Gōu） 位于韩店镇东北，东北至西南走向，属关山山脉。全长 6200 米，平均宽 1200 米，相对高差 570 米。因所处花崖河居民点东部得名。

韩家沟（Hánjiā Gōu） 位于韩店镇东北，庞家沟东侧，东西走向，属关山山脉。全长 2500 米，平均宽 1100 米，相对高差 390 米。因姓氏得名。

椴木沟（Duànmù Gōu） 位于韩店镇东北与郑河乡交界处，东北至西南走向，属关山山脉。全长 6100 米，平均宽 950 米，相对高差 590 米。因沟内多生长椴树得名。天然植被良好。

黑林沟（Hēilín Gōu） 位于韩店镇东部，东北至西南走向，属关山山脉。全长 4000 米，平均宽 1200 米，相对高差 520 米。因树木茂密得名。

高窑子（Gāoyáozi） 位于韩店镇东部，东西走向，属大庙山山系。全长 7600 米，平均宽 2000 米，相对高差 260 米。因山腰高崖辟有石窟得名。

五盘盘沟（Wǔpánpan Gōu） 位于韩店镇东南与张家川回族自治县交界处，东西走向，属大庙山山系。全长 1300 米，平均宽 800 米，相对高差 190 米。沟内地形五道盘旋，水曲折流，故得名。

吊麟沟（Diàolín Gōu） 位于韩店镇东南部与张家川回族自治县交界处，东北至西南走向。属大庙山山系。全长 2100 米，平均宽 900 米，相对高差 330 米。处地远鸾，人迹罕至，相传曾有麒麟出现，故得名。

鸭头沟（Yātóu Gōu） 位于卧龙镇东部，南北走向，属水洛北山山系。全长 4600 米，平均宽 1400 米，相对高差 210 米。鸭头沟原名樱桃沟，20 世纪 50 年代人民公社化时期因养鸭而更名鸭头沟。

水魏沟（Shuǐwèi Gōu） 位于卧龙镇南部、阳川镇东北部，跨卧龙、阳川 2 镇，东西走向，属水洛北山山系。全长 13000 米，平均宽 3300 米，相对高差 500 米。因沟内魏家湾居民点得名。有骨干坝 2 座。

张余家沟（Zhāngyújiā Gōu） 位于卧龙镇西部，东西走向，属水洛北山山系。全长 6000 米，平均宽 2000 米，相对高差 410 米。因张余家村得名。

木头沟（Mùtou Gōu） 位于卧龙镇北部，西北至东南走向，属水洛北山山系。全长 6600 米，平均宽 1700 米，相对高差 280 米。沟内曾林木繁茂、盛产木材，故得名。

阳坡沟（Yángpō Gōu） 位于卧龙镇西部，东西走向，属水洛北山山系。全长 3300 米，平均宽 1200 米，相对高差 780 米。因沟口地处葫芦河东岸阳坡得名。

蒙家沟（Méngjiā Gōu） 位于卧龙镇南部、大庄镇北部，跨卧龙、大庄 2 个镇，南北走向，属水洛北山山系。全长 6000 米，平均宽 1200 米，相对高差 3000 米。因蒙家沟居民点得名。

马家沟（Mǎjiā Gōu） 位于卧龙镇西南部，东北至西南走向，属水洛北山山系。全长 3400 米，最宽 2300 米，相对高差 370 米。因沟内居民姓氏得名。

大寺沟（Dàsì Gōu） 位于卧龙镇南部，东南至西北走向，属水洛北山山系。全长 4800 米，平均宽 1200 米，相对高差 350 米。沟内有罗家寺湾、丁家寺湾、刘家渠子等村。因有毗卢寺得名。

老虎沟（Lǎohǔ Gōu） 位于盘安镇南部，东西走向，属大庙山山系。全长 5400 米，平均宽 1200 米，相对高差 350 米。相传曾有老虎出没，故而得名。

岔儿李家沟（Chàrlǐjiā Gōu） 位于盘安镇西南部，东北至西南走向，属大庙山山系。全长 15000 米，平均宽 1500 米，相对高差 440 米。因岔李河得名。

谢家沟（Xièjiā Gōu） 位于盘安镇东北部与韩店镇交界处，东南至西北走向，属大庙山山系。全长 3980 米，平均宽 1800 米，相对高差 280 米。因谢家沟居民点得名。

陈家深岘（Chénjiāshēnxiàn） 位于通化镇陈堡村东部，东西走向，属关山山脉。全长 1100 米，平均宽 1000 米，相对高差 450 米。因姓氏和地形得名。

黄羊沟（Huángyáng Gōu） 位于通化镇东部，南北走向，属关山山脉。全长 1000 米，平均宽 650 米，相对高差 150 米。相传曾有黄羊出没，故得名。

罐子沟（Guànzi Gōu） 位于通化镇中部韩席儿家，南北走向，属蜗牛山山系。全长 1100 米，平均宽 460 米，相对高差 170 米。因流水切割，沟深坡陡，故称罐子沟。

圈湾沟（Juànwān Gōu） 位于通化镇中部金赵居民点东北，南北走向，属蜗牛山山系。全长 1100 米，平均宽 560 米，相对高差 190 米。因有牲畜圈舍得名。

正岔（Zhèngchà） 位于通化镇梁河村东部，东西走向，属关山山脉。全长 2480 米，平均宽 510 米，相对高差 260 米。因地处正峡正面得名。

北岔（Běichà） 位于通化镇东北部，东北至西南走向，属关山山脉。全长 2200 米，平均宽 870 米，相对高差 300 米。因在正岔北部得名。

南岔（Nánchà） 位于通化镇东北部，东南至西北走向，属关山山脉。全长 2000 米，平均宽 480 米，相对高差130米。因在正岔南部得名。

雄沟（Xióng Gōu） 位于通化镇东北部，东西走向，属关山山脉。全长2000米，平均宽650米，相对高差230米。因地势险要、气势雄浑而得名。

庙沟（Miào Gōu） 位于通化镇东北部，南北走向，属关山山脉。全长2900米，平均宽700米，相对高差280米。因沟内曾有庙宇得名。

铧岔（Huáchà） 位于通化镇东北部，南北走向，属关山山脉。全长1720米，平均宽710米，相对高差320米。因山沟地形似犁铧得名。

阳屲沟（Yángwā Gōu） 位于通化镇毛沟李家中庄村，东西走向，属关山山脉。全长3800米，平均宽840米，相对高差430米。因阳屲居民点得名。

后沟（Hòu Gōu） 别名河水沟，位于通化镇通边村，东西走向，属关山山脉。全长2950米，平均宽910米，相对高差200米。因地处通边村背后得名。

薛家沟（Xuējiā Gōu） 位于通化镇薛沟村，东西走向，属蜗牛山山系。全长2500米，平均宽870米，相对高差250米。因沟内居民姓氏得名。

上沟（Shàng Gōu） 位于通化镇野赵村，东西走向，属蜗牛山山系。全长1700米，平均宽800米，相对高差220米。因地理方位得名。

水泉湾（Shuǐquánwān） 位于通化镇新后庄村东北，东北至西南走向，属蜗牛山山系。全长2750米，平均宽420米，相对高差550米。因有泉水得名。

青龙沟（Qīnglóng Gōu） 位于大庄镇南部、万泉镇北部，由东向西、再折向南，属水洛北山山系。全长9600米，平均宽1000米，相对高差370米。因此沟植被茂盛，宛如一条苍龙得名。

大水沟（Dàshuǐ Gōu） 位于大庄镇中部，青龙沟上游，东西走向，属水洛北山山系。全长4760米，平均宽890米，相对高差270米。因沟内水量丰沛得名。

油夫岔（Yóufūchà） 位于大庄镇西北部、阳川镇东部，跨大庄、阳川2个镇。东西走向，属水洛北山山系。全长7550米，平均宽1500米，相对高差420米。因油夫岔居民点得名。

豆家沟（Dòujiā Gōu） 别名甘河子沟，位于永宁镇北部，东北至西南走向，属大高山山系。全长4570米，平均宽1050米，相对高差230米。因豆家沟居民点得名。

马槽槽沟（Măcáocao Gōu） 位于永宁镇西南部，东西走向，属二郎山山系。全长3800米，平均宽1000米，相对高差290米。因地形状如骡马料槽得名。

葛家深岘（Gějiāshēnxiàn） 位于永宁镇东北部，南北走向，属关山山脉。全长1550米，平均宽850米，相对高差240米。因地处葛家峡东部，沟垴有壑岘得名。

石崖院（Shí'áiyuàn） 位于永宁镇鱼咀村东北部，东西走向，属关山山脉。全长3000米，平均宽300米，相对高差400米。因沟内石崖下曾有居民院落得名。

崔家沟上岔（Cuījiāgōushàngchà） 位于岳堡镇西南部崔家村东南，东南至西北走向，属大高山山系。全长1940米，平均宽850米，相对高差110米。因姓氏、方位得名。

崔家沟下岔（Cuījiāgōuxiàchà） 位于岳堡镇西南部崔家村南，东南至西北走向，属大高山山系。全长1400米，平均宽600米，相对高差180米。因姓氏、方位得名。

王家岔（Wángjiāchà） 位于岳堡镇东部王岔村，东南至西北走向，属大高山山系。全长2600米，平均宽1100米，相对高差160米。因姓氏和地形得名。

双堡子沟（Shuāngbǔzi Gōu） 位于柳梁镇东北部、南湖镇南部，跨柳梁、南湖2镇，东南至西北走向，属水洛北山山系。全长12000米，平均宽3600米，相对高差350米。因南湖镇双堡子居民点得名。有省级文物保护单位双堡子沟遗址。1988年双堡子沟流域被黄河上中游管理局列为第三批水土保持综合治理示范流域，建有骨干坝2座，淤地坝6座。

榆林沟（2008年5月摄）

榆林沟（Yúlín Gōu） 位于柳梁镇南部、卧龙镇东北部，跨水洛、柳梁、卧龙3个镇，东南至西北走向，属水洛北山山系。全长13680米，平均宽1500米，相对高差290米。因沟内曾有榆树林得名。1993年榆林沟流域被黄河上中游管理局列为第四批水土保持综合治理示范流域，建有骨干坝5座，淤地坝10座。

西佛寺沟（Xīfósì Gōu） 位于南湖镇南部、柳梁镇西部，跨南湖、柳梁2个镇。东南至西北走向。属水洛北山山系。全长6770米，平均宽1800米，相对高差260米。因南湖镇孙家大庄村西佛寺得名。建有骨干坝1座。

大房李家沟（Dàfánglǐjiā Gōu） 位于南坪镇西部大房李家村南部，南北走向，属大庙山山系。全长3000米，平均宽1300米，相对高差320米。因大房李家村得名。

唐家沟（Tángjiā Gōu） 位于南坪镇西南部，南北走向，属大庙山山系。全长3000米，平均宽1000米，相对高差270米。因有唐家高庄村得名。

张家沟（Zhāngjiā Gōu） 位于南坪镇西南部，南北走向，属大庙山山系。全长2400米，平均宽800米，相对高差280米。因昔有张姓居民居住此沟得名。

王家沟（Wángjiā Gōu） 位于南坪镇西南部，南北走向，属大庙山山系。全长2160米，平均宽700米，相对高差310米。因沟口王家沟居民点得名。

沈家沟（Shěnjiā Gōu） 位于南坪镇中部沈家坪东西两侧，南北走向，属大庙山山系。东侧沟全长1950米，平均宽600米，相对高差275米；西侧沟全长2100米，平均宽800米，相对高差270米。因沈家坪居民点得名。

刘堡沟（Liúbǔ Gōu） 位于南坪镇东部、盘安镇北部，跨盘安、南坪2个镇，东南至西北走向，属大庙山山系。全长3860米，平均宽1680米，相对高差285米。因沟口刘家堡子居民点得名。

川子沟（Chuānzi Gōu） 位于杨河乡中部，亦称关家沟，东北至西南走向，属大山梁山系。长4000米，平均宽2170米，相对高差280米。因沟口地形平坦得名。

寺沟岔（Sìgōuchà） 位于杨河乡西北部、南湖镇东北部，跨杨河、南湖2个乡镇，东西走向，属大山梁山系。全长4400米，平均宽1700米，相对高差260米。沿沟下王家、下堡子、中庄、刘家湾4居民点曾经建有寺庙，故得名。

山家沟（Shānjiā Gōu） 位于赵墩乡西部石咀村东，跨静宁县古城镇和庄浪县赵墩乡，西北至东南走向，属唐山梁山系。全长3980米，境内长1640米，平均宽1300米，相对高差335米。因沟内曾居住山姓人得名。

刘家沟（Liújiā Gōu） 位于赵墩乡中部关道村北，南北走向，属唐山梁山系。全长1890米，平均宽510米，相对高差210米。因沟内曾住刘姓人得名。

段家沟（Duànjiā Gōu） 位于赵墩乡西部、段家渠居民点东北，西北至东南走向，属唐山梁山系。全长2600米，平均宽900米，相对高差300米。因段家渠居民点得名。

柳树沟（Liǔshù Gōu） 位于赵墩乡西部、裴堡村南渠子湾居民点东，西北至东南走向，属唐山梁山系。全长 1200 米，平均宽 460 米，相对高差 270 米。因昔年沟内柳树多得名。

庙沟（Miào Gōu）　位于赵墩乡西部、刘家塬居民点东北，西北至东南走向，属唐山梁山系。全长 1280 米，平均宽 1000 米，相对高差 270 米。因沟口曾有宝云寺而得名。

庙隆沟（Miàolóng Gōu）　位于赵墩乡，由东北向西南纵贯全境，属唐山梁山系。全长 16350 米，平均宽 4900 米，相对高差 470 米。沟内曾庙宇较多，香火旺盛，故名庙隆沟。建有骨干坝 9 座，淤地坝 13 座。

庙隆沟（2017 年 5 月摄）

槐树沟（Huáishù Gōu）　位于赵墩乡西南部，东南至西北走向，属唐山梁山系。全长 3600 米，平均宽 1990 米，相对高差 310 米。因沟内遍植槐树而得名。

石庄子沟（Shízhuāngzi Gōu）　位于郑河乡东部、酒槽居民点东北，东北至西南走向，属关山山脉。全长 2600 米，平均宽 850 米，相对高差 350 米。因沟内有天然石桩，遂称石桩子沟，后改为石庄子沟。

庙儿岔（Miàorchà）　位于郑河乡庙川村文家峡居民点东部，试雨河发源地，东北至西南走向，属关山山脉。全长 4900 米，平均宽 1200 米，相对高差 590 米。因沟岔处建有庙宇得名。

第二节　陆地水系

河流

葫芦河（Húlu Hé）　古称陇水、瓦亭水、长离水、苦水河、长源河。今称葫芦河，因河流迂回曲折，沿途经七峡八川，峡谷、盆地相间，时收时放，状似“葫芦”得名。渭河一级支流，属外流河、地上河、常年河。发源于宁夏回族自治区西吉县月亮山南麓，流经静宁县，从受家峡入庄浪县赵墩乡刘家塬，在小河头纳庙隆沟水，绕南湖镇境，纳胡家塬沟水和石家塬沟水，在卧龙镇井沟渠北庄浪河汇入，又纳花梨湾沟、张余家沟等水，波涛历磨石峡，穿阳川盆地，纳水魏沟、曹家坪沟等水，在阳川镇张家下湾出县再入静宁县境。从北向南流经赵墩、南湖、

葫芦河（2019 年 11 月摄）

卧龙、阳川 4 个乡镇，境内长 43.7 千米，河床比降 4.8‰，流域面积 613.41 平方千米，多年平均径流量 14421 万立方米。

庄浪河（Zhuānglàng Hé） 《水经注》称受渠水，因秦设受渠亭（今南湖）得名；金正大七年（1230）十一月设庄浪路后随称庄浪河。渭河二级支流，属外流河、地上河、常年河。发源于宁夏隆德县境内六盘山西麓大漫坡一带，在岳堡镇张家湾入县境，纳岳堡东沟水，在南湖境纳寺沟岔水、乐正河、后河及双堡子沟水，入磨石峡纳西佛寺沟水，绕卧龙境纳榆林沟、木头沟水，在井沟渠北汇入葫芦河。由东北向西南流经岳堡、南湖、卧龙 3 个镇，境内长 32.5 千米，河床比降 23.3‰，流域面积 346.57 平方千米，多年平均径流量 1020 万立方米。

庄浪河（2016 年 9 月摄）

乐正河（Lèzhèng Hé） 亦称东川河（位于南湖镇东）。渭河三级支流，葫芦河二级支流，属外流河、地上河、常年河。发源于宁夏回族自治区隆德县奠安乡扁沟梁西南侧，在杨河乡李庄村阳坡湾东入县境，于南湖镇席马家汇入庄浪河。由东北向西南流经杨河乡、南湖镇，境内河道长 21.5 千米，河床比降 23.4‰，流域面积 80.11 平方千米。主要支流有川子沟、沈岔沟、水泉沟、张家沟。因上游曾设有乐正里得名，“乐正”为周代乐官之长，《礼记·王制》谓其职责曰：“乐正崇四术，立四教。”四术：指诗、书、礼、乐；四教：春秋教以礼、乐，冬夏教以诗、书。“里”是古时一种管理体制，五家为邻，五邻为里。

乐正河（2016 年 9 月摄）

后河（Hòu Hé） 别名小河，因流经庄浪古城背后而得名。渭河三级支流，葫芦河二级支流，属外流河、地上河、季节河。发源于静宁县曹务镇唐山村，从岳堡镇阎家胡坑入县境，在南湖镇南门村西汇入庄浪河。由东北向西南流经岳堡、南湖 2 个镇，境内长 18.1 千米，河床比降 19‰，流域面积 44.45 平方千米。在上游贾门村建有贾门水库。

水洛河（Shuǐluò Hé） 名称甚古，因古有“水洛亭”得名，郦道元《水经注》已有记载。渭河三级支流，属外流河、地上河、常年河。发源于宁夏回族自治区隆德县的酸刺峡，西南流至通化镇毛沟李家中庄村东北进入县境，在万泉镇徐城村西南进入静宁县境汇入清水河。干流由东北向西南流经通化、良邑、水洛、朱店、万泉 5 个镇，境内长 59.2 千米，河床比降 19.6‰，流域面积 878.69 平方千米，多年平均径流量 7512.6 万立方米。主要支流有水洛南河、章麻河、外儿河、梁河、小河子等。上游建有红崖湾水库。

水洛南河（Shuǐluò Nánhé）《水经注》称犊奴水，今称水洛南河，因流经水洛城南得名。渭河四级支流，属外流河、地上河、常年河。发源于县境韩店镇东部关山西麓，在水洛镇西关村西南汇入水洛河。由东向西流经韩店、南坪、水洛 3 个镇，全长 25.6 千米，河床比降 22.4‰，流域面积 348.28 平方千米，多年平均径流量 3561 万立方米。主要支流为试雨河、花崖河、马寺沟、佛沟、店峡沟水等。上游建有竹林寺水库。

水洛河（2020 年 10 月摄）

章麻河（Zhāngmá Hé）　渭河四级支流，属外流河、地上河、常年河。发源于六盘山西麓永宁镇水穿眼峡，由东北向西南流经永宁镇鱼儿咀、秦岠、谈街、苏家河湾，在良邑镇苏苗塬西南汇入水洛河。跨永宁、良邑 2 个镇，全长 21.2 千米，河床比降 42‰，流域面积 68.7 平方千米。主要支流有洞崖河、豆家沟、解家咀沟水。因发源于永宁镇，“永宁”曾称“章麻镇”得名。

章麻河（2019 年 9 月摄）

外儿河（Wàir Hé）　渭河四级支流，属外流河、地上河、常年河。发源于通化镇东部陈家大山，由东北向西南流经通化陈堡、梅堡、石岔、新庄，在通化镇驻地新集之南汇入水洛河，全长 13 千米，河床比降 53.1‰，流域面积 41.25 平方千米。主要支流有马家河。因主支流均经外儿河居民点得名。

外儿河（2016 年 9 月摄）

梁河（Liáng Hé）　渭河四级支流，属外流河、地上河、常年河。发源于六盘山西麓通化镇东北南岔，由东向西流经正峡、梁河村、东峡，在通边村西汇入水洛河。全长 9.8 千米，河床比降 67.3‰，流域面积 22.55 平方千米。因流经梁河居民点得名。

小河子（Xiǎohézi）　渭河四级支流，属外流河、地上河、常年河。发源于永宁镇曲河湾，由东向西流经永宁镇苏家深沟、白岠、良邑镇陈家峡，在良邑镇政府驻地良邑店之南汇入水洛河。全长 9.6

千米，河床比降30.2‰，流域面积28.39平方千米。因河水相对水洛河流量小得名。

小河子（2016年9月摄）

试雨河（Shìyǔ Hé） 渭河五级支流，属外流河、地上河、常年河。发源于六盘山西麓郑河乡庙儿岔沟，由北向南流经郑河乡庙川、史川、卢岻和韩店镇刘河，在试雨王家汇入水洛南河，跨郑河乡、韩店镇。全长15.8千米，河床比降55.1‰，流域面积60.51平方千米。传说吉吉爷（雨神）在此试雨，故名。

试雨河（2016年9月摄）

花崖河（Huā'ái Hé） 渭河五级支流，属外流河、地上河、常年河。发源于六盘山西麓郑河乡端立沟，由北向南流经郑河乡酒槽、韩店镇花崖河，在石桥儿汇入水洛南河，跨郑河乡、韩店镇，全长11.25千米，河床比降48‰，流域面积33.05平方千米。因花崖河居民点得名。下游有花崖河水库。

马家河（Mǎjiā Hé） 渭河五级支流，属外流河、地上河、常年河。发源于通化镇东部月亮岻，由东向西穿沙坡子峡，流经新后庄、李家咀、韩席儿家，在金赵村折向西南，于阳家咀南汇入外儿河。全长10.8千米，河床比降60.2‰，流域面积17.3平方千米。因姓氏得名。

马家河（2016年9月摄）

洞崖河（Dòng'ái Hé） 渭河五级支流，属外流河、地上河、常年河。发源于六盘山西麓永宁镇许家大山，由东北向西南流经方家峡，折向西北经漫湾，在宋堡村陈家咀又折向西南，纳葛峡水在永宁镇张家岻汇入章麻河。全长8.8千米，河床比降67‰，流域面积20.18平方千米。因发源地峡谷高崖有洞穴得名。

岔李河（Chàlǐ Hé） 渭河三级支流，属外流河、地上河、季节河。发源于盘安镇梁家官路岔儿李家沟，由东北向西南流经盘安镇政府驻地王公家，在盘安镇马掌关村西南出境流入张家川回族自治县后汇入清水河。县境内长15.3千米，河床比降23.5‰，流域面积50.6平方千米。因流经岔儿李家村得名。

陈家河（Chénjiā Hé） 渭河三级支流，属外流河、地上河、季节河。发源于韩店镇聂子坪村，流经盘安镇刘陈村，在刘陈村西出县境，流入张家川回族自治县后称川王河，向南汇入清水河。县境内跨韩店、盘安2个镇，长3.5千米，河床比降50‰，流域面积6.9平方千米。因流经盘安镇塌坡陈家居民点得名。

王家河（Wángjiā Hé） 渭河四级支流，庄浪河二级支流，属外流河、地上河、季节河。发源于柳梁镇柳渠村东南，由南向北汇入榆林沟水。长5千米，河床比降38‰，流域面积9.98平方千米，河源高程1840米。因流经柳梁镇王家川子居民点得名。

湖泊、泉

朝那湫（Cháonà Qiū） 又名灵湫、桃峰天池、关山天池。位于郑河乡上寨村东部桃木山山腰，属高山天然淡水湖泊。“朝那”原音“侏诺（Zhū nuó）”，古羌语，本意为“黑龙”。古有朝那县，西汉置，北魏末废，治辖今华亭、泾源两县以及固原县东南部和庄浪县以东一带。朝那湫分前、后两湫，相距730米。前湫海拔2446米，状如卧蚕，长280米，宽130米，水域面积2.5万平方米，最大水深9米，平均水深3米，水光潋滟，旱涝如故。后湫海拔2535米，形似弯月，长235米，宽80米，水域面积1.3万平方米，湫水深浅无常，湫内遍生红色水草，犹如胭脂溶入其中。主要水源为地下水。传说为女娲诞生地。

朝那湫全貌（2019年10月摄）

大水泉（Dàshuǐ Quán） 位于万泉镇万家沟门。取“大象无形，上善若水”之意。曾称灵佛湫、神龙泉。据谱牒记载：某始祖于明万历年间居此，即用此泉。泉上部建有龙泉寺。水口初有4孔，1977年修砌，改为并排6个水龙头，2011年重修。属冷泉，年均水温11摄氏度，水源丰沛，水质甘甜，日出水量515立方米。

大水泉（2020年4月摄）

河谷、峡谷

阳三川（Yángsān Chuān） 位于阳川镇。南北长9.8千米，东西最宽1.85千米，葫芦河纵贯南北。东属关山余脉，西属华家岭余脉。北魏郦道元《水经注》称长离川。清乾隆《庄

阳三川（2020年8月摄）

浪县志略》记载：庄浪县西南70里，山之阳有三川合流，故名。《庄浪县志》记载：葫芦河进入阳川盆地后，纳水魏沟、曹坪沟水，故称阳三川。

乐正川（Lèzhèng Chuān） 位于杨河乡中部。全长4.8千米，最宽0.8千米，北属大山梁，南属水洛北山。东起杨河乡张家大庄，西至南湖镇席马家，整体为东西走向。因乐正河得名。

乐正川（2019年9月摄）

马家川（Mǎjiā Chuān） 位于通化镇新后庄村。长3.1千米，最宽0.7千米，东西走向，属蜗牛山系。因马家河得名。地势平缓、水草丰茂，曾为牧马之地。

磨石峡（Mòshí Xiá） 位于南湖镇西南部，跨南湖、卧龙2个镇。全长5.22千米，最宽480米，所经河流庄浪河，北属唐山梁山系，南属水洛北山山系。整体为东北至西南走向。因峡谷内出产磨刀石得名。

磨石峡（2016年10月摄）

正峡（Zhèng Xiá） 位于通化镇梁河村东部。梁河干流从峡谷穿过，故名正峡。长3.05千米，平均宽80米，相对高差200米。东南至西北走向。属关山山脉。

沙坡子峡（Shāpōzi Xiá） 位于通化镇新后庄村东。因峡谷山坡有沙砾得名。为马家河上游，长3.2千米，平均宽980米，相对高差510米。东北至西南走向。属关关山脉。

东峡（Dōng Xiá） 位于通化镇北部。因地处通边村东得名。长5.38千米，平均宽1.4千米，相对高差180米。河流为梁河，东西走向。属关山山脉。

葛家南岔（Gějiānánchà） 位于永宁镇东北部。因地处葛家洞南侧得名。全长1.1千米，平均宽850米，相对高差270米。河流为洞崖河支流，西北至东南走向。属关山山脉。

干岔（Gānchà） 位于永宁镇鱼咀村东北。因流水在谷地砂砾层下流淌，地表干涸，故名。长2.2千米，平均宽700米，相对高差230米。章麻河水系，东北至西南走向。属关山山脉。

水穿眼峡（Shuǐchuānyǎn Xiá） 位于永宁镇鱼咀村东北，为章麻河源头。因峡谷悬崖缝隙出水得名。长3.3千米，平均宽1.1千米，相对高差460米。东北至西南走向。属关山山脉。

陈家峡（Chénjiā Xiá） 位于良邑镇东部，跨良邑、永宁2个镇。因陈家峡居民点得名。长3.7千米，平均宽800米，相对高差280米。东西走向。河流为小河子，属二郎山系。

第五章　交通运输设施地名

第一节　公　路

省道

泾甘公路（Jīnggān Gōnglù）　起点平凉市泾川县，终点天水市甘谷县，以起讫点县名首字命名。省道二级公路，全长 316 千米。境内起点韩店镇桥子沟，途经韩店镇、水洛镇、朱店镇、万泉镇、南坪镇，终点万泉镇徐城村，长 65.51 千米，路基宽 8.5 ~ 12 米，有中桥 4 座、小桥 23 座，沥青路面。此路从华亭市安口镇至庄浪段，原称安（口）庄（浪）公路，全长 96.5 千米，其中县境内长 40.5 千米。1956 年 7 月动工修筑，10 月建成。1957 年 2 月通车。1958 年拓修，铺砂砾路面。1972 年列入省级养护。从县城至万泉镇胡家咀段，原属秦（安）隆（德）公路，始建于 1953 年春，10 月首次通车，1955 年秋拓修，铺砂砾路面，1956 年 10 月列入省级养护，1975 年铺筑沥青路面。1989 年列入泾甘公路。2004 年 12 月至 2006 年 12 月，改建华亭至庄浪段为省道二级公路；2008 年至 2009 年，改建庄浪至莲花段 27.7 千米为省道二级公路。

泾甘公路（2016 年 10 月摄）

静庄公路（Jìngzhuāng Gōnglù）　起点静宁县城，终点庄浪县城，以起讫点县名首字命名。省道二级公路，全长 77.07 千米，境内长 45.5 千米，跨赵墩乡、南湖镇、柳梁镇、水洛镇。路基宽 9.5 米，有大桥 4 座、中桥 2 座，

静庄公路（2016 年 10 月摄）

沥青路面。原为连通庄浪（南湖）、静宁两县便道，1949 年后依原有路面加宽整修，1979 年辟建为县道，1980 年列入省级养护，2000 年改建铺油静宁威戎至庄浪南湖段。南湖至水洛城段原为秦（安）隆（德）公路一部分，始建于 1953 年，1955 年拓修，铺砂砾路面，1956 年 10 月列入省级养护，1989 年改为省道隆（德）庄（浪）公路一部分。2000 年 12 月将隆庄公路南湖至县城段并入静庄公路。是年，全国公路普查，调整为省道。2010 年 6 月至 2011 年底改建铺油沥青路面。

庄天公路（Zhuāngtiān Gōnglù） 起点庄浪县韩店镇东门村，终点天水市麦积区，以起讫点县市名首字命名，为平凉市庄浪县通往天水麦积区公路。县境内途经韩店镇，起点东门村，终点聂子坪村，长 5.5 千米、路基宽 9.5 米，有大桥 1 座，沥青路面。2012 年始建，2014 年建成。

县道

庄北公路（Zhuāngběi Gōnglù） 起点庄浪县韩店镇石桥村，终点天水市北道区（今麦积区），以起讫点县区名首字命名。境内起点韩店镇湾儿里，终点聂子坪，长 7.25 千米、宽 7.5 米，沥青路面。此路原为驮道，1958 年民工建勤修筑，1970 年列入省级养护，称石张公路。2000 年改称庄北公路。2007 年至 2008 年改建沥青路面。

韩良公路（Hánliáng Gōnglù） 起点韩店镇试雨村，终点良邑镇良邑村，以起讫点镇名首字命名，为韩店镇通往良邑镇公路。途经韩店镇、郑河乡、永宁镇、良邑镇，长 38.2 千米、宽 8 米，沥青路面。1967 年至 1982 年分期建成，始建时命名为良韩公路，2002 年改称韩良公路，2007 年改道。

韩良公路（2016 年 9 月摄）

南阳公路（Nányáng Gōnglù） 起点南湖镇南门村，终点阳川镇刘湾村，以起讫点镇名首字命名，为南湖镇通往阳川镇公路。原为乡村道路，三级砂砾路面，2001 年 6 月辟为县道。途经南湖镇高房村、石阳村、石峡村、卧龙镇孙家河村、山集梁村、山赵家村、阳川镇红土坡村、李家咀村，长 32.5 千米、宽 6 米，沥青路面。

南阳公路（2016 年 9 月摄）

南马公路（Nánmǎ Gōnglù） 起点南坪镇靳家大庄，终点盘安镇马掌关村，以起讫点镇村名首字命名。途经南坪镇靳家大庄、苏坪、刘坪村、盘安镇焦湾、王公、湾李、吴陈、岔李、马家村，长 21.5 千米、宽 7 米，沥青路面。1969 年辟建，称水盘公路。1994 年民工建勤铺筑砂砾路面 3.4 千米。1997 年建成南坪大桥，接泾甘公路。2002 年将水（洛）颉（崖）公路南坪大桥至焦家湾段、水盘路焦家湾至盘安段和盘马路三段合并后改称南马公路。

马卧公路（Mǎwò Gōnglù）　起点水洛镇马家官路与静庄公路相接处，终点卧龙镇山集梁村，以起讫点村镇名首字命名。途经水洛镇文湾村，柳梁镇陈山村，卧龙镇上郝家、仇梁、谢家庙湾、山集梁村，全长 13.5 千米、宽 7 米。1970 年始建，1972 年建成，砂砾路面。1994 年拓建。2002 年至 2003 年改建铺油沥青路面，为三级以下公路。

马卧公路（2016 年 10 月摄）

苏庄公路（Sūzhuāng Gōnglù）　起点隆德县奠安乡苏台村，终点庄浪县城，以起讫点村县名首字命名，为隆德县苏台林场通往庄浪县城公路。境内起于通化镇佛沟，止于水洛镇东关村，长 27.5 千米、宽 8 米，沥青路面。途经通化镇、良邑镇、水洛镇。1963 年建成县城至通边路段，称水通公路。1988 年从红崖湾水库延伸修筑至隆德县苏台乡。1991 年改为平庄公路。1994 年再次改建铺油沥青路面，为三级以下公路。2000 年改称苏庄公路。2014 年加宽改造铺油。

苏庄公路（2016 年 9 月摄）

阳胡公路（Yánghú Gōnglù）　起点阳川镇刘家湾，终点万泉镇东山村胡家咀，以起讫点镇村名首字命名。途经万泉镇、阳川镇，为四级以下公路，长 18.2 千米、宽 7.5 米，沥青路面。1970 年始建时称胡阳公路。1997 年改称徐余（徐家城至静宁余家湾）公路。2005 年改称阳胡公路。

乔余公路（Qiáoyú Gōnglù）　起点卧龙镇荞家湾，终点静宁县余湾乡，以起讫点村乡名首字命名，四级以下公路，全长 43.2 千米，基宽 6.5~7.5 米。境内起点卧龙镇荞家湾，终点阳川镇深壑岘，途经卧龙镇、水洛镇、朱店镇、大庄镇、阳川镇，长 34.4 千米，沥青路面，有大桥 1 座、涵洞 24 道。原称乔阳公路，起点卧龙镇荞家湾，终点阳川镇政府所在地刘家湾，1974 年至 1975 年修筑，砂砾路面。2002 年延伸修筑至静宁县余湾乡，命名为乔余公路。2005 年新建谢家至伏家段，弃用原乔余公路谢家—六条路—伏家段。2010 年全线铺筑沥青路面。

孔韩公路（Kǒnghán Gōnglù）　起点朱店镇孔家沟，终点张家川县龙山镇韩川村，以起讫点村名首字命名。三级以下公路，全长 25.1 千米、宽 6 米。境内北起朱店镇孔家沟，在孔家新庄西出境，长 3.9 千米。1982 年始建，称朱梁公路，1994 年拓建路基，铺筑砂砾路面，2000 年 12 月改称孔韩公路，2011 年铺筑沥青路面。

碾店公路（Niǎndiàn Gōnglù）　起点华亭市碾盘村，终点庄浪县韩店镇店子峡，以起讫点村名首字命名。1956年建成通车，原为安（口）庄（浪）公路一段，1989年调整为泾甘公路一段。2007年至2009年泾甘公路改道后命名为碾店公路，全长17.15千米，路基宽9米，为三级公路。华亭市与庄浪县边界关山分水岭入境，途经韩店镇邓家崖，长10.5千米，沥青、砂砾路面。

乡道

鱼南公路（Yúnán Gōnglù） 起点静宁县曹务镇鱼池，终点庄浪县南湖镇南门，以起讫点村镇名首字命名，为三级以下公路，全长22.3千米、宽7米，沥青路面。初为秦（安）隆（德）公路一部分，始建于1953年春，10月首次通车。1955年秋拓修，铺砂砾路面。1956年10月列入省级养护，1975年铺筑沥青路面。1989年改为省道隆（德）庄（浪）公路一部分，2001年12月调整为乡道，2015年改建铺油沥青路面。境内起点岳堡镇唐山梁，终点南湖镇南门，途经岳堡镇张家埂塄、大湾新村、张家台子、崔家、关家、南湖镇下杨家、寺沟门、五里铺、北关、南门。

鱼南公路（2016年9月摄）

南杨公路（Nányáng Gōnglù） 起点南湖镇席马家桥，终点杨河乡李庄村阳坡湾，以起讫点镇乡名首字命名。原为杨（河）石（峡）路一段，1975年辟建，1976年建成。2001年将南湖镇政府驻地至石峡段划入县道南阳公路，其余改称南杨公路。跨南湖镇、杨河乡，为四级以下公路，长16.5千米、宽7米，沥青路面。

南杨公路（2016年9月摄）

北川公路（Běichuān Gōnglù） 起点万泉镇刘家村，终点良邑镇杨王村，因位于水洛河北岸得名。2000年拓建路基，2008年至2009年铺油。途经良邑镇、水洛镇、朱店镇，为三级以下乡道，长20.2千米、宽7.5米，沥青路面。

柳罗公路（Liǔluó Gōnglù） 起点柳梁镇柳渠村，终点水洛镇罗家新庄，以起讫点村名首字命名。1985年始建。途经柳梁镇、卧龙镇，为四级以下公路，长3.5千米、宽6米，水泥路面。

雷王公路（Léiwáng Gōnglù） 起点盘安镇雷家，终点盘安镇王公家，以起讫点村名首字命名。原名雷马路，2004年始建，2006年王公家至马掌关段列入县道盘马公路，雷家至王公家段命名为雷王公路。途经盘安镇赵吴家阳山、孙家沟上庄、孙家沟中庄、孙家沟下庄，为四级以下公路，长11.1千米、宽6米，沥青路面。

梁麻路（Liángmá Lù）　起点盘安镇梁家官路，终点盘安镇麻梨咀，以起讫点地名首字命名。1982年始建，1983年建成，为四级以下公路，长8.47千米、宽4.5米，水泥路面。

杨岔路（Yángchà Lù）　起点朱店镇杨家铺，终点盘安镇岔儿李家，以起讫点村名首字命名。1986年建成。跨盘安镇、朱店镇，为四级以下公路，长13.88千米、宽4.5米，水泥路面。

杨岔路（2018年6月摄）

张通公路（Zhāngtōng Gōnglù）　起点永宁镇张家岔，终点通化镇新集，以起讫点村镇名首字命名。1981年建成通化新庄至陈堡路段，称新陈路，2002年建成陈堡至张家岔路段后命名为张通公路，为四级以下公路，长14.3千米、宽4.5米，沥青路面，有桥梁1座、涵洞18道。跨永宁镇、通化镇。

杨良公路（2016年9月摄）

杨良公路（Yángliáng Gōnglù）　起点杨河乡杨河村，终点良邑镇杨王村，以起讫点乡镇名首字命名，2005年建成砂砾路面，2012年铺筑沥青路面，为四级以下公路，长17.7千米、宽6米。跨杨河乡、良邑镇。

岳奠路（Yuèdiàn Lù）　起点岳堡镇大湾新村，终点宁夏回族自治区隆德县奠安乡，以起讫点镇乡名首字命名。1970年始建，1971年建成，原为砂砾路面，2016年改建铺油沥青路面，全长10千米、宽7米，为四级以下公路。境内起点岳堡镇大湾新村，由吴家村张家湾东出境，长3.2千米。

赵岔路（Zhàochà Lù）　起点赵墩乡赵家墩，终点炮厂梁岔路口，以起讫点地名首字命名，是赵家墩通往静庄公路岔路口的乡级道路。1961年始建，1962年建成，原为砂砾路面，2007年改建铺油沥青路面，为三级以下公路，长4.5千米，宽8米。

郑卢公路（Zhènglú Gōnglù）　起点郑河乡郑家河，终点郑河乡卢家岔，以起讫点居民点名称首字命名，是郑家河通往卢家岔连接韩良公路的乡级道路。2006年始建，2007年建成，为三级以下公路，长5.05千米，宽7米，沥青路面。

朱大公路（Zhūdà Gōnglù）　起点朱店镇朱河村接朱刘公路，终点大庄镇王山村接乔余公路，以起讫点镇名首字命名。1973年建成，砂砾路面，2013年硬化为水泥路面。跨朱店镇、大庄镇，为四级以下公路，长10.2千米，宽6米。

朱刘公路（Zhūliú Gōnglù）　起点朱店镇朱河村，终点大庄镇刘庙村，以起讫点村名首字命名。1985年始建，1986年建成，2011年续建延伸至大庄镇梁山村。跨朱店镇、大庄镇，为四级以下公路，与乔余公路相接，长12.5千米，宽10米，沥青路面。

菜水公路（Càishuǐ Gōnglù）　起点韩店镇聂子坪村菜子湾，终点水洛镇大房李家，以起讫点村镇名首字命名。1985年辟建，称焦莱路，长14千米；2002年，原水盘公路水洛至焦家湾段由县道调为乡道，汇入焦莱路，称蔡水路。2005年改为莱水路，列为乡道。2013年至2014年改建，命名为莱水公路。跨韩店镇、盘安镇、水洛镇，为四级以下公路，长27.7千米，宽7.5米，沥青路面。有桥梁1座，涵洞32道。

在建高速公路

平绵高速公路（Píngmián Gāosù Gōnglù） 公路编号G8513，2015年始建。起点平凉市华亭市安口镇与银昆高速（G85）相接，终点四川省绵阳市。以起止点市名首字命名。途经庄浪县韩店、南坪、水洛、朱店、万泉5个镇，在朱店镇孔家沟与静天高速相接，全长57千米，设置韩店、庄浪、万泉3个出入口，有韩店潘河、万泉霍李2个服务区。全线采用4车道高速公路技术标准，设计行车速度为80千米/时，整体式路基宽25.5米，分离式路基宽2米×12.75米，沥青混凝土路面结构。

建设中的平绵高速公路（2019年10月摄）

静天高速公路（Jìngtiān Gāosù Gōnglù） 公路编号S25，2017年始建。北起静宁县八里镇与青兰高速（G22）相接，经静宁县威戎镇入庄浪县，跨赵墩、南湖、卧龙、柳梁、水洛、朱店6个乡镇，在朱店镇孔家沟与平绵高速公路相接，南至天水市麦积区与连霍高速（G30）相接。以起止点县市名称首字命名。静宁至庄浪主线长66.59千米，其中境内34千米，设置南湖1个出入口，南湖连接线4.57千米。全线采用4车道高速公路技术标准，设计行车速度为80千米/时，整体式路基宽25.5米，分离式路基宽2米×12.75米，沥青混凝土路面结构。

平绵与静天高速互通（2020年10月摄）

第二节 桥梁 隧道

桥梁

文昌桥（Wénchāng Qiáo） 位于水洛镇，是文昌街跨水洛河大桥。1999 年建成，2007 年 8 月县政府命名为上洛河桥，2012 年 5 月县政府更名为文昌桥。钢筋混凝土平板桥，全长 123 米、宽 12 米、高 15 米，最大跨度 16 米，最大载重量 41.25 吨。

朝阳桥（Cháoyáng Qiáo） 位于水洛镇，是连接朝阳南街和朝阳北街跨水洛河人行桥。2010 年建成，2012 年 5 月县政府命名。钢筋混凝土平板桥，全长 115 米、宽 7 米、高 15 米，最大跨度 13 米，最大载重量 20 吨。

中宁桥（Zhōngníng Qiáo） 位于水洛镇，是连接中宁南街和中宁北街跨水洛河人行桥。2004 年建成，2007 年 8 月县政府命名为中天桥，2012 年 5 月县政府更名为中宁桥。因北有中天花园、南有县医院得名，取如日中天、健康安宁之意。钢筋混凝土平板桥，全长 103 米、宽 4.0 米、高 13 米，最大跨度 13 米，最大载重量 20 吨。

新昌桥（Xīnchāng Qiáo） 位于水洛镇，是新昌街跨水洛河大桥。1971 年建成，始称北河桥，2012 年 5 月县政府命名为新昌桥。双曲拱结构桥，全长 127 米、宽 11 米、高 16 米，最大跨度 25 米，最大载重量 41.25 吨。2016 年拆除重建，为 5 米 ×25 米预应力钢筋混凝土先简后支连续箱梁桥，长 129 米、宽 27 米，最大载重量 55 吨。

新昌桥（2021 年 7 月摄）

紫荆桥（Zǐjīng Qiáo） 位于水洛镇，是紫荆北街跨水洛河人行桥。2006 年建成，2007 年 8 月县政府命名。钢筋混凝土平板桥，全长 115 米、宽 4.5 米、高 15 米，最大跨度 13 米，最大载重量 20 吨。

迎宾北桥（Yíngbīn Běiqiáo） 位于水洛镇，是迎宾街跨水洛河大桥。1995 年建成，为钢架双曲拱桥，4 孔，单孔跨度 25 米，全长 128.8 米、宽 12 米、高 18 米，最大载重量 41.25 吨。2007 年 8 月县政府命名为何马大桥，2012 年 5 月县政府更名为迎宾北桥，2016 年加宽改造，加宽部分为预应力混凝土连续箱梁桥，长 115.8 米、宽 12 米，最大载重量 55 吨。

迎宾南桥（Yíngbīn Nánqiáo） 位于水洛镇，是迎宾街跨水洛南河大桥。1977 年建成，称南河桥，2012 年 5 月县政府命名为迎宾南桥，双曲拱结构，全长 144 米、宽 10 米、高 38 米，最大载重量 40 吨。2016 年加宽改造，加宽部分为预应力钢筋混凝土箱梁桥，长 137 米、宽 12 米，最大载重量 55 吨。

西环大桥（Xīhuán Dàqiáo） 位于水洛镇，是西环路（静庄公路城区段）跨水洛河大桥。2010 年始建，2011 年建成，箱型梁结构，全长 157 米、宽 11 米、高 5.1 米，最大载重量 30 吨。2012 年县政府命名为西环大桥。

南河大桥（Nánhé Dàqiáo） 位于水洛镇，是原泾甘公路跨水洛南河大桥。2006 年建成，板梁桥，全长 225 米、宽 10 米、高 10 米，最大载重量 30 吨。因跨水洛南河得名。

窎沟桥（Diàogōu Qiáo） 位于水洛镇郭堡村川口柳家，是泾甘公路跨窎沟板拱桥，全长 32.6 米、宽 10 米、高 5.5 米，最大跨度 20 米，最大载重量 30 吨。1970 年建成，2009 年重建。因跨窎沟得名。

庄浪河大桥（Zhuānglànghé Dàqiáo） 位于南湖镇南门村，是静庄公路跨庄浪河箱型梁结构大桥，全长 127 米、宽 11 米、高 7.5 米，最大跨度 120 米，最大载重量 30 吨。2010 年始建，2011 年建成。因静庄公路跨庄浪河得名。

南湖桥（Nánhú Qiáo） 位于南湖镇南门村，是静庄公路（改道前）跨庄浪河双曲拱桥，全长 90 米、宽 7 米、高 7.5 米，最大跨度 25 米，最大载重量 30 吨。1971 年 10 月建成。以桥梁所在地南湖得名。

新庄中桥（Xīnzhuāng Zhōngqiáo） 位于南湖镇党李庄村党家新庄，是静庄公路跨双堡子沟箱型梁结构中型桥梁，全长 67 米、宽 11 米、高 5.1 米，最大跨度 60 米，最大载重量 30 吨。2010 年始建，2011 年建成。因桥梁所在地附近居民点得名。

双堡子桥（Shuāngbǔzi Qiáo） 位于南湖镇双堡村，为静庄公路（改道前）跨双堡子沟 T 型梁桥，全长 31 米、宽 7 米、高 5.1 米，最大跨度 20 米，最大载重量 30 吨。1971 年始建，2000 年重建。因桥梁所在地双堡子居民点得名。

石峡口大桥（Shíxiákǒu Dàqiáo） 位于南湖镇石峡村，是南阳公路跨庄浪河单孔双曲拱桥，全长 52.6 米、宽 8 米、高 11.1 米，最大跨度 35 米，最大载重量 13 吨。1998 年建成。因地处磨石峡口得名。

桥子沟桥（Qiáozigōu Qiáo） 位于南湖镇石阳村石家阳湾，是南阳公路跨石阳村桥子沟单孔石拱桥，全长 15 米、宽 8 米、高 5.8 米，最大跨度 6 米，最大载重量 13 吨。1974 年建成。因桥梁跨桥子沟得名。

石峡桥（Shíxiá Qiáo） 位于南湖镇石峡村，是石峡村连接马家庄子跨庄浪河预应力空心板桥，全长 90 米、宽 5 米、高 4.5 米，最大跨度 80 米，最大载重量 13 吨。2012 年建成。以桥梁所在地石峡村得名。

寺沟桥（Sìgōu Qiáo） 位于南湖镇寺沟门村，是鱼南公路跨庄浪河单孔石拱桥，全长 11.2 米、宽 8 米、高 3.8 米，最大跨度 6 米，最大载重量 5 吨。1974 年建成。因桥梁所在地寺沟门村得名。

南湖小河桥（Nánhúxiǎohé Qiáo） 位于南湖镇南门村，是鱼南公路跨后河 T 型梁桥，全长 53 米、宽 7 米、高 6.7 米，最大跨度 20 米，最大载重量 30 吨。2000 年 7 月建成。因跨越南湖后河（别名小河）得名。

席马桥（Xímǎ Qiáo） 位于南湖镇南门村席马家，是南杨公路跨乐正河三孔空心板梁桥，全长 69.04 米、宽 12 米、高 4.4 米，最大跨度 64 米，最大载重量 13 吨。1986 年始建，2016 年重建。因桥梁所在地席马家得名。

石阳桥（Shíyáng Qiáo） 位于南湖镇石阳村，是石阳村连接李家庄子跨庄浪河预应力空心板桥，全长 90 米、宽 5 米、高 4.5 米，最大跨度 80 米，最大载重量 13 吨。2012 年 12 月建成。因桥梁所在地石阳村得名。

董湾桥（Dǒngwān Qiáo） 位于朱店镇董家湾村，是泾甘公路在董家湾的跨沟公路桥，长 14 米、宽 9 米、高 7 米，最大跨度 5 米，最大载重量 30 吨。1975 年建成，2009 年重建。因桥梁所在地董家湾村得名。

孔家沟桥（Kǒngjiāgōu Qiáo） 位于朱店镇（董家湾村）孔家沟，是泾甘公路跨孔家沟板桥，长 12.5 米、宽 9 米、高 5 米，最大跨度 9.3 米，最大载重量 30 吨。1968 年始建，2009 年重建。因桥梁所在地居民点命名。

小湾桥（Xiǎowān Qiáo） 位于朱店镇小湾村邵家小湾，是泾甘公路跨马家沟板桥，长 13.6 米、宽 9 米、高 4.5 米，最大跨度 5 米，最大载重量 30 吨。2009 年建成。因桥梁所在地小湾村得名。

朱店大桥（Zhūdiàn Dàqiáo） 位于朱店镇东街村，是朱刘公路跨水洛河钢筋混凝土简支 T 型梁桥，长 144 米、宽 9 米、高 5.1 米，最大跨度 140 米，最大载重量 13 吨。1996 年建成。因桥梁所在地朱家店得名。

长尾沟桥（Chángyǐgōu Qiáo） 位于朱店镇朱河村，是朱刘公路跨长尾沟单孔整体现浇板桥，长 9 米、宽 8 米、高 1.15 米，最大跨度 7.5 米，最大载重量 13 吨。1996 年建成。因桥梁所跨沟得名。

董家湾大桥（Dǒngjiāwān Dàqiáo） 位于朱店镇董家湾村，是董家湾跨水洛河普通钢筋混凝土简支 T 型梁桥，长 166.08 米、宽 9 米、高 8 米，最大跨度 20 米，最大载重量 30 吨。2010 年始建，2012 年建成。因桥梁所在地董家湾村得名。

石门桥（Shímén Qiáo） 位于万泉镇田湾村，是泾甘公路跨石门口南侧水沟石板拱桥，长 26 米、宽 10.3 米、高 11 米，最大载重量 30 吨。1978 年建成，2009 年重建。因桥梁所在地石门口得名。

田湾桥（Tiánwān Qiáo） 位于万泉镇田湾村，是泾甘公路跨田家湾沟板梁桥，长 19 米、宽 10.5 米、高 5 米，最大跨度 9 米，最大载重量 30 吨。1978 年建成，2009 年重建。以桥梁所在地田湾村得名。

高川桥（Gāochuān Qiáo） 位于万泉镇高川村，是泾甘公路跨樱桃沟板梁桥。长 32 米、宽 9 米、高 5 米，最大跨度 20 米，最大载重量 30 吨。1977 年始建，2009 年重建。因桥梁所在地高川村得名。

马家桥（Mǎjiā Qiáo） 位于万泉镇西坪村马家石节子，是泾甘公路跨马家沟板梁桥，长 13.6 米、宽 9 米、高 4.5 米，最大跨度 5 米，最大载重量 30 吨。1977 年始建，2009 年重建。因桥梁所在地居民点马家石节子得名。

石门口桥（Shíménkǒu Qiáo） 位于万泉镇石门口，是跨水洛河通往石门口刘家双曲拱桥，长 66 米、宽 8 米、高 20 米，最大跨度 35 米，最大载重量 13 吨。1998 年 12 月建成。以桥梁所在地石门口得名。

史沟桥（Shǐgōu Qiáo） 位于万泉镇史沟村，是史家沟跨青龙沟水钢筋混凝土拱桥，长 14 米、宽 5.5 米、高 10.8 米，最大跨度 6 米，最大载重量 5 吨。1995 年建成。因桥梁所在地史沟村得名。

徐家城桥（Xújiāchéng Qiáo） 位于万泉镇徐城村，是阳胡公路跨水洛河预应力空心板桥，长 112 米、宽 9 米、高 22.8 米，最大跨度 20 米，最大载重量 13 吨。1987 年建成，2014 年重建。因桥梁所在地徐城村得名。

韩店大桥（Hándiàn Dàqiáo） 位于韩店镇东门村，是庄天公路跨水洛南河预应力箱梁桥，长 426 米、宽 13 米、高 11 米，最大跨度 50 米，最大载重量 30 吨。2012 年始建，2013 年建成。因桥梁所在地韩店得名。

上店峡桥（Shàngdiànxiá Qiáo） 位于韩店镇郭漫村店子峡，是泾甘公路跨店子峡水最东端板梁桥。长 27.35 米、宽 8 米、高 4.5 米，最大跨度 13 米，最大载重量 30 吨。2006 年建成。因桥梁所在地及相对方位得名。

上店峡河桥（Shàngdiànxiáhé Qiáo） 位于韩店镇郭漫村店子峡，是泾甘公路跨店子峡水上游板梁桥，长 8 米、宽 6 米、高 5.4 米，最大跨度 6 米，最大载重量 30 吨。2006 年建成。因桥梁所在地及相对方位得名，为区别于上店峡桥，故名。

下店峡河桥（Xiàdiànxiáhé Qiáo） 位于韩店镇郭漫村店子峡，是泾甘公路跨店子峡水下游板梁桥，长 13.1 米、宽 8 米、高 3.72 米，最大跨度 6 米，最大载重量 30 吨。2006 年建成。因桥梁所在地及相对方位得名。

店峡桥（Diànxiá Qiáo） 位于韩店镇郭漫村店子峡，是泾甘公路跨店子峡水板拱桥，长 10 米、宽 8 米、高 4.2 米，最大跨度 6 米，最大载重量 30 吨。2006 年建成。因桥梁所在地店子峡得名。

竹林寺桥（Zhúlínsì Qiáo） 位于韩店镇郭漫村，是泾甘公路跨店子峡水的板梁桥，长 10 米、宽 8 米、高 3.8 米，最大跨度 10 米，最大载重量 30 吨。2006 年建成。因桥梁所在地竹林寺石窟得名。

竹林寺中桥（Zhúlínsì Zhōngqiáo） 位于韩店镇郭漫村，是泾甘公路跨水洛南河板拱桥，长 48 米、宽 8 米、高 6.6 米，最大跨度 30 米，最大载重量 30 吨。1985 年始建，2006 年重建，属中型桥。因桥梁所在地竹林寺石窟得名。

石桥（Shí Qiáo） 位于韩店镇郭漫村，是泾甘公路跨鲁生沟的板梁桥，长 8.5 米、宽 8 米、高 2.3 米，最大跨度 8 米，最大载重量 30 吨。1984 年建成，2006 年重建。因桥梁所在地居民点石桥儿得名。

南峪沟桥（Nányùgōu Qiáo） 位于韩店镇石桥村，是泾甘公路跨南峪沟板梁桥，长 17.5 米、宽 9.12 米、高 3.20 米，最大跨度 16 米，最大载重量 30 吨。1984 年建成，2006 年重建。因桥梁所跨沟得名。

岔岔沟桥（Chàchàgōu Qiáo） 位于韩店镇王崖村岔沟门，是泾甘公路跨岔岔沟板梁桥，长 17 米、宽 7 米、高 4.4 米，最大跨度 16 米，最大载重量 30 吨。1984 年建成，2006 年重建。以桥梁所跨沟得名。

王家崖桥（Wángjiā'ái Qiáo） 位于韩店镇王崖村，是泾甘公路跨水洛南河 T 型梁桥，长 68 米、宽 7.5 米、高 10.55 米，最大跨度 48 米，最大载重量 30 吨。1986 年建成，2006 年重建。以桥梁所在地居民点王家崖得名。

王家崖小桥（Wángjiā'ái Xiǎoqiáo） 位于韩店镇王崖村，是泾甘公路跨王家崖沟板梁桥，长 22 米、宽 7.5 米、高 1.5 米，最大跨度 8 米，最大载重量 30 吨。2006 年建成。因地处王家崖，较王家崖桥小而得名。

王家沟小桥（Wángjiāgōu Xiǎoqiáo） 位于韩店镇王崖村，是泾甘公路跨王家沟板梁桥，长 9.5 米、宽 7.5 米、高 2.45 米，最大跨度 8 米，最大载重量 30 吨。1986 年建成，2006 年重建。以桥梁所跨沟得名。

红水沟桥（Hóngshuǐgōu Qiáo） 位于韩店镇王崖村，是泾甘公路跨红水沟板梁桥，长 7.5 米、宽 7.24 米、高 1.5 米，最大跨度 6 米，最大载重量 30 吨。2006 年建成。以桥梁所跨沟得名。

塔山沟桥（Tǎshāngōu Qiáo） 位于韩店镇王崖村，是泾甘公路跨塔山沟的板梁桥，长 16 米、宽 8 米、高 3 米，最大跨度 6 米，最大载重量 30 吨。1986 年建成，2006 年重建。以桥梁所跨沟得名。

韩店桥（Hándiàn Qiáo） 位于韩店镇东门村，是原泾甘公路跨马寺沟水双曲拱桥，长 82 米、宽 7 米、高 13.2 米，最大跨度 60 米，最大载重量 30 吨。1988 年建成。以桥梁所在地韩家店得名。

韩店新桥（Hándiàn Xīnqiáo） 位于韩店镇东门村，是泾甘公路跨马寺沟水板梁桥，长 95.24 米、宽 11 米、高 15 米，最大跨度 80 米，最大载重量 30 吨。2006 年建成。因地处韩家店、相对于韩店桥修建时间晚而得名。

试雨王家新桥（Shìyǔwángjiā Xīnqiáo） 位于韩店镇试雨村，是泾甘公路跨试雨河板梁桥，长 120.62 米、宽 11 米、高 15 米，最大跨度 96 米，最大载重量 30 吨。2006 年建成。因地处试雨王家旧桥旁得名。

潘河桥（Pānhé Qiáo） 位于韩店镇潘河村，是泾甘公路跨阳屲沟板梁桥，长 51.04 米、宽 11 米、高 4 米，最大跨度 39 米，最大载重量 30 吨。1986 年建成，2006 年重建。以桥梁所在地村得名。

石桥桥（Shíqiáo Qiáo） 位于韩店镇郭漫村石桥儿，是跨水洛南河连接石桥村预应力钢筋混凝土空心板桥，长 67.04 米、宽 8 米、高 8 米，最大跨度 20 米，最大载重量 15 吨。2012 年建成。以桥梁所在地居民点石桥儿得名。

韩店南河桥（Hándiànnánhé Qiáo） 位于韩店镇西门村，是韩家店通往刘家山跨水洛南河板桥，长 121 米、宽 3.2 米、高 3 米，最大跨度 90 米，最大载重量 13 吨。2010 年建成。以桥梁所在地及所跨河流命名。

阳川葫芦河桥（Yángchuān Húlúhé Qiáo）　位于阳川镇刘湾村，是乔余公路跨葫芦河双曲拱桥，长 147 米、宽 9 米、高 8.5 米，最大跨度 120 米，最大载重量 13 吨。1992 年建成。因桥梁所在镇和所跨河流得名。

赵沟桥（Zhàogōu Qiáo）　位于阳川镇岳坪村赵家沟，是南阳公路跨水魏沟单孔双曲拱桥，长 51.5 米、宽 9 米、高 19.2 米，最大跨度 30 米，最大载重量 13 吨。1999 年建成。因桥梁所在地居民点赵家沟得名。

小花桥（Xiǎohuā Qiáo）　位于阳川镇刘湾村，是南阳公路跨小花沟单孔钢筋混凝土双曲拱桥，长 26.2 米、宽 9 米、高 10.2 米，最大跨度 10 米，最大载重量 13 吨。1977 年建成。因桥梁所跨沟得名。

上堡子桥（Shàngbǔzi Qiáo）　位于阳川镇下堡子村张家上堡子，是阳胡公路跨上堡子沟的单孔混凝土板拱桥，长 11.7 米、宽 8.2 米、高 2 米，最大跨度 5 米，最大载重量 13 吨。1976 年建成。因桥梁所在地张家上堡子居民点得名。

寺花沟桥（Sìhuāgōu Qiáo）　位于阳川镇刘湾村李家窑，是阳胡公路跨寺花沟单孔石拱桥，长 11.6 米、宽 8.2 米、高 5.5 米，最大跨度 6 米，最大载重量 13 吨。1976 年建成。因桥梁所跨沟得名。

王公家桥（Wánggōngjiā Qiáo）　位于盘安镇王公村王公家，是南马公路跨岔李河板桥，长 21 米、宽 11 米、高 8 米，最大跨度 18 米，最大载重量 13 吨。1992 年建成。以桥梁所在地村得名。

吴河桥（Wúhé Qiáo）　位于盘安镇吴陈村吴家河，是南马公路跨岔李河的单孔石拱桥，长 10.1 米、宽 9 米、高 2 米，最大跨度 5 米，最大载重量 13 吨。1998 年建成。因桥梁所在地吴家河得名。

下雷桥（Xiàléi Qiáo）　位于盘安镇雷家村，是雷王公路跨岔李河单孔石拱桥，长 10.1 米、宽 5.5 米、高 3.8 米，最大跨度 5 米，最大载重量 8 吨。2002 年建成。以桥梁所在地原村委会名称得名。

孙沟上桥（Sūngōu Shàngqiáo）　位于盘安镇孙沟村孙家沟上庄，是雷王公路跨岔李河钢筋混凝土板桥，长 8.5 米、宽 8 米、高 2.6 米，最大跨度 5 米，最大载重量 13 吨。2003 年建成。以桥梁所在地居民点得名。

孙沟下桥（Sūngōu Xiàqiáo）　位于盘安镇孙沟村孙家沟下庄，是雷王公路跨岔李河钢筋混凝土板桥，长 8.5 米、宽 8 米、高 2.6 米，最大跨度 5 米，最大载重量 13 吨。2003 年建成。以桥梁所在地居民点得名。

中庄桥（Zhōngzhuāng Qiáo）　位于通化镇毛沟李家中庄村，是苏庄公路跨阳屲沟单孔预应力空心板梁桥，长 22 米、宽 9 米、高 3.8 米，最大跨度 13 米，最大载重量 13 吨。1988 年建成，2014 年重建。因桥梁所在村得名。

河水沟桥（Héshuǐgōu Qiáo）　位于通化镇通边村，是苏庄公路跨后沟（别名河水沟）钢筋混凝土空心板梁桥，长 18 米、宽 9 米、高 2.68 米，最大跨度 10 米，最大载重量 13 吨。1988 年建成，2014 年重建。因桥梁所跨沟别名得名。

通边桥（Tōngbiān Qiáo）　位于通化镇通边村，是苏庄公路跨梁河预应力钢筋混凝土空心板梁桥，长 42 米、宽 9 米、高 7.2 米，最大跨度 32 米，最大载重量 13 吨。1979 年建成，2014 年重建。因桥梁所在村得名。

新集桥（Xīnjí Qiáo）　位于通化镇新集村，是苏庄公路跨外儿河预应力钢筋混凝土空心板梁桥，长 66 米、宽 9 米、高 3.5 米，最大跨度 60 米，最大载重量 13 吨。1973 年建成，2014 年重建。因桥梁所在村得名。

李家沟桥（Lǐjiāgōu Qiáo）　位于通化镇高崖韩村李家沟儿，是苏庄公路跨李家沟儿小沟预应力钢筋混凝土空心板梁桥，长 27 米、宽 9 米、高 7.11 米，最大跨度 16 米，最大载重量 13 吨。1985 年建成，2014 年重建。以桥梁所在地居民点得名。

堡子沟桥（Bǔzigōu Qiáo） 位于通化镇高崖韩村，是苏庄公路跨堡子沟预应力钢筋混凝土空心板梁桥，长 23 米、宽 9 米、高 6.39 米，最大跨度 13 米，最大载重量 13 吨。1964 年建成，2014 年重建。因桥梁所跨沟得名。

六房桥（Liùfáng Qiáo） 位于通化镇新集村六房，是六房跨水洛河通往苏庄公路石拱桥，长 56.2 米、宽 6.5 米、高 9.7 米，最大跨度 10 米，最大载重量 8 吨。1998 年建成。因桥梁所在地居民点得名。

樊史家桥（Fánshǐjiā Qiáo） 位于通化镇新集村，是新集通往樊家、史家庄跨水洛河预应力砼空心板桥，长 35 米、宽 5.5 米、高 5 米，最大跨度 25 米，最大载重量 20 吨。2008 年建成。因桥梁所在地居民点得名。

高崖韩桥（Gāo'áihán Qiáo） 位于通化镇高崖韩村，是高崖韩跨水洛河通往苏庄公路石拱桥，长 46 米、宽 5.5 米、高 8.9 米，最大跨度 8 米，最大载重量 8 吨。2003 年建成。因桥梁所在地村得名。

阳坡何桥（Yángpōhé Qiáo） 位于通化镇阳坡何村，是阳坡何跨水洛河通往苏庄公路石拱桥，长 54.4 米、宽 6 米、高 9.9 米，最大跨度 8 米，最大载重量 8 吨。2004 年建成。因桥梁所在地居民点得名。

朱家庙桥（Zhūjiāmiào Qiáo） 位于通化镇阳坡何村朱家庙，是朱家庙跨水洛河通往苏庄公路板桥。长 54 米、宽 7 米、高 8 米，最大跨度 38 米，最大载重量 13 吨。2003 年建成。因桥梁所在地居民点得名。

鱼儿咀桥（Yúrzuǐ Qiáo） 位于永宁镇鱼儿咀村，是县道韩良公路跨章麻河单孔石拱桥，长 20.8 米、宽 8 米、高 6.7 米，最大跨度 10 米，最大载重量 13 吨。1977 年建成。因桥梁所在地居民点得名。

板桥头桥（Bǎnqiáotóu Qiáo） 位于永宁镇秦山村板桥头，是县道韩良公路跨板桥头居民点西侧小沟单孔石拱桥，长 17 米、宽 8.9 米、高 5.2 米，最大跨度 10 米，最大载重量 13 吨。1977 年建成。因桥梁所在地居民点得名。

烂泥沟桥（Lànnígōu Qiáo） 位于永宁镇秦山村烂泥沟，是韩良公路在烂泥沟居民点西侧跨沟单孔双曲拱桥，长 19.4 米、宽 8.1 米、高 7 米，最大跨度 8 米，最大载重量 13 吨。1978 年建成。因桥梁所在地居民点得名。

洞子河桥（Dòngzihé Qiáo） 位于永宁镇秦山村，是韩良公路跨洞崖河双曲拱桥，长 46.2 米、宽 9 米、高 9.6 米，最大跨度 30 米，最大载重量 13 吨。1983 年建成。因桥梁所跨河流得名。

甘河子桥（Gānhézi Qiáo） 位于永宁镇谈街村张家山，是韩良公路跨豆家沟（别名甘河子沟）预应力钢筋混凝土空心板桥，长 43 米、宽 9 米、高 7.3 米，最大跨度 32 米，最大载重量 15 吨。1976 年建成，2010 年重建。因桥梁所跨沟别名得名。

贯子沟桥（Guànzigōu Qiáo） 位于永宁镇谈街村贯子沟，是韩良公路跨贯子沟居民点东侧小沟单孔预应力空心板桥，长 26 米、宽 9 米、高 7.6 米，最大跨度 16 米，最大载重量 13 吨。1969 年建成，2014 年重建。因桥梁所在地居民点得名。

小户桥（Xiǎohù Qiáo） 位于永宁镇苏家河湾村苏家小户，是韩良公路跨苏家小户沟单孔钢筋混凝土空心板桥。长 18 米、宽 9 米、高 3.1 米，最大跨度 10 米，最大载重量 13 吨。1975 年建成，2014 年重建。因桥梁所在地居民点得名。

葛峡桥（Gěxiá Qiáo） 位于永宁镇葛峡村陈家小川，是张通公路跨葛家峡水双孔拱桥，长 22 米、宽 8 米、高 4.8 米，最大跨度 12 米，最大载重量 13 吨。2005 年建成。因桥梁所在村得名。

苏家河湾桥（Sūjiāhéwān Qiáo） 位于永宁镇苏家河湾村，是苏家河湾村跨章麻河双孔拱桥，长 40 米、宽 5 米、高 9 米，最大跨度 36 米，最大载重量 13 吨。1993 年建成。因桥梁所在村得名。

章麻河桥（Zhāngmáhé Qiáo） 位于良邑镇良邑村，是苏庄公路跨章麻河预应力钢筋混凝土空心板桥，长 69 米、宽 9 米、高 3.9 米，最大跨度 20 米，最大载重量 20 吨。1971 年始建，2014 年重建。以桥梁所跨河流得名。

小河子桥（Xiǎohézi Qiáo） 位于良邑镇良邑村，是苏庄公路跨小河子双孔预应力钢筋混凝土空心板桥，长 35 米、宽 9 米、高 2.18 米，最大跨度 13 米，最大载重量 20 吨。1970 年建成，2014 年重建。以桥梁所跨河流得名。

李家咀桥（Lǐjiāzuǐ Qiáo） 位于良邑镇李咀村李家咀，是苏庄公路跨黑龙沟水钢筋混凝土矩形板梁桥，长 15 米、宽 8 米、高 6.9 米，最大跨度 8 米，最大载重量 13 吨。1973 年建成，2010 年重建。因桥梁所在地居民点得名。

马莲沟桥（Mǎliángōu Qiáo） 位于良邑镇苏苗塬村马莲沟，是韩良公路跨马莲沟居民点西侧小沟石拱桥，长 13.6 米、宽 11.4 米、高 5.6 米，最大跨度 6 米，最大载重量 13 吨。1974 年始建。以桥梁所在地居民点得名。

杨王大桥（Yángwáng Dàqiáo） 位于良邑镇杨王村，是杨良公路跨水洛河 5 孔钢筋混凝土拱桥，长 103 米、宽 9 米、高 7.6 米，最大跨度 80 米，最大载重量 13 吨。2001 年建成。因桥梁所在村得名。

郭魏桥（Guōwèi Qiáo） 位于良邑镇郭魏村，是郭魏村跨水洛河通往苏庄公路石拱桥，长 55 米、宽 5.5 米、高 10 米，最大跨度 8 米，最大载重量 13 吨。1996 年建成。因桥梁所在村得名。

何川兴民桥（Héchuānxīngmín Qiáo） 位于良邑镇何川村，是何川村跨水洛河通往苏庄公路 5 孔拱桥，长 57 米、宽 6 米、高 6 米，最大跨度 32 米，最大载重量 13 吨。1993 年建成。因桥梁所在村得名，取村兴民富之意。

埂塄桥（Gěngléng Qiáo） 位于岳堡镇埂塄村，是张家埂塄村通往庄浪河南岸单孔拱桥，长 22 米、宽 6 米、高 7 米，最大跨度 10 米，最大载重量 6 吨。1993 年建成。因桥梁所在村得名。

岳堡桥（Yuèbǔ Qiáo） 位于岳堡镇岳堡村，是岳堡村跨庄浪河通往鱼南公路 7 孔拱桥，长 74.4 米、宽 9 米、高 10.4 米，最大跨度 7.8 米，最大载重量 13 吨。1985 年建成。因桥梁所在地村得名。

岔口桥（Chàkǒu Qiáo） 位于岳堡镇张家岔口村，是张家岔口村跨庄浪河通往鱼南公路 3 孔拱桥，长 38.5 米、宽 8 米、高 6 米，最大跨度 10 米，最大载重量 8 吨。2001 年 10 月建成。因桥梁所在村得名。

寺门小桥（Sìmén Xiǎoqiáo） 位于南坪镇寺门村，是泾甘公路跨寺门村小沟板梁桥，长 15 米、宽 11 米、高 3.4 米，最大跨度 10 米，最大载重量 30 吨。2006 年建成。因桥梁所在村得名。

水洛南河 1 号桥（Shuǐluònánhé 1 Hào Qiáo） 位于南坪镇靳家大庄村西，是泾甘公路跨水洛南河箱梁桥，长 186.92 米、宽 11 米、高 8.2 米，最大跨度 20 米，最大载重量 30 吨。2011 年始建。因桥梁所跨河流得名。

水洛南河 1 号桥（2019 年 10 月摄）

南坪大桥（Nánpíng Dàqiáo） 位于南坪镇靳家大庄村东，是南马公路跨水洛南河钢筋混凝土简支 T 型梁桥，长 108 米、宽 9 米、高 5.5 米，最大跨度 20 米，最大载重量 30 吨。1997 年建成。因桥梁所在镇得名。

大李桥（Dàlǐ Qiáo） 位于南坪镇大李村，是莱水公路跨大房李家沟钢筋混凝土双曲拱桥，长 13.2 米、宽 7.5 米、高 3.4 米，最大跨度 5 米，最大载重量 8 吨。1978 年 11 月建成。因桥梁所在地大房李家得名。

张塬桥（Zhāngyuán Qiáo） 位于杨河乡逯岔村张家塬，是杨良公路跨乐正河钢筋混凝土板拱桥，长20.6米、宽9米、高7.8米，最大跨度8米，最大载重量13吨。2003年建成。因桥梁所在地居民点得名。

关家沟桥（Guānjiāgōu Qiáo） 位于杨河乡关湾村，是南杨公路跨川子沟（别名关家沟）的预制砌块板拱桥，长24.4米、宽9米、高4.5米，最大跨度10米，最大载重量13吨。1985年建成。因桥梁所跨沟得名。

蛟龙掌大桥（Jiāolóngzhǎng Dàqiáo） 位于赵墩乡蛟龙掌村，是静庄公路跨庙隆沟箱型梁结构大桥，长106米、宽11米、高13.2米，最大跨度90米，最大载重量30吨。1970年始建，称小河头桥；2000年重建，改称蛟龙掌小河头大桥；2011年再次重建，改称蛟龙掌大桥。因桥梁所在地居民点蛟龙掌得名。

郑河上沟桥（Zhènghéshànggōu Qiáo） 位于郑河乡郑家河，是原韩良公路跨郑家河上沟单孔盖板公路桥，长11米、宽8米、高4.6米，最大跨度5米，最大载重量5吨。1973年建成。因桥梁所在村和方位得名。

庙川桥（Miàochuān Qiáo） 位于郑河乡庙川村，是原韩良公路跨试雨河石拱桥，长22.4米、宽8米、高4.8米，最大跨度8米，最大载重量13吨。1980年建成。因桥梁所在村得名。

史屲沟桥（Shǐwāgōu Qiáo） 位于郑河乡史屲村磨河川，是史家屲跨试雨河连接韩良公路单孔拱桥，长15.6米、宽8.5米、高2米，最大跨度6米，最大载重量13吨。1973年建成。因桥梁所在地史家屲得名。

杨庄桥（Yángzhuāng Qiáo） 位于郑河乡拉连寺村杨家庄，是原韩良公路跨杨家庄沟单孔石拱桥，长12米、宽8.5米、高2.4米，最大跨度5米，最大载重量13吨。1973年建成。因桥梁所在居民点杨家庄得名。

郑河下沟桥（Zhènghéxiàgōu Qiáo） 位于郑河乡郑河村，是郑卢公路跨郑河下沟单孔矩形板梁桥，长11米、宽8米、高2米，最大跨度5米，最大载重量5吨。1973年建成，2010年重建。因桥梁所在村和方位得名。

苏家河桥（Sūjiāhé Qiáo） 位于郑河乡卢屲村苏家河，是韩良公路跨苏家河沟板桥，长30米、宽10米、高6.5米，最大跨度20米，最大载重量13吨。2007年建成。因桥梁所在居民点苏家河得名。

隧道

关山隧道（Guānshān Suìdào） 位于韩店镇店子峡东北，是省道泾甘公路穿越关山通道。2004年12月始建，2006年12月建成通车，2017年11月维修加固。全长2825米、宽10.05米、高6.91米，行车路宽9米，双向两车道。

关山隧道（2019年10月摄）

第三节　城区街路巷

车站路（Chēzhàn Lù）　东起南坪镇樊家园子，西至迎宾街，长 1980 米、宽 22 米，属支路，沥青路面。1953 年始建，1955 年拓宽，1994 年改造。2007 年县政府命名，因庄浪汽车站得名。

南河南路（Nánhé Nánlù）　东起水洛酒厂（甘肃天池酒业有限责任公司），西至迎宾南桥，长 2.85 千米、宽 22~30 米，属主干道，沥青路面。2012 年建成，是年县政府命名，因位于水洛南河南岸得名。

开元路（Kāiyuán Lù）　东起车站路东端，西至紫荆南街，长 1520 米，宽 22 米，属支路，沥青路面。2011 年始建，2012 年建成，是年县政府命名，取开元盛世之意。沿途有梯田广场、中天如意小镇（A）区、县第四中学。

开元路（2017 年 5 月摄）

南河北路（Nánhé Běilù）　东起梯田广场，西至紫荆南街，全长 1130 米、宽 22 米，属支路，沥青路面。2011 年始建，2012 年建成，是年县政府命名，因位于水洛南河北岸得名。沿途有梯田广场、中天如意小镇（A）区、县第四中学。

北滨河路（Běibīnhé Lù）　东起文昌街，西至西环路，全长 4230 米、宽 19 米，属主干道，沥青路面。1996 年、1997 年、2003 年、2005 年分段修筑。2007 年县政府命名。2012 年延伸至西环路。沿途有县职教中心、朝阳小区、第二幼儿园、邮政局、县政府、县第三中学等。

北滨河路（2020 年 4 月摄）

南滨河路（Nánbīnhé Lù）　东起文昌街，西至水上公园，长 3000 米、宽 18~30 米，属主干道，沥青路面。1991 年、1993 年、1995 年分段建设，2005 年全线贯通。2007 年县政府命名。沿途有县自来水公司、天太佳苑、县医院、滨河佳苑、紫荆花苑。

南滨河路（2017 年 3 月摄）

新徐东路（Xīnxú Dōnglù） 东起文昌街，西至新昌街，长1390米、宽22米，属主干道，沥青路面。1995年始建，宽8米，称新徐路，以起点柳家新庄、终点徐家碾得名。1998年拓宽至22米，2003年铺筑沥青路面，2007年县政府将新徐路西段（以新昌街为界）命名为新徐西路，2009年改造铺油。沿途有县社会福利院、蔬菜批发市场、庄浪第三小学、水洛派出所。

新徐东路（2016年6月摄）

新徐西路（Xīnxú Xīlù） 东起新昌街，西至西环路，长2700米、宽24米，属主干道，沥青路面。1995年始建，称新徐路，以起点柳家新庄、终点徐家碾得名，2005年改造，2007年县政府将新徐路东段（以新昌街为界）命名为新徐东路。沿途有中医院、康居小区。

西环路（2017年4月摄）

西环路（Xīhuán Lù） 北起水洛北山根，南至泾甘公路，是静庄公路城区段，长1170米、宽16米，属主干道，沥青路面。2006年7月建成。2012年县政府命名。因位于县城西部得名。

文昌街（Wénchāng Jiē） 北起新徐东路，南至紫荆山公园东大门，长880米、宽18米，属支路次干道，沥青路面。1999年始建，2006年建成铺油沥青路面。2007年县政府命名为洛城东路，2012年更名为文昌街。北有职教中心、南有紫荆中学，故得名，取文运昌盛之意。沿途有第三幼儿园。

中宁北街（Zhōngníng Běijiē） 北起新徐东路，南至北滨河路，长470米、宽16米，属支路次干道，沥青路面。2003年始建，2006年建成。2007年县政府命名为中天巷，2012年更名为中宁北街。因位于中宁桥北端得名。

中宁南街（Zhōngníng Nánjiē） 北起南滨河路，南至丹阳广场，长320米、宽16米，属支路，为沥青路面。1994年5月始建，9月建成。2007年县政府命名卫生巷，2012年更名中宁南街。因位于中宁桥南得名。

紫荆北街（Zǐjīng Běijiē） 北起新徐西路，南至西大街，长660米、宽28米，属主干道，沥青路面。紫荆桥南段俗称北巷子，1994年由宽4米拓至22米，2007年铺筑沥青路面，县政府命名为紫荆北巷；紫荆桥北段于2000年始建，宽22米，2005年铺筑沥青路面，2007年县政府命名为政府巷，2010年再次改造，彩砖铺砌人行道。2012年县政府将政府巷、紫荆北巷合并更名为紫荆北街。因紫荆山得名。

紫荆南街（Zǐjīng Nánjiē） 北起西大街，南至南河北路，长950米、宽28米，属主干道，沥青路面。俗称南巷子，1994 年由 4 米拓宽至 22 米；2007 年铺筑沥青路面，彩砖铺砌人行道，县政府命名为紫荆南巷；2012 年拓建延伸至第四中学，县政府更名为紫荆南街。因紫荆山得名。沿途有紫荆山公园、金水花苑、翠庭花苑、南城花苑、县第四中学。

公园街（Gōngyuán Jiē） 北起南滨河路，南至水洛南河，长 680 米、宽 24 米，属次干道，沥青路面。2004 年 4 月始建，6 月建成。2007 年县政府命名为公园路，2012 年 5 月更名为公园街。因西临水上公园得名。沿途有县体育中心。

朝阳北街（Cháoyáng Běijiē） 北起新徐东路，南至北滨河路，长 230 米、宽 15 米，属支路，沥青路面。2007 年 5 月始建，7 月建成。2012 年县政府命名，因朝阳花园小区和方位得名。

朝阳北街（2016 年 6 月摄）

朝阳南街（Cháoyáng Nánjiē） 北起南滨河路，南至二郎山北山根，长 496 米、宽 16 米，属次干道，沥青路面。2007 年 5 月始建，7 月建成。2012 年县政府命名，因朝阳花园小区和方位得名。

东大街（2016 年 6 月摄）

东大街（Dōng Dàjiē） 东起文昌街，西至新昌街，长 1590 米、宽 22 米，属主干道，沥青路面。原称东关街。1972 年始建，1986 年铺筑沥青路面，1992—1994 年、2003—2004 年、2008 年、2011 年分别改造。2007 年县政府命名为东大街，因位于水洛城东关得名。沿途有朝阳广场、法院、公安局、县委、人武部、水洛中学、人民医院、第一小学、影剧院。

西大街（Xī Dàjiē） 东起新昌街，西至公园街，长 1410 米、宽 26 米，属主干道，沥青路面。原中心街、西关街、市场路合称，分段修筑。中心街是原水洛城主街，1966 年拓宽改造，1986 年铺筑沥青路面；西关街于 1966 年与中心街同时整治铺筑，1986 年铺筑沥青路面。1994 年中心街、西关街拓宽，铺筑沥青路面，2004 年改

西大街（2016 年 6 月摄）

造铺油。市场路于1995年修建，2004年铺筑沥青路面。2007年县政府命名为西大街，因位于水洛城西关得名。2011年西大街全段改造铺油。沿途有城关派出所、教育局、新华书店、人民银行、西关住宅小区。

新昌街（Xīnchāng Jiē） 北起羊爬式坡底，南至紫荆山北山根，长1220米、宽21米，属主干道，沥青路面。1971年建成，称新厂路，因通往地毯厂、塑料厂、砖瓦厂得名，1994年拓宽。2007年县政府命名为新昌路。2012年改造，将新昌路、文化路合并更名为新昌街。沿途有安泰庄苑、水洛镇人民政府、开元东方商场、博物馆、文化馆、图书馆。

新昌街（2016年6月摄）

迎宾街（Yíngbīn Jiē） 北起新徐西路，南至泾甘公路，连通迎宾北桥、迎宾南桥，长1650米、宽24米，属次干道，沥青路面。迎宾南桥至汽车站段于1977年建成，1995年加宽改造。汽车站至西大街段（原车站路西段）于1953年建成，1994年加宽改造。迎宾北桥至新徐西路段于1995年建成。2000年、2009年全段铺油改造。2007年县政府命名为洛城西路，2012年更名为迎宾街，因是连接县城西、南两个入口的交通主干道，且有汽车站和紫荆宾馆得名。沿途有第二小学、紫荆宾馆、一中、汽车站。

一中巷（Yīzhōng Xiàng） 东起迎宾街，西至县体育中心，长310米、宽8米，属支路，沥青路面。原称变电路，2005—2006年拓宽铺油。2007年县政府命名为一中巷，因在县第一中学旁边得名。

三中巷（Sānzhōng Xiàng） 北起新徐西路，南至北滨河路，长310米、宽16米，属次干道，沥青路面。2002年8月始建，10月建成。2007年县政府命名，因西侧有县第三中学得名。

供电巷（Gòngdiàn Xiàng） 北起南滨河路，南至东大街，长240米、宽6米，属次干道，沥青路面。1998年、2004年铺筑沥青路面。原称朝阳巷，2007年县政府命名为供电巷，因两侧有原供电所和供电所家属楼得名。

邮政巷（Yóuzhèng Xiàng） 北起新徐西路，南至北滨河路，长373米、宽18米，属次干道，沥青路面。2002年7月始建，是年9月建成，2006年铺筑沥青路面。2007年县政府命名，因旁有县邮政局得名。巷内有民政局、住建局。

礼堂巷（Lǐtáng Xiàng） 北起西大街，南至紫荆山北山根，长185米、宽12米，属支路，沥青路面。因新中国成立后巷内建有大礼堂得名。1994年由4米拓宽至14米，2007年铺筑沥青路面，是年县政府沿用原名命名。

夹城巷（Jiáchéng Xiàng） 东起原石油公司，西至寺坪巷，长420米、宽6米，属支路，沥青路面。因是夹在原水洛城内南垣与外南垣之间巷道得名。2005年铺筑沥青路面。2007年县政府以原名命名。

寺坪巷（Sìpíng Xiàng） 北起南门巷，南至车站路，长380米、宽7米，混凝土路面。因是原水洛城通往坪上寺院（已无存）巷道得名。1997年，北段坡陡改造为混凝土台阶，机动车辆不可通行，其他路段拓宽至12米，铺筑沥青路面。2007年县政府以原名命名。2009年改造为混凝土浇筑路面。

博爱巷（Bóài Xiàng）　北起博爱花苑，南至北滨河路，长 136 米、宽 12 米，属支路，沥青路面。1995 年建成。2012 年县政府命名，因旁有县第二幼儿园和特殊教育学校得名，取博爱之意。

博爱巷（2016 年 6 月摄）

贯坪巷（Guànpíng Xiàng）　东起原石油公司，西至紫荆南街（紫荆山公园门口），长 430 米、宽 3 米，硬化路面，西段较陡。因是原水洛城通往寺坪塬的巷道得名。

南门巷（Nánmén Xiàng）　东起紫荆南街（紫荆山公园门口），西至西大街（县人民银行），长 270 米、宽 3~7 米，硬化路面。因是原水洛城南门通往西关的巷道得名。

第四节　汽车站

庄浪汽车站（Zhuānglàng Qìchēzhàn）　位于水洛镇车站路，因是设于庄浪县汽车客运站而得名。1955 年天水运输公司设庄浪汽车站，1956 年转属平凉运输公司，为国有运输企业。2003 年企业改制，隶属于甘肃东部运输实业集团有限责任公司平凉站务运营有限责任公司，为省二级汽车客运站。占地面积 6743 平方米，建筑面积 4900 平方米，泊车位 31 个，发车位 7 个，主要运营线路有庄浪至兰州、平凉、银川、天水、华亭、西安、秦安，年客运量 167 万人次。有职工 40 人。

庄浪汽车站（2020 年 6 月）

庄浪昌隆站务运营有限公司（Zhuānglàng Changlóng Zhànwùyùnyíng Yǒuxiàngōngsī）　位于水洛镇南滨河路。2008 年 6 月建成，属民营运输企业，庄浪县二级汽车客运站，取昌盛兴隆之意。占地面积 20040 平方米，建筑面积 9600 平方米，泊车位 70 个，发车位 17 个。主要运营线路有庄浪至兰州、平凉、银川、乌海、天水、华亭、西安、秦安，年客运量 130 万人次。有职工 37 人。

南湖汽车客运站（Nánhú Qìchē Kèyùnzhàn）　位于南湖镇陈庄村。2015 年始建，2017 年 10

月建成使用。属民营运输企业，区域性县三级汽车站。占地面积22085平方米，建筑面积4600平方米，停车场面积6500平方米，泊车位38个，发车位18个。运营线路主要有县内乡镇和兰州、天水、平凉、静宁、秦安、银川、固原、乌海、潮湖、隆德等线路，年客运量11万人次。以所在镇命名。

朱店汽车站（Zhūdiàn Qìchēzhàn） 位于朱店镇西街村。2005年建成，占地面积405平方米，建筑面积267.41平方米。以所在镇命名。

万泉汽车站（Wànquán Qìchēzhàn） 位于万泉镇万川村。2009年建成，占地面积370平方米，建筑面积250平方米。以所在镇命名。

韩店汽车站（Hándiàn Qìchēzhàn） 位于韩店镇西门村。2008年建成，占地面积350平方米，建筑面积257平方米。以所在镇命名。

卧龙汽车站（Wòlóng Qìchēzhàn） 位于卧龙镇山集村。2008年建成，占地面积465平方米，建筑面积267.41平方米。以所在镇命名。

阳川汽车站（Yángchuān Qìchēzhàn） 位于阳川镇刘湾村。2005年建成，占地面积405平方米，建筑面积267.4平方米。以所在镇命名。

盘安汽车站（Pán'ān Qìchēzhàn） 位于盘安镇岔李村。2008年建成，占地面积435平方米，建筑面积249.23平方米。以所在镇命名。

通化汽车站（Tōnghuà Qìchēzhàn） 位于通化镇通化村。2008年建成，占地面积415平方米，建筑面积249.23平方米。以所在镇命名。

永宁汽车站（Yǒngníng Qìchēzhàn） 位于永宁镇谈街村。2008年建成，占地面积535平方米，建筑面积249平方米。以所在镇命名。

良邑汽车站（Liángyì Qìchēzhàn） 位于良邑镇良邑村。2009年建成，占地面积270平方米，建筑面积248平方米。以所在镇命名。

岳堡汽车站（Yuèbǔ Qìchēzhàn） 位于岳堡镇岳堡村。2008年建成，占地面积440平方米，建筑面积267.41平方米。以所在镇命名。

柳梁汽车站（Liǔliáng Qìchēzhàn） 位于柳梁镇柳梁村。2009年建成，占地面积410平方米，建筑面积249平方米。以所在镇命名。

南坪汽车站（Nánpíng Qìchēzhàn） 位于南坪镇大庄村。2009年建成，占地面积530平方米，建筑面积249平方米。以所在镇命名。

杨河汽车站（Yánghé Qìchēzhàn） 位于杨河乡杨河村。2009年建成，占地面积405平方米，建筑面积267.41平方米。以所在乡命名。

赵墩汽车站（Zhàodūn Qìchēzhàn） 位于赵墩乡赵墩村。2009年建成，占地面积510平方米，建筑面积290平方米。以所在乡命名。

郑河汽车站（Zhènghé Qìchēzhàn） 位于郑河乡郑河村。2009年建成，占地面积475平方米，建筑面积248平方米。以所在乡命名。

第五节 公路养护

水洛养管站（Shuǐluò Yǎngguǎnzhàn） 位于水洛镇迎宾街。1968年设立秦隆公路水洛道班，1971年改称水洛养管站，承担静庄、泾甘、碾店、庄北等52.91千米公路管养任务。占地面积146.25平方米。因地处水洛镇得名。

南湖养管站（Nánhú Yǎngguǎnzhàn） 位于南湖镇南门村西华街。1956年设立秦隆公路南湖道班，2000年12月改为南湖养管站。承担51.66千米静庄、鱼南公路的管养任务。占地面积992.36平方米。因地处南湖镇得名。

万泉养护作业点（Wànquán Yǎnghùzuòyèdiǎn） 位于万泉镇万川村。1968年设立秦隆公路万泉道班，2013年9月变更为万泉养护作业点。承担26.51千米泾甘公路的管养任务。占地面积239.91平方米。因地处万泉镇得名。

万泉养护作业点（2017年4月摄）

石桥养护作业点（Shíqiáo Yǎnghùzuòyèdiǎn） 位于韩店镇石桥村。1972年设立安庄公路石桥道班，2013年变更为石桥养护作业点。承担25.846千米泾甘公路和庄天公路的管养任务。占地面积153平方米。因所在地村得名。

马卧公路卧龙道班（Mǎwò Gōnglù Wòlóng Dàobān） 位于卧龙镇山集梁村。1976年设立。占地面积400平方米，有二层砖混结构楼房150平方米。因地处卧龙镇、管护马卧公路得名。

阳胡公路阳川道班（Yánghú Gōnglù Yángchuān Dàobān） 位于阳川镇刘湾村。1982年设立。占地面积550平方米，有砖木结构房屋80平方米。因位于阳川镇、管护阳胡公路得名。

苏庄公路通化道班（Sūzhuāng Gōnglù Tōnghuà Dàobān） 位于通化镇新集村。1975年设立苏庄公路新集道班，1982年改为苏庄公路通化道班。占地面积260平方米。因位于通化镇、管护苏庄公路得名。

乔阳公路大庄道班（Qiáoyáng Gōnglù Dàzhuāng Dàobān） 位于大庄镇梁山村梁家湾儿。1982年设立。占地面积300平方米。因位于大庄镇、管护乔阳公路得名。

韩良公路永宁道班（Hánliáng Gōnglù Yǒngníng Dàobān） 位于永宁镇谈街村。1973年设立。占地面积630平方米。因位于永宁镇、管护韩良公路得名。

苏庄公路良邑道班（Sūzhuāng Gōnglù Liángyì Dàobān） 位于良邑镇良邑村。1982年设立。占地面积460平方米，有砖混结构房屋80平方米。因位于良邑镇、管护苏庄公路得名。

韩良公路郑河道班（Hánliáng Gōnglù Zhènghé Dàobān） 位于郑河乡郑河村。1976年设立。占地面积450平方米，有砖混结构房屋120平方米。因位于郑河乡、管护韩良公路得名。

第六节 加油站

中国石油庄浪经营部（Zhōngguóshíyóu Zhuānglàng Jīngyíngbù） 位于水洛镇车站路。1975 年 1 月庄浪县燃料公司建石油库。1985 年 7 月专设石油公司，属省石油公司直管。2003 年 4 月改制为中国石油庄浪经营部，隶属中国石油天然气股份有限公司甘肃平凉销售分公司。建筑面积 100 平方米。因是中国石油天然气股份有限公司驻庄浪县经营部得名。

庄浪南桥加油站（Zhuānglàng Nánqiáo Jiāyóuzhàn） 位于水洛镇二李村。所在线路泾甘公路。2002 年 4 月成立，隶属中国石油天然气股份有限公司甘肃平凉销售分公司。占地面积 1000 平方米。因在水洛镇迎宾南桥附近得名。

庄浪南湖加油站（Zhuānglàng Nánhú Jiāyóuzhàn） 位于南湖镇陈庄村。所在线路静庄公路。2006 年 8 月成立，隶属中国石油天然气股份有限公司甘肃平凉销售分公司。占地面积 2200 平方米，建筑面积 280 平方米。因所在镇得名。

庄浪南湖加油站（2016 年 6 月摄）

庄浪孔沟加油站（Zhuānglàng Kǒnggōu Jiāyóuzhàn） 位于朱店镇孔沟村。所在线路泾甘公路。2005 年 10 月设立，隶属中国石油天然气股份有限公司甘肃平凉销售分公司。占地面积 2600 平方米，建筑面积 600 平方米。因所在居民点孔家沟得名。

庄浪万里加油站（Zhuānglàng Wànlǐ Jiāyóuzhàn） 位于南坪镇刘靳村。所在线路泾甘公路。2005 年成立，隶属中国石油天然气股份有限公司甘肃平凉销售分公司。占地面积 950 平方米。取车行万里之意。

第六章　水利电力通信设施地名

第一节　水利水保

水库

红崖湾水库（Hóng'áiwān Shuǐkù）　位于通化镇毛沟李家中庄村东北。1967 年始建，1971 年建成，为壤土心墙坝，属Ⅳ等小（1）型水库。2002—2003 年、2012—2013 年除险加固。由大坝、泄洪输水隧洞、溢洪道三部分组成，大坝长 132 米，高 44.3 米，宽 4 米，输水隧洞长 120 米，溢洪道长 134 米。总库容 270 万立方米。主要水源为水洛河，坝上游流域面积 47 平方千米。地处佛崖湾峡口，建库时改“佛”为“红”，故得名。是庄浪县人饮及生产用水主要水源之一。庄浪县水务局管理。

红崖湾水库（2019 年 9 月摄）

贾门水库（Jiǎmén Shuǐkù）　位于南湖镇贾门村。1971 年始建，1972 年建成，属Ⅳ等小（1）型水库。2008—2009 年除险加固，为山丘水库，属岸坡式挡水坝。主坝高 30.42 米，坝顶长 150 米、宽 6 米。主要水源为后河，上游流域面积 32 平方千米。因水库所在地村得名。是庄浪河灌区供水源，设计灌溉面积 5.06 平方千米。庄浪县水务局管理。

贾门水库（2016 年 10 月摄）

埂塄水库（Gěngléng Shuǐkù）　位于岳堡镇张家埂塄。1971 年始建，1972 年建成，属Ⅴ等小（2）型水库。2012 年除险加固。坝高 24.7 米，坝长 117 米，顶宽 5 米，总库容 92.02 万立方米。主要水源为庄浪河支流，上游流域面积 10 平方千米。以所在地埂塄村命名。主要承担岳堡镇川区防洪任务。庄浪县水务局管理。

埂塄水库（2012 年 9 月摄）

竹林寺水库（2019 年 10 月摄）

花崖河水库（2019 年 10 月摄）

竹林寺水库（Zhúlínsì Shuǐkù） 位于韩店镇郭漫村。1996 年始建，2002 年建成，壤土心墙砂砾石坝，属Ⅳ等小（1）型水库。主坝高 44.3 米，顶长 208.8 米，顶宽 6 米。主要水源为水洛南河，上游流域面积 43.4 平方千米。以灌溉为主，兼有供水、养殖、防洪、旅游等功能。因竹林寺石窟得名。庄浪县水务局管理。

花崖河水库（Huā'áihé Shuǐkù） 位于韩店镇石桥村。以城区供水为主的壤土心墙砂砾石坝。2018 年建成主体。属Ⅳ等小（1）型水库，最大坝高 41.8 米，坝顶长 202 米，坝顶宽 6 米。有溢洪道 1 座，宽 3 米，长 162 米，有圆形泄洪洞（兼导流洞）1 座，洞径 2.5 米，长 340.5 米。死水位 1891.5 米，汛限水位 1903.1 米，危险水位 1905.3 米。主要水源为花崖河，上游流域面积 32.4 平方千米，多年平均径流量 648 万立方米。设计年供水量 246 万立方米。因所在水系花崖河得名。甘肃水务庄浪供水有限责任公司花崖河水库管理所管理。

骨干坝

曹湾骨干坝（Cáowān Gǔgànbà） 位于南湖镇曹湾村。以土坝所在地村命名。2007 年 3 月始建，11 月建成。长 94 米，顶宽 4 米，高 27 米，蓄水面积 6.1 平方千米。

李咀骨干坝（Lǐzuǐ Gǔgànbà） 位于南湖镇汪家村李家咀。以土坝所在地村命名。2007 年 3 月始建，11 月建成。长 79.3 米，顶宽 4 米，高 28 米，蓄水面积 4.4 平方千米。

西佛沟骨干坝（Xīfógōu Gǔgànbà） 位于南湖镇孙家大庄村西佛寺沟。以土坝所在西佛寺沟命名。1999 年 1 月始建，2001 年 5 月建成。长 102.9 米，顶宽 4 米，高 22 米，蓄水面积 7.3 平方千米。

堡子沟 1 号骨干坝（Bǔzigōu 1 Hào Gǔgànbà） 位于南湖镇庙岔村堡子沟。以土坝所在堡子沟命名。1991 年 10 月始建，1996 年 6 月建成。长 104.2 米，顶宽 4 米，高 30 米，蓄水面积 7.4 平方千米。

白家沟骨干坝（Báijiāgōu Gǔgànbà） 位于卧龙镇后梁村榆林沟南侧白家沟。以土坝所在沟命名。1998 年 9 月始建，2001 年 4 月建成。长 67.2 米，顶宽 4 米，高 20 米，蓄水面积 5.1 平方千米。

老山沟骨干坝（Lǎoshāngōu Gǔgànbà） 位于大庄镇老山沟村水魏沟南侧支沟。以土坝所在地村命名。2001 年 11 月建成。长 94 米，顶宽 4 米，高 20.5 米，蓄水面积 6.8 平方千米。

徐家沟骨干坝（Xújiāgōu Gǔgànbà） 位于柳梁镇徐家村双堡子沟。以土坝所在地村命名。2000 年 9 月始建，2002 年 11 月建成。长 86.6 米，顶宽 4 米，高 19.5 米，蓄水面积 6.2 平方千米。

川边骨干坝（Chuānbiān Gǔgànbà） 位于柳梁镇川边村双堡子沟北侧支沟。以土坝所在地村命名。2002 年 10 月始建，2004 年 5 月建成。长 73 米，顶宽 4 米，高 23 米，蓄水面积 3.7 平方千米。

徐家沟骨干坝（2008 年 5 月摄）

榆林沟 1 号骨干坝（2019 年 10 月摄）

榆林沟 1 号骨干坝（Yúlíngōu 1 Hào Gǔgànbà） 位于柳梁镇张陈村榆林沟。以土坝所在榆林沟排序命名。1998 年 10 月始建，1999 年 11 月建成。长 62.2 米，顶宽 4 米，高 20 米，蓄水面积 4.2 平方千米。

榆林沟 2 号骨干坝（Yúlíngōu 2 Hào Gǔgànbà） 位于柳梁镇鸾咀村榆林沟。以土坝所在榆林沟排序命名。1998 年 10 月始建，1999 年 11 月建成。长 81 米，顶宽 4 米，高 20.5 米，蓄水面积 4.8 平方千米。

榆林沟 3 号骨干坝（Yúlíngōu 3 Hào Gǔgànbà） 位于柳梁镇蒙家河湾村榆林沟南侧支沟。以土坝所在榆林沟排序命名。2002 年 10 月始建，2004 年 5 月建成。长 94 米，顶宽 4 米，高 21 米，蓄水面积 6.8 平方千米。

史渠沟 1 号骨干坝（Shǐqúgōu 1 Hào Gǔgànbà） 位于南坪镇史湾村老坟川的鸾沟沟垴（亦称史渠沟）。以土坝所在沟命名。1995 年 3 月始建，1996 年 9 月建成。长 74 米，顶宽 4 米，高 19 米，蓄水面积 3.7 平方千米。

安家凹骨干坝（Ānjiāwā Gǔgànbà） 位于赵墩乡王家大庄村安家凹的庙隆沟北侧支沟。以土坝所在地居民点命名。2009 年 3 月始建，11 月建成。长 113.3 米，顶宽 4 米，高 31 米，蓄水面积 4.3 平方千米。

大庄骨干坝（Dàzhuāng Gǔgànbà） 位于赵墩乡王家大庄村的庙隆沟南侧支沟。以土坝所在地村命名。2000 年 9 月始建，2002 年 4 月建成。长 76.6 米，顶宽 4 米，高 22.1 米，蓄水面积 4.3 平方千米。

富家川骨干坝（Fùjiāchuān Gǔgànbà） 位于赵墩乡牡丹村富家川的庙隆沟南侧支沟。以土坝所在地居民点命名。2009 年 3 月始建，10 月建成。长 93 米，顶宽 4 米，高 24.6 米，蓄水面积 3.6 平方千米。

蛟龙寺骨干坝（Jiāolóngsì Gǔgànbà） 位于赵墩乡蛟龙寺村庙隆沟北侧支沟。以土坝所在地村命名。2007 年 3 月始建，11 月建成。长 96 米，顶宽 4 米，高 17.1 米，蓄水面积 3.7 平方千米。

蛟龙寺骨干坝（2012 年 6 月摄）

李鱼家骨干坝（Lǐyújiā Gǔgànbà） 位于赵墩乡井沟村李鱼家庙隆沟南侧支沟。

以土坝所在地居民点命名。2006 年 3 月始建，11 月建成。长 99 米，顶宽 4 米，高 26 米，蓄水面积 3.5 平方千米。

刘罗家骨干坝（Liúluójiā Gǔgànbà） 位于赵墩乡孙庙村庙隆沟北侧支沟。以土坝所在地居民点刘家坪、罗家咀命名。2007 年 3 月始建，11 月建成。长 100 米，顶宽 4 米，高 29.7 米，蓄水面积 5.7 平方千米。

石家塬骨干坝（Shíjiāyuán Gǔgànbà）位于赵墩乡井沟村石家塬。以土坝所在地居民点命名。2008 年 3 月始建，11 月建成。长 92 米，顶宽 4 米，高 22 米，蓄水面积 3.7 平方千米。

孙渠沟骨干坝（Sūnqúgōu Gǔgànbà） 位于赵墩乡阳川村孙家渠庙隆沟。以土坝所在位置命名。2000 年 10 月始建，2002 年 5 月建成。长 90 米，顶宽 4 米，高 25.5，蓄水面积 3.8 平方千米。

阳川沟骨干坝（Yángchuāngōu Gǔgànbà）位于赵墩乡阳川村庙隆沟。以土坝所在位置命名。2000 年 10 月始建，2002 年 7 月建成。长 73.8 米，顶宽 4 米，高 22.5 米，蓄水面积 3.6 平方千米。

阳川沟骨干坝（2011 年 7 月摄）

杨虎家骨干坝（Yánghǔjiā Gǔgànbà）位于赵墩乡赵墩村的杨虎家庙隆沟南侧支沟。以土坝所在地居民点命名。2008 年 3 月始建，10 月建成。长 119.8 米，顶宽 4 米，高 28.1 米，蓄水面积 4.1 平方千米。

下梨树湾骨干坝（Xiàlíshùwān Gǔgànbà）位于赵墩乡梨树湾村庙隆沟北侧支沟。以土坝所在地居民点命名。2009 年 3 月始建，9 月建成。长 111.2 米，顶宽 4 米，高 28.7 米，蓄水面积 4.2 平方千米。

灌溉渠

金锁灌区总干渠（Jīnsuǒguànqū Zǒnggànqú） 起点水洛镇王家庄，止点朱店镇弯沟口，全长 6.87 千米，其中矩型渠 803 米，U 型渠长 4.44 千米，矩型暗涵 599 米，拱型暗涵 715 米，渡槽长 0.32 千米，平均流量 0.8 立方米 / 秒，最大水深 0.6 米。1989 年始建，1993 年竣工。以原金锁镇命名。

民乐灌区南干渠（Mínlèguànqū Nángànqú） 位于万泉镇水洛河南岸。民乐灌区因属原民乐乡得名，灌渠由总干渠、南干渠、北干渠及渠系建筑物构成。总干渠起点田家坪，止点东沟村东沟门，全长 3.56 千米，引水流量 2 立方米 / 秒，最大水深 0.8 米。南干渠起点东沟门，止点为西坪村马家沟，全长 4.65 千米，引水流量 1 立方米 / 秒，最大水深 0.7 米。1957 年 8 月从黑虎潭引水，开渠 3 千米，1958 年将灌渠延长，建成民乐渠。1980 年建成渠首，1983 年 8 月开建南干渠，1988 年 8 月建成。因是民乐灌区在水洛河南岸的干渠而得名。

民乐灌区北干渠（Mínlèguànqū Běigànqú） 位于万泉镇水洛河北岸，属民乐灌区总干渠支渠。起点东沟村东沟门，经跨水洛河渡槽至霍李村霍家下庄石崖沟，全长 6.28 千米，引水流量 0.6 立方米 / 秒，最大水深 0.4 米。1979 年勘测设计，1983 年始建，1988 年建成。因是民乐灌区在水洛河北岸的干渠而得名。

良水南渠（Liángshuǐ Nánqú） 起点良邑镇良邑村，止点水洛镇中川村，全长 11 千米，平均流量 0.3 立方米 / 秒，最大水深 0.2 米。1958 年 10 月始建，为土坝，2002 年衬砌。因地处水洛河南岸、跨良邑和水洛镇得名。

渡槽

民乐跨河渡槽（Mínlè Kuàhé Dùcáo） 位于万泉镇东沟村东沟口至史沟村史家沟。民乐罐区附属工程，是输送渠道水流跨越水洛河的架空水槽。全长 660 米，设计比降 1/800，设计流量 0.5 立方米 / 秒，排架支承 U 型薄壳槽身形式，在河床 160 米范围有桥墩。1983 年兴建渠道枢纽，1985 年 5 月扩建跨河渡槽，1988 年 8 月竣工。以灌渠名称得名。

民乐跨河渡槽（2017 年 6 月摄）

金锁北干渠跨河渡槽（Jīnsuǒ Běigànqú Kuàhé Dùcáo） 位于朱店镇吴沟村。金锁北干区附属工程，是输送渠道水流跨越水洛河架空水槽。渡槽为肋拱型，全长 510 米，宽 1.4 米，纵坡比 1/500，共 20 跨，每跨 25 米。附带架子车桥，槽身与槽面分离，桥面宽 1.5 米，两侧安置金属栏杆。1990 年 10 月兴建，1991 年 12 月竣工。以灌渠名称得名。

阳川东一干跨河渡槽（Yángchuān Dōngyīgàn Kuàhé Dùcáo） 位于阳川镇葫芦河上峡口，是阳川东灌区主干渠跨越葫芦河第 1 条渡槽。因灌渠名称得名。1991 年开工，1994 年 12 月竣工，全长 96 米，共 3 跨，主跨 48 米，两边各 24 米，主梁（槽身）采用内径 70 厘米，壁厚 0.8 厘米钢管焊接，塔墩采用 200 # 钢筋混凝土现浇。门式塔架采用 250 # 钢筋混凝土现浇，中间设横系梁，斜拉索为双面布设，呈扇形，拉索为 21.5 高强钢丝绳，比降 1/300。

阳川东二干跨河渡槽（Yángchuān Dōng'èrgàn Kuàhé Dùcáo） 位于阳川镇台咀村，是阳川东灌区主干渠跨越葫芦河第 2 条渡槽。因灌渠名称得名。1991 年开工，1994 年 12 月竣工，全长 424 米，共 17 跨，每跨 24 米，渡槽设计为拆线拱型式，槽身为预制 U 型槽壳，肋拱为 200 # 钢筋混凝土预制，墩身为 150 # 钢筋混凝土现浇，墩身最大高度 11.8 米。

阳川东三干跨河渡槽（Yángchuān Dōngsāngàn Kuàhé Dùcáo） 位于阳川镇葫芦河下峡口，是阳川东灌区主干渠跨越葫芦河第 3 条渡槽。因灌渠名称得名。1991 年开工，1994 年 12 月竣工。渡槽采用拆线拱型式，全长 112 米，共 4 跨，每跨 24 米，设计纵坡比 1/200。

提灌站

南湖石阳夹道提灌站（Nánhú Shíyáng Jiádào Tíguànzhàn） 位于南湖镇石阳村河谷川台地上，因所在镇、村名命名。2012 年 6 月始建，9 月建成。有大口井 1 眼、泵房 1 座、50 立方米出水池 1 座，配套支渠 2 条 2.01 千米，斗渠 10 条 3.01 千米。提灌面积 33 万平方米。

南湖石阳新庄提灌站（Nánhú Shíyáng Xīnzhuāng Tíguànzhàn） 位于南湖镇石阳新庄，因所在镇、村名命名。2012 年 6 月始建，9 月建成。有大口井 1 眼，支渠 2 条 1.52 千米，斗渠 10 条 1.86 千米，灌溉面积 26.6 平方米。

万泉霍李提灌站（Wànquán Huòlǐ Tíguànzhàn） 位于万泉镇霍李村，因所在镇、村名命名。2012 年 4 月始建，9 月建成。有大口井 2 眼、泵房 1 座、高位水池 1 座，闸阀井 99 座，上水管线 1210 米，灌溉面积 42.6 万平方米。

柳梁川边提灌站（Liǔliáng Chuānbiān Tíguànzhàn） 位于柳梁镇川边村，因所在镇、村命名。2010 年 6 月始建，9 月建成。有进水前池 1 座、泵房 1 座，上水管道 1 条 800 米，300 立方米高位水池 1 座，田间 100 立方米蓄水池 3 座，各类管道 20.63 千米，检查井 120 座，给水栓 200 个，节水灌溉面积 46 万平方米。

赵墩富川提灌站（Zhàodūn Fùchuān Tíguànzhàn） 位于赵墩乡牡丹村富家川，因所在乡和居民点命名。2011 年 6 月始建，9 月建成。有进水前池 1 座、泵房 1 座，上水管道 1 条 460 米，200 立方米高位水池 1 座，田间 100 立方米蓄水池 1 座，各类管道 20.63 千米，检查井 120 座，给水栓 200 个。

水厂

北部水厂（Běibù Shuǐchǎng） 位于朱店镇毛柳村。2004 年 8 月建成。因是县北部人饮用水处理厂得名。占地面积 1667 平方米、建筑面积 534 平方米，日处理水 400 吨。职工 12 人。

石门口水厂（Shíménkǒu Shuǐchǎng） 位于朱店镇朱河村。2007 年建成。因地处石门口得名。占地面积 2655 平方米、建筑面积 620 平方米，日处理水 2000 吨。职工 15 人。

红崖湾水厂（Hóng'áiwān Shuǐchǎng） 位于通化镇中庄村。2008 年建成。因地处红崖湾水库下方得名。占地面积 4454 平方米、建筑面积 1571 平方米，日处理水 7000 吨。职工 18 人。

南坪水厂（Nánpíng Shuǐchǎng） 位于南坪镇沈坪村。2002 年建成。因所在镇得名。2010 年由庄浪县水务局划属甘肃水务庄浪供水有限责任公司。水处理车间面积 1029 平方米、管理用房 210 平方米，2016 年改扩建净水处理车间 1040 平方米。日供水能力 2.5 万立方米。主要承担县城区 11.8 万人、水洛河川区 4.5 万人、南部人饮 1.3 万人、阳川人饮 4.3 万人、北部人饮 1.4 万人的生产及生活用水。职工 29 人。

水利管理站

水洛镇水利管理站（Shuǐluò Zhèn Shuǐlì Guǎnlǐzhàn） 位于水洛镇新昌街，以所在行政区命名。1972 年设水洛灌渠管理所，2013 年改称水洛镇水利管理站。占地面积 1988 平方米、建筑面积 475 平方米。职工 16 人。

南湖镇水利管理站（Nánhú Zhèn Shuǐlì Guǎnlǐzhàn） 位于南湖镇北关村，以所在行政区命名。1972 年设南湖水管所，2013 年改称南湖镇水利管理站。占地面积 1080 平方米、建筑面积 640 平方米。职工 10 人。

朱店镇水利管理站（Zhūdiàn Zhèn Shuǐlì Guǎnlǐzhàn） 位于庄浪县朱店镇吴沟村，以所在行政区命名。1989 年设金锁灌渠管理所，2013 年改称朱店镇水利管理站。占地面积 2100 平方米，建筑面积 464 平方米。职工 12 人。

万泉镇水利管理站（Wànquán Zhèn Shuǐlì Guǎnlǐzhàn） 位于万泉镇高川村，以所在行政区命名。1973 年设民乐灌区管理所，2013 年改称万泉镇水利管理站。占地面积 2110 平方米，建筑面积 680 平方米。职工 13 人。

韩店镇水利管理站（Hándiàn Zhèn Shuǐlì Guǎnlǐzhàn） 位于韩店镇东门村，以所在行政区命名。2004 年设韩店水管所，2013 年改称韩店镇水利管理站。占地面积 1742 平方米，建筑面积 658 平方米。职工 9 人。

卧龙镇水利管理站（Wòlóng Zhèn Shuǐlì Guǎnlǐzhàn） 位于卧龙镇苏山村，以所在行政区命名。2004 年设卧龙水管所，2013 年改称卧龙乡水利管理站，2015 年 6 月改称卧龙镇水利管理站。占地面积 910 平方米，建筑面积 533 平方米。职工 12 人。

阳川镇水利管理站（Yángchuān Zhèn Shuǐlì Guǎnlǐzhàn） 位于阳川镇刘湾村，以所在行政区命名。1972 年设阳川灌区管理所，2013 年改称阳川乡水利管理站，2015 年 6 月改称阳川镇水利管理站。占地面积 477 平方米、建筑面积 344 平方米。职工 14 人。

盘安镇水利管理站（Pán'ān Zhèn Shuǐlì Guǎnlǐzhàn） 位于盘安镇孙沟村，以所在行政区命名。2012 年设盘安水管所，2013 年改称盘安乡水利管理站，2015 年 6 月改称盘安镇水利管理站。占地面积 1394 平方米、建筑面积 380 平方米。职工 8 人。

通化镇水利管理站（Tōnghuà Zhèn Shuǐlì Guǎnlǐzhàn） 位于通化镇新庄村，以所在行政区命名。1972 年设通化水管所，2013 年改称通化乡水利管理站，2016 年改称通化镇水利管理站。占地面积 2415 平方米、建筑面积 742 平方米。职工 13 人。

大庄镇水利管理站（Dàzhuāng Zhèn Shuǐlì Guǎnlǐzhàn） 位于大庄镇大庄村，以所在行政区命名。2010 年设大庄水管所，2013 年改称大庄乡水利管理站，2016 年改称大庄镇水利管理站。占地面积 1452 平方米、建筑面积 528 平方米。职工 7 人。

良邑镇水利管理站（Liángyì Zhèn Shuǐlì Guǎnlǐzhàn） 位于良邑镇良邑村，以所在行政区命名。1972 年设良邑水管所，2013 年改称良邑乡水利管理站，2018 年改称良邑镇水利管理站。占地面积 1211 平方米、建筑面积 639 平方米。职工 13 人。

岳堡镇水利管理站（Yuèbǔ Zhèn Shuǐlì Guǎnlǐzhàn） 位于岳堡镇岳堡村，以所在行政区命名。2000 年设岳堡水管所，2013 年改称岳堡乡水利管理站，2018 年改称岳堡镇水利管理站。占地面积 1188 平方米、建筑面积 512 平方米。职工 12 人。

柳梁镇水利管理站（Liǔliáng Zhèn Shuǐlì Guǎnlǐzhàn） 位于柳梁镇孟山村，以所在行政区命名。2004 年设柳梁水管所，2013 年改称柳梁乡水利管理站，2018 年改称柳梁镇水利管理站。占地面积 1828 平方米、建筑面积 394 平方米。职工 10 人。

南坪镇水利管理站（Nánpíng Zhèn Shuǐlì Guǎnlǐzhàn） 位于南坪镇沈坪村，以所在行政区命名。2013 年设南坪乡水利管理站，2018 年改称南坪镇水利管理站。占地面积 3330 平方米，建筑面积 1120 平方米。职工 8 人。

赵墩乡水利管理站（Zhàodūn Xiāng Shuǐlì Guǎnlǐzhàn） 位于赵墩乡炮厂梁，以所在行政区命名。2010 年设赵墩水管所，2013 年改称赵墩乡水利管理站。占地 646 平方米、建筑面积 332 平方米。职工 8 人。

第二节　电　力

水洛 110 千伏变电站（Shuǐluò 110 Qīanfú Biàndiànzhàn）　位于水洛镇光明街。因所在地镇得名。1975 年 6 月，水洛 35 千伏变电站建成投运，地址位于水洛镇一中巷（原变电路）。2001 年 4 月在水洛镇新北社区光明街选址新建，2002 年 1 月建成投运，改造后升级为 110 千伏，同时变电站更名为水洛 110 千伏变电站。占地 8346 平方米，输入电压 110 千伏，输出电压 35 千伏及 10 千伏，主变容量 2 台 56000 千伏安，负责为全县 9 座 35 千伏变电站供电，输入容量、输出容量均为 56000 千瓦。

南湖变电站（Nánhú Biàndiànzhàn）　位于南湖镇北关村。因所在地镇得名。占地 1509 平方米，1977 年 6 月始建，1978 年 9 月建成，输入电压 35 千伏，主变容量 2 台 12600 千伏安，供电范围为全镇机关企事业单位、工矿企业、工农业生产及居民生活用电。输入容量、输出容量均为 12600 千瓦。

朱店变电站（Zhūdiàn Biàndiànzhàn）　位于朱店镇小湾村郭赵家。因所在地镇得名。占地 2239 平方米，2000 年 1 月始建，2002 年 10 月建成，输入电压 35 千伏，主变容量 2 台 12500 千伏安，供电范围为全镇机关企事业单位、工矿企业、工农业生产及居民生活用电。输入容量、输出容量均为 12500 千瓦。

万泉变电站（Wànquán Biàndiànzhàn）　位于万泉镇崔坪村。因所在地镇得名。占地 2189 平方米，2004 年 1 月始建，2005 年 11 月建成，输入电压 35 千伏，主变容量 2 台 4000 千伏安，供电范围为全镇机关企事业单位、工矿企业、工农业生产及居民生活用电。输入容量、输出容量均为 4000 千瓦。

韩店变电站（Hándiàn Biàndiànzhàn）　位于韩店镇西门村。因所在地镇得名。占地 1601 平方米，2001 年 3 月始建，2002 年 7 月建成，输入电压 35 千伏，主变容量 2 台 12600 千伏安，供电范围为全镇机关企事业单位、工矿企业、工农业生产及居民生活用电。输入容量、输出容量均为 12600 千瓦。

卧龙变电站（Wòlóng Biàndiànzhàn）　位于卧龙镇山集梁村。因所在地镇得名。占地 2256 平方米，1993 年 2 月始建，1994 年 8 月建成，输入电压 35 千伏，主变容量 2 台 3200 千伏安，供电范围为全镇机关企事业单位、工矿企业、工农业生产及居民生活用电。输入容量、输出容量均为 3200 千瓦。

阳川变电站（Yángchuān Biàndiànzhàn）　位于阳川镇刘湾村。因所在镇得名。占地 1629 平方米，1999 年 1 月始建，2000 年 8 月建成，输入电压 35 千伏，主变容量 2 台 4100 千伏安，供电范围为全镇机关企事业单位、工矿企业、工农业生产及居民生活用电。输入容量、输出容量均为 4100 千瓦。

通化变电站（Tōnghuà Biàndiànzhàn）　位于通化镇新集村。因所在镇得名。占地 2256 平方米，1999 年 4 月始建，2000 年 6 月建成，输入电压 35 千伏，主变容量 2 台 6300 千伏安，供电范围为全镇机关企事业单位、工矿企业、工农业生产及居民生活用电。输入容量、输出容量均为 6300 千瓦。

岳堡变电站（Yuèbǔ Biàndiànzhàn）　位于岳堡镇岳堡村。因所在镇得名。占地 574 平方米，2003 年 4 月始建，2004 年 9 月建成，输入电压 35 千伏，主变容量 2 台 5150 千伏安，供电范围为全镇机关企事业单位、工矿企业、工农业生产及居民生活用电。输入容量、输出容量均为 5150 千瓦。

赵墩变电站（Zhàodūn Biàndiànzhàn）　位于赵墩乡蛟龙掌村。因所在乡得名。占地 821 平方米，2010 年 2 月始建，2011 年 1 月建成，输入电压 35 千伏，主变容量 2 台 6300 千伏安，供电范围为全乡机关企事业单位、工矿企业、工农业生产及居民生活用电。输入容量、输出容量均为 6300 千瓦。

第三节　通信基站

广电

庄浪县广播电视转播台（Zhuānglàng Xiàn Guǎngbōdiànshì Zhuǎnbōtái）　位于水洛镇文湾村文家湾东部梁顶。因是庄浪县广播电视调频平台得名。庄浪县广播电视无线发射平台。1984 年 9 月始建，1985 年建成后称庄浪县调频广播转播台，是年又与二郎山电视插转台合一，称庄浪县调频电视转播台，1989 年命名为庄浪县广播电视转播台。1989 年至 2005 年历经 3 次改扩建，占地面积 2664 平方米。架设高 60 米、30 米、20 米铁塔 3 座，信号覆盖全县。发射功率 4200 瓦，基站天线高度 60 米。

基站

庄浪县电信局基站（Zhuānglàng Xiàn Diànxìnjú Jīzhàn）　位于水洛镇东大街县电信局院内。天线高 45 米，发射功率 40 瓦。1995 年建成。因所在位置得名。

南湖公园基站（Nánhúgōngyuán Jīzhàn）　位于南湖镇南湖公园内。天线高 45 米，发射功率 40 瓦。2017 年建成。因所在位置得名。

朱店基站（Zhūdiàn Jīzhàn）　位于朱店镇中街村。天线高 60 米，发射功率 50 瓦。2008 年建成。因所在地镇得名。

万泉基站（Wànquán Jīzhàn）　位于万泉镇万川村。天线高 50 米，发射功率 50 瓦。2004 年建成。因所在地镇得名。

云崖基站（Yún'ái Jīzhàn）　位于韩店镇郭漫村云崖寺景区。天线高 40 米，发射功率 30 瓦。2010 年建成。因所在位置得名。

卧龙基站（Wòlóng Jīzhàn）　位于卧龙镇山集梁村。天线高 20 米，发射功率 30 瓦。2008 年建成。因所在地镇得名。

阳川街道基站（Yángchuānjiēdào Jīzhàn）　位于阳川镇刘湾村阳川街。天线高 15 米，发射功率 20 瓦。2014 年建成。因所在位置得名。

王公基站（Wánggōng Jīzhàn）　位于盘安镇王公村。天线高 30 米，发射功率 40 瓦。2009 年建成。因所在地村得名。

陈堡基站（Chénbǔ Jīzhàn）　位于通化镇陈堡村。天线高 35 米，发射功率 30 瓦。2015 年建成。因所在地村得名。

大庄基站（Dàzhuāng Jīzhàn）　位于大庄镇大庄村。天线高 50 米，发射功率 50 瓦。2004 年建成。因所在地镇得名。

永宁街道基站（Yǒngníngjiēdào Jīzhàn）　位于永宁镇谈街村谈家街子。天线高 45 米，发射功率 50 瓦。2013 年建成。因所在位置得名。

良邑 2 基站（Liángyì 2 Jīzhàn）　位于良邑镇良邑村北。天线高 40 米，发射功率 50 瓦。2011 年建成。因是良邑村第二个基站得名。

岳堡基站（Yuèbǔ Jīzhàn） 位于岳堡镇北侧山顶。天线高 45 米，发射功率 40 瓦。2010 年建成。因所在地镇得名。

柳梁基站（Liǔliáng Jīzhàn） 位于柳梁镇柳梁村天爷梁。天线高 50 米，发射功率 50 瓦。2007 年建成。因所在地镇得名。

南坪基站（Nánpíng Jīzhàn） 位于南坪镇政府院内。天线高 55 米， 发射功率 50 瓦。2010 年建成。因所在地镇得名。

杨河新建基站（Yánghé Xīnjiàn Jīzhàn） 位于杨河乡杨河村。天线高 18 米，发射功率 30 瓦。2013 年建成。因是地处杨河村的新建基站得名。

赵墩梯田景区基站（Zhàodūn Tītián Jǐngqū Jīzhàn） 位于赵墩乡梯田景区。天线高 12 米，发射功率 30 瓦。2013 年建成。因所在位置得名。

郑河上寨基站（Zhènghé Shàngzhài Jīzhàn） 位于郑河乡上寨村。天线高 45 米，发射功率 50 瓦。2010 年建成。因所在乡和村得名。

第七章　单位地名

庄浪县具有地名意义的单位共362个，其中党政机关57个、军事机关2个、事业单位273个、企业单位27个、社会组织3个。

第一节　党政机关

中国共产党庄浪县委员会（Zhōngguógòngchǎndǎng Zhuānglàng Xiàn Wěiyuánhuì）　位于水洛镇东大街。1949年8月12日成立，设秘书室、组织部、宣传部，1958年12月并入静宁县委。1961年12月庄浪县恢复后设秘书室、组织部、宣传部、监察委员会、农村工作部、财贸部、档案馆、工交部。1967年3月县委工作机构均被取消。1971年2月县委机构恢复与县革委会合署。1974年与县革委会分设，恢复办公室、组织部、宣传部、政策研究室、县级机关党委、党校。2018年县委工作部门为县委办、纪委、组织部、宣传部、统战部、政法委、督查考核局、农工办、编制办；直属事业单位有档案局（馆）、党校、党史办。有委员45人，候补委员8人，书记1人，副书记3人，县委常委11人。

庄浪县人民代表大会常务委员会（Zhuānglàng Xiàn Rénmíndàibiǎodàhuì Chángwùwěiyuánhuì）　位于水洛镇东大街。1981年1月成立。2018年，内设办公室、信访室、法制工作委员会、人事与代表工作委员会、教科文卫与民侨工作委员会、财经与城建工作委员会、农业与环境资源工作委员会。人大常委会由28人组成，其中主任1人、副主任5人、委员22人。

庄浪县人民政府（Zhuānglàng Xiàn Rénmínzhèngfǔ）　位于水洛镇北滨河路。1949年8月12日成立，设秘书室、一科、二科、三科、四科、公安局、税务局。1955年3月改称庄浪县人民委员会。1968年3月改称庄浪县革命委员会。1981年1月庄浪县第八届人民代表大会第一次会议选举产生庄浪县人民政府。2018年，政府组成部门有办公室、发展和改革局、教育局、工业和信息化局、公安局、民政局、司法局、财政局、人力资源和社会保障局、国土资源局、环境保护局、住房和城乡规划建设局、交通运输局、水务局、农牧局、林业局、文体广电局、卫生和计划生育局、审计局、工商行政管理局、安全生产监督管理局、食品药品监督管理局、统计局、扶贫开发办公室、退役军人事务局25个；直属事业单位有梯田纪念馆、云崖寺景区管理委员会、循环经济产业园、供销联社、公共资源交易管理委员会办公室、城市行政管理执法局、机关事务管理局7个。

中国人民政治协商会议庄浪县委员会（Zhōngguórénmínzhèngzhìxiéshānghuìyì Zhuānglàng Xiàn Wěiyuánhuì）　位于水洛镇东大街。1983年12月26日成立。2018年，委员会有委员181人，

常委会由34人组成，其中主席1人、副主席6人、秘书长1人、委员26人。委员会下设办公室、学习和文史资料委员会、提案和社会法制委员会、经济和人口资源环境委员会、教科文卫体委员会、农业和农村工作委员会。

中国共产党庄浪县纪律检查委员会（Zhōngguógòngchǎndǎng Zhuānglàng Xiàn Jìlǜjiǎnchá Wěiyuánhuì） 位于水洛镇西大街。1950年9月设立，为县委工作部门。1955年7月改为中共庄浪县监察委员会（监委），经代表会议选举产生组成人员。1967年取消。1979年1月，成立县委纪律检查委员会。1983年12月，选举组成中国共产党庄浪县纪律检查委员会，在县委和上级纪律检查委员会双重领导下工作。1993年4月县纪委与监察局合署办公。2017年12月与新成立县监察委员会合署办公。2018年，设常委7人，其中书记1人、副书记2人。工作人员29人。

庄浪县人民检察院（Zhuānglàng Xiàn Rénmínjiǎncháyuàn） 位于水洛镇东大街。1950年10月，成立县人民检察署，受县人民政府和上级检察署双重领导。1955年12月改称县人民检察院，独立行使法律检察职权。1958年并入静宁县人民检察院。1961年恢复庄浪县人民检察院。“文化大革命”期间被取消。1968年县革命委员会保卫部设检察组，1978年10月恢复人民检察院，先后设刑事批捕、刑事起诉、经济、法纪、控告申诉、监所6科及税务检查室、办公室。2018年内设政工科、办公室、侦查监督科、公诉科、民事行政检察科、控告申诉检察科、监察科、刑事执行检察局、案件管理办公室。占地面积3600平方米，建筑面积2362平方米。工作人员29人。

庄浪县人民法院（Zhuānglàng Xiàn Rénmínfǎyuàn） 位于县城东大街。1949年12月成立，1958年并入静宁县法院，1961年12月恢复，“文化大革命”中改为庄浪县革命委员会保卫部审判组，1973年恢复县人民法院，设刑事、民事审判庭和办公室。1980年后设刑事、民事、经济、行政4个审判庭，1个执行庭，水洛、南湖、朱店、韩店、通化、卧龙6个人民法庭。2018年，设审判管理办公室、政工科、办公室、刑事审判庭、民事审判第一庭、民事审判第二庭、行政审判庭、执行局（庭）、审判监督庭、立案庭、司法警察大队，下设南湖、朱店、阳川、韩店、良邑5个人民法庭。县法院审判大楼2006年9月建成，占地面积6666平方米，建筑面积4000平方米。工作人员60人。

庄浪县司法局（Zhuānglàng Xiàn Sīfǎjú） 位于水洛镇梯田广场西侧，属南城社区范围。1981年3月设立司法科，1983年11月成立庄浪县司法局，为县人民政府职能部门，正科级建制。2018年，局机关设办公室、宣教股、基层股3个股室和甘肃方家律师事务所、庄浪县公证处、庄浪县法律援助中心3个事业单位，下辖19个乡镇（城市社区）司法所。办公用房面积1100平方米。工作人员19人。

庄浪县公安局（Zhuānglàng Xiàn Gōng'ānjú） 位于水洛镇东大街。1949年9月设立，1958年12月并入静宁县公安局，1961年12月恢复庄浪县公安局，1968年4月与检察院、法院合并为保卫部，1973年3月改称庄浪县公安局。2018年，设政工监督室、警务保障室2个综合管理机构，指挥中心、国内安全保卫大队、治安管理大队、法制大队、刑事侦查大队、巡警大队、经济犯罪侦查大队、交通管理大队、预审大队、案管中心、禁毒大队11个执法勤务机构，看守所和行政拘留所2个监管场所，城关、水洛、南湖、朱店、韩店、万泉、大庄、卧龙、岳堡、通化、盘安、永宁、良邑、柳梁、南坪、杨河、赵墩、阳川、郑河19个派出所。占地面积5400平方米，建筑面积5852平方米，工作人员431人。

庄浪县教育局（Zhuānglàng Xiàn Jiàoyùjú） 位于水洛镇西大街，属西街社区范围。1952年设教育科。1962年1月卫生科并入，称文化教育卫生局。1971年12月改称文教局革命领导小组，卫生行政机构析出。1974年1月，撤销文教局革命领导小组，设立文教局；1983年11月析出文化局，改称教育局。2018年，局内设督导室、教研室、办公室、招生办、人事股、教育管理股、财务后勤股、审计股、基建股、信息化办公室、学生资助管理中心、学生营养办公室、教育年鉴编纂办公室、学校安全工作办公室、教师发展中心、体艺股、资金管理中心。占地面积3450平方米，建筑面积4154平方米。

工作人员 67 人。

庄浪县民政局（Zhuānglàng Xiàn Mínzhèngjú） 位于水洛镇邮政巷，属新北社区范围。1949年9月县政府设第一科，1952年改称民政科，1963年7月改称民政局，1968年4月并入县革委会生产指挥部，1974年1月恢复民政局。1997年办公地址由东大街县政府办公楼迁至南滨河路，2017年迁邮政巷。2018年下设老龄工作办公室、救助管理站、社会福利院、婚姻登记处、家庭经济状况核对中心5个事业单位。占地面积1330平方米，建筑面积1720平方米。工作人员38人。

庄浪县卫生和计划生育局（Zhuānglàng Xiàn Wèishēnghéjìhuàshēngyùjú） 位于水洛镇梯田广场西侧，属南城社区范围。1953年设卫生科，1962年1月改称文化教育卫生科，1969年改称卫生局，1970年改称文教卫生革命领导小组，1974年复称卫生局。2005年6月合并计划生育局称人口和计划生育局，2014年由东大街迁现址，2018年改称卫生和计划生育局。建筑面积4178平方米。工作人员44人。

庄浪县文体广电局（Zhuānglàng Xiàn Wéntǐguǎngdiànjú） 位于水洛镇东大街，属东街社区范围。2002年5月设文化体育局，2010年6月设文体广电局，下属事业单位有县广播电视台、县影剧院管理中心。2018年，下属文化市场综合执法大队、体育中心、文化馆、博物馆、图书馆、紫荆山管理所6个事业单位和紫荆文化艺术有限公司。建筑面积2696平方米。机关工作人员44人。

庄浪县国土资源局（Zhuānglàng Xiàn Guótǔzīyuánjú） 位于水洛镇东大街，属东街社区范围。1987年7月成立庄浪县土地管理局，下设水洛、南湖、朱店土地管理所。2002年更名为庄浪县国土资源局。2018年下设执法监察大队、不动产登记事务中心、市场建设服务中心、水洛分局、南湖镇国土所、朱店镇国土所、韩店镇国土所、通化镇国土所、卧龙镇国土所、土地储备中心。占地面积3200平方米，建筑面积1300平方米。工作人员132人。

庄浪县住房和城乡规划建设局（Zhuānglàng Xiàn Zhùfánghéchéngxiāngguīhuàjiànshèjú） 位于水洛镇北滨河路，属新北社区范围。1982年12月设城乡建设局，1983年改称城乡建设环境保护局，2007年改称建设局，2010年6月改称庄浪县住房和城乡规划建设局。下属事业单位有庄浪县建筑工程服务中心、庄浪县建筑工程安全监督管理站和庄浪县土地房屋征收安置补偿办公室。建筑面积2693平方米。工作人员128人。

庄浪县工商行政管理局（Zhuānglàng Xiàn Gōngshāngxíngzhèngguǎnlǐjú） 位于水洛镇北滨河路，属新北社区范围。1952年11月设立工商科，1956年4月成立工商局，1963年10月改称工商行政管理局。2018年内设办公室、法制宣传教育股、注册登记股、市场规范管理股、消费者权益保护股、商标广告监督管理股、标准计量股、特种设备安全监察股，下属经济检查分局（加挂庄浪县质量技术监督稽查队牌子）和质量技术监督检验所，派出机构有水洛分局、韩店分局、水洛东关工商所、南湖工商所、朱店工商所、卧龙工商所、通化工商所。占地面积3270平方米，建筑面积4800平方米。工作人员104人。

庄浪县交通运输局（Zhuānglàng Xiàn Jiāotōngyùnshūjú） 位于水洛镇北滨河路，属新北社区范围。1956年4月设交通科，1957年3月改称工交科，1963年7月改称工交局，1964年10月改称交通局，1970年9月改称交通邮政局，1973年3月复称交通局，2010年6月改称交通运输局。2018年下设道路运输管理局、地方公路管理站、公路路政管理大队、交通工程质量监督站4个事业单位。工作人员21人。

庄浪县水务局（Zhuānglàng Xiàn Shuǐwùjú） 位于水洛镇梯田广场西侧，属南城社区范围。1956年设水利科，1957年改称水利水土保持科，1973年改称水利电力局革命领导小组，1980年改称水利局，2002年6月改称水务局。2018年年底，辖竹林寺水库管理局、水利工程建设站、水利管理总站、水政监察大队、水利工程质量监督与安全管理站，下设橡胶坝管理所、物资储备中心及南坪、北部、石门口、红崖湾4个水厂管理所，水洛镇、南湖镇、朱店镇、万泉镇、阳川镇、韩店镇、盘安镇、通化镇、卧龙镇、大庄镇、赵墩乡、岳堡镇、良邑镇、柳梁镇14个水利管理站，全系统工作人员322人。

庄浪县农牧局（Zhuānglàng Xiàn Nóngmùjú） 位于水洛镇东大街，属东街社区范围。1952年成立农业基本建设科，1956年8月改称农业科，1965年7月改称农业局，1983年11月更名为农牧局。2018年下设畜牧兽医局、农业机械管理局、农业技术推广中心、农业经营管理站、种子管理站、农业广播电视学校、农村能源办公室、农业行政综合执法大队8个事业单位。占地面积2300平方米，建筑面积9150平方米。工作人员462人。

庄浪县林业局（Zhuānglàng Xiàn Línyèjú） 位于水洛镇东大街，属东街社区范围。1956年8月成立林业科，1975年4月与水保局并为林业水保局，1979年5月单设县林业局。2018年，局内设林业技术推广站、森林病虫害防治站、林业综合服务中心、护林防火指挥部办公室、局机关办公室、林政股和县绿化委员会办公室，下属森林公安庄浪县分局、果业技术服务中心、果树果品研究所、石桥林场、通边林场、桃木山林场。占地面积1570平方米，建筑面积1292平方米。工作人员353人。

庄浪县人力资源和社会保障局（Zhuānglàng Xiàn Rénlìzīyuánhéshèhuìbǎozhàngjú） 位于水洛镇东大街，属东街社区范围。1980年设庄浪县人事科，1983年改称庄浪县劳动人事局，1987年8月设庄浪县社会劳动保障局和劳动服务公司，1998年7月改称庄浪县人事劳动局，2002年7月改称庄浪县人事局，2010年6月改称庄浪县人力资源和社会保障局。2018年年底，局内设办公室、人事管理股、工资福利股、事业单位管理股、就业培训股、社会保障股、争议仲裁监察股、劳务输出股、新农保管理股、城乡居民医保股。建筑面积3500平方米。工作人员70人。

庄浪县商务局（Zhuānglàng Xiàn Shāngwùjú） 位于水洛镇东大街。1952年11月成立工商科，1956年4月改称商业局，1969年2月与供销社并为商业购销站，1970年9月恢复商业局，1998年7月改称商务管理中心，2002年6月更名为贸易经济合作局，2005年6月组建商务局。2018年商务局与酒类商品管理局合署办公，下设党政综合办、酒类商品管理办、对外贸易办、市场管理办、信访办、财务办、电子商务服务中心。办公用房1000平方米。工作人员11人。

庄浪县食品药品监督管理局（Zhuānglàng Xiàn Shípǐnyàopǐnjiāndūguǎnlǐjú） 位于水洛镇东大街，属东街社区范围。1981年设庄浪县药品监督检验所，2001年3月改称庄浪县药品监督管理局，2002年11月改称平凉地区药品监督管理局庄浪分局（垂直管理），2003年11月改称平凉市药品监督管理局庄浪分局（市直管），2005年12月改称庄浪县食品药品监督管理局。2018年年底，局内设办公室、监管股、政务受理室，直属食品药品稽查局、食品药品检验检测中心。建筑面积740平方米。工作人员86人。

庄浪县环境保护局（Zhuānglàng Xiàn Huánjìngbǎohùjú） 位于水洛镇梯田广场西侧。2002年6月设县环境保护局，为科级事业单位，2010年10月改为科级行政单位。2018年，下设环境监察大队、环境监测站、南湖环保所、朱店环保所、卧龙环保所。办公用房面积1050平方米，工作人员48人。

庄浪县税务局（Zhuānglàng Xiàn Shuìwùjú） 位于水洛镇南河北路。1949年9月设立。1957年1月并入财政科，1962年1月分出，1969年2月并入银税管理站，1974年恢复税务局，1994年8月分设国家和地方税务局。2018年10月国家税务局和地方税务局合并。派出机构有第一税务分局（办税服务厅）、第二税务分局、水洛税务分局、南坪税务分局、卧龙税务分局、南湖税务分局、朱店税务分局、韩店税务分局、通化税务分局、信息中心。建筑面积3300平方米。工作人员102人。

中国人民银行庄浪县支行（Zhōngguórénmínyínháng Zhuānglàng Xiàn Zhīháng） 位于水

洛镇西大街。1950 年 1 月设庄浪营业所，3 月设水洛支行。1951 年 4 月合并成立庄浪县支行。1958 年年底改为静宁县支行水洛办事处，1962 年 1 月改为庄浪县支行。1969 年 2 月，与县税务局合并为银税管理站。1970 年 9 月恢复县支行。1980 年，机构、人员编制、干部管理、劳动工资等实行系统垂直领导。2018 年，内设办公室、国库会计股、综合业务股和纪检监察室，有工作人员 16 人。

水洛镇人民政府（Shuǐluò Zhèn Rénmínzhèngfǔ）　位于水洛镇李庄村。1984 年 6 月设水洛城镇人民政府，2004 年 1 月改称水洛镇人民政府。占地面积 2500 平方米，建筑面积 4300 平方米。工作人员 124 人。

南湖镇人民政府（Nánhú Zhèn Rénmínzhèngfǔ）　位于南湖镇南门村。1949 年 9 月设维新区公署，1951 年 3 月改称维新区公所，1958 年 9 月改称南湖人民公社管理委员会，1968 年 4 月改称南湖人民公社革命委员会，1983 年 11 月改称南湖乡人民政府，1986 年 12 月改称南湖镇人民政府。占地面积 3200 平方米，建筑面积 4276 平方米。工作人员 129 人。

朱店镇人民政府（Zhūdiàn Zhèn Rénmínzhèngfǔ）　位于朱店镇东街村。1949 年 9 月设金锁区公署，1951 年 3 月改称金锁区公所，1958 年 9 月改称朱店人民公社管理委员会，1968 年 4 月改称朱店人民公社革命委员会，1983 年 11 月改称朱店乡人民政府，1986 年 12 月改称朱店镇人民政府。占地面积 9230 平方米，建筑面积 4554 平方米。工作人员 136 人。

万泉镇人民政府（Wànquán Zhèn Rénmínzhèngfǔ）　位于万泉镇万川村。1960 年设万泉人民公社管理委员会，1968 年 4 月改称万泉人民公社革命委员会，1983 年 11 月改称万泉乡人民政府，2002 年 10 月改称万泉镇人民政府。占地面积 3600 平方米，建筑面积 1205 平方米，工作人员 132 人。

韩店镇人民政府（Hándiàn Zhèn Rénmínzhèngfǔ）　位于韩店镇东门村。1949 年 9 月设新陇区公署，1951 年 3 月改称新陇区公所，1958 年改称韩店人民公社管理委员会，1968 年 4 月改称韩店人民公社革命委员会，1983 年 11 月改称韩店乡人民政府，2002 年 10 月改称韩店镇人民政府。占地面积 4760 平方米，建筑面积 4000 平方米，工作人员 115 人。

卧龙镇人民政府（Wòlóng Zhèn Rénmínzhèngfǔ）　位于卧龙镇山集梁村。1949 年 9 月设卧龙区公署，1951 年 3 月改称卧龙区公所，1958 年改称卧龙人民公社管理委员会，1968 年 4 月改称卧龙人民公社革命委员会，1983 年 11 月改称卧龙乡人民政府，2015 年 6 月改称卧龙镇人民政府。占地面积 3400 平方米，建筑面积 2800 平方米，工作人员 124 人。

阳川镇人民政府（Yángchuān Zhèn Rénmínzhèngfǔ）　位于阳川镇刘湾村刘湾街。1961 年 6 月设阳川人民公社管理委员会，1968 年 4 月改称阳川人民公社革命委员会，1983 年 11 月改称阳川乡人民政府，2015 年 6 月改称阳镇人民政府。占地面积 3900 平方米，建筑面积 2080 平方米，工作人员 127 人。

盘安镇人民政府（Pán'ān Zhèn Rénmínzhèngfǔ）　位于盘安镇王公村。1958 年设页崖人民公社管理委员会，1959 年改称盘安人民公社管理委员会，1968 年 4 月改称盘安人民公社革命委员会，1983 年 11 月改称盘安乡人民政府，2015 年 6 月改称盘安镇人民政府。占地面积 5770 平方米，建筑面积 3231 平方米。工作人员 115 人。

通化镇人民政府（Tōnghuà Zhèn Rénmínzhèngfǔ）　位于通化镇新集村。1949 年 9 月设通化区公署，1958 年 9 月改称通边人民公社管理委员会，1968 年 4 月改称通边人民公社革命委员会，1983 年 11 月改称通化乡人民政府，2016 年 6 月改称通化镇人民政府。占地面积 3624 平方米，建筑面积 4158 平方米。工作人员 116 人。

大庄镇人民政府（Dàzhuāng Zhèn Rénmínzhèngfǔ）　位于大庄镇大庄村。1960 年 6 月设大庄人民公社管理委员会，1968 年 4 月改称大庄人民公社革命委员会，1983 年 11 月改称大庄乡人民政府，2016 年 8 月改称大庄镇人民政府。占地面积 5800 平方米，建筑面积 1150 平方米，工作人员 113 人。

永宁镇人民政府（Yǒngníng Zhèn Rénmínzhèngfǔ） 位于永宁镇谈街村。1949 年 9 月设永宁区公署，1950 年撤销，1960 年 6 月设永宁人民公社管理委员会，1968 年 4 月改称永宁人民公社革命委员会，1983 年 11 月改称永宁乡人民政府，2018 年 7 月改称永宁镇人民政府。占地面积 4270 平方米，建筑面积 3360 平方米。工作人员 102 人。

良邑镇人民政府（Liángyì Zhèn Rénmínzhèngfǔ） 位于良邑镇良邑村。1949 年 9 月设良邑区公署，1950 年撤销，1960 年 6 月设良邑人民公社管理委员会，1968 年 4 月改称良邑人民公社革命委员会，1983 年 11 月改称良邑乡人民政府，2018 年 7 月改称良邑镇人民政府。占地面积 6133 平方米，建筑面积 4600 平方米。工作人员 128 人。

岳堡镇人民政府（Yuèbǔ Zhèn Rénmínzhèngfǔ） 位于岳堡镇岳堡村。1960 年 6 月设岳堡人民公社管理委员会，1968 年 4 月改称岳堡人民公社革命委员会，1983 年 11 月改称岳堡乡人民政府，2018 年 7 月改称岳堡镇人民政府。占地面积 3108 平方米，建筑面积 2530 平方米。工作人员 107 人。

柳梁镇人民政府（Liǔliáng Zhèn Rénmínzhèngfǔ） 位于柳梁镇柳梁村。1952 年 7 月设柳梁区公所，1958 年 9 月设柳梁人民公社管理委员会，1968 年 4 月改称柳梁人民公社革命委员会，1983 年 11 月改称柳梁乡人民政府，2018 年 7 月改称柳梁镇人民政府。占地面积 10400 平方米，建筑面积 2655 平方米。工作人员 131 人。

南坪镇人民政府（Nánpíng Zhèn Rénmínzhèngfǔ） 位于南坪镇靳家大庄村。1960 年 6 月设南坪人民公社管理委员会，1968 年 4 月改称南坪人民公社革命委员会，1983 年改称南坪乡人民政府，2018 年 7 月改称南坪镇人民政府。占地面积 3240 平方米，建筑面积 2590 平方米。工作人员 110 人。

杨河乡人民政府（Yánghé Xiāng Rénmínzhèngfǔ） 位于杨河乡杨河村。1962 年 7 月设杨河人民公社管理委员会，1964 年 10 月撤销，1979 年 10 月设杨河人民公社革命委员会，1983 年 11 月改称杨河乡人民政府。占地面积 3232 平方米，建筑面积 2196 平方米。工作人员 92 人。

赵墩乡人民政府（Zhàodūn Xiāng Rénmínzhèngfǔ） 位于赵墩乡赵墩村。1960 年 6 月设赵墩人民公社管理委员会，1968 年 4 月改称赵墩人民公社革命委员会，1983 年 11 月改称赵墩乡人民政府。占地面积 5890 平方米，建筑面积 2230 平方米。工作人员 102 人。

郑河乡人民政府（Zhènghé Xiāng Rénmínzhèngfǔ） 位于郑河乡郑河村。1960 年 6 月设郑河人民公社管理委员会，1968 年 4 月改称郑河人民公社革命委员会，1983 年 11 月改称郑河乡人民政府。占地面积 3200 平方米，建筑面积 2253 平方米。工作人员 83 人。

庄浪县看守所（Zhuānglàng Xiàn Kānshǒusuǒ） 位于水洛镇西关村王家庄。隶属庄浪县公安局。中华人民共和国成立后，县公安局接管看守所，1968 年撤销，1973 年恢复。建筑面积 3563 平方米。工作人员 18 人。

庄浪县公安局城关派出所（Zhuānglàng Xiàn Gōng'ānjú Chéngguān Pàichūsuǒ） 位于水洛镇西大街。1949 年设水洛派出所，1951 年并入县公安局，1967 年复设，1969 年撤销，1971 年 9 月再设，1994 年改称城关派出所。建筑面积 600 平方米。工作人员 44 人。

庄浪县公安局水洛派出所（Zhuānglàng Xiàn Gōng'ānjú Shuǐluò Pàichūsuǒ） 位于水洛镇新徐东路。1994 年设水洛派出所。建筑面积 296 平方米。工作人员 29 人。

庄浪县公安局南湖派出所（Zhuānglàng Xiàn Gōng'ānjú Nánhú Pàichūsuǒ） 位于南湖镇北关村（西华街）。1967 年 2 月设南湖派出所，1967 年撤销，1977 年复设。建筑面积 292 平方米。工作人员 28 人。

庄浪县公安局朱店派出所（Zhuānglàng Xiàn Gōng'ānjú Zhūdiàn Pàichūsuǒ） 位于朱店镇东街村。1967 年 2 月设朱店派出所，是年 7 月撤销，1977 年 4 月再设。建筑面积 234 平方米。工作人员 16 人。

庄浪县公安局万泉派出所（Zhuānglàng Xiàn Gōng'ānjú Wànquán Pàichūsuǒ） 位于万泉镇万川村。1993 年设万泉派出所。建筑面积 122 平方米。工作人员 15 人。

庄浪县公安局韩店派出所（Zhuānglàng Xiàn Gōng'ānjú Hándiàn Pàichūsuǒ） 位于韩店镇东门村。1965 年 11 月设立店峡派出所，1967 年 7 月撤销，1975 年 7 月复设，1979 年 8 月改称韩店派出所。建筑面积 267 平方米。工作人员 21 人。

庄浪县公安局卧龙派出所（Zhuānglàng Xiàn Gōng'ānjú Wòlóng Pàichūsuǒ） 位于卧龙镇苏家山村。1967 年 2 月设立，1967 年 7 月撤销，1977 年 4 月复设，所址设在山集梁村。2015 年 10 月搬迁至苏家山村。建筑面积 222 平方米。工作人员 11 人。

庄浪县公安局阳川派出所（Zhuānglàng Xiàn Gōng'ānjú Yángchuān Pàichūsuǒ） 位于大庄镇大庄村。1996 年设立，驻阳川乡刘湾村。2011 年 7 月迁址大庄乡大庄村。管理阳川、大庄两镇社会治安工作。建筑面积 219 平方米。工作人员 17 人。

庄浪县公安局盘安派出所（Zhuānglàng Xiàn Gōng'ānjú Pán'ān Pàichūsuǒ） 位于盘安镇王公村。1989 年 5 月设立。建筑面积 200 平方米。工作人员 10 人。

庄浪县公安局通化派出所（Zhuānglàng Xiàn Gōng'ānjú Tōnghuà Pàichūsuǒ） 位于通化镇新集村。1967 年 2 月设新集派出所，1967 年 7 月撤销，1983 年 2 月恢复，1989 年 5 月更名为通化派出所。建筑面积 224 平方米。工作人员 10 人。

庄浪县公安局永宁派出所（Zhuānglàng Xiàn Gōng'ānjú Yǒngníng Pàichūsuǒ） 位于良邑镇良邑村。1996 年设永宁派出所，管辖永宁、良邑两乡，址在永宁乡谈街村。2011 年 7 月迁址良邑乡。建筑面积 490 平方米。工作人员 18 人。

庄浪县公安局岳堡派出所（Zhuānglàng Xiàn Gōng'ānjú Yuèbǔ Pàichūsuǒ） 位于岳堡镇岳堡村。1989 年 5 月设岳堡派出所。建筑面积 135 平方米。工作人员 10 人。

第二节 军事单位

中国人民解放军甘肃省庄浪县人民武装部（Zhōngguórénmínjiěfàngjūn Gānsù Shěng Zhuānglàng Xiàn Rénmínwǔzhuāngbù） 位于水洛镇东大街。1949 年 9 月县政府设武装科，1951 年 3 月编入中国人民解放军序列，称中国人民解放军甘肃省庄浪县人民武装部，隶属于中国人民解放军甘肃省天水军分区。1954 年 8 月改称中国人民解放军甘肃省庄浪县兵役局（内设动员、征集、预备役军官、统计、民兵 5 科）。1956 年 1 月改隶属于平凉军分区。1958 年 12 月并入静宁县兵役局。1961 年 12 月恢复庄浪县人民武装部。1986 年 5 月改属地方建制（内设办公室、军事科、政工科）。1994 年 12 月，庄浪县人民武装部重新收编为中国人民解放军序列，改称中国人民解放军甘肃省庄浪县人民武装部，隶属于平凉军分区，接受上级军事机关和庄浪县委、县人民政府双重领导，团级建制，编制部长、政治委员、副部长各 1 人，内设军事科、政工科、后勤科。

中国人民武装警察部队庄浪县中队（Zhōngguórénmínwǔzhuāngjǐngchábùduì Zhuānglàng Xiàn Zhōngduì） 位于水洛镇车站路。因隶属于中国人民武装警察部队平凉市支队和庄浪县政府得名。1949 年 9 月，县公安局成立后组建警卫队，属于连级建制。1951 年警卫队改编为中国人民解放军庄浪县公安队，由天水公安大队和庄浪县公安局实行双重领导，1955 年改编为人民警察队，1963 年改称为中国人民公安部队庄浪县公安队，1966 年整编为中国人民解放军庄浪县中队，由县武装部接收管理，1975 年县中队移交县公安局，改为中国人民武装警察部队庄浪县中队，1983 年县武装中队归属于中国人民武装警察部队平凉市支队和庄浪县政府，实行双重领导。主要行使庄浪县看守所武装看守任务、担负庄浪县突发事件处置任务及上级要求的临时性勤务设中队长、指导员、司务长各 1 人。2008 年由水洛镇礼堂巷迁现址。

第三节　事业单位

教育

中国共产党庄浪县委员会党校（Zhōngguógòngchǎndǎng Zhuānglàng Xiàn Wěiyuánhuì Dǎngxiào） 位于水洛镇西大街。隶属中共庄浪县委。1962 年设立，1967 年撤销，1974 年复校，校址设在紫荆山。1979 年"五七"红专学校并入党校。1986 年校址迁至西大街。2006 年与庄浪县行政学校合署办公（一个机构两块牌子）。建筑面积 2828 平方米。2018 年有教职工 16 人，其中专职教师 12 人。

庄浪县职业教育中心（Zhuānglàng Xiàn Zhíyèjiāoyù Zhōngxīn） 位于庄浪县水洛镇北滨河路。1993 年 8 月设立庄浪县第一职业中学，1999 年合并县教师进修学校和庄浪县第一职业中学，成立庄浪县职业教育中心，址设水洛镇新昌路电大工作站，2004 年迁至北滨河路孙家庄新校区。2006 年省教育厅确定为平凉市重点中等职业学校，2007 年 11 月晋升为甘肃省重点中等职业学校，2010 年 2 月教育部认定为国家级重点中等职业学校。内设职业中专、职业高中、电大工作站、教师进修学校、专业技术人员继续教育基地、甘肃省贫困家庭"两后生"技能培训基地、县农村劳动力转移阳光工程培训基地、中欧项目资源中心、英特尔未来教育培训基地、清华大学教育扶贫远程庄浪教学站、西北师范大学继续教育函授点等 12 个办学机构。占地面积 8.74 万平方米，建筑面积 5.96 万平方米。有教职工 270 人，教学班 60 个，学生 5200 人。

庄浪县职业教育中心（2013 年 8 月摄）

甘肃省庄浪县第一中学（Gānsù Shěng Zhuānglàng Xiàn Dì-1 Zhōngxué） 位于水洛镇迎宾街。为省级示范性普通高中。1942 年建庄浪县立初级中学，1951 年更名为庄浪县初级中学，1953 年更名为甘肃省庄浪县初级中学，1958 年更名为甘肃省静宁县第二中学，1961 年改称甘肃省庄浪县第一中学，

1971年更名为庄浪县"五七"红专中学，1977年更名为庄浪一中，1982年更名为庄浪县第一中学，2006年命名为甘肃省庄浪县第一中学。占地面积114387平方米、建筑面积40224平方米。设53个教学班，学生2741人，教师266人。

庄浪县第一中学（2020年6月摄）

庄浪县第二中学（Zhuānglàng Xiàn Dì-2 Zhōngxué） 位于南湖镇北关村。为平凉市示范性高级中学。1957年建初中班，1958年命名为庄浪县第二中学，1959年改称静宁三中，1961年改称庄浪二中，1962年更名为庄浪中学二部，1965年更名为庄浪二中，1969年改为南湖中学，始设高中班。1993年7月更名为庄浪二中，1998年8月复称南湖中学，2004年8月更名为庄浪县第二中学（建成北校区）。2007年8月高中、初中分离，南校区（即南湖中学）为初中，高中部迁入北校区，成为独立高中。占地面积77372平方米、建筑面积22170平方米。设39个教学班，学生1722人，教师168人。

庄浪县第二中学（2012年9月摄）

庄浪县第三中学（Zhuānglàng Xiàn Dì-3 Zhōngxué） 位于水洛镇北滨河路。1998年建校，属完全中学建制，2008年高中部、初中部分离后为独立初中。占地面积38168平方米、建筑面积20102平方米。设48个教学班，学生2401人，教师197人。

庄浪县第三中学（2014年7月摄）

庄浪县第四中学（Zhuānglàng Xiàn Dì-4 Zhōngxué） 位于水洛镇南河南路，为县办完全高中。2011年8月建校，占地面积86710平方米、建筑面积25412平方米。设51个教学班，学生2696人，教师205人。

庄浪县第四中学（2014年3月摄）

庄浪县紫荆中学（Zhuānglàng Xiàn Zǐjīng Zhōngxué） 位于水洛镇东大街，为县办普通高中。2008年建校，占地面积53092平方米、建筑面积13411平方米。设50个教学班，学生2610人，教师225人。

庄浪县紫荆中学（2020年9月摄）

庄浪县水洛中学（Zhuānglàng Xiàn Shuǐluò Zhōngxué） 位于水洛镇东大街，为县办独立初中。前身为“五七”红专学校，1998 年更名为庄浪县第二中学，2004 年恢复原名庄浪县水洛中学。占地面积 21978 平方米、建筑面积 12874 平方米。设 52 个教学班，学生 2778 人，教师 202 人。

庄浪县思源实验学校（Zhuānglàng Xiàn Sīyuán Shíyàn Xuéxiào） 位于南坪镇大李村（县城南河南路）。是由香港言爱基金会捐资 1000 万元，庄浪县政府投资 1.3 亿元兴建的县直标准化寄宿式九年一贯制义务教育学校。2017 年建校，占地面积 66215 平方米、建筑面积 30594 平方米。设 54 教学班，学生 1408 人，教师 109 人。

庄浪县思源实验学校（2018 年 9 月摄）

庄浪县南湖中学（Zhuānglàng Xiàn Nánhú Zhōngxué） 位于南湖镇北关村。为独立初中。1957 年建校，占地面积 47320 平方米、建筑面积 15097 平方米。设 31 个教学班，学生 1483 人，教师 111 人。

庄浪县南湖中学（2013 年 5 月摄）

庄浪县南湖镇曹湾九年制学校（Zhuānglàng Xiàn Nánhú Zhèn Cáowān Jiǔniánzhì Xuéxiào） 位于南湖镇曹湾村。1970 年建曹湾七年制学校，1981 年改为曹湾八年制学校，1997 年改为曹湾九年制学校。占地面积 8262 平方米、建筑面积 1528 平方米。设 9 个教学班，学生 122 人，教师 20 人。

庄浪县朱店中学（Zhuānglàng Xiàn Zhūdiàn Zhōngxué） 位于朱店镇中街村。前身为 1968 年附设于朱店小学的二年制初中班，1970 年又设二年制高中班，1973 年分校办学，中学部迁入新校址。普通完全中学。占地面积 18544 平方米、建筑面积 19360 平方米。设 37 个教学班，学生 1510 人，教师 186 人。

庄浪县朱店中学（2018 年 9 月摄）

庄浪县万泉中学（Zhuānglàng Xiàn Wànquán Zhōngxué） 位于万泉镇万川村。1969 年，万泉小学和万泉农业中学合并成立万泉中学。1971 年与小学分离，成为独立中学。占地面积 12406 平方米、建筑面积 11509 平方米。设 15 个教学班，学生 665 人，教师 57 人。

庄浪县韩店农业中学（Zhuānglàng Xiàn Hándiàn Nóngyè Zhōngxué） 位于韩店镇西门村。前身为 1957 年秋季在韩店小学附设的初中班，1958 年秋季创建韩店农业中学，12 月命名为静宁县第五中学。1962 年停办，1965 年 8 月恢复韩店农业中学，1969 年更名为韩店中学，1983 年更名为庄浪县韩店农业中学，1993 年 8 月改称庄浪县第二职业中学，2004 年恢复韩店农业中学。占地面积 26562 平方米、建筑面积 11459 平方米。有 14 个教学班，学生 651 人，教师 88 人。

庄浪县卧龙中学（Zhuānglàng Xiàn Wòlóng Zhōngxué）　位于卧龙镇卧龙街。1970 年建校，1971 年设高中部，1982 年高中部撤并于阳川中学，成为独立初中。占地面积 30000 平方米、建筑面积 9087 平方米。有 12 个教学班，学生 456 人，教师 57 人。

庄浪县白堡中学（Zhuānglàng Xiàn Báibǔ Zhōngxué）　位于卧龙镇郝家村。1981 年建校。占地面积 11334 平方米、建筑面积 4905 平方米。有 9 个教学班，学生 290 人，教师 45 人。

庄浪县阳川中学（Zhuānglàng Xiàn Yángchuān Zhōngxué）　位于阳川镇刘湾村。1981 年在阳川公社刘家湾建校，将阳川李湾中学高中部迁入，成为普通完全中学。占地面积 17111 平方米、建筑面积 13046 平方米。有 19 个教学班，学生 860 人，教师 95 人。

庄浪县阳川中学（2021 年 9 月摄）

庄浪县李湾中学（Zhuānglàng Xiàn Lǐwān Zhōngxué）　位于阳川镇李湾村。1968 年创建，其前身为附设于阳川李湾小学的初中班，1971 年增设高中部，1972 年小学部迁出，成为完全中学，1981 年撤高中部，成为独立初中。占地面积 6667 平方米、建筑面积 1840 平方米。有 3 个教学班，学生 89 人，教师 21 人。

庄浪县盘安中学（Zhuānglàng Xiàn Pán'ān Zhōngxué）　位于盘安镇王公村。1966 年在盘安小学附设初中班，1968 年改制为九年一贯制学校，1974 年小学部迁出，1978 年撤高中部，成为初级中学。占地面积 19947 平方米、建筑面积 7651 平方米。有 14 个教学班，学生 550 人，教师 49 人。

庄浪县颉崖中学（Zhuānglàng Xiàn Xié'ái Zhōngxué）　位于盘安镇颉崖村。1976 年创建七年一贯制学校，1979 改为八年一贯制学校，1989 年改制为庄浪县颉崖中学。占地面积 9436 平方米、建筑面积 2562 平方米。有 7 个教学班，学生 295 人，教师 33 人。

庄浪县通化中学（Zhuānglàng Xiàn Tōnghuà Zhōngxué）　位于通化镇新集村。1967 年为新集小学附设的戴帽初中，1970 年改为九年一贯制完全中学，1972 年小学析出成为普通完全中学，名为通边中学。1983 年撤高中部，成为三年制独立初中，更名为通化中学。1986 年恢复高中部，2009 年撤高中部，再为三年制独立初中。占地面积 18567 平方米、建筑面积 8065 平方米。有 9 个教学班，学生 367 人，教师 59 人。

庄浪县通边中学（Zhuānglàng Xiàn Tōngbiān Zhōngxué）　位于通化镇通边村。前身为通边中心国民学校。1970 年增设初中班，改为通边七年制学校。1981 年改为八年制学校，1995 年与小学部分离，成为独立初中，命名为通边中学。占地面积 11000 平方米、建筑面积 3495 平方米。有 3 个教学班，学生 123 人，教师 29 人。

庄浪县大庄中学（Zhuānglàng Xiàn Dàzhuāng Zhōngxué）　位于大庄镇大庄村。前身为 1967 年附设大庄小学的初中班，1970 年与小学分离，命名为大庄中学。1971 年增设高中班，1972 年 8 月撤高中部，1976 年又增设高中部，1979 年撤高中部，成为独立初中。占地面积 18686 平方米、建筑面积 5795 平方米。有 7 个教学班，学生 314 人，教师 38 人。

庄浪县刘庙中学（Zhuānglàng Xiàn Liúmiào Zhōngxué）　位于大庄镇梁山村。1970 年创建，

附设于梁家山小学，为七年一贯制学校。1979 年改为刘庙中学。1980 年与小学部分离，改为独立初中。占地面积 16377 平方米、建筑面积 4448 平方米。有 5 个教学班，学生 150 人，教师 32 人。

庄浪县永宁中学（Zhuānglàng Xiàn Yǒngníng Zhōngxué） 位于永宁镇谈街村。1968 年在永宁小学增设初中班，为七年一贯制学校。1971 年改为九年一贯制学校。1973 年撤高中部并与小学部分离，成为独立初中。占地面积 10011 平方米、建筑面积 6531 平方米。有 15 个教学班，学生 467 人，教师 48 人。

庄浪县良邑中学（Zhuānglàng Xiàn Liángyì Zhōngxué） 位于良邑镇良邑村。1969 年附设于良邑小学，为七年制戴帽初中。1972 年与小学分离，命名为良邑中学。1976 年增设高中部，1978 年撤高中部，成为独立初中。占地面积 22925 平方米、建筑面积 9664 平方米。有 12 个教学班，学生 553 人，教师 90 人。

庄浪县良邑中学（2020 年 9 月摄）

庄浪县岳堡中学（Zhuānglàng Xiàn Yuèbǔ Zhōngxué） 位于岳堡镇岳堡村。1969 年设立岳堡七年一贯制学校，1971 年改称岳堡中学，为独立初中。1972 年增设高中部，1978 年撤高中部。占地面积 16226 平方米、建筑面积 6130 平方米。有 9 个教学班，学生 340 人，教师 45 人。

庄浪县柳梁中学（Zhuānglàng Xiàn Liǔliáng Zhōngxué） 位于柳梁镇柳梁村。1968 年建校。其前身为五爷庙小学，1960 年改制为九年制学校，1968 年从小学分离出来。1971 年增设高中部，1972 年撤高中部，1976 年重设高中部，1981 年又撤销，并命名为柳梁中学。占地面积 10386 平方米、建筑面积 5228 平方米。有 8 个教学班，学生 314 人，教师 50 人。

庄浪县南坪中学（Zhuānglàng Xiàn Nánpíng Zhōngxué） 位于南坪镇苏坪村。1971 年在苏坪完全小学的基础上改建完全中学。1972 年改为戴帽初中。1976 年更名为南坪中学，为独立初中。2006 年确定为中英甘肃普及九年义务教育项目学校发展计划试点学校。占地面积 11325 平方米、建筑面积 3749 平方米。有 9 个教学班，学生 380 人，教师 62 人。

庄浪县杨河中学（Zhuānglàng Xiàn Yánghé Zhōngxué） 位于杨河乡杨河村。1988 年建校，为独立初中二类学校。占地面积 13987 平方米、建筑面积 4883 平方米。有 6 个教学班，学生 256 人，教师 35 人。

庄浪县赵墩中学（Zhuānglàng Xiàn Zhàodūn Zhōngxué） 位于赵墩乡赵墩村。1974 年建校，为独立初中。占地面积 16000 平方米、建筑面积 5457 平方米。有 6 个教学班，学生 198 人，教师 40 人。

庄浪县郑河中学（Zhuānglàng Xiàn Zhènghé Zhōngxué） 位于郑河乡郑河村。1968 年在郑河小学的基础上改建为七年一贯制中学。1970 年学校改制成九年一贯制中学。1972 年撤高中部，恢复为七年一贯制中学。1973

庄浪县郑河中学（2018 年 4 月摄）

年小学部迁出，成为三年制独立初中，命名为庄浪县郑河中学。占地面积 8295 平方米、建筑面积 5481 平方米。有 8 个教学班，学生 327 人，教师 35 人。

庄浪县第一小学（Zhuānglàng Xiàn Dì-1 Xiǎoxué） 位于水洛镇东大街。前身为 1745 年创办水洛城义学（校址在紫荆山），1899 年改称道南书院，1905 年改为水洛高等小学堂。1913 年称静宁县第三高等小学堂（时隶属于静宁县）。1940 年改称水洛中心国民学校。1949 年 9 月，改称水洛完全小学，1950 年原水洛女子小学并入。1955 年迁址东关街，改为水洛小学。1990 年 8 月改为庄浪县水洛第一小学，1998 年 8 月更名为庄浪县第一小学。占地面积 21353 平方米、建筑面积 14473 平方米。有 72 个教学班，学生 3807 人，教师 191 人。

庄浪县第二小学（Zhuānglàng Xiàn Dì-2 Xiǎoxué） 位于水洛镇迎宾街。前身为 1988 年创建的水洛镇西关小学。1990 年 8 月改为庄浪县水洛第二小学，1998 年更名为庄浪县第二小学。占地面积 18439 平方米、建筑面积 14485 平方米。有 64 个教学班，学生 2779 人，教师 168 人。

庄浪县第三小学（Zhuānglàng Xiàn Dì-3 Xiǎoxué） 位于水洛镇新徐东路。1966 年设庄浪县水洛小学分校，1970 年改称水洛镇李家庄小学，1985 年改称庄浪县水洛镇小学，2009 年 8 月更名为庄浪县第三小学。占地面积 5681 平方米、建筑面积 6401 平方米。有 31 个教学班，学生 1294 人，教师 71 人。

庄浪县实验小学（Zhuānglàng Xiàn Shíyàn Xiǎoxué） 位于水洛镇育才街。2014 年 7 月设立。以创新基础教育教学模式得名。占地面积 50000 平方米、建筑面积 16465 平方米。有 42 个教学班，学生 1844 人，教师 104 人。

庄浪县水洛镇文湾小学（Zhuānglàng Xiàn Shuǐluò Zhèn Wénwān Xiǎoxué） 位于水洛镇文湾村。1964 年建校。占地面积 3500

庄浪县第一小学（2006 年 8 月摄）

庄浪县第二小学（2021 年 5 月摄）

庄浪县第三小学（2012 年 5 月摄）

庄浪县实验小学（2015 年 11 月摄）

平方米、建筑面积 475 平方米。有 6 个教学班，学生 18 人，教师 13 人。

庄浪县水洛镇二李教学点（Zhuānglàng Xiàn Shuǐluò Zhèn Èrlǐ Jiàoxuédiǎn） 位于水洛镇二李村。1962 年建校，1968 年改为五年制完全小学。2017 年改为教学点。占地面积 3120 平方米、建筑面积 564 平方米。有 2 个教学班，学生 2 人，教师 6 人。

庄浪县水洛镇峰山教学点（Zhuānglàng Xiàn Shuǐluò Zhèn Fēngshān Jiàoxuédiǎn） 位于水洛镇崖王村。1999 年建校（四年制初小）。2017 年改为教学点。占地面积 3902 平方米、建筑面积 342 平方米。有 3 个教学班，学生 7 人，教师 9 人。

庄浪县水洛镇郭堡小学（Zhuānglàng Xiàn Shuǐluò Zhèn Guōbǔ Xiǎoxué） 位于水洛镇郭堡村。始建于 1946 年，前身为下王村杨耀庭私塾，校址在郭堡村庙嘴，为四年制初小。1970 年由初小转为五年制完小。1971 年迁至上王家。1977 年扩办戴帽初中，1979 年撤初中恢复完小，命名为庄浪县水洛镇郭堡小学。占地面积 4872 平方米、建筑面积 1226 平方米。有 6 个教学班，学生 71 人，教师 21 人。

庄浪县水洛镇李碾小学（Zhuānglàng Xiàn Shuǐluò Zhèn Lǐniǎn Xiǎoxué） 位于水洛镇李碾村。原名佛念小学，1949 年改称李碾小学，1958 年改为七年一贯制初级中学，1969 年又改为初小，1980 年改为完全小学。占地面积 3247 平方米、建筑面积 724 平方米。有 6 个教学班，学生 100 人，教师 20 人。

庄浪县水洛镇文沟小学（Zhuānglàng Xiàn Shuǐluò Zhèn Wéngōu Xiǎoxué） 位于水洛镇新兴村。创建于 1941 年，为四年制初小。1971 年改为完小。1973 年改为戴帽中学。1979 年初中部并入水洛中学，改为五年制完小。占地面积 7807 平方米、建筑面积 826 平方米。有 6 个教学班，学生 71 人，教师 21 人。

庄浪县水洛镇新光教学点（Zhuānglàng Xiàn Shuǐluò Zhèn Xīnguāng Jiàoxuédiǎn） 位于水洛镇新光村。1950 年建校，称柳家新庄小学，为四年制初小。2006 年改称庄浪县水洛镇新光小学。2017 年改为教学点。占地面积 4966 平方米、建筑面积 634 平方米。有 2 个教学班，学生 2 人，教师 5 人。

庄浪县水洛镇徐碾小学（Zhuānglàng Xiàn Shuǐluò Zhèn Xúniǎn Xiǎoxué） 位于水洛镇徐碾村。1948 年建校。占地面积 3250 平方米、建筑面积 819 平方米。6 个教学班，学生 188 人，教师 22 人。

庄浪县水洛镇中川小学（Zhuānglàng Xiàn Shuǐluò Zhèn Zhōngchuān Xiǎoxué） 位于水洛镇中川村。1970 年建校，1976 年改为五年制完全小学。占地面积 4300 平方米、建筑面积 840 平方米。7 个教学班，学生 211 人，教师 30 人。

庄浪县南湖小学（Zhuānglàng Xiàn Nánhú Xiǎoxué） 位于南湖镇东华街。原名为庄浪第一高等学堂，1940 年改称维新中心国民学校，1949 年 9 月改称维新完全小学，1958 年改称南湖小学，1980 年列为县属重点小学。占地面积 10650 平方米、建筑面积 6084 平方米。有 40 个教学班、学生 1921 人，教师 110 人。

庄浪县南湖镇高房小学（Zhuānglàng Xiàn Nánhú Zhèn Gāofáng Xiǎoxué） 位于南湖镇高房村。原为石阳初级小学，1951 年改为五年制小学，1976 年改称高房小学。占地面积 4735 平方米，建筑面积 1321 平方米。有 6 个教学班，学生 114 人，教师 16 人。

庄浪县南湖镇寺门小学（Zhuānglàng Xiàn Nánhú Zhèn Sìmén Xiǎoxué） 位于南湖镇寺门村。前身为寺门耕读学校，1966 年建寺门完全小学，1969 年改为戴帽初中，1970 年撤初中部，改称寺门小学。占地面积 5104 平方米、建筑面积 1422 平方米。有 6 个教学班，学生 174 人，教师 16 人。

庄浪县南湖镇席河小学（Zhuānglàng Xiàn Nánhú Zhèn Xíhé Xiǎoxué） 位于南湖镇席河村。前身为五里铺小学，1972 年学校址迁席河村，更名为席河小学。占地面积 3102 平方米、建筑面积 624

平方米。有 6 个教学班，学生 128 人，教师 15 人。

庄浪县南湖镇石峡小学（Zhuānglàng Xiàn Nánhú Zhèn Shíxiá Xiǎoxué） 位于南湖镇石峡村。1940 年建石慕小学，1965 年校址迁马家庄子，更名为石峡小学，1967 年改为七年制学校，1974 年撤初中部，恢复石峡小学，1990 年改迁到石慕家。占地面积 4095 平方米、建筑面积 820 平方米。有 6 个教学班，学生 109 人，教师 13 人。

庄浪县南湖镇双堡小学（Zhuānglàng Xiàn Nánhú Zhèn Shuāngbǔ Xiǎoxué） 位于南湖镇双堡村。1954 年建东岳庙小学，1958 年学校迁至双堡村阴坡，1986 年更名为双堡小学。占地面积 3776 平方米、建筑面积 734 平方米。有 5 个教学班，学生 42 人，教师 13 人。

庄浪县南湖镇孙家大庄教学点（Zhuānglàng Xiàn Nánhú Zhèn Sūnjiādàzhuāng Jiàoxuédiǎn） 位于南湖镇孙家大庄村。1971 年建大庄村学，1984 年改为大庄初小，2001 年改为六年制完小，更名为孙家大庄小学，2017 年改为教学点。占地面积 835 平方米，建筑面积 520 平方米。有 4 个教学班，学生 7 人，教师 4 人。

庄浪县南湖镇庙岔教学点（Zhuānglàng Xiàn Nánhú Zhèn Miàochà Jiàoxuédiǎn） 位于南湖镇庙岔村。1946 年建庙儿岔小学，1974 年迁新校址，1986 年更名为庄浪县南湖镇庙岔小学，2017 年改为教学点。占地面积 3880 平方米、建筑面积 650 平方米。有 1 个教学班，学生 1 人，教师 2 人。

庄浪县南湖镇李湾教学点（Zhuānglàng Xiàn Nánhú Zhèn Lǐwān Jiàoxuédiǎn） 位于南湖镇李湾村。1963 年建李湾初级小学，1975 年改为五年制小学，1976 年改为李湾小学，2017 年改为教学点。占地面积 2215 平方米、建筑面积 419 平方米。有 2 个教学班，学生 6 人，教师 3 人。

庄浪县朱店小学（Zhuānglàng Xiàn Zhūdiàn Xiǎoxué） 位于朱店镇东街村。原名静宁县第四高等小学，1942 年改称庄浪县金锁完小，1958 年改称朱店小学，1968 年设初中班，1978 年初中部分离。占地面积 13006 平方米、建筑面积 6351 平方米。有 24 个教学班，学生 932 人，教师 80 人。

庄浪县朱店镇三合小学（Zhuānglàng Xiàn Zhūdiàn Zhèn Sānhé Xiǎoxué） 位于朱店镇三合村。1929 年建五柳学堂，1973 年学校迁至三合村，改称三合小学。占地面积 7000 平方米、建筑面积 1500 平方米。有 6 个教学班，学生 112 人，教师 16 人。

庄浪县朱店镇董湾小学（Zhuānglàng Xiàn Zhūdiàn Zhèn Dǒngwān Xiǎoxué） 位于朱店镇董家湾村。原为私塾，1949 年建董湾小学。占地面积 6003 平方米、建筑面积 997 平方米。有 6 个教学班，学生 117 人，教师 14 人。

庄浪县朱店镇小湾小学（Zhuānglàng Xiàn Zhūdiàn Zhèn Xiǎowān Xiǎoxué） 位于朱店镇小湾村。1957 年建校。占地面积 2200 平方米、建筑面积 740 平方米。有 6 个教学班，学生 54 人，教师 13 人。

庄浪县朱店镇朱河小学（Zhuānglàng Xiàn Zhūdiàn Zhèn Zhūhé Xiǎoxué） 位于朱店镇朱河村。1950 年建校。占地面积 10000 平方米、建筑面积 1034 平方米。有 6 个教学班，学生 137 人，教师 17 人。

庄浪县朱店镇毛柳小学（Zhuānglàng Xiàn Zhūdiàn Zhèn Máoliǔ Xiǎoxué） 位于朱店镇毛柳村。1944 年建校。占地面积 4700 平方米、建筑面积 700 平方米。有 6 个教学班，学生 61 人，教师 15 人。

庄浪县朱店镇高庙小学（Zhuānglàng Xiàn Zhūdiàn Zhèn Gāomiào Xiǎoxué） 位于朱店镇高庙村。1947 年建校。占地面积 3000 平方米、建筑面积 540 平方米。有 2 个教学班，学生 16 人，教师 7 人。

庄浪县朱店镇牛咀教学点（Zhuānglàng Xiàn Zhūdiàn Zhèn Niúzuǐ Jiàoxuédiǎn） 位于朱店镇牛耳咀村。前身为团结小学，1972 年改为牛咀小学，2017 年改为教学点。占地面积 3013 平方米、建筑面积 202 平方米。有 1 个教学班，学生 2 人，教师 2 人。

庄浪县朱店镇王川小学（Zhuānglàng Xiàn Zhūdiàn Zhèn Wángchuān Xiǎoxué） 位于朱店镇

王川村。1962 年建校。占地面积 2100 平方米、建筑面积 913 平方米。6 个教学班，学生 50 人，教师 7 人。

庄浪县朱店镇万柳教学点（Zhuānglàng Xiàn Zhūdiàn Zhèn Wànliǔ Jiàoxuédiǎn） 位于朱店镇万柳村。1972 年建校，2017 年改为教学点。占地面积 2000 平方米、建筑面积 466 平方米。有 2 个教学班，学生 3 人，教师 2 人。

庄浪县朱店镇柳窑小学（Zhuānglàng Xiàn Zhūdiàn Zhèn Liǔyáo Xiǎoxué） 位于朱店镇柳窑村。1964 年建校。占地面积 1667 平方米、建筑面积 412 平方米。有 3 个教学班，学生 16 人，教师 8 人。

庄浪县朱店镇柳李小学（Zhuānglàng Xiàn Zhūdiàn Zhèn Liǔlǐ Xiǎoxué） 位于朱店镇柳李村。1964 年建校。占地面积 3160 平方米、建筑面积 358 平方米。有 1 个教学班，学生 4 人，教师 4 人。

庄浪县朱店镇王坪教学点（Zhuānglàng Xiàn Zhūdiàn Zhèn Wángpíng Jiàoxuédiǎn） 位于朱店镇王坪村。1991 年建王坪小学，2017 改为教学点。占地面积 667 平方米、建筑面积 237 平方米。有 2 个教学班，学生 7 人，教师 2 人。

庄浪县朱店镇马沟教学点（Zhuānglàng Xiàn Zhūdiàn Zhèn Mǎgōu Jiàoxuédiǎn） 位于朱店镇小湾村。1982 年建马沟村学，2017 年改为教学点。占地面积 648 平方米、建筑面积 120 平方米。有 1 个教学班，学生 2 人，教师 2 人。

庄浪县万泉镇中心小学（Zhuānglàng Xiàn Wànquán Zhèn Zhōngxīn Xiǎoxué） 位于万泉镇万川村。1945 年建新泰小学，1964 年更名为万川小学，1991 年改为中心小学。占地面积 4336 平方米、建筑面积 2560 平方米。有 12 个教学班，学生 477 人，教师 28 人。

庄浪县万泉镇福和希望小学（Zhuānglàng Xiàn Wànquán Zhèn Fúhé Xīwàng Xiǎoxué） 位于万泉镇马川村。1972 年建马川小学，1998 年由陈廷华教育基金捐资修建，更名为福和希望小学，取和平幸福之意。占地面积 3598 平方米、建筑面积 1660 平方米。有 6 个教学班，学生 188 人，教师 14 人。

庄浪县万泉镇徐城小学（Zhuānglàng Xiàn Wànquán Zhèn Xúchéng Xiǎoxué） 位于万泉镇徐城村。1964 年建徐城小学。占地面积 11466 平方米、建筑面积 1670 平方米。有 6 个教学班，学生 135 人，教师 11 人。

庄浪县万泉镇霍李小学（Zhuānglàng Xiàn Wànquán Zhèn Huòlǐ Xiǎoxué） 位于万泉镇霍李村。1972 年建校，2008 年由陈慧琳儿童助学基金会捐资扩建。占地面积 4200 平方米、建筑面积 600 平方米。有 6 个教学班，学生 51 人，教师 10 人。

庄浪县万泉镇田坪小学（Zhuānglàng Xiàn Wànquán Zhèn Tiánpíng Xiǎoxué） 位于万泉镇田坪村。1946 年建田坪小学，1974 年改为七年制学校，1979 年撤初中部，改为田坪小学。占地面积 7470 平方米、建筑面积 1233 平方米。有 6 个教学班，学生 65 人，教师 13 人。

庄浪县万泉镇史沟小学（Zhuānglàng Xiàn Wànquán Zhèn Shǐgōu Xiǎoxué） 位于万泉镇史沟村。1968 年建校，1973 年被洪水冲毁，1974 年重建。占地面积 6667 平方米、建筑面积 586 平方米。有 6 个教学班，学生 55 人，教师 10 人。

庄浪县万泉镇邵坪小学（Zhuānglàng Xiàn Wànquán Zhèn Shàopíng Xiǎoxué） 位于万泉镇邵坪村。1969 年建邵坪小学，为五年制。1998 年改为六年制。占地面积 6400 平方米、建筑面积 658 平方米。有 6 个教学班，学生 87 人，教师 11 人。

庄浪县万泉镇阳坡小学（Zhuānglàng Xiàn Wànquán Zhèn Yángpō Xiǎoxué） 位于万泉镇清水沟村。1962 年建清水沟小学，2001 年更名为阳坡小学。占地面积 6400 平方米、建筑面积 653 平方米。有 6 个教学班，学生 100 人，教师 10 人。

庄浪县万泉镇王岔小学（Zhuānglàng Xiàn Wànquán Zhèn Wángchà Xiǎoxué） 位于万泉镇王李岔村。1960 年创建王岔小学，1998 年改为六年制。占地面积 2001 平方米、建筑面积 290 平方米。有 6 个教学班，学生 27 人，教师 9 人。

庄浪县万泉镇高川小学（Zhuānglàng Xiàn Wànquán Zhèn Gāochuān Xiǎoxué） 位于万泉镇高川村。1961 年建校，1976 年迁校址，2006 年中央投资专款建成寄宿制项目学校。占地面积 6000 平方米、建筑面积 812 平方米。有 6 个教学班，学生 144 人，教师 9 人。

庄浪县万泉镇田湾教学点（Zhuānglàng Xiàn Wànquán Zhèn Tiánwān Jiàoxuédiǎn） 位于万泉镇田湾村。1962 年建田湾初小，1978 年改为完全小学，1982 年改为田湾初小，2017 年改为教学点。占地面积 3300 平方米、建筑面积 340 平方米。有 2 个教学班，学生 5 人，教师 4 人。

庄浪县万泉镇东沟教学点（Zhuānglàng Xiàn Wànquán Zhèn Dōnggōu Jiàoxuédiǎn） 位于万泉镇东沟村。1972 年建东沟小学，2012 年改为东沟村学，2017 年改为教学点。占地面积 2432 平方米、建筑面积 541 平方米。有 2 个教学班，学生 9 人，教师 3 人。

庄浪县韩店小学（Zhuānglàng Xiàn Hándiàn Xiǎoxué） 位于韩店镇西门村。1918 年建新陇小学，1972 年改称韩店小学。占地面积 15577 平方米、建筑面积 3116 平方米。设 6 个年级、22 个教学班，学生 828 人，教师 72 人。

庄浪县韩店镇试雨小学（Zhuānglàng Xiàn Hándiàn Zhèn Shìyǔ Xiǎoxué） 位于韩店镇试雨村。1972 年建校。占地面积 1555 平方米、建筑面积 608 平方米。设 6 个年级、6 个教学班，学生 57 人，教师 5 人。

庄浪县韩店镇武家小学（Zhuānglàng Xiàn Hándiàn Zhèn Wǔjiā Xiǎoxué） 位于韩店镇武家村。1972 年建校。占地面积 2541 平方米、建筑面积 857 平方米。设 6 个年级、6 个教学班，学生 44 人，教师 5 人。

庄浪县韩店镇刘咀教学点（Zhuānglàng Xiàn Hándiàn Zhèn Liúzuǐ Jiàoxuédiǎn） 位于韩店镇刘咀村。1954 年建校，1975 年改为七年制学校，1978 年改为六年制小学，2017 年改为教学点。占地面积 2828 平方米、建筑面积 387 平方米。设 1 个年级、1 个教学班，学生 3 人，教师 1 人。

庄浪县韩店镇石桥小学（Zhuānglàng Xiàn Hándiàn Zhèn Shíqiáo Xiǎoxué） 位于韩店镇郭漫村。1947 年始建石桥初级中学，1970 年改建为七年制学校，更名为石桥七年制学校，1979 年改建为六年制小学，并更名为石桥小学。占地面积 6470 平方米，建筑面积 599 平方米。设 6 个年级、6 个教学班，学生 124 人，职工 11 人。

庄浪县韩店镇潘河小学（Zhuānglàng Xiàn Hándiàn Zhèn Pānhé Xiǎoxué） 位于韩店镇潘河村。1974 年建校，1981 年改为初小，2003 年整校搬迁，改为六年制小学。占地面积 2922 平方米、建筑面积 463 平方米。设 6 个年级、6 个教学班，学生 34 人，教师 3 人。

庄浪县韩店镇菜湾小学（Zhuānglàng Xiàn Hándiàn Zhèn Càiwān Xiǎoxué） 位于韩店镇聂坪村。1960 年建校，1971 年整校搬迁聂子坪。占地面积 3477 平方米、建筑面积 736 平方米。设 5 个年级、6 个教学班，学生 30 人，教师 3 人。

庄浪县韩店镇王崖小学（Zhuānglàng Xiàn Hándiàn Zhèn Wáng'ái Xiǎoxué） 位于韩店镇王崖村。1986 年建校，2003 年搬迁重建。占地面积 5131 平方米、建筑面积 770 平方米。设 6 个年级、6 个教学班，学生 63 人，教师 6 人。

庄浪县韩店镇刘河教学点（Zhuānglàng Xiàn Hándiàn Zhèn Liúhé Jiàoxuédiǎn） 位于韩店镇刘河村。1947 年建校，1968 年改为七年制中学，1970 年改为完全小学，2017 年改为教学点。占地面积 4233 平方米、建筑面积 394 平方米。设 3 个教学班，学生 16 人，教师 4 人。

庄浪县卧龙小学（Zhuānglàng Xiàn Wòlóng Xiǎoxué） 位于卧龙镇山集梁村。1933 年建卧龙乡初小，1940 年改为完小，并更名为卧龙乡中心国民学校，1950 年与卧龙中学合为九年制学校，1969 年与中学分离后改称卧龙东风学校，1986 年改称卧龙小学。占地面积 10000 平方米、建筑面积 2407 平方米。设 6 个年级、18 个教学班，学生 726 人，教师 41 人。

庄浪县卧龙小学（2021 年 9 月摄）

庄浪县卧龙镇马湾小学（Zhuānglàng Xiàn Wòlóng Zhèn Mǎwān Xiǎoxué） 位于卧龙镇马湾村。1961 年建校。占地面积 2583 平方米、建筑面积 180 平方米。设 1 个教学班，学生 14 人，教师 8 人。

庄浪县卧龙镇魏湾小学（Zhuānglàng Xiàn Wòlóng Zhèn Wèiwān Xiǎoxué） 位于卧龙镇魏湾村。1958 年建校，设小学部和初中部，1965 年撤初中部，改为完全小学，1983 年改为魏湾小学。占地面积 4000 平方米、建筑面积 667 平方米。设 6 个年级、6 个教学班，学生 32 人，教师 8 人。

庄浪县卧龙镇阳坡小学（Zhuānglàng Xiàn Wòlóng Zhèn Yángpō Xiǎoxué） 位于卧龙镇魏山村。前身为私塾，1967 年在阳坡设五年制小学、阴坡设三年制小学，2011 年合并为阳坡小学。占地面积 5794 平方米、建筑面积 606 平方米。设 5 个年级、5 个教学班，学生 25 人，教师 8 人。

庄浪县卧龙镇山赵小学（Zhuānglàng Xiàn Wòlóng Zhèn Shānzhào Xiǎoxué） 位于卧龙镇山赵村。1974 年建校，1980 年由初小改为五年制小学。占地面积 4900 平方米、建筑面积 632 平方米。设 5 个年级、5 个教学班，学生 24 人，教师 10 人。

庄浪县卧龙镇大庄小学（Zhuānglàng Xiàn Wòlóng Zhèn Dàzhuāng Xiǎoxué） 位于卧龙镇魏家大庄村。1957 年建校。占地面积 3422 平方米、建筑面积 535 平方米。设 6 个年级、5 个教学班，学生 30 人，教师 6 人。

庄浪县卧龙镇下杨教学点（Zhuānglàng Xiàn Wòlóng Zhèn Xiàyáng Jiàoxuédiǎn） 位于卧龙镇下杨村。1968 年建校，2017 年改为教学点。占地面积 4288 平方米、建筑面积 645 平方米。设 3 个年级、3 个教学班，学生 9 人，教师 6 人。

庄浪县卧龙镇石山小学（Zhuānglàng Xiàn Wòlóng Zhèn Shíshān Xiǎoxué） 位于卧龙镇石山村。1956 年建校。占地面积 2200 平方米、建筑面积 342 平方米。设 5 个年级、5 个教学班，学生 26 人，教师 8 人。

庄浪县卧龙镇白堡小学（2018 年 5 月摄）

庄浪县卧龙镇白堡小学（Zhuānglàng Xiàn Wòlóng Zhèn Báibǔ Xiǎoxué） 位于卧龙镇郝家村。1960 年建上郝小学，1980 年改称白堡小学。占地面积 8616 平方米、建筑面积 1770 平方米。设 6 个年级、12 个教学班，学生 346 人，教师 30 人。

庄浪县卧龙镇刘罗小学（Zhuānglàng Xiàn Wòlóng Zhèn Liúluó Xiǎoxué） 位于卧龙镇刘罗村。1952 年建初小，1975 年改为完全小学。占地面积 6075 平方米、建筑面积 286 平方米。设 1 个教学班，学生 4 人，教师 3 人。

庄浪县卧龙镇张山小学（Zhuānglàng Xiàn Wòlóng Zhèn Zhāngshān Xiǎoxué） 位于卧龙镇张山村。1950 年建中岭小学，1960 年改称张山初小，1978 年改为完全小学。占地面积 4815 平方米、建筑面积 645 平方米。设 6 个年级、6 个教学班，学生 38 人，教师 11 人。

庄浪县卧龙镇仇梁小学（Zhuānglàng Xiàn Wòlóng Zhèn Qiúliáng Xiǎoxué） 位于卧龙镇仇梁村。1956 年建校。占地面积 6600 平方米、建筑面积 560 平方米。设 6 个年级、6 个教学班，学生 48 人，教师 13 人。

庄浪县卧龙镇杨魏小学（Zhuānglàng Xiàn Wòlóng Zhèn Yángwèi Xiǎoxué） 位于卧龙镇杨魏村。1963 年建校。占地面积 7800 平方米、建筑面积 492 平方米。设 2 个教学班，学生 13 人，教师 9 人。

庄浪县阳川小学（Zhuānglàng Xiàn Yángchuān Xiǎoxué） 位于阳川镇刘湾村。1948 年建刘湾初级小学，1971 年改为七年制学校，1982 年撤销初中班，更名为阳川小学。占地面积 6667 平方米、建筑面积 2651 平方米。设 6 个年级、12 个教学班，学生 509 人，教师 40 人。

庄浪县阳川镇下堡子小学（Zhuānglàng Xiàn Yángchuān Zhèn Xiàbǔzi Xiǎoxué） 位于阳川镇下堡子村。1954 年建校。占地面积 5075 平方米、建筑面积 1061 平方米。设 6 个年级、6 个教学班，学生 51 人，教师 15 人。

庄浪县阳川镇孙王小学（Zhuānglàng Xiàn Yángchuān Zhèn Sūnwáng Xiǎoxué） 位于阳川镇孙王村。1961 年建校。占地面积 3778 平方米、建筑面积 845 平方米。设 5 个年级、5 个教学班，学生 29 人，教师 11 人。

庄浪县阳川镇台咀小学（Zhuānglàng Xiàn Yángchuān Zhèn Táizuǐ Xiǎoxué） 位于阳川镇台咀村。1940 年建朝阳堡初小，1978 年改称台咀小学，2008 年重建。占地面积 4000 平方米、建筑面积 555 平方米。设 2 个年级、2 个教学班，学生 15 人，教师 8 人。

庄浪县阳川镇李湾小学（Zhuānglàng XiànYángchuān Zhèn Lǐwān Xiǎoxué） 位于阳川镇李湾村。1972 年建校。占地面积 4751 平方米、建筑面积 982 平方米。设 6 个年级、6 个教学班，学生 83 人，教师 14 人。

庄浪县阳川镇大湾小学（Zhuānglàng Xiàn Yángchuān Zhèn Dàwān Xiǎoxué） 位于阳川镇张家大湾村。1943 年建南壕书院，1958 年改为初级速成班，1964 年改为大湾初级小学，1970 年改为大湾完全小学。占地面积 5950 平方米、建筑面积 745 平方米。设 6 个年级、6 个教学班，学生 90 人，教师 13 人。

庄浪县阳川镇李咀小学（Zhuānglàng Xiàn Yángchuān Zhèn Lǐzuǐ Xiǎoxué） 位于阳川镇李咀村。1964 年建校。占地面积 6200 平方米、建筑面积 947 平方米。设 6 个年级、6 个教学班，学生 69 人，教师 13 人。

庄浪县阳川镇西湾小学（Zhuānglàng Xiàn Yángchuān Zhèn Xīwān Xiǎoxué） 位于阳川镇西湾村。1943 年建国立陈家庙小学，校址在西湾村的显明寺内。1949 年改为陈庙初小，学制四年。1958 年停办，1963 年复校。1967 年迁新址。1970 年改为七年一贯制学校。1980 年撤销初中部，更名为西湾小学。占地面积 7287 平方米、建筑面积 626 平方米。设 2 个年级、2 个教学班，学生 21 人，教师 11 人。

庄浪县盘安小学（Zhuānglàng Xiàn Pán’ān Xiǎoxué） 位于盘安镇王公村。1963年建王宫家小学，四年制初小，1965年改为完全小学，1966年改为七年制学校。1974年与初中部分离，1987年整校搬迁并更名为盘安小学，2003年重建。占地面积12143平方米、建筑面积4104平方米。设6个年级、14个教学班，学生515人，教师33人。

庄浪县盘安镇阴坡小学（Zhuānglàng XiànPán’ān Zhèn Yīnpō Xiǎoxué） 位于盘安镇周家村。1953年建校，四年制初小，1971年改为八年制学校，1974年改为五年制小学，1998年搬迁重建。占地面积4724平方米、建筑面积1064平方米。设5个年级、5个教学班，学生25人，教师6人。

庄浪县盘安镇王福下庄小学（Zhuānglàng Xiàn Pán’ān Zhèn Wángfúxiàzhuāng Xiǎoxué） 位于盘安镇王福下庄村。1970年在北山老庄建校，为四年制初小。2003年搬迁至下庄，改为六年制完全小学，更名为王福下庄小学。占地面积4567平方米、建筑面积513平方米。设6个年级、6个教学班，学生39人，教师7人。

庄浪县盘安镇王福上庄小学（Zhuānglàng Xiàn Pán’ān Zhèn Wángfúshàngzhuāng Xiǎoxué） 位于盘安镇王福上庄村。1968年办耕读小学，1975年改为王福上庄小学，六年制完全小学。占地面积2169平方米、建筑面积594平方米。设6个年级、6个教学班，学生70人，教师6人。

庄浪县盘安镇湾李小学（Zhuānglàng Xiàn Pán’ān Zhèn Wānlǐ Xiǎoxué） 位于盘安镇湾李村。1957年办耕读小学，1960年停办，1964年恢复，为四年制初小，1973改建成五年制完小，1988年搬迁，2008年重建。占地面积5192平方米、建筑面积803平方米。设6个年级、6个教学班，学生17人，教师10人。

庄浪县盘安镇宋家小学（Zhuānglàng Xiàn Pán’ān Zhèn Sòngjiā Xiǎoxué） 位于盘安镇杨宋村。1957年办耕读学校，1970改为宋家小学。占地面积3105平方米、建筑面积557平方米。设6个年级、6个教学班，学生59人，教师7人。

庄浪县盘安镇申湾小学（Zhuānglàng Xiàn Pán’ān Zhèn Shēnwān Xiǎoxué） 位于盘安镇申湾村。1965年办耕读学校，1986年改为初小，1995年改为完全小学。占地面积5100平方米、建筑面积457平方米。设6个年级、6个教学班，学生55人，教师8人。

庄浪县盘安镇刘陈小学（Zhuānglàng Xiàn Pán’ān Zhèn Liúchén Xiǎoxué） 位于盘安镇刘陈村窑刘家。前身为原颉崖乡刘家村和陈家村合办学校刘陈初小，创建于1972年，1989年9月两村分办学校，分为刘家初小和陈家初小。2009年刘家初小与陈家初小合并，移址新建并更名为刘陈小学。占地面积4080平方米、建筑面积730平方米。设6个年级、7个教学班，学生148人，教师9人。

庄浪县盘安镇颉崖小学（Zhuānglàng Xiàn Pán’ān Zhèn Xié’ái Xiǎoxué） 位于盘安镇颉崖村。1934年创办私塾，1938年转为公学，1940年改为颉崖初级小学，1967年改为颉崖完全小学，1976年改为七年制学校，1979年改为八年制学校，1988年建新校，1989年与中学分离，更名为颉崖小学。占地面积6291平方米、建筑面积1655平方米，设6个年级、6个教学班，学生314人，教师23人。

庄浪县盘安镇焦湾小学（Zhuānglàng Xiàn Pán’ān Zhèn Jiāowān Xiǎoxué） 位于盘安镇焦湾村。1973年建校，四年制初小，1982年改为完全小学。占地面积2844平方米、建筑面积294平方米。设6个年级、6个教学班，学生26人，教师5人。

庄浪县盘安镇岔李小学（Zhuānglàng Xiàn Pán’ān Zhèn Chàlǐ Xiǎoxué） 位于盘安镇岔李村。1927年由李弼成创办私塾，1936年改为国立学校，1957年改为四年制初小，1971年附设初中班，1985年改为完全小学。占地面积2336平方米、建筑面积1101平方米。设6个年级、6个教学班，学生 123 人，教师 14 人。

庄浪县盘安镇托神教学点（Zhuānglàng Xiàn Pán'ān Zhèn Tuōshén Jiàoxuédiǎn） 位于盘安镇托神村。1957 年办耕读学校，1984 年改为初小，2002 年重建，2017 年改为教学点。占地面积 2377 平方米、建筑面积 276 平方米。设 1 个年级、1 个教学班，学生 1 人，教师 1 人。

庄浪县盘安镇孙沟教学点（Zhuānglàng Xiàn Pán'ān Zhèn Sūngōu Jiàoxuédiǎn） 位于盘安镇孙沟村。1953 年创建民办小学，校址在孙家沟寺庙内，1964 年改为公办四年制初小，1976 年迁孙沟上庄，改为五年制小学，1987 年又改为四年制初小，1996 年重建，2017 年改为教学点。占地面积 3789 平方米、建筑面积 356 平方米。设 1 个年级、1 个教学班，学生 1 人，教师 2 人。

庄浪县盘安镇雷家教学点（Zhuānglàng Xiàn Pán'ān Zhèn Léijiā Jiàoxuédiǎn） 位于盘安镇雷家村。1964 年民办耕读小学，1968 年改为初小，1973 年改为五年制小学，1984 年又改为初小，2000 年校舍修葺，2017 年改为教学点。占地面积 2309 平方米、建筑面积 393 平方米。设 4 个年级、4 个教学班，学生 33 人，教师 6 人。

庄浪县盘安镇樊庙教学点（Zhuānglàng Xiàn Pán'ān Zhèn Fánmiào Jiàoxuédiǎn） 位于盘安镇樊庙村。1957 年创建民办小学，1965 年改为耕读学校，1970 年改为公办学校，1984 年改为初小，2006 年整校重建，2017 年改为教学点。占地面积 1389 平方米、建筑面积 351 平方米。设 4 个年级、4 个教学班，学生 12 人，教师 5 人。

庄浪县通化镇中心小学（Zhuānglàng Xiàn Tōnghuà Zhèn Zhōngxīn Xiǎoxué） 位于通化镇新集村。前身为石清鉴办私塾，1942 年更名为新集街国立小学，1983 年更名为通化中心小学，六年制。占地面积 6894 平方米、建筑面积 2423 平方米。设 6 个年级、12 个教学班，学生 511 人，教师 37 人。

庄浪县通化镇通边小学（Zhuānglàng Xiàn Tōnghuà Zhèn Tōngbiān Xiǎoxué） 位于通化镇通边村。1902 年为私塾，1922 年更名为静宁县第二高等小学，1940 年改称通边中心国民学校，1942 年更名为庄浪县通边中心国民学校，1950 年更名为通边小学，1970 年增设初中班，1995 年与初中分离后改为六年制小学。占地面积 10365 平方米、建筑面积 1803 平方米。设 6 个年级、7 个教学班，学生 252 人，教师 20 人。

庄浪县通化镇陈堡小学（Zhuānglàng Xiàn Tōnghuà Zhèn Chénbǔ Xiǎoxué） 位于通化镇陈堡村。1994 年建校。占地面积 2417 平方米、建筑面积 792 平方米。设 6 个年级、6 个教学班，学生 77 人，教师 9 人。

庄浪县通化镇高崖韩小学（Zhuānglàng Xiàn Tōnghuà Zhèn Gāo'áihán Xiǎoxué） 位于通化镇高崖韩村。1970 年建校。占地面积 5528 平方米、建筑面积 963 平方米。设 6 个年级、6 个教学班，学生 51 人，教师 10 人。

庄浪县通化镇梅堡小学（Zhuānglàng Xiàn Tōnghuà Zhèn Méibǔ Xiǎoxué） 位于通化镇梅堡村。1974 年建校。占地面积 4725 平方米、建筑面积 1024 平方米，设 6 个年级、6 个教学班，学生 55 人，教师 11 人。

庄浪县通化镇新后庄小学（Zhuānglàng Xiàn Tōnghuà Zhèn Xīnhòuzhuāng Xiǎoxué） 位于通化镇新后庄村。1956 年建校。占地面积 2800 平方米、建筑面积 493 平方米。设 6 个年级、6 个教学班，学生 25 人，教师 9 人。

庄浪县通化镇朱庙小学（Zhuānglàng Xiàn Tōnghuà Zhèn Zhūmiào Xiǎoxué） 位于通化镇阳坡何村。1942 年设私塾，1948 年改称通化镇第三保国民小学，1949 年更名为朱庙小学，1972 年改为七年制学校，1979 年改为六年制完全小学。占地面积 5125 平方米、建筑面积 539 平方米。设 6 个年级、6 个教学班，学生 56 人，教师 10 人。

庄浪县通化镇野赵小学（Zhuānglàng Xiàn Tōnghuà Zhèn Yězhào Xiǎoxué） 位于通化镇野赵村。1930 年创办县立初级小学，1957 年为民办小学，1962 年停办，1965 年建五年制小学，1989 年改为六年制完全小学。占地面积 7780 平方米、建筑面积 710 平方米。设 6 个年级，6 个教学班，学生 62 人，教师 11 人。

庄浪县通化镇梁河小学（Zhuānglàng Xiàn Tōnghuà Zhèn Liánghé Xiǎoxué） 位于通化镇梁河村。1938 年建东峡国民小学，1949 年改称隆德县东峡初级小学，1957 年更名为庄浪县东峡初级小学，1970 年改为五年制完小，1994 年改为六年制完小。占地面积 4926 平方米、建筑面积 505 平方米。设 6 个年级、6 个教学班，学生 32 人，教师 9 人。

庄浪县大庄镇中心小学（Zhuānglàng Xiàn Dàzhuāng Zhèn Zhōngxīn Xiǎoxué） 位于大庄镇大庄村。1935 年创建私立小学。1936 年秋校址迁至西坡白塔寺院，改制为完小。1939 年迁至大庄村，更名为大庄小学。1986 年整校搬迁至现址。占地面积 12800 平方米、建筑面积 2740 平方米。设 6 个年级、12 个教学班，学生 479 人，教师 39 人。

庄浪县大庄镇刘庙小学（Zhuānglàng Xiàn Dàzhuāng Zhèn Liúmiào Xiǎoxué） 位于大庄镇刘庙村。1956 年建校。占地面积 5336 平方米、建筑面积 1066 平方米。设 6 个年级、6 个教学班，学生 180 人，教师 17 人。

庄浪县大庄镇张湾小学（Zhuānglàng Xiàn Dàzhuāng Zhèn Zhāngwān Xiǎoxué） 位于大庄镇南湾村。1949 年建校。占地面积 6622 平方米、建筑面积 1380 平方米。设 6 个年级、6 个教学班，学生 89 人，教师 16 人。

庄浪县大庄镇杨局小学（Zhuānglàng Xiàn Dàzhuāngzhèn Yángjú Xiǎoxué） 位于大庄镇杨局村。1958 年建校。占地面积 8325 平方米、建筑面积 1091 平方米。设 6 个年级、6 个教学班，学生 100 人，教师 14 人。

庄浪县大庄镇杨局小学（2015 年 3 月摄）

庄浪县大庄镇杨湾小学（Zhuānglàng Xiàn Dàzhuāng Zhèn Yángwān Xiǎoxué） 位于大庄镇张山村。1958 年建校。占地面积 4403 平方米、建筑面积 579 平方米。设 6 个年级、6 个教学班，学生 10 人，教师 12 人。

庄浪县大庄镇丁山教学点（Zhuānglàng Xiàn Dàzhuāng Zhèn Dīngshān Jiàoxuédiǎn） 位于大庄镇丁山村。1964 年建校，2017 年改为教学点。占地面积 2857 平方米、建筑面积 355 平方米。设 4 个年级、4 个教学班，学生 12 人，教师 7 人。

庄浪县大庄镇红星教学点（Zhuānglàng Xiàn Dàzhuāng Zhèn Hóngxīng Jiàoxuédiǎn） 位于大庄镇青龙沟村。1949 年建校，2017 年改为教学点。取红星闪耀之意。占地面积 6176 平方米、建筑面积 466 平方米。设 3 个年级、3 个教学班，学生 7 人，教师 8 人。

庄浪县大庄镇老山沟教学点（Zhuānglàng Xiàn Dàzhuāng Zhèn Lǎoshāngōu Jiàoxuédiǎn） 位于大庄镇老山沟村。1953 年建校，2017 年改为教学点。占地面积 5640 平方米、建筑面积 442 平方米。设 2 个年级、2 个教学班，学生 10 人，教师 6 人。

庄浪县永宁小学（2021年9月摄）

庄浪县永宁小学（Zhuānglàng Xiàn Yǒngníng Xiǎoxué）　位于永宁镇谈街村。1904年建章麻镇书院，1958年改为谈街初级小学，1968年更名为永宁小学。占地面积8100平方米、建筑面积2488平方米。设6个年级，19个教学班，学生644人，教师43人。

庄浪县永宁镇河湾小学（Zhuānglàng Xiàn Yǒngníng Zhèn Héwān Xiǎoxué）　位于永宁镇河湾村。1940年办私立学堂，1958年改称河湾小学。占地面积4859平方米、建筑面积845平方米。设6个年级、6个教学班，学生81人，教师14人。

庄浪县永宁镇宋堡小学（Zhuānglàng Xiàn Yǒngníng Zhèn Sòngbǔ Xiǎoxué）　位于永宁镇宋堡村。1966年建校。占地面积6714平方米、建筑面积755平方米。设6个年级、6个教学班，学生78人，教师12人。

庄浪县永宁镇鱼儿咀小学（Zhuānglàng Xiàn Yǒngníng Zhèn Yúrzuǐ Xiǎoxué）　位于永宁镇鱼儿咀村。1935年3月建私学，1957年改为鱼化初小，1983年改为鱼儿咀小学。占地面积6892平方米，建筑面积720平方米。设6个年级、6个教学班，学生76人，教师12人。

庄浪县永宁镇苏山教学点（Zhuānglàng Xiàn Yǒngníng Zhèn Sūshān Jiàoxuédiǎn）　位于永宁镇苏山村。1956年建校，2017年改为教学点。占地面积6692平方米、建筑面积669平方米。设有6个年级、2个教学班，学生25人，教师2人。

庄浪县永宁镇阳屲小学（Zhuānglàng Xiàn Yǒngníng Zhèn Yángwā Xiǎoxué）　位于永宁镇阳屲村。1957年6月建苏家阳屲初小，1985年更名为永宁阳屲普通五年制小学，1999年更名为阳屲小学。占地面积3402平方米、建筑面积187平方米。设1个教学班，学生3人，教师1人。

庄浪县良邑小学（Zhuānglàng Xiàn Liángyì Xiǎoxué）　位于良邑镇良邑村。1925年建私塾，1940年改为良邑国民小学，1944年改称良邑第一中心国民小学，1969年改为戴帽初中，1972年与初中分离后改为完全小学。占地面积5626平方米、建筑面积2524平方米。设6个年级、17个教学班，学生723人，教师43人。

庄浪县良邑镇李咀小学（Zhuānglàng Xiàn Liángyì Zhèn Lǐzuǐ Xiǎoxué）　位于良邑镇李咀村。1940年建校，1957年改为李家咀初小，1985年改为李咀小学。占地面积4967平方米、建筑面积967平方米。设6个年级、6个教学班，学生136人，教师18人。

庄浪县良邑镇杨王小学（Zhuānglàng Xiàn Liángyì Zhèn Yángwáng Xiǎoxué）　位于良邑镇杨王村。1964年建校，2008年重建。占地面积4704平方米、建筑面积730平方米。设6个年级、6个教学班，学生114人，教师17人。

庄浪县良邑镇何川小学（Zhuānglàng Xiàn Liángyì Zhèn Héchuān Xiǎoxué）　位于良邑镇何川村。1958年建初小，1969年3月改为五年制，1985年6月改为六年制。占地面积5860平方米、建筑面积874平方米。设6个年级、6个教学班，学生173人，教师15人。

庄浪县良邑镇陈峡小学（Zhuānglàng Xiàn Liángyì Zhèn Chénxiá Xiǎoxué）　位于良邑镇陈峡村。1964年建校，1969年3月改为五年制，1985年6月改为六年制。占地面积2438平方米、建筑面积 555 平方米。设 6 个年级、6 个教学班，学生 49 人，教师 10 人。

庄浪县良邑镇苏苗塬教学点（Zhuānglàng Xiàn Liángyì Zhèn Sūmiáoyuán Jiàoxuédiǎn）位于良邑镇苏苗塬村。1957 年建校，2003 年重建，2017 年改为教学点。占地面积 4400 平方米、建筑面积 596 平方米。设 2 个年级、2 个教学班，学生 9 人，教师 10 人。

庄浪县良邑镇王家山庄村教学点（Zhuānglàng Xiàn Liángyì Zhèn Wángjiāshānzhuāng Jiàoxuédiǎn） 位于良邑镇陈峡村。1954 年建校，2017 年改为教学点。占地面积 1559 平方米、建筑面积 355 平方米。设 1 个年级，1 个教学班，学生 1 人，教师 1 人。

庄浪县岳堡小学（Zhuānglàng Xiàn Yuèbǔ Xiǎoxué） 位于岳堡镇岳堡村。1919 年建安东小学，1958 年改为岳堡完小，1976 年改为九年制学校，1980 年迁校于岳堡城外，1985 年更名为庄浪县岳堡小学。占地面积 10694 平方米、建筑面积 4061 平方米。设 6 个年级、13 个教学班，学生 453 人，教师 34 人。

庄浪县岳堡镇吴家小学（Zhuānglàng Xiàn Yuèbǔ Zhèn Wújiā Xiǎoxué） 位于岳堡镇吴家村。1934 年办私塾，1942 年改建为深岘吴家国民学校，1953 年更名为安东第二小学，1965 年改为吴家耕读学校，1972 年改为五年制并更名为吴家小学，1998 年改为六年制。占地面积 5654 平方米、建筑面积 765 平方米。设 6 个年级，6 个教学班，学生 67 人，教师 13 人。

庄浪县岳堡镇崔家小学（Zhuānglàng Xiàn Yuèbǔ Zhèn Cuījiā Xiǎoxué） 位于岳堡镇崔家村。前身为私塾，1963 年改为耕读学校，1968 年改为五年制并更名为崔家小学，1998 年改为六年制。占地面积 5155 平方米、建筑面积 701 平方米。设 6 个年级、6 个教学班，学生 43 人，教师 12 人。

庄浪县岳堡镇蒋寺小学（Zhuānglàng Xiàn Yuèbǔ Zhèn Jiǎngsì Xiǎoxué） 位于岳堡镇蒋寺村。1936 年办私塾，1953 年改为蒋家寺初小，1985 年改称蒋寺小学，四年制。占地面积 4820 平方米、建筑面积 784 平方米。设 3 个年级、3 个教学班，学生 23 人，教师 10 人。

庄浪县岳堡镇下阎教学点（Zhuānglàng Xiàn Yuèbǔ Zhèn Xiàyán Jiàoxuédiǎn） 位于岳堡镇下阎村。1949 年始建，前身为岳堡乡阎家岔小学，1985 年改称下阎小学，四年制。2001 年迁址，2017 年改为教学点。占地面积 5709 平方米、建筑面积 451 平方米。设 3 个年级、3 个教学班，学生 8 人，教师 4 人。

庄浪县柳梁小学（Zhuānglàng Xiàn Liǔliáng Xiǎoxué） 位于柳梁镇柳梁村。1951 年建柳家梁小学，1975 年改为庄浪县柳梁小学。占地面积 10767 平方米、建筑面积 2403 平方米。设 6 个年级、12 个教学班，学生 373 人，教师 41 人。

庄浪县柳梁镇李山小学（Zhuānglàng Xiàn Liǔliáng Zhèn Lǐshān Xiǎoxué） 位于柳梁镇李山村。1964 年建李家山小学，四年制。1967 年改为五年制，1979 年改称李山小学，1998 年改为六年制。占地面积 6083 平方米、建筑面积 661 平方米。设 6 个年级、6 个教学班，学生 57 人，教师 9 人。

庄浪县柳梁镇陈山小学（Zhuānglàng Xiàn Liǔliáng Zhèn Chénshān Xiǎoxué） 位于柳梁镇陈山村。1972 年建校。占地面积 3015 平方米、建筑面积 533 平方米。设 6 个年级、6 个教学班，学生 50 人，教师 12 人。

庄浪县柳梁镇牛沟小学（Zhuānglàng Xiàn Liǔliáng Zhèn Niúgōu Xiǎoxué） 位于柳梁镇牛沟村。1947 年建牛家沟村学，1964 年改称牛沟小学，四年制。占地面积 12275 平方米、建筑面积 1186 平方米。设 6 个年级、6 个教学班，学生 33 人，教师 12 人。

庄浪县柳梁镇大庄小学（Zhuānglàng Xiàn Liǔliáng Zhèn Dàzhuāng Xiǎoxué） 位于柳梁镇大庄村。前身为私塾，1952 年改为初小，四年制。1974 年改为五年制，1998 年改为六年制。占地面积 3095 平方米、建筑面积 481 平方米。设 2 个年级、2 个教学班，学生 14 人，教师 4 人。

庄浪县柳梁镇河湾小学（Zhuānglàng Xiàn Liǔliáng Zhèn Héwān Xiǎoxué） 位于柳梁镇河湾村。1963 年建校。占地面积 4170 平方米、建筑面积 558 平方米。设 6 个年级、6 个教学班，学生 22 人，教师 8 人。

庄浪县柳梁镇李堡教学点（Zhuānglàng Xiàn Liǔliáng Zhèn Lǐbǔ Jiàoxuédiǎn） 位于柳梁镇李堡村。1939 年建李家堡初小，1970 年改称李堡小学并增设初中部，1999 年改为李堡八年制学校，2010 年撤初中部，复称李堡小学，2017 年改为教学点。占地面积 6731 平方米、建筑面积 1229 平方米。设 3 个年级、3 个教学班，学生 3 人，教师 5 人。

庄浪县柳梁镇阳屲小学（Zhuānglàng Xiàn Liǔliáng Zhèn Yángwā Xiǎoxué） 位于柳梁镇阳屲村。1951 年建陈家阳屲初小，2004 年改称阳屲小学。占地面积 3661 平方米、建筑面积 312 平方米。设 2 个年级、2 个教学班，学生 9 人，教师 3 人。

庄浪县柳梁镇周蒲小学（Zhuānglàng Xiàn Liǔliáng Zhèn Zhōupú Xiǎoxué） 位于柳梁镇周蒲村。1955 年创办周蒲学堂，1964 年改称蒲家山村学，1970 年改称周蒲小学。占地面积 2267 平方米、建筑面积 480 平方米。设 6 个年级、6 个教学班，学生 24 名，教师 7 人。

庄浪县柳梁镇乱庄小学（Zhuānglàng Xiàn Liǔliáng Zhèn Luànzhuāng Xiǎoxué） 位于柳梁镇乱庄村。1954 年建校。占地面积 6500 平方米、建筑面积 1064 平方米。设 2 个年级、2 个教学班，学生 11 人，教师 7 人。

庄浪县南坪镇中心小学（Zhuānglàng Xiàn Nánpíng Zhèn Zhōngxīn Xiǎoxué） 位于南坪镇大庄村。1953 年办靳家村学，1985 年改称南坪乡中心小学，2018 年改称南坪镇中心小学。占地面积 13501 平方米、建筑面积 1815 平方米。设 6 个年级、7 个教学班，学生 188 人，教师 23 人。

庄浪县南坪镇刘靳小学（Zhuānglàng Xiàn Nánpíng Zhèn Liújìn Xiǎoxué） 位于南坪镇刘靳村。1972 年建校。占地面积 2700 平方米、建筑面积 916 平方米。设 6 个年级、6 个教学班，学生 120 人，教师 15 人。

庄浪县南坪镇寺门小学（Zhuānglàng Xiàn Nánpíng Zhèn Sìmén Xiǎoxué） 位于南坪镇寺门村。1910 年创办龙泉寺私塾，1950 年改为寺门村初级小学，1961 年更名为寺门小学。占地面积 6900 平方米、建筑面积 878 平方米。设 6 个年级、7 个教学班，学生 167 人，教师 15 人。

庄浪县南坪镇沈坪小学（Zhuānglàng Xiàn Nánpíng Zhèn Shěnpíng Xiǎoxué） 位于南坪镇沈坪村。1971 年建沈坪初小，2004 年改为完全小学。占地面积 6300 平方米、建筑面积 764 平方米。设 6 个年级、6 个教学班，学生 77 人，教师 14 人。

庄浪县南坪镇刘窑小学（Zhuānglàng Xiàn Nánpíng Zhèn Liúyáo Xiǎoxué） 位于南坪镇刘坪村。1965 年建校，1976 年整校搬迁并改为五年制完小。占地面积 3089 平方米、建筑面积 637 平方米。设 6 个年级、6 个教学班，学生 102 人，教师 10 人。

庄浪县南坪镇苏坪小学（Zhuānglàng Xiàn Nánpíng Zhèn Sūpíng Xiǎoxué） 位于南坪镇苏坪村。1931 年创办私塾，1950 年改为完全小学，1972 年迁校址。占地面积 3089 平方米、建筑面积 717 平方米。设 6 个年级、7 个教学班，学生 79 人，教师 9 人。

庄浪县南坪镇史湾小学（Zhuānglàng Xiàn Nánpíng Zhèn Shǐwān Xiǎoxué） 位于南坪镇史湾村。1911 年创办私塾，1952 年改为初小，1985 年改为完全小学。占地面积 3781 平方米、建筑面积 947 平方米。设 6 个年级、6 个教学班，学生 51 人，教师 10 人。

庄浪县南坪镇史坪小学（Zhuānglàng Xiàn Nánpíng Zhèn Shǐpíng Xiǎoxué） 位于南坪镇史坪村。1952 年建初级小学，1972 年改为七年制学校，1981 年改为完全小学。占地面积 4111 平方米、建筑面积 1049 平方米。设 6 个年级、6 个教学班，学生 61 人，教师 8 人。

庄浪县南坪镇高庄教学点（Zhuānglàng Xiàn Nánpíng Zhèn Gāohuāng Jiàoxuédiǎn） 位于南坪镇唐家高庄村。1953 年建校，1990 年改为高庄初级小学，2017 年改为教学点。占地面积 2500 平方米、建筑面积 287 平方米。设 2 个年级、2 个教学班，学生 9 人，教师 3 人。

庄浪县南坪镇中靳教学点（Zhuānglàng Xiàn Nánpíng Zhèn Zhōngjìn Jiàoxuédiǎn） 位于南坪镇中靳村。1988 年建校，2017 年改为教学点。占地面积 2050 平方米、建筑面积 173 平方米。设 2 个年级、2 个教学班，学生 7 人，教师 3 人。

庄浪县南坪镇王沟教学点（Zhuānglàng Xiàn Nánpíng Zhèn Wánggōu Jiàoxuédiǎn） 位于南坪镇沈坪村王家沟居民点，1962 年建校，2017 年改为教学点。占地面积 1400 平方米、建筑面积 124 平方米。设 2 个年级、2 个教学班，学生 10 人，教师 2 人。

庄浪县南坪镇刘堡小学（Zhuānglàng Xiàn Nánpíng Zhèn Liúbǔ Xiǎoxué） 位于南坪镇刘坪村。1963 年建初小，1979 年改为完全小学。占地面积 2600 平方米、建筑面积 700 平方米。设 6 个年级、6 个教学班，学生 72 人，教师 11 人。

庄浪县南坪镇杨川教学点（Zhuānglàng Xiàn Nánpíng Zhèn Yángchuān Jiàoxuédiǎn） 位于南坪镇史坪村杨家川子居民点。1958 年建校，2017 年改为教学点。占地面积 1857 平方米、建筑面积 304 平方米。设 1 个年级、1 个教学班，学生 2 人，教师 2 人。

庄浪县杨河小学（Zhuānglàng Xiàn Yánghé Xiǎoxué） 位于杨河乡杨河村。1926 年创办私学，1964 年改称杨河小学，1983 年改称杨河乡中心小学，1998 年改为六年制，称杨河小学。占地面积 7822 平方米、建筑面积 1949 平方米。设 6 个年级、6 个教学班，学生 299 人，教师 28 人。

庄浪县杨河乡马寺小学（Zhuānglàng Xiàn Yánghé Xiāng Mǎsì Xiǎoxué） 位于杨河乡马寺村。1964 年建校，1982 年改为八年制小学，1988 年改为五年制小学。占地面积 5101 平方米、建筑面积 1068 平方米。设 6 个年级、6 个教学班，学生 97 人，教师 14 人。

庄浪县杨河乡马阳凸小学（Zhuānglàng Xiàn Yánghé Xiāng Mǎyángwā Xiǎoxué） 位于杨河乡马阳凸村。1964 年建马阳凸初小，1985 年更名为马阳凸小学。占地面积 4549 平方米、建筑面积 639 平方米。设 6 个年级、6 个教学班，学生 67 人，教师 11 人。

庄浪县杨河乡大庄小学（Zhuānglàng Xiàn Yánghé Xiāng Dàzhuāng Xiǎoxué） 位于杨河乡张家大庄村。1934 年创办乐正川初级小学，1964 年改称大庄小学，1982 年改为八年制小学，1988 年改为五年制小学。占地面积 6856 平方米、建筑面积 646 平方米。设 6 个年级、6 个教学班，学生 52 人，教师 11 人。

庄浪县杨河乡寺岔小学（Zhuānglàng Xiàn Yánghé Xiāng Sìchà Xiǎoxué） 位于杨河乡寺沟岔村。1957 年建校，1985 年改为五年制小学。占地面积 2610 平方米、建筑面积 1068 平方米。设 6 个年级、6 个教学班，学生 97 人，教师 14 人。

庄浪县杨河乡李庄小学（Zhuānglàng Xiàn Yánghé Xiāng Lǐzhuāng Xiǎoxué） 位于杨河乡李庄村。1975 年建小户岳家初小，1985 年改为五年制并改称李庄小学，2001 年改为六年制小学。占地面积 4296 平方米、建筑面积 583 平方米。设 6 个年级、6 个教学班，学生 35 人，教师 10 人。

庄浪县赵墩小学（Zhuānglàng Xiàn Zhàodūn Xiǎoxué） 位于赵墩乡赵墩村。1964 年建校。占地面积 7224 平方米、建筑面积 1695 平方米。设 6 个年级、8 个教学班，学生 227 人，教师 26 人。

庄浪县赵墩乡阳川小学（Zhuānglàng Xiàn Zhàodūn Xiāng Yángchuān Xiǎoxué） 位于赵墩乡阳川村。1942 年建校，1945 年改称维新镇第十保初级学校，1951 年改称阳坡川初级小学，1965 年改为五年制，1967 年改为七年制，1979 年改为八年制，1985 年改为五年制，1998 年改为六年制并更名为阳川小学。占地面积 7444 平方米、建筑面积 1115 平方米。设 6 个年级、6 个教学班，学生 44 人，教师 11 人。

庄浪县赵墩乡梨湾小学（Zhuānglàng Xiàn Zhàodūn Xiāng Líwān Xiǎoxué） 位于赵墩乡梨树湾村。1969 年建校，1971 年改为七年制学校，1973 年改为五年制完全小学。占地面积 6800 平方米、建筑面积 653 平方米。设 6 个年级、6 个教学班，学生 22 人，教师 11 人。

庄浪县赵墩乡裴堡小学（Zhuānglàng Xiàn Zhàodūn Xiāng Péibǔ Xiǎoxué） 位于赵墩乡裴堡村。1951 年建校，1968 年改为五年制完全小学，1970 年改为七年制，1980 年改为五年制学校。占地面积 4450 平方米、建筑面积 578 平方米。设 6 个年级、6 个教学班，学生 53 人，教师 14 人。

庄浪县赵墩乡蛟龙寺小学（Zhuānglàng Xiàn Zhàodūn Xiāng Jiāolóngsì Xiǎoxué） 位于赵墩乡蛟龙寺村。1945 年建村学，1969 年并入梨湾小学，1972 年重建蛟龙寺小学，2004 年改为六年制完全小学。占地面积 4366 平方米、建筑面积 560 平方米。设 6 个年级、6 个教学班，学生 25 人，教师 11 人。

庄浪县赵墩乡关道教学点（Zhuānglàng Xiàn Zhàodūn Xiāng Guāndào Jiǎoxuédiǎn） 位于赵墩乡关道村。1961 年办耕读学校，1972 年改四年制小学，1986 年改为完全小学，2017 年改为教学点。占地面积 2816 平方米、建筑面积 230 平方米。设 2 个年级、2 个教学班，学生 8 人，教师 3 人。

庄浪县郑河小学（Zhuānglàng Xiàn Zhènghé Xiǎoxué） 位于郑河乡郑河村。1952 年建校，1956 年改为六年制小学，1968 年改为九年制学校，1972 年改为六年制小学。占地面积 8338 平方米、建筑面积 2195 平方米。设 6 个年级、6 个教学班，学生 214 人，教师 20 人。

庄浪县郑河乡上寨小学（Zhuānglàng Xiàn Zhènghé Xiāng Shàngzhài Xiǎoxué） 位于郑河乡下寨村。1952 年建校。原址位于上寨村，2003 年整校搬迁至下寨村。占地面积 5238 平方米、建筑面积 909 平方米。设 6 个年级、6 个教学班，学生 132 人，教师 15 人。

庄浪县郑河乡阴屲小学（Zhuānglàng Xiàn Zhènghé Xiāng Yīnwā Xiǎoxué） 位于郑河乡陶家阴屲村。1963 年建校。占地面积 4299 平方米、建筑面积 614 平方米。设 6 个年级、6 个教学班，学生 59 人，教师 10 人。

庄浪县郑河乡卢屲小学（Zhuānglàng Xiàn Zhènghé Xiāng Lúwā Xiǎoxué） 位于郑河乡卢屲村。1972 年建校。占地面积 4022 平方米、建筑面积 761 平方米。设 6 个年级、6 个教学班，学生 105 人，教师 14 人。

庄浪县郑河乡庙川小学（Zhuānglàng Xiàn Zhènghé Xiāng Miàochuān Xiǎoxué） 位于郑河乡庙川村。1971 年建校。占地面积 5365 平方米、建筑面积 878 平方米。设 6 个年级、6 个教学班，学生 94 人，教师 13 人。

庄浪县第一幼儿园（Zhuānglàng Xiàn Dì-1 Yòu'éryuán） 位于水洛镇东大街。1982 年新建水洛幼儿园，1998 年 9 月更名为庄浪县第一幼儿园。占地面积 2146 平方米、建筑面积 1779 平方

庄浪县第一幼儿园（2021 年 3 月摄）

米。设教学班 14 个，幼儿 737 人，教师 57 人。

庄浪县第二幼儿园（Zhuānglàng Xiàn Dì-2 Yòu'éryuán） 位于水洛镇博爱巷。2008 年建园。占地面积 5595 平方米，建筑面积 2094 平方米。设教学班 17 个，幼儿 729 人，教师 70 人。

庄浪县第二幼儿园（2021 年 9 月摄）

庄浪县第三幼儿园（Zhuānglàng Xiàn Dì-3 Yòu'éryuán） 位于水洛镇东大街。2012 年建园。占地面积 12000 平方米、建筑面积 6480 平方米。教学班 24 个，幼儿 1259 人，教师 95 人。

庄浪县第四幼儿园（Zhuānglàng Xiàn Dì-4 Yòu'éryuán） 位于水洛镇何马村。2014 年 8 月建园。占地面积 6667 平方米、建筑面积 4099 平方米。设教学班 14 个，幼儿 705 人，教师 51 人。

庄浪县第三幼儿园（2021 年 10 月摄）

庄浪县第五幼儿园（Zhuānglàng Xiàn Dì-5 You'éryuán） 位于水洛镇贺庄村。2015 年 10 月由贺庄小学改建而成，2017 年 5 月投入使用。占地面积 2877.74 平方米、建筑面积 3143.05 平方米。设教学班 12 个，幼儿 634 人，教师 52 人。

庄浪县南湖镇中心幼儿园（Zhuānglàng Xiàn Nánhú Zhèn Zhōngxīn You'éryuán） 位于南湖镇北关村。2015 年建成。占地面积 2600 平方米、建筑面积 1860 平方米。设教学班 9 个，幼儿 392 人，教师 19 人。

庄浪县南湖镇寺门幼儿园（Zhuānglàng Xiàn Nánhú Zhèn Sìmén Yòu'éryuán） 位于南湖镇寺门村。2013 年 9 月建园。占地面积 1500 平方米、建筑面积 500 平方米。设教学班 2 个，幼儿 73 人，教师 4 人。

庄浪县南湖镇石阳幼儿园（Zhuānglàng Xiàn Nánhú Zhèn Shíyáng Yòu'éryuán） 位于南湖镇石阳村。2013 年建园。占地面积 2800 平方米、建筑面积 686 平方米。设教学班 3 个，幼儿 91 人，教师 7 人。

庄浪县朱店镇吴沟幼儿园（Zhuānglàng Xiàn Zhūdiàn Zhèn Wúgōu Yòu'éryuán） 位于朱店镇吴沟村。2013 年建园。占地面积 3600 平方米、建筑面积 725 平方米。设教学班 3 个，幼儿 110 人，教师 11 人。

庄浪县万泉镇中心幼儿园（Zhuānglàng Xiàn Wànquán Zhèn Zhōngxīn Yòu'éryuán） 位于万泉镇万川村。2014 年 9 月建园。占地面积 2864 平方米、建筑面积 1663 平方米。设教学班 6 个，幼儿 250 人，教师 9 人。

庄浪县韩店镇中心幼儿园（Zhuānglàng Xiàn Hándiàn Zhèn Zhongxin Yòu'éryuán） 位于韩店镇西门村。2015 年建园。占地面积 3560 平方米、建筑面积 945 平方米，设教学班 8 个，幼儿 314 人，教师 14 人。

庄浪县卧龙镇中心幼儿园（Zhuānglàng Xiàn Wòlóng Zhèn Zhōngxīn Yòu'éryuán） 位于卧龙镇山集梁村。2015 年建成。占地面积 3400 平方米、建筑面积 1260 平方米。设教学班 6 个，幼儿 285 人，教师 16 人。

庄浪县阳川镇中心幼儿园（Zhuānglàng Xiàn Yángchuān Zhèn Zhōngxīn Yòu'éryuán）位于阳川镇刘湾村李家窑。2015 年建成。占地面积 3735 平方米、建筑面积 801 平方米。设教学班 6 个，幼儿 229 人，教师 15 人。

庄浪县盘安镇中心幼儿园（Zhuānglàng Xiàn Pán'ān Zhèn Zhōngxīn Yòu'éryuán）位于盘安镇王公村。2015 年建成。占地面积 1382 平方米、建筑面积 1218 平方米。设教学班 6 个，幼儿 258 人，教师 15 人。

庄浪县盘安镇中心幼儿园（2021 年 9 月摄）

庄浪县通化镇中心幼儿园（Zhuānglàng Xiàn Tōnghuà Zhèn Zhōngxīn Yòu'éryuán） 位于通化镇新集村。2015 年建成。占地面积 2700 平方米、建筑面积 869 平方米。设教学班 5 个，幼儿 171 人，教师 9 人。

庄浪县永宁镇中心幼儿园（Zhuānglàng Xiàn Yǒngníng Zhèn Zhōngxīn Yòu'éryuán） 位于永宁镇谈街村。2015 年建成。占地面积 2449 平方米、建筑面积 723 平方米。设教学班 6 个，幼儿 251 人，教师 12 人。

庄浪县良邑镇中心幼儿园（Zhuānglàng Xiàn Liángyì Zhèn Zhōngxīn Yòu'éryuán） 位于良邑镇良邑村。2015 年建成。占地面积 1736 平方米、建筑面积 1335 平方米。设教学班 5 个，幼儿 151 人，教师 12 人。

庄浪县良邑镇滴水崖幼儿园（Zhuānglàng Xiàn Liángyì Zhèn Dīshuǐ'ái Yòu'éryuán） 位于良邑镇滴水崖村。2012 年建园。占地面积 3920 平方米、建筑面积 344 平方米。设教学班 2 个，幼儿 59 人，教师 6 人。

庄浪县岳堡镇中心幼儿园（Zhuānglàng Xiàn Yuèbǔ Zhèn Zhōngxīn Yòu'éryuán） 位于岳堡镇埂塄村。2014 年建园。占地面积 2760 平方米、建筑面积 703 平方米。设教学班 3 个，幼儿 46 人，教师 7 人。

庄浪县岳堡镇向阳幼儿园（Zhuānglàng Xiàn Yuèbǔ Zhèn Xiàngyáng Yòu'éryuán） 位于岳堡镇岔口村。2013 年 9 月建园。建筑面积 664 平方米。设教学班 3 个，幼儿 32 名，教师 6 人。

庄浪县柳梁镇中心幼儿园（Zhuānglàng Xiàn Liǔliáng Zhèn Zhōngxīn Yòu'éryuán） 位于柳梁镇柳梁村。2015 年 3 月建园。占地面积 3200 平方米。设教学班 5 个，幼儿 154 人，教师 14 人。

庄浪县南坪镇中心幼儿园（Zhuānglàng Xiàn Nánpíng Zhèn Zhōngxīn Yòu'éryuán） 位于南坪镇靳家大庄村。2015 年建成。占地面积 3996 平方米、建筑面积 817 平方米。设教学班 3 个，幼儿 127 人，教师 10 人。

庄浪县赵墩乡中心幼儿园（Zhuānglàng Xiàn Zhàodūn Xiāng Zhōngxīn Yòu'éryuán） 位于赵墩乡赵墩村。2015 年建成。占地面积 2760 平方米、建筑面积 703 平方米。设教学班 3 个，幼儿 37 人，教师 7 人。

庄浪县郑河乡中心幼儿园（Zhuānglàng Xiàn Zhènghé Xiāng Zhōngxīn Yòu'éryuán） 位于郑河乡卢皿村。2015 年建成。占地面积 3000 平方米、建筑面积 830 平方米。设教学班 3 个，幼儿 59 人，教师 8 人。

卫生

庄浪县人民医院(Zhuānglàng Xiàn Rénmín Yīyuàn） 位于水洛镇东大街。1947 年 4 月建庄浪县卫生院，1949 年 8 月改称甘肃省庄浪县人民卫生院，1955 年 9 月改称庄浪县卫生院。1958 年 12 月庄浪、静宁两县合并，改称静宁县第二人民医院，1961 年 12 月恢复庄浪县建制，改称庄浪县人民卫生院，1972 年 3 月改称庄浪县人民医院。占地面积 1.88 万平方米，建筑面积 2.6 万平方米。床位 580 张、医护人员 401 人。

庄浪县人民医院（2020 年 6 月摄）

庄浪县中医医院（Zhuānglàng Xiàn Zhōngyī Yīyuàn） 位于水洛镇新徐西路。原为水洛公社卫生院，地址在水洛镇西大街，1983 年 4 月改为庄浪县中医医院，2002 年迁至新徐西路。占地面积 14667 平方米，建筑面积 18110 平方米。床位 350 张、医护人员 292 人。

庄浪县妇幼保健计划生育服务中心（Zhuānglàng Xiàn Fùyòubǎojiàn Jìhuàshēngyù Fúwù Zhōngxīn） 位于水洛镇南河南路。1953 年设庄浪县保健站，1956 年改称庄浪县妇幼保健站，2017 年由西大街迁至南河南路，2018 年改为庄浪县妇幼保健计划生育服务中心。建筑面积 7395 平方米，床位 60 张，工作人员 78 人。

庄浪县疾病预防控制中心（Zhuānglàng Xiàn Jíbìngyùfángkòngzhì Zhōngxīn） 位于水洛镇北滨河路。1956 年设庄浪县卫生防疫站。2003 年分设县疾控中心、县卫生局卫生监督所。2004 年改称庄浪县疾控中心。建筑面积 1886 平方米，工作人员 39 人。

庄浪县南湖中心卫生院(Zhuānglàng Xiàn Nánhú Zhōngxīn Wèishēngyuàn） 位于南湖镇寺巷。以所在镇命名。1952 年成立维新区卫生所，1962 年改称南湖地区卫生院，1973 年更名南湖中心卫生院。建筑面积 8848 平方米。床位 50 张，职工 115 人。

庄浪县南湖中心卫生院（2017 年 4 月摄）

庄浪县朱店中心卫生院(Zhuānglàng Xiàn Zhūdiàn Zhōngxīn Wèishēngyuàn） 位于朱店镇西街村。以所在镇命名。1952 年成立金锁区卫生院。1959 年改称朱店公社卫生院。1962 年改称朱店地区卫生院。1973 年改称朱店中心卫生院。建筑面积 5150 平方米。有床位 20 张，职工 58 人。

庄浪县万泉镇卫生院（Zhuānglàng Xiàn Wànquán Zhèn Wèishēngyuàn）　位于万泉镇万川村。以所在镇命名。1962 年成立万泉公社卫生所。1970 年改为万泉公社卫生院。1983 年 12 月，改称万泉乡卫生院。2003 年 12 月，改称万泉镇卫生院。建筑面积 1200 平方米。床位 8 张，职工 35 人。

庄浪县韩店中心卫生院（Zhuānglàng Xiàn Hándiàn Zhōngxīn Wèishēngyuàn）　卫生院位于韩店镇东门村。以所在镇命名。1954 年成立新陇区防疫站，1956 年 9 月改为新陇区卫生所，1962 年改为韩店地区卫生院，1970 年建设院址，1973 年改称韩店中心卫生院。建筑面积 4806 平方米。床位 18 张，职工 43 人。

庄浪县卧龙中心卫生院（Zhuānglàng Xiàn Wòlóng Zhōngxīn Wèishēngyuàn）　位于卧龙镇山集梁村。以所在镇命名。1956 年在山集梁设立卧龙区卫生所，不久迁苏家山。1962 年改为卧龙地区卫生院。1965 年迁回山集梁。1973 年改称卧龙中心卫生院。建筑面积 1800 平方米。床位 20 张，职工 46 人。

庄浪县阳川中心卫生院（Zhuānglàng Xiàn Yángchuān Zhōngxīn Wèishēngyuàn）　位于阳川镇刘湾村。以所在镇命名。1962 年设阳川公社卫生所，1970 年改阳川公社卫生院，1983 年 12 月改称阳川乡卫生院，2008 年 12 月改称阳川中心卫生院。建筑面积 1616 平方米。床位 10 张，职工 36 人。

庄浪县盘安中心卫生院（Zhuānglàng Xiàn Pán'ān Zhōngxīn Wèishēngyuàn）　位于盘安镇王公村。以所在镇命名。1956 年在岔李村设盘安卫生所。1958 年改为盘安卫生院，1964 年迁址王公村，1973 年改称盘安中心卫生院。建筑面积 700 平方米。床位 15 张，职工 36 人。

庄浪县通化中心卫生院（Zhuānglàng Xiàn Tōnghuà Zhōngxīn Wèishēngyuàn）　位于通化镇新集村。以所在镇命名。1960 年设新集公社卫生院，1962 年改称新集地区卫生院，1973 年改称新集中心卫生院，1980 年改称通化中心卫生院。建筑面积 1033 平方米。床位 14 张，职工 45 人。

庄浪县大庄镇卫生院（Zhuānglàng Xiàn Dàzhuāng Zhèn Wèishēngyuàn）　位于大庄镇大庄村。以所在镇命名。1972 年 6 月合并南湾、刘庙、大庄 3 所卫生所，成立大庄公社卫生院。1983 年 12 月改称大庄乡卫生院。2006 年 3 月刘庙卫生院并入。2016 年改称大庄镇卫生院。建筑面积 1547 平方米。床位 10 张，职工 29 人。

庄浪县永宁镇卫生院（Zhuānglàng Xiàn Yǒngníng Zhèn Wèishēngyuàn）　位于永宁镇谈街村。以所在镇命名。1956 年组建中医联合诊所。1971 年改为永宁公社卫生院。1983 年改称永宁乡卫生院。2018 年改称永宁镇卫生院。建筑面积 1774 平方米。床位 8 张，职工 28 人。

庄浪县良邑镇卫生院（Zhuānglàng Xiàn Liángyì Zhèn Wèishēngyuàn）　位于良邑镇良邑村。以所在镇命名。1955 年组建中医联合诊所。1957 年改称良邑卫生所。1974 年改称良邑公社卫生院。1983 年改称良邑乡卫生院。2018 年改为良邑镇卫生院。建筑面积 1150 平方米。床位 13 张，职工 33 名。

庄浪县岳堡镇卫生院（Zhuānglàng Xiàn Yuèbǔ Zhèn Wèishēngyuàn）　位于岳堡镇岳堡村。以所在镇命名。1971 年成立岳堡公社卫生院。1983 年改称岳堡乡卫生院。2018 年改称岳堡镇卫生院。建筑面积 1464 平方米。床位 15 张，职工 30 人。

庄浪县柳梁镇卫生院（Zhuānglàng Xiàn Liǔliáng Zhèn Wèishēngyuàn）　位于柳梁镇柳梁村。以所在镇命名。1957 年组建柳梁中医联合诊所。1959 年改称柳梁公社卫生所。1967 年改为柳梁公社卫生院。1983 年改称柳梁乡卫生院。2018 年改为柳梁镇卫生院。建筑面积 889.3 平方米。床位 6 张，职工 27 人。

庄浪县南坪镇卫生院（Zhuānglàng Xiàn Nánpíng Zhèn Wèishēngyuàn） 位于南坪镇靳家大庄村。以所在镇命名。1958 年成立南坪公社卫生所，1970 年改为南坪公社卫生院，1983 年改为南坪乡卫生院，2018 年改为南坪镇卫生院。建筑面积 1500 平方米。床位 6 张，职工 28 人。

庄浪县杨河乡卫生院（Zhuānglàng Xiàn Yánghé Xiāng Wèishēngyuàn） 位于杨河乡杨河村。以所在乡命名。1979 年设立杨河卫生所。1993 年改为杨河乡卫生院。建筑面积 2020 平方米。床位 6 张，职工 20 人。

庄浪县赵墩乡卫生院（Zhuānglàng Xiàn Zhàodūn Xiāng Wèishēngyuàn） 位于赵墩乡赵墩村。以所在乡命名。1969 年合并赵墩、裴堡卫生所，设立赵墩公社卫生院。1983 年改称赵墩乡卫生院。建筑面积 554 平方米。床位 4 张，职工 20 人。

庄浪县郑河乡卫生院（Zhuānglàng Xiàn Zhènghé Xiāng Wèishēngyuàn） 位于郑河乡郑河村。以所在乡命名。1968 年设郑河公社卫生院。1973 年改称郑河中心卫生院，并设立住院部。2008 年改称郑河乡卫生院。建筑面积 780 平方米。床位 6 张，职工 18 人。

庄浪县水洛街道社区卫生服务中心（Zhuānglàng Xiàn Shuǐluò Jiēdào Shèqūwèishēng Fúwù Zhōngxīn） 位于水洛镇西大街。2009 年 1 月设立，2013 年 4 月将中医院承担水洛镇农村居民公共卫生服务职能划入。建筑面积 1065 平方米。职工 49 人。

文化、体育

庄浪县文化体育管理中心（Zhuānglàng Xiàn Wénhuàtǐyùguǎnlǐ Zhōngxīn） 位于水洛镇东大街，属东街社区范围。1983 年 11 月设县文化局，2002 年 5 月改为文化体育局，2010 年 10 月改为县文化体育管理局，隶属县文体广电局，为县政府二级管理部门。2012 年 3 月改称庄浪县文化体育管理中心。使用面积 743.29 平方米。工作人员 93 人。

庄浪县体育中心（Zhuānglàng Xiàn Tǐyù Zhōngxīn） 位于水洛镇公园街，属西街社区范围。1954 年设庄浪县体育运动委员会，1998 年 7 月改称庄浪县体育局，2002 年 6 月改称庄浪县体育馆，隶属于县文化体育局，2014 年 5 月改称庄浪县体育中心。占地面积 33000 平方米，建筑面积 9960 平方米，工作人员 17 人。

庄浪县文化馆（Zhuānglàng Xiàn Wénhuàguǎn） 位于水洛镇新昌街南端，属东街社区范围。1949 年 10 月设庄浪县文化教育馆。1953 年改为县文化馆。1958 年 12 月庄浪并入静宁县，改称静宁县文化馆水洛分馆。1961 年 12 月恢复庄浪县建置，改称庄浪县文化馆。1968 年 4 月改为毛泽东思想宣传站文化组。1970 年 9 月恢复文化馆。房屋使用面积

庄浪县文化馆、图书馆、博物馆（2020 年 5 月摄）

2600 平方米。工作人员 20 人。

庄浪县图书馆（Zhuānglàng Xiàn Túshūguǎn） 位于水洛镇新昌街南端，属东街社区范围。1983 年 5 月改文化馆图书室为图书馆，1990 年 4 月析出单设。房屋使用面积 3200 平方米。设图书室、阅览室、电子室、少儿室、文献室。有图书 135820 册。工作人员 11 人。

庄浪县博物馆（Zhuānglàng Xiàn Bówùguǎn） 位于水洛镇新昌街南端，属东街社区范围。1984 年 5 月文化馆附设博物馆。1988 年 4 月从文化馆析出单设。2011 年 5 月建成新馆并免费向社会开放。主要负责文物收藏与保护、文物鉴定与修复、文物陈列与展览。房屋使用面积 4200 平方米，其中展厅面积 2100 平方米。文物藏品 4730 件。工作人员 17 人。

管理服务

庄浪县城市社区管理委员会（Zhuānglàng Xiàn Chéngshìshèqūguǎnlǐ Wěiyuánhuì） 位于水洛镇东大街，属东街社区范围。2006 年 3 月设立水洛街道办事处，2017 年 1 月改为庄浪县城市社区管理委员会，县政府直属事业单位。管理东街、西街、北城、新北、南城 5 个社区居委会。建筑面积 600 平方米。职工 114 人。

庄浪县供销合作社联合社（Zhuānglàng Xiàn Gòngxiāohézuòshè Liánhéshè） 位于水洛镇东大街，属东街社区范围。1952 年 3 月成立，1970 年撤销并入县商业购销服务站，1971 年恢复原称。建筑面积 220 平方米，有职工 17 人。

庄浪县残疾人联合会（Zhuānglàng Xiàn Cánjírén Liánhéhuì） 位于水洛镇邮政巷，属新北社区范围。1989 年 12 月成立。建筑面积 783 平方米，职工 13 人。

庄浪县水土保持局（Zhuānglàng Xiàn Shuǐtǔbǎochíjú） 位于水洛镇梯田广场西侧，属南城社区范围。1956 年 1 月设庄浪县水保科，1957 年改称庄浪县水利水土保持科，1964 年 10 月改称庄浪县水土保持工作站，1965 年 7 月改称庄浪县水土保持局，1975 年改称庄浪县林业水土保持局，1984 年 2 月改称庄浪县水土保持工作站，1990 年 5 月复称庄浪县水土保持局。职工 54 人。

庄浪县畜牧兽医局（Zhuānglàng Xiàn Xùmùshòuyījú） 位于水洛镇东大街，属东街社区范围。1956 年 7 月设庄浪县畜牧兽医工作站，1987 年 12 月改称庄浪县畜牧兽医技术服务中心，2007 年改称庄浪县畜牧兽医局。下设庄浪县动物卫生监督所、庄浪县动物疫病预防控制中心和 18 个乡镇畜牧兽医站。建筑面积 912 平方米。职工 173 人。

庄浪县气象局（Zhuānglàng Xiàn Qìxiàngjú） 位于县城东大街，属东街社区范围。1959 年 3 月设立水洛气候站，1962 年 1 月改称庄浪县气候站，1966 年 1 月改称庄浪县气象服务站，1973 年 10 月改称庄浪县气象局。下设气象台、防雷检测所、科技产业有限责任公司。建筑面积 949 平方米。职工 11 人。

庄浪县公安局交通警察大队（Zhuāngliàng Xiàn Gōng'ānjú Jiāotōngjǐngchá Dàduì） 位于水洛镇北滨河路，属新北社区范围。原称庄浪县交通监理站，1987 年 7 月改称庄浪县公安局交通警察大队。下辖水洛、石桥 2 个交通管理中队和车管分所。建筑面积 3779.6 平方米。职工 46 人。

庄浪县公安消防大队（Zhuānglàng Xiàn Gōng'ānxiāofáng Dàduì） 位于水洛镇南河南路，隶属于平凉市公安消防支队，属新北社区辖区范围。1980 年 4 月成立庄浪县公安局消防股，1995 年 11 月改称庄浪县公安局消防科，2011 年 9 月改称庄浪县公安消防大队。建筑面积 3780 平方米，职工 9 人。

庄浪县地方公路管理站（Zhuānglàng Xiàn Dìfānggōnglù Guǎnlǐzhàn） 位于水洛镇南滨

河路，属东街社区范围。1982 年设庄浪县地方公路管理站，属平凉市交通局管理。2012 年属庄浪县交通运输局管理。建筑面积 1960 平方米。职工 41 人。

庄浪县道路运输管理局（Zhuānglàng Xiàn Dàolùyùnshū Guǎnlǐjú） 位于水洛镇南滨河路，属西街社区范围。1983 年合并县民间运输管理站、汽车运输管理办公室组建庄浪县公路运输管理所，2012 年 10 月更名为庄浪县道路运输管理局。占地面积 1011 平方米，建筑面积 486 平方米。职工 21 人。

庄浪县公路管理段（Zhuānglàng Xiàn Gōnglùguǎnlǐduàn） 位于水洛镇迎宾街，属西街社区范围。1971 年设立，是甘肃省平凉公路总段直属的科级事业性公路管理单位。下辖水洛、南湖 2 个养管站，石桥、万泉 2 个作业点及关山隧道专业养护队。占地面积 4551.8 平方米。职工 58 人。

庄浪县农业机械管理局（Zhuānglàng Xiàn Nóngyèjīxiè Guǎnlǐjú） 位于水洛镇梯田广场西侧，属南城社区范围。1966 年 3 月设庄浪县农机局，1969 年 2 月改称庄浪县农机服务站，1970 年 4 月撤销，1974 年 1 月恢复，1983 年 12 月改称庄浪县农技工作站，1985 年 7 月改称庄浪县农业机械管理局，2010 年 6 月改为庄浪县农牧局下属事业单位。下设农机监理站、农业机械化技术推广站、农业机械化学校 3 个事业单位。办公用房面积 1100 平方米。职工 24 人。

庄浪县石桥林场（Zhuānglàng Xiàn Shíqiáo Línchǎng） 位于韩店镇郭漫村。以林场驻地附近居民点石桥儿命名。1955 年设石桥林业管理站，1962 年改称庄浪县石桥林场，1965 年移交“兰字 933 部队林建二师三团”，1975 年改属平凉地区关山林业总场，1984 年 10 月由关山林业总场移交庄浪县管理。经营林地 9574 公顷。职工 100 人。

庄浪县通边林场（Zhuānglàng Xiàn Tōngbiān Línchǎng） 位于通化镇陈堡村。因时属通边公社辖区而得名。1962 年设石桥林场通边林业站。1965 年移交“兰字 933 部队林建二师三团”，成立通边农场。1971 年撤销通边林场，并入该团石桥林场，设通边作业点。1975 年改属平凉地区关山林业总场，设通边林场。1984 年 10 月由关山林业总场移交庄浪县管理。经营林地 4374 公顷。职工 62 人。

庄浪县桃木山林场（Zhuānglàng Xiàn Táomùshān Línchǎng） 位于郑河乡郑河村。1989 年设立。因管辖林区最高峰桃木山得名。经营林地 3023 公顷。职工 40 人。

庄浪县南湖国土资源所（Zhuānglàng Xiàn Nánhú Guótǔzīyuánsuǒ） 位于南湖镇北关村。2005 年成立，是庄浪县国土资源局派出机构，负责南湖镇、岳堡镇、杨河乡、赵墩乡国土资源管理工作。建筑面积 420 平方米。职工 9 人。

庄浪县朱店国土资源所（Zhuānglàng Xiàn Zhūdiàn Guótǔzīyuánsuǒ ） 位于朱店镇东街村。2005 年成立，是庄浪县国土资源局派出机构，负责朱店镇、万泉镇国土资源管理工作。建筑面积 200 平方米。职工 7 人。

庄浪县韩店国土资源所（Zhuānglàng Xiàn HándiànGuótǔzīyuánsuǒ ） 位于韩店镇东门村。2005 年成立，是庄浪县国土资源局派出机构，负责韩店镇、盘安镇、郑河乡国土资源管理工作。建筑面积 200 平方米。职工 7 人。

庄浪县卧龙国土资源所（Zhuānglàng Xiàn Wòlóng Guótǔzīyuánsuǒ ） 位于卧龙镇山集梁村。2005 年成立，是庄浪县国土资源局派出机构，负责卧龙镇、大庄镇、阳川镇、柳梁镇国土资源管理工作。建筑面积 186 平方米。职工 6 人。

庄浪县通化国土资源所（Zhuānglàng Xiàn Tōnghuà Guótǔzīyuánsuǒ ） 位于通化镇新集村。2005 年成立，是庄浪县国土资源局派出机构，负责通化镇、永宁镇、良邑镇国土资源管理工作。

建筑面积420平方米。职工5人。

庄浪县社会福利院（Zhuānglàng Xiàn Shèhuì Fúlìyuàn） 位于水洛镇新徐东路，属北城社区范围，为县民政局下属事业单位。因是全县集中供养特困人员的福利机构而得名。2009年始建，2011年建成并投入使用。占地面积6073平方米，建筑面积3500平方米。供养特困人员55人。职工10人。

庄浪县社会福利院（2021年1月摄）

南湖中心敬老院（Nánhú Zhōngxīn Jìnglǎoyuàn） 位于南湖镇北关村，因是南湖镇集中供养特困老人的福利机构而得名。2010年始建，2014年建成并投入使用。占地面积11500平方米，建筑面积2100平方米。供养老人38人。职工10人。

第四节 企 业

中国邮政集团公司甘肃省庄浪县分公司（Zhōngguóyóuzhèng Jítuángōngsī Gānsù Shěng Zhuānglàng Xiàn Fēngōngsī） 位于水洛镇北滨河路，属新北社区范围。1943年设立庄浪县邮政局。1953年与庄浪县电信局合并成立庄浪县邮电局。1958年12月并入静宁县邮电局，设水洛邮电所。1961年12月恢复庄浪县邮电局。1969年12月邮政、电信又分设，邮政与交通合并，称交通邮政局。1973年单设，邮政局、电信局合并为庄浪县邮电局。1985年改属平凉地区邮电局垂直管理。1998年邮政、电信分开，成立县邮政局。2015年改为中国邮政集团公司甘肃省庄浪县分公司。内设综合办公室、市场管理部。生产班组有邮件处理班和4个邮政金融网点、17个农村支局所。职工81人。

中国电信股份有限公司庄浪分公司（Zhōngguódiànxìn Gǔfènyǒuxiàngōngsī Zhuānglàng Fēngōngsī） 位于水洛镇东大街，属东街社区范围。1953年设立庄浪县电信局，是年合并于庄浪县邮电局，1969年12月分设，1973年与邮政局合并为庄浪县邮电局，1985年归平凉邮电局直管，1998年10月分设。2004年5月改称中国电信股份有限公司庄浪分公司。建筑面积3331平方米。职工33人。

中国移动通信集团甘肃有限公司庄浪县公司（Zhōngguóyídòngtōngxìn Jítuán Gānsù Yǒuxiàngōngsī Zhuānglàng Xiàn Gōngsī） 位于水洛镇东大街，属东街社区范围。1999年7月，电信、移动分离，成立甘肃移动通信公司平凉分公司庄浪经营部。12月，更名为庄浪县移动通信公司，隶属于甘肃移动通信公司平凉分公司。2006年11月，更名为中国移动通信集团甘肃有限公司庄浪县公司。下设南湖、岳堡、阳川、卧龙、朱店、万泉、韩店、盘安、良邑9个片区公司。职工49人。

中国农业银行股份有限公司庄浪县支行（Zhōngguónóngyèyínháng Gǔfènyǒuxiàngōngsī Zhuānglàng Xiàn Zhīháng） 位于水洛镇北滨河路，属新北社区范围。1956年7月设立中国农业银行甘肃省庄浪县支行。1957年10月并入人民银行县支行。1963年12月复设，与人民银行县支行合署。1965 年 12 月又撤销。1979 年 9 月再次设立。1980 年系统垂直管理。1996 年 10 月，县信用合作社联合社析出。2004 年 5 月更名为中国农业银行庄浪县支行。2009 年改称中国农业银行股份有限公司庄浪县支行。下辖支行营业室，东街、水洛、西街、紫荆支行，朱店、万泉、南湖分理处，职工 96 人。

中国工商银行股份有限公司庄浪县支行（Zhōngguógōngshāngyínháng Gǔfènyǒuxiàngōngsī Zhuānglàng Xiàn Zhīháng） 位于水洛镇东大街，属东街社区范围。1984 年 10 月设立。1999 年 11 月改为中国工商银行华亭县支行庄浪分理处。2005 年更名为中国工商银行股份有限公司庄浪县分理处。2009 年 4 月恢复支行建制，更名为中国工商银行股份有限公司庄浪县支行。建筑面积 1039.8 平方米。职工 19 人。

甘肃庄浪农村商业银行股份有限公司（Gānsù Zhuānglàng Nóngcūnshāngyèyínháng Gǔfènyǒuxiàngōngsī） 位于水洛镇南滨河路，属东街社区范围。1987 年 9 月成立中国农业银行甘肃分行庄浪县信用合作社联合社。1996 年 10 月从中国农业银行庄浪县支行析出，单设庄浪县信用合作社联合社。2011 年 8 月改制为甘肃庄浪农村合作银行，2017 年 3 月 29 日又改制为甘肃庄浪农村商业银行股份有限公司，属国有企业。占地面积 1364.6 平方米，建筑面积 2010 平方米。有营业网点 29 个，其中乡镇 19 个。职工 214 人。

国网庄浪县供电公司（Guówǎng Zhuānglàng Xiàn Gòngdiàn Gōngsī） 位于水洛镇东大街，属东街社区范围。1976 年设庄浪供电所。1980 年 9 月直属平凉供电局。2001 年 10 月改称甘肃省电力公司平凉供电公司庄浪分公司，成立平凉地区电力工业区庄浪县电力局，合署办公。2003 年 1 月县电力局更名为平凉电力局庄浪县电力局。2005 年 1 月县电力局和县供电分公司合称平凉供电公司庄浪分公司。2013 年 3 月改为国网庄浪县供电公司。下辖水洛、韩店、柳梁、岳堡、朱店、卧龙、南湖、刘庙、通边、盘安 10 个供电所。建筑面积 3110 平方米。职工 226 人。

中国人民财产保险股份有限公司庄浪县支公司（Zhōngguórénmíncáichǎnbǎoxiǎn Gǔfènyǒuxiàngōngsī Zhuānglàng Xiàn Zhīgōngsī） 位于水洛镇南滨河路，属西街社区范围。1986 年 12 月，中国人民保险公司平凉中心公司在县设办事处。1987 年 1 月改为庄浪县支公司。1996 年 6 月分设中国人民财产保险股份有限公司庄浪支公司，属人保财险平凉分公司分支机构。1998 年 10 月改称中国人民保险公司庄浪县支公司。2003 年 7 月更名为中国人民财产保险股份有限公司庄浪县支公司。建筑面积 960 平方米。职工 26 人。

中国人寿保险股份有限公司庄浪县支公司（Zhōngguórénshòubǎoxiǎn Gǔfènyǒuxiàngōngsī Zhuānglàng Xiàn Zhīgōngsī） 位于水洛镇南滨河路，属西街社区范围。1986 年 12 月，中国人民保险公司平凉中心公司在县设办事处。1987 年 1 月改为庄浪县支公司。1996 年 6 月分设中国人寿保险公司庄浪县营业部。1999 年 1 月改称中国人寿保险公司庄浪县支公司，为平凉分公司分支机构。2005 年 9 月更名为中国人寿保险股份有限公司庄浪县支公司。建筑面积 540 平方米。职工 265 人。

甘肃水务庄浪供水有限责任公司（2019 年 10 月摄）

甘肃水务庄浪供水有限责任公司（Gānsùshuǐwù Zhuānglàng Gōngshuǐ Yǒuxiànzérèngōngsī） 位于南坪镇沈坪村。2010 年 7 月甘肃省水务投资有限责任公司和庄浪县人民政府共同出资设立，由甘肃省水务投资有限责任公司控股，集供排水一体化，具有完整水务产业链的公益性企业。占地面积16650平方米，建筑面积1026平方米。下设自来水公司、纯净水分公司、南坪水厂、花崖河水库管理所4个直属分公司（厂、所）和庄浪劳务1个子公司。职工138人。

庄浪县自来水公司（Zhuānglàng Xiàn Zìláishuǐ Gōngsī） 位于水洛镇南滨河路，属东街社区范围。1982年2月成立庄浪供水站。2000年改制为国有预算内工业企业，隶属县住建局。2010年隶属甘肃水务庄浪供水有限责任公司。建筑面积1380平方米。职工40人。

庄浪县房地产综合开发公司（Zhuānglàng Xiàn Fángdìchǎn Zōnghékāifā Gōngsī） 位于水洛镇西大街，属西街社区范围。隶属于庄浪县住房和城乡建设规划局，是县政府批准成立的房地产综合开发为主要任务的全民所有制企业。1992年组建，与县房地产公司合署办公。建筑面积860平方米。职工20人。

庄浪县建筑安装工程公司（Zhuānglàng Xiàn Jiànzhù'ānzhuānggōngchéng Gōngsī） 位于水洛镇邮政巷，属新北社区范围。原称县第一建筑公司，1991年改称县建筑安装工程公司，县办房屋工程施工总承包三级企业。2010年10月晋升为房屋工程施工总承包二级企业。办公面积260平方米。职工15人，下属项目部11个。

甘肃省庄浪县陇原建筑安装有限责任公司（Gānsù Shěng Zhuānglàng Xiàn Lǒngyuán Jiànzhù'ānzhuāng Yǒuxiànzérèngōngsī） 位于水洛镇梯田广场西侧，属南城社区范围。1994年，以阳川乡建筑安装公司为核心，吸纳县第二建筑公司、第三建筑公司、水洛、万泉、朱店、赵墩6户四级以上资质建筑安装公司及部分乡镇工程队，组建股份制经济联合体，为工民建工程施工总承包二级企业。1995年更名为庄浪县建筑企业（集团）有限责任公司，1997年10月改为甘肃省庄浪县陇原建筑安装有限责任公司。取陇东高原之意得名。办公面积410平方米。职工12人。下设项目部16个。

甘肃天太建筑安装工程有限公司（Gānsù Tiāntài Jiànzhù'ānzhuānggōngchéng Yǒuxiàngōngsī） 位于水洛镇新徐路西段，属新北社区范围。2003年8月成立。建筑工程施工总承包三级企业。2009年4月晋升为房屋建筑施工总承包二级企业。取天下太平之意得名。办公面积2664平方米，职工100人。

庄浪县紫荆文化艺术有限公司（Zhuānglàng Xiàn Zǐjīng Wénhuàyìshù Yǒuxiàngōngsī） 位于水洛镇西大街，属西街社区范围。借用紫荆山命名。1973年成立庄浪县文工队，1983年更名为庄浪县秦剧团，2012年5月改制为庄浪县紫荆文化艺术有限公司。建筑面积1660平方米。职工60人，其中演职人员45人。

新华书店庄浪县有限责任公司（Xīnhuáshūdiàn Zhuānglàng Xiàn Yǒuxiànzérèngōngsī） 位于水洛镇西大街，属西街社区范围。1950年新华书店兰州分店设庄浪支店，1958年9月改称庄浪县新华书店，2014年10月改称新华书店庄浪县有限责任公司，隶属于甘肃省新华书店，为国有企业。建筑面积1279平方米。职工22人。

庄浪县盐业有限责任公司（Zhuānglàng Xiàn Yányè Yǒuxiànzérèngōngsī） 位于水洛镇东大街，属东街社区范围。1979年11月设立糖烟酒副食公司。1985年5月分出烟草经销业务，改称糖烟酒副食公司。1991年盐务管理站与糖酒副食公司合署管理盐务。1998年组建中盐甘肃省盐业集团庄浪县盐业有限责任公司。建筑面积772.39平方米。职工10人。

庄浪县城区热力有限责任公司（Zhuānglàng Xiàn Chéngqūrèlì Yǒuxiànzérèngōngsī） 位于水洛镇中宁北街，属北城社区范围。2003年4月成立。以城区集中供热得名。供热范围为北城区新昌街以东用户。建筑面积 2103.62 平方米。职工 24 人。

庄浪县医药有限公司（Zhuānglàng Xiàn Yīyào Yǒuxiàngōngsī） 位于水洛镇徐碾村。1956 年成立县药材公司，1985 年改称医药公司庄浪县公司，2004 年 11 月改制为庄浪县医药有限公司。占地面积 19980 平方米，建筑面积 10032 平方米，其中库房面积 4045 平方米。为民营企业，经营中药饮片、中成药、化学原料药、抗生素制剂、生物制品、激素、医疗器械。职工 50 人。

庄浪县鑫喜淀粉加工有限责任公司（Zhuānglàng Xiàn Xīnxǐ Diànfěnjiāgōng Yǒuxiànzérèngōngsī） 位于水洛镇郭堡村庄浪县工业集中区马铃薯产业园。以加工生产“鑫喜”牌淀粉和粉条为主。取财富兴盛之意。2007 年 7 月 25 日成立。占地面积 37350 平方米。职工 75 人。有年产 5 万吨马铃薯淀粉、5 千吨鲜湿粉条和 5 千吨水晶粉丝生产线，污水处理设备 1 套，马铃薯年加工能力 35 万吨。公司已通过 ISO 9001 质量管理体系认证，属“AAA 级信用企业”“中国淀粉协会贡献单位”，2013 年 11 月被甘肃省农业产业化工作领导小组评为“甘肃省农业产业化重点龙头企业”。2015 年 2 月“鑫喜”商标被省工商行政管理局授予“甘肃省著名商标”。

庄浪县鑫喜淀粉加工有限责任公司（2021 年 5 月摄）

庄浪县宏达淀粉加工有限公司（Zhuānglàng Xiàn Hóngdá Diànfěnjiāgōng Yǒuxiàngōngsī） 位于朱店镇马铃薯产业园区（董家湾村）。2007 年 4 月成立。“宏达”取才识广博通达之意。占地面积 22252 平方米，厂房面积 16211 平方米，办公用房 1098 平方米。职工 84 人。有年产 2 万吨马铃薯淀粉、2500 吨蛋白提取、1 万吨马铃薯手工粉条、5000 吨马铃薯水晶粉条、3000 吨鲜粉条生产线。“茂源”牌水晶粉条系列产品在 2012 年全国农产品加工投资贸易洽谈会上被评为“金奖”。2017 年 8 月“庄浪粉条”被国家工商行政管理总局商标局注册为“地理标志证明商标”。2018 年“茂源”牌淀粉被甘肃省名牌战略推进委员会评为“甘肃省名牌产品”。

甘肃银海生物肥料科技有限公司（Gānsù Yínhǎi Shēngwùféiliàokējì Yǒuxiàngōngsī） 位于朱店镇董家湾村。1998 年 8 月始建，1999 年 5 月建成庄浪县新春专用化肥厂。2008 年 5 月转产马铃薯淀粉，更名为甘肃银海淀粉有限公司，“银海”寓意淀粉像雪白的浪花。2013 年 5 月转产化肥，更名为甘肃银海生物肥料科技有限公司。占地面积 48000 平方米，建筑面积 25000 平方米，

甘肃银海生物肥料科技有限公司（2020 年 7 月摄）

其中生产车间 3000 平方米，库房料棚 20000 平方米，办公用房 2000 平方米。建有复合肥生产线 1 条。主要生产复合（混）肥、有机肥、生物有机肥、有机无机复混肥、水溶肥，年生产能力 5 万吨。注册商标“新春”，产品销往陕西、甘肃、宁夏、新疆。职工 64 人。

甘肃天池酒业有限责任公司（Gānsù Tiānchí Jiǔyè Yǒuxiànzérèngōngsī） 位于南坪镇沈坪村王家沟。借用“关山天池”（朝那湫）得名。2003 年 1 月由万泉酒厂改制设立，股份制民营企业。占地面积 8000 平方米，建筑面积 7300 平方米，其中标准化酿造、灌装车间、成品库、原料库面积 6000 平方米。年产“水洛”系列白酒 1500 吨，销往本地及宁夏、陕西等地。职工 50 人。

甘肃省紫荆酒业有限责任公司（Gānsù Shěng Zǐjīng Jiǔyè Yǒuxiànzérèngōngsī） 位于水洛镇二李村。因县内名胜紫荆山得名。2002 年成立，原址在水洛镇东关街县糖酒公司，2005 年迁二李村。占地面积 4699.7 平方米，建筑面积 2700 平方米，其中生产车间 2000 平方米。职工 48 名。年产“将军宴”系列白酒 300 吨，销往省内平凉、兰州、白银以及新疆、河南、陕西、宁夏、内蒙古等省（自治区）。“紫荆花”商标为甘肃省著名商标。

甘肃贡禾食品有限责任公司（Gānsù Gònghé Shípǐn Yǒuxiànzérèngōngsī） 位于庄浪县工业园区（水洛镇郭堡村）。省级龙头企业（民营）。因生产“贡禾”牌食品得名，“贡禾”为商品注册商标，取和气生财之意。2012 年 9 月成立。占地 23310 平方米，其中生产车间 12000 平方米、气调库 500 平方米、办公区 600 平方米。拥有 1 万吨果醋、2000 吨苹果果肉全自动生产线。主要产品有果醋、果汁、果圈、果脆、果丁、果酱、沙棘汁、果维素和复合型酵素等。职工 30 人。

紫荆宾馆（Zǐjīng Bīnguǎn） 位于水洛镇迎宾街，属西街社区范围。借用紫荆山得名。1969 年 5 月县革命委员会设立招待所，1983 年改为庄浪县人民政府招待所，1995 年 5 月更名为紫荆宾馆。占地面积 16300 平方米，建筑面积 8864 平方米。客房 83 间。2003 年被平凉市旅游局评为“二星级”宾馆，2009 年 9 月被评为“三星级”旅游饭店。职工 61 人。

紫荆宾馆（2020 年 6 月摄）

第五节　社会组织

庄浪县南湖镇蓓蕾幼儿园（Zhuānglàng Xiàn Nánhú Zhèn Bèilěi Yòu'éryuán）　位于南湖镇北关村。庄浪县教育局主管下普及学前保育与教育服务的民间组织。“蓓蕾”取含苞待放、成功在即之意。2002 年建园。占地面积 1665 平方米、建筑面积 680 平方米。教学班 6 个，幼儿 260 人，教师 9 人。

庄浪县南湖镇育苑幼儿园（Zhuānglàng Xiàn Nánhú Zhèn Yùyuàn Yòu'éryuán）　位于南湖镇南门村。庄浪县教育局主管下普及学前保育与教育服务的民间组织，“育苑”喻指培育幼儿场所。2014 年建园。占地面积 1900 平方米、建筑面积 1868 平方米。教学班 6 个，幼儿 200 人，教师 10 人。

庄浪县朱店镇黎明幼儿园（Zhuānglàng Xiàn Zhūdiàn Zhèn Límíng Yòu'éryuán）　位于朱店镇东街村。庄浪县教育局主管下普及学前保育与教育服务的民间组织。“黎明”取启蒙、光明之意。2004 年建园。占地面积 660 平方米、建筑面积 860 平方米。教学班 6 个，幼儿 234 名，教师 11 人。

第八章　文化旅游地名

第一节　纪念地

中国梯田化模范县纪念馆（Zhōngguó Tītiánhuàmófànxiàn Jìniànguǎn）　位于县城紫荆广场南侧。因纪念庄浪县修建梯田事迹而命名。2006年9月始建，2007年11月建成开馆。纪念馆东西长34米，南北宽13米，外围三面廊沿宽1.8米，前廊2.6米，总面积654.24平方米，地平面至屋顶高9.2米。馆内设展厅2个502平方米，陈列各类实物资料224件，照片题词290张，报刊文字资料155份、奖牌（杯）10个，分5个部分反映庄浪人民34年（1964—1998）兴修水平梯田历程。2008年被列为市级爱国主义教育基地，2010年9月17日，被列为全市首批廉政教育基地和廉政文化“六进”示范点。2011年12月，“庄浪梯田”被甘肃省人民政府列为省级文物保护单位。

刘沪将军纪念馆（Liúhù Jiāngjūn Jìniànguǎn）　位于县城公园街西侧，与水上公园相邻。因纪念北宋瓦亭寨钤辖、代理静边寨主、水洛城兵马都监刘沪得名。原名忠勇庙，址在今县城西大街县委党校院内，1993年迁至公园街，改为刘沪将军纪念馆。主体建筑为歇山顶四周回廊式。2005年至2006年扩建，占地面积1900平方米，建筑面积300平方米。刘沪（？—1047），字子浚，宋代保州保塞（今河北保定市）人。康定二年（1041），刘沪出任瓦亭寨（今固原瓦亭）钤辖，代理静边寨（今静宁城川境内）寨主。庆历三年（1043）收复并扩筑水洛城，代理水洛城主。庆历七年（1047）夏五月十四日病故，被群众遮道留葬水洛北塬。崇宁四年（1105）敕建“忠勇庙”于水洛城，大观元年（1107）追封忠烈侯。北宋文学家、政治家欧阳修在其《再论水洛城事乞保全刘沪等札子》中说：“自有西事以来，朝廷擢用边将极多，能立功效者绝少，唯范仲淹筑大顺城，种世衡筑青涧城，沪筑水洛城耳。臣亦闻三者惟沪尤为艰辛，是功不在二人之下。”传正月十二日为将军诞辰，历年此日水洛民众举行祭祀大典。

刘沪将军纪念馆（2020年6月摄）

第二节 文物遗址

石窟

云崖寺石窟（Yún'áisì Shíkū） 位于韩店镇郭漫村东部云崖寺国家森林公园内。北魏石窟，后北周、宋、明、清历代均曾修葺。因宗教场所云崖寺得名。石窟分布在云崖寺主峰长100米、高50米崖壁上。洞列三层，计窟龛19座。有北魏、北周石造像18尊、泥塑55身，明代壁画14平方米。其中，2号窟为倒“凹”字形坛基的方形平顶窟，内雕三佛及胁侍菩萨，为北周作品。4号窟为大型造像龛，内雕一佛二菩萨，造像风格厚重拙朴，面相浑圆，躯体粗壮，为北魏风格。6号窟（罗汉洞）内塑二菩萨二弟子十八罗汉等。7号窟（五方佛洞）内塑5佛10菩萨和24尊小菩萨。两窟造像造型得体，彩绘细腻，是难得的明代佳作。12号窟右侧有墨书题记，落款为“成化十年”。10号窟为方形平顶窟，内存两通明碑。云崖寺石窟1993年被甘肃省人民政府公布为第五批省级文物保护单位，2006年被国务院公布为“全国重点文物保护单位”。

云崖寺坐佛

陈家洞石窟（Chénjiādòng Shíkū） 亦称龙眼山石窟。位于通化镇陈堡村东北峡谷。北魏石窟，唐、明、清历代修葺。以宗教场所陈家洞命名，陈为姓氏。石窟分布在长100米、高60米悬崖峭壁之上，有大、小洞窟12座，为摩崖窟和平顶窟。现存露天摩崖浮雕石造像3尊，镌刻于溪畔巨石之上，为北魏晚期作品。3尊佛像并排站立，中间造像高5.1米，右高4.9米，左高4.7米，均高肉髻，面相清癯，眼珠突出，鼻高，耳大且垂，嘴唇薄而凹深，下腭长而尖，肩窄体长，着双领垂衣，胸前结带，衣纹作有规律的波浪形，脚面宽厚，赤足立于莲花形台座上，双手一举一垂，施无畏印。在3尊佛像的背光里，雕有13尊小坐佛，小佛双手微拢，坐莲花台上。在立佛所在岩石上有金泰和六年（1206）石刻题记。石窟范围内存有清代至民国时期碑刻6通。在3尊摩崖浮雕石造像斜对面的龟形石台上，有一座六角七级空心砖塔，为六面阁楼式，现仅存四级半，残高8米、底径5米、壁厚0.7米，各层出檐浅，每层各角均有仿木装饰，每面正中檐下有一朵仿木斗拱，具有唐代风格。1993年被甘肃省人民政府公布为第五批省级文物保护单位，2006年与云崖寺石窟一起被国务院公布为“全国重点文物保护单位”。

葛家洞石窟（2017 年 10 月摄）

葛家洞石窟（Gějiādòng Shíkū） 位于永宁镇葛峡村东北关山深处，县级文物保护单位。石窟始建于北魏晚期，明天启四年（1624）、清顺治十一年（1654）重修。因葛姓得名。石窟群分布在高 50 米、长 50 米、宽 10 米崖壁上，现有洞窟 6 座，均为方形平顶窟，残存明代泥造像 2 尊，并有清代题记 3 处，以及 20 世纪 30 年代碑刻 3 通。葛家洞是一处以道教为主的石窟寺，又名云台山。明代《静宁州志》载："葛家洞崇山峻岭，别开洞壑，峰高谷深，洞壁间时挂流云，谚云'云立则雨，云卧则晴'，因由云台山之名，故又称云台山葛家洞，距陈家洞南五里，或谓即葛仙翁（葛洪）修道（炼丹）处……与陈家洞俱称州南之大观也。"葛家洞石窟现存 1932 年所立《开山祖师道号抱朴子讳洪葛仙翁遗迹之道碑》，证明葛洪在葛家洞行医修道的真实性。葛家洞西南葛家峡葛姓村民尊葛洪为祖。葛洪（283—363），字稚川，自号抱朴子，晋丹阳郡句容（今江苏省句容市）人，东晋道教学者、著名炼丹家、医药学家，世称小仙翁。

竹林寺石窟（Zhúlínsì Shíkū） 位于韩店镇郭漫村东部云崖寺国家森林公园入口处北侧。石窟始建于宋，元、明、清历代修葺扩建。县级文物保护单位。因周围生长箭竹而得名。石窟坐东面西，分布在长 50 米、高 30 米岩壁上，分布面积 1500 平方米。现存洞窟 5 座，造像 8 尊，壁画 1.5 平方米。1 号窟为拱形敞口龛，高 3 米、宽 2.5 米、进深 2 米，内塑一佛二菩萨二弟子，造像均为石胎泥塑，属宋代作品；2 号窟残存塑像 1 尊，残高 0.4 米；3 号窟塑像无存，正壁有二级佛台，顶部绘八卦图，残存清代壁画；4 号窟为方形窟，造像无存；5 号窟有宋代泥塑像 3 尊，保存较完整。竹林寺石窟原栈道已毁，崖面上桩孔密布，窟龛受风雨侵蚀严重。

大寺石窟（Dàsì Shíkū） 位于韩店镇郭漫村东部云崖寺国家森林公园内。北周、明、清代石窟，县级文物保护单位。因洞窟规模大得名。石窟分布在云崖寺东 1 千米主峰西面崖壁上，共有洞窟 14 座，均为方形平顶窟，内存石造像 3 尊，壁画 3 处 30 平方米，题记 3 处。其中 6 号窟，高 4 米、宽 6 米、进深 1 米，拱形顶，残存石胎泥塑 3 尊，为一佛二菩萨，佛像高 2.5 米，形制与云崖寺 4 号窟龛造像风格近似，应属北周时期。其他洞窟内造像无存，残留少数壁画残迹和佛台等遗迹。

红崖寺石窟（Hóng'áisì Shíkū） 位于韩店镇郭漫村东部云崖寺国家森林公园内。北周、明代石窟，县级文物保护单位。因地貌特征得名。石窟分布在长 200 米、高 50 米崖壁上，有编号洞窟 16 座，呈一字排列，残存造像 50 多尊，壁画 16 平方米，残碑 2 通。石窟均为方形平顶窟。最大窟高 4.8 米、宽 4.5 米、进深 10.45 米。塑像多为明代泥塑，毁坏严重。

罗汉洞石窟（Luóhàndòng Shíkū） 位于韩店镇郭漫村东部云崖寺国家森林公园内。明代石窟，县级文物保护单位。因洞窟原塑有佛教罗汉而得名。石窟分布在长 100 米、高 50 米天然崖壁上，分布面积 5000 平方米。有洞窟 7 座，为方形平顶窟，无造像。

三教洞石窟（Sānjiàodòng Shíkū） 位于韩店镇郭漫村堡子梁。明代石窟，县级文物保护单位。因儒、释、道三教合一而得名。仅有石窟 1 座，高 2.5 米、宽 2.8 米、进深 3 米，为方形平顶窟，共有石造像 64 尊，浮雕有释迦牟尼涅槃、三清、八仙、谒谛以及文武官造像，其中，最大像高 2 米，小像仅 0.3 米，窟内左右壁刻有发愿文题记。

西寺石窟（Xīsì Shíkū） 位于韩店镇郭漫村东部云崖寺国家森林公园内。明代石窟，县级文物保护单位。西寺因地处云崖寺西而得名，又因所在山体酷似蛇头而称蛇头寺。石窟群分布在长 100 米、高 15 米的天然崖壁上，面积 1500 平方米。共发现洞窟 8 座，明代石碑 1 通。窟为方形平顶窟，造像大多无存，残存部分壁画和佛台、泥塑残迹。凿于明代万历年间（1573—1620）。

佛沟崖石窟（Fógōu'ái Shíkū） 位于韩店镇郭漫村佛沟门。北魏石窟，县级文物保护单位。因地处佛沟命名。石窟分布在长 100 米、高 50 米崖壁之上。有洞窟 5 座，摩崖浅龛 1 处。其中，1 号和 2 号窟高不可攀；3 号窟高 2 米、宽 2 米、进深 2 米，无造像，仅存台基；4 号窟浅龛内浮雕佛像 3 尊，为一佛二菩萨，身高 3 米，为北魏晚期造像风格。

乔阳寺石窟（Qiáoyángsì Shíkū） 位于韩店镇郭漫村店子峡。明、清代石窟，县级文物保护单位。乔阳寺又称朝阳寺，因坐西朝东而得名。石窟分布在高 50 米、长 100 米石壁上，分布面积 5000 平方米。残存洞窟 3 座，石窟均利用天然石洞开凿而成。1 号洞窟形制保存较为完好，为方形平顶窟，正壁和左右壁完整，窟顶坍塌严重，前壁无存，洞窟长 7.5 米、高 7 米、进深 7 米，正壁保存方形平台 3 个，均为天然岩石凿成，窟内塑像不存，石壁残留泥塑 1 平方米。其余 2 座石窟仅存残迹和柱孔，形制不明。

石窑河滩石窟（Shíyáohétān Shíkū） 位于阳川镇张家大湾村北 3 千米石窑河滩内土石咀岩壁上。金代石窟，县级文物保护单位。以所在地片名称命名，"石窑"即"石窟"。石窟坐西朝东，面对葫芦河，距地面高 10 米。共有石窟 3 座，从左至右编号：1 号窟，高 1.5 米、宽 1.3 米、进深 1.5 米，平顶方形窟，内有佛台，无造像；2 号窟高 1.5 米、宽 1.2 米、进深 1.5 米，内有佛台，无造像；3 号窟高 1.25 米、宽 1.1 米、进深 1.1 米，无造像。其中，2 号、3 号窟为拱形顶窟，上凿 4 个桩孔。1 号窟左侧崖面浅雕佛塔，共 5 层，高 0.94 米，底层刻有 9 个莲花瓣纹；上有七级宝顶，高 0.4 米。3 号窟右侧崖面浅雕佛塔，形制与 1 号左侧相似，高 2.2 米。该石窟较小。

贺家峡石窟（Hèjiāxiá Shíkū） 位于郑河乡卢山村贺家峡居民点东 500 米处。唐代至清代石窟，县级文物保护单位。以所在地居民点名称命名。石窟分布在长 50 米、高 20 米崖壁上，共有窟龛 5 处，其中，1 号窟为中心柱式，2 号窟为穹窿顶，其余为方形平顶窟，窟内造像均无存，仅存清代壁画 4.5 平方米。存有清康熙四十八年（1709）重修功德碑一通，碑为红砂岩质，圆首，通高 1.3 米、宽 0.7 米、厚 0.19 米，碑文记载贺家峡石窟重修过程、人名及唐代开凿石窟历史。

古遗址

徐李碾遗址（Xúlǐniǎn Yízhǐ） 位于水洛镇徐碾村北侧 100 米堡子上坪。仰韶文化遗址，以所在地居民点徐家碾、李家碾命名。1976 年公布为县级文物保护单位，1981 年 9 月公布为省级文物保护单位。遗址东西长 100 米，南北宽 50 米，分布面积 5000 平方米，文化层厚 1 ~ 2 米，暴露有灰坑、泥质红陶和夹砂红陶，绳纹、刻划纹、弦纹、附加堆纹陶片、彩陶，彩陶纹饰有黑彩宽带纹、变体鸟纹，器型有红陶钵、盆、罐、甑等。

川口柳家遗址（Chuānkǒuliǔjiā Yízhǐ） 位于水洛镇郭堡村川口柳家。为青铜器时代寺洼文化遗址，以所在地居民点名称命名。1981 年 9 月被省人民政府公布为省级文物保护单位。遗址东西长 500 米，南北宽 300 米，面积 1.5 万平方米，发现文化层厚 0.8 ~ 1.2 米，暴露墓穴、灰坑，出土素面橙黄陶马鞍口罐、附加堆纹夹砂马鞍口罐、陶鬲等文物 10 件，采集有青铜护腕、骨质三孔器、铜泡、料珠等。1983 年，在遗址中清理一座墓葬，出土有陶器及铜器，其中一件铃首铜短剑被国家文物鉴定组专家定为一级文物。

双堡子沟遗址（Shuāngbǔzigōu Yízhǐ） 位于南湖镇双堡村。为旧石器时代、齐家文化、清代遗址，以所在山谷名称命名。1993 年被省政府公布为第五批省级文物保护单位。遗址南北宽 30 米，东西长 1000 米，分布面积 3 万平方米。出土的石器以及人和动物化石，经碳 14 测定，距今 2.5 万余年。石制品多以白色石英岩为主，其加工方法和形状与庆阳环县刘家岔石器相似。遗址东北大塬地一带分布有齐家文化遗址，采集到泥质和砂质陶片。

余家塬遗址（Yújiāyuán Yízhǐ） 位于南湖镇北关村北 1 千米余家塬。仰韶文化遗址，以所在地片名称命名，余为姓氏。1993 年被省政府公布为第五批省级文物保护单位。遗址东西宽 200 米，南北长 500 米，分布面积 10 万平方米。文化层厚 1 ~ 2 米，暴露有仰韶文化灰坑和部分汉代墓葬。采集有仰韶文化泥质和夹砂陶片，饰绳纹、附加堆纹，可辨器型有平口沿盆、瓶、敛口钵、尖底瓶等。遗址范围内有 20 余座汉代墓葬，1987 年文物普查有封土堆 3 座，并呈三角形排列，相距 30 米，1988 年出土彩绘陶鼎等，现封土堆大部分已平毁，从地埂断面上可见墓葬痕迹。

吴家沟遗址（Wújiāgōu Yízhǐ） 位于朱店镇吴家沟。为仰韶文化、战国、汉代时期聚落遗址和墓葬群遗址，以所在地居民点名称命名。1976 年公布为县级文物保护单位，2011 年被省政府公布为第七批省级文物保护单位。文化遗址大多分布在吴家沟村庄周围二层台地上，东西宽 500 米，南北长 1000 米，分布面积 50 万平方米。文化层厚 1 ~ 3 米，暴露有灰坑、白灰面居址、土坑墓、砖室墓。采集仰韶文化泥质红陶、橙黄和夹砂红褐陶片。3 座战国时期土坑墓，出土文物以青铜器和玉器为主。另外发现 10 余座汉代砖室墓。

吴家沟遗址（2017 年 10 月摄）

长尾沟门遗址（Chángyǐgōumén Yízhǐ） 位于朱店镇朱河村长尾沟口。旧石器时代晚期遗址，以所在山谷位置和遗址时代命名。2003 年 7 月被省政府公布为第六批省级文物保护单位。遗址东西宽 100 米，南北长 1000 米，分布面积 10 万平方米。20 世纪 80 年代县、市文物工作者在该遗址距地表 5 米黄土层及其下部砂砾层中采集有羚羊角、牛角、大象肢骨化石及白色石英凹刃刮削器，经碳 14 测定，距今 27000 ± 600 年，属旧石器时代晚期遗存。2005 年，兰州大学和美国加州大学联合考古队在遗址西面距地表深 20 米断面发现 1 件石英岩打制细石器。

古洞门遗址（Gǔdòngmén Yízhǐ） 位于阳川镇李家湾村南 500 米、葫芦河西岸缓坡。仰韶文化遗址，以所在地片名称命名。1993 年被省政府公布为第五批省级文物保护单位。采集彩陶纹饰有勾叶纹、弧线三角纹、圆点纹，器形有罐、敛口钵、曲腹盆。另出土有窖藏炭化粟及石刀。

大嘴梁遗址（Dàzuǐliáng Yízhǐ） 位于岳堡镇岳堡村南大嘴梁。仰韶文化遗址，以所在地山梁名称命名。2011 年被省政府公布为第七批省级文物保护单位。遗址东西长 750 米，南北宽 700 米，分布面积 52.5 万平方米，文化层厚 1 ~ 3 米，在遗址断崖上暴露墓葬、灰坑、陶窑、灶坑、红烧土、白灰面、白灰窑等。发现白灰面房址 10 余处，采集到骨针、骨锥、骨簪、石铲、单耳敞口鼓腹夹砂红陶罐、双耳敛口直腹细绳纹红陶斝、宽带耳敞口绳纹夹砂灰陶罐以及200余片不同时期彩陶片和素陶片。采集标本有细泥红陶片、黄陶片、夹砂红陶片及大量仰韶文化中期至晚期彩陶片和骨器，器形有三足鬲、敞口罐、瓮、盆等。

刘堡坪遗址（Liúbǔpíng Yízhǐ） 位于南坪镇刘坪村。齐家文化遗址，以所在地片名称命名。1976年被县革委会公布为县级文物保护单位，2011年被省政府公布为第七批省级文物保护单位。遗址背靠高山堡山坡，南北向水沟将遗址一分为二，东西长800米，南北宽400米，分布面积32万平方米。遗址内发现灰坑和白灰层居住面，地表散见齐家文化陶片。

王家高塬遗址（Wángjiāgāoyuán Yízhǐ） 位于赵墩乡石咀村王家高塬。仰韶文化遗址，以所在地居民点名称命名。1976年被县革委会公布为县级文物保护单位，2011年被省政府公布为第七批省级文物保护单位。遗址坐北面南，东西长250米，南北宽200米，分布面积5万平方米。文化层厚0.5～2米，暴露灰坑、白灰面、房址。采集细泥红陶片和夹砂褐陶片，纹饰有绳纹、蜂窝纹、竖绳纹，器型为单耳罐、双耳罐、壶、盆以及石斧等。

将军殿遗址（Jiāngjūndiàn Yízhǐ） 位于水洛镇西大街庄浪县党校所在地。明代殿宇遗址，县级文物保护单位。将军殿亦称忠勇庙，因是水洛民众为祭祀宋代刘沪将军所建殿宇得名。殿宇于1993年9月拆除。

庙坪山遗址（Miàopíngshān Yízhǐ） 位于水洛镇贺庄村西北。汉、宋代遗址，县级文物保护单位。以所在山名称命名。遗址东西宽30米，南北长50米，面积1500平方米。暴露有灰炕、瓦砾层。采集有汉代绳纹灰陶罐、汉砖，另有宋代圆点纹灰陶罐及豆青瓷碗残片、磨石、锡条等。

羊爬式坡遗址（Yángpáshìpō Yízhǐ） 位于水洛镇李庄村北羊爬式坡半山腰。仰韶、齐家文化遗址，县级文物保护单位。以所在山坡名称命名。分布面积1.5万平方米，发现灰层和白灰居址多处，文化层距地表3～5米，文化层厚0.6～0.8米。采集有仰韶文化绳纹夹砂褐陶罐等。

寺坪塬遗址（Sìpíngyuán Yízhǐ） 位于水洛镇西关村寺坪塬。仰韶、齐家文化遗址，县级文物保护单位。以所在区片名称命名。东西长300米，南北宽200米，面积6万平方米。文化层厚0.8～1.1米，暴露有灰坑、白灰面居址、窑址等。采集到仰韶文化半坡类型彩陶片，主要为泥质红陶和夹砂红陶，有绳纹、弦纹，彩陶有平行线纹、鱼纹等，器型有圆底钵、罐、尖底瓶等；齐家文化陶片有泥质红陶和夹砂红褐陶，主要有篮纹、绳纹。汉代陶器以灰陶罐、灰陶奁为主，宋代遗物有青瓷碗、瓷虎枕、黑瓷瓶。

壑岘咀遗址（Hèxiànzuǐ Yízhǐ） 位于水洛镇新光村壑岘咀。齐家、寺洼文化遗址，县级文物保护单位。以所在地片名称命名。东西长500米、南北宽300米，分布面积15万平方米。1974年修梯田时发现灰坑、灰层，从地埂断面可见白灰居址面，内含细泥质红陶片和夹砂红陶片。征集到寺洼文化马鞍口红陶罐、细泥加堆纹褐陶罐。采集标本有绳纹、篮纹、蜂窝纹、网纹陶片。

堡子坪遗址（Bǔzipíng Yízhǐ） 位于水洛镇徐碾村北。仰韶文化和汉代遗址，县级文物保护单位。以所在地片名称命名。东西长1000米，南北宽400米，面积分布40万平方米，文化层厚1～1.5米，暴露有灰坑、白灰面居址。地表散见仰韶文化半坡类型泥质红陶、细绳纹陶片、粗绳纹陶片和夹砂陶片，器形主要有葫芦瓶、蒜头细颈壶、圜底钵等。

窝窝坪遗址（Wōwōpíng Yízhǐ） 位于南湖镇寺沟门村窝窝坪。仰韶文化遗址，县级文物保护单位。以所在地片地貌特征命名。东西长100米，南北宽100米，分布面积1万平方米。文化层厚0.7米，暴露红烧土居址面和灰坑。采集有庙底沟类型陶片、彩陶，纹饰主要有勾叶圆点纹、三角纹、宽带纹和尖底瓶器口及器底。

贾家坪遗址（Jiǎjiāpíng Yízhǐ） 位于朱店镇东街村贾家沟东，高距河床20米。仰韶、齐家文化遗址，县级文物保护单位。以所在地片名称命名，贾为姓氏。东西长80米，南北宽60米，分布面积4800平方米。文化层厚1～2米，暴露有灰坑、白灰面房址、墓葬等。采集陶片为泥质和夹砂红陶、红褐陶，纹饰为篮纹、附加堆纹，可辨器形有圜底钵、葫芦瓶、罐等。还发现仰韶晚期到齐家文化陶片，为泥质红陶和砂质红褐陶，纹饰为篮纹，附加堆纹，可辨器形有高领罐、双联罐。

大庙山寺庙遗址（Dàmiàoshān Sìmiào Yízhǐ） 位于朱店镇大曹村郭家湾大庙山顶。宋代寺庙遗址，县级文物保护单位。以所在山名称命名。遗址地表暴露4件石柱础，自北向南呈一字排列，4件柱础大小形制略同，灰砂岩质，上雕覆莲纹，柱础高0.4米，顶面直径0.7米，底面直径0.9米，中心有六边形柱孔，孔径0.1～0.12米，深0.36米，间距2.2～3.4米不等。有砖瓦堆积痕迹，发现白釉、黑釉瓷片，从分布柱础分析为殿宇建筑大型构件。

小墩山遗址（Xiǎodūnshān Yízhǐ） 位于万泉镇东山村西南与秦安县莲花镇交界处小墩山顶。仰韶、齐家文化遗址，县级文物保护单位。1958年省文物普查队定为秦安县雷祖庙遗址，1976年县文物普查发现在庄浪县境内，更名为小墩山遗址，因所在山名称得名。东西长1000米，南北宽50米，分布面积5万平方米。

邵家坪遗址（Shàojiāpíng Yízhǐ） 位于万泉镇邵坪村北，高距河床50～60米。仰韶文化遗址，县级文物保护单位。以所在地村名命名。东西长300米，南北宽200米，分布面积6万平方米。文化层厚1～3米，暴露有灰坑、白灰面居址。采集仰韶文化陶片有泥质红陶、夹砂红陶，纹饰有细绳纹，彩陶纹样有宽带纹，器形有圜底钵、罐等。仰韶晚期陶片有敛口钵、平唇口尖底瓶等。

田家坪遗址（Tiánjiāpíng Yízhǐ） 位于万泉镇田坪村北，高距河床10米。仰韶文化遗址，县级文物保护单位。以居民点名称命名。遗址东西长200米，南北宽100米，分布面积2万平方米，文化层厚0.8～2米，暴露有灰坑，遗址北面断层有2～3米连片灰坑。采集仰韶文化陶片为泥质和夹砂红褐陶，饰绳纹，彩陶纹样有勾叶纹、弧线三角纹、网格纹，器形有卷沿盆、罐、钵等。

万家塬遗址（Wànjiāyuán Yízhǐ） 位于万泉镇万庄村万家塬。仰韶、齐家文化遗址，县级文物保护单位。以所在地片名称命名。遗址分布在水洛河南岸第一台地，距河床高20～30米，采集有仰韶文化泥质红陶和夹砂陶片。

潘家河旧庄院遗址（Pānjiāhéjiùzhuāngyuàn Yízhǐ） 位于韩店镇潘河村潘家河居民点北。仰韶、齐家文化遗址，县级文物保护单位。以所在地片名称命名。东西长200米，南北宽100米，面积2万平方米。发现灰坑，采集有彩陶钵、宽带口沿残片，细泥红陶夹砂陶钵口沿、绳纹、篮纹、蜂窝纹陶片、红陶钵口沿残片、马牙、打制石器。

太极观遗址（Tàijíguàn Yízhǐ） 位于韩店镇上凸村上凸窑庄。汉代至明代遗址，县级文物保护单位。以道观名称命名，太极，属道教哲学概念。东西宽300米，南北长500米，面积1.5万平方米。

西面塬遗址（Xīmiànyuán Yízhǐ） 位于韩店镇西门村西面塬。仰韶、齐家文化遗址，县级文物保护单位。以所在地理位置命名。东西长300米，南北宽40米，面积1.2万平方米，文化层厚0.6米，发现白灰面居址、墓葬、灰坑等遗迹，采集有泥质陶片、夹砂陶片及石器。战国墓葬出土鸟兽纹铜戈和金环各1件，汉代墓葬出土绳纹灰陶罐和规矩纹铜镜1件。

颉沟尖遗址（Xiégōujiān Yízhǐ） 位于卧龙镇仇沟村西北颉沟尖。仰韶文化遗址，县级文物保护单位。以所在地理位置命名。东西长300米，南北宽300米，分布面积9万平方米。文化层厚0.7米，暴露灰坑3处。采集陶片为泥质、夹砂红陶，饰绳纹、划纹，器形有尖底瓶、盆、罐、敛口钵、大口缸等。

荞家湾遗址（Qiáojiāwān Yízhǐ） 位于卧龙镇仇梁村荞家湾北山顶。齐家文化遗址，县级文物保护单位。以所在地居民点名称命名。东西长300米，南北宽200米，分布面积6万平方米。文化层厚0.5米，暴露有灰坑，采集有泥质红陶、夹砂红褐陶和灰陶片，器表素面或饰篮纹、绳纹、附加堆纹，器形有盆、瓶、罐、壶等。

刘罗家遗址（Liúluójiā Yízhǐ） 位于卧龙镇刘罗村。齐家文化遗址，县级文物保护单位。以所在村名称命名。东西长1000米，南北宽200米，面积20万平方米。文化层厚0.5米，有灰坑、墓葬。采集细泥、夹砂红陶，有绳纹、网纹、指甲纹，器形有单双耳罐、钵、盆等。白灰面房址长5米，出土器物35件。

一锨土遗址（Yīxiāntǔ Yízhǐ） 位于卧龙镇张余村西葫芦河谷。齐家文化、宋、明遗址，县级文物保护单位。遗址所在地为一孤立小土丘，远看形似一锨土，故名。东西长80米，南北宽50米，分布面积4000平方米。文化层厚1米，暴露有灰坑。采集有尖状石器、石斧、石凿、石刀、尖底瓶口残片、篮纹红陶片。遗址顶部发现明清时期寺庙遗址，出土方砖、布纹瓦等。

毗卢寺遗址（Pílúsì Yízhǐ） 位于卧龙镇魏家湾村丁家寺湾。明、清遗址，县级文物保护单位。因供奉毗卢遮那佛得名。遗址平面为长方形，东西宽100米，南北长200米，面积2万平方米。原寺庙依山势而建，坐西南朝东北，建筑规模宏大，毁于1958年。残存明代碑额1件，上浮雕2条蟠龙，另有清代残碑2通。

王家塬遗址（Wángjiāyuán Yízhǐ） 位于卧龙镇张家山村。仰韶文化遗址，县级文物保护单位。以当地居民点名称命名。东西宽150米，南北长500米，分布面积7.5万平方米。文化层厚1～3米，暴露有灰坑、窑址、房址，采集有泥质、夹砂红褐、橙黄陶片，饰绳纹。彩陶纹样有勾叶圆点纹，器形有平口罐、深腹罐、尖底瓶、平口沿盆。另有石环、石刀等。

大地川遗址（Dàdìchuān Yízhǐ） 位于卧龙镇张余家村。仰韶文化遗址，县级文物保护单位。以所在地片名称命名，"大地川"即地势低，地块大而平。东西长500米，南北宽300米，分布面积15万平方米。文化层厚3米，暴露有灰坑、白灰面房址。采集仰韶文化庙底沟类型陶片为泥质、夹砂红陶，饰细绳纹、网纹、附加堆纹，器形尖底瓶、敛口钵、小口深腹罐等，另有磨制石刀、尖状器。

王毛川遗址（Wángmáochuān Yízhǐ） 位于卧龙镇张余家村西。仰韶文化遗址，县级文物保护单位。以所在地片名称命名（王、毛为姓氏）。东西长400米，南北宽150米，分布面积6万平方米。文化层厚1米，暴露有灰坑。采集有尖状石器、石斧、石凿、石刀、尖底瓶口残片、篮纹红陶片。

曹家塬遗址（Cáojiāyuán Yízhǐ） 位于阳川镇李家咀村曹家塬。仰韶文化遗址，县级文物保护单位。以所在地片名称命名。东西宽400米，南北长500米，分布面积20万平方米。文化层厚2～4米，暴露有灰坑、白灰面房址、陶窑等。采集有泥质红陶和夹砂红褐陶标本。1975年，该遗址南部发现隋代窖藏1处，出土铜虎符20余件，县馆收缴入库14枚。

台家咀遗址（Táijiāzuǐ Yízhǐ） 位于阳川镇台咀村台家咀。仰韶、齐家文化遗址，县级文物保护单位。以当地居民点名称命名。东西长400米，南北宽100米，分布面积4万平方米。文化层0.5～2米，暴露有灰坑，白灰面居址。发现和采集仰韶文化晚期陶片为泥质橙黄陶及红陶，纹饰主要为绳纹和附加堆纹，彩陶为网格纹、平行线纹，器形有敛口斜腹钵、平沿盆、缸等。

连家坡遗址（Liánjiāpō Yízhǐ） 位于阳川镇王塬村。仰韶文化和齐家文化遗址，县级文物保护单位。以所在地片名称命名，连为姓氏。东西宽300米，南北长500米，分布面积15万平方米。文化层厚1～3米，长1～30米，暴露多处灰坑、陶窑遗址。采集陶器有泥质红黄陶和夹砂红褐陶片，器表素面或饰篮纹、绳纹，器形有敞口罐等。另在村民家中发现出土石器5件。

大故堆塬遗址（Dàgùduīyuán Yízhǐ） 位于阳川镇下堡子村大故堆塬。仰韶文化、汉文化遗址，县级文物保护单位。以所在地片地貌特征命名。遗址平面为正方形，边长300米，分布面积9万平方米。文化层厚1～2米，暴露有灰坑、窑址。发现和采集仰韶文化陶片有泥质红陶（饰绳纹），彩陶（饰弧线三角纹），器形有钵、盆等。在遗址中心地带发现汉代砖室墓8座，出土"货泉"钱币1枚。

盘头㘭遗址（Pántóuwā Yízhǐ）　位于盘安镇湾李村盘头㘭。寺洼文化遗址，县级文物保护单位。以所在地片地貌特征命名。东西长 300 米、南北宽 200 米，分布面积 6 万平方米。高距河床 30 ~ 40 米，西侧发现灰层，距地表 1 ~ 2 米，东侧有墓地。采集到素面夹砂罐、附加堆纹、单耳三足罐、双耳三足罐，宽裆鬲等器物。

菜子㘭遗址（Càiziwā Yízhǐ）　位于盘安镇王公村菜子㘭。仰韶、齐家文化遗址，县级文物保护单位。以所在地片名称命名。东西宽 70 米，南北长 200 米，分布面积 1.4 万平方米。发现灰层厚 1 米，采集到陶鼎、双耳夹砂陶罐和宽裆扁足鬲陶片。

永丰观遗址（Yǒngfēngguàn Yízhǐ）　位于通化镇韩席村北山坡。清代道教遗址，县级文物保护单位。永丰观，又名永丰寺、南佛寺。分布在上下两块平坦台地，南北长 200 米，东西宽 100 米，面积 2 万平方米。早期建筑不存，20 世纪 90 年代恢复重建时出土石碑、柱础、香案、香炉、砖瓦脊兽及建筑构件，其中有清雍正、咸丰、同治时期碑刻 5 通，记载寺观修葺、重建之人和事。

堡子㘭遗址（Bǔziwā Yízhǐ）　位于通化镇新庄村。齐家文化和宋代遗址，县级文物保护单位。以所在地片名称命名。东西宽 100 米，南北长 500 米，分布面积 5 万平方米。发现白灰面房址 1 处，采集到齐家文化细泥红陶片。

岳家堡遗址（Yuèjiābǔ Yízhǐ）　位于大庄镇上李村。仰韶、齐家文化遗址，县级文物保护单位。以姓氏命名。东西长 150 米，南北宽 60 米，分布面积 9000 平方米。文化层厚 0.5 米，暴露有灰坑，发现和采集仰韶文化素面细泥红陶片和齐家文化篮纹红陶片、细绳纹红陶片。

下王家遗址（Xiàwángjiā Yízhǐ）　位于大庄镇下王村。仰韶文化遗址，县级文物保护单位。以所在地居民点名称命名。东西长 300 米，南北宽 200 米，分布面积 6 万平方米。文化层厚 2 米，暴露有灰坑、灶坑、陶窑、红烧土。采集庙底沟类型陶片和仰韶文化晚期陶器标本，有泥质、夹砂、附加堆纹彩陶片。

寺堎㘭遗址（Sìlèngwā Yízhǐ）　位于良邑镇李咀村东南寺堎㘭。齐家、寺洼文化与北魏寺庙遗址，属县级文物保护单位。以所在地片名称命名。东西长 400 米，南北宽 200 米，面积 8 万平方米。断崖文化层厚 2 米，暴露灰坑、白灰面居址、墓葬，采集有齐家、寺洼文化陶器及标本。1974 年出土北魏五级石造像塔，通高 2.06 米，四面体，共五级，四周浮雕佛传故事，雕刻精美，塔底有“卜氏”刻铭。

石家坪遗址（Shíjiāpíng Yízhǐ）　位于良邑镇良邑村。仰韶、齐家文化和汉代墓葬群遗址，县级文物保护单位。以所在地片名称命名。遗址距河床高 50 米，东西宽 300 米，南北长 1000 米，分布面积 30 万平方米，文化层厚 2 米，暴露有灰坑、窑址、白灰面居址，采集有仰韶文化晚期泥质和夹砂橙黄、红陶片，饰篮纹、附加堆纹；彩陶饰勾叶圆点纹，器形有尖底瓶、平沿盆、敛口钵、敞口罐等。齐家文化陶片有泥质红陶和夹砂红褐陶及灰陶片，饰锥刺纹、篮纹、刻划纹，器形有折肩罐，另有石刀、石斧。“石家坪墓群”地表暴露封土堆 3 座，相间 100 米，在西北侧发现积炭墓。

拴马窑遗址（Shuānmǎyáo Yízhǐ）　位于良邑镇良邑村东南。旧石器时代遗址，县级文物保护单位。以所在地片名称命名。东西长 70 米，南北宽 40 米，分布面积 2800 平方米。采集有人工打制石片、石核、石块、牛科动物骨化石及细石器。

寺角㘭遗址（Sìjiǎowā Yízhǐ）　位于良邑镇良邑村东北寺角㘭坪上。为汉代墓葬，宋、元两代居址遗址，县级文物保护单位。以所在地片名称命名。遗址呈正方形，边长 100 米，占地面积 1 万平方米。曾出土银碗、金筷及宋代钱币，文物普查时发现被盗掘汉代积炭墓、砖石墓 6 座。

苏苗塬头遗址（Sūmiáoyuántóu Yízhǐ）　位于良邑镇苏苗塬村西北。仰韶和齐家文化遗址，县级文物保护单位。以所在地片位置命名。东西长 1500 米、南北宽 600 米，面积 90 万平方米。文化层厚 0.5 ~ 2 米，暴露灰坑、白灰面居址。采集庙底沟类型陶片有泥质和夹砂红陶，多饰细绳纹，彩陶多见弧线三角纹，器形有曲腹盆、重唇口尖底瓶、碗、罐。仰韶晚期陶片有泥质和夹砂橙黄陶，饰附加堆纹，器形有尖底平口沿盆、瓮。

旋帽顶遗址（Xuánmàodǐng Yízhǐ） 位于岳堡镇崔家村旋帽顶。齐家文化遗址，县级文物保护单位。以所在地山名命名。南北长 800 米，东西宽 500 米，面积 40 万平方米。文化层厚 1.5 米，暴露多处灰坑、灰层、白灰面房址。采集有细泥红陶、夹砂红陶和细泥灰陶片，饰绳纹、篮纹、附加堆纹，器形有单双耳罐、盆、瓮等，另有石斧、石刀、蚌壳、鹿角等。

大坪遗址（Dàpíng Yízhǐ） 位于良邑镇杨家大坪村。仰韶、齐家文化遗址，县级文物保护单位。以所在村名命名。东西长 500 米，南北宽 400 米，占地面积 20 万平方米。断崖暴露灰层、灰坑，部分地方文化层厚 3 米，暴露窑洞式白灰面房址 2 处。采集半坡类型绳纹、弦纹、划纹、附加堆纹、泥质、夹砂红陶片，器形有折腹圜底盆、直口钵、尖底瓶等；齐家文化有绳纹、篮纹、细泥红陶和夹砂红褐陶残片，器形有侈口罐、高领罐、鬲等。

吴家川遗址（Wújiāchuān Yízhǐ） 位于岳堡镇吴家村东南。仰韶文化半坡类型和庙底沟类型遗址，县级文物保护单位。以所在地片名称命名。东西宽 500 米，南北长 800 米，总面积 40 万平方米，文化层厚 1 米，暴露有灰坑、墓葬、灶址。采集半坡类型细泥红陶片，纹饰以绳纹、弦纹为主，器形有弦纹罐、甑等；庙底沟类型陶片为泥质和夹砂红陶，饰细绳纹、弦纹、彩陶纹、勾叶纹，器形有盆、钵、瓮、尖底瓶等。

王家坪遗址（Wángjiāpíng Yízhǐ） 位于南坪镇刘坪村王家坪。齐家文化遗址，县级文物保护单位。以所在地片名称命名。东西宽 500 米，南北长 800 米，分布面积 40 万平方米。文化层厚 1.5 米，暴露有灰坑、白灰面居址、墓葬。有齐家文化陶片和夹砂陶片，器形有双大耳罐、鬲、双联杯。战国遗物有铜车马饰件、铜戈、铜泡，汉代遗物有竖绳纹、印纹夹砂灰陶罐残片。

沈家坪遗址（Shěnjiāpíng Yízhǐ） 位于南坪镇沈坪村。汉代、宋代文化遗址，县级文物保护单位。东西长 100 米，南北宽 50 米，面积 5000 平方米，发现瓦砾层、墓穴，采集有汉代绳纹、弦纹灰陶罐，宋代圆点纹灰陶罐残片。

曹家坪遗址（Cáojiāpíng Yízhǐ） 位于南坪镇沈坪村曹家坪半山腰。仰韶、齐家文化及周代遗址，县级文物保护单位。以所在地片名称命名。东西宽 100 米，南北长 120 米，面积 1.2 万平方米，文化层厚 0.4 米。暴露有灰坑，采集半坡类型陶片有泥质红陶和夹砂红陶，纹饰以绳纹为主，彩陶多见宽带纹，器形有圜底钵、尖底瓶、罐等；另有周代文化遗存。

关家沟口遗址（Guānjiāgōukǒu Yízhǐ） 位于杨河乡杨河村关家沟口。仰韶、齐家文化遗址，县级文物保护单位。以所在位置命名。东西长 400 米，南北宽 300 米，分布面积 12 万平方米。文化层厚 1.5 米，暴露有灰坑、白灰面居址、窑址。采集仰韶文化细泥、夹砂陶片，器形有直口钵、卷唇盆、尖底瓶、罐、盆，纹饰有绳纹、附加堆纹；齐家文化有泥质红陶、夹砂红褐陶和灰陶片，饰绳纹、锥刺纹，器形有敞口罐、双耳罐和高领罐；汉代陶片为泥质灰陶，饰绳纹。

塬坡凹遗址（Yuánpōwā Yízhǐ） 位于赵墩乡蛟龙掌村塬坡凹。仰韶、齐家文化遗址，县级文物保护单位。以所在地片名称命名。东西长 500 米，南北宽 400 米，分布面积 20 万平方米。文化层厚 3 米，暴露灰坑、白灰面居址。采集仰韶文化半坡类型泥质、夹砂红陶片，饰弦纹、绳纹，彩陶有宽带纹，器形有直口钵、平唇盆、罐。庙底沟类型陶片为泥质红陶和夹砂红陶，器表素面或饰绳纹、附加堆纹，彩陶纹样有勾叶圆点纹、弧线三角纹，器形有盆、瓶、缸。齐家文化陶片为泥质红陶和夹砂红褐陶，器表饰篮纹、绳纹，器形有浅腹盆、双大耳罐、高领罐。

阳川塬遗址（Yángchuānyuán Yízhǐ） 位于赵墩乡阳川村阳川塬。仰韶文化遗址，县级文物保护单位。以所在地片名称命名。东西长 400 米，南北宽 200 米，分布面积 8 万平方米。文化层厚 1 ~ 3 米，暴露连续灰坑、窑址。采集有灰陶瓮口沿残片、附加堆纹夹砂红陶罐残片。

朝那湫遗址（Cháonàqiū Yízhǐ）　位于郑河乡上寨村桃木山半山腰朝那湫。宋代寺庙遗址，县级文物保护单位。以所在自然地理实体朝那湫命名。东西长 300 米，南北宽 200 米，面积 6 万平方米。发现瓦砾、石块、石雕忍冬纹门楣、三角形铜质建筑构件及覆莲纹柱础，另采集有白瓷碗、豆青瓷碗残片。

古墓葬

吴玠墓（Wújiè Mù）　位于水洛镇崖王村西。系宋代吴玠墓葬，故名。1976 年县革委会公布为县级重点文物保护单位，1993 年被省政府公布为第五批省级文物保护单位。墓地呈长方形，东西长 200 米，南北宽 100 米，面积 2 万平方米，坐北朝南，墓葬封土堆已毁，墓地中部一字形排列石虎 2 个（坐式，高 1.47 米、宽 0.36 米、厚 0.8 米）、石羊 2 个（跪式，高 1.3 米、长 1.7 米、宽 0.5 米），另在墓地东 50 米农田中有龟趺石碑座 1 件，南 30 米处有无字石经幢 1 件。墓葬未经发掘，墓室结构不清，其时代为南宋。吴玠（1093—1139），字晋卿，南宋名将，官至四川宣抚使。宋德顺军水洛城人，《宋史》有传。绍兴九年（1139）六月病逝于仙人关（甘肃徽县南），年仅 47 岁，孝宗淳熙三年（1176）十二月追封涪王，与岳飞、韩世忠齐名。《吴玠功绩记》载：“弟璘与诸孤奉丧归葬于德顺军水洛城北塬先茔之次。”

吴玠墓（2019 年 10 月摄）

南湖墓群（Nánhú Mùqún）　位于南湖镇高房村北。又称石阳墓群、王家高房墓群。汉代墓葬群，以所在镇专名命名。1976 年公布为县级文物保护单位，1993 年被省政府公布为第五批省级文物保护单位。东西长 200 米，南北宽 100 米，分布面积 2 万平方米。从西到东依次排列封土堆 6 座，型制为不规则方形或圆丘状，高 4 ~ 7 米，底径 9 ~ 17 米，顶部直径 3 ~ 5 米，底边周长 8 ~ 25 米，封土为夯土堆筑，夯层厚 0.08 ~ 0.1 米，地表散见墓砖。

刘沪墓（Liúhù Mù）　位于水洛镇贺庄村庙坪山。宋代墓葬，县级文物保护单位。以所葬人物姓名命名。墓地东西长 100 米，南北宽 100 米，呈正方形，面积 1 万平方米。墓址坐北朝南，有享殿 3 间，

刘沪墓（2019 年 9 月摄）

塑像2尊，厢房1排，戏台1座［为新建。原有庙宇戏台在清代同治年间（1862—1874）被焚毁］，残留有宋代云头足石香炉、长方形石香案、三角纹石条、石旗杆底座、正方形莲瓣纹石柱础、石狮子、双人奏乐方砖等。墓地范围内采集到宋代雨点纹卷口沿灰陶片、布纹瓦片、青釉瓷片等。原有封土堆在1958年被平毁，20世纪90年代初恢复堆筑两处墓堆，新立石碑1通。北宋庆历七年（1047）五月十四日，刘沪去世，其弟刘渊欲扶柩归故里（河北保定），水洛城民众遮道号泣请留，乃葬北山。墓葬尚未考古钻探和发掘，形制不明。

堡子背后汉墓群（Bǔzibèihòu Hànmùqún） 位于水洛镇新兴村西北山梁。汉代墓群，县级文物保护单位。因所在地理位置得名。东西长300米，南北宽200米，面积6万平方米。原有封土堆9座，20世纪70年代曾清理其中1座，封土堆高10米，底径5.4米，顶径5米，底边周长17米，墓室为砖砌穹窿顶，墓砖经过打磨，表面平整，未见随葬品。现存6座残墓，其中2座封土较为完整。

马家崖汉墓群（Mǎjiā'ái Hànmùqún） 位于水洛镇新兴村东北山坡。汉代墓群，县级文物保护单位。以所在地片名称命名。墓群坐北朝南，依山势不规则分布在山坡上，东西长200米，南北宽200米，占地面积4万平方米。原有封土堆5座，2008年文物普查时发现3座，其中1号墓高5米，呈覆斗形，顶边长8米，底边长16米；2号墓呈平面方形；3号墓高5米，底径8米，呈方形。

朱家河湾汉墓群（Zhūjiāhéwān Hànmùqún） 位于朱店镇朱河村。汉代墓群，县级文物保护单位。以所在地居民点名称命名。东西长2000米，南北宽300米，分布面积60万平方米。1986年，曾清理暴露积炭墓2座、券顶砖室墓2座，一墓中有子母砖，出土绳纹、弦纹灰陶罐10余件。2008年10月，下朱河村村民在建房时，发现汉代砖室墓1座，墓葬坐北面南，距地表深1米，为多室墓，由甬道、前室、中室、后室组成，长13.6米，宽1.7～2米，高1.8米，墓内发现6颗人头骨，疑有殉葬现象。墓内出土陶器、铜器、玉器、骨器等不同质地文物300余件，其中新莽"货泉"铜钱200多枚，在4块墓砖上发现"K""二十一日""三十日"等刻画字样。墓群西面山一带发现汉代墓葬10余座，大多为单室券顶砖墓，出土铜棺饰、博山炉和"货泉""小泉直一"等钱币。

万仕选家墓群（Wànshìxuǎnjiā Mùqún） 位于万泉镇东沟村西。明代墓群，县级文物保护单位。以所葬人物姓名命名，为明代平凉韩藩王长泰郡主郡马万仕选的家庭墓地，俗称郡马坟。墓地在20世纪60年代有封土堆10余座，后在农业生产活动中平毁，东西长100米，南北宽100米，占地1万平方米，地表散见齐家文化红陶残片。万仕选，生卒年月不详，庄浪县万泉镇东沟村人。

大地墓群（Dàdì Mùqún） 位于卧龙镇谢家庙湾村刘家下岔南水魏沟畔大地。汉代墓群，县级文物保护单位。以所在地片名称命名。东西长300米，南北宽20米，分布面积6000平方米。暴露有残砖墓4座，均为券顶。其中一墓内有画像砖，内容为墓主人生活图景与花卉等图案。2009年1月发现另一座单室券顶砖墓，残长3.2米，宽1.4米，高1.7米，墓内出土灰陶器4件，盘口罐1件（高19厘米、口径12.5厘米、底径12.5厘米）；敞口罐1件，上有彩绘；残陶灶1件，高0.1米，有彩绘图案。

大壑罗墓群（Dàhèluó Mùqún） 位于大庄镇大庄村东。汉代墓群，县级文物保护单位。以所在地片地貌特征命名。东西宽100米，南北长500米，分布面积50000平方米。暴露砖室墓5座，从西向东一字排列，相距5米左右，1号墓室高1.7米，宽2米，为单室券顶砖墓；2号墓单室券顶砖墓，墓室长2.1米，宽1.6米，高1.4米，墓室墓道已毁坏；3号、4号墓破坏严重，形制不清，仅存残迹；5号墓为单室券顶砖室墓，长2米，宽1.3米，高1.5米。墓群在2003年乔阳公路改扩建过程中被毁。从剖面判断距地表深5米，墓砖长36厘米，宽18厘米，厚7厘米。

麋面瓦汉墓群（Mímiànwā Hànmùqún） 位于大庄镇老山沟村麋面瓦。汉代墓葬群，县级文物保护单位。以所在地居民点名称命名。1992年发掘，东西宽80米，南北长100米，分布面积8000平方米。其中M1规模最大，为券顶砖室墓，高6米，宽5米，有前后室和甬道，出土釉陶器10件，灰陶器 8 件，铁刀 1 件，以及“位至三公”铜镜 1 面和五铢钱币 4 枚。M2 为单室券顶砖墓，20 世纪 80 年代扩修公路时毁坏。另发现汉代墓葬 1 座，形制不明。

王庄墓群（Wángzhuāng Mùqún） 位于赵墩乡梨树湾村王家老庄东。汉代墓葬群，县级文物保护单位。以所在地居民点名称命名。墓群坐东北朝西南，呈东西向一字排列，南北长 100 米，东西宽 20 米，分布面积 2000 平方米。M1 封土平面呈方形，底边长 14 米，宽 13 米，高 6 米，夯层厚 0.12 ~ 0.14 米，墓室坍塌；M2 距 M1 50 米，平面呈方形，底边长 6 米，宽 5 米，高 5 米，保存完整。M3 距 M2 50 米，底边长 3 米，宽 2 米，高 2 米，呈圆形，2004 年被盗，地表散见墓砖。出土有釉陶壶及红陶灯、碗、盘等文物 10 余件。该墓群为家族墓地。

古城堡

水洛古城（Shuǐluò Gǔchéng） 位于水洛镇西关村。汉、宋古城遗址，县级文物保护单位。因水洛城得名。城墙东至王家庄，南至县第一中学西 600 米处，西墙和北墙早年已毁。城址东北角仅存宋代残墙遗迹，城墙高 2 ~ 20 米、基宽 9 米、顶宽 3 米、夯层厚 0.12 米。东墙原长 500 米（残存 100 米），南墙原长 1000 米（残存 300 米）。古城平面呈长方形，分布面积约 50 万平方米。据考，水洛城最早筑于汉代，其时水洛城分东城和西城，东城在今西关村寺坪塬一带，西城在今庄浪一中。北宋庆历四年（1044）十月，静边寨主刘沪扩筑水洛城。考古发现在城内东南部寺坪塬分布有仰韶文化遗址和汉、宋、金、元文化遗址，出土有仰韶文化陶器、石器，汉代灰陶器，宋、金代瓷器窖藏、钱币窖藏及汉、宋、金、元代墓葬。

神兴堡（Shénxīngbǔ） 位于水洛镇李碾村西北堡子坪山顶。清代乾隆时期土堡。李碾村清代咸丰时期《李氏族谱》中记载：（关）帝庙之在堡，由来久矣。每遇事变，居民避患于上，辄有异征，故名“神兴堡”。土堡坐西北朝东南，略呈椭圆形，周长 305 米，东西长 130 米，南北宽 70 米，面积 9000 平方米。东墙长 52 米，高 5 ~ 10 米，正中有凸出的角墩，角墩下大上小，高 10 米；南墙长 123 米，高 6 ~ 9 米，开一门洞；西墙长 20 米，高 5 ~ 7 米，西墙以西为一条宽 20 米壕沟；北墙长 110 米，高 3 ~ 5 米。堡内东北角墙基部发现清代黑釉、酱釉水缸残片，灰陶筒形器残片。在堡墙基及夯层中发现清代早期黑釉、褐釉瓷片。

郭家堡址（Guōjiābǔzhǐ） 位于水洛镇郭堡村。明代军事设施遗址，县级文物保护单位。以所在居民点郭家堡子命名。遗址残存面积 6 万平方米。土堡呈椭圆形，东西长 60 米，南北宽 40 米，面积 2400 平方米。夯层厚 0.06 ~ 0.1 米，堡门位置不明。在夯层中发现宋代陶瓷残片。该堡为宋代名将郭浩后裔所筑。残存明代诰封碑 1 通，碑为红砂岩石质，圆首，残高 1.48 米、宽 0.8 米、厚 0.15 米，碑阳刻楷书，竖行 16 行，每行 30 余字，字迹漫漶不清，略可辨识，为明代南城兵马副使郭循父（郭坚）母诰封碑。

庄浪古城（Zhuānglàng Gǔchéng） 位于南湖镇南门村。汉至清代古城遗址，县级文物保护单位。以行政区划名称命名。城垣有汉筑板迹，唐宋时称结公（宗）城，元称庄浪城。平面略呈长方形，东西长 750 米，南北宽 300 米，面积 23 万平方米。东墙长 770 米（已毁），南墙长 310 米（已毁），西墙长 740 米（残存 50 米），北墙长 270 米（已毁）。清乾隆《庄浪志略》载：元“至元二十七年（1290）守御周佥事（佚名）修，周围一里一百七十步，池深一丈五尺”。原开东、南、北三门，后塞东门。南门名镇远，北门名拱极。明成化五年（1469），扩至周长 3 里。嘉靖十三年（1534），建南门城楼。崇祯二年（1629）重修南门。康熙五年（1666）南城倾圮，北城湮塌。乾隆三十三年（1768）整修，增筑瓮城，改南门偏向东，命名朝阳，北门命名迎恩，各修二层城楼。1938 年补修北城。

石门堡（Shíménbǔ） 位于朱店镇与万泉镇交界处石门口东南山巅。宋代城堡，县级文物保护单位。以所在地自然地理实体石门口命名。据《续资治通鉴长编》记载，此城筑于宋哲宗元祐二年（1087），为水洛城所辖二堡之一。堡呈椭圆形，开北门，墙体为黄土夯筑，周长322米，南北长140米，东西宽60米，分布面积8400平方米。东垣残长30米，内高3米，外高6米。有烽燧1座，残高8米。堡墙基下有齐家文化灰层灰坑。

徐家城（Xújiāchéng） 位于万泉镇徐城村。宋、金代遗址。清邵陆编修《庄浪县志略》卷三载："徐家城，县南九十里，属怀安里。徐，本徐孝恭居此，故名。"旧城长方形，面积37万平方米，清同治年间（1862—1874）重筑，缩小一半。残存西城垣长30余米，夯层中有宋代瓷片。城内有仰韶文化遗存，附近有宋、金墓葬。

大营顶堡址（Dàyíngdǐngbǔzhǐ） 位于万泉镇徐城村北大营顶。清代堡址，县级文物保护单位。以所在山之名称命名。堡址平面呈长方形，东西长80米，南北宽50米，分布面积4000平方米。西墙残高6～8米，东、北墙残高3～5米，南墙残高6米，墙基宽3米。开南门，墙体为黄土夯筑，夯层厚0.07米，夯层中有清代青花瓷片。

古聂城（Gǔnièchéng） 位于韩店镇政府所在地。宋代古城遗址，县级文物保护单位。相传，该城由北宋刘沪派聂姓部将修筑，故得名。东西长310米，南北宽106米，占地面积3万平方米。残存西城墙30米，高5米，东、南、北残墙拆毁。开东、西两座城门，西城门上砖刻"大宋古聂城"字样。20世纪80年代，相继在古聂城范围出土宋代铁钱、铜钱、陶瓷片，在南墙夯层中采集到宋代耀州窑红褐釉、褐黑釉瓷片。2000年5月出土"大宋王家城新建城隍庙之记"石碑1方，据碑记载，该城在庆历四年（1044）六月水洛城竣工后修筑。1926年城楼坍塌，重修东西两个城楼，当地乡绅将原东城门上方所镶"聂家城"改为"大宋古聂城"。

石堡子咀堡址（Shíbǔzizuǐbǔzhǐ） 位于阳川镇刘湾村西石堡子咀。清同治年间（1862—1874）修筑，县级文物保护单位。以所在地理实体名称命名。平面呈长方形，西高东低，东西长75米，南北宽35米，面积2600平方米，墙基宽6米，顶宽2～3米，西墙高8米，夯层厚0.1米，开北门。

三台堡址（Sāntáibǔzhǐ） 位于阳川镇孙王村西北半山腰。清同治年间修筑，县级文物保护单位。因土堡依山就势建在三层台地之上得名。堡平面呈长方形，上大下小，长60米，宽30米，面积1800平方米，残存堡墙长30米，高8米，基宽2.5～4米，开北门。前墙有马面，高10米，宽6米。据传为工部员外郎王梦熊督建。

峡凹坡堡址（Xiáwāpōbǔzhǐ） 位于阳川镇新庄沟村西北。清代遗址，县级文物保护单位。以所在地片地貌特征命名。堡为圆形，直径10米，分布面积78.5平方米，堡墙高5米，墙基宽2米，堡门呈圆形，高1.8米，宽1.5米。墙外壁陡直，堡内墙凿有9孔小窑洞（1958年庄浪县、静宁县在葫芦河开挖铁矿时民工居住所为）。该堡形制特殊，保存较好，地理位置险要，属民间修筑的防御工事。

预料堡址（Yùliàobǔzhǐ） 位于阳川镇张家大湾村北。清代遗址，县级文物保护单位。清咸丰年间（1851—1861）张家大湾村张其珍倡议修建，因工程浩大，修建时遭到部分人反对，建成后恰逢战乱，人们称赞张其珍老人料事如神，因而取名预料堡。东西长200米，南北宽80米，中心突起，四周较低，外墙高5～6米，内墙高2～3米，墙基宽3米，墙顶厚0.3～0.5米，四周堡墙略有不同程度坍塌。

申家堡子（Shēnjiābǔzi） 位于盘安镇申家湾村申家堡子居民点北山梁。元代修筑，县级文物保护单位。以姓氏命名，相传为元代牟旗人所筑，故又名牟旗堡。堡呈长方形，南北长100米，东西宽30米，面积3000平方米，堡开北门，采集有白、黄釉瓷残片，青花瓷碗及布纹瓦等。现仅存西墙，高 5 米，基宽 2.6 米。原属秦安县境，秦安曾设牟旗里，1953 年划归庄浪县。

通边古城（TōngBiān Gǔchéng）　位于通化镇通边村。宋代城址，县级文物保护单位。宋庆历八年（1048）设通边砦，由此而东可通边塞，故名。据清乾隆《庄浪县志》记载，宋大中祥符四年（1011），泾原路钤辖曹玮筑陇干城时筑通边城。金皇统二年（1142）以通边寨置通边县。遗址呈长方形，南北长 400 米，东西宽 600 米，面积 24 万平方米。城墙黄土夯筑，残高 3 ~ 6 米，基宽 6 米，夯层厚 0.1 ~ 0.2 米，夯窝直径 0.05 ~ 0.07 米，开东、西、北三门，东北有瓮城，长 40 米、宽 20 米。东南角突出，西南有一小堡，形似虎耳，故曰“虎耳城”，夯层中采集到绳纹灰陶片、豆青瓷片、白釉瓷片、黑釉瓷碗残片。城内发现堆积厚 1.3 米瓦砾堆，出土五角足铁銎、宋铁臼等。

韩家堡子（Hánjiābǔzi）　位于通化镇梁河村。明清生活遗址，县级文物保护单位。以附近居民点姓氏命名。平面呈长方形，东西长 80 米，南北宽 60 米，面积 4800 平方米，墙体为黄土夯筑，夯层厚 0.1 米，残高 6 ~ 8 米，墙基宽 3 米。开南门，门口上有圆形马面，有石门槛，高 0.36 米，宽 0.44 米，长 0.6 米，门外有石狮，高 0.2 米。夯层内有黑釉瓷碗、白釉瓷碗残片，另采集有白釉瓷碟和青花瓷片。

新堡子堡址（Xīnbǔzibǔzhǐ）　位于大庄镇刘庙村东南。清代遗址，县级文物保护单位。清同治年间附近百姓为避兵乱另建新堡，故名。堡子平面呈长方形，东西宽 35 米，南北长 60 米，分布面积 2100 平方米。堡墙高 10 米，黄土夯筑，夯层厚 0.04 ~ 0.08 米。西墙、北墙体较完整，东墙和部分南墙在 2008 年汶川大地震时坍塌。堡墙东南角开一拱形门。

梁山堡子（Liángshānbǔzi）　位于大庄镇梁山村东山顶。近代遗址，县级文物保护单位。以所在村名命名。20 世纪 20 年代修筑，平面呈正方形，占地 2500 平方米，东、北、西三面墙体长 50 米，堡外墙高 6.2 米，内墙高 4 米，基宽 3.6 米，顶宽 1.8 米。东北角和西南角有突出马面，顶端长 7 米，宽 6 米；西墙正中开圆形门洞，高 1.6 米，宽 1.4 米。

王家堡子（Wángjiābǔzi）　位于大庄镇刘沟村鏊岘梁北。近代遗址，县级文物保护单位。据传为王姓人所筑的家族堡子，故名。堡子呈正方形，占地 3400 平方米。堡墙高 7 米，墙基宽 3.5 米，墙顶宽 2 米。黄土夯筑，夯层厚 0.05 ~ 0.12 米。四角有突出马面，东墙中开小门，门高 2 米，宽 1.7 米，上部正中夯层有一圆孔直通墙顶，在敌人火攻城门时可注水灭火。堡内东南角和西北角分别夯筑通往堡墙顶端的斜形坡道，堡墙顶原有 2 米高的拦马墙，20 世纪 70 年代铲除。堡内残留生活痕迹。

丁家山堡子（Dīngjiāshānbǔzi）　位于大庄镇丁山村。清代遗址，县级文物保护单位。以所在地居民点名称命名。清同治年间为避战乱所筑，面积 3500 平方米。南墙长 36 米，高 7 米；西墙长 98 米，残高 3 米；北墙长 45 米，残高 3.8 米；西南墙角高 8 米。墙基宽 3 ~ 5 米，墙顶宽 0.5 ~ 1 米。夯层厚 0.04 ~ 0.08 米。南墙开门洞，已坍塌。

引龙山堡子（Yǐnlóngshānbǔzi）　位于永宁镇谈街村。宋、明、清遗址，县级文物保护单位。以传说命名。相传，1934 年 3 月 20 日庙会时，龙门洞驻守道长前来庆贺，见此地山奇水秀，地形险要，有藏龙卧虎之韵，声言要为此山接引龙门洞龙脉以兴山气，从此便起名引龙山。土堡依山势而建，三面环水，山顶突兀，地势险要，东西长 80 米，南北宽 50 米，占地面积 4000 平方米，基宽 4 米，残高 6 米，开南门。遗存有明代六边形六兽足塔式石炉，上刻“三清宫”“通灵宫”等字及云纹图案，高 0.8 米，直径 0.45 米，造型独特，雕刻精美。另残存部分石雕构件，采集有宋、明、清代瓷器残片。

岳堡古城（Yuèbǔ Gǔchéng）　位于岳堡镇百家岳堡村。宋、明、清古城遗址，县级文物保护单位。以岳姓命名。古城平面呈长方形，东西长 500 米，南北宽 300 米，占地面积 15 万平方米。城墙黄土夯筑，有两次修复痕迹，北墙已毁，残存东、西、南三面墙体，残高 5 ~ 10 米，墙基宽 5 米，夯层厚 0.15 ~ 0.2 米。开东、西门，东门原嵌有“古计都镇”石刻门匾，左题“大明隆庆辛未（1571）重筑”，现佚。城墙夯层中发现黑、白相间瓷片，青花瓷碗残片。相传此城为明代平凉韩藩郡马岳储霖所筑。城内发现宋代钱币窖藏和瓷器窖藏，据此可考该城创建于宋代，明、清时补筑沿用。

阳坡堡子（Yángpōbǔzi） 位于柳梁镇白家阳坡村。明代堡址，县级文物保护单位。以地形方位命名。平面呈长方形，东西宽 60 米、南北长 80 米，分布面积 4800 平方米。残墙高 2 ~ 6 米，基宽 3 米，夯层厚 0.07 ~ 0.09 米。开东门，堡墙四角和南墙、东墙中心有马面。南墙部分破坏。

达舍堡（Dáshèbǔ） 位于柳梁镇李堡村北。宋代遗址，清乾隆《平凉府志》载：“达舍堡在（庄浪）乡东二十里，宋、金时所筑。”县级文物保护单位。因蒙古族人（土达）驻军（或居住）而得名。平面呈不规则四边形，东墙长 300 米，南、西、北墙均长 200 米，分布面积近 6 万平方米。堡墙残高 2 ~ 5 米，基宽 3 米，黄土夯筑，夯层厚 0.08 ~ 0.1 米。开东门。堡内无遗物，周围断面发现齐家文化灰坑，陶窑，采集完整齐家文化陶器 2 件。

高山堡（Gāoshānbǔ） 位于南坪镇阴屲村阴屲马家南 200 米处山顶。北宋时期堡址，县级文物保护单位。以所在位置命名。土堡呈不规则三角形，残垣长 40 米、高 5 米，开西门、有瓮城。出土有宋、明代瓦瓷残片。

堡子山堡址（Bǔzishānbǔzhǐ） 位于杨河乡马寺村北堡子山顶。明代遗址，县级文物保护单位。以所在地山名命名。东西长 60 米，南北宽 50 米，分布面积 3000 平方米。堡子呈椭圆形，最长直径 40 米，最短 30 米，黄土夯筑，残高 3 ~ 5 米，基宽 2.4 米，夯层厚 0.05 ~ 0.08 米。南、北各有马面，开南门。南墙保存较完整，北墙残高 1 米。

天台山堡子（Tiāntáishānbǔzi） 位于郑河乡史川村天台山。清代土堡，县级文物保护单位。以所在山名称命名。面积 1.3 万平方米，呈圆形，最大直径 130 米，高 10 米，基宽 3.2 米，夯层厚 0.07 米。开南、北两门，北有马面。堡内残存清代脊兽等建筑构件，墙基下发现宋元时期灰陶瓦片、玉璧底灰陶残碗底。

烽火台

喇嘛墩烽火台（Lǎmadūn Fēnghuǒtái） 位于南湖镇庙岔村喇嘛墩山顶。明代遗址，县级文物保护单位。以所在山名命名。东西长 50 米，南北宽 50 米，分布面积 2500 平方米。残存烽火台 3 座，呈三角形分布，间距 15 米，均为夯筑圆台体，底径 12 米，其一高 2.5 米，夯层厚 0.12 ~ 0.13 米。

汪家墩烽燧（Wāngjiādūn Fēngsuì） 位于南湖镇汪家村东南汪家墩山顶。汉代遗址，县级文物保护单位。以所在山名命名。烽燧残高 5 米，底长 7 米、宽 5 米，顶长 4 米、宽 3 米。黄土夯筑，夯层厚 0.08 ~ 0.1 米。呈梯形。夯层内发现有新石器时代陶片，地表采集粗布纹瓦残片。

风台梁烽燧（Fēngtáiliáng Fēngsuì） 位于朱店镇杨家湾村亹岘李家风台梁顶。汉代遗址，县级文物保护单位。以所在山梁命名。烽燧坍塌呈鱼脊形，东西长 30 米，南北宽 16 米，残高 1 ~ 3 米，夯层厚 0.1 米。

清水沟烽燧（Qīngshuǐgōu Fēngsuì） 位于万泉镇清水沟村南山顶。汉代遗址，县级文物保护单位。以所在地村名命名。烽燧为黄土夯筑，呈正四棱台体，底边长 9 米、宽 7 米，顶边长 4 米、宽 3 米，残高 3 米，夯层厚 0.09 ~ 0.12 米，夯层内有砖铺地面。采集有绳纹灰陶罐残片、石磨残块及砖块；砖长 0.37 米，宽 0.17 米，厚 0.6 米。

半截墩烽火台（Bànjiédūn Fēnghuǒtái） 位于万泉镇王李岔村王李家岔。明代遗址，县级文物保护单位。以所在山命名。烽火台呈正四棱台体，占地面积 100 平方米，底边长 10 米，顶边长 4 米，残高 3.5 米，夯层厚 0.06 ~ 0.09 米，有修补痕迹，地表发现粗布纹瓦和粗瓷碗残片。

胡家墩烽火台（Hújiādūn Fēnghuǒtái） 位于万泉镇王李岔村胡家岔南山顶。明代遗址，县级文物保护单位。以所在山名命名。烽火台呈四棱台体，底部东西长 10 米，南北宽 7 米，分布面积 70 平方米；顶端东西长 5 米，南北宽 3 米，高 10 米，夯层厚 0.06 ~ 0.07 米。东西角有修葺痕迹。

大寺盖顶烽火台（Dàsìgàidǐng Fēnghuǒtái） 位于韩店镇郭漫村大寺石窟东。明代军事设施遗址，县级文物保护单位。因烽火台建在大寺盖顶长方形石崖之上而得名。烽火台呈四棱台体，东西长 10 米，南北宽 20 米，高 5 米，面积 200 平方米，有小型建筑痕迹，可见残墙断瓦。在其南部有一石洞，内存佛台。地势险要，为县境东过关山最后一座烽火台，是古代军事设施之重要遗存。

碉堡圪垯烽火台（Diāobǎogēdá Fēnghuǒtái） 位于盘安镇王公村梁关家与张家川回族自治县交界处。明代遗址，县级文物保护单位。以所在地貌特征命名。分布面积 10 平方米，呈正四棱台体，底边长 4 米，残高 3 米，夯层厚 0.07 ~ 0.08 米，四周有明显夯筑痕迹，采集有白釉瓷片。

蜗牛山烽燧（Wōniúshān Fēngsuì） 位于通化镇新庄村东北蜗牛山顶，宋代遗址，县级文物保护单位。以所在山体名命名。烽燧呈圆形，残长 5 米，残高 4 米，上部周长 17 米，底部周长 70 米，为黄土夯筑，夯层厚 0.1 米。

岘壑梁烽火台（Xiànhèliáng Fēnghuǒtái） 位于大庄镇刘沟村张家湾岘壑梁。明代遗址，县级文物保护单位。以所在地片地貌特征命名。烽火台遗址呈正方形，边长 10 米，分布面积 100 平方米，夯层发现黑釉瓷碗残片及布纹瓦残片。

圆山嘴烽燧（Yuánshānzuǐ Fēngsuì） 位于良邑镇陈岔村东。汉、唐、元代遗址，县级文物保护单位。以所在地貌特征命名。呈圆锥形，底周长 25 米，残高 3 米，夯层厚 0.05 ~ 0.13 米。在烽火台周围采集齐家文化细泥红陶片，有折肩罐、敞口碗残片和夹砂褐陶绳纹罐残片。另有汉、唐、元三代布纹瓦及灰、黑陶瓷片。

小湾梁烽燧（Xiǎowānliáng Fēngsuì） 位于良邑镇滴水崖村小湾梁顶。汉代遗址，县级文物保护单位。以所在山梁名命名。呈四棱台体，残高 5 米，夯层厚 0.1 米，底部东西长 9 米，南北宽 5 米，占地面积 45 平方米。顶端东西长 4.5 米，南北宽 2.5 米。周围采集有蓝釉、弦纹白、里白外黑瓷片及圈足碗、灰陶片，分别属汉、宋、元、明各朝代不同时期。

岘阳嘴烽燧（Xiànyángzuǐ Fēngsuì） 位于良邑镇杨家大坪村西北。汉代、明代遗址，县级文物保护单位。以所在地片位置（壑岘阳面山嘴）命名。东西长 8 米，南北宽 3 米，占地面积 24 平方米。四棱台体，残高 3 米，夯层厚 0.13 米，采集到灰陶瓦片、细泥红陶片、夹砂红陶片、白釉瓷碗、布纹瓦残片。烽燧西南地埂下有齐家文化墓地。

花朵山烽燧（Huāduǒshān Fēngsuì） 位于柳梁镇穹咀村西花朵山顶。汉代遗址，县级文物保护单位。以所在山名命名。烽燧呈正四棱台体，底边长 10 米，顶边长 8 米，高 2.8 米，夯层厚 0.08 ~ 0.1 米，地表散见绳纹灰陶罐残片和粗布纹瓦残片。

馒头嘴烽火台（Mántóuzuǐ Fēnghuǒtái） 位于南坪镇靳家大庄村馒头嘴。宋代遗址，县级文物保护单位。以所在地山名命名。呈四棱台体，残高 3 米，底边长 8 米，宽 7 米，夯层厚 0.06 ~ 0.08 米。地表采集燧石 2 件，素面灰陶罐残片，粗布纹瓦和白釉瓷、黑釉瓷片。

大墩山烽火台（Dàdūnshān Fēnghuǒtái） 位于赵墩乡蛟龙掌村大墩山。汉代、宋代遗址，县级文物保护单位。以所在山名命名。东西长 300 米，南北宽 20 米，分布面积 6000 平方米。4 座烽火台呈一字排列，自北向南编号，其中 1 号为夯筑四棱台体，底边长 4 米，残高 6 米，夯层厚 0.15 ~ 0.17 米，夯层内发现黑、灰陶片和粗布纹瓦片；2 号为夯筑四棱台体，底边长 9 米，宽 7.5 米，残高 3 米，夯层厚 0.15 ~ 0.17 米；3 号为夯筑四棱台体，底边长 30 米，宽 5 米，残高 4 米，夯层厚 0.06 米；4 号为圆台体，残径 10 米，夯层厚 0.1 米。

前山头烽火台（Qiánshāntóu Fēnghuǒtái） 位于赵墩乡赵墩村。宋代遗址，县级文物保护单位。以所在地方位命名。长 10 米，宽 5 米，分布面积 50 平方米，夯筑四棱台体，夯层厚 0.12 米。

古建筑

关帝庙戏楼（Guāndìmiào Xìlóu） 位于南湖镇南门村。古建筑，以所在场所及用途命名。1992 年被庄浪县人民政府公布为县级文物保护单位，2016 年被省政府公布为第八批省级文物保护单位。始建于明万历年间（1573—1620），清康熙七年（1668）重建。戏楼坐南面北，砖木土坯结构，分上下两层，高 8 米、宽 10 米、进深 5.7 米，上层高 5.5 米、下层高 2.5 米，占地面积 57 平方米，分 3 间、四檐歇山式建筑，四角以斜梁连接，斗拱承托，形成三角挑檐，楼顶有五脊六兽，通梁柱 8 根，周围有木栏杆。下层正面有拱形门洞和圆形窗孔。戏楼中梁竖书墨书题记："大清康熙七年岁次戊申孟夏谷旦敕授文林郎知庄浪县事温陵王钟鸣喜舍白金壹百两重建都缘首邑民蒙习仪。"

关帝庙戏楼（2020 年 6 月摄）

紫荆山古建筑群（Zǐjīngshān Gǔjiànzhùqún） 位于水洛镇紫荆山公园。清代建筑群，县级文物保护单位。因位于紫荆山得名。东接二郎山，南至贯坪，西到紫荆南街，北到西关村。东西长 500 米，南北宽 100 米，分布面积 5 万平方米。始建于魏晋南北朝时期，宋、元、明、清历代修葺，为儒，释、道三家之活动场所，曾出土 4 件北魏石造像碑。1984 年，在濒临塌毁的老君庙中，平凉地区博物馆对残存的 22 平方米元代道教壁画进行揭取保护。《甘肃通志稿》载：清光绪二十五年（1899），静宁州牧王煊等人在紫荆山第一台院建立道南书院，山底北侧平台为佛教寺院。从 20 世纪 80 年代开始，县政府投入巨资，对紫荆山古建筑群进行保护维修，拆除违章建筑，重建山门和二门。建筑由东北向西南依次为三清殿、玉皇楼、十王殿、法主殿、无量殿、文昌阁、药王洞、灵官殿、子孙宫、吴玠吴璘纪念馆，其中十王殿、法主殿、无量殿、灵官殿为清代建筑，形制统一，大小略等，面阔 10 米，进深 9 米，高 7 米，为砖木结构外明廊两坡硬山顶式。存有清代"大宋民族英雄吴玠、吴璘、郭浩公之故里"碑刻 1 通，清乾隆三十三年（1768）、乾隆四十年（1775）石碑 2 通，石狮、石猴、石柱础、石香炉、石经幢等建筑构件 20 余件，有宋槐元柏 6 株。建筑群东北有宋代城堡，堡长 200 米，宽 100 米，高 20 米，夯层厚 12 厘米，西墙开有一门，占地面积 2000 平方米，是紫荆山古建筑群的一部分。

近现代重要史迹及代表性建筑

庄浪梯田（Zhuānglàng Tītián）庄浪县地处黄土高原丘陵沟壑区，水土流失严重，从 1964 年起，40 万庄浪人民持续 34 年修筑梯田百万亩，被水利部专家鉴定为“居国际领先水平的水保工程”，铸成了“实事求是、崇尚科学、自强不息、艰苦创业”的庄浪精神，改变了恶劣的生产条件和生存环境。庄浪县被誉为群山中崛起的“梯田王国”，1998 年 7 月 16 日被水利部第一个命名为“中国梯田化模范县”。2011 年 12 月，“庄浪梯田”被甘肃省人民政府公布为第七批省级文物保护单位。

庄浪梯田（2018 年 4 月摄）

张家沟渡槽（Zhāngjiāgōu Dùcáo） 位于朱店镇西街村西南张家沟。县级文物保护单位。渡槽为水泥混凝土浇筑，长 6.35 米，宽 1.2 米，深 0.72 米。上有平行五组横梁，东、西墩高各 5 米。渡槽北面横梁用水泥浮雕“水利是农业的命脉”字样，南面横梁有“农业学大寨”字样。渡槽两头引渠长 3 米，东渠残长 50 余米，西渠毁坏严重。该水泥渡槽建于 1974 年，具有典型时代特征。

语录碑（Yǔlù Bēi） 位于通化镇野赵村。属县级文物保护单位。1968 年建，砖木土石结构，造型呈五角凉亭状，中空，碑体中央生长一株松树。语录碑体由碑顶、碑身、碑基三部分构成，通高 4 米，碑基腹围 12 米。在碑顶折角五面体用水泥浮雕五角星、三面红旗图案以及灯笼形斗拱，基座处浮雕葵花和寿桃图案，造型独特，具有典型时代特征。

第三节　宗教场所

云崖寺（Yún'ái Sì） 位于韩店镇郭漫村东部峡谷中，距县城东 28 千米。佛教场所。因山崖悬空、常有云雾缭绕而得名。始建于北魏太平真君三年（442），经北周、宋、明、清历代维修和扩建，形成八寺、三洞、一湾、一潭景观。洞窟开凿在 80 米高的三层悬崖绝壁之上，现存 19 孔，内有历代石造和泥塑佛像。悬崖之下有现代修建庙宇、僧房数间，僧人常驻，香火经久不衰，每年端午节（农历五月初五日）有庙会。云崖寺又名主山白云洞，据《增修华亭县志》载：“宋代僧人法印辟白云洞，其洞朝夕多云，而云多白，四时洞中出云，洞上盘云，洞前云驻，洞底云擎，因以得名”。

紫荆山道观（Zǐjīngshān Dàoguàn） 位于水洛镇紫荆山公园。相传，道观始建于西秦太初年间（386—394），宋、元两代增修，明天启七年（1627）重建，清代又修葺。1986 年至 2005 年持续修缮，自下而上依山势建成 8 个台院。一台：山门，牌坊式建筑，中门额嵌胡耀邦书“紫荆山”巨幅石匾。二台：中门，与山门同轴，琉璃宫门，额嵌李子奇书“紫荆山公园”石匾。三台：吴玠吴璘纪念馆、五圣宫。四台：子孙宫（又称三霄殿）、财神殿、万仙洞、点道宫（亦称磨针观）。五台：灵官殿。六台：文昌楼、无量殿、药王洞、三皇阁。七台：法主殿、十王殿（又称地坛）、玉皇楼。八台：三清殿（亦称老君殿，门额嵌于右任题“无极大道”横匾）、无木寺、姥姆殿。2002 年 4 月，平凉地区民族宗教事务局派崆峒山道士马高玉住紫荆山，是年 12 月批准开放为道教活动场所。有教职人员 4 人，管委会管理人员 3 人。

永福寺（Yǒngfú Sì） 位于朱店镇柳窑村东殿湾山。“永福”取“永远福佑”之意。为佛、儒、道三教合一宗教场所。康熙《静宁州志·寺观》记："州南有永福寺。"寺内存《永福寺前后始末考》《重修梵宫记》石碑2通。按碑文所记及相传，寺名三变，寺址三迁，董家湾村原建有柏雀寺，"皇宋四年移山下圣寿寺（址今毛柳家），失燃灯古佛、三大圣母、孟坡母、斗母等庙。嘉靖元年（1522）移永福寺（今址）"。清康熙年间（1662—1722）增建。同治年间（1862—1874）毁于战乱。光绪元年（1875）照旧重修。清末至1914年，连续增修。1982年始，依原格局连续修建各殿堂9座，戏楼1座，僧房7间，客厅3间。寺院依山势建筑，拾级而登，分4个台院，占地43亩。一台：戏楼、文昌阁、土地祠。二台：地藏菩萨殿、斗母殿、地母殿。三台：观音堂、财神殿、子孙宫。四台：西方三圣殿。

水洛清真寺（Shuǐluò Qīngzhēnsì） 位于水洛镇东大街。伊斯兰教活动场所。因所在地水洛镇得名。始建于清末，2011年重建。占地面积2000平方米，建筑面积1800平方米，有大殿1座，办公室、水房和伙房各1间，其他用房3间，共4层。有坊民250人。

刘河清真寺（Liúhé Qīngzhēnsì） 位于韩店镇刘河村。伊斯兰教活动场所。因所在地刘河村得名。建于2002年1月，是年12月批准开放。占地面积520平方米，建筑面积200平方米，有大殿1座，伙房1间，其他用房3间。有坊民215人。

岔沟清真寺（Chàgōu Qīngzhēnsì） 位于韩店镇岔岔沟村。伊斯兰教活动场所。因所在地岔岔沟村得名。建于1983年，2002年批准开放。占地面积467.42平方米，建筑面积240平方米。有大殿1座，其他用房5间。坊民245人。

野赵清真寺（Yězhào Qīngzhēnsì） 位于通化镇野赵村。伊斯兰教活动场所。因所在地野赵村得名。建于1991年，是年批准开放。占地面积390平方米，建筑面积280平方米，有大殿1座，办公室、水房各1间，其他用房5间。有坊民319人。

朱店中街基督教堂（Zhūdiànzhōngjiē Jīdūjiàotáng） 位于朱店镇中街村。因所在地朱店镇中街村得名。1998年修建，占地面积712.4平方米，建筑面积320平方米。有教堂1座，可供300人聚会，另有其他用房5间。有传道员21人、长老1人、信徒315人。

第四节 公园景点

云崖寺国家森林公园（Yún'áisì Guójiā Sēnlín Gōngyuán） 位于韩店镇东南部。因公园内有云崖寺而得名。所在山脉系六盘山（亦称陇山，境内称关山）。总面积188.24平方千米，海拔1811～2677米。公园内奇峰兀立，密林参天，绿茵遍地，白桦、松柏、山杨、山柳、箭竹等20多种天然次生林木连缀成茫茫林海，蕴藏党参、杜仲、猪苓、丹皮等300多种药材资源和金钱豹、梅花鹿、麝、狍、野猪、红腹锦鸡等30多种珍稀动物。云崖寺所在异峰突起、众山环拱，有"四

云崖寺国家森林公园（2020年6月摄）

台十六峰”之称，“秋千架”“遮天石”“金龟饮水”“湘子洞”“试斧山”“大禹神足”等奇异景观点缀其间。云崖寺石窟为国家重点文物保护单位。1992年10月，甘肃省林业厅批准建立云崖寺森林公园，11月，林业部批准建立云崖寺国家森林公园。竹林寺水库风景区于2004年6月被水利部公布为第四批国家水利风景区。11月，云崖寺景区被甘肃省人民政府公布为“省级风景名胜区”。2010年1月18日，云崖寺被国家旅游局命名为“国家AAAA级旅游景区”，12月25日，被关中天水旅游经济联盟授予关中—天水经济区最具开发潜力景区。云崖寺国家森林公园与省道泾甘公路相接，2018年接待县内外游客26万人次。

紫荆山公园（Zǐjīngshān Gōngyuán）位于县城中部，属国家AAA级旅游景区。2012年县政府将紫荆山公园与二郎山生态公园合并正式命名为紫荆山公园。紫荆山因山坡遍植紫荆树得名。县文体广电和旅游局、公用事业管理局共同管理，设有紫荆山管理所。公园因山就势而建，总面积1.12平方千米。有牌坊式山门4座，由西向东依次分布于紫荆南街、紫荆广场、丹阳广场和文昌街南端。原紫荆山公园最初为宗教场所，相传建于西秦太初年间，清乾隆《静宁州志》记：“上有玉虚诸宫，楼台掩映，青翠夺目，四时游人赏玩。”1949年后对古建筑进行保护维修，1985年县政府列为县级文物保护单位。1986年5月20日，中共中央总书记胡耀邦莅县考察时题写“紫荆山”，是年辟为公园。1989年中共甘肃省委书记李子奇题写“紫荆山公园”。公园以古树名木和古建筑群为核心。原二郎山生态公园，2008年始建，2010年建成，是以抚育生态、营造景观为主，供市民休闲游憩的开放式公园。建有凉亭4座，广场2处，管理用房12间，硬化车行道路9千米，铺砖人行道11千米，安装太阳能路灯153盏。2012年在山脊建大佛禅院。园内林木繁茂，郁郁苍苍，主要树种有银杏、槭树、白桦、竹、槐、油松、雪松、白皮松、云杉、龙柏、合欢、玉兰、鹅掌楸、榆树、杨树、柳树、红叶李、红花刺槐、西府海棠、蜡梅、珍珠梅、柽柳、丁香、红瑞木、碧桃、樱花、紫荆、榆叶梅、连翘等29种，花草百余种。

紫荆山公园（2016年6月摄）

朝那湫前湫（2019年10月摄）

朝那湫后湫（2019年5月摄）

朝那湫景区（Cháonāqiū Jǐngqū）位于郑河乡上寨村桃木山，距县城东偏北26千米，国家AAA级旅游景区。因高山天然淡水湖泊朝那湫得名。朝那湫又名灵湫、桃峰天池、关山天池，由前后两个大湫组成，相距728米。前湫状如卧蚕，水域面积2.5万平方米，水光潋滟，旱涝如故，青黛环拱，绿草如茵。后湫形似弯月，水域面积1.3万平方米，湫内遍生红色水草，犹如胭脂溶入其中。传说为伏羲诞生地、泾水源头。为黄土高原罕见山顶平湖。郑河至朝那湫专用道路可直达景区，配套有人行栈道、观景台、停车场等设施。2018年接待游客1万人次。

陈家洞景区（Chénjiādòng Jǐngqū） 位于通化镇陈堡村东部峡谷中，距县城东北23千米。国家AA级旅游景区。因国家重点文物保护单位陈家洞石窟得名。景区山高林密，峡谷幽深，清流潺潺，有北魏石窟、三尊摩崖浮雕石造像和唐七级残塔。专用道路与张通公路相接。2018年接待游客1.2万人次。

赵墩沟梯田生态风景区（Zhàodūngōu Tītián Shēngtài Fēngjǐngqū） 位于赵墩乡东南部，2014年入选农业部中国美丽田园名单。因所在位置和人工梯田得名。国家AA级旅游景区。观景台与静庄、赵岔公路相接，占地面积11.97平方千米，涉及赵墩、牡丹2村9个村民小组，440户1995人。景区有优质水平梯田4.8平方千米、生态林3平方千米、草地0.75平方千米，治理程度86.8%。有淤地骨干坝5座，总库容157.27万立方米，水域面积11万平方米，蓄水量60万立方米。配套建有梯田农艺园、水保科技园、游客采果园、坝库生态园、多种养殖园、农家民俗园、水面垂钓园、休闲娱乐园。

赵墩沟梯田生态风景区（2019年10月摄）

水上公园（2020年4月摄）

水上公园（Shuǐshàng Gōngyuán） 位于县城西南部水洛河与水河南河交汇处三角地带，公园街西侧，属水洛镇辖区。因公园主体由人工湖组成，故2012年5月县政府命名为水上公园。设有公园管理所。1994年初建，2003—2005年改扩建，总面积0.21平方千米，由3个主体人工湖组成，包括云思亭、湖心亭、休憩亭、观景台、亲水台、曲桥、拱桥、湖心岛广场、假山跌水、音乐喷泉、柳岸松堤等景观和儿童游乐场等建筑设施。绿地占总面积61%，水域占24%。建筑布局疏落相宜，构思精巧，风格清新、秀雅、自然，是城区居民健身、休闲、娱乐场所，日均入园人数2000人次。

第九章　建筑物地名

第一节　广场　体育场　商场

文化广场（Wénhuà Guǎngchǎng）位于北滨河路与新昌路交会处西侧。占地面积1.8万平方米。2002年4月开建，2003年竣工，彩砖铺地，建有地下配电室和观礼台，音乐喷泉2处，矗立汉白玉雕龙柱1座，周边置凿壁借光、画龙点睛、汉节不屈、孔融让梨、伯乐相马、女娲补天、愚公移山、大禹治水、巧夺天工、岳母刺字、后羿射日、铁棒磨成针、曹冲称象、苏秦锥刺股、闻鸡起舞、心忧天下16座汉白玉雕塑，28个花坛簇拥。2007年8月县政府命名为文化广场，突出文化特征。主要供民众文化休闲、集会活动。

紫荆广场（Zǐjīng Guǎngchǎng）位于水洛镇西大街与新昌街交会处，紫荆山脚下。占地面积17990平方米。2004年建成，依地三阶建设，内有铜牛雕塑、音乐喷泉、紫荆花雕塑，安装各类景观灯116盏，铺砌花岗岩地砖5850平方米，广场地砖6394平方米，种植草坪6560平方米，乔木花卉点缀其间。2007年8月县政府命名，因风景名胜紫荆山得名。

紫荆广场（2016年7月摄）

朝阳广场（Cháoyáng Guǎngchǎng）位于水洛镇文昌街与东大街交会处。2009年建成，占地面积41354平方米，其中绿地28681平方米，广场12673平方米。栽植银杏、樱花、红叶李、合欢、国槐、塔柏等风景树木4万株，安装景观灯145盏。建有弧形浮雕壁1座，反映中华人民共和国成立60年来庄浪县各行各业取得的辉煌成就。2012年县政府命名，因地处县城东部，取朝气蓬勃之意。

丹阳广场（2016年6月摄）

丹阳广场（Dānyáng Guǎngchǎng）位于水洛镇中宁南街南端，紫荆山公园中门处。占地面积8004平方米。2010年建成，有假山、喷泉和瀑布等人造景观。2012 年 5 月县政府命名，取红色向阳之义。

梯田广场（Tītián Guǎngchǎng） 位于水洛镇开元路南侧。2012 年始建，为纪念全国第一个梯田化模范县，庄浪县政府命名为梯田广场。2014 年建成。占地面积 52693 平方米，南北梯形设计，中央矗立“中国梯田化模范县”纪念碑，铺设大理石地面，安装亮化灯具，栽植树林花卉和草坪。

梯田广场（2020 年 4 月摄）

庄浪县体育中心（Zhuānglàng Xiàn Tǐyùzhōngxīn） 位于水洛镇公园街东侧。2005 年建成。2007 年通过省甲级体育中心验收。占地 63333 平方米，建筑面积 48900 平方米，其中国家体育总局“雪碳工程”授建综合训练馆面积 3200 平方米，平板双向空间钢网架结构，跨度 55 米，内设层级式固定看台 1300 个、活动场地 1536 平方米，铺设木地板比赛场地 800 平方米。田径场 33333 平方米，建有 400 米标准田径场及足球场，主席台和看台面积 1360 平方米。文体活动中心占地 9333 平方米，建筑面积 6700 平方米，可容纳观众 1.2 万人，铺设塑胶地板比赛场地 1080 平方米。其他活动场地 17666 平方米，设篮球场 4 个、羽毛球场 4 个、健身路径 1 条。配有公厕、休息室及工作用房 100 间。

庄浪五限吉国际商贸城（Zhuānglàng Wǔxiànjí Guójìshāngmàochéng） 位于水洛镇西环路西侧。是涵盖建材家居、五金机电、服装百货副食、数码电器四大功能区的大型商贸城。“五限吉”取无限美好之意。2016 年 4 月开工，2018 年 8 月建成并投入使用。占地 12.05 万平方米，建筑面积 14.6 万平方米，有3～4层框架结构商用楼 27 栋，主体高 14.4～18.6 米，二、三层均由连廊贯通，有东、南、西、北 4 个门，中心广场 1 处 5500 平方米。可容纳商户 2200 家。

庄浪五限吉国际商贸城（2020 年 6 月摄）

第二节　房　屋

庄浪县影剧院（Zhuānglàng Xiàn Yǐngjùyuàn）　位于水洛镇东大街，属东街社区范围。1983 年建成投入使用。占地 11355 平方米，建筑面积 1130 平方米，主体 3 层，高 15 米。因是县城电影放映、戏剧演出及举办大型活动封闭场所得名。管理、使用单位庄浪县影剧院管理中心。

庄浪县影剧院（2021 年 1 月摄）

庄浪县人民政府统办大楼（Zhuānglàng Xiàn Rénmínzhèngfǔ Tǒngbàn Dàlóu）位于水洛镇北滨河路。2005 年 9 月建成并投入使用，为县内首栋高层公共性标志性建筑。建筑风格仿“神舟七号”飞船使用的长征 2 号 F 火箭发射塔形状，楼体为剪体墙框架结构，共 13 层，地下负 1 层，长 58.1 米，宽 14.9 米，通高 57 米，建筑面积 13143 平方米。驻有县政府和政府办、发展和改革局、工业和信息化局、财政局、交通运输局、审计局、统计局等单位。

庄浪县人民政府统办大楼（2018 年 2 月摄）

庄浪县救灾物资储备库（Zhuānglàng Xiàn Jiùzāiwùzī Chǔbèikù）　位于南坪镇沈坪村。为庄浪县储备救灾物资场所，故名。2011 年始建，2012 年建成并投入使用。占地面积 4200 平方米，建筑面积 1100 平方米，其中库房 900 平方米（1 层，高 6 米），附属用房 200 平方米。

第三节　碑

中国梯田化模范县（Zhōngguó Tītiánhuà Mófànxiàn）　位于水洛镇开元路南梯田广场。是主体高 19.98 米、宽 3.4 米的纪念碑，象征 1998 年建成全国第一个梯田模范县和 34 年梯田建设不平凡历程和巨大成就。1998 年庄浪县第一个被水利部命名为“中国梯田化模范县”，当年在西大街建成原碑，主体高 15.53 米，象征全县 1553 平方千米大地上树起一座历史丰碑，真实反映 40 万庄浪人民在九届县委、县政府领导班子带领下，以锲而不舍的精神，建成中国梯田化模范县感人事迹（碑文 326

字）。2014 年 5 月，因城区建设需要搬迁，建成新碑。

生态环境建设纪念碑（Shēngtàihuánjìngjiànshè Jìniànbēi） 位于水洛镇二郎山顶。碑高 5.8 米，花岗岩贴面，正刻“生态环境建设纪念碑”大字，背刻仿宋体涂金碑文，全文 593 字。2000 年 3 月，经水利部、财政部验收，认为庄浪县以梯田建设为主的水土流失工程居国际领先水平，为黄土高原基础设施建设树立了楷模，以山、水、田、林、路综合治理为主的生态环境建设取得了显著的经济、社会和生态效益，命名为“全国水土保持生态环境建设示范县”。

纪念毛定原诞辰一百周年（Jìniàn Máodìngyuán Dànchén Yībǎizhōunián） 位于水洛镇南滨河路北侧。属县级文物保护单位。占地面积 10 平方米。毛定原，朱店镇毛柳村人，生于 1906 年 7 月 25 日，中国共产党早期地下工作者，中国人民解放军优秀指挥员，铁道部和教育战线的卓越管理者。曾在京畿三团任排长、连长，参加过北伐战争和淮海战役、渡江战役、解放西南战役。为了纪念毛定原同志，2006 年 7 月 25 日县委、县政府立。竖高 259 厘米，横宽 114 厘米，棱厚 20.5 厘米。碑座高 70 厘米，碑阳刻行草“纪念毛定原诞辰一百周年”（甘肃省委原书记李子奇题），碑阴刻魏体碑文。

中国梯田化模范县（原碑 2005年7月摄）

生态环境建设纪念碑（2016 年 6 月摄）

“纪念毛定原诞辰一百周年”碑（2015 年 12 月摄）

第十章　地名文化

第一节　碑　记

大宋王家城新建城隍庙之记

宋·张齐物

皇宋王家城城隍庙碑铭：唐西出国门入西戎，地逾万里，声教遐被，宾贡来格。迨唐之季，运涉五代。拙夫代大匠之斲，小人乘君子之器，中外动摇，无一乃心。《易》曰："负且乘，致寇至。"夫惟明验之神速也如此。若夫太平无象，众志成城：得一人之心，则一人之城也；得十人之心，则十人之城也；得百人之心，则百人之城也。惟有道君子立为盛德大业者通有之，庸能累百而至于千万，累万而至于亿兆？古之二帝三王，善得民心之多者，厥数犹苍□草木，广被于山泽，可胜道哉！内本无限，外亦无间，故我善得民心，则汝为我所有；不得民心，则我为汝所间。噫！自唐季，西土万里为犬戎侵掠者十殆有八九，有志之士扼腕；登高西望，可不洒涕而愤痛哉！

今我宋救五代之涂炭，复皇唐之基业，星罗云布，森庙堂之师老；爪锐牙矗，拥疆场之校尉。四夷凶彪，莫不骇魄而丧胆耶！庆历二年秋八月，泾原路都帅郑公有命，静边步将刘子浚将军按兵取水逻（即水洛——编者注），通天水要路。凶渠□击，易于立朽，活秦渭之襟带，断灵夏之肘臂。促发土工，复城水逻；百堵偕作，一呼而就。于是西设石门堡，以为外关；东起王家城，而生重堑。

按图，水逻三山东来，二水分注。主阜中位，如虎之踞；客冈旁拱，如凤之舞。又其东山有青铜白金，秀林美实，大车之扑（朴），广厦之材，民所取之，其利斯博。故其民弃泾原故土即水逻新居者万有余户，善利诱之然也。然又于三山两川间，可城可戍者有数十处所；其川谷气候，田畴膏壤，在秦之下、陇之上。复闻耆艾相语于道途云：陇外山川，未为汉所有，收复时（前）每岁早霜，大损稼穑数十秋；今自刘公将军收复水逻之后，连岁大有秋若是者，岂非天厌胡族而福我汉民乎！今民食于此土，安于此土，一荷刘公之力，愧里域之灵。刘公既飨庙食之荣，里域合宸春秋之祀。夫然，有以见彼土之人尽报本之心也。

齐物顷沐刘公之知，因谒令子于东山巡检之署，徘徊恩地，久而不忍轻去。时辱盛邑博雅君子，以邑西城隍新成，恳来丐辞，用纪岁月，刊之金石，期于不朽。既承嘉命，安敢以牢让为心！谨以直笔而为铭曰：

微刘公之力，兹土何得！非里域之灵，生民曷宁！可以具牲牢之飨，可以荐黍稷之馨。云集父老，歌于庙庭。自即日始，祈福于万祀千龄！

太白山人张齐物撰

嘉祐五年庚子岁八月十五日巡检司郭拱书 邠甸尚理刊 王佑立石

□□□三班差使殿侍东山一带巡检兼王家城烟火收税刘师道立石

［摘自《庄浪县志（1991—2010）》］

赐“忠勇庙”敕封“忠烈侯”告

尚书省牒德顺军忠勇庙

礼部状，承都省送下陕府西路都转运司奏：德顺军申水洛城故刘将军沪，有功民社，自来累有灵应，未经封爵，乞敷奏加封爵。本司保明，委是诣实，本部合取朝廷指挥。牒奉敕，宜赐“忠勇庙”为额。牒至，准敕故牒。崇宁四年闰二月二十日牒。

德顺军水洛城忠勇庙，聪明正直，有功德于民，而载祀典者，法当崇异，朕用褒嘉。惟神作庇一方，有祷辄应，时其雨旸，物以顺序。肆加庙食进享，侯封永□，□□克歆怿，可特封忠烈侯。大观元年八月十六日中书令、中书侍郎臣梁□□宣奉，皇城使知德顺军水洛城骑□尉王硕谨上石。

［摘自《庄浪县志（1991—2010）》］

朝那庙碑记

明·赵时春

朝那，秦肇县。惠文王使张仪阴谋伐楚，献文于湫神曰：“敢昭告于巫咸大神，以底楚王熊相之多罪。”是时楚方强，三闾多贤能谋，熊相昏（而）不用，自陷囚执，兵败国削，非神褫其魄者，殆不至是也。但湫之为巫咸，岂商之贤相欤？或《列子》之所述欤？抑自为一人？莫可征矣。而神之名巫咸，则可据也，相传为朝那县令。令者，邑万户、秩千石之官。秦以朝那北距义渠，西制戎。而万户之民，半多戎狄，以一令柔远能迩，卒兼义渠，塞河南；史虽失其名，而其令之才且贤亦可想见。岂非足以嗣周公之功、为圣人之徒者欤？

但朝那地界固广，而湫则所在有之。惟华亭县北五十里湫头山，山最高池，渊泓莫测，旱涝无所增损；且北麓为泾之源，南趾为汭之源，神灵所栖，莫宜于斯。而境内千百泉湫，咸朝宗泾汭，而湫头实泾汭之源。《礼》：“祭河必先源而后委。”朝那之庙，食于华亭，又其宜也。但湫去县至远，香牢乏荐。旧传：于县西北十里湫头之支之下原，去县近而山平旷，有泉错出，下为两亭沟；民咸仰惠泽，故遂立祠，屡圮必修。（惟）称曰“盖国大王”则无所据而名不正。

时春生于朝那数千（载）之后，每诵经史，穷治乱，览山川，美禹绩，思古圣贤之风烈，以为拯否定倾，必代有哲人，而文献莫征于修郡志，盖喟然三叹焉。窃自童子入邑庠，荐乡举，躬睹胡马饮泾，愤莫或缵神与禹周之绪也。顾四十余年，力已衰而志未渝。

事亲既终丧，乃以甲子冬至，定居两亭沟之东二里许，与祠相望。乙丑春旱，至五月弗雨，民恐且饥，遍走群望。余告以神之灵。兵部郎中周君鉴、乡进士曹子继参、赵子佩在余所，遂以月之十日同祈于神；而县之耆旧狎至，共浚湫以还。乃北风化为谷风，阴渰群然突起，至夜大雨，翌日乃晴。

并具祭文，勒诸碑阴。以后思雨即雨，雨足即晴。

八月朔，余祗题“朝那神祠”加焉，方大澍即霁。县官遵化谢君济、缙绅刘子□等，咸共伐石志之，以传诸后。且为迎、送神歌，俾民岁以五月望、八月朔祀焉。

歌曰：神之来兮幽之西，金天熯兮霜霰虚。云之旆兮飙之骑，奔迅霆兮腾潜螭。阳穆穆兮阴为电，露瀼瀼兮雨徐徐。阜我兮百谷嘉蔬，育我兮孙子祁祁。众角奔兮拜舞，鼓角革兮糈脯。

馐肴兮少牢之鸡，酹清醑兮田之黍。春秋代兮傒□神居，千百祀兮熄寇虏。神之享兮瞻颜赭，儵云扬兮骋天马。佐少昊兮於穆，光陆离兮霞舄。兑之楹兮遨游，西海恬兮广野。前文凤兮后轩龙，彼妖氛兮何为者！

注：此碑原立于庄浪县郑河乡朝那湫庙（明嘉靖四十四年，即1565年建成）前，后圮毁。碑文载于明《平凉府志》卷十一《华亭》之《寺观》篇。

［摘自《庄浪县志（1991—2010）》］

主山云崖寺成碑记

明·云岩

弗人为佛，神之也西域。自古中国未闻以佛为名，周末时祥光始现，历汉而唐而宋，称佛而供献之者屡屡矣。是佛教之流非一日也。古建多梵刹，纪号大都各因山水、地舆胜概，取其寂静幽爽，可以正厥果、觉厥慧也。然所谓云崖云者，不亦大异也哉！夫山川出云，当初以云名崖，而景色其寺亦丽焉。其必峰巉巍峨险峻灵秀，诚所谓天造地设，人力莫可攀者。吁！是创斯寺也，其得地之古刹胜者哉！历代修葺，不知凡几朝代矣。

国初为安王属土，厥田亦为所有。及王故绝，洪熙初元敕赐韩藩，钦遵恒业，迄今二百余年。然立刹虽远，葺理未竞。住持释子真晓，仰承德意，多方募化，鸠工集资，凿石为洞，佛像、伽蓝、护法诸神法身，咸以石为质，彩饰刻画，各极工巧。视厥初时，重修气象，巍然一大备矣。一方人而及士，有不改观而兴善念乎！

厥山接迹秦、巩，关山绝顶有五方佛洞，下为绝崖几千寻。云崖腰有千佛、药师、七佛、日月菩萨诸洞，与夫弥陀、观自（在）世音二洞殿，偕原古迹建造。大佛、伽蓝、祖师诸殿宇，相为突兀而争衡焉。箎工于万历八年，越三岁乃重鼎落成。噫嘻！佛亦有否而有泰哉？未泛启备时，佛之否也；今则卓群山而可观仰焉，其泰抑何如耶！猗欤胜哉！国运之巩固灵长，殆将与是山而永丽也。佛而有灵，宁不为之阴佑矣哉！是为记。

注：碑立云崖寺石窟中，高2.8米，宽1.1米。碑首雕蟠龙，篆额“大明重建”，雕工精致。刻于明万历十二年（1584），署“韩王别号云岩撰书”，缀列韩王府承奉司承奉正白朝、承奉副马忠，校尉李宗义、龙廷相，庄头胡朝敬，庄浪致仕知县李第及朝阳寺、主山寺、耿家寺、红崖寺、到回庵住持僧徒等法名，共39人。承奉正白朝督造，云崖寺住持真晓承办，石匠孙奉先镌刻。

云岩，据韩王世系，当为端王朱朗锜（？—1606）。

（摘自《庄浪县志》）

重修龙眼山寺碑记

清・程奇英

盖自白马经来，赤乌僧至，佛法行于震旦国中，已不知其几许矣。间有因缘同而果报异，遂谓佛教虚无，漫不持戒，往往以台城为非实，抑知非佛无灵，由事佛者之未信心耳。《传灯录》云：“心澄不染淤泥境，九品莲花处处开。”《大士偈》云：“莫道优昙难得见，学人心静自圆明。”观于此，而知马祖“即心即佛”之说，愈明验矣。夫何世之徼灵者，不问黄梅生熟何如，辄以一瓣香遽思无遮之大教，数文宝奢望利益之福田，此欲心也而非戒心，贪心也非清净心，私心也非普广爱心。噫嘻！是心而可以求佛耶？如以是心而求佛，虽口念弥陀，终朝稽首皈依，总非慧镜，几怪乎灵山远而苦海深，踏破铁鞋无觅处也。

兹陇干折种川有一古峡，峭壁千寻，悬崖万仞，水势汹涌，岚气黯幽，虎豹鹿獐之类，相聚渊薮，为人迹所罕到。若稽古晋泰和间，突出现三尊石佛，妙相庄严，挺立于礅岩波浪中，宛若恒河沙景像。至唐僖宗文德时，雷轰电掣，朗见神龙夭矫飞吼，开豁眼眸，霞光照彻丛林，故当日土人记瑞，乃呼名为龙眼山。窃思石何成佛，龙何舒眼？意者，佛之灵应化石现身，欲渡世之爱河欲海。设以无相作有相，来此水湄间，尤恐凡夫肉眼，终惑不悟，又借龙威点睛，破壁显出光明法眼，指引众生，使期脱迷途而登彼岸也。于是乡人且惊且喜，遂肇建浮图，一则妥圣偶，一则志休征。

迨后岁久年深，风侵雨敝，延及明末崇祯之初，有善主耆宾陈时秀，发虔补葺，增立三清宫，规模稍稍粗具。阅今四十余载，栋瓦仍颓，丹青复谢，往过荒刹，动人黍离麦秀之悲。咸以营缮艰难为辞，幸赖秀才陈起龙倡先领袖，约诸檀越王宗杰、王汝志、赵学普、许可复、王福、陈时元、宋得仓等，并住持海登，劝勉十方善信男女，各输涓埃。庀材鸠工，重建三清宫、大雄寺、玉皇阁、玄帝殿、观音洞、关帝堂、圣母祠、韦驮庵、灵官龛、龙王庙，伽蓝、护法、山神、土地诸宇，以及普济桥、钟楼二座、云板一枚、大小磬九口，历次告竣。且饰金彩画，丹雘黝垩之属，罔不周备，是善述前人之创作，而更克光克大也。厥功讵不伟欤！行见圣像辉煌，山灵□□，不仅本境人民快瞻庙貌，即远方之朝谒闻望者，俱莫不欣欣然向慕，佥谓给孤祇园、魏王鹿野不过如此。由此而参禅，可以悟三乘、通五蕴；由此而悟乘，可以弘六度、高四流；即由此而祈福禳灾，亦无不可以除百千万劫之障，获四十八愿之祥，谁谓佛教为虚无哉！信乎！《楞严经》曰：“旃檀寸寸，是玉且华，片片皆香。”洵不诬尔！

功圆正果，一衲子跣足跋涉，远来索序。余不敏，夙闻苏子翻译释典，山公诠解佛书，从来三宝真言，儒者尚钦刊纪，况我世尊普化奇迹堪传，与夫土木之结构，人力之经营，宜附神功并垂不朽者，可弗表扬勒诸金石乎？敢承盛事，潜叙俚言，虽无裨于梵呗，亦庶几记事之原委，后有继起，不久考稽云尔。是为记。

注：碑立陈家洞石窟中，刻于康熙十一年(1672)，高2.12米，阔1米。碑首线刻二龙戏珠，篆额“重修龙眼山寺碑记”，署衔平凉府庄浪县正堂柬四箴、训导黄正中、典史俞国栋，后缀住持化缘僧悟空、海登，劝农里会首、女会首、幼生会及梓、塑、画、木、石匠姓名300余人。

程奇英，庄浪人，别号天毓，明代崇祯间（1628—1644）贡生。

（摘自《庄浪县志》）

承修县城碑记

清・邵陆

我朝圣圣相承，百有余年，仁渐义摩，声教四讫。西陲之役，皇上神武奋扬，辟地二万余里，幅员之广，亘古未有。久矣众志成城，不恃金汤环卫，而已固如磐石泰山矣。乃犹以内府充盈，思所以散而布之者，诏发帑金，大修天下城垣。甘肃城通七十二座，应补修者四十六处，庄浪与焉。恩至渥，典至巨也。

粤稽庄浪，古未有建置。元时始设为路，寻降为州；明初仍之，洪武八年以县名。《通志》载：庄城仅周一里许，设西、北两门；或传旧有东门，随垫之，造南门。然皆湮没无考。今延袤二里七分零，周围五百余丈，高约三丈，广自一丈八尺至两丈有奇；门二，南曰"镇远"，北曰"拱极"。盖明嘉靖间邑令张公瑜建，康熙五年王令钟鸣修之者也。今又百余年矣，颓垣废址，保障何存。余窃病之。

庚辰岁，将与平、静、固原一体请修。奈庄邑偏处山陬，素鲜物产，挽运维艰，诸苦竭蹶；且军需甫息，民力稍纾，遂乞乌私，志焉未逮。

丁亥孟冬补任，适奉檄应斯役，战战兢兢，惧不能胜。幸阖邑人民愿效子来，又来华亭县尉胡君诚襄事，司训伍君譓、县尉黄君玉衡协赞焉。凡内外新筑者四百余丈，削屦者加半；建门楼四座，水溜十八道；北列角台二，东西列敌台九；环以垛堞，缭以女墙，锁之以马道门两座。自二月开工，迄九月而落成。是役也，动帑一万一千一百零，计期二百余日。名虽修补，实同新造。更名南为"朝阳门"，北为"迎恩门"，而两瓮城名仍循其旧，示不忘所自也。弥望楼台壮丽，雉堞峥嵘，仡仡闲闲，克成锁钥。视向之倾颓剥落者，顿觉今昔改观。

庶几哉，费不虚靡，工归实用，无负上宪慎重工程之意矣！虽然，余不敢贪为己力也。时和岁稔，得土之宜，因水之利；上资国帑，仰遵宪示；中藉僚友之匡勷；下赖士民之踊跃，夫是得以安意鸠工，如期告竣也。不然，任大责重，如斯之艰，不徒保固三年，当思作屏百世，余虽不惜费、不省工、不累民，殚精竭虑，矢慎矢勤，其遂能固金汤于亿万载也哉！是为记。

邵陆，浙江鄞县人，清乾隆二十一年至二十五年（1756—1760）任庄浪知县。

［摘自《庄浪县志（1991—2010）》］

重修龙眼山陈家洞碑记

民国・石清鉴

神道化行，欲懔无形之降鉴，效有掳之影响，竦动其心，畏服其志，由仁义行，共相纳于轨物者也。况九嶷呈瑞，三呼效灵，显赫擢于名山大川，尤历历有显应之实乎！

若龙眼山，自晋太和岁，忽然山崩，现出石佛大像三尊，波涛磡岩中挺立。唐时，雷轰电掣，又有神龙现形，双目闪烁，遂以此名山。嗣是创修寺观，历宋、元、明诸代，已之尽善。建有三清宫、大雄寺、玉皇阁、玄帝殿、三宫殿、观音洞、关帝堂、圣母祠、韦驮庵、灵官龛，文昌、救苦、伽蓝、护法、药王、黑虎、龙王、山神、土地诸庙宇，山麓又建玲珑宝塔，而编氓士庶，岁隆祭祀，福庇生民者久矣。且其山冈峦绵亘，峰崖峻削，高耸对峙，茂林修竹，奇花异鸟；野草发而幽香，嘉木秀而繁阴。轻烟缭绕，密雾苍茫，松柏覆阴峭壁，绿皂伸出塔尖。南倚云台，北接佛崖，溪水淙淙，怪石嶙峋。虽非泰岱嵩岳之比，而瑰奇伟丽，直可与陇上之崆峒、龙门堪相媲美矣。

惜自同治兵燹后，殿阁神像，悉付回禄。清光绪中叶，有会首陈占奎、王建勋、石秀峨，鸠工庀材，督众修作，尚未完备。宣统三年，陈进忠、陈福庆、张振等复加修筑。外功虽有可观，而内实无染指，风雨侵蚀，庙宇倾颓。民国二十七年，陈瑜、何培基、李芳花重整建筑。二十九年，陈帝刚、陈永泰、陈启明、陈耀基等继述前人，大加修葺，补其所旧毁，增其所未成，塑演圣母金像，以妥神侑。今辛巳仲夏，庙功、神像略为告竣，爰立碑碣，详记颠末，俾后之登斯山者，知圣神之泽深，念前人之功佑，不至于荒怠弗敬，斯可矣。是为记。

注：碑立陈家洞一石窟中，刻于民国 30 年（1941），高 1.8 米，阔 0.75 米。碑首镂雕蟠龙，楷额“国恩永固”。

石清鉴（1890—1968），通化乡石岔村人。清末生员，后从医。

（摘自《庄浪县志》）

中国梯田化模范县命名纪念碑

庄浪县被中华人民共和国水利部一九九八年七月十六日，命名为第一个中国梯田化模范县。

庄浪位于甘肃中部，六盘山西麓。昔日，山大沟深，地陡土瘠，旱涝雹灾频繁，水土流失严重，生态环境恶劣，民生苦不堪言。

一九六四年以来，我县响应党中央、毛主席号召，九届领导班子率领全县人民，顶烈日，冒严寒，忍饥渴，洒血汗，舍生命，不分昼夜，艰辛奋战，重整山河。累计移动土方三亿立方米，修成梯田九十四万亩，占全县总耕地面积的百分之八十三，坡耕地面积百分之九十二，奠定持续发展的基础。描绘地平路通，龙坝碧塘，山清水秀的壮丽画卷；铸造“实事求是，崇尚科学，自强不息，艰苦创业”的庄浪精神，向世人展示一个征服大自然、人定胜天的生动典范。

庄浪人民气吞山河的壮举，昭日月，震寰宇，中央、省、地大力支持。我县先后被定为“三西”建设重点县、全国梯田化试点县和生态环境建设重点县。一九九八年梯田化建设开发项目通过专家鉴定，是居国际领先水平的水土保持工程。水利部、省政府在水洛召开大会，验收命名，表彰奖励，授牌揭碑，盛况空前。新闻媒介报道宣扬，《人民日报》头版头条刊登《庄浪人的骄傲》。迅速形成“庄浪热”，梯田王国、庄浪精神名扬天下。中外专家，惊叹不已，誉为奇迹。党和国家领导充分肯定。记者李战吉向江泽民总书记写了感人至深的信，温家宝读了此信，听取我省领导汇报，作出重要批示。陈俊生题词：“锲而不舍，兴修梯田。”姜春云题词：“愚公移山，大造梯田。”中共中央原总书记胡耀邦视察后，欣然挥毫“党员带头，战天斗地”。庄浪文明史留下不朽的光彩。

为兹旷古盛事，弘扬庄浪精神，播声誉于世界，垂嘉名于千秋，特立此碑，因以为记。

中共庄浪县委、庄浪县人民政府，公元一九九八年七月十六日立。

［摘自《庄浪县志（1991—2010）》］

纪念毛定原诞辰一百周年碑文

曲野有英特颖脱而功济家邦民族者，斯地之炳荣。毛公之于吾县，显例也哉！

公讳定原，生于一九零六年夏历七月二十五日，籍庄浪县朱店镇毛柳村。父焯，生四子，公居季幼。气性豪迈，不甘雌伏。初入乡塾，未几而辍。终走投军旅，辗转各部；后归杨虎城，任连长，与北伐之役。一九二八年，受中共组织委派，赴北大学习，借以从事地下工作。三三年领骑兵连驻西安，遂加入中共。西安事变后，受命保护中共代表。三七年三月，由林伯渠介绍赴延安，入抗日军政大学二期班；六月，集体蒙毛泽东接见。抗战军兴，公手书“气壮河山”镌于华山北峰，至今可瞻。远在陕西靖边县任八路军某大队副，旋至国军新五军做统战工作。四一年起，任八路军太行总部军教股股长、独立团团长、冀鲁豫军区五分区教导大队长、军区第二办事处主任，与日寇鏖战山西，屡负重伤。后在京、津任专务。四六年至四九年底，历任冀鲁豫军区军政处长，军分区、独立旅及二野五兵团某师参谋长，铜仁军区司令员，兵团随军学校副军级校长。杞睢、济南、淮海、渡江、解放西南诸战役，公皆与焉，且频立军功。其半生纵横疆场，舍生忘死，在抵御外侮与民族解放战争中树就不朽之功勋。

鼎革伊始，公历任铁道部第六、第三工程局副局长。中改仕教育，任甘肃师范大学副校长、兰州铁道学院副院长。复归任铁道部郑州铁路局、第二工程局副局长，终任隧道工程局顾问。一九八四年以副部长级别离休。

公魁梧壮健，神采慑人。立身处事，刚正廉隅。一生躬亲与事，折冲樽俎，故能戒浮夸而除蔽障，达民意无挟私虑，秉实情不恤人言，故素有直声。竟因忠悯而蒙枉屈，然亦安之若素，不失故常。尝于报告中劝诫学生“要当员，莫做官”，谓员可劬劳实事，官则多具虚荣。公仆意识，溢于言表！逢贫寒学子，施财赀之济；与故乡父老，有绨袍之谊。一九九二年，公捐薪资四万余元以扶持庄浪教育事业。其高风义举，令县民翕然敬之。揆其生平，乃革命、战斗、尽瘁之一生。求真务实，勇为人先。逐鹿年代，未惮捐躯；定鼎以来，不矜权位。居要津能体察民瘼，做隐公亦心系家邦。语溢浩气，貌无媚态。壮岁具鸿鹄高翔之志，晚年有桑梓夕照之情。公堪为不失平民本真之革命家，无愧为庄浪人民之子。公卒于一九九三年一月五日，龄八秩晋八。有子二女四，多留学海外，具硕、博士学位，奉职中、美、加外交、铁路、医学诸业，皆振拔卓荦，有乃父之风。

今值公百年诞辰，为载其峥嵘生平，俾兹风范弘扬不湮，特树碑勒辞，以垂久远。斯人虽逝，业绩毋泯；山河易改，片石不灭。

且铭曰：世逢板荡，公起蒿莱。勋由百战，功载三台。筑路心瘁，培兰手栽。青衫涕泗，赤子情怀。光昭故里，型勖英才。江河浩淼，岱华崔嵬。绵泽毋涸，徽范不颓。

是为文。

中共庄浪县委、庄浪县人民政府，公元二〇〇六年夏历七月二十五淑和日制立。

（碑立水洛镇南滨河路北侧绿化带内，王克生撰文）

紫荆广场记

水洛乃人文古邑，当对山襟抱，在两水中央，为经济枢纽、交通要衢。鼎革以降，立为县治，风物虽殊，街巷如故。上世纪九十年代，县城综合治理初竣，闾阎耸峙，道路条畅，曩昔旧貌，炳焕一新。惜乎民居辐辏，密不容间，迄无一公众游乐憩息之场所矣。

二〇〇二年，省政府批复《庄浪县城二十年总体规划》，旋经县两代会议决，拟建一广场于县城垓心。先是，斯地为洛民旧宅故巷，动必徙民，其难可知。二〇〇四年始行拆迁，七月动工，至十一月告竣，遂名曰"紫荆广场"。其总面积万八千余平方米，花岗岩铺面四千五百平方米。内制建筑艺术物：象征"奋进"之铜牛铸像、音乐喷泉，各类华美灯饰凡百余盏。置健身器材十三套，皆机巧灵动，各臻其妙。游人徜徉其间，如入苑囿；夜则激柱飞虹，火树银花，宛在琼瑶世界。且将"庄浪影剧院"重予葺饰，俾集会、演映、休闲场所连为一体，相得益彰。工程由平凉新世纪工贸开发集团承建，付资九百万元。

广场之建竣，利非一端焉：辟优游娱乐场所，怡情悦性，溥惠万民，一也；适与其南之紫荆山风物名胜毗邻交映，互为表里，二也；为县城靓容增胜，提升其人文品位，三也。斯役之举，亦为政府与民众相互协作、和衷共济之见证。清风惠政，古今所望；公益之举，必有解人。是知昔所谓"民可与乐成，未可以虑始"之说为谬矣！

谨镌斯文，以昭来者。是为记。

庄浪县人民政府，公元二〇〇四年十一月制立。

［摘自《庄浪县志（1991—2010）》，王克生撰文］

庄浪县绿地公园浮雕壁镌文

值建国六十周年华诞之际，县城建设继文化广场、紫荆广场、水上公园、二郎山生态公园之后，又于此地辟地建大型绿地公园。并请著名雕塑艺术家何鄂先生创作了"六十年巨变、六十年成就"的主题浮雕。为彰显其义，谨撰此文。

黄土陇坂，六盘西麓，坐落庄浪。溯其县名，初始于元。先有庄浪部族，游牧于河套间，后随成吉思汗南征，设庄浪路于此，因袭其名。自古为边陲，多民族往来杂居。因战争频仍，辖治分合无序，常沦为荒僻边陬。清康熙《庄浪县志》载："境内不过千人，乡无五家之聚，数十里断烟断迹，几十年无镇无集。"其凋敝之状，略见一斑。

建国伊始，朗然新天。六十年春秋，沧桑巨变，风雨历程，波浪前行。最堪忆梯田建设，煌煌巨篇。往事历历，动地感天：凛冽寒风，猎猎大旗，人如潮涌，车如游龙。挑灯夜战忍饥渴，赤膊挥镐汗如雨。肩挑担，手推车，老幼女孺不示弱。续写愚公移山神话，血汗铸造"庄浪精神"。四十万人民奋斗，百万亩梯田伟业，赢得"中国梯田化模范县"金字名片，遐迩传闻。三中全会，春雷动地开新宇；联产承包，柳暗花明万家春。天降甘霖，"两西"东风烈烈劲；四方援手，鼎力扶贫未歇停。梯田优势，天时地利显奇能；温饱无忧，百代梦想终成真。巨浪滚滚，八面来风，二次创业再登程。

促发展，城乡建设高潮迭起；创文明，城镇品位快速提升。融资引智，科学规划。广建公益设施，夯实基础工程。楼群竞起，增万家居民入住。步步园林，处处温馨；五桥飞跨，洛河造景。锁昔日浊流恶浪，现眼前碧波荡漾；叠阶流瀑，湖面似缎。霓虹夜景，如梦如幻。两山比翼，龙腾凤翔；绿装翠裹，蔚然气象。乡村里巷，路平水畅；农家门楣光鲜，屋内字画满堂。移深山乡民于川，改千家命运，福乐共享，同奔小康。

兴县方略既定，科技吹荡春风。田间地头，把手相传，惠及寻常百姓；星火计划，产业推动，农牧创建奇功。大户养殖，百家蜂起，冲闯市场开门红；良种马铃薯，覆膜玉米，田田弥望兆年丰。叹羊肠小道之崎岖，苦畜驮背负之维艰；绵绵困扰，世代难消。筑路曲訇然奏响：填沟架桥，劈山开道；看今日乡乡柏油大道，纵横畅达，交织如网。引水歌响彻全县：越壑翻山，通管穿涵；引关山林莽之清流，至千村万户之灶台。乡老洒喜泪掬水痛饮，爬陡坡挑黄汤之历史终结。十万劳务大军，乘改革开放东风，勇敢闯出家门；走塞北大漠，下江南水乡。苦心志，劳筋骨，练本领，启智能。引金河银水，浇灌故土家园；积每岁资金数亿，撑经济半壁江山。

藉退耕还林良机，生态建设蓝图展。天然保护，绿被童山；改荒坡秃岭旧貌，换青山碧野新颜。眺座座坝库，浓荫覆被，碧波银鳞，宛若桃源。获金牌“全国生态环境建设示范县”。调产业，植果园，致千顷平畴青黛葱茏。秋实金果如山，远销九州方圆。

数百年重教，一脉相承；六十载育人，功垂当今。全县百姓瞩目，党政决策筹运。新建校舍千万间，风雨不动安如山。十万学子跃龙门，金榜名数，一路飙升；五千教师执杏坛，精英比肩，团队方成。着力培育栋梁，全国名校俱登临；职教偏师藉重，输送一线生力军。六十年几度磨砺，几度攀升，告别缺医少药岁月；降病魔于防疫防病，保健康至妇幼孱弱。今杏林大树，枝繁叶茂；参合普及，霖雨苍生；贫病民忧，日渐冰消。逐鹿之地，尚武之乡；水土质美，余绪承扬。育儿多体坛健将争荣光，跻身奥运呈高强。百姓踊跃，时代风尚，晴雨昏晓健身忙。

民族交融，集边陲戎羌西域风情；移民文化，汇南腔北调品类繁盛。歌谣故事，精神宝藏传世情；庄浪花儿，西部流韵传至今。南湖眉户，地方剧种世独存；高抬艺术，全国非遗榜上名。刺绣、剪纸，泥塑、雕刻，草编、贴画，民间瑰宝，五彩纷呈；虎符、宋瓷、虎枕，精美绝伦；仰韶、齐家、寺洼，陶艺堪惊。剑戈、铜镜，映现上古文明；曲辕、犁铧，西汉屯田见证。文化沃土，历史馈赠；人杰地灵，世代相承。百花齐放，推陈出新。首获“全国文化模范县”，声名远播，举县增荣。朝那湫池，兆孕羲娲，古地雷泽史传诵；云崖仙境，丝绸古道，鬼斧神工称奇雄。千年寺观，紫荆飘香，亭阁楼台赋灵韵；陈洞岩佛，伟岸祥和，淙淙溪流伴福音。不胜数风景名胜呈风流，旅游产业，开发方兴。

壮乎哉！颂四十三万人民励志奋发，铁骨铮铮，豪气遏云，造福子孙建奇功；赞十数届党政薪火相传，心系民生，运筹践行，功垂庄浪青史铭。六十华诞，万民仰颂；庄浪儿女，载歌载庆。瞻望河山，如花似锦；沃沃热土，万象更新。科学发展，跨越奋进；和谐富裕，如日东升。

中共庄浪县委　庄浪县人民政府，二〇〇九年秋制立。

［摘《庄浪县志（1991—2010）》，孙志勇撰文。2012 年县政府将绿地公园命名为朝阳广场］

大水泉赋

大水泉者，旷代之清泓。泉出万川，奚无故哉？盖川者，水也；万者，众也。众水潜汇，汇而为泉；泉泽斯民，民怀其德；德则旌表，表之以赋；赋其功惠，惠将来也。顾天下之泉多矣，其兴也勃，其涸也速，罕能阅百世而沛然，濡一方而终焉。斯泉润物活人，得天独厚，实沧桑之见证，乃福祉之象征。谓为灵异，岂虚妄耶！

泉之初浚，已莫详考。征之谱牒，某氏始祖于明万历年间居此，即汲水斯泉，迄今已赓十八代矣；是知泉之远龄，概约四百五十年许。泉之水口，初为四孔；一九七七年修砌，改为并排六龙头，俾宽足分水，广可容人。泉之大号，凡三易焉：初名灵佛湫，中称神龙泉，今呼大水泉。昔哲有云：大象无形，上善若水。可知大水之名，正寓至善之意。饮水毋忘践善，天道人心见焉。

盖尝闻之：移居择地形，知机觇泉脉。斯地脉泽绵衍、元气淋漓，故尔山水钟灵、人物毓秀。若夫泉水沛茂，宜治吾餐，万灶千廛，取之汪然；泉水甘冽，吾酒之托，曩昔烧锅，今朝“水洛”；泉水澈流，吾民吉休，百业裕盛，四时无咎；泉水汀滢，启吾后生，济济多士，俊彦菁英。嗟夫！卅载廓开石闼，万泉换了人间。仗干群之勤敏，赖党政之擘画，藉楼台之近水，得左右之逢源，致嘉禾比穗，晏岁并祺。绿荫掩翳，俨然陇上禹甸；紫气蒸腾，美哉县西尧封。家兴端赖河清，佳泉溥水；国泰总在人和，惠政流风。一马平川，今日锦程正好；双蝠高第，明朝彩画未央。

二零一一年季夏，重治大水泉工竣。戏台卓尔，轩亭翼然；泉腹潴水，龙口吐涓。忻新纪之盛象，念老泉之覃恩；典礼刊石，延余撰文。窃谓感恩诚属可贵，敬物尤为难能；遂摅怀旧之慨，以勖鼎新之志。泉固有灵，葆汝善下之性；天终不老，助我向上之猷。三星光气蕴三宝，万载雨旸膏万泉！来者通识，览之贞珉。是为赋。

万泉镇人民政府暨万川全体村民同立

公元二零一一年夏历辛卯岁六月三十日竣

（碑立庄浪县万泉镇万家沟门大水泉旁，王克生撰文）

第二节　文　翰

主山白云洞记

明・胡缵宗

陇西多名山。崆峒崔嵬，西倾磅礴，鸟鼠嵂崒，嶓冢蜿蜒，胜矣！而陇干之主山，天水麦积崖、仙人岩，襄武之马丽山，靡不佳丽，以路不当冲，鲜登眺者。

主山僧来，道其山之胜：众山环拱，一峰突出。高并崆峒，厚比西倾，奇拟仙岩，广类鸟鼠。秀岭奇峰，层叠峦嶂。丹崖翠壁，杰阁危楼。赤栏朱槛，苍松古柏。山藏乎寺，寺裒乎山。绝顶亭高，半岩寺密。寺覆岩下，雨不能及。下瞰洛水，前俯龙山；龙山揖让，洛水追随。远望之，梵宫如阙，崖路如梯，悬岩如厦，绝壁如堵。

盖周寺皆山，是山其主也，名曰中台。旁有石径如楔，为寺东门。东为观音山，其山如狮之蹲，山石巃嵸如柱，旁列笔华山如附，名曰东台。南挺最高峰，其峰秀拔，如星之丽，石磴如攀，其壁如削，名曰南台。西峙罗汉崖，其崖盘裾，如起如伏，而崖瑰垒，名曰西台。旁有石洞为寺，西门如拱，北耸云崖山，其山三迭，高出云表，如鹏之运。其上石亭突兀，其中石阁峥嵘，其下石殿辉煌，亦覆岩下，为云崖寺，雨亦不及。下伫香台前缘，石径左引，槎桥如限，名曰北台。

夫山拥峻极，则四台为辅；山伫阼阶，则四台为宾。而洛水循麓，陇水出溪，山色金铺，水声玉韵，山不中立以为之主哉？台西有竹枝峰，其峰如架如门，峰下有寺，有滴水潭，其潭如渊，斯则主山之群从也。嗟乎，山胜矣！郡中潜夫创论，玄晏撰记，诸皇甫有伟绩，两吴有奇勋，是非灵秀所钟欤？而山不虚峙矣。

崖寺左壁有洞焉，山僧法印所辟者也。其洞朝夕多云，而云多白。洞中云出，洞上云盘，洞前云驻，洞下云擎，历四时焉。主山多胜概，白云洞其一也。是洞倚层岩而削壁，盖负山而履水，固北台之碧石，主山之丹穴也。山僧辟洞其间，不取其山水迴合欤？

夫西倾有洞，而洮出焉；鸟鼠有洞，而渭出焉；嶓冢有洞，而漾出焉；崆峒有云，而玄鹤生焉。主山有云，惟多白云，洞非是山之石窟欤？夫山有洞，僧多主之，不知是僧能主是洞，以习是定否欤？吾闻主山奇甚，是僧不能详，所绘图不能真，然是山距吾秦邑不一二日程，吾不能一登以悉其胜，吾不及山僧矣。姑记其略，以畀山僧。

胡缵宗（1480—1560），字孝思，号可泉，秦安县人。进士，官至山东、河南巡抚。著有《鸟鼠山人集》。

（摘自《庄浪县志》）

请从正疆界申文

明·卫东鲁

切照全陕寒薄之处，平凉为最，而平凉县之属，庄浪尤甚。立群山之中，居偏隘之区，城垣不及三里，舍市只有百家。田不川，山不林，雨少则旱，雨多则寒，一遇早霜，秋禾尽萎。果菜桑麻，皆非所产。四乡之民，星散于土室之中，少则四五家，多不过十余户，荒凉寥落，不异殊俗。名虽为县，其实不及一镇，正粮正差尚不能支，民咸逃徙。今之赋役倍于往昔，若不急为之处，不至于尽逃不已也。

至于本县疆域，尤多与静宁、隆德接壤，土地相搀。有在本县地方而属静、隆者，有在静、隆地方而属本县者，远近不一，彼此交错。是以地土各随方便允卖承佃，及至催征之时，彼此互推。在本县之人，则曰：吾地已卖与静、隆某人，而静、隆之人肆然高坐，不服拘唤，钱粮不完。为此，合从正疆界，近静、隆者属静、隆，近庄浪者属庄浪，四界整齐，不许搀错。或颁示晓谕，不分隔属，但系钱粮，即行处治。有不服者，许申请重究，庶奸民不肆，而公务可完也。

卫鲁东，明代河南叶县人，万历五年至九年（1577—1581）任庄浪县知县。

（摘自《庄浪县志》）

登游龙山记

清·王钟鸣

游龙山居县北二里许，古名北寺山云。余来莅是邑，登城堵北望，远眺荒山壁立，草木蓊蔚，度其中必有殊胜。于是偕诸友生携步至，山映溪底，高视之，果奇伟不可状。

溪源由山出，流益细，声益微，蹑足抠衣以过。牡马嘶风，乱人心曲。友辞归，余告曰：“龙山将至，勿复返矣。”语未毕，左右谓山即焉，乃暂止歇。山下无壮树瘦石，又寂无人声。其道凌空峭险，未许遽登，徐与诸友同步山侧。山迎人面，盘旋而上，伛偻托杖逶行。

爰陟山巅，联岚含晖，俯瞰城若斗大，户烟杂雾而浮，万壑贡青，千峰带紫。登其际，若置身天上，吞吐云霞，殆常所未及睹者。倏焉，东山之阳聚影如虹，长陇叠嶂，磅礴委蛇而来，状似龙游者然。噫！此岂地主山灵，开颜改观，启山扃，揖我游欤？！

既至寺，寺庭两大株，干霄蔽日，鹊鹳多巢居于斯。及阶，阶上绿苔青草，藓滑塞径，寺亦古矣。询之山童，云：寺久无僧，但有春游者；亦勿记寺创何年，惟佛偶洒泪，枫钟竹韵参差，鸟虫声楚。花镂拱书迹蠹藻，仿佛唐宋人所留。左传翼廊，皆婺生像，瓦栋倾腐，荆棘离蔓，诚可怜可哭！嗣登玉皇阁，阁中女娥，宛广寒宫里。四面树木环髦，寂寥无人，凛凛不可久居。

降望少室，饮于山原树下。酒酣兴尽，谓友曰："观止矣，邑之胜至此蔑佳矣！余今簿书之暇，得借若二三，邂逅游观，醉饮耳热，山因人而增色，吏因山而失俗。噫，何羞而得此哉！以数千年之山，待余而游；以数千里之余，对山而景，旷世奇观，其忍忽诸。"故为记登临，以志胜概，不则恐贻游龙羞。或云山祖崆峒，有李氏之遗，其犹龙乎，其犹龙乎！并记之。

王钟鸣，清代福建惠安人，康熙二年至十一年（1663—1672）任庄浪县知县。

（摘自《庄浪县志》）

乱池神辩

清·黄廷钰

平凉高山，在在有之。而其最著者，自湫头以外，隆德东北亦有灵湫一，土人分为南北乱池云。《方言》："水神曰乱。"按《说文》，绝流而渡为乱。《书》曰："乱于河。"《诗》云："涉渭为乱。"是也。而以此号神，非礼也。静宁又转"池"为"石"，其《旧祠记》有云：乱石神者，宋乾德间陇干人严氏，伯曰辉，仲曰茂，以智勇御西夏有功，进爵为公，又格杀境内虎，为民除患，卒于乾德三年八月三日，进爵为王。仲封南乱石，祀章麻林，即华亭湫。伯封北乱石，祀陇干南郊，即隆德湫。盖湫神显应，雨泽山川，故一州二县所祷赛也。《记》又称：伯仲举子九，登进士者八。曰士仁，曰士义，曰士礼，曰士智，曰士信，伯出。曰士良，曰士贤，曰士孝，仲出。惟孝不应举，以道学闻。其言似为凿凿，然不见史册，而故《志》亦未列之人物、选举，所谓荒略弗可深考，荐绅先生难言之者矣。余尝读浚谷《朝那神庙碑》，梗据前史，足破俚谈。又《碑》言，相传湫神为朝那县令，虽其详无征，而神之名巫咸，则可据也。《隆德志》载元人《灵湫记》，亦称是湫肇于春秋，与赵《碑》稳合而不悖于史。然则静《记》所云，非无稽耶？或者求其说而不得，以巫咸之神，至宋更代，而严氏伯仲乃继其职，亦理或然。

然神道幽远，固非世人所知；即使可知，而元人当早知之。夫元人实先我而不知之，而我又乌从知之。夫言既不本于古昔，而其所言者，又前乎我者之所未知，则其言真天下之妄言也。妄诞不经，矫诬神明，司典礼庸默默乎！按湫神号，华亭称为盖国大王，静宁、隆德称惠泽大王。赵浚谷曰："盖国之称无所据，而名不正。"黄廷钰曰：若惠泽者，其近义乎。

黄廷钰，字二如，清奉天（今辽宁沈阳）人。康熙五十年（1711）任静宁州知州。

（摘自《庄浪县志》）

关山的眼睛

彭金山

关山是有眼睛的，真的，你不相信吗？那么，请随我到桃木山上走一走。

桃木山是关山的主峰，海拔2700多米，在2205米的高处，有关山的两只眼睛。这是两只清亮明澈的眼睛。白天，它映着蓝天、白云，有时也掠过雷电的影子；夜里，它含着星光、月辉，守护着大山的安宁。说到这里，您大概明白了，我所说的眼睛是指高山水泊。在干旱的陇阪，我亲眼见到三处自然形成的高山湖泊，旱季不减，雨季不溢，永远汪着一潭深情。注视着这美丽的大山的眼睛，你会觉得土地的灵性全都集中在这多情的眸子里了！这三只眼睛，一只在宁夏隆德，当地人称北莲池，两只在庄浪的桃木山上，当地人分别称它们前湫和后湫。北莲池三面环山，朝南的一面虽没有山，却平地隆起一座梁坝，将水拦了起来。可能是发生在历史上的一次大的地震，造成了这座堰塞湖。而桃木山上的前湫和后湫，则是依偎在山跟前的两弯明滟。再大的雨也不见溢出，地旱得冒烟了，它仍然是碧波一片。特别是前湫，水深莫测，水域面积三十余亩，旱涝冬夏无所增损。大跃进年代人们曾试图将它引出灌溉山下的农田，却没有成功。关于这两个湫，有一些说法。广有影响的是天牛移湫的传说。这两个湫为什么那么神奇，原来就是天神所造。还有学者考证，桃木山上的湫池，就是古人祭祀的朝那湫；战国时秦惠文王作《诅楚文》，刻石分别沉埋于山川多处，后“谓之耕者得于朝那湫旁”。这朝那湫在哪里，就在桃木山上。因此，这两个湫就成了一个秘密，一种敬仰，藏在关山人的心里，流传在关山人的口边。

今年中秋节的前一天，我和几个朋友探访了庄浪双湫。这是我第二次登上桃木山。第一次是在十年前的夏天，关陇民俗学会组织了一次关陇民俗文化的考察活动，那次的重点探访地就在庄浪。这一次是王兴先生从市里调回庄浪任政协主席，他很想在弘扬庄浪文化方面有些作为。平凉市民间文艺家协会主席王知三先生已先我们深入关山进行了十多天的考察，有一些想法，便约了孙志勇、袁治彪等几位朋友在一起评说评说。

这次登临关山，发现后湫的变化较大。这次我们是驱车来到这里的，而当年还没有通车的道路，我们是蹚着荒草从前湫走到后湫的。在我的印象中，后湫坐落在高山草原之上，似不很大，且长了半池红蓼草，在阳光照射下，水有些发红。离后湫不远处有一天然石棚，敞开着，有一个叫刘宗武的修道之人就住在石棚里面，地上有他简单的铺盖和灶具，那时常有放牛的人来到后湫，刘道人的生活供养就靠周围放牛的人们你给一些马铃薯，他捎一些馍馍，倒也乐在其中。这次在后湫没有见到刘道人，听说他已经去世了。那石棚前面已垒了一面墙，开着一扇门洞，俨然已成一座石造的屋子了。屋子上方的石崖上有庄浪一中校长徐光祖手写的“华胥氏履大人迹处”几个大字，但经风吹雨淋已不甚清晰。石屋的左侧是一块大石坡，石坡上是一块飞来石，上尖下阔，形若宝塔。有“智慧宝剑”四个红漆大字，十分醒目。不知什么时间，人们在这里修整出一块平场。场地的后方盖了一排平房，门关着。平场靠湫池的这边有几只石凳供游人休憩。后湫的水明显比那年大了一些，周边的林草郁郁葱葱，也比当年茂盛，这大概是封山禁牧的结果吧。我们在那里坐了一会儿，但奇怪的是竟没有人出来，管理人员可能下山去了。

前湫也有一些变化。在长草和灌木丛中新植了一些油松，已有一人多高。湫池的水仍是那么丰盈、明滟，静若处子，目送着寒来暑往，云飞鸟去。偶有一阵山风拂过，水面上漾起细密的波纹，仿佛油然浮起的心事，又仿佛无尽的秘密闪闪烁烁。山坡上的草深且密实，脚踩在上面像踏在棉花堆上。临近前湫约百米处，山坡有一块平摊，看样子是过去的庙基，但建筑已荡然无存。果然，我们在荒草丛中发现了一块础石，接着又找到了两块。因年代久远，础石的大半已埋在地下。但奇怪的是没有见到瓦砾，可能在荒草更深处吧。有块完整的石碑竖立在草丛中，碑身不高，上刻“东海龙君之神”。何人何年所立，不详。石碑后不远处，有一处农民自发用旧石料搭建的矮小简陋的小庙，上下两层，状类碉堡。穿过没膝深的荒草棘丛，还没有登上山梁，远远就望见了几面彩旗，还有一些彩带。彩旗插在一个古冢的两边。古冢墓门是用石头砌起来的，里面有一块约三尺高的石碑，碑上没有文字，只有刻出的灵碑的形迹。碑前是一个石制的香炉，堆积了焚燃过的香表的陈迹。土冢后面还有一个土冢，两座土冢都相当高大。在这荒无人烟的高山之巅，土冢的主人会是谁呢？斯人已逝，世事苍茫，只有碑身新近搭上的“红”，慰藉着古远的寂寥。山脊那边就是宁夏地界了。远远望去，苍苍茫茫，碧色连天；俯瞰，隐约可见谷底的道路蜿蜒远去。大家站在分水岭上，七嘴八舌地推测着坟冢的主人是谁。知三这些天已经在这里踏勘了多次，他认为这里是女娲庙的旧址。他说：“《水经注》说石宕水出北山，‘山上有女娲祠’，地理位置完全相符。”他说山顶还有女娲补天的采石场呢。山梁上的风很大，那些彩旗彩带忽啦忽啦地在风中一个劲地响，仿佛也加入了我们的讨论。但我们听不懂它说什么。

山上的道路已经修通，虽然不宽，但还平整。由于平时人迹罕至，路面上长满了草。道路七折八弯，把我们引到了关山最高处。一下汽车，头发立即被风吹得飞扬起来。山顶上没有一棵树，但呜呜的风声却很大，荒草在风中俯仰起伏。草丛中有一蓬一蓬红色、黄色、紫色的花。红花最为惹眼，走近一看才是一串串的红果子，圆如珍珠，晶莹剔透。原来高天之下，凡厚土处都有秋天的收获呵！这里的山是土山，但在这山的最高处却不知为什么有一簇簇的大石头，一个个状如卧牛，在绵长的日月里餐风饮露，坐看风起云舒。正因为有这些天外飞来的石头，知三把这里想象成了女娲炼石补天的采石场。是不是女娲的采石场姑且不论，因为女娲本身尚是个神话故事中的人物，但神话故事透露出的人类远古社会曾经历大洪水，大地震的信息却是真实的。那么，关山顶上这些飞来的巨石又在叙说着什么？是不是也是地壳某次大变动遗下的印迹？

高处不胜寒，加之天色将晚，我们揣着关山赐给我们的满腹兴致下了山。如果说第一次寻访关山，对庄浪双湫只是有个约略印象的话，那么十年后的再次探访，关山这一对意味深长的眼睛是深深地印在我的心里了。纵使离得再远，我也能望见它们的明艳，明艳里闪烁着历史深处的神秘。想到忘情处，耳畔仿佛响起了人类始祖撩水净身的声音，听见了历代祭祀的音乐，帝王的仪仗正沿着山路迤逦而来……

在陇阪，这进入大西北的第一个台阶上，这泾渭分水的地方，久远的年代里究竟发生过什么，桃木山，能告诉我吗？

（彭金山，河南人，原西北师范大学文学院教授，中国作家协会会员）

关山与云崖寺

马步升

关山是六盘山的支脉，横亘在关陇线上，成为关中西去的一大险隘。云崖寺便深藏于关山腹地。有道是天下名山僧占多，关山也不例外。在关山的要紧处就藏着一座云崖寺。云崖寺在历史上与崆峒山和麦积山齐名，因其集石窟艺术与天然美景于一身，并且群山苍苍，林海茫茫，未遭破坏，故曾有一外国专家在游览了云崖寺后作出了这样的评价：这是中国自然胜景中保护最完好的，堪称瑰宝。

1992年，国家林业部公布云崖寺景区为国家级森林公园，整个游览区位于海拔2402~2875米之间的关山群峰林海中。

关山，这名字叫得好。山是关，关是山，一山成关，天地横绝。关山难越，谁悲失路之人，这个关山虽是对关河险隘的泛称，但关山难越却是古往今来行路者的共同感受。伍子胥出昭关，一夜愁白少年头，一关在前，任你盖世英雄，也得靠双脚越过。苏东坡说韩愈：“文起八代之衰，而道济天下之溺，忠犯人主之怒，而勇夺三军之帅”，真是文才盖世，义薄云天，但“公之精诚，能开衡山之云，而不能回宪宗之惑；能驯鳄鱼之暴，而不能弭皇甫、李逢吉之谤；能信于南海之民，庙食百世，而不能使其身一日安于朝廷之上。”什么原因呢：“盖公之能者，天也。所不能者，人也。”其实，苏东坡少说了一件事，韩愈在蓝关遭遇大雪，乘马畏怯不前，日落西山，虎吼狼啸，叫天不应，叫地不灵，韩愈绝望之时，不觉放声大哭。可见，任谁都有过不去的“关山”的。

但眼前的这座关山，无论多么险恶，人还得不断翻越。因为关山扼守着中原通往西域的咽喉要道。绕不过去，只有硬着头皮翻越。一脚踏入关山，眼见得山路崎岖，十回九折，林木遮天，溪流盈耳。真是明知山有虎，偏向虎山行，自古以来，关山便被视为畏途，可这条道上，从来都是车水马龙，人烟如织。把话说开了，走阳关大道，得到的是春风得意马蹄疾的张狂，过独木桥，在一步三晃悠的惊险中，体会人生如临深渊如履薄冰化险为夷的刺激，问问那些对极限运动乐此不疲的人的感受吧，这恐怕就是心理学上的高峰体验吧。

当然，古人过关山，不是为了刻意体验什么，而是不得不身临险地。听听马九皋的《山坡羊》是怎么说吧：大江东去，长安西去，为功名走遍天涯路。厌舟车，喜琴书，早星星鬓影瓜田暮。心待足时名便足；高，高处苦；低，低处苦。

这是奔波后的体验。奔波是烦人的，可不经过这份烦，就不知烦的滋味，整天四仰八叉躺在床上，衣来伸手，饭来张口，人生就显得单调无趣，活着没意思。自古过关山的人多，把关山记在心里的人也多，或诗或文，或歌或咏，或怨或恋，或嗟或叹，关山因此也彪炳青史，令人着迷。

清朝有个官员叫牛树梅，老家是甘肃通渭人，与关山相去不远，因此，他笔下的关山就多了一些质感，还有一些桑梓之情。此翁长大成人后，一直在外流连官场，道光二十一年进士，作过四川按察使，署理布政使，后告病寓居成都，主讲锦江书院，留下的诗文杂着墨宝甚多，其中有《过关山》两首，其一曰：一路青云接，苍茫碧翠横。山花皆有态，野鸟半无名。烟岫晴偏耸，溪流激更清。陇秦天与界，长此奠承平。其二：立马正峰中，乾坤一望通。人歌流水曲，我唱大江东。瑞气迎关紫，朝暾透海红。登临饶胜概，摩抚看衡嵩。

这就是诗人笔下的关山。循诗而往，渐入佳境，今人仍可看到当年诗人笔下的景色。关山主峰分东、西、南、北四台，在山下仰望，山崖悬空，耸入云霄，层峦叠嶂，横绝天地，溪流穿谷越涧，碧映翠峰；登山远望，又是另番景象，晴空万里，青峰耸峙，白云冉冉，绿水日带，其峰秀拔，贯通天地，其壁如削，寒气森森，山各有形，如画如塑，壁各有致，如雕如凿。或如雄狮出林，如骆驼负重，如游龙戏凤，如鹤立鸡群，如军士会操，如高士对弈，传神写照，惟妙惟肖，历代游人因形神会意，一一命名：狮子岭、金驼峰、犀牛望月、金龟饮水、行军峰、棋盘峰等。

主峰四台尤以北台、西台为景色之最。北台由笔架山、棋盘峰、神仙桌等五峰汇集而成，与云崖主峰遥相呼应，组成一幅巨大的“五老观太极”图画。清风穿谷，林木飒飒，宛如仙乐高奏，使人迷醉；西台极妙处为罗汉崖，怪石林立，各呈姿态，高低错落，如罗汉排坐，望空膜拜。

自然美景乃天造地设，这是一方天地与造物主的源渊契应，非人力所为；而给自然美景中注入人的智慧，人的精神，则显出了天人合一互映生辉的道理来。云崖寺便是深藏于关山自然美景中的一方人文佳构。云崖寺是以开凿于北魏、北周时期的云崖寺为重心的石窟群组成，启关山开凿石窟之端，佛道两教闻香踵至，纷纷于方圆十里之广的石崖之上凿窟建寺，红崖寺、西寺、大寺、金瓦寺、乔阳寺、竹林寺、佛沟寺等八寺相继建成，组成了一组规模宏大的石窟群，因其香火旺盛，名闻遐迩，唐以来在此开辟的丝路驿站，便因云崖寺的声名而吸引得无数心系天下之士，不远万里，不避山高路险，在此驻足流连，春风一度。

云崖寺现存洞龛三层，第一层“白云洞”，庙宇已毁；第二层洞龛较多，现残留北魏、北周石造像17尊，其造型端庄古朴，雕塑技法独到，有较高的艺术价值；另有明万历十二年所立《主山云崖寺成碑记》《云崖刊石撰书》两碑，均有较高史料价值；第三层为进深10米、宽5米的大洞，洞中塑有5佛10菩萨和16尊小菩萨，彩饰刻画，工艺谨严精巧，堪称雕塑艺术之杰作。

出得关山，试回头，山犹在，关渺不可辨，而寺，更是深藏不露。心下思量，难道连日奔波无穷胜景，竟是南柯一梦？哦，所谓景色迷人而已。

（马步升，原甘肃省作家协会主席，著名作家）

也说朝那湫

李鹏星

巍巍关山，苍莽林海，吞吐着大西北粗犷、深邃、挺拔和刚毅的气息。关山的天池朝那湫，一汪碧水，倒映天蓝，浮光掠影，透着妩媚、静洁、安然和神明。

这里，是华夏古文明的源头，是中华民族的肇启地，是开天鸿蒙的纳福地，是中华传统文化的发祥地；是人文始祖的诞生地，是觐见叩拜人祖和寻根的朝圣地……

朝那湫，又唤灵湫，蜗居于甘肃省庄浪县郑河乡上寨村村东关山顶的湫头山前后。

朝那湫，由前后一对姊妹湫和周围许多星星点点的小湫组成。

前湫，海拔2200米，湫面30余亩，以湫头山为背景，状若卧蚕；湫深莫测，经年不涸。周边绿草如茵，层峦叠翠，山光水色。每逢夏秋来临，湫内波澜不惊，落日鎏金；湫畔牛羊遍坡，田园牧歌；荡舟水面，诗情画意，恍若仙境。

后湫，于前湫右侧，相距五里许，湫面20余亩，形若弯月。湫水深浅无常，水中遍生红色水草，犹如胭脂溶入其中。四周林木峥嵘，万象森罗，花草繁茂，空灵静寂。只有那座容颜沧桑、仙风道骨的朝那祠，至今仍信众熙攘，香火旺盛。

灵湫北向，有陇东石窟的耀眼明珠——陈家洞；灵湫南向，有钟鸣鼎食、禅意佛光的云崖寺；三景竞相争辉，相得益彰，珠联璧合。

关于朝那湫和湫神，历代典籍、志书中有诸多版本具体翔实的文字记载。

《史记正义》引《括地志》说：“朝那湫祠在原州平高县东南二十里”；《寰宇通志》记：“朝那湫在平凉府开城县”；《明一统志》记：“朝那湫在固原州东十五里”。

《史记封禅书》记：“自华以西，名山七，名川四：曰华山、薄山，薄山者襄山也，岳山、岐山、鸿山、渎山，渎山蜀之汶山。水曰：河，祠临晋；沔，祠汉中；湫渊，祠朝那；江水，祠蜀。”又记：“灞、浐、长水、沣、涝、泾、渭，皆非大川。”朝那湫超过泾、渭，直与五岳四渎并列，其权甚重。

《史记》载：战国时，秦在朝那湫立祠，祭祀商朝大臣巫咸。秦惠文王和张仪合谋伐楚，刻《诅楚文》于石，掷于湫水，“以底楚王熊相之多辜”，祈求巫咸神明助秦克楚，收复边城。

汉代《诗神雾》中说：“大迹出雷泽，华胥履之，生宓牺。”

唐代大诗人杜甫有《灵湫》诗，诗中写道：“味如甘露浆，挥弄滑且柔。”

唐人云：“湫头山，离天三丈三；脚踩云，举手摘星辰”，道出了桃木山的巍峨高峻。湫头山又称桃木山，海拔2857米，为陇东最高峰。志书中说，山中有华胥洞、女娲祠、龙王庙、马爷坟和补天石等胜景。

史载，公元前221年，秦王嬴政统一中国后，踌躇满志，自认为功盖千古，垂范万世，于是带文武百官一班人马浩浩荡荡首次出巡，取道陇西，由鸡头道穿越六盘山，到朝那县观览并祭祀了朝那湫。

史载，汉武帝、汉安帝、汉桓帝，曾先后到朝那湫祭祀。安帝、桓帝驾临朝那湫，祈求湫神为老百姓降雨赐福，并留诗为证：“绝顶天池放眼明，飘然如欲御风行，最高尚有鱼龙气，半岭全无鸟巢声，芳草青芜迷远近，夕阳金碧变阴晴。”

据方志载，宋乾德年间（963—968），陇干有严辉、严茂兄弟俩御敌有功，进爵为王，封地于朝那。又于境内扑杀猛虎，为民除患，当地民众感其恩泽，敬若神灵。遂将朝那祠改为惠泽庙，规模宏大，声名远扬。后经几次地震毁坏，繁华道场已荡然无存，当地人用残碣断碑，垒成石庙，以飨香火。

明代诗魁，曾任山西巡抚、雁门关副总兵的赵时春，在嘉靖四十三年（1564）撰写的《朝那庙碑记》中写道：朝那地界故广，而湫则所在有之，惟华亭县西北五十里湫头山最高。池渊泓莫测，旱涝无所增损。且北麓为泾之源，南趾为汭之源。神灵所栖，莫宜于斯，而境内千百泉湫，咸朝宗泾汭湫头山，实泾汭之源。

赵时春认为，华亭西北的朝那湫，人称南乱池；隆德东北也有一灵湫，人称北乱池。严氏兄弟成神后，老大祀于北乱池，老二祀于南乱池。湫神显应，雨泽山川，所以一州二县竞相祭祷。

赵时春还认为，说朝那湫是“咸朝宗泾、汭在湫头山，实泾、汭之源”，实在是太小看了朝那湫。因为上古把朝那湫与黄河、汉水、长江并列，并且在《史记》中明确说“泾、渭，皆非大川”，就是说，朝那湫绝不是专门用来祭祀泾、汭的。

明嘉靖四十三年（1564），有乡绅在朝那湫下重修朝那庙。

《大清一统志》载：“汉朝那城在平凉府东南……，湫有二，俱在山间。”“湫”单从本字释义，是“水潭”、水池，即为湫泊、湫水之意。史上，关陇地区干旱少雨，但“湫水”不干。于是古人便视“湫”为“神水”。古籍《索隐》中云：湫渊“即龙之所处也”，故，历朝历代的民众皆有向“湫”求雨之俗，雨成，则以为“龙”显灵威。

清人张文炳《灵湫》一诗中有“净渚尝浴赤日影，清波时射白虹晶”之句；赵时春亦有“莫汤深潜空自守，拟乘云雨共飞蹇”诗句赞美之。

今学者范三畏，在其《旷古逸史》中对《诅楚文》的出土之描述中写道：“宋神宗元丰年间（1078—1085），先后发现三石：渭之耕者得于朝那湫者，称《大沈久湫》；出于要册湫旁者称《亚驼》；出于凤翔开元寺土中者称《巫咸》。”

范三畏之《旷古逸史》持朝那湫“庄浪说”，以为庄浪的桃木山，即今日泾源、华亭、庄浪三县交界处的湫头山周围一大片地界。湫头山山顶的朝那湫，便是扑朔迷离的雷泽——伏羲之母在此踩雷神大迹，感孕伏羲十二载而诞生人文始祖的圣地。

以上为史书、学者对朝那湫的记载、史实与陈述。关于朝那湫的神话故事、传奇传说，街谈巷议，众说纷纭，传说至今。

相传，女娲补天时掉下来两颗巨石，入地千丈有八，一直贯通到东海的“黑流穴”，黑水咆哮如雷霆，喷出万丈高的水柱。龙王急调虾兵蟹将，堵住了黑水洞，水因此缓缓流出，而水面却不涨不降，数千年如此。实际上，朝那湫底与泾源老龙潭相通，为泾水源头。

相传，湫池为王母娘娘曾经的沐浴之所，故称“灵池”。还传说湫池是“种家”，因湫水“喧潮则兴云雨”。民间则传说这里是泾河老龙被斩的地方，说至今峡谷中尚有渗滴暗红色水珠的“斩龙台”。

相传，湫中有金蟾，能呼风唤雨。天旱庶民祈雨，自是有求必应。

相传，湫头山下卢家寨子有一富户雇一牧童放牧16头牛。一日湫畔狂风突起，牛群被卷进湫中。牧童自感大祸临头，只求一死。冥冥中，见一慈眉善目的仙翁飘然而至，告诉他莫怕，16头牛一头不少会回来的。富人来到湫畔，不见牛影，正要朝牧童发作，忽见16头金牛自天而降，紧接着电闪雷鸣，大雨滂沱，湫水猛涨，顷刻间，金牛变成了一块块嶙峋巨石屹立湫中。于是，便有了前湫、后湫和若干小湫。此神话传说称作“天牛移湫”。

相传，原后湫之水清澈见底，莫黯其深，底部有黑洞，道是神灵洞府。赖神灵庇佑，这里风调雨顺，百姓丰衣足食。一天，一村妇拿着搓板，在潭边洗衣，弄脏了湫水，激怒了神灵，导致此地连续三年大旱，庄稼颗粒无收。惶恐的村民日夜祈求神灵降雨。神灵恩准降雨祛灾。鉴于后湫之水已被污染，神灵决定搬家去了前湫。

相传，村里有个员外，家里养着10头牛。一天夜里，员外梦见一个须髯花白的老者，向他借这10只牛去拉水，员外答应了。天快亮时，员外又梦见老者来还牛，并说已经给牛添了草料。员外惊醒，提着灯笼跑去牛圈，见十头牛通体汗湿，正在嚼吃槽里的草料，听那咀嚼的声音吃得蛮香甜。员外走到槽边借着灯光细瞧，见槽里添的根本不是草料，而是半槽石子。员外才相信夜梦成真。自此，后湫的水干枯了，而距后湫5里的前湫里，一夜间注满了清水，水上拢着白茫茫的雾气。

相传，1958年上寨村基干民兵先后数次欲将朝那湫水引下山来，却是渠深几许，湫水也下降几许，硬是引不出水来，没办法填渠后，湫水又随之上升。

所有传奇传说中最惹人瞩目的，当数朝那湫为中华始祖伏羲诞生地之说。

此传奇传说，涉及庄浪朝那湫的历史。迩来，史界、学界、考古界都在围绕这样一个重大历史话题进行科学探讨和论证：上古时期，地处关山之巅、甘肃庄浪县桃木山西麓的朝那湫，是“华夏第一国——华胥国”都地，是中华民族人文始祖伏羲、女娲的诞生地。这便是那段庄浪朝那湫历史的核心内容。

庄浪朝那湫的历史，源于始祖华胥氏和华胥古国：华胥国，是上古时期杰出的母系氏族女首领华胥氏创立的国度。那时，为寻求新的生存地，华胥氏带领族人跋山涉水向西迁徙，一支留居于成纪，逐渐形成新的“聚落”。有一天，华胥氏来至当地雷泽湫池池畔，发现地上有个巨大的脚印，她很好奇，用脚踩了一下，觉得腹部有些不适，自此就有了身孕。这一孕便是十二年，生下一个蛇身人首的儿子，取名伏羲。

朝那湫，古称雷泽。西晋史学家皇甫谧《帝王世纪》说：“太皞帝庖牺氏，风姓也。母曰华胥，燧人之世，有巨人迹出于雷泽，华胥以足履之，有娠，生伏羲，长于成纪。”这是说，太昊帝伏羲，姓风，其母亲叫华胥。在燧人氏时代，雷泽边有很大的一行脚印，青春少女华胥，顺着这行脚印走过去，其腹中悸动，有孕，于雷泽生下伏羲，长于成纪。

庄浪朝那湫，因朝那国而得名。朝那国是西周一个名为“戎那”的少数民族诸侯国，东汉许慎《说文解字》称之为“西夷国”。其国由古卢国演变而来，那人为卢人的后裔。据《中国通史》载，卢人在周武王伐纣时曾随其出征。其都地在朝那湫，王宫为湫后悬崖之巅的“马槽槽”。秦穆公三十七年（公元前623），“秦伐西戎，归其版图”。

朝那湫后，有一面坡，坡后悬崖气势磅礴。坡上，怪石林立，大如舰船、茅屋，小如大象、犀牛，当地称之为“八牛阵”，故有“天牛移湫”之传说。

朝那湫，是土著藏民选择的祭祀天地神明和祖宗的场所，是先秦帝国的发祥地。

先秦《诅楚文·厥湫》说：“有秦嗣王，敢用吉玉瑄璧，使其宗祝邵鼛布愍，告于丕显大神厥湫，以底楚王熊相之多罪。”是说，秦国当政之王，以恭敬的态度，奉献吉玉瑄璧，委托宗祝邵鼛，将痛心之事，祭告于无比灵验的大神—大沈厥湫，以谴责楚怀王熊相的罪行。

《厥湫》，又称《大沈厥湫》《告大沈厥湫文》，全文共319字。北宋治平年间（1064—1067）出土于今庄浪朝那湫。它从一个侧面记录了战国末期秦楚丹阳之战和蓝田之战的一幕。大战临头，秦王朝一方面加强军事戒备；另一方面祈求上天和山川神灵保佑，除在雍城投放石刻祭天文告《巫咸》、在洛阳投放石刻祭川文告《亚驼》外，在朝那湫也投放了石刻祭川文告《厥湫》。

秦国这次在朝那湫的祭祀活动，是在国家面临战争危急的情况下，以秦惠文王的名义而进行的所用祭品为吉玉瑄璧，所派官员为宗祝邵鼛，所祭之神为大沈厥湫，所祭目的是祈求大沈厥湫之神保佑秦国。

北宋时期，时任大理评事签书凤翔府判官的苏轼，闲游到开元寺，竟发现了刚出土的《诅楚文》石刻，被后人称之为《告巫咸文》。苏将它移到官厅，并报请欧阳修释考文字，一时间轰动朝野。石刻被宋徽宗收归御府。

北宋治平年间（1064—1067），一农夫在朝那湫旁耕田掘得此石刻。宋神宗熙宁元年（1068），蔡挺到平凉出任渭州知州，把《告大沈厥湫文》石刻移到了官廨。5年后蔡挺升任枢密副使，后又因病调任到南京（今河南商丘市南）任御史台，他把这块石刻带到了南京住宅据为己有。宋金石家赵明诚闻讯来到蔡家，把《诅楚文》石碑写进了自己的《金石录》。1094年，方勺又在其《泊宅篇》卷二中的《秦诅楚文跋尾》中，对朝那湫《诅楚文》的成文时间、祭祀的目的都作了准确的考证。同时代的欧阳修在其《集古录》、赵明诚在其《金石录》都有考释，黄庭坚也曾作过释文。

朝那湫，作为关陇地区一处极有影响的宗教圣地，是朝廷官府或社民举行祭湫求雨的大型祭奠场所。

秦汉时期，“陇右富甲天下”。汉以前，官府行“春秋祀水神”，祭祀时设有庄严祭坛，彼时，羽旌飘扬，锣鼓震天，禅号嘶鸣，巫神踏着祭祀羊皮鼓翩翩起舞，祭坛香烟缭绕，由地方官员代表皇帝，宣读祭文，酬谢天地神灵广施润泽，风调雨顺，以感恩神灵广爱关陇地区生灵之厚德。

明清时，由于生态环境的恶化，陇中十年九旱，“其苦甲于天下”，而关山一带也不例外。故而，朝那湫又成了当地官民的祈雨神坛。

明代赵时春《平凉府志·朝那庙碑文》说：“乙未冬旱，至五月弗雨，民恐且饥，遍走群望，余告以神之灵，兵部郎中郡鉴，乡进士曹子继忝、赵子佩在余所，遂以月之十日同祈于神，而县之耆旧狎至，共浚湫以还，乃北风化为谷风，阴澹群然突起，至夜大雨，翌日乃晴。”

清代邵陆《庄浪县志略·戊寅二次祷雨文》说：“闻得县城东南神湫显应，名曰南乱石池，去城一百余里，有求必应，百姓咸以为灵，无感不通，有司亦信以为实。去秋朔日，曾往祷于其山，当夜甘霖果沛降于我土。在当日，溥九天之化雨，既能利济苍生；岂今日，矢百念之精诚，不足感通神眷。爰择期于翌日，仍徒步而前行，伏望尊神，哀怜黎庶，赐灵泉于一滴，遍膏泽于四郊。”邵陆为乾隆年间庄浪知县，当时县城在结公城（今南湖镇），距朝那湫100多里，竟先后两次徒步到朝那湫为民祈雨。

一对总面积50余亩的朝那湫，以其唯美的风光、久远的历史、珍贵的遗存、世代的传承、厚重的人文、凄美的传说、万古的风情、遐迩的名声经世惠民，给后人以那么多感知、感受、感触、感慨与感动，愿这片乐园和净土魅力长存、永世不朽。

（李鹏星，高级工程师，中国当代文人联谊会名誉会长）

来上寨，赴一场爱情之约

张胜荣

“我有所念人，隔在远远乡。我有所感事，结在深深肠。乡远去不得，无日不瞻望。肠深解不得，无夕不思量……”每每读到唐代诗人白居易的这首《夜雨》，不禁心头一颤，无来由地泪湿眼眸，喉头哽咽。白居易与“东邻婵娟子”湘灵之间，那是怎样一种刻骨铭心的爱情？又是怎样愁肠深结的思念与煎熬啊？望穿秋水，度日如年，相念相思难相见，冷雨敲窗难入眠。一个“隔”字，一个“结”字，这冰凉凉的字眼里，透着凛凛的寒光，硬生生地把一对热恋中的爱人活生生分割开来，惹得我这局外人也无厘头地怅然空叹息。是啊！爱情犹如一杯毒酒，让深陷其中的人中毒极深又欲罢不能，欲说还休，“玲珑骰子安红豆，入骨相思知不知？”不管爱情多么折磨人，无论相思的苦楚多么焚心和煎熬人，但人们追逐爱情的脚步从古至今从未停歇过。相对于封建社会的爱情，远古时代的爱情因为没有那么多清规戒律而不乏浪漫色彩，也因着年代久远更显得扑朔迷离。

话说在庄浪的关山之巅，有一对姊妹湖泊，名曰朝那湫，据史学家考证，此湫就是《山海经》里的雷泽。《帝王世纪》记载：“太昊帝庖羲氏，风姓也。母曰华胥，有巨人迹出于雷泽，华胥履之，有娠，生伏羲，长于成纪。”寥寥数语，却为后人讲述着一段发生在雷泽畔的浪漫爱情故事。雷泽在哪儿？在如今郑河乡上寨村东北的湫头山巅。故事的主人公是一个叫华胥的美丽女子，她原本是居住在雷泽旁华胥部落的一个年轻姑娘，每天跟着祖母、母亲、姑姑、姐妹们采摘野果，做饭浆洗，过着无忧无虑的快乐生活。有一年暮春的某个黄昏，一阵风过，湫头山上漫山遍野花枝摇曳，阵阵花香扑鼻而来，沁人心脾。华胥是个爱美的姑娘，禁不住花香的诱惑，一路寻着芳香，不知不觉间来到雷泽湖畔。此时，夕阳下的雷泽波光潋滟，绯红色的晚霞铺满了湖面，也映衬得华胥的脸蛋绯红绯红，格外迷人。晚归的倦鸟双双归巢，漂亮的麋鹿结队在湖边喝水，惹得华胥不由得春心萌动，思绪翩翩。是呀！二八女子正当青春年少，不免产生对异性对美好爱情的向往，再说，哪个少女不怀春？只是，华胥心中的那个白马王子还不知身在何处？

正自湖边溜达，华胥忽然莫名地兴奋起来，似乎有一种神奇的力量在召唤着她，不由心跳加速，一路向前行去。走着走着，忽然脚下出现了一双巨大的脚印，那么大，躺一个人足足有余。好奇心驱使，华胥踩着这双大脚印一路欢呼雀跃，心想，他定是一个巨人吧，有着山一样伟岸的身躯，有着巨石一样宽阔结实的胸膛，有着火炬一样明亮的眼睛，有着山洞一样的嘴巴，呼出的气如二月春风，撩得人脸上酥酥的……呀！不知羞的小蹄子，又胡思乱想了，竟然对一个陌生男人如此上心？她被自己的小心思羞得脸发烫。此时，空中忽然传来一声霹雳，一道闪电划过天空，平静的湖面掀起波浪，似有什么东西在水中跃起，复又潜入水中。惊得华胥兀自发愣，待她回过神来再看时，天空恢复如常，湖面静谧如初，似乎什么也没有发生，仿佛刚才做了一场梦一样。此时红日西坠，天色渐暗，华胥看了看巨人脚印，看了看静默的雷泽，依依不舍地离开了湖畔。

从此，一颗相思的种子深深埋在华胥的心底，那个从未谋面的巨人成了她心心念念日思夜想的梦中情人。后来，华胥发现自己的身体渐渐发生了变化，正自苦恼，一日忽然梦见一位仪表堂堂的巨人立于面前，自称是雷神，因那日见美丽的华胥漫步雷泽边，不觉心生爱慕之情，留脚印吸引华胥与其神会，并送一双儿女与华胥，再三嘱咐华胥好好将他们抚养成人。

寒来暑往，花开花落，几个春秋转眼过去了，华胥腹中的胎儿仍不见动静。她却一点都不着急，聪慧的华胥知道雷神的后人必不是肉体凡胎的等闲之辈，自然不会像普通人一样十月怀胎就能生下来的。每每思念雷神时，她便抚摸着自己日渐鼓起来的腹部对孩子说话，她知道雷神一定能听到她的思念。不觉又是几载光阴，在华胥怀胎整整十二年的时候，她生下了一双可爱的龙凤胎，华胥的族人都知道他们是雷神的孩子，将来必成就一番大事业，大家非常高兴。年迈的女族长为他们兄妹俩取名为伏羲和女娲，他们便是华夏的人文始祖，这是后话。再说聪慧贤淑的华胥也因其是雷神的妻子，在老族长去世后，被大家一致推举为华胥部落首领，她带领部落子民在雷泽畔辛勤劳作，生息繁衍，把个华胥部落治理得井井有条，繁荣强盛，成了当地最大的氏族部落。谁曾想，原本一次寻常的春游，却因了那一串神奇的巨人脚印，开启了人类历史的新篇章。

话说伏羲兄妹在母亲及众族人的呵护下茁壮成长，山中树叶落了十来载，伏羲兄妹也长成了青春年少的一对靓男俊女。兄妹俩随母亲一同劳作，和族人一起歌舞，整天形影不离，感情特别好。转眼到了谈婚论嫁的年龄，别的年轻人都去寻找自己心爱的伴侣，唯有他俩不见动静。华胥心中暗自纳闷，回想自己像他俩那般大时，早已在朝那湫畔履雷神大脚印芳心暗许，为何他俩丝毫没有把自己的终身大事放在心上？难道他们没有遇到自己钟情的恋人？思忖良久，华胥就这事询问女娲，女娲面颊绯红，羞羞答答不肯说。再问伏羲，伏羲支支吾吾，一双眼睛不时地瞅着女娲。华胥一看兄妹俩的表情，心中早已猜出八九分，在她的再三追问下，才知兄妹俩互许芳心，一个非你不娶，一个非你不嫁。

亲不亲，自家人。华胥是位开明的母亲，自家儿女从小两小无猜，如今又有这想法，自是高兴不已，和族里的长辈们一商量，便在那年秋季为他们举行了盛大的婚礼，一对亲兄妹，一双有情人，在母亲和族人的祝福中步入了婚姻的殿堂。婚后的小夫妻十分恩爱，跟着母亲过日子。后来，雷泽一带遭逢大旱，周围的树木庄稼日渐干枯，华胥族人打到的猎物和收获的食物愈来愈少，人们的生活越来越艰难困顿。为了保存部落实力，使更多的族人不被饿死，华胥族长连续召开几次部落会议，经过大家的共同商议，最后决定让伏羲、女娲夫妇带领部分族人跋山涉水去一个名叫成纪（今静宁县治平乡）的水草丰美的地方生活。伏羲夫妇舍不得日渐衰老的母亲不肯离开。华胥说，树大分枝，分开是迟早的事。最后，伏羲夫妇俩泪别母亲，带领那部分族人迁徙到了成纪。

再说伏羲夫妇到了成纪，夙兴夜寐，日夜操劳，和母亲一样把部落治理得秩序井然。但天资聪颖的伏羲，一直苦恼于人类无法征服大自然，在强大的自然灾害面前，人类显得那么弱小和不堪一击。他经常仰观天象，俯察走兽，对着山川河流苦思冥想，希望能够推算演变出一种预知生死未来的神秘东西，及早预知人间福祸，使人们能提前做好防范而免受天灾人祸带来的痛苦。在成纪的数十年里，伏羲经过无数次的尝试和演化，似乎触摸到了扑朔迷离的卦象的一些玄机，但总感觉朦朦胧胧不甚清晰。一日，他和女娲去打猎，追逐一只受伤的麋鹿一路来到长离川（阳川的古称）山巅，眼看到手的麋鹿忽然隐入一个豁岘不见了踪影，他沮丧地站在那里发呆。这时，女娲指着山下浩浩荡荡奔流南去的葫芦河兴奋得大叫起来：快看，那奔腾的河水多像一条白色的蛟龙。伏羲定睛眺望山下，从北峡口流出的葫芦河，像条白练弯弯曲曲拐了九道弯，流入南峡口。伏羲看着这九道弯的葫芦河大受启发，犹如醍醐灌顶，茅塞顿开，这不就是自己苦苦寻觅的卦象吗？（曾听人说过，伏羲画卦是受阳川葫芦河的启发）他顾不得寻找猎物，急急拉了女娲，一口气跑回成纪川，整整七七四十九天没有出门，终于推算演化出八卦。从此，伏羲用八卦占卜人间福祸，带领族人避过了一难又一难，使华胥部落日渐繁荣昌盛，他们夫妇也成了华夏民族的人文始祖。

不老的时光如流水，不舍昼夜，奔流不息。上寨这块华胥部落曾生活过的土地，经过千万年的风吹日晒，早已是沧海桑田。这片古老的土地在漫长的历史风烟里，一任不解风情的风吹来吹去，一任无数的生灵来了去了，一任草木丰林荣了枯了，兀自承受着岁月的洗礼，唯有那关山之巅的姊妹湖——朝那湫，还是万年前的模样，旱不涸，雨不涝，静静地守望着这片雄浑苍凉的大地，守护着属于这片土地的秘密……，山还是那时的山，湫还是那时的湫，人早已不是那时的人。而今的朝那湫人来人往，他们来看波澜不惊的湫水，看满目青翠的松柏，看山中自生自灭的蕨菜，看林中奔走的野鸡、麋鹿……，让久处喧嚣生活的身心得到涤荡，让疲惫的灵魂得以休憩。这里也是最适合邂逅爱情的地方，一拨又一拨的年轻情侣寻着当年华胥的足迹，来寻找属于他们的爱情。他们在湫水之畔留恋，在上寨的玻璃桥上徘徊，在潺潺的溪流边低语，在原始民居追寻先祖们的生活足迹，在华胥雕塑前许下美好的夙愿，在木栈道上相互挽着手跟着流水一直走下去，走到地老天荒。他们坚信，无言的群山会给他们启示，默默摇曳的草木会让他们顿悟。这片适合滋生爱情的乐土，曾经见证过华胥与雷神爱情故事的土地，见证过伏羲女娲相恋的群山，也一样会成全他们的爱情。因为这里离天很近，“湫头山，离天不到三尺三。”这里的天蓝云白，空气清新，让人心无杂念；这里的民风淳朴，没有尔虞我诈，没有钩心斗角。这里的一切纯粹得像这山中的草木溪流，最适合将一颗炽热的心交付给对方。

如今的上寨村已经被打造成集休闲娱乐于一身的民俗旅游村，背依朝那湫，村前一条潺潺的溪流从湫头山自东向西而下，流经村庄，穿林越沟一路流向洛河。新建的“华胥文化苑”在溪水南岸，穿过拱桥，拾级而上进得华胥文化苑简易的大门，就是小广场，小广场东墙上有反映原始先民生活的场面和“盘古开天”“女娲补天”等神话故事的壁画。上面的大广场两边是古色古香的廊亭建筑，广场中央耸立着古铜色的华胥雕像，只见华胥神情安详，双臂屈肘抬起，双掌向上，似乎在为万民祈福。膝前一男一女孩童相向而跪，双掌互击嬉戏，不用猜就是伏羲、女娲兄妹俩了。广场上去，就到了玻璃桥。站在透明的桥上，瞅瞅脚下有几丈高，似乎人也随脚下的流水在摇晃，不觉心跳加速，双膝酥软。玻璃桥下不远处，有人造搭石立在溪流中，溪水跌落断崖形成一道道小瀑布。飞流的瀑布在潭面打着旋，随南岸的红木栈道一路逶迤西下，双双隐入苍茫的草木中。玻璃桥上去，就到了仿古原始部落民居园，原始先民、圆顶石垒草房子，还有耕牛、麋鹿皆为红泥雕，逼真地再现了原始先民生活的场景。过了玻璃桥，就来到溪水北岸的村落，村道旁耸立着一排红色二层小洋楼，这里便是商铺、旅馆和小吃店。吃货们在这里可以尽情地享受庄浪的美食：春来尝尝地道的关山蕨菜、五爪和刺椿头，盛夏来碗凉粉鱼鱼、酿皮子解解暑，秋食煮马铃薯、玉米，冬吃庄浪暖锅既解馋又暖身子，当然还可带点关山的特产送给亲友。吃饱喝足，游人还可以到村子文化广场去看戏，舞台上生旦净末丑粉墨登场，人生一场戏，酸甜苦辣尽在戏里头。如果年轻情侣不想离去，索性就住在这上寨度蜜月吧！朝看关山之巅的日出，晚赏湫池的晚霞，和爱人去湖边垂钓，去马场遛马，去山里打蕨菜、挖药材，或者跟着农人过几天“日出而作，日落而息”的田园生活，感受回归自然的那份惬意和舒适。如果你还是摄影发烧友，只管扛着你的长枪短炮约三五好友去拍关山云海、湫池落霞，拍山花开谢，野果变红，当然还可以拍山里的各种野物，据说这里不仅有花豹、麋鹿、野猪，还有红腹锦鸡等各种飞禽。油菜花和油葵花盛开的季节，你可千万别错过，此时的关山大景区花如海，人如云，蜂蝶纷飞，会给你一个全新的惊喜与别样的体验……来吧！来上寨，赴一场爱情之约，唯有这里，你会找到一份山长水远的纯洁的爱情！

（张胜荣，庄浪县阳川镇人，教师）

美丽郑河

关浩峰

我是一名乡村旅游爱好者，中国的美丽乡村我见过很多，可是最让魂牵梦绕的地方却是去年平凉老友陪我游览的甘肃省平凉市庄浪县郑河乡。因为那里的如画美景是美丽中国的缩影，徐千雅演唱的歌曲《美丽中国》唱出了我此旅的感受："蔚蓝色的天空梦一望无际，苍黄色的大地回荡着传奇，翠绿色的春天蓬勃着生机，我用黑眼睛深深凝望你，水墨丹青是你大爱的写意，红色血脉流淌不屈的勇气，紫气东来祥瑞和平的记忆，我用赤诚的心紧紧拥抱你……"

首先，我和平凉老友游览了关山。关山古称陇山、小陇山，又称陇坻、陇坂、陇首。大致南北走向，纵贯甘肃华亭、庄浪、张家川诸县，陕西陇县、陈仓区境内，是渭河与泾河—千河的分水岭。关山为陕、甘两省重要的天然林区和草场，是渭河、泾河众多支流的发源地。穿越陇山的关陇古道是中国古代陕甘两地的交通要道，是古丝绸之路东段的一部分，是古丝绸之路上建筑工艺最高、延续时间最长、保存最完整的古道群。从古至今，留下了许多歌咏关山的诗篇。如《诗经·秦风·车邻》云："阪有漆，隰有栗……阪有桑，隰有杨……"北朝民歌《陇头歌辞》："陇头流水，鸣声幽咽。遥望秦川，心肝断绝。"初唐诗人王勃云："关山难越，谁悲失路之人。"

在上寨村，平凉老友介绍：上寨村环境优美、景色宜人，是上世纪60年代庄浪县拉开梯田建设序幕的"第一村"，是"庄浪精神"的诞生地之一。几十年来，上寨村的村民守着绿水青山却要过苦日子，如何将"绿水青山变成金山银山"，这是这里的村民和当地政府共同思考和探讨的问题。2017年，甘肃兴邦社会工作服务中心负责实施的"社会工作参与脱贫攻坚试点项目"落地上寨村，才使这个村发生了翻天覆地的变化。

上寨村地处朝那湫景区入口处，峰峦环绕，山水傍山而依，自然植被丰富，生态良好，有着优质的旅游资源。2018年6月，上寨村被确定为全省的乡村旅游示范村，这是上寨村发展历史上具有里程碑意义的一件大事。如今的上寨村，乡村旅游建设如火如荼，在建设生态农业风景观赏园，打造旅游示范村、建设标准化农家乐、完善乡村基础设施建设和旅游配套设施，华胥氏文化广场应声而起，观景长廊直通景区、道路硬化延伸到村民家门口。

虽然平凉老友只陪我参观了关山腹地的上寨村，但是我却感到关山悠长的文脉。关山，古称陇山，又曰陇坻、陇坂、陇首。陇山有道，称陇坻大坂道，俗云陇山道。《太平御览·地部十五·陇山条》载："天水有大坂，名陇山……其坂九回，上者七日乃越。"关山是历史上有名的难越之山，古人到此，多有哀叹，王维《陇头吟》："长安少年游侠客，夜上戍楼看太白。陇头明月迥临关，陇上行人夜吹笛。关西老将不胜愁，驻马听之双泪流。"杜甫叹"满目悲生事，因人作远游。迟回度陇怯，浩荡及关愁。水落鱼龙夜，山空鸟鼠秋"。

关山（陇山）自古为陇右要冲，关中屏障，是古代的军防重地，也是古代丝绸之路关陇大道的必经之路。关陇古道，连接着关内八百里秦川和天水，曾经车流阵阵，人声鼎沸，异常辉煌。几千年来，在这条古道上发生了许许多多的故事：秦人的东进，西汉张骞开拓西域，东汉刘秀灭隗嚣，诸葛亮留下空城计，唐玄奘西天取经有传奇。到了唐代，关陇古道更为兴盛，成为一座散发着诗意的山脉，流淌着诗歌的古道。

陇山是秦人东进中必须翻越的大山，最早的陇山诗歌有《诗经·秦风》中的篇章，其中有《车邻》《小戎》《蒹葭》《驷驖》四篇是秦人崛起西垂的见证。隋唐时，陇山诗歌大放异彩，李白、王维、岑参、高适等，他们如繁星般的创作，让人为之惊叹。唐以后陇山逐渐沉寂下来，诗歌也渐渐远去。

关山既是一座历史名山，也是一座文化名山。无数的文学艺术家以关山为题，创作了许多伟大的作品。如张衡的"我所思兮在汉阳，欲往从之陇坂长"；魏晋民歌中的"陇头流水，流离山下。念吾一身，飘然旷野"；岑参的"上马带胡钩，翩翩度陇头"；许棠的"陇山高共鸟行齐，瞰险盘空甚蹑梯。云势崩腾时向背，水声呜咽若东西。风兼雨气吹人面，石带冰棱碍马蹄。此去秦川无别路，隔崖穷谷却难迷"；李白的"肠断非关陇头水。泪下不为雍门琴。旌旗缤纷两河道。战鼓惊山欲倾倒"。杜甫的"迟回度陇怯，浩荡及关愁"；王维的"陇头明月迥临关，陇上行人夜吹笛"；白居易的"峡猿亦无意，陇水复何情。为入愁人耳，皆为肠断声”；柳永的“陇首云飞，江边日晚”；陆游的“陇头十月天雨霜，壮士夜挽绿沉枪”；陈子龙的“陇坂迢遥天咫尺，陇树微茫映沙石”；曹雪芹的“昨日黄土陇头送白骨，今宵红灯帐底卧鸳鸯”；王勃的“关山难越，谁悲失路之人”等。

绘画方面有《关山行旅图》、北宋许道宁《关山密雪图》等，而《关山行旅图》是我国山水画发展史上的里程碑。音乐作品最著名的是汉代乐府横吹曲名《关山月》，乐曲借关山景色抒发兵士久戍不归的思乡之情，后世诗人竞相以此为题创作出大量的诗篇。原曲已失传，今天流传的是以李白诗为歌词的同名乐曲，是我国民族乐曲中的瑰宝。

游览关山，我感想很多：在脱贫攻坚强力推进的去年，甘肃省平凉市庄浪县郑河乡党委、政府团结带领全乡人民努力攻坚，积极引入社工组织，发挥专业优势、助力脱贫攻坚，找准群众致富的路子，破解发展中的一系列的瓶颈和难题。当下的郑河乡依托风景秀丽、文化底蕴深厚的旅游资源，美丽乡村建设热火朝天，乡村旅游方兴未艾，产业发展齐头并进，群众致富多管齐下，中蜂发展异军突起。甘肃省平凉市庄浪县郑河乡上寨村美丽乡村建设不仅为美丽中国增色添彩，而且让美丽风景嬗变为美丽经济。

接着，我和平凉老友游览了天台观。天台观位于天台山古堡内，据庄浪县内出土的残碑与有关文献记载，明朝万历年间始建庙宇于堡内。每年农历五月十三是天台观庙会，届时有郑河乡、韩店镇、永宁镇等乡镇的群众来上香祈福；小商小贩，比肩接踵，云集此地；古玩工艺、特色小吃，应有尽有，古堡四周，人头攒动，络绎不绝，热闹非凡。

在天台观，平凉老友介绍，古堡内供奉着关圣帝君。据关山老辈人口头相传，清末民初，社会动荡，匪患猖獗。为避灾患，附近民众把粮食财物转移至天台山。土匪闻讯，夜袭天台山，正在危急之时，土匪们突然落荒而逃，霎时无影无踪。人们不知其故，直到后来听土匪们传言，说当夜他们攻打天台山时，忽然看见关帝爷骑着赤兔马，手提青龙偃月刀，威风凛凛，立于天台堡上空云中。土匪见状，胆战心惊，于是作鸟兽散。百姓闻知，对关帝君更加敬仰信奉。从此之后，天台山庙会越来越大，香火日趋旺盛。

我是关羽的后代，平凉老友的介绍，让祖先关羽济民的高大形象一下子萦绕在我的脑海中。传说是在解州城里。关羽每天去解州上学要经过一个叫五里堆的地方，有一天，他又走过五里堆时碰见一条大蟒，那大蟒经常伤人，关羽为了给民除害，就直奔大蟒，并抓住了它的尾巴用力一抖，大蟒便变成了一把宝剑，但是，剑在鞘中却拔不出来，而宝剑上刻有一行字：“遇有济民之时，剑出。”从此，他便将宝剑带在身边，朝夕不离。

解州城内有豪强吕熊，是当地一霸，被人称为熊虎员外（或勋护员外）。他勾连七姓富豪，目无法纪，为所欲为，欺压百姓，掠夺民财，奸污妇女，无恶不作。有一天，关羽遇到一个名叫韩守义的人，向他哭诉自己被吕熊凌辱，女儿被霸占的事。关羽眦裂发竖，而他在五里堆得到的那把宝剑也自动出鞘了。关羽情知这是“济民”的时候到了，他便让韩守义领路，挥剑斩杀七姓家族中 108 人，然后，他潜逃于外。这个传说在众多的传说中是流传最广，而且较普遍被群众认可的。被《关圣帝君圣迹图志》《关帝志》等书所采纳。

游览天台观，我感触颇深，甘肃省平凉市庄浪县郑河乡史川村北侧的天台山是梯田大地上保存最完整的一座古堡，系桃木山分支，远看起来群山环绕、近看起来一峰突兀，直入云天，所以命名为天台山，古堡内庙宇数间，为释道合一的祀神场所。二十世纪八九十年代，当地村民重修庙宇，成为当地最大的一处祭祀地。每到传统节日，香客络绎不绝，尤其令我惊喜的是，祖先关羽的仁义美德在此熠熠生辉，并成为美丽中国文化中最闪光的部分。

最后，我和平凉老友游览了朝那湫。朝那湫由前后两个大湫和周围许多星星点点的小湫组成。前湫以湫头山为背景，海拔 2200 米，湫广 30 余亩，状若卧蚕，其深莫测，冬夏旱涝无所增损。四周平缓开阔，土肥水润，本属于林木生长的好地境，但这里的人们独具匠心，累经人工修剪，剔除深林密树，但留青草绿茵，山水搭配，使灵湫的天然美姿更加裸露。每到夏秋两季，湫内清波荡漾，落日熔金；湫畔牛羊遍野，牧笛声脆，极富诱人色彩。

后湫位于湫头山右侧，距前湫不足半里，湫广20余亩，形似弯月。她不像前湫那样明媚、爽朗、盈满，却以深浅无常为人所奇。湫水时多时少，水中遍生红色水草，使湫面发赤。四周林木参天，百草丰茂，游人罕至。只有那座历史悠久的朝那祠，至今香火不断。

平凉老友介绍：相传，上古时期，有一个非常美丽的女子。一天，她去一个林木蓊翳、名叫“雷泽”的大沼泽去游玩，偶然在泽边看见一个巨人的足印，出于好奇和好玩，就用自己的脚去踩了踩这巨人的足印。没想到，后来怀孕了，而最为奇怪的是，这一怀孕就怀了十二年。后来就生下了一个人首蛇身的孩子，取名伏羲。于是，伏羲就用蛇（龙）作为氏族图腾，他与女娲结合，繁育炎黄子孙，他就成为中华民族的人文始祖。

这个美丽的女子就是“华胥氏”，这个名叫“雷泽”的大沼泽就是朝那湫。因此，神圣和灵性成了这个湫的灵魂。在中华先祖中，华胥氏生了伏羲、女娲；伏羲、女娲生了少典；少典又生炎、黄二帝。伏羲和女娲是有“龙祖”之称的，那么，龙祖的母亲华胥氏就是“龙祖之祖”了。因此华胥氏为中华民族的始祖母，是华夏之根、民族之母。

平凉老友的介绍，让我想起了《山海经》关于中华民族始祖母华胥氏的记述。《山海经·海内东经》注说：“大迹在雷泽，华胥氏履之，生伏羲”。《春秋世谱》中有“华胥生男名伏羲，生女名女娲”的记载。“雷泽”就是朝那湫，“大人”就是雷神，“雷神”就是龙神。《海内东经》记载，雷神是人首龙身。因此，伏羲便是龙神的儿子，女娲便是龙神的女儿。由于伏羲女娲的结合，才使人类得以生存和繁衍。我们因此自称为“龙的传人”。

海内经对于伏羲氏的记述有一段如下：“西南有巴国，大皞生咸鸟，后照是始为巴人。”大皞就是伏羲。巴国是中国西南地区伏羲氏的一个部落，“巴”字在《说文解字》中的解释是“虫”，也就是大蛇。所以巴族以蛇为图腾，并自认为是伏羲与女娲之后裔，至今这种说法仍流传在苗族等少数西南民族的神话中。传说中伏羲和女娲是洪水浩劫后逃生的一对兄妹。他们交合后便产生了无数的后裔。现在发现的一些古代器物上，都有二蛇交尾的图案，史学者一致认为那就是伏羲与女娲。

游览朝那湫，我感叹不已，甘肃省平凉市庄浪县郑河乡朝那湫是人类文明的肇启之地，在这个地域内，中华民族诞生时的一切民俗事象内容都包含在其中了。朝那湫的民俗文化内容庞杂丰厚，诸如人类文明、华胥氏国家起源、原始宗教、原始劳动生产、原始生活形式、部落制度、部落文艺形式、部落礼仪习惯等等，在中国历史上占有很高的历史意义、民俗价值。简言之，甘肃省平凉市庄浪县郑河乡朝那湫不仅是美丽中国的夜明珠，而且是美丽中国文化的发源地。

回到南京，我感慨万千，“美丽中国”是中国共产党第十八次全国代表大会提出的概念，强调把生态文明建设放在突出地位，融入经济建设、政治建设、文化建设、社会建设各方面和全过程。甘肃省平凉市庄浪县郑河乡以关山、天台观、朝那湫等风景名胜区开发建设为突破口，在“美丽中国”建设中走在全国的前头。

是夜我做了个梦，梦见徐千雅有感于甘肃省平凉市庄浪县郑河乡的风景名胜乃美丽中国那一抹最绚丽的色彩，真的来到了郑河乡正在演唱歌曲《美丽中国》“……深深爱你美丽中国，历经千年沧桑依然美丽，永远爱你美丽中国，你风情万种雄浑飘逸，深深爱你美丽中国，荡尽人间风雨越发美丽，永远爱你美丽中国，你风光万里悠然屹立在这壮丽的天地。”

（关浩峰，江苏省南京市人）

难越关山

张 雷

荒草一年一度，生长，那么漠然，不在乎它们屈从的主人，是僧侣的布鞋，还是风。

——北岛《古寺》

一

历史是一场盛大的远行。

波谲云诡的漫漫长河里，关山是渐行渐远的一个生动注脚。

关山，又称陇山、陇坂。远古的人们眺望横亘在关中平原西部的山脉，以世代耕作、繁衍生息的田埂作喻，称之为陇山。或许，从陇山得名时起，就暗含了各族人民对家园栖居、平安顺遂的祈愿。然而，在丛林法则时代，这仅仅是一厢情愿——漫长的过往里，文化的整合、民族的融合总是伴随着战乱和动荡。

首伏宁夏、尾落甘陕的关山，东屏汉中、西接陇右，控扼东西交通之咽喉，是关中平原与陇西黄土高原的界山，是渭河与泾河的分水岭，是古丝绸之路西出长安过汉中之后的第一道屏障。越过了关山，就到了广袤无垠的陇右地界，“东接秦州，西逾流沙，南连蜀及吐蕃，北界朔漠”。

关山古道群峰林立，山峦叠嶂，曲折险峻，“陇坂高无极”。巍峨耸立的大山有如经天纬地的长龙，横亘在八百里秦川边缘，睥睨塞外苍凉的大漠戈壁、通天的瀚海流沙，雄视西域的长河落日、风起云涌，以伟岸的身躯，坚毅稳重的姿态，站成建极绥猷的高度，历练千秋不朽的风骨，守护帝国经略的江山、传世的基业，赓续世代开疆拓土的梦想。

风吹霜雪，弯月如弓。静默的大山如一幅剪影，一幅凝固的长卷，凝固甚嚣尘上的征伐，刀光剑影的杀戮，群雄逐鹿的争夺。“马作的卢飞快，弓如霹雳弦惊”。狼烟如柱，旌旗蔽日，戈矛喋血。加急的战报，疾驰过逼仄险峻的山麓，飞渡陇坂的重重关隘，铁蹄扬起的尘沙引燃一路烽烟，惊醒骊宫芙蓉帐垂掩的良宵春梦……

迂回的古道，是溯洄的诗行，线型流畅的身姿蜿蜒盘桓在崇山峻岭，隐入九曲回环的历史，在大山深处似断还连，或断于崖崟，或没于榛荒，或毁于田畴，或止于沟壑，草蛇灰线、马迹蛛丝隐于不言，碎成的片段拼凑不成完整的边塞曲，断断续续的胡笳岂止十八拍的哀怨？关山难越，古道难觅，穷途望断天涯。

二

陡崖山坳岩峣嵬嵬，幽深而崎岖的古道依旧旋绕着千年的驼铃，葳蕤繁茂的密林深处，掩藏着多少无法破译的谜团。那些奇花异蕊簇拥着神秀的山水，流淌着边塞诗里绵无绝期的悲壮。先秦的陇坂，汉唐的关山，分隔了关中与陇西，隔绝了中原与塞外，究竟是天佑中华的形胜还是阻断家国不可逾越的天险？

横跨古老厚重的农耕文明与逐草而居的游牧文明，关山不经意介入两种文明的碰撞、两种文化的较量与摩擦，兼具东方伏羲的智慧、华夏文明的坚韧以及西域的辽远、塞外的壮美。穿越一条历史与时代交织、梦想与现实激荡的古道，见证历史的变迁，经历岁月的沉淀与洗礼。

陇山以西自古为羌戎之地，生活于山林草原地带的游牧及牧猎部族处在华夏边陲，远离了中原的礼法与正统文化。从“田肥美，民殷富”的关中到“一县葡萄熟，秋山苜蓿多”的陇右，关山由南向北，在古中国的版图，划出一条天然的农牧分界线、气候分界线。风起时，塞外的黄沙遮天蔽日，裹挟着千军万马、猎猎的大纛，仿佛啸叫着殊死的搏斗……或许在此刻，渭城的一场朝雨，正渐渐平复诗人起落的情绪，一杯送别的酒里，满溢着殷殷的不舍、深情的祝愿，传诵成《阳关三叠》千古不衰的绝唱。

王摩诘诗句里的阳关，已是越关山、出陇西直至穿过了整个河西走廊，距关山数千里之遥，安西距阳关又是三千里河山。穿越千年时光，拨开历史重重的迷雾，正是得益于关山的环拥护佑，八百里秦川才有了盛唐的安宁。春雨洗涤的渭城润物无声，清新的柳色点染澄明的绿意，精致富足、平和安详、岁月无恙，更加衬托出塞外的偏僻荒凉，一句“西出阳关无故人”道尽了出使之路的艰险，这一杯清酒怎能承载别离的怅惋、深厚的友情和沉甸甸的担忧？一次饯别，折柳为赠，触目惊心，俨然成了黯然销魂的生离死别。

三

古往今来，关山总是绕不过去的一个存在。它不仅仅是一座山，更像是一个时代的标签，镌刻着千年来经济往来、文化交流、民族融合的史诗，绘制成多元文化交相辉映的风情长卷，残存于陇坂古道的辙印和古老驿站的遗址之中。关山是中原通往西域的必经之地，处于中西方文化交流的前沿地带，既为多种文化交流融合提供了可能，亦以文化的区隔屏障，让中原文化在相对稳固的环境中得以赓续绵延，始终跻身于主流的文明、主导的秩序。

这里，曾是民族大迁徙、大融合的舞台。古老的华夏文明与两河流域文明、印度文明、地中海文明在这里交汇荟萃，源远流长，和谐共生。自张骞开通西域以来，来自东方的汉族以及党项族、满族，北方蒙古高原的匈奴、鲜卑、突厥、回鹘、蒙古族，南方青藏高原的羌、吐谷浑、吐蕃，西方的乌孙、月氏以及回族、哈萨克等族，扮演各种历史的角色，同台联袂或轮番登场，上演一幕幕跌宕多姿、波澜起伏、气势磅礴、悲壮激越的历史活剧。

古朴而凝重的关山，斡旋天地、补缀乾坤，凝固着大自然与岁月的整合，横贯成西部空间上的地理分界，亦是数千年华夏文明史的断代分界，更是历朝历代征夫戍卒、文人墨客离乡去国的极限心理临界与情感地标。

“陇头流水，鸣声幽咽。遥望秦川，肝肠寸断”，当远离了家乡漂泊在外的游子，立于云烟袅袅的陇山之巅，徘徊苍茫邈远的崎岖古道，仆仆风尘中辨识着七星的指向，“枉望断天涯，两厌厌风月”，麻葛直裰袖拢着残照的夕光，沉重的步履伴着疲惫与茫然……回望富丽繁华的长安城和千里秦川沃野，告别了灞桥烟柳、曲江池馆、咸阳古渡，远去了雁塔晨钟与古老的秦腔，家园故土已成追忆，翻过了关山便是塞外异域的风景，眼见陇水东流、故国渺远，那种感受真是无可名状的凄凉和悲壮。关山古道亦是一条唐诗之路，封存成家国忧思的悲情意象，滞留在岁月浩渺的华章。

四

驼铃远去，羌笛幽怨，谁悲失路之人？数千年来时光流转，四季更迭、万物枯荣，河流封冻又消融。关山，这丝路起初或最后的驿站，不同肤色、不同身份的人从这里一程又一程地走过，丝绸、陶瓷、茶叶、战马从这里进山又出山，文明的灯盏长亮不熄。

两千多年间，往来的使者、赴任的官员、剽悍的胡骑、扬鞭的牧民、垦荒的农夫、虔诚的僧侣、远行的商队，从历史的深处迤逦而来，怀揣着梦想和期冀，行进在关山古道莽莽苍苍的秘境。无论是西行还是东进，心情是释然、欣喜抑或迷惘、悲戚，步履或是沉重或是轻快，岁月泥泞的古道上留下深浅不一的脚印。邂逅静默的关山，古道不语，明月无言，你我只是匆匆的过客，人生的阅历从此多了一个驿站，浪迹天涯相逢一笑，短暂的驻留，是为了开启的另一段征程……

陇坂古道注定是一个遗世的泊位，一个废弃的驿站，伫立在历史的风雨，任时光锈蚀了曾经璀璨夺目的芳华。岁月里迎来送往的一批又一批旅人，以不同的心情、不同的姿态、不同的方式，穿越了关山古道，却穿越不了历史的定律、生命的法则。出发青丝如墨，归来白发苍苍。生命虽是一次次单向的旅行，但梦想的征程前赴后继，世代绵延，给漫长的丝绸之路注入了无限的活力，赋予关山多元互嵌共生的内涵和民族浑融的斑斓色彩，串联起或辉煌、或沉痛、或豪迈、或悲愤的历史情愫。

走进关山，步入千年前一段被遗忘的时光，体验一次穿越时空的探访。朦胧的夕光中，关山矗立于苍茫大地，守望着历史的风云变幻，在唐诗宋词的音律里凝成不朽的丰碑，镌刻不灭的诗行，在寒夜刁斗、霜落铁衣、马鸣风萧的铿锵岁月中吟诵壮丽雄浑的曲调，在凛冽的朔风中推敲那些平平仄仄的声韵。

关山长青，丝路不老。关山和陇坂古道注定会成为一种感召，坚守成无法逾越的历史的关口，永远横亘在一个民族的煌煌册页，淬炼成坚韧不拔的意志，铸就成忠诚的民族之魂、信念之灯、文化之根，涵养历史文脉赓续传承。

叩问关山，隐约听到空灵远寂的回音，画角吹残，响彻千年。

（张雷，江苏南通人，文学学士、管理学硕士，高级经济师）

第三节　考　述

县名考释

清康熙《庄浪县志·形胜》称：“县城环拱皆山，层峦叠嶂如波浪然，故以名邑。”由此滥觞，释庄浪为“庄山浪水”。

近人石镜如、丁广学、张克复著文称：庄浪一词是古民族遗留。根据《宋史·外国传》《金史·移剌成传》，北宋咸平中（998—1003），黄河北居党项庄郎部族数万帐，以党项羌为主体建立的西夏政权初创，首领龙移、昧克不归李继迁而附宋，分别受封安远、怀化大将军，其族号称“庄郎昧克”。金初，青海积石山一带居有吐蕃庄浪四部族，臣属西夏王国而叛服无常。大定六年（1166），西夏灭其二族。

按：《宋史·外国传》所载庄郎昧克，原系居黑山之北的鲜卑族，后西迁黄河之北，与党项羌杂处相融，似与县地无涉。唐会昌中（841—846），藏族吐蕃王国瓦解，县地为其分散部族所居。宋大中祥符中（1008—1016），吐蕃僧李立尊立其婿唃斯啰为散居部族之王，先后受宋封宁远大将军、保顺军节度使，在湟水、洮河流域与西夏对抗，数败夏军。唃斯啰未立前，一度居结公城（今南湖）。治平三年（1066），唃斯啰死，其三子董毡嗣立，受宋封河西军节度使、武威郡王。宋室南渡，金以积石地与夏人，而吐蕃庄浪部族吹折、密藏、陇逋、庞拜四门对西夏王国时服时叛。绍兴三十二年（金大定二年，1162），董毡玄孙结什角被立为木波、陇逋、庞拜、丙离四族王子，部族4万余户，散居洮州（今临潭县）以南，岷山以北之地。乾道二年（金大定六年，1166），夏人灭吹折、密藏二门。五年（金大定九年，1169），夏人获悉结什角及其母在庄浪族，出兵围捕。结什角负伤逸出，母被掳去。结什角死，其侄赵师古继立。蒙古太祖成吉思汗既灭西夏，太宗窝阔台在结公城立路，遂以庄浪部族命名，沿用至今历760余年。庄浪，藏语音译，汉译野牛沟，当是庄浪部族原居之地。

（摘自《庄浪县志》）

古民族的遗留——庄浪

庄浪地处泾、渭之间，早在远古时期就有人类生息繁衍，为传说中伏羲氏、女娲氏活动区域之一。县境内已发现新石器时代“仰韶”“齐家”“寺洼”等诸文化遗址三百多处。《禹贡》分天下为九州，今庄浪地属雍州之域；周分属民为“五服”，今庄浪地为“侯服”之列。此后朝代更迭，民族变迁，分属不定。直至元初，成吉思汗避暑六盘山，建立庄浪路，“庄浪”之名始见于史册。至于“庄浪”这个名称的来历，《元史》失载，后人说法不一，归结起来有三种说法。

一是“庄山浪水”说，清康熙五年（1666），庄浪县执事王钟鸣在《庄浪县志》上写道：“县城环拱皆山，层峦叠嶂，如波浪然，故以名邑。”他取“庄山浪水”之意，成为众多文人学士的一种说法。然而，这位富有诗意的县太爷没有进一步说明“庄山浪水”出处。第二种说法是藏语音译说。从唐中叶庄浪地区被吐蕃占领，直到北宋庆历年间才收复归宋。吐蕃这个马上征战的剽悍民族，见庄浪山峦起伏，水清草茂，野牛成群，便取名“庄浪”。有人按今藏语读音译：“庄”—“野牛”，“浪”—“沟”，就是“野牛沟”之意。这只是猜测，不能令人信服。

近年来，有志于研究“庄浪”名称由来者，翻阅大量史料，得出一个比较有据之说：“庄浪”是一个古代民族名称，《宋史·外国列传》载：“咸平五年（1002）以黑山北庄郎族龙移为安远大将军，昧克为怀化将军。”还记载，枢密使王继英等说：“边臣史迁叛乱时屡为龙移、昧克所败。此族在黄河北数万帐，或号庄郎昧克，尝以马附藏才入贡，颇勤外御。”上述“庄郎族”“郎”字与“浪”虽非一字，乃是民族语言音译关系。《金史·结什角列传》对庄浪族则作较详细记载：“天会（金太宗、熙宗年号，1123—1137）中，诏以旧积石地与夏人，夏人谓之祈安城。有庄浪四族，一曰吹折门，二曰密藏门，三曰陇逋门，四曰庞拜门。虽属夏国，叛服不常。大定六年（1166）夏人破灭吹折、密藏二门，其陇逋、庞拜二门与乔家族相邻，遂归结什角。夏国遣使来靠庄浪族违命作乱，欲兴国剪除。朝廷（指金）不知陇逋、庞拜二门旧属夏国，报以将检会其地旧所隶属，毋擅出兵。结什角之母居于庄浪族中。大定九年（1169）结什角往省其母，夏人伺知之，遂出兵围结什角，招之使降。结什角不从，率所部力战，溃围出，夏人斫断其臂，虏其母去，部兵亦多亡者。结什角亦寻死，遗言请命朝廷复立乔家族首领。”“及问乔家等族民户，愿以结什角侄赵师古为首领。于是诏以赵师古为木波乔家、丙离、陇逋、庞拜四族都钤辖，加宣武将军”。《甘肃通志稿·民族志》据《宋史》《金史》也有记载：“宋乾道二年，夏破庄浪族吹折、密藏二门，并请于金，灭陇逋、庞拜二门，金不许。”由此可知，夏、金时期，在积石山一带有庄浪族。到了明清时代庄浪族还存在。明弘治年间有庄浪族土司鲁麟，世居连城（今永登县连城乡）。《明史》载：“弘治十七年（1504），鲁麟为甘肃副将，求大将不得，恃其部众强，径归庄浪。”明朝在今永登县境设庄浪卫，因东有庄浪县，故有“西庄浪”之称。

如今尚有庄浪河。那么，庄浪与庄浪县名又有什么联系呢？据《元史》载：公元 1227 年成吉思汗渡黄河攻下积石州，又破临洮府、西宁州，回军东转破龙德（即隆德）、拔德顺等州，闰五月避暑六盘山，大约就在这时设置了“庄浪路”。这个路是军事性质的，成吉思汗委派他从积石州带来的庄浪族首领建路，而命名为“庄浪路”。到元成宗铁穆耳大德八年（1304）降路为州。可惜《元史·地理志》“庄浪路”条下只注“沿革阙”三字，使我们无从知道建路的情况，一些细节有待进一步考证，但较前两种说法，有了一些较实在的依据。

庄浪县为中华民族的发祥地之一，历史悠久，名胜古迹较多，英雄辈出。庄浪境内有古“丝绸之路”的小通道，因此留有云崖寺、竹林寺、红崖寺、陈家洞等十多处自北魏至明清的石窟寺。庄浪县人民政府所在地水洛城，要比庄浪县得名早近千年。从考古角度看，在旧城墙上发现汉代陶片，城郊汉墓较多，当是一座汉城。史书的最早记载，是东晋义熙七年（411），“西秦乞伏乾归攻后秦南平太守王憬于水洛城”。公元 530 年关陇起义领袖之一王庆云在水洛城称帝 40 多天。北魏永熙三年（534），宇文泰讨侯莫陈悦于水洛城。特别是北宋庆历三年（1043），瓦亭寨监押刘沪扩建水洛城，留下一段历史佳话。后刘沪病故，被群众遮道留葬水洛，立庙祀奉行奉，至今每年正月十二日和清明节，当地群众仍自发举行盛大纪念活动。水洛城的得名，据《水经注》，是以水名城的，城前有水洛河，有水洛亭，因以为名。

（摘自《爱我平凉丛书·庄浪卷·历史文化》，作者：石镜如、丁广学、张克复）

对《皇宋王家城城隍庙碑铭》的一点研究

谢 东

此碑刻于北宋仁宗嘉祐五年（1060）。为县内迄今发现的最古老的碑刻（另一统是博物馆藏的《寿元题记碑》，约刻于神宗熙宁九年，晚此碑 16 年）。立此碑时，是刘沪（字子浚）进驻水洛城（碑文称“收复”）后的 17 年，修筑水洛城垣后的 16 年，刘沪因“疮发首卒”后的 13 年。碑文作者张齐物，生世不详，自称“沐刘公之知”，撰文时又“谒（刘沪）令子于东山巡检之署”，当与刘沪有深切交往。当时人记当时事，又出于民间，是难得的第一手资料。与史籍印证，很有研究价值。

一

《宋史·地理志（三）》（卷 87）：德顺军辖“城一，水洛”。水洛城“领王家城、石门堡”。石门堡在今朱店镇石门口附近，从《宋史·刘沪传》（卷 324）所记：“一战氐溃，追奔至石门”，可作印证。王家城的故址，曾有两说，一说在水洛城附近，一说在今阳川乡葫芦河沿岸（《庄浪县志》持此说），从此碑可确知在今韩店，从而解决了古史研究中的一个疑点。

碑文说：水洛城筑成后，“西设石门堡以为外关，东起王家城而生重堑”，可见韩店始有城郭，是在庆历四年（1044）六月水洛城竣工（见《元丰九域志》）后，不长时间内修起的。其作用是扼陇山西麓、古番须道要冲，作水洛城之重堑。

二

刘沪取水洛城的过程，《宋史·郑戬传》和《刘沪传》都语焉欠详，碑文却给我们提供了一个极重要的信息。碑文说："庆历二年秋八月，泾原路都帅郑公有命，静边步将刘子浚将军按兵取水逻之城"。郑公指郑戬，时任陕西四路都总管兼经略安抚招讨使，驻泾州（今泾川）。可见刘沪是奉武装夺取之命的，但他又审时度势，高瞻远瞩，"密使人说城主铎厮那，令内附。会郑戬行边，沪遂召铎厮那及其酋属，来献结公、水洛、路罗甘地"，使干戈化玉帛，避免了一场灾难。这和历史上常见的中原王朝统治者对边疆少数民族不归顺者，动辄实施武力征剿、扩地，是截然不同的。进驻水洛城后，又修葺城垣［《宋史·仁宗纪（三）》］记在三年十月。《元丰九域志》记在庆历四年初开工，六月城成，保护人民。因此，他赢得了当地包括汉族在内居民的爱戴。碑文记刘沪筑水洛城时的景况是："百堵偕作，一呼而就"，其群情可见。及至郑戬去职，刘沪因筑城事遭知渭州尹洙构陷，械德顺州狱，连曾反对宋军进驻，围城"纵火呼啸"的氐人，也惊恐骚动，可见得民心之深。碑文所说"太平无象，众志成城。得一人之心，则一人之城也；得十人之心，则十人之城也；得百人之心，则百人之城也……"等句，便是有感于此而发宏论。

刘沪招抚铎厮那部族、修筑水洛城，始终是在郑戬的经略下进行的，但《宋史·郑戬传》评郑戬："凭气近侠，用刑竣深，士民多怨"，则这种和平招抚之谋，似不会出自于他，故碑文说："郑公有命……按兵取水逻之城"。追溯到刘沪在静边寨时，值宋、夏好水川之战，宋军败没，"边城昼闭，居民畜产多为贼所掠，沪独开门纳之"（见《宋史·刘沪传》），其爱民之胸襟，则与这次招抚之政治谋略一脉相承。

按宋制，军相当于州，军辖的城、寨相当于县。刘沪由宫廷卫士外放瓦亭寨（今宁夏固原瓦亭）钤辖（监押，寨主属下带领禁军的下级军官）代理（权）静边寨（今静宁城川乡吕家河村东）寨主，筑成水洛城后仍是权城主，后谪镇戎军（今宁夏固原）西路都巡检。这么一位中下级军官，逝后"居人遮道号泣，请留葬水洛"，"愿得沪子弟主城事"，"立祠城隅，岁时祀之"（均见《宋史》本传）；《宋史》给他立了传，《礼志（八）》祠庙记到了"刘沪于水洛城"是"以功业建庙"，这在历史上是少见的。时过境迁，900多年后，刘沪在庄浪仍馨香飘逸，香烟不绝，究其原因，妥善处理民族问题，爱护人民，应该是他千古不灭的闪光点。

三

嘉祐五年（1060）"新成"的王家城城隍庙，是县内乃至全省最早修建的城隍庙。

城隍之祀，莫详其始。三国已有，宋代遍天下。唐张说《祭紫州城隍文》称："城隍是保，氓庶是依"。此碑称城隍为"里域"，亦即"方隅"，就是民间所谓的"方神"。王家城修建城隍庙的缘由，碑文说是刘沪"收复"水洛城后"连岁大有秋（丰收）"，是"天厌胡族"，"福我汉民"。"民食于此土，安于此土，一荷刘公之力，愧里域之灵。刘公既享庙食之荣（《宋史·刘沪传》记：'立祀城隅'），里域合扆春秋之祀"，因此建庙。看来这和明代以后的城隍庙大相径庭。

据《明实录·太祖实录》：洪武二年正月，封府城隍为"鉴察司民城隍威灵公"，秩二品，章服九旒九章；州为"鉴察司民城隍灵祐侯"，秩三品，七旒七章；县为"鉴察司民城隍显祐伯"，秩四品，亦七旒七章。次年六月，又诏："各处府、州、县城隍称某府、某州、某县城隍之神"。此后，城隍就由"致和产物，助天育人"的方隅之神，变成和人间官署并列，"鉴察司民"的冥界衙门的官吏了。

康熙《庄浪县志》记：城隍庙，明洪武三十一年（1398）知县高成修建。县内各地再无建有城隍庙的记载。

四

《宋史·刘沪传》记："西南去洛（略）阳200里，中有城曰水洛，川平土沃，又有水轮银铜之利。环城数万丈，汉民之逋逃者归之，教其百工商贾，自完成国"。碑文说："水逻（洛）三山东来，二水分注，主阜中位，如虎之踞，客冈旁拱，如凤之舞。又其东山有青铜白金，秀林美实，大车之扑（即'水轮'），广厦之材，民所取之，其利斯博。故其民弃泾原故土即水洛新居者万有余户，善利诱之然也。然又于三山两川间，可城可戍者有数十处所；其川谷气候，田畴膏壤，在秦之下，陇之上"。两相比较，则碑文更为生动。

至于当时汉民迁入，《宋史》谓是"逋逃者归之"，碑文说是"善利诱之"。逋，意为拖欠。《正韵》："凡欠负官物亡匿不还者，皆谓之逋"。逋逃，本意为拖欠赋役而逃亡的人。《宋史》之说显然是官方语言。北宋自太宗时（976—997）西夏崛起，泾原路（治渭州，今平凉）一带兵事不断，民不聊生，而陇山之西的水洛、结公（南湖）一带，为吐蕃、氐人所居，又僻处山蕞，战乱未能波及，尚是一方乐土，自然条件又在"秦（陕西）之下，陇（甘肃）之上"，所以附近不少汉民迁入，仅水洛周围有一万余户。王家城，就是当时汉族聚居点之一。碑阴所刻王家城的18人的姓名，除"九平子"一人不可辨别外，其余17人均为汉姓汉名，有13姓，并标名进士的1人。由于汉族迁入，与吐蕃、氐族人交流（"教其百工商贾"），数十年后，其地"自成完国"。

碑文最后在刻"郭拱书"的同时，刻"王佑立石"，这个王佑，大概是当时城主一类的头面人物，也是叫王家城的由来。又刻"东山一带巡检兼王家城烟火收税刘师道"。烟火，指遇警在烽台燃放烟火报警，即又收税，肯定有一定规模，居民不少。

五

碑文写水洛作"水逻"，值得注意。

水洛作为水名和地名，首见于南北朝郦道元的《水经注》。史册上，首先水洛城，始于《晋书·西秦载记》。《晋书》是唐太宗时房玄龄等撰著，晚于《水经注》，当是沿用。此后，史册均作水洛，无异写。碑文四次作"水逻"，而碑阴刻的地名又作水洛，这种写法绝非误笔。

逻、罗同音，逻是罗的衍化。《说文》：罗，"以丝罟鸟也，从网从维"。逻，"巡也"。以汉语顾名思义，水逻应是在水边捕鸟、游动的人。从碑文的许多遣词运字看，作者张齐物是一位有浓厚中原王朝大汉族主义思想的知识分子，难免对当地居住的其他民族人民，不无鄙夷心理，所以，虽然已有用了600年的"水洛"一词，但他还是用了"水逻"。水洛作为地名，在汉语上不得其解，既然也可写作"水逻"，则可能和"庄浪"这个县名一样，也是古代民族的遗留。由此联想到，县内许多古河名、地名，如庄浪河叫受渠水，南水洛河叫犊奴水（均见《水经注》），葫芦河叫长离川（历史学者冯绳武教授考证），通化乡新集东沟叫折种川（见清康熙《重修龙眼山寺碑记》），良邑称凉野，永宁称章麻林（均见清康熙《静宁州志》）等，这些汉语不得其解的名称，也是古代民族的遗留。若然，这在地名学上是一个很有趣的学问，有心人若循此挖掘，说不定会有大收获。

六

《宋史·刘沪传》末尾记："城中有碑记沪事"。与上文连贯读，似指水洛城。但不论甘肃省志、平凉府志、静宁州志，都未见记载，民间亦无传说。抑或指这块碑，不然，何以《宋史》传文和碑文，互相印证竟如此合拍，异曲却又同工。

（谢东，庄浪县南湖镇人，《庄浪县志》主编）

朝那湫探幽

孙志勇

形如长龙的陇山山脉，首伏宁夏、尾落甘陕。由北向东南迤逦而下，将其北段称为六盘山即大陇山，南段则称小陇山，中间以庄浪县东境的桃木山一带为界，朝那湫的前后两湫位于桃木山麓，犹如一对孪生的婴儿，躺在妈妈的臂弯。

因路不当衢，人迹罕至，自然造就了这块远离尘世的风水宝地。此地四野平阔，土肥水润，植被完好，既有草原风光的气爽风柔，又有森林景致的丛莽幽深。湫池北岸平坦宽阔，细沙绵软，湫水碧绿澄清，山光云影映现于水中，色彩变幻纷呈。不知是水底泉眼的喷涌抑或是大鱼弄水，不时顶碎湫面的平滑，泛开柔柔的涟漪。湫中边际遍生芦苇，芦花飞絮时节，蒙蒙然如烟若云，给湫边镶上一圈儿柔曼的轻纱。每逢湫水喧响，必定是行云播雨时节，湫水涌动愈为骤烈，水中蛙鱼虫鳖，必是蠢蠢欲动着了。夏日雨后，飞虹倒挂湫际，一幅如诗如画的景象更为神奇迷离，此时山花水草都在流溢着清新优美的气息。

翻过一个小包，即达广约 20 亩地的后湫，虽不似前湫那般开阔朗润，却因周遭花树丛莽更为茂密幽深而显得气象森森。湫池形状酷似莫高窟旁的月牙泉，水中遍生红草而使湫面发赤。当地神话传说便附会为神女洗浴梳妆的"胭脂泉"，又名其为"神泉"。此地是远古"朝那灵祠"的处所，至今当地人仍将断碣碑垒成石庙，以飨香火。

在朝那湫听鸟鸣实在是一份悦耳赏心的享受。这里是鸟儿的乐园，林棵丛棘间不时飞窜着色泽俊极的鸟雀，在静谧的空际，尽情地嘤啭着它们的歌喉，声调或婉转圆润，或激越清脆，或如老翁謦咳，或如村姑笑答，和谐呼应，当为"天籁"独具，山间也愈显幽静而凄美了。

此境天荒地老，人迹罕至。间或也见面孔黝黑的山民进山割草打柴，也见刻意穿着的香客去朝那湫醮马进香，也有牧童于夕阳晚照时赶几头黄犊去平岗吃草。但在如此空旷境况下，尽管平添了几个稀疏的人儿点缀，也仍是寂寥而又寂寥的了。

在朝那湫纷呈交错的物象中，令人困惑的则是那散落于后湫周围山坡上的白色巨石。这些数不胜数的石头俱多大如小屋，星罗棋布地"戳"在山岗、湫畔和林莽丛中。令人不解的是，环抱后湫的湫头山甚为平缓，并无峻岭峭壁，不会有如此巨石从山上滚落，那么这些石头又从何而来呢？是天外来客、或真的是那位创世纪的女娲炼石补天时所遗弃的石头？

游览朝那湫所获得的，是那种深邃隽永和心旷神怡的美感享受。笔者数次登临其境，心灵每每被她蔚然深秀的美景和深邃莫测的气息震撼。她似乎有一种强烈的磁场辐射着你，又牢牢地吸引着你，每每唤起你超越时空的感悟，油然而发思古之幽情。虽然昔日的辉煌俱被湮没，俱被雨打风吹去，然而，千古朝那湫似乎仍像一位慈祥的老祖母，常常试图摇醒久睡的孙儿：醒来吧，醒来。

勇敢的探索者常常会穿透历史的重重迷雾，揭开其神秘的面纱，展现一幅令人惊叹不已的动人画卷。

早几年前，原甘肃省文联主席程仕荣先生以他独具慧眼的感悟在一次讲话中断言：朝那湫是女娲的出生地。此语一出，如石破天惊，在陇东文化的深潭中溅起几朵浪花，一时叫热衷于本土文化的同仁们兴奋不已。但也许由于人们习惯于一言以蔽之否定新观点的缘故，或习惯于妄自菲薄的世俗心理，更多的人认为此说不过是诗人无稽想象的“历史假设”而已。此立论“石破”了，却未“天惊”，论说了一番也就无形消隐了。无独有偶，时隔不久，西北师范大学范三畏先生在他的著作《旷古逸史》中，则从学术研究的角度，以翔实的证据、严谨的论证钩沉索隐，考证出朝那湫正是诸多历史典籍记载的“雷泽”即伏羲的母亲“华胥氏履大人迹”兆孕伏羲的地方！由此把朝那湫与华夏人文始祖伏羲联系在一起。

关于伏羲生地的具体地点，历来是史家众说纷纭，争论不休的问题。但所依据的证据指向，不外乎史籍记载的几段文字，如：“伏羲生成纪，徙治陈仓”（罗泌《路史·后记一》），“成纪水……导源西北当亭川，东流出破石峡，津流遂断，故渎东径成纪县故城东，故帝太皞庖犠所生之处也。”（郦道元《水经注·渭水》）

成纪水今称治平河。成纪县故城址，今已发现在静宁县治平乡刘河村一华里处。近年来，经许多学者反复论证，伏羲生于此地几为定论。那么，伏羲与朝那湫又有什么瓜葛，朝那湫怎么成了伏羲的母亲怀孕伏羲的地方呢？为了进一步弄清楚这一系列扑朔迷离的问题，仍需要从那些“历史神话化”的典籍中，去追溯这些历史之谜的滥觞：华胥履迹，怪生皇牺（即伏羲）（《太平御览·孝经钩命决》）。大迹出雷泽，华胥履之生宓牺（《太平御览》卷七十八引《诗纬·含神雾》）。大人迹出雷泽，华胥履之，生伏羲（王符《潜夫论·五德志》）。

雷泽中有雷神，龙身而人头，鼓其腹在吴西（《山海经·海内东经》）。

透过这些简略而似语焉不详的文字，我们可以从中捕捉一些信息，并由此而提出几个问题：华胥“履迹”的雷泽在哪里？雷泽与朝那湫究竟是怎样的关系？

我们姑且把最后一段引文浓缩为“雷泽在吴西”的句式，就可把目光引到“吴”或“吴西”的所在，雷泽自然就有了着落。范三畏先生在他的《旷古逸史》中写道：“要确定‘吴西’的所在，便不应该远离古成纪等处去漫索。”范文进一步论证：庄浪县东邻华亭境内的五台山，是汭水汧水的源头。汧水东南流入渭，因此，自古把小陇山及所属的五台山称为陇山或汧山，且汧山在上古时代又有吴山、吴岳的称号。而庄浪的桃木山一带，正是吴山、吴岳之西。因此，《山海经》所言“雷泽在吴西”的记载，就明白无误地指向朝那湫这个神秘的所在。

无论是“吴岳”或朝那湫，在中国古代历史中，都曾有十分了不起的地位。翻阅司马迁的《史记·封禅书》：吴岳在秦朝被列为华山以西七大名山之一，并且因为“近天子之都”而祭祀有加。与“吴岳”一样，秦代祭祀的华山以西“名山七，名川四”，七山中有吴岳，四川中有朝那湫。所谓四川是“水曰河，祠临晋；沔，祠汉中；湫渊，祠朝那；江水、祠蜀。”朝那湫的宗教地位竟与长江黄河并列！

朝那湫宗教地位之重要，历史上有一事足为佐证。

战国时秦惠文王更元十二年（前313）王因畏惧东方合纵之势大，楚齐之力强，乃为《诅楚文》，以诅咒楚怀王，文刻于石上，分别深埋于山川多处。宋神宗元丰三年（1080），“渭之耕者得之于朝那湫旁，称作《告大沈久湫》。“湫”即“泽”的转音。薛方昱先生则考证，“朝那”是古羌语“龙”的音译。换言之，朝那湫就是“龙泽”。从音韵转移的规律来看，“龙”与“雷”声母相同而意义相近，从“龙不现则雷无声，雷未收则龙不藏”的古代人观念来看，雷神“龙身而人头”，雷发迅乱无定。“龙泽”也就是“雷泽”，雷泽也就是朝那湫了。

从诸多典籍的丝丝缕缕中不难分析：从远古相续以降，朝那湫都是华夏大地上一个重要的宗教祀祠之地。由此可以推理，华胥氏不远八九十公里之遥（朝那湫与静宁治平乡刘河，即古成纪之距离），去朝那湫履“大人迹”绝非偶然行游，出于好奇因之履迹有孕，而是有目的的亲赴“雷泽”，即朝那湫这个享有隆誉的神社之祠，去完成祈求子嗣的全部宗教过程的。在远古“蒙昧时代”，人类对这种神秘文化的崇敬的心理，当是神圣而不可摇撼的群体意识。那么，华胥氏去雷泽履“大人迹”，究竟是怎样的情景呢？如果仅从典籍记载的似嫌空洞的文字，只能是得到一个雾中看花的朦胧印象。对于这个疑团，闻一多先生在他的《神话与诗·伏羲考》中论之甚详。文章说，“复考旧传古帝王感生之事，由于履迹者，后稷而外，唯有伏羲。”而所谓“履迹”，如闻一多所说，“履迹乃祭祀仪式之一部分，疑即一种象征的舞蹈。”即是代表神灵的神职人员，带领着前去祭祀的妇女所作的“舞蹈”，是一种模仿耕种的舞蹈动作。之所以模仿耕种，是出于古人“天人合一”“天人感应”的观念，认为人之孕育相似于植物之孕育。根据这种自然与人生“互渗律”的原始思维原则，模仿耕种即可有助于怀孕。在没有发明犁之前，这种模仿是以一头刮尖的木棒在田里戳个洞，撒上种子，再以足掩土踏实。随后，“舞毕而相携止息于幽闭之处，因而有孕也。”

我们可以由此而“模拟”描绘出这么一幅图景——远古，朝那湫畔一个夕阳晚照的时节，华胥氏与一位身着葛麻、长发披散的祭司（一位代表上苍意志的神职人员），来到一片松软的沙地前，那祭司面色蜡黄，口中念念有词，神情怪怪的，手拿一根一头削尖的木棍，扭动着身子向沙田里踽踽而行，每隔三步，用棍尖往田里戳个洞。华胥氏则循规蹈矩地紧随其后，极虔诚地将手中的种子灌向洞眼里，然后极快地以脚覆土踏实……如此反复，身后就留下一串好看的，酷似拉锁链一样的印迹，这样来回往复一趟，祭司终于停伫地头，口中叽里咕噜念诵了一遍，最后将双臂伸向天空，发出一声凄厉的呐喊，表明所有祭祀仪式的完毕。华胥氏则于匍匐长跪之后起立，将右臂抱于胸前，向祭司深深地鞠了一躬。

随后，华胥氏呼唤出一位暂避于密林中的彪悍男子，祭司引领他们来到一个幽静的场所——一座石块垒砌，上苫茅草的屋子。地上铺了一层厚厚的蒿草和几块兽皮，一团已被熏燃的艾蒿绳飘散着馥郁的清香。这时祭司做了一个意味深长的手势便悄然退出。于是，一对男女便在这里演绎开一段隽永的原始风流，人文始祖也就开始孕育着了。

这也许就是“大人迹出雷泽，华胥履之，生伏羲”的历史真相。

然而，这个结论并未就此打住，另一位华夏始母女娲与伏羲的传说则使朝那湫的人文历史更为摇曳多姿，其说法是：伏羲与女娲同为兄妹关系，“华胥生男子为伏羲，女子为女娲”（《春秋世谱》），后因雷公发怒，洪水滔天，人类尽皆毁灭，只有羲、娲兄妹脱险，灾后兄妹结婚而重新繁衍出人类。这一说法就又契合了诗人姚学礼先生几年前所说的“女娲出生于朝那湫”的“诗情假说”。这样触摸历史的血脉，就把两位创世纪的华夏人文始祖的踪迹映现于朝那湫之上。

不仅如此，朝那湫作为华夏文明肇始之象征，民族精神寄寓之载体，在数千年历史的涓涓长河中，几度沧桑，几度隆盛，或吸引名流显宦、骚人墨客登临骋怀，吟咏酬唱，或召唤着善男信女来此求福祈祥，还愿焚香……千载悠悠，白云苍狗，谁能想象，就在这个极目寥廓的荒野里，还曾被一国之君的秦惠文王于此演绎一场云幡缭绕，钲鼓齐鸣的举国之祀呢？谁能相信，在这个只能从山坡上见得几块残砖碎瓦的荒僻之地，还曾有过古籍记载的那种庙宇连垣，祭祀隆盛的昔日辉煌呢！

当揭开这层神秘的历史面纱，那些史籍中的漫漶文字，就不再只是空穴来风的神灵感应，而是揭示华夏民族创世纪中一段生机盎然的插曲。我们有理由相信：朝那湫这个神秘之地在远古羲娲文化圈内占据着多么重要的地位！

（孙志勇，南湖镇人。曾任首届庄浪县文联主席。该文发表于2006年《平凉日报》）

“羲皇故里”考

张双锁

有关伏羲的记载，散见于《列子》《管子》《庄子》等先秦典籍之中，西汉史学家司马迁《史记·太史公自序》，只是以“余闻之先人曰：‘伏羲至纯厚，作《易》八卦’”之句，一笔带过，而西晋史学家皇甫谧《帝王世纪》，则不仅对其历史功绩有明确记载，而且对其籍贯亦有明确记载。《帝王世纪》说：“太昊帝庖牺氏，风姓也。母曰华胥，燧人之世，有巨人迹出于雷泽，华胥以足履之，有娠，生伏羲，长于成纪。”这一记载，以“成纪”“雷泽”为坐标，非常具体地勾画出了伏羲的“祖居地”和“出生地”所在（笔者按：其中一“长”字，非常关键。如《史记·补三皇本纪》《太平御览》《路史》等历史文献转引时均将其忽略，特予订正）。

但由于“成纪”“雷泽”的不确定性，以及对籍贯理论和行政区划变迁的忽视，使“羲皇故里”难以定论。故而明确《帝王世纪》所指“成纪”所在，是确定“羲皇故里”的前提；明确《山海经》所指“雷泽”——“在吴西”（此“雷泽”可与《帝王世纪》所指“雷泽”相印证），是确定“羲皇故里”的关键；明确籍贯理论和行政区划变迁，是确定“羲皇故里”的必要条件。

一、历史上“成纪”有3个，静宁“成纪”当为《帝王世纪》所指

成纪之名，从殷代就有。相传伏羲在其母腹中孕育12年而生，而12年在古代正好为一纪，故以名邑。众所周知，“十月怀胎”：一个人在母腹中的孕育周期通常为10个月，而伏羲却在其母腹中孕育12年而生，这是为什么呢？据考证，这12年是古人从伏羲之母华胥“初试人伦”时算起的，并非从怀孕时算起。这是古今之人在计算方法上的差异，不足为怪。

成纪之县，为西汉时设立。历史上“成纪县治”有3处：一是甘肃静宁，二是甘肃秦安，三是甘肃天水。试问，这三个地方哪一个才是《帝王世纪》所指？据考证，“成纪县治”最初在静宁李店镇（《甘肃通史》《旷古逸史》说“治平乡”有误）刘河村，到唐代开元二十二年（734）迁到了秦安显亲川（今叶堡乡金城村），到北宋建隆二年（961）迁到了上邽（今天水秦城区），到明初废止。从历史时代来说，《帝王世纪》所指，当为“汉成纪”。因为皇甫谧为西晋人，压根就不知道什么“唐成纪”“宋成纪”。——如秦安、天水以“唐成纪”“宋成纪”为依据，说“羲皇故里”在秦安、在天水，不足为信。

物换星移，山川依旧。北魏郦道元《水经注·渭水》说：“瓦亭水又南，经成纪县东，历长离川，谓之长离水。”这里以“瓦亭水”为前提，以“长离川”为坐标，非常具体地把“成纪县”所在方位点了出来。就是说，既然“长离川”在“成纪县东”，那么“成纪县”则必然在“长离川”之西。这里的“瓦亭水”古称陇水、苦水，今称葫芦河，发源于宁夏西吉月亮山，流经甘肃的静宁、庄浪、秦安和秦城而入渭河；“长离川”为庄浪阳川镇；“长离水”为葫芦河流经庄浪阳川镇的一段河流。笔者为“长离川”人，对周边地域是熟悉的。“汉成纪”在静宁，是可以肯定的。

《旧唐书·地理志》说：“成纪，汉县，属天水郡，旧治小坑川。”据考证，成纪县最初归陇西郡（治所在临洮）管辖，是西汉元鼎三年（前114）析陇西郡置天水郡后才归其管辖的；“小坑川”即静宁治平川——对此，清人严长宦《秦安县志》就说得很清楚：“成纪县治，初在静宁州西南八十里之治平川。”

考古资料表明，“汉成纪”县治的具体位置，在静宁李店镇刘河村东南一公里处。这里地势平坦，土地肥沃，且临近治平河（古称“成纪水”，因纪念伏羲而得名）。故城遗址呈正方形，边长450米，总面积20.25万平方米。墙垣已塌陷，东墙、北墙尚存部分残垣，北墙基就叠压在新石器时代的灰坑之上。

有新石器时代的碎陶片，有秦汉时期的版瓦、筒瓦和拓有绳纹、篮纹的碎陶片。汉瓦当上有“长乐未阳”“长乐无极”“亿年无疆”等字样。周边还有一些汉墓群。由此可见，“汉成纪”在静宁李店镇刘河村，是不容置疑的。

二、历史上“雷泽”有4个，庄浪“雷泽”当为《山海经》所指

最早记载“雷泽”的是《山海经》，说它“在吴西”。其《海内东经》说：“雷泽中有雷神，龙身而人头，鼓其腹。在吴西。”就是说，雷泽中住着一位雷神，长着龙一样的身子、人一样的头，只要拍一下自己的腹部，就会发出雷声。雷泽在吴山的西边。问题是，“雷泽”——“在吴西”，《山海经》是记载在《海内东经》，并非《海内西经》，以致数千年来对“雷泽”所在不能定论。对此，清人郝懿行曾质疑之；今人袁珂则进一步断言：那是因错简所致，“雷泽中有雷神”之条，“当移在《海内西经》”。

综合史料来说，历史上“雷泽”有4个：一是山东“雷夏泽”，二是江苏“太湖”，三是山西“蒲泽”，四是甘肃庄浪“朝那湫”。

从山东“雷夏泽”来说，这是《尚书·禹贡》最早提到的，在鄄城市与菏泽县之间，今已干涸。据《墨子》《史记》《汉书》等历史文献记载，它是舜“耕历山，鱼雷泽”的地方。历史上，郭璞、郦道元认为，它也是华胥兆孕伏羲的地方。但此雷泽与“在吴西”没有关系，不足为信。

从江苏“太湖”来说，其湖虽有“震泽”的别名，其“震”与“雷”字义相近，而且在吴县（苏州）之西。但史籍中从未有“雷泽”的记载，而且《山海经》明确称之为“具区”，它并非《山海经》所指。

从山西“蒲泽”来说，它在永济市一带，此地虽有一吴山，但其泽并无雷泽之称，而且它在吴山之东而非吴山之西，它亦非《山海经》所指。而庄浪“朝那湫”，则既与《山海经》中的“雷泽”——“在吴西”相符，又与《帝王世纪》中的“汉成纪”所属地相符，它才是华胥兆孕伏羲之雷泽。

（一）从地理特征来说，庄浪朝那湫与《山海经》所述“雷泽”一致。六盘山古称陇山，亦称大陇山；其南端古称小陇山，今称关山。庄浪朝那湫所在的桃木山，地处关山之巅，海拔2857米，为六盘山第三高峰。这里是一个三县交会的地方：东北麓有泾水源头老龙潭，为宁夏泾源地界；东南麓有汭水源头，为甘肃华亭地界；西北麓有朝那湫，为甘肃庄浪地界。方圆40里，有大大小小的泉湫100多处，俨然是一个“龙的世界”。当地民谣说：“湫头两朵云，陇右千山雨；朝那一杯水，泾河万里源。”如此兴云布雨的地方，无疑是“雷神”所居之地。

但关山一带的朝那湫很多，如甘肃的庄浪、华亭、灵台、泾川、镇原、崆峒有朝那湫，宁夏的彭阳、原州、隆德有朝那湫……为什么说只有庄浪朝那湫才是《山海经》所指“雷泽”呢？这得从它们的由来说起。

庄浪朝那湫之名，由朝那国而来。朝那国，《说文解字》称之为“西夷国”。它是西周一个名为“戎那”的诸侯国。它由古卢国演变而来，那人为卢人后裔。据《中国通史》记载，卢人在周武王伐纣时曾随其出征。朝那国都地在朝那湫，王宫为湫后悬崖之巅的“马槽槽”。秦穆公三十七年（前623），“秦伐西戎，归其版图。”“朝”，由其湫东部华亭境内的皛然山演化而来。“皛然”者，为皎洁、光明之意。由此而论，它是这座山的名称，也是一个方位的名称，意为“晨曦初照的地方”。“那”，为族名、部落名、方国名。“湫”，北方人称水池、水潭，为地形之名。由此而论，庄浪朝那湫之名，当由方位、方国和地形所组成。如原州、彭阳朝那湫之名，由朝那县而来。朝那县为“秦肇县”，有东西之分。“西朝那”地界较广，历史文献指向“平凉西北”“固原南部”，包括华亭、庄浪、泾源、隆德、原州、彭阳和崆峒的一些地方。历经秦、汉、魏、晋到西魏。县治所在地：一说在华亭，一说在原州，一说在彭阳。“东朝那”地界较小。历史文献指向“泾川西北”，包括泾川西北部和镇原南部的一些地方。历经隋、唐，约在唐代天宝元年（742）全国性区划调整时废止。县治所在地未有定论。由此而论，朝

那县之名亦当由朝那国而来。因为朝那国之名出现得较早，而朝那县之名出现得较晚。进一步说，庄浪朝那湫是以义取名，为原生的；而原州、彭阳以及其他朝那湫，则是以类取名，均为次生的。如华亭朝那湫，《平凉府志·朝那庙碑文》就说得很清楚，那是为方便当地民众祭祀而仿建的。——如彭阳、原州、隆德以“朝那湫”为依据，说“羲皇故里”在彭阳、在原州、在隆德，不足为信。

（二）从历史内涵来说，庄浪朝那湫与“雷泽”有着不解之缘。庄浪朝那湫有前后两个。前湫状如卧蚕，水面30余亩；后湫形似弯月，水面20余亩。这里为白垩纪地质结构：岩石厚度1160米以上，距今1.45 亿～0.65亿年。因其水渊通地脉，从古到今“永不干涸”；因其水在岩石间与泾河源头老龙潭和汭河源头相通，从古到今“永不外溢”。这便是史册中频频出现的“不涸不溢”的朝那湫。

值得一提的是，朝那湫之水极其甜美，是人畜饮用的最佳水源；加之桃木山一带森林茂密，草甸宽阔，具有人类生存的良好条件，故而“华夏第一国——华胥国”便在这里立都。华胥国的图腾崇拜物是龙，其来源便是朝那湫。因为龙是水的化身，而水则是生命之源。这与华胥国“以生存为第一需求”的社会目标是一致的。再说，伏羲文化的原点——太极图，同样来源于朝那湫。太极图是阴与阳对立统一的一个图标，其阴来源于后湫，其阳来源于前湫，其图标则来源于后湫的“形似弯月”。这是古人师法自然的产物，社会实践的结晶。

庄浪朝那湫，是秦汉王朝祭川的地方，也是其祭祀华胥国和朝那国的地方。《史记·封禅书》说，华山以西“名川四”，其中“湫渊，祠朝那”，便指此而言。它自古以来就有“灵湫”“神湫”之称。如秦惠文王后元十三年（前312），在秦楚“蓝田之战”中，当楚国扼住秦国咽喉——“商於通道”时，便置秦国于生死存亡之际。也正是在这种情况下，秦王朝祈求于天，除在雍城投放石刻祭天文《告巫咸》、洛阳投放石刻祭川文《告亚驼》外，在庄浪朝那湫也投放了石刻祭川文《告大沈厥湫》。究其原因，一是因为这里是泾水之源，按照《礼记》祭河必先源而后尾的说法，必须祭祀；二是因为这里是华胥国和朝那国的都地，按照《礼记》“祭因国在其地而无主后者”的说法，必须祭祀；三是因为这里是“秦亭”所属地、秦祖发祥地，必须祭祀。就是到了汉代，汉王朝出于正统地位的考虑，依然在朝那湫祭祀。如汉武帝、汉安帝、汉桓帝就亲自到朝那湫祭祀过。

（三）说庄浪朝那湫为“雷泽”，更直观、更主要的依据，还是因为它与《山海经》所指“雷泽”——“在吴西”相符。所谓“吴西”，为“吴山之西”的意思。其吴山，在朝那湫东部华亭境内，今称五台山，海拔2748米，为六盘山第四高峰。黄帝时称“吴山”，首建武畤以祭天神。唐尧时称“岳山”，为四岳部落所在地。殷代称“虞山”，为虞国所在地（吴为虞的本字。甲骨文、金文中，虞字均写作吴）。周代称“吴岳”。《史记·封禅书》说：“秦灵公作吴阳上畤，祭黄帝；作下畤，祭炎帝。”这里的“吴阳”，指吴岳之南——华亭境内的莲花山；其“上畤”“下畤”均在其山。秦汉时期，吴岳为秦汉王朝每年所祀之山，被誉为华山以西“七大名山”之一。《史记·封禅书》说：“自华以西，名山七，名川四：曰华山、薄山……岳山”，其“岳山”，便是吴山。而说华亭五台山为吴山，最根本的原因是，它为“汧水之源”所在。清人段玉裁《说文解字注》说：（1）“吴山在西。古文巳为汧山，雍州山”；（2）“有吴岳山，本名汧（山），汧水出”；（3）汧山在今陇州西北。禹贡之岍（山）、周礼之岳山也；（4）“汧阳河，即古汧水出焉……至宝鸡县县东三十里合于渭”。这里把汧水的“源”与“流”说得很清楚。当今之千河，便是古代之汧河，它发源于甘肃华亭五台山东南麓，流经陕西的陇县、千阳、凤翔、陈仓而入渭河。由此可见，今华亭五台山便是古代之吴山，是不容置疑的。而庄浪朝那湫，则正好在吴山之西。由此而论，庄浪朝那湫即“雷泽”，是可以肯定的。

今人范三畏《旷古逸史》说：陇山即吴岳，庄浪朝那湫即雷泽。其对吴岳的判断有误，而对雷泽的判断则是正确的。《甘肃通史·先秦卷》说：“吴西指吴山以西，这个吴山，即属今陕、甘两省交界的陇山山系。”其对“吴西”的判断是正确的，而对“吴山”的判断则是模糊的。又说：“今礼县南部西汉水中游有地名雷坝”，“该地因多水，故又名大潭”，“这片水域，就是传说中西方的雷泽”。因此说与“汉成纪”、与“在吴西”相去甚远，不足为信。此外宝鸡陈仓有一吴山，不能与上述吴山混为一谈。因为它在“汧水之尾”，并非在“汧水之源”。

三、从祖居地、出生地来说，庄浪为“羲皇故里”

中国人的籍贯，通常是以县级行政单位来确定的。但以古代的县级行政单位来确定？还是以当今的县级行政单位来确定？笔者认为，不论古代还是当代，均当以本人的“祖居地”或“出生地”来确定，而不能简单地以“县治所在地”来确定；与此同时，还必须考虑行政区划的历史变迁，而不能生搬硬套。

《新华字典》说：籍贯指“自身出生或祖居的地方。”就是说，一个人可以有两个籍贯：一个可以“祖居地”来确定，一个可以“出生地”来确定。这是确定籍贯的理论依据。由于伏羲的“祖居地”在庄浪，“出生地”也在庄浪，所以从当今的行政区划来说，“羲皇故里”只有庄浪这一个，没有第二个。

这与史册中所载“伏羲为成纪人”的说法是一致的。因为历史上庄浪本来就归“成纪”管辖。如西汉时，就归天水郡的成纪、阿阳、街泉等县和略阳道管辖；东汉时，改天水郡为汉阳郡，依然如故；三国时，析天水郡置广魏郡，县地就分属天水郡成纪县和广魏郡略阳县管辖……

当代一些学者以“成纪县治”所在地为依据，说“羲皇故里”在静宁、在秦安、在天水，均属主观臆造。因为这些说法，既违背了确定籍贯的理论依据，又不符合行政区划的历史变迁，理当否定。而说庄浪为“羲皇故里”，既与《帝王世纪》所指“成纪”所属地相符，又与《山海经》所指“雷泽”——“在吴西”相符，也与确定籍贯的理论依据和行政区划的历史变迁相符，理当肯定。

（张双锁，庄浪县人，大学文化，庄浪县商务局退休干部）

有关徐家城名称由来的史料浅识

李建科

庄浪县万泉镇徐家城是我的老家所在地，从小生活在这里，对这里的风土人情及周围环境比较熟悉。后来到平凉工作、生活，但对家乡的事仍然比较关注，喜欢阅读收集有关家乡的书籍资料，日积月累，已经不可小觑。这里想根据掌握的资料，就徐家城的名称由来和筑城时间谈点粗浅的认识，以便抛砖引玉。

一、徐家城的地理位置及城址遗存

徐家城是庄浪县万泉镇所属的一个村庄，地处庄浪、静宁、秦安三县交界处，与静宁仁大、秦安莲花接壤，是庄浪县的西大门。当地百姓所谓“鸡鸣一声闻三县”，正是对这一地区的生动描述。

这里有山有川有河有谷，是一个山川搭配，河谷互让的特殊区域。山有三山，均系陇山支脉：从宁夏隆德县扁沟梁分出一支向西南延伸到静宁峡口者，谓之北山。北山西端与仁大相接处形似盘蟒者，谓之蟒寺山，从张家川县分出一支向西南延伸到秦安县安伏乡锦带峡口者，谓之青龙山。川实有四，三明一隐，分别为水洛川、略阳川、仁大川、阳三川。水洛川为水洛河流域，在水洛南北二山之间，东北自通边乡，西南至徐家城，东高西低，河水西流；略阳川为清水河流域，东北自张家川张棉驿，西南至秦安莲花，途经陇城、五营，东南高西北低，河水西北流；仁大川为成纪河流域，途经治平、李店，西北高，东南低，河水东南流；阳三川为庄浪阳川镇地界，与仁大川隔山相邻，葫芦河自北向南流出，流至塌寺坡，被蟒寺山堵住出口，只能绕到高家峡口破峡而出，阳三川便隐为盆地。水洛、清水、葫芦、成纪四水在庄、秦、静三县交界处碰头后，合为一流，从锦带峡向西南流去，在天水三阳川汇入渭河。当地有语：“翻过来阳三川，翻过去三阳川”，说的正是葫芦河的这段经历。

在这神奇的山水之间，承载着太多的文化遗存。位于略阳川下游的莲花镇，与徐家城隔河相望，不足一公里，是古“丝绸之路”进入甘肃的第二重镇，处于南北大道与东西大道的交会处，素有“旱码头”之称。被誉为“史前文化博物馆”的大地湾遗址，分布在略阳川五营乡境内，北距徐家城 8 公里。与五营乡相邻的陇城，有“女娲祠”“街亭”。传为伏羲诞生之地的古成纪就在仁大川上游的治平川，古名小坑川，因诞生过汉飞将军李广，又称“广爷川”，东南距徐家城 20 公里。大地湾遗址提供了伏羲、女娲从传说记载到真正生活于古成纪一带的依据。阳三川古称长离川，也是一个古文化遗址遍布的地带，古门洞遗址发现的碳化谷粒，把庄浪农耕文明的历史推至 6000 年以前；三国时期夏侯渊与韩遂长离川之战的记载、曹家塬遗址挖掘出的隋代虎符，留下了一幕幕战争的记忆。水洛川出现的齐家文化、仰韶文化遗址数不胜数，陈家洞、葛家洞、云崖寺北魏石窟寺连缀成群。

面对周边灿烂的文化遗产，徐家城不仅仅是看客，作为邻居，也有自己辉煌的一页。2009 年，国家考古队在徐家城发掘出一处距今 36000 ~ 43000 年的旧石器遗址，出土石制品 5500 余件，动物化石近 600 件，为研究石片石器技术的发展、动因及适应生存方式提供了良好的材料。

徐家城是庄浪七座古城之一。城址分布在水洛河北岸第一台地上，高距河床 10 ~ 20 米。北到学校后的山坡上，南到台地边沿，东至担水坡，西至西城门。东西长 750 米，南北宽 500 米，分布面积 37.5 万平方米。现仅存西墙，残长 30 米，高 8 米，基宽 4 米。城墙为黄土夯筑，夯层厚 0.12 米，夯层发现白釉、黑釉瓷片。城址内断面上还发现宋金时期的灰坑和瓷片堆积。

二、有关名称由来和筑城时间的史料

《庄浪文物》载：“徐家城位于水洛河与清水河的交汇处，是我县正南方最边沿的一座古城，城址位于万泉镇徐城村中。清乾隆《庄浪县志略》载：‘徐家城，县南 90 里，属怀安里。徐，本徐孝恭居此，故名。’”

新《庄浪县志》载：“徐家城在万泉乡。旧城长方形，面积约 37 万平方米，始筑无考。清同治年间（1862—1874）重筑，缩小一半。乾隆《庄浪志略》称：‘徐本、徐孝寨居此，故名。’民间相传，本名‘宿夜城’，讹为‘徐家城’。现残存西城墙 30 余米，夯层中有宋瓷片。城内有仰韶文化遗存，附近有宋、金墓葬。”

口传史料：据 1993 年 10 月《庄浪文史》第三辑载已故程振华先生《徐家城》一文供述：“徐家城的历史久远，早在西汉末年，隗嚣起兵成纪，曾驻兵于徐家城。有关徐家城的来历，众说不一。《庄浪志略·卷三》载：‘徐家城：徐本、徐孝寨居此，故名。’但据老人们一代一代传述，历史上从无徐姓人栖息于此。现有一户徐姓人，是 1959 年从水洛徐家碾招亲到徐家城的。另一说是穆桂英征战途中，正巧分娩，夜宿此地，众士卒突击筑城，防敌侵扰；还有一说是辽国萧太子行军至此，其妾临产，筑城暂住。这三种说法，与历史事实相去太远，不足为信。比较接近实际的一种说法是：金人南侵，金兀术在六盘避暑后，率部奔抵秦安、天水时，皇妃营地生子，为保安全，遂令七十万大军一夜筑城于此，名曰‘宿夜城’。随着时间的推移，人们逐渐以谐音相称。这里一直流传着一句谚语：‘紧带峡里紧带子，徐家城里生太子’。也许不是凭空捏造的。”

据秦安县方志工作者李雁彬供述，原县志办主任王文杰先生曾在一次与上海同济大学考察人员座谈会上的发言中，谈到锦带峡的传奇时说：“渭水最大支流葫芦河自宁夏西吉月亮山发源后，一路蜿蜒南流，汇入清水河后进入长达八十里的锦带峡。锦带峡山高坡陡，莽莽苍苍，山崖壁立，坚硬的地质构造将河流束成一条曲折而秀丽的锦带。但民间传说锦带峡应该是紧带峡，源于宋金大战时王子诞生的传说。据说腊家城之战失利后，金兵统帅及家眷北逃，时王妃身怀六甲，正待分娩，由于情况紧急，就束紧裤带，下大坪山，渡葫芦河向徐家城逃去，在徐家城里生下太子，因此称此峡为紧带峡。据说徐家城是在一夜之间筑起的，所以又称‘宿夜城’，更为奇特的是此城的夯筑风格明显与其他城不同，其夯窝是朝上的，民间传说是金人动员当地土地参与筑城，所以城是从下往上筑的。总之无论是锦带峡还是紧带峡，都与此峡的地理景观相吻合，前一名充满诗意，后一名蕴含着神奇和当地历史。”

这两则口传史料的传述者虽来自庄、秦两县，但皆德高望重，学识接地气，谈吐乡土味浓，关于紧带峡和徐家城的传述大同小异，均与本村世代流传的说法相合。

史料浅识：上列史料分别来源于方志和口传两个渠道，有互证和互补性。就内容而言，关乎锦带峡和徐家城两个地方，于锦带峡只是个地名问题，于徐家城则涉及地名由来、筑城时间、用途、夯筑风格等多个方面。

两部旧志记载尽管表述不一，但并不矛盾，只说了名称由来：因有真名实姓的徐姓人居此，故名徐家城。这类以姓氏取名的乡、村、社比较普遍，但徐家城是个例外。第一，徐家城徐姓人稀少，而且是招亲而来的。第二，这是清代编写的志书，比口传史料和城址出现的文物所标明的时间晚，所以站不住脚。

新志对名称由来虽无定论，但显然综合了旧志记载、口传史料、出土文物三方面史料，提出了新城、旧城之分，明确了重筑时间以及城址面积、现状、文物时代等，是一段留有研究空间的记载，体现了方志编纂者的广征博采与客观公正。对于口传史料，应当一分为二，既要承认其史料价值，又要坚持去粗取精，去伪存真的原则来分析采用。据此，我认为从上列口传史料中，至少可以理出以下几点：

第一，这里讲述的是一次发生在秦安至庄浪之间的军事行动；行军路线由西向东，出锦带峡入驻徐家城；部队首领是皇亲国戚或可以带家眷的高级指挥官；部队人数众多，可以一夜成城。按照这些条件，前引《徐家城》一文中提到的隗嚣，东汉末年称霸陇上时留下的遗迹不少，有今天水市北仁寿山的隗嚣宫、麦积山后崖的避暑行宫等。在徐家城，虽有驻军的记载，但没有筑城的记载或需要。至于穆桂英征辽，且不说生子称太子这种僭越之举有悖杨家将的忠诚，单就征辽发生地在山西、河北一带，与锦带峡不着边际这一点就可以否定。同理，辽国太子过此也成大白话。

第二，程振华、王文杰二先生对徐家城筑城生太子这件事，一个说是金兀术六盘山避暑后返回天水路过徐家城时发生的，一个说是腊家城之战失利后，金兵统帅及家眷北逃时发生的。二人传述的事件虽然有异，有待商榷，但发生的时间一致，都在宋、金时期，且与城墙断层上发现的文物遗存年代相符。这一时期庄浪、秦安都在金朝管辖之中，周边地区也发生过较大战事，所以我认为这一时期的认定是值得肯定的。

第三，事件发生的历史时期确定后，离我们甄别和寻找事件又接近了一步。金兀术避暑南归一说之所以不成立，是因为宋、金史上都没有这一记载。金兀术是金太祖第四子，人称四太子，是金军铁骑统帅的代名词，所以关于他的记载比较多。他戎马一生，战功赫赫，是最有资格统领大军、携带家眷、旅途生子的，但他在西部战场只参加过 1130 年 9 月的陕西富平之战、1131 年 10 月的和尚原之战、1134 年 2 月的仙人关之战三次战争，此外再无参与其他活动的记载。腊家城金军北逃一说也不大妥，因为腊家城之战，是 1141 年 9 月金军西帅撒离喝麾下由胡盏、迪不禄统领的五万主力部队，在秦安以东的剡家湾被吴璘所部战败后退守宋军重重包围之下的孤城的一次守城之战。按当时的形势，腊家城指日可破，但偏偏在这时两国息战议和，朝廷下令吴璘班师，放过了金军残部。金军的大本营一直设在陕西凤翔，这支部队要回去休整，按路线绝不会绕道锦带峡北逃。

第四，纵观《吴玠吴璘传》记述的发生在秦、庄一带的宋金战事，最有可能出锦带峡沿水洛川东北进发的部队，在德顺之战的金军参战部队之中。1162年8月，吴璘所部收复德顺故城（今宁夏隆德城）后，金军有三次出兵：先是出动由完颜璋、完颜习尼列率领的十万大军自平凉赶来争夺德顺，久攻不下；后来金军悍将豁豁万户率领七千精兵从凤翔出发增援德顺围城部队；最后徒单合喜亲提陕右大军来援。按行军路线，平凉来敌自然排除在外。在两支凤翔来敌中，合喜是金军继任撒离喝的西路元帅，其行军路线虽与豁豁万户相同，但规格高，而且在德顺之战期间，曾驻军水洛近距离指挥。战争接近尾声时，见于争城无望，便指挥部队潜军水洛，开道陇山，貌似出奇之策，其实是安排撤军。后来宋廷谋和，下令吴璘班师，西路宋军征战收复的三路十七州复归敌有。德顺之战，水洛因靠近隆德，为金军发挥了门户作用。因此，口传史料中的筑城夜宿部队，应该就是合喜所部。合喜这次参战带不带家眷没有交代，但金军大战之前将领有带家眷的先例。仙人关之战明确记载：这次战役，金军志在必取，自元帅以下将领，皆带家眷而来。既不得志，遂退回凤翔，授甲士田，为久留计，自是不复轻动矣！

第五，宿夜城的宿字，庄浪、秦安方言读“徐”，所以说是谐音。至于动员土地筑城、夯窝朝下等，是编故事者的常用语。土地爷是古代中国传说中掌管一方土地的神仙，住在地下，是神仙中级别最低的。《西游记》中孙悟空降魔，“土地老儿”被呼来唤去，帮忙不少。

庄浪由于县志缺失，明代以前的记载几乎断档。近年来文物、文史工作者努力挖掘，向新撰史志补充了不少古代史料，但尚不够完整，比如宋、金时期的墓葬、文物发现了不少，历史事件寥寥无几。有关徐家城名称由来和筑城时间的史料，虽系口传，但上述浅识如果成立，则不仅可以把徐家城的筑城历时推至宋金时期，而且可以补充金占时县内发生的历史事件。对研究宋、金德顺之战中金军布置在水洛的军事设施及水洛发挥的作用，也不无帮助。

（李建科，庄浪县万泉镇徐家城村人）

第四节　故　事

庄浪“保护神”刘沪将军与水洛城

陈亦超

庄浪县刘沪将军是被当地民众“神化”的具有地方保护神性质的“神灵”，他是北宋真实存在且被载入史册的历史人物，在经历近千年历史演变后，丝毫没有淡出当地文化传统和民众生活，反而愈演愈烈，成为庄浪县最受尊敬和崇拜的神祇。在每年正月十二这一天，庄浪县城都会举行大规模“迎神、祭神”集体活动，并与当地社火和高抬相结合，形成独具特色的“庄浪民间文化艺术节”，这种纪念方式除了体现地方民间文化体系中的民众对神灵的信仰之外，还深刻地展现了中国“造神运动”的发展脉络。

庄浪县属伏羲生地成纪范围，春秋战国时为西戎所居，战国后期入秦国版图。汉高祖二年（前205），庄浪分属周边郡县，境内建置水洛亭、受渠亭。唐代，水洛为繁息军马的监牧之地，属陇右监牧南使所辖十八监之一。宋庆历三年（1043），水洛城属秦凤路德顺军之陇干县所辖，是以铎斯那为首领的吐蕃族居住地。据《武经总要》卷十八《城寨堡七·水洛城》载：该城“东制胜关百里，西熟户王家族，西南至床穰寨五十里，东南至弓门寨七十里，又四十里至秦州，东北至德顺军百一十里，北至静边寨九十五里。”此外，《宋史》载：水洛城“西南去略阳二百里，中有城曰水洛，川平土沃，又有水轮银铜之利，环城数万帐，汉民之逋逃者归之，教其百工商贾，自成完国。曹玮在秦州，尝经营不能得。”由此可见，水洛城重要的军事战略位置及其蕃、汉人民和平共处的条件，使其成为宋、夏争夺的对象。刘沪一行千人进驻水洛城，不料城南以穆宁为首的氐族突然叛变，刘沪以千人抵万众，平息叛乱，借此开通秦州和渭州之间的道路，并着手修筑水洛城。《宋史》载：“庆历三年冬十月，甲子，筑水洛城。”刘沪上书朝廷，请求扩建水洛城城垣，也就是在原有城池的基础上加以增筑，从而加强水洛城的防御，确保当地长治久安。他的主张得到了陕西四路总管郑戬的认同与支持，庆历四年（1044），郑戬派董士廉帮助刘沪筑城。

后来郑戬离职，新上司泾原路安抚使尹洙命令刘沪停止筑城，刘沪反而加快了筑城速度。尹洙大怒，派狄青前往水洛逮捕刘沪和董士廉入狱，停止筑城。当地人听到刘沪入狱消息都十分担心，城内骚动不安，当时参知政事欧阳修也向朝廷两次上疏，为刘沪辩护。一疏奏曰“刘沪经营水洛之初，先以夺身力战，然后诱而服从，乃是诸蕃族畏沪之威信。今忽见沪先得罪，带枷入狱，则新降生户，岂不警疑？若使翻然复叛，则自今边将，欲以威信招诸族，谁肯听从？”宋仁宗于是派遣鱼周询和程戡前去水洛城考察，两人到了之后，当地的蕃人蜂拥而至，请求馈送牛羊、抽派壮丁，以帮助筑城。两人据实上奏，于是宋仁宗让刘沪代理水洛城寨主，负责筑城事务。

庆历四年三月，刘沪完成筑城。新筑水洛城规模颇为宏大，对此历史并无记载，不过幸好 20 世纪 50 年代初的水洛城保存得仍非常完整。经勘察，水洛城周长共 1640 米（包括后堡），城内占地 240 亩，城墙平均高度 8.5 米，共计土方量 5.5 万立方米，有城门 4 个、堡门 1 个。可见刘沪之功是值得称述的，刘沪也因此在当地蕃汉人民中留下了极好的声誉。庆历七年（1047）五月十四日，刘沪因患头疮去世，其弟刘淳准备运其灵柩回故里安葬，但当时水洛城民众“遮道号泣，请留葬水洛”。于是民众把刘沪安葬在水洛城北山（今庄浪县水洛镇贺庄村），在那里建祠堂祭祀，每逢年关节令香火更旺。刘沪留葬水洛之后，人们为了弘扬其对庄浪县城的巨大贡献而祭拜他。当时朝廷对于民间祭拜神灵现象比较宽容，宋神宗七年（1074）诏曰：“天下祠庙祈祷灵验未有爵号者，并以为闻，当议特加礼命。内虽有爵号而褒崇未称者，亦具以闻。”此后，民间神灵信仰逐渐趋于规范化。崇宁四年（1105），宋徽宗追封刘沪“忠烈侯”之称，并为他修建“忠勇庙”。南宋时期，延续北宋政策，对神灵的赐封更加规范，并形成了相应制度。这时人们已经将刘沪奉为“神灵”，敬称其“刘将军”。

近一千年来，将军庙神灵信仰得以发展至今天的规模，依靠的正是刘沪将军对县城的护佑。作为庄浪县城的保护神，人们世世代代崇拜他延续至今，长盛不衰。

刘沪被奉为“神灵”之后，经历了朝代更迭和人口变迁，但民众对其信仰却未发生根本性的改变。相反关于刘将军事迹和传说世代相传，越传越神，加之人们对刘沪将军的祭祀不曾间断，刘沪逐渐被“神化”成可以普度众生，帮助当地民众完成任何心愿的多功能神祇。

民间流传着很多关于将军“显灵”传说，据说清同治年间匪患众多，某日土匪将要破城之时刘沪将军突然显灵，保护了城民安全。另一个更为著名的是当地流传甚久的“白马红灯”传说：民国初年，军阀混战，土匪横行，庄浪县城作为西北偏远山区更是常年遭到土匪的烧杀抢掠，当时水洛东关驻扎军队一百多人，为首人称周统领。正月二十四日傍晚的时候，驻兵发生叛变，杀死周氏父子之后开始攻城。当时下着很大的雨，路上都是泥泞，叛兵很难前进，忽然他们看见后堡城上有个人骑着白马，手提红灯来回奔驰，叛兵们心想此县原来有神灵庇佑，心生恐惧而退兵。此事轰动全城，百姓成群结队去将军殿焚香叩头，感谢神恩。还在大街小巷争相议论，众说纷纭，还有人夸大其词说后堡城上发现了马蹄印。当时的乡绅、民众为了感谢刘沪将军，在后堡上修建“歇马殿”，由于堡小殿大，所以凌空悬修，堡中修建戏台，以作永久追念场所。当时辞官在家的清朝举人孙庆伯老先生撰写了牌、匾、碑文、对联等，据记载大匾文曰“于今为烈”。小匾文曰“显圣阁”。对联曰：“大敌手常歼，尽满腔热血，才博得烟火万家。岂能想：青简黄卷，胡为我作！小贼头须断，乘一时野心，并不信神灵千古；试看着：红灯白马，却是谁来？”之后每年正月二十四日，庄浪县民就会筹装马戏社火恭迎“龙王”“将军”走像去显圣阁享祭。而今阁楼不在，牌匾对联便成为历史佐证。时至今日，人们不难判断这一“红灯白马”的传说是否为真，对于红灯大家的说法不一，比较可信的一种是当时县里为了防止土匪来袭晚上巡城时所打的红灯。所以民众只是把这一红灯神化成了将军的神灯，将其视为将军精神化身，没必要打破葫芦问到底。

改革开放之后，社会日渐开放，国家政策调整，民间神灵信仰及仪式活动再次出现在人们的生活中。庄浪县将军信仰在经历“文化大革命”时期压制后得到更多民众的崇拜，但将军塑像因为被摧毁无法进行“迎神祭神”活动。在民众强烈号召下，1988 年，县民李令绪和景泰画将军像供祭拜。1990 年，县民李福祥等人募集资金为将军和龙王塑走像供民众祭拜。如今将军塑像供奉于水上公园刘沪将军纪念馆内，该馆每月朔、望两天开放，县民会前去纪念馆祭祀。此外，庄浪县为纪念刘沪将军的功绩还生产名酒“将军宴”，传说此酒是刘沪将军筑城完毕之后庆功宴用酒，庄浪人千百年来不断改进酒的香醇度和造酒技艺，形成了如今庞大的“酒文化”产业链条，在当地具有很大影响。这也是人们传承刘沪将军神灵信仰的另一种方式。如今在水洛县城，现存有北宋故城遗址、将军墓以及西街的“忠勇庙”遗址，还有在庄浪县水上公园内修建的“刘沪将军纪念馆”以及近年新建的宋堡，都是以刘沪将军守卫水洛城这一事件作为历史切入点。而民间信仰的传播方式与中国几千年的传统文化密不可分，民间信仰依靠一些外部的活动，如“迎神祭神”活动、庙会等，使人们更好地了解其内涵意蕴，促进自身传承与发展。近年来，庄浪地区民众对“刘沪将军”这一英雄人物的崇拜和信仰程度愈加浓厚，其大规模的集体性“迎神祭神”活动得到前所未有的发展。

当代大规模的迎神祭神活动是在 20 世纪 70 年代末至改革开放后才开始的，由庄浪县文化局带动全县乡镇人民在正月十二刘沪将军生日（也有说法是“筑城”完工的日子）这天来到县城以相互展演和竞赛社火的方式进行。随着社会的发展，人们逐渐重视这一活动，规模也越来越大，1994 年由庄浪县委、县政府确立正月十二日为“庄浪民间文化艺术节”，至今已有二十多年历史，每年的活动都规模盛大、场面壮观。在正月十二社火会演当天对地方保护神——刘沪将军“迎神”和“祭神”活动更是县城千百年来别具一格的传统节目。

迎神活动于正月十一日开始，当天下午六点钟，庙会工作人员和西关街群众准时将刘沪和刘淳将军坐像从水上公园刘沪将军纪念馆迎至中街所设神坛，为第二天开展“迎神祭神”活动作准备，晚上县民们纷纷去祭拜两位将军，所设神坛处人山人海，还有震耳欲聋的鞭炮声和由何马村、下王家两个村落组织的具有地方民间文化性质的地摊儿。这些活动持续到正月十二日，而且这一节前祭祀模式已经为当地民众认可。而且庄浪县的“迎神祭神”活动在传承的过程加入了“地摊儿”，被列为“国家级非物质文化遗产”的“高抬”等本地区特有文化，为该活动增添了特有的地域文化特色。

正月十二日是艺术节的正式开始的日子，这一天，全城男女老少齐集一起，欣赏不同乡镇各具特色的社火表演，到处锣鼓喧天，鞭炮声连连，整个县城被欢乐喜庆的氛围所笼罩。据笔者走访，全县各乡镇装扮的社火和彩车均于前一晚在街道排列整齐，早上九点半县民将两位将军迎至装扮好的彩车上，先送他们去紫荆山向玉皇大帝报到，接着开始环城巡视。在环城过程中，刘沪将军所过之处响炮声不断，家家户户通过放炮、捐钱、挂红等形式表达自己对刘沪将军的敬意。在刘沪将军所坐的彩车上，有四位穿着节日喜庆服饰的老人分坐两列，主要负责收取民众所捐钱财和赠与的红绸，捐钱数目不等。一路追踪，从满了又满、换了又换的钱袋子可以看出人们对于刘沪将军信仰和崇拜的虔诚程度。

下午一点钟社火会演结束，祭祀开始。祭拜也有一定的程序，首先是烧香和表，然后磕三个响头，起身鞠躬叩拜，之后去功德箱捐钱或者去看守神坛的老爷爷那里放置贡品，最后就是放响鞭炮。这种形式的祭拜从正月十一日晚上一直持续到十二日晚上，甚至在十三日早晨都有少数群众前去祭拜。刘沪将军离开神坛是在正月十三早晨十点钟，由长期服务于该工作的志愿者及其纪念馆的工作人员用大卡车将刘沪和刘淳将军的坐像送回水上公园纪念馆内，并撤走神坛，县城环保人员扫除堆积在地面层层厚的鞭炮残留物，并由洒水车清扫街道，“迎神祭神”活动结束。

刘沪将军最初和龙王爷一起接受祭拜，时至今日，庄浪民众对于龙王爷已经不再举行大规模的祭祀，但依旧保持着对刘沪将军规模盛大，场面宏伟的“迎神祭神”活动。当然，除了这种形式的活动之外，每年清明，当地百姓还会去“将军墓”为刘沪将军扫墓。通过以上我们可以看出在当地百姓心中，刘沪已经不单单是曾经爱民筑城的将军，随着千百年的演变和民间的口耳相传，他已经被世人神化，成为“万祀千龄，令人景仰”的传奇人物，开始作为神祇存活于当地人民的心中。

如今，刘沪将军神灵信仰的范围扩大了许多，其“迎祭神”活动也借助“庄浪县民间文化艺术节”形式多样的表演艺术增添了更多的趣味，为更多周边市县的民众所熟知；此外，民众并没有因为对自然界更多的理解而抛弃民间信仰，而是开始发掘信仰中对现世有用的内容。比如随着民众对自然科学的了解，刘沪将军“红灯白马”的传说不再具有真实性，但这一传说在民众的记忆中仍旧挥散不去，并且民间信仰的现实功利性决定了它与时俱进的特征，信仰群体的精神需求和心理变迁为信仰的发展和传播奠定了更为坚实的基础。

宋忠烈侯刘沪对于每一个庄浪人来说神圣伟大。他扶危济贫，身先士卒、鞠躬尽瘁的精神和爱国忠君的思想与儒家思想相得益彰，是维系国家、民族利益的纽带，是庄浪人民最宝贵的精神财富。在漫长的历史岁月中这种精神激励着许多庄浪人民，哺育出了一代代杰出人才，民族英雄。刘沪将军神灵信仰文化包含着许多历史文化的结晶，是一个民族优良品质的积累，应该予以保护并将这些优秀的传统文化继续发扬传承。

（陈亦超，北京某部队文职人员，庄浪县人）

章麻胜景引龙山

王邵泽

何谓之“章麻”？这是一个旧地名，即现在的庄浪永宁。过去的永宁，起先叫章麻林，后改称章麻镇，1942 年有一位叫马文江的庄浪县县长提议将章麻镇改为永宁镇，一直沿用至今。

说起章麻林的地名，还颇有一段来历。相传在北宋乾德年间，永宁附近的严家咀出了严氏辉、茂二兄弟，从军卫国，抵御西夏屡建功勋，进爵为公；又射杀恶虎为民除患，留下了射虎湾这个地名。二人死后被封为主水之王，兄为盖国大王，主北乱池，在现在隆德境内建有祠庙供奉；弟为惠泽大王，主南乱池（即本县郑河境内的湫池），在永宁建有庙宇，当地人称为方神（地方神之意）。伯仲生有九子（一说是八子及一个外甥），名曰士忠、士良、士贤、士孝、士仁、士义、士礼、士智、士信，先后有八人中了进士，一人出家学道。这进士一多，当然写的文章就多，密密麻麻的，犹如山间树林一般，故就把这地方叫成章麻林了。这是一个神奇美妙的传说，如今已无法考究其是否真实，但地名就这么沿用下来了，却是事实。

再说这位马文江县长，他在民国后期政治腐败、老百姓对官员骂声不绝时履任庄浪，却留下了较好的口碑。他的功绩有二：一是报请当时的甘肃民政管理部门，将静宁原管辖的南八镇划拨庄浪，原庄浪所辖的东五镇划予静宁，划拨出去的是山大沟深、土瘠民贫之地，划拨进来的是气候温和的瓜果之乡及森林茂密的关山富庶地区，这一点庄浪人多年念念不忘。另一点是对文物重视保护，作为一个文人型的官员，他发现文物古迹即令搬至县城或就地保存，后世人还不时提起。用现在的话说，他似乎有革新意识，如将从静宁划来的章麻镇改名为永宁、焦韩店改为新陇、万家沟门改为新泰、计都改为安东等就足以佐证。大概为官时不曾作恶，甚至有功于民，解放后仍被留用，在甘肃省文史馆任职，直至20世纪60年代初去世。

引龙山就在永宁街对面两条小溪汇合处的台地上，突兀耸立出一座小峰。此山形态奇异，四周远离其他峰峦，挺拔独立，有人说它像一条刚强挺立的硬汉，有说它像一颗凌空倒悬的宝印，又有人说它像一只伏而不动的蜗牛，是大自然的鬼斧神工，造就了此山的神奇，为人间增添了一处美景。

关于引龙山的山名来由，相传在民国十三年（1924）三月二十日娘娘圣诞期间，特邀一位龙门洞驻守道长来参加庆贺，这位道长敬仰山之奇，水之秀，地形之险要，有藏龙卧虎之韵，声言要接引龙门的龙脉来此处，以兴山气，从此便起名引龙山，沿用至今。

关于此山也有一个美丽的神话：盘古初分，具有高超建造技艺的鲁班，见石门口豁口太大，龙脉不聚，便施起法术，在一天晚上把关山石头岴的石头变成小猪，往石门口赶，想堵住豁口。赶到半路天已大亮，碰见一位农妇问鲁班“赶石头何用？”话音刚落，“轰隆”一声巨响，眼前一块巨石岿然不动。鲁班长叹曰：“民妇出言不吉，巨石不动，大功未成矣！”这块石头变成了现在的这座山。历经宋、元、明、清及至民国年间，约千年时间的陆续修建，在山上筑起了城墙，建造了亭阁庙宇，塑造了神像，颇具规模。

因此山敬奉的神灵以道家为主，故而又称引龙观。据年长者回忆，昔日观内有三官殿，供奉天、地、水三官神灵，殿前悬挂大钟一口，并有石雕若干，还建有文昌、财神殿及子孙宫、药王庙、磨针老母庙等建筑，山顶高处修有无量殿，并置铁塔、石塔等，这些遗迹均在“文化大革命”期间遭毁。此山不仅为宗教场所，也是民众避难之地。清末民初，匪乱连年，烧杀掠抢，无恶不作。章麻附近诸庄在匪患将临时，民众以山上钟声为号，扶老携幼，蜂拥入山躲避而免遭劫难。

改革开放后，人民生活逐步改善，政通人和，渐成盛世。一些热心地方文物保护者倡议重修，开辟一处休闲游览之地。于是，1991年春开始，筹资筹劳，捐工献料，经过不懈努力，至2006年冬，先后建成无量殿、药王庙、武圣宫、子孙宫、磨针老母庙及关帝庙等建筑，并铸造铁钟、铁塔，修复石塔，整修山门及上山道路，形成引龙山建筑群。

朗朗春日，风和景明，是游山观景的大好时机。每逢节假日，男女老幼，相伴而行，游山观景，踏青赏春。有银发美髯的老翁，有青丝飘逸的女郎，有天真可爱的儿童，有雄姿英发的青年，他们沿着蜿蜒曲折的小径，拾级而上，但见山间松柏葱茏，杨柳吐翠，芳草如茵，野花竞艳。上得山来，一些善男信女免不了要到诸神殿前焚香献贡，顶礼膜拜一番。登临山巅，极目远眺，远山近村，尽收眼底，可谓“朝有关山重重雾霭，暮见农家缕缕炊烟；街道中人头攒动，马路上车辆穿梭，顿觉神清气爽，心旷神怡，似有飘飘欲仙之感。曾有游客触景生情，信口吟曰：“引龙山、山引龙，山上山下有风情。民风淳朴文风盛，此处先贤胜今人”。

（王邵泽，甘肃省镇原县平泉镇人，曾任庄浪县志办主任，该文发表于《庄浪文史》2001年第一期）

岳堡的故事（摘选）

岳安明

岳堡古城东西长330米，南北宽270米，占地面积133亩，周长约1200米，高10米，是与历史上水洛城、庄浪城、通边城齐名的重要城堡之一。岳堡城建于何时，文字没有明确记载，推测应当建于宋金时期，后代陆续修葺。岳堡原来叫孟家堡子，元朝时岳飞九世孙流长、流达、时达3人入住岳堡，时居城堡偏南一隅，后因他姓逢疫寥落，岳姓渐居主导并称岳堡。

岳堡南依南山，北依庄浪河。城堡有东西两门，东门两层，下为城门，上为门楼，名天官楼。旁边挂一口大铜钟，若遇匪警则钟声骤起，四野村民火速回城，城门紧锁，青壮年悉数持械守城。西门两层，下为城门，上为门楼，名文昌阁。东城门外80多米建有伏羲、神农、轩辕三皇门楼，西城门外80多米建有魁星门楼。一条老街在中间打拐后贯通东西，避开东西门在一条中线上，城南临街建有关帝庙，城西南角是岳爷庙，城东北角建有郡王府。这些都是族谱上记载和长辈述说的，自己还依稀记得儿时的城堡基本就是这个样子。

20世纪60年代初，东城门已经没了门楼，但城门洞还在，城门扇约有5寸多厚，厚厚的城墙让城门洞显得苍老而幽深。关帝庙早已不见踪影，代之以“人民公社好”5个大字，这里已经是岳堡公社后来岳堡乡政府的驻地。岳爷殿还在，只记得殿宇宏伟，里面肃穆得有点阴森，“文化大革命”中被拆除建起了岳堡供销社。说起岳爷庙，不光族谱里记载岳堡人是岳飞第三子岳霖的后代一支，而且岳堡人不像其他人仅把岳飞看作是民族英雄，而是作为自己的先人。岳堡人不对岳飞直呼其名，因为那是大不敬的，而言必称岳爷。听老人讲，岳堡人祖祖辈辈不看《风波亭》，因为那出戏会刺痛岳家人的心。我曾在一篇拙文里说过，家里有一件岳母刺字的画挂在上房里，逢年过节和岳飞生日，老人们必定要看上香火。

西城门早已不见踪影，只有两边的城墙静静地相望着。北门已经打开，渠水哗哗地流着，城壕中河滩里到处是参天的合抱粗的白杨树和柳树，夜深人静时还能听到庄浪河的流水声。那时城墙还是完整的，上了东门往北可以走到北门，往南可以走到南城墙，城墙根有5米宽，城墙上面有2米多宽，靠外是垛墙，靠内是女儿墙，调皮的孩子们经常在上面玩游戏。后来生产队说城墙年长日久表皮黑黝黝的而把城墙土铲了拉到地里当肥料，一些靠城的人家把城墙做了院墙，有些还利用城墙打窑住人或者放东西。经过20多年的摧残，北城和西城墙彻底消灭了，东城墙还残留了些城墙根，只有南城墙尽管伤痕累累但基本完好，仍然奇迹般地屹立着，旁边有县级文物保护单位“岳堡城墙”石碑在陪伴着她，互相诉说着千百年往事。想来连水洛宋堡城在庄浪那么有名，一路风尘仆仆从宋代走来，今天都被人用现代的砖墙严严实实地包裹起来永无天日，这岳堡城还算是万幸。

据老人回忆，在岳堡城西南有莲花祠，因为那里大片湿地生长旱莲而得名。旱莲实际上就是关山一带生长的野荷花，其茎亭亭，其叶如盖，虽无莲花的红粉映日，但遍地荷叶一碧如洗，仍然是出淤泥而不染，也足以让人流连忘返。因莲而祠，我真佩服先人们的诗意，那是一种怎样的天人合一、人物和谐，想一想那时又是一种怎样的社会环境、物质基础和生活生产条件，正所谓“心澄不染淤泥境，九品莲花处处开”。

山曰云台，寺曰南峰。南峰寺依云台山而建，下大上小，梯次而上，渐上渐收，共有七层，正应了“七级浮屠”之意。清康熙五十年（1711）再建，清同治年遭兵燹重建，“文化大革命”中被毁灭，近年又重建臻于完备。如今寺院已恢复昔日规模，第一台有大雄宝殿钟楼鼓楼山神殿等，第二台有菩萨殿子孙宫龙君殿等，第三台有岳爷殿药王殿祖师殿马王殿等，第四台有雷祖殿，第五台有文昌楼等，第六台有玉皇楼八仙洞等，第七台有太清宫。每逢初一、十五或者春节，香客络绎，信士不绝，钟声悠扬，梵音缭绕。最美春夏秋三个季节，松柏掩映，紫荆飘香，如果你登临峰顶，望烟霭晴岚，炊烟袅袅，岳堡古城横亘目前，让人顿生天地悠悠、世事沧桑之感。

岳堡城不大，但发生的事还真不小。岳氏族谱记载，据传明太祖朱元璋沿渭水去平凉，途经岳堡，适逢天雨，宿数日有感而挥御笔写下“计都镇洪武年”六个字，族人刻成石碑嵌在东城门楼。事虽史书无考，但计都镇则确有其事，并从明朝书入史册。

当大明王朝的余晖照彻中华大地时，明代武举岳礼之孙岳储灵在平凉崇文书院读书期间，娶藩守平凉韩王朱朗锜之女朱小霞为妻，成为仪宾（明制藩王女儿叫县君，女婿叫仪宾），由此而有一段美丽的故事流传至今。小霞文武超群，非才貌双全者不嫁，而储灵恰是中意之人，故而婚姻遂成，夫妇俩举案齐眉，琴瑟和谐。然而世间万事皆有不如意之处，韩王性情暴躁，翁婿难处，夫妻决计归里。此说虽可言传意会，而《明史》则是言之凿凿，“韩土瘠禄薄”，人员庞大，财政困难，特别是第七任韩王主政的30多年里，更是倚势恃贵，经常欺凌地方，先后四任知府被窘辱。而岳储灵在平凉更有寄人篱下之感，所以说他回乡看似远离了繁华，实则是明智之举，因为韩王死后38年，他的曾孙——第10任韩王就成了李自成起义军的阶下囚。因思乡心切，在一个晴和的夏日，储灵携妻南出万安门，经三关口，走原州以西之大六盘，逾德顺（今隆德），过唐山梁而回到故里岳堡，渭原秦大道的沿途美景让她看到了只有在画里才能看到的关陇风光。

说来话长，当年朱元璋把他的二十几个儿子分封全国各地就藩，此举既可巩固基础，又可分散势力，免得诸王久驻京城，生出非分之想。当然，清除有功之臣也就在所难免了。可历史有时往往出乎顶层设计者的预料，当朱元璋把江山交给孙子寿终正寝之后，他的儿子朱棣却从北京起兵把江山从侄子手里夺了回来。平凉偏僻落后，谁都不愿来，实际上到平凉就藩的已经是朱元璋孙子朱允熥，那已是永乐十年（1412），也是明朝开国44年以后的事，而朱朗锜已是第九任平凉藩王了。

专家考证岳堡城有两次修复痕迹。其一是隆庆辛未（1571）韩王来岳堡探望女儿，见城堡残缺，遂征调役工加固。王爷出面，平凉府静宁州庄浪县（驻今南湖）自然不会怠慢，城以人贵，那可能是岳堡历史上最为耀眼的一段日子。因为以后从明清后期以至民国，已经是兵乱匪祸连绵，庄浪人民灾难深重的时期，岳堡当然难以幸免。

其二是到1928年，“盗贼流连，不时夜劫，公议筑城御寇，岳蕴珪先生挺身独当，招工数十名，做工五月之久，日夜筹盈，朝夕不迫。”甚至累得吐血数日。这些钱都是从“官地”所筹，并未扰及其他民众，由于筑城有功，岳老先生被静宁县县长委任为计都保御团正团总，赠“功在城防”匾额，岳蕴珪先生作为族人，热心公益，修城堡，办学校，建寺院，被族人尊称为岳大人。正如学人张文举先生所评述的，“士而登廊庙，庆弹冠纡金曳紫，建功之名，固人情之所荣而得志于时者之所为也。若夫盘涧优游，承前启后，恤人之困，因人之急，排人之厄，仁惠周乎闾里，闻望著于乡邦，高风逸致，为月旦所推崇，斯可谓一乡之善士矣。”然百密难免有失，民国年间由于守门族人夜晚未锁城门，土匪由东城门进入，杀人放火，无恶不作，南峰寺也毁于一旦。父辈每每谈及都不寒而栗，一次失误，留给岳堡几辈人的伤痛。

岳堡由于地处宋与西夏，元与明衔接区域，因而造就了这一时期的繁荣。岳堡乡政府修建时出土宋代耀州窑青釉瓷盏和建窑瓷碗，1988 年岳堡中学修建时出土金代和北宋窖藏钱 100 余斤。1993 年岳堡中学修建时出土西夏窖藏钱币约 100 斤，这些都足以说明早在宋、西夏时岳堡地区商品经济比较兴盛。正如县博物馆专家李晓斌所说，“宋、金、西夏时期岳堡古城所处位置具有重要的政治、经济和军事地位。”至今，岳堡村在房份称呼上有槐树院、老屋里、牛院里、书房院、鹿儿地、富兴昌、上店房、上铺子、糖房等，反映了自给自足经济下岳堡曾经的繁华。

（岳安明，庄浪县岳堡镇人，曾任县政府办公室主任）

于右任与庄浪名刹竹林寺

党旺平

于右任先生来过庄浪，并且在云崖寺景区八大寺之一的竹林寺住宿过，有其诗作《竹林寺》为证：投宿竹林寺，摩崖时隐见。昔年梵王宫，今作回回店。回儿六七龄，自云天赐剑。我杖六股藤，儿曰此木善。“容欲择佳者，山前山后遍。转瞬缘树枝，攀崖技独擅。隐约十丈间，树动儿不见。儿登我战栗，杖得儿欢忭。问儿惧怯否。曰如平地便。深林有大虫，遇之使人颤。”

诗中所描述的摩崖地貌、石窟古寺、回民客店以及小主人既顽皮又好客的生动场景，与竹林寺、云崖寺石窟规模宏大、韩店郭漫一带回民聚居的现状十分吻合。诗中于老自称拄的六股藤，也在关山林区自然分布，表皮因有六道规则的竖纹，当地人叫六道木，只是小主人嫌其随手折的不怎么好看，非要攀上悬崖为他老人家采个最好的。

于老因何而来，是什么时候来的竹林寺？据 1993 年第 2 期《甘肃社会科学》杂志所刊王劲先生《于右任三次甘肃之行及其咏陇诗》考证：早在 1917 年 7 月，孙中山号召掀起反对北洋军阀的护法运动。陕西革命党人起而响应，成立了陕西靖国军。1918 年 8 月，在陕西革命人士的要求下，于右任从上海回陕就任陕西靖国军总司令。陕西靖国军与投靠皖系的地方军阀陈树藩“血战历年，苦心孤诣”（孙中山先生赞语），赢得了声誉。但到了 1922 年，在入陕北洋军的强大军事压力下，靖国军大部分接受了改编。只有杨虎城继续树靖国军旗帜于武功，迎于右任先生到此设立了“总司令部行营”。是年 4 月，杨虎城督师大战于兴平、武功期间，兵败退出武功。5 月底、6 月初，于右任自凤翔离陕，拟前往广州找孙中山先生。由于陕、豫道阻，决定隐姓埋名经陇南入川赴沪再去广州。

于老自灵台入甘肃境即有诗《灵台道中》：灵台原上望，何处是秦关。东去无归路，西来有万山。诗成补游记，兵败耻生还。学道诚宜早，行行鬓已斑。于老离开灵台后，经过崇信、华亭，沿番须道（老庄华公路）翻越关山到达竹林寺。关山又称陇山，他在《度陇杂诗》中写道：（一）陇山终日行，勉强能骑马；草木不知名，扬鞭问樵者。（二）昔时赭山阴，今日赭山阳；上下百余里，开山种大黄。（三）空谷无耕凿，名花自开落；惟有食山人，年年采白芍。（四）幽艳居丘壑，孤芳欣有托；茅屋两三间，门前种芍药。（五）路出华清县，大黄叶如扇；日炙或淋雨，皆能覆君面。诗中所描述的赭山，应指关山一带广为分布的丹霞地貌。华清县应为华亭县，应因当地人亭、清两字口语发音相同误听误记所致。诗中描述华亭人喜种芍药，庄浪、华亭沿关山一带农民广种大黄的传统，到现在仍在保留。庄浪产的大黄品质最佳，誉称“庄黄”，在清代被列为贡品。沿关山河谷还连片分布一种野大黄，当地人称野荷、水伞叶，含苞待放时姿态极似荷花，叶阔可达 1 米以上，真的可以摭雨防晒，当作伞用。可以想象于老一行翻越关山时，手拄六道木拐杖，头顶水伞叶，一路兴致勃勃地欣赏沿途美景，还不时向遇到的砍柴樵夫询问草木名实，相比《灵台道中》所表达出踌躇满志，于老一行的心境明显改善，并在竹林寺与客舍小主人互动中得到充分体现。

离开竹林寺，于老一行应是经过石桥、张棉驿，慕名专程去中国伊斯兰教圣地之一的张家川宣化岗拱北拜祭。在宣化岗，他远眺苍莽的陇山，放眼张家川，感慨马氏一门英烈，吟道：振臂一呼此磐疆，河山耕牧势犹强。早知骑射雄西北，今见威仪视帝王。万户蒸腾风又雨，一川填咽海还桑。天荒地变真闲事，金碧参差宣化岗。

离开宣化岗，于老下山经张家川南到清水县城，被这里生产的大麻及编制轻巧、美观耐用的麻鞋所吸引。他想到杜甫度陇时因贫困潦倒曾留下“麻鞋见天子，衣袖露两肘”的诗句，感慨良多，作《清水县麻鞋歌》：清水县，县城下，麻油油，被四野。老农自矜产麻好，并谓麻鞋制作巧，闻客明日西南行，原助轻足过蜀道。闻吾昔时杜陵叟，曾著麻鞋兵间走，秦州风雨鄜州月，困顿关山频搔首。世方丧乱我释兵，逾陇犹如丧家狗。骑驴惧蹉跌，骑马防骄纵。扶杖偶步行，两足如起重，久骑腰背酸，久走足心痛；人生到此方自悟，除却自力全无用。老翁老翁吾语汝，世有利器在人控。昔余归秦川，问道经鄜延，潜行破瓦沟，百里无人烟。建节守泾渭，战争四五年，父老苦差徭，大事寸不前。河北兵强世无两，将军跋扈生他想。运去难为穷寨主，时来争作降王长。转徙经原复岐凤，马嵬一战难敌众；西北风云扫地空，新鬼吞声旧鬼恸。一语未必泪纷下，鸡鸣催上长征马。熊罴在后豺狼前，革命之难如斯者！

离开清水，于老途经天水时也留下了不少诗篇。到徽县后，遇见该县邮局局长杨杨村。杨思想进步，博学多闻，觉得于老相貌与众不同，殷勤照顾并护送出境，两人成为莫逆之交。1928 年，在于老安排下，杨杨村到南京，先后在国民政府审计部、监察院审计部供职 7 年。

深山藏古寺，地处关山深处的云崖寺（竹林寺）石窟群初建于北魏，现存洞窟 89 个，石造像 25 尊，泥塑像 128 尊。景区奇峰突兀，植被繁茂，文化与自然融为一体，相得益彰。一代大儒于右任先生的意外造访并留下诗篇，无疑为这座千年古寺写下了浓墨重彩的一笔。

（党旺平，系庄浪县文旅公司董事长）

第五节　诗　词

葛家洞

东晋 · 葛洪

（一）

云台古洞近日边，四月犹寒花未鲜。
虽无桃开与杏绽，翠竹碧松影斑斑。

（二）

绿树阴浓夏日长，楼台倒影入禅房。
虽曰三伏人可畏，风吹竹叶一味凉。

葛洪（283—363年），字稚川，自号抱朴子，江苏人，东晋道教理论家、炼丹家和医药学家，世称小仙翁。

水洛横烟

明 · 祝祥

山绕孤村水绕川，满城炊火起晴烟。
弥漫禾黍西风外，掩映楼台夕照边。
四野有谣歌圣化，三边无报乐尧天。
太平官府征科少，里巷家家共醉眠。

石门秋月

明 · 祝祥

云散遥空暮霭收，石门山月最宜秋。
平分大地一轮满，光照深闺几许愁。

玉宇无尘凉露下，银河有影桂香浮。
公余对酒闲吟赏，恍在仙家十二楼。

祝祥，江西人，明成化十一年（1475）任静宁州知州。

万　泉

清・安维峻

大水清清一色天，客官不知有根源。
先祖名曰灵佛湫，后世人称神龙泉。
四个石孔圆又圆，一对金鸭上下翻。
千条银鱼十分鲜，夜闻流水声潺潺。

安维峻（1854—1925 年），字晓峰，号盘阿道人，甘肃秦安县人，清代著名的谏官。

牡丹岔

清・杨我誉

天产灵根在僻乡，琼枝玉蕊夏中昌。
朝来向日呈朱色，晚后迎风播馥香。
一段艳容传富贵，百般媚态赛昭阳。
迄今每过西山谷，恨没胭脂描彩章。

杨我誉，清康熙生员，庄浪县人。牡丹岔在赵墩乡。

游主山

清・骆起明

一派松风鹤梦惊，山房僻境暗苔生。
疏棂让月窥悬榻，宿火留茶沸小铛。
落寞幸无山鬼笑，摩诃时听木鱼声。
尘心不比禅心静，夜夜幽栖移我情。

骆起明，浙江人，清代举人，任静宁州州判。

登紫荆山

清・王烜

丘壑无多步易穷，登临屐齿却匆匆。
参差古寺斜阳外，烂熳名花宿雨中。
红映紫薇堪作伴，香生鸡舌未称雄。
凭栏更有勾留处，四面青山翠扫空。

王烜，字羲宾，浙江人。乾隆九年（1744）任静宁州知州。

重阳后下羊把石坡入水洛城

清・赵为卿

崎岖百里越千山，水洛城池指顾间。
风净碧天云乍敛，秋深紫塞草初删。
茅檐乐土追呼寂，禾黍登场妇子闲。
才把一樽枫树下，紫荆山月袭人颜。

赵为卿，字绍蘭，静宁人，乾隆五年（1740）拔贡。书画家。

石门题壁

孙克昌

一片闲心似野鸥，兴来偶至石门游。
荒庭画壁余鸿雁，古塔龙身接斗牛。
玩月亭中寻桂子，藏经楼上听春流。
巉岩胜景堪留赏，回望洛川翠霭浮。

孙克昌（1909—1961 年），字燕天，水洛镇人。

吊吴山

王尧天

墓田尽在山之巅，气势雄伟空地天。
我去二公八百载，英风凭吊自年年。

沧海桑田屡变迁，墓前翁仲卧荒烟。
阿孙曾忘乃公志，寒食何人挂纸钱。

王尧天（1900—1959年），名文焕，水洛镇崖王村人。陇东著名学者、教师。

荆山赏花

孙积善

镌山为花山亦好，芝岫莲峰竞斗巧，
累花为山山更奇，是花是山山不知。
洛城三月四月间，紫荆花开紫荆山。
红云一朵天外来，俗草凡英一笔删。
千树万树总同花，绛云仙子晒丹砂。
一山幻成花一朵，武陵仙桃娇妖娜。
洛城好似碧玉盆，天作盆景属天孙。
不然应赐香案吏，乘风飞去瀛洲地。
如何四万八千岁，此山常在人间世?
上则殿阁极崔嵬，赤霞明灭锦绣堆。
下瞰城市如蜂房，游蜂无数散天香。
世人特地访香国，未断尘缘游未得。
此山此景本非常，应把洛城号仙乡。
生平探奇至玉垒，得此奇观叹观止。
奇观观止本天成，鄙处乡曲未有名。
无名山亦无名子，日日登临费屐齿。
花间酌酒恣徜徉，似癫非癫狂非狂。
醉后一觉南柯梦，蓉城旧主荆山主。

孙积善（1860—1930年），字庆伯，号约庵，清朝庄浪人。光绪十五年（1889）中举，任筠连、南溪知县。

游紫荆山

雪　祁

骀荡春风拂洛城，紫荆花放满山红。
幽香浸得游人醉，疑是乘云入太清。

雪祁（1911—1997年），原名马竞先，又名马树森，字景仙，河北霸州人，出身教育世家。曾任西北师范学院副院长。

朝那湫

古　马

一

要在湫水旁修一座祠
供奉白云

轻盈而快乐
像我们的肉体终于归真

卸下山岭
摆脱荆棘白云依依
无状成神

只有无状才能到达纯粹境界
出神入化

二

你说的是阴云
饱含人和神的泪水
你说的是必将分手
闪电在天边草签一个日期

你指的是后湫红色的水藻
鸟儿不敢飞越
地球的气窗仿佛已被锈迹封锁

不
你什么也别说
听一只鸟儿在清晨鸣叫
扩大山谷
扩大我们胸中的水域

三

一座亭子
在山头俯瞰着湫池

水毛写字
树东叶西
一片缓缓飘落水面的叶子
像一桌撤掉的残席

水深而寒
亭孤而恋
一棵松树拉着落日的手
久久不肯放松

四

打雷吧
雷声把七色堇的花瓣打开
把八瓣梅打开
开在精气淋漓的闪电不断放电辐射的沉沉旷野
开在华胥履迹山野古泽生伏羲的传说当中
雷电灼灼
闪电横空刺向一棵雪松的细腰
解开了湫池旁一只小船的缆绳
我们在溯洄中同时孕育着写给未来的诗篇

古马，诗人，1966年出生于甘肃凉州，作品曾获人民文学奖、第三届“中国天水·李杜诗歌奖”

附 录

一、《庄浪县标准地名录》

庄浪县标准地名录共收录各类地名 3166 条。其中，现今地名 2872 条，包括行政区域类 19 条、群众自治组织 298 条、居民点 1473 条、自然地理实体类 266 条、交通运输设施类 204 条、水利电力通信设施类 90 条、纪念地及旅游景点类 147 条、建筑物类 13 条、单位类 362 条；历史地名 294 条。

行政区域

表 1

标准名称	汉 语 拼 音	类 别	备 注
庄浪县	Zhuānglàng Xiàn	县级行政区	驻水洛镇
水洛镇	Shuǐluò Zhèn	乡级行政区	驻李家庄
南湖镇	Nánhú Zhèn	乡级行政区	驻南湖
朱店镇	Zhūdiàn Zhèn	乡级行政区	驻朱家店
万泉镇	Wànquán Zhèn	乡级行政区	驻万家沟门
韩店镇	Hándiàn Zhèn	乡级行政区	驻韩家店
卧龙镇	Wòlóng Zhèn	乡级行政区	驻台家
阳川镇	Yángchuān Zhèn	乡级行政区	驻刘家沟
盘安镇	Pán'ān Zhèn	乡级行政区	驻王公家
通化镇	Tōnghuà Zhèn	乡级行政区	驻新集
大庄镇	Dàzhuāng Zhèn	乡级行政区	驻大庄李家
永宁镇	Yǒngníng Zhèn	乡级行政区	驻谈家街子
良邑镇	Liángyì Zhèn	乡级行政区	驻良邑店
岳堡镇	Yuèbǔ Zhèn	乡级行政区	驻岳家堡子
柳梁镇	Liǔliáng Zhèn	乡级行政区	驻柳家梁
南坪镇	Nánpíng Zhèn	乡级行政区	驻靳家大庄
杨河乡	Yánghé Xiāng	乡级行政区	驻杨河
赵墩乡	Zhàodūn Xiāng	乡级行政区	驻赵家墩
郑河乡	Zhènghé Xiāng	乡级行政区	驻郑家河

群众自治组织

表 2

标准名称	汉语拼音	所属镇（乡）	备注
东街社区居民委员会	Dōngjiē Shèqū Jūmínwěiyuánhuì	水洛镇	驻东大街
西街社区居民委员会	Xījiē Shèqū Jūmínwěiyuánhuì	水洛镇	驻南滨河路
北城社区居民委员会	Běichéng Shèqū Jūmínwěiyuánhuì	水洛镇	驻邮政巷
新北社区居民委员会	Xīnběi Shèqū Jūmínwěiyuánhuì	水洛镇	驻邮政巷
南城社区居民委员会	Nánchéng Shèqū Jūmínwěiyuánhuì	水洛镇	驻开元路
李家庄村民委员会	Lǐjiāzhuāng Cūnmínwěiyuánhuì	水洛镇	驻李家庄
东关村民委员会	Dōngguān Cūnmínwěiyuánhuì	水洛镇	驻东关
西关村民委员会	Xīguān Cūnmínwěiyuánhuì	水洛镇	驻西关
李碾村民委员会	Lǐniǎn Cūnmínwěiyuánhuì	水洛镇	驻李家碾
徐碾村民委员会	Xúniǎn Cūnmínwěiyuánhuì	水洛镇	驻徐家上碾
文湾村民委员会	Wénwān Cūnmínwěiyuánhuì	水洛镇	驻文家湾
中川村民委员会	Zhōngchuān Cūnmínwěiyuánhuì	水洛镇	驻中川李家
何马村民委员会	Hémǎ Cūnmínwěiyuánhuì	水洛镇	驻何马家
贺庄村民委员会	Hèzhuāng Cūnmínwěiyuánhuì	水洛镇	驻贺家庄
新兴村民委员会	Xīnxīng Cūnmínwěiyuánhuì	水洛镇	驻文家沟
新光村民委员会	Xīnguāng Cūnmínwěiyuánhuì	水洛镇	驻柳家沟
柳咀村民委员会	Liǔzuǐ Cūnmínwěiyuánhuì	水洛镇	驻乱庄王家
陈洞村民委员会	Chéndòng Cūnmínwěiyuánhuì	水洛镇	驻陈家洞子
胡沟村民委员会	Húgōu Cūnmínwěiyuánhuì	水洛镇	驻胡家沟
郭堡村民委员会	Guōbǔ Cūnmínwěiyuánhuì	水洛镇	驻下王家
二李村民委员会	Èrlǐ Cūnmínwěiyuánhuì	水洛镇	驻寺咀上
寫沟村民委员会	Diàogōu Cūnmínwěiyuánhuì	水洛镇	驻下阳山
崖王村民委员会	Áiwáng Cūnmínwěiyuánhuì	水洛镇	驻赵家坟山
南门村民委员会	Nánmén Cūnmínwěiyuánhuì	南湖镇	驻南门
北关村民委员会	Běiguān Cūnmínwěiyuánhuì	南湖镇	驻北门
陈庄村民委员会	Chénzhuāng Cūnmínwěiyuánhuì	南湖镇	驻郑家沟
席河村民委员会	Xíhé Cūnmínwěiyuánhuì	南湖镇	驻席家河湾
贾门村民委员会	Jiǎmén Cūnmínwěiyuánhuì	南湖镇	驻贾家沟门
寺沟门村民委员会	Sìgōumén Cūnmínwěiyuánhuì	南湖镇	驻寺沟门
李湾村民委员会	Lǐwān Cūnmínwěiyuánhuì	南湖镇	驻李湾
双堡村民委员会	Shuāngbǔ Cūnmínwěiyuánhuì	南湖镇	驻阳坡

续表 2

标准名称	汉语拼音	所属镇（乡）	备注
石峡村民委员会	Shíxiá Cūnmínwěiyuánhuì	南湖镇	驻石慕家
石阳村民委员会	Shíyáng Cūnmínwěiyuánhuì	南湖镇	驻部家桥
高房村民委员会	Gāofáng Cūnmínwěiyuánhuì	南湖镇	驻王家高房
党李庄村民委员会	Dǎnglǐzhuāng Cūnmínwěiyuánhuì	南湖镇	驻党家新庄
曹湾村民委员会	Cáowān Cūnmínwěiyuánhuì	南湖镇	驻曹家湾
汪家村民委员会	Wāngjiā Cūnmínwěiyuánhuì	南湖镇	驻汪家
庙岔村民委员会	Miàochà Cūnmínwěiyuánhuì	南湖镇	驻杨家中庄
孙家大庄村民委员会	Sūnjiādàzhuāng Cūnmínwěiyuánhuì	南湖镇	驻张家中湾
东街村民委员会	Dōngjiē Cūnmínwěiyuánhuì	朱店镇	驻朱家店
中街村民委员会	Zhōngjiē Cūnmínwěiyuánhuì	朱店镇	驻朱家店
西街村民委员会	Xījiē Cūnmínwěiyuánhuì	朱店镇	驻朱家店
朱河村民委员会	Zhūhé Cūnmínwěiyuánhuì	朱店镇	驻朱家河湾
小湾村民委员会	Xiǎowān Cūnmínwěiyuánhuì	朱店镇	驻邵家小湾
三合村民委员会	Sānhé Cūnmínwěiyuánhuì	朱店镇	驻李家庄
董家湾村民委员会	Dǒngjiāwān Cūnmínwěiyuánhuì	朱店镇	驻董家湾
吴沟村民委员会	Wúgōu Cūnmínwěiyuánhuì	朱店镇	驻吴家沟
毛柳家村民委员会	Máoliǔjiā Cūnmínwěiyuánhuì	朱店镇	驻上川
河北村民委员会	Héběi Cūnmínwěiyuánhuì	朱店镇	驻新磨坪
柳窑村民委员会	Liǔyáo Cūnmínwěiyuánhuì	朱店镇	驻柳家窑
郑家山村民委员会	Zhèngjiāshān Cūnmínwěiyuánhuì	朱店镇	驻吴家湾
牛耳咀村民委员会	Niú'ěrzuǐ Cūnmínwěiyuánhuì	朱店镇	驻上孔家
高庙村民委员会	Gāomiào Cūnmínwěiyuánhuì	朱店镇	驻高庙山
杨家湾村民委员会	Yángjiāwān Cūnmínwěiyuánhuì	朱店镇	驻杨家湾
大曹村民委员会	Dàcáo Cūnmínwěiyuánhuì	朱店镇	驻郭家湾
柳李村民委员会	Liǔlǐ Cūnmínwěiyuánhuì	朱店镇	驻树儿李家
万柳村民委员会	Wànliǔ Cūnmínwěiyuánhuì	朱店镇	驻万家滑沟
王坪村民委员会	Wángpíng Cūnmínwěiyuánhuì	朱店镇	驻王家坪
王川村民委员会	Wángchuān Cūnmínwěiyuánhuì	朱店镇	驻王家川
新王村民委员会	Xīnwáng Cūnmínwěiyuánhuì	朱店镇	驻中庄
万川村民委员会	Wànchuān Cūnmínwěiyuánhuì	万泉镇	驻万家沟门
万庄村民委员会	Wànzhuāng Cūnmínwěiyuánhuì	万泉镇	驻万家沟门
毛桃杜家村民委员会	Máotáodùjiā Cūnmínwěiyuánhuì	万泉镇	驻毛桃杜家
刘家村民委员会	Liújiā Cūnmínwěiyuánhuì	万泉镇	驻石门口刘家

续表 2

标 准 名 称	汉 语 拼 音	所属镇（乡）	备 注
田湾村民委员会	Tiánwān Cūnmínwěiyuánhuì	万泉镇	驻田家湾
田岔村民委员会	Tiánchà Cūnmínwěiyuánhuì	万泉镇	驻高家大湾
田坪村民委员会	Tiánpíng Cūnmínwěiyuánhuì	万泉镇	驻田家坪
高川村民委员会	Gāochuān Cūnmínwěiyuánhuì	万泉镇	驻高家南塬
邵坪村民委员会	Shàopíng Cūnmínwěiyuánhuì	万泉镇	驻邵家坪
东沟村民委员会	Dōnggōu Cūnmínwěiyuánhuì	万泉镇	驻万家东沟
清水沟村民委员会	Qīngshuǐgōu Cūnmínwěiyuánhuì	万泉镇	驻清水沟阳坡
崔坪村民委员会	Cuīpíng Cūnmínwěiyuánhuì	万泉镇	驻崔家坪
东台村民委员会	Dōngtái Cūnmínwěiyuánhuì	万泉镇	驻东台
马川村民委员会	Mǎchuān Cūnmínwěiyuánhuì	万泉镇	驻马家石咀
西坪村民委员会	Xīpíng Cūnmínwěiyuánhuì	万泉镇	驻马家腰庄
东山村民委员会	Dōngshān Cūnmínwěiyuánhuì	万泉镇	驻陈家东山
徐城村民委员会	Xúchéng Cūnmínwěiyuánhuì	万泉镇	驻徐家城
王李岔村民委员会	Wánglǐchà Cūnmínwěiyuánhuì	万泉镇	驻胡家岔
圪寺村民委员会	Gēsì Cūnmínwěiyuánhuì	万泉镇	驻圪垯寺
霍李村民委员会	Huòlǐ Cūnmínwěiyuánhuì	万泉镇	驻霍家上庄
史沟村民委员会	Shǐgōu Cūnmínwěiyuánhuì	万泉镇	驻史家沟
东门村民委员会	Dōngmén Cūnmínwěiyuánhuì	韩店镇	驻东门
西门村民委员会	Xīmén Cūnmínwěiyuánhuì	韩店镇	驻西门
郭漫村民委员会	Guōmàn Cūnmínwěiyuánhuì	韩店镇	驻郭家漫
石桥村民委员会	Shíqiáo Cūnmínwěiyuánhuì	韩店镇	驻石桥儿
花崖河村民委员会	Huā'áihé Cūnmínwěiyuánhuì	韩店镇	驻花崖河
岔岔沟村民委员会	Chàchàgōu Cūnmínwěiyuánhuì	韩店镇	驻上庄
刘咀村民委员会	Liúzuǐ Cūnmínwěiyuánhuì	韩店镇	驻刘家咀
王崖村民委员会	Wáng'ái Cūnmínwěiyuánhuì	韩店镇	驻王家崖
上屲村民委员会	Shàngwā Cūnmínwěiyuánhuì	韩店镇	驻上屲中庄
马家寺村民委员会	Mǎjiāsì Cūnmínwěiyuánhuì	韩店镇	驻马家寺
试雨村民委员会	Shìyǔ Cūnmínwěiyuánhuì	韩店镇	驻试雨王家
刘河村民委员会	Liúhé Cūnmínwěiyuánhuì	韩店镇	驻潘家咀
下沟村民委员会	Xiàgōu Cūnmínwěiyuánhuì	韩店镇	驻下沟里
中庄村民委员会	Zhōngzhuāng Cūnmínwěiyuánhuì	韩店镇	驻大地来
武家村民委员会	Wǔjiā Cūnmínwěiyuánhuì	韩店镇	驻武家
聂子坪村民委员会	Nièzipíng Cūnmínwěiyuánhuì	韩店镇	驻聂子坪

续表 2

标准名称	汉语拼音	所属镇（乡）	备注
潘河村民委员会	Pānhé Cūnmínwěiyuánhuì	韩店镇	驻潘家河
山集梁村民委员会	Shānjíliáng Cūnmínwěiyuánhuì	卧龙镇	驻台家
魏山村民委员会	Wèishān Cūnmíwěiyuánhuì	卧龙镇	驻魏家山阴坡
双河镇村民委员会	Shuānghézhèn Cūnmínwěiyuánhuì	卧龙镇	驻双河镇
魏家湾村民委员会	Wèijiāwān Cūnmínwěiyuánhuì	卧龙镇	驻魏家湾
谢家庙湾村民委员会	Xièjiāmiàowān Cūnmínwěiyuánhuì	卧龙镇	驻谢家庙湾
下杨村民委员会	Xiàyáng Cūnmínwěiyuánhuì	卧龙镇	驻下杨新村
孙家河村民委员会	Sūnjiāhé Cūnmínwěiyuánhuì	卧龙镇	驻孙家河
何家村民委员会	Héjiā Cūnmínwěiyuánhuì	卧龙镇	驻何家庄
魏家大庄村民委员会	Wèijiādàzhuāng Cūnmínwěiyuánhuì	卧龙镇	驻郭家窑
石家山村民委员会	Shíjiāshān Cūnmínwěiyuánhuì	卧龙镇	驻石家山
苏家山村民委员会	Sūjiāshān Cūnmínwěiyuánhuì	卧龙镇	驻苏家山
张家山村民委员会	Zhāngjiāshān Cūnmínwěiyuánhuì	卧龙镇	驻张家山
棉梨沟村民委员会	Miánlígōu Cūnmínwěiyuánhuì	卧龙镇	驻井沟渠
马湾村民委员会	Mǎwān Cūnmínwěiyuánhuì	卧龙镇	驻花梨湾
马家沟村民委员会	Mǎjiāgōu Cūnmínwěiyuánhuì	卧龙镇	驻居黄湾
山赵家村民委员会	Shānzhàojiā Cūnmínwěiyuánhuì	卧龙镇	驻山赵家
张余家村民委员会	Zhāngyújiā Cūnmínwěiyuánhuì	卧龙镇	驻余家湾垴
阴瓦李家村民委员会	Yīnwǎlǐjiā Cūnmínwěiyuánhuì	卧龙镇	驻阴瓦李家
后梁村民委员会	Hòuliáng Cūnmínwěiyuánhuì	卧龙镇	驻白家阴坡
杨魏村民委员会	Yángwèi Cūnmínwěiyuánhuì	卧龙镇	驻魏家阳坡
仇沟村民委员会	Qiúgōu Cūnmínwěiyuánhuì	卧龙镇	驻仇家沟
仇梁村民委员会	Qiúliáng Cūnmínwěiyuánhuì	卧龙镇	驻东台湾
上郝家村民委员会	Shànghǎojiā Cūnmínwěiyuánhuì	卧龙镇	驻柳家山
刘罗村民委员会	Liúluó Cūnmínwěiyuánhuì	卧龙镇	驻老庄罗家
刘湾村民委员会	Liúwān Cūnmínwěiyuánhuì	阳川镇	驻刘家湾
张家大湾村民委员会	Zhāngjiādàwān Cūnmínwěiyuánhuì	阳川镇	驻张家大湾
李家湾村民委员会	Lǐjiāwān Cūnmínwěiyuánhuì	阳川镇	驻李家湾
台咀村民委员会	Táizuǐ Cūnmínwěiyuánhuì	阳川镇	驻台家咀
孙王村民委员会	Sūnwáng Cūnmínwěiyuánhuì	阳川镇	驻郭阎家
新庄沟村民委员会	Xīnzhuānggōu Cūnmínwěiyuánhuì	阳川镇	驻新庄沟
下堡子村民委员会	Xiàbǔzi Cūnmínwěiyuánhuì	阳川镇	驻张家下堡子
苟岔村民委员会	Gǒuchà Cūnmínwěiyuánhuì	阳川镇	驻苟家岔

续表 2

标 准 名 称	汉 语 拼 音	所属镇（乡）	备 注
李家咀村民委员会	Lǐjiāzuǐ Cūnmínwěiyuánhuì	阳川镇	驻李家咀
赵家湾村民委员会	Zhàojiāwān Cūnmínwěiyuánhuì	阳川镇	驻赵家湾
岳家坪村民委员会	Yuèjiāpíng Cūnmínwěiyuánhuì	阳川镇	驻岳家坪
红土坡村民委员会	Hóngtǔpō Cūnmínwěiyuánhuì	阳川镇	驻红土坡
三益村民委员会	Sānyì Cūnmínwěiyuánhuì	阳川镇	驻魏家沟
王塬村民委员会	Wángyuán Cūnmínwěiyuánhuì	阳川镇	驻石家坪
西湾村民委员会	Xīwān Cūnmínwěiyuánhuì	阳川镇	驻山背后
东湾村民委员会	Dōngwān Cūnmínwěiyuánhuì	阳川镇	驻东湾
王公村民委员会	Wánggōng Cūnmínwěiyuánhuì	盘安镇	驻王公阳山
孙沟村民委员会	Sūngōu Cūnmínwěiyuánhuì	盘安镇	驻孙家沟下庄
王福上庄村民委员会	Wángfúshàngzhuāng Cūnmínwěiyuánhuì	盘安镇	驻杨家川
托神村民委员会	Tuōshén Cūnmínwěiyuánhuì	盘安镇	驻黑眼湾
王福下庄村民委员会	Wángfúxiàzhuāng Cūnmínwěiyuánhuì	盘安镇	驻中庄
湾李村民委员会	Wānlǐ Cūnmínwěiyuánhuì	盘安镇	驻阳坡
吴陈村民委员会	Wúchén Cūnmínwěiyuánhuì	盘安镇	驻吴家河
马家村民委员会	Mǎjiā Cūnmínwěiyuánhuì	盘安镇	驻马掌关
杨宋村民委员会	Yángsòng Cūnmínwěiyuánhuì	盘安镇	驻宋家草山
申家湾村民委员会	Shēnjiāwān Cūnmínwěiyuánhuì	盘安镇	驻湾李家
周家村民委员会	Zhōujiā Cūnmínwěiyuánhuì	盘安镇	驻周家阳坡
焦湾村民委员会	Jiāowān Cūnmínwěiyuánhuì	盘安镇	驻焦家湾
颉崖村民委员会	Xié'ái Cūnmínwěiyuánhuì	盘安镇	驻颉崖史家
牡丹咀村民委员会	Mǔdānzuǐ Cūnmínwěiyuánhuì	盘安镇	驻雷家小庄
樊庙村民委员会	Fánmiào Cūnmínwěiyuánhuì	盘安镇	驻樊家庙
刘陈村民委员会	Liúchén Cūnmínwěiyuánhuì	盘安镇	驻塌坡陈家
雷家村民委员会	Léijiā Cūnmínwěiyuánhuì	盘安镇	驻雷家大庄
岔李村民委员会	Chàlǐ Cūnmínwěiyuánhuì	盘安镇	驻岔儿李家
新集村民委员会	Xīnjí Cūnmínwěiyuánhuì	通化镇	驻新集
韩席村民委员会	Hánxí Cūnmínwěiyuánhuì	通化镇	驻韩席儿家
陈堡村民委员会	Chénbǔ Cūnmínwěiyuánhuì	通化镇	驻张虎家
梅堡村民委员会	Méibǔ Cūnmínwěiyuánhuì	通化镇	驻王牛角
石岔村民委员会	Shíchà Cūnmínwěiyuánhuì	通化镇	驻石家岔
新庄村民委员会	Xīnzhuāng Cūnmínwěiyuánhuì	通化镇	驻坪上
韩湾村民委员会	Hánwān Cūnmínwěiyuánhuì	通化镇	驻苏家高崖

续表 2

标准名称	汉语拼音	所属镇(乡)	备注
阳坡何村民委员会	Yángpōhé Cūnmínwěiyuánhuì	通化镇	驻瓦窑坪
高崖韩村民委员会	Gāo'áihán Cūnmínwěiyuánhuì	通化镇	驻小磨
毛沟李家中庄村民委员会	Máogōulǐjiāzhōngzhuāng Cūnmínwěiyuánhuì	通化镇	驻毛沟李家中庄
通边村民委员会	Tōngbiān Cūnmínwěiyuánhuì	通化镇	驻通边
薛沟村民委员会	Xuēgōu Cūnmínwěiyuánhuì	通化镇	驻薛家沟中庄
野赵村民委员会	Yězhào Cūnmínwěiyuánhuì	通化镇	驻野赵
刘善村民委员会	Liúshàn Cūnmínwěiyuánhuì	通化镇	驻石家窑
梁河村民委员会	Liánghé Cūnmínwěiyuánhuì	通化镇	驻梁河
新后庄村民委员会	Xīnhòuzhuāng Cūnmínwěiyuánhuì	通化镇	驻新后庄
大庄村民委员会	Dàzhuāng Cūnmínwěiyuánhuì	大庄镇	驻大庄李家
下王村民委员会	Xiàwáng Cūnmínwěiyuánhuì	大庄镇	驻下王家
杜家村民委员会	Dùjiā Cūnmínwěiyuánhuì	大庄镇	驻岳家岘
上李村民委员会	Shànglǐ Cūnmínwěiyuánhuì	大庄镇	驻徐家岘
张山村民委员会	Zhāngshān Cūnmínwěiyuánhuì	大庄镇	驻前梁
梁山村民委员会	Liángshān Cūnmínwěiyuánhuì	大庄镇	驻梁家湾儿
刘庙村民委员会	Liúmiào Cūnmínwěiyuánhuì	大庄镇	驻刘家庙
刘沟村民委员会	Liúgōu Cūnmínwěiyuánhuì	大庄镇	驻刘家沟
丁山村民委员会	Dīngshān Cūnmínwěiyuánhuì	大庄镇	驻丁家山
张家小湾村民委员会	Zhāngjiāxiǎowān Cūnmínwěiyuánhuì	大庄镇	驻张家小湾
杨局村民委员会	Yángjú Cūnmínwěiyuánhuì	大庄镇	驻杨家局
老山沟村民委员会	Lǎoshāngōu Cūnmínwěiyuánhuì	大庄镇	驻老山沟
南湾村民委员会	Nánwān Cūnmínwěiyuánhuì	大庄镇	驻胡家新庄
青龙沟村民委员会	Qīnglónggōu Cūnmínwěiyuánhuì	大庄镇	驻青龙沟
王山村民委员会	Wángshān Cūnmínwěiyuánhuì	大庄镇	驻王家山
连王村民委员会	Liánwáng Cūnmínwěiyuánhuì	大庄镇	驻连王家
谈街村民委员会	Tánjiē Cūnmínwěiyuánhuì	永宁镇	驻谈家街子
苏家阳屲村民委员会	Sūjiāyángwā Cūnmínwěiyuánhuì	永宁镇	驻苏家阳屲
苏家河湾村民委员会	Sūjiāhéwān Cūnmínwěiyuánhuì	永宁镇	驻苏家河湾
朱湾村民委员会	Zhūwān Cūnmínwěiyuánhuì	永宁镇	驻朱家湾
陈湾村民委员会	Chénwān Cūnmínwěiyuánhuì	永宁镇	驻陈家湾
下湾村民委员会	Xiàwān Cūnmínwěiyuánhuì	永宁镇	驻下湾
葛峡村民委员会	Gěxiá Cūnmínwěiyuánhuì	永宁镇	驻葛家峡
宋堡村民委员会	Sòngbǔ Cūnmínwěiyuánhuì	永宁镇	驻陈家咀

续表 2

标 准 名 称	汉 语 拼 音	所属镇（乡）	备 注
漫湾村民委员会	Mànwān Cūnmínwěiyuánhuì	永宁镇	驻漫湾
鱼儿咀村民委员会	Yúrzuǐ Cūnmínwěiyuánhuì	永宁镇	驻蔡家庄
秦㟃村民委员会	Qínwā Cūnmínwěiyuánhuì	永宁镇	驻烂泥沟
许湾村民委员会	Xǔwān Cūnmínwěiyuánhuì	永宁镇	驻苏家湾
刘门村民委员会	Liúmén Cūnmínwěiyuánhuì	永宁镇	驻解家咀
赵湾村民委员会	Zhàowān Cūnmínwěiyuánhuì	永宁镇	驻赵家湾
苏山村民委员会	Sūshān Cūnmínwěiyuánhuì	永宁镇	驻苏家山
苏家老庄村民委员会	Sūjiālǎozhuāng Cūnmínwěiyuánhuì	永宁镇	驻苏家老庄
良邑村民委员会	Liángyì Cūnmínwěiyuánhuì	良邑镇	驻良邑店
滴水崖村民委员会	Dīshuǐ'ái Cūnmínwěiyuánhuì	良邑镇	驻滴水崖
李咀村民委员会	Lǐzuǐ Cūnmínwěiyuánhuì	良邑镇	驻李家咀
黑龙沟村民委员会	Hēilónggōu Cūnmínwěiyuánhuì	良邑镇	驻黑龙沟
陈峡村民委员会	Chénxiá Cūnmínwěiyuánhuì	良邑镇	驻陈家峡
陈家山村民委员会	Chénjiāshān Cūnmínwěiyuánhuì	良邑镇	驻陈家山
苏苗塬村民委员会	Sūmiáoyuán Cūnmínwěiyuánhuì	良邑镇	驻苗家塬
何川村民委员会	Héchuān Cūnmínwěiyuánhuì	良邑镇	驻何家川
郭魏村民委员会	Guōwèi Cūnmínwěiyuánhuì	良邑镇	驻魏家庄
陈岔村民委员会	Chénchà Cūnmínwěiyuánhuì	良邑镇	驻高家㟃
杨李湾村民委员会	Yánglǐwān Cūnmínwěiyuánhuì	良邑镇	驻堡子上
杨家大坪村民委员会	Yángjiādàpíng Cūnmínwěiyuánhuì	良邑镇	驻杨家大坪
杨王村民委员会	Yángwáng Cūnmínwěiyuánhuì	良邑镇	驻王家中庄
岳堡村民委员会	Yuèbǔ Cūnmínwěiyuánhuì	岳堡镇	驻岳家堡子
南岔村民委员会	Nánchà Cūnmínwěiyuánhuì	岳堡镇	驻南岔
岔局村民委员会	Chàjú Cūnmínwěiyuánhuì	岳堡镇	驻湾湾子
王岔村民委员会	Wángchà Cūnmínwěiyuánhuì	岳堡镇	驻岔垴
吴家村民委员会	Wújiā Cūnmínwěiyuánhuì	岳堡镇	驻吴家
埂塄村民委员会	Gěngléng Cūnmínwěiyuánhuì	岳堡镇	驻张家埂塄
大湾村民委员会	Dàwān Cūnmínwěiyuánhuì	岳堡镇	驻大湾新村
蒋寺村民委员会	Jiǎngsì Cūnmínwěiyuánhuì	岳堡镇	驻蒋家寺
蔡家村民委员会	Càijiā Cūnmínwěiyuánhuì	岳堡镇	驻蔡家
下阎村民委员会	Xiàyán Cūnmínwěiyuánhuì	岳堡镇	驻张家
张家岔口村民委员会	Zhāngjiāchàkǒu Cūnmínwěiyuánhuì	岳堡镇	驻张家岔口
崔家村民委员会	Cuījiā Cūnmínwěiyuánhuì	岳堡镇	驻崔家沟

续表2

标 准 名 称	汉 语 拼 音	所属镇（乡）	备 注
柳梁村民委员会	Liǔliáng Cūnmínwěiyuánhuì	柳梁镇	驻柳家梁
蒙家大庄村民委员会	Méngjiādàzhuāng Cūnmínwěiyuánhuì	柳梁镇	驻王家湾
孟山村民委员会	Mèngshān Cūnmínwěiyuánhuì	柳梁镇	驻贺家沟
李山村民委员会	Lǐshān Cūnmínwěiyuánhuì	柳梁镇	驻李家山
陈家阳屲村民委员会	Chénjiāyángwā Cūnmínwěiyuánhuì	柳梁镇	驻陈家阳屲
徐家村民委员会	Xújiā Cūnmínwěiyuánhuì	柳梁镇	驻治安徐家
周蒲村民委员会	Zhōupú Cūnmínwěiyuánhuì	柳梁镇	驻周家山
李堡村民委员会	Lǐbǔ Cūnmínwěiyuánhuì	柳梁镇	驻李家堡子
下岔村民委员会	Xiàchà Cūnmínwěiyuánhuì	柳梁镇	驻陈家下岔
川边村民委员会	Chuānbiān Cūnmínwěiyuánhuì	柳梁镇	驻王家胡圈
赵岔村民委员会	Zhàochà Cūnmínwěiyuánhuì	柳梁镇	驻吴家岔
鸾咀村民委员会	Diàozuǐ Cūnmínwěiyuánhuì	柳梁镇	驻背后湾
张陈村民委员会	Zhāngchén Cūnmínwěiyuánhuì	柳梁镇	驻高家川
陈山村民委员会	Chénshān Cūnmínwěiyuánhuì	柳梁镇	驻陈家山梁背后
柳渠村民委员会	Liǔqú Cūnmínwěiyuánhuì	柳梁镇	驻柳家渠
柳家乱庄村民委员会	Liǔjiāluànzhuāng Cūnmínwěiyuánhuì	柳梁镇	驻柳家乱庄
白家阳坡村民委员会	Báijiāyángpō Cūnmínwěiyuánhuì	柳梁镇	驻白家阳坡
蒙家河湾村民委员会	Méngjiāhéwān Cūnmínwěiyuánhuì	柳梁镇	驻党家阳坡
靳家大庄村民委员会	Jìnjiādàzhuāng Cūnmínwěiyuánhuì	南坪镇	驻靳家大庄
阴屲村民委员会	Yīnwā Cūnmínwěiyuánhuì	南坪镇	驻阴屲马家
刘坪村民委员会	Liúpíng Cūnmínwěiyuánhuì	南坪镇	驻刘家窑湾
苏坪村民委员会	Sūpíng Cūnmínwěiyuánhuì	南坪镇	驻苏家坪
沈坪村民委员会	Shěnpíng Cūnmínwěiyuánhuì	南坪镇	驻沈家坪
刘靳村民委员会	Liújìn Cūnmínwěiyuánhuì	南坪镇	驻下靳家
中靳村民委员会	Zhōngjìn Cūnmínwěiyuánhuì	南坪镇	驻中靳家
唐山村民委员会	Tángshān Cūnmínwěiyuánhuì	南坪镇	驻唐家川
寺门村民委员会	Sìmén Cūnmínwěiyuánhuì	南坪镇	驻寺门
大李村民委员会	Dàlǐ Cūnmínwěiyuánhuì	南坪镇	驻大房李家
唐家高庄村民委员会	Tángjiāgāozhuāng Cūnmínwěiyuánhuì	南坪镇	驻唐家高庄
史坪村民委员会	Shǐpíng Cūnmínwěiyuánhuì	南坪镇	驻史家坪
史湾村民委员会	Shǐwān Cūnmínwěiyuánhuì	南坪镇	驻史家湾
杨河村民委员会	Yánghé Cūnmínwěiyuánhuì	杨河乡	驻杨河
李庄村民委员会	Lǐzhuāng Cūnmínwěiyuánhuì	杨河乡	驻孙家塬

续表 2

标准名称	汉语拼音	所属镇（乡）	备注
马阳洼村民委员会	Mǎyángwā Cūnmínwěiyuánhuì	杨河乡	驻马阳洼
张家大庄村民委员会	Zhāngjiādàzhuāng Cūnmínwěiyuánhuì	杨河乡	驻张家大庄
元咀村民委员会	Yuánzuǐ Cūnmínwěiyuánhuì	杨河乡	驻圆咀
张沟村民委员会	Zhānggōu Cūnmínwěiyuánhuì	杨河乡	驻张沟新村
逯岔村民委员会	Lùchà Cūnmínwěiyuánhuì	杨河乡	驻逯家岔
沈岔村民委员会	Shěnchà Cūnmínwěiyuánhuì	杨河乡	驻沈家岔
寺沟岔村民委员会	Sìgōuchà Cūnmínwěiyuánhuì	杨河乡	驻上王家
王湾村民委员会	Wángwān Cūnmínwěiyuánhuì	杨河乡	驻王家湾
关湾村民委员会	Guānwān Cūnmínwěiyuánhuì	杨河乡	驻关家湾
李润村民委员会	Lǐrùn Cūnmínwěiyuánhuì	杨河乡	驻李润家
马寺村民委员会	Mǎsì Cūnmínwěiyuánhuì	杨河乡	驻马家寺
赵墩村民委员会	Zhàodūn Cūnmínwěiyuánhuì	赵墩乡	驻赵家墩
王家大庄村民委员会	Wángjiādàzhuāng Cūnmínwěiyuánhuì	赵墩乡	驻梁家湾
井沟村民委员会	Jǐnggōu Cūnmínwěiyuánhuì	赵墩乡	驻李鱼家
阳川村民委员会	Yángchuān Cūnmínwěiyuánhuì	赵墩乡	驻阳坡川
孙庙村民委员会	Sūnmiào Cūnmínwěiyuánhuì	赵墩乡	驻孙家庙
蛟龙寺村民委员会	Jiāolóngsì Cūnmínwěiyuánhuì	赵墩乡	驻官地湾
蛟龙掌村民委员会	Jiāolóngzhǎng Cūnmínwěiyuánhuì	赵墩乡	驻石家湾垴
梨树湾村民委员会	Líshùwān Cūnmínwěiyuánhuì	赵墩乡	驻下梨树湾
裴堡村民委员会	Péibǔ Cūnmínwěiyuánhuì	赵墩乡	驻裴家堡子
石咀村民委员会	Shízuǐ Cūnmínwěiyuánhuì	赵墩乡	驻石家咀
关道村民委员会	Guāndào Cūnmínwěiyuánhuì	赵墩乡	驻王家峡
王堡村民委员会	Wángbǔ Cūnmínwěiyuánhuì	赵墩乡	驻王家堡
牡丹村民委员会	Mǔdān Cūnmínwěiyuánhuì	赵墩乡	驻大庄
郑河村民委员会	Zhènghé Cūnmínwěiyuánhuì	郑河乡	驻郑家河
庙川村民委员会	Miàochuān Cūnmínwěiyuánhuì	郑河乡	驻庙川
史川村民委员会	Shǐchuān Cūnmínwěiyuánhuì	郑河乡	驻史家川
具峡村民委员会	Jùxiá Cūnmínwěiyuánhuì	郑河乡	驻具家峡
拉连寺村民委员会	Lāliánsì Cūnmínwěiyuánhuì	郑河乡	驻拉连寺
史洼村民委员会	Shǐwā Cūnmínwěiyuánhuì	郑河乡	驻史家洼
卢洼村民委员会	Lúwā Cūnmínwěiyuánhuì	郑河乡	驻苏家河
条牛沟村民委员会	Tiáoniúgōu Cūnmínwěiyuánhuì	郑河乡	驻条牛沟
上寨村民委员会	Shàngzhài Cūnmínwěiyuánhuì	郑河乡	驻官地峡

续表 2

标准名称	汉语拼音	所属镇（乡）	备注
下寨村民委员会	Xiàzhài Cūnmínwěiyuánhuì	郑河乡	驻陶家窑庄
龙湾村民委员会	Lóngwān Cūnmínwěiyuánhuì	郑河乡	驻龙家湾
陶家阴凹村民委员会	Táojiāyīnwā Cūnmínwěiyuánhuì	郑河乡	驻陶家阴凹

水洛镇居民点

表 3

标准名称	汉语拼音	所属村（居）委会	备注
水洛城	Shuǐluòchéng	—	位于水洛河和水洛南河汇合处三角地带
天太佳苑	Tiāntàijiāyuàn	东街社区	城镇居民点
弘源小区	HóngYuán Xiǎoqū	东街社区	城镇居民点
嘉怡花苑	Jiāyíhuāyuàn	东街社区	城镇居民点
九洲花苑	Jiǔzhōuhuāyuàn	东街社区	城镇居民点
安顺小区	Ānshùn Xiǎoqū	东街社区	城镇居民点
宏祥花园	Hóngxiánghuāyuán	东街社区	城镇居民点
煤矿小区	Méikuàng Xiǎoqū	东街社区	城镇居民点
万和住宅小区	Wànhé Zhùzháixiǎoqū	东街社区	城镇居民点
天诚花苑	Tiānchénghuāyuàn	东街社区	城镇居民点
教师康居小区	Jiàoshī Kāngjū Xiǎoqū	东街社区	城镇居民点
县医院住宅区	Xiànyīyuàn Zhùzháiqū	东街社区	城镇居民点
滨河佳苑	Bīnhéjiāyuàn	西街社区	城镇居民点
紫荆花苑	Zǐjīnghuāyuàn	西街社区	城镇居民点
西关住宅小区	Xīguān Zhùzháixiǎoqū	西街社区	城镇居民点
朝阳小区	Cháoyáng Xiǎoqū	北城社区	城镇居民点
朝阳花苑	Cháoyánghuāyuàn	北城社区	城镇居民点
宁静花苑	Níngjìnghuāyuàn	北城社区	城镇居民点
中天花园	Zhōngtiānhuāyuán	北城社区	城镇居民点
安居小区	Ānjū Xiǎoqū	北城社区	城镇居民点
安泰庄苑	Āntàizhuāngyuàn	新北社区	城镇居民点
富强花苑	Fùqiánghuāyuàn	新北社区	城镇居民点
康居小区	Kāngjū Xiǎoqū	新北社区	城镇居民点
金水花苑	Jīnshuǐhuāyuàn	南城社区	城镇居民点
中天如意小镇	Zhōngtiānrúyìxiǎozhèn	南城社区	城镇居民点

续表 3

标 准 名 称	汉 语 拼 音	所属村（居）委会	备 注
翠庭花苑	Cuìtínghuāyuàn	南城社区	城镇居民点
南城花苑	Nánchénghuāyuàn	南城社区	城镇居民点
南舒苑	Nánshūyuàn	南城社区	城镇居民点
锦盛花苑	Jǐnshènghuāyuàn	南城社区	城镇居民点
李家庄	Lǐjiāzhuāng	李家庄	镇政府、村委会驻地
孙家庄	Sūnjiāzhuāng	李家庄	—
柳家团庄	Liǔjiātuánzhuāng	李家庄	—
东关	Dōngguān	东关	村委会驻地
西关	Xīguān	西关	村委会驻地
王家庄	Wángjiāzhuāng	西关	—
李家碾	Lǐjiāniǎn	李碾	村委会驻地
李家碾前湾	Lǐjiāniǎnqiánwān	李碾	—
徐家上碾	Xújiāshàngniǎn	徐碾	村委会驻地
徐家下碾	Xújiāxiàniǎn	徐碾	—
徐家半山	Xújiābànshān	徐碾	—
徐家湾垴	Xújiāwānnǎo	徐碾	—
文家湾	Wénjiāwān	文湾	村委会驻地
马家官路	Mǎjiāguānlù	文湾	—
胡家涝子	Hújiālàozi	文湾	—
中川李家	Zhōngchuānlǐjiā	中川	村委会驻地
中川李家后湾	Zhōngchuānlǐjiāhòuwān	中川	—
何马家	Hémǎjiā	何马	村委会驻地
何马小庄	Hémǎxiǎozhuāng	何马	—
刘家湾	Liújiāwān	何马	—
马家山庄	Mǎjiāshānzhuāng	何马	—
贺家庄	Hèjiāzhuāng	贺庄	村委会驻地
刘家山	Liújiāshān	贺庄	—
簸箕湾	Bòjīwān	贺庄	—
文家沟	Wénjiāgōu	新兴	村委会驻地
王家山	Wángjiāshān	新兴	—
陈杨柳家	Chényángliǔjiā	新兴	—
柳家沟	Liǔjiāgōu	新光	村委会驻地
柳家新庄	Liǔjiāxīnzhuāng	新光	—

续表 3

标准名称	汉语拼音	所属村（居）委会	备注
王家小庄	Wángjiāxiǎozhuāng	新光	—
柳家下坪	Liǔjiāxiàpíng	新光	—
柳家上坪	Liǔjiāshàngpíng	新光	—
朱家大湾	Zhūjiādàwān	新光	—
乱庄王家	Luànzhuāngwángjiā	柳咀	村委会驻地
柳家咀	Liǔjiāzuǐ	柳咀	—
山庄王家	Shānzhuāngwángjiā	柳咀	—
陈家洞子	Chénjiādòngzi	陈洞	村委会驻地
胡家堡子	Hújiābǔzi	陈洞	—
胡家井沟	Hújiājǐnggōu	陈洞	—
胡家河湾	Hújiāhéwān	陈洞	—
苏家崖	Sūjiā'ái	陈洞	—
阳凹山	Yángwāshān	陈洞	—
柳家堡子	Liǔjiābǔzi	陈洞	—
阴凹山	Yīnwāshān	陈洞	—
太平湾	Tàipíngwān	陈洞	—
胡家沟	Hújiāgōu	胡沟	村委会驻地
黎家湾	Líjiāwān	胡沟	—
下王家	Xiàwángjiā	郭堡	村委会驻地
郭家堡子	Guōjiābǔzi	郭堡	—
王家油房	Wángjiāyóufáng	郭堡	—
李家堡子	Lǐjiābǔzi	郭堡	—
上王家	Shàngwángjiā	郭堡	—
川口柳家	Chuānkǒuliǔjiā	郭堡	—
朱家咀	Zhūjiāzuǐ	郭堡	—
寺咀上	Sìzuǐshàng	二李	村委会驻地
下沟来	Xiàgōulái	二李	—
中庄来	Zhōngzhuānglái	二李	—
刘家庄	Liújiāzhuāng	二李	—
川来家	Chuānláijiā	二李	—
二房李家	Erfánglǐjiā	二李	川来家、刘家庄、下沟来、中庄来、寺咀上的总称
郭家湾	Guōjiāwān	二李	—

续表 3

标 准 名 称	汉 语 拼 音	所属村（居）委会	备 注
唐家河	Tángjiāhé	二李	—
下阳山	Xiàyángshān	窎沟	村委会驻地
上阳洼	Shàngyángwā	窎沟	—
壑岘	Hèxiàn	窎沟	—
窎沟李家	Diàogōulǐjiā	窎沟	—
下庄	Xiàzhuāng	窎沟	—
赵家坟山	Zhàojiāfénshān	崖王	村委会驻地
崖岔王家	Áichàwángjiā	崖王	—
罗家新庄	Luójiāxīnzhuāng	崖王	—
山庄罗家	Shānzhuāngluójiā	崖王	—

南湖镇居民点

表 4

标 准 名 称	汉 语 拼 音	所属村委会	备 注
南 湖	Nánhú	—	镇政府驻地
麒麟家园	Qílínjiāyuán	—	城镇居民点
旭康花苑	Xùkānghuāyuàn	—	城镇居民点
南湖花苑	Nánhúhuāyuàn	—	城镇居民点
北关小区	Běiguān Xiǎoqū	—	城镇居民点
南 门	Nánmén	南门	村委会驻地
后 街	Hòujiē	南门	—
中 街	Zhōngjiē	南门	—
东 门	Dōngmén	南门	—
东门新庄	Dōngménxīnzhuāng	南门	—
大 地	Dàdì	南门	—
南门新庄	Nánménxīnzhuāng	南门	—
大坡上	Dàpōshàng	南门	—
北 门	Běimén	北关	村委会驻地
北 关	Běiguān	北关	—
上 街	Shàngjiē	北关	—
席马家	Xímǎjiā	北关	—
罗谢家	Luóxièjiā	北关	—

续表 4

标 准 名 称	汉 语 拼 音	所属村委会	备 注
郑家沟	Zhèngjiāgōu	陈庄	村委会驻地
陈家庄	Chénjiāzhuāng	陈庄	—
叶家磨	Yèjiāmò	陈庄	—
蒙家扁凸	Méngjiābiǎnwā	陈庄	—
郭家河湾	Guōjiāhéwān	陈庄	—
席家河湾	Xíjiāhéwān	席河	村委会驻地
牛家庄子	Niújiāzhuāngzi	席河	—
前 川	Qiánchuān	席河	—
牡丹湾	Mǔdānwān	席河	上湾、中湾、下湾总称
下 湾	Xiàwān	席河	—
中 湾	Zhōngwān	席河	—
上 湾	Shàngwān	席河	—
马家湾	Mǎjiāwān	席河	—
贾家沟门	Jiǎjiāgōumén	贾门	村委会驻地
贾家老庄	Jiǎjiālǎozhuāng	贾门	—
王家洞子	Wángjiādòngzi	贾门	—
洪家湾	Hóngjiāwān	贾门	—
蒙席家湾	Méngxíjiāwān	贾门	—
韩家湾	Hánjiāwān	贾门	—
寺沟门	Sìgōumén	寺沟门	村委会驻地
五里铺	Wǔlǐpù	寺沟门	—
程家小河	Chéngjiāxiǎohé	寺沟门	—
下杨家	Xiàyángjiā	寺沟门	—
杨家大湾	Yángjiādàwān	寺沟门	—
李 湾	Lǐwān	李湾	村委会驻地
张家咀	Zhāngjiāzuǐ	李湾	—
杨家湾	Yángjiāwān	李湾	—
王家湾	Wángjiāwān	李湾	—
上山庄	Shàngshānzhuāng	李湾	—
上李润	Shànglǐrùn	李湾	—
王美儿家	Wángměirjiā	李湾	—
双堡子	Shuāngbǔzi	双堡	阳坡、刘家坡子、巷子的总称
阳 坡	Yángpō	双堡	村委会驻地

续表 4

标 准 名 称	汉 语 拼 音	所属村委会	备 注
刘家坡子	Liújiāpōzi	双堡	—
巷 子	Hàngzi	双堡	—
白家湾	Báijiāwān	双堡	—
田家湾	Tiánjiāwān	双堡	—
张家湾	Zhāngjiāwān	双堡	—
上堡子	Shàngbǔzi	双堡	—
河 南	Hénán	双堡	—
高 山	Gāoshān	双堡	—
李家中湾	Lǐjiāzhōngwān	双堡	—
石慕家	Shímùjiā	石峡	村委会驻地
山根底下	Shāngēndǐxià	石峡	—
郜家山庄	Gàojiāshānzhuāng	石峡	—
石家沟	Shíjiāgōu	石峡	—
马家庄子	Mǎjiāzhuāngzi	石峡	—
王家阳湾	Wángjiāyángwān	石峡	—
郜家桥	Gàojiāqiáo	石阳	村委会驻地
石家阳湾	Shíjiāyángwān	石阳	—
崔 家	Cuījiā	石阳	—
石阳新庄	Shíyángxīnzhuāng	石阳	—
大水渠	Dàshuǐqú	石阳	—
王家高房	Wángjiāgāofáng	高房	村委会驻地
川 口	Chuānkǒu	高房	—
党家新庄	Dǎngjiāxīnzhuāng	党李庄	村委会驻地
李家庄子	Lǐjiāzhuāngzi	党李庄	—
曹家湾	Cáojiāwān	曹湾	村委会驻地
刘家大塬	Liújiādàyuán	曹湾	—
石塬湾	Shíyuánwān	曹湾	—
石家塬	Shíjiāyuán	曹湾	—
花儿湾	Huārwān	曹湾	—
阳坡湾	Yángpōwān	曹湾	—
张牛家	Zhāngniújiā	曹湾	—
汪 家	Wāngjiā	汪家	村委会驻地
花塬头	Huāyuántóu	汪家	—

续表 4

标准名称	汉语拼音	所属村委会	备注
李家咀	Lǐjiāzuǐ	汪家	—
新院	Xīnyuàn	汪家	—
山庄湾	Shānzhuāngwān	汪家	—
穆家湾	Mùjiāwān	汪家	—
陈家山	Chénjiāshān	汪家	—
杨家中庄	Yángjiāzhōngzhuāng	庙岔	村委会驻地
杜家湾	Dùjiāwān	庙岔	—
庙岔	Miàochà	庙岔	—
马家湾	Mǎjiāwān	庙岔	—
党家塬	Dǎngjiāyuán	庙岔	—
张家崖坑	Zhāngjiā'áikēng	庙岔	—
大山凹	Dàshānwā	庙岔	—
慕家湾	Mùjiāwān	庙岔	—
张家中湾	Zhāngjiāzhōngwān	孙家大庄	村委会驻地
古庄	Gǔzhuāng	孙家大庄	—
李家湾	Lǐjiāwān	孙家大庄	—
孙家大庄	Sūnjiādàzhuāng	孙家大庄	张家中湾、古庄、李家湾总称
秦家湾	Qínjiāwān	孙家大庄	—
秦家梁	Qínjiāliáng	孙家大庄	—
苏家大湾	Sūjiādàwān	孙家大庄	—
孙家湾垴	Sūnjiāwānnǎo	孙家大庄	—

朱店镇居民点

表 5

标准名称	汉语拼音	所属村委会	备注
朱家店	Zhūjiādiàn	东街、中街、西街	镇政府和东街、中街、西街村委会驻地
贾家沟	Jiǎjiāgōu	东街	—
山上李家	Shānshànglǐjiā	中街	—
山上李家下庄	Shānshànglǐjiāxiàzhuāng	中街	—
朱家河湾	Zhūjiāhéwān	朱河	村委会驻地
朱家河湾山背后	Zhūjiāhéwānshānbèihòu	朱河	—

续表 5

标准名称	汉语拼音	所属村委会	备注
贾家河湾	Jiǎjiāhéwān	朱河	—
邵家小湾	Shàojiāxiǎowān	小湾	村委会驻地
下万家	Xiàwànjiā	小湾	—
傅家	Fùjiā	小湾	—
郭赵家	Guōzhàojiā	小湾	—
上田家	Shàngtiánjiā	小湾	—
李家庄	Lǐjiāzhuāng	三合	村委会驻地
柳家新庄	Liǔjiāxīnzhuāng	三合	—
新店子	Xīndiànzi	三合	—
杨柳家庄	Yángliǔjiāzhuāng	三合	—
董家湾	Dǒngjiāwān	董家湾	村委会驻地
孔家沟	Kǒngjiāgōu	董家湾	—
杨家铺	Yángjiāpù	董家湾	—
吴家沟	Wújiāgōu	吴沟	村委会驻地
李家坪	Lǐjiāpíng	吴沟	—
上川	Shàngchuān	毛柳家	村委会驻地
毛柳家	Máoliǔjiā	毛柳家	—
阎家河湾	Yánjiāhéwān	毛柳家	—
新磨坪	Xīnmòpíng	河北	村委会驻地
北堡子	Běibǔzi	河北	—
上郭家	Shàngguōjiā	河北	—
下郭家	Xiàguōjiā	河北	—
红土蚬	Hóngtǔhèxiàn	河北	—
柳家窑	Liǔjiāyáo	柳窑	村委会驻地
赵家崖湾	Zhàojiā'áiwān	柳窑	—
中峰堡	Zhōngfēngbǔ	柳窑	—
吴家湾	Wújiāwān	郑家山	村委会驻地
郑家山	Zhèngjiāshān	郑家山	—
朱家山	Zhūjiāshān	郑家山	朱家前山、朱家后山的总称
朱家后山	Zhūjiāhòushān	郑家山	—
朱家前山	Zhūjiāqiánshān	郑家山	—
鸦儿湾	Yārwān	郑家山	—
上孔家	Shàngkǒngjiā	牛耳咀	村委会驻地

续表 5

标准名称	汉语拼音	所属村委会	备注
坟山上	Fénshānshàng	牛耳咀	—
牛耳咀	Niú'ěrzuǐ	牛耳咀	—
西山堡子	Xīshānbǔzi	牛耳咀	—
咀儿上	Zuǐrshàng	牛耳咀	—
孔家东庄	Kǒngjiādōngzhuāng	牛耳咀	—
孔家西山	Kǒngjiāxīshān	牛耳咀	—
孔家新庄	Kǒngjiāxīnzhuāng	牛耳咀	—
高庙山	Gāomiàoshān	高庙	村委会驻地
羊圈湾	Yángjuànwān	高庙	—
后院柳家	Hòuyuànliǔjiā	高庙	—
梁背后	Liángbèihòu	高庙	—
柳家堡子	Liǔjiābǔzi	高庙	—
马槽地	Mǎcáodì	高庙	别名：川锅地
马蹄湾	Mǎtíwān	高庙	—
前杨家	Qiányángjiā	高庙	—
杨家湾	Yángjiāwān	杨家湾	村委会驻地
壑岘李家	Hèxiànlǐjiā	杨家湾	—
朱万家	Zhūwànjiā	杨家湾	—
上杨家	Shàngyángjiā	杨家湾	—
邵家湾阳洼	Shàojiāwānyángwā	杨家湾	—
邵家湾阴洼	Shàojiāwānyīnwā	杨家湾	—
郭家湾	Guōjiāwān	大曹	村委会驻地
大曹家	Dàcáojiā	大曹	—
小湾	Xiǎowān	大曹	—
大万家	Dàwànjiā	大曹	—
旧路	Jiùlù	大曹	—
树儿李家	Shùrlǐjiā	柳李	村委会驻地
树儿柳家	Shùrliǔjiā	柳李	—
万家滑沟	Wànjiāhuágōu	万柳	村委会驻地
杏花坪	Xìnghuāpíng	万柳	—
窑上洼	Yáoshàngwā	万柳	—
傅家咀	Fùjiāzuǐ	万柳	—
柳家滑沟	Liǔjiāhuágōu	万柳	—

续表 5

标 准 名 称	汉 语 拼 音	所属村委会	备 注
三台山	Sāntáishān	万柳	—
王家坪	Wángjiāpíng	王坪	村委会驻地
王家川	Wángjiāchuān	王川	村委会驻地
荒瓦上	Huāngwǎshàng	王川	—
新王家	Xīnwángjiā	新王	中庄、高山庄、圆地、阴坡总称
中庄	Zhōngzhuāng	新王	村委会驻地
高山庄	Gāoshānzhuāng	新王	—
圆地	Yuándì	新王	—
阴坡	Yīnpō	新王	—
曹家湾	Cáojiāwān	新王	—
赵家山	Zhàojiāshān	新王	—

万泉镇居民点

表 6

标 准 名 称	汉 语 拼 音	所属村委会	备 注
万家沟门	Wànjiāgōumén	万川	镇政府、万川、万庄村委会驻地
万家庄	Wànjiāzhuāng	万庄	—
万家堡子	Wànjiābǔzi	万庄	—
毛桃杜家	Máotáodùjiā	毛桃杜家	村委会驻地
西山杨家	Xīshānyángjiā	毛桃杜家	—
石门口刘家	Shíménkǒuliújiā	刘家	村委会驻地
田家湾	Tiánjiāwān	田湾	村委会驻地
高家大湾	Gāojiādàwān	田岔	村委会驻地
田家岔阴坡	Tiánjiāchàyīnpō	田岔	—
田家岔中庄	Tiánjiāchàzhōngzhuāng	田岔	—
田家岔阳坡	Tiánjiāchàyángpō	田岔	—
回沟湾	Huígōuwān	田岔	—
小蒜坡	Xiǎosuànpō	田岔	—
田家坪	Tiánjiāpíng	田坪	村委会驻地
高家南塬	Gāojiānányuán	高川	村委会驻地
高家川	Gāojiāchuān	高川	—
高家东塬	Gāojiādōngyuán	高川	

续表 6

标准名称	汉语拼音	所属村委会	备注
高家西塬	Gāojiāxīyuán	高川	—
高家坪	Gāojiāpíng	高川	片村，高家东、南、西塬、高家川的总称
邵家坪	Shàojiāpíng	邵坪	村委会驻地
涝池沟	Làochígōu	邵坪	—
山庄湾	Shānzhuāngwān	邵坪	—
万家东沟	Wànjiādōnggōu	东沟	村委会驻地
东沟门	Dōnggōumén	东沟	—
清水沟阳坡	Qīngshuǐgōuyángpō	清水沟	村委会驻地
清水沟阴坡	Qīngshuǐgōuyīnpō	清水沟	—
清水沟	Qīngshuǐgōu	清水沟	片村，清水沟阳坡、清水沟阴坡总称
崔家坪	Cuījiāpíng	崔坪	村委会驻地
下马家	Xiàmǎjiā	东台、马川、西坪	片村，东台、马家石咀、马家湾儿、马家腰庄、马家石节子总称
东台	Dōngtái	东台	村委会驻地
马家石咀	Mǎjiāshízuǐ	马川	村委会驻地
马家湾儿	Mǎjiāwānr	马川	—
马家腰庄	Mǎjiāyāozhuāng	西坪	村委会驻地
马家石节子	Mǎjiāshíjiēzi	西坪	—
陈家东山	Chénjiādōngshān	东山	村委会驻地
老虎湾	Lǎohǔwān	东山	—
郭家石咀	Guōjiāshízuǐ	东山	—
胡家咀	Hújiāzuǐ	东山	—
徐家城	Xújiāchéng	徐城	村委会驻地
连家山	Liánjiāshān	徐城	片村，白草凹、城门上的总称
白草凹	Báicǎowā	徐城	—
城门上	Chéngménshàng	徐城	—
下川来	Xiàchuānlái	徐城	—
王李家岔	Wánglǐjiāchà	王李岔	片村，甘湾咀、川子里、毛梢沟垴、斜路下、高家咀、荒湾里的总称
胡家岔	Hújiāchà	王李岔	村委会驻地
甘湾咀	Gānwānzuǐ	王李岔	—
荒湾里	Huāngwānlǐ	王李岔	—

续表 6

标准名称	汉语拼音	所属村委会	备注
毛梢沟堖	Máoshāogōunǎo	王李岔	—
斜路下	Xiélùxià	王李岔	—
高家咀	Gāojiāzuǐ	王李岔	—
川子里	Chuānzilǐ	王李岔	—
史家梁	Shǐjiāliáng	王李岔	—
车路头	Chēlùtóu	王李岔	—
赵家湾	Zhàojiāwān	王李岔	—
圪垯寺	Gēdásì	圪寺	村委会驻地
霍家上庄	Huòjiāshàngzhuāng	霍李	村委会驻地
霍家庄	Huòjiāzhuāng	霍李	—
霍家下庄	Huòjiāxiàzhuāng	霍李	—
李家川	Lǐjiāchuān	霍李	—
史家沟	Shǐjiāgōu	史沟	村委会驻地
史家腰庄	Shǐjiāyāozhuāng	史沟	—
李家堡子	Lǐjiābǔzi	史沟	—

韩店镇居民点

表 7

标准名称	汉语拼音	所属村委会	备注
韩家店	Hánjiādiàn	东门、西门	镇政府驻地
东门	Dōngmén	东门	村委会驻地
韩家山	Hánjiāshān	东门	—
西门	Xīmén	西门	村委会驻地
鳌背山	Áobèishān	西门	—
西门新村	Xīménxīncūn	西门	—
郭家漫	Guōjiāmàn	郭漫	村委会驻地
佛沟门	Fógōumén	郭漫	—
红崖巷	Hóng'áihàng	郭漫	—
黄草	Huángcǎo	郭漫	—
店子峡	Diànzixiá	郭漫	—
邓家崖	Dèngjiā'ái	郭漫	—
高庄子	Gāozhuāngzi	郭漫	—
石桥儿	Shíqiáor	石桥	村委会驻地

续表 7

标准名称	汉语拼音	所属村委会	备注
南峪沟	Nányùgōu	石桥	—
折家凹	Zhéjiāwā	石桥	—
小庄子	Xiǎozhuāngzi	石桥	—
树林儿	Shùlínr	石桥	—
干沟湾	Gāngōuwān	石桥	—
湾儿里	Wānrlǐ	石桥	—
花崖河	Huā'áihé	花崖河	村委会驻地
碾盘湾	Niǎnpánwān	花崖河	—
大湾	Dàwān	花崖河	—
王字湾	Wángzìwān	花崖河	—
水泉湾	Shuǐquánwān	花崖河	—
白脸湾	Báiliǎnwān	花崖河	—
上庄	Shàngzhuāng	岔岔沟	村委会驻地
下庄	Xiàzhuāng	岔岔沟	—
梁背后	Liángbèihòu	岔岔沟	—
庙儿梁	Miàorliáng	岔岔沟	—
南峪梁	Nányùliáng	岔岔沟	—
中湾	Zhōngwān	岔岔沟	—
暖和湾	Nuǎnhuowān	岔岔沟	—
下梁	Xiàliáng	岔岔沟	—
王家湾	Wángjiāwān	岔岔沟	—
刘家咀	Liújiāzuǐ	刘咀	村委会驻地
刘家山	Liújiāshān	刘咀	—
杜家庄	Dùjiāzhuāng	刘咀	—
侯家	Hóujiā	刘咀	—
大坪	Dàpíng	刘咀	—
李家川子	Lǐjiāchuānzi	刘咀	—
庄子门前	Zhuāngziménqián	刘咀	—
邵家坪	Shàojiāpíng	刘咀	—
王家崖	Wángjiā'ái	王崖	村委会驻地
贺家	Hèjiā	王崖	—
阴坡	Yīnpō	王崖	—
岔沟门	Chàgōumén	王崖	—

续表 7

标准名称	汉语拼音	所属村委会	备注
上凹中庄	Shàngwāzhōngzhuāng	上凹	村委会驻地
上凹窑庄	Shàngwāyáozhuāng	上凹	—
上凹上庄	Shàngwāshàngzhuāng	上凹	—
马家寺	Mǎjiāsì	马家寺	村委会驻地
寫庄子	Diàozhuāngzi	马家寺	—
阳山上	Yángshānshàng	马家寺	—
线家湾	Xiànjiāwān	马家寺	—
李家湾	Lǐjiāwān	马家寺	—
大凹来	Dàwālái	马家寺	—
试雨王家	Shìyǔwángjiā	试雨	村委会驻地
黄家堡子	Huángjiābǔzi	试雨	—
黄家窑湾	Huángjiāyáowān	试雨	—
潘家咀	Pānjiāzuǐ	刘河	村委会驻地
刘家河	Liújiāhé	刘河	—
王家山	Wángjiāshān	刘河	—
张家山	Zhāngjiāshān	刘河	—
叶家阳坡	Yèjiāyángpō	刘河	—
塔儿坪	Tǎrpíng	刘河	—
下沟里	Xiàgōulǐ	下沟	村委会驻地
阳凹湾	Yángwāwān	下沟	—
护林沟	Hùlíngōu	下沟	—
黄家庄	Huángjiāzhuāng	下沟	—
范家凹	Fànjiāwā	下沟	—
大地来	Dàdìlái	中庄	村委会驻地
苏家中庄	Sūjiāzhōngzhuāng	中庄	—
箭壑刘家	Jiànhèliújiā	中庄	—
上沟里	Shànggōulǐ	中庄	—
武家	Wǔjiā	武家	村委会驻地
马家沟渠	Mǎjiāgōuqú	武家	—
徐家	Xújiā	武家	—

续表 7

标准名称	汉语拼音	所属村委会	备注
苏家后湾	Sūjiāhòuwān	武家	—
聂子坪	Nièzipíng	聂子坪	村委会驻地
菜子湾	Càiziwān	聂子坪	—
纳张家	Nàzhāngjiā	聂子坪	—
潘家河	Pānjiāhé	潘河	村委会驻地
郭家堡子	Guōjiābǔzi	潘河	—
马家壑岘	Mǎjiāhèxiàn	潘河	—
杨家官路	Yángjiāguānlù	潘河	—

卧龙镇居民点

表 8

标准名称	汉语拼音	所属村委会	备注
台家	Táijiā	山集梁	镇政府、山集梁村委会驻地
下梁	Xiàliáng	山集梁	—
魏家后湾	Wèijiāhòuwān	山集梁	—
孙家渠	Sūnjiāqú	山集梁	—
梁家	Liángjiā	山集梁	—
魏家山阴坡	Wèijiāshānyīnpō	魏山	村委会驻地
麻家	Májiā	魏山	—
魏家山阳坡	Wèijiāshānyángpō	魏山	—
阳虎湾	Yánghǔwān	魏山	—
上湾垴	Shàngwānnǎo	魏山	—
下阴凹	Xiàyīnwā	魏山	—
颉沟坪	Xiégōupíng	魏山	—
魏家山	Wèijiāshān	魏山	—
双河镇	Shuānghézhèn	双河镇	村委会驻地
魏家沟	Wèijiāgōu	双河镇	—
魏家咀	Wèijiāzuǐ	双河镇	—
马家	Mǎjiā	双河镇	—
湾川	Wānchuān	双河镇	—
阳山凹	Yángshānwā	双河镇	—

续表 8

标准名称	汉语拼音	所属村委会	备注
蒙家沟	Méngjiāgōu	双河镇	—
魏家湾	Wèijiāwān	魏家湾	村委会驻地
丁家寺湾	Dīngjiāsìwān	魏家湾	—
魏家湾阳坡	Wèijiāwānyángpō	魏家湾	—
芦子湾	Lúziwān	魏家湾	—
石家湾垴	Shíjiāwānnǎo	魏家湾	—
谢家庙湾	Xièjiāmiàowān	谢家庙湾	村委会驻地
刘家湾	Liújiāwān	谢家庙湾	—
马家山庄	Mǎjiāshānzhuāng	谢家庙湾	—
刘家下岔	Liújiāxiàchà	谢家庙湾	—
下杨新村	Xiàyángxīncūn	下杨	村委会驻地
红崖杨家	Hóng'áiyángjiā	下杨	—
魏家川口	Wèijiāchuānkǒu	下杨	—
杨家北川	Yángjiāběichuān	下杨	—
杨家南川	Yángjiānánchuān	下杨	—
石家山庄	Shíjiāshānzhuāng	下杨	—
石家老湾	Shíjiālǎowān	下杨	—
孙家河	Sūnjiāhé	孙家河	村委会驻地
赵家湾	Zhàojiāwān	孙家河	—
张家塬	Zhāngjiāyuán	孙家河	—
何家庄	Héjiāzhuāng	何家	村委会驻地
方家湾	Fāngjiāwān	何家	—
葛家湾	Gějiāwān	何家	—
薛家湾	Xuējiāwān	何家	—
郭家窑	Guōjiāyáo	魏家大庄	别名：郭窑家，村委会驻地
姚家岔	Yáojiāchà	魏家大庄	阳坡、阴坡总称
阳坡	Yángpō	魏家大庄	—
阴坡	Yīnpō	魏家大庄	—
魏家大庄	Wèijiādàzhuāng	魏家大庄	—
张家崖	Zhāngjiā'ái	魏家大庄	—
石家山	Shíjiāshān	石家山	村委会驻地
曹家湾	Cáojiāwān	石家山	—

续表 8

标准名称	汉语拼音	所属村委会	备注
大湾	Dàwān	石家山	—
苏家山	Sūjiāshān	苏家山	村委会驻地
山庄上	Shānzhuāngshàng	苏家山	—
张家山	Zhāngjiāshān	张家山	村委会驻地
马家湾	Mǎjiāwān	张家山	—
背后湾	Bèihòuwān	张家山	—
平头里	Píngtóulǐ	张家山	—
王家塬	Wángjiāyuán	张家山	—
阳凹上	Yángwāshàng	张家山	—
薛家河	Xuējiāhé	张家山	—
井沟渠	Jǐnggōuqú	棉梨沟	别名：迭咀凹，村委会驻地
棉梨沟	Miánlígōu	棉梨沟	—
尕那湾	Gǎnàwān	棉梨沟	—
花梨湾	Huālíwān	马湾	村委会驻地
马湾	Mǎwān	马湾	—
大头塬	Dàtóuyuán	马湾	—
杜家湾	Dùjiāwān	马湾	—
柳树湾	Liǔshùwān	马湾	—
堡子上	Bǔzishàng	马湾	—
野狐湾	Yěhúwān	马湾	—
成子湾	Chéngziwān	马湾	—
居黄湾	Jūhuángwān	马家沟	村委会驻地
上岔	Shàngchà	马家沟	—
书房院	Shūfángyuàn	马家沟	—
梭草湾	Suōcǎowān	马家沟	—
高山上	Gāoshānshàng	马家沟	—
阳凹堡子	Yángwābǔzi	马家沟	—
阳堡大湾	Yángbǔdàwān	马家沟	—
李家湾	Lǐjiāwān	马家沟	—

续表 8

标 准 名 称	汉 语 拼 音	所属村委会	备 注
白山山	Báiwāshān	马家沟	—
崖湾	Áiwān	马家沟	—
山赵家	Shānzhàojiā	山赵家	村委会驻地
青土湾	Qīngtǔwān	山赵家	—
小余家	Xiǎoyújiā	山赵家	别名：冯家湾
下峡里	Xiàxiálǐ	山赵家	—
余家湾垴	Yújiāwānnǎo	张余家	村委会驻地
张家咀	Zhāngjiāzuǐ	张余家	—
罗沟岘	Luógōuxiàn	张余家	—
张家阳坡	Zhāngjiāyángpō	张余家	—
余家沟	Yújiāgōu	张余家	—
张家沟	Zhāngjiāgōu	张余家	—
阴山李家	Yīnwālǐjiā	阴山李家	村委会驻地
杨家山庄	Yángjiāshānzhuāng	阴山李家	—
石家沟	Shíjiāgōu	阴山李家	—
魏家咀儿	Wèijiāzuǐr	阴山李家	—
杨家沟	Yángjiāgōu	阴山李家	—
白家阴坡	Báijiāyīnpō	后梁	别名：后梁，村委会驻地
白家路豁	Báijiālùhuō	后梁	—
石湾咀	Shíwānzuǐ	后梁	—
山背后	Shānbèihòu	后梁	—
白家下院	Báijiāxiàyuàn	后梁	—
魏家上渠	Wèijiāshàngqú	后梁	—
魏家阳坡	Wèijiāyángpō	杨魏	村委会驻地
大湾里	Dàwānlǐ	杨魏	—
杨寺寺小庄	Yángsìsìxiǎozhuāng	杨魏	—
杨寺寺大庄	Yángsìsìdàzhuāng	杨魏	—
石家小湾	Shíjiāxiǎowān	杨魏	—
魏家阴坡	Wèijiāyīnpō	杨魏	—

续表 8

标准名称	汉语拼音	所属村委会	备注
仇家沟	Qiújiāgōu	仇沟	村委会驻地
簸箕湾	Bòjīwān	仇沟	—
苏家湾	Sūjiāwān	仇沟	—
簸箕湾山上	Bòjīwānshānshàng	仇沟	—
东台湾	Dōngtáiwān	仇梁	村委会驻地
荞家湾	Qiáojiāwān	仇梁	—
张家湾	Zhāngjiāwān	仇梁	—
张家梁	Zhāngjiāliáng	仇梁	—
窎沟凹	Diàogōuwā	仇梁	—
猫儿刺坪	Māorcìpíng	仇梁	—
耙齿沟	Páchǐgōu	仇梁	—
仇家梁	Qiújiāliáng	仇梁	—
柳家山	Liǔjiāshān	上郝家	村委会驻地
上郝家	Shànghǎojiā	上郝家	—
郝家新庄	Hǎojiāxīnzhuāng	上郝家	—
张柳家沟	Zhāngliǔjiāgōu	上郝家	—
下郝家	Xiàhǎojiā	上郝家	—
老庄罗家	Lǎozhuāngluójiā	刘罗	村委会驻地
刘家渠子	Liújiāqúzi	刘罗	阳坡、阴坡、山庄上总称
阳坡	Yángpō	刘罗	—
阴坡	Yīnpō	刘罗	—
山庄上	Shānzhuāngshàng	刘罗	—
刘家中庄	Liújiāzhōngzhuāng	刘罗	—
罗家寺湾	Luójiāsìwān	刘罗	—
下湾里	Xiàwānlǐ	刘罗	—

阳川镇居民点

表 9

标准名称	汉语拼音	所属村委会	备注
刘家湾	Liújiāwān	刘湾	镇政府、刘湾村委会驻地

续表 9

标准名称	汉语拼音	所属村委会	备注
李家窑	Lǐjiāyáo	刘湾	—
金李家	Jīnlǐjiā	刘湾	别名：金家沟
槐树地	Huáishùdì	刘湾	—
张家大湾	Zhāngjiādàwān	张家大湾	村委会驻地
南川里	Nánchuānlǐ	张家大湾	—
梁家坡	Liángjiāpō	张家大湾	—
王家新城	Wángjiāxīnchéng	张家大湾	—
李家湾	Lǐjiāwān	李家湾	村委会驻地
麻子湾	Máziwān	李家湾	—
台家咀	Táijiāzuǐ	台咀	村委会驻地
蔡家沟	Càijiāgōu	台咀	—
深壑岘	Shēnhèxiàn	台咀	—
郭坑里	Guōkēnglǐ	台咀	—
郭阎家	Guōyánjiā	孙王	村委会驻地
孙王家	Sūnwángjiā	孙王	—
那面湾	Nàmiànwān	孙王	—
曹家凹	Cáojiāwā	孙王	—
窑儿凹	Yáorwā	孙王	—
大湾垴	Dàwānnǎo	孙王	—
新庄沟	Xīnzhuānggōu	新庄沟	别名：塌寺坡，村委会驻地
张家上岔	Zhāngjiāshàngchà	新庄沟	—
回回家湾	Huíhuijiāwān	新庄沟	—
店缓湾	Diànhuǎnwān	新庄沟	—
马咀梁	Mǎzuǐliáng	新庄沟	—
张家下湾	Zhāngjiāxiàwān	新庄沟	—
大坪凹	Dàpíngwā	新庄沟	—
张家下堡子	Zhāngjiāxiàbǔzi	下堡子	村委会驻地
张家上堡子	Zhāngjiāshàngbǔzi	下堡子	—
杨家堡子	Yángjiābǔzi	下堡子	—
大湾	Dàwān	下堡子	—
二凹咀	Èrwāzuǐ	下堡子	—
苟家岔	Gǒujiāchà	苟岔	村委会驻地
红家岘	Hóngjiāxiàn	苟岔	—

续表 9

标 准 名 称	汉 语 拼 音	所属村委会	备 注
山胡岔	Shānhúchà	苟岔	—
李家咀	Lǐjiāzuǐ	李家咀	村委会驻地
曹家坪	Cáojiāpíng	李家咀	—
张家坪	Zhāngjiāpíng	李家咀	—
乱阳㧟	Luànyángwā	李家咀	—
赵家湾	Zhàojiāwān	赵家湾	别名：灯盏窝，村委会驻地
曹家湾	Cáojiāwān	赵家湾	—
阎家湾	Yánjiāwān	赵家湾	—
岳家坪	Yuèjiāpíng	岳家坪	村委会驻地
上王家	Shàngwángjiā	岳家坪	别名：王家坪
王家铧沟	Wángjiāhuágōu	岳家坪	—
赵家沟	Zhàojiāgōu	岳家坪	—
红土坡	Hóngtǔpō	红土坡	村委会驻地
壑岘下	Hèxiànxià	红土坡	—
盘龙山	Pánlóngshān	红土坡	别名：堡子上
湫子里	Qiūzilǐ	红土坡	—
窎地	Diàodì	红土坡	—
魏家沟	Wèijiāgōu	三益	村委会驻地
陈家阳坡	Chénjiāyángpō	三益	—
石家㧟	Shíjiāwā	三益	—
六垧地	Liùshǎngdì	三益	—
褡裢地	Dāliándì	三益	—
李家㧟	Lǐjiāwā	三益	—
赵家阳㧟	Zhàojiāyángwā	三益	—
石家坪	Shíjiāpíng	王塬	村委会驻地
王家塬	Wángjiāyuán	王塬	阳坡、阴坡总称
阴坡	Yīnpō	王塬	—
阳坡	Yángpō	王塬	—
阳㧟山	Yángwāshān	王塬	—
马家阳沟	Mǎjiāyánggōu	王塬	—
下川里	Xiàchuānlǐ	王塬	—

续表 9

标 准 名 称	汉 语 拼 音	所属村委会	备 注
山背后	Shānbèihòu	西湾	村委会驻地
西湾	Xīwān	西湾	—
平头湾	Píngtóuwān	西湾	—
咀子上	Zuǐzishàng	西湾	—
阳屲里	Yángwālǐ	西湾	—
官地咀	Guāndìzuǐ	西湾	—
官地里	Guāndìlǐ	西湾	—
阴屲里	Yīnwālǐ	西湾	—
园沟里	Yuángōulǐ	西湾	—
王家湾	Wángjiāwān	西湾	—
阳屲场	Yángwāchǎng	西湾	—
石家湾	Shíjiāwān	西湾	—
东湾	Dōngwān	东湾	村委会驻地
马山湾	Mǎshānwān	东湾	—
马家川子里	Mǎjiāchuānzilǐ	东湾	—
陈家庙	Chénjiāmiào	东湾、西湾	东湾、西湾、山背后、咀子上、平头湾、马山湾总称

盘安镇居民点

表 10

标 准 名 称	汉 语 拼 音	所属村委会	备 注
王公家	Wánggōngjiā	王公阳山、王公阴山的总称	镇政府驻地
王公阳山	Wánggōngyángshān	王公	村委会驻地
王公阴山	Wánggōngyīnshān	王公	—
梁关家	Liángguānjiā	王公	—
梁关上庄	Liángguānshàngzhuāng	王公	—
孙家沟下庄	Sūnjiāgōuxiàzhuāng	孙沟	村委会驻地
孙家沟上庄	Sūnjiāgōushàngzhuāng	孙沟	—
谢家庄	Xièjiāzhuāng	孙沟	—
谢家阳湾	Xièjiāyángwān	孙沟	—
孙家沟中庄	Sūnjiāgōuzhōngzhuāng	孙沟	—

续表 10

标准名称	汉语拼音	所属村委会	备注
黑牛凹	Hēiniúwā	孙沟	—
曹家湾	Cáojiāwān	孙沟	—
孙家沟山庄	Sūnjiāgōushānzhuāng	孙沟	—
杨家川	Yángjiāchuān	王福上庄	村委会驻地
王福家上庄	Wángfújiāshàngzhuāng	王福上庄	—
麻黄咀	Máhuángzuǐ	王福上庄	—
王火炎子	Wánghuǒyánzi	王福上庄	—
史家湾	Shǐjiāwān	王福上庄	—
黑眼湾	Hēiyǎnwān	托神	村委会驻地
刘家塬	Liújiāyuán	托神	—
油夫咀	Yóufūzuǐ	托神	—
许家湾	Xǔjiāwān	托神	—
漆树湾	Qīshùwān	托神	—
中庄	Zhōngzhuāng	王福下庄	村委会驻地
下庄	Xiàzhuāng	王福下庄	—
老庄	Lǎozhuāng	王福下庄	—
王福家	Wángfújiā	王福下庄	下庄、中庄、老庄的总称
李家咀	Lǐjiāzuǐ	王福下庄	—
孙家	Sūnjiā	王福下庄	—
阳坡	Yángpō	湾李	村委会驻地
新房	Xīnfáng	湾李	—
北山上	Běishānshàng	湾李	—
野雀川	Yěquèchuān	湾李	—
阴坡	Yīnpō	湾李	—
湾儿李家	Wānrlǐjiā	湾李	北山上、野雀川、阴坡、阳坡、新房总称
东庄	Dōngzhuāng	湾李	—
马家阳凹	Mǎjiāyángwā	湾李	—
吴家河	Wújiāhé	吴陈	村委会驻地
吴家山	Wújiāshān	吴陈	—
陈杨家	Chényángjiā	吴陈	—
吴家沟	Wújiāgōu	吴陈	—
马掌关	Mǎzhǎngguān	马家	村委会驻地

续表 10

标准名称	汉语拼音	所属村委会	备注
马家山	Mǎjiāshān	马家	—
阳凸山	Yángwāshān	马家	—
宋家草凸	Sòngjiācǎowā	杨宋	村委会驻地
杨家沟	Yángjiāgōu	杨宋	—
白家湾	Báijiāwān	杨宋	—
宋家大庄	Sòngjiādàzhuāng	杨宋	—
宋家河	Sòngjiāhé	杨宋	—
湾李家	Wānlǐjiā	申家湾	村委会驻地
申家湾	Shēnjiāwān	申家湾	—
杨孔家	Yángkǒngjiā	申家湾	—
东湾	Dōngwān	申家湾	—
西湾	Xīwān	申家湾	—
申家堡子	Shēnjiābǔzi	申家湾	—
野鸽子咀	Yěgēzizuǐ	申家湾	—
牟家山	Móujiāshān	申家湾	—
周家阳坡	Zhōujiāyángpō	周家	村委会驻地
荒凸	Huāngwā	周家	—
周家堡子	Zhōujiābǔzi	周家	—
周家川子	Zhōujiāchuānzi	周家	—
散缝里	Sǎnfènglǐ	周家	—
那坡里	Nàpōlǐ	周家	—
张李家	Zhānglǐjiā	周家	—
胡家	Hújiā	周家	—
焦家湾	Jiāojiāwān	焦湾	村委会驻地
焦家新庄	Jiāojiāxīnzhuāng	焦湾	—
刘家端湾	Liújiāduānwān	焦湾	—
木瓜湾	Mùguāwān	焦湾	—
胡家高山	Hújiāgāoshān	焦湾	—
颉崖史家	Xié'áishǐjiā	颉崖	村委会驻地
祁家湾	Qíjiāwān	颉崖	—
赵吴家	Zhàowújiā	颉崖	—

续表 10

标 准 名 称	汉 语 拼 音	所属村委会	备 注
赵吴家阳山	Zhàowújiāyángshān	颉崖	—
雷家小庄	Léijiāxiǎozhuāng	牡丹咀	村委会驻地
牡丹咀	Mǔdānzuǐ	牡丹咀	—
上刘家	Shàngliújiā	牡丹咀	—
刘家咀	Liújiāzuǐ	牡丹咀	—
谢家沟	Xièjiāgōu	牡丹咀	—
樊家庙	Fánjiāmiào	樊庙	村委会驻地
梁家官路	Liángjiāguānlù	樊庙	—
包家阳峾	Bāojiāyángwā	樊庙	—
梁家寺湾	Liángjiāsìwān	樊庙	—
六房沟	Liùfánggōu	樊庙	—
庙峾上	Miàowāshàng	樊庙	—
塌坡陈家	Tāpōchénjiā	刘陈	村委会驻地
窑刘家	Yáoliújiā	刘陈	—
雷家大庄	Léijiādàzhuāng	雷家	村委会驻地
上雷家	Shàngléijiā	雷家	—
岔儿李家	Chàrlǐjiā	岔李	村委会驻地
庙川	Miàochuān	岔李	—
岔李上庄	Chàlǐshàngzhuāng	岔李	—
沟儿里	Gōurlǐ	岔李	—
阴峾山	Yīnwāshān	岔李	—

通化镇居民点

表 11

标 准 名 称	汉 语 拼 音	所属村委会	备 注
新集	Xīnjí	新集	镇政府、新集村委会驻地
樊家	Fánjiā	新集	—
史家庄	Shǐjiāzhuāng	新集	—
六房	Liùfáng	新集	—

续表 11

标准名称	汉语拼音	所属村委会	备注
王家湾	Wángjiāwān	新集	—
徐家庄	Xújiāzhuāng	新集	—
韩席儿家	Hánxírjiā	韩席	村委会驻地
金赵	Jīnzhào	韩席	—
阳家咀	Yángjiāzuǐ	韩席	—
王船儿家	Wángchuánrjiā	韩席	—
张虎家	Zhānghǔjiā	陈堡	村委会驻地
陈家堡	Chénjiābǔ	陈堡	—
后梁上	Hòuliángshàng	陈堡	—
史坡凹阳山	Shǐpōwāyángshān	陈堡	—
史坡凹阴山	Shǐpōwāyīnshān	陈堡	—
焦家阴凹	Jiāojiāyīnwā	陈堡	—
张家岭	Zhāngjiālǐng	陈堡	—
王牛角	Wángniújiǎo	梅堡	别名：鍪种里，村委会驻地
马莲套	Mǎliántào	梅堡	—
梅堡阳凹	Méibǔyángwā	梅堡	—
梅堡阴凹	Méibǔyīnwā	梅堡	—
梅堡	Méibǔ	梅堡	梅堡阳凹、梅堡阴凹总称
石家岔	Shíjiāchà	石岔	村委会驻地
油房	Yóufáng	石岔	—
魏家湾	Wèijiāwān	石岔	—
坪上	Píngshàng	新庄	村委会驻地
堡子梁	Bǔziliáng	新庄	—
深沟里	Shēngōulǐ	新庄	—
大湾	Dàwān	新庄	—
南岔湾	Nánchàwān	新庄	—
外儿河	Wàirhé	新庄	别名：上深沟
何家岔	Héjiāchà	新庄	—
凉树湾	Liángshùwān	新庄	—
上面凹	Shàngmiànwā	新庄	—
簸箕湾	Bòjīwān	新庄	—
安家沟	Ānjiāgōu	新庄	—
鸦儿湾	Yārwān	新庄	—

续表 11

标 准 名 称	汉 语 拼 音	所属村委会	备 注
新庄	Xīnzhuāng	新庄	—
苏家高崖	Sūjiāgāo'ái	韩湾	村委会驻地
韩家湾	Hánjiāwān	韩湾	—
山庄院	Shānzhuāngyuàn	韩湾	—
梁家湾	Liángjiāwān	韩湾	—
瓦窑坪	Wǎyáopíng	阳坡何	村委会驻地
阳坡何	Yángpōhé	阳坡何	—
朱家川	Zhūjiāchuān	阳坡何	—
朱家大湾	Zhūjiādàwān	阳坡何	—
朱家庙	Zhūjiāmiào	阳坡何	—
棉柳滩	Miánliǔtān	阳坡何	—
小磨	Xiǎomò	高崖韩	村委会驻地
高崖韩家	Gāo'áihánjiā	高崖韩	—
史家山	Shǐjiāshān	高崖韩	—
李家沟儿	Lǐjiāgōur	高崖韩	—
洞子沟	Dòngzigōu	高崖韩	—
韩家壑岘	Hánjiāhèxiàn	高崖韩	—
谢家湾	Xièjiāwān	高崖韩	—
毛沟李家中庄	Máogōulǐjiāzhōngzhuāng	毛沟李家中庄	村委会驻地
毛沟李家山上	Máogōulǐjiāshānshàng	毛沟李家中庄	—
石家台	Shíjiātái	毛沟李家中庄	—
阳㽏	Yángwā	毛沟李家中庄	—
通边	Tōngbiān	通边	村委会驻地
石家山	Shíjiāshān	通边	—
薛家沟中庄	Xuējiāgōuzhōngzhuāng	薛沟	村委会驻地
刘家沟	Liújiāgōu	薛沟	—
上川	Shàngchuān	薛沟	—
崖湾李家	Áiwānlǐjiā	薛沟	—
薛家沟上庄	Xuējiāgōushàngzhuāng	薛沟	—
野赵	Yězhào	野赵	村委会驻地
石家窑	Shíjiāyáo	刘善	村委会驻地

续表 11

标准名称	汉语拼音	所属村委会	备注
刘善	Liúshàn	刘善	—
李家山	Lǐjiāshān	刘善	—
菜沟湾	Càigōuwān	刘善	—
刘家窑	Liújiāyáo	刘善	—
梁河	Liánghé	梁河	村委会驻地
桥子沟	Qiáozigōu	梁河	—
鲜堡	Xiānbǔ	梁河	—
韩堡	Hánbǔ	梁河	—
徐家湾	Xújiāwān	梁河	—
新后庄	Xīnhòuzhuāng	新后庄	村委会驻地
深沟王家	Shēngōuwángjiā	新后庄	—
大峡	Dàxiá	新后庄	—
小峡	Xiǎoxiá	新后庄	—
上峡	Shàngxiá	新后庄	—
山台子	Shāntáizi	新后庄	—
后庄	Hòuzhuāng	新后庄	—
李家咀	Lǐjiāzuǐ	新后庄	—

大庄镇居民点

表 12

标准名称	汉语拼音	所属村委会	备注
大庄李家	Dàzhuānglǐjiā	大庄	镇政府、村委会驻地
上王家	Shàngwángjiā	大庄	—
下王家	Xiàwángjiā	下王	村委会驻地
高家庄	Gāojiāzhuāng	下王	—
岳家岘	Yuèjiāxiàn	杜家	村委会驻地
杜家庄	Dùjiāzhuāng	杜家	—
西坡	Xīpō	杜家	—
徐家岘	Xújiāxiàn	上李	村委会驻地
上庄李家	Shàngzhuānglǐjiā	上李	—

续表 12

标准名称	汉语拼音	所属村委会	备注
那坡里	Nàpōlǐ	上李	—
油夫岔	Yóufūchà	上李	—
前梁	Qiánliáng	张山	村委会驻地
张家山庄	Zhāngjiāshānzhuāng	张山	—
椿树湾	Chūnshùwān	张山	—
庄廓湾	Zhuāngkuòwān	张山	—
杨家湾	Yángjiāwān	张山	—
金家阳凹	Jīnjiāyángwā	张山	—
焦家渠	Jiāojiāqú	张山	—
梁家湾儿	Liángjiāwānr	梁山	村委会驻地
梁家山	Liángjiāshān	梁山	—
谢家山庄	Xièjiāshānzhuāng	梁山	—
丁家山庄	Dīngjiāshānzhuāng	梁山	—
谢家庄	Xièjiāzhuāng	梁山	别名：谢家水塆
刘家庙	Liújiāmiào	刘庙	村委会驻地
刘家沟	Liújiāgōu	刘沟	村委会驻地
罗家	Luójiā	刘沟	—
张家湾	Zhāngjiāwān	刘沟	—
丁家山	Dīngjiāshān	丁山	村委会驻地
冯家湾阳坡	Féngjiāwānyángpō	丁山	—
冯家湾阴坡	Féngjiāwānyīnpō	丁山	—
冯家湾	Féngjiāwān	丁山	冯家湾阳坡、冯家湾阴坡总称
张家小湾	Zhāngjiāxiǎowān	张家小湾	村委会驻地
阳湾子	Yángwānzi	张家小湾	—
阳凹	Yángwā	张家小湾	—
峁湾壑岘	Mǎowānhèxiàn	张家小湾	—
杨家局	Yángjiājú	杨局	村委会驻地
张家梁	Zhāngjiāliáng	杨局	—
伏家庄	Fújiāzhuāng	杨局	—
老山沟	Lǎoshāngōu	老山沟	村委会驻地
张家阳坡	Zhāngjiāyángpō	老山沟	—
麋面凹	Mímiànwā	老山沟	—
胡家新庄	Hújiāxīnzhuāng	南湾	村委会驻地

续表 12

标 准 名 称	汉 语 拼 音	所属村委会	备 注
南湾	Nánwān	南湾	—
林安局子	Lín'ānjúzi	南湾	—
青龙沟	Qīnglónggōu	青龙沟	村委会驻地
王家湾	Wángjiāwān	青龙沟	—
李家头儿	Lǐjiātóur	青龙沟	—
高山顶湾	Gāoshāndǐngwān	青龙沟	—
王家山	Wángjiāshān	王山	村委会驻地
王家沟	Wángjiāgōu	王山	—
草凹	Cǎowā	王山	—
塌山里	Tāshānlǐ	王山	—
连王家	Liánwángjiā	连王	村委会驻地
阳坡塌山	Yángpōtāshān	连王	—
阳凹庄	Yángwāzhuāng	连王	—
下局子	Xiàjúzi	连王	—
阴凹	Yīnwā	连王	—

永宁镇居民点

表 13

标 准 名 称	汉 语 拼 音	所属村委会	备 注
谈家街子	Tánjiājiēzi	谈街	镇政府、村委会驻地
张家凹	Zhāngjiāwā	谈街	—
团庄	Tuánzhuāng	谈街	—
贯子沟	Guànzigōu	谈街	—
梁家坡	Liángjiāpō	谈街	—
郑家山	Zhèngjiāshān	谈街	—
梅家湾	Méijiāwān	谈街	—
苏家阳凹	Sūjiāyángwā	苏家阳凹	村委会驻地
牡丹咀	Mǔdānzuǐ	苏家阳凹	—
堡子上	Bǔzishàng	苏家阳凹	—
高家湾	Gāojiāwān	苏家阳凹	—
白凹	Báiwā	苏家阳凹	—

续表 13

标准名称	汉语拼音	所属村委会	备注
下面湾	Xiàmiànwān	苏家阳山	—
苏家深沟	Sūjiāshēngōu	苏家阳山	—
苏家河湾	Sūjiāhéwān	苏家河湾	村委会驻地
梅家台台	Méijiātáitái	苏家河湾	—
苏家小户	Sūjiāxiǎohù	苏家河湾	—
湾儿来	Wānrlái	苏家河湾	—
朱家湾	Zhūjiāwān	朱湾	村委会驻地
李家湾	Lǐjiāwān	朱湾	—
柳家梁	Liǔjiāliáng	朱湾	—
陈家湾	Chénjiāwān	陈湾	村委会驻地
王家湾	Wángjiāwān	陈湾	—
下湾	Xiàwān	下湾	村委会驻地
王家咀	Wángjiāzuǐ	下湾	—
豆家沟	Dòujiāgōu	下湾	—
靳家湾	Jìnjiāwān	下湾	—
中庄	Zhōngzhuāng	下湾	—
下豆家	Xiàdòujiā	下湾	—
圆地湾	Yuándìwān	下湾	—
苏家梁	Sūjiāliáng	下湾	—
葛家峡	Gějiāxiá	葛峡	村委会驻地
陈家小川	Chénjiāxiǎochuān	葛峡	—
贺家湾	Hèjiāwān	葛峡	—
韩家峡口	Hánjiāxiákǒu	葛峡	—
陈家咀	Chénjiāzuǐ	宋堡	村委会驻地
桶杨家	Tǒngyángjiā	宋堡	—
馒头咀	Mántóuzuǐ	宋堡	—
新院	Xīnyuàn	宋堡	—
宋家堡	Sòngjiābǔ	宋堡	—
新庄	Xīnzhuāng	宋堡	—
好地掌	Hǎodìzhǎng	宋堡	—
漫湾	Mànwān	漫湾	村委会驻地
李家渠	Lǐjiāqú	漫湾	—
冰子沟	Bīngzigōu	漫湾	—

续表 13

标 准 名 称	汉 语 拼 音	所属村委会	备 注
方家峡	Fāngjiāxiá	漫湾	—
蔡家庄	Càijiāzhuāng	鱼儿咀	村委会驻地
鱼儿咀	Yúrzuǐ	鱼儿咀	—
烂泥沟	Lànnígōu	秦凸	村委会驻地
板桥头	Bǎnqiáotóu	秦凸	—
秦家凸	Qínjiāwā	秦凸	—
苏家湾	Sūjiāwān	许湾	村委会驻地
许家湾	Xǔjiāwān	许湾	—
解家咀后梁	Xièjiāzuǐhòuliáng	许湾	—
解家咀	Xièjiāzuǐ	刘门	村委会驻地
东台上	Dōngtáishàng	刘门	—
射虎湾	Shèhǔwān	刘门	—
刘家门	Liújiāmén	刘门	—
赵家湾	Zhàojiāwān	赵湾	村委会驻地
曲河湾	Qǔhéwān	赵湾	—
苏家阴湾	Sūjiāyīnwān	赵湾	—
苏家阴凸	Sūjiāyīnwā	赵湾	—
苏家山	Sūjiāshān	苏山	村委会驻地
柳柳下	Liǔliǔxià	苏山	—
刘家湾	Liújiāwān	苏山	—
苏家壑岘	Sūjiāhèxiàn	苏山	—
苏家老庄	Sūjiālǎozhuāng	苏家老庄	村委会驻地
大湾	Dàwān	苏家老庄	—

良邑镇居民点

表 14

标 准 名 称	汉 语 拼 音	所属村委会	备 注
良邑店	Liángyìdiàn	良邑	镇政府、村委会驻地
滴水崖	Dīshuǐ'ái	滴水崖	村委会驻地
张家沟儿	Zhāngjiāgōur	滴水崖	—
官路	Guānlù	滴水崖	—
滴水崖下庄	Dīshuǐ'áixiàzhuāng	滴水崖	—
李家咀	Lǐjiāzuǐ	李咀	村委会驻地

续表 14

标准名称	汉语拼音	所属村委会	备注
董家沟	Dǒngjiāgōu	李咀	—
窎咀梁	Diàozuǐliáng	李咀	—
小堡子梁	Xiǎobǔziliáng	李咀	—
小堡子梁上	Xiǎobǔziliángshàng	李咀	—
黑龙沟	Hēilónggōu	黑龙沟	村委会驻地
大凹梁	Dàwāliáng	黑龙沟	—
崖上湾	Áishàngwān	黑龙沟	—
担水湾	Dānshuǐwān	黑龙沟	—
陈家峡	Chénjiāxiá	陈峡	村委会驻地
王家山庄	Wángjiāshānzhuāng	陈峡	—
文家沟	Wénjiāgōu	陈峡	—
陈家山	Chénjiāshān	陈家山	村委会驻地
马家凹	Mǎjiāwā	陈家山	—
椒树湾	Jiāoshùwān	陈家山	—
苗家塬	Miáojiāyuán	苏苗塬	村委会驻地
苏家塬	Sūjiāyuán	苏苗塬	—
马莲沟	Mǎliángōu	苏苗塬	—
苏家腰崖	Sūjiāyāo'ái	苏苗塬	—
腰崖坪上	Yāo'áipíngshàng	苏苗塬	—
何家川	Héjiāchuān	何川	村委会驻地
何家坡	Héjiāpō	何川	—
柳家庄	Liǔjiāzhuāng	何川	—
张家川	Zhāngjiāchuān	何川	—
张家崖寺新村	Zhāngjiā'áisìxīncūn	何川	—
下张家	Xiàzhāngjiā	何川	—
魏家庄	Wèijiāzhuāng	郭魏	村委会驻地
郭家湾	Guōjiāwān	郭魏	—
郭家山	Guōjiāshān	郭魏	—
董家台子	Dǒngjiātáizi	郭魏	—
魏家湾	Wèijiāwān	郭魏	—
高家凹	Gāojiāwā	陈岔	村委会驻地
新庄	Xīnzhuāng	陈岔	—
朱家沟	Zhūjiāgōu	陈岔	—

续表 14

标准名称	汉语拼音	所属村委会	备注
上周家沟	Shàngzhōujiāgōu	陈岔	—
陈家岔	Chénjiāchà	陈岔	高家峾、新庄、朱家沟、上周家沟总称
前山	Qiánshān	陈岔	—
堡子上	Bǔzishàng	杨李湾	村委会驻地
大庄里	Dàzhuānglǐ	杨李湾	—
杨家湾	Yángjiāwān	杨李湾	—
李家湾	Lǐjiāwān	杨李湾	—
刘家湾垴	Liújiāwānnǎo	杨李湾	—
杨家大坪	Yángjiādàpíng	杨家大坪	村委会驻地
王家峾	Wángjiāwā	杨家大坪	—
杨家山庄	Yángjiāshānzhuāng	杨家大坪	—
王家中庄	Wángjiāzhōngzhuāng	杨王	村委会驻地
杨家坡	Yángjiāpō	杨王	—
上杨家	Shàngyángjiā	杨王	—
杜家沟门	Dùjiāgōumén	杨王	—

岳堡镇居民点

表 15

标准名称	汉语拼音	所属村委会	备注
岳家堡子	Yuèjiābǔzi	岳堡	镇政府、村委会驻地
南岔	Nánchà	南岔	村委会驻地
程家岔	Chéngjiāchà	南岔	—
曹家湾	Cáojiāwān	南岔	—
王福	Wángfú	南岔	—
山铧咀	Shānhuázuǐ	南岔	—
刘蔺家	Liúlìnjiā	南岔	—
赵家山	Zhàojiāshān	南岔	—
大山梁	Dàshānliáng	南岔	—
陈家	Chénjiā	南岔	—
湾湾子	Wānwānzi	岔局	村委会驻地
河台庄	Hétáizhuāng	岔局	—

续表 15

标 准 名 称	汉 语 拼 音	所属村委会	备 注
岔局阳坡	Chàjúyángpō	岔局	—
岔局阴坡	Chàjúyīnpō	岔局	—
马家凹	Mǎjiāwā	岔局	—
岔垴	Chànǎo	王岔	村委会驻地
川口	Chuānkǒu	王岔	—
何王家	Héwángjiā	王岔	—
大湾湾	Dàwānwān	王岔	—
吴家	Wújiā	吴家	村委会驻地
李家新庄	Lǐjiāxīnzhuāng	吴家	—
张家湾	Zhāngjiāwān	吴家	—
峨家湾	Éjiāwān	吴家	—
滴咀刘家	Dīzuǐliújiā	吴家	—
吴家后湾	Wújiāhòuwān	吴家	—
高家庄	Gāojiāzhuāng	吴家	—
张家埂塄	Zhāngjiāgěngléng	埂塄	村委会驻地
山庄院	Shānzhuāngyuàn	埂塄	—
大湾新村	Dàwānxīncūn	大湾	村委会驻地
柳家新庄	Liǔjiāxīnzhuāng	大湾	—
上阎家	Shàngyánjiā	大湾	—
阎家胡坑	Yánjiāhúkēng	大湾	—
东庄吴家	Dōngzhuāngwújiā	大湾	—
上大湾	Shàngdàwān	大湾	—
下大湾	Xiàdàwān	大湾	—
张家台子	Zhāngjiātáizi	大湾	—
蒋家寺	Jiǎngjiāsì	蒋寺	村委会驻地
文家湾	Wénjiāwān	蒋寺	—
罗家湾	Luójiāwān	蒋寺	—
甘李家	Gānlǐjiā	蒋寺	—
郑家湾	Zhèngjiāwān	蒋寺	—
上湾	Shàngwān	蒋寺	—
前湾	Qiánwān	蒋寺	—
王家胡坑	Wángjiāhúkēng	蒋寺	—
王孟儿家	Wángmèngrjiā	蒋寺	上湾、前湾、王家胡坑总称

续表 15

标 准 名 称	汉 语 拼 音	所属村委会	备 注
郝家梁	Hǎojiāliáng	蒋寺	—
蔡家	Càijiā	蔡家	村委会驻地
下蔡家	Xiàcàijiā	蔡家	—
井沟湾	Jǐnggōuwān	蔡家	—
滑沟湾	Huágōuwān	蔡家	—
王贡子家	Wánggòngzijiā	蔡家	—
王贡子家上庄	Wánggòngzijiāshàngzhuāng	蔡家	—
陈赵家	Chénzhàojiā	蔡家	—
王家上咀上	Wángjiāshàngzuǐshàng	蔡家	—
朱吴家湾	Zhūwújiāwān	蔡家	—
北程家岔	Běichéngjiāchà	蔡家	—
张家	Zhāngjiā	下阎	村委会驻地
阳坡	Yángpō	下阎	—
阴坡	Yīnpō	下阎	—
下阎家	Xiàyánjiā	下阎	阳坡、阴坡总称
上湾	Shàngwān	下阎	—
田画儿家	Tiánhuàrjiā	下阎	—
阎家山庄	Yánjiāshānzhuāng	下阎	—
吴家湾	Wújiāwān	下阎	—
张家岔口	Zhāngjiāchàkǒu	张家岔口	村委会驻地
西门杨家	Xīményángjiā	张家岔口	—
崔家沟	Cuījiāgōu	崔家	村委会驻地
关家	Guānjiā	崔家	—
薛家	Xuējiā	崔家	—

柳梁镇居民点

表 16

标 准 名 称	汉 语 拼 音	所属村委会	备 注
柳家梁	Liǔjiāliáng	柳梁	镇政府、村委会驻地
王家岔	Wángjiāchà	柳梁	—
斜头	Xiétóu	柳梁	—

续表 16

标准名称	汉语拼音	所属村委会	备注
柳家油夫湾	Liǔjiāyóufūwān	柳梁	—
油夫川	Yóufūchuān	柳梁	—
鸦儿湾	Yārwān	柳梁	—
柳家油夫山	Liǔjiāyóufūshān	柳梁	—
王家湾	Wángjiāwān	蒙家大庄	村委会驻地
崖上	Áishàng	蒙家大庄	—
冯家湾	Féngjiāwān	蒙家大庄	—
柳家湾	Liǔjiāwān	蒙家大庄	—
上渠垴	Shàngqúnǎo	蒙家大庄	—
十二架湾	Shí'èrjiàwān	蒙家大庄	—
蒙家过庭	Méngjiāguòtíng	蒙家大庄	—
蒙家大庄	Méngjiādàzhuāng	蒙家大庄	崖上、冯家湾、柳家湾、上渠垴、王家湾、十二架湾、蒙家过庭总称
大方地	Dàfāngdì	蒙家大庄	—
柳家大湾	Liǔjiādàwān	蒙家大庄	—
苟家湾	Gǒujiāwān	蒙家大庄	—
玉家湾	Yùjiāwān	蒙家大庄	—
贺家沟	Hèjiāgōu	孟山	村委会驻地
孟家山	Mèngjiāshān	孟山	—
李家山	Lǐjiāshān	李山	村委会驻地
刘家窑	Liújiāyáo	李山	—
惠家岔	Huìjiāchà	李山	—
梁吴家	Liángwújiā	李山	—
陈家阳屲	Chénjiāyángwā	陈家阳屲	村委会驻地
苏家湾	Sūjiāwān	陈家阳屲	—
治安徐家	Zhì'ānxújiā	徐家	村委会驻地
王家小庄	Wángjiāxiǎozhuāng	徐家	—
王家小庄梁	Wángjiāxiǎozhuāngliáng	徐家	—
杨家川子	Yángjiāchuānzi	徐家	—
周家山	Zhōujiāshān	周蒲	村委会驻地
陈家壑岘	Chénjiāhèxiàn	周蒲	—
周家湾垴	Zhōujiāwānnǎo	周蒲	—

续表 16

标准名称	汉语拼音	所属村委会	备注
下头凹	Xiàtóuwā	周蒲	—
蒲家山	Pújiāshān	周蒲	—
李家堡子	Lǐjiābǔzi	李堡	村委会驻地
阳凹山	Yángwāshān	李堡	—
塬坪	Yuánpíng	李堡	—
马家湾	Mǎjiāwān	李堡	—
牛家湾	Niújiāwān	李堡	—
罗家庙湾	Luójiāmiàowān	李堡	—
宋家湾	Sòngjiāwān	李堡	—
周家下咀	Zhōujiāxiàzuǐ	李堡	别名：水沟湾
刘家堡子	Liújiābǔzi	李堡	—
庄廓	Zhuāngkuò	李堡	—
陈家下岔	Chénjiāxiàchà	下岔	村委会驻地
刘家滑沟	Liújiāhuágōu	下岔	—
陈家新庄	Chénjiāxīnzhuāng	下岔	—
麻家川	Májiāchuān	下岔	—
沈刘家阳坡	Shěnliújiāyángpō	下岔	—
沈刘家阴坡	Shěnliújiāyīnpō	下岔	—
王家胡圈	Wángjiāhúquān	川边	村委会驻地
谢家塬	Xièjiāyuán	川边	—
王家川边后湾	Wángjiāchuānbiānhòuwān	川边	—
王家川边西庄	Wángjiāchuānbiānxīzhuāng	川边	—
宋家	Sòngjiā	川边	—
朱家上岔	Zhūjiāshàngchà	川边	—
王家川边	Wángjiāchuānbiān	川边	—
马家湾	Mǎjiāwān	川边	—
杜家崖湾	Dùjiā'áiwān	川边	—
郑家	Zhèngjiā	川边	—
朱家山	Zhūjiāshān	川边	—
吴家岔	Wújiāchà	赵岔	村委会驻地
赵家岔阴坡	Zhàojiāchàyīnpō	赵岔	—

续表 16

标 准 名 称	汉 语 拼 音	所属村委会	备 注
赵家岔阳坡	Zhàojiāchàyángpō	赵岔	—
墩台	Dūntái	赵岔	—
梁家后沟	Liángjiāhòugōu	赵岔	—
背后湾	Bèihòuwān	雪咀	村委会驻地
王家湾	Wángjiāwān	雪咀	—
雪咀川	Diàozuǐchuān	雪咀	—
雪咀下	Diàozuǐxià	雪咀	—
张家小湾	Zhāngjiāxiǎowān	雪咀	—
陈家小湾	Chénjiāxiǎowān	雪咀	—
高家川	Gāojiāchuān	张陈	村委会驻地
牛家沟	Niújiāgōu	张陈	—
黑陈家	Hēichénjiā	张陈	—
三张家	Sānzhāngjiā	张陈	—
郑家湾	Zhèngjiāwān	张陈	—
李家湾	Lǐjiāwān	张陈	—
新庄	Xīnzhuāng	张陈	—
李茂儿	Lǐmàor	张陈	—
陈家山梁背后	Chénjiāshānliángbèihòu	陈山	村委会驻地
野狐湾	Yěhúwān	陈山	—
苋麻湾下庄	Xiànmáwānxiàzhuāng	陈山	—
陈家山	Chénjiāshān	陈山	—
苋麻湾上庄	Xiànmáwānshàngzhuāng	陈山	—
柳家渠	Liǔjiāqú	柳渠	村委会驻地
上碾子	Shàngniǎnzi	柳渠	—
车路	Chēlù	柳渠	—
阳凹小庄	Yángwāxiǎozhuāng	柳渠	—
柳家乱庄	Liǔjiāluànzhuāng	柳家乱庄	村委会驻地
南阳堡	Nányángbǔ	柳家乱庄	—
柳家中庄	Liǔjiāzhōngzhuāng	柳家乱庄	—
滑沟凹子	Huágōuwāzi	柳家乱庄	—
柳家下湾	Liǔjiāxiàwān	柳家乱庄	—

续表 16

标 准 名 称	汉 语 拼 音	所属村委会	备 注
柳家台子	Liǔjiātáizi	柳家乱庄	柳家中庄、滑沟凸子、柳家下湾、南阳堡的总称
上梁	Shàngliáng	柳家乱庄	—
下梁	Xiàliáng	柳家乱庄	—
刘家阳坡	Liújiāyángpō	柳家乱庄	—
刘家阴坡	Liújiāyīnpō	柳家乱庄	—
王家川子	Wángjiāchuānzi	柳家乱庄	—
刘家梁上	Liújiāliángshàng	柳家乱庄	—
白家阳坡	Báijiāyángpō	白家阳坡	村委会驻地
白家湾垴	Báijiāwānnǎo	白家阳坡	—
君家湾	Jūnjiāwān	白家阳坡	—
党家阳坡	Dǎngjiāyángpō	蒙家河湾	村委会驻地
党家阴坡	Dǎngjiāyīnpō	蒙家河湾	—
莲子湾	Liánziwān	蒙家河湾	—
上蒙家	Shàngméngjiā	蒙家河湾	—
蒙家山	Méngjiāshān	蒙家河湾	—
蒙家河湾	Méngjiāhéwān	蒙家河湾	—
苏家凸	Sūjiāwā	蒙家河湾	—
陈家湾	Chénjiāwān	蒙家河湾	—

南坪镇居民点

表 17

标 准 名 称	汉 语 拼 音	所属村委会	备 注
靳家大庄	Jìnjiādàzhuāng	靳家大庄	镇政府、村委会驻地
山保区	Shānbǎoqū	靳家大庄	—
阴凸马家	Yīnwāmǎjiā	阴凸	村委会驻地
红崖咀	Hóng'áizuī	阴凸	—
壑岘下	Hèxiànxià	阴凸	—
刘家窑湾	Liújiāyáowān	刘坪	村委会驻地
刘家堡子	Liújiābǔzi	刘坪	—
王家凸子	Wángjiāwāzi	刘坪	—
苏家坪	Sūjiāpíng	苏坪	村委会驻地

续表 17

标 准 名 称	汉 语 拼 音	所属村委会	备 注
凉水泉	Liángshuǐquán	苏坪	—
苏家上庄	Sūjiāshàngzhuāng	苏坪	—
刘家湾	Liújiāwān	苏坪	—
苏家湾	Sūjiāwān	苏坪	—
沈家坪	Shěnjiāpíng	沈坪	村委会驻地
王家沟	Wángjiāgōu	沈坪	—
下靳家	Xiàjìnjiā	刘靳	村委会驻地
樊家园子	Fánjiāyuánzi	刘靳	—
刘家庄子	Liújiāzhuāngzi	刘靳	—
刘家庙	Liújiāmiào	刘靳	—
中靳	Zhōngjìn	中靳	村委会驻地
张家窑	Zhāngjiāyáo	中靳	—
唐家川	Tángjiāchuān	唐山	村委会驻地
唐家山	Tángjiāshān	唐山	—
上湾	Shàngwān	唐山	—
秦家湾	Qínjiāwān	唐山	—
旧庄	Jiùzhuāng	唐山	—
大地	Dàdì	唐山	—
苏家庙沟	Sūjiāmiàogōu	唐山	上湾、秦家湾、旧庄、大地总称
靳家湾	Jìnjiāwān	唐山	—
寺门	Sìmén	寺门	村委会驻地
马家台子	Mǎjiātáizi	寺门	—
大房李家	Dàfánglǐjiā	大李	村委会驻地
山庄上	Shānzhuāngshàng	大李	—
唐家高庄	Tángjiāgāozhuāng	唐家高庄	村委会驻地
曹马家	Cáomǎjiā	唐家高庄	—
上湾来	Shàngwānlái	唐家高庄	—
涝坝下	Làobàxià	唐家高庄	—
唐家阳凹	Tángjiāyángwā	唐家高庄	—
史家坪	Shǐjiāpíng	史坪	村委会驻地
杨家川子	Yángjiāchuānzi	史坪	—
阳凹李家	Yángwālǐjiā	史坪	—

续表 17

标 准 名 称	汉 语 拼 音	所属村委会	备 注
史家湾	Shǐjiāwān	史湾	村委会驻地
老坟川	Lǎofénchuān	史湾	—
曲儿地	Qǔrdì	史湾	—
窎地	Diàodì	史湾	—
杨刘家	Yángliújiā	史湾	—
上坟院	Shàngfényuàn	史湾	—

杨河乡居民点

表 18

标 准 名 称	汉 语 拼 音	所属村委会	备 注
杨河	Yánghé	杨河	乡政府、村委会驻地
席家沟	Xíjiāgōu	杨河	—
白家咀	Báijiāzuǐ	杨河	—
孙家塬	Sūnjiāyuán	李庄	村委会驻地
小户岳家	Xiǎohùyuèjiā	李庄	—
窑儿湾	Yáorwān	李庄	—
阳庍山	Yángwāshān	李庄	—
西庄	Xīzhuāng	李庄	—
李庄	Lǐzhuāng	李庄	别名：乱庄李家
阳坡湾	Yángpōwān	李庄	—
高山上	Gāoshānshàng	李庄	—
庙庄	Miàozhuāng	李庄	别名：庙底下
油夫杨家	Yóufūyángjiā	李庄	—
大地	Dàdì	李庄	—
马阳庍	Mǎyángwā	马阳庍	村委会驻地
张家小庄	Zhāngjiāxiǎozhuāng	马阳庍	—
下川	Xiàchuān	马阳庍	—
王家治安	Wángjiāzhì'ān	马阳庍	—
张家大庄	Zhāngjiādàzhuāng	张家大庄	村委会驻地
大庄堡子	Dàzhuāngbǔzi	张家大庄	—
前湾	Qiánwān	张家大庄	别名：桃湾山
中湾	Zhōngwān	张家大庄	别名：榆树沟

续表 18

标 准 名 称	汉 语 拼 音	所属村委会	备 注
里湾	Lǐwān	张家大庄	—
新庄沟	Xīnzhuānggōu	张家大庄	—
马家湾	Mǎjiāwān	张家大庄	—
咀儿上	Zuǐrshàng	张家大庄	—
塬头凹	Yuántóuwā	张家大庄	—
坡底下	Pōdǐxià	张家大庄	别名：东湾
敖盆湾	Áopénwān	张家大庄	—
圆咀	Yuánzuǐ	元咀	村委会驻地
金家山	Jīnjiāshān	元咀	—
鸭头湾	Yātóuwān	元咀	—
赵家	Zhàojiā	元咀	—
王家窑	Wángjiāyáo	元咀	—
焦沟庄	Jiāogōuzhuāng	元咀	—
二架湾	Erjiàwān	元咀	—
牟家湾	Móujiāwān	元咀	—
马家岔	Mǎjiāchà	元咀	—
张沟新村	Zhānggōuxīncūn	张沟	村委会驻地
张家沟	Zhāngjiāgōu	张沟	—
白碾凹	Báiniǎnwā	张沟	—
逯家岔	Lùjiāchà	逯岔	村委会驻地
逯家下庄	Lùjiāxiàzhuāng	逯岔	—
王家湾垴	Wángjiāwānnǎo	逯岔	—
王家岔	Wángjiāchà	逯岔	—
王钗家	Wángchāijiā	逯岔	—
张家塬	Zhāngjiāyuán	逯岔	—
王家阳凹	Wángjiāyángwā	逯岔	—
逯家新庄	Lùjiāxīnzhuāng	逯岔	—
王家凹	Wángjiāwā	逯岔	—
叶家大湾	Yèjiādàwān	逯岔	—
沈家岔	Shěnjiāchà	沈岔	村委会驻地
冯家湾	Féngjiāwān	沈岔	—
蒲家山庄	Pújiāshānzhuāng	沈岔	—

续表 18

标 准 名 称	汉 语 拼 音	所属村委会	备 注
梁山	Liángshān	沈岔	—
下湾	Xiàwān	沈岔	—
上王家	Shàngwángjiā	寺沟岔	村委会驻地
下王家	Xiàwángjiā	寺沟岔	—
郭家湾	Guōjiāwān	寺沟岔	—
王家咀	Wángjiāzuǐ	寺沟岔	—
中庄	Zhōngzhuāng	寺沟岔	—
下堡子	Xiàbǔzi	寺沟岔	—
椿树湾	Chūnshùwān	寺沟岔	—
阳坡	Yángpō	寺沟岔	—
刘家湾	Liújiāwān	寺沟岔	—
田家阳㧟	Tiánjiāyángwā	寺沟岔	—
田家滑沟	Tiánjiāhuágōu	寺沟岔	—
王家湾	Wángjiāwān	王湾	村委会驻地
蔡家湾	Càijiāwān	王湾	—
郭李家	Guōlǐjiā	王湾	—
李家山庄	Lǐjiāshānzhuāng	王湾	—
关家湾	Guānjiāwān	关湾	村委会驻地
徐家	Xújiā	关湾	—
杨家沟	Yángjiāgōu	关湾	—
王家坪	Wángjiāpíng	关湾	别名：白草㧟
王家铧沟	Wángjiāhuágōu	关湾	—
李润家	Lǐrùnjiā	李润	村委会驻地
寒水石湾	Hánshuǐshíwān	李润	—
堡子庄	Bǔzizhuāng	李润	—
鹿儿湾	Lùrwān	李润	—
仇家湾	Qiújiāwān	李润	别名：仇家阳湾
李家湾	Lǐjiāwān	李润	—
魏家湾	Wèijiāwān	李润	—
马家寺	Mǎjiāsì	马寺	村委会驻地
张家㧟	Zhāngjiāwā	马寺	—

续表 18

标　准　名　称	汉　语　拼　音	所属村委会	备　　注
上罗家	Shàngluójiā	马寺	—
下罗家	Xiàluójiā	马寺	—
高崖罗家	Gāo'áiluójiā	马寺	上罗家、下罗家总称
郑家塬上	Zhèngjiāyuánshàng	马寺	—
王磨儿家	Wángmòrjiā	马寺	—
刘家南山	Liújiānánshān	马寺	—
蒙塬	Méngyuán	马寺	—

赵墩乡居民点

表 19

标　准　名　称	汉　语　拼　音	所属村委会	备　　注
赵家墩	Zhàojiādūn	赵墩	别名：墩底下，乡政府、村委会驻地
赵家梁	Zhàojiāliáng	赵墩	—
赵家湾	Zhàojiāwān	赵墩	—
蔡家湾	Càijiāwān	赵墩	—
杨虎家	Yánghǔjiā	赵墩	—
杨家大湾	Yángjiādàwān	赵墩	—
炮厂梁	Pàochǎngliáng	赵墩	—
梁家湾	Liángjiāwān	王家大庄	村委会驻地
小湾	Xiǎowān	王家大庄	—
安家屲	Ānjiāwā	王家大庄	—
郭咀	Guōzuǐ	王家大庄	—
杜家阳屲	Dùjiāyángwā	王家大庄	—
石家湾	Shíjiāwān	王家大庄	—
王家大庄	Wángjiādàzhuāng	王家大庄	—
王家新庄	Wángjiāxīnzhuāng	王家大庄	—
李鱼家	Lǐyújiā	井沟	村委会驻地
深沟湾	Shēngōuwān	井沟	—
井沟滩	Jǐnggōutān	井沟	—
油夫湾	Yóufūwān	井沟	—
石家塬	Shíjiāyuán	井沟	—

续表 19

标准名称	汉语拼音	所属村委会	备注
阳坡川	Yángpōchuān	阳川	村委会驻地
上阴坡湾	Shàngyīnpōwān	阳川	—
下阴坡湾	Xiàyīnpōwān	阳川	—
倪家湾	Níjiāwān	阳川	—
王上湾	Wángshàngwān	阳川	—
程家湾	Chéngjiāwān	阳川	—
纱帽咀	Shāmàozuǐ	阳川	—
东湾	Dōngwān	阳川	—
孙家渠	Sūnjiāqú	阳川	—
程家新庄	Chéngjiāxīnzhuāng	阳川	—
孙家庙	Sūnjiāmiào	孙庙	村委会驻地
潘家湾	Pānjiāwān	孙庙	—
蒙家湾湾	Méngjiāwānwān	孙庙	—
王家庄	Wángjiāzhuāng	孙庙	—
罗家咀	Luójiāzuǐ	孙庙	—
刘家坪	Liújiāpíng	孙庙	—
官地湾	Guāndìwān	蛟龙寺	村委会驻地
蛟龙寺	Jiāolóngsì	蛟龙寺	—
刘党家	Liúdǎngjiā	蛟龙寺	—
郭李家	Guōlǐjiā	蛟龙寺	—
马家湾儿	Mǎjiāwānr	蛟龙寺	—
韦家湾	Wéijiāwān	蛟龙寺	—
田家湾	Tiánjiāwān	蛟龙寺	—
韦家咀	Wéijiāzuǐ	蛟龙寺	—
背后湾	Bèihòuwān	蛟龙寺	—
石家湾垴	Shíjiāwānnǎo	蛟龙掌	村委会驻地
蛟龙掌	Jiāolóngzhǎng	蛟龙掌	别名：小河头
刘家塬	Liújiāyuán	蛟龙掌	—
胡家塬	Hújiāyuán	蛟龙掌	—
张家塬	Zhāngjiāyuán	蛟龙掌	—
刘家庄	Liújiāzhuāng	蛟龙掌	—
下梨树湾	Xiàlíshùwān	梨树湾	村委会驻地

续表 19

标 准 名 称	汉 语 拼 音	所属村委会	备 注
李家湾	Lǐjiāwān	梨树湾	—
杨家	Yángjiā	梨树湾	—
上梨树湾	Shànglíshùwān	梨树湾	—
蒙家塬	Méngjiāyuán	梨树湾	—
马家阳湾	Mǎjiāyángwān	梨树湾	—
王家后湾	Wángjiāhòuwān	梨树湾	—
王家老庄	Wángjiālǎozhuāng	梨树湾	—
咀头	Zuǐtóu	梨树湾	—
阳凹	Yángwā	梨树湾	—
前湾	Qiánwān	梨树湾	—
何家岔	Héjiāchà	梨树湾	阳凹、咀头、前湾总称
东台	Dōngtái	梨树湾	—
裴家堡子	Péijiābǔzi	裴堡	村委会驻地
道回沟	Dàohuígōu	裴堡	—
南渠子湾	Nánqúziwān	裴堡	—
杨家湾	Yángjiāwān	裴堡	—
曹家凹	Cáojiāwā	裴堡	—
下梁家湾	Xiàliángjiāwān	裴堡	—
张家湾	Zhāngjiāwān	裴堡	—
温家庄	Wēnjiāzhuāng	裴堡	—
蒲家湾	Pújiāwān	裴堡	—
段家渠	Duànjiāqú	裴堡	—
石家咀	Shíjiāzuǐ	石咀	村委会驻地
王家高塬	Wángjiāgāoyuán	石咀	—
马家湾湾	Mǎjiāwānwān	石咀	—
冯湾	Féngwān	石咀	—
王家峡	Wángjiāxiá	关道	村委会驻地
关道岔	Guāndàochà	关道	—
曹家湾	Cáojiāwān	关道	—
王家堡	Wángjiābǔ	王堡	村委会驻地
王家上湾	Wángjiāshàngwān	王堡	—

续表 19

标准名称	汉语拼音	所属村委会	备注
小杨家	Xiǎoyángjiā	王堡	—
徐家上湾	Xújiāshàngwān	王堡	—
徐家下湾	Xújiāxiàwān	王堡	—
大庄	Dàzhuāng	牡丹	村委会驻地
小庄	Xiǎozhuāng	牡丹	—
牡丹岔	Mǔdānchà	牡丹	大庄、小庄总称
马家湾	Mǎjiāwān	牡丹	—
店湾	Diànwān	牡丹	—
三湾	Sānwān	牡丹	—
富家川	Fùjiāchuān	牡丹	—

郑河乡居民点

表 20

标准名称	汉语拼音	所属村委会	备注
郑家河	Zhèngjiāhé	郑河	乡政府、村委会驻地
中咀头	Zhōngzuǐtóu	郑河	—
尖山子	Jiānshānzi	郑河	—
庙川	Miàochuān	庙川	村委会驻地
张家新庄	Zhāngjiāxīnzhuāng	庙川	—
文家峡	Wénjiāxiá	庙川	—
沟来家	Gōuláijiā	庙川	—
史家川	Shǐjiāchuān	史川	村委会驻地
宫店子川	Gōngdiànzichuān	史川	—
柳沟来	Liǔgōulái	史川	—
李家坡	Lǐjiāpō	史川	—
刘家阳屲	Liújiāyángwā	史川	—
具家峡	Jùjiāxiá	具峡	村委会驻地
透林子	Tòulínzi	具峡	—
刘家山	Liújiāshān	具峡	—
塔儿湾	Tǎrwān	具峡	—
拉连寺	Lāliánsì	拉连寺	村委会驻地
杨家庄	Yángjiāzhuāng	拉连寺	—

续表 20

标准名称	汉语拼音	所属村委会	备注
刘石家	Liúshíjiā	拉连寺	—
史家屲	Shǐjiāwā	史屲	村委会驻地
安家湾	Ānjiāwān	史屲	—
磨河川	Mòhéchuān	史屲	—
梁家河	Liángjiāhé	史屲	—
苏家河	Sūjiāhé	卢屲	村委会驻地
卢家屲	Lújiāwā	卢屲	—
贺家峡	Hèjiāxiá	卢屲	—
条牛沟	Tiáoniúgōu	条牛沟	村委会驻地
李家新庄	Lǐjiāxīnzhuāng	条牛沟	—
扫竹渠	Sàozhúqú	条牛沟	—
李子湾	Lǐziwān	条牛沟	—
马牛湾	Mǎniúwān	条牛沟	—
官地峡	Guāndìxiá	上寨	村委会驻地
上店来	Shàngdiànlái	上寨	—
上寨	Shàngzhài	上寨	—
陶家窑庄	Táojiāyáozhuāng	下寨	村委会驻地
下寨	Xiàzhài	下寨	—
陶家新庄	Táojiāxīnzhuāng	下寨	—
李家庵	Lǐjiā'ān	下寨	—
酒槽	Jiǔcáo	下寨	—
龙家湾	Lóngjiāwān	龙湾	村委会驻地
蛇儿湾	Shérwān	龙湾	—
董家堡子	Dǒngjiābǔzi	龙湾	—
蔡家山	Càijiāshān	龙湾	—
陶家阴屲	Táojiāyīnwā	陶家阴屲	村委会驻地
川来	Chuānlái	陶家阴屲	—
陶家阳屲	Táojiāyángwā	陶家阴屲	—
顿家咀上庄	Dùnjiāzuǐshàngzhuāng	陶家阴屲	—
顿家咀下庄	Dùnjiāzuǐxiàzhuāng	陶家阴屲	—
贺家屲	Hèjiāwā	陶家阴屲	—
贺家窑	Hèjiāyáo	陶家阴屲	—

自然地理实体

表 21

标 准 名 称	汉 语 拼 音	类 别	所在（跨）行政区
葫芦河	Húlu Hé	河流	赵墩、南湖、卧龙、阳川
庄浪河	Zhuānglàng Hé	河流	岳堡、南湖、卧龙
乐正河	Lèzhèng Hé	河流	杨河、南湖
后河	Hòu Hé	河流	岳堡、南湖
水洛河	Shuǐluò Hé	河流	通化、良邑、水洛、朱店、万泉
水洛南河	Shuǐluò Nánhé	河流	韩店、南坪、水洛
章麻河	Zhāngmá Hé	河流	永宁、良邑
外儿河	Wàir Hé	河流	通化
梁河	Liáng Hé	河流	通化
小河子	Xiǎohézi	河流	良邑、永宁
试雨河	Shìyǔ Hé	河流	郑河、韩店
花崖河	Huā'ái Hé	河流	郑河、韩店
马家河	Mǎjiā Hé	河流	通化
洞崖河	Dòng'ái Hé	河流	永宁
岔李河	Chàlǐ Hé	河流	盘安
陈家河	Chénjiā Hé	河流	盘安、韩店
王家河	Wángjiā Hé	河流	柳梁
朝那湫	Cháonà Qiū	湖泊	郑河
大水泉	Dàshuǐ Quán	泉	万泉
阳三川	Yángsān Chuān	川	阳川
乐正川	Lèzhèng Chuān	川	杨河、南湖
马家川	Mǎjiā Chuān	川	通化
磨石峡	Mòshí Xiá	峡谷	南湖、卧龙
正峡	Zhèng Xiá	峡谷	通化
沙坡子峡	Shāpōzi Xiá	峡谷	通化
东峡	Dōng Xiá	峡谷	通化
葛家南岔	Gějiānánchà	峡谷	永宁
干岔	Gānchà	峡谷	永宁
水穿眼峡	Shuǐchuānyǎn Xiá	峡谷	永宁
陈家峡	Chénjiā Xiá	峡谷	良邑、永宁
关山	Guān Shān	山脉	韩店、郑河、永宁、通化

续表 21

标准名称	汉语拼音	类别	所在（跨）行政区
唐山梁	Tángshān Liáng	山体	岳堡、赵墩、南湖
大山梁	Dàshān Liáng	山体	岳堡、杨河、南湖
水洛北山	Shuǐluò Běishān	山体	通化、良邑、杨河、柳梁、南湖、水洛、朱店、万泉、大庄、卧龙、阳川
蜗牛山	Wōniú Shān	山体	通化
大高山	Dàgāo Shān	山体	通化、永宁、良邑
二郎山	Erláng Shān	山体	永宁、郑河、韩店、南坪、良邑、水洛
冒冒山	Màomào Shān	山体	郑河、韩店
大庙山	Dàmiào Shān	山体	韩店、盘安、南坪、水洛、朱店、万泉
紫荆山	Zijīng Shān	山	水洛
旗鼓山	Qígǔ Shān	山	水洛、南坪
羊爬式坡	Yángpáshìpō	山	水洛
双圪垯塄	Shuānggēdalèng	山	水洛
席家大山	Xíjiā Dàshān	山	南湖、赵墩
喇嘛墩	Lǎmadūn	山	南湖
牛家湾	Niújiāwān	山	南湖、杨河
石家湾	Shíjiāwān	山	南湖、赵墩
陈家大湾	Chénjiādàwān	山	南湖
岭子山	Lǐngzi Shān	山	朱店
铁炮咀	Tiěpàozuǐ	山	朱店
殿湾山	Diànwān Shān	山	朱店
高山梁	Gāoshān Liáng	山梁	朱店
曹家风台	Cáojiāfēngtái	山梁	朱店
风台梁	Fēngtái Liáng	山梁	朱店
胡家墩	Hújiādūn	山	万泉
半截墩	Bànjiédūn	山	万泉
毛家咀咀上	Máojiāzuǐzuǐshàng	山	万泉
大营顶	Dàyíngdǐng	山	万泉、阳川
大营湾子	Dàyíngwānzi	山	万泉、阳川
大岔湾	Dàchàwān	山	万泉

续表 21

标 准 名 称	汉 语 拼 音	类 别	所在（跨）行政区
马蹄掌	Mǎtízhǎng	山	韩店
阴洼山	Yīnwā Shān	山	韩店、郑河
白草洼	Báicǎowā	山	韩店
马肚子山	Mǎdùzi Shān	山	韩店
黄家山	Huángjiā Shān	山	韩店
沙坡子	Shāpōzi	山	韩店
堡子二湾	Bǔzi'èrwān	山	韩店
圈牛湾	Juànniúwān	山	韩店
土坡湾	Tǔpōwān	山	韩店
张家湾	Zhāngjiāwān	山	韩店
高窑子梁	Gāoyáozi Liáng	山梁	韩店
新庄梁上	Xīnzhuāngliángshàng	山梁	韩店
凤凰山	Fènghuáng Shān	山	卧龙
中岭山	Zhōnglǐng Shān	山	卧龙
陈家阳山	Chénjiā Yángshān	山	卧龙
菜科阳洼	Càikēyángwā	山	卧龙
生地湾	Shēngdìwān	山	卧龙
大湾	Dàwān	山	卧龙
小湾	Xiǎowān	山	卧龙
山集梁	Shānjí Liáng	山梁	卧龙
秃子洼	Tūziwā	山	阳川、大庄
庙口咀	Miàokǒuzuǐ	山	阳川
瓦巴洼	Wǎbāwā	山	阳川
庙山顶	Miàoshāndǐng	山	阳川
蒿洼里	Hāowālǐ	山	阳川
预料堡山	Yùliàobǔ Shān	山	阳川
大咀梁	Dàzuǐ Liáng	山梁	阳川
风帽梁	Fēngmào Liáng	山梁	阳川
托神	Tuōshén	山	盘安
大堡子山	Dàbǔzi Shān	山	盘安
树儿咀	Shùrzuǐ	山	盘安

续表 21

标准名称	汉语拼音	类别	所在（跨）行政区
麻梨咀	Málízuǐ	山	盘安
圆树梁	Yuánshù Liáng	山梁	盘安
三女梁	Sānnǚ Liáng	山梁	盘安
梁家大山	Liángjiā Dàshān	山	盘安
风台梁	Fēngtái Liáng	山梁	盘安
大凹梁	Dàwā Liáng	山梁	盘安
黑老鸦梁	Hēilǎoyā Liáng	山梁	盘安
大高山咀	Dàgāoshānzuǐ	山	通化、永宁、良邑
焦胡子咀	Jiāohúzizuǐ	山	通化
和尚凹	Héshàngwā	山	通化
月亮凹	Yuèliàngwā	山	通化
狼台	Lángtái	山	通化
北山	Běi Shān	山	通化
赵家湾	Zhàojiāwān	山	通化
阳凹山	Yángwā Shān	山	通化
花儿掌	Huārzhǎng	山	通化、永宁
羊儿湾	Yángrwān	山	通化
马尾巴	Mǎyǐbā	山	通化
乃鸭子	Nǎiyāzi	山	通化
陈家大山	Chénjiā Dàshān	山	通化
岔梁	Chà Liáng	山	通化
司马湾	Sīmǎwān	山	通化
云朵梁	Yúnduǒ Liáng	山梁	通化
陡岭	Dǒu Lǐng	山梁	通化
大涝坝梁	Dàlàobà Liáng	山梁	通化
庙山顶	Miàoshāndǐng	山	大庄
喇嘛墩	Lǎmadūn	山	大庄、阳川
阴坡湾	Yīnpōwān	山	大庄
大堆山	Dàduī Shān	山	永宁
苏家大山	Sūjiā Dàshān	山	永宁
许家大山	Xǔjiā Dàshān	山	永宁

续表 21

标准名称	汉语拼音	类别	所在（跨）行政区
马圈	Mǎjuàn	山	永宁
石山头	Shíshāntóu	山	永宁
麻子湾	Máziwān	山	永宁
刘家湾	Liújiāwān	山	永宁
砂坡子梁	Shāpōzi Liáng	山梁	永宁
中梁	Zhōng Liáng	山梁	永宁
火烧湾	Huǒshāowān	山	良邑、永宁、通化
陈家湾	Chénjiāwān	山	良邑、韩店
陈家梁	Chénjiā Liáng	山梁	良邑
马家梁	Mǎjiā Liáng	山梁	良邑
程家湾	Chéngjiāwān	山	岳堡
史家湾	Shǐjiāwān	山	岳堡
高家湾	Gāojiāwān	山	岳堡
朱家湾	Zhūjiāwān	山	岳堡
张史湾	Zhāngshǐwān	山	岳堡
大锅梁	Dàguō Liáng	山梁	岳堡
烽台梁	Fēngtái Liáng	山	柳梁
天爷梁	Tiānyé Liáng	山	柳梁
井家湾	Jǐngjiāwān	山	柳梁
张家山上	Zhāngjiāshānshàng	山	南坪
水渠凸上	Shuǐqúwāshàng	山	南坪
老虎湾	Lǎohǔwān	山	杨河
马家湾	Mǎjiāwān	山	杨河
乔子山	Qiáozi Shān	山	杨河
大梁	Dà Liáng	山梁	杨河
大咀圪垯	Dàzuǐgēdá	山	赵墩
陡路山	Dǒulù Shān	山	赵墩
高庙山	Gāomiào Shān	山	赵墩
风台梁	Fēngtái Liáng	山梁	赵墩
大墩梁	Dàdūn Liáng	山梁	赵墩
鹿儿梁	Lùr Liáng	山梁	赵墩

续表 21

标准名称	汉语拼音	类别	所在（跨）行政区
官场湾	Guānchǎngwān	山	郑河
桃木山	Táomù Shān	山峰	郑河
石硌子梁	Shíluòzi Liáng	山梁	郑河
大山顶	Dàshāndǐng	山	郑河
天台山	Tiāntái Shān	山	郑河
石门口	Shíménkǒu	山口	万泉、朱店
三岔口	Sānchàkǒu	山口	通化
红岘下	Hóngxiànxià	山口	永宁
大壑岘	Dàhèxiàn	山口	岳堡、杨河
梨树壑岘	Líshùhèxiàn	山口	岳堡、杨河
垭口	Yà Kǒu	山口	杨河
寺沟壑岘	Sìgōuhèxiàn	山口	杨河
秦家沟	Qínjiā Gōu	山谷	水洛、良邑、柳梁
长尾沟	Chángyǐ Gōu	山谷	水洛、朱店、大庄
鸢沟	Diào Gōu	山谷	水洛、盘安、南坪
马家沟	Mǎjiā Gōu	山谷	朱店（邵家小湾）
樱桃沟	Yīngtáo Gōu	山谷	万泉（跨张家川县）
清水沟	Qīngshuǐ Gōu	山谷	万泉
东沟	Dōng Gōu	山谷	万泉（跨张家川县）
纳张家沟	Nàzhāngjiā Gōu	山谷	韩店
李家川沟	Lǐjiāchuān Gōu	山谷	韩店
郭家沟	Guōjiā Gōu	山谷	韩店
马寺沟	Mǎsì Gōu	山谷	韩店、郑河
阳㓟沟	Yángwā Gōu	山谷	韩店
洞子沟	Dòngzi Gōu	山谷	韩店
苏家沟	Sūjiā Gōu	山谷	韩店
岔岔沟	Chàchà Gōu	山谷	韩店
梁家沟	Liángjiā Gōu	山谷	韩店
鲁生沟	Lǔshēng Gōu	山谷	韩店
石庄沟	Shízhuāng Gōu	山谷	韩店
大石庄沟	Dàshízhuāng Gōu	山谷	韩店

续表 21

标 准 名 称	汉 语 拼 音	类 别	所在（跨）行政区
西台沟	Xītái Gōu	山谷	韩店
大寺沟	Dàsì Gōu	山谷	韩店
三层崖沟	Sāncéng'ái Gōu	山谷	韩店
菜地沟	Càidì Gōu	山谷	韩店
红崖寺沟	Hóng'áisì Gōu	山谷	韩店
南沟	Nán Gōu	山谷	韩店
大沟门	Dàgōumén	山谷	韩店
佛沟	Fó Gōu	山谷	韩店
头岔沟	Tóuchà Gōu	山谷	韩店
二岔沟	Erchà Gōu	山谷	韩店
三岔沟	Sānchà Gōu	山谷	韩店
庞家沟	Pángjiā Gōu	山谷	韩店
东沟	Dōng Gōu	山谷	韩店
韩家沟	Hánjiā Gōu	山谷	韩店
椴木沟	Duànmù Gōu	山谷	韩店、郑河
黑林沟	Hēilín Gōu	山谷	韩店
高窑子	Gāoyáozi	山谷	韩店
五盘盘沟	Wǔpánpan Gōu	山谷	韩店
吊麟沟	Diàolín Gōu	山谷	韩店
鸭头沟	Yātóu Gōu	山谷	卧龙
水魏沟	Shuǐwèi Gōu	山谷	卧龙、阳川
张余家沟	Zhāngyújiā Gōu	山谷	卧龙
木头沟	Mùtou Gōu	山谷	卧龙
阳坡沟	Yángpō Gōu	山谷	卧龙
蒙家沟	Méngjiā Gōu	山谷	卧龙、大庄
马家沟	Mǎjiā Gōu	山谷	卧龙
大寺沟	Dàsì Gōu	山谷	卧龙
老虎沟	Lǎohǔ Gōu	山谷	盘安
岔儿李家沟	Chàrlǐjiā Gōu	山谷	盘安
谢家沟	Xièjiā Gōu	山谷	盘安、韩店
陈家深岘	Chénjiāshēnxiàn	山谷	通化

续表 21

标准名称	汉语拼音	类别	所在（跨）行政区
黄羊沟	Huángyáng Gōu	山谷	通化
罐子沟	Guànzi Gōu	山谷	通化
圈湾沟	Juànwān Gōu	山谷	通化
正岔	Zhèngchà	山谷	通化
北岔	Běichà	山谷	通化
南岔	Nánchà	山谷	通化
雄沟	Xióng Gōu	山谷	通化
庙沟	Miào Gōu	山谷	通化
铧岔	Huáchà	山谷	通化
阳凪沟	Yángwā Gōu	山谷	通化
后沟	Hòu Gōu	山谷	通化
薛家沟	Xuējiā Gōu	山谷	通化
上沟	Shàng Gōu	山谷	通化
水泉湾	Shuǐquánwān	山谷	通化
青龙沟	Qīnglóng Gōu	山谷	大庄、万泉
大水沟	Dàshuǐ Gōu	山谷	大庄
油夫岔	Yóufūchà	山谷	大庄、阳川
豆家沟	Dòujiā Gōu	山谷	永宁
马槽槽沟	Mǎcáocao Gōu	山谷	永宁
葛家深岘	Gějiāshēnxiàn	山谷	永宁
石崖院	Shí'áiyuàn	山谷	永宁
崔家沟上岔	Cuījiāgōushàngchà	山谷	岳堡
崔家沟下岔	Cuījiāgōuxiàchà	山谷	岳堡
王家岔	Wángjiāchà	山谷	岳堡
双堡子沟	Shuāngbǔzi Gōu	山谷	柳梁、南湖
榆林沟	Yúlín Gōu	山谷	柳梁、卧龙、水洛
西佛寺沟	Xīfósì Gōu	山谷	柳梁、南湖
大房李家沟	Dàfánglǐjiā Gōu	山谷	南坪
唐家沟	Tángjiā Gōu	山谷	南坪
张家沟	Zhāngjiā Gōu	山谷	南坪
王家沟	Wángjiā Gōu	山谷	南坪

续表 21

标准名称	汉语拼音	类别	所在（跨）行政区
沈家沟	Shěnjiā Gōu	山谷	南坪
刘堡沟	Liúbǔ Gōu	山谷	南坪、盘安
川子沟	Chuānzi Gōu	山谷	杨河
寺沟岔	Sìgōuchà	山谷	杨河、南湖
山家沟	Shānjiā Gōu	山谷	赵墩
刘家沟	Liújiā Gōu	山谷	赵墩
段家沟	Duànjiā Gōu	山谷	赵墩
柳树沟	Liǔshù Gōu	山谷	赵墩
庙沟	Miào Gōu	山谷	赵墩
庙隆沟	Miàolóng Gōu	山谷	赵墩
槐树沟	Huáishù Gōu	山谷	赵墩
石庄子沟	Shízhuāngzi Gōu	山谷	郑河
庙儿岔	Miàorchà	山谷	郑河
王家川子	Wángjiāchuānzi	地片	良邑
红家滩	Hóngjiātān	地片	万泉
六条路	Liùtiáolù	地片	大庄
安水锅	Ānshuǐguō	地片	韩店
马鞍桥	Mǎ'ānqiáo	地片	韩店
瓦碴地	Wǎchádì	地片	南坪
小河头	Xiǎohétóu	地片	赵墩

交通运输设施

表 22

标准名称	汉语拼音	类别	备注
泾甘公路	Jīnggān Gōnglù	公路	省道
静庄公路	Jìngzhuāng Gōnglù	公路	省道
庄天公路	Zhuāngtiān Gōnglù	公路	省道
庄北公路	Zhuāngběi Gōnglù	公路	县道
韩良公路	Hánliáng Gōnglù	公路	县道
南阳公路	Nányáng Gōnglù	公路	县道
南马公路	Nánmǎ Gōnglù	公路	县道

续表 22

标准名称	汉语拼音	类别	备注
马卧公路	Mǎwò Gōnglù	公路	县道
苏庄公路	Sūzhuāng Gōnglù	公路	县道
阳胡公路	Yánghú Gōnglù	公路	县道
乔余公路	Qiáoyú Gōnglù	公路	县道
孔韩公路	Kǒnghán Gōnglù	公路	县道
碾店公路	Niǎndiàn Gōnglù	公路	县道
鱼南公路	Yúnán Gōnglù	公路	乡道
南杨公路	Nányáng Gōnglù	公路	乡道
北川公路	Běichuān Gōnglù	公路	乡道
柳罗公路	Liǔluó Gōnglù	公路	乡道
雷王公路	Léiwáng Gōnglù	公路	乡道
梁麻路	Liángmá Lù	公路	乡道
杨岔路	Yángchà Lù	公路	乡道
张通公路	Zhāngtōng Gōnglù	公路	乡道
杨良公路	Yángliáng Gōnglù	公路	乡道
岳奠路	Yuèdiàn Lù	公路	乡道
赵岔路	Zhàochà Lù	公路	乡道
郑卢公路	Zhènglú Gōnglù	公路	乡道
朱大公路	Zhūdà Gōnglù	公路	乡道
朱刘公路	Zhūliú Gōnglù	公路	乡道
菜水公路	Càishuǐ Gōnglù	公路	乡道
平绵高速公路	Píngmián Gāosù Gōnglù	公路	国道
静天高速公路	Jìngtiān Gāosù Gōnglù	公路	省道
文昌桥	Wénchāng Qiáo	桥梁	水洛镇
朝阳桥	Cháoyáng Qiáo	桥梁	水洛镇、步行桥
中宁桥	Zhōngníng Qiáo	桥梁	水洛镇、步行桥
新昌桥	Xīnchāng Qiáo	桥梁	水洛镇
紫荆桥	Zijīng Qiáo	桥梁	水洛镇、步行桥
迎宾北桥	Yíngbīn Běiqiáo	桥梁	水洛镇
迎宾南桥	Yíngbīn Nánqiáo	桥梁	水洛镇
西环大桥	Xīhuán Dàqiáo	桥梁	水洛镇
南河大桥	Nánhé Dàqiáo	桥梁	水洛镇
雕沟桥	Diàogōu Qiáo	桥梁	水洛镇

续表 22

标准名称	汉语拼音	类别	备注
庄浪河大桥	Zhuānglànghé Dàqiáo	桥梁	南湖镇
南湖桥	Nánhú Qiáo	桥梁	南湖镇
新庄中桥	Xīnzhuāng Zhōngqiáo	桥梁	南湖镇
双堡子桥	Shuāngbǔzi Qiáo	桥梁	南湖镇
石峡口大桥	Shíxiákǒu Dàqiáo	桥梁	南湖镇
桥子沟桥	Qiáozigōu Qiáo	桥梁	南湖镇
石峡桥	Shíxiá Qiáo	桥梁	南湖镇
寺沟桥	Sìgōu Qiáo	桥梁	南湖镇
南湖小河桥	Nánhúxiǎohé Qiáo	桥梁	南湖镇
席马桥	Xímǎ Qiáo	桥梁	南湖镇
石阳桥	Shíyáng Qiáo	桥梁	南湖镇
董湾桥	Dǒngwān Qiáo	桥梁	朱店镇
孔家沟桥	Kǒngjiāgōu Qiáo	桥梁	朱店镇
小湾桥	Xiǎowān Qiáo	桥梁	朱店镇
朱店大桥	Zhūdiàn Dàqiáo	桥梁	朱店镇
长尾沟桥	Chángyǐgōu Qiáo	桥梁	朱店镇
董家湾大桥	Dǒngjiāwān Dàqiáo	桥梁	朱店镇
石门桥	Shímén Qiáo	桥梁	万泉镇
田湾桥	Tiánwān Qiáo	桥梁	万泉镇
高川桥	Gāochuān Qiáo	桥梁	万泉镇
马家桥	Mǎjiā Qiáo	桥梁	万泉镇
石门口桥	Shíménkǒu Qiáo	桥梁	万泉镇
史沟桥	Shǐgōu Qiáo	桥梁	万泉镇
徐家城桥	Xújiāchéng Qiáo	桥梁	万泉镇
韩店大桥	Hándiàn Dàqiáo	桥梁	韩店镇
上店峡桥	Shàngdiànxiá Qiáo	桥梁	韩店镇
上店峡河桥	Shàngdiànxiáhé Qiáo	桥梁	韩店镇
下店峡河桥	Xiàdiànxiáhé Qiáo	桥梁	韩店镇
店峡桥	Diànxiá Qiáo	桥梁	韩店镇
竹林寺桥	Zhúlínsì Qiáo	桥梁	韩店镇
竹林寺中桥	Zhúlínsì Zhōngqiáo	桥梁	韩店镇

续表 22

标准名称	汉语拼音	类 别	备 注
石桥	Shí Qiáo	桥梁	韩店镇
南峪沟桥	Nányùgōu Qiáo	桥梁	韩店镇
岔岔沟桥	Chàchàgōu Qiáo	桥梁	韩店镇
王家崖桥	Wángjiā'ái Qiáo	桥梁	韩店镇
王家崖小桥	Wángjiā'ái Xiǎoqiáo	桥梁	韩店镇
王家沟小桥	Wángjiāgōu Xiǎoqiáo	桥梁	韩店镇
红水沟桥	Hóngshuǐgōu Qiáo	桥梁	韩店镇
塔山沟桥	Tǎshāngōu Qiáo	桥梁	韩店镇
韩店新桥	Hándiàn Xīnqiáo	桥梁	韩店镇
试雨王家新桥	Shìyǔwángjiā Xīnqiáo	桥梁	韩店镇
潘河桥	Pānhé Qiáo	桥梁	韩店镇
石桥桥	Shíqiáo Qiáo	桥梁	韩店镇
韩店桥	Hándiàn Qiáo	桥梁	韩店镇
韩店南河桥	Hándiànnánhé Qiáo	桥梁	韩店镇
阳川葫芦河桥	Yángchuān Húlúhé Qiáo	桥梁	阳川镇
赵沟桥	Zhàogōu Qiáo	桥梁	阳川镇
小花桥	Xiǎohuā Qiáo	桥梁	阳川镇
上堡子桥	Shàngbǔzi Qiáo	桥梁	阳川镇
寺花沟桥	Sìhuāgōu Qiáo	桥梁	阳川镇
王公家桥	Wánggōngjiā Qiáo	桥梁	盘安镇
吴河桥	Wúhé Qiáo	桥梁	盘安镇
下雷桥	Xiàléi Qiáo	桥梁	盘安镇
孙沟上桥	Sūngōu Shàngqiáo	桥梁	盘安镇
孙沟下桥	Sūngōu Xiàqiáo	桥梁	盘安镇
中庄桥	Zhōngzhuāng Qiáo	桥梁	通化镇
河水沟桥	Héshuǐgōu Qiáo	桥梁	通化镇
通边桥	Tōngbiān Qiáo	桥梁	通化镇
新集桥	Xīnjí Qiáo	桥梁	通化镇
李家沟桥	Lǐjiāgōu Qiáo	桥梁	通化镇
堡子沟桥	Bǔzigōu Qiáo	桥梁	通化镇
六房桥	Liùfáng Qiáo	桥梁	通化镇

续表 22

标准名称	汉语拼音	类别	备注
樊史家桥	Fánshǐjiā Qiáo	桥梁	通化镇
高崖韩桥	Gāo'áihán Qiáo	桥梁	通化镇
阳坡何桥	Yángpōhé Qiáo	桥梁	通化镇
朱家庙桥	Zhūjiāmiào Qiáo	桥梁	通化镇
鱼儿咀桥	Yúrzuǐ Qiáo	桥梁	永宁镇
板桥头桥	Bǎnqiáotóu Qiáo	桥梁	永宁镇
烂泥沟桥	Lànnígōu Qiáo	桥梁	永宁镇
洞子河桥	Dòngzihé Qiáo	桥梁	永宁镇
甘河子桥	Gānhézi Qiáo	桥梁	永宁镇
贯子沟桥	Guànzigōu Qiáo	桥梁	永宁镇
小户桥	Xiǎohù Qiáo	桥梁	永宁镇
葛峡桥	Gěxiá Qiáo	桥梁	永宁镇
苏家河湾桥	Sūjiāhéwān Qiáo	桥梁	永宁镇
章麻河桥	Zhāngmáhé Qiáo	桥梁	良邑镇
小河子桥	Xiǎohézi Qiáo	桥梁	良邑镇
李家咀桥	Lǐjiāzuǐ Qiáo	桥梁	良邑镇
马莲沟桥	Mǎliángōu Qiáo	桥梁	良邑镇
杨王大桥	Yángwáng Dàqiáo	桥梁	良邑镇
郭魏桥	Guōwèi Qiáo	桥梁	良邑镇
何川兴民桥	Héchuānxīngmín Qiáo	桥梁	良邑镇
埂塄桥	Gěnglèng Qiáo	桥梁	岳堡镇
岳堡桥	Yuèbǔ Qiáo	桥梁	岳堡镇
岔口桥	Chàkǒu Qiáo	桥梁	岳堡镇
寺门小桥	Sìmén Xiǎoqiáo	桥梁	南坪镇
水洛南河 1 号桥	Shuǐluònánhé 1 Hào Qiáo	桥梁	南坪镇
南坪大桥	Nánpíng Dàqiáo	桥梁	南坪镇
大李桥	Dàlǐ Qiáo	桥梁	南坪镇
张塬桥	Zhāngyuán Qiáo	桥梁	杨河乡
关家沟桥	Guānjiāgōu Qiáo	桥梁	杨河乡
蛟龙掌大桥	Jiāolóngzhǎng Dàqiáo	桥梁	赵墩乡
郑河上沟桥	Zhènghéshànggōu Qiáo	桥梁	郑河乡

续表 22

标准名称	汉语拼音	类 别	备 注
庙川桥	Miàochuān Qiáo	桥梁	郑河乡
史疋沟桥	Shǐwāgōu Qiáo	桥梁	郑河乡
杨庄桥	Yángzhuāng Qiáo	桥梁	郑河乡
郑河下沟桥	Zhènghéxiàgōu Qiáo	桥梁	郑河乡
苏家河桥	Sūjiāhé Qiáo	桥梁	郑河乡
关山隧道	Guānshān Suìdào	隧道	韩店镇
车站路	Chēzhàn Lù	城区街巷	县城
南河南路	Nánhé Nánlù	城区街巷	县城
开元路	Kāiyuán Lù	城区街巷	县城
南河北路	Nánhé Běilù	城区街巷	县城
北滨河路	Běibīnhé Lù	城区街巷	县城
南滨河路	Nánbīnhé Lù	城区街巷	县城
新徐东路	Xīnxú Dōnglù	城区街巷	县城
新徐西路	Xīnxú Xīlù	城区街巷	县城
西环路	Xīhuán Lù	城区街巷	县城
文昌街	Wénchāng Jiē	城区街巷	县城
中宁北街	Zhōngníng Běijiē	城区街巷	县城
中宁南街	Zhōngníng Nánjiē	城区街巷	县城
紫荆北街	Zijīng Běijiē	城区街巷	县城
紫荆南街	Zijīng Nánjiē	城区街巷	县城
公园街	Gōngyuán Jiē	城区街巷	县城
朝阳北街	Cháoyáng Běijiē	城区街巷	县城
朝阳南街	Cháoyáng Nánjiē	城区街巷	县城
东大街	Dōng Dàjiē	城区街巷	县城
西大街	Xī Dàjiē	城区街巷	县城
新昌街	Xīnchāng Jiē	城区街巷	县城
迎宾街	Yíngbīn Jiē	城区街巷	县城
一中巷	Yīzhōng Xiàng	城区街巷	县城
三中巷	Sānzhōng Xiàng	城区街巷	县城
供电巷	Gòngdiàn Xiàng	城区街巷	县城
邮政巷	Yóuzhèng Xiàng	城区街巷	县城

续表 22

标准名称	汉语拼音	类别	备注
礼堂巷	Lǐtáng Xiàng	城区街巷	县城
夹城巷	Jiáchéng Xiàng	城区街巷	县城
寺坪巷	Sìpíng Xiàng	城区街巷	县城
博爱巷	Bóài Xiàng	城区街巷	县城
贯坪巷	Guànpíng Xiàng	城区街巷	县城
南门巷	Nánmén Xiàng	城区街巷	县城
庄浪汽车站	Zhuānglàng Qìchēzhàn	汽车站	水洛镇
庄浪昌隆站务运营有限公司	Zhuānglàng Chānglóng Zhànwùyùn-yíng Yǒuxiàngōngsī	汽车站	水洛镇
南湖汽车客运站	Nánhú Qìchē Kèyùnzhàn	汽车站	南湖镇
朱店汽车站	Zhūdiàn Qìchēzhàn	汽车站	朱店镇
万泉汽车站	Wànquán Qìchēzhàn	汽车站	万泉镇
韩店汽车站	Hándiàn Qìchēzhàn	汽车站	韩店镇
卧龙汽车站	Wòlóng Qìchēzhàn	汽车站	卧龙镇
阳川汽车站	Yángchuān Qìchēzhàn	汽车站	阳川镇
盘安汽车站	Pán'ān Qìchēzhàn	汽车站	盘安镇
通化汽车站	Tōnghuà Qìchēzhàn	汽车站	通化镇
永宁汽车站	Yǒngníng Qìchēzhàn	汽车站	永宁镇
良邑汽车站	Liángyì Qìchēzhàn	汽车站	良邑镇
岳堡汽车站	Yuèbǔ Qìchēzhàn	汽车站	岳堡镇
柳梁汽车站	Liǔliáng Qìchēzhàn	汽车站	柳梁镇
南坪汽车站	Nánpíng Qìchēzhàn	汽车站	南坪镇
杨河汽车站	Yánghé Qìchēzhàn	汽车站	杨河乡
赵墩汽车站	Zhàodūn Qìchēzhàn	汽车站	赵墩乡
郑河汽车站	Zhènghé Qìchēzhàn	汽车站	郑河乡
水洛养管站	Shuǐluò Yǎngguǎnzhàn	公路养管站	水洛镇
南湖养管站	Nánhú Yǎngguǎnzhàn	公路养管站	南湖镇
万泉养护作业点	Wànquán Yǎnghùzuòyèdiǎn	公路养护作业点	万泉镇
石桥养护作业点	Shíqiáo Yǎnghùzuòyèdiǎn	公路养护作业点	韩店镇
马卧公路卧龙道班	Mǎwò Gōnglù Wòlóng Dàobān	道班	卧龙镇
阳胡公路阳川道班	Yánghú Gōnglù Yángchuān Dàobān	道班	阳川镇
苏庄公路通化道班	Sūzhuāng Gōnglù Tōnghuà Dàobān	道班	通化镇
乔阳公路大庄道班	Qiáoyáng Gōnglù Dàzhuāng Dàobān	道班	大庄镇
韩良公路永宁道班	Hánliáng Gōnglù Yǒngníng Dàobān	道班	永宁镇

续表 22

标准名称	汉语拼音	类 别	备 注
苏庄公路良邑道班	Sūzhuāng Gōnglù Liángyì Dàobān	道班	良邑镇
韩良公路郑河道班	Hánliáng Gōnglù Zhènghé Dàobān	道班	郑河乡
中国石油庄浪经营部	Zhōngguóshíyóu Zhuānglàng Jīngyíngbù	加油站	水洛镇
庄浪南桥加油站	Zhuānglàng Nánqiáo Jiāyóuzhàn	加油站	水洛镇
庄浪南湖加油站	Zhuānglàng Nánhú Jiāyóuzhàn	加油站	南湖镇
庄浪孔沟加油站	Zhuānglàng Kǒnggōu Jiāyóuzhàn	加油站	朱店镇
庄浪万里加油站	Zhuānglàng Wànlǐ Jiāyóuzhàn	加油站	南坪镇

水利、电力、通信设施

表 23

标准名称	汉语拼音	类 别	所在（跨）乡镇
红崖湾水库	Hóng'áiwān Shuǐkù	水库	通化镇
贾门水库	Jiǎmén Shuǐkù	水库	南湖镇
埂塄水库	Gěngléng Shuǐkù	水库	岳堡镇
竹林寺水库	Zhúlínsì Shuǐkù	水库	韩店镇
花崖河水库	Huā'áihé Shuǐkù	水库	韩店镇
曹湾骨干坝	Cáowān Gǔgànbà	骨干坝	南湖镇
李咀骨干坝	Lǐzuǐ Gǔgànbà	骨干坝	南湖镇
西佛沟骨干坝	Xīfógōu Gǔgànbà	骨干坝	南湖镇
堡子沟 1 号骨干坝	Bǔzigōu 1 Hào Gǔgànbà	骨干坝	南湖镇
白家沟骨干坝	Báijiāgōu Gǔgànbà	骨干坝	卧龙镇
老山沟骨干坝	Lǎoshāngōu Gǔgànbà	骨干坝	大庄镇
徐家沟骨干坝	Xújiāgōu Gǔgànbà	骨干坝	柳梁镇
川边骨干坝	Chuānbiān Gǔgànbà	骨干坝	柳梁镇
榆林沟 1 号骨干坝	Yúlíngōu 1 Hào Gǔgànbà	骨干坝	柳梁镇
榆林沟 2 号骨干坝	Yúlíngōu 2 Hào Gǔgànbà	骨干坝	柳梁镇
榆林沟 3 号骨干坝	Yúlíngōu 3 Hào Gǔgànbà	骨干坝	柳梁镇
史渠沟 1 号骨干坝	Shǐqúgōu 1 Hào Gǔgànbà	骨干坝	南坪镇
安家凸骨干坝	Ānjiāwā Gǔgànbà	骨干坝	赵墩乡
大庄骨干坝	Dàzhuāng Gǔgànbà	骨干坝	赵墩乡
富家川骨干坝	Fùjiāchuān Gǔgànbà	骨干坝	赵墩乡
蛟龙寺骨干坝	Jiāolóngsì Gǔgànbà	骨干坝	赵墩乡

续表 23

标准名称	汉语拼音	类别	所在（跨）乡镇
李鱼家骨干坝	Lǐyújiā Gǔgànbà	骨干坝	赵墩乡
刘罗家骨干坝	Liúluójiā Gǔgànbà	骨干坝	赵墩乡
石家塬骨干坝	Shíjiāyuán Gǔgànbà	骨干坝	赵墩乡
孙渠沟骨干坝	Sūnqúgōu Gǔgànbà	骨干坝	赵墩乡
阳川沟骨干坝	Yángchuāngōu Gǔgànbà	骨干坝	赵墩乡
杨虎家骨干坝	Yánghǔjiā Gǔgànbà	骨干坝	赵墩乡
下梨树湾骨干坝	Xiàlíshùwān Gǔgànbà	骨干坝	赵墩乡
金锁灌区总干渠	Jīnsuǒguànqū Zǒnggànqú	灌溉渠	水洛镇、朱店镇
民乐灌区南干渠	Mínlèguànqū Nángànqú	灌溉渠	万泉镇
民乐灌区北干渠	Mínlèguànqū Běigànqú	灌溉渠	万泉镇
良水南渠	Liángshuǐ Nánqú	灌溉渠	水洛镇、良邑镇
民乐跨河渡槽	Mínlè Kuàhé Dùcáo	渡槽	万泉镇
金锁北干渠跨河渡槽	Jīnsuǒ Běigànqú Kuàhé Dùcáo	渡槽	朱店镇
阳川东一干跨河渡槽	Yángchuān Dōngyīgàn Kuàhé Dùcáo	渡槽	阳川镇
阳川东二干跨河渡槽	Yángchuān Dōng'èrgàn Kuàhé Dùcáo	渡槽	阳川镇
阳川东三干跨河渡槽	Yángchuān Dōngsāngàn Kuàhé Dùcáo	渡槽	阳川镇
南湖石阳夹道提灌站	Nánhú Shíyáng Jiádào Tíguànzhàn	泵站	南湖镇
南湖石阳新庄提灌站	Nánhú Shíyáng Xīnzhuāng Tíguànzhàn	泵站	南湖镇
万泉霍李提灌站	Wànquán Huòlǐ Tíguànzhàn	泵站	万泉镇
柳梁川边提灌站	Liǔliáng Chuānbiān Tíguànzhàn	泵站	柳梁镇
赵墩富川提灌站	Zhàodūn Fùchuān Tíguànzhàn	泵站	赵墩乡
北部水厂	Běibù Shuǐchǎng	水厂	朱店镇
石门口水厂	Shíménkǒu Shuǐchǎng	水厂	朱店镇
红崖湾水厂	Hóng'áiwān Shuǐchǎng	水厂	通化镇
南坪水厂	Nánpíng Shuǐchǎng	水厂	南坪镇
水洛镇水利管理站	Shuǐluò Zhèn Shuǐlì Guǎnlǐzhàn	水管站	水洛镇
南湖镇水利管理站	Nánhú Zhèn Shuǐlì Guǎnlǐzhàn	水管站	南湖镇
朱店镇水利管理站	Zhūdiàn Zhèn Shuǐlì Guǎnlǐzhàn	水管站	朱店镇
万泉镇水利管理站	Wànquán Zhèn Shuǐlì Guǎnlǐzhàn	水管站	万泉镇
韩店镇水利管理站	Hándiàn Zhèn Shuǐlì Guǎnlǐzhàn	水管站	韩店镇
卧龙镇水利管理站	Wòlóng Zhèn Shuǐlì Guǎnlǐzhàn	水管站	卧龙镇
阳川镇水利管理站	Yángchuān Zhèn Shuǐlì Guǎnlǐzhàn	水管站	阳川镇

续表 23

标准名称	汉语拼音	类 别	所在（跨）乡镇
盘安镇水利管理站	Pán'ān Zhèn Shuǐlì Guǎnlǐzhàn	水管站	盘安镇
通化镇水利管理站	Tōnghuà Zhèn Shuǐlì Guǎnlǐzhàn	水管站	通化镇
大庄镇水利管理站	Dàzhuāng Zhèn Shuǐlì Guǎnlǐzhàn	水管站	大庄镇
良邑镇水利管理站	Liángyì Zhèn Shuǐlì Guǎnlǐzhàn	水管站	良邑镇
岳堡镇水利管理站	Yuèbǔ Zhèn Shuǐlì Guǎnlǐzhàn	水管站	岳堡镇
柳梁镇水利管理站	Liǔliáng Zhèn Shuǐlì Guǎnlǐzhàn	水管站	柳梁镇
南坪镇水利管理站	Nánpíng Zhèn Shuǐlì Guǎnlǐzhàn	水管站	南坪镇
赵墩乡水利管理站	Zhàodūn Xiāng Shuǐlì Guǎnlǐzhàn	水管站	赵墩乡
水洛 110 千伏变电站	Shuǐluò 110 Qiānfú Biàndiànzhàn	变电站	水洛镇
南湖变电站	Nánhú Biàndiànzhàn	变电站	南湖镇
朱店变电站	Zhūdiàn Biàndiànzhàn	变电站	朱店镇
万泉变电站	Wànquán Biàndiànzhàn	变电站	万泉镇
韩店变电站	Hándiàn Biàndiànzhàn	变电站	韩店镇
卧龙变电站	Wòlóng Biàndiànzhàn	变电站	卧龙镇
阳川变电站	Yángchuān Biàndiànzhàn	变电站	阳川镇
通化变电站	Tōnghuà Biàndiànzhàn	变电站	通化镇
岳堡变电站	Yuèbǔ Biàndiànzhàn	变电站	岳堡镇
赵墩变电站	Zhàodūn Biàndiànzhàn	变电站	赵墩乡
庄浪县广播电视转播台	Zhuānglàng Xiàn Guǎngbōdiànshì Zhuǎnbōtái	通信基站	水洛镇
庄浪县电信局基站	Zhuānglàng Xiàn Diànxìnjú Jīzhàn	通信基站	水洛镇
南湖公园基站	Nánhúgōngyuán Jīzhàn	通信基站	南湖镇
朱店基站	Zhūdiàn Jīzhàn	通信基站	朱店镇
万泉基站	Wànquán Jīzhàn	通信基站	万泉镇
云崖基站	Yún'ái Jīzhàn	通信基站	韩店镇
卧龙基站	Wòlóng Jīzhàn	通信基站	卧龙镇
阳川街道基站	Yángchuānjiēdào Jīzhàn	通信基站	阳川镇
王公基站	Wánggōng Jīzhàn	通信基站	盘安镇
陈堡基站	Chénbǔ Jīzhàn	通信基站	通化镇
大庄基站	Dàzhuāng Jīzhàn	通信基站	大庄镇
永宁街道基站	Yǒngníngjiēdào Jīzhàn	通信基站	永宁镇

续表 23

标准名称	汉语拼音	类别	所在（跨）乡镇
良邑 2 基站	Liángyì 2 Jīzhàn	通信基站	良邑镇
岳堡基站	Yuèbǔ Jīzhàn	通信基站	岳堡镇
柳梁基站	Liǔliáng Jīzhàn	通信基站	柳梁镇
南坪基站	Nánpíng Jīzhàn	通信基站	南坪镇
杨河新建基站	Yánghé Xīnjiàn Jīzhàn	通信基站	杨河乡
赵墩梯田景区基站	Zhàodūn Tītián Jǐngqū Jīzhàn	通信基站	赵墩乡
郑河上寨基站	Zhènghé Shàngzhài Jīzhàn	通信基站	郑河乡

纪念地、旅游景点

表 24

标准名称	汉语拼音	类别	备注
中国梯田化模范县纪念馆	Zhōngguó Tītiánhuàmófànxiàn Jìniànguǎn	事件纪念地	爱国主义教育基地，位于水洛镇东关村
刘沪将军纪念馆	Liúhù Jiāngjūn Jìniànguǎn	人物纪念地	位于水洛镇西关村
云崖寺石窟	Yún'áisì Shíkū	文物遗址	国家级文物保护单位，位于韩店镇郭漫村
陈家洞石窟	Chénjiādòng Shíkū	文物遗址	国家级文物保护单位，位于通化镇陈堡村
葛家洞石窟	Gějiādòng Shíkū	文物遗址	县级文物保护单位，位于永宁镇葛峡村
竹林寺石窟	Zhúlínsì Shíkū	文物遗址	县级文物保护单位，位于韩店镇郭漫村
大寺石窟	Dàsì Shíkū	文物遗址	县级文物保护单位，位于韩店镇郭漫村
红崖寺石窟	Hóng'áisì Shíkū	文物遗址	县级文物保护单位，位于韩店镇郭漫村
罗汉洞石窟	Luóhàndòng Shíkū	文物遗址	县级文物保护单位，位于韩店镇郭漫村
三教洞石窟	Sānjiāodòng Shíkū	文物遗址	县级文物保护单位，位于韩店镇郭漫村
西寺石窟	Xīsì Shíkū	文物遗址	县级文物保护单位，位于韩店镇郭漫村
佛沟崖石窟	Fógōu'ái Shíkū	文物遗址	县级文物保护单位，位于韩店镇郭漫村
乔阳寺石窟	Qiáoyángsì Shíkū	文物遗址	县级文物保护单位，位于韩店镇郭漫村
石窑河滩石窟	Shíyáohétān Shíkū	文物遗址	县级文物保护单位，位于阳川镇张家大湾村
贺家峡石窟	Hèjiāxiá Shíkū	文物遗址	县级文物保护单位，位于郑河乡卢山村
徐李碾遗址	Xúlǐniǎn Yízhǐ	文物遗址	省级文物保护单位，位于水洛镇徐碾村
川口柳家遗址	Chuānkǒuliǔjiā Yízhǐ	文物遗址	省级文物保护单位，位于水洛镇郭堡村
双堡子沟遗址	Shuāngbǔzigōu Yízhǐ	文物遗址	省级文物保护单位，位于南湖镇双堡村
余家塬遗址	Yújiāyuán Yízhǐ	文物遗址	省级文物保护单位，位于南湖镇北关村
吴家沟遗址	Wújiāgōu Yízhǐ	文物遗址	省级文物保护单位，位于朱店镇吴沟村

续表 24

标准名称	汉语拼音	类别	备注
长尾沟门遗址	Chángyǐgōumén Yízhǐ	文物遗址	省级文物保护单位，位于朱店镇中街村
古洞门遗址	Gǔdòngmén Yízhǐ	文物遗址	省级文物保护单位，位于阳川镇李湾村
大嘴梁遗址	Dàzuǐliáng Yízhǐ	文物遗址	省级文物保护单位，位于岳堡镇岳堡村
刘堡坪遗址	Liúbǔpíng Yízhǐ	文物遗址	省级文物保护单位，位于南坪镇刘坪村
王家高塬遗址	Wángjiāgāoyuán Yízhǐ	文物遗址	省级文物保护单位，位于赵墩乡石咀村
吴玠墓	Wújiè Mù	文物遗址	省级文物保护单位，位于水洛镇崖王村
南湖墓群	Nánhú Mùqún	文物遗址	省级文物保护单位，位于南湖镇高房村
关帝庙戏楼	Guāndìmiào Xìlóu	文物遗址	省级文物保护单位，位于南湖镇南门村
水洛古城	Shuǐluò Gǔchéng	文物遗址	县级文物保护单位，位于水洛镇西关村
将军殿遗址	Jiāngjūndiàn Yízhǐ	文物遗址	县级文物保护单位，位于水洛镇西关村
紫荆山古建筑群	Zǐjīngshān Gǔjiànzhùqún	文物遗址	县级文物保护单位，位于水洛镇西关村
刘沪墓	Liúhù Mù	文物遗址	县级文物保护单位，位于水洛镇贺庄村
堡子背后汉墓群	Bǔzibèihòu Hànmùqún	文物遗址	县级文物保护单位，位于水洛镇新兴村
马家崖汉墓群	Mǎjiā'ái Hànmùqún	文物遗址	县级文物保护单位，位于水洛镇新兴村
神兴堡	Shénxīngbǔ	文物遗址	县级文物保护单位，位于水洛镇李碾村
郭家堡址	Guōjiābǔzhǐ	文物遗址	县级文物保护单位，位于水洛镇郭堡村
庙坪山遗址	Miàopíngshān Yízhǐ	文物遗址	县级文物保护单位，位于水洛镇贺庄村
羊爬式坡遗址	Yángpáshìpō Yízhǐ	文物遗址	县级文物保护单位，位于水洛镇李家庄
寺坪塬遗址	Sìpíngyuán Yízhǐ	文物遗址	县级文物保护单位，位于水洛镇西关村
壑岘咀遗址	Hèxiànzuǐ Yízhǐ	文物遗址	县级文物保护单位，位于水洛镇新光村
堡子坪遗址	Bǔzipíng Yízhǐ	文物遗址	县级文物保护单位，位于水洛镇徐家碾村
庄浪古城	Zhuānglàng Gǔchéng	文物遗址	县级文物保护单位，位于南湖镇南门村
喇嘛墩烽火台	Lǎmadūn Fēnghuǒtái	文物遗址	县级文物保护单位，位于南湖镇庙岔村
窝窝坪遗址	Wōwōpíng Yízhǐ	文物遗址	县级文物保护单位，位于南湖镇寺门村
汪家墩烽燧	Wāngjiādūn Fēngsuì	文物遗址	县级文物保护单位，位于南湖镇汪家村
贾家坪遗址	Jiǎjiāpíng Yízhǐ	文物遗址	县级文物保护单位，位于朱店镇东街村
大庙山寺庙遗址	Dàmiàoshān Sìmiào Yízhǐ	文物遗址	县级文物保护单位，位于朱店镇郭湾村
风台梁烽燧	Fēngtáiliáng Fēngsuì	文物遗址	县级文物保护单位，位于朱店镇壑岘李家
石门堡	Shíménbǔ	文物遗址	县级文物保护单位，位于朱店镇与万泉镇交界处
朱家河湾墓群	Zhūjiāhéwān Mùqún	文物遗址	县级文物保护单位，位于朱店镇朱河村
徐家城	Xújiāchéng	文物遗址	县级文物保护单位，位于万泉镇徐城村
小墩山遗址	Xiǎodūnshān Yízhǐ	文物遗址	县级文物保护单位，位于万泉镇东山村
清水沟烽燧	Qīngshuǐgōu Fēngsuì	文物遗址	县级文物保护单位，位于万泉镇清水沟村
邵家坪遗址	Shàojiāpíng Yízhǐ	文物遗址	县级文物保护单位，位于万泉镇邵坪村

续表 24

标准名称	汉语拼音	类别	备注
田家坪遗址	Tiánjiāpíng Yízhǐ	文物遗址	县级文物保护单位，位于万泉镇田坪村
万家塬遗址	Wànjiāyuán Yízhǐ	文物遗址	县级文物保护单位，位于万泉镇万庄村
半截墩烽火台	Bànjiédūn Fēnghuǒtái	文物遗址	县级文物保护单位，位于万泉镇王李岔村
胡家墩烽火台	Hújiādūn Fēnghuǒtái	文物遗址	县级文物保护单位，位于万泉镇王李岔村
大营顶堡址	Dàyíngdǐng Bǔzhǐ	文物遗址	县级文物保护单位，位于万泉镇徐城村
万仕选家墓群	Wànshìxuǎnjiā Mùqún	文物遗址	县级文物保护单位，位于万泉镇东沟村
古聂城	Gǔnièchéng	文物遗址	县级文物保护单位，位于韩店镇西门村
潘家河旧庄院遗址	Pānjiāhéjiùzhuāngyuàn Yízhǐ	文物遗址	县级文物保护单位，位于韩店镇潘河村
太极观遗址	Tàijíguàn Yízhǐ	文物遗址	县级文物保护单位，位于韩店镇上洼村
大寺盖顶烽火台	Dàsìgàidǐng Fēnghuǒtái	文物遗址	县级文物保护单位，位于韩店镇石桥村
西面塬遗址	Xīmiànyuán Yízhǐ	文物遗址	县级文物保护单位，位于韩店镇西门村
颉沟尖遗址	Xiégōujiān Yízhǐ	文物遗址	县级文物保护单位，位于卧龙镇仇沟村
荞家湾遗址	Qiáojiāwān Yízhǐ	文物遗址	县级文物保护单位，位于卧龙镇仇梁村
刘罗家遗址	Liúluójiā Yízhǐ	文物遗址	县级文物保护单位，位于卧龙镇刘罗村
一锨土遗址	Yīxiāntǔ Yízhǐ	文物遗址	县级文物保护单位，位于卧龙镇马湾村
毗卢寺遗址	Pílúsì Yízhǐ	文物遗址	县级文物保护单位，位于卧龙镇魏家湾村
王家塬遗址	Wángjiāyuán Yízhǐ	文物遗址	县级文物保护单位，位于卧龙镇张家山村
大地川遗址	Dàdìchuān Yízhǐ	文物遗址	县级文物保护单位，位于卧龙镇张余村
王毛川遗址	Wángmáochuān Yízhǐ	文物遗址	县级文物保护单位，位于卧龙镇张余村
大地墓群	Dàdì Mùqún	文物遗址	县级文物保护单位，位于卧龙镇谢家庙湾村
曹家塬遗址	Cáojiāyuán Yízhǐ	文物遗址	县级文物保护单位，位于阳川镇李家咀村
石堡子咀堡址	Shíbǔzizuǐbǔzhǐ	文物遗址	县级文物保护单位，位于阳川镇刘湾村
三台堡址	Sāntáibǔzhǐ	文物遗址	县级文物保护单位，位于阳川镇孙王村
台家咀遗址	Táijiāzuǐ Yízhǐ	文物遗址	县级文物保护单位，位于阳川镇台咀村
连家坡遗址	Liánjiāpō Yízhǐ	文物遗址	县级文物保护单位，位于阳川镇王塬村
大故堆塬遗址	Dàgùduīyuán Yízhǐ	文物遗址	县级文物保护单位，位于阳川镇下堡子村
峡洼坡堡址	Xiáwāpōbǔzhǐ	文物遗址	县级文物保护单位，位于阳川镇新庄沟村
预料堡址	Yùliàobǔzhǐ	文物遗址	县级文物保护单位，位于阳川镇张家大湾村
申家堡子	Shēnjiābǔzi	文物遗址	县级文物保护单位，位于盘安镇申家湾村
盘头洼遗址	Pántóuwā Yízhǐ	文物遗址	县级文物保护单位，位于盘安镇湾李村
菜子洼遗址	Càiziwā Yízhǐ	文物遗址	县级文物保护单位，位于盘安镇王公村
碉堡圪垯烽火台	Diāobǎogēdá Fēnghuǒtái	文物遗址	县级文物保护单位，位于盘安镇王公村
通边故城	Tōngbiān Gùchéng	文物遗址	县级文物保护单位，位于通化镇通边村

续表 24

标准名称	汉语拼音	类别	备注
永丰观遗址	Yǒngfēngguàn Yízhǐ	文物遗址	县级文物保护单位，位于通化镇韩席村
韩家堡子	Hánjiābǔzi	文物遗址	县级文物保护单位，位于通化镇梁河村
蜗牛山烽燧	Wōniúshān Fēngsuì	文物遗址	县级文物保护单位，位于通化镇新庄村
堡子凹遗址	Bǔziwā Yízhǐ	文物遗址	县级文物保护单位，位于通化镇新庄村
岘壑梁烽火台	Xiànhèliáng Fēnghuǒtái	文物遗址	县级文物保护单位，位于大庄镇刘沟村
新堡子堡址	Xīnbǔzibǔzhǐ	文物遗址	县级文物保护单位，位于大庄镇刘庙村
岳家堡遗址	Yuèjiābǔ Yízhǐ	文物遗址	县级文物保护单位，位于大庄镇上李村
下王家遗址	Xiàwángjiā Yízhǐ	文物遗址	县级文物保护单位，位于大庄镇下王村
梁山堡子	Liángshānbǔzi	文物遗址	县级文物保护单位，位于大庄镇梁山村
王家堡子	Wángjiābǔzi	文物遗址	县级文物保护单位，位于大庄镇刘沟村
丁家山堡子	Dīngjiāshānbǔzi	文物遗址	县级文物保护单位，位于大庄镇丁山村
大壑罗墓群	Dàhèluó Mùqún	文物遗址	县级文物保护单位，位于大庄镇大庄村
糜面凹汉墓群	Mímiànwā Hànmùqún	文物遗址	县级文物保护单位，位于大庄镇老山沟村
引龙山堡子	Yǐnlóngshānbǔzi	文物遗址	县级文物保护单位，位于永宁镇谈街村
圆山嘴烽燧	Yuánshānzuǐ Fēngsuì	文物遗址	县级文物保护单位，位于良邑镇陈岔村
寺堎凹遗址	Sìlèngwā Yízhǐ	文物遗址	县级文物保护单位，位于良邑镇李咀村
石家坪遗址	Shíjiāpíng Yízhǐ	文物遗址	县级文物保护单位，位于良邑镇良邑村
拴马窑遗址	Shuānmǎyáo Yízhǐ	文物遗址	县级文物保护单位，位于良邑镇良邑村
寺角凹遗址	Sìjiǎowā Yízhǐ	文物遗址	县级文物保护单位，位于良邑镇良邑村
小湾梁烽燧	Xiǎowānliáng Fēngsuì	文物遗址	县级文物保护单位，位于良邑镇良邑村
苏苗塬头遗址	Sūmiáoyuántóu Yízhǐ	文物遗址	县级文物保护单位，位于良邑镇苏苗塬村
岘阳嘴烽燧	Xiànyángzuǐ Fēngsuì	文物遗址	县级文物保护单位，位于良邑镇杨家大坪
岳堡古城	Yuèbǔ Gǔchéng	文物遗址	县级文物保护单位，位于岳堡镇岳堡村
旋帽顶遗址	Xuánmàodǐng Yízhǐ	文物遗址	县级文物保护单位，位于岳堡镇崔家村
大坪遗址	Dàpíng Yízhǐ	文物遗址	县级文物保护单位，位于良邑镇杨家大坪村
吴家川遗址	Wújiāchuān Yízhǐ	文物遗址	县级文物保护单位，位于岳堡镇吴家村
阳坡堡子	Yángpōbǔzi	文物遗址	县级文物保护单位，位于柳梁镇白家阳坡村
花朵山烽燧	Huāduǒshān Fēngsuì	文物遗址	县级文物保护单位，位于柳梁镇鸾咀村
达舍堡	Dáshèbǔ	文物遗址	县级文物保护单位，位于柳梁镇李堡村
馒头嘴烽火台	Mántóuzuǐ Fēnghuǒtái	文物遗址	县级文物保护单位，位于南坪镇靳家大庄
王家坪遗址	Wángjiāpíng Yízhǐ	文物遗址	县级文物保护单位，位于南坪镇刘坪村
沈家坪遗址	Shěnjiāpíng Yízhǐ	文物遗址	县级文物保护单位，位于南坪镇沈坪村
曹家坪遗址	Cáojiāpíng Yízhǐ	文物遗址	县级文物保护单位，位于南坪镇沈坪村

续表 24

标准名称	汉语拼音	类 别	备 注
高山堡	Gāoshānbǔ	文物遗址	县级文物保护单位，位于南坪镇阴𠙶村
堡子山堡址	Bǔzishānbǔzhǐ	文物遗址	县级文物保护单位，位于杨河乡马寺村
关家沟口遗址	Guānjiāgōukǒu Yízhǐ	文物遗址	县级文物保护单位，位于韩店镇西门村
大墩山烽火台	Dàdūnshān Fēnghuǒtái	文物遗址	县级文物保护单位，位于赵墩乡蛟龙掌村
塬坡𠙶遗址	Yuánpōwā Yízhǐ	文物遗址	县级文物保护单位，位于赵墩乡蛟龙掌村
阳川塬遗址	Yángchuānyuán Yízhǐ	文物遗址	县级文物保护单位，位于赵墩乡阳川村
前山头烽火台	Qiánshāntóu Fēnghuǒtái	文物遗址	县级文物保护单位，位于赵墩乡赵墩村
王庄墓群	Wángzhuāng Mùqún	文物遗址	县级文物保护单位，位于赵墩乡梨树湾村
朝那湫遗址	Cháonàqiū Yízhǐ	文物遗址	县级文物保护单位，位于郑河乡上寨村
天台山堡子	Tiāntáishānbǔzi	文物遗址	县级文物保护单位，位于郑河乡史川村
庄浪梯田	Zhuānglàng Tītián	文物遗址	省级文物保护单位
张家沟渡槽	Zhāngjiāgōu Dùcáo	文物遗址	县级文物保护单位，位于朱店镇西街村
语录碑	Yǔlù Bēi	文物遗址	县级文物保护单位，位于通化镇野赵村
云崖寺	Yún'ái Sì	宗教场所	韩店镇
紫荆山道观	Zǐjīngshān Dàoguān	宗教场所	水洛镇
永福寺	Yǒngfú Sì	宗教场所	朱店镇
水洛清真寺	Shuǐluò Qīngzhēnsì	宗教场所	水洛镇
刘河清真寺	Liúhé Qīngzhēnsì	宗教场所	韩店镇
岔沟清真寺	Chàgōu Qīngzhēnsì	宗教场所	韩店镇
野赵清真寺	Yězhào Qīngzhēnsì	宗教场所	通化镇
朱店中街基督教堂	Zhūdiànzhōngjiē Jīdū-jiàotáng	宗教场所	朱店镇
云崖寺国家森林公园	Yún'áisì Guójiā Sēnlín Gōngyuán	公园	韩店镇
紫荆山公园	Zǐjīngshān Gōngyuán	公园	水洛镇
朝那湫景区	Cháonāqiū Jǐngqū	景区	郑河乡
陈家洞景区	Chénjiādòng Jǐngqū	景区	通化镇
赵墩沟梯田生态风景区	Zhàodūngōu Tītián Shēngtài Fēngjǐngqū	景区	赵墩乡
水上公园	Shuǐshàng Gōngyuán	公园	水洛镇

建筑物

表 25

标准名称	汉语拼音	类别	备注
文化广场	Wénhuà Guǎngchǎng	广场	位于县城北滨河路北侧
紫荆广场	Zǐjīng Guǎngchǎng	广场	位于县城东大街南侧
朝阳广场	Cháoyáng Guǎngchǎng	广场	位于县城文昌街西侧
丹阳广场	Dānyáng Guǎngchǎng	广场	位于县城中宁南街南端
梯田广场	Tītián Guǎngchǎng	广场	位于县城开元路南侧
庄浪县体育中心	Zhuānglàng Xiàn Tǐyùzhōngxīn	体育场	位于县城公园街
庄浪五限吉国际商贸城	Zhuānglàng Wǔxiànjí Guójìshāngmàochéng	商场	位于县城西环路
庄浪县影剧院	Zhuānglàng Xiàn Yǐngjùyuàn	房屋	位于县城东大街南侧
庄浪县人民政府统办大楼	Zhuānglàng Xiàn Rénmínzhèngfǔ Tǒngbàn Dàlóu	楼	位于县城北滨河路
庄浪县救灾物资储备库	Zhuānglàng Xiàn Jiùzāiwùzī Chǔbèikù	房屋	位于南坪镇沈坪村
中国梯田化模范县	Zhōngguó Tītiánhuà Mófànxiàn	碑	位于县城开元路南侧梯田广场
生态环境建设纪念碑	Shēngtàihuánjìngjiànshè Jìniànbēi	碑	位于水洛镇二郎山顶
纪念毛定原诞辰一百周年	Jìniàn Máodìngyuán Dànchén Yībǎizhōunián	碑	县级文物保护单位，位于县城南滨河路

单 位

表 26

标准名称	汉语拼音	类别	所在行政区
中国共产党庄浪县委员会	Zhōngguógòngchǎndǎng Zhuānglàng Xiàn Wěiyuánhuì	党政机关	水洛镇
庄浪县人民代表大会常务委员会	Zhuānglàng Xiàn Rénmíndàibiǎodàhuì Chángwùwěiyuánhuì	党政机关	水洛镇
庄浪县人民政府	Zhuānglàng Xiàn Rénmínzhèngfǔ	党政机关	水洛镇
中国人民政治协商会议庄浪县委员会	Zhōngguórénmínzhèngzhìxiéshānghuìyì Zhuānglàng Xiàn Wěiyuánhuì	党政机关	水洛镇
中国共产党庄浪县纪律检查委员会	Zhōngguógòngchǎndǎng Zhuānglàng Xiàn Jìlǜjiǎnchá Wěiyuánhuì	党政机关	水洛镇
庄浪县人民检察院	Zhuānglàng Xiàn Rénmínjiǎncháyuàn	党政机关	水洛镇
庄浪县人民法院	Zhuānglàng Xiàn Rénmínfǎyuàn	党政机关	水洛镇
庄浪县司法局	Zhuānglàng Xiàn Sīfǎjú	党政机关	水洛镇
庄浪县公安局	Zhuānglàng Xiàn Gōng'ānjú	党政机关	水洛镇
庄浪县教育局	Zhuānglàng Xiàn Jiàoyùjú	党政机关	水洛镇
庄浪县民政局	Zhuānglàng Xiàn Mínzhèngjú	党政机关	水洛镇

续表 26

标准名称	汉语拼音	类别	所在行政区
庄浪县卫生和计划生育局	Zhuānglàng Xiàn Wèishēnghéjìhuàshēngyùjú	党政机关	水洛镇
庄浪县文体广电局	Zhuānglàng Xiàn Wéntǐguǎngdiànjú	党政机关	水洛镇
庄浪县国土资源局	Zhuānglàng Xiàn Guótǔzīyuánjú	党政机关	水洛镇
庄浪县住房和城乡规划建设局	Zhuānglàng Xiàn Zhùfánghéchéngxiāngguīhuàjiànshèjú	党政机关	水洛镇
庄浪县工商行政管理局	Zhuānglàng Xiàn Gōngshāngxíngzhèngguǎnlǐjú	党政机关	水洛镇
庄浪县交通运输局	Zhuānglàng Xiàn Jiāotōngyùnshūjú	党政机关	水洛镇
庄浪县水务局	Zhuānglàng Xiàn Shuǐwùjú	党政机关	水洛镇
庄浪县农牧局	Zhuānglàng Xiàn Nóngmùjú	党政机关	水洛镇
庄浪县林业局	Zhuānglàng Xiàn Línyèjú	党政机关	水洛镇
庄浪县人力资源和社会保障局	Zhuānglàng Xiàn Rénlìzīyuánhéshèhuìbǎozhàngjú	党政机关	水洛镇
庄浪县商务局	Zhuānglàng Xiàn Shāngwùjú	党政机关	水洛镇
庄浪县食品药品监督管理局	Zhuānglàng Xiàn Shípǐnyàopǐnjiāndūguǎnlǐjú	党政机关	水洛镇
庄浪县环境保护局	Zhuānglàng Xiàn Huánjìngbǎohùjú	党政机关	水洛镇
庄浪县税务局	Zhuānglàng Xiàn Shuìwùjú	党政机关	水洛镇
中国人民银行庄浪县支行	Zhōngguórénmínyínháng Zhuānglàng Xiàn Zhīháng	党政机关	水洛镇
水洛镇人民政府	Shuǐluò Zhèn Rénmínzhèngfǔ	党政机关	水洛镇
南湖镇人民政府	Nánhú Zhèn Rénmínzhèngfǔ	党政机关	南湖镇
朱店镇人民政府	Zhūdiàn Zhèn Rénmínzhèngfǔ	党政机关	朱店镇
万泉镇人民政府	Wànquán Zhèn Rénmínzhèngfǔ	党政机关	万泉镇
韩店镇人民政府	Hándiàn Zhèn Rénmínzhèngfǔ	党政机关	韩店镇
卧龙镇人民政府	Wòlóng Zhèn Rénmínzhèngfǔ	党政机关	卧龙镇
阳川镇人民政府	Yángchuān Zhèn Rénmínzhèngfǔ	党政机关	阳川镇
盘安镇人民政府	Pán'ān Zhèn Rénmínzhèngfǔ	党政机关	盘安镇
通化镇人民政府	Tōnghuà Zhèn Rénmínzhèngfǔ	党政机关	通化镇
大庄镇人民政府	Dàzhuāng Zhèn Rénmínzhèngfǔ	党政机关	大庄镇
永宁镇人民政府	Yǒngníng Zhèn Rénmínzhèngfǔ	党政机关	永宁镇
良邑镇人民政府	Liángyì Zhèn Rénmínzhèngfǔ	党政机关	良邑镇
岳堡镇人民政府	Yuèbǔ Zhèn Rénmínzhèngfǔ	党政机关	岳堡镇
柳梁镇人民政府	Liǔliáng Zhèn Rénmínzhèngfǔ	党政机关	柳梁镇
南坪镇人民政府	Nánpíng Zhèn Rénmínzhèngfǔ	党政机关	南坪镇
杨河乡人民政府	Yánghé Xiāng Rénmínzhèngfǔ	党政机关	杨河乡
赵墩乡人民政府	Zhàodūn Xiāng Rénmínzhèngfǔ	党政机关	赵墩乡
郑河乡人民政府	Zhènghé Xiāng Rénmínzhèngfǔ	党政机关	郑河乡

续表 26

标 准 名 称	汉 语 拼 音	类 别	所在行政区
庄浪县看守所	Zhuānglàng Xiàn Kānshǒusuǒ	党政机关	水洛镇
庄浪县公安局城关派出所	Zhuānglàng Xiàn Gōng'ānjú Chéngguān Pàichūsuǒ	党政机关	水洛镇
庄浪县公安局水洛派出所	Zhuānglàng Xiàn Gōng'ānjú Shuǐluò Pàichūsuǒ	党政机关	水洛镇
庄浪县公安局南湖派出所	Zhuānglàng Xiàn Gōng'ānjú Nánhú Pàichūsuǒ	党政机关	南湖镇
庄浪县公安局朱店派出所	Zhuānglàng Xiàn Gōng'ānjú Zhūdiàn Pàichūsuǒ	党政机关	朱店镇
庄浪县公安局万泉派出所	Zhuānglàng Xiàn Gōng'ānjú Wànquán Pàichūsuǒ	党政机关	万泉镇
庄浪县公安局韩店派出所	Zhuānglàng Xiàn Gōng'ānjú Hándiàn Pàichūsuǒ	党政机关	韩店镇
庄浪县公安局卧龙派出所	Zhuānglàng Xiàn Gōng'ānjú Wòlóng Pàichūsuǒ	党政机关	卧龙镇
庄浪县公安局阳川派出所	Zhuānglàng Xiàn Gōng'ānjú Yángchuān Pàichūsuǒ	党政机关	大庄镇
庄浪县公安局盘安派出所	Zhuānglàng Xiàn Gōng'ānjú Pán'ān Pàichūsuǒ	党政机关	盘安镇
庄浪县公安局通化派出所	Zhuānglàng Xiàn Gōng'ānjú Tōnghuà Pàichūsuǒ	党政机关	通化镇
庄浪县公安局永宁派出所	Zhuānglàng Xiàn Gōng'ānjú Yǒngníng Pàichūsuǒ	党政机关	良邑镇
庄浪县公安局岳堡派出所	Zhuānglàng Xiàn Gōng'ānjú Yuèbǔ Pàichūsuǒ	党政机关	岳堡镇
中国人民解放军甘肃省庄浪县人民武装部	Zhōngguórénmínjiěfàngjūn Gānsù Shěng Zhuānglàng Xiàn Rénmínwǔzhuāngbù	军事单位	水洛镇
中国人民武装警察部队庄浪县中队	Zhōngguórénmínwǔzhuāngjǐngchábùduì Zhuānglàng Xiàn Zhōngduì	军事单位	水洛镇
中国共产党庄浪县委员会党校	Zhōngguógòngchǎndǎng Zhuānglàng Xiàn Wěiyuánhuì Dǎngxiào	事业单位	水洛镇
庄浪县职业教育中心	Zhuānglàng Xiàn Zhíyèjiàoyù Zhōngxīn	事业单位	水洛镇
甘肃省庄浪县第一中学	Gānsù Shěng Zhuānglàng Xiàn Dì-1 Zhōngxué	事业单位	水洛镇
庄浪县第二中学	Zhuānglàng Xiàn Dì-2 Zhōngxué	事业单位	南湖镇
庄浪县第三中学	Zhuānglàng Xiàn Dì-3 Zhōngxué	事业单位	水洛镇
庄浪县第四中学	Zhuānglàng Xiàn Dì-4 Zhōngxué	事业单位	水洛镇
庄浪县紫荆中学	Zhuānglàng Xiàn Zǐjīng Zhōngxué	事业单位	水洛镇
庄浪县水洛中学	Zhuānglàng Xiàn Shuǐluò Zhōngxué	事业单位	水洛镇
庄浪县思源实验学校	Zhuānglàng Xiàn Sīyuán Shíyàn Xuéxiào	事业单位	南坪镇
庄浪县南湖中学	Zhuānglàng Xiàn Nánhú Zhōngxué	事业单位	南湖镇
庄浪县南湖镇曹湾九年制学校	Zhuānglàng Xiàn Nánhú Zhèn Cáowān Jiǔniánzhì Xuéxiào	事业单位	南湖镇
庄浪县朱店中学	Zhuānglàng Xiàn Zhūdiàn Zhōngxué	事业单位	朱店镇
庄浪县万泉中学	Zhuānglàng Xiàn Wànquán Zhōngxué	事业单位	万泉镇
庄浪县韩店农业中学	Zhuānglàng Xiàn Hándiàn Nóngyè Zhōngxué	事业单位	韩店镇
庄浪县卧龙中学	Zhuānglàng Xiàn Wòlóng Zhōngxué	事业单位	卧龙镇
庄浪县白堡中学	Zhuānglàng Xiàn Báibǔ Zhōngxué	事业单位	卧龙镇
庄浪县阳川中学	Zhuānglàng Xiàn Yángchuān Zhōngxué	事业单位	阳川镇

续表 26

标准名称	汉语拼音	类别	所在行政区
庄浪县李湾中学	Zhuānglàng Xiàn Lǐwān Zhōngxué	事业单位	阳川镇
庄浪县盘安中学	Zhuānglàng Xiàn Pán'ān Zhōngxué	事业单位	盘安镇
庄浪县颉崖中学	Zhuānglàng Xiàn Xié'ái Zhōngxué	事业单位	盘安镇
庄浪县通化中学	Zhuānglàng Xiàn Tōnghuà Zhōngxué	事业单位	通化镇
庄浪县通边中学	Zhuānglàng Xiàn Tōngbiān Zhōngxué	事业单位	通化镇
庄浪县大庄中学	Zhuānglàng Xiàn Dàzhuāng Zhōngxué	事业单位	大庄镇
庄浪县刘庙中学	Zhuānglàng Xiàn Liúmiào Zhōngxué	事业单位	大庄镇
庄浪县永宁中学	Zhuānglàng Xiàn Yǒngníng Zhōngxué	事业单位	永宁镇
庄浪县良邑中学	Zhuānglàng Xiàn Liángyì Zhōngxué	事业单位	良邑镇
庄浪县岳堡中学	Zhuānglàng Xiàn Yuèbǔ Zhōngxué	事业单位	岳堡镇
庄浪县柳梁中学	Zhuānglàng Xiàn Liǔliáng Zhōngxué	事业单位	柳梁镇
庄浪县南坪中学	Zhuānglàng Xiàn Nánpíng Zhōngxué	事业单位	南坪镇
庄浪县杨河中学	Zhuānglàng Xiàn Yánghé Zhōngxué	事业单位	杨河乡
庄浪县赵墩中学	Zhuānglàng Xiàn Zhàodūn Zhōngxué	事业单位	赵墩乡
庄浪县郑河中学	Zhuānglàng Xiàn Zhènghé Zhōngxué	事业单位	郑河乡
庄浪县第一小学	Zhuānglàng Xiàn Dì-1 Xiǎoxué	事业单位	水洛镇
庄浪县第二小学	Zhuānglàng Xiàn Dì-2 Xiǎoxué	事业单位	水洛镇
庄浪县第三小学	Zhuānglàng Xiàn Dì-3 Xiǎoxué	事业单位	水洛镇
庄浪县实验小学	Zhuānglàng Xiàn Shíyàn Xiǎoxué	事业单位	水洛镇
庄浪县水洛镇文湾小学	Zhuānglàng Xiàn Shuǐluò Zhèn Wénwān Xiǎoxué	事业单位	水洛镇
庄浪县水洛镇二李教学点	Zhuānglàng Xiàn Shuǐluò Zhèn Èrlǐ Jiàoxuédiǎn	事业单位	水洛镇
庄浪县水洛镇峰山教学点	Zhuānglàng Xiàn Shuǐluò Zhèn Fēngshān Jiàoxuédiǎn	事业单位	水洛镇
庄浪县水洛镇郭堡小学	Zhuānglàng Xiàn Shuǐluò Zhèn Guōbǔ Xiǎoxué	事业单位	水洛镇
庄浪县水洛镇李碾小学	Zhuānglàng Xiàn Shuǐluò Zhèn Lǐniǎn Xiǎoxué	事业单位	水洛镇
庄浪县水洛镇文沟小学	Zhuānglàng Xiàn Shuǐluò Zhèn Wéngōu Xiǎoxué	事业单位	水洛镇
庄浪县水洛镇新光教学点	Zhuānglàng Xiàn Shuǐluò Zhèn Xīnguāng Jiàoxuédiǎn	事业单位	水洛镇
庄浪县水洛镇徐碾小学	Zhuānglàng Xiàn Shuǐluò Zhèn Xúniǎn Xiǎoxué	事业单位	水洛镇
庄浪县水洛镇中川小学	Zhuānglàng Xiàn Shuǐluò Zhèn Zhōngchuān Xiǎoxué	事业单位	水洛镇
庄浪县南湖小学	Zhuānglàng Xiàn Nánhú Xiǎoxué	事业单位	南湖镇
庄浪县南湖镇高房小学	Zhuānglàng Xiàn Nánhú Zhèn Gāofáng Xiǎoxué	事业单位	南湖镇
庄浪县南湖镇寺门小学	Zhuānglàng Xiàn Nánhú Zhèn Sìmén Xiǎoxué	事业单位	南湖镇
庄浪县南湖镇席河小学	Zhuānglàng Xiàn Nánhú Zhèn Xíhé Xiǎoxué	事业单位	南湖镇

续表 26

标准名称	汉语拼音	类别	所在行政区
庄浪县南湖镇石峡小学	Zhuānglàng Xiàn Nánhú Zhèn Shíxiá Xiǎoxué	事业单位	南湖镇
庄浪县南湖镇双堡小学	Zhuānglàng Xiàn Nánhú Zhèn Shuāngbǔ Xiǎoxué	事业单位	南湖镇
庄浪县南湖镇孙家大庄教学点	Zhuānglàng Xiàn Nánhú Zhèn Sūnjiādàzhuāng Jiàoxuédiǎn	事业单位	南湖镇
庄浪县南湖镇庙岔教学点	Zhuānglàng Xiàn Nánhú Zhèn Miàochà Jiàoxuédiǎn	事业单位	南湖镇
庄浪县南湖镇李湾教学点	Zhuānglàng Xiàn Nánhú Zhèn Lǐwān Jiàoxuédiǎn	事业单位	南湖镇
庄浪县朱店小学	Zhuānglàng Xiàn Zhūdiàn Xiǎoxué	事业单位	朱店镇
庄浪县朱店镇三合小学	Zhuānglàng Xiàn Zhūdiàn Zhèn Sānhé Xiǎoxué	事业单位	朱店镇
庄浪县朱店镇董湾小学	Zhuānglàng Xiàn Zhūdiàn Zhèn Dǒngwān Xiǎoxué	事业单位	朱店镇
庄浪县朱店镇小湾小学	Zhuānglàng Xiàn Zhūdiàn Zhèn Xiǎowān Xiǎoxué	事业单位	朱店镇
庄浪县朱店镇朱河小学	Zhuānglàng Xiàn Zhūdiàn Zhèn Zhūhé Xiǎoxué	事业单位	朱店镇
庄浪县朱店镇毛柳小学	Zhuānglàng Xiàn Zhūdiàn Zhèn Máoliǔ Xiǎoxué	事业单位	朱店镇
庄浪县朱店镇高庙小学	Zhuānglàng Xiàn Zhūdiàn Zhèn Gāomiào Xiǎoxué	事业单位	朱店镇
庄浪县朱店镇牛咀教学点	Zhuānglàng Xiàn Zhūdiàn Zhèn Niúzuǐ Jiàoxuédiǎn	事业单位	朱店镇
庄浪县朱店镇王川小学	Zhuānglàng Xiàn Zhūdiàn Zhèn Wángchuān Xiǎoxué	事业单位	朱店镇
庄浪县朱店镇万柳教学点	Zhuānglàng Xiàn Zhūdiàn Zhèn Wànliǔ Jiàoxuédiǎn	事业单位	朱店镇
庄浪县朱店镇柳窑小学	Zhuānglàng Xiàn Zhūdiàn Zhèn Liǔyáo Xiǎoxué	事业单位	朱店镇
庄浪县朱店镇柳李小学	Zhuānglàng Xiàn Zhūdiàn Zhèn Liǔlǐ Xiǎoxué	事业单位	朱店镇
庄浪县朱店镇王坪教学点	Zhuānglàng Xiàn Zhūdiàn Zhèn Wángpíng Jiàoxuédiǎn	事业单位	朱店镇
庄浪县朱店镇马沟教学点	Zhuānglàng Xiàn Zhūdiàn Zhèn Mǎgōu Jiàoxuēdiǎn	事业单位	朱店镇
庄浪县万泉镇中心小学	Zhuānglàng Xiàn Wànquán Zhèn Zhōngxīn Xiǎoxué	事业单位	万泉镇
庄浪县万泉镇福和希望小学	Zhuānglàng Xiàn Wànquán Zhèn Fúhé Xīwàng Xiǎoxué	事业单位	万泉镇
庄浪县万泉镇徐城小学	Zhuānglàng Xiàn Wànquán Zhèn Xúchéng Xiǎoxué	事业单位	万泉镇
庄浪县万泉镇霍李小学	Zhuānglàng Xiàn Wànquán Zhèn Huòlǐ Xiǎoxué	事业单位	万泉镇
庄浪县万泉镇田坪小学	Zhuānglàng Xiàn Wànquán Zhèn Tiánpíng Xiǎoxué	事业单位	万泉镇
庄浪县万泉镇史沟小学	Zhuānglàng Xiàn Wànquán Zhèn Shǐgōu Xiǎoxué	事业单位	万泉镇
庄浪县万泉镇邵坪小学	Zhuānglàng Xiàn Wànquán Zhèn Shàopíng Xiǎoxué	事业单位	万泉镇
庄浪县万泉镇阳坡小学	Zhuānglàng Xiàn Wànquán Zhèn Yángpō Xiǎoxué	事业单位	万泉镇
庄浪县万泉镇王岔小学	Zhuānglàng Xiàn Wànquán Zhèn Wángchà Xiǎoxué	事业单位	万泉镇
庄浪县万泉镇高川小学	Zhuānglàng Xiàn Wànquán Zhèn Gāochuān Xiǎoxué	事业单位	万泉镇
庄浪县万泉镇田湾教学点	Zhuānglàng Xiàn Wànquán Zhèn Tiánwān Jiàoxuédiǎn	事业单位	万泉镇
庄浪县万泉镇东沟教学点	Zhuānglàng Xiàn Wànquán Zhèn Dōnggōu Jiàoxuédiǎn	事业单位	万泉镇
庄浪县韩店小学	Zhuānglàng Xiàn Hándiàn Xiǎoxué	事业单位	韩店镇

续表 26

标 准 名 称	汉 语 拼 音	类 别	所在行政区
庄浪县韩店镇试雨小学	Zhuānglàng Xiàn Hándiàn Zhèn Shìyǔ Xiǎoxué	事业单位	韩店镇
庄浪县韩店镇武家小学	Zhuānglàng Xiàn Hándiàn Zhèn Wǔjiā Xiǎoxué	事业单位	韩店镇
庄浪县韩店镇刘咀教学点	Zhuānglàng Xiàn Hándiàn Zhèn Liúzuǐ Jiàoxuédiǎn	事业单位	韩店镇
庄浪县韩店镇石桥小学	Zhuānglàng Xiàn Hándiàn Zhèn Shíqiáo Xiǎoxué	事业单位	韩店镇
庄浪县韩店镇潘河小学	Zhuānglàng Xiàn Hándiàn Zhèn Pānhé Xiǎoxué	事业单位	韩店镇
庄浪县韩店镇菜湾小学	Zhuānglàng Xiàn Hándiàn Zhèn Càiwān Xiǎoxué	事业单位	韩店镇
庄浪县韩店镇王崖小学	Zhuānglàng Xiàn Hándiàn Zhèn Wáng'ái Xiǎoxué	事业单位	韩店镇
庄浪县韩店镇刘河教学点	Zhuānglàng Xiàn Hándiàn Zhèn Liúhé Jiàoxuédiǎn	事业单位	韩店镇
庄浪县卧龙小学	Zhuānglàng Xiàn Wòlóng Xiǎoxué	事业单位	卧龙镇
庄浪县卧龙镇马湾小学	Zhuānglàng Xiàn Wòlóng Zhèn Mǎwān Xiǎoxué	事业单位	卧龙镇
庄浪县卧龙镇魏湾小学	Zhuānglàng Xiàn Wòlóng Zhèn Wèiwān Xiǎoxué	事业单位	卧龙镇
庄浪县卧龙镇阳坡小学	Zhuānglàng Xiàn Wòlóng Zhèn Yángpō Xiǎoxué	事业单位	卧龙镇
庄浪县卧龙镇山赵小学	Zhuānglàng Xiàn Wòlóng Zhèn Shānzhào Xiǎoxué	事业单位	卧龙镇
庄浪县卧龙镇大庄小学	Zhuānglàng Xiàn Wòlóng Zhèn Dàzhuāng Xiǎoxué	事业单位	卧龙镇
庄浪县卧龙镇下杨教学点	Zhuānglàng Xiàn Wòlóng Zhèn Xiàyáng Jiàoxuédiǎn	事业单位	卧龙镇
庄浪县卧龙镇石山小学	Zhuānglàng Xiàn Wòlóng Zhèn Shíshān Xiǎoxué	事业单位	卧龙镇
庄浪县卧龙镇白堡小学	Zhuānglàng Xiàn Wòlóng Zhèn Báibǔ Xiǎoxué	事业单位	卧龙镇
庄浪县卧龙镇刘罗小学	Zhuānglàng Xiàn Wòlóng Zhèn Liúluó Xiǎoxué	事业单位	卧龙镇
庄浪县卧龙镇张山小学	Zhuānglàng Xiàn Wòlóng Zhèn Zhāngshān Xiǎoxué	事业单位	卧龙镇
庄浪县卧龙镇仇梁小学	Zhuānglàng Xiàn Wòlóng Zhèn Qiúliáng Xiǎoxué	事业单位	卧龙镇
庄浪县卧龙镇杨魏小学	Zhuānglàng Xiàn Wòlóng Zhèn Yángwèi Xiǎoxué	事业单位	卧龙镇
庄浪县阳川小学	Zhuānglàng Xiàn Yángchuān Xiǎoxué	事业单位	阳川镇
庄浪县阳川镇下堡子小学	Zhuānglàng Xiàn Yángchuān Zhèn Xiàbǔzi Xiǎoxué	事业单位	阳川镇
庄浪县阳川镇孙王小学	Zhuānglàng Xiàn Yángchuān Zhèn Sūnwáng Xiǎoxué	事业单位	阳川镇
庄浪县阳川镇台咀小学	Zhuānglàng Xiàn Yángchuān Zhèn Táizuǐ Xiǎoxué	事业单位	阳川镇
庄浪县阳川镇李湾小学	Zhuānglàng Xiàn Yángchuān Zhèn Lǐwān Xiǎoxué	事业单位	阳川镇
庄浪县阳川镇大湾小学	Zhuānglàng Xiàn Yángchuān Zhèn Dàwān Xiǎoxué	事业单位	阳川镇
庄浪县阳川镇李咀小学	Zhuānglàng Xiàn Yángchuān Zhèn Lǐzuǐ Xiǎoxué	事业单位	阳川镇
庄浪县阳川镇西湾小学	Zhuānglàng Xiàn Yángchuān Zhèn Xīwān Xiǎoxué	事业单位	阳川镇
庄浪县盘安小学	Zhuānglàng Xiàn Pán'ān Xiǎoxué	事业单位	盘安镇
庄浪县盘安镇阴坡小学	Zhuānglàng Xiàn Pán'ān Zhèn Yīnpō Xiǎoxué	事业单位	盘安镇
庄浪县盘安镇王福下庄小学	Zhuānglàng Xiàn Pán'ān Zhèn Wángfúxiàzhuāng Xiǎoxué	事业单位	盘安镇

续表 26

标 准 名 称	汉 语 拼 音	类 别	所在行政区
庄浪县盘安镇王福上庄小学	Zhuānglàng Xiàn Pán'ān Zhèn Wángfúshàngzhuāng Xiǎoxué	事业单位	盘安镇
庄浪县盘安镇湾李小学	Zhuānglàng Xiàn Pán'ān Zhèn Wānlǐ Xiǎoxué	事业单位	盘安镇
庄浪县盘安镇宋家小学	Zhuānglàng Xiàn Pán'ān Zhèn Sòngjiā Xiǎoxué	事业单位	盘安镇
庄浪县盘安镇申湾小学	Zhuānglàng Xiàn Pán'ān Zhèn Shēnwān Xiǎoxué	事业单位	盘安镇
庄浪县盘安镇刘陈小学	Zhuānglàng Xiàn Pán'ān Zhèn Liúchén Xiǎoxué	事业单位	盘安镇
庄浪县盘安镇颉崖小学	Zhuānglàng Xiàn Pán'ān Zhèn Xié'ái Xiǎoxué	事业单位	盘安镇
庄浪县盘安镇焦湾小学	Zhuānglàng Xiàn Pán'ān Zhèn Jiāowān Xiǎoxué	事业单位	盘安镇
庄浪县盘安镇岔李小学	Zhuānglàng Xiàn Pán'ān Zhèn Chàlǐ Xiǎoxué	事业单位	盘安镇
庄浪县盘安镇托神教学点	Zhuānglàng Xiàn Pán'ān Zhèn Tuōshén Jiàoxuédiǎn	事业单位	盘安镇
庄浪县盘安镇孙沟教学点	Zhuānglàng Xiàn Pán'ān Zhèn Sūngōu Jiàoxuédiǎn	事业单位	盘安镇
庄浪县盘安镇雷家教学点	Zhuānglàng Xiàn Pán'ān Zhèn Léijiā Jiàoxuédiǎn	事业单位	盘安镇
庄浪县盘安镇樊庙教学点	Zhuānglàng Xiàn Pán'ān Zhèn Fánmiào Jiàoxuédiǎn	事业单位	盘安镇
庄浪县通化镇中心小学	Zhuānglàng Xiàn Tōnghuà Zhèn Zhōngxīn Xiǎoxué	事业单位	通化镇
庄浪县通化镇通边小学	Zhuānglàng Xiàn Tōnghuà Zhèn Tōngbiān Xiǎoxué	事业单位	通化镇
庄浪县通化镇陈堡小学	Zhuānglàng Xiàn Tōnghuà Zhèn Chénbǔ Xiǎoxué	事业单位	通化镇
庄浪县通化镇高崖韩小学	Zhuānglàng Xiàn Tōnghuà Zhèn Gāo'áihán Xiǎoxué	事业单位	通化镇
庄浪县通化镇梅堡小学	Zhuānglàng Xiàn Tōnghuà Zhèn Méibǔ Xiǎoxué	事业单位	通化镇
庄浪县通化镇新后庄小学	Zhuānglàng Xiàn Tōnghuà Zhèn Xīnhòuzhuāng Xiǎoxué	事业单位	通化镇
庄浪县通化镇朱庙小学	Zhuānglàng Xiàn Tōnghuà Zhèn Zhūmiào Xiǎoxué	事业单位	通化镇
庄浪县通化镇野赵小学	Zhuānglàng Xiàn Tōnghuà Zhèn Yězhào Xiǎoxué	事业单位	通化镇
庄浪县通化镇梁河小学	Zhuānglàng Xiàn Tōnghuà Zhèn Liánghé Xiǎoxué	事业单位	通化镇
庄浪县大庄镇中心小学	Zhuānglàng Xiàn Dàzhuāng Zhèn Zhōngxīn Xiǎoxué	事业单位	大庄镇
庄浪县大庄镇刘庙小学	Zhuānglàng Xiàn Dàzhuāng Zhèn Liúmiào Xiǎoxué	事业单位	大庄镇
庄浪县大庄镇张湾小学	Zhuānglàng Xiàn Dàzhuāng Zhèn Zhāngwān Xiǎoxué	事业单位	大庄镇
庄浪县大庄镇杨局小学	Zhuānglàng Xiàn Dàzhuāng Zhèn Yángjú Xiǎoxué	事业单位	大庄镇
庄浪县大庄镇杨湾小学	Zhuānglàng Xiàn Dàzhuāng Zhèn Yángwān Xiǎoxué	事业单位	大庄镇
庄浪县大庄镇丁山教学点	Zhuānglàng Xiàn Dàzhuāng Zhèn Dīngshān Jiàoxuédiǎn	事业单位	大庄镇
庄浪县大庄镇红星教学点	Zhuānglàng Xiàn Dàzhuāng Zhèn Hóngxīng Jiàoxuédiǎn	事业单位	大庄镇
庄浪县大庄镇老山沟教学点	Zhuānglàng Xiàn Dàzhuāng Zhèn Lǎoshāngōu Jiàoxuédiǎn	事业单位	大庄镇
庄浪县永宁小学	Zhuānglàng Xiàn Yǒngníng Xiǎoxué	事业单位	永宁镇
庄浪县永宁镇河湾小学	Zhuānglàng Xiàn Yǒngníng Zhèn Héwān Xiǎoxué	事业单位	永宁镇
庄浪县永宁镇宋堡小学	Zhuānglàng Xiàn Yǒngníng Zhèn Sòngbǔ Xiǎoxué	事业单位	永宁镇

续表 26

标 准 名 称	汉 语 拼 音	类 别	所在行政区
庄浪县永宁镇鱼儿咀小学	Zhuānglàng Xiàn Yǒngníng Zhèn Yúrzuǐ Xiǎoxué	事业单位	永宁镇
庄浪县永宁镇苏山教学点	Zhuānglàng Xiàn Yǒngníng Zhèn Sūshān Jiàoxuédiǎn	事业单位	永宁镇
庄浪县永宁镇阳屲小学	Zhuānglàng Xiàn Yǒngníng Zhèn Yángwā Xiǎoxué	事业单位	永宁镇
庄浪县良邑小学	Zhuānglàng Xiàn Liángyì Xiǎoxué	事业单位	良邑镇
庄浪县良邑镇李咀小学	Zhuānglàng Xiàn Liángyì Zhèn Lǐzuǐ Xiǎoxué	事业单位	良邑镇
庄浪县良邑镇杨王小学	Zhuānglàng Xiàn Liángyì Zhèn Yángwáng Xiǎoxué	事业单位	良邑镇
庄浪县良邑镇何川小学	Zhuānglàng Xiàn Liángyì Zhèn Héchuān Xiǎoxué	事业单位	良邑镇
庄浪县良邑镇陈峡小学	Zhuānglàng Xiàn Liángyì Zhèn Chénxiá Xiǎoxué	事业单位	良邑镇
庄浪县良邑镇苏苗塬教学点	Zhuānglàng Xiàn Liángyì Zhèn Sūmiáoyuán Jiàoxuédiǎn	事业单位	良邑镇
庄浪县良邑镇王家山庄教学点	Zhuānglàng Xiàn Liángyì Zhèn Wángjiāshānzhuāng Jiàoxuédiǎn	事业单位	良邑镇
庄浪县岳堡小学	Zhuānglàng Xiàn Yuèbǔ Xiǎoxué	事业单位	岳堡镇
庄浪县岳堡镇吴家小学	Zhuānglàng Xiàn Yuèbǔ Zhèn Wújiā Xiǎoxué	事业单位	岳堡镇
庄浪县岳堡镇崔家小学	Zhuānglàng Xiàn Yuèbǔ Zhèn Cuījiā Xiǎoxué	事业单位	岳堡镇
庄浪县岳堡镇蒋寺小学	Zhuānglàng Xiàn Yuèbǔ Zhèn Jiǎngsì Xiǎoxué	事业单位	岳堡镇
庄浪县岳堡镇下阎教学点	Zhuānglàng Xiàn Yuèbǔ Zhèn Xiàyán Jiàoxuédiǎn	事业单位	岳堡镇
庄浪县柳梁小学	Zhuānglàng Xiàn Liǔliáng Xiǎoxué	事业单位	柳梁镇
庄浪县柳梁镇李山小学	Zhuānglàng Xiàn Liǔliáng Zhèn Lǐshān Xiǎoxué	事业单位	柳梁镇
庄浪县柳梁镇陈山小学	Zhuānglàng Xiàn Liǔliáng Zhèn Chénshān Xiǎoxué	事业单位	柳梁镇
庄浪县柳梁镇牛沟小学	Zhuānglàng Xiàn Liǔliáng Zhèn Niúgōu Xiǎoxué	事业单位	柳梁镇
庄浪县柳梁镇大庄小学	Zhuānglàng Xiàn Liǔliáng Zhèn Dàzhuāng Xiǎoxué	事业单位	柳梁镇
庄浪县柳梁镇河湾小学	Zhuānglàng Xiàn Liǔliáng Zhèn Héwān Xiǎoxué	事业单位	柳梁镇
庄浪县柳梁镇李堡教学点	Zhuānglàng Xiàn Liǔliáng Zhèn Lǐbǔ Jiàoxuédiǎn	事业单位	柳梁镇
庄浪县柳梁镇阳屲小学	Zhuānglàng Xiàn Liǔliáng Zhèn Yángwā Xiǎoxué	事业单位	柳梁镇
庄浪县柳梁镇周蒲小学	Zhuānglàng Xiàn Liǔliáng Zhèn Zhōupú Xiǎoxué	事业单位	柳梁镇
庄浪县柳梁镇乱庄小学	Zhuānglàng Xiàn Liǔliáng Zhèn Luànzhuāng Xiǎoxué	事业单位	柳梁镇
庄浪县南坪镇中心小学	Zhuānglàng Xiàn Nánpíng Zhèn Zhōngxīn Xiǎoxué	事业单位	南坪镇
庄浪县南坪镇刘靳小学	Zhuānglàng Xiàn Nánpíng Zhèn Liújìn Xiǎoxué	事业单位	南坪镇
庄浪县南坪镇寺门小学	Zhuānglàng Xiàn Nánpíng Zhèn Sìmén Xiǎoxué	事业单位	南坪镇
庄浪县南坪镇沈坪小学	Zhuānglàng Xiàn Nánpíng Zhèn Shěnpíng Xiǎoxué	事业单位	南坪镇
庄浪县南坪镇刘窑小学	Zhuānglàng Xiàn Nánpíng Zhèn Liúyáo Xiǎoxué	事业单位	南坪镇
庄浪县南坪镇苏坪小学	Zhuānglàng Xiàn Nánpíng Zhèn Sūpíng Xiǎoxué	事业单位	南坪镇
庄浪县南坪镇史湾小学	Zhuānglàng Xiàn Nánpíng Zhèn Shǐwān Xiǎoxué	事业单位	南坪镇

续表 26

标 准 名 称	汉 语 拼 音	类 别	所在行政区
庄浪县南坪镇史坪小学	Zhuānglàng Xiàn Nánpíng Zhèn Shǐpíng Xiǎoxué	事业单位	南坪镇
庄浪县南坪镇高庄教学点	Zhuānglàng Xiàn Nánpíng Zhèn Gāozhuāng Jiàoxuédiǎn	事业单位	南坪镇
庄浪县南坪镇中靳教学点	Zhuānglàng Xiàn Nánpíng Zhèn Zhōngjìn Jiàoxuédiǎn	事业单位	南坪镇
庄浪县南坪镇王沟教学点	Zhuānglàng Xiàn Nánpíng Zhèn Wánggōu Jiàoxuédiǎn	事业单位	南坪镇
庄浪县南坪镇刘堡小学	Zhuānglàng Xiàn Nánpíng Zhèn Liúbǔ Xiǎoxué	事业单位	南坪镇
庄浪县南坪镇杨川教学点	Zhuānglàng Xiàn Nánpíng Zhèn Yángchuān Jiàoxuédiǎn	事业单位	南坪镇
庄浪县杨河小学	Zhuānglàng Xiàn Yánghé Xiǎoxué	事业单位	杨河乡
庄浪县杨河乡马寺小学	Zhuānglàng Xiàn Yánghé Xiāng Mǎsì Xiǎoxué	事业单位	杨河乡
庄浪县杨河乡马阳屲小学	Zhuānglàng Xiàn Yánghé Xiāng Mǎyángwā Xiǎoxué	事业单位	杨河乡
庄浪县杨河乡大庄小学	Zhuānglàng Xiàn Yánghé Xiāng Dàzhuāng Xiǎoxué	事业单位	杨河乡
庄浪县杨河乡寺岔小学	Zhuānglàng Xiàn Yánghé Xiāng Sìchà Xiǎoxué	事业单位	杨河乡
庄浪县杨河乡李庄小学	Zhuānglàng Xiàn Yánghé Xiāng Lǐzhuāng Xiǎoxué	事业单位	杨河乡
庄浪县赵墩小学	Zhuānglàng Xiàn Zhàodūn Xiǎoxué	事业单位	赵墩乡
庄浪县赵墩乡阳川小学	Zhuānglàng Xiàn Zhàodūn Xiāng Yángchuān Xiǎoxué	事业单位	赵墩乡
庄浪县赵墩乡梨湾小学	Zhuānglàng Xiàn Zhàodūn Xiāng Líwān Xiǎoxué	事业单位	赵墩乡
庄浪县赵墩乡裴堡小学	Zhuānglàng Xiàn Zhàodūn Xiāng Péibǔ Xiǎoxué	事业单位	赵墩乡
庄浪县赵墩乡蛟龙寺小学	Zhuānglàng Xiàn Zhàodūn Xiāng Jiāolóngsì Xiǎoxué	事业单位	赵墩乡
庄浪县赵墩乡关道教学点	Zhuānglàng Xiàn Zhàodūn Xiāng Guāndào Jiàoxuédiǎn	事业单位	赵墩乡
庄浪县郑河小学	Zhuānglàng Xiàn Zhènghé Xiǎoxué	事业单位	郑河乡
庄浪县郑河乡上寨小学	Zhuānglàng Xiàn Zhènghé Xiāng Shàngzhài Xiǎoxué	事业单位	郑河乡
庄浪县郑河乡阴屲小学	Zhuānglàng Xiàn Zhènghé Xiāng Yīnwā Xiǎoxué	事业单位	郑河乡
庄浪县郑河乡卢屲小学	Zhuānglàng Xiàn Zhènghé Xiāng Lúwā Xiǎoxué	事业单位	郑河乡
庄浪县郑河乡庙川小学	Zhuānglàng Xiàn Zhènghé Xiāng Miàochuān Xiǎoxué	事业单位	郑河乡
庄浪县第一幼儿园	Zhuānglàngxiàn Dì-1 Yòu'éryuán	事业单位	水洛镇
庄浪县第二幼儿园	Zhuānglàngxiàn Dì-2 Yòu'éryuán	事业单位	水洛镇
庄浪县第三幼儿园	Zhuānglàngxiàn Dì-3 Yòu'éryuán	事业单位	水洛镇
庄浪县第四幼儿园	Zhuānglàngxiàn Dì-4 Yòu'éryuán	事业单位	水洛镇
庄浪县第五幼儿园	Zhuānglàng Xiàn Dì-5 You'éryuán	事业单位	水洛镇
庄浪县南湖镇中心幼儿园	Zhuānglàng Xiàn Nánhú Zhèn Zhōngxīn Yòu'éryuán	事业单位	南湖镇
庄浪县南湖镇寺门幼儿园	Zhuānglàng Xiàn Nánhú Zhèn Sìmén Yòu'éryuán	事业单位	南湖镇
庄浪县南湖镇石阳幼儿园	Zhuānglàng Xiàn Nánhú Zhèn Shíyáng Yòu'éryuán	事业单位	南湖镇
庄浪县朱店镇吴沟幼儿园	Zhuānglàng Xiàn Zhūdiàn Zhèn Wúgōu Yòu'éryuán	事业单位	朱店镇

续表 26

标准名称	汉语拼音	类别	所在行政区
庄浪县万泉镇中心幼儿园	Zhuānglàng Xiàn Wànquán Zhèn Zhōngxīn Yòu'éryuán	事业单位	万泉镇
庄浪县韩店镇中心幼儿园	Zhuānglàng Xiàn Hándiàn Zhèn Zhōngxīn Yòu'éryuán	事业单位	韩店镇
庄浪县卧龙镇中心幼儿园	Zhuānglàng Xiàn Wòlóng Zhèn Zhōngxīn Yòu'éryuán	事业单位	卧龙镇
庄浪县阳川镇中心幼儿园	Zhuānglàng Xiàn Yángchuān Zhèn Zhōngxīn Yòu'éryuán	事业单位	阳川镇
庄浪县盘安镇中心幼儿园	Zhuānglàng Xiàn Pán'ān Zhèn Zhōngxīn Yòu'éryuán	事业单位	盘安镇
庄浪县通化镇中心幼儿园	Zhuānglàng Xiàn Tōnghuà Zhèn Zhōngxīn Yòu'éryuán	事业单位	通化镇
庄浪县永宁镇中心幼儿园	Zhuānglàng Xiàn Yǒngníng Zhèn Zhōngxīn Yòu'éryuán	事业单位	永宁镇
庄浪县良邑镇中心幼儿园	Zhuānglàng Xiàn Liángyì Zhèn Zhōngxīn Yòu'éryuán	事业单位	良邑镇
庄浪县良邑镇滴水崖幼儿园	Zhuānglàng Xiàn Liángyì Zhèn Dīshuǐ'ái Yòu'éryuán	事业单位	良邑镇
庄浪县岳堡镇中心幼儿园	Zhuānglàng Xiàn Yuèbǔ Zhèn Zhōngxīn Yòu'éryuán	事业单位	岳堡镇
庄浪县岳堡镇向阳幼儿园	Zhuānglàng Xiàn Yuèbǔ Zhèn Xiàngyáng Yòu'éryuán	事业单位	岳堡镇
庄浪县柳梁镇中心幼儿园	Zhuānglàng Xiàn Liǔliáng Zhèn Zhōngxīn Yòu'éryuán	事业单位	柳梁镇
庄浪县南坪镇中心幼儿园	Zhuānglàng Xiàn Nánpíng Zhèn Zhōngxīn Yòu'éryuán	事业单位	南坪镇
庄浪县赵墩乡中心幼儿园	Zhuānglàng Xiàn Zhàodūn Xiāng Zhōngxīn Yòu'éryuán	事业单位	赵墩乡
庄浪县郑河乡中心幼儿园	Zhuānglàng Xiàn Zhènghé Xiāng Zhōngxīn Yòu'éryuán	事业单位	郑河乡
庄浪县人民医院	Zhuānglàng Xiàn Rénmín Yīyuàn	事业单位	水洛镇
庄浪县中医医院	Zhuānglàng Xiàn Zhōngyī Yīyuàn	事业单位	水洛镇
庄浪县妇幼保健计划生育服务中心	Zhuānglàng Xiàn Fùyòubǎojiàn Jìhuàshēngyù Fúwù Zhōngxīn	事业单位	水洛镇
庄浪县疾病预防控制中心	Zhuānglàng Xiàn Jíbìngyùfángkòngzhì Zhōngxīn	事业单位	水洛镇
庄浪县南湖中心卫生院	Zhuānglàng Xiàn Nánhú Zhōngxīn Wèishēngyuàn	事业单位	南湖镇
庄浪县朱店中心卫生院	Zhuānglàng Xiàn Zhūdiàn Zhōngxīn Wèishēngyuàn	事业单位	朱店镇
庄浪县万泉镇卫生院	Zhuānglàng Xiàn Wànquán Zhèn Wèishēngyuàn	事业单位	万泉镇
庄浪县韩店中心卫生院	Zhuānglàng Xiàn Hándiàn Zhōngxīn Wèishēngyuàn	事业单位	韩店镇
庄浪县卧龙中心卫生院	Zhuānglàng Xiàn Wòlóng Zhōngxīn Wèishēngyuàn	事业单位	卧龙镇
庄浪县阳川中心卫生院	Zhuānglàng Xiàn Yángchuān Zhōngxīn Wèishēngyuàn	事业单位	阳川镇
庄浪县盘安中心卫生院	Zhuānglàng Xiàn Pán'ān Zhōngxīn Wèishēngyuàn	事业单位	盘安镇
庄浪县通化中心卫生院	Zhuānglàng Xiàn Tōnghuà Zhōngxīn Wèishēngyuàn	事业单位	通化镇
庄浪县大庄镇卫生院	Zhuānglàng Xiàn Dàzhuāng Zhèn Wèishēngyuàn	事业单位	大庄镇
庄浪县永宁镇卫生院	Zhuānglàng Xiàn Yǒngníng Zhèn Wèishēngyuàn	事业单位	永宁镇
庄浪县良邑镇卫生院	Zhuānglàng Xiàn Liángyì Zhèn Wèishēngyuàn	事业单位	良邑镇
庄浪县岳堡镇卫生院	Zhuānglàng Xiàn Yuèbǔ Zhèn Wèishēngyuàn	事业单位	岳堡镇
庄浪县柳梁镇卫生院	Zhuānglàng Xiàn Liǔliáng Zhèn Wèishēngyuàn	事业单位	柳梁镇
庄浪县南坪镇卫生院	Zhuānglàng Xiàn Nánpíng Zhèn Wèishēngyuàn	事业单位	南坪镇

续表 26

标 准 名 称	汉 语 拼 音	类 别	所在行政区
庄浪县杨河乡卫生院	Zhuānglàng Xiàn Yánghé Xiāng Wèishēngyuàn	事业单位	杨河乡
庄浪县赵墩乡卫生院	Zhuānglàng Xiàn Zhàodūn Xiāng Wèishēngyuàn	事业单位	赵墩乡
庄浪县郑河乡卫生院	Zhuānglàng Xiàn Zhènghé Xiāng Wèishēngyuàn	事业单位	郑河乡
庄浪县水洛街道社区卫生服务中心	Zhuānglàng Xiàn Shuǐluò Jiēdào Shèqūwèishēng Fúwù Zhōngxīn	事业单位	水洛镇
庄浪县文化体育管理中心	Zhuānglàng Xiàn Wénhuàtǐyùguǎnlǐ Zhōngxīn	事业单位	水洛镇
庄浪县体育中心	Zhuānglàng Xiàn Tǐyù Zhōngxīn	事业单位	水洛镇
庄浪县文化馆	Zhuānglàng Xiàn Wénhuàguǎn	事业单位	水洛镇
庄浪县图书馆	Zhuānglàng Xiàn Túshūguǎn	事业单位	水洛镇
庄浪县博物馆	Zhuānglàng Xiàn Bówùguǎn	事业单位	水洛镇
庄浪县城市社区管理委员会	Zhuānglàng Xiàn Chéngshìshèqūguǎnlǐ Wěiyuánhuì	事业单位	水洛镇
庄浪县供销合作社联合社	Zhuānglàng Xiàn Gòngxiāohézuòshè Liánhéshè	事业单位	水洛镇
庄浪县残疾人联合会	Zhuānglàng Xiàn Cánjírén Liánhéhuì	事业单位	水洛镇
庄浪县水土保持局	Zhuānglàng Xiàn Shuǐtǔbǎochíjú	事业单位	水洛镇
庄浪县畜牧兽医局	Zhuānglàng Xiàn Xùmùshòuyījú	事业单位	水洛镇
庄浪县气象局	Zhuānglàng Xiàn Qìxiàngjú	事业单位	水洛镇
庄浪县公安局交通警察大队	Zhuānglàng Xiàn Gōng'ānjú Jiāotōngjǐngchá Dàduì	事业单位	水洛镇
庄浪县公安消防大队	Zhuānglàng Xiàn Gōng'ānxiāofáng Dàduì	事业单位	水洛镇
庄浪县地方公路管理站	Zhuānglàng Xiàn Dìfānggōnglù Guǎnlǐzhàn	事业单位	水洛镇
庄浪县道路运输管理局	Zhuānglàng Xiàn Dàolùyùnshū Guǎnlǐjú	事业单位	水洛镇
庄浪县公路管理段	Zhuānglàng Xiàn Gōnglùguǎnlǐduàn	事业单位	水洛镇
庄浪县农业机械管理局	Zhuānglàng Xiàn Nóngyèjīxiè Guǎnlǐjú	事业单位	水洛镇
庄浪县石桥林场	Zhuānglàng Xiàn Shíqiáo Línchǎng	事业单位	韩店镇
庄浪县通边林场	Zhuānglàng Xiàn Tōngbiān Línchǎng	事业单位	通化镇
庄浪县桃木山林场	Zhuānglàng Xiàn Táomùshān Línchǎng	事业单位	郑河乡
庄浪县社会福利院	Zhuānglàng Xiàn Shèhuì Fúlìyuàn	事业单位	水洛镇
南湖中心敬老院	Nánhú Zhōngxīn Jìnglǎoyuàn	事业单位	南湖镇
庄浪县南湖国土资源所	Zhuānglàng Xiàn Nánhú Guótǔzīyuánsuǒ	事业单位	南湖镇
庄浪县朱店国土资源所	Zhuānglàng Xiàn Zhūdiàn Guótǔzīyuánsuǒ	事业单位	朱店镇
庄浪县韩店国土资源所	Zhuānglàng Xiàn Hándiàn Guótǔzīyuánsuǒ	事业单位	韩店镇
庄浪县卧龙国土资源所	Zhuānglàng Xiàn Wòlóng Guótǔzīyuánsuǒ	事业单位	卧龙镇
庄浪县通化国土资源所	Zhuānglàng Xiàn Tōnghuà Guótǔzīyuánsuǒ	事业单位	通化镇

续表 26

标准名称	汉语拼音	类别	所在行政区
中国邮政集团公司甘肃省庄浪县分公司	Zhōngguóyóuzhèng Jítuángōngsī Gānsù Shěng Zhuānglàng Xiàn Fēngōngsī	企业	水洛镇
中国电信股份有限公司庄浪分公司	Zhōngguódiànxìn Gǔfènyǒuxiàngōngsī Zhuānglàng Fēngōngsī	企业	水洛镇
中国移动通信集团甘肃有限公司庄浪县公司	Zhōngguóyídòngtōngxìn Jítuán Gānsù Yǒuxiàngōngsī Zhuānglàng Xiàn Gōngsī	企业	水洛镇
中国农业银行股份有限公司庄浪县支行	Zhōngguónóngyèyínháng Gǔfènyǒuxiàngōngsī Zhuānglàng Xiàn Zhīháng	企业	水洛镇
中国工商银行股份有限公司庄浪县支行	Zhōngguógōngshāngyínháng Gǔfènyǒuxiàngōngsī Zhuānglàng Xiàn Zhīháng	企业	水洛镇
甘肃庄浪农村商业银行股份有限公司	Gānsù Zhuānglàng Nóngcūnshāngyèyínháng Gǔfènyǒuxiàngōngsī	企业	水洛镇
国网庄浪县供电公司	Guówǎng Zhuānglàng Xiàn Gōngdiàn Gōngsī	企业	水洛镇
中国人民财产保险股份有限公司庄浪县支公司	Zhōngguórénmíncáichǎnbǎoxiǎn Gǔfènyǒuxiàngōngsī Zhuānglàng Xiàn Zhīgōngsī	企业	水洛镇
中国人寿保险股份有限公司庄浪县支公司	Zhōngguórénshòubǎoxiǎn Gǔfènyǒuxiàngōngsī Zhuānglàng Xiàn Zhīgōngsī	企业	水洛镇
甘肃水务庄浪供水有限责任公司	Gānsùshuǐwù Zhuānglàng Gōngshuǐ Yǒuxiànzérèngōngsī	企业	南坪镇
庄浪县自来水公司	Zhuānglàng Xiàn Zìláishuǐ Gōngsī	企业	水洛镇
庄浪县房地产综合开发公司	Zhuānglàng Xiàn Fángdìchǎn Zōnghékāifā Gōngsī	企业	水洛镇
庄浪县建筑安装工程公司	Zhuānglàng Xiàn Jiànzhù'ānzhuānggōngchéng Gōngsī	企业	水洛镇
甘肃省庄浪县陇原建筑安装有限责任公司	Gānsù Shěng Zhuānglàng Xiàn Lǒngyuán Jiànzhù'ānzhuāng Yǒuxiànzérèngōngsī	企业	水洛镇
甘肃天太建筑安装工程有限公司	Gānsù Tiāntài Jiànzhù'ānzhuānggōngchéng Yǒuxiàngōngsī	企业	水洛镇
庄浪县紫荆文化艺术有限公司	Zhuānglàng Xiàn Zǐjīng Wénhuàyìshù Yǒuxiàngōngsī	企业	水洛镇
新华书店庄浪县有限责任公司	Xīnhuáshūdiàn Zhuānglàng Xiàn Yǒuxiànzérèngōngsī	企业	水洛镇
庄浪县盐业有限责任公司	Zhuānglàng Xiàn Yányè Yǒuxiànzérèngōngsī	企业	水洛镇
庄浪县城区热力有限责任公司	Zhuānglàng Xiàn Chéngqūrèlì Yǒuxiànzérèngōngsī	企业	水洛镇
庄浪县医药有限公司	Zhuānglàng Xiàn Yīyào Yǒuxiàngōngsī	企业	水洛镇
庄浪县鑫喜淀粉加工有限责任公司	Zhuānglàng Xiàn Xīnxǐ Diànfěnjiāgōng Yǒuxiànzérèngōngsī	企业	水洛镇
庄浪县宏达淀粉加工有限公司	Zhuānglàng Xiàn Hóngdá Diànfěnjiāgōng Yǒuxiàngōngsī	企业	朱店镇
甘肃银海生物肥料科技有限公司	Gānsù Yínhǎi Shēngwùféiliàokējì Yǒuxiàngōngsī	企业	朱店镇
甘肃天池酒业有限责任公司	Gānsù Tiānchí Jiǔyè Yǒuxiànzérèngōngsī	企业	南坪镇
甘肃省紫荆酒业有限责任公司	Gānsù Shěng Zǐjīng Jiǔyè Yǒuxiànzérèngōngsī	企业	水洛镇
甘肃贡禾食品有限责任公司	Gānsù Gònghé Shípǐn Yǒuxiànzérèngōngsī	企业	水洛镇
紫荆宾馆	Zǐjīng Bīnguǎn	企业	水洛镇
庄浪县南湖镇蓓蕾幼儿园	Zhuānglàng Xiàn Nánhú Zhèn Bèilěi Yòu'éryuán	社会组织	南湖镇

续表 26

标准名称	汉语拼音	类别	所在行政区
庄浪县南湖镇育苑幼儿园	Zhuānglàng Xiàn Nánhú Zhèn Yùyuàn Yòu'éryuán	社会组织	南湖镇
庄浪县朱店镇黎明幼儿园	Zhuānglàng Xiàn Zhūdiàn Zhèn Límíng Yòu'éryuán	社会组织	朱店镇

历史地名

表 27

标准名称	汉语拼音	类别	备注
水洛县	Shuǐluò Xiàn	金、元代县	—
通边县	Tōngbiān Xiàn	金、元代县	—
庄浪路	Zhuānglàng Lù	元代路	—
庄浪州	Zhuānglàn Zhōu	元、明代州	—
水洛乡	Shuǐluò Xiāng	乡级行政区域	2004 年撤销，并入水洛镇
白堡乡	Báibǔ Xiāng	乡级行政区域	2004 年撤销，并入卧龙乡、柳梁乡和水洛镇
刘庙乡	Liúmiào Xiāng	乡级行政区域	2004 撤销，并入朱店镇和大庄乡
颉崖乡	Xié'ái Xiāng	乡级行政区域	2004 年撤销，并入盘安乡和韩店镇
通边乡	Tōngbiān Xiāng	乡级行政区域	2004 年撤销，并入通化乡
水洛城镇居民委员会	Shuǐluòchéng Zhèn Jūmínwěiyuánhuì	群众自治组织	属原水洛城镇，2002 年撤销
上碾村民委员会	Shàngniǎn Cūnmínwěiyuánhuì	群众自治组织	属水洛镇，2006 年上碾、下碾、半山村委会合并为徐碾
下碾村民委员会	Xiàniǎn Cūnmínwěiyuánhuì	群众自治组织	属水洛镇，2006 年上碾、下碾、半山村委会合并为徐碾
半山村民委员会	Bànshān Cūnmínwěiyuánhuì	群众自治组织	属水洛镇，2006 年上碾、下碾、半山村委会合并为徐碾
王家庄村民委员会	Wángjiāzhuāng Cūnmínwěiyuánhuì	群众自治组织	属水洛镇，2006 年并入西关村委会
马家山庄村民委员会	Mǎjiāshānzhuāng Cūnmínwěiyuánhuì	群众自治组织	属水洛镇，2006 年 1、2 组并入何马村委会，3、4 组并入贺庄村委会
文沟村民委员会	Wéngōu Cūnmínwěiyuánhuì	群众自治组织	属水洛镇，2006 年文沟、王家山、陈杨柳家村委会合并为新兴村委会
王家山村民委员会	Wángjiāshān Cūnmínwěiyuánhuì	群众自治组织	属水洛镇，2006 年文沟、王家山、陈杨柳家村委会合并为新兴村委会
陈杨柳家村民委员会	Chényángliǔjiā Cūnmínwěiyuánhuì	群众自治组织	属水洛镇，2006 年文沟、王家山、陈杨柳家村委会合并为新兴村委会
柳沟村民委员会	Liǔgōu Cūnmínwěiyuánhuì	群众自治组织	属水洛镇，2006 年柳沟、坪上、柳家新庄村委会合并为新光村委会
坪上村民委员会	Píngshàng Cūnmínwěiyuánhuì	群众自治组织	属水洛镇，2006 年柳沟、坪上、柳家新庄村委会合并为新光村委会
柳家新庄村民委员会	Liǔjiāxīnzhuāng Cūnmínwěiyuánhuì	群众自治组织	属水洛镇，2006 年柳沟、坪上、柳家新庄村委会合并为新光村委会
阳屲山村民委员会	Yángwāshān Cūnmínwěiyuánhuì	群众自治组织	属水洛镇，2006 年并入陈洞村委会

续表 27

标准名称	汉语拼音	类 别	备 注
峰山村民委员会	Fēngshān Cūnmínwěiyuánhuì	群众自治组织	属水洛镇，2006 年并入崖王村委会
唐河村民委员会	Tánghé Cūnmínwěiyuánhuì	群众自治组织	属水洛镇，2006 年并入二李村委会
鸾沟阳坡村民委员会	Diàogōuyángpō Cūnmínwěiyuánhuì	群众自治组织	属水洛镇，2006 年鸾沟阳坡、鸾沟阴坡村委会合并为鸾沟村委会
鸾沟阴坡村民委员会	Diàogōuyīnpō Cūnmínwěiyuánhuì	群众自治组织	属水洛镇，2006 年鸾沟阳坡、鸾沟阴坡村委会合并为鸾沟村委会
川口村民委员会	Chuānkǒu Cūnmínwěiyuánhuì	群众自治组织	属水洛镇，2006 年并入郭堡村委会
乱庄村民委员会	Luànzhuāng Cūnmínwěiyuánhuì	群众自治组织	属水洛镇，2006 年并入柳咀村委会
上堡村民委员会	Shàngbǔ Cūnmínwěiyuánhuì	群众自治组织	属南湖镇，2006 年并入双堡村委会
穆湾村民委员会	Mùwān Cūnmínwěiyuánhuì	群众自治组织	属南湖镇，2006 年并入汪家村委会
花塬村民委员会	Huāyuán Cūnmínwěiyuánhuì	群众自治组织	属南湖镇，2006 年并入汪家村委会
秦梁村民委员会	Qínliáng Cūnmínwěiyuánhuì	群众自治组织	属南湖镇，2006 年并入孙家大庄村委会
北堡子村民委员会	Běibǔzi Cūnmínwěiyuánhuì	群众自治组织	属朱店镇，2006 年并入河北村委会
下朱河村民委员会	Xiàzhūhé Cūnmínwěiyuánhuì	群众自治组织	属朱店镇，2006 年下朱河、贾家河湾、上朱河合并为朱河村委会
贾家河湾村民委员会	Jiǎjiāhéwān Cūnmínwěiyuánhuì	群众自治组织	属朱店镇，2006 年下朱河、贾家河湾、上朱河合并为朱河村委会
上朱河村民委员会	Shàngzhūhé Cūnmínwěiyuánhuì	群众自治组织	属朱店镇，2006 年下朱河、贾家河湾、上朱河合并为朱河村委会
贾家沟村民委员会	Jiǎjiāgōu Cūnmínwěiyuánhuì	群众自治组织	属朱店镇，2006 年并入东街村委会
下郭村民委员会	Xiàguō Cūnmínwěiyuánhuì	群众自治组织	属朱店镇，2006 年并入小湾村委会
山上李村民委员会	Shānshànglǐ Cūnmínwěiyuánhuì	群众自治组织	属朱店镇，2006 年并入中街村委会
杨柳家村民委员会	Yángliǔjiā Cūnmínwěiyuánhuì	群众自治组织	属朱店镇，2006 年并入三合村委会
孔家沟村民委员会	Kǒngjiāgōu Cūnmínwěiyuánhuì	群众自治组织	属朱店镇，2006 年并入董家湾村委会
西山村民委员会	Xīshān Cūnmínwěiyuánhuì	群众自治组织	属朱店镇，2006 年并入牛耳咀村委会
壑岘李村民委员会	Hèxiànlǐ Cūnmínwěiyuánhuì	群众自治组织	属朱店镇，2006 年并入杨家湾村委会
郭家湾村民委员会	Guōjiāwān Cūnmínwěiyuánhuì	群众自治组织	属朱店镇，2006 年并入大曹村委会
川锅地村民委员会	Chuānguōdì Cūnmínwěiyuánhuì	群众自治组织	属朱店镇，2006 年并入高庙村委会
三台山村民委员会	Sāntáishān Cūnmínwěiyuánhuì	群众自治组织	属朱店镇，2006 年并入万柳村委会
赵山村民委员会	Zhàoshān Cūnmínwěiyuánhuì	群众自治组织	属朱店镇，2006 年并入新王村委会
窑上凹村民委员会	Yáoshàngwā Cūnmínwěiyuánhuì	群众自治组织	属朱店镇，2006 年并入万柳村委会
朱万村民委员会	Zhūwàn Cūnmínwěiyuánhuì	群众自治组织	属朱店镇，2006 年并入杨家湾村委会
胡岔村民委员会	Húchà Cūnmínwěiyuánhuì	群众自治组织	属万泉镇，2006 年并入王李岔村委会
高岔村民委员会	Gāochà Cūnmínwěiyuánhuì	群众自治组织	属万泉镇，2006 年并入田岔村委会
清水沟阴坡村民委员会	Qīngshuǐgōuyīnpō Cūnmínwěiyuánhuì	群众自治组织	属万泉镇，2006 年清水沟阴坡、清水沟阳坡合并为清水沟

续表 27

标准名称	汉语拼音	类别	备注
清水沟阳坡村民委员会	Qīngshuǐgōuyángpō Cūnmínwěiyuánhuì	群众自治组织	属万泉镇，2006 年清水沟阴坡、清水沟阳坡合并为清水沟
连山村民委员会	Liánshān Cūnmínwěiyuánhuì	群众自治组织	属万泉镇，2006 年并入徐城村委会
万堡村民委员会	Wànbǔ Cūnmínwěiyuánhuì	群众自治组织	属万泉镇，2006 年并入万庄村委会
西山杨家村民委员会	Xīshānyángjiā Cūnmínwěiyuánhuì	群众自治组织	属万泉镇，2006 年并入毛桃杜家村委会
马东山村民委员会	Mǎdōngshān Cūnmínwěiyuánhuì	群众自治组织	属韩店镇，2006 年并入郭漫村委会
店峡村民委员会	Diànxiá Cūnmínwěiyuánhuì	群众自治组织	属韩店镇，2006 年并入郭漫村委会
庙梁村民委员会	Miàoliáng Cūnmínwěiyuánhuì	群众自治组织	属韩店镇，2006 年并入岔岔沟村委会
鞍子梁村民委员会	Ānzǐliáng Cūnmínwěiyuánhuì	群众自治组织	属韩店镇，2006 年并入岔岔沟村委会
刘山村民委员会	Liúshān Cūnmínwěiyuánhuì	群众自治组织	属韩店镇，2006 年并入刘咀村委会
韩山村民委员会	Hánshān Cūnmínwěiyuánhuì	群众自治组织	属韩店镇，2006 年并入东门村委会
菜子湾村民委员会	Càiziwān Cūnmínwěiyuánhuì	群众自治组织	属韩店镇，2006 年并入聂子坪村委会
叶家阳坡村民委员会	Yèjiāyángpō Cūnmínwěiyuánhuì	群众自治组织	属韩店镇，2006 年并入刘河村委会
黄草村民委员会	Huángcǎo Cūnmínwěiyuánhuì	群众自治组织	属韩店镇，2006 年并入郭漫村委会
庞家沟村民委员会	Pángjiāgōu Cūnmínwěiyuánhuì	群众自治组织	属韩店镇，2006 年并入郭漫村委会
吴家湾村民委员会	Wújiāwān Cūnmínwěiyuánhuì	群众自治组织	属韩店镇，2006 年并入刘河村委会
朱家湾村民委员会	Zhūjiāwān Cūnmínwěiyuánhuì	群众自治组织	属韩店镇，2006 年并入石桥村委会
魏家山阴坡村民委员会	Wèijiāshānyīnpō Cūnmínwěiyuánhuì	群众自治组织	属卧龙镇，2006 年魏家山阴坡、魏家山阳坡村委会合并为魏山村委会
魏家山阳坡村民委员会	Wèijiāshānyángpō Cūnmínwěiyuánhuì	群众自治组织	属卧龙镇，2006 年魏家山阴坡、魏家山阳坡村委会合并为魏山村委会
刘渠村民委员会	Liúqú Cūnmínwěiyuánhuì	群众自治组织	属卧龙镇，2006 年并入刘罗村委会
罗家村民委员会	Luójiā Cūnmínwěiyuánhuì	群众自治组织	属卧龙镇，2006 年并入刘罗村委会
丁家寺湾村民委员会	Dīngjiāsìwān Cūnmínwěiyuánhuì	群众自治组织	属卧龙镇，2006 年 1 组并入刘罗村委会，2、3 组并入魏家湾村委会
花梨湾村民委员会	Huālíwān Cūnmínwěiyuánhuì	群众自治组织	属卧龙镇，2006 年并入马湾村委会
阳瓦堡子村民委员会	Yángwǎbǔzi Cūnmínwěiyuánhuì	群众自治组织	属卧龙镇，2006 年阳瓦堡子并入马家沟村委会
曹阎村民委员会	Cáoyán Cūnmínwěiyuánhuì	群众自治组织	属阳川镇，2006 年曹阎、灯盏窝村委会合并为赵家湾村委会
灯盏窝村民委员会	Dēngzhǎnwō Cūnmínwěiyuánhuì	群众自治组织	属阳川镇，2006 年曹阎、灯盏窝村委会合并为赵家湾村委会
赵家沟村民委员会	Zhàojiāgōu Cūnmínwěiyuánhuì	群众自治组织	属阳川镇，2006 年并入岳家坪村委会
曹家坪村民委员会	Cáojiāpíng Cūnmínwěiyuánhuì	群众自治组织	属阳川镇，2006 年并入李家咀村委会
李家窑村民委员会	Lǐjiāyáo Cūnmínwěiyuánhuì	群众自治组织	属阳川镇，2006 年并入刘湾村委会
金李家村民委员会	Jīnlǐjiā Cūnmínwěiyuánhuì	群众自治组织	属阳川镇，2006 年并入刘湾村委会

续表 27

标准名称	汉语拼音	类别	备注
杨家堡子村民委员会	Yángjiābǔzi Cūnmínwěiyuánhuì	群众自治组织	属阳川镇，2006 年并入下堡子村委会
上堡子村民委员会	Shàngbǔzi Cūnmínwěiyuánhuì	群众自治组织	属阳川镇，2006 年并入下堡子村委会
张家上岔村民委员会	Zhāngjiāshàngchà Cūnmínwěiyuánhuì	群众自治组织	属阳川镇，2006 年并入新庄沟村委会
郭阎家村民委员会	Guōyánjiā Cūnmínwěiyuánhuì	群众自治组织	属阳川镇，2006 年并入孙王村委会
蔡家沟村民委员会	Càijiāgōu Cūnmínwěiyuánhuì	群众自治组织	属阳川镇，2006 年并入台咀村委会
梁家坡村民委员会	Liángjiāpō Cūnmínwěiyuánhuì	群众自治组织	属阳川镇，2006 年并入张家大湾村委会
深壑岘村民委员会	Shēnhèxiàn Cūnmínwěiyuánhuì	群众自治组织	属阳川镇，2006 年并入台咀村委会
孙家沟上庄村民委员会	Sūnjiāgōushàngzhuāng Cūnmínwěiyuánhuì	群众自治组织	属盘安镇，2006 年孙家沟上、孙家沟中庄、孙家沟下庄村委会并为孙沟村委会
孙家沟中庄村民委员会	Sūnjiāgōuzhōngzhuāng Cūnmínwěiyuánhuì	群众自治组织	属盘安镇，2006 年孙家沟上、孙家沟中庄、孙家沟下庄村委会并为孙沟村委会
孙家沟下庄村民委员会	Sūnjiāgōuxiàzhuāng Cūnmínwěiyuánhuì	群众自治组织	属盘安镇，2006 年孙家沟上、孙家沟中庄、孙家沟下庄村委会并为孙沟村委会
王火炎村民委员会	Wánghuǒyán Cūnmínwěiyuánhuì	群众自治组织	属盘安镇，2006 年并入王福上庄村委会
梁关村民委员会	Liángguān Cūnmínwěiyuánhuì	群众自治组织	属盘安镇，2006 年并入王公村委会
湾李上庄村民委员会	Wānlǐshàngzhuāng Cūnmínwěiyuánhuì	群众自治组织	属盘安镇，2006 年与湾李下庄村委会合并为湾李村委会
湾李下庄村民委员会	Wānlǐxiàzhuāng Cūnmínwěiyuánhuì	群众自治组织	属盘安镇，2006 年与湾李上庄村委会合并为湾李村委会
张李村民委员会	Zhānglǐ Cūnmínwěiyuánhuì	群众自治组织	属盘安镇，2006 年与周家阳坡、周家阴坡村委会并为周家村委会
周家阳坡村民委员会	Zhōujiāyángpō Cūnmínwěiyuánhuì	群众自治组织	属盘安镇，2006 年与张李、周家阴坡村委会并为周家村委会
周家阴坡村民委员会	Zhōujiāyīnpō Cūnmínwěiyuánhuì	群众自治组织	属盘安镇，2006 年与张李、周家阳坡村委会并为周家村委会
岔李上庄村民委员会	Chàlǐshàngzhuāng Cūnmínwěiyuánhuì	群众自治组织	属盘安镇，2006 年并入岔李村委会
吴河村民委员会	Wúhé Cūnmínwěiyuánhuì	群众自治组织	属盘安镇，2006 年吴河、陈杨村委会合并为吴陈村委会
陈杨村民委员会	Chényáng Cūnmínwěiyuánhuì	群众自治组织	属盘安镇，2006 年吴河、陈杨村委会合并为吴陈村委会
杨家村民委员会	Yángjiā Cūnmínwěiyuánhuì	群众自治组织	属盘安镇，2006 年杨家、宋家、申堡村委会合并为杨宋村委会
宋家村民委员会	Sòngjiā Cūnmínwěiyuánhuì	群众自治组织	属盘安镇，2006 年杨家、宋家、申堡村委会合并为杨宋村委会
申堡村民委员会	Shēnbǔ Cūnmínwěiyuánhuì	群众自治组织	属盘安镇，2006 年杨家、宋家、申堡村委会合并为杨宋村委会
端湾村民委员会	Duānwān Cūnmínwěiyuánhuì	群众自治组织	属盘安镇，2006 年并入焦湾村委会
赵吴村民委员会	Zhàowú Cūnmínwěiyuánhuì	群众自治组织	属盘安镇，2006 年并入颉崖村委会
六房沟村民委员会	Liùfánggōu Cūnmínwěiyuánhuì	群众自治组织	属盘安镇，2006 年并入樊庙村委会

续表 27

标准名称	汉语拼音	类 别	备 注
梁家寺湾村民委员会	Liángjiāsìwān Cūnmínwěiyuánhuì	群众自治组织	属盘安镇，2006 年并入樊庙村委会
陈家村民委员会	Chénjiā Cūnmínwěiyuánhuì	群众自治组织	属盘安镇，2006 年陈家、窑柳家村委会合并为刘陈村委会
窑刘家村民委员会	Yáoliújiā Cūnmínwěiyuánhuì	群众自治组织	属盘安镇，2006 年陈家、窑柳家村委会合并为刘陈村委会
上雷村民委员会	Shànglèi Cūnmínwěiyuánhuì	群众自治组织	属盘安镇，2006 年上雷、下雷村委会合并为雷家村委会
下雷村民委员会	Xiàléi Cūnmínwěiyuánhuì	群众自治组织	属盘安镇，2006 年上雷、下雷村委会合并为雷家村委会
张虎村民委员会	Zhānghǔ Cūnmínwěiyuánhuì	群众自治组织	属通化镇，2006 年并入陈堡村委会
洞子沟村民委员会	Dòngzigōu Cūnmínwěiyuánhuì	群众自治组织	属通化镇，2006 年并入高崖韩村委会
何岔村民委员会	Héchà Cūnmínwěiyuánhuì	群众自治组织	属通化镇，2006 年 1 组并入石岔村委会，2、3 组并入新庄村委会
六房村民委员会	Liùfáng Cūnmínwěiyuánhuì	群众自治组织	属通化镇，2006 年并入新集村委会
蔡沟湾村民委员会	Càigōuwān Cūnmínwěiyuánhuì	群众自治组织	属通化镇，2006 年并入刘善村委会
谢家村民委员会	Xièjiā Cūnmínwěiyuánhuì	群众自治组织	属大庄镇，2006 年并入梁山村委会
胡家村民委员会	Hújiā Cūnmínwěiyuánhuì	群众自治组织	属大庄镇，2006 年并入南湾村委会
王沟村民委员会	Wánggōu Cūnmínwěiyuánhuì	群众自治组织	属大庄镇，2006 年并入王山村委会
伏家村民委员会	Fújiā Cūnmínwěiyuánhuì	群众自治组织	属大庄镇，2006 年并入杨局村委会
上王村民委员会	Shàngwáng Cūnmínwěiyuánhuì	群众自治组织	属大庄镇，2006 年并入大庄村委会
高庄村民委员会	Gāozhuāng Cūnmínwěiyuánhuì	群众自治组织	属大庄镇，2006 年并入下王村委会
西坡村民委员会	Xīpō Cūnmínwěiyuánhuì	群众自治组织	属大庄镇，2006 年并入杜家村委会
阳洼庄村民委员会	Yángwāzhuāng Cūnmínwěiyuánhuì	群众自治组织	属大庄镇，2006 年并入连山村委会
冯湾村民委员会	Féngwān Cūnmínwěiyuánhuì	群众自治组织	属大庄镇，2006 年并入丁山村委会
高湾村民委员会	Gāowān Cūnmínwěiyuánhuì	群众自治组织	属大庄镇，2006 年并入青龙沟村委会
椿树湾村民委员会	Chūnshùwān Cūnmínwěiyuánhuì	群众自治组织	属大庄镇，2006 年并入张山村委会
杨湾村民委员会	Yángwān Cūnmínwěiyuánhuì	群众自治组织	属大庄镇，2006 年并入张山村委会
豆沟村民委员会	Dòugōu Cūnmínwěiyuánhuì	群众自治组织	属永宁镇，2006 年并入下湾村委会
深沟村民委员会	Shēngōu Cūnmínwěiyuánhuì	群众自治组织	属永宁镇，2006 年并入苏家阳洼村委会
董沟村民委员会	Dǒnggōu Cūnmínwěiyuánhuì	群众自治组织	属良邑镇，2006 年并入李咀村委会
王山庄村民委员会	Wángshānzhuāng Cūnmínwěiyuánhuì	群众自治组织	属良邑镇，2006 年并入陈峡村委会
何柳村民委员会	Héliǔ Cūnmínwěiyuánhuì	群众自治组织	属良邑镇，2006 年并入何川村委会
山铧村民委员会	Shānhuá Cūnmínwěiyuánhuì	群众自治组织	属岳堡镇，2006 年并入南岔村委会
后刘村民委员会	Hòuliú Cūnmínwěiyuánhuì	群众自治组织	属岳堡镇，2006 年并入吴家村委会
王孟村民委员会	Wángmèng Cūnmínwěiyuánhuì	群众自治组织	属岳堡镇，2006 年并入將寺村委会
王家村民委员会	Wángjiā Cūnmínwěiyuánhuì	群众自治组织	属岳堡镇，2006 年并入蔡家村委会

续表 27

标准名称	汉语拼音	类别	备注
关家村民委员会	Guānjiā Cūnmínwěiyuánhuì	群众自治组织	属岳堡镇，2006 年并入崔家村委会
贺沟村民委员会	Hègōu Cūnmínwěiyuánhuì	群众自治组织	属柳梁镇，2006 年并入孟山村委会
郑杜村民委员会	Zhèngdù Cūnmínwěiyuánhuì	群众自治组织	属柳梁镇，2006 年并入川边村委会
朱山村民委员会	Zhūshān Cūnmínwěiyuánhuì	群众自治组织	属柳梁镇，2006 年并入川边村委会
牛沟村民委员会	Niúgōu Cūnmínwěiyuánhuì	群众自治组织	属柳梁镇，2006 年并入张陈村委会
李茂村民委员会	Lǐmào Cūnmínwěiyuánhuì	群众自治组织	属柳梁镇，2006 年并入张陈村委会
柳台村民委员会	Liǔtái Cūnmínwěiyuánhuì	群众自治组织	属柳梁镇，2006 年并入柳家乱庄村委会
党家村民委员会	Dǎngjiā Cūnmínwěiyuánhuì	群众自治组织	属柳梁镇，2006 年并入蒙家河湾村委会
庙沟村民委员会	Miàogōu Cūnmínwěiyuánhuì	群众自治组织	属南坪镇，2006 年并入唐山村委会
马台村民委员会	Mǎtái Cūnmínwěiyuánhuì	群众自治组织	属南坪镇，2006 年并入寺门村委会
刘堡村民委员会	Liúbǔ Cūnmínwěiyuánhuì	群众自治组织	属南坪镇，2006 年刘堡、柳窑村委会并为刘坪村委会
刘窑村民委员会	Liúyáo Cūnmínwěiyuánhuì	群众自治组织	属南坪镇，2006 年刘堡、柳窑村委会并为刘坪村委会
上庄村民委员会	Shàngzhuāng Cūnmínwěiyuánhuì	群众自治组织	属南坪镇，2006 年并入苏坪村委会
苏湾村民委员会	Sūwān Cūnmínwěiyuánhuì	群众自治组织	属南坪镇，2006 年并入苏坪村委会
王家沟村民委员会	Wángjiāgōu Cūnmínwěiyuánhuì	群众自治组织	属南坪镇，2006 年并入沈坪村委会
唐家阳屲村民委员会	Tángjiāyángwā Cūnmínwěiyuánhuì	群众自治组织	属南坪镇，2006 年并入唐家高庄村委会
杨川村民委员会	Yángchuān Cūnmínwěiyuánhuì	群众自治组织	属南坪镇，2006 年并入史坪村委会
张家新庄村民委员会	Zhāngjiāxīnzhuāng Cūnmínwěiyuánhuì	群众自治组织	属杨河乡，2006 年并入张家大庄村委会
仇湾村民委员会	Qiúwān Cūnmínwěiyuánhuì	群众自治组织	属杨河乡，2006 年并入李润村委会
下堡村民委员会	Xiàbǔ Cūnmínwěiyuánhuì	群众自治组织	属杨河乡，2006 年并入寺沟岔村委会
张塬村民委员会	Zhāngyuán Cūnmínwěiyuánhuì	群众自治组织	属杨河乡，2006 年并入逯岔村委会
焦沟村民委员会	Jiāogōu Cūnmínwěiyuánhuì	群众自治组织	属杨河乡，2006 年并入元咀村委会
郭李村民委员会	Guōlǐ Cūnmínwěiyuánhuì	群众自治组织	属赵墩乡，2006 年并入蛟龙寺村委会
何岔村民委员会	Héchà Cūnmínwěiyuánhuì	群众自治组织	属赵墩乡，2006 年并入梨树湾村委会
孙局村民委员会	Sūnjú Cūnmínwěiyuánhuì	群众自治组织	属赵墩乡，2006 年并入阳川村委会
道回沟村民委员会	Dàohuígōu Cūnmínwěiyuánhuì	群众自治组织	属赵墩乡，2006 年并入裴堡村委会
贺峡村民委员会	Hèxiá Cūnmínwěiyuánhuì	群众自治组织	属郑河乡，2006 年并入卢屲村委会
李安村民委员会	Lǐ'ān Cūnmínwěiyuánhuì	群众自治组织	属郑河乡，2006 年并入下寨村委会
柴家屲	Cháijiāwā	居民点	属水洛镇，1989 住户全部迁至郭家堡子
白家咀	Báijiāzuǐ	居民点	属南湖镇，2009 年住户全部迁至寺沟门
小湾咀	Xiǎowānzuǐ	居民点	属南湖镇，2009 年住户全部迁至寺沟门
蒙家咀	Méngjiāzuǐ	居民点	属南湖镇，2009 年住户全部迁至寺沟门

续表 27

标准名称	汉语拼音	类 别	备 注
来子湾	Láiziwān	居民点	属南湖镇，1983 年住户全部迁至石慕家
罗家坡	Luójiāpō	居民点	属南湖镇，2002 年至 2004 年住户全部陆续迁至北关村罗谢家
谢家湾	Xièjiāwān	居民点	属南湖镇，2006 年至 2008 年住户全部陆续迁至北关村罗谢家
赵家堡子	Zhàojiābǔzi	居民点	属南湖镇，2012 年住户全部迁至北关
赵家湾	Zhàojiāwān	居民点	属南湖镇，1998 年住户全部迁至王家洞子
王家咀咀	Wángjiāzuǐzuǐ	居民点	属南湖镇，1998 年住户全部迁至贾家沟门
余家塬	Yújiāyuán	居民点	属南湖镇，1998 年住户全部迁至牛家庄子
张湾	Zhāngwān	居民点	属南湖镇，1985 年住户全部迁至上湾
勿家湾	Wùjiāwān	居民点	属南湖镇，1983 年住户全部迁至李家庄子
许家咀	Xǔjiāzuǐ	居民点	属南湖镇，1998 年住户全部迁至李家庄子
汪家墩山	Wāngjiādūnshān	居民点	属南湖镇，1999 年住户全部迁至花塬村花塬头
万家圪垴	Wànjiāgē'nǎo	居民点	属南湖镇，1997 年住户全部迁至秦家梁
新庄	Xīnzhuāng	居民点	属南湖镇，1985 年住户全部迁至王家高房
许家湾	Xǔjiāwān	居民点	属南湖镇，2011 年至 2012 年住户全部迁至马家庄子
孙家塬	Sūnjiāyuán	居民点	属南湖镇，2012 年住户全部迁至王家阳湾
坪路上	Pínglùshàng	居民点	属万泉镇，1984 年住户全部迁至白草凷
黑窑凷	Hēiyáowā	居民点	属万泉镇，1986 年住户全部迁至荒湾里
双城湾	Shuāngchéngwān	居民点	属万泉镇，1985 年住户全部迁至史家沟
张家湾	Zhāngjiāwān	居民点	属万泉镇，1967 年住户全部迁至圪垯寺
马家上台子	Mǎjiāshàngtáizi	居民点	属万泉镇，1999 年住户全部陆续迁至东台
马家西坪	Mǎjiāxīpíng	居民点	属万泉镇，2008 年住户全部迁至马家石节子
张家沟	Zhāngjiāgōu	居民点	属韩店镇，2006 年住户全部迁至刘家河
朱家湾	Zhūjiāwān	居民点	属韩店镇，2005 至 2007 年住户陆续迁至树林儿、东门、西门
张家堡子	Zhāngjiābǔzi	居民点	属韩店镇，2014 年住户全部迁至聂子坪
槟草梁	Bīncǎoliáng	居民点	属韩店镇，2003 年住户全部迁至王家崖
杜家大湾	Dùjiādàwān	居民点	属韩店镇，2003 年住户全部迁至郭漫村郭家漫
庞家沟	Pángjiāgōu	居民点	属韩店镇，2004 年住户全部迁至郭漫村郭家漫
张家台子	Zhāngjiātáizi	居民点	属韩店镇，1999 年住户全部迁至郭漫村郭家漫
桥子沟	Qiáozigōu	居民点	属韩店镇，2003 年住户全部迁至郭漫村郭家漫
汪家湾	Wāngjiāwān	居民点	属韩店镇，2001 年住户全部迁至郭漫村郭家漫
吴家湾	Wújiāwān	居民点	属韩店镇，1999 年住户全部迁至郭漫村、石桥村、刘河村

续表 27

标准名称	汉语拼音	类别	备注
傅家梁	Fùjiāliáng	居民点	属韩店镇，1998 年住户全部迁至郭漫村、王崖村
袁家湾	Yuánjiāwān	居民点	属韩店镇，2004 年住户全部迁至石桥村石桥儿
郭家山	Guōjiāshān	居民点	属韩店镇，2003 年住户全部迁至郭漫村郭家漫
大磨湾	Dàmòwān	居民点	属韩店镇，2004 年住户全部迁至郭漫村郭家漫
花崖堡子	Huā'áibǔzi	居民点	属韩店镇，2003 年住户全部迁至郭漫村郭家漫
蜂儿凹	Fēngrwā	居民点	属韩店镇，2003 年住户全部迁至郭漫村郭家漫
范家庄	Fànjiāzhuāng	居民点	属韩店镇，2004 年住户全部迁至郭漫村郭家漫
黑沟山	Hēigōushān	居民点	属韩店镇，2003 年住户全部迁至郭漫村郭家漫
盐场子	Yánchǎngzi	居民点	属韩店镇，2003 年住户全部迁至郭漫村郭家漫
西湾	Xīwān	居民点	属韩店镇，2006 年住户全部迁至郭漫村郭家漫
杏树湾	Xìngshùwān	居民点	属韩店镇，1979 年仅一户人，迁至花崖河
黑水涡	Hēishuǐwō	居民点	属韩店镇，2010 年时仅剩 1 户迁至刘河村刘家河
新庄沟	Xīnzhuānggōu	居民点	属韩店镇，1996 年住户全部迁至水洛城
张赵湾	Zhāngzhàowān	居民点	属卧龙镇，1996 年住户全部迁至阴凹李家
大湾里	Dàwānlǐ	居民点	属卧龙镇，1988 年住户居民迁至小余家
寺下来	Sìxiàlái	居民点	属卧龙镇，1984 年住户居民迁至石家山
大壑岘背后	Dàhèxiànbèihòu	居民点	属阳川镇，2018 年住户全部迁至张家大湾
阳山凹	Yángshānwā	居民点	属阳川镇，1992 年住户迁至阳凹山
高山凹	Gāoshānwā	居民点	属阳川镇，2017 年住户全部迁至张家上岔
赵家山庄	Zhàojiāshānzhuāng	居民点	属阳川镇，2008 年住户全部迁至山胡岔
一组上	Yīzǔshàng	居民点	属阳川镇，1990 年住户迁至六垧地
王公山庄	Wánggōngshānzhuāng	居民点	属盘安镇，1983 年搬迁至王公阳山
赵吴家阴山	Zhàowújiāyīnshān	居民点	属盘安镇，2013 年住户全部迁至赵吴家阳山
樊家山	Fánjiāshān	居民点	属通化镇，1998 年住户陆续搬至樊家
任家庄	Rénjiāzhuāng	居民点	属通化镇，1994 年住户陆续搬至樊家
斜凹	Xiéwā	居民点	属通化镇，2000 年住户全部迁至坪上
陈家岔	Chénjiāchà	居民点	属通化镇，2000 年陆续搬至梁家湾
罗家阴凹	Luójiāyīnwā	居民点	属通化镇，2000 年陆续搬至金赵
马家湾	Mǎjiāwān	居民点	属通化镇，1980 年住户全部迁至梅堡阴凹
后湾	Hòuwān	居民点	属原通边乡，2006 年全部迁至通边
前湾	Qiánwān	居民点	属原通边乡，2006 年全部迁至通边
大面子	Dàmiànzi	居民点	属通化镇，1986 年住户全部迁至棉柳滩

续表 27

标准名称	汉语拼音	类别	备注
张家山	Zhāngjiāshān	居民点	属通化镇，2017 年住户全部迁至野赵
邓家山	Dèngjiāshān	居民点	属原通边乡，1983 年陆续搬至野赵
韩家崖	Hánjiā'ái	居民点	属原通边乡，1984 年陆续搬至野赵
苏家山下梁	Sūjiāshānxiàliáng	居民点	属原通边乡，1984 年陆续搬至野赵
铧岔湾	Huáchàwān	居民点	属原通边乡，1984 年陆续搬至野赵
苏家山上梁	Sūjiāshānshàngliáng	居民点	属原通边乡，1984 年陆续搬至野赵
谢家湾	Xièjiāwān	居民点	属通化镇，1988 年住户全部迁至刘善
吴家梁	Wújiāliáng	居民点	属原通边乡，2006 年陆续搬至石家窑
史家梁上	Shǐjiāliángshàng	居民点	属原通边乡，2006 年陆续搬至刘善村石家窑
下王家	Xiàwángjiā	居民点	属原通边乡，2006 年搬至深沟王家
佛沟	Fógōu	居民点	属原通边乡，2004 年陆续搬至石家台
贺家台上	Hèjiātáishàng	居民点	属原通边乡，2004 年陆续搬至石家台
椴树沟	Duànshùgōu	居民点	属原通边乡，2004 年陆续搬至石家台
老虎沟	Lǎohǔgōu	居民点	属原通边乡，1980 年住户全部迁至李家咀
胡家	Hújiā	居民点	属大庄镇，2014 年全部搬至胡家新庄
魏家阴屲	Wèijiāyīnwā	居民点	属永宁镇，2014 年住户全部迁至鱼儿咀
苏家院	Sūjiāyuàn	居民点	属永宁镇，2007 年住户全部迁至鱼儿咀
张家岘	Zhāngjiāxiàn	居民点	属永宁镇，2007 年住户全部迁至鱼儿咀
黑陈家	Hēichénjiā	居民点	属永宁镇，2010 年住户全部迁至秦家屲
张家湾	Zhāngjiāwān	居民点	属永宁镇，2010 年住户全部迁至秦家屲
郭家湾	Guōjiāwān	居民点	属永宁镇，1992 年住户全部迁至冰子沟
魏家庄	Wèijiāzhuāng	居民点	属永宁镇，1999 年住户全部迁至谈家街子
刘家窑	Liújiāyáo	居民点	属永宁镇，2010 年迁至蔡家庄
大家子沟	Dàjiāzigōu	居民点	属良邑镇，1995 年住户全部迁至黑龙沟
苗家山	Miáojiāshān	居民点	属良邑镇，2011 年住户全部迁至官路
李家岔	Lǐjiāchà	居民点	属良邑镇，2012 年住户全部迁至陈家峡
马家屲	Mǎjiāwā	居民点	属良邑镇，2015 年住户全部迁至高家屲
张家崖寺	Zhāngjiā'áisì	居民点	属良邑镇，2001 年全村搬至张家崖寺新村
苗家塬上	Miáojiāyuánshàng	居民点	属良邑镇，2008 年住户全部迁至苗家塬
柳家	Liǔjiā	居民点	属良邑镇，2001 年搬迁至柳家庄
李氏家湾	Lǐshìjiāwān	居民点	属岳堡镇，2009 年住户全部迁至岳家堡子

续表 27

标准名称	汉语拼音	类 别	备 注
隔坡湾	Gépōwān	居民点	属岳堡镇，1999 年全部搬至湾湾子
何家湾	Héjiāwān	居民点	属岳堡镇，2000 年全部搬至张家埂塄
崔家沟上庄	Cuījiāgōushàngzhuāng	居民点	属岳堡镇，2008 年住户全部搬至崔家沟
崔家沟上岔	Cuījiāgōushàngchà	居民点	属岳堡镇，2008 年住户全部搬至崔家沟
高芦川	Gāolúchuān	居民点	属岳堡镇，2010 年住户全部搬至崔家沟
转台子	Zhuǎntáizi	居民点	属岳堡镇，2010 年住户全部搬至崔家沟
君家湾豁岘	Jūnjiāwānhuōxiàn	居民点	属柳梁镇，1999 年住户全部迁至白家阳坡
刘家西湾	Liújiāxīwān	居民点	属南坪镇，2011 年住户全部迁至刘家窑湾
旧庄凹	Jiùzhuāngwā	居民点	属南坪镇，2001 年住户全部迁至唐家川
山上凹	Shānshàngwā	居民点	属南坪镇，2018 年住户全部迁至唐家川
马家大湾	Mǎjiādàwān	居民点	属南坪镇，2009 年住户全部迁至寺门
槟草凹	Bīncǎowā	居民点	属杨河乡，2012 年住户全部迁至张家小庄
老岔	Lǎochà	居民点	属杨河乡，2012 年全部搬至张家小庄
下周家沟	Xiàzhōujiāgōu	居民点	属杨河乡，2014 年全部搬至张沟新村
柳家	Liǔjiā	居民点	属杨河乡，1989 年全部搬至下川
对面子	Duìmiànzi	居民点	属杨河乡，2001 年住户全部搬至杨河村
郭家岔	Guōjiāchà	居民点	属杨河乡，2006 年最后 2 户全部迁至新疆
小川湾	Xiǎochuānwān	居民点	属杨河乡，1955 年住户搬至蒙塬
庙儿咀	Miàorzuǐ	居民点	属杨河乡，2011 年住户搬至下川
谢沟湾	Xiègōuwān	居民点	属杨河乡，1989 年住户搬至下川
郭家咀	Guōjiāzuǐ	居民点	属赵墩乡，1983 年全村搬至三湾
余家湾	Yújiāwān	居民点	属赵墩乡，2012 年住户全部搬至胡家塬
唐家湾	Tángjiāwān	居民点	属郑河乡，2009 年住户迁至韩店镇石桥村石桥儿
阳凹湾	Yángwāwān	居民点	属郑河乡，1985 年住户全部迁至董家堡子
碓窝路	Duìwōlù	居民点	属郑河乡，2006 年住户全部迁至上寨
杨家山上庄	Yángjiāshānshàngzhuāng	居民点	属郑河乡，2013 年住户全部迁至史家川
杨家山下庄	Yángjiāshānxiàzhuāng	居民点	属郑河乡，2013 年住户全部迁至史家川
端立沟	Duānlìgōu	居民点	属郑河乡，1990 年住户全部迁至下寨
桦树凹	Huàshùwā	居民点	属郑河乡，2014 年住户全部迁至梁家河
油房川	Yóufángchuān	居民点	属郑河乡，20 世纪末，沟来家居民迁至油房川后，改称沟来家

二、文件

庄浪县第二次全国地名普查成果验收意见

庄浪县第二次全国地名普查领导小组办公室：

根据省普查办《平凉市第二次全国地名普查成果验收意见》（甘地普办发〔2018〕28 号），你县报送的第二次全国地名普查成果数据已通过全面审核和入库验收。希望你县继续做好普查成果整理完善和转化应用工作，更好地发挥地名普查成果在促进经济社会协调发展、方便人民群众生产生活等方面的基础作用。

2018 年 11 月 15 日

（平凉市第二次全国地名普查领导小组办公室 平地名普组办发〔2018〕25 号）

关于检查验收庄浪县地名普查工作成果的核查报告

甘肃省第二次全国地名普查领导小组办公室：

根据甘肃省和平凉市人民政府《关于开展第二次全国地名普查的通知》和省、市普查领导小组印发的《第二次全国地名普查实施方案》，我市庄浪县对区域范围内的地名及相关属性信息进行了全面的调查，扎扎实实开展了第二次全国地名普查工作，建立完善了地名数据库。按照《甘肃省第二次全国地名普查验收方案》要求，市地名普查办聘请人员成立了监理工作组，对庄浪县第二次全国地名普查工作成果进行监理检查，核查采取听取县普查办工作报告、查阅资料、查验数据库、抽检成果表等形式进行，并要求对检查组反馈的问题限时进行整改。现将我市庄浪县第二次全国地名普查核查情况报告如下：

一、基本情况：庄浪县地处六盘山西麓，平凉市西部，东邻华亭县，西依静宁县，北与宁夏隆德县、泾源县毗邻，南和张川县、秦安县接壤。东西长 56.37 公里，南北阔 46.60 公里，总面积 1553.14 平方公里。常住人口 45 万人。2014 年底全县辖 5 镇 13 乡（2016 年底辖 10 镇 8 乡），293 个村 1521 个村民小组，5 个社区居委会。按照市政府《关于开展第二次全国地名普查工作的通知》要求，庄浪县及时组织，周密部署，全面调查，深入细致地开展了全县第二次全国地名普查工作，共采集地名信息 2963 条，其中陆地水系名称 16 条，陆地地形名称 207 条，行政区域名称 24 条，群众自治组织名称 436 条，非行政区域名称 9 条，居民点名称 1569 条，交通运输设施名称 167 条，水利、电力设施名称 52 条，纪念地、旅游景点名称 63 条，建筑物名称 13 条，具有地名意义的单位名称 407 条。填写地名登记表 2963 份，采集地名照片 5906 张。较好地完成了地名普查任务。

二、核查情况：市普查办根据《第二次全国地名普查工作规程》《第二次全国地名普查质量评价体系》《第二次全国地名普查数据建库与管理软件设计规范》《甘肃省第二次全国地名普查验收方案》等文件，按照 18+9 的要求，从组织管理、地名调查、地名标准化、地名标志、数据库建设、成果表等方面对庄浪县地名普查进行了全面核查。从核查情况来看，庄浪县第二次地名普查工作组织到位，各种文件资料齐备，整理清晰，实施过程科学合理，数据库内容充实，地名普查成果表内容完整、资料来源详细，保质保量完成了这次普查任务。

一是加强领导，精心组织。庄浪县地名普查工作自 2015 年 1 月份启动实施以来，县政府下发了《庄浪县关于开展第二次全国地名普查的通知》，成立了领导小组和办公室，各乡镇和成员单位也相应成立了普查工作小组和办公室，从组织上保证了普查工作的顺利开展。2015 年 3 月，县地名普查领导小组印发了《实施方案》和《工作规程》，4 月召开了全县地名普查动员会，明确了目标，向各乡镇和县直相关单位下达了普查任务。

二是收集资料，培训人员。收集了与地名相关的历史沿革、地名由来以及相关属性信息资料，包括《第一次地名普查资料汇编》《地名登记卡》《庄浪县志》《庄浪军事志》《庄浪年鉴》《庄浪文史》《庄浪史志》及地名补查、历年地名命名更名、区划边界等各类资料 100 多册，为普查审核工作提供了实用的参考资料。除了参加省市组织的培训外，举办了全县地名普查人员业务培训班，详细讲解了普查的方式方法和注意事项，向学员散发了学习参考资料，做好基层普查员的培训工作。

三是采集信息，填写登记表。各成员单位均确定了 3 ~ 5 名普查员，各村委会确定了 1~ 2 名联络员，普查登记开始后，所有业务人员能够坚持实地走访、电话询问、查阅资料、认真核对，做到了据实调查，据实填报。县地名办依据各类地理实体的特点和有关部门的管理权限，以乡镇、街道办和有关职能部门为基础成立了 33 个调查组，合理划分了调查单元，分类编写调查目录，预填地名登记表。共编写调查目录 2963 条，填写地名登记表 2963 份。

四是实地调查，标绘工作图。普查登记开始后，单位业务人员调查认真，工作细致，分区域对列入调查目录的地名逐个进行调查，重点调查和核实地名的属性信息内容，地名属性信息基本完整准确，共填写地名登记表 2796 张，标绘工作图 1 套。聘请专业技术人员进行拍照，采集影像资料，保证图片质量。涉及地图标绘、经纬度测量、矢量图修改整饰等专业技术上的工作，由县城乡规划测绘公司完成，确保了地名普查数据质量。

五是大力宣传，营造氛围。县地名办大力开展宣传动员工作，先后制作发放《庄浪县第二次全国地名普查宣传工作手册》300 多份，发放张贴“搞好地名普查，助力中国梦想”传单 3000 多张，悬挂横幅 10 条，并利用庄浪县电视台和门户网站等媒体对地名普查的目的、意义、内容和原则进行大力宣传，引导干部群众积极参与第二次地名普查，提高了公众认知度，扩大了社会影响力。

六是审核资料，建立数据库。对地名调查所获取的地名属性信息、图形信息、地名标志等信息，首先由各乡镇、各单位的普查员填写登记表后，交由分管领导审核把关，对普查不到位、不准确的地名及时进行修改完善。其次是县地名办业务人员认真全面审核各乡镇、各单位所报资料，对发现的问题及时进行了更改。在审核的同时，对地名进行标准化处理 12 条，挖掘保护地名 28 条，语音审定 1 条。最后组织专家对全部地名来历含义、历史沿革和地理实体描述进行再次审核把关，进一步提高地名属性信息的准确性和合理性。对审核通过的资料，导入第二次全国地名普查管理系统。

七是加强监理，及时整改。根据国普办印发的《第二次全国地名普查监理办法》《甘肃省第二次全国地名普查检查验收方案》有关规定，平凉市第二次全国地名普查领导小组决定，聘请熟悉当地历史文化、地名研究、地理信息测绘等方面专业人员，组成全市地名普查监理小组，对县（区）地名普查工作进行监理检查。3 月上旬，监理小组对庄浪县地名普查工作进行全面监理检查，对监理组反馈的部分地名信息不全，地名来历、含义解释不准，多媒体照片格式不规范，没有进行标准化处理等问题，庄浪县普查办及时进行了整改。

八是加强普查安全保密工作。县地名普查办严格遵守普查各项保密制度，强化保密措施，对收集的有关资料、数据和信息实行分类管理。尤其是涉密资料、数据和信息严格落实保密措施，实行专册登记、专柜存放、专人管理。地名普查成果存储的场所、信息平台符合保密的要求。所使用的计算机、移动存储设备没有接入互联网和其他非保密网络；同技术外包的服务公司和涉密数据使用单位签订了保密协议，没有发生泄密事件。

市普查办通过核查认为，庄浪县能够严格按照省市《第二次全国地名普查工作实施方案》要求，认真对照省市《第二次全国地名普查工作任务分解表》进度，本着精心组织，规范操作，严把质量，稳步推进的工作原则，周密安排部署地名普查工作。先后完成成立机构，动员部署，普查培训、宣传，编写地名调查目录，填写各类地名登记表，外业信息采集、地名标准化处理等工作，建立了较为完善的地名数据库，各项工作运行良好。根据上级检查反馈意见进行了整改，形成了客观全面的自查报告和质量评价评分表，监理报告和质量评价报告完备。经市级核查，认为庄浪县第二次地名普查过程符合国家普查操作规程，措施得力，普查成果达到了普查要求和目的，现予以上报，请省普查办验收。

2017 年 5 月 8 日

（平凉市第二次全国地名普查领导小组办公室　平地名普组办发〔2017〕14 号）

关于开展第二次全国地名普查的通知

各乡（镇）人民政府，县直及省、市驻庄各单位：

为贯彻落实《国务院关于开展第二次全国地名普查的通知》（国发〔2014〕3 号）、《甘肃省人民政府关于开展第二次全国地名普查的通知》（甘政发〔2014〕65 号）和《平凉市人民政府关于开展第二次全国地名普查的通知》（平政发〔2014〕98 号）精神，认真做好全县第二次地名普查工作，现就有关事宜通知如下：

一、目的和意义

地名普查的目的是查清地名基本情况，掌握地名基础数据，提高地名标准化水平，加强地名信息化服务建设，为社会提供全面准确的地名信息。

地名是基础地理信息，地名普查是一项公益性、基础性的国情调查。开展地名普查有利于维护国家主权和领土完整、巩固国防建设，有利于经济社会协调发展，有利于社会交流交往、方便人民群众生产生活，对提高政府管理水平和公共服务能力具有重要意义。

二、范围和内容

普查范围：全县所有国土。

普查内容：查清地名及相关属性信息，对有地无名的有地名作用的地理实体进行命名，对不规范地名进行标准化处理，设置标准规范的地名标志，建立、完善各级国家地名和区划数据库，加强地名信息化服务建设，建立地名普查档案。

三、时间安排

此次地名普查从 2014 年 11 月 20 日开始，到 2018 年 6 月 30 日结束，分三个阶段实施。普查标准时点为 2014 年 12 月 31 日。

第一阶段，2014 年 11 月至 12 月，完成组织动员、成立机构、搜集资料、制定方案、人员培训等各项准备工作。

第二阶段，2015 年 1 月至 2017 年 6 月，完成全县所有地区的普查和检查验收工作。具体计划由县第二次全国地名普查领导小组报市第二次全国地名普查领导小组批准后实施。

第三阶段，2017 年 7 月至 2018 年 6 月，完成成果完善、上报、汇总工作，建立档案，开展普查成果转化利用。

四、组织实施

此次地名普查范围大、涉及面广、情况复杂、技术要求高，为加强领导、确保工作顺利开展，成立县第二次全国地名普查领导小组，负责制定统一的实施方案、工作规程和普查的组织实施，协调解决工作中的重大问题。领导小组办公室设在县民政局，承担领导小组日常工作，负责全县地名普查工作的业务指导和督促检查。领导小组属于阶段性工作机制，不属于新设立的议事协调机构，任务完成后即撤销。

普查工作要按照“统一领导、分工协作、分级负责、共同参与”的原则组织实施。领导小组各成员单位要密切配合、通力协作，各司其职、各负其责，共同做好普查工作。

五、工作要求

各乡镇、各有关单位要充分认识、广泛宣传第二次全国地名普查的重要意义，加强组织领导，周密部署，统筹协调，确保普查任务顺利完成。普查人员要严守工作纪律，按照有关政策规定、工作规程和技术标准认真做好地名普查工作，确保普查数据真实可靠。

附件：庄浪县第二次全国地名普查领导小组组成人员名单（略）

2014 年 11 月 25 日

（庄浪县人民政府　庄政发〔2014〕94 号）

关于印发《庄浪县第二次全国地名普查实施方案》的通知

各乡（镇）人民政府、水洛街道办事处，县第二次全国地名普查领导小组各成员单位：

根据《平凉市第二次全国地名普查实施方案》（平地名普组发〔2014〕2 号）和《庄浪县人民政府关于开展第二次全国地名普查的通知》（庄政发〔2014〕94 号）精神，县第二次全国地名普查领导小组制定了《庄浪县第二次全国地名普查实施方案》，并经平凉市第二次全国地名普查领导小组批准，现印发你们，请认真遵照执行。

2015 年 3 月 18 日

（庄浪县第二次全国地名普查领导小组　庄地名普组发〔2015〕1 号）

庄浪县第二次全国地名普查实施方案

为做好全县第二次全国地名普查工作，根据《平凉市第二次全国地名普查实施方案》（平地名普组发〔2014〕2 号）和《庄浪县人民政府关于开展第二次全国地名普查的通知》（庄政发〔2014〕94 号）精神，制定本实施方案。

一、目标任务

查清全县地名基本情况，对有地无名的有地名作用的地理实体进行命名，对不规范地名进行标准化处理，设置标准规范的地名标志，建立、完善我县国家地名数据库，加强地名信息化服务建设，发挥地名在促进经济社会协调发展、方便人民群众生产生活、加强国防建设等方面的基础作用。

（一）调查地名基本情况。包括行政区域，非行政区域，群众自治组织，居民点，交通运输设施，水利、电力、通信设施，纪念地、旅游景点，建筑物，单位，陆地水系，陆地地形等 11 大类地名的名称、位置及相关属性信息。

（二）规范地理实体名称。根据国家地名管理的有关法规，对有地无名的有地名作用的地理实体进行命名；对不规范地名进行标准化处理，切实解决地名上存在的一地多名、重名，地名命名罔顾传统、刻意崇洋、虚张声势、名不符实，地名译写不准确、用字不规范、含义不健康等问题。

（三）设置地名标志。根据实际需要，依据国家有关标准设置地名标志。

（四）开发、应用普查成果。利用地名普查成果，编纂出版我县地名图、录、典、志等出版物，建立、完善县级国家地名数据库，开展地名信息化服务，开发研制地名信息化服务产品。

（五）建立地名普查档案，实现地名普查档案的数字化管理。

二、普查范围

本次地名普查包括全县境内所有自然地理实体和人文地理实体的名称，共 11 个大类。

（一）行政区域名称。包括县、乡、镇。

（二）非行政区域名称。包括矿区、农场、林场、苗圃、果园、大型养殖场、工业区、开发区、地片（野外约定俗成、群众惯用、有较为明确指向的一定区域的统称）、 区片（城镇中约定俗成、群众惯用、有较为明确指向的一定区域的统称）。

（三）群众自治组织名称。包括村民委员会、社区居民委员会。

（四）居民点名称。包括所有城镇型居民点（县城、乡镇居民住宅小区）、农村型居民点（自然村——村、庄、堡、寨等，自然镇——非国家划定的镇或集镇，片村——若干小自然村的总称）。

（五）单位名称。包括党政机关、民间组织、事业单位、企业单位和其他单位等。

（六）交通运输设施名称。包括公路（省公路、县公路、乡公路和专用公路）、城区街、巷、长途汽车站、公共汽车站、大型停车场、桥梁（国家省市县三级公路通过的桥梁）、隧道、收费站、道班、加油站等。

（七）水利、电力、通信设施名称。包括水库、水渠（含人工修筑的干渠、支渠、渡槽等）、淤地坝、池塘、河堤、拦河坝、泵站、输变电线路、输变电站、通信线路、通信基站等。

（八）纪念地与风景点名称。包括自然保护区、纪念地（各类纪念馆、烈士墓、公墓、寺院、寺庙、教堂）、遗址、公园、风景区等。

（九）建筑物名称。指所有不能归入上述类别的具有地名意义的建筑物名称，包括房屋（一是指具有地名标志意义的高楼大厦，不含居民小区内高楼；二是指有地名意义的大型建筑或建筑群；三是指有特殊意义的房屋）；亭、碑、广场、体育场、体育馆、城堡；其他（如批发市场、百货商场、交易市场及酒店、宾馆等）。

（十）陆地水系名称。县域范围内的河流、泉。

（十一）陆地地形名称。包括山脉、山峰、山、梁、岭、山口、山谷、山坡、塬、坪等。

三、组织实施

全县第二次全国地名普查工作由县第二次全国地名普查领导小组（简称庄浪县地名普查领导小组）组织实施。领导小组办公室（简称庄浪县地名普查办）设在县民政局，承担领导小组日常工作，负责全县地名普查工作的业务指导宣传和督促检查验收。

四、职责分工

县地名普查领导小组职责：

（一）制定县第二次全国地名普查的有关政策规定和保障措施。

（二）组织部署县第二次全国地名普查工作。

（三）协调解决普查中的重大问题。

（四）审议重要地名命名更名。

（五）核查、上报庄浪县第二次全国地名普查成果。

（六）承办省、市普查办有关工作。

县地名普查办职责：

（一）拟定县第二次全国地名普查实施方案。

（二）制定县第二次全国地名普查技术规范。

（三）负责组织全县第二次全国地名普查宣传。

（四）负责领导小组成员单位的联系协调。

（五）负责地名普查的会议组织、业务培训、检查指导验收。

（六）负责组织地名普查成果上报和建档工作。

（七）负责指导建立、完善县地名普查数据库。

（八）负责组织编纂县标准地名图、录、典、志等。

（九）负责组织地名普查信息综合应用服务。

（十）承担领导小组交办的其他工作。

庄浪县地名普查领导小组成员单位职责：

领导小组各成员单位要做好地名普查的协助和配合工作，按各部门职责指导和督促相关单位做好地名普查所需地名资料的整理、提供及涉及本级有关地理实体、建筑物、场、地等地名信息整理提供工作，并确保信息和数据的有效性和可靠性。

县民政局履行领导小组办公室职责，承担领导小组日常工作，负责全县地名普查工作的业务指导宣传和督促检查验收，负责地名普查日常工作和地名普查成果转化工作，并承担县行政区域、民间组织、烈士墓、公墓等名称的普查登记及图上位置的标绘工作。

县发改局负责协调地名普查方案与全县国民经济社会发展总体规划、区域规划及其他有关专项规划的衔接工作，以及相关资料的协调保障工作。

县教育局负责地名普查所需全县各级各类学校等相关资料的协调保障工作，承担县内各级各类学校、公办幼儿园和有地名意义的民办幼儿园等名称的普查登记及图上位置的标绘工作。

县工信局负责地名普查所需通信设施、通信线路、通信基站、电力设施等相关资料的协调保障工作，承担县内通信线路、通信基站、输变电线路、输变电站、工业园区等名称的普查登记及图上位置的测量、标绘工作。

县宗教局负责地名普查所需民族事务、宗教团体、宗教活动场所等基础资料的协调保障工作，承担县内宗教活动场所（寺、庙）、宗教纪念地等名称的普查登记及图上位置的标绘工作。

县公安局负责地名普查所需人口信息等相关资料的协调保障工作，承担全县公安系统，包括交警队、消防队、武警中队、基层派出所等单位名称的普查登记及图上位置的标绘工作。

县财政局负责县地名普查经费的保障落实和资金使用的监督管理。

县国土资源局负责地名普查所需第二次全国土地调查成果等相关资料的协调保障工作，承担矿区名称普查登记和图上位置的标绘工作，并负责全县各类地名在图上位置的测量和标绘的指导工作。

县住房和城乡建设局负责地名普查所需城镇建设、城镇规划、县城公用设施等基础资料的协调保障工作，承担县城街、路、巷、桥梁、广场、公园，具有地名标志意义的高楼大厦、大型建筑物等名称的普查登记及图上位置的测量、标绘工作。

县交通运输局负责地名普查所需第二次全国公路普查以及公路运输设施基础资料的协调保障工作，承担县内等级公路、车站、停车场、桥梁、隧道、道班、加油站等人文地理实体名称的普查登记工作及图上位置的测量、标绘工作。

县水务局负责地名普查所需第一次全国水利普查成果等基础资料的协调保障工作，承担县内河流、河源、河谷（峡谷）、湖泊、泉等自然地理实体名称和水库、池塘、淤地坝、水渠、堤堰、人饮工程等水利设施名称的普查登记及图上位置的测量、标绘工作。

县文广局负责地名普查所需文化场馆、第三次全国文物普查成果及世界文化遗产、重点文物保护单位、风景名胜区等相关资料的协调保障工作，承担各种文化体育场馆、遗址、重点文物保护单位、纪念馆、纪念碑、风景名胜区等名称的普查登记及图上位置的标绘工作。

县卫生局负责地名普查所需各级各类医院以及基层医疗机构、公共卫生机构、急救机构等相关资料的协调保障工作，承担县医院、中医院、乡镇卫生院和县城具有独立场所、同时具有地名意义的其他医院名称的普查登记及图上位置的标绘工作。

县工商局负责地名普查所需各类企业、从事经营活动的单位等相关资料的协调保障工作，承担县内具有独立场所、独立法人、长久性、较大规模，并且具有地名意义的各类企业单位名称的普查登记及图上位置的标绘工作。

县统计局负责地名普查所需社会、经济、人口等相关统计资料的协调保障工作。

县农牧局负责地名普查所需农牧科研场、站、所等单位相关资料的协调保障工作。

县林业局负责地名普查所需林业经营管理单位等相关资料的协调保障工作，承担县内林场、苗圃等名称的普查登记和图上位置的标绘工作。

县旅游局负责地名普查所需旅游资源基础资料的协调保障工作，承担县内旅游景点名称的普查登记和图上位置的标绘工作。

县地方志办公室负责地名普查所需地方志等基础资料的协调保障工作。

各乡镇职责：负责辖区内乡镇名称，独立存在的、重要的，并具有地名意义的机关、企事业单位名称（公安、教育、卫生、林业、工商等部门负责普查登记的除外），群众自治组织（村民委员会）名称，自然村（新农村）、片村、住宅区、街路巷、市场、养殖场、地片名称，有地名意义的独立存在的建筑物（如舞台、城堡、纪念碑、广场等）名称，山脉、山峰、山、梁、岭、山口、山谷、山坡等陆地地形类地理实体名称的普查登记和图上位置的标绘工作。

水洛街道办职责：负责县城区独立存在的、重要的，并具有地名意义的机关、企事业单位（公安、教育、卫生、林业、工商等部门负责普查登记的除外），社区居民委员会，所有居民住宅区，片区等名称的普查登记和图上位置的标绘工作。

五、时间安排

此次地名普查我县从 2014 年 11 月 20 日开始，到 2018 年 6 月 30 日结束，按照省、市统一要求，分三个阶段实施。普查标准时点为 2014 年 12 月 31 日。

第一阶段，2014 年 11 月至 12 月，完成组织动员、成立机构、搜集资料、制定方案、人员培训等各项准备工作。

第二阶段，2015 年 1 月至 2017 年 6 月，完成全县普查和检查验收工作。各相关单位和乡镇的普查和检查验收，根据具体情况分期分批进行。具体计划由县地名普查领导小组报市地名普查领导小组批准后实施。

第三阶段，2017 年 7 月至 2018 年 6 月，完成成果完善、上报、汇总工作，建立档案，开展普查成果开发应用和总结表彰。

六、方法步骤

（一）制定方案。县地名普查领导小组根据市地名普查领导小组的统一部署，结合本地实际，科学制定地名普查实施方案，报上级地名普查领导小组审批后组织实施。

（二）培训人员。县民政局负责县领导小组成员单位、县地名普查领导小组办公室（简称县地名普查办）成员和乡镇、街道办地名普查人员的培训工作。

（三）收集资料。全面搜集与地名相关的历史沿革、名称由来以及相关属性信息资料，包括图、录、典、志等，对资料进行整理、甄别、论证和审定，制作地名调查目录，初步掌握地名数量底数，并按地名类别或所在乡级行政区域进行分类，由普查单位和普查员进行地名调查和信息核对。

（四）实地踏勘。各有关单位、乡镇和街道办，对列入调查目录的地名逐个进行调查，重点调查和核实地名的属性信息内容，测定地理实体范围或定位点的地理坐标，填写地名调查登记表，一并采集未列入调查目录的新生地名的名称及其属性信息。同时，采集地名和地名标志影像资料，将地名名称和位置的变化情况标记到普查工作图上。

（五）标准化处理地名。县地名办根据国家地名管理的有关法规，按照地名命名、更名的审批权限和程序，对有地无名的有地名作用的地理实体进行命名，对普查的地名进行审定和标准化处理。

（六）设置地名标志。按照《地名 标志》（GB 17733—2008）国家标准的要求，结合各乡镇地名标志设置情况和现实需要，科学、合理、规范、有重点地设置地名标志，更换损毁的或非标准的地名标志，并逐个填写地名标志登记表、采集地名标志多媒体信息。

（七）建立数据库。县地名普查办对地名调查所获取的地名属性信息、图形信息、地名标志信息以及地名标准化处理信息的数据进行审核，重点完善缺失的信息项目，修正错误的信息内容，添加新生的地名信息，确保采集到的信息齐全、准确、翔实。审核完成后，将通过审核的地名属性信息、地名标志信息和地名标准化处理信息录入国家地名和区划数据库，并根据地名调查获取的地理实体坐标和标绘的普查工作图修校电子矢量地图，建立图库连接关系，实现图库匹配。将地名文字和图形信息及多媒体数据录入国家地名和区划数据库。

（八）制作成果。

完成地名数据库建设后，即可开展地名普查成果的形成和制作，制作成果包括以下五个方面内容：

1. 填写各类普查成果表。

2. 标绘地名普查成果图。

3. 对普查成果和文件资料进行数字化处理。

4. 起草地名普查工作总结。

5. 起草地名普查成果上报审批报告。

（九）验收。县地名普查办先行自查，根据自查情况完善改进后报市地名普查办进行核查；市地名普查办根据核查情况进一步完善后报省地名普查办验收；省级地名普查办验收后，报国务院地名普查办抽查复验及全面审核。

（十）成果审定。县第二次全国地名普查成果由市地名普查办组织核查后报领导小组审定。

（十一）上报归档。普查成果验收合格后，逐级上报汇总，同时完成普查文件、资料、成果等的立卷归档工作。

（十二）编纂出版地名出版物。县民政局负责组织编纂出版全县地名图、录、典、志等出版物。

（十三）开展地名信息化服务建设。县民政局利用地名普查成果，结合现有地名信息化服务平台建设情况，建设全面、权威、翔实的地名信息数据库，建立完善地名网站，开发研制地名信息化服务产品，进一步提升地名公共服务的质量和水平。

七、工作要求

（一）各乡镇、街道办和各有关部门要高度重视这次地名普查工作，切实加强组织领导，成立地名普查工作组，配齐配强工作人员，明确工作职责，确定专人负责相关资料的收集、整理和填报工作。各单位普查工作组要在县第二次地名普查工作领导小组领导下，分工负责，各司其职，严格按照《第二次全国地名普查工作规程》和有关政策规定、技术标准等开展地名普查工作。

（二）各有关单位要做好有关资料、数据和信息的分类管理工作。涉密资料、数据和信息须严格保密。

（三）跨乡镇行政区域界线地理实体名称，相关各方表述不一致时，要充分协商确定。协商不一致的，报县地名普查领导小组确定。

（四）在军事管理区等敏感地区开展地名普查时，要事先与驻军单位沟通。

（五）县政府网站、县文广局和公共事业管理局等有关单位应当通过广播电视和互联网等新闻媒体以及宣传栏、街路牌广告栏等多种宣传工具，广泛宣传第二次全国地名普查工作。

关于调整乡镇行政区划的通知

各乡（镇）人民政府、县直及省、市驻庄各单位：

按照平政发（2003）180 号《平凉市人民政府转发甘肃省民政厅〈关于平凉市乡镇行政区划调整的批复〉的通知》精神，我县乡镇行政区划调整如下：

一、撤销水洛乡，将该乡并入水洛城镇，合并后水洛城镇更名为水洛镇，镇人民政府驻地由礼堂巷 07 号迁至新昌路 088 号（原水洛乡人民政府驻地）。

二、撤销白堡乡，将该乡仇梁、仇沟、上郝家、杨魏、刘渠、后梁和罗家 7 个村划归卧龙乡；将白家阳坡、蒙家河湾、党家、柳渠、陈山和柳家乱庄 6 个村划归柳梁乡；将峰山和崖王 2 个村划归合并后的水洛镇。

三、撤销刘庙乡，将该乡王川、新王、赵山、万柳、柳李、三台山、窑上山和王坪 8 个村划归朱店镇；将刘庙、冯湾、老山沟、谢家、梁家山和丁山 6 个村划归大庄乡。

四、撤销颉崖乡，将该乡聂子坪、菜子湾 2 个村划归韩店镇；将焦湾、端湾、赵吴、颉崖、牡丹咀、六房沟、梁家寺湾、樊庙、陈家、窑刘家、上雷、下雷 12 个村划归盘安乡。

五、撤销通边乡，将该乡并入通化乡。

调整后，各乡镇的行政区域及界线以县政府《关于调整乡镇行政区划的请示》（庄政发〔2003〕45 号）中调整后乡（镇）界线走向文字说明和附图为准。

2004 年 1 月 7 日

（庄浪县人民政府　庄政发〔2004〕1 号）

关于卧龙、阳川和盘安三乡撤乡改镇的通知

各乡（镇）人民政府，县直及省、市驻庄各单位：

按照平政办发电〔2015〕20 号《平凉市人民政府办公室关于崆峒区柳湖乡等 15 个乡撤乡改镇有关问题的通知》精神，从 2015 年 7 月 1 日起，撤销卧龙乡、阳川乡、盘安乡，设立卧龙镇、阳川镇、盘安镇。以上三乡撤乡改镇后，实行镇管村体制，隶属关系、行政区域界线和政府驻地均保持不变。请卧龙、阳川、盘安三乡和有关部门及时做好单位名称和信息数据的变更工作。

2015 年 6 月 18 日

（庄浪县人民政府　庄政发〔2015〕37 号）

关于通化和大庄两乡撤乡改镇的通知

各乡（镇）人民政府，县直及省、市驻庄各单位：

根据甘肃省民政厅《关于平凉市泾川县太平乡等13个乡撤乡改镇的批复》（甘民复〔2016〕69号）和平凉市人民政府办公室《关于泾川县太平乡等13个乡撤乡改镇有关问题的通知》（平政办发电〔2016〕43号）精神，现将通化、大庄两乡撤乡改镇有关事宜通知如下：

一、根据省民政厅批复撤销通化乡、大庄乡，设立通化镇、大庄镇。撤乡改镇时间从省民政厅发文之日（2016年6月8日）算起。

二、乡改镇后，实行镇管村体制，原隶属关系、行政区域界线和政府驻地均保持不变，于10月1日前完成名称变更及其他相关变更工作。

三、统计、编制、财政、发改、住建、公安、民政、工商等部门要做好乡（镇）数据统计、行政区划代码变更等相关工作，保证乡（镇）数据、名称准确统一。

四、撤乡改镇工作是适应城镇化发展需要的重大战略部署，对推进城镇化发展，促进城乡一体化等方面有着重要作用，各有关单位和乡（镇）要高度重视，维护行政区划管理的科学性和严肃性，保证撤乡改镇工作顺利平稳实施。

2016年8月23日

（庄浪县人民政府　庄政发〔2016〕82号）

关于永宁等五乡撤乡改镇的通知

各乡镇人民政府，县直及省、市驻庄各单位：

按照《甘肃省民政厅关于平凉市10个乡撤乡改镇的批复》（甘民复〔2018〕76号）和平凉市人民政府办公室《关于崆峒区花所乡等10个乡撤乡改镇有关问题的通知》（平政办发电〔2018〕46号）精神，现将永宁等五乡撤乡改镇有关事宜通知如下：

一、根据省民政厅批复撤销永宁乡、良邑乡、岳堡乡、柳梁乡、南坪乡，设立永宁镇、良邑镇、岳堡镇、柳梁镇、南坪镇。撤乡改镇时间从2018年7月1日算起。

二、乡改镇后，实行镇管村体制，原隶属关系、行政区域界线和政府驻地均保持不变，于6月30日前完成名称变更及其他相关变更工作。

三、统计、编制、财政、发改、住建、公安、民政、工商等部门要同时做好乡（镇）数据、行政区划代码变更等工作，相互衔接，保证数据、名称准确统一。

四、县直各有关单位和撤乡改镇乡要高度重视，抓好相关工作落实，保证撤乡改镇工作顺利平稳实施。

2018年6月26日

（庄浪县人民政府　庄政发〔2018〕75号）

关于调整撤并村民委员会和村民小组的通知

各乡（镇）人民政府，县直有关单位：

为了进一步加强全县基层政权及群众自治组织建设，促进农村经济社会发展，按照市政府《关于开展乡镇行政区划调整工作的通知》（平政发〔2003〕34号）精神，县政府决定对全县村民委员会和村民小组进行调整撤并，现将具体事宜通知如下：

撤并范围　全县共撤并155个村民委员会，191个村民小组，新命名16个村民委员会，撤并后全县共有293个村民委员会，1521个村民小组。

水洛镇：现有32个村委会，112个村民小组，撤并18个村，新命名4个村，撤并后为18个村委会，组不变。具体撤并范围：撤上碾村、下碾村、半山村，合并新命名为徐碾村；撤马家山庄村，一、二组并入何马村，三、四组并入贺庄村；撤文沟村、陈杨柳家村、王家山村，合并新命名为新兴村；撤柳沟村、柳家新庄村、坪上村，合并新命名为新光村；撤穹沟阳坡村、穹沟阴坡村，合并新命名为穹沟村；撤乱庄村并入柳咀村；撤峰山村并入崖王村；撤阳岻山村并入陈洞村；撤川口村并入郭堡村；撤王家庄村并入西关村；撤唐河村并入二李村。

南湖镇：现有20个村委会，113个组，撤并4个村，撤并后为16个村，组不变。撤并范围：撤上堡村并入双堡村；撤秦梁村并入孙家大庄村；撤花塬村、穆湾村并入汪家村。

朱店镇：现有37个村委会，136个组，撤并17个村，新命名1个村，撤并后为21个村，组不变。撤并范围：撤贾家河湾村、上朱河村、下朱河村，合并新命名为朱河村；撤下郭村并入小湾村；撤山上李村并入中街村；撤贾家沟村并入东街村；撤杨柳家村并入三合村；撤孔家沟村并入董家湾村；撤北堡子村并入河北村；撤西山村并入牛耳咀村；撤川锅地村并入高庙村；撤朱万村、壑岘李村并入杨家湾村；撤郭家湾村并入大曹村；撤三台山村、窑上岻村并入万柳村；撤赵山村并入新王村。

万泉镇：现有27个村委会，75个组，撤并7个村，新命名1个村，撤并后为21个村，组不变。撤并范围：撤清水沟阳坡村、清水沟阴坡村，合并新命名为清水沟村；撤西山杨家村并入毛桃杜家村；撤万堡村并入万庄村；撤连山村并入徐城村；撤胡岔村并入王李岔村；撤高岔村并入田岔村。

韩店镇：现有村委会29个，110个组，撤并12个村29个组，撤并后为17个村81个组。撤并范围：撤马东山村、黄草村、庞家沟村、店峡村并入郭漫村；撤吴家湾村、叶家阳坡村并入刘河村（店峡村15户移民户同时并入刘河村）；撤韩山村并入东门村；撤刘山村并入刘咀村；撤朱家湾村并入石桥村；撤菜子湾村并入聂子坪村；撤庙梁村、鞍子梁村并入岔岔沟村。花崖河村28户、庞家沟村27户、店峡村16户移民并入西门村。

岳堡乡：现有17个村委会，75个组，撤并5个村20个组，撤并后为12个村55个组。撤并范围：撤山铧村并入南岔村；撤后刘村并入吴家村；撤王孟村并入蒋寺村；撤王家村并入蔡家村；撤关家村并入崔家村。

杨河乡：现有18个村委会，82个组，撤并5个村，撤并后为13个村，组不变。撤并范围：撤仇湾村并入李润村；撤下堡村并入寺沟岔村；撤张塬村并入逯岔村；撤张家新庄村并入张家大庄村；撤焦沟村并入元咀村。

赵墩乡：现有17个村委会，89个组，撤并4个村，撤并后为13个村，组不变。撤并范围：撤道回沟村并入裴堡村；撤孙局村并入阳川村；撤何岔村并入梨树湾村；撤郭李村并入蛟龙寺村。

柳梁乡：现有 25 个村委会，112 个组，撤并 7 个村，撤并后为 18 个村，组不变。撤并范围：撤党家村并入蒙家河湾村；撤李茂村、牛沟村并入张陈村；撤贺沟村并入孟山村；撤柳台村并入柳家乱庄村；撤朱山村、郑杜村并入川边村。

卧龙乡：现有 29 个村委会，131 个组，撤并 7 个村，新命名 2 个村，撤 15 个组，撤并后为 24 个村 116 个组。撤并范围：撤魏家山阳坡村、魏家山阴坡村，合并新命名为魏山村；撤刘渠村、罗家村，合并新命名为刘罗村；撤丁家寺湾村，一组并入刘罗村，二、三组并入魏家湾村；撤花梨湾村并入马湾村；撤阳屲堡子村并入马家沟村。

大庄乡：现有 28 个村委会，77 个组，撤并 12 个村 25 个组，撤并后为 16 个村 52 个组。撤并范围：撤王沟村并入王山村；撤伏家村并入杨局村；撤上王村并入大庄村；撤高庄村并入下王村；撤西坡村并入杜家村；撤杨湾村、椿树湾村并入张山村（青龙沟村庄阔湾组同时并入张山村）；撤高湾村并入青龙沟村（张山村王家湾组同时并入青龙沟村）；撤胡家村并入南湾村；撤阳屲庄村并入连王村；撤谢家村并入梁山村；撤冯湾村并入丁山村。

阳川乡：现有 28 个村委会，65 个组，撤并 12 个村，撤并后为 16 个村，组不变。撤并范围：撤梁家坡村并入张家大湾村；撤蔡家沟村、深壑岘村并入台咀村；撤郭阎家村并入孙王村；撤张家上岔村并入新庄沟村；撤上堡子村、杨家堡子村并入下堡子村；撤金李家村、李家窑村并入刘湾村；撤曹家坪村并入李家咀村；撤曹阎村并入灯盏窝村，将灯盏窝村更名为赵湾村；撤赵家沟村并入岳家坪村。

良邑乡：现有 16 个村委会，72 个组，撤并 3 个村，撤并后为 13 个村，组不变。撤并范围：撤董沟村并入李咀村；撤何柳村并入何川村；撤王山庄村并入陈峡村。

通化乡：现有 21 个村委会，99 个组，撤并 5 个村，撤并后为 16 个村，86 个组。撤并范围：撤六房村并入新集村；撤蔡沟湾村并入刘善村；撤张虎村并入陈堡村；撤洞子沟村并入高崖韩村；撤何岔村，将该村一组并入石岔村，二、三组并入新庄村。

永宁乡：现有 18 个村委会，72 个组，撤并 2 个村 2 个组，撤并后为 16 个村 70 个组。撤并范围：撤深沟村并入苏家阳屲村；撤窦沟村并入下湾村。

郑河乡：现有 14 个村委会，46 个组，撤并 2 个村 1 个组，撤并后为 12 个村 45 个组。撤并范围：撤李安村并入下寨村；撤贺峡村并入卢屲村。

南坪乡：现有 21 个村委会，97 个组，撤并 9 个村，新命名 1 个村，撤并后为 13 个村，组不变。撤并范围：撤杨川村并入史坪村；撤唐家阳屲村并入唐家高庄村；撤马台村并入寺门村；撤上庄村、苏湾村并入苏坪村；撤王家沟村并入沈坪村；撤庙沟村并入唐山村；撤刘堡村、刘窑村，合并新命名为刘坪村。

盘安乡：现有 35 个村委会，149 个组，撤并 24 个村 86 个组，新命名 7 个村，撤并后为 18 个村 63 个组。撤并范围：撤赵吴村并入颉崖村；撤六房沟村、梁家寺湾村并入樊庙村；撤窑刘家村、陈家村，合并新命名为刘陈村；撤端湾村并入焦湾村；撤上雷村、下雷村，合并新命名为雷家村；撤王火炎子村并入王福上庄村；撤梁关村并入王公村；撤孙沟上庄村、孙沟中庄村、孙沟下庄村，合并新命名为孙沟村；撤湾李上庄村、湾李下庄村，合并新命名为湾李村；撤吴河村、陈杨村，合并新命名为吴陈村；撤岔李上庄村并入岔李村；撤杨家村、宋家村，合并新命名为杨宋村；撤申堡村并入申家湾村；撤周家阳坡村、周家阴坡村、张李村，合并新命名为周家村。

几点要求　1. 这次村组撤并工作以乡镇为主组织实施，民政等有关部门要加强监督指导，整个撤并工作要在 4 月 20 日前完成。撤并工作结束后，各乡镇要对村组撤并工作进行总结，形成书面材料，报县委、县政府和县村组撤并工作领导小组办公室（县民政局）。2. 各乡镇要成立村组撤并工作领导小组，抽组专门人员清产核资，清理债权债务，清理登记集体资产，妥善处理各种遗留问题。3. 各乡镇要成立村民委员会选举指导小组，要严格按照《中华人民共和国村民委员会组织法》和《甘肃省村民委员会选举办法》，选举产生新的村民委员会，组建新班子，健全完善各项制度，保证村组工作正常运转，促进全县农村经济社会稳步发展。

2006 年 3 月 27 日

（庄浪县人民政府　庄政发〔2006〕16 号）

关于对县城规划区内街路巷桥梁和广场命名的通知

各乡（镇）人民政府、水洛街道办事处，县直及省、市驻庄各单位：

近年来，随着县城新规划的实施，城建步伐的加快，新拓街路、新建桥梁广场不断形成，县城面貌发生了很大变化。但是，县城内的公共建筑没有进行正式系统命名，给居民生活、城镇管理和今后发展造成了一定影响。为了依法强化城镇地名管理，推广使用标准地名，按照国务院《地名管理条例》和《甘肃省地名管理办法》，县政府决定对县城规划区内的街、路、巷、桥梁、广场进行命名，现将具体事宜通知如下：

命名范围：对县城规划区（东至紫荆中学，西至何马村，南起水洛南河，北至水洛北山根）内路面宽在 5 米以上的现有街、路、巷和桥梁、广场等进行命名，对工业区和北城住宅区正在建设中的街道暂不命名。

命名类型：（一）街、路、巷标准名称：街、路、巷共 24 条，其中东西走向（包括大致呈东西走向）9 条，南北走向（包括大致呈南北走向）街道 15 条。1. 东西走向街道从北向南依次为新徐东路、新徐西路、北滨河路（东段、西段）、南滨河路（东段、西段）、东大街、西大街、夹城巷、车站路、一中巷。2. 南北走向街道从东向西依次为洛城东路、供电巷、中天巷、卫生巷、新昌路、文化路、邮政巷、礼堂巷、政府巷、紫荆南巷、紫荆北巷、寺坪巷、三中巷、洛城西路、公园路。

（二）桥梁标准名称：这次命名桥梁共 4 座（水洛南河上南河桥、南河新桥和水洛河上北河桥由省公路部门管理，不在县政府命名范围之内），均位于水洛河上，从东向西依次命名为上洛河桥、中天桥、紫荆桥、何马大桥。

（三）广场标准名称：北城区广场命名为文化广场，南城区广场命名为紫荆广场。

标准地名使用要求：加强地名管理，推广使用标准地名，是国家行政管理的重要组成部分。对县城规划区内的街、路、巷、桥梁、广场进行命名，是我县城镇管理的重要内容之一。县民政局要将县城规划区内的街、路、巷、桥梁、广场命名方案及时向社会公布，并抓紧组织实施街路巷等标准地名标牌的设置工作。今后，县城规划区内的街、路、巷等地名使用，应以县政府公布的标准地名为准绳，任何单位或个人不得使用非标准地名。

2007 年 8 月 1 日

（庄浪县人民政府　庄政发〔2007〕36 号）

关于对县城规划区内街、路、巷、桥梁、广场、公园更名和命名的通知

各乡（镇）人民政府，县直及省、市驻庄各单位：

近年来，随着我县县城规划的逐步实施，县城建设突飞猛进，面貌日新月异，但县城内街道、桥梁、广场、公园等的名称相对滞后，给居民生活、城市管理等造成了一定影响。为了依法强化城镇地名管理，进一步提升县城整体形象，按照《国务院地名管理条例》和《甘肃省地名管理办法》，在反复征求社会各界意见建议的基础上，县政府决定对县城规划区内的街、路、巷、桥梁、广场、公园等进行更名和命名，现将具体事宜通知如下：

街、路、巷名称。1.2007 年 8 月 1 日县政府已命名的 24 条街、路、巷中，保留原名称的 14 条：东大街、西大街、新徐东路、新徐西路、北滨河路、南滨河路、车站路、一中巷、三中巷、供电巷、邮政巷、礼堂巷、夹城巷、寺坪巷。2. 已命名街、路、巷需要更名的 10 条，更名后为 8 条：洛城东路更名为文昌街，中天巷更名为中宁北街，卫生巷更名为中宁南街，新昌路、文化路合并更名为新昌街，政府巷、紫荆北巷合并更名为紫荆北街，紫荆南巷向南延伸至四中更名为紫荆南街，洛城西路更名为迎宾街，公园路更名为公园街。3. 新命名的街、路、巷共 16 条：朝阳北街、朝阳南街、博爱巷、崇文路、北环路、西环路、南环路、开元路、南河北路、南河南路、永宁街、盘安街、阳川街、卧龙街、南湖街、安定街。4. 待命名的街、路、巷 8 条，其中，南北走向 6 条、东西走向 2 条。

广场名称。1. 保留原名称的广场 2 个：紫荆广场、文化广场。2. 新命名的广场 3 个：朝阳广场、丹阳广场和梯田广场。

桥梁名称。1. 保留原名称的桥梁 1 座：紫荆桥。2. 更名的桥梁 3 座：上洛河桥更名为文昌桥，中天桥更名为中宁桥，何马大桥更名为迎宾北桥。3. 新命名的桥梁 7 座：朝阳桥、新昌桥、西环大桥、迎宾南桥、永宁桥、卧龙桥、安定桥。

公园名称。新命名的公园 4 个：北山公园、南山公园、水上公园、紫荆山公园。

加强地名管理，推广使用标准地名，是国家行政管理的重要组成部分。对县城规划区内的街、路、巷、桥梁、广场、公园进行命名，是我县城镇管理的重要内容之一。县民政局要将县城规划区内的街、路、巷、桥梁、广场、公园命名方案及时向社会公布，并抓紧组织实施街、路、巷等标准地名标牌的设置工作。今后，县城规划区内的街、路、巷等地名使用，应以县政府公布的标准地名为准，任何单位或个人不得使用非标准地名。

2012 年 5 月 22 日

（庄浪县人民政府 庄政发〔2012〕33 号）

关于对县城城区及乡镇政府驻地部分道路、桥梁命名的通知

各乡（镇）人民政府，县直及省、市驻庄各单位：

为加快城镇化发展步伐，依法规范城镇地名，推动全县地名标准化管理，进一步提升县城品位、塑造城镇形象，按照全国第二次地名普查和公安部门“一标三实”工作要求，根据《国务院地名管理条例》

《甘肃省地名管理办法》等规定，在反复征求社会各界意见建议的基础上，经县政府十七届五十六次会议讨论决定，对县城城区及各乡镇政府驻地新建街、路、巷、桥梁等进行命名。现就有关事项通知如下：

一、县城城区街路巷、桥梁名称：1. 将位于迎宾街以西、西环路以东，新徐西路与北滨河路之间已建成的 4 条南北走向道路，从西至东依次命名为育才街、富强街、光明街、友谊街。2. 将东城区东起朝阳广场、西至供电巷的道路命名为东城巷。3. 将位于紫荆山山脚，东起文昌街南端、西至紫荆南街的在建道路命名为紫荆路。4. 因现建成的南城区道路现状与原规划不符，撤销原来以乡镇名称命名的盘安街、永宁街、阳川街、卧龙街、南湖街、安定街和永宁桥、卧龙桥、安定桥等道路和桥梁的名称；将南城区紫荆南路以东，开元路与南河北路之间从西至东的 7 条道路，依次重新命名为和平街、如意街、幸福巷、梯田广场西路、梯田广场东路、福居街、安定街。5. 将跨水洛南河和如意街相接的新建桥梁命名为如意桥。

二、乡镇人民政府驻地街路巷名称：1. 南湖镇政府驻地道路命名为西华街、维新街、东华街、中心街、寺巷、公园路、油坊巷。2. 朱店镇政府驻地道路命名为东街、中街、西街、滨河北路、滨河南路、卫生巷、万家巷、西关巷、商业路、城背巷、中学巷、大院巷、迎北路、广场巷、东关巷、油坊巷。3. 万泉镇政府驻地道路命名为万泉街、新兴路、玉泉路。4. 韩店镇政府驻地道路命名为韩店街、西门街、永盛街、中心街、东门街、南环路、永安街。5. 卧龙镇政府驻地道路命名为卧龙街。6. 阳川镇政府驻地道路命名为阳川街、东川街、红星路。7. 盘安镇政府驻地道路命名为盘安街、清水路、供销巷。8. 通化镇政府驻地道路命名为新集街、中心街、通化街。9. 大庄镇政府驻地道路命名为大庄街。10. 永宁镇政府驻地道路命名为谈街。11. 良邑镇政府驻地道路命名为良邑街。12. 岳堡镇政府驻地道路命名为岳堡街、正阳路、岳家巷、南峰路。13. 柳梁镇政府驻地道路命名为柳梁街、中心街。14. 南坪镇政府驻地道路命名为南坪街。15. 赵墩乡政府驻地道路命名为赵墩街。16. 杨河乡政府驻地道路命名为杨河街。17. 郑河乡政府驻地道路命名为郑河街。

加强地名管理，推广使用标准地名，是国家行政管理的重要组成部分，对县城城区和各乡镇政府驻地新建道路、桥梁等及时进行命名，是推进全县城镇化建设管理的重要内容。县民政局要及时向社会公布命名方案并督促社会各界使用标准地名，协调县公用事业管理局尽快组织实施县城城区街、路、巷等标准地名标牌的设置工作，各乡镇要按要求及时设置标准地名标牌。今后，县城区及乡镇政府驻地的街、路、巷等地名使用，应以县政府公布的标准地名为准，任何单位或个人不得私自使用非标准地名。

2019 年 4 月 30 日

（庄浪县人民政府 庄政发〔2019〕41 号）

附：

庄浪县县城城区街、路、巷和桥梁命名表

表 28

类别	街、路、巷名称	大致走向	起止点	备　注
道路	育才街	西北—东南	北起新徐西路，南至北滨河路	因附近有实验小学得名
	富强街	西北—东南	北起新徐西路，南至北滨河路	取富裕强盛之意
	光明街	西北—东南	北起新徐西路，南至北滨河路	因附近有 110 千伏变电所得名
	友谊街	西北—东南	北起新徐西路，南至北滨河路	取友好和善之意
	东城巷	东北—西南	东起朝阳广场，西至供电巷	因位于县城东城区得名
	紫荆路	东北—西南	东起文昌街，西至紫荆南街	因此路位于紫荆山下得名
	和平街	南北	北起开元路，南至南河北路	取祥和太平之意
	如意街	南北	北起开元路，南至南河北路	取吉祥如意之意
	幸福巷	南北	北起开元路，南至南河北路	取幸福和谐之意
	梯田广场西路	南北	北起开元路，南至南河北路	因此路位于梯田广场西侧，广场内有梯田纪念碑而取名，与梯田广场、梯田纪念碑形成系列名称
	梯田广场东路	南北	北起开元路，南至南河北路	因此路位于梯田广场东侧，广场内有梯田纪念碑而取名，与梯田广场、梯田纪念碑形成系列名称
	福居街	南北	北起开元路，南至南河北路	近有福居花苑和水云居住宅小区得名
	安定街	南北	北起开元路，南至南河北路	取平安稳定之意
桥梁	如意桥	南北	北起南河北路，南至南河南路	近有如意小镇住宅区，取吉祥如意之意

庄浪县各乡镇人民政府驻地街、路、巷命名表

表 29

行政区域	街、路、巷名称	大致走向	起止点	备　注
南湖镇	西华街	南北	北起南湖镇中心敬老院，南至原南湖镇汽车站	因位于南湖街区西侧得名
	维新街	南北	北起东华街与维新街交汇处，南至公园路	因曾设维新镇得名
	东华街	南北	北起东华街与西华街交汇处，南至公园路	因位于南湖街区东侧而得名
	中心街	东西	东起东华街，西至西华街	因原来位于南湖中心地段得名
	寺巷	东西	东起东华街，西至西华街	沿用传统习惯名称
	公园路	东西	东起东华街，西至西华街	因南侧有南湖公园得名
	油坊巷	东西	东起维新街，西至西华街	巷内曾有榨油坊，沿用当地居民约定俗成名称
朱店镇	东街	东北—西南	东起贾沟大桥，西至迎北路	因位于朱家店主街东段得名
	中街	东北—西南	东起迎北路，西至商业路	因位于朱家店主街中段得名

续表 29

行政区域	街、路、巷名称	大致走向	起止点	备注
朱店镇	西街	东北—西南	东起商业路，西至朱店镇	因位于朱家店主街西段得名
	滨河北路	东北—西南	东起甘肃葫阳生物科技有限公司，西至朱河新农村	因位于水洛河北岸得名
	滨河南路	东北—西南	东起贾沟下稻地，西至西街李家门	因位于水洛河南岸得名
	卫生巷	西北—东南	北起西街，南至卫生院	因通往朱店卫生院得名
	万家巷	西北—东南	北起西街，南至南山根	因巷内居民多万姓得名
	西关巷	西北—东南	北起西街，南至南山根	因位于朱家店西街得名
	商业路	西北—东南	北起滨河南路，南至南山根	曾为商品流通集散地
	城背巷	东北—西南	东起中学巷，西至商业路	位于朱店古城堡背面，沿用当地居民约定俗成名称
	中学巷	西北—东南	北起中街新农村，南至南山根	因通往朱店中学得名
	大院巷	西北—东南	北起中街新农村，南至中街	因巷内曾有大户人家院落得名
	迎北路	西北—东南	北起滨河南路，南至供电所	因通往北山片区得名
	广场巷	西北—东南	北起东街，南至南山根	因西侧有东街村广场得名
	东关巷	西北—东南	北起耕地，南至东街	因位于朱家店东街得名
	油坊巷	西北—东南	北起东街，南至南山根	因巷内曾有榨油坊得名
万泉镇	万泉街	东西	东起万泉镇卫生院，西至大水泉	万泉镇人民政府驻地主街道
	新兴路	南北	北起耕地，南至南山根	寓意新村兴盛
	玉泉路	南北	北起万庄村新农村，南至万泉街	路南端有大水泉，有“玉泉”之称，故名
韩店镇	韩店街	东西	东起东门村，西至庄华路口	因是韩家店主街道，故名
	西门街	南北	北起永安街，南至永盛街	因位于西门村街道，故名
	永盛街	东西	东起东门街，西至西门街，位于韩店街北侧	取永久昌盛之意
韩店镇	中心街	南北	北起韩店镇中心卫生院，南至永盛街	韩家店子纵向中心街道，故名
	东门街	南北	北起韩店镇中心卫生院，南至南环路	位于东门村的街道
	南环路	东西	东起东门村，西至庄华路口	环韩家店南侧道路
	永安街	东西	东起东门街，西至西门街，位于韩店街南侧	寓意永久平安
卧龙镇	卧龙街	东北—西南	东起卧龙镇苏山村新农村，西至卧龙镇幼儿园	卧龙镇人民政府驻地主街道
阳川镇	阳川街	东西	东起阳川镇刘湾村二社，西至阳川大桥	阳川镇人民政府驻地主街道
	东川街	南北	北起阳川剧场，南至乔余路	位于阳川街区东侧，故名
	红星路	南北	北起阳川镇李咀村曹坪社桥头，南至阳川中心小学	取红星照耀之意

续表 29

行政区域	街、路、巷名称	大致走向	起止点	备　　注
盘安镇	盘安街	东西	东起盘安中学东侧路口，西至王宫村阳山	盘安镇人民政府驻地主街道
	清水路	东北—西南	北起盘安镇幼儿园，南至王宫木材市场	路傍清水河支流岔李河，故名
	供销巷	东北—西南	北起盘安中心小学，南至盘安街	巷内曾有供销社，故名
通化镇	新集街	东西	北起通化街与新集街交汇处，南至通化卫生院	因通化镇政府驻地新集村得名
	中心街	南北	东起通化街，西至水洛河	因位于新集村中心街道，故名
	通化街	东西	北起通化街与新集街交汇处，南至通化镇变电站	苏庄公路通过通化镇人民政府驻地路段，故名
大庄镇	大庄街	东北—西南	东起大庄村一社，西至大庄中学	大庄镇人民政府驻地主街道
永宁镇	谈街	东北—西南	东起梁家坡，西至团庄	永宁镇人民政府驻地主街道
良邑镇	良邑街	南北	东起章麻河桥，西至良邑桥	良邑镇人民政府驻地主街道
岳堡镇	岳堡街	西北—东南	北起庄隆公路，南至岳堡镇邮政所	岳堡镇人民政府驻地主街道
	正阳路	东北—西南	东起南峰路，西至岔口村西门杨家西桥头	“正”与“镇”谐音，指岳家堡集镇，岔口村曾名向阳村，以起至点首字得名
	岳家巷	东北—西南	东起岳堡村东北出口外，西至岳堡村西南端	巷内居民多为岳姓
	南峰路	西北—东南	北起正阳路东端，南至岳堡村南峰寺	因路南端有纪念民族英雄岳飞的南峰寺名
柳梁镇	柳梁街	东西	东起柳梁小学路口，西至原柳梁邮局	柳梁镇镇政府所在街道，故名
	中心街	东西	东起柳梁小学路口，西至原柳梁邮局	静庄公路贯穿柳家梁中心街道
南坪镇	南坪街	东西	东起南坪卫生院，西至南坪中心小学	南坪镇人民政府驻地主街道
赵墩乡	赵墩街	南北	北起赵墩乡文化站，南至赵墩乡财政所	赵墩乡人民政府驻地主街道
杨河乡	杨河街	东西	东起杨河乡派出所，西至水杨路口	杨河乡人民政府驻地主街道
郑河乡	郑河街	东北—西南	东起大方地，西至吃水泉	郑河乡人民政府驻地主街道

庄浪县县志编纂办公室文件

庄志办发〔2022〕16 号

庄浪县县志编纂办公室
关于《庄浪县标准地名志》出版发行的批复

民政局：

你局《关于公开出版<庄浪县标准地名志>的请示》（庄民发（2022）130 号）收悉。经审查，《庄浪县标准地名志》是一部全面、系统反映全县各类地名基本情况的专业志，质量基本达到出版要求，同意公开出版发行。在出版过程中要认真修改，在史实、观点、涉密方面严格把关，确保志书质量。

庄浪县县志编纂办公室

2022 年 6 月 29 日

编后记

编纂《庄浪县标准地名志》是庄浪县第二次全国地名普查成果的转化利用。

2014 年 11 月至 2018 年 11 月，县政府组织开展了庄浪县第二次全国地名普查工作，地名普查成果数据通过市、省和国家逐级审核验收。为了更好地发挥地名普查成果在促进经济社会协调发展、方便人民群众生产生活等方面的基础作用，按照《甘肃省第二次全国地名普查领导小组办公室关于加快推进地名普查成果转化利用的通知》要求，县地名普查办公室于 2019 年 4 月开始着手地名普查成果转化利用工作，计划编纂出版《庄浪县标准地名图集》《庄浪县标准地名录》和《庄浪县标准地名志》系列丛书，并于 2020 年 9 月拟成图、录、志文稿。县地名普查办公室组织修志专业人员对文稿进行了座谈研讨，认为地名图集编制不规范，志、录实质内容重复，且图、录、志单独成册，出版费用高，最后决定“三者合一”，以《庄浪县标准地名志》统揽所有资料，志首设概述、大事记，正文设行政区域、自治组织、居民点、自然地理实体、交通运输设施、水利电力通信设施、单位、纪念地及旅游景点、建筑物、旧地名、地名文化和标准地名录共 12 章，卷尾设附录、编后记。之后，编辑部工作人员将志稿的章节重新编排，内容去粗取精，详略适当调整。对所有地名的地理位置、来历含义、历史沿革、人口面积、地名特征、社会文化、经济概况等信息数据，比照《甘肃省庄浪县地名资料汇编》《庄浪统计年鉴（2018）》《庄浪年鉴（2019）》《庄浪县志》《庄浪县志（1991—2010）》和交运、水务、文旅、教育等部门及各乡镇政府提供的相关档案资料，以 2018 年 12 月 31 日为下限，逐条校对，去伪存真，拾遗补漏。利用大地图等网络工具和地名普查工作图对自然地理实体、居民点、交通运输设施、水利设施等地名的地理位置和属性信息数据逐条进行比对纠错。同时经过实地走访调查，完善部分自然地理实体、城乡居民点和单位类地名的来历含义、历史沿革和基本概况等地名信息。对普查时漏登的地名和 2014—2018 年新增的地名进行补记，将普查之后消失的居民点名称纳入历史地名，对城镇居民点和单位类地名按时间节点和有无地名意义进行取舍，基本体现了 2018 年底全县地名的现状。将《庄浪县标准地名录》体例调整，删繁就简，按地名分类顺序排列，独立成章。将《庄浪县标准地名图集》所列地图，委托甘肃省地理信息中心重新编制，各种地图共 24 幅，其中 A3 规格 6 幅，包括县行政区划图、地形图、水系图、交通图、文化旅游图和县城城区图，A4 规格 18 幅，均为各乡镇地名图，全部置于志书前部。志书照片主要由郭建全、何鹏拍摄，一部分文内照片来源于地名普查成果资料。

2021 年 6 月初，地名志初稿完成后，邀请原县文联主席孙志勇、县志办主任杜牧然、《庄浪县志（1991—2010）》副主编蒙渊、庄浪关山文化旅游投资有限责任公司党委书记、董事长党旺平对初稿进行为期一个多月的审阅修改，与此同时，将初稿报送市民政局进行审核。市局领导和各位专业人员为志稿提出宝贵意见和建议近 600 条，其中涉及章节结构方面 20 条，内容方面 580 多条。编辑部工作人员根据所提意见建议认真归纳整理，集中时间精心修改。正文中取消“标准地名录”和“旧地名”

两章，将《庄浪县标准地名录》改以表格形式置于附录部分，将历史地名按类别归于相关章节之下。修改后，正文设行政区域地名、群众自治组织地名、居民点地名、自然地理实体地名、交通运输设施地名、水利电力通信设施地名、单位地名、文化旅游地名、建筑物地名和地名文化共10章，约63.5万字。

地名志收录的地名数量，与第二次地名普查结果相比，除行政区域和群众自治组织类地名外，其他类别的地名数量或增或减，略有变化。志书共收录各类地名3159条，其中现今地名2865条，历史地名294条。现今地名中行政区域地名19条，群众自治组织地名298条，城镇居民点地名34条，农村居民点地名1439条，自然地理实体地名259条，交通运输设施类地名204条，水利电力通信设施地名90条，文化旅游地名147条，建筑物地名13条，单位类地名362条。历史地名中行政区域地名9条，群众自治组织地名156条，农村居民点地名128条。《庄浪县标准地名录》共收录地名3165条，比地名志多列地片地名7条。

《庄浪县标准地名志》的完成，是省、市民政部门和县委、县政府高度重视、大力支持的结果，也是地名普查成员单位和各乡镇人民政府、城市社区管委会（原水洛街道办事处）协调配合、共同努力的结果。在地名普查过程中，全县上下110多人为此付出了辛勤努力，特别是王克生、柳林和王笃甫先生为各类地名的历史沿革和来历含义审核把关，付出了心血和汗水。在志稿编纂过程中，省地方史志办公室信息教育处处长张占社为志书编纂出谋划策，市民政局调研员卢丛夫和区划地名科科长亢生龙对初稿审核评议，提出了宝贵意见和建议，县博物馆副馆长李晓斌对文物遗址部分、教育局孙高强老师对中小学校部分进行了认真细致的校对和修改。方志出版社专家对志稿多次规范修改，纠正了大量细碎问题，使志书质量有了较大提高。

《庄浪县标准地名志》经过编辑人员两年多时间的努力，三易其稿，值此付梓之际，对参与地名普查的所有人员和志书编审的各位同仁的不辞辛劳、无私奉献，表示诚挚谢意！地名文化涉及政治经济、历史地理、风俗文化等多方面的内容，浩繁庞杂，由于编者水平有限，经验不足，加之涉及面广，工作量大，时间仓促，疫情影响，个别地名未能进行更全面、更深入的调查考证，书中疏漏错误之处在所难免，敬请读者批评指正。

编　者

2022年6月